U0936021

济南年鉴

JINAN YEARBOOK

2012

济南市人民政府主办

济南市史志办公室编

济南出版社出版

图书在版编目(CIP)数据

济南年鉴.2012/济南市史志办公室编.—济南:济南出版社，2012.9

ISBN 978-7-5488-0562-5

Ⅰ.①济… Ⅱ.①济… Ⅲ.①济南市-2012-年鉴 Ⅳ.①Z525.21

中国版本图书馆CIP数据核字(2012)第225323号

责任编辑 朱向泓 朱 琦

封面设计 宋 悌 赵萌萌

出 版 济南出版社（济南市二环南路1号）

网 址 http://www.jnpub.com

印 刷 济南丰利彩印有限公司

发 行 济南出版社

版 次 2012年9月第1版

印 次 2012年9月第1次印刷

开 本 889×1194毫米 1/16

印 张 29.5

字 数 950千字

印 数 1-3000册

定 价 188.00元

编辑说明

一、《济南年鉴》是济南市人民政府主办的信息密集的综合性资料工具书，自1989年起每年编辑出版一册。旨在较全面、系统、翔实地反映济南市政治、经济、文化、社会诸方面的基本面貌和社会主义现代化建设中出现的新进展、新情况、新问题，为各行各业提供咨询服务，为各级领导提供决策依据，为续修地方志储备资料，同时也为国内外各方人士了解、研究济南起媒介作用。

二、《济南年鉴》采用分类编辑法。主体内容划分为栏目、分目、条目3个层次。栏目为大的单元，其下按类别，同时照顾到现行的管理体制设置分目。每个分目下列若干条目。条目为年鉴内容的基本单位，其标题用黑体字外加【】表示。为方便读者检索，在正文后设置综合性主题索引。

三、《济南年鉴》(2012)，系创刊以来的第二十四册。正文设25个栏目：（1）特载；（2）大事记；（3）济南概貌；（4）政党•政协•人民团体；（5）政权•政务；（6）治安•司法；（7）军事；（8）经济综合与管理；（9）经济开发园区；（10）工业•信息产业；（11）农业；（12）商贸•旅游；（13）财税•金融；（14）交通邮电；（15）城乡建设•环境保护；（16）教育；（17）科学；（18）文化；（19）卫生•体育；（20）社会生活；（21）区县；（22）人物；（23）政策法规选编；（24）统计资料；（25）附录。卷首安排反映济南风光、各行各业发展成就和活动的彩色照片。

四、本册年鉴主要记述2011年度济南市行政区域内的事情，资料截止日期为2011年12月31日。为完整地反映某项事物的全貌，对2012年元旦至本册年鉴书稿发排前出现的结果，亦作了适当记述；对在本年鉴首次得以记载的行业、事业或工作，其历史情况也作了简要回溯。

五、本年鉴使用的“济南市”“全市”和“济南地区”概念，范围为历下、市中、槐荫、天桥、历城、长清6区和章丘、平阴、济阳、商河4县（市）。“市区”概念，范围系指济南市所辖的上述6区。

六、本年鉴的条目由济南市直各部门、各县（市）区和有关的中央、省驻济单位负责撰写，均经过各自单位领导人的审阅。有关的综合性统计数据，与市统计部门公布的数据进行了校核。为示负责，作者署名于条目或分目之后的括号内，各单位的审稿人员列名单于卷首。

七、本年鉴的“统计资料”栏目，由济南市统计局整理供稿。由于统计口径的缘故，某些数据与有关业务部门使用的可能不尽一致，采用时请予注意。

八、《济南年鉴》（2012）是集体协作的结晶，有关单位和个人为本年鉴的编辑出版给予了大力支持、付出了辛勤劳动，在此一并表示感谢。

九、由于水平所限，本册年鉴的纰漏与不足在所难免，恳请广大读者批评指正，以使《济南年鉴》的质量不断提高。

2012年9月

《济南年鉴》（2012）

主　　审　杨鲁豫

主　　编　巩宪群

副 主 编　杜　平　李吉祥　朱佩峰　綦延辉　杜加臣

编辑部主任　王　炜

编　　辑（以姓氏笔画为序）

丁爱军　刁文菁　王　炜　王　洋
王　群　代戈红　孙　广　宋高峰
张　阳　张超强　李国宇　陈　蕾
庞新华　宣　涛　夏　兵　郭建群
高江娜　景国富　董殿勋　路玉增

特邀编辑　于香萍　王鲁宁　杨薇薇

彩页设计　孙　广

封面设计　宋　悌　赵萌萌

地图编绘　济南市规划局

撰稿单位审稿人员

（以姓氏笔画为序）

丁　力	丁保国	王　平	王　军	王万春
王世华	王永平	王迪生	王建华	王建敏
王铁志	王皋翔	王新文	王嘉岳	王嘉振
韦　平	方明甲	孔　放	田德昌	邢建亚
毕明明	朱传东	朱荣清	乔　谦	任　健
刘　勤	刘书玺	刘学东	刘桂祯	刘魏巍
米俊伟	祁莉红	许建中	许瑞波	孙　博
孙明明	孙积港	杜　平	杜绪德	李　刚
李　勇	李　峰	李　涛	李　敏	李玉明
李四灵	李吉祥	李会宝	李兆兵	李兴家
李好臣	李经发	李泰吉	杨全海	杨庆绪
杨佩钦	杨金山	杨学胜	肖　阳	吴玉明
宋卫东	宋道勇	张　利	张　峰	张　鹏
张广勇	张元玺	张曰良	张仁君	张立学
张志明	张苏华	张连岭	张树振	张振民
张海灵	张崇伟	张淋生	张鲁生	张福俭
陈宁宁	陈启璋	邵立洪	林　军	林　景
周卫东	周书章	郑金松	赵　杰	赵　毅
赵明奎	胡晓蒙	侯　林	袁淑玲	贾堂宏
凌安中	郭世金	郭连新	郭金豹	唐　军
唐富强	展宝贞	陶孝武	黄　明	曹永明
崔大庸	崔春荣	梁启辉	葛林平	葛春林
蒋向波	蒋晓光	韩圣喜	韩明东	韩晓光
舒　婕	雷爱国	魏玉良		

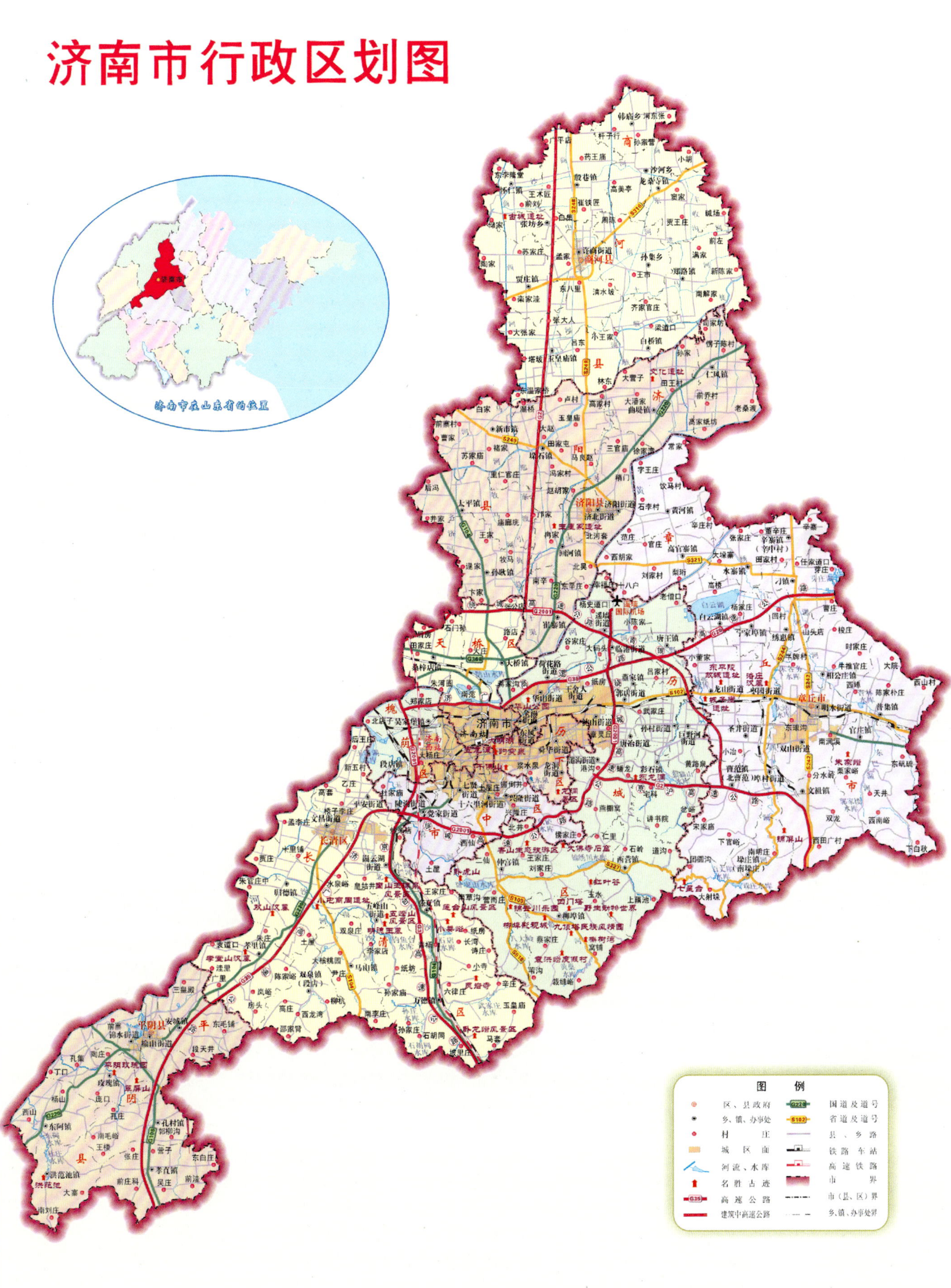

济南市规划局提供

济南市勘察测绘研究院编制

清河泛舟

立党为公

2012年1月31日，省委书记、省人大常委会主任姜异康（中）在济南重汽集团调研。

2011年9月13日，省委副书记、省长姜大明（左二）在章丘市圣井街道劳保所与办理劳保业务的村民交谈。

执政为民

2012年1月8日，省委常委、市委书记王敏（中）调研民生保障工作。

2012年8月8日，市委副书记、市长杨鲁豫（前左）到山东荷德鲁美特表计有限公司调研。

2012 年 7 月 16 日，市人大常委会主任徐长玉（前）到历下区调研。

2012 年 3 月 31 日，市政协主席殷鲁谦（左二）到企业调研。

2012 年 3 月 7 日，市委副书记雷杰（中）在历城区调研。

中国共产党济南市第十次代表大会

2012年2月10日，中国共产党济南市第十次代表大会隆重开幕。

2012年2月10~14日，中国共产党济南市第十次代表大会在山东会堂隆重召开。

省委常委、市委书记王敏代表中国共产党济南市第九届委员会向大会作报告。报告全面总结了过去五年全市取得的成就和积累的经验，深入分析了面临的新形势新任务，鲜明指出了今后五年的总体要求和奋斗目标，对经济社会发展的重点工作、全面提高党的建设科学化水平作出了安排部署，是指导今后一个时期省会建设发展的纲领性文件。

会议审议通过了九届市委的报告，选举产生了第十届市委和市纪委领导集体，确立了今后五年的奋斗目标和工作任务。市第十次党代会是在迎接党的十八大和省第十次党代会胜利召开、全面实施“十二五”规划的关键时期召开的一次极为重要的会议，对于进一步凝聚全市党员干部群众力量，推动全市经济社会又好又快发展，必将产生重大深远的影响。

省委常委、市委书记王敏在中国共产党济南市第十次代表大会上作报告

济南市第十五届人民代表大会第一次会议

2012年2月27日，济南市第十五届人民代表大会第一次会议隆重开幕。

2012年2月27日至3月2日，济南市第十五届人民代表大会第一次会议在山东会堂隆重召开。

市委副书记、代市长杨鲁豫代表市政府向大会作政府工作报告。报告回顾了2008年以来的工作，明确了今后五年工作的基本思路，提出了主要目标任务，即全面增强综合经济实力，加快转变经济发展方式，努力建设美丽泉城，深入推进改革开放，大力推进文化强市建设，切实增强人民群众幸福感。并要求进一步加强政府自身建设，全面做好开局之年的工作。

大会听取和审议济南市人民政府工作报告，审议了济南市2011年国民经济和社会发展计划执行情况与2012年计划草案的报告、济南市2011年预算执行情况和2012年预算草案的报告等。选举产生济南市第十五届人民代表大会常务委员会主任、副主任、秘书长、委员，选举产生济南市市长、副市长，并选举产生济南市中级人民法院院长、济南市人民检察院检察长。

市委副书记、代市长杨鲁豫作政府工作报告

中国人民政治协商会议第十三届济南市委员会第一次会议

2012 年 2 月 26 日，中国人民政治协商会议第十三届济南市委员会第一次会议隆重开幕。

2012年2月26日至3月1日，中国人民政治协商会议第十三届济南市委员会第一次会议在山东会堂隆重召开。

市政协主席徐长玉代表政协第十二届济南市委员会常务委员会向大会作报告。报告全面总结了市政协及其常务委员会积极履行政治协商、民主监督、参政议政职能，巩固团结合作的思想政治基础，积极为经济平稳较快发展咨政建言，努力推进和谐济南建设，扎实推进社会主义民主政治建设，不断汇聚推进省会科学发展的强大合力，切实增强政协工作的生机与活力，为全面推进省会建设所发挥的重要作用。

市政协副主席王可敏在会上作政协第十二届济南市委员会常务委员会提案工作报告。四年来，广大政协委员共提交提案2079件，与上届政协同期相比，增加116件。集体提案251件，所占比例升高，占立案提案总数的11%。许多提案具有较强的针对性、前瞻性和可操作性，在推动全市经济建设、政治建设、文化建设、社会建设和生态文明建设中发挥了重要作用。

市政协主席徐长玉作常委会工作报告

新当选的中共济南市第十届委员会常务委员会委员合影

（自左至右分别为：杨峰、陈勇、谭廷伟、苏树伟、孙晓刚、雷杰、王敏、杨鲁豫、王以才、王成波、刘杰、晋争鸣、慕建民）

新当选的新一届市政府市长、副市长合影

（从左至右分别为：王新文、巩宪群、苏树伟、杨鲁豫、孙晓刚、齐建中、李宽端、张海波）

新当选的市十五届人大常委会主任、副主任、秘书长合影
（从左至右分别为：刘西安、宋玉国、段青英、徐长玉、邹世平、孟祥恒、许强）

新当选的市十三届政协主席、副主席、秘书长合影
（从左至右分别为：刘梦海、李好臣、赵家军、崔大庸、殷鲁谦、冯光文、金德岭、张辉、徐明梅、任建新）

加快科学发展

2012年3月19日，全市“加快科学发展 建设美丽泉城”推进大会在山东会堂召开。会议的主要任务是深入贯彻落实科学发展观，紧紧围绕率先建成更高水平小康社会、奋力开启现代化建设新征程的奋斗目标，进一步统一思想、提高认识，分解任务、落实责任，动员全市上下，凝聚各方力量，以更高的标准、更宽的视野、更新的举措、更大的作为，迅速形成干事创业、科学发展的生动局面，努力把省会现代化建设提高到一个新水平。

2012年1月28日，省委常委、市委书记王敏（中）到中国重汽集团调研。

（崔 健 摄）

发展实体经济

评选出的2011“影响济南”年度经济人物 （王 锋 摄）

2012年3月19日，全市“加快科学发展 建设美丽泉城”推进大会召开。

2012年6月11日，济南市实体经济重点项目银企合作签约仪式举行。

建设美丽新泉城

建设美丽泉城

顺河片区鸟瞰

段店立交桥

建设中的泉城一角

（孙 华 摄）

优化发展环境

济南市行政审批服务中心　　（市行政审批中心　供稿）

代办服务中心窗口　　（市行政审批中心　供稿）

黄台电厂水塔爆破　　（市环保局　供稿）

济南城管为市民解疑 （谢永亮 摄）

交通管理“轻骑兵” （谢永亮 摄）

济南首辆大鼻子校车亮相 （崔 健 摄）

服务群众 服务

泉城义工关爱空巢老人（陈长礼 摄）

农业监察支队给市民讲解如何分辨真假农资（李鹏飞 摄）

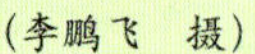

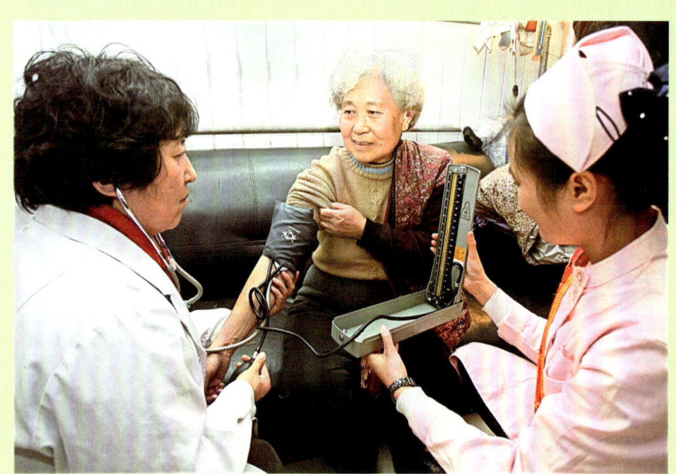

关爱百姓 送医上门（范 良 摄）

法律援助下乡村（袁 鹏 摄）

发展　服务基层

平阴县安城镇东张营村“第一书记”指导农业生产　（刘　敏　摄）

在街道办事处设立法官工作室　（市法院　供稿）

长途汽车站摆渡车　（王　锋　摄）

采暖季测温退费“零申请”　（张　刚　摄）

文化大繁荣

山东琴书 （褚福涛 摄）

大型戏曲服饰意象艺术展演《大羽华裳》 （李 彦 摄）

建设中的第十届中国文化艺术节大剧院 （王 锋 摄）

大发展

送书到章丘市相公庄镇李家村文化大院（市文广新局 供稿）

济南商埠文化博物馆（孙广 摄）

2011年宽厚所街片区发掘整体航拍图（市文物局 供稿）

科学无限

2011年是济南实施“十二五”规划纲要的开局之年，是建设国家创新型试点城市的奠基之年，也是全市科技事业长足进步发展的一年。11月，济南及10个县（市）区全部通过了科技部组织的全国县市科技进步考核；济南市被确定为全国县（市）科技进步考核先进市，连续第五次荣获这一科技领域最高荣誉称号。

2011 年 10 月 27 日，国家超级计算济南中心落户济南。

2011 年 5 月 16 日，济南量子技术研究院揭牌成立。

2011 年 11 月 25 日，“中国软件名城”授牌仪式隆重举行，济南市成功入选国家软件名城。

创新不止

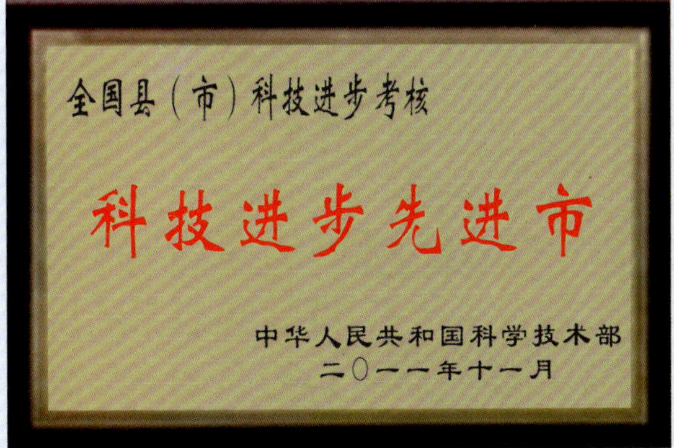
全国县（市）科技进步考核

科技进步先进市

中华人民共和国科学技术部
二〇一一年十一月

济南市连续第五次被评为“全国科技进步考核先进城市”

国家科技重大专项——二机床集团公司为上汽通用汽车公司生产的全自动大型快速双臂冲压线

2012年2月6日，全市科技进步暨创新型城市建设表彰大会隆重召开。

让城市更文明

“向国旗敬礼 做一个有道德的人”网上签名寄语活动启动仪式（市文明办 供稿）

整装待发的泉城义工（市文明办 供稿）

济南公安志愿者服务团（市文明办 供稿）

让生活更美好

公交员工进行“微笑服务”演示　　（市文明办　供稿）

道德模范作先进事迹报告　　（市文明办　供稿）

慰问全国道德模范提名奖获得者郑承镇　　（市文明办　供稿）

生产总值（亿元）

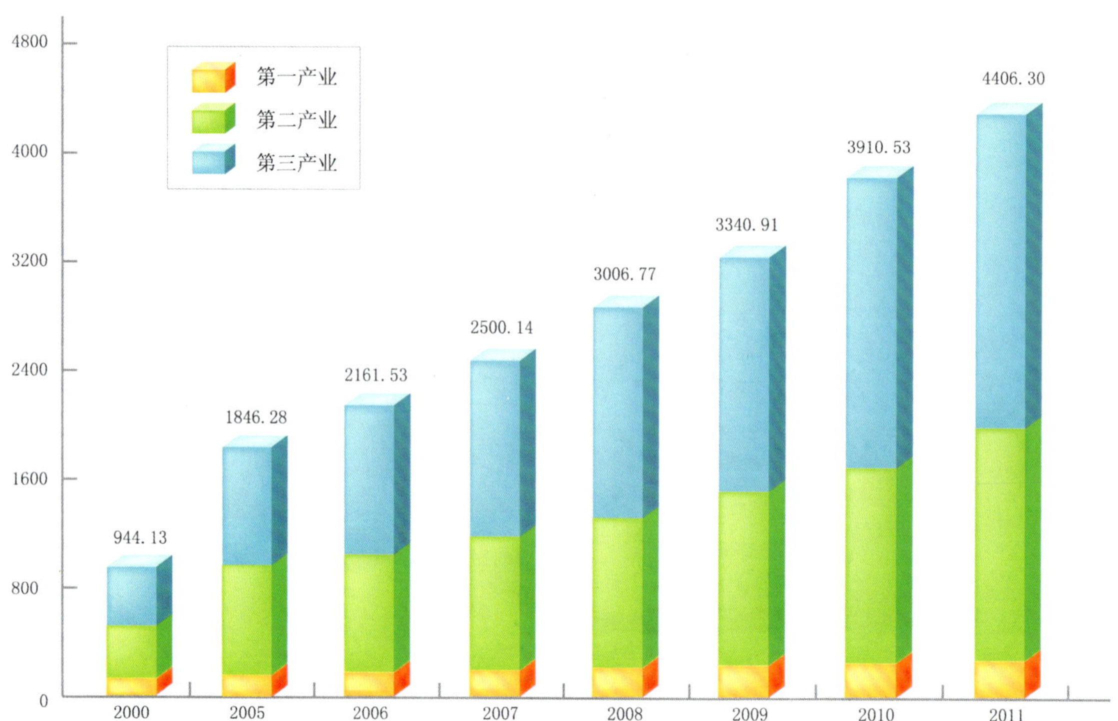

城市居民人居可支配收入和农民人均纯收入（元）

2011年度济南市政府承诺的10件实事

济南市委、市政府牢固树立宗旨意识，把群众呼声作为第一信号，把群众需要作为第一选择，把群众满意作为第一标准，扎扎实实为群众办实事。截至2011年底，政府承诺的10件为民实事全部如期兑现。

承诺事项	年度目标	完成情况
保障房建设	建设保障性住房3万套、新增公租房2万套，新开工公共租赁住房不低于2.3万套，向社会提供不低于2000套租赁用房，开工建设5000套棚改安置房。	公租房开工落实2.02万套，完成省下达任务的101%；廉租房实物配租2030套，超出目标30套；棚改安置房开工建设5000套。
新农保	覆盖全市农村居民	全市符合条件的52.4万户农村居民全部领到基础养老金，比全省的目标要求提前了2年，比全国的安排提前了9年。
低保	建立供养标准自然增长机制	低保标准参照人均消费性支出比例提高，城市低保、农村低保及农村五保集中供养、分散供养保障标准，全部高于山东省25%左右的要求。
养老	建设山东济南养老服务中心	主体工程奠基
幼儿园	新建50所公办幼儿园	40所幼儿园已招生，10所主体完工。
新农合和城镇居民医保	提高政府补贴标准	新农合补助标准提高到每人每年200元
基本公共卫生服务	提高人均经费标准	由15元提高到25元
农村儿童重大疾病医疗保障	实施试点项目	将农村儿童白血病、先天性心脏病、单纯性唇裂等儿童重大疾病医疗保障范围扩大到10个县(市)区
病残儿医学鉴定	免费为全市病残儿进行医学鉴定	工作任务已完成，为218人免费进行市级病残儿医学鉴定。
贫困重度残疾人生活补贴	为一、二级贫困低保重度残疾人发放每人每月50元生活补贴	全部完成，共为全市贫困重度残疾人发放生活补贴582.875万元。全年为全市28家捐助便利店投入资金200万元，救助贫困残疾人家庭1万余户；全年投入资金165万余元，对符合救助条件的1009名贫困残疾学生及贫困残疾人家庭子女进行了救助。

泉水持续喷涌九周年

①
②
③

①趵突泉 （满 琦 摄）
②墨泉 （王亮朝 摄）
③五龙潭公园一角 （曹丽君 摄）

泉水是济南独具特色的自然景观，是济南深厚历史文化的重要载体和历史文化名城的重要组成部分，是济南人最为关注的永恒话题。为了保泉、护泉，1997年，市政府制定《济南市名泉保护管理办法》；2005年9月，市人大常委会通过《济南市名泉保护条例》；2006年4月，市政府发布《济南市保持泉水喷涌应急预案》，为保护泉水提供了依据。为了保持泉水持续喷涌，及时采取封井、补源、节水等措施，广大市民积极配合。由于措施得力，确保了泉水自2003年9月复涌以来连续9年持续喷涌。

目　录

特　载

大事记

济南概貌

政党・政协・人民团体

政权·政务

治安·司法

军 事

经济综合与管理

经济开发园区

工业·信息产业

农 业

商贸・旅游

财税·金融

交通·邮电

城乡建设·环境保护

教　育

科　学

文 化

卫生·体育

社会生活

区 县

人 物

政策法规选编

统计资料

附　录

CONTENTS

Special Excerpts

Chronicles of Events

General Introduction

Party · Political Consultative Conference · Mass Organization

Regime · Government

Public Security and Law General Introduction

Military Affairs

Miscellaneous Economy and Economy Management

Economic Development Zones

Industry · Information Industry

Agriculture

Commerce · Tourism

Revenue · Tax · Finance

Transportation · Posts and Telecommunications

Urban and Rural Construction · Environment Protection

Education

Science

Culture

Sanitation · Sports

Social Life

Districts and Counties

Figures

Selected Policies and Regulations

Statistics

Appendix

积极回应人民群众新期待 奋力开启现代化建设新征程

——2012年2月10日在中国共产党济南市第十次代表大会上的报告

中共山东省委常委、济南市委书记 王 敏

同志们：

中国共产党济南市第十次代表大会，是在迎接党的十八大和省第十次党代会胜利召开、全面实施“十二五”规划的关键时期召开的一次重要会议。大会的主题是：高举中国特色社会主义伟大旗帜，以邓小平理论和“三个代表”重要思想为指导，深入贯彻落实科学发展观，解放思想，锐意进取，为率先建成更高水平小康社会，奋力开启现代化建设新征程而奋斗。

现在，我代表中共济南市第九届委员会向大会作报告。

一、过去五年的工作

市第九次党代会以来的五年，是济南发展史上很不平凡的五年。市委和各级党组织团结带领全市党员干部群众，认真贯彻党的十七大和历次全会精神，按照省委的决策部署，遵循“维护省城稳定，发展省会经济，建设美丽泉城”的总体思路，卓有成效地开展各项工作，迈出了省会建设发展的崭新步伐，取得了一个个令人振奋的重大成就。

经济平稳较快发展，综合经济实力不断增强。2006至2011年，全市生产总值由2161.5亿元增加到4406.3亿元，年均增长12.8%；地方财政一般预算收入由128.4亿元增加到325.4亿元，年均增长19.9%。现代服务业增加值占服务业增加值的比重达到46.9%，高新技术产业产值占规模以上工业总产值的比重达到38.7%。“三农”工作不断加强，粮食连年稳定增产，新农村建设扎实推进。节能减排约束性指标超额完成，环境治理、生态建设和节约集约用地取得积极进展。

城市建设管理成果丰硕，面貌发生显著变化。城市规划体系不断完善，规划引领作用明显增强。“一城三区”开发建设全面推进，老城区面貌日新月异，东部新区、西部新区、滨河新区加速崛起。小清河综合治理、二环东路高架、奥体场馆、京沪高铁济南西站等一批重点工程相继建成。大明湖扩建改造、护城河通航工程全面完工，展现了垂杨流水的优美景象。老城区棚户区改造取得重大突破，违法违章建设得到遏制，破损山体治理力度不断加大。城市管理不断创新，综合执法和管理水平明显提高。

社会事业全面发展，人民生活日益改善。五年全市财政用于社会事业和民生领域的支出达到734.7亿元，占全部公共财政支出的52.7%。2011年，城市居民人均可支配收入28892元、农民人均纯收入10412元，五年平均增长分别为13.5%、13.7%。城乡就业保持稳定，各级各类教育发展比较均衡，医疗卫生服务水平稳步提升，保障性住房建设步伐加快，城乡低保和困难群体救助标准不断提高，社会保障能力明显增强，文化、科技、人口计生、民族宗教等各项社会事业都取得新的进步。12345市民服务热线在畅通民意、服务群众上发挥了纽带作用。承诺的43件民生实事全部兑现。

民主法制建设不断加强，社会稳定富有活力。各级人大、政协作用进一步发挥，爱国统一战线不断巩固，基层民主日益扩大，依法治市深入推进。不断加强社会主义核心价值体系建设，市民文明素质和社会文明程度有新的提升。平安济南建设步步深入，社会治安综合治理成效突出，全面加强了安全生产。工会、共青团、妇联等群团工作在创新中不断进步。国防动员和民兵预备役建设富有成效，连续七次荣获全国“双拥模范城”。

党的建设全面推进，凝聚力战斗力明显提高。学习实践科学发展观活动取得丰硕成果，学习型党组织建设和理论武装工作不断推进。深化了干部人事制度改革，各级领导班子和干部队伍得到加强，人才工作取得突破。创先争优活动广泛开展，各级党委的领导核心作用、基层组织的战斗堡垒作用和共产党员的先锋模范作用得到更好发挥。着力构筑惩治预防体系，依法依纪严肃查处腐败案件，打造廉洁高效济南成效明显，源头防腐各项改革和制度建设迈出新的步伐。

这五年，在省委、省政府的领导下，在全省各地各方面和驻鲁部队的大力支持下，我们还举全市之力办了一些大事。高质量高效率完成了对口支援北川县擂鼓镇特大地震灾后重建任务，圆满承办和担当了第十一届全国运动会重大活动和相关服务，成功举办了第七届国际园博会，极大地提升了济南的形象和影响力，鼓舞了广大市民热爱泉城、关心泉城、建设泉城的真挚热情，推动济南跨入了新的发展阶段。

这些成就的取得，是党中央、国务院和省委、省政府坚强领导的结果，是全市广大党员干部群众不怕困难、拼搏进取的结果，是各民主党派、各人民团体和各界人士同心同德、协力共进的结果，是省直机关、驻济部队、武警官兵、中央和省驻济企业单位关心关注、大力支持的结果。在此，我代表中共济南市第九届委员会，向所有为济南改革发展稳定和改善人民生活作出贡献的同志们、朋友们，表示崇高的敬意和衷心的感谢！

回顾过去五年，我们深切体会到，推进省会现代化建设，必须坚持以科学发展观统领全局，把贯彻落实中央和省委决策部署与济南实际结合起来，抢抓重大发展机遇，创造性地开展工作；必须坚持发展第一要务不放松，把转方式、调结构与促发展、上水平结合起来，在发展中促转变、在转变中谋发展；必须坚持新型城市化和新型工业化相互促进，把拓展城市发展空间与打造现代产业体系结合起来，实现以城繁业、以业兴城；必须坚持以人为本、执政为民，把加快发展与改善民生结合起来，使人民群众共享建设发展成果；必须坚持解放思想、与时俱进，把提高思想境界与增强执政能力结合起来，着力建设高素质、有战斗力、密切联系群众的各级党组织和党员干部队伍。

同时，也必须清醒地看到存在的困难和问题。我们的综合经济实力还不够强，发展后劲和实体经济支撑力仍比较薄弱；城市发展不够充分，综合服务功能和承载能力亟待提升；县域经济发展相对滞后，城乡发展不平衡问题比较突出；开放程度不够高，体制机制活力不足，发展环境需要大力优化；群众反映的一些突出问题尚未得到妥善解决，保障和改善民生还有大量工作要做；社会管理的基层基础工作相对薄弱，维护社会稳定面临许多新课题；党的建设科学化水平还不高，转变作风的任务相当繁重，一些领域的腐败现象时有发生，存在着精神懈怠的危险，能力不足的危险，脱离群众的危险，消极腐败的危险。对这些困难和问题，我们必须高度重视，采取有力措施加以解决。

二、今后五年的奋斗目标

在新的发展阶段，国际形势复杂多变，社会处于矛盾凸显期，前进道路上充满风险挑战，但总体上看机遇大于挑战，有利条件大于不利因素。济南历史悠久、文化灿烂、民风朴实、充满朝气。2600 多年的建城史和 800 多年的省治所在地，积淀了济南厚重的历史文化。济南区位优势突出，交通比较便利，产业基础牢固，高校科研院所众多，科教、人才、智力密集。济南人民勤劳仁厚、崇尚科学、务实苦干、乐于奉献。改革开放以来，在历届市领导班子带领下，全市干部群众解放思想、艰苦奋斗，经济社会发展取得显著成就，济南发生了历史性巨变，奠定了我们进一步又好又快发展的坚实基础。对济南的建设发展，省委、省政府高度重视，全省各地十分关注，人民群众充满期盼。这些都为省会建设发展提供了强大动力和有力保障。我们坚信，济南的明天一定会更加灿烂美好。

党的十七大作出了到 2020 年全面建成更高水平小康社会的重大部署。胡锦涛总书记视察山东期间，要求山东在全面建设小康社会的征程上继续走在前列。建成更高水平的小康社会并开启现代化建设的新征程，是时代发展的要求和广大人民群众的迫切愿望。作为省会的济南，我们有信心、有条件、有能力率先建成更高水平小康社会，开启现代化建设的新征程。全市各级党组织一定要树立强烈的历史使命感，以积极的姿态回应广大人民群众的新期待，以更高的标准、更宽的视野、更新的举措、更大的作为，努力开创各项工作的新局面，为山东经济文化强省建设作出我们应有的贡献。

今后五年全市工作的总体要求是：高举中国特色社会主义伟大旗帜，坚持以邓小平理论和“三个代表”重要思想为指导，深入贯彻落实科学发展观，牢牢把握科学发展主题和加快转变经济发展方式主线，以群众为根本，以实践为标准，紧紧围绕回应人民群众新期待，发挥省会优势，建设美丽泉城，大力实施新型城市化、新型工业化、创新驱动、富民惠民战略，打造实力济南、活力济南、魅力济南，统筹推进经济建设、政治建设、文化建设、社会建设、生态文明建设，全面加强党的建设，努力在全省率先建成更高水平的小康社会，奋力开启现代化建设的新征程。

按照这一总体要求，在工作上要体现到四个方面：

一要发展更好。就是坚持科学发展，好字当头、好中求快，转变经济发展方式取得重要进展，一二三产业比较协调，全市经济整体素质、综合实力明显增强。今后五年，生产总值年均增长 11%，地方财政一般预算收入年均增长 13%，人均生产总值达到 10 万元以上。自主创新能力显著提高，基本建成国家创新型城市。城镇化水平有较大幅度提升，新农村建设取得重大进展，城乡一体化发展新格局基本形成。

二要城市更靓。就是城市现代化水平不断提高，承载能力显著增强，泉城特色更加鲜明，人文气息更加浓厚，生态环境明显改善。今后五年，城市建成区面积达到 410 平方公里，城市综合服务功能显著增强，净化、绿化、美化、亮化水平有新的提高，努力达到布局合理、功能齐全、管理有序、道路畅通、环境宜人、居住方便，基本建成国家生态城市和国家森林城市，创建较高水平的文明城市。

三要管理更优。就是重点领域改革取得重大突破，行政管理规范高效，市场体系日趋完善，整个社会的创新创业活力显著增强。民主法制建设全面推进，人民权益得到切实保障，社会更加公平公正。社会主义民主不断扩大，社会管理富有活力，为民服务机制更加健全。社会治安综合治理不断深入，人们的安全感不断增强，社会保持和谐稳定和良好秩序。

四要生活更美。就是紧紧围绕使广大人民群众的生活更加美好这一目的，在城市建设发展中充分体现以人为本，切实提高人民群众的生活水平。今后五年，城市居民人均可支配收入年均增长11%以上、农民人均纯收入增幅高于城市居民人均可支配收入增幅，城乡收入差距扩大趋势得到有效控制；社会就业不断扩大，城镇登记失业率控制在4%以内；新建保障性住房7.6万套，城镇人均住房面积达到33平方米以上；区域、校际办学条件差距缩小，逐步实现优质教育均衡化；基本社会保险覆盖率达到90%以上，有效缓解人民群众看病难看病贵问题。

三、经济社会发展的重点工作

实现今后五年的奋斗目标，要着力做好十个方面的工作。

（一）做大做强实体经济，打牢经济发展的坚实基础。实体经济是城市发展的坚实基础。要从政策、资金、人才等方面入手，推动各种要素和资源更多地投向实体经济，形成加快实体经济发展的浓厚氛围和强大动力。服务业是省会的特殊优势，工业是济南发展的重要支撑，要坚持服务业与工业双轮驱动、协调发展，推动服务业提升档次、提速发展，加快工业转型升级、跨越发展，全面提高服务业发展水平和工业整体实力，增创济南经济发展的新优势。一要大力培植主导产业。要着眼长远、发挥优势，加快发展汽车、电子信息制造、机械装备三大主导产业，积极培育新信息、新能源及节能环保、新医药及生物、新材料和高端装备制造等战略性新兴产业，改造提升原材料、消费品两大传统产业。老企业要加快转型，开拓新的领域。加快推进区域金融中心、信息服务中心、商贸物流中心、文化旅游中心和商务会展中心五大服务业中心建设，打造有影响力的中国软件名城。积极培育现代产业体系，有针对性地拉长产业链，提高集群集约水平，培植形成一批比较优势突出、富有省会特色的千亿级产业集群。二要强力推进园区建设。加快推进10个省级以上开发区和20个重点服务业集聚区建设发展，优化园区产业布局，创新园区运行机制，推动企业和项目向园区集中集聚，把园区建设成为带动经济跨越发展的重要载体和有力引擎。要继续举全市之力支持高新区加快发展，将高新区尽快打造成为区域研发中心和高新技术产业高地。三要狠抓项目建设。这既包括新上一批好项目，也包括传统产业的改造提升，这是一二三产业又好又快发展的关键举措。要大力实施“项目建设三年行动计划”，进一步搞好招商引资、技术改造和重点项目建设，尤其要牢牢抓住大项目的引进和大企业的技术改造，落实责任，明确任务，争分夺秒，务求实效。要全市形成合力，各级各部门协调配合，为项目引进和建设服务出力。四要扶持壮大市场主体。企业是市场经济的主体。要推进要素集聚，支持优势企业做大做强做优，培育形成一批核心竞争力强、市场前景广阔的百亿级龙头企业和知名品牌。要降低市场门槛，放开更多领域，维护公平竞争，支持民营经济加快发展。要鼓励个人创办实业，加强创业引导和政策扶持，支持小微企业做精做专做特。五要为企业改革发展创造优良环境。各级各部门都要树立为企业服务的观念，积极主动靠前解决企业改革发展中遇到的问题。要关心支持企业家创业兴业，搞好企业家队伍建设，充分调动他们的积极性，依法依规保护他们的正当权益，激励他们以饱满的热情和旺盛的精神投入企业的改革发展。

（二）加强城市规划建设管理，提升城市现代化水平。坚持以全新的视野和科学的态度，提高城市规划建设管理科学化水平，让城市更好地承载发展、造福市民。一是高度重视规划引领。注重城市规划的人文性、统筹性、整体性和超前性，正确处理新区开发与老城提升、经济建设与社会发展、推进现代化建设与保护历史遗产的关系，精心组织总体规划的深化完善和重点区域、重要节点的城市设计，以一流的规划促进城市高标准建设、高效能管理。二是拓展优化空间布局。继续强力推进“一城三区”开发建设，东部新区、西部新区、滨河新区核心区和重大功能区基本建成。继续搞好城中村和危旧楼改造，推动低档次物流、专业批发市场和工业企业有序外迁。实施积极的“北跨”战略，加大北跨力度，尽快形成一定规模。实施积极的“南控”战略，科学有序地发展南部经济，改善当地居民生产生活条件。推进济南都市圈建设，加快融入“一蓝一黄”国家战略，在更高层次上拓展发展空间。三是重点提升城市功能。着力完善城市道路交通体系，加快城市轨道交通规划建设步伐，优先发展公共交通，加强交通管理，有效缓解城市拥堵问题。全面搞好配套建设，大力提高供热、供电、供水、供气保障水平，完善消防、防震、气象、人防设施，确保城市安全，提高承载能力。四是突出泉城文化特色。注重城市品牌、城市形象和城市文化的整体塑造，加大四大泉群、三大名胜、千年古城的系统整合和提升力度，精心实施明府城和百年商埠区的保护改造。加强泉水保护和开发利用，积极推进泉水申遗，策划举办泉水节。五是优化创新城市管理。城市既要建设好，更要管理好。要坚决纠正粗放管理的做法，实施精细化管理。依法落实城市规划，坚决遏制违法违章建设。深入推进城市环境综合整治，加快推进城乡环卫一体化，完善长效管理机制，提升“人民城管”服务品牌，提高城市综合执法和管理水平。

（三）坚持城乡融合发展，切实有效加快城镇化步伐。作为省会城市，加快城乡融合发展十分重要，必须坚持城乡统筹，一体考虑，共同发展。一要高度重视“三农”工作。毫不放松地抓好粮食生产，确保粮食稳定增产，保证“菜篮子”产品供给，有效满足市场需求。大力发展现代农业，加快农业科技创新和技术推广，改善农业设施装备条件，积极发展农业社会化服务，推动农业规模化生产，促进农村专业化分工，提高农产品生产的标准化水平。大力促进农民增收，加快农村劳动力转移就业，多渠道增加农民收入。认真落实强农惠农富农政策，加大"三农"投入和补贴力度，加强以水利为重点的农业基础设施建设，提高农村生产力。农业和农村经济的发展，从根本上讲要靠通过深化改革增强农村自身活力，充分调动广大农民的积极性。要推进农村经营体制、土地管理制度、金融服务体制、流通体制改革，积极引导发展集体经济。要鼓励支持引导农民创新创造，探索促进农业和农村经济发展的途径方式。二要分类推动县区经济跨越发展。推动历下、市中、槐荫、天桥四个中心区产业升级，突出发展总部经济、楼宇经济、创意经济、现代商务和高新技术产业，全力打造现代服务业聚集发展的先行区。鼓励历城区、章丘市跨越提升，全面加快城市建设和产业聚集发展，争当济南跨越发展新的增长极。统筹制定突破县域经济的政策措施，继续落实帮扶商河各项政策，实施三年突破平阴计划，支持济阳加快建设北跨产业发展区，推动长清加快融入中心城区发展，通过上下结合、合力攻坚，使欠发达县区在发展上实现较大突破。三要积极稳妥推进城镇化。认真落实国家和省推进城镇化的各项政策，破除城乡二元结构，不断创新思路，强化推进力度，努力使城镇化上一个新台阶。章丘、平阴、济阳、商河要以建设济南次中心城市为目标，高起点规划，高标准建设，努力建设成为特色鲜明、富有活力的现代新城。要支持小城镇发挥区位优势，搞好加工小区、服务业小区、物流园区建设，加强地方特色文化保护开发，培育发展一批工业强镇、商贸重镇和旅游名镇，支持具备条件的中心镇加快向小城市发展。要扎实推进新农村建设，持续改善农村基础设施，加强农村环境综合治理，提高农村社会事业发展水平，加快建设农村新型社区。

（四）紧紧围绕群众关注的问题，努力保障和改善民生。把保障和改善民生放在更加突出的位置，大力发展社会事业，突出办好让人民群众看得见、得实惠的实事。一要实施居民收入五年倍增计划。健全收入稳定增长机制，拓宽居民增收渠道，突出做好农民、企业职工、中低收入者和困难家庭增收工作。二要采取更加积极的就业政策。多渠道开发就业岗位，完善市场就业机制，支持高校毕业生自主创业，以创业带就业、促增收，努力保持就业形势基本稳定。三要建立更高水平社会保障体系。实现城乡基本养老、基本医疗保障制度全覆盖，建立健全特困人员救助机制，实现城乡低保动态管理下的应保尽保。四要优先发展教育。重点实施基础教育均衡发展工程和学前教育普惠工程，扩大优质教育资源辐射面，积极发展职业教育，提高高等教育水平，加快标准化公办幼儿园建设步伐，有效缓解入托难问题，强化校园、校车安全保障。五要深化医药卫生体制改革。健全基本医疗卫生制度和基本药物制度，加快发展医疗卫生事业，改善基层医疗卫生条件，努力满足人民群众的基本医疗需求。六要认真落实房地产调控政策。加快保障性住房建设，扩大普通商品房有效供给，抑制投资投机性需求，保持房地产市场健康发展。七要重视解决农民工工作生活问题。加快完善其就业、居住、医疗、子女入学等有关制度，促进他们更好更快融入城市。八要切实保障群众饮食用药安全。加强食品综合监管和药品日常监督检查，严厉打击食品药品违法违规行为，科学推进西部水源地开发和泉水先观后用。九要大力发展各项社会事业。继续做好人口计生、妇女儿童、青少年和老龄工作，积极发展体育事业，广泛开展全民健身运动，积极发展社会福利、慈善和残疾人事业。

（五）充分发挥科教人才优势，大力建设创新型城市。创新是济南发挥优势、挖掘潜力、增强竞争力的关键所在。要大力推进科教兴市、人才强市，整合创新资源，培育创新主体，加大创新投入，把人才智力资源优势转化为创新优势、发展优势、竞争优势。深化科技体制改革，消除行政和行业壁垒，加快构建高校、科研院所创新成果就地转化机制，支持企业与高校、科研院所合作，努力形成以企业为主体、市场为导向、产学研相结合的创新体系。加快国家信息通信国际创新园、国家综合性新药研发技术大平台等国家级重大创新平台建设，健全多方参与、共建共享的管理运行机制，加强重点行业、重点领域的科技攻关和成果转化。集中力量突破一批核心关键技术，推进国家商标战略实施示范城市建设，形成一批高端品牌和产品。强化企业创新主体地位，引导社会创新要素向企业聚集，鼓励骨干企业承担重要科技攻关任务，加快发展科技型中小企业，不断增强企业的自主创新能力。

（六）积极推进文化体制改革，促进文化大发展大繁荣。认真贯彻党的十七届六中全会和省委九届十三次全会精神，按照新闻宣传抓导向、理论武装抓普及、精神文明抓创建、文化事业抓繁荣的工作思路，以深化改革为动力，努力建设文化强市。深入搞好社会主义核心价值体系建设，坚持马克思主义在意识形态领域的指导地位，突出加强对科学发展观等重大战略思想的学习研究宣传，用中国特色社会主义理论体系武装党员、教育群众，不断巩固全市人民团结奋斗的共同思想基础。全面加强公共文化服务体系建设，全力办好第十届中国艺术节，加快重大文化设施和基层文化设施建设，推动公共文化资源更多地向农村和城市社区倾斜，形成覆盖全市的公共文化服务体系。加强主流文化宣传和新闻舆论引导，唱响主旋律，打好主动仗，营造健康向上的舆论环境。壮大文化人才队伍，推进文化精品创作，建设优秀文化产品基地。深入挖掘传统历史文化资源，进一步提升"天下泉城"、"名士济南"等文化品牌的知名度和影响力，大力发展数字传媒、文化创意、动漫游戏等现代文化产业，打造一批特色文化产品、知名文化企业和文化产业集聚区。积极推进文化改革创新，加快国有经营性文化单位转企改制，增强公益性文化单位的活力，培植一批有实力的文化骨干企业。大力加强社会主义精神文明建设，深入开展群众性精神文明创建活动，着力培育"诚信、创新、和谐"的济南城市精神，积极推进社会公德、职业道德、家庭美德、个人品德建设，提高人民群众的思想道德素质和社会文明程度。

（七）加强和创新社会管理，努力维护社会和谐稳定。坚持党委领导、政府负责、社会协同、公众参与，全面提高社会管理科学化水平，最大限度地激发社会活力，最大限度地增加和谐因素，最大限度地减少不和谐因素。切实做好新形势下的群众工作，坚持用群众工作统领信访工作，加强社会矛盾隐患排查和风险评估，妥善解决群众合法合理诉求，坚决纠正损害群众利益的行为，努力从源头上预防和减少社会矛盾。进一步拓宽了解社情民意的渠道，加强网上政府建设和管理，办好“12345”市民服务热线，认真回答和解决群众反映的问题。充分发挥老干部、老党员、老教师、老干警、老模范“五老群体”在社会管理创新中的作用。健全基层社会管理服务体系，着力抓好流动人口、特殊人群、信息网络、非公有制经济组织和社会组织的服务管理。加强民族宗教、对台、侨务工作。扎实做好双拥共建和民兵预备役工作，巩固发展军政军民团结。深入推进社会管理综合治理和平安济南建设，健全完善社会治安防控体系以及重大群体性事件预警、处置和舆情引导机制，依法防范和严厉打击各类违法犯罪活动，不断夯实社会治安根基，进一步增强人民群众的安全感。全面落实安全生产责任制，有效防止发生重特大安全事故。

（八）深入实施重点领域改革，全面提高城市开放水平。坚持社会主义市场经济的改革方向，深入推进重点领域和关键环节的改革，努力破除影响和制约科学发展的体制机制障碍。推进行政管理体制改革，加快政企分开、政事分开，努力建设法治政府和服务型政府。推进市四大投资集团改革，增强平台融资能力和资产实力，严格控制政府债务规模和风险。推进国有企业改革，完善国有资本预算制度，加快国有经济战略性调整。推进财税体制改革，建立完善公共财政体制，加强县级基本财力保障。全面提高对外开放水平，优化利用外资结构，提高利用外资质量，扩大利用外资规模。积极转变外贸增长方式，推动加工贸易转型升级，增强口岸服务功能，大力发展服务贸易，多元化开拓国际市场，积极承接国际服务外包。加快实施“走出去”战略，引导优势企业开展跨国并购和投资，建设境外生产、营销和资源供应基地，拓展外部发展空间。

（九）不断加大节能减排力度，努力营造良好生态环境。围绕资源节约型和环境友好型社会建设，认真落实节约能源资源、保护生态环境和节约集约用地的法规政策，加快走上生产发展、生活富裕、生态良好的文明发展道路。要以环境综合整治为抓手，统筹协调、科学安排，充分调动各级各部门各方面的积极性，打好环境综合治理这场硬仗。以治理水和大气污染为重点，强化节能减排，抓好环境保护，淘汰落后工艺，加大重点领域、重点行业、重点企业的监督管理，坚决查处各种违法违规行为，确保各项约束性指标如期实现。抓好节约集约用地，坚决实行最严格的土地管理和耕地保护制度，提高土地利用效率。建设一批重大生态工程，加大植树造林和城市绿化力度，使泉城天更蓝、水更清、空气更清新。深入实施南部山区生态功能区保护。西部新区和北跨新区建设，要充分考虑生态环境的保护，增加绿地、树木和水面面积。东部地区要切实保护好山体，并进一步修复破损山体。

（十）进一步优化发展环境，形成促进创业发展的浓厚氛围。各级各部门要真心实意为企业、为基层、为群众服务，使人们愿意在济南兴业，愿意在济南工作，愿意在济南生活，愿意在济南消费，努力营造脚踏实地、勤劳创业、守法经营、奋斗致富的社会氛围。着力创建务实高效的政务环境，进一步转变政府职能，抓好各级政务服务中心建设，减少和规范行政审批，不扯皮、不推诿、不刁难，全面提升政府公信力和服务效能。着力创建公平有序的市场环境，抓好济南公共资源交易中心建设，完善市场体系，规范市场秩序，健全竞争机制，促进资本、技术、人才等各类生产要素合理流动。着力创建诚实守信的信用环境，加快建立社会信用体系，培育以诚信经营为核心的商业道德和商业文化。着力创建公正严明的法治环境，推进依法治市，促进司法公正，加强政法队伍建设，抓好“六五”普法教育，不断提高依法行政水平和干部群众依法行事的自觉性。

四、全面提高党的建设科学化水平

率先建成更高水平小康社会、奋力开启现代化建设新征程，关键在党。在新的发展时期，面对繁重的工作任务，我们面临着严峻的执政考验、改革开放考验、市场经济考验、外部环境考验。全市各级党组织和广大共产党员，务必树立强烈的忧患意识、责任意识、使命意识，全面推进党的思想、组织、作风、制度和反腐倡廉建设，努力保持党的纯洁性，为加快省会现代化建设提供坚强保证。

（一）保持同人民群众的密切联系。一切为了群众，一切依靠群众，全心全意为人民服务，是我们党的根本宗旨。要牢固树立马克思主义群众观，尊重人民主体地位和首创精神，想问题、作决策、干工作都要从群众利益出发，真诚倾听群众呼声，真实反映群众愿望，真情关心群众疾苦，真正实现好、维护好、发展好最广大人民群众的根本利益。作为党员领导干部要树立正确的权力观，把权力作为一种为人民群众办事的责任和义务，而不是谋取私利的工具，真正做到执政为民。要发扬艰苦朴素的优良传统，办一切事情都要注意节俭，决不能讲排场，更不允许铺张浪费。要进一步转变作风，大力弘扬求真务实精神，深入基层、深入群众，摸实情、说实话、办实事、求实效，坚决反对弄虚作假、形式主义，努力创造经得起群众、历史和实践检验的实绩。我们都要牢牢铭记，只要始终坚定地站在最广大人民群众的一边，永远与人民群众同呼吸、共命运，我们就能克服一切困难，无往而不胜。

（二）着力提高领导水平和执政能力。把执政能力建设作为党的建设的根本，加强领导班子建设，完善领导机制，提高干部素质，夯实执政基础。进一步加强思想建设，以高度的政治自觉和有力的政策措施推进学习型党组织建设，深入学习中国特色社会主义理论体系和现代科学文化知识，用马克思主义中国化的最新成果武装头脑，坚定共产主义理想信念，提高贯彻落实科学发展观的自觉性。各级党委要坚持科学执政、民主执政、依法执政，按照总揽全局、协调各方的要求，集中精力管方向、谋全局、抓大事，注重研究解决全局性、战略性和前瞻性的重要问题，支持人大、政府、政协各负其责、步调一致地开展工作。善于调动各个方面的积极性，依靠大家的力量干事创业。充分发挥工会、共青团、妇联等群团组织的作用，支持他们依照法律和各自章程开展工作。巩固发展最广泛的爱国统一战线，凝心聚力、共推发展。完善决策执行监督体系，推进民主决策、科学决策，严格责任制、提高执行力，加强督促检查、狠抓工作落实。夯实党执政的组织基础，大力推进基层党组织全覆盖和工作创新，完善创先争优长效机制，构建城乡统筹的基层党建新格局，充分发挥基层党组织的战斗堡垒作用。

（三）努力建设高素质干部队伍和人才队伍。坚持五湖四海、任人唯贤，坚持德才兼备、以德为先用人标准，把各方面优秀人才集聚到省会现代化建设事业上来。继续深化干部人事制度改革，扩大干部工作中的民主，健全干部选拔任用提名制度，完善竞争性选拔干部方式，拓宽选人用人渠道，加大干部交流力度。提高选人用人的公信力，坚持重德才、凭实绩使用干部，用落实科学发展观的成效评价干部，健全完善综合考核评价办法。需要格外强调，各级领导班子和主要负责人，一定要按照党的原则，公平公道对待干部，公平公道选拔干部，公平公道使用干部，让能干事者有机会、干成事者有舞台，形成正确的选人用人导向和良好的用人风气，以实际行动接受广大党员干部和人民群众的评判。贯彻党管人才原则，积极打造创业平台、提供发展空间，形成人才辈出、人尽其才的生动局面。加强干部教育培训阵地建设，扎实推进大规模培训干部工作。重视培养选拔优秀年轻干部、女干部、少数民族干部和党外干部。严格干部日常管理，激励和督促各级干部勤奋高效务实工作。要关心爱护干部特别是在基层工作的同志，这与严格要求是一致的。政治上要关怀，思想上要引导，工作上要帮助，生活上要体贴，使大家高高兴兴、全身心投入工作。满怀深厚感情，周到细致地做好老干部工作。做好新形势下的发展党员工作，提高发展党员质量，优化党员队伍结构。

（四）深入开展党风廉政建设和反腐败斗争。充分认识反腐败斗争的长期性、复杂性和艰巨性，全面强化反腐倡廉建设。认真贯彻标本兼治、综合治理、惩防并举、注重预防的方针，深入推进构筑惩治预防腐败体系系统工程，努力在打造廉洁高效济南上取得更大成效。严格执行党风廉政建设责任制，落实领导干部述职述廉、报告个人有关事项、干部财产申报和经济责任审计等制度规定。积极开展示范教育、警示教育和岗位廉政教育，推进廉政文化建设，筑牢拒腐防变的思想道德防线。加强从源头上预防腐败，强化廉政风险防范控制，大力推进权力阳光运行，充分发挥现代科技手段在防治腐败中的作用，完善公共资源交易监管机制。加大查办案件工作力度，坚决惩治腐败分子。加强和改进巡视工作，搞好行风民主评议。加强对重大决策部署的监督检查，严格执行组织人事纪律。要加强对党员干部尤其是领导干部的监督，进一步完善加强监督的制度措施，并切实贯彻落实，使每一个领导干部都置于党组织、人民群众和社会舆论的监督之下。在这个方面没有例外。各级领导干部都要重视加强党性修养，严格执行廉洁自律各项规定，自觉做到自重、自省、自警、自励，以身作则，一身正气，永葆共产党人的政治本色。

同志们，我们肩负着光荣而艰巨的历史使命和广大人民群众的嘱托。让我们更加紧密地团结在以胡锦涛同志为总书记的党中央周围，在省委的坚强领导下，团结带领全市广大党员干部群众，解放思想、开拓创新，科学务实、积极作为，为率先建成更高水平小康社会、奋力开启现代化建设新征程而努力奋斗！

政府工作报告

——2012年2月27日在济南市第十五届人民代表大会第一次会议上

济南市代市长　杨鲁豫

各位代表：

现在，我代表市人民政府向大会报告工作，请予审议，并请各位政协委员和其他列席人员提出意见。

一、2008年以来的工作回顾

过去的四年，是济南发展史上很不平凡的四年。面对国内外复杂多变的经济环境，在中共济南市委坚强领导下，市政府与全市人民一起，以科学发展观为统领，按照"维护省城稳定、发展省会经济、建设美丽泉城"的总体思路，解放思想，提升境界，抢抓机遇，积极作为，卓有成效地开展工作，全市经济保持平稳较快发展。2011年，全市完成生产总值4406.3亿元，比2007年增长58%，人均64331元；实现地方财政一般预算收入325.4亿元，比2007年增长107.3%；社会消费品零售总额2023.1亿元，比2007年增长83.4%；固定资产投资1934.3亿元，比2007年增长106.2%。我们完成了市十四届人大一次会议以来的目标任务，实现了"十二五"时期良好开局。

——转方式调结构成效明显。把转方式调结构作为应对金融危机、提高经济发展质量和效益的重要举措。积极推进国家服务业综合改革试点工作，加快金融、信息服务、商贸物流、文化旅游和商务会展五大区域性服务业中心建设，服务业占生产总值比重达到53.1%，现代服务业占服务业比重达到46.9%，分别比2007年提高4.3个和5.5个百分点。金融支撑作用明显增强，2011年末人民币存贷款余额分别达到8275.8亿元和6893.7亿元，比2007年增长103.7%和87.4%。加大对工业新兴产业项目培育引进，实施重点技术改造项目计划，高新技术产业产值占规模以上工业总产值的比重达到38.66%，33个项目列入全省战略性新兴产业重点项目。大力增强创新驱动能力，举全市之力支持高新区加快发展，积极推进国家信息通信国际创新园、国家创新药物孵化基地、综合性国家高技术产业基地建设，济南云计算中心、中科院量子技术研究中心揭牌启用，国家千万亿次超级计算济南中心和全国首条高端集成电路封装测试生产线在我市建成运营，填补了国内空白。四年新增国家级工程技术研究中心和企业技术中心10家、省级114家，促进了创新发展。狠抓重点领域节能降耗，强化源头控制，淘汰落后产能，高污染和高耗能产业投资占比下降4.1个百分点，节能减排约束性指标全面完成。

——城市功能形象显著提升。紧紧抓住承办(举办)第十一届全运会、第七届园博会和十艺节的历史机遇，强力推进城市规划建设管理。四年来，累计投资2000亿元，城镇化率由63.05%提高到65.05%。完成新一轮城市总体规划，编竣重点规划设计600余项，实现中心城区控规全覆盖。"一城三区"建设加快推进，老城区棚户区、城中村、危旧简易楼改造成效显著，一批城市综合体建成开业，护城河通航和大明湖扩建改造工程全面完成。趵突泉连续8年喷涌，泉城特色更加凸显。东部新区"东荷西柳"一场三馆、省博物馆、省档案馆和一批总部经济楼宇落成投用，增添了奥体文博片区现代化气息。西部新区京沪高铁济南西站通车运行，省会文化艺术中心等重点工程加快建设，园博园、森林公园建成开放。滨河新区开发全面展开，小清河综合治理主体工程竣工。

城市功能不断完善，建设改造北园大街、二环东路高架及玉函路、奥体中路等市政道路，济莱、济菏、青银高速公路顺利通车。完成一批供水、供电、供气、供热和排水排污工程，城市公用设施覆盖率和服务管理水平有了新提高。完成腊山河、工商河、东泺河等13条河道治理，城市排水防洪能力增强。城市管理不断创新，强化数字化和网格化管理，城市环境综合整治有力推进，综合执法和管理水平明显提高，城管为民服务成效显著。整治破损山体108座，建成区人均公园绿地面积达到10.3平方米。抓好城区大气污染防治，市区空气环境质量改善率为9.4%。强化重点河流截污措施，列入全省考核的4条主要河流，均达到恢复鱼类生长的水质目标。

——统筹城乡发展扎实推进。全面落实强农惠农富农政策，新农村建设"十大行动"和统筹城乡"七大工程"取得显著成效。市级财政四年投入涉农资金77.3亿元，年均增长22.9%。现代农业加快发展，粮食生产连续9年丰收，2011年总产达到295.8万吨，蔬菜、畜牧、种苗、林果花卉四大产业不断发展，有机、绿色食品和无公害农产品认证达689个。农技推广体系逐步完善，农业机械化水平显著提高。农业龙头企业410家、专业合作社3278家，分别比2007年增加205家和2955家。农村基础设施建设持续加强，完成6座大中型水库和123座病险小型水库除险加固，治理水土流失面积351平方公里，完成南水北调东线济南段征地拆迁任务，东湖水库等工程建设顺利。创建国家森林城市初见成效，全市森林覆盖率达到31.1%。美国白蛾防治成效明显，秸秆综合利用率达到90%，农村沼气保有量19万户。基本实现村村通公路、客车、自来水、有线电视、互联网，完成38个小城镇提升改造和26.5万户农房建设任务，43处敬老院达到省级标准，全市过半乡镇、130万农村居民纳入城乡环卫一体化管理。扶贫工作成效显著，四年来，重点扶贫区域农民纯收入由人均4006元提高到7550元，年均增长17.2%，高于全市农民纯收入增幅3.9个百分点。县区经济发展加快，帮扶商河成效显著，章丘在全国县域经济百强中位次前移，2011年，4个县(市)区和高新区地方财政一般预算收入超过20亿元。

——城乡居民生活持续改善。四年来，承诺的43件民生实事全部兑现。2011年，市本级用于民生和社会领域支出占全部地方财政预算支出的54.8%，比2007年提高4个百分点。城市居民人均可支配收入28892元、农民人均纯收入10412元，比2007年分别增长60.5%和65.3%。居民消费价格指数涨幅为5.4%，启动社会救助和保障标准与物价上涨挂钩联动机制，缓解物价上涨对低收入居民基本生活的影响。积极促进就业，四年累计新增城镇就业54万人，农业富余劳动力转移就业57.2万人次，历年城镇登记失业率控制在4%以内。城乡居民社会养老保险实现全覆盖，企业离退休人员人均月养老金由2007年1090元提高到1825元，城镇居民基本医疗保险全面推开，新型农村合作医疗政府补助标准提高到年人均200元，实现应参尽参。城市低保月人均标准提高到400元，农村低保标准提高到每人每年不低于1800元。启动38个集中片区和35个零星片区棚户区改造。四年累计开工建设保障性住房7.49万套，其中公共租赁住房2.32万套、经济适用房1.68万套、棚改安置房3万套、廉租住房4853套，向6330户市民发放廉租住房补贴6430.5万元。市区人均住房建筑面积30.3平方米，比2007年增加2.4平方米，群众居住生活条件得到改善。

——各项社会事业全面进步。大力实施人才强市战略，启动“齐鲁人才特区”建设，完成“5150引才计划”，引进高层次创新创业人才210人。实施《济南市中长期教育改革与发展规划纲要》，四年投入教育经费185亿元，改造重建和新建学校636所，新建公办幼儿园50所，确定外来务工人员子女定点学校56所，城乡义务教育经费保障机制全面落实。完成2366个村级卫生室标准化建设，在全省率先建成基层卫生服务体系。开工新建市图书馆、群众艺术馆、美术馆，基本建成四级公共文化服务体系，推出大型电视片《天下泉城》、京剧《重瞳项羽》和《李清照》等一批文化精品，“泉城大舞台”等群众文化活动蓬勃开展。成功举办首届中国非物质文化遗产博览会、第十九届全国图书博览会、第五届中国京剧节。圆满完成第十一届全运会济南主赛区和第七届园博会承办工作，提高了我市的知名度和美誉度。我市运动员奋力拼搏，在国内外赛事中获得金牌243枚。计划生育工作走在全省前列，2011年全市人口自然增长率为4.34‰。加强民族团结和宗教工作，支持慈善事业发展。社会科学、档案史志、广播电视、妇女儿童、老龄、残疾人、气象、防震减灾等工作不断加强。

——改革开放取得新成绩。积极推进重点领域和关键环节改革。出台加快建设文化强市的实施意见，完成经营性文化事业单位转企改制。城市投融资平台改革重组为四大投资集团公司，市、县、镇(乡)机构改革顺利完成。建立市、县、镇、村行政审批便民服务体系，精简行政审批278项。公共资源交易中心建成运行，网上政府建设不断加强，12345市民服务热线在服务群众、畅通民意方面发挥了纽带作用，受到广大群众的欢迎。突出抓好医药卫生体制五项改革，实现政府办基层医疗卫生机构基本药物制度全覆盖，每门诊人次和每住院床日药费分别下降24.6%和29.3%。促进竞争性领域国有资产重组，监管企业资产结构和运营质量明显改善。出台水利改革实施意见，集体林权主体改革基本完成，农村土地承包经营权流转2.74万公顷。加快开放型经济转型升级。2011年实现外贸进出口总额104亿美元，其中出口60.5亿美元，比2007年分别增长67.3%和76.1%；实际到账外资11亿美元，完成对外承包工程21.6亿美元，比2007年分别增长96.2%和155%；服务外包4.5亿美元，年均增长60%，占全省比重40%以上。口岸设施功能不断完善，友好城市合作有了新发展，外事、侨务、对台工作取得新成绩。

——民主法治建设不断加强。深入推进依法治市，坚持依法行政和政务公开，认真执行人大及其常委会的决议、决定，依法接受人大监督，支持政协发挥政治协商、民主监督、参政议政的职能作用，自觉接受群众和社会舆论监督，四年受理人大代表议案建议1476件、政协提案2187件，均落实办复。积极开展“下基层、解难题、办实事”、“执政为民、廉洁高效”和“创先争优”活动，启动行政执法电子监察和行政复议试点，健全反腐倡廉和科技防腐机制，加强审计监督，深化源头防治腐败各项工作，促进了机关作风转变和行政效能提升。创新社会管理，化解社会矛盾，基层基础建设、社区管理和信访工作得到加强，健全社会治安综合治理和防控体系，依法打击各类违法犯罪活动，促进了社会平安和谐稳定。强化工商管理服务和安全生产、产品质量、食品药品监管，进一步规范了生产和市场秩序。广泛开展“迎全运、讲文明、树新风”等精神文明创建活动，涌现出贴心民政、阳光大姐、泉城义工等知名品牌和全国著名的道德模范标兵人物。国防动员、民兵预备役建设、人民防空、双拥共建和优抚安置工作成绩显著。圆满完成四川省北川县擂鼓镇及县城灾后重建和对口援藏、援疆、帮扶重庆各项任务。

各位代表！四年来的发展变化，是省委、省政府和市委正确领导的结果，是全市人民艰苦奋斗、开拓进取的结果，是省会各界团结一致、共同努力的结果。在此，我代表市人民政府，向全市各族人民，各级人大代表、政协委员、各民主党派、工商联、无党派人士、各人民团体和各界人士，向驻济人民解放军、武警官兵和中央、省驻济单位，向港澳台同胞、海外侨胞和国际友人，表示崇高的敬意和诚挚的感谢!

各位代表,四年的实践使我们深刻体会到,做好济南的工作,必须坚持以科学发展观统领全局,牢牢把握发展第一要务不动摇,突出好字当头,毫不放松地推进经济社会又好又快发展;必须坚持以转变经济发展方式为主线,通过结构调整和自主创新培育新的增长点,加快省会经济转型升级步伐;必须坚持抓城建就是抓发展、惠民生,把城市建设作为推动经济社会发展的载体和动力;必须坚持深化改革、扩大开放,用改革、创新、开放的思路和办法,破除思想观念和体制机制障碍,增强科学发展的活力;必须坚持以人为本、执政为民,注重社会公平和公共资源均衡配置,使发展成果惠及广大人民群众;必须坚持解放思想,与时俱进,抢抓机遇,真抓实干,把提升境界标准与增强执政能力结合起来,努力建设务实、高效、廉洁的服务型政府。

各位代表,四年来的成绩令人鼓舞,但我们清醒地看到,面临的困难和问题仍然不少。综合实力与竞争能力还不够强,实体经济支撑和内需拉动作用比较薄弱,对我市生产总值、服务业增加值和实际到账外资指标的完成造成一定影响;省会优势和泉城特色发挥得还不够充分,城市综合服务功能、承载力和辐射力亟待提升;县域经济发展相对滞后,园区经济和特色产业还不强;对外开放程度还不高,体制机制活力不足,办事效率、创新能力不能很好满足科学发展需要;社会管理基层基础工作相对薄弱,公共服务、保障改善民生和维护社会稳定等方面还有一些问题需要解决;政府自身建设水平需要进一步提高,转变作风、提高效能的任务相当繁重。尤其需要注意的是,在有些干部中不同程度地存在着精神懈怠、能力不足、脱离群众的问题,腐败现象仍有发生。对这些问题,我们必须高度重视,采取有力措施切实加以解决。

二、今后五年工作的基本思路和主要目标任务

今后五年,是济南率先建成更高水平小康社会、开启现代化建设新征程的关键时期,也是迎接挑战、大有作为的战略机遇期。当前,国内外经济形势复杂多变,社会矛盾凸显,发展中不稳定、不协调、不可持续的问题仍然突出,前进道路上充满风险和挑战。但是从总体看,机遇大于挑战,国内外发展的有利条件大于不利因素,工业化、信息化、城镇化、市场化、国际化融合发展的趋势没有改变,这为我市长期向好发展提供了有利环境和诸多机遇。我市经过多年的改革发展,综合实力增强,功能形象提升,社会事业进步,为今后平稳较快发展奠定了坚实基础。刚刚召开的中国共产党济南市第十次代表大会,回应人民群众的新期待,规划了未来五年省会经济社会发展的宏伟蓝图,进一步明确了目标任务,有力激发全市人民奋斗热情,大大增强我们做好各项工作的信心。

今后五年政府工作的基本思路是:高举中国特色社会主义伟大旗帜,以邓小平理论和“三个代表”重要思想为指导,深入贯彻落实科学发展观,牢牢把握科学发展主题和加快转变经济发展方式主线,按照中共济南市第十次代表大会的部署要求,以群众为根本,以实践为标准,发挥省会优势,建设美丽泉城,大力实施新型城市化、新型工业化、创新驱动、富民惠民战略,打造实力济南、活力济南、魅力济南,统筹推进经济建设、政治建设、文化建设、社会建设和生态文明建设,努力在全省率先建成更高水平的小康社会,奋力开启现代化建设的新征程。

根据“十二五”规划,着眼今后五年,工作中要充分体现“发展更好、城市更靓、管理更优、生活更美”的要求。总的目标任务是:

——全面增强综合经济实力。牢牢把握发展这个第一要务,坚持稳中求进、好中求快,保持经济平稳较快增长。全市生产总值年均增长11%,地方财政一般预算收入年均增长13%,固定资产投资年均增长18%以上,力争主要发展指标在全国同类城市位次前移。做大做强实体经济。坚持服务业和工业双轮驱动,大力推进金融、信息服务、商贸物流、文化旅游和商务会展五大区域性服务业中心建设,围绕传统优势产业和战略性新兴产业发展,加快培育汽车、信息、机械装备、新能源及节能环保、石化及新材料、食品医药、轨道交通装备等7个千亿级产业集群,着力打造一批过百亿企业,增创发展新优势。分类推进县区经济跨越发展。推动历下、市中、槐荫、天桥四个中心区产业升级,全力打造现代服务业聚集发展先行区;鼓励历城区、章丘市跨越提升,加快城市建设和产业集聚发展,争当济南跨越发展新的增长极;推动落实帮扶商河发展和三年突破平阴的政策措施,支持济阳加快建设产业北跨发展区,推动长清加快融入中心城区发展。各发展主体都要按照增幅高于全市平均水平的要求确定目标任务,通过五年努力,实现中心区率先跨越、近郊区争先进位、远郊区迅速崛起。强化园区建设。支持高新区率先发展,尽快进入全国一流行列。加快8个省级开发区建设发展,力争在全省开发区竞相发展中位次不断前移。提高济南在省会城市群经济圈中的首位度,加快建设具有较强辐射带动能力的现代化省会城市和区域中心城市。

——加快转变经济发展方式。突出“主题主线”,加快省会转型升级步伐。着力优化需求结构。以项目建设为抓手,狠抓增量消费和招商引资,调整优化投资结构,把增投资与扩消费更好地结合起来,构建扩内需长效机制,加快形成以内生增长为主的消费、投资、出口协调拉动新格局。推动产业优化升级。巩固提高农业,大力发展都市型、城郊型现代农业;做大做强工业,改造提升传统工业,大力发展高端高质高效产业;加快提升服务业,优先集聚发展现代服务业。促进三次产业协调竞相发展,构筑服务经济主体带动、高新技术产业和先进制造业强力支撑、现代农业扎实推进的现代产业体系。强化创新驱动。深入实施科教兴市、人才强市和质量兴市战略,发挥省会优势,整合创新资源,培育创新主体,全面提高自主创新能力,集中力量攻克一批

关键核心技术，培育一批创新型企业和领军人物，争创更多的知名品牌、驰名商标和国家标准，率先建成国家创新型城市。提升经济增长效益。注重项目前期策划研究，强化投入产出分析，力争用较少的要素投入，获取较大的经济和社会效益。提高绿色发展水平。重视发展低碳经济和循环经济，强化节能减排，压缩高耗能、高污染和产能过剩行业，坚持节约集约用地，努力构建资源节约型和环境友好型社会。

——努力建设美丽泉城。全面提高城市规划建设管理科学化水平。强化规划引领作用，精心组织总体规划的深化完善和重点区域、重要节点的城市设计，以高水平规划促进城市高标准建设、高效能管理。加快"一城三区"开发建设，老城区继续推进棚户区、城中村和危旧楼群改造，促进传统工业企业有序外迁、转型升级，改造提升低档次物流和专业批发市场，基本建成东部新区、西部新区核心区、滨河新区核心区和重点功能区。积极推进北跨战略，加大规划建设力度，以交通设施、产业园区、生态旅游、强镇建设为依托，加快形成北跨区域发展新格局。实施积极的南部山区保护与发展战略，科学有序地发展南部经济，优化生态环境，提高当地居民生活水平。完善功能互补、布局合理的城镇体系，章丘、济阳、平阴、商河要以建设济南次中心城市为目标，高起点规划建设。努力打造区域绿色发展新高地，加快省会城市群经济圈发展，主动融入"一黄一蓝"国家战略，在更高层次上拓展发展空间。进一步加强城市基础设施建设，重点抓好城市道路和公共停车场建设，优化路网结构和交通体系，加快城市轨道交通和城际铁路规划建设，优先发展公共交通，率先建成"公交都市"。提高交通管理科学化水平，有效缓解城市交通拥堵状况；提高城市净化、绿化、亮化、美化水平，改善城市景观形象；提高供水、供电、供气、供热保障水平，方便人民群众生活；提高城市污水处理、垃圾处理和大气治理水平，创造宜人居住环境；提高消防、人防、防震、防洪、气象设施水平，确保城市防灾安全。进一步创新城市管理，深入推进环境综合整治，不断完善长效管理机制，提升"人民城管"服务品牌。突出泉城特色，实现泉水持续喷涌，推进泉水申遗、先观后用、深度开发，切实提高饮用水质量。经过五年努力，城市功能和现代化水平显著提高，城镇化率达到70%左右，国家生态城市和国家森林城市基本建成，让美丽泉城天更蓝、水更清、空气更清新、绿化更多彩。

——深入推进改革开放。坚持社会主义市场经济的改革方向，推进重点领域和关键环节改革。着力解决全局性、深层次、体制性矛盾，不断增强发展活力，促进社会和谐。深化医药卫生体制改革，健全基本医疗卫生制度和基本药物制度。推进文化体制改革，促进文化大发展大繁荣。推进行政管理体制改革，加强法治政府和服务型政府建设。推进财政体制改革，建立完善公共财政体制。推进市四大投资集团改革，增强融资能力和开发实力。深化国有企业改革，加快国有经济战略性调整。鼓励支持非公有制经济加快发展，激发全民创业创新活力。推进农村经营、土地管理、金融服务、流通体制改革，引导发展集体经济。全面提高对外开放水平。大力实施开放带动战略，坚持高质量"引进来"，优化外资结构，吸引更多的市外企业和资金向济南聚集，构建全方位、多层次、宽领域的利用外资新格局。加快转变外贸增长方式，优化出口结构，推动加工贸易转型升级，大力发展服务贸易，增强口岸服务功能，保持进出口稳定增长。积极稳妥"走出去"，支持企业到国外开拓市场、扩大贸易。坚持引资与"引智"相结合，积极引进先进技术、管理经验、高效机制和高素质人才，带动先进发展理念在我市推广传播。适时建设一批国际教育、医疗、文化设施和生活居住服务区，努力营造省会国际化氛围。

——大力推进文化强市建设。以全力办好第十届中国艺术节为契机，加强公共文化服务体系建设，建设一批市级公共文化设施和基层文化基础设施，加快构建覆盖城乡的四级公共文化服务网络，强化公益性、均等性文化服务，推动公共文化资源更多地向社区和农村倾斜。采取市场化办法，动员社会力量建设100所不同门类、各具特色的博物馆。加大四大泉群、三大名胜、百年商埠、千年古城的系统整合和保护，进一步提升"天下泉城"、"名士济南"文化品牌影响力。整合壮大文化人才队伍，创作一批在全国具有影响力的文化精品。大力发展文化产业，深入挖掘传统历史文化资源，培育现代文化产业项目，打造一批特色文化产品、知名文化企业和文化产业集聚区。创新文化发展体制机制，深化国有文化单位改革。培育"诚信、创新、和谐"的济南城市精神，提高全社会思想道德素质、科学文化素质和城市公共文明程度，争取跻身全国文明城市行列。

——切实增强人民群众幸福感。坚持以人为本、民生优先，努力让广大市民生活得更加美好。健全收入稳定增长机制，提高居民工资性、经营性、财产性收入，突出做好农民、企业职工、中低收入者和困难家庭增收工作，城市居民人均可支配收入年均增长11%以上，农民人均纯收入增幅高于城市居民收入增幅，有效控制城乡收入差距扩大趋势。实施更加积极的就业政策，多渠道开发就业岗位，完善市场就业机制，支持高校毕业生自主创业，以创业带就业、促增收，努力保持就业形势基本稳定。建立更高水平社会保障体系，实现城乡基本养老、基本医疗保障制度全覆盖，完善城乡困难群众社会救助体系，建立城乡低保标准自然增长机制，基本社会保险覆盖率达90%以上。优先发展教育，推进各级各类教育均衡发展，强化措施缓解入托难问题，逐步缩小区域、校际办学条件和教学水平差距。加快发展医疗卫生事业，改善基层医疗卫生条件，有效缓解人民群众看病难看病贵问题。着力解决城乡中低收入家庭住房困难，新建保障性住房7.6万套，城镇人均住房面积达到33平方米。加强安全生产和食品药品监管工作。社会管理富有活力，为民服务机制更加健全，平安建设持续深入，人民合法权益得到切实保障，社会更加公平公正、和谐稳定。群众安全感、健康水平、生活质量均有较大提高，人民生活得更加幸福美满。

三、全面做好开局之年的工作

今年是新一届政府开局之年，也是实施“十二五”规划承上启下的关键一年。做好今年工作，必须全面贯彻中央“稳中求进”的工作总基调，按照“四个牢牢把握”和“四个着力”的基本要求，以创新驱动、提质增效、统筹发展为着力点，正确处理保持经济平稳较快发展、调整经济结构和管理通胀预期三者关系，统筹推进稳增长、控物价、调结构、拓空间、抓改革、促开放、惠民生、保稳定各项工作。经济社会发展主要预期目标是：生产总值增长10.5%，地方财政一般预算收入增长15%，固定资产投资增长18%，社会消费品零售总额增长15%。服务业增加值增长11%，规模以上工业增加值增长12%，高新技术产业产值比重提高1个百分点。外贸出口增长11%，实际到账外资增长11%。城市居民人均可支配收入、农民人均纯收入均增长11%，居民消费价格总水平涨幅控制在4%左右，城镇登记失业率控制在4%以内，人口自然增长率控制在4.7‰以内。完成省政府下达的年度节能减排目标任务。工作中努力争取各项指标完成得更好。

（一）保持经济平稳较快发展。全面落实国家宏观调控政策，增强经济发展的内生性、协调性。一是扩大消费需求。提高居民消费能力，健全职工工资正常增长和支付保障机制，继续提高企业最低工资标准，合理增加城乡居民特别是低收入群众收入。拓展消费领域，优化消费结构，加快生存型、温饱型消费向小康型消费转变，从以物质消费为主向物质、文化消费并重转变，不断提高精神文化消费的比重。积极扩大增量消费，打造文化、旅游、商务等消费热点，落实结构性减税政策，用优良的购物环境、旅游环境和服务环境，吸引国内外消费群体来济消费。健全商贸流通体系，完善大型商贸综合体配套服务，加快农产品物流交易中心、“社区便民放心菜”、“放心早餐”工程建设，继续推进“万村千乡”及“农超对接”工作。落实全国肉菜追溯、家政服务体系建设试点城市任务。二是促进投资稳步增长。扎实搞好招商引资，推动社会力量投资办实业，全力抓好项目建设。要“抓大不忘小”，盯住世界500强和国内大企业，多引进一些符合转方式调结构的现代农业、新型工业和现代服务业的大项目、好项目，同时要大力支持成长性好、效益好的中小项目发展。要“抓新不忘老”，既要抓好新项目的引进和建设，也要重视老企业转型升级，通过装备更新和技术改造，使老企业焕发新的生机和活力。要“抓外不忘内”，既要抓好外资项目和市外引进项目，更要鼓励市内企业家和有志之士干事创业、多上项目。要“抓快不忘好”，既要重视投资规模的扩张，也要关注投资质量、结构和效益，加大高端高质高效新兴产业的投资。转变工作思路，创新服务机制，由主要依靠政策招商转为更多地依靠优化环境、优质服务和优势资源招商。大力实施“项目建设三年行动计划”，强化各级领导干部包项目责任制，对好项目、大项目全程跟踪服务，完善重点项目分级联系和绿色通道制度。充分发挥工商联和各类商会的作用，营造民营企业公平参与竞争的市场环境，促进民营经济扩大投资、做大做强。加强高效财源建设，提高税收征管水平。组织好对各县（市）区、高新区项目和园区建设现场观摩与考核评先。三是保持物价和市场稳定。加强主要农产品、基本生活必需品、重要生产资料的供应，搞好产运销衔接，降低流通成本。稳妥推进政府管理价格调整，完善社会救助、保障标准与物价上涨挂钩联动机制，健全价格监测预警体系，严厉查处发布虚假信息、囤积居奇、操纵价格等非法行为，打击商业欺诈、制假售假行为，保持良好的消费环境和市场秩序。

（二）推动服务业优化提升。把推动服务业发展作为产业结构调整的战略重点，促进服务业与工业融合发展、提速升级。一是加快优势产业发展。深化国家服务业综合改革试点，加快五大区域性服务业中心建设。金融服务业重点是积极引进外资和外埠银行，大力发展地方金融保险机构和证券期货市场，组建新型金融机构，促进企业上市和资本市场发展，加快建设区域性金融中心。信息服务业重点是推进“三网融合”，突出发展软件、服务外包、动漫游戏、物联网等产业，推动支柱产业高端化。商贸物流业重点是加快修订物流产业规划，加快物流园区、中心、节点三级网络建设，培育大型第三方物流企业。文化旅游业重点是加快发展文化创意、现代演艺、移动多媒体等新兴文化产业，加大旅游资源整合开发，拓展观光、体验、休闲、度假旅游，推广“天下泉城”品牌，打造国内外知名的旅游目的地和集散地。商务会展业重点是加快发展财务、法律、咨询和市场交易等商务服务业，办好第六届信博会，引进会展品牌，培育大型会展企业。房地产业重点是落实国家房地产调控政策，合理调整住房供应结构，抑制投资投机性需求，加强对物业公司的监管，促进房地产市场平稳健康发展。住宿餐饮业重点是加快经营结构和业态调整，改造提升基础设施，提高服务质量和品位。鼓励支持阳光大姐等一批企业拓宽领域、优化服务，大力发展家庭服务、社区服务、养老服务、健康服务等生活性服务业。二是加快服务业载体建设。推进20个重点服务业集聚区建设，重点启动东部金融新区规划建设，提升金融商务中心区，加快中国软件名城、智慧泉城、动漫泉城和服务外包基地建设，促进商业核心区、商业中心区和10个特色街（园）区繁荣发展，改造提升部分传统批发市场，筹建西客站会展场馆。高起点规划建设一批产业特色鲜明、吸引力强的城市综合体。三是加强政策支持。落实国家服务业综合改革试点实施方案和加快服务业跨越发展的若干政策，在规划、土地、财税、金融等方面增强对服务业发展的支持力度，吸引更多社会资金投向服务业。鼓励制造企业剥离生产性服务业，推进政府部门、事业单位中间服务环节的改造和剥离，营造有利于服务业发展的体制和政策环境。

（三）加快工业跨越发展。把工业作为发展实体经济的重要支撑，大力提高整体实力。一是科学规划布局。加强工业发展战略研究，按照突出特色、优势互补、错位发展、全面提升的原则，大力推进新型工业化，强化综合措施，鼓励老城区传统工业企业向外部工业区转移。优化“一高三区”工业布局。高新区：以中心区、孙村片区、出口加工区为依托，以交通装备、电子信息、食品药品、机械装备等产业为重点，打造高新技术产业密集区和先进制造业集聚区。东部工业区：以明水开发区、临港开发区和济南航空产业园为依托，以新能源、汽车制造、生物化工、飞机维修等产业为重点，打造跨越发展新的增长极。西部工业区：以济南经济开发区、平阴工业园和槐荫工业园为依托，以机械装备、水泥建材、清洁能源、家用电器和农副产品深加工等产业为重点，打造突破发展的产业集聚区。北部工业区：以济南化工产业园、济北开发区和商河经济开发区为依托，以精细化工、食品饮料、纺织服装等产业为重点，打造北跨发展特色产业基地。二是促进产业扩规提效。围绕做大做强传统优势产业、培育壮大战略性新兴产业，实施百项创新升级重点项目，抓住技术改造、项目引进、兼并重组等重要环节，推动重汽、浪潮等龙头企业和产业链上的关键企业在本地配套和招商拓展，支持山水、二机床、力诺、齐鲁制药、九阳家电等重点企业做大做强。加快33个省重点战略性新兴产业项目建设，抓好圣泉生物质材料、天岳碳化硅衬底材料、红帆直线电机等一批具有自主知识产权的重点项目，实施新能源汽车、基因工程药物、集成电路、光伏材料、云计算基础装备等产业创新发展工程。加强对重点产业集群、大型骨干企业及煤电油气运等生产要素的调度、监测和服务，全力保障工业运行。推进企业管理创新和技术改造，加强质量、标准和品牌建设，不断挖潜增效，提高生产经营效益。三是提高园区集聚发展水平。实施产业基地公共服务能力提升工程，提高管理效率和服务水平，增强承载能力，吸引企业和项目向园区集中，尽快拉长产业链，形成产业集群。全面启动综合性国家高技术产业基地建设，抓好浪潮光电子产业园、信息通信产业园、福瑞达生物医药产业园等项目建设，全力支持高新区争创一流，支持8个省级开发区争先进位。四是扶持中小企业加快发展。开展“中小企业服务年”活动，完善融资担保、创业辅导、技术创新、信息化、服务中心等平台，支持小微企业做专做精，培育一批技术先进、成长性强、效益好的优质企业快速成长，形成数量庞大的企业群体。五是推进信息化和工业化深度融合。继续开展“两化融合”试验市建设，健全工业软件推广应用机制，围绕技术改造、研发设计、新型业态培育，加快实施三网融合、下一代互联网、物联网等应用示范工程，促进新一代信息技术与工业融合渗透，打造“两化融合”示范区和10个示范企业。

（四）统筹城乡协调发展。始终把“三农”工作放在重要位置，着力推进农业科技创新，促进农业增产、农民增收。一是大力发展都市型、城郊型农业。加快推进环城都市农业圈、南部山区生态观光农业带、中部平原特色精品农业带、黄河以北设施高效农业带和50个特色品牌基地、200个都市农业园区建设。抓好3亿公斤粮食增产规划和蔬菜、畜牧、种苗、林果花卉四大产业振兴规划，力争粮食连续十年丰收。认真落实中央1号文件精神，加强农业科技创新，改善农业设施和装备条件，提高农产品生产标准化水平。加快现代农业示范区建设，新认定市级农业龙头企业50家以上、合作社示范社100家。二是加强以水利为重点的农村基础设施建设。实施狼猫山等11座中小型水库和139座塘坝除险加固工程，推进玉符河、北大沙河等河道治理和一批防汛应急工程。新增旱涝保收面积1.33万公顷，发展节水灌溉面积2万公顷，推进南水北调配套工程建设。新增造林面积1.3万公顷，全市森林覆盖率增长1个百分点以上。全面完成无规定动物疫病区建设任务，加快气象防灾减灾工程建设。加强农村路、电等基本公共事业建设，再解决19.5万人饮水安全问题。三是多渠道增加农民收入。培育壮大农产品流通中介组织和农民经纪人队伍，推进农产品直销，扩大农超、农校、农企产销衔接，增加农民经营性收入，引导农民就地就近转移就业。全面落实中央扶贫开发会议精神和新十年扶贫开发纲要，实现6万贫困人口人均增收1100元。四是加快推进城镇和新农村建设。支持具备条件的中心镇向小城市发展，培育发展一批工业强镇、商贸重镇和旅游名镇。按照科学规划、适度集中、注重功能、保证质量、因地制宜、分类指导的原则，加快农村新型社区建设。继续实施城乡环卫一体化，加强农村环境综合整治，着力解决部分地区脏乱差现象。

（五）提升城市规划建设管理水平。抓好重点项目，推进生态建设，提升内涵品位，增强城市承载功能。一是加快“一城三区”规划建设。完善科学规划体系，高标准搞好核心区的城市设计，进一步优化城市功能。老城区：实施大明湖（护城河）与小清河通航、明府城、老商埠区保护改造工程，启动千佛山风景区改造提升工程，继续抓好棚户区、城中村改造和危旧简易楼群改造试点。东部新区：推进奥体文博中心区、汉峪总部经济区等城市综合体项目，加快高新区艺术中心建设。西部新区：加快核心区建设，建成省会文化艺术中心大剧院主体工程，完成市图书馆、群众艺术馆、美术馆主体结构施工和西客站场站一体化工程。滨河新区：继续抓好华山、泺口、徐李等片区开发项目，提升小清河综合治理水平。二是推进北跨和南控发展。加快长清黄河大桥、黄河公铁大桥、石济客运专线，以及商河温泉国际、澄波湖、鹊山龙湖建设，抓好化工产业园、济阳崔寨镇等北跨重要节点建设。深入实施南部山区生态功能区保护，以新型社区建设带动村庄整合，有序发展污染少、耗能低的文化旅游等产业。三是加强道路交通设施建设。加快城市轨道交通线网规划和新东站枢纽规划策划，做好济南至长清、济南至机场、济南绕城高速燕山立交至柳埠连接线、南绕城快速通道等项目前期工作。启动济南至乐陵高速公路及连接线、济南至东营公路建设工程。完善西部城区路网结构，推进二环西路地面道路和高架路工程建设。实施纬十二路、济齐路、刘长山路延长线等道路建设改造和30条道路大中修整治。采取综合措施，逐步解决交通拥堵问题。四是加强市政基础设施。抓好东区水厂一期、漏损管网、低压片区改造建设。推进供热计量改造，新建扩建腊山、唐冶和高新区供热工程，利用现有企业资源，开辟供热和治污新领域，建设城市燃气储备调峰基地。新建12个高、低压和特高压输变电工程项目。加快主城区污水全收集一期工程和水质净化三厂扩建配套建设。五是加强城市管理。建设市第三生活垃圾无害化处理厂、市生活废弃物处理中心和一批公厕、垃圾中转站。开展迎十艺节城市环境综合整治行动,实施景观照明、市容道路、铁路沿线、建筑渣土、重要经营场所、违法违章建设、城市出入口及窗口、城乡结合部、城区环境卫生、停车场整治十大工程,提高数字化城市管理水平,城市形象进一步改观。

(六)继续大力深化改革开放。改革开放是我市发展的强大动力,必须坚定不移地深入推进。一是文化体制改革。全面落实党的十七届六中全会精神,推动市属国有文艺院团转企改制。加强文化中介和行业组织建设,规范社会资本和外资进入文化领域的市场准入。培育大型骨干文化企业。二是医疗卫生体制改革。把村卫生室纳入基本药物制度实施范围,落实基本药物配备使用、医保报销和对乡村医生的补偿政策,推动新型农村合作医疗市级定点医疗机构住院即时结报、总额预付制等付费方式改革。三是国资国企改革。增强市四大投资集团融资能力,支持重点片区、重点工程开发建设,严格控制政府债务规模和风险。完善国有资本经营预算制度,推进国企开放性、市场化重组联合。四是农村改革。推进农村土地承包经营权股权化、集体资产股份化等农村产权资本化改革,加速农村土地流转经营。五是财税金融改革。全面实施政府非税收入执收成本核定等改革,推进社保基金预算编制改革,加强城建综合预算管理。推动农信社股份制、银行化改革,筹划组建市农村商业银行。六是资源性产品价格改革。推进环保收费制度改革,建立健全污染者付费制度,探索建立生态补偿制度和资源环境产权交易机制。

积极推进对外出口和经贸合作。一是大力促进外贸出口。实施出口市场多元化战略,稳定巩固传统市场,积极拓展欧美等容量大的市场和非洲、南美、东欧等有潜力的新兴市场,支持企业培育自主出口品牌,积极承接服务外包业务,增加机电、高新技术产品出口。完善企业服务平台,支持企业积极应对国际贸易摩擦。二是着力提高利用外资质量。重点在日韩、东南亚、欧洲等国家以及港澳台等地区精心策划招商活动,努力扩大利用外资规模。加强与国际知名中介机构、重要商会战略合作,吸引外资企业总部研发、营销、结算、物流中心等功能性机构落户我市。三是加强境外投资合作技术交流。做好海外工程承包、高端劳务输出、跨国公司培育等工作。促进航空、铁路、陆路、邮政口岸建设,加快济南综合保税区申建和明水国家级经济开发区的申报工作。

(七)大力推进创新型城市建设。把科技创新作为增强省会竞争力的关键,整合资源,培育主体,激发创新活力。一是加快创新平台体系建设。启动创新型县区试点,引导各类创新要素向企业聚集,争取新增5家国家级企业技术中心、工程技术研究中心和实验室,力争国家重大新药研发大平台一期工程竣工投用。加快科技成果转化和中介服务平台建设,加强重点行业、领域科技攻关和成果转化。加大知识产权战略实施力度,攻克一批具有自主知识产权的关键技术,抓好中创中间件参考平台等3个国家"核高基"项目,支持企业加强技术研发、实施重大科技专项,鼓励扶持首台重大装备研发生产,探索发电装备成套化模式。二是加强人才队伍建设。健全创新人才评价和激励机制,实施"5150引才倍增计划"和"百千万海内外人才引进工程",引进扶持一批海内外领军人才及创业团队,建设多层次、梯队式创新人才队伍,把人才智力优势转化为创新优势、发展优势和竞争优势。深化科技体制改革,加快构建创新成果就地转化机制,支持企业与高校科研院所合作发展科技型中小企业,形成以企业为主体、市场为导向、产学研相结合的创新体系。三是加强企业家队伍建设。全社会都要关心和支持企业家干事创业,加大企业家培训力度,进一步提升境界,增强发展意识、创新意识和不甘落后、敢为人先的意识。鼓励支持想干事、能干事的企业家干大事、干成事,依法保护企业家合法权益,充分发挥他们的聪明才智,为济南发展作出更大贡献。鼓励国有企业认清形势、正视困难、抢抓机遇、积极作为,既要实现国有资产保值增值,又要通过改革创新振兴发展。

(八)加强民生和社会保障。坚持把改善民生作为促进发展的根本出发点和落脚点。今年继续提高财政支出投向民生和社会事业的比例。一是努力稳定和扩大就业。落实新一轮促进创业就业扶持政策,实施创业引领计划,抓好市级创业孵化基地建设。组织开展就业服务系列活动,促进高校毕业生、农业富余劳动力、城镇就业困难群体和退役人员就业,确保高校毕业生总体就业率稳定在80%以上,援助就业困难人员2万人,新增城镇就业10万人,农业富余劳动力转移就业5.2万人。二是完成社会保障任务。重点抓好非公有制经济组织从业人员、灵活就业人员、农村富余劳动力的参保工作,解决城镇未参保集体企业退休人员和被征地农民的养老保障问题,企业退休人员养老金标准平均增长10%以上。增加城乡居民低保、"五保"和优抚对象生活补助,农村低保标准每人每年达到2300元。建立工伤预防、补偿、康复一体化体系,提高工伤保险待遇水平。三是抓好保障性住房建设。积极引导社会力量参与保障性住房建设,完成开工建设1.8万套、竣工7500套保障性安居工程任务,适度集中建设农村住房。四是积极办好各级各类教育。实施县域义务教育均衡发展规划,推进学前教育三年行动计划,乡镇中心幼儿园规范率达到60%,严禁幼儿园以任何名义收取赞助费等与入园挂钩的费用。加快推进普通中小学标准化建设、中小学校舍安全、农村初中校舍改造等工程,加强校车安全和校园及周边治安工作,落实居住区教育设施配建工作。加大农村义务教育阶段困难学生资助力度,将农村初中和小学家庭困难寄宿学生生活费补助标准提高250元,分别达到1300元和1000元。五是加强公共文化服务工作。加快建设市民文化艺术中心和县级图书馆、文化馆等公共文化设施,动员社会力量建设各类博物馆20所以上。继续实施公益演出下基层、免费文化艺术辅导培训等文化惠民工程，向社会免费开放博物馆等公共文化服务设施和爱国主义教育基地。扎实做好十艺节筹备工作。六是强化基本医疗服务。深入实施基层机构卫生人员能力提升计划，加强重大和基本公共卫生服务项目督导检查，推行居民医保门诊统筹和生育津贴社会化发放，降低医疗个人负担费用，新型农村合作医疗筹资标准提高到人均300元。七是开展人口和计划生育“基层基础建设规范年”活动。推进流动人口基本公共服务均等化试点，稳定低生育水平。八是积极发展其他社会事业。广泛开展全民健身运动，建立养老信息系统，健全居家、社区、机构三位一体的养老服务模式。发展慈善事业，加快建立残疾人社会保障和服务体系，保障妇女儿童合法权益。加大科普力度，提高全民科学文化素质。今年政府工作围绕群众关注和反映强烈的问题作了一系列安排，同时确定了10件具体实事，要积极作为，抓好落实，确保兑现。

（九）强化节能减排和环境保护。突出抓好源头治理和长效机制建设，大力推进资源节约型和环境友好型社会建设。一是强化节能降耗。认真落实国家“十二五”节能减排综合工作方案，严格实施投资项目节能评估审查制度，完成3.0以下水泥磨机和建材行业747万吨落后产能淘汰任务，扶持山水水泥窑协同处置城市垃圾项目。优化能源结构，加快长清、平阴风电和力诺10兆瓦太阳能发电等项目建设，扩大新能源汽车等节能产品推广应用。抓好节约集约用地，逐步提高用地定额和投资产出强度控制标准，确保耕地保有量不少于36.6万公顷。二是强化环境保护。抓好火电、钢铁等重点行业脱硫、脱硝设施建设改造，开展新一轮重点流域排污企业限期治理，继续推进城区河道截污整治，完成遥墙、绣惠、相公等污水处理站建设，开工唐冶污水处理工程，推进工业企业废水深度治理。以工业废气、城市扬尘、机动车尾气为重点，开展扬尘污染防治分类挂牌管理，启动机动车环保定期检验和合格标志管理，将PM2.5纳入常规空气质量检测体系，提高空气环境质量改善率。三是推进生态城市建设。落实生态山东建设部署，扎实推进国家森林城市“十大工程”和水系生态“六大工程”建设，规划建设济西、白云湖、玫瑰湖、大沙河、清源湖等10大湿地公园保护恢复工程，实施绣源河风貌带等生态景观工程。增加西部新区和北跨新区的绿地、树木和水面面积，做好东部地区山林保护和破损山体修复工作。完成120平方公里水土流失治理和800个文明生态村建设，推进章丘农村环境连片整治重点示范工作。

（十）加强和创新社会管理。全面提高社会管理科学化水平，维护社会和谐稳定。一是推进社会管理创新“十大工程”和“民生政法”工程，建立人民调解、行政调解、仲裁调解、司法调解联动格局，健全基层矛盾纠纷调处机制，加强信访事项督查督办，做好法律服务和法律援助工作，在“事要解决”上狠抓落实。深入实施“六五”普法规划和依法治市纲要。创新社区管理办法，健全基层社会管理服务体系。二是积极开展文明城市创建活动，深入推进社会公德、职业道德、家庭美德、个人品德建设等群众性创建活动，支持社会工作者队伍和志愿者队伍建设，营造积极向上、文明健康的精神文化氛围。加强民族宗教和对台、侨务工作，做好双拥共建和民兵预备役工作。三是加强平安济南建设，完善社会治安打防管控一体化体系，严厉打击各类违法犯罪活动。建立重大事项风险评估机制，健全重大公共安全事件预警、应急、救援体系，发挥红十字会人道救助作用，加强现场救护和避险知识普及培训，提升城市防震减灾综合实力。防范金融风险，提升食品药品安全协调监管能力，打造农产品质量安全放心城市。强化安全生产责任制和重点领域专项整治，坚决遏制重特大安全事故的发生。

四、进一步加强政府自身建设

做好新一届政府工作，要理清思路，振奋精神，明确责任，提高效能，增强推动科学发展的能力，努力建设人民满意政府。

（一）振奋精神，争先进位。顺利完成今后五年的艰巨任务，在各地竞相发展中实现位次前移，绝非轻而易举的事情。在解决面临的诸多困难和问题中，首先要振奋精神、坚定信心、奋发图强、锐意进取。一是树立忧患意识，增强紧迫感。把济南的各项工作始终放在全国、全省的发展格局中定位，始终按照先进省会城市的标准衡量，对困难和问题保持清醒头脑，以时不我待、只争朝夕的精神，学习先进，缩小差距，开拓进取，争创一流。二是树立大局意识，增强使命感。把各级各部门工作始终放在全市大局中考虑，始终坚持局部利益服从整体利益，始终坚持围绕中心、服务大局，大力营造想干事、能干事、干成事的浓厚氛围，尽快掀起比效率、比业绩、比贡献的强劲热潮。三是树立敬业意识，增强责任感。各级政府工作人员要以对党和人民的事业高度负责的态度，恪尽职守，爱岗敬业，把心思用在谋发展上，把精力用在争先进上，面对事业充满激情，面对工作满腔热忱，面对挑战奋力拼搏，面对机遇抢抓不懈，始终保持不甘落后、昂扬向上的奋斗精神。

（二）增强能力，创新发展。面对复杂多变的经济形势和不断出现的新情况、新问题，必须加强能力建设。一是加强学习，增强综合素质和创新能力。建设学习型政府，认真学习理论知识，虚心学习先进经验，深入开展调查研究，提高按规律办事、创新发展的能力。加强战略性思考、前瞻性研究，精心谋划又好又快发展的思路办法。努力发挥省会优势，把优势资源和潜力变成优势产业和实力。二是用心做事，增强办事效率和破解难题的能力。坚持高标准、严要求，干工作精益求精，办事情提速提效。善于用发展的办法破解发展中的难题，用市场的手段推进市场经济的发展，用改革的精神探索改革创新的路子，用社会的力量解决社会面临的问题。三是依法行政，增强科学民主决策水平和执行能力。认真落实《山东省行政程序规定》，健全科学民主决策机制，完善专家咨询、论证、合法性审查、社会公示与听证等制度，对重大决策跟踪问效。严格行政执法程序，完善行政复议机制,进一步清理过时文件,精简行政审批事项,严格落实行政问责,建设阳光高效的法治政府。四是团结合作,增强沟通协作的主动性和发展合力。认真执行市人大及其常委会的决议决定,更加自觉地接受市人大、市政协及社会各界的监督和帮助,积极支持人大、政协、法院、检察院和各民主党派、工商联、无党派人士以及工会、共青团、妇联等更好地发挥作用。坚持问政于民、问计于民、问需于民,争取广大人民群众更多的理解和支持,充分调动各方面积极性和创造性,共同推进省会加快发展。

(三)求真务实,服务群众。强化宗旨意识、群众观念,始终保持与人民群众的血肉联系,把群众需要作为第一选择,真心为群众、为基层、为企业服好务,建设人民满意的服务政府。一是畅通渠道,健全机制。积极推进各级政务服务中心建设,发挥好12345市民服务热线、济南政府网、公共资源交易中心、行政审批中心等服务平台作用,健全联系群众和服务群众的工作机制。二是求真务实,多办实事。深入基层、深入群众,针对事关民生的难事、急事和基层、企业急需解决的问题,紧抓不放、及时解决。三是分级负责,狠抓落实。支持和督促各级政府、各部门积极主动地发挥好职能作用,明确办事规则和服务范围,不推诿、不扯皮、不刁难,多做雪中送炭的工作,多办攻坚克难的事情。加强绩效考核,把推动发展和为民服务的各项工作真正落到实处。

(四)艰苦奋斗,反腐倡廉。我市正处于改革发展的攻坚阶段,任务繁重而艰巨。各级领导和工作人员务必保持艰苦奋斗、廉洁勤政的作风,励精图治、埋头苦干。一是艰苦创业,真抓实干。尽快增强我市总体实力,实现争先进位,必须一个项目一个项目去抓、一个产业一个产业去推动、一件实事一件实事去落实,创业就要真抓实干,创业必须艰苦奋斗,以实干创造实绩,以实绩赢得民心。二是厉行节约,勤俭办事。坚持勤俭办一切事业,严格控制和压缩行政经费,精减会议和文件,专项治理公务用车,防止大手大脚、讲排场、乱花钱,建设节约型政府。三是廉洁从政,防治腐败。深入开展廉政建设和反腐败斗争,加快推进惩治和预防腐败体系建设。加强廉政风险防范管理,深入推进科技防腐,严格执行经济责任审计规定,完善领导干部制约监督机制。加大对审批权力运行、政府财政预决算、公共资源配置、重大建设项目审计监督检查力度,加强对中央和省市重大决策部署落实情况的监督检查,严厉查办违法违纪案件,建设廉洁政府。

各位代表!未来五年是我市建设更高水平小康社会、率先基本实现现代化的重要战略机遇期。让我们高举中国特色社会主义伟大旗帜,深入贯彻落实科学发展观,在省委、省政府和市委的坚强领导下,充分调动各方面的积极性和创造性,充分挖掘济南的优势和潜力,解放思想,抢抓机遇,团结奋斗,奋力拼搏,努力开创省会现代化建设的新局面!

责任校对 王 炜

大事记

2011年济南市大事记

1月

1日　省委书记、省人大常委会主任姜异康到济南市槐荫区中大槐树棚户区改造安置房建设工地、京沪高速铁路济南西客站建设工地，看望慰问干部职工。

△省委副书记、省政协主席刘伟，省委常委、政法委书记柏继民到济南走访慰问公安干警和武警官兵。

6日　县西巷民俗文化建筑保护项目开工奠基仪式举行。

8日　齐鲁泰山电站设备有限公司清洁高效汽轮发电机组生产建设项目在高新区开工。

△济南元首针织股份有限公司在全国纺织工业劳动模范及先进集体评选表彰会上被授予"全国纺织工业先进集体"称号。

10日　济南市被科技部确定为首批国家创新型试点城市。

11日　济南市举行党外人士座谈会，就拟提交济南市十四届人大四次会议审议的《政府工作报告》，向各民主党派、工商联和无党派人士征求意见和建议。

13日　《济南日报》报道，平阴县玫瑰镇人民调解委员会获"全国模范人民调解委员会"称号，5名人民调解员获"全国模范人民调解员"称号。

14日　省委常委、市委书记焉荣竹会见德国安顾保险集团董事会主席欧磊一行。

14～23日　2011全国年货购物节暨第八届济南迎新春精品年货交易会在济南舜耕国际会展中心举行。

18日　济南市人民政府与山东大学战略合作框架协议签约仪式举行。

20日　市委副书记、市长张建国会见香港华懋集团董事兼集团总经理许业荣一行。

21日　省委副书记、省长姜大明到商河县，走访慰问困难群众和老党员。

△济南市新农保全覆盖工作动员大会召开。

22日　济南市政府第六次全体（扩大）会议召开，讨论并原则通过《政府工作报告（征求意见稿）》和《济南市国民经济和社会发展第十二个五年规划纲要（草案）》。

23日　由《济南日报》、舜网联合主办的2010"影响济南"年度经济人物评选活动揭晓。

△济南市妇女儿童电影院在市妇女儿童活动中心小剧场揭牌，是济南市第一家以放映儿童影片、女性经典影片为主的特色电影院。

28日　重庆市委副书记张轩率团到济南市考察群众信访工作。

△济南阳光大姐服务有限责任公司获首届"全国家庭服务职业风采大赛"冠军。

31日　《济南日报》报道，市水文局实施的城市防洪监测工程项目通过验收，开创全国城市防洪监测先河。

2月

3日　省委书记、省人大常委会主任姜异康到济南港华燃气有限公司走访慰问干部群众，到社会福利院看望老人和孤残儿童。

△省委副书记、省政协主席刘伟到济南市第三看守所、长清区公安分局新城派出所和长清区公安分局交警大队高速公路中队，走访慰问公安干警和武警官兵。

9日　《济南日报》报道，春节期间，由济南市委宣传部和济南广播电视台倾力打造的两部精品力作——大型航拍电视片《天下泉城》《名士济南》在香港卫视播出。

14日　京沪高铁治安秩序集中整治工作会议在济南召开。

15日　济南临沂商会成立。

18日　济南市与济南军区空军西郊土地整合协议签字仪式举行。

△济南人自己的文艺奖——首届济南市泉城文艺奖颁奖大会召开。

20～24日　中国人民政治协商会议第十二届济南市委员会第四次会议举行，通过市政协十二届四次会议政治决议等，补选冯光文、金德岭、赵家军为市政协副主席，周长风为市政协常委。

21日　市委副书记、市长张建国分别会见山东龙冈旅游集团董事长张善久一行和德国驻华大使施明贤博士一行。

21～25日　济南市第十四届人民代表大会第四次会议举行，选举雷建国为市人大常委会主任，选举孟祥桓、宋玉国为市人大常委会副主任。接受徐华东辞去市十四届人大常委会主任职务的请求，接受牟陆阳辞去市十四届人大常委会副主任、市十四届人大法制委员会主任委员和教育科学文化卫生委员会主任委员职务村住房建设工作会议召开。

△《济南日报》报道，济南首家青年企业家商会在平阴成立。

28日 “中国社会科学院警务创新调研基地”在济南市公安局揭牌成立，是中国社科院在公安系统设立的首个国家级警务创新调研基地。

29日 市政协十二届二十一次常委会议召开，审议通过《关于加强和创新我市城乡基层社会管理的建议案》。

5月

2日 欧洲华侨华人社团联合会秘书长张曼新带领由欧洲18个国家侨领、华商组成的欧华联会考察团来济南考察。

5日 济南市城管局机械化清扫大队第四作业中队“全国工人先锋号”授牌仪式在市城管局举行，是济南市城管系统成立以来第一次获此荣誉。

7日 济南市政府与中国化工集团公司在北京签署战略合作协议，中国化工集团公司将在济南化工产业园投资建设大型工业及资源整合项目。

7～8日 全国人大常委会副委员长司马义·铁力瓦尔地率领全国人大执法检查组到济南就《中华人民共和国老年人权益保障法》实施情况进行执法检查，并考察经济社会发展情况。

9日 长清区被中国建筑业协会授予“中国建筑之乡”称号。

9～13日 2011(香港)山东周活动在香港举行。省委常委、市委书记焉荣竹率领济南代表团签订合作项目30个、投资额150亿美元。

12日 以村上常务为团长的日本NEC软件公司及其合作伙伴代表团一行在济南市参观访问。

15～23日 由海峡两岸关系协会、中国孔子基金会指导，《两岸关系》杂志社、济南市教育学会、中华华夏文化交流协会共同主办的“和谐中华·第二届海峡两岸经典文化推广会演”在济南府学文庙举行。

16日 中国科学院量子技术与应用研究中心暨济南量子技术研究院揭牌仪式在济南举行。

△市委副书记、市长张建国主持召开市政府常务会议，审议并原则通过《济南市地质灾害防治管理办法(草案)》。

18日 “辉煌90年——中共济南历史大型图片展览”开展仪式在山东省党史陈列馆举行。

18～19日 市人大常委会主任雷建国率济南市代表团到北川参加“5·12”特大地震三周年纪念活动。

19日 全国首个百姓城管协会——济南市百姓城管协会正式成立。

20日 山东省创业促进会暨济南市创业促进会持续扶持创业青年首个帮扶项目签约仪式在济南举行。

△省城首个驻街道办事处(镇)“法官工作室”在槐荫区五里沟街道办事处成立。

21日 由市委宣传部、济南广播电视台联合主办的“声动泉城——庆祝建党90周年大型系列活动”启动仪式举行。

23日 《济南日报》报道，总投资500余万元的腊山立交垃圾转运站投入使用，是全市已正式投入使用的最大垃圾中转站。

24日 《济南日报》报道，在第七次全国法制宣传教育工作会议上，历下区、历城区和章丘市获2006～2010年全国法制宣传教育先进县(市)区称号。

25日 济南市公安局养犬管理稽查队挂牌成立。

26日 市委副书记、市长张建国会见日本驻华大使丹羽宇一郎。

△《济南日报》报道，中国重汽集团被中华全国总工会授予“全国‘十一五’时期社会主义劳动竞赛先进集体”称号，是济南市唯一获此荣誉单位。

27日 第四届全国衡器标准化技术委员会成立大会在济南市召开。

△山东省第一个社区安全巡查队在历下区成立。

27～29日 第六届国际茶博会在济南举办。参观人数达5.8万人次，交易额累计2.8亿元。

29日 济南市儿童福利院正式启用。民政部部长李立国和省委副书记、省长姜大明出席济南市庆祝“六一”国际儿童节暨济南市儿童福利院启用仪式并致辞、揭牌。

30日 济南市城管局、城管执法局城管慈善工作站成立，专设困难保洁员和摊贩专项救助基金，在全国城管系统中尚属首家。

△世界著名专业服务事务所——德勤有限公司在中国的第15家办事处落户济南。市委副书记、市长张建国会见德勤中国华东区主管合伙人萧耀熙一行。

31日 中共济南市委第一次党委新闻发布会——济南市纪念建党90周年新闻发布会举行，这在山东省尚属首次。

△中共济南市委网站www.jnsw.gov.cn开通运行，是省内第一家公开的市委门户网站。

6月

1日 济南市青少年电影院揭牌仪式暨关爱农民工子女志愿服务“六一”观影活动启动仪式在市青少年宫举行。

2日 第十届中国艺术节济南市筹委会第二次全体会议召开。

3日 全国政协副主席、九三学社中央副主席王志珍到济南市参观考察生态建设情况。

△《济南日报》报道，澳门山东联谊会第三届会长理监事会就职典礼暨澳门济南联谊会成立大会系列庆典活动在澳门举行。

9日 济南市中小企业法律咨询服务中心揭牌成立。

10日 济南市十四届人大常委会第三十一次会议举行，决定接受王良因工作变动辞去济南市人民政府副市长职务的请求，决定任命孙晓刚、李宽端为济南市人民政府副市长。

13日 省委副书记、省长姜大明视察京沪高铁济南西站及配套工程建设情况。

14～23日 市委副书记、市长张建国率领有关部门、企业负责人赴奥地利和瑞士进行友好访问和经贸洽谈。

15日 济南市创业导师俱乐部揭牌成立，济南市企业家扶持青年创业活动正式启动。

17日 “2011中国济南商业发展高峰论坛”在济南举行。

18日 济南市散装水泥推广发展协会成立。

19日 省委常委、市委书记焉荣竹会见香港贸发局总裁林天福一行。

20日 京沪高铁城市旅游联盟在济南市成立。

22日 全国首家权益资产类房地产交易所——新华(山东)房地产交易所在济南市挂牌成立。

△全国副省级城市党报总编辑联席会暨城管理论研讨会在济南举行，济南都市圈首届媒体联席会同时举行。

△由济南市友好合作城市韩国大田市举办的图片展在趵突泉公园举行。

24日 济南高新区与深圳证券交易所签署战略合作协议。济南高新区成为全国首个与深交所结成战略合作伙伴的国家级高新区。

△济南市庆祝中国共产党成立90周年文艺晚会“颂歌献给党”在泉城公园生态广场举行。

28日 市政府与山东电力集团公司签署《关于加快推进电动汽车智能充换电服务网络建设合作协议》，并启动英雄集中充换电站建设，标志着济南市电动汽车智能充换电服务网络建设进入新的发展阶段。

29日 “山东省食品工业基地”揭牌仪式在济阳举行，济阳成为全省第一个食品工业基地。

30日 《济南日报》报道，济南市纪委监察局被授予“全国纪检监察系统先进集体”称号。

7月

1日 市规划展览馆正式对市民开放。

2日 济南市金融行业协会成立大会暨第一次会员大会召开。

6日 第三次全国经侦工作会议现场推进会在济南召开。

△济南市进出口企业协会成立。

△济南外宣门户网站“天下泉城”网日文频道、韩文频道开通仪式在山东大厦举行。

△市城市园林绿化局启动有史以来最大规模名泉普查活动。

7日 济南市首只“县域股”——山东省章丘鼓风机股份有限公司在深交所中小板挂牌交易。

8日 市委副书记、市长张建国主持召开市政府常务会议，研究济南市学前教育发展情况，并审议通过《济南市学前教育三年行动计划》。

△济南职业学院与德国工商大会合作成立的“中德中国北方技术培训中心”签约仪式举行。

△山东省首家物业管理纠纷人民调解中心在历下区成立。

10日 由上海世茂股份有限公司投资约40亿元开发建设的济南世茂国际广场奠基。

△济南市首家依托高校建立的“我的兄弟姐妹”创业培训基地在济南市技师培训学院揭牌。

11~15日 市委副书记、市长张建国率领市直有关部门负责人随山东省经济文化交流团赴台湾考察交流。

12日 济南仲裁委员会山东省家庭服务业协会仲裁中心揭牌成立，是全国家庭服务业的第一个行业仲裁中心。

15日 大型电视文献片《泉城之光》远程教育网络首映式举行。

18日 市委副书记、市长张建国会见马来西亚国家经济顾问委员会委员、金狮集团董事长钟廷森一行。

19日 国泰产险山东分公司在济南揭牌开业，是第一家落户山东的台资财产保险公司。

21日 市委副书记、市长张建国主持召开市政府常务会议，研究并原则通过由市人力资源和社会保障局提交的《关于实施城乡居民社会养老保险制度的意见》。从7月1日起，济南市新农保与城镇居民养老保险基础养老金由55元提高到60元。

22日 山东省首家市级云计算中心——济南云计算中心成立。济南市人民政府与浪潮集团签署共同推进云计算战略合作协议。

25日 济南市首家“兵妈妈爱心之家”在市中区舜耕街道办事处舜华社区揭牌。

25~27日 济南市十四届人大常委会第三十二次会议举行。会议表决通过关于批准济南市2010年市级决算的决议，关于贯彻实施《济南市“五五”依法治市纲要(2011~2015)》的决定等。

28~29日 “和谐城管——为人民管理城市”全省城市管理现场会在济南召开。

29日 山东省首家街道文联在槐荫区南辛庄街道办事处成立，命名为“南辛庄街道文联”。

30日 济南中老年歌舞协会成立大会召开。

31日 市政府举行仪式，授予济南军区某部部队长张勇济南市荣誉市民称号。

8月

1日 中国家庭服务业协会第四届会员代表大会第一次常务理事(扩大)会议在济南召开。

△济南市政协十二届二十二次常委会议召开，审议通过《关于加快我市文化创意产业发展的建议案》和有关人事事项。

3日 济南市首个特困生法律援助站在历下区成立。

4日 中国城镇供水企业服务工作大会在济南召开，推广济南市在供水服务方面经验和做法。

7日 《济南日报》报道，中国城市竞争力研究会日前在香港浸会大学发布“2011年中国十佳优质生活城市排行榜”，济南入选前十名，名列第六。

8日 《济南日报》报道，济南市第一个残疾人官方微博——槐荫残联官方微博正式开通。

12～20日　2011年“双星名人”杯全国中学生乒乓球锦标赛在济南第一中学举行。

13日　“首届中国儿童戏剧节·第三届济南亲子剧节”在济南开幕。

14～15日　首届中国儿童戏剧节·2011阿西特基亚洲儿童青少年戏剧会议在济南市召开。

16日　济南市生态文明乡村建设现场会暨统筹城乡发展推进委员会第一次会议召开。

△“泉城新八景”评选活动正式启动，评选活动为期半年。

17日　济南统一企业有限公司奠基仪式在济北经济开发区举行。

18日　济南市农业高新技术开发区管理委员会第一次全体会议召开，市政府确定调整农高区管理体制为市级管理，并将农高区管理职能从济南经济开发区管委会整体剥离，成立市农高区管委会，综合协调农高区管理工作。

19日　历下区公共租赁住房项目在盛福片区奠基，是济南市首个开工建设的区级公租房项目。

20日　济南市滨河新区城市规划论证及研讨会举行。

△由市吕剧院排演的现代吕剧《阳光大姐》在北京长安大戏院举行专场演出。

22日　舜耕山庄通过国家级服务标准化试点评估，成为全国酒店业首个通过国家级标准化验收的单位。

△长清区归德镇万庄村党支部书记助理、大学生村官张兆斌被省委组织部、团省委授予“省十佳大学生村官”称号，是济南市唯一获得此项荣誉者。

23日　市政府发布第1号《房屋征收决定公告》，标志着济南房屋拆迁工作进入“征收时代”。

25日　省委常委、市委书记焉荣竹会见吉利集团董事长李书福一行。

△由韩国水原市副市长尹圣均带队的韩国政府考察团一行7人来到12345市民服务热线“取经”。

26日　济南恒隆广场开业仪式举行。

△济南市“2011年度泉城友谊奖”颁奖仪式举行。

△天桥区社区健康管理实验基地挂牌，是全省首个被授予此牌的县（市）区。

9月

1～11日　2012年伦敦奥运会女子足球亚洲区决赛在济南市奥体中心和省体育中心举行。

2日　台湾花莲县两岸交流访问团一行31人到济南市参观考察。市委副书记、市长张建国会见花莲县县长傅崐萁一行。

3～14日　省委常委、市委书记焉荣竹率领市有关部门和企业负责人，赴阿联酋、南非和以色列进行友好访问和经贸考察。

7日　《济南日报》报道，济阳县被环境保护部命名为“国家级生态示范区”。

8日　省委书记、省人大常委会主任姜异康在济南走访慰问中小学教师。

8～18日　市政协主席徐长玉率济南市友好文化代表团对芬兰万达市和法国雷恩市进行友好访问。

9日　济南市爱国拥军促进会成立。

13日　省委副书记、省长姜大明到章丘市、济阳县调研县域经济发展和民生建设情况。

14日　由济南、青岛两市公安局警卫部门联合承办的第十六届全国副省级城市警卫工作研讨会在济南开幕。

△《济南日报》报道，振兴街街道办事处被中国社会工作协会社区工作委员会评为“2011年度全国社区服务示范街道”，是济南市唯一获此荣誉的街道办事处。

16日　济南市战略性新兴产业创业投资引导基金合作企业——济南科信创业投资有限公司、山东红土创业投资有限公司揭牌。

17日　在四川双流县举办的中国中小城市科学发展评价体系研究成果发布暨第八届中国中小城市科学发展高峰论坛上，章丘市获4项荣誉。

17～18日　中国济南海外学人联谊总会（海学会）10周年纪念活动在山东大厦举行。

19～21日　第六届中国城镇水务发展国际研讨会与新技术设备博览会在济南市举行，是全国水务行业最高端盛会首次落户山东。

20日　第三届全国道德模范颁奖典礼在北京举行。济南市推荐的刘延宝、冯思广入选全国道德模范，是济南市首次获得全国道德模范最高层次荣誉。

△济南市农村首席信息员培训班开班。

21日　项目总投资1.7亿元人民币，具有国际领先水平的数据中心——济南驰波名气通数据服务中心落成。

22日　中国重汽首届2011年全国服务技能比武大赛总决赛在济南举行。

23日　山东省会文化艺术中心图书馆、群众艺术馆、美术馆“三馆”奠基仪式在腊山河畔举行。

△2011中国（济南）海外华商携手园区发展推介会在山东大厦举行，来自24个国家和地区的近百名华商侨领到济南市交流洽谈。

△《济南日报》报道，在全国老干部工作先进集体和先进工作者表彰大会上，济南市经信委离退休干部局被授予“全国老干部工作先进集体”称号，是济南市老干部工作赢得的最高荣誉。

23～25日　济南市第四届现代农业成果展示交易会在泉城广场举行。

24日　长清区与印度尼西亚金锋集团项目合作协议签字仪式在山东大厦举行，印尼60亿元城市商务综合体项目落户长清区。

26日　总投资4.65亿元的明府城百花洲片区整治工程开工。

△2011中国（济南）国际金融博览会暨济南区域性金融中心建设新闻发布会召开。

26～28日　济南市十四届人大常委会第三十三次会议召开。会议表决通过《济南市预防职务犯罪工作条例》《济南市防震减灾条例》,确认主任会议《关于许可对市第十四届人大代表韩俊芝依法采取刑事拘留措施的决定》以及有关人事任免事项。

27 日　市人大常委会主任雷建国会见韩国水原市议长姜长奉一行,并出席济南市人大常委会与水原市议会友好交流协议书签字仪式。

△首届齐鲁金融论坛在济南开幕。

28 日　济南市政府与北京银行战略合作协议签字仪式举行。

28 ~30 日　2011 中国(济南)国际金融博览会举行。

29 日　由嘉里建设有限公司及香格里拉(亚洲)有限公司联合开发的济南香格里拉大酒店发展项目奠基。

30 日　济南市西部最大购物中心——和谐广场开门纳客。

10 月

1 日　由济南市人民政府新闻办公室、西区投融资管理中心、槐荫区人民政府、长清区人民政府联合主办的"西部崛起——从百年开埠到西部新城"大型摄影巡展开幕。

7 日　《济南日报》报道,槐荫区西市场商贸区流动人口计划生育协会成立,是济南市首家以"商贸区"命名的流动人口计划生育协会。

9 日　济南气象防灾减灾预警中心奠基仪式举行。

10 日　纪念辛亥革命 100 周年暨五三惨案蔡公时殉难地维修保护工程座谈会召开。

11 日　《济南日报》报道,《济南市土地利用总体规划(2006 ~2020)》获国务院批复。

12 日　山东省暨济南市纪念辛亥革命 100 周年大会举行。

△山东大学 110 周年校庆之际,济南市委、市政府向山东大学捐赠 500 万元。

△市人大常委会主任雷建国会见台湾基隆市议长黄景泰率领的参访团一行。

△第十四届全国大中城市工伤保险经验交流会在济南举行。

13 日　市委副书记、市长张建国会见巴西波多韦柳市市长罗伯特·爱德华·索布里诺和朗多尼亚州工商业协会主席丹尼斯·罗伯特·巴乌率领的代表团一行。济南市与波多韦柳市正式结为友好城市,张建国与罗伯特·爱德华·索布里诺共同签署建立友好城市关系协议。

14 ~15 日　"2011 年中国近代小说国际研讨会暨中国近代文学学会小说学会分会"在济南大学举行。

15 日　山东大学建校 110 周年大会举行。全国人大常委会副委员长韩启德、教育部副部长杜玉波出席大会并讲话。

△市委副书记、市长张建国会见诺贝尔物理学奖得主、美籍华裔物理学家丁肇中一行。

17 日　济南市地震监测中心揭牌仪式举行。

18 日　济南市消费者委员会成立,济南市是山东省首个成立消委会的城市。

△沃尔沃建筑设备济南研发中心在济南高新区出口加工区奠基。

19 日　市委副书记、市长张建国会见台湾知名动漫大师萧言中一行。

20 日　市委副书记、市长张建国会见台湾东元集团会长黄茂雄一行。

△济南市资本市场发展促进会揭牌成立。

21 日　全国纪检监察工作创新理论研讨会在济南召开。

△市委副书记、市长张建国会见参加济南友好城市文化交流暨大型图片展的各友好城市代表团。济南市与土耳其马尔马里斯市正式结为友好城市,张建国与马尔马里斯市市长阿里·阿贾共同签署建立友好城市关系协议书。

△济南市软实力研究基地在济南大学举行揭牌仪式。

21 ~24 日　2011 年济南市国际友城文化交流暨友好城市大型图片展在泉城广场举行。来自美国、法国、印度等 9 个国家的近百名外国代表参加。

23 日　《济南日报》报道,山东省首家残疾人福利基金会村级工作站在平阴县孝直镇孝直村成立。

24 日　《济南日报》报道,微软(中国)济南分公司入驻齐鲁软件园。

26 日　中国电力技术装备有限公司济南产业基地落成典礼暨启动重大电力装备研发项目仪式在高新区举行。

△市委副书记、市长张建国会见日本和歌山市市长大桥建一率领的访问团一行。

△济南市城镇居民社会养老保险基础养老金发放仪式举行。

△中国第一部以舜文化为题材的歌舞剧《大舜》在铁路文化宫正式搬上舞台。

△济南市吕剧院建院 60 周年庆祝大会举行。

27 日　国家超级计算济南中心在高新区揭牌启用。

△济南市"菜篮子"工程配送车发放暨绿色通道开通仪式举行。

28 日　济南市第二生活垃圾综合处理厂(焚烧发电厂)竣工启用,是山东省首个实现规模发电的垃圾焚烧发电项目。

△济南市首批周末蔬菜直销点挂牌。

△济南日报报业集团所属的舜网全媒体新闻中心成立仪式举行,标志着济南有了首家全媒体新闻中心。

28 ~29 日　九三学社济南市第十次代表大会召开。

30 日　台湾耐斯企业集团投资济阳项目签约仪式举行。

11 月

1 ~2 日　济南市工商联(总商会)第十三次会员代表大会举行。

△中国民主促进会济南市第七次代表大会召开。

2 ~3 日　中国国民党革命委员会济南市第七次代表大会举行。

3 日　《济南日报》报道,章丘市被评为首批"全省人才工作先进单位",是济南各县(市)区唯一获此荣誉单位。

3 ~4 日　济南市科学技术协会第八次代表大会举行。

4 日　市委副书记、市长张建国主持召开市政府常务会议，确定提高全市公办中小学生均公用经费标准。

5日 第六届中国成长型医药企业发展论坛在济南举行。

△“国家辅助生殖与优生工程技术研究中心”建设启动揭牌仪式在山东大学附属生殖医院新院举行。

△济南市首个设施农业气象服务技术推广应用试验基地在章丘市的济南伟丽种业有限公司瓜果蔬菜种苗培育基地挂牌落户。

5~6日 中国致公党济南市第五次代表大会举行。

6日 省委副书记、省长姜大明察看小清河综合治理工程建设情况。

7日 济南园林开发建设集团有限公司主建的第七届中国(济南)国际园林花卉博览园项目获2010~2011年度中国建设工程鲁班奖。这是全国第一个以园林工程为主项获得鲁班奖的工程。

7~8日 中国农工民主党济南市第七次代表大会举行。

8日 济南市公安局铁路建筑工程警察支队正式揭牌。

9日 济南市第一个见义勇为工作站成立暨表彰大会在市公安局公交分局召开。

10日 市委副书记、市长张建国会见渣打银行(中国)有限公司首席执行总裁林清德一行。

△济南市莆田商会正式成立。

10~11日 中国民主建国会济南市第十次代表大会举行。

11日 山东诺跻尔汽车服务有限公司及旗下上百家连锁服务门店在泉城广场宣布开业，标志着省内首家大型综合性汽车服务公司成立。

△山东省首家社区志愿消防队在天桥区药山街道成立。

11~12日 中国共产党济南市第九届委员会第十一次全体会议举行。会议听取省委常委、市委书记焉荣竹受市委常委会委托作的工作报告，审议通过《中共济南市委关于学习贯彻党的十七届六中全会和省委九届十三次全会精神加快建设文化强市的实施意见》，审议通过《关于召开中国共产党济南市第十次代表大会的决议》，决定济南市第十次党代会2012年2月召开。

12日 主题为“新城建设与可持续发展”的21世纪城市发展论坛在济南举办。

12~13日 中国会议经济与会议酒店发展大会在济南市召开。

14~15日 中国民主同盟济南市第十次代表大会举行。

16日 第三届全国道德模范先进事迹报告会暨第三届全市道德模范表彰大会在济南召开。

△全国规模最大的饮食用药安全宣传教育基地——济南市饮食用药安全宣传教育基地正式启用。

△道光《济南府志》整理工作启动。

17日 济南市红十字会纪念建会百年座谈会举行。

△槐荫区市政工程管理局女子排水队“全国巾帼文明岗”挂牌。这是济南市唯一一支由女子组成的排水队伍。

△纪念徐志摩遇难80周年缅怀仪式及座谈会在长清区举行。

18日 市委副书记、市长张建国会见深圳华强集团董事长、总裁梁光伟一行。

△在2011第五届(山东)国际糖酒食品交易会上，济阳县获“全国食品工业强县”称号。

21日 《济南日报》报道，济南市首家社区交通管理服务站落户天桥区无影山街道翡翠郡小区。

23日 “连氏中国服务型政府指数及2011中国城市服务型政府调查”结果在上海交通大学发布。在调查的32个城市中，济南入选中国服务型政府十佳城市。在基本公共服务方面，济南在所有被调查城市中名列榜首。

24日 第六届中日节能环保综合论坛——“中日(济南)建筑节能论坛”举行。

24~25日 全军军队参加平安建设工作座谈会在济南市召开。

25日 济南市“中国软件名城”创建试点工作总结大会暨“中国软件名城”授牌仪式在山东大厦举行。

△山东省十一届人大常委会第二十七次会议表决人事任免案、有关法规、决定、报告等，任命夏耕、张建国为山东省副省长。

27日 山东济南养老服务中心奠基仪式举行。

28~30日 济南市十四届人大常委会举行第三十四次会议。会议表决通过关于市十四届人大四次会议主席团交付的议案审议结果的报告、关于加强南部生态经济区保护与发展的决议、关于济南市第十五届人民代表大会代表名额分配和代表选举问题的决定、关于表彰先进人大代表小组和优秀人大代表的决定。会议还表决通过《济南市城市供水条例》《济南市城市绿化条例》以及有关人事任免事项。

29日 中国国际自贸区政策解读培训暨合作机制座谈会在济南市举行。

30日 济南市科普惠农兴村表彰大会召开。

12月

1日 济南市社会管理综合治理委员会第一次全体会议召开。济南市社会治安综合治理委员会更名为济南市社会管理综合治理委员会。

3日 济南日报报业集团传媒大厦奠基仪式在京沪高铁济南西站片区举行。

5日 《济南日报》报道，在全国安全社区建设工作会议上，历下区泉城路街道等10个街道(乡镇)被国家安监总局授予“全国安全社区”称号。

6日 济南市首家非公有制经济组织党建联谊会——“红色家园”党建联谊会在槐荫区正式成立，40余家企业成为联谊会的第一批会员单位。

7日 由市政府主办、市商务局承办的2011济南(北京)招商推介会在北京中国大饭店举行。

8日 山东省现代蔬菜和小麦产业技术体系济南综合试验站揭牌。

10日 历下区依托洪山公园建设的

宪法主题公园开园仪式举行，这是中国首个宪法主题公园。

12 日 济南市各县(市)区及乡镇人大代表换届选举投票。本次县乡人大换届选举全市共划分选区 4045 个。全市有投票大会现场 5875 处，设立投票站 9585 个、流动票箱 12262 个。

13 日 济南与微软联合培养服务外包人才签约仪式在齐鲁软件园举行，济南市成为微软在中国的服务外包人才培训和国际认证合作首家示范城市。

14 日 济南二环西路高架桥与地面工程奠基仪式举行。

△共青团济南市十五届六次全委(扩大)会议召开。

15 日 济南市工商联成立 60 周年纪念大会在山东大厦举行。

△2011 年齐鲁大学生创新创业行动颁奖典礼在山东工艺美院举行。

16 日 中国首条高端(FBGA)集成电路存储器封装测试生产线在济南高新区浪潮产业园上线投产。

△2011 中国集成电路产业促进大会暨第六届“中国芯”颁奖典礼在济南市举行。

△济南市化学和医药行业协会成立。

20 日 济南市贸促会和济南仲裁委共同成立的济南仲裁委国际商事仲裁中心在龙奥大厦揭牌成立，

△《济南市防震减灾条例》实施。

24 日 在北京举行的“首届政法微博与社会管理创新峰会”上，济南公安微博获全国“十大公安机关影响力微博”称号，并位列全国公安微博榜首。

28 日 济南市伊斯兰教第六次代表会议召开。

29 日 第十届中国艺术节“综艺·十艺节”频道开通仪式举行。

30 日 山东省会文化艺术中心大剧院主体结构封顶仪式举行。

△山东省农村中小学图书馆(室)装备用书及教学挂图配发仪式在历城区华山镇中心中学举行。

△位于历城区唐冶新城的南水北调东线山东管理设施专项调度运行中心开工。

(刘世萍　刘　茜)

责任编校　王　炜

的请求。表决通过《关于济南市国民经济和社会发展第十二个五年规划纲要》的决议等。

22 日 山东交运集团济南长途汽车总站被评为“全国交通运输行业旅客最满意汽车客运站”。

23 日 市政府第 71 次常务会议召开,确定进一步加强和改进济南市房地产市场调控工作。

24 日 《济南日报》报道,约 10000 平方米的全国最大面积公物仓在济南投入使用。

25 日 省委副书记、省政协主席刘伟和济南军区空军政委刘绍亮,到济南遥墙国际机场看望慰问即将执行人工增雨(雪)任务的官兵。

△济南市与德州市环保合作交流签字仪式在济举行。

△中创软件与世界 500 强企业法国泰雷兹集团战略合作签约仪式在济举行。

28 日 济南市下发《进一步改进和加强房地产市场调控的通知》。

△济南西门子变压器有限公司扩建项目工程奠基仪式举行。

3 月

1 日 济南市“深入基层、服务群众”主题活动动员大会召开。

3 日 济南市农村住房建设与危房改造工作会议召开。

6 日 西电济南变压器股份有限公司揭牌仪式举行。

7 日 山东省首家区域“名优特产品展示厅”落户商河,成为宣传地方名优产品和知名商标产品的窗口。

11 日 中组部人才工作局局长、中央人才工作协调小组办公室主任徐家新率中组部人才工作调研组到济南市调研。

△济南市司法鉴定协会成立。

12 日 由山东金码信息技术有限公司与中国电力科学院北京中电普华信息技术有限公司合作建设的中国电科院中电普华软件外包基地在齐鲁软件园揭牌。

15 日 GEF(全球环境基金)项目济南市居民出行调查启动,为编制相关交通规划、缓解交通拥堵提供科学依据。该调查是新中国成立以来,济南最大规模的居民出行调查。

16~18 日 2011 第六届中国(山东)国际装备制造业博览会在济南国际会展中心举行。

17 日 济南市人民政府行政复议委员会第一次全体会议召开。

18 日 商务部部长陈德铭到济南市调研加工贸易发展和出口结构调整情况。

19 日 民盟济南市委纪念民盟成立 70 周年大会召开。

21 日 省委书记、省人大常委会主任姜异康,省委副书记、省政协主席刘伟到商河县看望慰问支援抗旱的驻鲁部队官兵。

22 日 济南市首座环保型垃圾压缩转运站在天桥区正式投入使用。

23 日 省委常委、市委书记焉荣竹会见台湾华新丽华股份有限公司董事长焦佑伦一行,市委副书记、市长张建国参加会见。

25 日 济南市再次提高城乡低保和农村五保供养标准,这是济南市首次建立城乡低保和农村“五保”自然增长机制。

27 日 中国首届“金拇指”手机动漫大赛启动仪式在山东工艺美术学院长清校区数字演播中心举行。

29 日 《济南日报》报道,济南市首家社区中草药科普馆在市中区二七新村办事处建新社区落成。

30 日 省委常委、市委书记焉荣竹会见新加坡胜科工业集团高级副总裁、中国区首席执行官廖伟豪一行。

△济南市政府主办的 2011 济南(北京)会展业推介会在北京举行。

4 月

1~4 日 省委书记、省人大常委会主任姜异康在济南、潍坊调研。在济南调研期间,姜异康视察山东蓝翔技校、济阳县崔寨镇前街社区、济南界龙科技有限公司等。

6 日 《济南市中长期教育改革和发展规划纲要》发布。

7 日 市政府以政府令形式公布《济南市推进依法行政若干制度规定》,4 月 1 日起生效。

△浪潮集团自主研发的国内首款具备国际前沿应用水平的“即插即用”移动式数据中心产品——云海集装箱数据中心在北京和济南两地正式对外发布。

△济南市“喜迎十艺节·颂歌献给党”广场文化活动启动仪式在泉城广场举行。

8 日 济南市公安局交警支队高新技术产业开发区交警大队挂牌成立。

10 日 济南市首个慈善宣传月启动。

12~13 日 财政部、住建部、国家发改委、监察部等部门组成国务院督查组,到济南市督查房地产市场调控政策落实情况和调控成效。

14 日 山东大学、天桥区政府共建新材料产学研基地战略合作暨国家胶体材料工程技术研究中心入驻济南化工产业园区签约仪式举行。

△济南市新闻发言人培训班开班,是济南市举办的首次党委新闻发言人及新闻发布工作负责人培训班。

19 日 宋庆龄生平展全国巡回展开幕式在济南市民生大街小学举行。

21 日 市委副书记、市长张建国会见到济南参加 2011 微软(中国)软件外包事业高峰论坛的国内外嘉宾。

△市委副书记、市长张建国会见微软公司全球副总裁兼微软(亚太)研发集团总裁张亚勤一行。

△全国工业和信息化系统科技工作座谈会在济南举行。

22 日 济南市创业促进会暨 YBC 创业办公室成立。

23 日 济南市 2011 年“书香泉城”全民阅读节暨中山公园读书广场启动仪式在中山公园举行。

25 日 全国政协副主席白立忱率部分全国政协军队委员来济南就山东省退役军人安置工作进行考察。

27 日 济南市保障性安居工程和农

济南概貌

地理·历史

【地理概况】 1. 位置面积。济南位于山东省中部，地理位置介于北纬36°01′～37°32′，东经116°11′～117°44′，南依泰山，北跨黄河，地处鲁中南低山丘陵与鲁西北冲积平原的交接带上，地势南高北低。地形可分为三带：北部临黄带，中部山前平原带，南部丘陵山区带。济南是中国东部沿海经济大省——山东省的省会，全省政治、经济、文化、科技、教育和金融中心，重要的交通枢纽。四周与德州、滨州、淄博、莱芜、泰安、聊城等市相邻。总面积8177平方公里，市区面积3257平方公里。

2. 自然条件。①地质。北部为济阳坳陷、淄博—在平坳陷，南部为鲁中隆起。地层南老北新，南部以古生界灰岩为主，北部以新生界黄土及砂砾沉积岩为主。岩层呈向北倾斜的单斜构造，三组断裂切成块状，奠定了济南的构造基础。②地形。地势南高北低，依次为低山丘陵、山前倾斜平原和黄河冲积平原。③气候。济南属于暖温带大陆性季风气候区，四季分明，日照充分，年平均气温13.6℃，1月最冷，平均气温-1.9℃，7月气温最高，平均气温27.0℃。年平均降水量614.0毫米。④水文。济南市河流分属黄河、小清河、海河三大水系。湖泊有大明湖、白云湖等。山区北麓有众多泉群出露，仅市区就有趵突泉、黑虎泉、五龙潭、珍珠泉四大泉群。

3. 自然资源。①土地资源。全市土地资源总面积8177平方公里，其中山地丘陵3000多平方公里、平原5000平方公里。全市有棕壤、褐土、潮土、沙姜黑土、水稻土、风砂土6个土类。其中，以棕壤、褐土两大土类为主。②矿产资源。主要有煤、石油、天然气、铁、地热和建筑材料等。③当地水资源15.9亿立方米，可利用量14.7亿立方米。④生物资源。有植物149科，1175种和变种。陆栖野生动物211种。 （年鉴编辑部）

济南市2011年各月平均气温(℃)

项目＼时间	1月	2月	3月	4月	5月	6月	7月	8月	9月	10月	11月	12月	年
气　温	-4.4	1.4	8.0	14.7	20.2	26.5	27.3	24.8	19.1	15.1	8.5	-0.7	13.4
距　平	-2.8	-0.3	0.4	-0.6	-0.7	0.7	0.2	-0.8	-2.1	0.0	1.4	-1.2	-0.4

济南市2011年各月平均降水量(mm)

项目＼时间	1月	2月	3月	4月	5月	6月	7月	8月	9月	10月	11月	12月	年
降水量	0.3	11.8	1.2	16.1	69.6	32.5	124.2	156.1	112.7	11.7	70.3	9.4	615.8
距　平	-4.3	3.6	-11.9	-12.0	12.4	-47.6	-5.09	6.7	57.9	-19.8	55.6	3.6	-6.8

济南市2011年各月平均日照时数(小时)

项目＼时间	1月	2月	3月	4月	5月	6月	7月	8月	9月	10月	11月	12月	年
日　照	187.2	121.5	266.3	260.3	255.4	221.0	175.3	138.2	133.6	173.2	109.6	155.9	2197.5
距　平	21.4	-41.9	61.7	20.5	-5.1	-17.0	-27.7	-70.5	-67.0	-24.8	-62.4	-3.4	-216.0

【年度气候概况】 济南市全年气温正常,降水正常,日照偏少;年内降水时空分布不均,主要集中在7月、8月、9月,3个月降水量393.0毫米,占全年降水量的64%。年内大风、大雾、暴雨、连阴雨、雷电、霜冻、寒潮、干旱、道路结冰等灾害性天气多有发生,造成灾害的有大雾、暴雨、连阴雨、寒潮等,综合分析全年的气候年景为平年。

1.气温。全年(1~12月)全市平均气温为13.4℃,较常年低0.4℃,较2010年低0.2℃。最冷月出现在1月,月平均气温为-4.4℃;最热月出现在7月,月平均气温为27.3℃。年极端最低气温为-16.2℃,出现在1月16日;年极端最高气温为36.9℃,出现在7月1日、9日。全年≥0℃的积温为5019.4℃,较常年少121.9℃,较2010年多40.1℃。冬季各地出现寒冷日数(-14.9℃≤日最低气温≤-10.0℃)在3天(市区、平阴)至30天(商河)之间;严寒日数(日最低气温≤-15.0℃)商河、济阳各出现1天,其余各地未出现。夏季各地出现炎热日数(35.0℃≤日最高气温≤39.9℃)在3天(章丘)至10天(市区)之间;各地均未出现酷暑日数(日最高气温≥40.0℃)。

2.降水。全年(1~12月)全市平均降水量为615.8毫米,较常年少6.8毫米,少1%,较上年同期少146.4毫米。年内降水时空分布极不均匀,各县(市)区年降水量在542.5(商河)~759.9毫米(章丘)之间,7~9月降水量占全年64%;冬季降水量最少,仅14.0毫米,占全年2%。日最大降水量95.9毫米,出现在8月11日(市区);1小时最大降水量64.0毫米,出现在8月11日(市区)。

3.日照时数。全年(1~12月)全市平均日照时数为2197.5小时,较常年少216.0小时,较上年少1.4小时。各站年日照时数,商河最多,为2543.6小时;章丘最少,仅为1826.2小时。

4.霜与无霜期。终霜最早出现在2月17日,最晚出现在4月11日,全市平均出现在3月24日,较上年晚1天。初霜最早出现在10月25日,最晚出现在11月20日,全市平均出现在11月3日,较上年早8天。无霜期最长为275天,最短为196天,全市平均为224天,较上年少12天。

5.气候异常情况。年内气温、降水量、日照时数、蒸发多时段、多县(市)区出现极值改写,为自1964年有气象记录以来历史同期极大或极小值。①商河:7月中旬降水量为1964年有气象记录以来历史同期极小值。②章丘:4月下旬最高气温、4月最高气温分别为1964年有气象记录以来历史同期最大值,8月上旬、8月中旬、11月上旬、11月下旬、11月日照时数分别为1964年有气象记录以来历史同期极小值,9月中旬蒸发量为1964年有气象记录以来历史同期极小值。③长清:3月日照时数为1964年有气象记录以来历史同期最大值,7月中旬降水量与8月上旬、8月中旬、8月、11月分别为1964年有气象记录以来历史同期最小值。④平阴:3月下旬、3月、4月中旬日照时数分别为1964年有气象记录以来历史同期最大值,9月日照时数为1964年有气象记录以来历史同期最小值。⑤济阳:3月、4月中旬日照时数分别为1964年有气象记录以来历史同期最大值,8月上旬、9月日照时数与9月中旬蒸发量分别为1964年有气象记录以来历史同期最小值。⑥市区:4月中旬日照时数为1964年有气象记录以来历史同期最大值,8月上旬、8月中旬日照时数分别为1964年有气象记录以来历史同期最小值,9月中旬平均气温为1964年有气象记录以来历史同期最小值。⑦全市平均:4月日照时数为1964年有气象记录以来历史同期最大值,8月上旬、8月中旬、9月日照时数分别为1964年有气象记录以来历史同期最小值。 (毛晓平)

【主要气候事件及其影响】 主要有干旱、大风、大雾、暴雨洪涝、寒潮、雷电、霜冻等自然灾害,造成灾害的主要有大风、暴雨洪涝、雷电、冰雹、干旱等,造成农作物减产甚至绝产。

1.干旱。由于自2010年秋季以来,降水持续偏少,造成秋、冬连旱,截至2月20日,全市平均降水量15.5毫米,较常年同期(93.4毫米)偏少83%,为1951年以来同期最少值。造成全市小麦大面积干旱,受旱面积6.56万公顷,其中重旱面积2.41万公顷、干枯0.10万公顷。进入春季后,降水仍偏少,2月下旬、4月下旬出现有效降水,旱情有所缓解,至5月8~10日全市出现降水过程,全市平均降水量55.8毫米,旱情解除。

2.积雪与道路结冰。年内1月、2月、3月和11月出现多次降雪过程,均出现积雪和道路结冰,造成境内高速公路全部封闭,影响交通,引发多起交通事故。

3.大风。2011年济南市出现大风日春季最多,冬季最少。年极大风速29.3米/秒,出现在5月17日(长清)。1月上旬市区出现了几天的偏南大风,造成部分燃煤取暖的用户煤烟倒灌,导致煤气中毒。8月29日17时左右,济阳县受局部强对流天气影响,出现大风天气,并伴有降水。济阳县气象局测站风向西北,风速11.3米/秒,降水量为16.0毫米。受大风降水影响,曲堤、济阳两镇夏玉米、蔬菜大棚及树木受灾。大棚棚膜被刮坏;玉米倒伏,有的被刮断;树木倒伏,有的被刮断,有的连根拔起。其中夏玉米受灾面积1200公顷,成灾面积870公顷,绝产670公顷,损坏大棚300个,树木2000棵,直接经济损失1000万元。

4.连阴雨。8月出现2次连阴雨天气,不利于玉米扬花授粉,造成秃尖率高,大部分玉米发育期较常年偏晚。9月11~18日出现连阴雨天气,过程降雨量全市都达到暴雨。持续阴雨寡照天气,对农业生产影响较大,对玉米灌浆和产量有一定影响,不利于棉花裂铃吐絮和采收,容易导致花生、大豆霉烂和长芽,易导致蔬菜病害。

5.大雾。年内济南各地出现了15~21天大雾天气,致使境内部分高速公路封闭、民航部分航班延误或取消。

6.寒潮。10月23~25日、11月18~20日,济南市分别出现寒潮天气,持续时间短、回暖快,对农业影响不大;但气温骤降会造成感冒等疾病的增加。

(毛晓平)

【历史概况】 济南是国务院公布的历史文化名城。因地处古四渎之一"济水"(故道为今黄河所据)之南而得名。据考古发掘资料,远在9000年前的新石器时代早期,已有先民在此繁衍生息。距今4000~4500年前以磨光黑陶为特征的"龙山文化",系因1928年首次发现于济南东郊龙山镇而被命名。夏代,龙山镇城子崖一带建有较大规模的城市。商周时代,济南为古谭国(东方方国,都城在今城子崖、平陵城一带)地。春秋战国时代,济南属齐国,称"泺""鞍""历下"等邑,为齐国西南边陲重镇。秦代,地属济北郡(郡治博阳,即今泰安)。

西汉始置济南郡,郡治东平陵(今济南市章丘平陵城)。汉文帝十六年(前164年),设济南国,首府东平陵。前154年,废济南国,复置济南郡。汉武帝时,济南郡辖东平陵、历城等14县,属青州刺史部。东汉建武十七年(41年),济南郡复称济南国,辖14县,后改辖10县。

魏晋南北朝时期,朝代屡屡更替,济南先后为魏、西晋、后赵、前燕、前秦、后燕、南燕、东晋、刘宋、北魏、东魏、北齐、北周辖境,置郡置国,变化频繁。其间,济南郡治于西晋永嘉末年(313年前)从平陵(即东平陵)迁至历城。从此,今济南市区成为历代郡国、州府的行政中心。刘宋元嘉九年(432年)在济南郡侨置冀州,济南为州、郡两级治所。北魏皇兴三年(469年),改侨冀州为齐州,辖济南郡、东魏郡、太原郡等6郡35县。

隋开皇三年(583年)撤郡并县,齐州仍治济南,辖历城等10县。大业三年(607年)齐州改称齐郡。唐朝建立后,复称齐州,辖历城、章丘、长清等6县。唐中叶天宝年间,齐州曾一度改称临淄郡、济南郡。五代时期,仍称齐州,先后为梁、唐、晋、汉、周的辖境。

北宋,齐州先后属京东路和京东东路。政和六年(1116年),齐州升为济南府,辖历城、章丘、长清等5县。建炎二年(1128年)后,被金朝所据,仍为济南府,辖7县,属山东东路。其间,曾一度为原济南知府刘豫建立的伪齐辖境。元初,改为济南路,直隶于中央中书省。至元二年(1265年),辖棣州、滨州2州及历城、章丘、济阳、商河等11县。金元时期,济南先后为金山东东西路提刑司、元山东东西道肃政廉访司治所,是山东地区的监察中心。

明初,复称济南府,辖泰安、德州、武定、滨州4州及历城、章丘、长清、济阳、商河等26县。洪武九年(1376年),山东最高行政机关"承宣布政使司"由青州迁至济南,济南成为山东省会,全省政治、军事、经济、文化中心,全国重要的中心城市之一。清初,沿明朝建置。雍正二年(1724年)、十二年(1734年)调整区划,济南府改辖德州和历城、章丘、长清、济阳等1州15县。

民国初年,撤销济南府,置岱北道,辖27县。1914年岱北道改称济南道,辖县未变。1925年改辖历城、章丘、长清、济阳等10县。1929年7月,析历城县城厢及其四郊,正式设立济南市。时济南市面积175平方公里,人口40余万。1948年9月,中国人民解放军华东野战军解放济南,设立济南特别市。1949年5月复称济南市。

中华人民共和国建立后,经历了漫长的原始、奴隶、封建社会的济南,开始进入社会主义新时代。1958年,历城县划归济南市。其后,章丘、长清县于1978年,平阴县于1985年,济阳、商河县于1990年陆续划归济南市管辖。1994年2月,济南市被正式确定为副省级城市,现辖6区4县(市)。

济南历史悠长,人才辈出。属今济南市籍的历史名人主要有:中国传统医学的杰出代表、战国时代神医"扁鹊"(本名秦越人),中国古代阴阳五行学说的创始人、战国思想家邹衍,口授今文《尚书》28篇于世的汉代学者伏生,请缨出使南越、为祖国统一事业作出贡献的汉代外交家终军,隋末农民大起义的起义军领袖杜伏威、辅公祏,唐朝开国功臣、一代名相房玄龄、名将秦琼,中国古代三大求法高僧之一唐人义净(俗名张文明),宋代有中华词坛"婉约派"代表李清照、"豪放派"代表辛弃疾,金元散曲家张养浩、杜仁杰,宋、辽、金三部正史的总裁官张起岩,明代文坛前"七子"之一边贡、后"七子"之一李攀龙,明《宝剑记》等剧的作者、戏曲家李开先,明万历年间文学为一时之冠的内阁大学士于慎行,清经学家张尔岐,清《四库全书》主要编纂人、藏书家周永年,古文献学家、清《玉函山房辑佚书》的纂辑人马国翰,近代民族实业家、"祥"字号商业的代表人物孟洛川等。 (朱佩峰)

政区·人口·民族

【行政区划】 济南市辖历下区、市中区、槐荫区、天桥区、历城区、长清区、章丘市、平阴县、济阳县、商河县,设6区、1市、3县,86个街道、55个乡镇(4个乡、51个镇)。

历下区辖14个街道,分别是:大明湖街道、千佛山街道、燕山街道、泉城路街道、趵突泉街道、东关街道、解放路街道、建筑新村街道、文化东路街道、甸柳新村街道、姚家街道、智远街道、龙洞街道、舜华路街道。

市中区辖17个街道,分别是:泺源街道、杆石桥街道、魏家庄街道、大观园街道、四里村街道、六里山街道、七里山街道、二七新村街道、舜玉路街道、舜耕街道、王官庄街道、七贤街道、白马山街道、十六里河街道、兴隆街道、党家街道、陡沟街道。

槐荫区辖12个街道、2个镇,分别是:西市场街道、五里沟街道、道德街街道、营市街街道、青年公园街道、中大槐树街道、振兴街街道、南辛庄街道、段店北路街道、匡山街道、张庄路街道、美里湖街道,段店镇、吴家堡镇。

天桥区辖13个街道、2个镇,分别是:无影山街道、堤口路街道、宝华街街道、工人新村南村街道、工人新村北村街道、官扎营街道、北坦街道、天桥东街街道、纬北路街道、制锦市街道、北园街道、泺口街道、药山街道,大桥镇、桑梓店镇。

历城区辖15个街道、6个镇,分别是:洪家楼街道、山大路街道、东风街道、全福街道、孙村街道、巨野河街道、华山街道、荷花路街道、王舍人街道、鲍山街道、郭店街道、唐冶街道、港沟街道、遥墙街道、临港街道,唐王镇、董家镇、仲宫镇、彩石镇、柳埠镇、西营镇。

长清区辖4个街道、6个镇,分别是:文昌街道、平安街道、崮云湖街道、五峰山街道,归德镇、张夏镇、孝里镇、马山镇、万德镇、双泉镇。

章丘市辖6个街道、14个镇,分别是:明水街道、双山街道、龙山街道、枣园街道、埠村街道、圣井街道,水寨镇、刁镇、绣惠镇、相公庄镇、文祖镇、垛庄镇、高官寨镇、白云湖镇、宁家埠镇、曹范镇、普集镇、官庄镇、辛寨镇、黄河镇。

平阴县辖2个街道、6个镇,分别是:榆山街道、锦水街道,洪范池镇、东阿镇、孔村镇、孝直镇、玫瑰镇、安城镇。

济阳县辖2个街道、8个镇,分别是:济阳街道、济北街道,回河镇、曲堤镇、仁风镇、垛石镇、孙耿镇、太平镇、崔寨镇、新市镇。

商河县辖1个街道、7个镇、4个乡,分别是:许商街道,玉皇庙镇、龙桑寺镇、贾庄镇、殷巷镇、郑路镇、怀仁镇、白桥镇,张坊乡、孙集乡、沙河乡、韩庙乡。

(陈尚军)

【人口】 人口数量保持低速均衡增长。年末户籍总人口606.64万人,年人口增长率4.22‰。常住人口688.51万人。全年人口出生率11.00‰,下降0.13个千分点;人口死亡率6.66‰,下降1.69个千分点。人口自然增长率4.34‰,上升1.56个千分点。人口机械增长率0.43‰。

(邢良海)

【民族】 济南市共有56个民族:汉族、回族、蒙古族、藏族、苗族、维吾尔族、彝族、壮族、布依族、白族、朝鲜族、侗族、哈尼族、哈萨克族、满族、土家族、瑶族、达斡尔族、东乡族、高山族、景颇族、柯尔克孜族、拉祜族、纳西族、畲族、傣族、黎族、傈僳族、仫佬族、羌族、水族、土族、佤族、阿昌族、布朗族、毛南族、普米族、撒拉族、塔吉克族、锡伯族、仡佬族、保安族、德昂族、俄罗斯族、鄂温克族、京族、怒族、乌孜别克族、裕固族、独龙族、鄂伦春族、赫哲族、基诺族、珞巴族、门巴族、塔塔尔族。汉族人口占大多数,其他民族人数较少。

(市统计局)

2011年国民经济和社会发展综述

全市全年实现生产总值4406.3亿元,同比增长10.6%。其中,第一产业增加值237.9亿元,增长4.4%;第二产业1829亿元,增长11.7%;第三产业2339.4亿元,增长10.3%。三次产业比例由上年的5.5:41.9:52.6调整为5.4:41.5:53.1。按常住人口计算人均生产总值64331元,增长8.9%,折合9960美元。

1. 农业和农村经济稳定发展。粮食播种面积46.85万公顷,增长0.2%;粮食总产295.8万吨,增长2.2%,实现连续9年丰收。蔬菜、肉类、禽蛋、奶类、水产品产量分别为617.8万吨、38.8万吨、35.2万吨、31.4万吨、4.4万吨,分别增长2.7%、2%、-2.4%、0.7%、2.3%。完成造林面积1.55万公顷,其中荒山造林0.66万公顷、退耕还林0.43万公顷,森林覆盖率31.1%,比上年提高1.1个百分点。农业产业化水平进一步提高。新增规模以上农业龙头企业60家、农民专业合作社620家,分别达到410家、3278家。重点扶持80个都市农业园区和47个特色品牌基地建设,建成核心示范区1.73万公顷,发展标准化生产基地13.3万公顷。认证无公害产品累计435个、绿色品牌116个、有机农产品138个、农产品地理标志18个。各类畜牧业规模化小区(场)达到826处。农业机械化总动力527.4万千瓦,增长3.5%,农业综合机械化水平达到80%。统筹城乡发展取得新进展。开展农房建设10万户,其中整村建设9.3万户。落实水利投资27.2亿元,完成治理水土流失面积88平方公里,新打农灌机井1250眼,恢复和改善灌溉面积4.27万公顷。完成农村道路保通工程项目187个,农村户用沼气达到19万户。800个生态文明村庄建设全部完成,44个乡镇(办)基本完成城乡环卫一体化建设,1502个村建设了文化大院。

2. 工业经济运行良好。实现全部工业增加值1507.9亿元,增长12.2%。其中,规模以上工业1355.2亿元,增长13.1%。实现规模以上工业主营业务收入5023.1亿元、利税517.1亿元、利润251.5亿元,分别增长15.3%、7.3%、4.9%。工业品产销衔接良好,产销率98.2%,同比提高0.5个百分点。机械装备、石化及新材料等重点产业增势良好,营业收入分别增长22.8%和34.5%。工业结构优化提升。新增高新技术企业87家,累计达到353家。实现高新技术产业产值1979.7亿元,增长12.2%,占规模以上工业总产值的38.7%,比年初提高1个百分点。战略性新兴产业实现主营业务收入2310.8亿元,增长10.6%。自主创新能力增强,新增国家级企业技术中心2家、国家地方联合工程实验室1家、省级工程实验室2家。节能减排工作扎实推进,淘汰炼铁、电解铝产能280万吨和4万吨。园区承载能力提高。济南出口加工区及8家省级经济开发区规模以上工业企业达到508家,实现增加值339.8亿元,增长12.6%,占全市规模以上工业的25.1%,同比提高0.9个百分点;实现利税总额129.7亿元,增长17.21%,占全市规模以上工业的28.9%,提高2.4个百分点。

3. 服务业平稳发展。国家服务业综合改革试点工作深入推进,实现服务业增加值2339.4亿元,增长10.3%,占GDP的比重达到53.1%,同比提高0.5个百分点。其中现代服务业实现增加值1098.1亿元,增长8.5%,占服务业的比重为46.9%。重点产业发展势头良好。金融业实现增加值330.1亿元,增长10%;保险业务收入110.4亿元、支出27.7亿元,分别增长9.8%和25%;股票基金成交总量6420.5亿元,下降15.7%。房地产业实现增加值247.6亿元,增长6%。接待国内外游客 4008.5 万人次，增长 18.3%；实现旅游总收入 382.8 亿元，增长 22%。社会物流总额 10705.3 亿元。软件服务业销售收入 800 亿元，增长 31.1%。举办会展 141 场，交易额 1110 亿元，增长 11.8%。交通、通讯业稳定增长。公路通车里程达到 1.2 万公里，增长 2.8%。民用机动车拥有量 131.9 万辆，其中汽车 93.4 万辆。公交线路长度 4200 公里，线路 219 条；公交营运车辆 4375 辆，旅客运输量 8.6 亿人次。航空旅客吞吐量 788 万人次，增长 14.2%；货邮吞吐量 7.8 万吨，增长 10.6%。邮电通信业营业收入 66.8 亿元，增长 8.3%。固定电话用户数 186.8 万户，下降 12.4%；移动电话用户数 931.1 万户，增长 8.6%；宽带网用户数 132.7 万户，增长 13.1%。

4. 消费需求进一步扩大。实现社会消费品零售总额 2023.1 亿元、增长 17.3%，其中城镇 1856 亿元、增长 17.7%。限额以上批发和零售业、住宿和餐饮业单位 1662 家，实现零售额 847.7 亿元，增长 18.5%。其中，粮油、食品、饮料、烟酒类 118.8 亿元，增长 18.4%；服装、鞋帽、纺织品类 80.5 亿元，增长 29.8%；金银珠宝类 21.5 亿元，增长 26.4%；汽车类 201.1 亿元，增长 8.1%；石油及制品类 139.8 亿元，增长 33.5%。商品房销售面积 594.1 万平方米、增长 11.8%，其中住宅 536.8 万平方米、增长 12.5%。销售“家电下乡”产品 58.6 万台(件)，增长 97.3%；销售额 15.3 亿元，增长 1.1 倍。物价水平高位回落。居民消费价格上涨 5.4%，其中 12 月份当月上涨 3.7%。食品类、居住类、烟酒类、医疗保健和个人用品类、家庭设备用品及服务维修类分别上涨 11.3%、7.7%、7.1%、2.5%、0.5%，交通和通信类、娱乐教育文化用品及服务类分别下降 1.1%、0.1%。工业生产者出厂价格上涨 5.3%，购进价格上涨 8.2%。

5. 固定资产投资增长较快。完成固定资产投资 1934.3 亿元，增长 18.1%。其中，第一产业 48.6 亿元，增长 20.8%；第二产业 607.3 亿元，增长 19.1%；第三产业 1278.4 亿元，增长 17.5%。三次产业投资比重为 2.5:31.4:66.1。现代服务业完成投资 941.7 亿元，增长 16.1%。完成基础设施投资 388 亿元；工业投资 576.7 亿元，增长 18%；高新技术产业投资 226.2 亿元，增长 36.8%；房地产开发投资 527.2 亿元、增长 8.8%，其中住宅投资 402.3 亿元、增长 10.4%。民间投资活力进一步释放，完成 1101.3 亿元，占全市投资的 56.9%。城市建设加快推进。“一城三区”开发建设成效显著，京沪高铁济南西站建成通车，小清河主城区段实现蓄水通航，省会文化艺术中心大剧院、奥体金融中心等项目加快推进，西客站、梁府、田园新城等片区开发建设加快。老城区改造稳步推进，一批城市综合体建成运营，百花洲片区改造、世茂国际广场、香格里拉酒店等项目开工建设。城市基础设施不断完善，完成文化东西路、张庄路等 28 条道路新建改造，二环西路、刘长山路西延长线等道路开工建设，第二生活垃圾焚烧发电厂投入运营。年末，城市建成区面积 355.4 平方公里，增加 8.4 平方公里。城市绿化覆盖率 37%；人均公园绿地面积 11.4 平方米，增长 1.1%。

6. 外向型经济快速发展。实现进出口总值 104 亿美元，增长 40.4%。其中，进口 43.5 亿美元，增长 29.8%；出口 60.5 亿美元，增长 49.1%。出口产品中，机电产品出口 42 亿美元，增长 66.2%；高新技术产品出口 5.5 亿美元，增长 26.2%。新签外商投资项目 86 个，实现合同外资额 14.1 亿美元，增长 17%；实际到账外资 11 亿美元，增长 5.8%。“走出去”步伐加快。新签对外承包工程合同 38.5 亿美元，增长 17.1%；完成营业额 21.6 亿美元，增长 60%；外派劳务 9008 人，与上年持平。新批境外投资项目 44 个，中方协议投资额 2.45 亿美元，增长 56.3%。

7. 财政金融形势稳定。实现地域财政总收入 1387.4 亿元，增长 8%；地方公共财政预算收入 325.4 亿元，增长 22.3%，占生产总值的比重达到 7.4%，同比提高 0.6 个百分点。其中，税收收入 255.2 亿元，增长 22%；非税收入 70.2 亿元，增长 23.2%。财政支出结构不断优化，地方公共财政预算支出 396.9 亿元，增长 17.9%，用于社会事业和重点民生领域的支出占比达到 55.4%，比上年提高 2.3 个百分点。年末，全市金融机构本外币各项存款余额 8364.1 亿元、较年初增加 767.4 亿元，其中人民币各项存款余额 8275.8 亿元、较年初增加 770.6 亿元。本外币各项贷款余额 8009.8 亿元、较年初增加 981.4 亿元，其中人民币各项贷款余额 6893.7 亿元、较年初增加 581.2 亿元。

8. 居民生活不断改善。城市居民人均可支配收入 28892 元，增长 14.1%，扣除价格因素实际增长 8.3%。农民人均纯收入 10412 元，增长 16.9%，扣除价格因素实际增长 10.5%。就业形势总体稳定。年末全市从业人员 375.5 万人，其中第二产业、第三产业从业人员分别占 32.1% 和 47.9%。新增城镇就业 15.46 万人，新增农村劳动力转移就业 11.29 万人，城镇登记失业率 3.61%。社会保障体系不断完善。年末，全市城镇职工基本养老保险参保人数 164.8 万人，增加 15.8 万人；城镇基本医疗保险参保人数 275.2 万人，增加 20.7 万人；失业保险参保人数 103.7 万人，增加 12.17 万人。城镇居民养老保险、新农村养老制度和新型农村合作医疗实现全覆盖。城市最低生活保障标准提高到月人均 400 元，低保对象 5.6 万人，发放保障金及各类补贴 1.9 亿元；农村最低生活保障标准提高到年人均不低于 1800 元，低保对象 8.2 万人，发放保障金及各类补贴 1.1 亿元。保障性住房建设加快推进，开工建设公共租赁住房 20200 套、廉租住房 2114 套、经济适用住房 4200 套，保障性安居工程竣工 16637 套。

9. 社会事业全面推进。教育、卫生、文化体育事业全面发展。各类学校在校学生 144.84 万人，增长 0.2%。学龄儿童入学率 100%，小学毕业生升学率 100%。拥有各种艺术表演团体 14 个、文化馆(站)及群众艺术馆 151 个、电影院 15 家、博物馆 10 个、档案馆 14 个、公共图书馆 12 个、市级以上文物保护单位共 156 处。全年出版报纸 19.9 亿份，各类杂志 0.73 亿册，图书 2.9 亿册。有线广播电视用户

152.14 万户，其中数字电视用户 114.57 万户、增长 1 倍。拥有卫生机构 5159 个，其中医院 200 个。卫生机构床位 3.5 万张，增加 0.3 万张；其中医院床位 2.8 万张，增加 0.4 万张。各类卫生技术人员 42116 人，增长 6.9%；执业（助理）医师 18328 人，增长 4.3%。社区卫生服务中心（站）253 个，村卫生室 2668 个。按常住人口计算，每千人拥有病床 5.2 张，每千人拥有卫生技术人员 6.1 人。济南运动员在省级以上比赛中共获得金牌 172 枚、银牌 190 枚、铜牌 172 枚，其中在世界级比赛中获金牌 18 枚、银牌 8 枚、铜牌 5 枚。举办较大规模全民健身活动 126 次，参与人数 100 余万人次。人口数量保持低速均衡增长，年末户籍总人口 606.6 万人，常住人口 688.5 万人，人口自然增长率 4.34‰，上升 1.56 个千分点。

（高　华）

党和国家领导人视察济南

4 月 25 日，全国政协副主席白立忱率部分全国政协军队委员就济南市退役军人安置工作进行考察。济南军区副政委王健，省政协副主席乔延春，市政协主席徐长玉，省军区副司令员谭树贤，市委常委、济南警备区政委晋争鸣，市政协秘书长陈亚建陪同活动。

5 月 7～8 日，全国人大常委会副委员长司马义·铁力瓦尔地率领全国人大执法检查组，来济南市就《中华人民共和国老年人权益保障法》实施情况进行执法检查，并考察经济社会发展情况。全国人大常委会委员、内务司法委员会副主任委员、台盟中央常务副主席汪毅夫参加检查。省人大常委会副主任刘玉功，市委副书记、市长张建国，市人大常委会主任雷建国，副市长齐建中，高新区管委会党工委书记、主任苏树伟，市人大常委会秘书长朱新海，市政府秘书长许强陪同检查。

6 月 3 日，全国政协副主席、九三学社中央副主席王志珍来济参观考察生态建设情况。副省长王随莲、市政协主席徐长玉、市政协秘书长陈亚建陪同参观考察。

6 月 20 日，中共中央政治局常委李长春到中国重汽集团济南商用车有限公司、浪潮集团，视察企业加快转变经济发展方式、提高自主创新能力的情况。省、市领导姜异康、姜大明、焉荣竹、王敏、孙守刚、吴鹏飞、孙晓刚、谭延伟、陈勇陪同。

（张嘉丰）

组织机构

中共济南市委及所属工作部门

中国共产党济南市第九届委员会

书　记　焉荣竹*　王　敏

副书记　张建国*　杨鲁豫　殷鲁谦

常　委　焉荣竹*　王　敏　张建国*　杨鲁豫　殷鲁谦　王　良*　李家政*　雷　杰（女）　王以才　孙晓刚　陈先运*　张宗祥　徐学武　王成波　申长友*　刘　杰　谭延伟　晋争鸣　陈　勇

委　员　（按姓氏笔画为序）

丁瑞云　马纯济　王　良*　王　敏　王　辉　王以才　王成波　王建军　孔　杰　申长友*　田　庄　毕筱奇　朱红方　朱新海　刘　杰　刘善鹏　齐建中　许　强　孙晓刚　孙积港　苏树伟　苏维泉　李华贤　李好臣　李胜利　李宽端　李家政　杨庆林　杨鲁豫　时文进　邹世平　宋玉国　张　辉　张才奎　张宗祥　张建国　张海波　张新文　陈　勇　陈先运*　陈延河*　孟祥桓　赵文朝　姜　涛　晋争鸣　徐长玉　徐长林　徐明梅（女）　殷鲁谦　徐学武　凌安中　焉荣竹*　覃俊文　雷　杰（女）　雷天太　谭延伟

候补委员　（按选举得票多少为序）

邱云章　魏　篁　王宏炜　王新文　孟庆斌　冯光文　孙明明　杨学英（女，回族）　贾堂宏　孙竹兮　陈小莉（女）

秘书长　孙晓刚*　陈　勇

副秘书长　陈　荣（女）　赵克祥　任建新　谢圣仁　董海涛　张福俭　芦　苇（女）　丁　力

市委办公厅

主　任　任建新（兼）

副主任　曲　虹（女）　朱传东　姜　震*　于晓奎　孙义俊　郭志强

市委保密委员会办公室（市政府保密局）

主　任（局　长）　王　晔（女）

副主任（副局长）　刘安乐　王皋翔

市委督查室

主　任　张景欣

副主任　周卫东　李　锋

市委、市政府信访局

局　长　董海涛（兼）

副局长　米俊伟（回族）*　苏秀英（女）　於济建　杨明安　王世华　王世民

市委农村工作办公室

主　任　时文进

副主任　张树振　王申宁　鞠正江

市委防范和处理邪教问题领导小组办公室（市政府防范和处理邪教问题办公室）

主　任　谢圣仁（兼）

副主任　刘国荣　李　梅（女）

档案局（馆）

党组书记、局（馆）长　赵启民

副局（馆）长　张建中　裴　良　祁莉红（女）　王文琴（女）　崔曰仑

副　馆　长　王笑荣（女）

舜耕山庄

党委书记、总经理　朱传东（兼）

副总经理　郑　军（聘）　白　谦（聘）*　何元清（聘）

注：组织机构名单由各相关单位提供，统计时间截至 2011 年底。* 示 2011 年内离职，下同。

市委政策研究室
主　任　张福俭(兼)
副主任　王立旭　张崇顺　郭东法
　　　　石　玮
市委组织部
部　长　徐学武* 陈　勇
常务副部长　李好臣*　　王　平
副部长　李继民　蒋晓光　王拥华(女)
　　　　姜　杰　张　强
党员干部现代远程教育中心
主　任　蒋晓光(兼)* 王拥华(女)(兼)
副主任　刘西波
市委老干部局
局　长　李继民(兼)* 蒋晓光(兼)
副局长　贾相春　崔　宏(女)
　　　　谷博军　隋志勇
市委宣传部
部　长　谭延伟
常务副部长　凌安中
副部长　李图滨　刘　溪　彭寿谦
　　　　邳　良(女)　　周鸿雁
精神文明建设办公室
主　任　李图滨(兼)
副主任　朱兴林　任卫涛* 展宝贞
市委统一战线工作部
部　长　杨庆林(兼)
常务副部长　李素华(女)
副部长　李光明　韩明东　王亚托
市委政法委员会
书　记　李家政* 刘　杰
常务副书记　张成武*
副书记　李国忠　赵力军　赵　杰
　　　　姚怀祥
社会治安综合治理委员会办公室
主　任　李国忠(兼)
副主任　秦伟明　王　宏
法学会
名誉会长　李家政(兼)
会　　长　赵力军(兼)
常务副会长兼秘书长　刘笑萍(女)*
　　　　　　　　　　孙德龙
市机构编制委员会办公室
主　任　董建武
副主任　商汉博　张立学　许建勇

市委市直机关工作委员会
书　记　孙积港
副书记　万秀水　高宝继　周　成
　　　　徐建平
市委台湾工作办公室(市政府台湾事务办公室)
主　任　李元东
副主任　谢爱民(女)*　　李兆兵
　　　　张端武　罗国金
市委巡视一组
组　长　丛培军
副组长　李　勇
市委巡视二组
组　长　扈书乘
副组长　高　利
市委教育工作委员会(2011 年 3 月撤销)
书　记　陈东生*
副书记　胡晓卉(女)*
市委济南高新技术产业开发区工作委员会
书　记　苏树伟
副书记　马玉星　王晓军* 徐　群
市委党校
校　长　焉荣竹(兼)
党委书记、常务副校长　宋玉国*
　　　　　　　　　　　李好臣
副校长　王华起* 耿耀贤　刘晓钟
　　　　解　慧(女)
市行政学院
党委书记、院长　宋玉国*　李好臣
副院长　王华起* 耿耀贤　刘晓钟
　　　　解　慧(女)　张　萍(女)*
市社会主义学院
党委书记、院长　宋玉国*　李好臣
副院长　王华起* 耿耀贤　刘晓钟
　　　　解　慧(女)　　王瑞云
市委党史研究室
主　任　岳绍红
副主任　闫以功　杨学胜　齐玉鹏
市老龄工作委员会办公室
党组书记、主任　韦　平
副主任　张良华
济南老年人大学
校　长　徐同胜
副校长　牛海征(女)　李晓钟　周坤三

济南日报报业集团
党委书记、董事长　孙元文
党委副书记、总编辑　肖国防
副书记　张　楠
副总编辑　张　柯　刘　勇　尹　波
　　　　　李光明　马　凯　李国强
　　　　　单宝珠
济南日报社社长　孙元文
济南日报社副社长　牛继兴
市非公有制经济组织党工委
书　记　李光明
副书记　姜　杰　葛春林　张　鹏
市社会经济党工委
书　记　张苏华(女)
副书记　姜　杰　姜玉民

济南市局以上单位党委(党组)

人大常委会党组
书　记　徐华东* 雷建国
副书记　马纯济　刘善鹏
人民政府党组
书　记　张建国* 杨鲁豫
副书记　王　良* 陈先运* 孙晓刚
　　　　张宗祥
政协济南市委员会党组
书　记　徐长玉
副书记　王世敦　冯光文
中级人民法院党组
书　记　宋新生
副书记　王旭光　严祥龙
人民检察院党组
书　记　郭鲁生
副书记　张鲁生
总工会党组
书　记　王以才
副书记　朱守华
共青团济南市委党组
书　记　孔　杰
妇女联合会党组
书　记　祖爱民(女)*
副书记　初黎华(女)*
科学技术协会党组
书　记　商敬工(女)*　　雷卫国
文学艺术界联合会党组
书　记　邹卫平

副书记 丁济生
归国华侨联合会党组
书 记 吴玉明
社会科学界联合会党组
书 记 王 军
残疾人联合会党组
书 记 刘书笙
工商业联合会党组
书 记 李光明
红十字会党组(2011 年 7 月成立)
书 记 朱兴利
计划生育协会党组(2011 年 3 月撤销)
书 记 王玉玲(女)*
人大常委会机关党组
书 记 朱新海
副书记 毕明明
市政府办公厅党组
书 记 许 强
副书记 李吉乾
发展和改革委员会党组
书 记 齐家滨*
副书记 孟繁银*
市深化医药卫生体制改革领导小组办公室党组(2011 年 7 月成立)
书 记 许继春
经济和信息化委员会党委
书 记 杨 军* 王宏志
副书记 王宏志*
教育局党委(2011 年 3 月成立)
书 记 陈东生
副书记 胡晓卉(女)
济南职业学院党委
书 记 陈小莉(女)
副书记 王小平 路明良
济南工程职业技术学院党委
书 记 张慧青(女)
副书记 许传海
科学技术局党组
书 记 冯光文
副书记 郑应德
公安局党委
书 记 刘 杰* 刘新云
副书记 郭心敬
民政局党委
书 记 张苏华(女)

副书记 翟旭东
司法局党组(2011 年 3 月撤销)
书 记 毛华铭*
司法局党委(2011 年 3 月成立)
书 记 毛华铭
济南监狱党委
书 记 刘永浩
副书记 时克生
财政局党委
书 记 纪宝华
政府投融资管理中心(市国有资产运营有限公司)党委(2011 年 11 月撤销)
书 记 赵明奎*
人力资源和社会保障局党委
书 记 王 平* 李继民
副书记 董建武* 王毓华(女)*
贾 杰 郑志友
技师学院党委
书 记 韩道亮* 窦进科
副书记 车向东
国土资源局党组
书 记 刘西安
规划局党委
书 记 王新文
副书记 姜连忠
城乡建设委员会党委
书 记 田 庄
副书记 顾建军
城市管理局(城市管理行政执法局、城市管理行政执法总队)党委
书 记 宋永祥
副书记 马 平 田德昌
环境保护局党组
书 记 张 利(女)
副书记 李守海
交通运输局党委
书 记 孙明明
副书记 高 铠
水利局党组
书 记 张曰良
副书记 王 璞(女)
农业局党组
书 记 赵玉海
副书记 于兆刚

林业局党组
书 记 孙君涛
商务局党委
书 记 史同伟
副书记 张 明 李明军
文化广电新闻出版局(文化市场综合行政执法局)党委
书 记 刘程华
副书记 王建华 李向明
卫生局党委
书 记 贾堂宏
副书记 朱兴利* 高 萍(女)
中心医院党委
书 记 高 萍(女)* 马效恩
副书记 马效恩*
食品药品监督管理局党委
书 记 靳 磊
副书记 奚 晨* 刘桂祯 刘吉利
体育局党委
书 记 初 伟
人口和计划生育委员会党组
书 记 徐明梅(女)
副书记 王玉玲(女)
审计局党组
书 记 孙竹兮
统计局党组
书 记 王祯祥
副书记 商 伟
安全生产监督局党组
书 记 傅志清
副书记 李 涛
民族宗教事务局党组
书 记 杨学英(女,回族)*
米俊伟(回族)
旅游局党委
书 记 王铁志
副书记 接素梅
粮食局党委
书 记 李会宝
副书记 韩浩峰
市政府外事办公室党组
书 记 李 敏(女)
市政府国有资产监督管理委员会党委
书 记 王嘉振
副书记 陈迎军

市政府研究室党组
书　记　邢建亚
市政府侨务办公室党组
书　记　王晓霞(女)
副书记　苏　峰(女)
市政府法制办公室党组
书　记　张传堂
人民防空办公室党组
书　记　张建国
副书记　郑金松
市政府金融工作办公室党组
书　记　胡晓蒙
住房保障和房产管理局党委
书　记　高立文
副书记　丁　宁
物价局党组
书　记　孙建民
工商行政管理局党委
书　记　王宏炜
副书记　曹　鸣
质量技术监督局党委
书　记　于界平
副书记　杨玉龙
济南量子技术研究院党组(2011 年 3 月成立)
书　记　马玉星
市级机关事务管理局党组
书　记　蒋向波
副书记　朱传振
市政公用事业局党委
书　记　贾玉良
副书记　雷卫国*
城市园林绿化局党委
书　记　韩晓光
副书记　王继东　李心宏
畜牧兽医局党组
书　记　高辅卿
副书记　方明甲
地震局党组
书　记　杜贻合
市政府资金结算中心党组
书　记　张永华(女)
副书记　张淋生

城市建设投融资管理中心(城市建设投资有限责任公司)党委
书　记　顾建军*　赵明奎
副书记　王继东*
旧城改造投融资管理中心(旧城改造投资运营有限公司)党委
书　记　王　欣
副书记　杨庆绪
西区投融资管理中心(西区建设投资有限公司)党委
书　记　王迪生
小清河开发建设投融资管理中心(小清河开发建设投资有限公司)党委
书　记　李洪海*　宋卫东
副书记　宋卫东*　史向中
济南住房公积金管理中心党组
书　记　万　里
供销合作社党委
书　记　孔　放
副书记　刘　华
中国国际贸易促进委员会济南市分会(中国国际商会济南商会)党组
书　记　李玉明
济南仲裁委员会办公室党组
书　记　王新民
史志办公室党组
书　记　李吉祥
济南社会科学院党组
书　记　韩圣喜
副书记　马军远
济南广播电视台党委
书　记　张　锋
副书记　崔　刚
社会经济调查局党组
书　记　王祯祥
副书记　商　伟
济南城市建设投资集团有限公司党委(2011 年 8 月成立)
书　记　赵明奎
副书记　罗卫东
济南旧城开发投资集团有限公司党委(2011 年 8 月成立)
书　记　王　欣
副书记　杨庆绪

济南西城投资开发集团有限公司党委(2011 年 8 月成立)
书　记　王迪生
副书记　魏　军
济南滨河新区建设投资集团有限公司党委(2011 年 8 月成立)
书　记　宋卫东
副书记　史向中
政协机关党组
书　记　陈亚建
副书记　李　涛　卞升云
济南大学党委
书　记　范跃进
副书记　程　新　张金丽(女)　朱德强
国家税务局党组
书　记　张德志
地方税务局党委
书　记　张志明
副书记　罗　蓉(女)
气象局党组
书　记　任　健
副书记　吕淑琳(女)
济南出入境检验检疫局党组
书　记　邵立洪
济南海关党组
书　记　刘魏巍(女)
济南黄河河务局党组
书　记　李传顺*
副书记　许建中
国家统计局济南调查队党组
书　记　王祯祥
副书记　商　伟
烟草专卖局(公司)党委
书　记　王永平
济南供电公司党委
书　记　刘云厚
副书记　张凡华*　李锡成
邮政局党委
书　记　颜承俊
副书记　梁启辉
中国联合网络通信集团有限公司济南市分公司党委
书　记　刘新民
副书记　张春辉*　郝立谦

中国电信股份有限公司济南市分公司党委
书 记 刘守志
山东移动通信有限责任公司济南分公司党委
书 记 邓兰艾
副书记 马端杰
人民银行济南分行营业管理部党委
书 记 陈好孟
副书记 肖承发
齐鲁银行股份有限公司党委
书 记 邱云章* 胡晓蒙
副书记 郭 涛* 王晓春 黄家栋 王洪业
农业发展银行山东省分行营业部党委
书 记 石寿江*
副书记 谢 军
中国银行济南市分行党委
书 记 李 光* 孟和平
副书记 郝连才
工商银行山东省分行营业部党委
书 记 王跃民
农业银行山东省分行营业部党委
书 记 娄 群
副书记 王旭光
中国人民财产保险股份有限公司济南市分公司党委
书 记 何 晓* 胡 伟
中国人寿保险股份有限公司济南市分公司党委
书 记 刘子强
中国太平洋财产保险股份有限公司济南中心支公司党委
书 记 黄从双
中国太平洋人寿保险股份有限公司济南中心支公司党委
书 记 李 哲* 党建萍(女)
省石油集团济南总公司党委
书 记 康 星

(市委组织部)

中共济南市纪律检查委员会及所属工作部门

中共济南市纪律检查委员会
书 记 王成波
副书记 李华贤 高新临 孙 博
常 委 王成波 李华贤 高新临 孙 博 吴兴金 丁 远(女) 范立山 李晓磊 苏 涛
秘书长 孙 博
委 员 (按姓氏笔画为序)
丁 远(女)
于 红(女,回族)
于振滨 王 平 王 诚
王 建 王伟元 王成波
王嘉振 朱兴利 刘吉利
刘西安 江 涛 阴 波
纪宝华 孙 博 孙战宇
苏 涛 李大江 李广贤
李华贤 李俊英(女)
李素华(女) 李继民
李晓磊 杨全海 吴兴金
宋胜玉 张 利(女)
张 锋 张玉兰(女)
张成武 张怀仁 陈 敏
陈迎军 范立山 官春生
赵玉海 耿建新 徐长玉
徐庆海 高新临 陶廷俊
龚秋水 董宝珂 董建武
窦 虎
济南市监察局
局 长 李华贤
副局长 吴兴金 丁 毅 范立山 李晓磊
市纪委、市监察局工作部门
办公厅
主 任 高 利*
监察综合室
主 任 贾 砚
研究室
主 任 苏 涛
干部室
主 任 魏莉萍(女)
宣传教育室
主 任 刘海峰*
案件审理室
主 任 鞠小虹(女)* 李树平
案件申诉复查室
主 任 李树平*
政策法规室
主 任 李 庆
信访室(市国家行政机关工作人员违法违纪举报中心)
主 任 王志兵
党风廉政建设室
主 任 李 庆*
市人民政府纠正部门和行业不正之风办公室(市纪委、市监察局纠风室)
主 任 鞠小虹(女)*
执法监察室
主 任 李晓磊
行政效能监察室
主 任 李开刚*
案件监督管理室
主 任 刘金光
第一案件检查室
主 任 赵 新
第二案件检查室
主 任 李敬德
第三案件检查室
主 任 高月志*
市委巡视工作办公室
主 任 (缺)

市纪委归口派驻机构

市纪委、市监察局派驻第一纪检组、监察室
组 长、主 任 李振国
副组长、副主任 冯勋业 刘永刚
市纪委、市监察局派驻第二纪检组、监察室
组 长、主 任 王志刚
副组长、副主任 涂永祥 芦 青
市纪委、市监察局派驻第三纪检组、监察室
组 长、主 任 官春生
副组长、副主任 胡桂芝(女)* 邱鲁军 沙卫平
市纪委、市监察局派驻第四纪检组、监察室
组 长、主 任 李大江
副组长、副主任 刘友祯 刘岐山
市纪委、市监察局派驻第五纪检组、监察室
组 长、主 任 董宝珂
副组长、副主任 郭忠青* 张传建 程新民 朱爱华

市纪委个别派驻机构

市委市直机关纪工委
书 记 张爱华(女)* 胡桂芝(女)
市纪委驻市法院纪检组
组 长 张玉兰(女)* 刘继珍(女)

市纪委驻市检察院纪检组
组　长　田钦友
市纪委驻市政府办公厅纪检组
组　长　张德萍(女)
市纪委驻市发改委纪检组
组　长　孙忠琴(女)
市经济和信息化委员会纪委
书　记　贾乾水
市教育局纪委
书　记　陈　敏
市公安局纪委
书　记　张伟力
市民政局纪委
书　记　郑玉岭
市司法局纪委
书　记　李放鸣
市财政局纪委
书　记　董国瑞
市人力资源和社会保障局纪委
书　记　王均平(女)
市纪委驻市国土资源局纪检组
组　长　杨照军
市规划局纪委
书　记　侯运富
市城乡建设委员会纪委
书　记　张洪跃
市城市管理局纪委
书　记　李俊英(女)
市交通运输局纪委
书　记　尹希芳
市纪委驻市水利局纪检组
组　长　张贵芳(女)
市纪委驻市农业局纪检组
组　长　闻建强
市文化广电新闻出版局纪委
书　记　郭尚兰(女)
市卫生局纪委
书　记　郭传军* 郭忠青
市食品药品监督管理局纪委
书　记　王远堂
市体育局纪委
书　记　陈泽清
市国资委纪委
书　记　王　军(女)
市市政公用事业局纪委
书　记　李新年(女)
市城市园林绿化局纪委
书　记　李炳锋
济南广播电视台纪委
书　记　赵西云
市工商局纪委
书　记　曹　鸣
市质量技术监督局纪委
书　记　张元胜

(市纪委)

济南市第十四届人民代表大会常委会、专门委员会及所属工作部门

市人大常委会
主　任　徐华东* 雷建国
副主任　马纯济　刘善鹏　牟陆阳*
段青英(女)　孟祥桓
宋玉国
秘书长　朱新海
副秘书长　毕明明　刘　民
王历历(女)　张　鹏
王永金* 鹿中华
委　员　(按姓氏笔画为序)
于晓玉(女,回族)
王　玉　王伯芝　王　忠
王建文　王　辉　王锡宏
邓兰艾　孔　杰
冯　宏(女)　毕玉平
毕明明　朱守华　伊啸扬
刘元刚　刘　民　刘　浩
刘　燕　闫继红(女)
李令虎　李全福(回族)
李好臣　李　巍(女)
邱云章　余毅民　宋志健
初黎华(女)　张卫星
张正辉　张利生　张伯礼
张忠泉　张参平　胡少平
胡培芝　荣　义(女)
赵业坤　商敬工(女)
韩子奎　裴金生　魏　篁
法制委员会
主任委员　牟陆阳(兼)*　孟祥桓(兼)
副主任委员　张参平　伊啸扬
冯　宏(女)
教育科学文化卫生委员会
主任委员　牟陆阳(兼)*
宋玉国(兼)
副主任委员　刘元刚　刘　浩
内务司法委员会
主任委员　刘善鹏(兼)
副主任委员　裴金生　张利生
民族侨务外事委员会
主任委员　段青英(女)(兼)
副主任委员　闫继红(女)　王建文
城乡建设环境保护委员会
主任委员　孟祥桓(兼)
副主任委员　王　辉　李令虎　张忠泉
财政经济委员会
主任委员　刘善鹏(兼)
副主任委员　魏　篁　胡培芝　余毅民
张伯礼　徐长林
农村经济委员会
主任委员　宋玉国(兼)
副主任委员　韩子奎　荣　义(女)
宋志健
代表资格审查委员会
主任委员　朱新海(兼)
副主任委员　李好臣　张伯礼
李　巍(女)
办公厅
主　任　毕明明(兼)
副主任　孙贵民　许玉慧　李　雷
研究室
主　任　刘　民(兼)
副主任　赵静海　袁　磊
人事代表工作室
主　任　李　巍(女)
副主任　张海昕(女)　吕洪涛
法制工作室
主　任　冯　宏(女)
副主任　张　瑞　赵之祥
教育科学文化卫生工作室
主　任　刘　浩
副主任　杜　萍(女)　诸葛利
内务司法工作室
主　任　裴金生* 王永金
副主任　唐淑英　金丽霞(女)
民族侨务外事工作室
主　任　闫继红(女)

副主任　秦　旭
城乡建设环境保护工作室
主　任　张忠泉
副主任　吕涌波
财政经济工作室
主　任　余毅民
副主任　徐明昌*　滕　静（女）
彭子钢
农村经济工作室
主　任　宋志健
副主任　于炳生

（市人大常委会办公厅）

济南市人民政府及各工作部门、市属副局级以上机关事业单位

市　长　张建国
副市长　王　良*　孙晓刚　陈先运*
申长友*　张宗祥　邹世平
赵文朝　齐建中
巩宪群（女）　李宽端
秘书长　许　强
副秘书长　李吉乾　曹　桦　王宏伟
张　伟　耿建新　贾永利
杜　平　邢建亚　蒋向波
张鲁军　林书宏　孙法星*
邸永光
市政府办公厅
主　任　李吉乾（兼）
副主任　曹　军　刘芹明
王宇清（女）　陈立新（女）*
孙义洪　张海灵　朱玉明
应急管理办公室（市政府总值班室）
主　任　杜　平（兼）
副主任　蒋友和
市政府研究室
主　任　邢建亚（兼）
副主任　陈福竹　孔　炘　刘春贵*
高　岐　相振谨
督查室（市民服务热线办公室）
主　任　张鲁军（兼）
副主任　赵国钧　张玲华（女）　田　兵
食品安全工作办公室（2011年9月成立）
主　任　孙法星
副主任　李学忠

△接待办公室
主　任　孙义洪
△打击走私办公室
主　任　赵云华
行政审批服务中心
主　任　贾永利（兼）
副主任　段明心　刘龙宝　安纪文
公共资源交易中心
主　任　林书宏（兼）
副主任　牛连平
驻北京办事处
主　任　王宏伟（兼）
副主任　孔建国　许立强
△驻上海（厦门）办事处
主　任　李兆兵*　李继功
△驻广州办事处
主　任　孙凤鸣
△驻青岛办事处
主　任　于剑波
△信息中心
主　任　项　军*　刘春贵
发展和改革委员会
主　任　齐家滨*
副主任　许继春　唐晓群　尹清忠
倪志纯　李经发　李　勇
总经济师　唐晓群*　张　军
△重大项目办公室（重大建设项目稽查办公室）
主　任　姬　峰
△发展规划研究室
主　任　陈革才
△南部山区管理办公室
主　任　王玉杰
△市服务业办公室
主　任　于治义
物价局
局　长　孙建民
副局长　张际水　徐　文　李　智
刘永生
经济和信息化委员会
主　任　王宏志
副主任　张广勇　赵炳跃　黄　杰
刘　鹏　姜　华　唐　忠
李淑玲（女）
总工程师　郭衍友

△经济运行局（市政府煤电油气运保障办公室）
局　长　傅建民
△离退休干部局
局　长　朱新民
△市政府节约能源办公室
主　任　张洪山
△市煤炭工业局
局　长　张广勇（兼）
△市中小企业发展办公室
主　任　李荣贵
△市无线电管理办公室
主　任　李　雪（女）
△市节能监察支队
支队长　戚桂林
教育局
局　长　陈东生
副局长　张克明　朋　星　杨全海
黄祖杰　王春光　任泽焕
刘　堃
主任督学　张克明（兼）
副主任督学　孟凡海　王学东
科学技术局
局　长　冯光文（兼）
副局长　郑应德　朱路明*
马淑民（女，回族）
马素刚　刘德志
总工程师　刘德志*　贾文涛
市创新型城市建设推进委员会办公室
主　任　冯光文（兼）
副主任　陈启璋
△知识产权局
局　长　闫循民
地震局
局　长　杜贻合
副局长　丛京彬　张　勇　郭世金
公安局
局　长　刘　杰*　刘新云
政治委员　郭心敬
副政治委员　亓　铎
副局长　王　健　鲁德和*　徐春华
王伟元*　何志惠　吴德清
督察长　程绍春
政治部主任　梁恺军

△示比委办局低半格单位，下同。

△交通警察支队
支队长 鲁德和(兼)* 王宗岩
政 委 陈 刚
△刑警支队
支队长 孙连和
政 委 李德庆
△特警支队
支队长 常宏鸣
政 委 郑岐周
△巡警支队
支队长 宋新生
政 委 杨毅力
△指挥部
主 任 韩 磊
△国内安全保卫支队
支队长 张新华* 宋自力
政 委 宋自力* 吕红艺
△经济犯罪侦察支队
支队长 刘 岐* 于国庆
政 委 于国庆* 张海涛
△治安警察支队
支队长 王建华* 窦庆福
政 委 张仁骏
△监所管理支队
支队长 王永滨* 张 卫
政 委 隋国华
△济南人民警察职业培训学院
院 长 冯玉良*
政 委 从建华
△公安局直属支队
支队长 宋焕中
△高新技术产业开发区分局
局 长 张新华
政 委 傅 文
△历下区分局
局 长 贾延昭
政 委 初吉兵
△市中区分局
局 长 王宗岩* 赵 新
政 委 林 永* 冯玉良
△槐荫区分局
局 长 伊世金
政 委 肖 军
△天桥区分局
局 长 窦庆福* 陈 晨
政 委 刘宜璞
△历城区分局
局 长 云廷华
政 委 冯本光
△长清区分局
局 长 刘 刚
政 委 王纯阁
民政局
局 长 张苏华(女)
副局长 翟旭东 潘传利 赵湘尧
杜红波
拥军优属拥军爱民工作领导小组办公室
主 任 张苏华(女,兼)
副主任 成文元
△民间组织管理局
局 长 姜玉民* 张少林
司法局
局 长 毛华铭
副局长 李良坤 栗端常* 高太宗
肖 阳 王翠香(女)
政治部主任 周 瑛
△市泉城公证处
主 任 于翠红(女)*
△劳动教养工作管理所
所 长 刘敦臣
政 委 李业福
△济南监狱
监狱长 刘永浩
政 委 李良坤(兼)
财政局
局 长 纪宝华
副局长 王 勇 张永华(女)
王 毅 刘大坤 林 军
周之勇
总会计师 王玉柱
△市财政国库支付局
主 任 李 磊
△非税收入管理局
局 长 车夕奇
△农业综合开发办公室
主 任 陈思斌
人力资源和社会保障局
局 长 王 平* 李继民
副局长 董建武* 王毓华(女)*
贾 杰 郑志友 郭连新
黄厚安 姚德武 窦进科*
阳银安 徐卫民 于培金
田占德
△劳动就业办公室
主 任 贾 杰
△社会保险事业局
局 长 郑志友(兼)
△技师学院
院 长 车向东
△公务员局
局 长 黄厚安(兼)
△外国专家局
局 长 张 宾
△人才服务局
局 长 高文波
△劳动保障监察支队
支队长 宋传勇
△劳动人事争议仲裁院
院 长 杨富基
国土资源局
局 长 刘西安
副局长 丛支水* 刘兴文 许瑞波
胡维武* 张修文
付 英(女) 刘 霞(女)
总工程师 郑继凤(女)
△征地办公室
主 任 许宗生
△土地储备交易中心
主 任 马振海
△国土资源执法监察支队
支队长 魏忠俊
规划局(城市规划委员会办公室)
局 长 王新文
副局长 金德岭(回族)
姜连忠 吕 杰 张立图
王秀波 刘 卫
总规划师 姜连忠(兼)
△市城乡规划编制研究中心
主 任 (缺)
△市规划局高新技术开发区分局
局 长 林海铭
建设委员会
主 任 田 庄
副主任 王迪生* 杜绪德 李洪海*
谭少军 刘胜凯 季 良

王国富 武兆军
总工程师 辛培勤
总经济师 盖 敏(女)
△济南机场建设办公室
主 任 王国富(兼)
市政公用事业局
局 长 贾玉良
副局长 郭 森 孙文国 李 刚
刘允秋* 韩永军 罗卫东*
沙其兴
总工程师 修春海
△供热管理办公室
主 任 刘伟亮
城市园林绿化局
局 长 韩晓光
副局长 王继东 李心宏 吕剑平
杨德海 刘建东
市名泉保护委员会办公室
主 任 韩晓光
副主任 潘大波
住房保障和房产管理局
局 长 高立文
副局长 郭作峰 王志勇* 姜秀杰(女)
李胜伟 宋道勇
城市管理局
局 长 宋永祥
副局长 胥嘉印 文东河 黄爱民
市城市管理行政执法局(济南市城市管理行政执法总队)
局 长、总队长 宋永祥
政 委 马 平
副局长 吕灿华 王照亮 韩其俭
△市城市管理行政执法局直属支队
支队长 苏伯林
△市数字化城市管理中心
主 任 徐传忠
环境保护局
局 长 张 利(女)
副局长 李守海 赵基平 庞 涛
荀建国 侯翠荣(女)
总工程师 秦立华
△环境监察支队
支队长 翟立哲
△高新技术产业开发区分局
局 长 王东海

交通运输局
局 长 孙明明
副局长 王 琳 陈业华* 张云远
郑鲁伟(女)* 孙志刚
薛兴海
△交通战备办公室
主 任 宫德勇(回族)* 袁谊波
△交通运输管理办公室
主 任 刘 志
△公路管理局
局 长 孙志刚
水利局
局 长 张曰良
副局长 王 璞(女) 张体伦
何茂超 李诚让
总工程师 巩振茂
南水北调工程建设管理局
局 长 雷印安
副局长 李广华 李百全
农业局
局 长 赵玉海
副局长 于兆刚 刘连儒 樊庆光
李建生 张仁君 刘善义
总农艺师 王奉光
总经济师 赵玉堂
△扶贫开发办公室
主 任 席玉坤
△市农业科学研究院
院 长 冯曰光
林业局
局 长 李景全
副局长 侯 林 刘仁法* 韩先林*
郑兆亮 张清春 商光彦
总工程师 郑兆亮* 王良庆
商务局
局 长 史同伟
副局长 张 明 李明军 逄金柱
王家云 张 欣
舒 婕(女,满族) 曲国华
张传林 蒋东风 闫 珂
张 娟(女)
总经济师 梁旭斌
△离退休干部局
局 长 胡吉忠

文化广电新闻出版局
局 长 刘程华
副局长 司庆福* 李向明 刘空军
崔大庸 沈承俊*
刘成俐(女)*
张慧芝(女)* 鲍立军
刘兆元
△文物局
局 长 崔大庸
广播电视台
台 长 张 锋
副台长 马维加 曹 进 许 莉(女)
马 利(女)
总编辑 崔 刚
文化市场综合行政执法局
局 长 王建华
副局长 罗明军 孙 亮 靳 磊
卫生局
局 长 贾堂宏
副局长 马继任* 董 旋(女)*
马效恩 马其江 张继勇
翟永平 马丽霞
△中医管理局
局 长 房泽国
△爱国卫生运动委员会办公室
主 任 欧阳贵庭
体育局
局 长 初 伟
副局长 王忠山* 徐保新* 葛林平
李国纲 刘雅涵(女)
刘 新
△奥林匹克体育中心
主 任 张忠明
人口和计划生育委员会
主 任 徐明梅(女)
副主任 宋英杰(女) 相开禹
袁巨生 张振民
审计局
局 长 孙竹兮
副局长 毕永晔(女) 唐 军
吕思修 刘继强
丁晓玲(女,回族)
总审计师 仪红军
△经济责任审计办公室
主 任 张传堂

统计局
局　长　王祯祥
副局长　郭金豹　陈志荣　苑子建
　　　　崔瑞宁(女)
总统计师　蔡精辉
社会经济调查局(国家统计局济南调查队)
局　长　高　军* 商　伟
副局长　商　伟* 吕永琳　王广俊
△统计执法监察支队
支队长　刘东涛
安全生产监督管理局(安全生产应急救援指挥中心)
局　长　付志清
副局长　李　涛　吕宜涛　徐建中
　　　　周晓冬　李成革　常英俊
△安全生产监察支队
支队长　赵福森
民族宗教事务局
局　长　杨学英(女,回族)*
　　　　米俊伟(回族)
副局长　彭林堂(回族)　刘东方*
　　　　任立新
旅游局
局　长　王铁志
副局长　接素梅(女)　张广宇
　　　　杜及胜* 方连庆
粮食局
局　长　李会宝
副局长　闫忠民　张爱军(女)
　　　　陶加强　贾立春　张国平*
国有资产监督管理委员会
主　任　王嘉振
副主任　侯秉山　汲佩德　孙世会
　　　　崔刚伟　杨厚友　齐春明
△企业离退休干部局
局　长　董　黎
法制办公室
主　任　张传堂
副主任　陈广平(女)*　赵居安
　　　　李泰吉　石丽华
金融工作办公室
主　任　胡晓蒙
副主任　范钦键　郦　弘　李文峰
　　　　李洪伟

外事办公室
主　任　李　敏(女)
副主任　高　斌　刘艳秋(女)
　　　　展　锐* 田　迎(女)
侨务办公室
主　任　王晓霞(女)
副主任　苏　峰(女)　刘学东　赵子龙
人民防空办公室(民防局)
主　任　张建国
副主任　郑金松　张鲁玉　刘建伟
济南高新技术产业开发区管理委员会
主　任　苏树伟
副主任　马玉星　王晓军* 徐　群
　　　　吕建涛　崔志强　黄元俭
国家信息通信国际创新园管委会
主　任　苏树伟
副主任　徐　群　闫怀冰　谭　光
济南住房公积金管理中心
主　任　万　里
副主任　徐评云　李　侃　王建敏
畜牧兽医局
局　长　高辅卿
副局长　方明甲　孙世平　张荣频*
　　　　韩剑侠
总兽医师　付良玉
总畜牧师　崔统一
史志办公室
主　任　李吉祥
副主任　朱佩峰　綦延辉
中国国际贸易促进委员会济南市分会(中国国际商会济南商会)
会　长　李玉明
副会长　张　静(女)　王　钟
　　　　侯雪峰
供销合作社
理事会主任　孔　放
监事会主任　刘　华
理事会副主任　张国松　冷俊义
　　　　　　　毛广仁* 何惠玲(女)
监事会副主任　刘景涛　石宁红(女)
政府资金结算中心
主　任　张永华(女)
副主任　张淋生　李传亮*　李建国
　　　　苗兴臣
总会计师　潘荣庆

市级机关事务管理局
局　长　蒋向波
副局长　朱传振　徐建强　王　伟
　　　　周　新　宋爱军(女)
　　　　徐　毅
△行政事业资产管理办公室
主　任　董怀敏
市社会科学院
院　长　韩圣喜
副院长　马军远　张华松　王国庆
旧城开发投资集团有限公司
董事长　王　欣
总经理　杨庆绪
副总经理　周宝成　高　烈　张　伦
总工程师　秦光强
总会计师　侯端云(女)
西城投资开发集团有限公司
董事长　王迪生
总经理　魏　军
副总经理　吴建光　王金廷* 李全升
　　　　　张海平　吕　华　孔令伟
城市建设投资集团有限公司
董事长　赵明奎
总经理　罗卫东
副总经理　董文湖　武　伟
滨河新区建设投资集团有限公司
董事长　宋卫东
总经理　史向中
副总经理　安玉坤　高　冰
总工程师　黄　蓓(女)
总会计师　范天云
中心医院(市卫生局所属)
院　长　马效恩
副院长　郭农建　宋林杰　姜　勇
　　　　苏国海
仲裁委员会办公室
主　任　王新民
副主任　魏玉良　刘昌国
济南职业学院
院　长　王小平
副院长　杨　明(女)　宋哲东
　　　　王志文(女)　杨长军
　　　　石万鹏
济南工程职业技术学院
院　长　许传海

副院长　吴士明　于显坤　申培轩
（市委组织部　市人社局）

双重管理机关

工商行政管理局
局　长　王宏炜
副局长　徐善庆* 陈立智　杨玉军
王建森　葛春林　杨先杰
总经济师　孙建忠
总会计师　闫一大
△企业注册局
局　长　李建国
△公平交易局
局　长　邱　锐
△高新技术产业开发区分局
局　长　薛新中*
地方税务局
局　长　张志明
副局长　罗　蓉（女）　张吉茂
王建刚　王利民　王先进
总经济师　郭志东
△征收局
局　长　刘增军
△稽查局
局　长　刘　荣
△高新技术产业开发区分局
局　长　牟　新
气象局
局　长　任　健
副局长　吕淑琳（女）　周　军
杨志利
食品药品监督管理局
局　长　靳　磊
副局长　刘桂祯　姜德喜*
李学林* 衣光军　王道祥
质量技术监督局
局　长　于界平
副局长　丁正罡　刘金祥* 王光明
王万春　邢兆辉
总工程师　邢兆辉*　苑圣毅
△市质量技术监督局稽查局
局　长　张茂海
△市质量技术监督局高新技术开发区分局
局　长　孙邦勇
（市委组织部　市人社局）

垂直管理机关

国家税务局
局　长　张德志
副局长　商　鹏　王建新
王嘉岳（女）　任　红（女）
高　萍（女）
总会计师　王洪龙
△市国税局高新技术开发区分局
局　长　杨文斌
济南海关
关　长　刘魏巍（女）
副关长　丁根生　姜　建　焦德高
魏培军
济南出入境检验检疫局
局　长　邵立洪
副局长　原永兰　王福文
邮政局
局　长　梁启辉
副局长　姜　峰　王冬生　刘　焱（女）
烟草专卖局（烟草有限公司）
局　长、总经理　王永平
副局长　滕继伟　赵　强
副总经理　苏　欣　高　萍（女）
刘洪涛　郭秀云（女）
黄河河务局
局　长　李传顺*
副局长　许建中　王玉华　王春迎
刘广生　杨旭临
总工程师　李　明
（市委组织部　市人社局）

济南市中级人民法院

院　长　宋新生
副院长　王旭光　严祥龙　李学诚*
王秀新　仲维威　刘延杰
（市中级人民法院）

济南市人民检察院

检察长　郭鲁生
副检察长　张鲁生　王金鹏
吴秀云（女）　谭　勇
范　芸（女）　杨增胜
蒋忠平　王保新
（市人民检察院）

政协第十二届济南市委员会及工作部门

主　席　徐长玉
副主席　王世敦　王可敏　杨庆林
胡占平* 刘少玲（女）
崔大庸　冯光文
金德岭（回族）　赵家军
秘书长　陈亚建
常务委员　（按姓氏笔画为序）
丁　毅　于　剑　万其凯
马黎明　王传礼　王传秋
王兆永　王安东
王束玫（女）　王宏炜
王建森　卞升云　卞允斗
邓相超　石俊英（女）
田　洁（女）
申大忠（土家族）
付志清　冯光文　冯建民
兰　剑　邢丽萍（女）
朱宝林　朱铭泉　任建新
华　巍　刘化民
刘克俭（女）　刘沂珍（女）
刘　枫　刘若平（女）
刘春华　刘海萍（女）
刘梦海　刘新民　安利国
许　群　牟国营　孙竹兮
孙金厂　远　宏　杨炳云
杨素群（女）
杨　捷（女）　李中赋
李玉贞（女）　李吉乾
李忠学　李图滨
李　建（回族）　李素华（女）
李　涛　李景全　李肇元
吴建军　邹卫平　宋玉国*
初　伟　张文亮　张立柱
张成如　张成武　张红星
张连合　张怀成　张　波
张春辉　张钦时　张家起
周长风　陈吟挥（女）
苗振国　苑书福
罗金美（女）　岳鲁宁（女）
金　星　金德岭（回族）
赵家军　段　林　姜小真
姚桂琴（女）　袁大川

徐天祥 徐宏伟 徐思民
钱道书 高新临 唐一林
桑海莉(女) 黄 波(女)
黄 荣(女) 黄淑玲(女)
曹临春(女) 崔安远(回族)
隋建明 葛志明 蒋 君
谢建明 臧 浩
樊 琦(女) 潘洪兰(女)
穆洪民
副秘书长 李 涛 卞升云 张 俊
李慎生 郭海华
武桂荣(女)* 齐振虎
黎 越(女) 王传礼*
聂爱华(女) 朋 星
樊兆民 李景全

办公厅
主 任 李 涛(兼)
副主任 杨克周* 李学进 刘英峰
张爱国 翟宏国 丁 伟

研究室
主 任 李慎生(兼)
副主任 乔 谦

提案委员会
主 任 王树福
副主任 (按姓氏笔画为序)
万其凯 付志清 冯建民
朱宝林 张爱国* 陈曙光
胡桂敏(女) 高肖玉(女)
鲁德和

经济科技委员会
主 任 齐振虎(兼)
副主任 (按姓氏笔画为序)
于界平 王兆永 王传秋
王宏炜 冯光文 宋玉国
刘 燕 张玉峰 赵玉海
侯秀峰 阎桂森

人口资源环境委员会
主 任 孔祥雨
副主任 (按姓氏笔画为序)
卞允斗 孙 远 李中赋
李传顺 李景全 张 俊
赵荣海* 贾玉良 郭延海

社会文教委员会(社会法制委员会)
主 任 赵忠诚
副主任 (按姓氏笔画为序)
王培铭 王淑铭 王孟杰
张 岩(女) 张成武
张继勇 张国英 张鲁生
周长风 段 伟* 彭林堂

台港澳侨和外事委员会
主 任 司志坤
副主任 (按姓氏笔画为序)
于 剑 王晓霞(女)
李择红(女) 李忠学
苗振国 周玉萍(女)
赵铁锁 黄立仁
黄 荣(女) 谢建明

文史资料委员会
主 任 黎 越(女)* 宿 霞(女)
副主任 (按姓氏笔画为序)
许延廷 刘若平(女)
李图滨 李胜军 李继民
郭 涛 宿 霞(女)*

(市政协办公厅)

民 主 党 派

中国国民党革命委员会济南市第六届委员会(任至2011年11月)
主任委员 王伯之
副主任委员 聂爱华(女) 丁 毅
臧 浩
秘 书 长 杨金山

中国国民党革命委员会济南市第七届委员会(2011年11月选举产生)
主任委员 王伯之
副主任委员 聂爱华(女) 丁 毅
臧 浩 王东晨
唐玉秋(女)
秘 书 长 杨金山

中国民主同盟济南市第十一届委员会(任至2011年11月)
主任委员 崔大庸
副主任委员 安利国 王锡宏
曹临春(女) 潘洪兰(女)
张怀成
秘 书 长 朱荣清

中国民主同盟济南市第十二届委员会(2011年11月选举产生)
主任委员 崔大庸
副主任委员 安利国 华 魏 张怀成
印 东(女) 王钢城
张殿岭
秘 书 长 朱荣清

中国民主建国会济南市第十一届委员会(任至2011年11月)
主任委员 王可敏
副主任委员 郇起鸿 邢乐成 王建森
王传秋
秘 书 长 丁保国

中国民主建国会济南市第十二届委员会(2011年11月选举产生)
主任委员 王建森
副主任委员 邢乐成 刘 燕 王传秋
王翠香(女)
杨 捷(女) 王 琳
秘 书 长 丁保国

中国民主促进会济南市第八届委员会(任至2011年11月)
主任委员 金德岭(回族)
副主任委员 朋 星 张卫星 邓相超
刘海萍(女) 黄 明
秘 书 长 黄 明(兼)

中国民主促进会济南市第九届委员会(2011年11月选举产生)
主任委员 金德岭(回族)
副主任委员 朋 星 邓相超
刘海萍(女) 黄 明
徐 琳 孙建军
秘 书 长 叶 霖(女)

中国农工民主党济南市第九届委员会(任至2011年11月)
主任委员 (缺)
副主任委员 周振安 王 玉 李肇元
姚桂琴(女) 段 林
秘 书 长 张连岭

中国农工民主党济南市第十届委员会(2011年11月选举产生)
主任委员 段青英(女)
副主任委员 王 玉 李肇元 段 林
张继勇 时华琴(女)
秘 书 长 张连岭

致公党济南市第四届委员会(任至2011年11月)
主任委员 赵家军
副主任委员 樊兆民 黄 荣(女)

毕玉平 刘作宗
秘书长 黄荣(女,兼)*
张元玺
致公党济南市第五届委员会(2011年11月选举产生)
主任委员 赵家军
副主任委员 樊兆民 毕玉平 刘作宗
袁淑玲(女) 张元玺
秘书长 张元玺(兼)
九三学社济南市第九届委员会(任至2011年10月)
主任委员 刘梦海
副主任委员 李景全 段青英(女)
田洁 刘化民 牟国营
秘书长 陈宁宁
九三学社济南市第十届委员会(2011年10月选举产生)
主任委员 刘梦海
副主任委员 李景全 田洁 牟国营
陈宁宁 侯建国
秘书长 陈宁宁(兼)

(各民主党派)

人民团体

济南市总工会第十五届委员会
主席 王以才
常务副主席 朱守华
副主席 张红星 于虹(女)
郑学光
经费审查委员会主任 徐其东
共青团济南市第十五届委员会
书记 孔杰
副书记 黄波(女) 赵毅(女)
刘天东* 翟立波
济南市妇女联合会第十二届执委会
主席 祖爱民(女)*
副主席 初黎华(女)* 刘勤(女)
刘继珍(女)* 刘育红(女)
王萍(女)
济南市工商业联合会第十二届执委会(任至2011年11月)
主席 (缺)
副主席 李光明 赵万里 郝继新
张鹏 靖淑兰(女)
唐一林 张立柱 于剑
于晓玉(女,回族) 张波
马述杰 邢介平 杨涛
许健 李胜军 张崇良
凌沛学 黄淑玲(女)
程平 谢建明
秘书长 孙立玉
济南总商会
会长 (缺)
副会长 赵万里 李大伟 郝继新
吴炳新 孔祥存 李小军
陈建煌 于宏昌 王瑞友
冯承强 刘合军 李汉典
荆书典 黄益治 张建溪
夏三忠 翟世兰 王琳
程克红
秘书长 孙立玉
济南市工商业联合会第十三届执委会(2011年11月选举产生)
主席 唐一林
副主席 李光明 郝继新 张鹏
靖淑兰(女) 凌沛学
黄淑玲(女) 李胜军
于剑 于晓玉(女,回族)
张波 马述杰 许健
谢建明 张成如 盖守岭
高靖平 张泉 荣兰祥
李滨 杨殿明 孔令磊
秘书长 孙立玉
济南总商会
会长 唐一林
副会长 李光明 郝继新 张鹏
靖淑兰(女) 邢介平
于宏昌 王瑞友 荆书典
黄益治 夏三忠 翟世兰
冯玉露 程克红 周荣来
万富永 陈宁一 裴忠毅
秦光霞(女) 尚兴军
申作伟
秘书长 孙立玉
济南市科学技术协会第七届委员会(任至2011年11月)
主席 商敬工(女)
副主席 李中赋 尹红光(女)
张洪先 韩平
济南市科学技术协会第八届委员会(2011年11月选举产生)
主席 刘梦海
副主席 雷卫国 李中赋 韩平
曹永明 胡辉(女)
济南市社会科学界联合会第四届委员会
主席 谭延伟
副主席 王军 刘树福 陈居忠
孙黎海*
济南市文学艺术界联合会第五届委员会
主席 邹卫平
副主席 丁济生 王振范 韦辛夷
邓宝金(女) 沈承俊
张柯 马利(女)
孙凤文 丁小秋 刘玉栋
杜华(女) 慈建国
秘书长 赵文明
济南市归国华侨联合会第七届委员会
主席 吴玉明
副主席 孙连发 赵国群 刘统玉
秘书长 孙连发(兼)
济南市台湾同胞联谊会第六届理事会
名誉会长 高锦松
会长 吴远潮
副会长 李培源 聂爱华(女)
袁大川 张玲(女)
秘书长 陈建文
济南市残疾人联合会第五届执行理事会
理事长 刘书笙
副理事长 李玉萍(女) 张恒臣
刘曰泉 程立杰
济南市红十字会
会长 邹世平(兼)
常务副会长 马继任* 袁淑玲(女)
副会长 孙宝占
秘书长 刘成海

(各人民团体)

济南警备区

司令员 胡少平(大校)
政治委员 晋争鸣(大校)
副司令员 王学东(大校)*
王晓青(大校)
崔振林(大校)
龚道谱(大校)

副政治委员 夏之平(大校)*
何作俊(大校)*
任 强(大校)*
孙一军(大校)*
魏世坤(大校)
参 谋 长 崔春荣(大校)
政治部主任 何学民(大校)
后勤部部长 刘智源(上校)

(济南警备区)

武警济南市支队

支 队 长 李 杰(大校)
第一政治委员 刘 杰(兼)
政 治 委 员 郭英福(大校)
副 支 队 长 刘在雷(上校)*
冯树旗(上校)
徐继华(上校)
姜永亮(上校)
副政治委员 徐 军(上校)*
林在华(上校)*
胡超峰(上校)
孙 达(中校)
参 谋 长 王 琦(中校)*
杨炳智(中校)
政治部主任 李四灵(上校)
后勤部部长 刘 锋(中校)

(武警济南市支队)

责任编校 王炜 王洋

政党·政协·人民团体

中共济南市委员会

【中共济南市委员会】 年末，中共济南市委员会有委员50人，候补委员11人；常委会由13人组成，设书记1人、副书记2人。辖各级党委（党组）1200个、党总支1560个、党支部18875个。共有党员423406名。其中预备党员8273名，占2.0%；女党员99278名，占23.4%；少数民族党员5778名，占1.4%。1921年7月至1949年9月入党的4191名，占1.0%；1949年10月至1966年4月入党的33160名，占7.8%；1966年5月至1976年10月入党的60407名，占14.3%；1976年11月至2002年10月入党的217469名，占51.4%；2002年11月以后入党的108179名，占25.5%。35岁以下的82633名，占19.5%；36岁至54岁的166581名，占39.3%；55岁以上的174192名，占41.2%。大专以上文化程度的176152名，占41.6%；高中（中专）文化程度的113441名，占26.8%；初中以下文化程度的133813名，占31.6%。公有经济单位在岗职工党员142184名，占33.6%；非公有经济单位在岗职工党员28690名，占6.8%；农牧渔民121412名，占28.7%；离退休人员99115名，占23.3%；其他人员32005名，占7.6%。 （相 亮）

【中共济南市委九届十次全体会议】 中国共产党济南市第九届委员会第十次全体会议，于2011年8月9日举行。出席会议的有市委委员49人，市委候补委员11人。市纪委常委和有关方面负责同志列席了会议。会议由市委常委会主持。

全委会认真学习贯彻胡锦涛总书记在庆祝中国共产党成立90周年大会上的重要讲话和省委九届十二次全体会议精神，分析当前经济社会发展形势，研究部署下一步工作，进一步统一思想、明确任务，确保实现“十二五”良好开局。省委常委、市委书记焉荣竹代表市委常委会作了重要讲话，就学习贯彻胡锦涛总书记“七一”重要讲话、做好下半年工作提出了要求。市委副书记、市长张建国就全市上半年经济社会发展情况和下一步工作安排讲了意见。

全委会一致认为，胡锦涛总书记“七一”重要讲话，全面回顾了我们党90年的光辉历程和取得的伟大成就，深刻总结了党和人民创造的宝贵经验，科学分析了当前面临的形势，明确提出了在新的历史条件下提高党的建设科学化水平的目标任务，精辟阐述了在新的历史起点上把中国特色社会主义伟大事业全面推向前进的大政方针，是我们党继续推进党的建设新的伟大工程和中国特色社会主义伟大事业的纲领性文献。要把学习贯彻胡锦涛总书记“七一”重要讲话作为重大政治任务，全面理解、正确把握讲话的科学内涵和精神实质，把思想和行动统一到讲话提出的一系列重要思想和重大部署要求上来。要把学习贯彻胡锦涛总书记重要讲话与学习贯彻中央、省委一系列决策部署紧密结合起来，与推进省会建设发展的重大任务紧密结合起来，与加强领导班子和干部队伍建设紧密结合起来，真正把学习成果转化为谋划科学发展的正确思路、推动科学发展的实际成效。

全委会深入分析了当前经济社会发展形势。一致认为，今年以来，面对经济社会发展中的诸多“两难”问题，市委、市政府深入贯彻落实科学发展观，坚决执行中央宏观调控政策，科学谋划、积极应对，全力做好调结构、稳物价、惠民生、促改革等各项工作，推动全市经济社会保持了增长平稳、结构优化、效益提升、民生改善的良好态势。同时，国际国内形势依然极其复杂，前进道路上还会遇到许多难以预料、不易把握的突出问题，全市经济运行中也有许多矛盾和问题需要认真研究。要科学分析形势、正确判断形势，牢牢把握机遇、用好机遇，因势利导，顺势而为，抢占发展先机；善于变挑战为机遇、化压力为动力，积极做好应对各种风险和挑战的准备，在克服困难中不断夺取省会现代化建设的新成绩。

全委会强调，在新的形势下推进省会科学发展、和谐发展，要以胡锦涛总书记“七一”重要讲话精神为指导，深入贯彻落实科学发展观，认真贯彻执行中央宏观调控政策，紧扣主题主线，把握正确导向，不断深化完善“拓展城市发展空间、打造现代产业体系”工作思路，着力解决经济社会发展中存在的薄弱环节和突出问题，促进经济平稳较快发展和社会和谐稳定，确保完成全年目标任务，为“十二五”经济社会发展打下坚实基础。一要牢牢把握效益导向。更加注重经济效益、社会效益、生态效益相统一，做到不安全的发展不能要，不稳定的发展不能要，没有效益的发展不能要，浪费资源、牺牲环境的发展不能要，劳民伤财的发展不能要。二要牢牢把握需求导向。继续把新型城市化作为转方式调结构的重要抓手和扩内需增投资的重要载体，加快做大做强中心城市，协调推进城市化与工业化融合发展，大力促进城乡优势互补、共同繁荣，在加快城市建设的过程中，优化发展环境，带动投资增长，拉动消费需求，促进经济转型。三要牢牢把握产业导向。坚持以转变经济发展方式为主线，以构建服务经济为主的产业结构为方向，立足省会资源禀赋和产业基础，推动三次产业良性互动、融合发展，加快形成服务经济主体带动、高新技术产业和先进制造业强力支撑、现代农业突破发展的高层次产业结构。四要牢牢把握民生导向。牢固树立“大民生”的观念，把经济民生、政治民生、文化民生、社会民生统一起来，在发展的过程中不断满足人民群众日益增长的物质文化生活需要，促进人的全面发展和社会和谐稳定。

全委会指出，做好下半年工作，任务十分繁重，必须坚持统筹兼顾，切实加强对各方面工作的领导，为做好“十二五”开局之年的工作提供坚强保证。要持续不断地解放思想提升境界，进一步增强忧患意识和责任意识，有正视差距的勇气，有攻坚克难的胆量，有干事创业的责任，有争创一流的志向，使境界标准和干劲作风更加适应新的形势任务的要求。要以换届为契机加强领导班子建设，树立正确的用人导向，坚持德才兼备、以德为先用人标准，严格执行各项组织纪律，努力营造风清气正的换届环境。要切实提高社会管理科学化水平，进一步完善党委领导、政府负责、社会协同、公众参与的社会管理格局，积极推进社会管理基础性制度建设，打牢社会管理根基，用群众工作统揽信访工作，不断拓展社会管理工作的广度和深度。要大兴求真务实之风，克服浮躁情绪，抛弃私心杂念，真正把心思用在干事业上，把精力用到抓落实上，确保各项工作一抓到底、善始善终、取得实效。要加强领导干部廉洁自律工作，严格执行党风廉政建设责任制，不断提高反腐倡廉工作水平。

全委会号召，全市各级党组织和广大党员干部要更加紧密地团结在以胡锦涛同志为总书记的党中央周围，深入贯彻落实科学发展观，以学习贯彻胡锦涛总书记“七一”重要讲话为动力，解放思想，振奋精神，求真务实，埋头苦干，为加快科学发展、建设美好济南而努力奋斗。

（张嘉丰）

【中共济南市委九届十一次全体会议】

中国共产党济南市第九届委员会第十一次全体会议，于2011年11月11日至12日举行。出席会议的有市委委员49人，市委候补委员11人。市纪委常委和有关方面负责同志列席了会议。会议由市委常委会主持。省委常委、市委书记焉荣竹作了重要讲话。

全委会深入学习贯彻党的十七届六中全会和省委九届十三次全会精神，听取了市委常委会工作报告，审议通过了《中共济南市委关于学习贯彻党的十七届六中全会和省委九届十三次全会精神加快建设文化强市的实施意见》，审议通过了《中共济南市第九届委员会第十一次全体会议关于召开中国共产党济南市第十次代表大会的决议》。

全委会充分肯定了市委九届九次全会以来市委常委会的工作。一致认为，面对复杂多变的国内外形势，在中央和省委的坚强领导下，市委常委会认真学习贯彻党的十七大和十七届历次全会精神，深入贯彻落实科学发展观，按照“拓展城市发展空间、打造现代产业体系”的工作部署，团结带领全市各级党组织和广大党员干部群众，攻坚克难、拼搏进取，全力做好调结构、稳物价、惠民生、促改革等各项工作，推动全市经济社会保持了增长平稳、结构优化、效益提高、民生改善的良好态势，各项工作都取得了新进展，为实现“十二五”良好开局打下了坚实基础。

全委会一致认为，党的十七届六中全会是在全面建设小康社会的关键时期和深化改革开放、加快转变经济发展方式的攻坚时期召开的一次十分重要的会议。胡锦涛总书记所作的工作报告和重要讲话，全面总结了五中全会以来的工作，深刻阐述了关系党和国家长远发展的重大问题，为全面推动文化建设、促进党和国家事业发展指明了前进方向。全会审议通过的《中共中央关于深化文化体制改革推动社会主义文化大发展大繁荣若干重大问题的决定》，全面分析了我国文化建设面临的新形势，明确了推动社会主义文化大发展大繁荣的指导思想、重要方针、目标任务和政策举措，是加强中国特色社会主义文化建设的纲领性文件。省委九届十三次全会认真学习贯彻党的十七届六中全会精神，对加快文化强省建设、全面做好各项工作进行了安排部署。全市各级党组织和广大党员干部要把学习贯彻党的十七届六中全会和省委九届十三次全会精神作为当前和今后一个时期的重要政治任务，切实把思想和行动统一到中央和省委的决策部署上来，全面加快文化强市建设步伐，不断开创省会现代化建设新局面。

全委会审议通过的《中共济南市委关于学习贯彻党的十七届六中全会和省委九届十三次全会精神加快建设文化强市的实施意见》，从十个方面对推动文化改革发展、加快建设文化强市作出了部署：（一）认真学习贯彻党的十七届六中全会和省委九届十三次全会精神，切实增强推进文化大发展大繁荣的责任感和紧迫感；（二）进一步明确文化强市建设的总体要求和目标任务；（三）扎实推进社会主义核心价值体系建设，建设全国文明城市；（四）加强文化精品创作生产，为人民群众提供更好更多精神食粮；（五）加快发展公益性文化事业，保障人民群众基本文化权益；（六）加快发展文化产业，推动文化产业成为省会经济的支柱产业；（七）加快文化体制改革创新，着力构建有利于文化发展繁荣的体制机制；（八）强化宣传文化人才队伍建设，为文化发展繁荣提供有力人才支撑；（九）深入打造“天下泉城”文化品牌，着力增强城市形象的影响力感召力；（十）加强和改进党对文化工作的领导，提高推进省会文化改革发展科学化水平。

全委会指出，在新的历史起点上推动文化改革发展、加快建设文化强市，是深入贯彻落实科学发展观的必然要求，是满足人民群众精神文化需求的迫切需要，是促进经济社会协调发展的有效途径，是增进民生幸福和社会文明进步的重要任务。当前，全市文化建设同全省全国一样，正在发生广泛而深刻的变革。文化体制改革深入推进，文化综合实力明显增强，城乡文明程度不断提升。但从总体上看，全市文化建设与经济社会发展的要求还不相适应，与人民群众日益增长的文化需求还不相适应，与省会的地位作用还不相适应，建设文化强市的任务繁重。今后一个时期，是济南市经济社会发展的关键时期，文化建设也将迎来一个黄金发展期。全市各级党组织和广大党员干部一定要科学分析判断省会文化建设面临的新形势，切实增强责任感、使命感和紧迫感，以高度的文化自觉和文化自信推动文化改革发展，努力把文化强市建设提高到一个新水平。

全委会强调，推动文化改革发展，加快建设文化强市，必须全面贯彻党的十七大和十七届六中全会精神，高举中国特色社会主义伟大旗帜，以马克思列宁主义、毛泽东思想、邓小平理论和"三个代表"重要思想为指导，深入贯彻落实科学发展观，坚持社会主义先进文化前进方向，以科学发展为主题，以建设社会主义核心价值体系为根本任务，以改革创新为动力，以满足人民群众精神文化需求为出发点和落脚点，大力发展文化事业，繁荣壮大文化产业，全面提升文化软实力，努力形成与省会地位作用和历史文化名城相适应的文化优势，把济南建设成为全国重要的区域文化中心城市。要以大众化为导向推进社会主义核心价值体系建设，更加注重加强思想教育、推动实践养成、健全制度保障、实施以文化人，切实打牢干部群众团结奋斗的共同思想道德基础。要以均等化为导向推进公共文化服务体系建设，坚持以政府为主导、以公共财政为支撑、以基层特别是农村和社区为重点，着力搭建公共文化设施利用平台、文化活动交流展示平台、公共文化服务共享平台、现代大众传媒传播平台，加快构建覆盖城乡的公共文化服务体系，让广大人民群众共享文化改革发展的成果。要以市场化为导向推进现代文化产业体系建设，坚持经济效益与社会效益相统一，突出培植文化主导产业，加快推进文化科技创新，充分发挥泉城文化特色，推动文化产业跨越式发展，使之成为新的经济增长点和转变经济发展方式的重要着力点。要以科学化为导向推进宏观文化管理体系建设，坚持一手抓发展繁荣、一手抓加强管理，建立健全党委统一领导、党政齐抓共管、宣传部门组织协调、有关部门分工负责、社会力量积极参与的工作体制和工作格局，加快构建有利于文化繁荣发展的体制机制，加大政策保障和资金投入力度，加强文化人才队伍建设，为推动省会文化大发展大繁荣提供有力保障。

全委会要求，要以学习贯彻十七届六中全会精神为动力，以良好的精神状态统筹推进各项工作。要坚定信心、迎难而上，充分运用近年来攻坚克难、抢抓机遇的好经验好做法，巩固发展来之不易的好形势、好局面。要统筹兼顾、突出重点，特别要切实抓好当前经济运行和城市重点工程建设，切实做好保障和改善民生工作，切实维护社会和谐稳定，切实做好换届选举工作，切实谋划好明年重点工作。要转变作风、狠抓落实，大力弘扬求真务实的作风，扎实做好事关发展全局和群众利益的每件事情、每项工作。

全委会决定，济南市第十次党代会于2012年2月召开。这是全市政治生活中的一件大事，对于我们进一步解放思想、提升境界，更加深入地贯彻落实科学发展观，谱写加快科学发展、建设美好济南的新篇章，具有十分重要的意义。

全委会号召，全市各级党组织和广大共产党员要更加紧密地团结在以胡锦涛同志为总书记的党中央周围，深入贯彻落实科学发展观，以学习贯彻党的十七届六中全会精神为动力，积极推动文化改革和繁荣发展，努力把省会现代化建设推向新水平，以优异成绩迎接党的十八大和市第十次党代会的胜利召开！ （张嘉丰）

【督查工作】 1.围绕中心，服务大局，确保党委重大决策部署落到实处。全年开展专项督查40项，形成督查报告123期，市领导13人次在11期督查专报上作出批示。①细化分解市委常委会工作要点，全面推进市委决策部署落实。对市委常委会2011年工作要点，按7个方面、29项重点工作、113项具体目标进行分解立项，逐一落实责任单位和责任人，确定重点督查内容，定期调度反馈。全年4次向70个市直部门、10个县（市）区和高新区发出督查立项调度表1300余份，将调度情况汇总形成督查专报16期、呈阅件35期，并对决策落实中存在问题，适时进行跟踪督查，确保各项任务目标按期实现。②突出"转方式、调结构"工作主线，将推进企业自主创新、城市综合体建设、节能减排等8项工作列入年度重点督查，从"项目推进年"活动的198个项目中遴选出具有代表性的22个大项目，实施重点跟踪督查。围绕落实农村小型水利设施建设任务，将督查实际情况、上级政策要求和督查整改意见及时向县（市）区反馈，推动相关问题解决。③把握市委、市政府加快推进大民生建设重要部署，以落实为民办10件实事为抓手，综合运用跟踪督办、实地督办、协调督办等手段，推进各项民生工作任务落实。针对新农保全覆盖工作情况，深入基层和农户家中了解情况，发现问题，提出建议，推进工作落实。④先后就稳定物价、棚改回迁安置等社会舆论关注的18项工作开展专项督查，形成督查专报，得到市领导重视和批示。

2.领会意图，突出实效，扎实做好专项查办工作。全年办理中央、省、市领导批示交办事项212件，形成办理情况反馈报告74篇，省、市领导23人次在反馈报告上批示。①坚持领导批示转办不过夜，当日批示当日转出，对涉及社会稳定及百姓切身利益事情绝不拖延，打破常规办理时限，随时调度落实情况，第一时间形成反馈报告。已经形成的办理情况反馈报告，平均落实时间为13天。②需要上报中央、省领导的反馈报告，逐一进行实地核查，全面了解掌握市级层面上相关工作开展情况，确保批示精神在基层得到有效落实。每月选定2～3个批示事项进行实地督查，先后23次围绕领导关注热点、难点问题深入一线开展督查，不断反馈后续推进情况。③围绕“深入基层、服务群众”主题活动，加大对涉及民生问题批示件的督查落实力度，对涉及民生工作的领导批示件，始终抓住不放、一抓到底。④创新工作方式方法，拓展专项查办工作深度广度，注重专项查办与决策督查相结合，由点及面，举一反三，推动相关工作落实。

3.积极主动，加强协调，努力提升服务督查水平。①为上级党委督查活动做好服务工作。围绕中央、省委办公厅督查组在济南市的督查活动，主动做好督查方案制定、汇报材料起草、考察单位安排、有关单位协调等筹备工作，圆满完成各项工作任务。加大向上级党委报送材料力度，注重报送数量、质量双提高。先后向省委办公厅督查室报送济南市各个方面先进经验18期，报送上级调度情况9期，省委办公厅《督查工作》于年初向全省刊文推广济南市党委系统督查工作经验。②做好人大代表建议、政协委员提案、政协建议案的办理工作。市人大、政协会议期间，参加人大代表建议、政协委员提案初审工作，确定党群口建议和提案承办单位；及时下发督办通知，明确办理时限，提出办理要求；探索交办、督办、沟通、答复的新方法、新途径，不断提高提案办理工作科学化水平。全年督促协调市级党群机关办结省、市人大代表建议、政协委员提案、政协建议案49件，人大代表建议、政协委员提案面复率100%，建议人、提案人反馈满意率和基本满意率达95%以上。市委督查室分别被市人大、市政协评为全市代表建议承办先进单位、提案承办先进单位，有2人被评为全市代表建议承办先进工作者和先进提案工作者。③认真征求、办理驻济单位意见建议。年内开展向中央、省和部队驻济单位征求意见建议活动2次，督促协调30家承办单位办理驻济单位意见建议50条。在驻济单位意见建议办理工作中，市委督查室坚持全过程参与办理工作，适时调度掌握办理进度，对办理难度较大或涉及多个部门的问题加强督查协调，组织承办单位与提出意见的驻济单位见面沟通，切实解决驻济单位遇到的问题和困难。④加强党委督查工作业务指导和工作交流。1月和8月两次组织召开全市县（市）区委督查室主任座谈会，邀请部分市直部门督查室（处）参加，总结推广市人社局、市法院、市城管局（城管执法局）等单位开展督查工作经验做法。（于兴亮）

【组织工作】 1.突出“深入基层、服务群众”主题。把“深入基层、服务群众”作为全年创先争优活动主题，以为民办实事、解难题为着力点，组织全市窗口部门、行业单位创建群众满意窗口、党员服务示范岗和争当服务明星。全市各级党组织通过多种形式，征求基层党员群众意见、建议3万多条，梳理形成278项为民办实事项目，组织96个市直部门（单位）进行认领，在市级主要媒体做出公开承诺。市县两级机关公开承诺为民办实事1529项，各级党员干部与8900户困难家庭结成帮扶对子。开展“双百先锋宣传行动”，推出“群众满意城管”“微笑公交”和模范社区书记陈叶翠等一批先进典型。

2.集中力量做好换届工作。①抓好县（市）区领导班子换届。坚持超前谋划、及早准备，换届前对县（市）区领导班子和干部队伍进行认真摸底分析，研究制定换届工作方案和《换届考察工作实施细则》。抽调精干人员进行换届考察，根据民主推荐结果和考察情况，认真酝酿提出换届人事安排建议方案。开展多种形式换届纪律宣传教育活动，确保换届工作顺利进行。11月，省纪委、省委组织部督导组对济南市换届风气进行督导，换届纪律知晓率达100%，对换届风气满意度分值为99.86分，对换届纪律工作满意度分值为99.95分。在换届期间开展组织部长接受干部约谈活动，各级组织部长、副部长累计进行干部谈心谈话1746人次，收集各类合理化意见建议133条。省委组织部对济南市干部约谈工作给予充分肯定，《工作通报》整版介绍经验做法。做好济南市出席党的十八大代表和省第十次党代会代表候选人推选工作，加强对乡镇领导班子换届指导工作，开展从乡镇事业编制人员、优秀村干部和大学生村官中选拔乡镇领导班子成员工作。②加强领导班子和干部队伍建设。认真做好市管领导班子调整充实工作，对10个县（市）区、61个市直部门的760名干部进行调整，进一步优化领导班子结构。组织开展新提任市管干部“进村入户、体察民情”活动，改进领导干部作风。抓好中层干部备案管理，指导58个市直部门进行竞争上岗。做好公务员招录工作，招录93名选调生到基层锻炼。建立援藏干部后方服务网络，出台8项服务措施。做好公务员登记、干部调配、出国审批、军转干部安置以及挂职干部管理服务等工作。③做好干部管理基础性工作。初步整理形成干部管理工作程序规范和政策汇编。制定下发《加强干部人事档案工作人员队伍建设的实施意见》，对全市270名管档人员进行业务培训。高质量完成党内干部统计工作，济南市两项统计均被省委组织部通报表彰为“全优报表”。

3.干部人事制度改革。①推进公开选拔工作。研究制定《公开选拔党政领导干部工作办法》，探索实行“三试三评三公开”干部公选新模式，提高公选科学化水平。全年组织开展3次公选，共选拔206名领导干部，产生良好社会反响。“三试三评三公开”干部公选模式被省委组织部评为2011年度组织工作创新奖。②推进干部选任制度改革。广泛采取差额推荐、差额考察、二次会议推荐等措施扩大干部工作民主。采取“两推一述”差额选拔方式，在市公安局选拔11名市管领导干部，采取公开推荐差额选拔方式，选任商河县委书记和县长。中组部在中央和国家机关老同志专题报告会上，对济南市改进推荐提名方式选拔县（市）区党政正职做法予以充分肯定。③推进干部选任工作制度化建设。集中研究出台市管干部竞争上岗、差额推荐考察和加强市直部门（单位)处级干部管理等6项推进改革制度文件。④完善科学发展综合考核工作。进一步健全完善科学发展综合考核与领导班子和领导干部考核有机统一工作机制。紧扣全市中心工作加大对市直部门(单位)业务工作目标审核力度,提高目标的先进性和针对性。根据年度市管领导干部综合考核情况,分类建立干部实绩档案。

4. 干部教育和监督工作。全年举办各类班次36个,培训干部5000余人。着眼于加强学风建设,建立“一诺二评三考四严”综合考评机制,增强培训效果。认真贯彻落实以群众工作统领信访举报新要求,出台《强化信访举报工作九项措施》,建立信访举报工作源头预防机制、反映问题渠道畅通机制、快速查办和反馈机制、回访检查机制、责任落实机制5项工作制度,初步形成预防为主、服务在先、重在基层、齐抓共管的组织部门信访举报工作新机制。坚持从严管理干部,认真落实4项监督制度,对5名党委(党组)书记进行离任检查,对35名领导干部进行任中和离任经济责任审计。按照中组部要求,完成组织工作满意度测评,全市组织工作满意度和选人用人公信度位居全省前列。

5. 人才队伍建设。①创新人才工作机制。出台《关于建设“齐鲁人才特区”的意见》,提出“五高双十”总体建设思路,建立起省市联建共建人才工作机制。认真抓好中长期人才规划任务分工和落实,先后出台全市宣传文化人才、农村实用人才、社会工作人才、高层次创新型科技人才、专业技术人才、高技能人才等人才发展专项规划和各县(市)区人才规划,在市人社局、市委农办和市民政局分别设立人才专项办公室,推动县(市)区全部设立人才工作科,全市人才规划体系和工作运行机制进一步完善。②加大引才力度。加快推进“5150引才计划”和“百千万引才工程”实施,年内引进海内外高层次人才163人,提前完成5年引进150人目标,其中入选中央“千人计划”9人和省“万人计划”第一层次人选19人,入选数量位居全省各地市前列。推动济南高新区成为全省第一家入选第三批全国“海外高层次人才创新创业基地”开发区。中组部人才工作局对济南市实施“5150引才计划”和打造“人才特区”做法给予充分肯定。③统筹推进重大人才工程。开展第十批济南市专业技术拔尖人才、第五批济南市青年学术技术带头人推荐选拔工作。推进泉城企业家“1515”培养提升工程,举办“济南市企业英才高级研修班”。继续开展“名家带学”活动,举办2期“名家讲堂”。在全市规模以上企业中部署实施“双强行动”计划。加大农村实用人才“双带示范标兵”争创工程建设,推进社会工作“和谐使者”创建工程。济南市2010年度全省人才工作目标责任制考核被评为优秀等次,被省委、省政府授予“全省人才工作先进单位”称号。

6. 基层党组织建设与党员队伍建设。①抓好全市村、社区“两委”换届选举工作。指导县乡两级在选好配强班子、严格依法办事、严肃换届纪律和抓好信访稳定上狠下工夫,较好地完成了换届选举任务,村、社区干部队伍年龄、知识结构得到优化,能力素质明显提高。换届工作基本结束后,及时组织“回头看”活动,部署相关后续工作,对新一届村、社区“两委”干部进行普遍培训,其中在苏州农村干部学院举办10期村党组织书记示范培训班,走出一条异地培训农村干部新路子。②统筹推进各领域基层党建工作。健全农村基层组织物质保障机制,落实资金800万元,对2600多个集体经济薄弱村进行工作经费补助。加强对城乡携手共建活动督导推动,共建单位累计投入帮扶资金物资3.74亿元,实施重点帮扶项目4480个。继续抓好社区党建“四化”建设的推进和落实,部署开展“建组织、扩覆盖,抓规范、强功能”活动,着力破解“两新”组织党建工作难题,全市非公有制经济组织和新兴社会组织党的组织覆盖率大幅度提高。做好大学生“村官”选聘和日常管理服务工作,6名大学生村官受到省委组织部表彰,20名当选新一届村“两委”成员,3名当选乡镇党委班子成员。做好党员管理和发展党员工作,党员队伍建设进一步加强。开展建党90周年庆祝活动,集中宣传各领域基层党建工作成效和一批先进典型,命名表彰一批先进集体和个人。③推进基层党建信息化建设。研发基于互联网运行的“党建E网通平台”,在互联网上实现党组织关系接转、党员在线教育培训、受理党员群众反映问题、党务干部在线办公等,构建“党务管理智能化、信息管理维护精准化、党员教育管理个性化”党建工作新模式,并作为特色工作在全国组织部长会议上展示。

7. 远程教育覆盖面和影响力扩大。推进远程教育传输模式改革,全市远程教育站点全部接入“齐鲁先锋”网络平台。加强远程教育站点管理员队伍建设,指导县(市)区对村(社区)站点管理员进行普遍轮训。制定《济南市党员干部现代远程教育工作综合考评意见》。开展“双十双百”活动,评选十佳示范站点、十佳优秀站点管理员,评选100个学用示范村、100名学用典型个人。围绕组织工作中心任务,拍摄制作辅导课件89部,征集整合课件67部,上报省远程教育平台课件数量始终保持在全省前列,20部党员教育电视片在省以上观摩评比活动中获奖27次。《时代风采》党建电视专栏节目和两部电视片被评为中组部全国党员教育电视片观摩交流最佳作品。在济南电视台开辟“泉城先锋”栏目,播出新闻片60部,集中宣传创先争优活动中涌现出的典型事迹,引起社会广泛关注。

8. 理论研究和舆论宣传。加强和改进调查研究工作,完成3项中组部、省委组织部重点课题和2项全国党建研究会重点课题调研任务。加强党建研究工作,指导社区、农村、机关、非公有制经济组织和社会组织4个专委会开展相关工作,开展庆祝建党90周年征文活动,参加中组部和全国党建研究会举办的纪念建党90周年党建研讨会,撰写的理论研讨文章入选全国党建研究文集。发挥组工信息在服务领导决策、推动工作创新、促进工作落实方面的积极作用,及时收集反映党的建设和组织工作中各类信息500余条,被中组部和省委组织部采用近百条。加大对全市组织工作的宣传力度，先后在市级以上媒体发稿200余篇。认真做好互联网舆论宣传工作，全省排名继续保持前列。（毕博浩）

【开展"深入基层、服务群众"主题活动】 3～11月，全市在创先争优中开展"深入基层、服务群众"主题活动，以为群众办实事为实践载体，以解决各级党组织和党员干部群众观点、群众立场、群众感情、群众工作方法和维护群众利益等方面存在的突出问题为重点，教育引导各级党组织和广大党员干部从感情上贴近群众、从行动上服务群众，做好结对帮扶服务、基层代理服务和协调联动服务，做好察民情、惠民生、维民权、聚民力等工作，做到民需我办、民困我帮、民求我应。4月22日，中央组织部副部长、中央创先争优活动领导小组成员兼办公室主任王秦丰，来济南检查指导创先争优活动，对济南市开展"深入基层、服务群众"主题活动，推进创先争优等工作给予充分肯定。12月4日，中央政治局委员、书记处书记、中组部部长、中央创先争优活动领导小组组长李源潮在山东调研时，听取济南市城市管理局深入基层服务群众、打造人民满意城管汇报。

1.走访调研察民情听民意。组织全市各级领导干部采取多种形式倾听民声、了解民意，全面掌握群众所需所盼所急，各级领导干部深入基层开展调研23783次，深入基层召开座谈会、恳谈会等5000多次，征求群众意见建议3万多条。定期组织市直部门负责人接听热线，现场回答提问、现场解决问题。近30个市直单位70多位负责同志，接听群众热线反映3000多条，及时答复和解决具体问题2200多件。在泉城党建网、济南政府网、舜网开设"深入基层、服务群众、扎实开展创先争优活动"专栏，设立贴近群众办实事建言献策栏目，多渠道、全方位收集各方面意见建议。新提任市管领导干部在任职1个月内，深入农村（社区）开展为期1周的专题调研，进村入户，与基层群众同吃同住同劳动，与群众面对面交谈1200多人次，获得第一手资料、数据400多份，撰写调研报告142篇。通过各种渠道反映的民意18万余条，意见、建议达5800余条。

2.公开承诺解难题办实事。通过对各类反映意见和建议的汇总梳理，96个市直部门（单位）办结共性实事278项，10个县（市）区和济南高新区办结共性实事130项。市城市管理局的"为民百件实事"、公用事业局实施的"十大惠民工程"等均受到广大群众好评。领导干部"结穷亲"帮贫扶弱解难事。市直部门（单位）副处级以上、县（市）区直部门（单位）副科（处）级以上干部和乡镇（街道）党政领导班子成员每人联系帮扶1户困难群众，一对一帮扶解决群众困难。全市1300多名市管领导干部、7000多名处级（县、市科级）干部，与8900户困难家庭结成帮扶对子，帮助解决实际困难和问题7000多个，送慰问金、慰问品折合人民币200多万元，扶持500多个家庭开办致富项目，被帮扶家庭生活条件逐步好转。开展机关干部集中下访活动。从市直部门抽调42名机关干部，成立14个下访工作组，分赴10个县（市）区、高新区和7个重点市直部门开展集中下访活动，走访村居1192个，走访群众4208人次，排查矛盾纠纷1584项，化解1406项。

3."四推一诺"转作风提效率。针对窗口单位、服务行业直接面对群众、与群众生产生活息息相关实际，以"四推一诺"（推广亮牌上岗、推行规范管理、推进效能建设、推动素质提升，实行公开承诺）为抓手，推动机关作风改进、工作提速提效。通过活动开展，群众对窗口单位、服务行业满意度逐步提高。

4.活动开展载体活氛围浓。各级领导干部深入基层搞好民情调研、落实领导干部接待日制度、联系帮扶困难家庭"三带头"。各级各部门根据各自实际研究制定主题活动具体实施方案，做到领导精力、组织机构、推进措施"三到位"。各县（市）区、市直各部门立足本地本单位实际，纷纷创新活动载体，多形式、多渠道开展主题活动。充分利用报纸、广播、电视、电台、互联网等新闻媒体，宣传开展活动的目的意义、阶段安排、主要内容和部署要求等。市委创先争优活动领导小组办公室在泉城党建网、济南市政府网、舜网开设专栏，宣传活动开展情况，营造活动开展浓厚氛围。开展"双百先锋宣传行动"，总结推广陈叶翠先进事迹，开展向杨善洲学习活动，营造学先进、赶先进、超先进良好氛围。加大对中央和省级媒体宣传推介力度，及时向中央创先争优活动办公室报送稿件，新华网、中组部专网、齐鲁网、大众日报等对济南市开展"深入基层、服务群众"主题活动进行集中宣传报道，中央《创先争优活动简报》多次刊载济南市有关做法。（刘振强）

【干部选任工作规范化制度化建设】 围绕干部选拔任用初始提名、民主推荐、组织考察、酝酿、讨论决定等环节，推进干部选拔任用制度改革创新，不断扩大干部工作民主，提高选人用人公信度和群众满意度。着眼于规范干部选拔任用提名制度，在总结推行"四转变"推荐提名方式基础上，针对干部提拔不同情况，探索实行多种提名方式，建立完善干部推荐提名新机制。着眼于促进优秀干部脱颖而出，进一步加大竞争性选拔干部力度，规范和完善竞争上岗、公开选拔、公推竞职、两推一述、差额推荐考察等竞争性选拔方式。在深入调研的基础上，制定出台《市管领导干部竞争上岗工作暂行办法》《市管领导干部差额推荐、差额考察暂行办法》《市管领导干部考察对象公示暂行办法》《市直部门（单位）党组（党委）任用干部票决暂行办法》《关于进一步加强市直部门（单位）处级干部管理工作的意见》和《市管干部任职前市委组织部听取市纪委意见和市纪委回复市委组织部意见试行办法》6项制度措施，提高了干部选任工作规范化、制度化建设水平。（张述勇）

【建立公开选拔"三试三评三公开"工作模式】 制定出台《济南市公开选拔党政领导干部工作办法（试行）》，创新推行"三试三评三公开"工作模式。"三试"，即"笔试、面试、领导能力测试"；"三评"，即

“业绩评价、信任度评价、德的认可度评价”;“三公开”,即“程序公开、考试公开、结果公开”。先后公开选拔市管副局级领导干部6名、县(市)区处(科)级领导干部70名、市直部门(单位)“80后”副处长30名,树立了正确选人用人导向。“三试三评三公开”公开选拔方式,突出考能力、考水平,注重评业绩、评公认、评德才,较好地解决了分与能不相符、人与岗不相适问题,树立了重基层、重实绩、重民意的选人用人导向,取得组织放心、干部服气、群众满意良好效果。新华社先后4次供稿中组部介绍济南市公开选拔工作做法,《组织人事报》、《齐鲁晚报》、人民网、搜狐网、凤凰网等50多家新闻媒体进行宣传报道,产生了良好社会反响。“三试三评三公开”公开选拔方式被山东省委组织部评为2011年山东组织工作创新奖。

(吕　伟)

【完善科学发展综合考核评价体系】　县(市)区进一步淡化GDP考核,强化对城乡居民收入、人才发展、就业等指标考核;市直部门增加对机关效能建设考核指标,引导各级各部门更加注重发展实效。强化日常考核,不断创新考核办法。对县(市)区主要经济指标实行季度通报、半年考核,对市直部门业务工作目标完成情况进行逐一印证、记实登记,同时采取跟踪抽查、日常暗访等方式,随时了解领导班子和领导干部完成工作目标、承担重大任务和履行岗位职责情况,掌握社会各方面评价。年中对各县(市)区和部分市直部门(单位)进行半年抽查考核,年底组织开展年度全市科学发展综合考核。强化考核结果运用,充分发挥考核导向作用。将考核结果与领导班子建设和干部选拔使用挂钩,对连续2年考核优秀、成绩突出的进行提拔重用,对考核结果较差的进行诫勉谈话或组织调整;与精神激励和物质奖励挂钩,对2010年度科学发展综合考核中成绩突出的6个县(市)区和36个市直部门(单位)进行表彰奖励;考核结果及时向单位主要领导和干部本人进行“一表式”反馈,引导领导班子和领导干部针对考核中反映出的突出问题,深入分析原因,总结经验教训,强化整改,提高水平。

(高　嵩)

【推行干部德考察评价工作】　济南市制定出台《关于进一步加强对领导干部德考察评价工作的实施意见(试行)》,具体围绕干部“四德”即政治品德、职业道德、社会公德和家庭美德,细化量化考核内容,建立健全以综合考察为主、专项考察和经常性考察为辅的干部“四德”考察评价机制。在具体实施上,结合年度考核、提拔任职考察,重点采取“述、评、谈、访、函”五步模式考察干部“四德”。通过个人述德与群众议德相结合、实证核德与组织评德相结合、定量分析与定性分析相结合,对干部进行多维度、多角度考核,准确把握干部的德并作出综合评价。全年共对239名拟提拔重用的市管干部进行“四德”专项考察,并将德的考察工作贯穿各县(市)区换届考察工作始终。

(武　毅)

【启动建设“齐鲁人才特区”】　8月,市委、市政府决定依托济南高新区,以特殊人才政策、特优人文环境、区域联动特别人才机制,打造“齐鲁人才特区”,出台了《关于建设“齐鲁人才特区”的意见》(济发〔2011〕13号),提出“五高双十”目标任务,即实施十项工作重点措施、十项人才保障政策,打造人才层次素质高、体制机制解放程度高、自主创新活跃度高、人才贡献度高、高端产业发展速度高的人才特区。9月,市委、市政府联合省人才工作领导小组召开“齐鲁人才特区”建设工作推进会议,对省市共建“齐鲁人才特区”提出希望和要求,动员各方面力量,集中省市区资源优势,推动建立人才共享、平台共建、创新共促、发展共赢的联建共建机制。

市委、市政府成立“齐鲁人才特区”建设工作协调小组,市委副书记兼任组长,分管副市长、市委组织部部长、高新区管委会主任兼任副组长,指导推进人才特区建设。同时,出台《“齐鲁人才特区”建设任务分工方案》(济人特发〔2011〕1号),提出23项重点工作任务,明确分工,落实责任。截至年末,“齐鲁人才特区”引进市“5150引才计划”209人、省泰山学者海外特聘专家27人、国家“千人计划”13人,与省发改委、科技局等7部门初步建立协调机制,与省科学院、医科院等多个科研院所建立“校地”联动机制。

(孙　峰)

【组织实施人才强企战略】　8月1日,市人才工作小组下发《关于深入实施人才强企战略进一步加强企业人才工作的意见》(济人才发〔2011〕8号),明确做好新形势下企业人才工作指导思想、总体目标和主要措施。主要措施有7条:牢固树立科学的人才观,科学制定企业人才发展规划,着力培养造就高层次的企业人才,加强对

2011年9月1日,“齐鲁人才特区”建设工作推进会议召开。　(市委组织部供稿)

企业人才的教育培训，大力引进海内外高层次人才，强化对企业人才的激励保障，营造有利于企业人才发展的良好环境。强调在全市各级党委和政府领导下，组织部门、人力资源和社会保障部门、非公有制经济组织党工委要加强宏观指导，各有关职能部门要各司其职、密切配合，并动员社会各方面力量广泛参与，共同帮促企业推进人才强企战略的实施。

（刘泽涛）

【“济南组工创新奖”评选工作】 为进一步树立解决问题、创先争优的正确导向，在全市组织系统开展2011年度济南组工创新奖评选工作。对全市基层组织人事部门申报的创新成果，采取机关各处室初评、部领导研究确定等方式认真评选，确定7项成果为“2011年度济南组工创新奖”。分别是：历下区探索实践“统分结合、评考联动”考核工作模式；槐荫区实施村干部“五有一化”动态管理，确保农村党组织创先争优常态化；市中区研发建设基层党建E网通信息化平台；天桥区深入开展“红色号角”活动，打造“两新”组织党建工作新模式；章丘市探索实行“支部引领协会、协会促进产业、产业富民强村”工作模式；平阴县建立村“两委”定量定性考核办法；济钢集团有限公司深入开展“一名党员一面旗，一人解决一难题”主题活动。

（韩家国）

【全市正局、正处（科）级干部档案审核工作】 着眼于为换届工作提供准确、详细的干部信息，确保换届工作风清气正，市委组织部组织开展全市正局、正处（科）级干部档案审核工作。年初，举办干部档案业务培训班，对全市270余名管档人员进行业务培训。自3月份开始，从县（市）区和市直部门抽调部分素质高、业务精的管档人员，集中精力对269份市管正局级干部档案进行审理。同时，组织各县（市）区委组织部和市直部门组织人事处开展下延一级干部档案审核工作，历时3个月，对全市4373份正处（科）级以上干部档案进行全面审核，此项工作被省委组织部通报为“优秀”等次，为全市换届工作顺利开展打下良好基础。

（相　亮）

【探索建立组织部门信访举报工作新机制】 为加强和改进新形势下组织部门信访举报工作，市委组织部坚持以群众工作统领信访举报工作，以服务群众的实际成效疏导情绪、化解矛盾、解决问题，构建重心下移、重在疏导组织部门信访举报工作新机制，实现信访工作重心由查处办理向重在预防转变，工作方法由被动接访向主动服务转变。①强化基层基础工作，构建信访工作源头预防机制。前移监督关口，对“一报告两评议”结果排名靠后、选人用人类信访举报量靠前的单位实行重点监督。建立干部选拔任用记实表预检制度，把问题解决在任用前。建立干部选拔任用和4项监督制度轮检制度，每年对县（市）区、每3年对市直部门（单位）检查一遍。通过加大诫勉谈话、函询和预警力度，建立干部日常谈心谈话责任制度，建立领导干部监督短信平台，建立组织部门与被审计领导干部审后谈话制度等，加强党员干部日常监督管理。建立领导干部抓后进村责任制，切实提高基层党组织整体功能。②拓宽问题反映渠道，构建信访工作畅通机制。建立覆盖全市城乡的基层信访举报工作网络。建立组工干部包镇联村制度，市委组织部联系信访重点乡镇（街道），县（市）区委组织部干部包挂乡镇，乡镇（街道）党员领导干部、组工干部每人联系一个信访重点村，负责处理群众反映的问题。③加大问题解决力度，构建信访工作快速查办和反馈机制。全面推行首问负责制、限时办结制、跟踪督办制和办结反馈制。对转办信访件采取下发督办单、电话督办等形式督办，对重大信访件实行挂牌督办，最大限度提高信访问题办理效果。对实名举报案件，及时把调查处理结果向举报人反馈；对匿名举报案件，在一定范围内公开调查处理结果。④开展回访和办理效果分析检查，构建信访工作回访检查机制。办结反馈1个月内，对信访人进行一次回访，了解思想动态，听取改进工作的建议，巩固信访办理成果。市委组织部每年对下一级组织部门或党组织年度受理、办理的信访件进行一次专项检查，对问题处理不到位的追究责任。每年对受理信访举报件进行一次汇总分析，找出组织工作中存在的共性问题，提出改进工作的意见和建议。⑤加强组织领导，构建信访举报工作的责任落实机制。组织部门内部建立干部监督工作协调小组，对外加强与纪委（监察局）、检察院、信访局等部门的密切配合，建立组织系统信访举报工作协调配合机制。

（乔　梁）

【开展“组织部长接受干部约谈工作”】 7月，市委组织部部署开展组织部长接受干部约谈工作，搭建组织与干部沟通交流的“连心桥”，为促进全市干部队伍建设，提升组织工作满意度发挥积极作用。全市各级组织部长共约谈干部1962人次，初步建立了干部思想及时了解、实际问题有效解决的长效工作机制。①制定下发《工作通知》和《市委组织部致干部一封信》，明确约谈对象、约谈程序和约谈内容，公布固定电话、电子邮箱、通信地址等预约渠道，并指导各县（市）区委组织部按照干部管理权限，认真组织约谈工作，确保在最短时间内构建覆盖全市各级领导干部的约谈工作体系。②要求谈话的组织部长营造平等、宽松的谈话氛围，提高谈心谈话“含金量”，注重增强谈话内容说服力，教育引导约谈干部进一步增强党性、牢记宗旨，正确对待个人进退留转。③全市各级组织部门统一建立谈话预约平台，明确约谈流程，形成约谈工作体系。主动开展服务，拓宽约谈工作范围。在认真受理、完成谈话预约的基础上，围绕组织工作重点任务，开展各种形式的谈心谈话。④抓好成果转化，确保约谈工作取得实效。坚持“深化约谈”与“开门评部”相结合，主动征求约谈对象对组织工作的意见建议，进一步促进“科学组工”“阳光组工”建设。

（毕博浩）

【指导乡镇完成领导班子换届工作】 按照省委部署要求，全市乡镇领导班子换届工作8月中旬正式启动，至12月23日，全市8个县（市）区的55个乡镇党委、人大、政府全面完成换届任务，选举产生了新一届领导班子。市委成立换届工作领导小组，各县（市）区和乡镇分别成立换届工作领导机构。召开全市县（市）区、乡镇领导班子换届工作座谈会，并下发《关于做好县（市）区、乡镇领导班子换届工作的通知》。全市各级共派出督导（指导）组115个，换届工作指导员2547名。在领导职数配备方面突出“严”，在换届人选选拔方面突出“宽”，在领导班子配备方面突出“优”。扩大换届人选推荐提名过程中的民主，明确要求对新一届党委领导班子成员人选进行全额定向推荐提名，对现任领导班子进行民主测评、民主评议，对新提名人选进行差额考察。换届中，全市55个乡镇全部采取差额推荐、差额考察、差额酝酿、差额票决的方式选拔换届人选，提高了推荐提名过程中的民主。全市首次开展在党代表大会上实行直接差额选举乡镇党委委员、书记、副书记工作。经过各县（市）区深入调研、通盘考虑，并报市、县、乡党代会筹备工作办公室批准，确定历城区彩石镇、长清区双泉镇等6个镇作为试点单位。各县（市）区制定了切实可行的选举办法和实施细则，选举成功率100%，受到党员群众一致好评。

（韩　宇）

【开展“党性教育月”活动】　自6月中下旬至7月中下旬，市委组织部在全市组织系统集中开展“党性教育月”活动。组织学习胡锦涛总书记“七一”重要讲话精神，为每一名党员发放讲话单行本及讲话辅导读本，举办全市组织系统学习讲话精神研讨班，参观孟良崮战役纪念馆，重温入党誓词。开展向杨善洲学习活动，专门印发杨善洲先进事迹，发放相关书籍资料，引导组工干部结合加强党性修养、培育良好作风。组织开展庆祝建党90周年系列活动，开展党性教育参观学习、专题交流讨论、优秀共产党员评选表彰等活动。组织市委组织部机关党员干部集体参观中共济南历史大型图片展和中共山东省委领导机关旧址，集体宣读《济南市组工干部行为准则》。组织开展市委组织部组工干部“换届我承诺”活动，部机关全体党员干部结合工作实际，确定承诺内容，签订承诺书，及时进行公示，接受监督，并开展换届承诺集体签名活动。

（王　飞）

【实施“科学发展主题培训行动计划”】根据中央组织部《关于实施基层干部“科学发展主题培训行动计划”的通知》和省委组织部《山东省开展基层干部“科学发展主题培训行动计划”实施方案》，7月4日，市委组织部制定下发《济南市开展基层干部“科学发展主题培训行动计划”实施办法》。对全市实施“科学发展主题培训行动计划”的目标要求、培训对象、培训内容、方式方法、实施步骤、组织领导提出明确要求，确定自2011年7月至2012年12月，在全市实施“科学发展主题培训行动计划”，将列入培训范围的全体基层干部轮训一遍。各县（市）区和市直各部门、各单位认真落实“科学发展主题培训行动计划”要求，举办各类示范班、轮训班。截至年末，全市共举办各类基层干部“科学发展主题培训行动计划”培训班825个，培训基层干部65403人次。

（鹿海滨）

【完成全市村（社区）换届选举工作】　按照省委、省政府部署要求，济南市村（社区）换届选举工作自3月初全面启动，各级党委、政府加强组织领导，精心组织实施，充分发扬民主，严格依法办事，确保换届选举工作顺利进行。截至6月底集中换届结束时，有4678个村和331个社区完成党组织换届选举，分别占应换届总数的99.72%和100%；4671个村和340个社区完成村（居）委会换届选举，分别占应换届总数的99.59%和99.71%。全市共有1879名各类合作经济组织负责人、2793名外出务工经商人员、1462名复转军人和20名“大学生村官”当选新一届村“两委”成员；村党组织书记、村委会主任“一人兼”和村“两委”成员交叉任职比例分别达到84%和63.3%；农村党组织书记、村“两委”成员中达到“三高三强”标准的占84.2%和74.6%，分别比上届提高12和10.2个百分点；村“两委”成员年龄45岁以下的占49%，高中以上文化程度的占63.8%，分别比上届提高1.4和8.8个百分点；女性村干部数量比上届增加2004人，每个村“两委”成员中至少有1名女性。通过换届，全市村（社区）干部队伍总体结构得到明显改善，整体素质得到显著提升。

（徐新亮）

【优秀党员教育电视片和党建电视新闻展播评比活动】　为庆祝中国共产党建党90周年，3月18日，市委组织部下发《关于在全市开展党建电视新闻和优秀党员教育

2011年1月23日，全市严肃换届纪律保证换届风清气正工作会议召开。　（市委组织部供稿）

电视片"双展双评"活动的通知》(济组通字〔2011〕8 号)。优秀党员教育电视片展播评比活动贯穿全年,各县(市)区、市直有关部门(单位)共报送 125 部党员教育电视片,大部分通过省齐鲁先锋平台、市委组织部党建电视栏目《时代风采》进行展播,满足了基层党员干部学习需求。展播结束后,组织开展全市第四届优秀党员教育电视片观摩评比活动,经专家评审,3 部获特别奖,12 部被评为最佳党员教育电视片,35 部被评为优秀党员教育电视片,7 个单位被授予教学资源建设先进集体称号。党建电视新闻展播评比活动与济南广播电视台联合举办,自 4 月中旬开始,历时 3 个月,共收到各县(市)区、市直有关部门(单位)和市管企业报送的党建新闻片 65 部,在济南电视台《济南新闻》及相关新闻节目中展播 60 部。展播结束后,经专家评审,36 部新闻片获奖,其中一等奖 6 部、二等奖 12 部、三等奖 18 部,"双展双评"活动以市委组织部的名义对获奖单位进行了通报表彰。 (哈月亭)

【机构改革】 1. 政府机构改革。根据省、市编委统一部署要求,市编办组织开展市政府各部门"三定"规定执行情况和县(市)区政府机构改革评估工作。各部门和县(市)区制定评估工作方案,结合实际,细化评估指标,完成自评自查。市编办对市政府 47 个部门(单位)、10 个县(市)区进行实地调研评估,全面了解政府机构改革完成情况和部门实际运行状况,对个别部门存在的职责关系不顺、内设机构名称使用不规范等问题进行纠正,推动建立涉及 20 余个部门间 6 项协调配合机制,进一步巩固改革成果。乡镇机构改革结束后,市编办组织对县(市)区和济南高新区乡镇(街道办事处)机构改革情况检查验收,并对部分乡镇(街道办事处)实地抽查。从检查情况看,全市参与改革的 55 个乡镇、22 个街道办事处改革基本落实到位。

2. 事业单位分类改革。全省分类推进事业单位改革座谈会对改革进行部署后,市委、市政府调整充实事业单位改革领导小组,筹备召开全市分类推进事业单位改革工作座谈会,印发《关于分类推进事业单位改革的实施意见》,对改革进行部署。按照中央和省里要求,市编委印发实施方案,组织开展全市事业单位清理规范工作。市编办专门组成事业单位清理规范工作组,明确分工,落实责任,强化措施,协调指导市直部门和县(市)区对事业单位逐个进行梳理。

3. 重点领域改革。配合推进医药卫生、文化、教育等重点领域体制改革和事业单位改革,按时完成全市 777 所中小学教职工核编工作,明确 46 所公办幼儿园机构编制事项。创新机构编制管理方式,完成 78 所乡镇(街道办事处)基层医疗卫生机构核编工作,共核定编制 4971 名。探索公立医院综合改革,深化人事制度改革,指导开展县级医院综合改革试点。调整理顺县(市)区广播电视台管理体制,将市文物店整建制划归市博物馆。在乡镇(街道)设立文化服务中心,建立健全市、县(市)区、乡(镇、街道办事处)公共文化服务体系。 (邱兆亮 索 正)

【机构编制管理】 批准设立山东济南养老服务中心、济南市地震监测中心,将市 12319 热线服务中心更名为市市政公用数字化管理中心,对济南市残疾人康复中心进行调整加强。批准成立中共济南市委社会组织工作委员会办公室和中共济南市委非公有制经济组织工作委员会办公室,对市委市政府信访局等部门的内设机构和市公安局下属部分机构进行调整加强,对部分区(市)民族宗教事务工作机构名称统一规范。完成县(市)区考评工作机构调整。批准设立市县两级政府食品安全工作办公室,对市食品药品检验所调整加强。将部分县(区)工程质量与安全生产监督机构经费类型进行调整,批准部分县(市)区成立生猪屠宰稽查大队和食品药品稽查大队。根据中央编办和省里要求,明确市畜牧兽医局等 6 部门对"瘦肉精"监管工作职责分工,实现"瘦肉精"监管无缝衔接。坚持编制使用提前沟通机制,严格执行人员入(减)编审批管理。会同有关部门制定下发加快解决市直部门公务员登记遗留问题意见。推进市和县(市)区机构编制管理证换发工作。市直机关和参照《公务员法》管理事业单位换证全部完成。建立机构编制监督员制度,聘请首批 21 名机构编制监督员。会同市纪委等 5 部门对市政府部门职责调整和行政审批项目调整落实情况进行专项检查,建立健全 5 项监督检查工作制度。做好 2010 年度事业单位法人年检工作,市属 500 家事业单位,应参加年检单位 452 家,合格单位 424 家,合格率 93.8%。受省登记管理局委托,对 40 家省垂直管理事业单位进行年检,合格率 87.5%。建立事业单位信息披露、登记管理工作约谈等制度,开展事业单位法定代表人培训和年检先进单位评比表彰活动。建设开通"济南市机构编制网"。市和县(市)区建设了比较完善的机构编制实名制管理数据库。稳步推进中文域名注册登记工作,截至年底已注册 168 个。在中央编办主题征文活动中,济南市有 10 篇文章获奖,市领导对此专门作出批示。完成 36 项重点调研课题,注重推动成果转化。在中央和省市机构编制网站、内部工作信息和相关新闻媒体上,刊发 300 余条机构编制信息。在全市机构编制系统开展"能力提升年"活动,加强"学习型、创新型、务实型、服务型"机关建设。市编办被评为省级文明单位,获中央编办主题征文活动组织奖,被评为市履行人口和计划生育职责先进单位、市 12345 热线办理工作先进集体、市承办人大代表建议先进单位、市政协先进提案承办单位等。

(邱兆亮 索 正)

【老干部工作】 截至年末,济南市共有离休干部 7709 人。其中,享受副省部级单项医疗待遇 6 人,曾担任过或享受地厅、副地厅级待遇的 214 人,曾担任过或享受县处、副县处级待遇的 3804 人,科级及以下的离休干部 3685 人;1937 年 7 月 6 日前参加革命工作的 1 人,1937 年 7 月 7 日至 1945 年 9 月 2 日前参加工作的 1395 人,1945 年 9 月 3 日至 1949 年 9 月 30 日前参加工作的 6313 人;属于行政单位的

1810 人，事业单位的 2234 人，企业单位的 3665 人。全市离休干部平均年龄 82.5 岁。

1.落实老干部政治待遇，离退休干部党支部建设和思想政治建设取得新成效。市委市政府召开全市春节慰问老干部暨情况通报会，市委各常委、各副市长分 14 路走访慰问市级老同志及遗属。印发《关于进一步完善离退休干部工作有关制度的通知》，召开市直部门老干部工作推进会，发放《致全市老领导、老同志的一封信》和《换届纪律监督卡》，将老同志对组织工作的知情权、参与权、监督权落到实处。印发《关于在全市离退休干部党组织和党员中开展创先争优活动的通知》，发放 3000 份创先争优宣传画，开展创先争优百题知识竞赛活动。召开全市"五好"离退休干部党支部和"四好"离退休干部党员表彰大会，对 100 个党支部和 200 名党员进行表彰；召开济南市离退休干部党支部和党员先进事迹报告会。举办离退休干部党员辅导报告会和全市离退休干部党支部书记培训班，为离退休干部订阅学习资料 4 万多份。组织开展庆祝建党 90 周年活动。"七一"前夕，市委常委分别走访党内市级老同志，各级老干部工作部门也开展走访慰问离休干部、老党员活动；在离退休干部党员中开展"与党同呼吸、共命运、心连心"征文活动；市委组织部、老干部局举办"红旗颂——庆祝建党 90 周年老干部大型文艺演出"和全市老干部书画展。

2.落实老干部生活待遇，离休干部生活水平得到新提高。根据中央 7 部委下发的《关于解决离休人员待遇有关问题的通知》要求，为 2368 名市属企事业单位离休干部补发拉平生活待遇补贴。"七一"前，按照上级文件精神，为离休干部提高生活补贴、为符合条件离休干部提高医疗待遇。按照省委老干部局复函精神，把根据有关文件拉平的生活待遇纳入提高离休干部生活补贴基数。为 43 名生活困难离休干部及遗属发放救助金，走访看望 30 名生活相对困难离休干部。向有关县(市)区发放移交市属企业离休干部服务管理经费，保证 900 多名移交企业离休干部政治、生活待遇落实。健全完善局领导班子成员信访接待日制度和深入基层联系老干部制度，安排专职和兼职信访员负责信访工作，妥善解决离休干部信访 56 件次，处结率 98%。

3.推进社区"四就近"服务体系建设，离退休干部亲情化服务工作取得新突破。为居住在市区的 4000 多名离休干部免费安装"贴心一键通"服务器，向民政部门拨付 32 万元服务费，建立起点、线、面结合的离休干部社区"四就近"（就近学习、就近活动、就近得到关心照顾、就近发挥作用）综合服务体系。深入部分区、县现场查看离休干部社区"四就近"服务工作开展以及软、硬件设施建设情况。组织曾担任过副市级以上职务老同志及家属到青岛进行为期 20 天健康疗养。与济南日报社联合组织曾担任过副市级以上职务老同志参观视察小清河治理工程，在《济南日报》刊登他们提出的意见和建议。

4.加强学习活动阵地建设，老干部精神文化生活出现新亮点。市老年大学聘请京剧梅派大师张春秋、吕剧表演艺术家郎咸芬、豫剧泰斗马金凤为教学顾问。在全市老年大学系统开展构建和谐校园活动和争创"省、市级老年大学示范校"活动。对全市老干部活动中心（室）建设情况进行调查，制定进一步加强和完善老干部学习活动阵地建设方案。举办全市老干部活动中心工作人员培训班，提高工作能力和服务水平。市老干部活动中心对两块门球场进行整修改造。市老干部艺术团承办 2011 山东省老年人迎春音乐会，参加第四届全省老干部艺术节并获团体一等奖。各级老干部活动中心组织开展老干部书画展、老年运动会、门球赛等文体活动，丰富老同志精神文化生活。市干休所建立"家庭病房"，举办康乐趣味运动会。

5.依托关工委等老年社团，组织离退休干部发挥作用取得新进展。市关心下一代工作委员会办公室由挂靠团市委整建制移交市委老干部局管理。依托关工委、老教育工作者协会、老干部书画研究会等老年社团，组织老同志围绕全市中心任务发挥作用。市及各级关工委围绕庆祝中国共产党成立 90 周年开展"红色基地巡学""红色精神宣讲""红色歌曲唱响"和"学党史、颂党恩、跟党走"等主题教育活动；成立济南市老教育工作者讲师团，举办现代家庭教育系列讲座，组织法制宣讲团到全市中小学开展宣讲活动 300 多场次，受教育青少年和家长近 2 万人次；募集资金；帮助 2161 名经济困难学生顺利入学；通过免费办学办班、组织学习参观、建立示范基地等方式，举办农村青年政治科技学校培训 75 场，培训农村青年 25000 多人次。

6.学习贯彻全国老干部工作"双先"表彰大会精神，老干部工作部门自身建设呈现新气象。局党总支和局机关开展"深入基层、服务群众"主题活动，局领导班子成员和处级干部开展换位体验离休干部就诊、联系生活困难离休干部等活动；确立围绕"全力为老干部提供优质服务为主线，不断增强大局意识、责任意识、创新意识"工作指导思想，明确"创先进部门、建温暖之家"工作目标。举办全市老干部工作人员培训班，进行老干部工作政策、调研信息宣传、经济、党建等知识培训。举办全市老干部局长学习胡锦涛总书记"七一"重要讲话研讨会，探索加强和改进老干部工作新思路。召开全市老干部工作部门调研信息宣传工作会议，表彰和奖励获中组部、省委老干部局、济南市的优秀调研报告和"做好新形势下的老干部工作征文活动"理论文章的作者；成立全市老干部工作部门调研信息宣传中心组，围绕重点调研课题进行调研。办好《金色夕阳》电视栏目、《泉城老干部》杂志，对济南市老干部工作信息网进行升级改造。贯彻落实全国老干部工作先进集体和先进个人表彰大会精神，制定学习、宣传典型促进会议精神落实的意见，宣传、学习和弘扬全国老干部工作先进集体和先进工作者事迹。　（刘利祥）

【巡视工作】　1.巡视 3 个区(市)和 5 个市直部门。市委第一、第二巡视组对历城区、长清区、章丘市3个区(市)分别进行为期3个月巡视,对市园林局、市法院、市检察院、市城管局(市城管执法局)、市审计局5个市直部门分别进行为期2个月巡视。巡视期间,听取被巡视单位工作情况汇报230余次,与干部个别谈话1600余人(次),列席党委(组)、政府重要会议和活动47次,实地考察乡镇、街道、社区、乡村、企业、基层站所等160余家,召开党代表、人大代表、政协委员等参加的座谈会30余次,收集各种意见建议1500余条,向被巡视单位书面反馈意见建议87条。全年向市委报送巡视工作报告8件,巡视专报2件,巡视工作简报23期,领导班子和领导干部个人情况报告8件。向市委、市政府有关领导和部门提出工作建议20条。

2. 组织开展巡视情况"回头看"检查。两个巡视组分别对2009年安排巡视的市发改委、市科技局、市房管局、市食品药品监督管理局、市粮食局、市司法局、市经信委、高新区、平阴县9个单位(县)开展巡视情况"回头看"检查。通过听取工作情况汇报、与班子成员个别交谈、查阅有关文件资料、实地察看等方式,对巡视建议整改落实情况、取得的实际效果和面临的新情况、新问题,进行认真细致了解,形成巡视"回头看"情况专题报告,连同各单位整改情况报告,呈报市委有关领导,促进巡视成果运用和转化。

3. 主要经验和成效。①增强巡视工作针对性。巡视工作围绕市委工作思路和重大决策部署安排巡视计划,确定巡视内容;充分发挥巡视机构综合协调作用,如实向市委、市政府及有关部门提出建议,帮助被巡视单位解决存在问题;高度关注群众反映比较集中的热点、难点问题,及时发现涉及医疗、教育、劳动就业、社会保障、环境保护、社会治安、拆迁安置等方面存在问题,提出意见建议,并督促解决,维护群众权益。②围绕市县两级换届工作开展巡视。2011年各级换届陆续进行,在时间紧、任务重的情况下,提前完成对10个县(市)区领导及班子考察的工作任务,为省、市换届考察工作提供依据,并积极配合省委巡视组在济南的工作。③探索巡视工作有效途径。通过先期查阅资料,了解被巡视单位的职能和特点;与纪检监察、组织、信访、审计等部门进行沟通,了解有关被巡视单位的问题反映和调查处理情况,对需要重点了解的问题做到心中有数,有针对性地制定巡视工作方案。工作中,综合运用多种形式了解被巡视单位的全面、真实情况。在认真执行已有各项巡视工作制度的同时,起草制定《巡视资料移送办法》《巡视办公室工作规则(试行)》等制度,为巡视工作质量和效果的提升提供保障。④加强巡视成果运用。在巡视结束后,及时将巡视工作情况和发现的问题及整改意见建议向被巡视单位进行反馈,督促其按要求对巡视反馈意见建议逐一分解细化,制订出整改方案,明确整改目标和完成时限,把责任落实到具体部门和人员。注意加强与被巡视单位的沟通交流,随时掌握整改进展情况,确保问题真正得到解决。⑤抓好先进经验和典型宣传推广。认真总结被巡视单位成功经验和有效做法,采取巡视简报、巡视专报、专题汇报等多种形式进行宣传推广,充分发挥典型示范带动作用。其中巡视专报《槐荫区关注民生办实事服务群众靓品牌》被省委常委、市委书记焉荣竹批示进入市委决策,巡视专报《市中区法院实施阳光工程全面推进司法公开》和巡视简报《市检察院反腐倡廉警示教育成效显著》被市委常委、市纪委书记王成波批示在全市学习推广,均收到良好效果。⑥强化巡视队伍自身建设和理论学习。年初,市委两个巡视组分别增配副组长1人,增配副局级巡视专员1人。4月,成立巡视工作办公室,明确巡视工作办公室职责及与巡视组的关系和分工,完善巡视工作机构,为做好巡视工作提供组织保障。为省巡视工作理论研讨会议撰写的《济南市巡视工作的探索与实践》《提高对县区巡视质量的思考》《关于对巡视工作中办理信访举报问题的思考》3篇理论研讨文章,均入选《全省巡视工作理论研讨会议论文汇编》。（李文硕）

【宣传思想工作】 1. 理论武装工作扎实有效。开展"两带一创"(领导干部、领导班子带头学习、带动学习,争创学习型党组织)主题学习活动,组织党委中心组学习,推进学习型党组织建设。开展"天下泉城大讲堂"、社科普及周和"全民读书月"等活动,集中组织十七届六中全会精神宣讲报告活动,全年举办理论宣讲600多场,受教育干部群众20多万人次。深化城市发展战略等现实问题研究,做好社科研究课题规划,推动理论研究成果向实践应用转化。

2. 舆论导向把握正确有力。深入宣传中央和省市委重大决策部署,精心组织回顾"十一五"伟大成就、展望"十二五"美好前景,转方式调结构惠民生,文化强市建设,城市重点工程,"身边济南人"等主题宣传活动。建立党委新闻发言人制度,加强新闻发布管理和突发事件新闻应急处置。强化互联网建设管理和舆情信息调研工作,为"十二五"开局营造良好舆论氛围。

3. 核心价值体系建设深入推进。组织纪念建党90周年和辛亥革命100周年活动,举办文艺晚会、理论研讨会和图片展览,拍摄电视纪录片《泉城之光》和《孙中山与济南》,编辑出版《二十世纪的新曙光》《党旗飘扬》《二十世纪的新觉醒》等书籍,唱响时代主旋律。以"爱我美丽泉城、建设文明济南"为主题,开展文明城市创建、微笑服务、志愿服务、未成年人思想道德和乡风文明建设等活动,济南市在全国文明城市复查和资格测评中取得优异成绩,获全国文明城市提名资格和省级文明城市、全省未成年人工作先进城市称号。市公安局交警支队、长清区归德镇等9个单位被评为第三批全国文明单位、文明村镇;历下、市中、天桥、历城、长清和章丘入选省级文明县(市、区),济阳入选省级创建文明城市工作先进县,历下、市中、槐荫和天桥被评为全省未成年人思想道德建设工作先进区;刘延宝、冯思广获全国道德模范称号,"泉城义工"被评为全国十佳志愿服务组织并入选《全国宣传思想文化工作案例选编》。制定《济南市评选表彰奖励道德模范实施办法》,建立道德模范奖励专项资金和长效帮扶机制,在全国率先对道德模范实行重奖。

4.文化改革发展成效显著。市委召开九届十一次全会,出台《中共济南市委关于学习贯彻党的十七届六中全会和省委九届十三次全会精神加快建设文化强市的实施意见》,对全市文化建设进行全面安排部署。加快公共文化服务体系建设步伐,省会文化艺术中心大剧院封顶,市图书馆、群众艺术馆、美术馆和济南日报新媒体大厦开工。全年新建街道综合文化站22个、社区文化中心88个、农村文化大院250个,农村公益电影放映完成5万多场,有线电视数字转换达107万户,济南手机报订户达13万个,农家书屋建设提前一年实现全覆盖。文化产业健康快速发展,制定《济南市"十二五"文化产业发展规划纲要》,出台加快文化产业园区基地发展意见和重点文化产业园区(基地)认定管理办法,文化产业专项资金增至3000万元,全市已建、在建、拟建文化产业园区70多个,全年文化产业增加值突破200亿元,约占全市GDP的5%,文化产业发展后劲持续增强。文艺精品创作取得可喜进展,备战十艺节的9台舞台剧已创作完成并进行展演,一批作品获全国、全省奖励。文化体制改革不断深入,《济南日报》进行版式改革,在集团内部成立报刊发行公司。文化行政管理职能进一步理顺,转企改制单位现代企业制度加快建立,文化行政综合执法能力和水平进一步增强。

5.城市品牌形象有力提升。不断提升"天下泉城"品牌,城市形象传播战略研究完成。"泉城新八景"评选反响热烈,"天下泉城"网建成中英日韩4语种网站,成功举办伦敦奥运会女足亚洲区决赛和重大经贸活动宣传,积极开展对外新闻文化交流,济南的知名度、影响力持续增强。

6.队伍建设卓有成效。开展"深入基层、服务群众""三个一切""走转改"群众路线主题教育活动,宣传文化干部的思想作风进一步转变。加强县级和城乡基层宣传文化队伍建设,实施文化人才培养工程,完成市职工思想政治工作研究会换届,一批人才获国家和省级奖励,全市宣传思想文化队伍素质能力有了新提高。

(王来勇 田 玮)

【召开全市学习型党组织建设工作座谈会】 为深入学习贯彻全国、全省学习型党组织建设工作座谈会精神,切实把学习型党组织建设工作引向深入,全市学习型党组织建设工作座谈会于3月3日召开。市科协、市城管执法局、市中区、商河县作大会发言,交流开展学习型党组织建设工作经验做法。会议充分肯定全市学习型党组织建设工作取得的成效,对下一步工作提出部署要求,为扎实有效推动学习型党组织建设工作奠定良好基础。

(于 蕾)

【举办纪念中国共产党成立90周年理论研讨会】 为纪念中国共产党成立90周年,回顾总结党的光辉历程和宝贵经验,6月22日,市委宣传部、市委组织部、市委党史研究室、市委党校、济南社科院、市社科联联合召开纪念中国共产党成立90周年理论研讨会。济南市社科理论界和宣传系统的专家代表对党90年的历史以及党建理论和实践问题进行深入研讨,会上同时对"纪念中国共产党成立90周年"征文活动获奖作品进行表彰。 (于 蕾)

【拍摄大型电视文献片《泉城之光》】 为纪念中国共产党诞生90周年,中国中共党史人物研究会、中共济南市委宣传部、济南广播电视台联合拍摄大型电视文献片《泉城之光》。该片以历史的眼光、全新的视角,通过电视手法诠释和解读中共一大代表王尽美、邓恩铭等人参与中国共产党的创立和早期革命活动的情况,是开展爱党爱国教育的生动教材,对于帮助广大党员干部群众了解中国共产党的光辉历史有重要作用。该片获得国家广电总局重大理论文献影视片创作领导小组立项和泉城文艺奖电视类一等奖。 (于 蕾)

【成立学习宣传党的十七届六中全会精神宣讲团】 为深入学习宣传贯彻党的十七届六中全会精神,根据中宣部和省委宣传部要求,结合济南实际,10月28日,市委宣传部、市委讲师团下发《关于成立学习宣传党的十七届六中全会精神宣讲团的意见》,成立济南市学习宣传党的十七届六中全会精神宣讲团。市委常委、宣传部长谭延伟担任宣讲团团长,市委宣传部常务副部长凌安中、市委宣传部副部长周鸿雁担任副团长,成员由中央、省、市社科理论界专家、学者以及从事文化事业和文化产业的领军人物组成。宣讲活动分集中宣讲和日常宣讲两个阶段,时间持续到党的十八大召开前。 (袁桂兰)

【开展"走基层、转作风、改文风"活动】 按照中宣部和省委宣传部安排部署,9月份,市委宣传部在全市新闻战线组织开展"走基层、转作风、改文风"活动。要求各新闻单位把开展"走基层、转作风、改文风"活动,作为深化新闻战线"三项学习教育"活动重要组成部分,确保活动形成声势和影响,推动新闻媒体更好地宣传党的主张、坚持正确导向,更好地反映人民心声、通达社情民意,不断提高新闻宣传质量水平,树立新闻战线良好形象。

(邓贞君)

【第十二届记者节表彰大会暨"走转改"活动阶段性成果展示】 11月12日,市委宣传部、市新闻工作者协会、市新闻学会联合举行庆祝第十二届中国记者节表彰大会暨"走转改"活动阶段性成果展示,来自全市新闻战线的300多名记者代表参加活动,大会为"十佳报纸栏目""十佳广播电视栏目""十佳图书"和"十佳新闻工作者"颁奖。 (邓贞君)

【纪念建党90周年和辛亥革命100周年系列活动】 为纪念中国共产党成立90周年,市委宣传部开展一系列宣传教育活动。①与市委党史研究室共同组织编写《二十世纪的新曙光——济南共产党早期组织建立及活动》,与市档案局(馆)共同编辑出版《党旗飘扬——中国共产党90年济南图鉴》,6月28日在龙奥大厦举行两书首发式。②与市委党史研究室联合举办"辉煌九十年——中共济南历史大型图片展览",系统反映中共济南党组织90年发展历程。③公布第三批爱国主义教育基地。"七一"前夕,命名公布济南铁路大厂厂史馆、中共济南市委重建纪念地、中国重型汽车集团有限公司、山东工艺美术学院博物馆美术馆、山东省实验中学校史馆、齐鲁园——济南五中百年校史馆、济南府学文庙、辛弃疾纪念馆为济南市第三批爱国主义教育基地。6月16日,在济南轨道交通装备有限责任公司举行揭牌仪式。④与市委党史研究室共同组织编写《二十世纪的新觉醒——齐鲁辛亥风云与济南社会嬗变》,于纪念辛亥革命100周年之际,由中共党史出版社出版发行。

（贺　伟）

【典型宣传工作】　协调新华社编发1期内参,对"济南公交打造优质文明服务品牌赢群众称赞"的"创优争先"典型事迹进行宣传,收到良好宣传效果。协调省委宣传部,对牺牲在工作岗位上的济南市公安局天桥分局成丰桥派出所所长盖继纲先进事迹进行重点宣传,组织市属新闻媒体并协调中央和省属新闻媒体进行集中宣传报道,在社会上产生强烈反响。根据市委领导意见,对济南市工商行政管理系统围绕全市中心工作,以开展创先争优活动为契机,深化落实"以人为本、争优创新"管理理念,强化监管服务,推动经济社会发展、保障改善民生经验事迹进行集中宣传。认真总结近年来济南市典型宣传工作经验,形成《以典型宣传为抓手推进社会主义核心价值体系建设》全省典型宣传工作会议经验交流材料,为进一步改进完善典型宣传工作进行有益探讨。策划推出"身边济南人"基层群众典型宣传活动,组织《济南日报》、济南广播电台、济南电视台、《济南时报》《都市女报》、舜网等市属新闻媒体展开集中采访,精选推出5批共50位基层群众典型。　（贺　伟）

【企业思想政治工作】　3月11日,济南市职工思想政治工作研究会(企业文化建设协会)第八次年会召开,选举产生新一届济南市职工思想政治工作研究会(企业文化建设协会)会长、副会长、秘书长、副秘书长、常务理事和理事,发展了100个团体会员单位,重新修订《济南市职工思想政治工作研究会(企业文化建设协会)章程》。同月,市委宣传部、市职工思想政治工作研究会召开全市企业文化建设工作会议,推进全市企业思想政治工作和企业文化建设。中国重型汽车集团有限公司、山东钢铁济钢集团有限公司、济南轨道交通装备有限责任公司、中国石油化工股份有限公司济南分公司、山东中烟工业有限公司济南卷烟厂、中国工商银行股份有限公司山东省分行营业部、济南市公共交通总公司、济南二机床集团有限公司、济南水业集团有限责任公司、山东世纪金榜书业有限公司被表彰为"济南市思想政治工作暨企业文化建设'十佳企业'",浪潮集团有限公司等30家企业被表彰为"济南市思想政治工作暨企业文化建设先进单位"。5月,推荐济南联通参加中国政研会"思想政治工作加强人文关怀和心理疏导现场经验交流会",其以网络为平台创新人文关怀模式的经验获得与会领导和专家高度评价。在省委宣传部组织的"泰山杯"心中的歌献给党山东企业歌手网络大赛中,全市有17家企业的38名歌手参加比赛,3人获一等奖,市委宣传部获"优秀组织奖"。　（贺　伟）

【开展"三个一切"群众路线主题教育活动】　制定印发《关于在全市宣传文化系统开展群众路线教育活动的实施意见》和《关于加强全市县级和城乡基层宣传文化队伍建设的实施意见》,召开全市"深入开展群众路线主题教育活动、切实加强宣传文化队伍建设"动员大会,共300余人参加会议。开展"四查四看"和大讨论活动,全市宣传文化系统每个干部职工都撰写学习心得,组织开展"三个一切"征文活动,其中有8篇优秀论文和2名选手分获全省"三个一切"主题教育活动"三个一切"征文、演讲比赛一、二、三等奖。开展"三问于民"意见建议公开征集活动,成立市宣传文化系统"三个一切"群众路线主题教育活动领导小组办公室,市委宣传部和各县(市)区委宣传部组织开展"给人大代表、政协委员的一封信"活动,在《济南日报》《济南时报》、舜网开设"您的建议,我们的动力——宣传文化工作'三问于民'大家谈"专栏,开通"三问于民"意见征集专用网络信箱和"三问于民"留言平台,征集对宣传思想文化工作意见建议。共征集合理化建议意见395条,梳理上报82条。策划开展争创"服务群众宣传文化品牌"活动。市委宣传部、市"三个一切"主题教育活动领导小组办公室下发《关于在全市开展争创"服务群众宣传文化品牌"活动的通知》,拟在2012年主题教育活动后期,总结提升评选出"服务群众十佳宣传文化品牌"和一批"服务群众优秀宣传文化品牌"予以表彰奖励。

（江　海）

【"多彩生活美好济南"文化惠民主题行动】　实施"多彩生活美好济南"文化惠民主题行动,市直宣传文化系统各单位、市直有关部门、各县(市)区、部分驻济文化单位、社会团体以及社会各界积极参与,在8大主题行动中推出67项文化惠民活动。发挥演艺中介机构作用,年内举办明星演唱会、综艺晚会、音乐会等各类大型商业演出近20场,"宝贝剧场"实现儿童剧周末演出常态化,打造明湖居、芙蓉馆等固定演出场所,彰显"曲山艺海"文化特色。开展"新市民、新课堂"公益性文化艺术辅导培训活动,建立基层群众文化辅导示范点30余个,组织基层示范表演艺术团队10个,培训基层群众1万余人次。举办迎办十艺节新创剧目展演活动,歌舞剧《大舜》等7台新创剧目演出近30场次,观众达3万人次。开展农村公益电影放映和红色电影展映活动,举办第二届社区电影节,命名首批10个社区"电影文化广场",放映优秀红色经典电影近3万场次。在长清区举办文化、科技、卫生"三下乡"集中日宣传活动,省内知名书画家现场创作、赠送书画和春联,艺术家进行综艺专场演出,受到基层群众热烈欢迎。开展"公共文化走进新农村"系列活动,组织吕剧、京剧、歌舞、曲艺等各种形式演出200余场次。组织"向党旗敬礼——庆祝中国共产党成立90周年济南市大型诗歌朗诵比赛”“向党说句心里——党员寄心语”等群众性主题文化活动，开展“喜迎十艺节·颂歌献给党”广场文化活动，举办各类活动649场。举办“书香泉城”全民阅读节活动，开展“名家教您鉴宝与收藏”、图书联展与作家签名售书等读书休闲活动，全民参与快乐读书的氛围更加浓厚。（范立振）

【文化演出市场繁荣活跃】 先后举办白俄罗斯芭蕾舞《天鹅湖》、陈萨钢琴音乐会、理查德·克莱德曼钢琴音乐会、奥斯卡暨世界经典影片主题音乐交响音乐会、美国费城国家交响乐团新年音乐会、好莱坞电影乐团奥斯卡金曲新年音乐会，那英、周杰伦、王力宏、崔健、蔡琴、小野丽莎等演艺明星在济南举行个人演唱会，杭州越剧院越剧《红楼梦》一唱醉泉城、反响热烈。举办商业演出场次和规模均创近年之最。济南本地演出取得突破，市属艺术院团高水平打造歌舞剧《大舜》、杂技剧《粉墨——红色记忆》、京剧《重瞳项羽》、吕剧《阳光大姐》等6个剧种9台新创舞台剧目，在全市举办展示展演活动，为市民群众奉献一场场精彩演出。宝贝剧场年初实行周末化演出，举办“第三届亲子剧节”，国内外11个剧团演出25场。实验剧场相继推出《神马都是水浒》《古宅幽幽》等小剧场话剧新作。明湖居曲艺演出200余场，迎来观众3万余人。歌舞、杂技、京剧、吕剧等新编剧目，给人们提供多元化选择。年末，济南市最早的民营剧场之一“金海岸演艺大舞台”全面升级，成为首家入驻天桥区银座天成文化产业园企业，带来旅游演出剧目《西湖之夜》，济南演出市场呈现全面繁荣景象。

（范立振）

【公共文化服务体系建设扎实推进】 在重点文化设施方面，省会文化艺术中心大剧院建设进展顺利，图书馆、群众艺术馆、美术馆“三馆”开工建设，北洋大戏院修缮改造工程顺利推进，县（市）区图书馆、文化馆等基层公共文化设施加快建设，全市有4个文化馆被评为国家一级馆、2个被评为国家二级馆、2个被评为国家三级馆，建设街道综合文化站22个、社区文化中心88个、农村文化大院250个，全面完成年度计划任务。在基层文化设施方面，第一批棚改社区文化中心示范项目振兴街社区服务中心建设接近尾声，茂新社区群众文化活动中心主体建设全面完成，第二批示范项目确定工作正在进行。章丘市、商河县获文化部“中国文化艺术之乡”称号。市图书馆设施全部免费开放，实现无障碍、零门槛进入，并在泉城广场、赤霞广场设立24小时自助图书馆，方便市民借阅图书。（范立振）

【文化科技卫生“三下乡”活动】 1月25日，市文化科技卫生“三下乡”活动领导小组在长清区崮云湖街道举办集中日活动，标志着济南市2011年“三下乡”活动全面启动。市文化、科技、卫生系统15家单位参加活动。活动现场，市委宣传部、市文明办向当地赠送电脑、彩电等物品；市文广新局带给村民们一场精彩文艺演出；市科技局现场发放宣传材料15000多份、农业科技新产品1000多份，开展科技咨询服务；市卫生局组织专家进行义诊，开展健康教育、疾病预防宣传；市农业局发放农作物良种；市林业局发放宣传资料，赠送林业病虫害防治器械及灭火器材；市司法局为村民赠送法律书籍；市计生委赠送计生用品，筹集1万元资金走访慰问困难计生家庭；团市委、市妇联等部门开展宣传教育和帮扶活动；省、市文联组织书画家现场写字作画、撰写春联赠送村民；市广播电视台开展有线电视安装优惠活动，并赠送科技光盘；市科协、市出版社和新华书店赠送部分图书。（范立振）

【棚改社区文化中心示范项目启动】 为加强棚改社区公共文化服务体系建设，满足社区居民日常生活和学习娱乐需求，在全市启动棚改社区文化中心示范点项目建设，对列入棚改社区文化中心示范点项目，给予一定资金扶持和补助，重点用于购置服务器、电脑和投影仪等设备以及桌椅、书架、图书、电视机、音响和乐器、健身器材等开展业务活动的基本设备。首批确定槐荫区振兴街街道综合文化站和天桥区茂新片区文化中心作为棚改社区文化中心示范点建设项目。截至年末，槐荫区振兴街综合文化站全面完成，天桥区茂新片区文化中心主体工程建设已经竣工。

（范立振）

【“书香泉城”全民阅读节活动】 由市委宣传部、市文明办、市文广新局、市教育局、市园林局、济南日报报业集团联合举办，市图书馆、中山公园、市新华书店、明天出版社等单位承办，在全市开展“书香泉城”全民阅读节活动。4月23日，在中山公园举行济南市2011年“书香泉城”全民阅读节暨中山公园读书广场启动仪式。“书香泉城”全民阅读节活动内容主要包括“换书节”、书香家庭创建行动、“读书人”摄影比赛暨展览等10项活动。

（范立振）

【“颂歌献给党”庆祝中国共产党成立90周年文艺晚会】 6月24日晚8时，济南市庆祝中国共产党成立90周年文艺晚会“颂歌献给党”在泉城公园生态广场举行。整台晚会采用声乐、舞蹈、杂技、歌剧、器乐、大合唱、群众歌咏等多种艺术形式，精心选取各个历史时期具有代表性经典曲目，抒发泉城人民对党的热爱之情和对美丽新泉城的赞颂之情。（李　珍）

【一批文艺精品在全国、全省获奖】 京剧《重瞳项羽》获第六届中国京剧艺术节二等奖，杂技《转台高椅》获2011年全国杂技金菊奖银奖，吕剧《阳光大姐》获全国人口文化奖二等奖，广播剧《安居》在中央人民广播电台及全国30余家省级电台播出，获2011年山东广播影视大奖广播剧一等奖第一名。李青获第二十五届中国戏剧梅花奖表演奖，填补了济南市这一奖项空白。在第四届泰山文艺奖评选中，郭文秋、孙丽、孟燕获艺术突出贡献奖，曲艺剧《茶壶就是喝茶的》、隶书《温庭筠诗》获一等奖。4部作品获第二届泰山文艺奖（文学创作奖），获奖总数列全省各地市前茅。在山东省第六届“刘勰文艺评论奖”中，有3篇评论文章入选。（李　珍）

【舞台剧目创作迈上新台阶】 市属院团特邀国内一线知名导演及舞美设计人员，先后集中创作杂技剧《粉墨——红色记忆》，京剧《孔圣母》《重瞳项羽》，歌舞剧《大舜》，吕剧《泉城传说》，儿童剧《我的麦哲伦海峡》等新创剧目，同时对吕剧《阳光大姐》、方言剧《泉城人家》等优秀剧目进行加工修改，并于年内陆续搬上舞台，受到各界广泛关注，为冲击第十届中国艺术节，打造品牌剧目奠定坚实基础。

（李　珍）

【推进文化体制改革工作】 全市文化改革发展工作围绕建设文化强市目标要求，坚持以发展为主题、以体制机制创新为重点、以满足人民群众日益增长的精神文化需求为根本，在全国文化体制改革工作会议上，济南市获“全国文化体制改革工作先进市”称号。召开全市文化体制改革工作会议和全市非时政类报刊出版单位体制改革会议，明确深化文化体制改革路线图、任务书和时间表。起草《济南市国有文艺院团体制改革实施意见》（征求意见稿）、《济南市非时政类报刊出版单位体制改革实施意见》（征求意见稿），完善国有文艺院团、非时政类报刊出版单位体制改革人员安置、财政扶持、工商注册、税收优惠等方面政策，为深化文化体制改革创造良好条件。制定《济南市市属文艺院团体制改革实施方案》（征求意见稿）、《济南报业传媒有限公司组建方案》（征求意见稿）、《当代小说编辑部转企改制方案》（征求意见稿），理清发展目标、改革模式、实现路径和推进措施，为下一步开展工作奠定基础。协调有关单位帮助济南出版社办理财产审计、资产评估、工商注册等工作，帮助指导济南出版社健全企业法人治理结构，完善管理体制和运行机制，济南出版社现代企业制度已经建立。深化公益性文化单位内部改革，济南日报报业集团、济南广播电视台、市图书馆、群众艺术馆等公益性文化单位，实行全员聘用制，变“身份管理”为“岗位管理”，引入考核激励机制，实行评聘分离、按岗取酬、多劳多得、倾斜一线绩效工资机制，调动职工工作积极性。　（张新志　孟琳琳）

【文化产业快速发展】 全年全市文化产业增加值超过200亿元，约占全市GDP比重的5%，文化产业增加值从2007年到2011年平均增幅超过30%，对全市经济发展带动作用明显增强。①形成一批规模较大企业集团。济南日报报业集团全年收入总额28060万元，比上年增加25.4%；济南广播电视台全年经营收入突破30338万元，比上年增长22.66%；济南出版有限责任公司实现码洋收入13270万元、实际销售收入6635万元，分别增长15.20%、15.23%。民营文化企业实力增强，山东世纪金榜书业有限公司、山东星火国际传媒集团有限公司等进入全国民营书业公司十强。已上市公司济南东港安全印刷股份有限公司发展良好。山东龙视天下传媒有限公司、东港安全印刷股份有限公司、山东世纪金榜科教文化股份有限公司、山东星火国际传媒集团有限公司、山东中教产业发展有限公司5家企业入选全省文化企业30强。②重大项目推进顺利。投资56.5亿元的省会文化艺术中心场馆、投资17亿元的龙冈梦幻乐园、投资13亿元的济南七星谷文化农林产业园等项目相继开工建设，省属大众传媒文化产业园、大众传媒大厦、山东省国家级手机出版基地、山东书城等也在加紧建设当中。创意山东城市文化产业综合体项目、全国性出版物流通渠道和连锁经营网络建设项目等6个项目被评为山东省重点文化产业项目。③产业集聚效应凸显。全市已建、在建、拟建重点文化产业园区49个。具有孵化器功能和公共服务功能的产业园区齐鲁文化创意基地、滨河天成·潮合汇文化街、百年开埠时期老建筑·意匠老商埠9号创意区等项目相继开工。④发展环境日益优化。落实国家有关政策，对转企改制企业和重点企业，实行税收和行政规费减免，2010年减免税款2042万元。落实土地管理政策，把文化产业发展用地纳入土地利用总体规划和城市规划。拓宽融资渠道，建立文化产业担保资金，为中小文化企业提供融资服务。加强文化产业人才培养，举办文化改革发展系列讲座、文化创意产业发展培训班。　（张新志　孟琳琳）

【制定《济南市“十二五”文化产业发展规划纲要》】 为充分挖掘整合泉城优秀文化资源，在研究借鉴先进城市文化产业发展经验基础上，结合实际，制定《济南市“十二五”文化产业发展规划纲要》，提出今后一个时期济南文化产业发展指导思想、发展目标、战略重点和推进措施。规划作为“十二五”时期济南市国民经济和社会发展总体规划重要组成部分，被列为全市编制“十二五”70余项专项规划第一位。　（张新志　孟琳琳）

【加大全市文化产业项目扶持力度】 文化产业项目扶持力度进一步加大，文化产业发展专项资金增加至3200万元，根据《关于公开征集2011年度济南市文化产业发展专项资金扶持项目的公告》精神，面向社会公开征集文化产业项目77个，经评审委员会严格评审，最终确定12家文化产业园区和32个文化产业项目被列为文化产业专项资金扶持范围。

（张新志　孟琳琳）

【《天下泉城》和《名士济南》热播香港卫视】 春节期间，由中共济南市委宣传部、市委外宣办和济南广播电视台倾力打造的两部精品力作、大型航拍电视片《天下泉城》和《名士济南》，在香港卫视播出，全方位展示济南悠久历史文化和现代化发展魅力，不仅让在港工作居住的济南籍老乡看到家乡的变化、家乡的美好，也让更多民众了解以泉水著称的济南的魅力和发展潜力，激发他们到济南观光旅游、招商投资热情，进一步提高了济南国际影响力和美誉度。　（李鸣镝）

【第二届海峡两岸经典文化推广会演】 5月18日上午在济南府学文庙开幕，活动采取网络视频连线形式，实时展示济南主会场和台中分会场携手弘扬传统经典具体影像。海协会副会长张铭清、台湾新党主席郁慕明、《两岸关系》杂志社常务副社长钟河林、台湾中华华夏文化交流协会理事长沈智慧、济南市市长张建国、山东省台办主任倪明元等出席仪式，台中市市长胡志强也在台中为活动致辞。

（李鸣镝）

【中澳新媒体艺术展】　5月21日，在济南园博园国际会展中心开幕。这次展览，是中澳文化年重要文化交流项目之一，旨在展示中澳两国新媒体艺术家的新追求、新思考及其独特魅力。此次活动由澳大利亚国际文化理事会及澳大利亚政府支持资助。展览选取中澳两国12位著名新媒体艺术家的上乘之作。中方艺术家有：卜桦、沈少民、韩冰、缪晓春、张小涛、次格/亚次旦；澳方艺术家有 Grant Stevens, Jess MacNeil, James Newitt, Richard Bell, Merilyn Fairskye, The Kingpins。作品多为电脑创意动画、抽象光电艺术设计、雕塑等。将在中国的济南、北京、杭州、重庆、拉萨，澳大利亚的悉尼、布里斯班、墨尔本、佩巴特、朗塞斯顿等10个城市巡展。济南是此次巡展的第一站。（李鸣镝）

【"天下泉城"成全国首家4语种外宣门户网站】　7月5日，济南市外宣门户网站"天下泉城"网日文频道、韩文频道开通仪式在山东大厦举行。"天下泉城"网站日文、韩文频道开设有济南概况、新闻资讯、生活信息、文化交流、中文角、动漫游戏、电子杂志、泉城图库、视频在线等10余个栏目。日文频道与韩文频道开通后，"天下泉城"网站成为全国省会城市中首家拥有4语种的外宣门户网站。（李鸣镝）

【大型电视纪录片《孙中山与济南》播出】

为纪念辛亥革命100周年，由中共济南市委宣传部、济南广播电视台联合摄制的大型电视纪录片《孙中山与济南》，于10月9日在济南电视台首播。该片以孙中山民国元年济南之行为主线，以纪实和文学、历史和风土相结合的手法，第一次全面系统地展现孙中山与山东济南的联系和深厚感情，唤醒了一段富有价值却被尘封的历史。（李鸣镝）

【举办国际友好城市图片展】　10月21～24日，2011济南国际友好城市文化交流暨大型图片展在泉城广场展出。此次友城交流暨图片展是济南市首次举办的以展示济南市和国际友好城市风光、人文景象为主题的大型文化交流活动，共有来自11个济南市友好合作城市的近百人参加开幕式。（李鸣镝）

【编制济南市中长期宣传文化人才发展规划（2011～2020）】　着眼于为全市宣传文化事业提供强有力人才保证和智力支持，根据《济南市中长期人才规划纲要（2012～2020）》精神和济南经济社会发展实际，编制《济南市中长期宣传文化人才发展规划（2011～2020）》。《规划》坚持科学人才观、党管人才原则和尊重劳动、尊重知识、尊重人才、尊重创造的方针，明确2011～2020年济南宣传文化人才发展指导思想、发展目标和总体部署，提出以能力建设为突破口，统筹推进党政管理、哲学社会科学、新闻宣传、出版、文化艺术、宣传思想教育和精神文明创建、文化经营管理等人才队伍建设，突出高层次宣传文化人才培养，创新人才工作领导机制、选拔使用机制、引进流动机制和评价激励机制，为加快培养造就政治强、业务精、纪律严、作风正的宣传文化人才队伍奠定良好基础。（吕　文）

【推进城乡基层宣传文化队伍建设】　为贯彻落实中央和省关于加强城乡基层宣传文化队伍建设的要求，结合济南实际，市委宣传部会同市委组织部、市编办、市发改委、市财政局、市人力资源和社会保障局联合下发《关于加强全市县级和城乡基层宣传文化队伍建设的实施意见》，切实把基层宣传文化队伍建设摆上突出位置。《意见》明确提出加强基层宣传文化队伍建设目标、总体要求和工作重点，为进一步健全充实县级及基层宣传文化部门（单位）工作力量提供政策依据。印发《关于在全市集中开展宣传文化队伍组织建设工作的意见》，自7月到年底，在全市集中开展宣传文化队伍组织建设，以健全县（市）区工作体系为关键，以乡村、街居、企事业单位等基层宣传文化队伍组织建设为重点，以创新宣传文化工作领导体制、工作机制为动力，通过学习宣传和调查研究、组织建设和队伍建设、检查验收和配套建设等3个阶段，基本形成纵向到底、横向到边，专兼职结合、体制内外结合，机构健全、数量足够、结构比较优化的宣传文化队伍组织体系，为促进全市宣传文化事业科学发展提供组织保证和人才支持。（吕　文）

【精神文明建设工作】　1. 文明城市创建。完成文明城市复查工作。2011年是第三届全国文明城市评选年，省文明委对全省17个市开展文明城市复查和提名资格测评。为做好迎查工作，建立市、区、街、居4级工作网络，分解目标任务，督促检查落实，组织公共环境、公共秩序和社会文化环境净化等整治行动，采取措施解决网吧管理、环境卫生、交通秩序等方面存在的突出问题，在全省测评中济南市取得128.28分的高分，成绩名列前茅，顺利通过全国创建文明城市工作先进城市复查，获得第四届全国文明城市参评资格。县（市）区文明创建工作。按照省文明委安排部署，采用材料审核、实地考察、整体观察、听取汇报4种方式对历下区等8个县（市）区进行省级文明县（市）区工作检查。历下区、市中区、天桥区、历城区、长清区、章丘市获省委、省政府表彰的"省级文明县（市、区）"称号，济阳县获省文明委表彰的"省级创建文明城市工作先进县"称号。

2. 群众性精神文明创建。在第三届全国、全省、全市道德模范评选中，刘延宝、冯思广被评为全国道德模范，朱守营获全国道德模范提名奖；王其吉等6人被评为全省道德模范，孙昊等5人获全省道德模范提名奖；刘成德等49人被评为全市道德模范。召开第三届全国道德模范先进事迹报告会暨第三届济南市道德模范表彰大会，以市委名义印发《关于开展向全国道德模范刘延宝同志、冯思广烈士学习活动的决定》，出台《济南市评选表彰奖励道德模范实施办法》，对三届284名道德模范给予460万元重奖，成为全国首个重奖道德模范的城市。在济南电视台、《济南时报》开设"弘扬道德力量"等专题、专栏,宣传道德模范先进事迹和崇高精神。根据中央文明办新颁发的《全国文明单位评选标准》,制定《济南市推荐全国文明单位考核细则》,分期分批对全市375家省级文明单位、机关进行全面考评,对全市2126家市级文明先进进行复查,完成新申报省级文明先进推荐及市级文明先进评选表彰工作。年末,全市共有省级文明单位411个、村镇92个、社区87个,市级文明单位1095个、村镇806个、社区206个。推进社区精神文明建设,在全市社区组织开展文明社区创建活动,精心组织省级文明社区申报工作,向省文明办推荐历下区解放路街道十亩园社区等15个社区为省级文明社区。引导广大市民在参与文化活动中弘扬优秀传统,在增进爱党、爱国、爱社会主义情感中挖掘深厚的文化内涵和生活情趣。

3.窗口行业(单位)服务品牌创建。召开全市深化微笑服务与推进品牌创建工作会议,对深化微笑服务活动、推进品牌创建工作进行部署,济南公共交通总公司等16个单位被评为微笑服务标兵单位,市政府采购中心等38个单位被评为先进单位,王颖等160人获先进个人称号。开展窗口行业(单位)精神文明创建活动。在全市开展"铸诚信服务品牌、展文明服务风采""文明诚信药房""文明规范化市场"评选和"创三优文明口岸"活动,进一步提高金融、卫生、工商、口岸系统窗口服务质量、服务水平,树立全市窗口行业(单位)诚信服务形象。对公交、出租行业、公园、火车站、民航机场等10类直接面向群众、服务群众的窗口服务行业(单位)开展文明服务指数测评,督促行业完善各项制度、规范,推进服务环境、服务形象、服务程序、服务内容、服务标准、服务效率"六提升"。

4.志愿服务活动。举办第三届泉城义工"双十佳"颁奖典礼,关爱父亲母亲服务团等10个集体被评为"十佳泉城义工集体",刘亚东等10人被评为"十佳泉城义工",卞孝明等100人被评为"优秀泉城义工"。市文明办牵头14家部门,联合举办济南市关爱农民工志愿服务活动启动仪式,向农民工赠送学习资料和生活用品,为关爱农民工志愿服务队授旗,并现场开展卫生、司法、就业等志愿服务活动。"泉城红歌会"在全市各分赛场举行,全市160余支合唱团(队)、200余名个人选手,总计9000余人(次)参加,600余名泉城义工分赴全市各个社区和广场,在3个月的时间里提供多场志愿服务。做大做强"泉城义工"志愿服务品牌,"泉城义工"获"2010年度社区志愿服务优秀服务队"称号,成为全国受表彰的5个志愿服务团队之一。泉城义工志愿服务联络站在中央文明办组织的全国优秀志愿者和优秀志愿服务组织网上推荐活动中,被评为全国优秀志愿服务组织,成为全国受表彰的10个志愿服务组织之一。

5.未成年人思想道德建设。在全国未成年人思想道德建设工作测评中,济南市获得19.968分的高分,被评为全省未成年人工作先进城市。按照中央和省文明办要求,会同市委宣传部、市教育局、团市委、市妇联等部门,在全市组织开展"童心向党"歌咏活动。在全市组织开展"十优秀"创建评选活动,对在2010年度济南市未成年人思想道德建设工作中涌现出来的优秀创新案例、优秀社区、优秀乡村少年宫、优秀家长学校、优秀团课队会、优秀校外辅导员、优秀网吧义务监督员、优秀思想品德课、优秀德育工作者、优秀学校进行表彰。在全市开展第二届优秀童谣征集活动,组织征集创作并向省文明办进行推荐申报。清明期间,组织未成年人开展"网上祭先烈"活动,引导广大未成年人参与爱国主义教育活动,继承弘扬革命先烈优秀品质。依托山东省实验中学和市教育局教科所硬件设施和教师队伍,成立全市未成年人心理健康指导中心,指导各县(市)区建立中心辅导站,完善各学校心理健康辅导室建设,实现全市未成年人心理健康服务全覆盖。

6.乡风文明建设。按照《济南市统筹城乡发展七大工程专项规划》中"乡村文明工程"的安排部署,结合省"乡村文明行动"有关要求,编制完成乡村文明工程规划,并逐项开展工作。组织各级文明单位(机关)继续开展帮扶村庄结对共建活动,全市128家共建单位均制定了详细年度帮扶计划,全年共完成近300项帮扶任务。认真贯彻落实中共中央办公厅、国务院办公厅《关于进一步加强新形势下农村精神文明建设工作的意见》,抓好农村文明创建活动,推动社会主义新农村建设健康持续发展。各县(市)区开展星级文明户创建活动,努力形成遵纪守法、诚实守信、尊老爱幼、夫妻和睦、勤俭持家的文明乡风。在上年11%的村庄达到文明生态村标准的基础上,年内又有17.5%的村庄达到文明生态村标准。

(迟蕾　刘健　刘玲)

【"微笑服务"品牌创建】　市文明委在全市开展以服务环境、服务形象、服务程序、服务内容、服务标准、服务效率"六提升"为主要内容的微笑服务活动。各级单位深入挖掘微笑服务内涵,结合本职工作,加大特色服务品牌创建力度,涌现出泉城义工、阳光大姐、贴心民政、满意城管、温馨公交、12345市民服务热线等一批优质服务品牌,成为全市精神文明建设的一道亮丽风景线,促进了城市公共环境、公共秩序和公益服务水平提升。　(朱　宁)

【"泉城义工"被评为全国优秀志愿服务组织】　11月,泉城义工志愿服务联络站在中央文明办组织的全国优秀志愿者和优秀志愿服务组织网上推荐活动中,被评为全国优秀志愿服务组织,成为全国受表彰的10个志愿服务组织之一。近几年来,泉城义工始终以"展我所长、尽我所能、倾我热情、回报社会"为宗旨,广泛开展丰富多彩的主题活动。已注册的泉城义工有10万余名,涵盖医生、律师、教师、公务员、技师、学生等各个阶层,成立了百余支泉城义工服务团队。　(石舒波　陈　苏)

【刘延宝、冯思广获第三届全国道德模范称号】　在第三届全国道德模范评选活动中,济南市推荐的刘延宝、冯思广获第三届全国道德模范称号,这是济南市首次获得全国道德模范最高层次荣誉，也是全省仅有的2位获此殊荣的道德模范。济南市评选推荐的朱守营获第三届全国道德模范提名奖。9月20日，刘延宝、冯思广烈士亲属、朱守营参加在北京举行的第三届全国道德模范颁奖典礼——“德耀中华”，受到党和国家领导人接见。

（阮怀勤 梁 刚）

【出台《济南市评选表彰奖励道德模范实施办法》】 为充分体现党和政府的关心，弘扬“好人有好报”社会风气，济南市出台《济南市评选表彰奖励道德模范实施办法》。济南市道德模范评选分为“助人为乐模范”“见义勇为模范”“诚实守信模范”“敬业奉献模范”和“孝老爱亲模范”5个奖项。对于获道德模范称号市民，相关部门授予济南市道德模范称号，颁发荣誉证书。对每届市级以上道德模范给予一定数额奖励，奖金为全国道德模范20万元、提名奖10万元，全省道德模范5万元、提名奖2万元，市级道德模范1万元。

（阮怀勤 梁 刚）

【统战工作】 1.增进统一战线广大成员政治共识。突出“与党和人民同心”教育核心，加强对统一战线成员政治引导，通过举办辅导报告、专题研讨班等形式，组织党外人士深入学习胡锦涛总书记“七一”重要讲话、在纪念辛亥革命100周年纪念大会上的讲话精神和十七届六中全会精神。以建党90周年、辛亥革命100周年等重大政治节点为契机，举办纪念座谈会、书画展、赴革命圣地学习参观等活动，进一步坚定党外人士自觉接受中国共产党领导、走中国特色社会主义道路的信心和决心。开展“树立和践行社会主义核心价值体系”学习教育活动，广泛征集典型事迹，对309名优秀党外人士进行表彰，在各级各类媒体发表宣传文章200余篇，在全市统一战线营造学习先进、争当先进良好氛围。

2.引导支持统一战线成员发挥作用。①发挥智力优势，建言献策。组织召开情况通报会、座谈会和视察走访活动9次，通过举办参政议政专题报告会、组织联合调研、开展党外知识分子为“十二五”规划献良策活动等形式，为党外人士知情出力创造条件、搭建平台。党外人士以人大议案、政协提案、政协大会发言以及呈阅件等形式提出意见、建议1000余件，在党委、政府民主决策、科学决策中发挥了重要作用。②发挥资源优势，开展或参与社会服务活动。引导统一战线成员投身于“同心行动”“感恩行动”和“温暖工程”等活动，打造“同心书屋”“作家音乐家进校园”等一批服务社会、改善民生的“同心”品牌。继续在全市非公有制经济人士中开展“强信念、强责任、强奉献”主题实践活动，选派非公有制经济代表人士参加“感恩革命老区井冈山活动”。据不完全统计，非公有制企业在赈灾扶贫、投资办学等各类公益事业中捐款捐物超过1.1亿元，安置就业再就业人员超过7000人。③发挥特殊的群众工作优势，服务社会管理。做好党外代表人士思想引导工作，并通过他们做好各自所联系群众的工作，畅通利益表达渠道，反映各界人士意愿，引导群众依法理性表达。做好新形势下民族宗教工作，协助市天主教爱国会、佛教协会、伊斯兰教协会完成换届任务；发挥民族宗教界代表人士特殊作用，妥善处置涉及民族宗教领域突发事件和敏感问题，维护民族团结与宗教和睦。④认真贯彻中发〔2010〕16号文件精神，促进非公有制经济发展。在全市开展16号文件宣传月活动，召开全市工商联工作会议，以市委、市政府文件形式出台加强工商联工作意见。发挥商会职能，提高服务效能，举办银企合作洽谈会20多次，为会员企业争取贷款近5亿元，帮助解决经济纠纷70余件，挽回经济损失3000多万元。发挥非公有制企业党组织和党员在促进企业发展中的作用，新建非公有制企业党组织450个，首次召开全市非公有制经济组织党建工作表彰大会，对51个非公有制经济先进基层党组织、50名优秀党务工作者和200名优秀共产党员进行表彰。

3.推进党外代表人士队伍健康发展。①开展“党外代表人士队伍建设年”活动，建立完善工作机制，制定下发活动实施方案和推进党外代表人士队伍建设一系列文件，认真落实领导干部与党外干部联系交友、党外代表人士综合评价体系等制度。②加强党外后备队伍建设。通过调查研究，集中掌握一批学历高、层次高、威信高、贡献突出党外代表人士，建立和完善包括1358名基础人物、470名重点人物、80名代表性人物三级数据库，建立健全跟踪考察机制，为统一战线各领域人事安排进行人才储备。③贯彻落实《2010～2020年党外代表人士教育培训改革和发展纲要》。召开党外代表人士教育培训座谈会，制订出台济南市贯彻意见，把统一战线教育培训工作纳入全市干部教育培训总体规划；举办各类党外代表人士培训班18期，培训800余人次；协调市财政，解决党外代表人士培训经费问题。④配合组织部门，推进党外干部安排中难点问题的解决。加大党外干部在县（市）区之间和县（市）区与市直部门之间交流，1名党外副县（市）区长通过交流担任市直有关部门正职。指导有关区（市）委统战部协助民主党派基层组织做好换届工作，194个民主党派基层组织全部顺利换届；协助市级民主党派、工商联完成换届任务，市级7个民主党派主委候选人均全票当选，38名副主委、84名常委、94名委员候选人全部高票当选。

4.统战理论调研宣传和信息工作。在全市统战系统开展统战理论调研宣传“四新工程”，围绕统战工作重点课题开展调查研究，发挥理论创新对工作创新的推动作用。《关于加强少数民族代表人士队伍建设的调查与思考》获2011年全国统战理论研究优秀成果优秀奖，《破解宗教场所拆迁安置难题》获2011年度全国统战工作实践创新成果奖；市委统战部获全省统战理论调研宣传“四新工程”先进单位称号，5篇文章获全省统战理论调研宣传“四新工程”优秀成果奖。加强对统一战线理论政策、先进典型、重大活动宣传报道，以民主党派换届工作为着力点，协调有关新闻媒体，刊播新闻稿件74篇次，扩大统一战线社会影响。向各类信息媒体报送信息599条，获中央统战部信息工作二等奖、省委统战部信息工作一等奖。

（胡振宇 王 欣）

【坚持和完善重大问题同民主党派协商通报制度】 市委、市政府先后召开《政府工作报告》征求建议座谈会、党外人士迎春座谈会、"两会"人事安排民主协商会、全市统一战线纪念中国共产党成立90周年座谈会、民主党派工商联换届工作座谈会、市级民主党派工商联新老负责人座谈会、党风廉政建设和反腐败工作情况通报会、公安事业发展情况通报会、民主党派工商联工作座谈会等协商会、通报会和座谈会9次,征求党外人士意见建议,通报全市经济和社会发展情况,坚持协商于决策之前和决策执行之中,不断拓宽民主党派、工商联和无党派人士参政议政渠道。

（胡振宇 王 欣）

【协助市级各民主党派和工商联完成换届】 10月28日至11月15日,市民革、民盟、民建、民进、农工党、致公党、九三学社7个民主党派市委会和工商联分别召开代表大会,总结过去5年工作,研究确定未来5年目标和任务,选举产生新一届领导班子和领导机构,实现新老交替。

（胡振宇 王 欣）

【开展战略性新兴产业调研】 为促进全市战略性新兴产业中非公有制企业发展,牵头协调市发改委、经信委、科技局、财政局、统计局、工商联等有关单位组成联合调研组,采取调查问卷、座谈会、实地考察等形式,对济南市战略性新兴产业中非公有制企业发展情况进行调研。提出发展意见和建议,形成调研报告,为市委、市政府决策提供参考,为加快培育和发展战略性新兴产业服务。 （胡振宇 王 欣）

【政法综治工作】 1.强化对敌斗争措施,巩固社会政治安全。始终把维护国家安全特别是政治安全放在突出位置,加大反渗透、反颠覆、反破坏工作力度。推进"大情报"体系建设,实施"百千万工程",职业信息员、网络信息员、社会信息员数量和质量同步提升,获取行动性、内幕性信息能力增强。高度警惕、超前应对境内外敌对势力"煽动非法聚集活动",有效防范、严厉打击"法轮功"等邪教组织勾联活动,及时发现、妥善处置政治性重点人员非法捣乱活动,保持省会政治持续稳定。圆满完成庆祝建党90周年、纪念辛亥革命100周年、伦敦奥运会女子足球亚洲资格赛等重大活动安保任务。

2.推进工作机制创新,预防化解社会矛盾。围绕完善"大调解"工作体系,探索在房地产开发、医疗卫生、物业管理、集中供暖等重点行业和领域建立矛盾纠纷化解工作新机制。市综治办等14部门联合下发《关于进一步加强医患纠纷预防和调处工作的意见》,成立医患纠纷人民调解委员会,提升医患纠纷化解水平。总结推广法院系统在不设法庭的乡镇(街道)建立"法官工作室",在村居和企事业单位设立"通联法官",在群众中选聘"村民法官""社区法官",构建预防化解涉诉矛盾纠纷一体化工作机制经验做法,总结推广"1+X"诉非联动调解机制和以"全员调解、全案调解、全程调解"为主要内容的"三全调解"工作模式,提升各级化解矛盾纠纷、维护社会稳定能力和水平。年内,共排查出矛盾纠纷39800余起,妥善调处38300余起,调处成功率保持在96%以上;预防群体性事件554起,防止民转刑案件436起。公安机关健全完善网络舆情引导和突发群体性事件处置机制,运用"微博"科学引导社会舆情经验做法在全省公安机关推广。济南公安微博获全国"十大公安机关影响力微博"称号。

3.完善打防管控体系,维护良好社会治安。以"民安泉城"建设为主线,推进社会治安打防管控体系建设,以市委、市政府两办名义制定下发《关于深入推进社会管理创新、共享社会资源、大力加强社会治安打防管控体系建设的意见》,在人财物方面作出明确规定,初步形成具有济南特色的社会治安打防管控体系。开展"打黑恶、反盗抢"安民行动和打击"两抢一盗"、打击拐卖妇女儿童、"亮剑""清网"等专项行动。集中开展"创安利民"治安秩序10项整治行动,一些突出治安问题得到有效解决,人民群众安全感进一步提升。推进以"天网"工程为载体的社会视频监控体系建设,全市新增监控探头3万余个,初步形成数字化、智能化、全天候动态视频监控联网联控格局,提高治安防范科技化水平。总结推广在农村地区利用党员远程教育网构建治安监控平台经验做法,有效解决制约农村技防难题,实现技防网络全覆盖。对16名见义勇为先进分子进行表彰奖励,在公交出租行业设立见义勇为工作站,扩大见义勇为工作覆盖面。

4.牢固树立中心意识,服务经济社会发展。组织有关部门开展对经济领域不稳定不确定因素排查,及时发现、预警政策实施和经济运行中安全隐患,促进经济平稳较快发展。法院系统推动产业转型升级,优化市场经济运行环境,依法审结涉及企业改制、公司解散、股权转让等商事案件19000余件,维护市场秩序和经济安全。检察机关加大预防职务犯罪工作力度,同步介入京沪高铁济南西站等60多项省、市重点工程建设,为省会建设发展营造良好政务环境。司法行政机关构建"大联动"体系,搭建综合法律服务平台,增强服务主动性和针对性。

5.落实服务民生措施,推进社会管理创新。在全市政法系统倡导"民生政法"理念,认真落实保障和改善民生政策措施,服务群众、管理社会能力进一步提升。在城市社区,探索建立社区党组织、居委会、社区综治组织、业委会、物业公司"五位一体"社区服务管理新模式,有效化解诸如邻里纠纷、停车治安、物管矛盾等不稳定因素,提升社区服务管理水平。在农村,探索对村级重大事项实行党员群众建议、支部提议、"两委"成员商议、报上级党委审议、村民代表大会决议的"五步议事法",走出一条创新农村社会管理新路子。"民生检察服务热线"与12345市民服务热线建立联动机制,解决了一大批群众关心的热点、难点问题。公安机关全面启动"创新警务、创安惠民"主题行动,出台《服务民生二十条新承诺》,打造"公安民生服务在线"等网上业务平台,提高服务质量和效率。司法行政机关开展"法律援助月""就业直通车"等活动,把各项服务群众措施落到实处。民政系统继续深化"贴心民政"服务品牌创建,并在全国率先开通3D动态模式"网上民政局",受到群众肯定和欢迎。

6.深化执法监督考核,促进公正廉洁执法。加强党的执法监督,继续深化执法档案建设和案件评查工作,不断健全执法(司法)公开考评制度,促进执法规范化建设。完善执法监督员制度,广泛聘请企业界、新闻界、律师界、教育界等行业知名人士为执法监督员,增强执法监督效果。发挥政法综治工作巡视组作用,加强执法巡视工作,针对群众反映强烈的执法司法问题,定期开展监督巡视活动。在全市政法系统部署开展集中清理涉法涉诉信访积案活动,完成中央政法委交办济南市的237起信访积案化解任务。

7.弘扬社会主义法治理念,推进法制宣传教育和法学研究。全面启动"六五"普法和"五五"依法治市工作,组织开展"法治文化建设年"活动,普法依法治理工作取得明显成效。创办"泉城法治论坛"和《泉城法学文库》,组建市法学会法制报告团,深入驻济高校、中小学举办法制讲座12场次,并成功举办第四届济南都市圈法治论坛。开展应用法学研究,《收容教育制度研究及其发展趋势探索》被中国法学会专家组评审批准立项,《社会转型期群体性事件对策研究》被济南市哲学社会科学重点规划项目批准立项。

(王　文　李国才　刘俊凯)

【政策研究工作】 全年共完成各类文稿425篇,计187万字。其中市委文件17件,市委领导重要讲话42篇,各类调研讲话、向中央和省委的汇报等其他综合材料121篇。编发《决策参考》和《济南政研》60期,《济南通讯》12期,内部刊物《政研讲坛》7期;在省级以上报刊发表文章26篇,其中国家级报刊15篇。

1.政研工作。①重要文稿起草。市委重要文件的起草,主要有:《中共济南市委常委会2011年工作要点》《中共济南市委关于2010年度工作情况报告》《中共济南市委关于学习贯彻胡锦涛总书记在庆祝中国共产党成立90周年大会上重要讲话的情况报告》《中国共产党济南市第九届委员会第十次全体会议公报》《中国共产党济南市第九届委员会第十一次全体会议公报》《中共济南市委关于认真学习贯彻党的十七届六中全会精神的通知》《中共济南市委关于学习贯彻党的十七届六中全会和省委九届十三次全会精神加快建设文化强市的实施意见》等。市委领导重要讲话稿的起草,主要有:省委常委、市委书记焉荣竹在参加党的十七届六中全会讨论时、在省委九届十二次全会讨论时、省委九届十三次全会讨论时和在省委常委民主生活会上的发言,以及在市委九届十次全会、市委九届十一次全会、市委常委民主生活会、市纪委九届八次全体会议、全市经济工作会议、全市庆祝中国共产党成立90周年大会、全市科技进步暨创新型城市建设表彰大会上的讲话等。市委领导交办的其他综合材料,主要有:《2010年度济南市科学发展和推进惩防体系建设情况报告》《美好济南在科学发展中大步走来——市九次党代会以来加快科学发展、建设美好济南综述》和《以良好的城市形象迎接京沪高铁通车》等。②调查研究。全年共编发供市领导参阅的《决策参考》和《济南政研》60期,领导批示33期56人次。其中《创先争优的生动实践——关于我市工商系统加强和改进监管服务的调查》《加强和创新社会管理课题研究报告》《加强市政基础设施建设——提高城市承载能力课题研究报告》《南部山区生态功能保护区生态保护与农民增收研究报告》《整合优势资源 推进高端经营 打造我市体育文化产业"航母"——对济南奥体中心运营发展的调研与思考》《推进环境综合整治 创造良好城乡环境》等多篇调研报告得到市委主要领导批示。③党刊编辑。编发《济南通讯》12期130多万字,刊发稿件225篇,精选刊发图片360余幅。紧贴市委中心工作,先后推出"实力济南、魅力济南、宜居济南""学习贯彻'七一'讲话精神""创先争优争做泉城先锋""庆祝建党90周年""加强和创新社会管理"等一系列文字和图片专题。

2.重大课题调研。市委领导对重大课题调研工作高度重视,省委常委、市委书记焉荣竹亲自审定题目,并对做好课题研究工作作出重要批示,提出明确要求。由市级领导负责,政研室牵头组织30多个市直部门和县(市)区,精心策划并集中开展综合性国家高技术产业基地建设、主导产业集群集约发展、市政基础设施建设、完善城市综合交通体系、南部山区生态保护与农民增收、加快水利基础设施建设、加强和创新社会管理、推进纪检监察体制机制改革创新、市九次党代会以来重大实践与深刻启示9个具有全局性、战略性、前瞻性的重大课题调研,形成研究报告,呈报市委理论中心组读书会参阅,报告中众多思路、建议进入市委决策。

3.市委专家智库建设。组织智库专家就市委重大决策和重点工作开展咨询论证、实施评估和建言献策,并全程参与9个重大课题调研,提供理论指导和智力支持;委托他们开展区域规划与城市发展战略定位、加快省会建设发展、实施新型城市化战略、历史文化资源优势与文化产业发展、全面推进"创新济南"5个方面的课题研究;邀请智库专家通过《政研讲坛》为全市党委办公、政研系统干部作5期专题讲座。

年内,撰写的一些调研文稿被中央和省级报刊刊用。其中,《发挥政府主导作用挖掘资源最大潜力——济南高效集约利用土地》《"指挥棒"与政绩观》《系统推进改革创新工程,全力打造廉洁高效济南》《在创先争优中建设大有作为的党委政研工作》《济南优化用地结构挖掘存量土地利用潜力》《关于济南市工商系统加强和改进监管服务的调查》《增强在基层一线培养锻炼年轻干部工作实效》《济南市公交总公司——建设人民满意公交》《济南工商系统创先争优 加强和改进监管服务》《深入开展创先争优 建设人民满意公安》《推进土地转型 托起美好新泉城》《在创先争优中建设大有作为党委政研工作》《构建小课堂、落实大教育建设大有作为党委政研工作》《济南:三大亮点提升城市形象》《把握科学发展导向 加快建设美好济南》《努力开创推动科学发展建设美好济南新局面》《加强和创新社会管理 促进省会又好又快发展》《智库助济南

"智力突破"》《探索推进邻里互助 增强社区建设生机活力——关于历城区全福街道办事处的调查》《提高秘书参谋服务能力的几点思考》《农业结构调整与山区保护开发的共赢之路——济南锦绣园公司助力农业结构调整模式调查》《济南探索土地综合利用新模式破解发展难题》《以群众满意为标准 全力打造新型农村社区》《探索实行下派工作新机制》《济南市加快构建城乡统筹发展新格局研究》《创先争优的生动实践——关于济南市工商系统加强和改进监管服务的调查》等调研成果分别在《人民日报》、中央党校《学习时报》《领导科学》(内参)、新华社《国内动态清样》、人民网、中央党校《党建导刊》、理论网、新华网、《学习与研究》《党政干部学习实践科学发展观经验成果文集》《城市建设》《山东通讯》《齐鲁晚报》《调查与研究》《现代文秘》《山东参考》《支部生活》《山东农业科学》《工商行政管理简报》等中央、省级党报党刊媒体发表。《推进我市工业集群集约发展课题研究报告》《推进我市乡镇纪检监察体制机制改革创新课题研究报告》《天桥区工人新村北村街道办事处以"我们是一家人"理念引领和谐社区建设》《加快农村水利基础设施建设研究报告》《持续优化城乡环境 努力夯实发展基础》《济南高新区总部经济发展状况调查》《平阴县开展"政法干警下乡村"活动的调查》《打造对台招商高地 助推县域经济腾飞》《关于村居基层组织建设情况的调查报告》《提升服务效能 服务跨越发展》10篇文稿分获全省党委政研系统优秀调研成果一、二、三等奖。市委政研室被评为2010年度综合考核先进单位、全市文明机关、山东省档案管理考核省一级档案室、城乡牵手文明共建先进单位、全市信息化工作先进集体、全市科技系统先进集体。《济南通讯》在第三届省连续性内部资料出版物质量综合评估中被评为优秀等次,实现"省优三连冠";在全国城市党刊研究会第二十届年会上,《济南通讯》被评为全国城市十佳党刊。

(高　健　陈娟娟　刘立东　张国强　聂洪尉)

【信访工作】 1. 构建大信访工作格局。市委、市政府主要领导多次在重要会议上强调要站在群众立场上解决信访问题,多次专题听取信访工作汇报,并亲自阅批群众来信170余件。市委、市政府领导参与接访51次,接待群众来访479人次。各县(市)区、市直部门主要领导亲自接访、阅信,牵头处理重点信访问题。县、镇两级主要领导参与接访2882次,接待群众2297批、7798人次;其他领导参与接访8109次,接待群众4858批、16997人次。开展机关干部下访,构建高效干群互动平台。在市一级,集中组织14个下访工作组,奔赴10个县(市)区和高新区、7个重点市直部门,进村入户,走访乡镇(街办)72个104次、村居70个76次、群众98次386人。召开案件协调会议108次,回访群众115人,组织专题调研活动89次,化解各类积案96件,形成调研材料52篇。将接访、下访活动与包案工作紧密结合,确保群众诉求"件件有着落"。全市各级领导接访并参与包案2963件,已妥善化解2818件。

2. 完善信访源头预防体系。将"抓源头事前防范、抓受理事中疏导、抓事后事要解决"融为一体,促进各级信访部门由"接访局"向超前"综合工作局"转变,从内在和根本上推动全市信访形势持续好转。进一步健全完善4级网络,强化基层基础。着力强化基层信访人员思想作风建设和业务素质培训。抓好风险评估化解,强化源头治理。在对230多项重大事项进行风险评估过程中,及时发现和超前化解各类矛盾740多件,有30多个事项被暂缓或取消实施。把群众工作理念全面融入信访工作,在感情上贴近群众、在行动上服务群众,有效形成信访工作从源头做、全过程做、靠大家做的新体系、新机制。完善排查调处、动态管理、分级预警、逐月考核等工作制度,把重点群体、重点人员全部纳入工作视野,全年各级各部门共排查矛盾纠纷隐患8130余件,基层化解率达93.5%。敏感时期超前部署、层层落实责任。对排查掌握的各类隐患及重点人员,落实工作措施,每日清查、逐案调度,24小时在岗值班,及时掌握最新动态,有效化解一大批进京上访问题。

3. 强化和提升信访工作效能。抓好微笑服务,树立信访窗口良好形象,加强来访信息收集、趋势研判和案情分析。实现对人民来信全过程、全方位"精细化"办理。在龙奥大厦办公区推行部门联合接访机制,安排仍在市区办公的15个市直单位每周轮流到省信访局值班接访。健全完善突出问题党政领导挂牌督办、重点事项督查专员分线督办、敏感时期督导工作组分片督办、整体工作信访部门靠上督办工作机制。全年市一级共组织集中督查、专项督查11次,开展个案督查督办230余次,召开协调会议140余次。开展信访积案专项治理活动,截至12月底中央、省交办信访积案已全部化解或进入终结程序,市级排查掌握的337件积案,化解率达96.7%。全年,市、县两级受理复查复核申请57件,已复查复核50件,其余正在核查期间。

4. 信访信息宣传。对信访形势分析预测,深入解读信访热点难点问题,坚持信访动态每日汇总、每日一报,全年有90余件信访信息得到市委、市政府重视和采用。全年国家、省级刊物刊发济南市经验、做法30余篇。抓好信息网络建设,重点强化市直部门及县以下基层单位信息化建设水平,全市通过信息系统转办、交办和报送信访事项5800余件。

5. 信访工作作风建设。在全市信访系统开展"规范化建设年"活动,95%以上的县(市)区、市直部门信访工作达到规范化水平,80%以上的县(市)区直部门、乡镇(街道)实现信访工作标准化。开展"创先争优、能力建设"和"深入基层、服务群众"主题实践活动。强化信访干部"六种能力",着力打造"五个一流"信访部门。着力提升信访干部的理性思考和善于综合分析、应对复杂局面和善于解决疑难问题、把握全局和善于协调指导、疏导教育群众和善于做思想工作、探索总结和善于创新发展、文字写作和语言表达6种能力,使全体信访干部政治敏锐性和业务水平不断增强;"建设一流班子、带出一流队

伍、培养一流作风、争做一流工作、创造一流业绩”目标得到落实。（于　勇）

【保密工作】 1. 保密管理工作。开展全市党政机关和涉密单位专项保密检查，推动保密措施落实，检查抽查机关单位575个、办公网络12个、计算机6000余台、移动存储介质260余个、专网电话39部、政府信息门户网站和邮箱96个、信息1.7万条，检查领导办公场所40个、电话线路70条，针对检查发现的问题，现场予以纠正，并督导受检单位制定措施限期整改。继续开展全市地理信息市场专项整治工作，维护地理信息市场秩序，与市规划局联合开展全市涉密测绘成果保密检查。推动规范定密工作，举办全市定密工作培训班，对机关单位定密工作进行集中指导，组织专兼职保密干部研究在贯彻执行新修订《保密法》工作中遇到的新情况新问题，推动定密工作开展。组织开展机关单位国家秘密载体印制保密管理情况自查抽查、国家秘密载体定点复制单位检查年审，及时消除隐患、堵塞漏洞。加强重点领域管理，完成4家申报武器装备科研生产单位保密资格审核。加强国家统一考试保密管理，保证济南考区保密安全。

2. 保密宣传教育。制定下发《济南市“六五”保密法制宣传教育规划》，新修订的《保密法》列入2011年全市党政机关、企事业单位干部学法计划。围绕《保密法》学习宣传，举办活动7次，放映教育片45场次，通过在媒体刊发文章、印发保密宣传资料等，使数万人受到保密教育。组织市和县（市）区党委、政府分管保密工作的负责同志及保密行政管理部门工作人员参观“全国窃密泄密案例警示教育展”。举办保密培训班42次，培训人员4340人。市保密局派员到机关单位登门讲授保密课16次，受教育人员2520余人。全市初任公务员、选调生、军转干部保密教育培训形成制度。

3. 保密技术管理技术防范。推进涉密信息系统分级保护，对10个县（市）区和86个机关单位网络类型和密级进行核查分类，制定现场检查方案，对9个单位的网络建设进行技术指导论证，提出整改意见。继续推动对涉密和内部计算机及移动存储介质统一标识工作，对机关单位新增涉密和内部计算机、移动存储介质发放统一标识。涉密计算机违规外联监控系统建设管理取得新成效。技术监控管理范围继续扩大，新装补装监控软件186套，阻断46个单位违规外联203次。推动县级监控平台建设取得突破，历下区违规外联监控系统三级平台投入建设。加强机关单位互联网站信息保密管理。统计汇总90个机关单位、436个互联网站信息，并将新登记备案的互联网站纳入互联网信息保密检查范围。为满足龙奥大厦用户需求，协调省专用通信局增加装机资源100部，有计划地对龙奥大厦专网线路进行整理和延伸施工，办理装移机等专网电话服务事项179次。市和县（市）区新配备一批保密技术设备，技术防范能力进一步提高。对互联网济南市委门户网站建设实施方案、市委电子邮箱安全使用保密管理等提出改进建议，对机关单位使用人员进行技术培训；参与市政府等9个机关单位电子政务专网升级改造工程论证和政府信息公开工作检查；对机关单位提供保密技术咨询服务241次。

4. 保密队伍建设。市委保密委员会成员调整工作完成，继续开展全市机关单位保密组织年度登记备案工作，推动保密组织人员落实到位。开展县（市）区保密队伍现状调研，深入了解保密机构和干部队伍建设情况，分析存在问题及原因。印发《保密工作协作组2011年活动建议方案》，督导保密工作协作组围绕全年任务交流工作，推动保密工作任务落实。

（朱小俐）

【防范处理邪教工作】 1. 开展反邪教警示教育。把反邪教宣传工作作为筑牢反邪教思想防线基础性工作，以防范邪教滋生蔓延和境外邪教渗透为重点，推动反邪教警示教育进农村、进社区、进学校、进机关、进企事业单位、进军营，提高广大干部群众识别邪教抵制邪教能力，远离邪教危害。加大反邪教斗争形势通报力度，每季度向党委政府和有关部门通报一次反邪教斗争形势，召开了3次专题报告会。元旦春节期间，在章丘、商河、市中、济阳等县（市）区开展“远离邪教、构建和谐”大型巡展，用大量活生生的事例揭露邪教危害社会、危害群众利益的邪恶本质，20多万人参观展览。开展警示教育宣传月活动，举办“省暨济南市反邪教警示教育月启动仪式”，全市组织宣传活动200余次，展出展板4000余块，发放宣传资料30余万份。加强媒体反邪教宣传报道，全年在各级媒体揭批邪教危害40次。

2. 教育挽救邪教痴迷人员。落实“教育团结挽救绝大多数”政策，坚持以人为本、循序渐进原则，坚持解决思想问题和解决实际问题相结合，把对邪教痴迷人员的教育挽救工作纳入党委政府关注和改善民生、加强和创新社会管理大局，加强对邪教痴迷人员教育和回访，使他们恢复正常思维方式、家庭观念，增强融入社会信心，回归正常生活。对1000多名生活困难“法轮功”人员开展走访慰问活动，对470名邪教人员开展心理疏导和帮扶教育，取得显著成效，得到邪教人员及家属支持与配合。11月5日，召开表彰大会，对在教育挽救邪教痴迷人员中作出突出贡献的37名帮教能手和思想转变彻底的12名原邪教人员表彰鼓励。

3. 防范处理邪教基层基础工作。结合加强和创新社会管理，以“无邪教创建”活动为抓手，不断强化“加强基层、支持基层、服务基层”意识，抓基层打基础，反邪教第一道防线进一步夯实，全市又评选10个无邪教街道（乡镇），无邪教创建活动向纵深开展。10月，全省无邪教创建工作经验交流会在济南市召开。以庆祝建党90周年为契机，在系统内部开展“学哲学、学党史、比素质、比贡献”活动，干部队伍自身建设得到加强。（戴国凯）

【党校工作】 1. 深化教学改革和创新。全年举办各级各类班次25种、35期，培训干部1800余人。举办7期乡镇干部转方式调结构、乡镇（街道）干部能力提升、社区建设与管理等专题培训班，3期基层干部科学发展主题培训示范班，完成5期

1000多名新疆喀什干部的培训保障任务。设置行政管理、社会管理创新、突发事件风险管理、文化创意产业发展、领导能力提升等系统化、模块化培训，丰富了教学内容，增强了针对性。针对培训需求和学员特点，突出教与学双向互动，探索开展项目参与式教学，优化培训流程，实现教学与科研、互动与参与紧密结合，增强了培训感染力，受到学员普遍好评。

2. 实施精品战略。高端课题立项取得突破。全年立项课题29项，其中国家社科规划青年课题1项、省部级课题8项。全年取得各类科研成果223项，其中发表国家级论文27篇，一批文章在《人民日报》《学习时报》等国家级重点核心期刊发表。获各类社科奖38项，其中省级优秀成果奖5项、济南市社科一等奖5项。坚持研究济南、服务济南，与市委政研室、市政府研究室等单位建立定期交流联系平台，市委党校市情研究所与市科技局科技信息研究所签署战略合作协议，实现信息资源共享。市委党校《关于济南南部生态经济区保护与发展的议案》被市十四届人大四次会议确定为唯一议案；《济南市拓展城市空间中农民市民化问题研究》建议稿获市委书记焉荣竹批示；《建立完善我省城乡社会保障体系研究》《关于加快推进山东省区域性电子商务平台建设的建议》获副省长才利民、郭兆信批示，所提建议被有关部门采纳。编印《领导参阅》12期，进一步发挥党校思想库和智库作用。

3. 推进“人才强校”战略。首次对全体教师集体进行高端培训，组织53名教师到中央党校进行为期1周的师资专题培训。建立并实行年轻教师到基层挂职锻炼制度，首批选派5名教师到乡镇、街道办事处挂实职进行为期半年锻炼，挂职教师在挂职期间完成13篇调研报告、授课10次，丰富了年轻教师基层实践工作经验，提高了教学调研能力。实施“导师培养计划”，首批青年教师导师制培养计划确定13名导师指导18名青年教师，形成青年教师培养机制。全年有3人被评为市级拔尖人才，2人被评为青年学术技术带头人。

4. 创新管理方法。构建学员综合考评机制推进学风建设，与市委组织部联合下发《进一步严肃干部培训纪律、加强学风建设的通知》，把所有班次都作为学风建设示范班，制定并实施学员综合考核评价机制，较好地实现了学员从组织管理向自我管理、由“要我做”向“我要做”的转变，所有主体班次到课率、出勤率均达到99%以上。实施双向承诺制推进教风建设，制定“教师任课责任书”和“班主任承诺书”，规范任课教师的授课行为，树立班主任的良好形象。（李永生）

【党史工作】 1. 优化党史工作科学发展环境。3月2日，市委召开常委会专题研究党史工作；3月10日，市委以济发〔2011〕5号文件下发《中共济南市委关于加强和改进新形势下党史工作的实施意见》；3月14日，市委召开全市党史工作会议，传达全国、全省党史工作会议精神，对全市党史工作进行部署。全市党史机构名称统一规范为“党史研究室”。9月13日，市编委以济编发〔2011〕74号文件批复市委党史研究室增设科研管理处。

2. 党史研究与著作编写。编辑出版《济南革命遗址概览》《中共济南地方图史》《献给中国共产党90华诞——“十一五”党史工作回眸》《二十世纪的新曙光——济南共产党早期组织的创建》《二十世纪的新觉醒——齐鲁辛亥风云与济南社会变革》5本党史专著和4辑《济南党史研究》。完成《中共山东年鉴》2011卷济南市组稿工作。完成《中共济南历史》(1949～1978)第三稿的修改和印制。完成《改革创新振兴济南——姜春云同志兼任济南市委书记期间工作访谈集》第二稿的印制。5月30日，姜春云在济南南郊宾馆召集座谈会，专门听取市委党史研究室关于书稿编写情况汇报，并对编写工作给予充分肯定。

3. 党史资政服务。以庆祝建党90周年为契机，开展专题资政活动。组织力量撰写《90年，古城济南谱新篇》等12篇党史资政文章，在《大众日报》《济南日报》等媒体上发表。6月，与市委组织部、宣传部、市委党校、市社科联联合举办“纪念建党90周年理论研讨会”，从不同角度总结党90年来的历程、经验、发展前景和面临的挑战，探讨在新的历史起点上继续推进党和国家事业发展的重大理论和现实问题。围绕热点、难点和疑点问题，安排党史研究人员在市直机关、企事业单位以及大众论坛开展7次大规模党史宣讲活动。

4. 党史宣传教育。3～11月，与市委创先争优办公室联合开展“学党史、增党性、当先锋”主题实践活动，组织全市43万余人参加“山东省庆祝中国共产党成立90周年党史知识竞赛”活动，参加人数名列全省第一。4月，与市委组织部、宣传部联合下发“关于学习《中国共产党历史》第二卷的通知”，并向有关部门、单位免费发放500余套《中国共产党历史》第二卷。4～7月，与山东电视台、济南电视台、济南广播电台联合开办6个党史专题栏目，计204期；协助中央电视台“红色记忆”栏目组拍摄《早期共产党人在济南》历史纪录片；与《走向世界·天下泉城》杂志社联合开办“王尽美、邓恩铭与中共济南早期党组织”专题栏目4期；与济南市规划局联合制作《济南市红色地图》。5月，与市委组织部、宣传部、市直机关工委、市档案局联合举办“辉煌90年——中共济南历史大型图片展览”，接待观众15万余人次。7月，与市委宣传部、济南日报社联合编辑发行112个版面的庆祝中国共产党成立90周年“七一”特刊。（李　涛）

【市委市直机关工委工作】 1. “深入基层、服务群众”主题活动。按照市委部署要求，动员部署、组织指导机关各级党组织和广大党员干部做好察民情、惠民生、维民权、聚民力工作，市直各单位开展大讨论活动1.3万余人次，组织换位体验活动3万余人次，深入基层开展调研9000余人次，征集基层群众意见建议2800余条。在新闻媒体公示为民办实事项目278项，全部得到兑现，累计为群众办实事、好事3200余件。建立完善相关规章制度380余项，简化优化办事程序180余项，取消不合理规定和办事环节210余个；建立深入基层、服务群众长效机制329项，群众对窗口单位、服务行业满意度上升8个百分点达到97%。中央、省、市级媒体报道市直机关主题活动160余篇。

2. 学习型党组织和学习型机关建设。组织机关党员干部深入学习贯彻党的十七届五中、六中全会和胡锦涛总书记“七一”重要讲话精神，学习贯彻中央和省、市委一系列重大决策部署，组织开展形式多样、内容丰富的学习活动，加强形势任务、岗位技能和法制学习教育，举办各类辅导报告会、座谈讨论、读书会等630余场次，提高机关党员干部服务中心的能力、业务能力和思维能力，为完成机关各项工作任务提供思想保证和智力支撑。

3. 机关党建基础性工作。认真抓好新修订《条例》贯彻落实，加强对《条例》贯彻执行情况督促检查。推进党务公开，组织指导机关党组织严格标准，规范操作，统筹推进党务公开各项工作，市直部门设立公开栏160余个，建立公开网站110余个，制定公开制度250余项。认真落实党内生活制度，督促60个市直部门、单位召开领导干部民主生活会。夯实机关党建基层基础，全年新建直属党组织6个，14个直属党组织进行换届选举，调整机关党组织书记、副书记26人，培训入党积极分子410名，预审发展新党员218名。按照市委部署要求，推荐推选山东省、济南市出席党的十八大、省第十次党代会代表候选人预备人选46人，做好市直机关推选出席市第十次党代会代表组织筹备工作。

4. 机关党建理论研究。围绕发挥机关党组织职能作用、提高机关党建科学化水平等重大课题，开展专题调研和理论研讨活动，各单位提交研讨论文近百篇，召开“济南市党建研究会机关专委会年会暨党建工作研讨会”，评选出28篇机关党建优秀研讨论文。题为《在“深入基层、服务群众”中创先争优》的调研文章被评为全国机关党建课题研究成果优秀奖、省级机关党建工作创新奖，在“中直党建网”和各类媒体发表稿件80余篇。

5. 纪念建党90周年系列活动。召开纪念建党90周年暨表彰大会，对60个先进基层党组织、100名优秀共产党员和55名优秀党务工作者进行表彰。推荐受省委、市委表彰先进基层党组织5个，优秀共产党员和党务工作者8名。组织党员干部系统学习党的历史和党的理论，开展市直机关纪念建党90周年演讲比赛、文艺演出、纪念征文和走访慰问老党员、老干部活动等。

6. 创建文明机关和开展群众性文体活动。在市直机关开展“创建文明机关、做人民满意公务员”活动，认真做好省、市级文明单位复查申报工作，对市直53个省级文明单位进行复查，市直部门新增省级文明单位22个。引导支持机关群团组织结合各自实际，开展岗位建功立业、巾帼建功、“青年文明号”创建等争创活动，机关群团组织有58个集体、个人受到省、市表彰。开展广播体操比赛、游泳比赛、庆“三八”趣味游园等文体活动。

7. 机关文化建设。认真研究、总结提炼出9条“机关党建文化用语”，在市直机关党组织和各县(市)区机关工委宣传推广，发挥文化的导向、规范、凝聚和渗透作用。组织实施市直机关宣传文化“人才工程”，举办市直机关宣传骨干、团干部、工会和妇女干部等各类培训班。投入经费60多万元，为机关党务干部和宣传骨干购买图书和学习资料，开展“领导荐书”活动，丰富机关文化生活。

8. 党风廉政建设。贯彻落实《廉政准则》和党风廉政建设责任制，对贯彻执行《廉政准则》情况进行专项检查；强化廉洁从政教育，开展廉政文化进机关活动，举办廉政文化美术书法摄影展；严肃查处违纪违法案件，全年共查处案件5起；推进廉政风险防范管理工作，督促指导相关部门认真排查权力运行中的风险点，制定廉政风险防控措施1000余条，为完成机关各项任务、推动科学发展提供保障。

(曲振腾)

【中共济南市纪律检查委员会】 中共济南市纪律检查委员会共有委员47人，其中常委9人。合署办公的中共济南市纪律检查委员会、济南市监察局机关内设18个厅(室)和机关党委、离退休干部工作处、廉政教育中心(事业)、信息中心(事业)，有5个归口派驻机构、29个个别派驻机构。在职人员220人。

【市纪委九届八次全体会议】 1月25日，在济南舜耕国际会展中心礼堂召开。会议传达学习胡锦涛总书记在十七届中央纪委六次全会上的重要讲话和中央纪委、省纪委全会精神；市委常委、市纪委书记王成波代表市纪委常委会作工作报告，总结2010年党风廉政建设和反腐败工作，研究部署2011年任务。省委常委、市委书记焉荣竹代表市委讲话要求：①认真学习中央纪委和省纪委全会精神，进一步增强推进反腐倡廉建设的责任感和紧迫感。②把握大局、突出重点，确保中央和省、市决策部署的贯彻落实；加强领导干部廉洁自律工作；加快推进惩防体系建设；保持惩治腐败的高压态势。③牢固树立以人为本、执政为民理念，切实把这一要求贯彻落实到党风廉政建设和反腐败斗争之中。④领导班子要负全面领导责任，党政主要负责同志认真履行第一责任人的职责，其他成员认真落实“一岗双责”要求，各级党委和政府职能部门各司其职，抓好所承担的反腐倡廉任务的落实。

市纪委委员、市监察局副局长、市委巡视组组长，市纪委监察局机关各室(厅)主任、副局级干部，县(市)区纪委书记、监察局局长，市纪委监察局各归口派驻纪检组组长、副组长，个别派驻机构负责人，市直有关部门、单位纪委书记(纪检组长)或分管负责人，各高等院校纪委书记，有关企业纪委书记参加会议。

【检查督促重大决策部署贯彻落实】 围绕推动科学发展和加快转变经济发展方式政策措施落实，加强组织领导，分解落实责任，开展检查122次，提出监察建议132项。强化保障性住房、规范节约用地、节能减排和环境保护等政策措施落实情况的监督,纠正各类违纪违法问题301个,给予党纪政纪处分35人。强化对违法违章建设整治情况监督,推动阳光拆迁、和谐拆迁,全市拆迁面积76.3万平方米,没有发生大的问题。加强对县(市)区、乡镇和村居换届工作全过程监督。组织"换届我承诺"、知识测试和电话暗访活动,对865名干部进行廉政审查。对群众反映换届可能涉及的218名市管领导干部和113名市直部门、县(市)区中层正职的问题,逐一核查。加强对群众工作情况监督检查,通过市民服务热线、投诉举报、明察暗访等形式,及时了解并督促解决实际问题,问责47名工作人员。对各县(市)区和36个单位进行专项效能监察。

【加强对领导干部教育监督】 开展"以人为本、执政为民"和"深入基层、服务群众"活动。组织农村基层党风廉政建设图片展。编发《警示教育专刊》72期。到警示教育基地接受教育的党员干部达7500余人次。新建省级廉政教育基地和廉政文化示范点12个。认真贯彻党内监督条例,严格执行领导干部述职述廉和谈话制度。全市各级纪委领导班子成员同下级党政主要负责人谈话1423人次,干部任前廉政谈话2590人次,函询、诫勉谈话231人次。开展领导干部经济责任审计项目233个。巡视8个单位,对9个已巡视单位进行"回头看"。检查《廉政准则》贯彻落实情况,9991名处(科)级以上干部报告个人有关事项。组织考核县(市)区、市直部门领导班子及市管领导干部落实党风廉政建设责任制情况。

【解决损害群众利益突出问题】 专项治理工程建设领域突出问题,逐个排查近年工程项目,发现和整改问题1130个。专项检查国土资源、交通运输等重点领域和招投标、质量管理等关键环节,检查项目93个,发现整改问题288个。专项整治工程建设领域中介机构。开展行风民主评议,行风进一步改善。专项治理公务用车问题,纠正处理862辆违规车辆。开展清理评比达标工作,通报16个部门27项违规活动。深入调查和严肃处理一批媒体曝光的损害群众利益问题。继续治理"小金库",督导抽查403个单位。推进基层党风廉政建设,新增示范村(居)185个。全市4600余个行政村普遍建立村务监督委员会。贯彻落实农村基层干部廉洁履职规定,强化集体资金、资产、资源管理工作。

【实施权力运行"阳光工程"】 以实行党务公开为龙头,实施权力运行"阳光工程",统筹推进党务、政务、厂务、村务、司法和公共事业单位办事公开。分类制定全市党务、政务、村务、厂务公开目录146项。全市基层党组织党务公开实现全覆盖。市委门户网站在全省率先开通,县(区)、乡镇(街道)也都建立党委网。市、县(区)、乡镇(街道)窗口单位设立公开办事电子显示屏、触摸屏489个,厂矿、企业和村(居)设立公开栏5219个。整合市直17个部门42个救助事项,建立全市阳光民生救助体系,救助25万人次,发放资金3.3亿元,有效防止重复救助、人情救助、应救未救和中饱私囊等问题的发生。

【开展廉政风险防控管理】 全市各部门、单位及下属机构共界定一级风险岗位4994个、二级风险岗位6203个、三级风险岗位8787个,制定防控措施28793条,基本形成覆盖各级机关、所有岗位的风险防范管理网络。推进科技防腐工作,建成启用行政审批、行政执法、公共资源交易等8大网络系统。加快电子政务建设步伐,受理办结网上审批服务事项76851件。全市37个行政执法部门行政处罚事项纳入电子监察系统,办理2779件。实现电子监察系统与社保资金、扶贫资金、救灾资金等7大类信息无缝对接。公共资源交易进一步规范化,交易项目1352个,中标金额585.9亿元。

【查办案件】 全市纪检监察机关受理信访举报3219件(次),立查案件485件,比上年上升3.2%,其中大案要案172件、上升6.8%;结案469件,处分477人;通过办案,为国家和集体挽回经济损失1.04亿元。在全市开展依纪依法安全文明办案教育活动,完善办案工作流程,加强案件审理和监督,办案场所实现规范化管理,市自办案件8年零申诉。

【市纪委监察局被评为全国纪检监察系统先进集体】 市纪委监察局围绕大局抓监督检查,立足改革抓源头防腐,推进行政审批制度改革;推动建设公共资源交易中心;加强干部选拔任用廉政审查;构建科技防腐体系;关注民生抓难点热点,畅通群众诉求渠道,党风廉政建设和反腐败斗争取得新的更大成效。市纪检监察系统受理信访举报比上年下降31.29%,70个重点部门行风民主评议满意度平均提高2.08个百分点。济南市统筹推进反腐倡廉建设、强化惩防体系建设、办好市民服务热线、推行阳光民生救助、实施权力运行阳光工程等经验做法,有的在全国全省会议上作介绍,有的被中央纪委、省纪委刊发、通报,中央新闻媒体多次进行报道。

(华淑美)

政协济南市委员会

【中国人民政治协商会议第十二届济南市委员会】 市政协十二届委员会2008年1月换届产生,由30个界别组成,任期4年。截至年底,共有委员586名,其中常委101名。下设办公厅、研究室和提案、经济科技、人口资源环境、社会文教(社会法制)、台港澳侨和外事、文史资料6个专门委员会。机关行政编制67人。

【政协第十二届济南市委员会第四次会议】 2月20~24日在舜耕会堂召开,561名委员出席会议。中共济南市委、市人大常委会、市政府、市纪委、济南警备区、市中级人民法院、市人民检察院的领导应邀出席会议。市政协往届主席、副主席,市级有关民主党派、工商联负责人应邀参加会议。

市政协副主席王世敦主持大会开幕

式;市政协主席徐长玉、副主席王可敏代表政协第十二届济南市委员会常务委员会,分别作常委会工作报告和提案工作报告。与会委员听取并审议常委会工作报告和提案工作报告,对十二届三次会议以来市政协工作给予充分肯定。会议期间,与会委员列席济南市第十四届人民代表大会第四次会议,听取并讨论市政府工作报告及其他有关报告。委员们就大力实施新型城市化、新型工业化、创新驱动、富民惠民四大战略,全力推进实力济南、魅力济南、宜居济南建设,着力培育主导产业、加快城市建设、保障改善民生等问题进行讨论,提出意见和建议。会议审议通过政协第十二届济南市委员会第四次会议关于常务委员会工作报告的决议、提案工作报告的决议、政治决议以及提案审查情况的报告。闭幕大会前,进行大会选举。因到任职年龄,胡占平不再担任市政协副主席职务;因工作需要,宋玉国不再担任市政协常委职务。大会以无记名投票方式,补选冯光文、金德岭、赵家军为市政协副主席,周长风为市政协常委。

【常委会会议】 **市政协十二届十八次常委会议** 1月14日举行。会议审议通过常务委员会工作报告(草案)和提案工作报告(草案),并推举报告人;审议通过关于召开政协第十二届济南市委员会第四次会议决定、议程(草案)、日程等有关事项;书面通报市中级人民法院、市人民检察院2010年工作情况和市委办公厅2010年办理市政协建议案工作情况;书面审议市政协各专门委员会2010年工作报告。会议决定增补邢建亚、张永华、张利为政协第十二届济南市委员会委员,同意宋玉国因工作变动不再担任政协第十二届济南市委员会委员,还审议通过其他人事事项。

市政协十二届十九次常委会议 2月20日举行。会议听取关于补选市政协副主席、常务委员候选人协商名单说明,以及关于《选举办法》(草案),总监票人、监票人建议名单汇报;审议并原则通过补选市政协副主席、常务委员候选人协商名单和《选举办法》(草案),总监票人、监票人建议名单。

市政协十二届二十次常委会议 2月22日举行。会议听取分组酝酿有关人事安排事项情况汇报以及市政协十二届四次会议情况综合汇报,审议并原则通过政协第十二届济南市委员会第四次会议政治决议(草案)、关于常务委员会工作报告的决议(草案)、关于常务委员会提案工作报告的决议(草案)以及提案审查情况的报告(草案),审议通过政协第十二届济南市委员会常务委员会2011年工作要点。

市政协十二届二十一次常委会议 4月29日举行。会议审议通过《关于加强和创新我市城乡基层社会管理工作的建议案》。

市政协十二届二十二次常委会议 8月2日举行。会议传达学习胡锦涛总书记在庆祝中国共产党成立90周年大会上的讲话,听取副市长赵文朝作的关于全市上半年经济运行情况通报,审议通过《关于加快我市文化创意产业发展的建议案》和有关人事事项。

市政协十二届二十三次常委会议 11月17日举行。会议传达学习中共十七届六中全会和中共山东省委九届十三次全会、济南市委九届十一次全会精神,听取中共济南市委办公厅、市政府办公厅关于2011年政协提案办理情况通报,审议通过《关于加快推进国家创新型试点城市建设的建议案》《提案工作条例(修订草案)》和有关人事事项。

【重要活动】 **澳门济南联谊会成立** 5月30日,澳门山东联谊会第三届会长理监事会就职典礼暨澳门济南联谊会成立大会系列庆典活动在澳门举行。澳门特别行政区政府社会文化司司长张裕、中央人民政府驻澳门特别行政区联络办公室副主任徐泽、外交部驻澳门特别行政区特派员公署副特派员毛四维等出席典礼。在典礼上,澳门济南联谊会举行第一届理监事会会长、副会长、成员就职宣誓,聘请了名誉会长,市政协委员欧润光当选会长,市政协委员唐晓晴当选理事长,市政协委员黄立仁、马秀海当选常务副会长。市政协主席徐长玉代表市委、市政府率济南市代表团赴澳门出席庆典活动。

纪念中国共产党成立90周年座谈会 6月29日召开。市级民主党派负责人和部分市政协委员在会上发言,重温中国共产党成立90年来光辉历史,坚定了坚持中国共产党领导、走中国特色社会主义政治发展道路决心。

第二十九期读书会 8月22~26日举行。市政协主席会议成员、市级各民主党派和有关人民团体负责人及各县(市)区政协主要负责人50余人参加会议。读书会期间,学员们学习胡锦涛总书记在庆祝中国共产党成立90周年大会上的重要讲话和在人民政协成立60周年大会上的重要讲话精神,学习中共山东省委九届十二次全会和济南市委九届十次全会精神,听取有关专家关于学习贯彻“七一”重要讲话精神和济南历史文化专题讲座,召开各县(市)区政协主席和党外人士座谈会,举办以加快国家创新型城市建设为主题的政协发展论坛。

2011济南政协发展论坛 8月25日举行。论坛邀请7位政协委员和专家学者结合自己工作领域或研究课题,以《济南创新型城市建设在创新型省份建设中的定位及路径》《挑战与出路:济南市建设创新型城市的思考》《创新城市建设理念,塑造水韵之城城市品牌》《发展战略新兴产业,建设中国软件名城》《构建技术创新平台,优化企业研发环境》《建立创新型人才体系,推进创新型城市建设》《发挥比较优势,突出地域特色,全力推进创新型城市建设》为题发言,提出建设性意见和建议。市政协把一些观点和建议,吸纳到创新型城市建设专题调研所形成的建议案中,供市委、市政府决策参考。

全市政协工作会议 9月29日召开。会议认真学习贯彻胡锦涛总书记“七一”重要讲话和中央、省委关于加强人民政协工作的一系列指示精神,总结交流近年来市政协工作经验,研究部署新形势下政协工作。

【调研视察活动】 市政协紧紧围绕科学发展这一主题和加快转变经济发展方式这一主线，就加快推进国家创新型试点城市建设、文化创意产业发展、养老服务设施建设、城乡基层社会管理工作、缓解城区交通拥堵等课题，组织委员开展调研视察活动，提出《关于加快推进国家创新型试点城市建设的建议案》《关于加强和创新我市城乡基层社会管理工作的建议案》《关于加快推进我市养老服务设施建设的建议案》等10多份建议案和调研报告，为市委、市政府科学决策、民主决策提供参考。

关于城乡基层社会管理工作，委员们在肯定成绩同时，指出存在的问题和薄弱环节：对加强和改进社会管理的认识有待进一步提高；社会组织的作用未能得到充分发挥；管理服务手段单一，方式方法有待创新；社会公共服务与广大群众的需求和期待尚有一定差距等等。委员们建议：提高对社会管理重要性的认识，进一步完善社会管理工作格局；坚持依法管理与以德治理并举，全面提高社会管理水平；加强基层社会建设，提高社区自治组织的管理服务能力；加强和完善管理，促进社会组织发展。

关于养老服务设施建设，委员们认为，与先进城市相比，主要差距是：对养老服务设施建设投入不足；养老服务设施建设与经济社会发展规划缺少统筹与协调；现有相关扶持优惠政策不配套、不衔接，一些原则性的规定难以落实，老年服务设施建设投入、运营的市场化运作机制尚未有效形成；民政部门颁发的“非营利性”执照难以获得相关部门认可，部门间缺少联动机制；社区养老设施服务功能低、受众面小；尚未把发展养老服务产业提上日程。委员们建议：充分认识社会养老重要性，增强推进养老服务设施建设紧迫感和自觉性；加强领导，统筹推进社会养老服务事业发展；完善规划体系，加强规划引导；完善配套政策，大力扶持养老服务设施建设。

关于推进国家创新型试点城市建设，委员们认为，与国内先进城市相比，差距和不足主要表现在：政府服务还需进一步完善，现有创新政策未用足用好；创新投入强度不够，政府引导资金不足；源头创新能力不强，创新资源利用效率不高；高新技术产值总量偏低，没有发挥应有的产业影响力；企业创新能力不强，缺乏核心竞争力；科技与金融结合不够紧密，科技型中小企业融资环境较差。委员们建议：坚持科学规划，健全创新资源统筹配置机制；加大创新投入，保障创新活动可持续进行；大力实施重大科技专项，抢占科技竞争制高点；抓好创新主体和载体建设，为高新技术产业发展奠定坚实基础；抓好创新型人才队伍建设，加快构筑省会创新人才高地；加强领导、优化环境，营造创建工作良好氛围。

【民主监督工作】 市政协尝试开展对市直部门进行民主评议活动，以提案为抓手，选择提案比较集中和人民群众比较关注的市经济和信息化委员会、教育局、人力资源和社会保障局作为评议对象，成立由市政协副主席、常委、委员及市政协各工作机构负责人参加的民主评议工作组，从5月开始，历时8个多月，历经组织动员、调查研究、组织评议、总结反馈4个阶段。9月20日，市政协组织召开民主评议工作测评大会，105名委员对3个被评议单位现场评议打分。各评议小组结合前期调查研究和民主评议测评结果，撰写形成综合评议报告，经市政协十二届四十次主席会议审议通过后，报市委、市政府，同时将评议结果反馈给评议单位，促进3个单位改进作风、提高效率，认真履行职责。

全年收集整理社情民意信息80余条，编辑近30条，以《济南社情民意》形式报送，其中发展融资租赁业、解决企业融资难、解决土壤污染问题与对策、小清河北岸露天堆放的淤泥严重污染周围环境等信息，分别得到全国政协、省政协和市委、市政府的重视与采纳。应市中级人民法院、市人民检察院邀请，组织部分驻济省政协委员到市“两院”视察并进行评议；组织全体市政协委员对市商务局、物价局进行民主评议。根据《济南市立法前协商工作规则》，组织从事法律、城市规划、农林、高校等工作的委员对《济南市城市绿化条例》（草案）开展立法前协商。

【办理提案】 全年征集各类提案694件，经审查立案662件，交由84个承办单位办理；不予立案的32件，转交有关部门参考。为推进提案办理和落实，开展多层次、多角度督办活动。①做好重点提案筛选和督办。选择《城市文化建设是城市建设的基础》《关于尽快消除山东医学高等专科学校及周边居民安全隐患的建议》《关于我市数字电视整体转换工作的建议》《关于规划建设济南市公共租赁自行车系统的建议》《关于加强我市批发市场管理的几点建议》《关于我市加快发展品牌经济的建议》《关于把“百姓城管”发扬光大的建议》《关于加强社区医疗管理服务水平，促进医疗惠民政策落到实处的建议》《关于改造“百花洲”修复百花台，打造济南历史文化旅游片区的建议》《关于建筑节能工作的几点建议》《关于实行房地产市场化与市民住房需求相结合的城市居民住房保障体系的建议》《在城市化进程中强化措施均衡配置，推动我市基础教育公平发展》12件提案提交主席会议审议，确定为主席会议成员领衔督办重点提案。②争取市委、市政府主要领导对提案办理工作的重视。召开协调会议13次，建立常务副市长分管、市政府办公厅牵头负责、督查室组织协调的办理工作领导架构，推动提案办理工作深入开展。③主动走访提案承办单位。对部分承办提案数量多、热点问题较为集中单位上门走访，在沟通协调中增进理解、达成共识、推进工作。④对承办单位进行民主评议，开展提案办理工作联合检查。对党群系统和政府系统共18个承办单位提案办理工作及提案落实情况进行联合检查，对往年办理提案跟踪问效，确保提案“件件有回音，事事有着落”。年末，所有立案提案全部办理完毕，提案者反馈意见均为满意或基本满意。

【对外联谊】 年内，接待来自美国、加拿

大、沙特阿拉伯等国家和香港、澳门、台湾等地区多批客人来济南访问考察。以五侨联席会议为平台，加强市五侨部门间工作沟通和联系。与市商务局、侨联和市政府新闻办公室联合主办"第六届外企文化节开幕式暨外企协会欧洲投资企业分会成立仪式"。引介日本和台湾客商就投资农业与食品加工业赴平阴县考察，促进交流与合作；协助香港黑龙江联谊会多位香港会员，来山东省就交通运输仓储、蓬莱国际游艇会和温泉度假村、烟台客车扩大生产等项目进行实地考察；帮助委员赴寿光市就投资建设蔬菜无土栽培项目考察洽谈。继续做好由港澳委员参与建设的济南驰波名气通数据服务中心等已引项目协调服务工作。

【文史资料征编】 年内编辑、出版4期《济南文史》杂志，刊载史料40余万字、图片100多幅。在中国共产党成立90周年之际，配合市委中心工作，在《济南政协》《济南文史》杂志开辟纪念专栏；在辛亥革命100周年纪念之际，征集出版纪念专刊，刊载史料12万字、图片30幅。完成《山东区域文化通览·济南卷》征编工作，初稿60万字。按照文史资料工作届期规划，完成与市水利局等单位合作的《水利人生》《提案纪实》等书稿征编工作。《新济南亲历亲见亲闻书系》6个分卷全部征集出版。

【重要文件】 《政协济南市委员会关于开展民主评议工作的意见》 根据《中国人民政治协商会议章程》《中共中央关于加强人民政协工作的意见》和省、市委有关文件精神，为更好地履行人民政协民主监督职能，充分发挥人民政协在经济社会发展中的重要作用，于4月份经市政协十二届三十七次主席会议审议制定出台该意见。就开展政协民主评议工作指导思想、目的、原则、对象、主要内容、组织领导、步骤和方法等作出详细规定。该文件是市政协首份关于开展民主评议工作的文件。

《政协济南市委员会建议案工作规则》 为进一步规范市政协建议案有关工作，提高建议案质量，充分发挥建议案在人民政协履行职能中的作用，于6月份经市政协十二届三十八次主席会议审议制定出台该工作规则。就建议案的选题、课题的提出、建议案的内容、课题的组织、调查研究工作等作出具体规定。

《中共济南市委关于加强人民政协政治协商制度的意见》 7月份出台。文件就进一步提高对人民政协政治协商重要意义的认识、认真坚持政治协商基本原则、进一步明确政治协商的主要内容、不断完善政治协商的形式、完善规范政治协商的基本程序、切实加强对人民政协政治协商工作的领导等方面作出规定。尤其是对政协领导班子和同级党政领导班子配备、民主党派成员和无党派人士在政协委员和常委及政协领导成员中的构成、完善委员推选制度、优化委员构成、规范政协内设机构特别是专门委员会设置、设立乡镇(街道办事处)政协工作机构、培养选拔政协干部等方面提出要求。

《中国人民政治协商会议济南市委员会提案工作条例》 市政协参照全国政协和省政协做法，于11月份经十二届二十三次常委会议审议重新修订完善《提案工作条例》。对提案的提出、提案的审查和处理、提案的办理、提案的督办、提案工作的表彰等进一步规范。由中共济南市委办公厅、市政府办公厅、市政协办公厅联合印发。

(乔 谦 陈文忠 张 婧)

民主党派和工商联

【中国国民党革命委员会济南市委员会】

1. 自身建设。①思想建设。2011年是市民革"传统教育年"，围绕纪念中国共产党成立90周年和辛亥革命100周年等主题，开展"学传统、爱民革、作贡献"系列教育活动，强化党员思想素质。将主题年活动与学习践行社会主义核心价值体系相结合，引导基层和广大民革党员树立正确人生观、价值观。全年报送信息30多条，编发《济南民革》杂志2期、《济南民革简讯》5期。济南八中支部和臧浩分别获"山东省民主党派树立和践行社会主义核心价值体系"先进集体、先进个人称号，历下区总支、市中综合二支部、槐荫综合二支部和王东晨等10人分别获"民革山东省学习践行社会主义核心价值体系"先进组织、先进个人称号。②组织建设。4月完成基层组织换届工作，并对基层组织进行调整，撤销中山学院支部，成立山师附中支部和济南市中心医院支部，基层组织活力大大增强。全年发展党员29名，平均年龄39岁，硕士以上学历7人、博士1人、高级职称2人、具有民革政党特色和一定代表性人士19人，扭转了组织发展中民革政党特色淡化趋势。年末，基层组织有5个区总支、26个支部，484名党员，平均年龄58.5岁。11月，召开民革济南市第七次代表大会，实现领导班子新老交替。建立健全各项规章制度和机关岗位职责，打造机关良好氛围，民革市委被评为"民革全国机关工作先进集体"和"市级文明单位"。

2. 参政议政。积极参加由中共济南市委等组织召开的党外人士协商会、座谈会、情况通报会，建言献策。充分整合民革智力优势，集中有关专家学者成立专题调研组，完成重点调研课题9件。年初，民革市委在市政协十二届四次会议上，提交大会发言5件、集体提案8件，2件由分管副市长批示，2件在新闻媒体上刊登。副主委丁毅代表民革市委所作大会发言《在我市"十二五"规划中注重优化产业布局的几点建议》，被市政协列为一号提案，多数建议在编制全市"十二五"规划时得以采纳，被评为年度优秀提案。基层"一人一案、一支部一提案"活动成效突出。佟秀珍、马广晟积极参与"我为《政府工作报告》建言献策"活动，被市政府评为"百名优秀建议人"，民革济南市市中区综合二支部被民革中央授予"民革全国参政议政工作先进集体"。

3. 社会服务。发挥民革对台工作优势，开展台属联谊活动，持续推动济台经济文化交流。与市台办、市台属联谊会等部门加强联系和沟通，从参政议政入手拓展对台工作思路，围绕济台创意文化产业发展广泛调研，形成调研报告。民革、民盟联合组织政协委员界别组视察活动，围绕章丘市历史文化保护、小清河综合治理等课题，视察章丘兴国寺、危山风景区、洛庄汉墓和小清河滨河新区，听取有关部门情况汇报。（倪秀珍）

【中国国民党革命委员会济南市第七次代表大会】 11月2～3日在济南召开，出席代表117人。省政协副主席、民革山东省委主委李德强出席开幕式并讲话，中共济南市委常委、市纪委书记王成波代表中共济南市委致辞。会议审议通过《关于民革济南市第六届委员会工作报告的决议》和《民革济南市第七次代表大会决议》，选举产生由29人组成的第七届委员会和由17人组成的常务委员会，选举王伯之为主任委员，聂爱华、丁毅、臧浩、王东晨、唐玉秋为副主任委员，任命杨金山为秘书长。（倪秀珍）

【中国民主同盟济南市委员会】 1.自身建设。①思想建设。3月19日，民盟济南市委召开纪念中国民主同盟成立70周年大会，省人大常委会副主任、民盟山东省委主委温孚江，市政协副主席、中共济南市委统战部部长杨庆林等应邀出席。民盟济南市委员会、民盟济南市科技总支部获民盟中央庆祝民盟成立70周年先进集体称号，5名盟员获先进个人称号。市民盟9个基层组织和38名盟员获民盟省委先进基层组织、先进个人称号。各基层组织以参观中国共产党建党历史图片展、开展文体活动、学习胡锦涛总书记“七一”重要讲话精神等形式喜迎中共90华诞。在全省民主党派树立和践行社会主义核心价值体系表彰活动中，民盟科技总支部和盟员张爱梅、真文分别获先进集体和先进个人称号。②组织建设。市民盟按照《济南市各民主党派市委关于做好基层组织换届工作座谈会纪要》精神要求，集中开展基层组织换届工作。70个需要换届的基层组织全部完成换届，基层组织主任委员平均年龄45.6岁，较2006年换届时下降1岁；大学以上学历65人，占总数82.2%，高出2006年换届时7个百分点。年末，全市民盟共有80个基层组织，其中基层委员会6个、总支3个、支部71个，有盟员1076名。

2.参政议政。民盟市委参加了中共济南市委市政府召开的党外人士情况通报会、专题报告会、征求意见会等，就2011年市政府工作报告及全市党风廉政建设和反腐败工作情况、公安事业发展情况视察调研并提出意见建议。6月中旬，民盟市委召开参政议政工作座谈会，总结2010年参政议政和提案情况，部署2011年参政议政工作，研究讨论2011年调研方向。认真听取政府有关部门提案答复，督促相关提案建议办理和落实。年内，组织盟内政协委员就济南市文物遗迹保护及小清河综合治理工作进行考察调研。上半年报送社情民意信息10余篇，3篇信息被民盟中央采用。

3.社会服务。民盟市委妇委会在全市盟员中继续开展“亲情拥抱福宝宝”社会服务活动，还举办民盟专家团走进社区活动，为乐山小区等社区居民提供医药卫生、法律、教育咨询。指导基层组织结合自身实际开展社会服务活动，民盟历下区基层委员会在历下区城管局开设“民盟同心书屋”，捐助1200册、价值15000元的书籍供城管保洁员子女免费借阅，邀请盟员老师为孩子们开展文体帮教活动；天桥区各支部在六一节前开展爱心资助山区小学生活动，共同资助长清区张夏镇诗庄小学贫困学生。（李少杰）

【中国民主同盟济南市第十次代表大会】 11月14～15日，中国民主同盟济南市第十次代表大会在济南珍珠泉宾馆召开。会议听取审议民盟济南市第十一届委员会工作报告，选举产生由39名人员组成的民盟济南市第十二届委员会，推选出席民盟山东省第九次代表大会代表，审议通过《民盟济南市第十次代表大会决议》。省人大常委会副主任、民盟山东省委主委温孚江，中共济南市委副书记殷鲁谦应邀出席开幕式并讲话。在随后召开的十二届一次全委会上，选举产生由21人组成的常务委员会，选举崔大庸为主任委员，安利国、华巍、张怀成、印东、王钢城、张殿岭为副主任委员，任命朱荣清为秘书长。（李少杰）

【中国民主建国会济南市委员会】 1.自身建设。①思想建设。起草《关于学习贯彻中共十七届六中全会精神的通知》，并在民建济南市第十次代表大会上下发，号召全市民建各级组织和广大会员深入开展学习活动。与省民建联合召开庆祝中国共产党成立90周年大会。组织会员参加山东省暨济南市纪念辛亥革命100周年大会，下发《关于学习贯彻胡锦涛同志在纪念辛亥革命100周年大会上重要讲话精神的通知》。出版《济南民建》4期、《济南民建·十大专刊》1期。民建中央网站、《民讯》等中央媒体采用稿件14篇，《联合日报》《齐鲁晚报》《山东民建》等省级媒体采用80余篇。在省民建2011年度新闻宣传工作先进集体和优秀作品评选中，市民建以第一名的成绩被评为新闻宣传工作先进单位。在全省民主党派树立和践行社会主义核心价值体系经验交流会上，杨捷等4人与历下区总支分别被省委统战部评为全省树立和践行社会主义核心价值体系先进个人和先进集体。②组织建设。召开民建济南市第十次代表大会，选举产生市民建十二届委员会。对部分基层组织进行换届，涉及12个总支、支部；五区总支和高新区、轻工行业、工商联支部相继召开会员代表大会，选举出新一届基层支部领导班子。参加对济南市新的社会阶层加入民主党派情况的专题调研，起草近2万字的调研报告。全年发展会员50名，其中男会员33人、女会员17人，平均年龄42.5岁，具有中高级职称的21人，具有研究生学历的14人，实现本届委员会任期内会员突破千人目标。

2.参政议政。领导班子成员及会员中的各级人大代表、政协委员、特邀监察员多次参加中共济南市委、市政府、市政协召开的协商会、通报会、座谈会及各类视察活动并提出意见和建议。省“两会”期间，会员中的省人大代表和省政协委员提交议案、建议10余件。在市政协十二届四次会议上，市委会提交集体提案12件、个人提案26件，并以《实施创新驱动加快高新技术产业发展》为题作大会发言。其中《关于我市发展低碳经济的几点建议》《关于规范政府债务及融资问题的建议》等5件集体提案得到分管副市长批示督办，《关于加强我市批发市场管理的几点建议》被市政协列入主席重点督办提案，《关于推动我市工业结构优化升级的建议》等3件提案被评为优秀提案。全年征集社情民意16件，经整理筛选后向市政协报送11件，向省民建报送3件。

3. 社会服务。举办一年一度的"天使之翼"慈善公益活动，共募集现金57300元，收到社会各界捐赠物品价值36300元，全部捐献给济南市儿童福利院。开展"民建·思源农家书屋"活动，帮助农村地区建立图书阅览室，截至年底，已建设4个图书阅览室，累计投入11.2万元。历下区总支连续几年开展"捐书助学"等活动，2011年捐赠7000册图书，价值1.5万元。在全国民建社会服务工作评比活动中，市委会被评为民建全国社会服务先进集体，会员李志勇被评为先进个人。开展招商引资工作，全年以会员为主招商引资3.56亿元。会员企业新安置就业人员近千人。（宋华珂）

【中国民主建国会济南市第十次代表大会】 11月10～11日召开。出席大会代表149人。中共济南市委常委、市总工会主席王以才代表中共济南市委向大会召开表示祝贺；省民建主委郭爱玲代表民建山东省委，市人大常委会副主任、市农工党主委段青英代表市级各民主党派和市工商联向大会致贺词。会议审议并通过王可敏代表十一届委员会所作的工作报告，选举产生由39人组成的民建济南市第十二届委员会。在随后召开的十二届一次全委会议选举产生十二届常务委员会，选举王建森为主任委员，邢乐成、刘燕、王传秋、王翠香、杨捷、王琳为副主任委员，任命丁保国为秘书长。（宋华珂）

【中国民主促进会济南市委员会】 1. 自身建设。①思想建设。贯彻落实《民进中央关于树立和践行社会主义核心价值体系的实施方案(2010～2012)》。以纪念中国共产党成立90周年为契机，开展形式多样的学习教育活动。与民进山东省委联合举办"光耀千秋·庆祝中国共产党成立90周年全国书画名家相约泉城作品展"；在会刊《济南民进》上开设"庆祝中国共产党成立90周年"专栏，会员发表10篇纪念文章；组织骨干会员赴井冈山接受革命传统教育。开展"双岗建功"活动，激励广大会员在本职岗位和党派工作中建功立业。有3位会员分别获槐荫区十大青年标兵、历城区"推动读书十大人物"、济钢集团第四届"十大杰出青年"称号。在由省委统战部和民进山东省委等共同举办的"全省民主党派树立和践行社会主义核心价值体系经验交流会"上，民进济南槐荫总支和会员孙建军分别获全省民主党派树立和践行社会主义核心价值体系先进集体和先进个人称号。在民进山东省委召开的"双岗建功"先进个人表彰大会上，民进济南市111名会员获民进山东省"双岗建功"先进个人称号。②组织建设。4月，民进市委基层换届工作完成，换届后的基层组织领导班子更趋年轻化、知识化。截至年底，济南民进有5个区总支、45个基层支部。全年发展新会员30人，其中大学学历以上28人，女会员20人、男会员10人，中高级以上职称26人，40岁以下21人，教育系统22人、医药卫生系统4人、新社会阶层1人、政府机关3人。

2. 参政议政。多次参加中共济南市委、市政府和市委统战部组织召开的协商会、通报会、座谈会，就全市经济、文化和社会发展等提出意见和建议。鼓励各级组织和会员参加各级党委、政府、人大、政协组织的视察、调研、督办、考评，有效发挥民主党派作用。在各级人大、政协会议上提交建议、提案147件。民进济南市委会提交市政协十二届四次会议集体提案11件，并作《科学规划 对接融合 完善体系 促进我市都市农业全面发展》市政协大会发言。就"解读两会、聚焦民生、关注热点"等方面整理编印了6万多字的《2011年度议政调研参考资料》。确立《关于建立粮食直补情况自助查询平台的建议》等24个调研选题，先后去农村、企业、社区、学校、外地等展开调研，形成《加快新型城市社区建设 推进社会管理改革创新》等10项集体提案。省政协和全国政协各采用民进信息2篇。《小清河北岸露天堆放的淤泥严重污染周边环境》《警惕城市贫民的边缘化趋势》等信息，连续4次被市政协《济南社情民意》专刊发表。

3. 社会服务。民进市委会和基层组织开展教育、文化、医疗、法律下乡和进社区活动，与团市委、市教育局、市公安消防分局、市少工委等部门联合主办"远离烈焰、青春自护"——青少年大型公益性消防安全教育系列活动，会同市文联、团市委、市教育局、市作协、市青少年宫等继续开展"济南市作家、音乐家进校园活动"。在济南市十亩园小学举办"书香校园 快乐童年活动"，济南企业支部向十亩园小学捐赠价值近2000元的体育用品，作家、音乐家向济南市十亩园小学、彩石镇中心小学等捐赠新作品书籍3000余册。天桥总支六一节前夕向天桥影壁后街学校捐赠价值2000余元的图书。一中支部、三十四中支部在学校中共党组织支持下，将总价值55万余元的教学设备和100余套课桌板凳调拨、捐赠给西营镇中心学校。

（王洪伟）

【中国民主促进会济南市第七次代表大会】 11月1～2日在济南召开。中共济南市委副书记殷鲁谦代表中共济南市委致贺，民进山东省委副主委骆宝臻到会并讲话。大会审议并通过民进济南市第八届委员会工作报告，选举31名委员组成中国民主促进会济南市第九届委员会，通过大会决议，选举出席民进山东省第六次代表大会代表。在随后召开的九届一次全委会议上，选举产生由19人组成的常务委员会，选举金德岭为主任委员，朋星、邓相超、刘海萍、黄明、徐琳、孙建军为副主任委员，任命叶霖为秘书长。

（王洪伟）

【中国农工民主党济南市委员会】 1. 自身建设。①思想建设。年内，召开各级各类座谈会，号召全市广大农工党员为文化强市建言献策。6 月，召开庆祝中国共产党成立 90 周年座谈会。在农工党山东省委举办的“同心同行——庆祝中国共产党建党 90 周年征文”活动中，市委会获二等奖 1 名、三等奖 2 名。编辑出版党刊《泉城农工》2 期、特刊 1 期，编印《泉城农工信息》3 期。完成《济南年鉴》《济南市志（1985～2010）》市农工党部分的材料收集整理工作。②组织建设。市委会完成届中增补工作，增补副主委 1 名。下发《关于开展基层组织建设年活动的意见》和《关于基层组织换届工作的意见》。市委会所属 5 个区总支和 34 个基层支部于 5 月底完成换届任务。年内发展新党员 32 人。年末，有农工党员 683 人，其中大学学历以上 316 人、占 47.6%，高级职称以上 313 人、占 45.8%。全市农工党员在本职工作岗位上完成科技成果 70 余项，有 100 余篇论文在省级以上刊物和学术会议上发表。市口腔医院院长、副主委李肇元被评为山东省优秀院长，副主委王玉被评为山东省委统战部先进个人。有 1 个支部得到农工党中央表彰，12 个支部、72 名农工党员分别被农工党山东省委评为先进集体和优秀党员。

2. 参政议政。年内，市委会主要领导积极参加中共济南市委、市政府召开的民主协商会、情况通报会，就济南市重要人事安排、“十二五规划”编制等重大问题发表意见建议。在年初召开的市政协十二届四次全会上，副主委段林作《关于进一步加强我市精神卫生工作的建议》的大会发言，市委会提交 7 件集体提案，其中《关于加快我市发展品牌经济的建议》被定为市政协主席督办提案、《关于加快我市农村垃圾治理的建议》等 3 件提案被农工党山东省委评为优秀提案。市委会不断加强参政议政制度化、规范化建设。按照《农工党济南市委参政议政工作表彰奖励办法》，对年度获奖调研组进行奖励，有 36 人获省、市委会“参政议政先进个人”称号。上报社情民意稿件 50 余件，其中 1 件被农工党中央采纳、10 件被农工党山东省委采纳，市委会被农工党山东省委评为“社情民意先进集体”。市委会举办第三届经济论坛，农工党员中新的社会阶层人士参会并建言献策，收到交流材料 10 余篇，进一步畅通了新的社会阶层代表人士建言献策渠道。

3. 社会服务工作。年内，继续定点帮扶长清区孝里镇卫生院。农工党省、市委会联合开展第二十三届“国际科学与和平周”和第四届“中国环境与健康宣传周”活动，市委会被农工党中央评为 2008～2011 年开展“中国环境与健康宣传周”活动先进集体。副主委周振安、支部主任李甦随市立一院专家组到郭店卫生院开展帮扶工作。市属三支部开展捐资助学活动，对济南第十三中学 3 名学生实施跟踪爱心帮扶活动，被农工党山东省委评为“践行社会主义核心价值体系先进集体”。市委会被农工党山东省委评为“社会服务先进集体”，4 人被农工党山东省委评为“社会服务（关爱行动）先进个人”。

（邢介叁）

【中国农工民主党济南市第七次代表大会】 11 月 7～8 日，中国农工民主党济南市第七次代表大会召开。省政协副主席、农工党山东省委主委王新陆，中共济南市委副书记殷鲁谦应邀出席大会并讲话。大会听取审议周振安代表农工党济南市第九届委员会所作的工作报告，选举产生由 31 人组成的农工党济南市第十届委员会。在随后召开的十届一次全会上，选举产生由 19 人组成的常务委员会，选举段青英为主任委员，王玉、李肇元、段林、张继勇、时华勤为副主任委员，任命张连岭为秘书长。选举出席农工党山东省第六次代表大会的代表，审议通过《农工党济南市第七次代表大会决议》。

（邢介叁）

【中国致公党济南市委员会】 1. 自身建设。①思想建设。开展征集、学习树立和践行社会主义核心价值体系优秀党员先进事迹活动。召开庆祝中国共产党成立 90 周年座谈会。市委会被授予“山东省民主党派树立和践行社会主义核心价值体系先进集体”称号。编印《济南致公简讯》5 期、《济南致公》2 期。中央统战部网站、致公党中央网站、《山东致公》、济南统战信息等选用信息报道 30 余次（篇）。原洪林被致公党中央评为宣传思想工作先进个人。市委会和律师会计师支部被致公党山东省委评为宣传思想工作先进集体，15 名党员被致公党山东省委评为宣传思想工作先进个人。②组织建设。致公党济南市第五次代表大会于 11 月 5～6 日举行，选举产生了致公党济南市第五届委员会。基层组织完成换届任务，新建历城区总支和农业科技支部。全年新发展党员 25 人。截至年底，市委会下辖总支 5 个、支部 11 个，党员 305 人。市委会和天桥区支部被致公党山东省委评为组织建设工作先进集体，16 名党员被致公党山东省委评为组织建设工作先进个人。

2. 参政议政。①市委会领导多次参加中共济南市委召开的党外人士座谈会、情况通报会及相关视察活动，发挥协商监督作用，分别就《政府工作报告》、公安事业建设情况等提出意见和建议。②市委会向市政协十二届四次会议提交大会发言 1 件、书面发言 2 件、集体提案 5 件。各级人大代表、政协委员在“两会”上提交提案、建议 30 余件。市委会大会发言《推行物业化服务，实现老旧住宅小区管理新突破》和集体提案《关于加强我市慢行交通系统建设的建议》被《济南日报》、舜网等 10 多家媒体采访报道。市委会提案《发展战略性新兴产业，加快向创新型经济转型》被评为市政协优秀提案，其建议内容被市政府纳入“十二五”规划。《加快发展我省融资租赁业的建议》被省委会采用为集体提案提交省政协会议。③着眼促进社会和谐与发展，组织党员积极反映社情民意信息。《统筹解决劳动用工的结构性短缺问题》被中央统战部和致公党中央采用，《发展融资租赁业，有效化解企业融资难》被致公党中央、省政协和市政协采用，《加强食品安全监管的几点建议》被省政协和市政协采用。④市委会和高新区支部被致公党山东省委评为参政议政工作先进集体，15 名党员被致公党山东省委评为参政议政工作先进个人。

3. 海外联谊。市委会热情接待来自美国等国家和地区的海外客人、党员亲属。开展"辛亥百年话侨情"、侨界新春联谊会等活动。市委会联合市司法局等单位成立济南市归侨侨眷台属法律援助工作站，为侨界人士提供法律援助服务。律师会计师等4个支部共同举行"侨爱济南·善行泉城"捐助仪式，捐款1.5万元，救助济南市30名贫困归侨侨眷。市委会被致公党山东省委评为海外联谊工作先进集体，4名党员被致公党山东省委评为海外联谊工作先进个人。

4. 社会服务。开展捐建"致公同心书屋"活动，赵家军、于保法，市委会、律师会计师支部分别为4所农村小学捐建"致公同心书屋"，共捐赠图书12000余册。市妇女工作委员会、师范学校支部赴长清区崮云湖小学开展捐书支教活动。槐荫区支部为吴家堡镇宋庄村文化大院捐赠图书1000余册。天桥区支部为10名生活困难保洁员和摊贩专项救助基金救助对象捐款1万元，并为20名保洁员子女捐助培训费2万元。槐荫区支部开展助残活动，帮助残疾青年。省立医院支部与阳信县人民医院合作，每月组织医疗专家前去义诊和帮扶。市中区支部聂鸿立举办"齐鲁讲坛·书画大讲堂"和创作研修班。赵家军被评为山东省首届十大名医，并被纳入泰山学者二期建设工程。市委会和省立医院支部被致公党山东省委评为社会服务工作先进集体，15名党员被致公党山东省委评为社会服务工作先进个人。

（张贵军）

【中国致公党济南市第五次代表大会】 11月5～6日在济南召开，出席代表96人。省政协副主席、致公党山东省委主委王志民，中共济南市委常委、常务副市长孙晓刚应邀出席开幕式并讲话。大会审议并通过主委赵家军代表中国致公党济南市第四届委员会所作工作报告，选举产生由25人组成的中国致公党济南市第五届委员会，选举产生出席致公党山东省第五次代表大会代表，通过大会决议。在随后召开的五届一次全委会议上，选举产生由17人组成的常务委员会，选举赵家军为主任委员，樊兆民、毕玉平、刘作宗、袁淑玲、张元玺为副主任委员，任命张元玺为秘书长。

（张贵军）

【九三学社济南市委员会】 1. 自身建设。①思想建设。认真学习贯彻中共中央十七届六中全会精神，举办九三学社济南市委2011年度基层组织建设培训班。九三学社济南市委机关组织撰写的《我国民主党派在公共政策过程中的民主监督研究》，成为九三学社中央参政党理论研究中标课题。在济南市"四新工程"优秀理论成果评比中，赵宁撰写的《心系社会公益，服务和谐发展》获优秀宣传成果一等奖、陈宁宁撰写的《助弱济困献爱心——济南九三以人为本服务社会》获优秀宣传成果二等奖、张寒冰撰写的《关于民主党派在新时期如何创新践行社会主义核心价值体系的几点思考》获优秀宣传成果三等奖，郑刚撰写的《浅谈如何加强参政党内部监督机制建设》获优秀理论调研成果二等奖、赵宁撰写的《我国参政党民主监督在公共政策中发挥作用的现状分析》获优秀理论调研成果三等奖。出版《九三济南简讯》20期、《济南九三》2期，"济南九三"网站刊登信息近百篇。获九三学社山东省委思想宣传工作、网站供稿工作2项二等奖。②组织建设。九三学社济南市第九届委员会贯彻《九三学社中央关于加强地方组织领导班子建设的意见》，输送6名骨干成员参加社会主义学院学习，加强对后备干部培养。全年发展社员28名，平均年龄39岁。分别对历下、市中、槐荫、天桥、历城基层委员会和铁路、重汽、济钢支社进行换届改选，成立高新区基层委员会。年末，九三学社济南市委有基层委员会6个、直属支社3个；有九三学社社员483名，其中具有高级职称的270人，占社员总数56%，社员平均年龄53.6岁。九三学社济南市委机关开展以"提高政治业务素质，加强思想作风建设"为主题的机关建设活动，坚持"九三学社济南市委机关人员联系基层组织制度"，九三学社济南市委机关获市文明单位称号。

2. 参政议政。在中共济南市委召开的党外人士协商会、各类情况通报会及统战部召开的座谈会上，建言献策。在年初召开的市政协十二届四次全会上，副主委李景全代表九三学社济南市委作题为《关注饮水安全，润泽万户农家——加强农村饮水安全管理，推进我市新农村建设》的大会发言，受到高度关注；九三学社济南市委提交《关于加快促进我市中小企业创新能力的建议》等集体提案7件、20余件个人提案。九三学社济南市委在市政协十二届三次全会上的集体提案《关于快速推进后全运时代济南市公共交通发展的建议》，市政协委员、九三学社济南市委秘书长陈宁宁提出的《关于加强我市二次供水水质管理的建议》，市政协委员孙晓艳提出的《关于培育发展我市装备制造业产业集群的建议》，被评为市政协十二届三次会议优秀提案。全年向上级报送信息近百篇，全国政协采用1篇、中央统战部《零讯》刊用1篇、九三学社中央采用4篇、省政协采用1篇、九三学社山东省委采用33篇。向九三学社山东省委网站供稿82篇，全部被采用，九三学社济南市委获九三学社山东省委信息工作二等奖。社员吴春明获九三学社中央参政议政工作先进个人称号。

3. 社会服务。11月8日，九三学社济南市委联合九三学社省委，共同组织10余名来自省立医院、齐鲁医院和槐荫医院的专家及医务工作者，义务为槐荫区育园学校的教师、残疾学生和裕园社区的居民提供医疗服务，并利用科普大篷车和展板宣传科普知识。九三学社济南市委获"第二十三届国际科学与和平周杰出贡献奖"。

（程　亮）

【九三学社济南市第十次代表大会】 10月28～29日在济南召开，来自全市的123名代表出席大会。中共山东省委常委、济南市委书记焉荣竹，副省长、九三学社山东省委主委王随莲应邀出席大会并讲话。会议审议通过刘梦海代表九三学社济南市第九届委员会作的工作报告和《九三学社济南市第十次代表大会决议》，选举九三学社济南市第十届委员会，推选出席九三学社山东省第六次代表大会代表。在随后召开的十届一次全委会议上选举刘梦海为主任委员，李景全、田洁、牟国营、陈宁宁、侯建国为副主任委员，任命陈宁宁为秘书长。（程 亮）

【济南市工商业联合会】 1. 健全制度与组织网络。首次以市委、市政府名义召开全市工商联工作会议，研究部署新形势下工商联工作的新任务。在广泛征求社会各界意见基础上，市委、市政府正式出台《关于加强和改进新形势下工商联工作的实施意见》。加强行业（异地）商会和基层组织建设。全市工商联系统新组建临沂、莆田、台州3家异地商会和7家行业商会，行业商会总数已达44家。全市136个乡镇街办都建立了基层分会组织。

2. 宣传工作。利用召开执委会、换届大会有利时机，在《济南日报》登出7个专版，在《中华工商时报》大篇幅宣传报道会务活动开展情况。与央视网络电视台合作，设立“企业家访谈”和“品牌民企”专栏，宣传民营企业在加快转变发展方式方面的先进做法。在济南电视台播出市工商联企业家主席、副主席专访，展现济南市非公经济代表人士风采，为工商联工作营造良好舆论环境。在《中华工商时报》《人民政协报》《齐鲁工商》和省工商联《工作简报》、省工商联网站等市级以上媒体发稿50多篇。继续做好非公企业文明单位评选和宣传工作，对新增市级文明单位和省级文明单位授牌表彰。

3. 参政议政。围绕全市工作大局和工商联工作深入调研，形成调研报告4篇。按照省工商联要求，开展中小企业专项调研工作，通过对50多家不同行业企业调研走访，形成《济南市中小企业发展情况调研报告》。在市政协十二届四次会议上，提交团体提案5个、大会发言1个。

4. 经济服务。举办20多次银企合作洽谈会，为会员企业争取贷款近5亿元。为民营企业解决经济纠纷70余件，挽回经济损失3000多万元。引导民企加快转变发展方式，评选表彰35家在加快企业发展方式转变、提升企业自身素质、保障和改善民生3方面的典型，有6人获省优秀民营企业家称号，推荐6家会员企业参与全国工商联典型宣传活动。组织参加“2011中国·青海绿色经济投资贸易洽谈会”“中国国际投资暨全球采购会”“渝洽会”等10余次境内外企业合作贸易洽谈会，会员企业达成合作意向30多个。仅在“渝洽会”上，市民营企业就达成投资意向13亿元，超额完成省市下达任务。组织会员企业到东南亚、韩国等地考察投资项目，特别是组织企业随国务院副总理王岐山出访古巴、加拿大等国家。继续开展“1+1”以商招商活动，全年实现招商引资近19亿元。关注社会民生、推进光彩事业。结合“民企帮村”活动，引导民营企业为贫困农村铺路、架桥、上项目、资助贫困群众，会员企业投资、捐助累计超过6000万元，带动20多万户农民增收近2亿元。民营企业在赈灾扶贫、投资办学等各类公益事业中捐款捐物超过1.1亿元；吸纳安置就业再就业人员超过7000人。

5. 非公党建工作。市非公有制经济组织党工委围绕“创先争优、争做泉城兴业先锋”主题，开展丰富多彩的创争活动。加大企业中共党组织组建力度，坚持扩展数量与提升质量并重，不断扩大中共党组织和党的工作覆盖面。全年新建非公企业中共党组织450个，向企业派驻党建指导员179名。（李 维）

【济南市工商业联合会第十三次会员代表大会】 11月1～2日在济南舜耕会堂举行。审议通过市工商联第十二届执行委员会的工作报告，选举产生市工商联第十三届执行委员会和常务委员会。选举唐一林为市工商联第十三届执行委员会主席，李光明为第一副主席，郝继新、张鹏、靖淑兰、凌沛学、黄淑玲、李胜军、于剑、于晓玉、张波、马述杰、许健、谢建明、张成如、盖守岭、高靖平、张泉、荣兰祥、李滨、杨殿明、孔令磊为副主席，孙立玉为秘书长。大会还选举产生济南总商会会长、副会长。（李 维）

济南市总工会

【济南市总工会】 市总工会辖10个县（市）区总工会以及高新技术产业开发区总工会、24个局（公司）工会和15个大企业工会。全市有基层工会组织18505个，涵盖法人单位99938个。建会单位职工2271351人，其中女职工834051人；工会会员2228804人，其中女会员821677人。工会专职工作人员12132人，兼职工作人员35167人。市总工会机关内设11个部室，编制64人，下属7个事业单位和1个企业。

1. 开展创先争优建功立业活动。市总工会十五届四次全委会通过《团结动员广大职工为实现“十二五”规划目标任务创先争优建功立业的决议》，制定实施《2011～2015年劳动竞赛规划》，以创建“工人先锋号”为载体，动员全市职工“当好主力军、建功‘十二五’”。全市工会开展劳动竞赛480项、参赛职工108万人，开展技能竞赛830项、参赛职工41万人，提出各类合理化建议8万条、采纳3.5万条。实施职工素质提升工程，推进“讲文明、铸诚信、树新风”职工职业道德建设，有4家单位和5名个人获全国、全省职业道德建设模范称号。推动职工书屋建设，全市工会建成职工书屋420家，其中全国职工书屋示范单位16家、全省百佳职工书屋7家、全市优秀职工书屋150家，市总工会获全国职工书屋示范点达标单位称号。加大职工教育示范点建设力度，建成全国职工教育培训基地示范点9个。评选推荐全国五一劳动奖状先进单位1个、全国工人先锋号4个、全国五一劳动奖章7人，山东省富民兴鲁劳动奖状先进单位9个、山东省工人先锋号集体15个、山东省富民兴鲁劳动奖章获得者46人。评选并表彰“济南市十大杰出职工”。

2. 推进普遍建会工作。与市创先争优活动领导小组联合印发《关于在全市工会组织和广大职工中深入开展党工共建创先争优活动的意见》，与市委组织部联合转发《关于加强新形势下基层党建带工建活动的意见》,以党建带工建,推动工会组织建设。制定企业建会工作3年规划,深入开展"广普查、深组建、全覆盖"集中建会行动。全市基层工会达18505家,工会会员达223万人,新增会员85756人;全市141个乡镇(街道)中,有96个建立总工会,解决了乡镇(街道)工会的组织体制、人员编制、专职人员配备等问题。县(市)区工会主席同级副职配备实现新突破。

3.推动工资集体协商。市总工会与市人力资源和社会保障局、市企业联合会召开3方会议,制定工资集体协商3年规划,将2011年确定为"工资集体协商强力推进年"。下发《开展工资集体协商"集中要约行动月"的活动意见》,召开全市工资集体协商"要约行动月"签约仪式暨现场观摩会,推动区域性、行业性工资集体协商。全市18个系统的24360家企业建立工资集体协商制度,签订19892份集体合同工资协议。

4.加强厂务公开民主管理。宣传贯彻《济南市企业民主管理条例》,编写《条例辅导读本》,推动厂务公开民主管理法制化建设。开展民主管理建制专项行动,扩大厂务公开民主管理覆盖面;建立健全考核激励机制,加大对县(市)区考核检查力度,评选表彰20家全市厂务公开民主管理先进单位,推动不同类型企事业单位厂务公开民主管理深入开展,维护职工合法权益。全市4432个基层工会的58583家单位建立了职代会制度,已建工会企事业单位中14882家实行厂务公开。

5.构建和谐劳动关系。深化劳动关系和谐企业创建活动,总结推广典型经验,表彰20家全市劳动关系和谐企业,评选推荐6家全省劳动关系和谐企业和1家全国模范劳动关系和谐企业。拓展职工诉求渠道,市总工会12351职工维权热线与12345市民服务热线实现联动,畅通群众利益诉求渠道,进一步健全维权维稳工作机制。市总工会被全国总工会授予"职工法律援助维权服务示范单位"称号。

6.完善帮扶救助体系。实施"工字号"工程和"农民工援助行动",培植"工字号"基地270个,培养创业带头人358人,安置城镇人员就业8480人,培训农民工2.6万人,安置农民工就业10579人。办理小额借贷款400万元,帮扶110名下岗失业人员、困难职工和返乡农民工实现自主创业。元旦、春节期间,各级工会筹集送温暖资金1254万元,慰问困难企业286个、困难劳模1075人、困难职工14565户、农民工1587人。开展金秋助学活动,市总工会筹集资金93万元,资助特困职工子女和困难农民工子女582人。推动互助互济工作,全年共有696家单位入会或续会,救助718人次,发放救助金185万元。

7.开展"深入基层、服务群众"主题活动。采取"两贴近、三服务"(即从感情上贴近职工群众、从行动上贴近职工群众,提供理论政策服务、维权帮扶服务、组织引导服务)的形式,开展民情专题调研,广泛听取基层党员干部和群众意见建议,及时了解基层职工诉求和意愿。制定实施领导班子成员轮流接访和处以上干部联系基层单位、困难职工和困难劳模制度,加强工会干部与职工群众的联系,工会干部工作作风、工作方式有了新转变。市总工会继续保持省级文明单位称号。

8.强化工会经费审查审计。组织全市工会系统学习贯彻新颁布的《中国工会审计条例》,提高工会干部理论水平和业务能力。加大工会经费审查组织建设力度,截至年底,全市工会共建立经审组织18505个,组建率达100%。依法开展工会经费收缴,全面完成工会经费收缴上解任务。加强对基层工会经费收支管理的审查审计,依法规范工会经费管理和有效监督使用。市总工会在全省工会系统经审工作规范化建设考核中达到A级标准,连续3年位于全省前列。市总工会经费审查委员会被评为"济南市内部审计工作先进单位"。

(王永华)

共青团济南市委员会

【共青团济南市委员会】 年末,团市委有委员39人,机关下设9个部室,编制34人。下属济南市志愿者工作指导中心、济南市团校(青年学院)、济南市青少年宫3个正县级事业单位。全市共有基层团委668个、团总支688个、团支部7389个,专职团干部3500余名、团员326717名、少先队员65万余名。

1.共青团工作。实施青工技能振兴计划,开展"挑战杯""双能手""五小攻关"等技能创新竞赛活动,强化导师带徒、岗位练兵等多种形式技能培训,推进青年技能人才培养工程。高标准建设西客站城市志愿者文明服务岗,组建"蓝精灵"志愿服务团,提供"六小服务"累计3万小时,接待省、市领导参观考察40余次,50余家中央、省市媒体给予报道。开展青年文明号"真情助困进万家"活动,为下岗特困青工、进城务工青年及子女提供医疗保健、爱心家教等服务1100余次;完成"奥运会女足项目亚洲区决赛"志愿服务任务;开展《济南市志愿服务条例》实施5周年集中宣传。成立"保泉护泉志愿服务团",组织开展"我开车、我环保、我快乐""十万网友共植爱心树"等公益活动,投入资金30多万元,植树2万多棵。召开第六次少代会,少先队事业发展进入新阶段。发挥青联、青年企业家协会团体作用,组织凝聚力、号召力不断提升。以"大学生科技文化艺术节"为平台,做好学联工作。多次接待日本、越南等青年代表团来济访问,青年外事工作迈上新台阶。青年学院推进团干部培训和青少年理论研究工作;青少年宫继续打造"专业、公益、阵地、师资、社团"五大品牌,社会影响力不断扩大。与山东大学团委在大学生就业创业、农民工子女志愿服务、干部进修培训等领域开展全面合作。支援平阴县苗海村建设资金36万元,帮助提升核桃种植,发展大棚经济,已累计提供援建物资超过100万元。

2. 基层组织建设。巩固县乡团委换届成果，完成乡镇、街道团组织格局创新。推进团务规范化建设，形成五四红旗团组织"四好一规范"标准，新建团务规范示范点105个。探索实施团代表任期和团员青年民主恳谈制度，878名团代表联系团员青年6500余人，召开民主恳谈会72次，覆盖普通团员青年976人，收集工作建议386条。加强重点领域、群体团建工作，扩大对"两新"组织的影响和吸引，商河县开展非公企业团建区域统筹工作试点，长清区万庄村以村企联合、城乡统筹等形式，创新农村团建模式，扩大团的覆盖。截至年末，全市累计新建"两新"团组织2627个，覆盖35岁以下团员青年10万余人。加大新任团干部培训力度，选派6批、300余人次团干部参加团中央、团省委培训；全市共举办各级团干部培训班12期，累计培训团干部1500余人次。

3. 青少年教育。加强社会主义核心价值体系教育，以纪念建党90周年为主线，广泛开展"学党史、知党情、跟党走""全市各界青年群英会""青春凝聚党旗下""重温入党誓词"等系列主题活动200多次，3万余名青少年参与。开展"与祖国共奋进、与济南同发展""争当四好少年"等实践教育活动，举办第三届济南市大学生科技文化艺术节及"府学文庙开笔礼""孔子故里行"夏令营等活动，开展"模范(优秀)辅导员""十佳(优秀)少先队员""济南小名士"等评选，青少年思想道德建设和文化素养明显提升。把握青少年思想意识关键点，探索分层教育有效途径，深化团员意识教育活动，丰富18岁成人仪式教育内涵。深化分类引导青年工作，完成《青年思想引导大纲》转化工作，建立团干部分类引导教育青年试点制度，新建基层试点100多个，有效实现对各类团员青年群体全面覆盖。

4. 助推青年就业创业。在城市，打造"青年就业创业直通车"品牌，开展就业创业培训、见习基地建设、创业小额贷款发放等工作，全面助推青年就业创业。"青年就业创业直通车"开展活动100余次，直接服务青年2万余人；开展青年创业意识教育，举办"创业者的足迹"——创业典型巡回宣讲65场，参与青年近5万人次；举办第三届青年就业创业推介会，为4000多名青年找到创业项目和就业岗位；见习基地建设稳步推进，已建立各类见习基地128家，提供见习岗位11020个，带动就业6600多人。在农村，开展实用技能培训和创业贷款扶持工作。以春季培训为抓手，争取农业、劳动部门支持，通过集中培训、现场示范、生产实践等多种方式，利用远程教育、网上视频等多种途径，动员职业培训机构、工业园区、农业产业化龙头企业、专业合作组织等多种阵地，开展农村实用技能培训工作，全年累计培训农村青年近万人次；开展青年信用示范户创建活动，提高农村青年贷款能力。截至年末，累计为全市837名创业青年发放贷款3109万元。

5. 青少年维权。深入开展"共青团与人大代表、政协委员面对面""走进青年——团委书记恳谈日"等系列活动，畅通青年利益诉求表达渠道。主动参与社会管理创新，市中舜园社区开展青少年事务社工试点，探索社区青少年事务管理"政府主导、社工运作、社会参与"新机制，收到良好成效。做好特殊群体权益维护工作，开展"共青团关爱农民工子女志愿服务行动"，累计结对帮扶农民工子女1万余名，新增结对学校4所，其中历城文苑小学与山大志愿者结对帮扶和天桥无影潭社区"留守流动儿童快乐成长活动站"项目获团中央领导高度评价，作为典型案例在全国推广。在京沪高铁西客站、万达广场等全市重点工程现场和青年密集区域开展"走进新生代农民工大型慰问演出"，累计慰问农民工6000余人。希望工程募集捐款118万元，立项希望小学5所，建成希望图书室2个、希望体育室3个，在建希望小学3所。12355热线累计受理青少年咨询、投诉个案1000余件，被列入全市"创建文明城市"工作百件实事之一。按照"组织立体化、服务项目化、运作社会化"思路，以市维权中心、县(区)维权站、青少年维权岗为脉络，完善预防青少年违法犯罪工作网络。继续加强"青少年维权岗"规范管理，加大未成年人零犯罪社区建设力度，维权工作继续向规范化、长效化方向发展。

【全省共青团工作观摩会】 7月25日，2011年全省共青团工作第二次观摩会暨全省共青团工作会议在济南召开。团省委党组成员及机关各部室、直属单位负责人，各市团委书记，部分大企业、高等院校团委书记等50余人来济南市观摩共青团工作。

【济南市第六次少代会】 9月19日，中国少年先锋队济南市第六次代表大会在舜耕会堂召开。500余名少先队员、少先队辅导员和少先队工作者代表欢聚一堂。会议审议通过《济南市第五届少工委工作报告》，选举产生少先队济南市第六届工作委员会和市第五届红领巾理事会，向全市少先队员发出倡议书，为建设"实力济南、魅力济南、宜居济南"贡献力量。

(王　宪)

济南市妇女联合会

【济南市妇女联合会】 年末，市妇联辖县(市)区妇联11个、乡镇(街道办事处)妇联139个、社区妇联355个、基层村(居)妇代会4703个，市直及部门妇委会251个、市民主党派妇委会7个，团体会员15310个。市妇联机关设行政处室7个，编制33人。下属单位2个：济南市妇女儿童活动中心和济南阳光大姐服务有限责任公司。

1. 引领妇女参与经济发展。围绕市委"拓展城市发展空间、打造现代产业体系"部署，举办巾帼文明岗负责人培训班，表彰巾帼文明岗，涌现出国家级巾帼文明岗5个、省级23个、市级155个。以培育新农民为目标，兴办"巾帼新农民大课堂"，共举办培训班125期，组织科技下乡98场次，培训妇女3.2万余人次。召开小额担保贷款专题会议，研究、探讨扶持妇女创业有效措施。推进"信贷助推妇女创业行动”,为80名城镇创业妇女解决小额贷款403万元,协调农信社为2193名农村创业妇女提供3.36亿元贷款资金扶持,争取省小额担保贷款贴息扶持项目,为低碳环保、发展前景好、急需资金扶持的4家“妇”字号龙头企业争取贴息资金15.58万元。召开女企业家与“十二五”发展座谈会,举办“提升竞争力 赢战‘十二五’”企业教练技术及应用培训班,编辑出版《巾帼创业足迹》,争取民生银行为女企业家协会商贷授信1亿元资金。举办阳光大姐获全国家庭服务职业风采大赛冠军汇报会,吸引更多妇女参与省城家庭服务业发展。

2.妇女儿童合法权益维护。通过举办培训班、召开座谈会、拍摄宣传片、开设宣传栏以及开展“依法维权、关爱女性”“妇女学法律、家庭创平安”系列活动,宣传保障妇女合法权益相关法律法规。重点加强5月1日起实施《济南市妇女权益保障若干规定》的宣传、解读,制定下发全市妇联系统第六个五年普法规划,纳入妇联干部培训规划。推进妇女儿童发展“十二五”规划编制和启动工作。举办12338维权热线接线员培训班,制定《济南市妇联重大事项社会稳定风险评估化解实施办法》,各级妇联共接待来信来访1206件,处结率100%。创建妇女维权服务站,并为8个省级、30个市级妇女维权服务示范站进行授牌。协调组织律师、法官、心理专家、大学生以及社工等维权志愿者,定期到基层维权服务站提供服务;新争取4名市政府出资聘用的社工,为妇女化解心理困惑、疏导负面情绪、调适婚姻家庭关系、提供法律援助。

3.妇女文化建设。围绕庆祝中国共产党成立90周年,开展“学党史、知党恩”“做巾帼先锋、为党旗添彩”主题活动,举办“唱支山歌给党听”文艺晚会、“颂歌献给党”红歌演唱会和第三届泉城新女性演讲比赛。围绕文明城市创建,以妇女之家建设为抓手,开展文化进社区和文明和谐家庭创建活动。深化巾帼志愿服务工作,启动全国“心系老年——孝心工程”济南市宣传推广活动,实施“节能减排家庭社区行动”,开展低碳家庭健康万里行活动。加大《妇女权益保障法》《未成年人保护法》等法律法规宣传贯彻力度。由市妇联起草的第一个妇女维权专项法规《济南市妇女权益保障若干规定》经市十四届人大常委会第二十五次会议审议通过。全国人大常委会副委员长、全国妇联主席陈至立来山东检查妇女权益保障法执法情况时,对济南市妇女维权工作给予充分肯定。承接全国妇联第三期中国妇女社会地位调查工作,较好地完成任务。

4.为妇女儿童办实事。组织开展女大学生、女性就业专场招聘会和春风送岗位等活动,广泛吸纳妇女就业、支持妇女创业。发挥阳光大姐等家政服务机构在安置困难妇女就业中作用,共安置妇女就业8.1万人,为家政服务员创造收入1.25亿元。聚集各界爱心力量扶贫助困,将党和政府温暖送给困难妇女儿童,筹措、募集资金379.5万元,救助贫困母亲等困难家庭2656户,资助春蕾女童3030人。承诺为妇女儿童办的实事全部落实。配合卫生部门做好农村妇女“两癌”检查工作,完成50.4万人宫颈癌普查、52.7万人乳腺癌普查。争取省妇联支持,首批妇女儿童家园项目落户济南,8个社区成为首批试点社区,获得项目建设资金96万元,是全省试点社区和建设资金最多的城市。全省妇女儿童家园揭牌仪式在道德街街道办事处新世界阳光花园社区举行。

5.妇联组织自身建设。加强基层组织规范化建设,努力实现基层组织“有人干事、有阵地做事、有钱办事”,全市女性进村委会和居委会比例均达100%,妇联工作经费按妇女人均1元标准纳入市财政预算。在人大、政协换届工作中,各县(市)区妇联积极争取,县级人大女代表和政协女委员比例分别达27.2%和28%。济南市又有2个街道、16个社区、34个村达到全国妇联基层组织建设示范创建标准。在市直机关广播体操比赛中,市妇联代表队在全市90个单位组成的83支参赛队伍中夺得一等奖第一名。组织济南妇女代表团赴美国、加拿大和台湾访问交流,学习借鉴国内外妇女运动新经验和好做法,提高妇联组织协同政府参与社会管理和公共服务能力。

【阳光大姐发布中国第一份企业社会责任报告】　9月26日,中国首份基于ISO26000的企业社会责任报告新闻发布会在北京召开,这是自ISO26000发布以来中国第一份同时面向国内、国外发布的企业社会责任报告。报告发布单位是中国标准化研究院、济南阳光大姐服务有限责任公司。

【全省首家妇女儿童家园揭牌】　12月16日,全省首家妇女儿童家园揭牌仪式暨项目管理培训班在济南市举行。济南市历下、市中、槐荫、天桥4区的8个社区承接试点,得到省财政96万元资金扶持。市妇联下发《妇女儿童家园规范化建设管理办法(试行)》,从建设标准和管理运行机制等方面提出明确要求。

(刘婷玮)

济南市归国华侨联合会

【济南市归国华侨联合会】　1.服务经济建设。6月,举办第三届投资合作说明会,共签订7个项目合作协议,总投资额103亿元。组团赴浙、闽、委内瑞拉、阿根廷、西班牙、荷兰考察,接待菲律宾中国商会、浙江五金机电商会等10余批(次)侨客商来济考察,达成多项合作意向。建立侨联主席定期探访侨企制度,设立市仲裁委侨联联络处,开展“百名律师仲裁员服务百家中小企业”活动等,加大落地侨商服务力度,协调解决土地、电力、用水等诸多影响企业发展难题。

2.服务侨界群众。全年开展“为侨服务年”活动,为侨界群众办理20件实事、好事。①便侨惠侨。协调出入境管理局出台便侨措施,为因私出国出境侨界群众提供方便。8月,组织归侨侨眷赴韩国探亲、交流。9月,成立济南社区科普大学侨联分校,开展科普知识宣讲。设立侨联心理辅导站，免费为侨界群众进行心理疏导。②帮扶救助。开展春节期间走访慰问活动，共走访归侨侨眷、老侨领86户，送去价值3万余元的慰问金、慰问品。2～4月，对全市归侨和重点侨眷走访慰问，帮助他们解决生产和生活困难。2月，举办第七届陈吟挥奖学金发放仪式，为平阴希望小学部分品学兼优的特困学生颁发奖学金和助学金。5月，举办第二批名医聘任仪式，聘请齐鲁医院、省立医院、山东大学、山大二院、省中医院5名侨界专家担任名医，主持热线，免费为群众提供医疗服务。9月，由山东同力科技发展有限公司董事长刘运智捐资20万元建设的同力侨心小学在历城区仲宫镇穆家村落成。10月，举办专场就业招聘会，针对侨界群众自身实际，特别设置简单工种岗位，让更多侨界群众实现就业。11月，为槐荫区裕园社区、天桥区毕家洼西区社区、历下区后坡街社区、市中区舜园社区4个"侨联示范社区"授牌；协调市政府相关部门，将企业退休老归侨生活补助标准提高至260元。③维权护侨。年初，市中、历下、天桥、槐荫4区"侨联主席接待日"活动启动，每月固定一天作为侨联主席接待日，现场听取、解答和处理侨界群众工作生活中的困难和问题；继续落实侨房拆迁会商制度，做好维权工作，依托侨联法律服务部为侨界群众提供免费法律援助。

3. 联络联谊。组织20余名留学生代表到驻济韩资企业参观座谈，为留学生回国就业奠定基础。组织40余名海归专家学者参观高铁济南西站、小清河等市重点工程，增加海归专家学者对济南经济社会发展变化的了解和在济工作生活的自豪感。3月，在长清区举办"侨心林"揭牌仪式，把建设"侨心林"活动与"春踏青"活动结合起来，组织侨界群众植树绿化，协助侨商发展绿色经济。9月，组织开展"纪念辛亥革命100周年图片展"活动，激励侨界群众继承和发扬辛亥革命精神。组织侨联艺术团参加各类公益演出10多场次。年底，市侨联艺术团被济南市委表彰为"十佳基层文艺团队"。

4. 参政议政。年初省市两会期间，侨界政协委员提交《关于加快发展生物医药产业的建议》和《关于加快我市养老服务机构建设的建议》2份团体提案，并在大会上作交流发言，受到与会委员认可。发挥侨界政协委员参政议政作用，围绕中小企业招工、市区交通两个方面进行调研，撰写《关于解决中小企业招工难的建议》《关于解决市区交通拥堵的建议》2份大会发言稿。年末，市侨联被评为中国侨联信息工作先进单位、市级文明机关、全市慈善工作先进单位。

【举办投资合作说明会】 6月21～23日，由济南市政府主办，市招商办、市发改委、市侨联、山东温州商会、济南温州商会等部门联合承办，各县（市）区招商部门及部分县（市）区侨联参与的"2011济南·杭州（温州）现代服务业和战略性新兴产业推介会"，分别在温州和杭州举行。推介会共签订7个项目合作协议，总投资额103亿元人民币。

【济南市仲裁委侨联联络处成立】 4月25日，济南市仲裁委员会侨联联络处成立。主要职责：定期为侨资企业中高层管理人员举办免费法律知识、法律合同风险防范等讲座，在驻济侨企、侨商中宣传推行仲裁法律制度。依托仲裁委的法律资源优势向驻济侨企、侨商和侨界群众释疑解难。免费提供法律咨询、规范合同文本。

（王金波）

责任编校 王 炜

政权·政务

济南市人民代表大会

【济南市第十四届人民代表大会】 济南市第十四届人民代表大会于2008年1月换届产生，有代表名额504名。2008年各选举单位分别召开人民代表大会、军人代表大会，采取差额选举、无记名投票方式，选举出市十四届人民代表大会代表493名，空额11名。其中，工人、农民及其他劳动者164名，占33.3%；干部191名，占38.7%；知识分子83名，占16.8%；民主党派和无党派人士41名，占8.3%；解放军11名，占2.2%；归侨3名，占0.6%。市十四届人大常委会实有组成人员45名，其中主任1名、副主任5名、委员39名。市十四届人民代表大会第四次会议实有代表497名，空额7名。

（王会磊）

【济南市第十四届人民代表大会第四次会议】 济南市第十四届人民代表大会第四次会议于2月21～25日在山东会堂举行。应到代表497名，实到代表484名。会议听取和审议市长张建国所作的市人民政府工作报告；审查批准济南市国民经济和社会发展第十二个五年规划纲要、济南市2010年国民经济和社会发展计划执行情况报告与2011年计划、济南市2010年预算执行情况报告和2011年市级预算；听取和审议市人大常委会主任徐华东所作的市人大常委会工作报告，市中级人民法院院长宋新生所作的市中级人民法院工作报告，市人民检察院检察长郭鲁生所作的市人民检察院工作报告。会议通过上述报告，并分别作出决议。会议选举雷建国为济南市人民代表大会常务委员会主任，孟祥桓、宋玉国为济南市人民代表大会常务委员会副主任。本次会议共收到代表提出议案23件，根据《中华人民共和国地方各级人民代表大会和地方各级人民政府组织法》和《济南市人民代表大会代表议案处理办法》有关规定，市人大有关专门委员会对代表所提议案进行充分讨论和审议。将历城区代表团付贞西等12名代表提出的《关于加强对南部山区生态保护与发展的议案》和历下区代表团冯雷等11名代表提出的《关于济南南部生态经济区保护与发展问题的议案》并为1件作为本次大会议案，交市人大财经委员会审议，提出意见，提请市人大常委会决定。其余21件议案，作为代表建议、批评和意见，由市人大常委会办事机构交有关机关或组织研究处理，将处理结果及时向代表作出答复。

（王益华）

【常委会会议】 全年共举行9次常委会。

市十四届人大常委会第二十七次会议 1月25日举行。听取和审议关于济南市第十四届人民代表大会第四次会议筹备情况报告；审议并通过济南市第十四届人民代表大会第四次会议议程（草案），济南市第十四届人民代表大会第四次会议主席团、秘书长名单（草案），济南市第十四届人民代表大会常务委员会代表资格审查委员会关于补选代表资格的审查报告；审议决定济南市第十四届人民代表大会第四次会议列席人员名单；审议并原则通过济南市人大常委会工作报告稿。审议表决通过人事任免事项。

市十四届人大常委会第二十八次会议 1月31日举行。审议并表决通过关于更改济南市第十四届人民代表大会第四次会议召开时间的决定。

市十四届人大常委会第二十九次会议 3月25日举行。传达学习十一届全国人大四次会议精神，听取和审议市政府关于2009年度济南市市级预算执行和其他财政收支审计查出问题整改情况报告，初步审议《济南市电力管理条例（修订草案）》，审议通过人事任免事项。

关于2009年度济南市市级预算执行和其他财政收支审计查出问题整改情况报告，常委会组成人员认为，全市各级政府各有关部门对2009年预算执行审计查出问题高度重视，认真进行整改。4.45亿元问题金额落实纠正4.43亿元，整改率达99%，整改成效明显。市审计部门认真履行监督职责，及时回访和督促整改工作。各有关部门层层落实审计整改责任，逐项纠正解决问题，完善各项管理制度办法50余项，从制度层面堵塞漏洞。审议建议，市审计部门要进一步发挥职能作用，通过审计监督不断促进预算管理制度健全完善，提高预算执行完整性和公开性，加大对社会的关注热点难点问题审计监督力度，确保财政资金安全有效运行，促进经济平稳较快发展和社会全面进步。

市十四届人大常委会第三十次会议 5月25日举行。审议《济南市电力管理条例》，表决通过人事事项。

市十四届人大常委会第三十一次会议 6月10日举行。听取和审议市政府关于全市规划工作情况报告及人事事项。

关于全市规划工作,常委会组成人员审议认为,市政府及市规划部门实施理念创新、体制创新、服务创新、管理创新、技术创新,各项工作取得突破性进展,规划的先导引领作用和服务保障职能进一步增强。提出建议:强化规划严肃性、权威性,在规划城乡统筹和集中统一管理前提下,形成强有力的执法合力与执法格局,保障各类城乡规划依法有序实施;市政府及市规划部门关于"十二五"时期规划工作思路和打算,符合发展形势、符合济南实际,工作中要突出重点、分步实施、有序推进、抓好落实;完善法规体系,为规划实施提供法制保障,加快制定出台《济南市城乡规划管理技术规定》等配套规章,为全市城乡规划管理提供依据。

市十四届人大常委会第三十二次会议　7月25～27日举行。听取审议市政府关于全市2011年上半年国民经济和社会发展计划执行情况报告、关于2010年市级决算草案和2011年上半年预算执行情况报告、关于2010年度市级预算执行和其他财政收支情况审计工作报告、关于2011年地方政府债券收支安排及市级预算调整方案报告及市人大财经委员会关于济南市2010年市级决算草案审查报告,市政府《关于济南南部生态经济区保护与发展问题的议案》办理工作方案报告,关于贯彻市人大常委会《关于在全市公民中开展第五个五年法制宣传教育的决议》和《关于贯彻实施〈济南市"四五"依法治市纲要〉的决定》情况报告,关于授予张勇济南市荣誉市民称号议案报告,关于济南市与巴西波多韦柳市等3城市建立友好城市关系议案报告,市人大内务司法委员会对《关于在全市公民中开展第六个五年法制宣传教育的决议(草案)》和《关于贯彻实施〈济南市"五五"依法治市纲要(2011～2015)〉的决定(草案)》说明,审议《济南市预防职务犯罪工作条例(修订草案)》《济南市防震减灾条例(草案)》。表决通过关于批准济南市2010年市级决算决议,关于批准济南市2011年地方政府债券收支安排及市级预算调整方案决议,《关于在全市公民中开展第六个五年法制宣传教育决议》《关于贯彻实施〈济南市"五五"依法治市纲要(2011～2015)〉决定》,关于授予张勇济南市荣誉市民称号决定,关于济南市与巴西波多韦柳市等3城市建立友好城市关系决议,以及人事事项。

关于全市2011年上半年国民经济和社会发展计划执行情况报告,常委会组成人员审议认为,市政府及有关部门围绕调结构、稳物价、保民生、促改革,做了大量富有成效的工作,全市经济社会保持平稳健康发展势头。针对经济运行中能源、原材料等价格大幅上涨,通胀压力较大,固定资产投资增幅低于全国、全省平均水平等问题,建议加大结构调整力度,强化对自主创新、科技进步投入,扶持培育新兴产业,加快传统产业改造提升,发展壮大现代服务业,努力打造现代产业体系;发展金融服务业,切实解决中小企业融资难问题;高度关注物价走势,加强对市场价格依法监管,搞好关系国计民生商品生产储备和市场供应,努力保持物价相对稳定;贯彻国家宏观调控政策,保持投资适度较快增长,拓宽融资渠道,完善项目推进机制,改善投资环境,确保重点项目能够顺利开工建设、如期投产达产;要坚持把改善民生放在首位,加快保障性住房建设,认真抓好就业再就业工作,发展教科文卫事业,健全完善覆盖城乡的社会保障体系,努力实现基本公共服务均等化。

关于2010年市级决算草案报告、关于2010年预算执行和其他财政收支情况审计工作报告,常委会组成人员同意市政府提出的决算报告和审计工作报告。审议认为,市审计部门依法开展审计监督,客观公正地指出预算收支管理存在问题,实事求是地提出改进工作建议,各有关方面应当认真纠正审计查出问题。认为2010年市级预算执行总体情况是好的,财政收入持续较快增长,财政支出保证各项事业发展需要,完成了市十四届人大三次会议批准的预算任务。2011年上半年财政收入增幅较大,各项支出重点突出,预算执行效果较好。建议进一步完善预算管理制度,改进部门预算编制工作,规范预算收支管理,着力控制结余结转资金规模,提高资金使用效益;加强对专项资金和转移支付资金监督管理,建立严格的动态监督和责任追究制度,实施跟踪问效,加强资金运行全程监督;规范政府举债行为,有效控制债务规模,完善风险预警和偿债机制;加快建立财政信息公开透明制度,对社会关注的财政收支情况,特别是"三公经费"支出情况,应当依法公布,接受人民群众监督。

关于济南市2011年地方政府债券收支安排及市级预算调整方案报告,审议认为,市政府对债券资金所作使用安排,符合国家有关政策规定,符合全市实际;对市级预算所作调整是适当的。常委会组成人员同意这个报告。建议政府及有关部门要严格债券资金使用管理,强化财政投资评审监督和绩效评价,确保资金安全使用;健全完善偿债机制,防范债务风险;做好调整后的预算执行工作,大力培植财源税源,增强政府偿债能力。

关于济南南部生态经济区保护与发展问题议案办理工作方案的报告,常委会组成人员赞同市人大财经委员会关于议案办理工作方案的初审意见,原则同意市政府关于议案办理工作方案报告。建议在议案办理工作中,提高议案办理工作重要性认识,健全完善科学合理规划体系,研究制定扶持政策。

关于贯彻市人大常委会《关于在全市公民中开展第五个五年法制宣传教育的决议》和《关于贯彻实施〈济南市"四五"依法治市纲要〉的决定》情况汇报,委员们对济南市"五五"普法依法治理工作给予充分肯定,也提出一些问题,主要集中在:个别部门和单位对普法依法治理工作认识不到位,重视程度不够;普法依法治理工作针对性需要提高;普法宣传形式需要创新,法治创建工作有待于全面深入推进;领导干部学法用法力度有待加强,全社会遵纪守法意识需要增强等。建议切实加强对普法工作领导,增强普法工作针对性,改进普法教育方式,强化各级领导干部依法行政、依法决策意识培养,扎实推进依法治理工作。

市十四届人大常委会第三十三次会议 9月26～28日举行。听取和审议市政府关于全市村民委员会、社区居民委员会换届选举工作情况报告，关于全市医疗卫生事业改革与发展情况报告，关于全市水利工作情况汇报，市人大常委会执法检查组关于检查全市贯彻实施《中华人民共和国大气污染防治法》情况报告，审议市人大常委会关于确认主任会议《关于许可对市十四届人大代表韩俊芝依法采取拘留措施的决定》的决定（草案），市人大常委会关于做好全市县乡两级人民代表大会换届选举工作意见，市政府关于实施统筹城乡发展七大工程情况报告，关于《中华人民共和国土地管理法》贯彻实施情况报告，关于济南高新技术产业开发区建设与发展情况报告；审议《济南市预防职务犯罪工作条例（草案）》《济南市防震减灾条例（草案）》《济南市城市供水条例（草案）》《济南市城市绿化条例（草案）》。会议表决通过《济南市预防职务犯罪工作条例（草案）》《济南市防震减灾条例（草案）》和关于确认主任会议《关于许可对市十四届人大代表韩俊芝依法采取刑事拘留措施的决定》的决定，以及人事事项。

关于全市村民委员会、社区居民委员会换届选举工作情况报告，常委会组成人员对全市村（居）委会换届选举工作给予充分肯定，也指出一些值得关注问题。常委会组成人员建议：加大宣传引导力度，加强基层组织建设，重视基层社会稳定工作，搞好换届选举总结。

关于全市医疗卫生事业改革与发展情况报告，常委会组成人员认为，全市医疗卫生事业取得显著成绩，也指出医疗卫生事业改革与发展中应当注意的问题。常委会组成人员赞同市政府提出的今后改进和加强医疗卫生工作的措施，并着重强调：结合全市“十二五”规划实施，以医药卫生体制改革为动力，强化政府责任，加大投入，为全市医疗卫生事业在“十二五”中健康发展谋好篇、布好局，推动全市医疗卫生事业又好又快发展；按照“保基本、强基层、建机制”要求，全面落实工作措施，推动全市医改工作走向深入，切实缓解人民群众因病致贫、因病返贫问题；整合优化卫生资源，推动全市医疗卫生事业可持续发展；加强队伍建设，为全市医疗卫生事业的发展提供人才支撑和智力支持；加强卫生法制建设。

关于全市水利工作情况报告，常委会组成人员认为，水利服务保障功能显著增强，群众生活质量明显提高，为经济社会健康和谐发展作出重要贡献。也指出水利事业发展中还存在一些问题和不足，主要是：水利投入还需加大，资金供求矛盾还较突出；节水保泉形势日益严峻，水资源、水环境在一定程度上制约经济社会发展；农田水利设施配套还不完善，保障程度还有待提高；有的水利工程管运机制不健全，人民群众长期受益问题还面临挑战等。常委会组成人员建议：认真学习贯彻中央1号文件和中央水利工作会议精神，切实增强做好水利工作责任感、使命感；改革创新，加大投入，增强水利事业发展活力与后劲；抢抓机遇，夯实基础，尽快扭转水利建设相对滞后局面；严格管理，注重宣传，全面推进节水型社会建设；提高素质，依法行政，不断提升依法治水能力和水平。

关于实施统筹城乡发展七大工程情况报告，常委会组成人员认为，七大工程已全面启动，加快农民增收、山区生态建设、重点城镇提升、产业体系振兴、基础设施强化、新型社保覆盖、乡村文明创建阶段性成果比较显著。针对工作开展中遇到的矛盾和问题提出，统筹城乡发展七大工程作为“十二五”时期济南市重点工作，要开好头、起好步，夯实今后工作基础；要整合资源，形成合力；要加强调度督导，促进平衡发展；要健全机制，加大投入力度；要加大宣传力度，推动加快统筹城乡发展七大工程建设。

关于《中华人民共和国土地管理法》贯彻实施情况报告，常委会组成人员审议指出，随着经济建设持续快速发展，用地需求与保护耕地矛盾愈加突出，土地管理工作中还存在耕地后备资源匮乏，土地供给相对不足与土地利用粗放浪费并存，土地管理联合执法有待加强，农村土地管理制度仍需规范完善等问题和薄弱环节。常委会组成人员建议：牢固树立大局意识，切实为经济社会发展提供有效保障；加强基本农田保护，落实好保护耕地共同责任；加强协调配合，提高土地管理联合执法水平；加大宣传教育力度，提高全社会土地国策意识和法制观念。

关于济南高新技术产业开发区建设与发展情况报告，常委会组成人员认为，高新区大力实施“科技兴区”“人才强区”战略，做了大量富有成效的工作，也指出建设与发展过程中存在的问题。常委会组成人员提出：以“齐鲁人才特区”建设为契机，落实和完善高层次人才配套扶持政策，畅通绿色引才通道，完善人才公共服务平台；突出特色立区、规划引领、产业带动、全程服务发展思路，强力推进产业扶持和项目落地工作力度，提升高新技术产业国际竞争力；整合创新资源和载体，加大培育主导产业和战略性新兴产业力度，强化人才服务平台建设，争取在人才体制机制改革和创新创业人才建设上有突破有作为；完善发展环境建设，打造一流行政环境，改进服务方式，提高办事效率，提升公共科技和产业发展服务能力。

关于《中华人民共和国大气污染防治法》执法检查报告，常委会组成人员审议认为，全市环境空气质量有了明显改善，人民群众满意度不断提高。但大气环境形势依然严峻，存在工业污染源大气污染排放不稳定，机动车排气污染日趋加重，城市扬尘污染防治压力大，大气污染防治工作与“十二五”节能减排目标要求还有一定差距等问题。常委会组成人员建议：实施产业结构调整，推进减排目标实现；抓好城市扬尘污染防治，提高环境空气质量；完善地方法规体系建设，紧抓机动车排气污染防治；强化组织协调，提高依法行政水平；加强宣传教育，增强全民环保意识。

市十四届人大常委会第三十四次会议 11月28日举行。听取和审议市政府关于市十四届人大四次会议以来代表建议、批评和意见办理情况报告，关于全市工业经济转方式、调结构情况报告，关于全市民族宗教工作情况报告,关于济南南部生态经济区保护与发展问题议案办理情况报告,市人大财经委员会关于市十四届人大四次会议主席团交付的议案审议结果报告,市法院关于全市法院行政审判工作情况报告,市人大常委会执法检查组关于检查全市贯彻实施《中华人民共和国食品安全法》情况报告,审议市法院、检察院、人大常委会人事代表工作室关于市十四届人大四次会议以来代表建议办理情况报告,审议《济南市城市供水条例(草案)》《济南市城市绿化条例(草案)》。会议审议表决通过关于市十四届人大四次会议主席团交付议案审议结果报告,关于加强南部生态经济区保护与发展决议,关于济南市第十五届人民代表大会代表名额分配和代表选举问题决定,关于表彰先进人大代表小组和优秀人大代表决定,审议通过《济南市城市供水条例(草案)》《济南市城市绿化条例(草案)》以及人事任免事项。

关于对代表建议办理情况有关报告,常委会组成人员认为,市人大各专门委员会和常委会各工作室高度重视代表建议办理工作,推动建议办理工作顺利开展。各承办单位从坚持和完善人民代表大会制度的高度出发,解决了一批事关经济社会发展大局和人民群众切身利益的热点、难点问题,建议面复率、落实率和代表满意率有较大提高。也指出建议办理工作中存在的问题:个别承办单位建议办理工作主动性和自觉性还有待增强,列入计划准备办理和涉及多部门办理建议办理力度还有所欠缺。常委会组成人员建议:增强做好代表建议办理工作使命感和责任感,提高代表建议办理质量和水平,推动代表建议办理工作再上新台阶。

关于检查全市贯彻实施《中华人民共和国食品安全法》情况报告,常委会组成人员认为,全市食品安全总的形势是好的。也指出全市食品安全工作中存在的问题:主要是监管体制尚未完全理顺,某些职责分工不明确不细化,监管能力和源头控制水平需提高;检验检测资源配置不合理,影响监管工作效率;法律宣传教育需加强;配套法规规章和标准不健全,影响法律实施效果等。常委会组成人员建议:加大宣传培训力度,提高全社会诚信道德意识和法制意识;理顺监管体制,明确细化监管责任;制定完善相关配套法规、规章和标准体系;有效整合检验检测资源;加强源头治理,提升农畜产品和食品生产经营标准化、规模化水平;探索加强和改善食品安全工作新方法、新路子。

关于全市法院行政审判工作情况报告,常委会组成人员审议认为,报告客观地反映了全市法院行政审判工作现状和取得的成绩,对存在问题和困难认识清楚,下一步工作措施切实可行。也指出法院行政审判工作存在的不足和仍需加强改进方面:对行政诉讼制度宣传不够,行政审判权威性还没有真正树立起来;对行政机关监督指导力度不够,行政审判工作外部环境亟须改善;审判队伍建设和案件质量仍需加强和提高等。委员们建议:加大宣传力度,使行政诉讼制度深入人心;继续完善与行政机关互动机制,扩大司法延伸服务;完善行政审判协调和解机制,有效化解行政争议,实现法律效果和社会效果有机统一;加强沟通,优化环境,促进行政审判工作健康发展;抓好队伍建设。

关于全市民族宗教工作情况报告,常委会组成人员审议认为,全市少数民族经济持续发展,少数民族社会事业协调推进,民族团结进步活动不断深入,依法管理宗教事务得到落实,济南市连续3次被国务院授予"全国民族团结进步模范集体"称号,为实现"维护省城稳定、发展省会经济、建设美丽泉城"战略目标作出重要贡献。指出民族宗教工作仍存在一些不容忽视和需要解决的问题:少数民族经济和社会事业发展不平衡;民族团结进步社会氛围还不够浓厚;民族宗教工作机构不健全,政策倾斜和资金扶持力度需加大;有关少数民族干部配备要求落实不够到位,选拔使用机制需完善;人大代表提出的关于加快规划建设民族大厦建议有待推进落实。常委会组成人员建议:增强做好新时期民族宗教工作自觉性和责任感,促进少数民族经济加快发展,推动少数民族社会事业协调发展,提高民族宗教工作依法管理水平,切实解决民族宗教工作面临的实际问题。

关于全市工业经济转方式调结构情况报告,常委会组成人员审议认为,全市工业经济平稳较快发展,质量和效益进一步提高。指出与先进城市相比差距还较大。建议:全面落实"十二五"规划,推动工业经济跨越发展;加快工业结构调整步伐,提升产业发展层次和水平;推进科技进步,增强自主创新能力;加快政府部门职能转变,着力提高行政效能和服务水平。

关于对南部生态经济区保护与发展问题议案办理情况报告,常委会组成人员审议认为,议案办理工作总体进展顺利,年度目标任务完成情况是好的。也指出议案办理工作所面临困难和问题:主要是资金、土地、规划方面制约因素比较突出,设施建设和公共服务还不够完善,农民增收相对缓慢,违章建筑清理、污水垃圾处理、强渗区和水源地保护等工作仍需进一步强化等。常委会组成人员赞同市政府提出的今后工作措施,建议:增强做好工作紧迫感和责任意识,科学引领和推动南部生态经济区保护与发展,依法保护生态环境,健全完善工作推进机制。

市十四届人大常委会第三十五次会议 12月27日举行。审议市政府关于提请授予派特·菲亚柯等7人济南市荣誉市民称号议案,表决通过市人大常委会关于授予派特·菲亚柯等7人济南市荣誉市民称号的决定(草案)以及人事事项。

(王益华)

【执法检查】 8月底至11月底,市人大常委会集中3个月时间,对全市贯彻实施《中华人民共和国食品安全法》情况进行执法检查。8月24日,召开执法检查动员部署会;8月31日,召开食品安全法执法检查汇报会,听取市政府及相关部门关于贯彻实施食品安全法情况汇报;9月1~2日,实地察看初级农畜产品生产基地、食品生产加工企业、食品流通企业、餐饮服务单位和食品安全监测中心等10个食品安全相关企业和单位,全面考察了解各级政府及相关部门贯彻实施食品安全法情况;9月14日,召开有关负责人参加的座谈会。11月28日,市十四届人大常委会第三十四次会议听取和审议执法检查组关于贯彻实施食品安全法情况报告。常委会组成人员认为,市政府高度重视食品安全法贯彻实施,保障了人民群众饮食安全和社会和谐稳定。

8月,市人大常委会对济南市贯彻《中华人民共和国大气污染防治法》情况进行执法检查。检查组于8月1~4日听取6个区政府及章丘华电、中石化济南分公司、济南市热电公司、济南市热力公司、济钢集团等重点企业关于大气污染防治工作汇报,实地察看二环西路道路施工工程、中海国际社区施工工程扬尘污染防治工作,清源机动车检测中心机动车污染防治情况,华能济南黄台发电有限公司新建机组脱硫脱硝设施运行情况和污染减排情况,济南金鸡岭热电厂污染防治设施升级改造及运行情况,山水集团污染防治设施和在线监测设施运行情况。9月19日,市人大常委会主任雷建国带领执法检查组听取市政府关于贯彻实施《大气污染防治法》情况汇报,实地察看济钢集团烧结机脱硫设施运行情况和机动车冒黑烟查处情况。9月26日,市十四届人大常委会第三十三次会议听取审议执法检查组关于检查全市贯彻实施《中华人民共和国大气污染防治法》情况报告。

(盛宝富　王义男)

【人事任免】 市人大常委会共任免市政府组成人员、市人大常委会办事机构和工作机构工作人员、市中级人民法院、市人民检察院工作人员106人(次),补选省十一届人大代表1名,确认5名补选的市人大代表资格有效,许可对1名市人大代表采取刑事拘留强制措施。

1月17日,经市十四届人大常委会第五十九次主任会议研究,免去:刘延道的济南市人大常委会办公厅副主任职务,冯福瑞的济南市人大常委会法制工作室副主任职务。

1月25日,市十四届人大常委会第二十七次会议决定:接受陈先运辞去济南市人民政府副市长职务的请求。

决定任命:张曰良为济南市水利局局长。

决定免去:孟庆斌的济南市水利局局长职务。

任命:郑玉为济南市中级人民法院审判员、审判委员会委员,蒋忠平、王保新为济南市人民检察院检察委员会委员、检察员。

免去:季成兰的济南市中级人民法院审判员、审判委员会委员职务,刘长立的济南市中级人民法院刑事审判第二庭庭长职务,宋海东的济南市中级人民法院民事审判第五庭副庭长职务,蒋忠平的济南高新技术产业开发区人民检察院检察长职务,祁传祥、魏艳书、朱辉、张希民的济南市人民检察院检察员职务。

批准接受:王保新辞去槐荫区人民检察院检察长职务。

通过《济南市第十四届人民代表大会常务委员会代表资格审查委员会关于补选的市十四届人民代表大会代表资格的审查报告》,确认市中区人大常委会补选的孟庆斌,长清区人大常委会补选的雷建国,平阴县人大常委会补选的宋玉国、朱云生,济阳县人大常委会补选的王壮等5人的市十四届人民代表大会代表资格有效。

3月25日,市十四届人大常委会第二十九次会议决定:接受申长友辞去济南市人民政府副市长职务的请求。

任命:王鸿翔为济南市中级人民法院立案第一庭庭长,胡友明为济南市中级人民法院立案第二庭庭长,郑国栋为济南市中级人民法院立案第一庭副庭长,刘继华为济南市中级人民法院立案第二庭副庭长,阴波为济南市中级人民法院立案第二庭副庭长,吕明为济南市中级人民法院刑事审判第二庭副庭长,吉建春为济南市中级人民法院执行第二庭副庭长,邹立秀为济南高新技术产业开发区人民检察院检察委员会委员,郭振道、张富涛为济南市城郊地区人民检察院检察委员会委员。

免去:胡友明的济南市中级人民法院立案庭庭长职务,王鸿翔的济南市中级人民法院执行第二庭庭长职务,吕明、郑国栋的济南市中级人民法院立案庭副庭长职务,刘继华的济南市中级人民法院审判监督庭副庭长职务,吉建春的济南市中级人民法院执行第一庭副庭长职务,姜炳忠的济南市中级人民法院审判员、执行第二庭副庭长职务,阴波的济南市中级人民法院执行第二庭副庭长职务,李庆华的济南市中级人民法院审判员职务,张笑剑、王媛、孙树起的济南市人民检察院检察员职务。

批准任命:张笑剑为槐荫区人民检察院检察长。

5月13日,经市十四届人大常委会第六十四次主任会议研究,免去:徐明昌的济南市人大常委会财政经济工作室副主任职务。

5月25日,市十四届人大常委会第三十次会议表决通过,决定任命:李继民为济南市人力资源和社会保障局局长。

决定免去:王平的济南市人力资源和社会保障局局长职务。

任命:贺广宜为济南市人民检察院检察员。

免去:孙叶金、吕兰华、栾合新的济南市人民检察院检察员职务。

6月10日,市十四届人大常委会第三十一次会议决定:接受王良辞去济南市人民政府副市长职务的请求。

决定任命:孙晓刚、李宽端为济南市人民政府副市长。

7月27日,市十四届人大常委会第三十二次会议表决通过,决定任命:米俊伟为济南市民族宗教事务局局长。

决定免去:杨学英的济南市民族宗教事务局局长职务。

任命:王永金为济南市人大常委会内务司法工作室主任,郜业福、郑士刚、王鸿翔为济南市中级人民法院审判委员会委员。

免去:裴金生的济南市人大常委会内务司法工作室主任职务,王永金的济南市人大常委会副秘书长职务,满守玲、许宗兰的济南市中级人民法院审判员职务。

经市十四届人大常委会第六十九次

主任会议研究，任命：许玉慧、李雷为济南市人大常委会办公厅副主任，赵之祥为济南市人大常委会法制工作室副主任，彭子钢为济南市人大常委会财政经济工作室副主任。

9月28日，市十四届人大常委会第三十三次会议表决通过，免去：谢玉芳、郭风照的济南市人民检察院检察员职务，颜杰的济南市城郊地区人民检察院检察委员会委员、检察员职务。

确认主任会议《关于许可对市第十四届人大代表韩俊芝采取刑事拘留措施的决定》。

11月30日，市十四届人大常委会第三十四次会议表决通过，任命：孙永一为济南市中级人民法院副院长，孙兆远为济南市中级人民法院审判员、审判委员会委员，白龙为济南市中级人民法院审判委员会委员，于辉为济南市中级人民法院审判委员会委员、刑事审判第二庭庭长，吉建春为济南市中级人民法院执行第二庭庭长，辛丕华为济南市中级人民法院审判监督第二庭庭长，严琳琳为济南市中级人民法院民事审判第一庭副庭长，刘彦亭为济南市中级人民法院民事审判第二庭副庭长，褚飞为济南市中级人民法院审判员、民事审判第二庭副庭长，王云为济南市中级人民法院民事审判第三庭副庭长，吴大平为济南市中级人民法院审判员、民事审判第四庭副庭长，孙潇为济南市中级人民法院审判员、民事审判第五庭副庭长，于文诚为济南市中级人民法院行政审判庭副庭长，林洁华为济南市中级人民法院审判监督第二庭副庭长，付雪玉为济南市中级人民法院审判员、审判监督第二庭副庭长，李耀勇、王明华、毕庶惠、曾力、董文龙、王胜瑞、乔东宁、潘志刚为济南市中级人民法院审判员，蒋忠平、王保新为济南市人民检察院副检察长。

免去：李学诚的济南市中级人民法院副院长职务，严琳琳、于文诚的济南市中级人民法院民事审判第二庭副庭长职务，陈俊的济南市中级人民法院民事审判第四庭副庭长职务，王云的济南市中级人民法院行政审判庭副庭长职务，韦保国、姜亦胜、刘莱生、李大军的济南市中级人民法院审判员职务，于联军的济南市人民检察院检察委员会委员职务。

12月27日，市十四届人大常委会第三十五次会议表决通过，决定任命：刘新云为济南市公安局局长。

决定免去：刘杰的济南市公安局局长职务，齐家滨的济南市发展和改革委员会主任职务。

选举李法泉为山东省第十一届人民代表大会代表。（李　彬）

【立法工作】　市人大常委会共制定修改法规4件，其中制定2件、修订2件。接收市政府报备的规范性文件20件。

1. 为保障妇女合法权益，促进男女平等，充分发挥妇女在社会主义现代化建设中作用，根据《中华人民共和国妇女权益保障法》《山东省实施〈中华人民共和国妇女权益保障法〉办法》和有关法律、法规，结合本市实际，2010年11月25日济南市第十四届人民代表大会常务委员会第二十五次会议审议通过《济南市妇女权益保障若干规定》，并经2011年1月14日山东省第十一届人民代表大会常务委员会第二十一次会议批准。该法规自2011年5月1日起施行。

2. 为保障电力事业发展，满足经济社会和人民生活不断增长的用电需求，保证电力安全运行，规范电力管理秩序，维护电力企业和用户合法权益，根据《中华人民共和国电力法》《电力供应与使用条例》《山东省电力设施和电能保护条例》等法律、法规，结合本市实际，2011年5月25日济南市第十四届人民代表大会常务委员会第三十次会议修订通过《济南市电力管理条例》，并经2011年7月29日山东省第十一届人民代表大会常务委员会第二十五次会议批准。该法规自2011年10月1日起施行。

3. 为加强和规范预防职务犯罪工作，遏制和减少职务犯罪，促进国家工作人员依法、公正、廉洁履行职务，根据有关法律法规，结合本市实际，2011年9月28日济南市第十四届人民代表大会常务委员会第三十三次会议修订通过《济南市预防职务犯罪工作条例》，并经2011年11月25日山东省第十一届人民代表大会常务委员会第二十七次会议批准。该法规自2012年1月1日起施行。

4. 为防御和减轻地震灾害，保护人民生命和财产安全，促进经济社会可持续发展，根据《中华人民共和国防震减灾法》《山东省防震减灾条例》等法律、法规，结合本市实际，2011年9月28日济南市第十四届人民代表大会常务委员会第三十三次会议审议通过《济南市防震减灾条例》，并经2011年11月25日山东省第十一届人民代表大会常务委员会第二十七次会议批准。该法规自2011年12月20日起施行。

5. 按照《山东省各级人民代表大会常务委员会规范性文件备案审查规定》和《济南市各级人民代表大会常务委员会规范性文件备案审查工作规则》要求，2011年度共接收济南市人民政府报备的规范性文件20件，处理公民审查建议1件。

（法制工作室）

【代表工作】　各级代表开展活动200余次，提出意见建议70余条。

组织驻济全国、省人大代表和市人大代表，围绕南部山区保护和发展、学前教育、食品安全、城市绿化等开展专题调研，形成专题调研报告40篇。

加强对代表小组活动指导，全市29个市人大代表小组组织开展活动150余次，督办代表建议80余件。

开展常委会主任与副主任接待代表日、常委会组成人员集中联系代表、固定联系代表3项活动，密切常委会同代表的联系。市人大常委会主任雷建国和各副主任分别就有关加强生态系统保护、社区人大代表工作站建设、南部山区保护与发展等接待了人大代表。集中和固定联系代表活动收到书面建议9件、口头建议45条。

组织开展评选先进代表小组和优秀人大代表活动，评选出先进代表小组13个和优秀人大代表124名。12月，市人大常委会召开大会进行表彰。

2300余名县、乡级人大代表向原选区选民进行述职,全市本届的2000余名县级人大代表和4000余名乡镇人大代表全部述职。

建立驻济全国人大代表活动室。组织推荐代表700余人次参加立法座谈会、执法检查、行风测评及考试监督等社会活动,安排50余名代表担任有关部门行风监督员。 (王会磊)

【代表建议办理】 市十四届人大四次会议期间,代表们提出建议、批评和意见341件(含议案转作建议办理的21件),形成议案1件。这些建议均在法定期限内办理完毕并答复代表。从建议办理情况看,被采纳、问题已解决的149件,占43.7%;正在解决和列入计划准备解决的168件,占49.3%;因客观条件限制,暂时无法解决的17件,占5.0%;代表所提建议留作有关单位工作参考的7件,占2.0%。闭会期间代表们提出建议17件,均办理完毕并答复代表。建议面复率保持在95%,代表满意率和基本满意率98.5%,一批群众关心的热点、难点问题均得到较好解决和落实。 (尹相华)

济南市人民政府

【济南市人民政府】 济南市人民政府设市长1人、副市长7人、秘书长1人。市政府机构45个,其中工作部门42个、部门管理机构2个、派出机构1个(高新区)。

全市经济保持平稳较快发展。全市完成生产总值4406.3亿元,比2007年增长58%,人均64331元;实现地方财政一般预算收入325.4亿元,比2007年增长107.3%;社会消费品零售总额2023.1亿元,比2007年增长83.4%;固定资产投资1934.3亿元,比2007年增长106.2%。完成市十四届人大一次会议以来的目标任务,实现"十二五"时期良好开局。

全年市政府制发综合性、政策性文件47件,市政府办公厅制发综合性、政策性文件43件。 (吴开运)

【重要决策决定】 3月22日,济南市人民政府印发《关于印发济南市国民经济和社会发展第十二个五年规划纲要的通知》(济政发〔2011〕13号),分析了全市国民经济和社会发展基础和面临形势,提出"十二五"时期指导思想和发展目标。《纲要》要求,紧紧围绕"拓展城市发展空间、打造现代产业体系"两大重点,加快推进经济转型、城市转型、社会转型"三个转型",大力实施新型城市化、新型工业化、创新驱动和富民惠民四大战略,着力实现优化经济结构、加快社会建设、提升城市品位、保护生态环境、深化改革开放五大突破,努力打造实力济南、魅力济南、宜居济南,全面建设更高水平小康社会,建成与山东经济文化强省相适应的现代化省会城市。

6月3日,济南市人民政府印发《关于印发济南市工业和信息化"十二五"发展规划的通知》(济政发〔2011〕21号),提出全市"十二五"时期工业和信息化发展目标。实施"四大千亿级"工程,即以年均千亿元投入,打造八大过千亿产业,培植过千亿集团,园区总收入实现6000亿元。打造全国重要先进制造业基地、信息服务中心和现代物流中心,构建起济南市现代产业主干体系。到2015年,全市工业、软件与信息服务业、现代物流业增加值达到3360亿元,年均增长13.1%,占全市GDP的50%以上;主营业务收入达到14400亿元,年均增长13.1%。

8月31日,济南市人民政府印发《关于转发鲁政发〔2011〕28号文件进一步做好深化经济体制改革工作的通知》,要求紧紧围绕"调结构、稳物价、保民生、促改革"总体要求,积极推动重点领域和关键环节改革。一是加快转变政府职能,二是大力推进水利体制改革,三是加快医药卫生体制改革,四是扎实推进金融改革创新,五是加快推进服务业综合改革试点工作。

9月29日,济南市人民政府印发《关于建立城乡居民社会养老保险制度的实施意见》(济政发〔2011〕34号),要求统筹城乡社会保障体系建设,不断提高保障水平,建立与全市经济社会发展水平相适应、与其他保障措施相配套,管理规范化、服务社会化的城乡居民社会养老保险制度,使全市城乡居民享有基本养老保障。

12月12日,济南市人民政府出台《关于加强农田水利基本建设的实施意见》(济政发〔2011〕44号),规划到2020年,全市85%耕地纳入灌区建设范围,"旱能浇、涝能排"高标准农田面积达到30.67万公顷;新增灌溉面积4万公顷,新增旱涝保收面积13.33万公顷,恢复灌溉面积2万公顷,改善灌溉面积7.33万公顷;发展节水灌溉面积13.33万公顷,总体达到23.33万公顷,农田灌溉水有效利用系数达到0.68;新增、改善除涝面积3.33万公顷,基本消除易涝面积;治理水土流失面积1200平方公里;增加蓄水能力2亿立方米。农村饮水普及率"十二五"末达到98%。 (吴开运)

【文电办理与会议活动】 制发市政府及办公厅文件1256件;办理领导审阅件30567份,领导批办件2870余份,办结率100%;办理上级通知和内部明电、密码电报1135件,制发电报57件,传阅上级文件和内参10356余件;收发各级来文60326份。

完成市长、副市长讲话等综合文稿1800余篇、520余万字。开展专题调研142次,形成调研报告163篇。编发政务信息3360条,其中市领导批示124条(次);上报国务院办公厅信息采用35条,国务院领导批示11条,其中作为国办信息联系点直报国办信息采用15条、领导批示7条,得分居全国直报点城市第2位。上报省政府办公厅信息采用综合得分居全省17市第2名,省政府领导批示6条。

承办大中型会议活动409次,其中市政府全体(扩大)会1次、常务会25次、市政府党组会2次、电视电话会68次。市政府主要领导参加的会议和调研、现场察看活动 113 次。接待政府考察团 120 个 1400 人次，其中外宾团组 10 个 80 人次。

（吴开运）

【调研信息】 综合文稿服务实现新突破。全年完成市长讲话 177 篇，常务副市长讲话 148 篇，其他领导讲话 25 篇；起草审修新闻稿件 45 篇、政府文件 7 件，工作汇报等综合文稿 214 篇。

决策调研取得新成果。先后开展创新驱动战略、会展产业发展、省会都市农业发展等 10 个重点课题调研活动，完成南部山区保护与发展、打造中小企业“金融超市”、当前宏观经济环境对全市税收影响等指导课题及市领导交办调研课题 15 个，配合国务院参事室、省政府研究室、市纪委、市民主党派开展软件产业发展、学前教育、中医药发展、战略性新兴产业发展等课题调研，共撰写调研报告 28 篇、专报 16 篇，编发《供参阅》14 期、刊用调研报告 29 篇。

借脑聚智取得新进展。全面推进“开门”写讲话、写报告、搞调研工作机制建设，整合各类决策服务资源，加快构建开放式决策服务格局。邀请市委党校、社科院多名专家教授参与决策服务活动，初步构建决策服务专家队伍。推进政府决策服务网络建设，在已有 13 家重点企业、研究机构的基础上，全年又增加 10 家农业农村工作重点联系单位。3 月份，开通研究室网站暨市政府决策服务平台，设置 10 大板块、52 个栏目。

（高岐 魏杰 罗继敏）

【政务督查】 督办市政府常务会议、市政府专题会议确定事项 57 项，督办《政府工作报告》、为民办 10 件实事等专项工作 85 项，办理省、市领导批示事项 52 件，编发《济南政务督查》33 期，组织开展联合督查、现场督查 27 次。督办省、市建议提案 1036 件，其中省建议提案 37 件、市建议提案 999 件，报市领导批阅 105 件，以市政府名义答复 100 件，人大代表、政协委员满意和基本满意率达 99%。协调全国、省、市人大、政协各类视察、检查活动及会议 50 余次，组织 6 次市人大常委会议审议意见落实工作，涉及议题 28 项，组织和参加省、市两级建议提案现场答复会议 15 次。

（吴开运）

【12345 市民服务热线】 受理市民来电（短信、市长信箱邮件）153 万多个，其中来电约 150 万个；省长、市长信箱约 1.2 万件；短信平台约 1.9 万条。日均受理市民诉求 4182 件，10 月份后日均突破 5000 件。外拨电话 70 余万个，日均通话时长 208 小时。办结率超过 98%，回复率保持 100%。发挥汇集民情民智、服务科学决策作用，深入分析社情民意信息，撰写日报、周报、月报、专报、简报等各类文字材料 600 余篇，约 150 万字，领导批示率 80% 以上。加强服务品牌建设，中央、省、市各级媒体发表关于 12345 热线报道近 3000 篇次。国家标准委正式批准济南市 12345 市民服务热线作为全民参与社会管理服务标准化试点单位，成为 2011 年全国副省级城市政府中唯一的国家级服务业标准化试点项目。热线先后获全国巾帼文明岗、全省富民兴鲁劳动奖状等多项荣誉。

（吴开运）

【网上政府】 规划实施市电子政务专网升级扩展工程，制发《市政府系统电子政务办公专网升级扩展工程实施方案》，专网联网单位从原来 290 多个增加到 900 多个。开发市电子政务基础办公系统，注册全市电子政务基础办公平台用户约 17000 人。完成办公厅和 4 个县（市）区及部分市政府部门办公系统流程调整、数据迁移等工作。对济南政府网进行改造升级，增强信息公开功能，将 12345 市民服务热线、行政审批服务中心、公共资源交易中心等办事信息在公示栏公开。改造后网站拥有各级栏目 846 个，全年发布各类信息约 20 万条，文字量 9500 多万字，图片 6 万多幅，日均访问量提高到 11 万余次。在第十届（2011）中国政府网站绩效评估中，济南政府网列省会城市第二名、副省级城市第四名，连续 4 年位次稳步提升，进入全国政府系统网站先进行列。

（吴开运）

【行政审批服务】 继续清理、减少和调整行政审批服务事项，取消 4 项市级行政审批项目，下放 4 项市级行政审批项目，停止 2 项原属日常行政管理措施的事项，停止执行 5 项原初审后转报省、国家实施审批事项，市级行政审批事项减少为 91 项（包括 213 项内容）。成立住房公积金、住房保障、科技和质监等 4 个审批服务分大厅，4 个审批事项纳入市审批服务大厅办理，进厅部门（单位）达到 84.8%，进厅审批服务事项达到 84%。

（吴开运）

【公共资源交易】 按照国家和省规范公共资源交易行为、提升为民服务水平、推进反腐倡廉要求，打造“一场通”阳光交易平台，进场交易事项发展到建设工程、政府采购、产权交易、土地出让、水利工程、户外广告 6 大类，涵盖自然资源、公共资产、公共服务等领域。全年进入公共资源交易中心交易项目 1598 项，交易金额 665.2 亿元。完成省美术馆、省人力资源市场设计等 24 个省重点建设工程项目招标工作，成功组织邹平县、梁山县等外地采购项目开评标工作。

（吴开运）

【食品安全】 在市政府办公厅设立市政府食品安全工作办公室，为正局级行政单位，在各县（市）区成立相应工作机构，并组建首批食品安全社会监督员队伍，全市食品安全监管网络初步形成。制定出台《济南市食品安全案件督察督办制度》《济南市食品安全联席会议制度》等工作制度，形成规章健全、职责明确、运转顺畅、协调有力的食品安全监管机制。开展“地沟油”及餐厨废弃物、“瘦肉精”、违规食品添加剂、“塑化剂”、问题乳粉、农村食品安全、餐饮服务单位食品安全等专项整治活动。

（吴开运）

【应急管理工作】 1. 完善政务值班制度，提高信息报送效率。健全日常政务文电和突发事件信息接报处理流程，严格落实值班人员工作守则和纪律，接报各类突发事件信息 88 件，未发生一起漏接错报事件。定期分析各县（市）区政府、各有关部门值班和重要信息报告情况，先后 2 次下发全市突发事件信息报告情况通报。全年运转承办各类文件、电报等7000余件，填报《重要来宾报告单》《各县(市)区政府和政府各部门主要负责人出差(出访)、休假报告单》等650余件，协同市信访局工作人员填制《市政府每日门前群众上访情况》100余件，整理编发值班报告85期。

2. 加强应急能力建设，提升突发事件应对处置水平。①下发《关于做好应急预案修编及演练工作的通知》，将2011年作为全市应急预案修编年，协调有关部门完成10多部市级专项预案修订、审核工作。举办80余起防灾应急疏散演练，提高了社会公众防灾减灾意识和应急避险能力。针对季节性易发突发事件，组织有关部门开展演练150余起。针对易发事故隐患，组织协调有关单位开展开元隧道事故、高层建筑火灾、高速交通事故等突发事件应急救援演练。②按照平急结合工作要求，加强与有关单位的日常紧密联系和沟通交流，完成《济南市2010年度突发事件及应对工作总结评估报告》，为有效应对处置各类突发事件提供范例。全年以市政府办公厅或应急办名义下发防大风降温、防森林火灾、防大雾气象灾害等预警通知20余次，达到早预警、早报告、早处置目的。成功应对处置"3·8"白鹤仓储中心火灾、"3·17"食盐抢购风波、"4·18"长清山林火灾、"7·2"中石化天然气管道爆炸、"8·21"泰安毒蘑菇中毒事件、"11·29"雨雪冰冻天气、"12·4"大雾天气等多起影响较大突发事件。12月4日，济南市出现罕见大雾天气，市政府应急办及时协调有关单位，向市内疏散机场滞留旅客15000人次。与淄博市签订应急管理区域合作协议，携手应对各类突发事件。③加快市政府应急平台建设进程，发布《市政府应急平台项目(一期)建设方案征集公告》，并组织专家对方案进行论证，完成《济南市政府应急平台一期工程建设方案》。推进全市各级各类应急救援力量及装备资源整合，加快市应急救援综合训练基地立项及规划，充实强化防汛抗旱、抗震救灾、市政工程、环境保护、医疗卫生等专业救援抢险队伍和企事业单位专兼职应急队伍，全市应急队伍救援力量显著增强。

3. 开展应急科普宣教和培训工作。依托市政府应急管理网做好应急管理工作宣传，网站全年进行信息维护2000余条、发布预警信息20余次。通过各县(市)区政府和市教育局，向市民和中小学生免费发放《济南市民防灾应急手册》10万余册。组织市卫生局、疾控中心、120急救中心等单位10余名专家参与，由专业动漫公司制作15集公共卫生类应急知识动画片，印制光盘5000套发放给有关部门。举办2011年全市应急管理培训班，聘请清华大学、山东大学、吉林大学知名应急管理专家授课，有130余人参加培训，强化各级应急管理干部危机意识和忧患意识，提升预防和处置突发事件能力。编发《应急管理工作动态》10余期，刊发稿件30余篇，其中上报《山东省应急管理工作动态》稿件20余篇。 (卞学光)

【政府法制工作】 1. 加强依法行政的规划协调和督促检查。宣传贯彻国务院《全面推进依法行政实施纲要》《加强市县政府依法行政的决定》和《关于加强法治政府建设的意见》，认真落实依法行政报告制度，组织各县(市)区政府、市直部门向市政府呈报2011年度依法行政工作报告。完成对县(市)区、市直部门年度依法行政考核，考核结果纳入全市科学发展综合考评体系，推进基层依法行政。召开全市依法行政工作会议，通报表彰32个全市依法行政先进单位和75名先进个人。颁布实施《济南市推进依法行政若干制度规定》(政府令第242号)。

2. 做好政府立法和规章清理工作。市政府颁布《济南市推进依法行政若干制度规定》《济南市地质灾害防治管理办法》《济南市住房公积金管理办法》3部政府规章，起草《济南市防震减灾条例》《济南市城市供水条例》《济南市城市绿化条例》提交市人大常委会审议。对7件地方性法规和政府规章提出清理意见。

3. 加强法制监督协调。4月18日，举行行政执法电子监察系统开通仪式，市级38个行政执法主体的全部行政处罚事项实行"信息网上录入、流程网上运行、活动网上监督"，通过实时监督、合法性把关、信息认证、流程规范等方式，实现对行政执法行为的预警纠错和绩效评估。截至年底，17个部门在系统内办理处罚案件2779件，已结案1355件，市法制办对系统自动预警提示的53个问题逐一核实，督促部门整改。继续清理现有市级审批事项，取消4项、下放4项、停止执行5项。强化编码管理，对有关部门增设审批事项

2011年4月18日，济南市行政执法电子监察系统正式开通。 (市法制办供稿)

申请深入调研论证，把住审批数量反弹关口。开展审批事项清理结果执行情况专项检查，及时纠正暂缓事项继续实施、下放事项落实不到位等问题。新发执法证件673个，审验执法证件1784个，对838名执法人员进行法律知识抽测，提高执法队伍业务能力。建立行政执法监督员制度，在市人大代表、政协委员及市直机关、新闻单位、企事业单位工作人员中选聘108名监督员，行使执法监督权，增强监督合力。为贯彻《行政强制法》，对全市47个部门上报的511项行政强制主体、行政强制措施和行政强制执行事项进行集中梳理清理。

4.创新开展行政复议工作。2月19日，市政府办公厅下发《关于成立济南市人民政府行政复议委员会的通知》（济政办字〔2011〕5号）和《关于印发济南市开展相对集中行政复议立案权工作方案的通知》（济政办字〔2011〕6号），3月1日起开展相对集中行政复议立案权工作，正式启动行政复议委员会试点改革。成立市政府行政复议委员会，建立起政府负总责、政府法制机构牵头、各职能部门为主体的行政复议工作新体制，制定完善委员会工作规则、集中受理转送复议申请等制度，设立集中受理大厅。全年共直接办理行政复议案件217件，受理复议申请后转办15件。代表市政府参加或者组织有关部门参加行政应诉168件。针对复议案件呈现出群体性案件增多、案件相对集中、类型更趋多样性特点，整合复议资源，受理案件，创新案件审理、调解、执行模式，提高复议办案质量。

5.严格规范性文件审查和备案管理。审查、备案规范性文件170件，向市人大和省政府备案20件。完善审查流程，明确承办人职责范围，实行承办人负责制，将岗位责任落在实处。严格落实县（市）区规范性文件目录季报制度，有效提高备案审查率。强化文件清理，按照省法制办做好有关征地拆迁的规章和规范性文件专项清理工作要求，共清理市和县（市）区政府及部门发布的有关征地拆迁的规范性文件11件，保留4件、修改7件。为贯彻实施《行政强制法》，对41个部门清理现行有效规范性文件结果进行审核确认。加强指导监督，与各级各部门法制机构沟通联系，及时帮助解答规范性文件制发中遇到的法律问题，定期进行专项检查，提高文件报备率。做好上报备案，确定专人，落实责任，做好市政府规范性文件向省政府和市人大备案工作，实现及时报备、应备尽备。

6.开展法制研究、宣传和培训工作。改版法制办网站，充实法制信息联络员队伍，编辑发行《济南政府法制》4期，编发、上报各类法制信息674条次。市法制办被国务院法制办评为“2011年政府法制信息报送先进单位”。结合县（市）区政府法制座谈会以会代训，对基层法制办主任进行依法行政强化培训。启动行政执法人员法制轮训工作，对全市行政执法人员的基本情况进行调查摸底，制订培训计划，全年分8期对700名行政执法人员和190名复议应诉人员进行资格培训。围绕复议委员会试点、执法监察系统、立法决策与评估等调研课题，组织开展课题评审活动，为工作创新提供理论支撑。

（刘洪涛　张　楠）

【仲裁工作】　全年受理办结案件1707件，比上年增长139%；涉案标的额14.5亿元，比上年增长21%；按期结案率95%，比上年提高5个百分点；当事人满意率96%，比上年提高5个百分点。年内获山东省省级文明单位、山东省依法行政先进集体、山东省依法行政宣传工作先进集体、济南市先进党组中心组、济南市12345热线办理工作先进单位等称号。

1.仲裁服务工作。到省家庭服务业协会、市贸促会、力诺集团等十几个行业和单位走访调研，对涉及济南仲裁的意见和建议，及时梳理，积极采纳，限时改进。为帮助建筑房地产企业有效防范经营风险，举办“建筑房地产发展与风险防范论坛”，邀请全国著名专家和律师到会做主题报告；举办《民事诉讼法》修改专题报告会，邀请全国人大常委会法工委有关领导授课；举办民诉法与仲裁法的衔接和完善理论研讨会，通过这些活动，提升了企业法人和法务工作者的法律风险防范意识。向社会公开承诺4项免费为民服务措施，实际免费服务10项，成立仲裁法律咨询服务中心，免费为群众和企业提供仲裁法律咨询服务5000多人次；成立仲裁法律宣讲团，免费培训企业中高层管理人员30多场次；印制10余种规范合同文本，免费向企业发放10万余份；开展仲裁法律“进行业、进企业、进校园、进园区、进社区”活动，免费为数以万计的企业和群众提供法律服务；免费为无法律顾问的小企业进行合同效力确认，将化解经济纠纷关口前移。

2.成立济南仲裁委仲裁调解中心。为适应仲裁事业快速发展和济南市大调解、大和谐、大稳定形势需要，3月成立济南仲裁委仲裁调解中心，搭建起仲裁前调解平台。一是扩大调解范围。对于无仲裁协议或仲裁协议无效的民商事纠纷，可以根据一方、双方或多方当事人的申请作为调解案件受理。二是灵活运用调解方式。当事人可以采取口头、书面、电话、传真、电子邮件、网络视频等方式进行调解。三是确保调解效力。当事人可以达成调解协议或者申请根据调解协议制作仲裁裁决书或者调解书。如果当事人双方达不成调解协议，还可以选择进入仲裁程序。仲裁调解中心共受理电话咨询5000余件，现场咨询100余件，成功调解民商事纠纷90余件。

3.加大宣传力度。在国家、省、市级电（视）台、报刊、网络发稿600多篇（条），在全国仲裁座谈会和年会上介绍经验。与济南电视台合作开播“仲裁与社会”电视栏目。与《济南日报》合作成立“济南日报驻济南仲裁委员会记者工作站”，成为全国第一家由党报进驻的仲裁机构；与《济南日报》合作开办“仲裁与社会”专栏、“品牌”专版，与《济南时报》合作开办“仲裁在你身边”专栏，用案例宣传仲裁制度。创办《仲裁与社会》杂志，免费发放给仲裁服务对象，受到社会各界好评。组织创作90米仲裁文化长卷，获世界纪录协会颁发的《世界最长的仲裁文化书画长卷》。通过创新宣传载体、整合宣传资源、完善宣传机制等方法,促进仲裁制度推广。

4. 提高办案质量。济南仲裁委对外承诺4个月内结案,内控3个月内结案;实行办案秘书月考核通报制度,对不能按期结案的办案秘书,一次通报批评,两次下岗培训;对仲裁员实行百分制考核,对扣40分以上仲裁员,当年不再交办案件,第二年解聘。对新聘356名仲裁员,实行资格认证上岗制度,对没有参加培训或经培训不合格者予以解聘。规范办案流程,对仲裁案件实行微机自动化管理,对不能按时进入下一个程序的案件,微机自动提示,领导及时督办。　（邓　鑫）

【口岸管理】　依托济南出口加工区申建综合保税区工作,成立市综合保税区建设领导小组,小组办公室设在市口岸办。3月份海关总署正式启动审批程序,已征得国土部、住建部、国家发改委、商务部、财政部等9部委同意,进入最后审批程序。全市口岸系统开展创“三优”共建文明口岸活动,解决出入境旅客、国际旅行社、货代企业、进出口企业反映的难点、热点问题,建立口岸联席会议制度、信息交流机制、行风监督机制,促进口岸各单位执法、服务水平不断提升。在全省2010～2011年度共建文明口岸评比中济南航空口岸被评为省文明口岸,济南海关等7个单位被评为省共建文明口岸先进单位,济南边防检查站尹春雨等7人被评为省共建文明口岸先进个人,济南海关张捷被评为山东口岸十大文明标兵。

年末,济南机场有21家国内外航空公司执飞100余条航线,与国内外80余个城市通航,日进出港航班200余架次。济南机场旅客吞吐量787.97余万人次,货邮吞吐量7.76万吨,同比增长14.2%、10.6%。济南空港口岸运营国际(地区)航线6条,出入境人员19.4万人次,出入境航班1711架次,同比增长28.8%、14.4%。办理台湾居民落地签证864份。济南机场先后开通西安—济南—大阪、济南—澳门、济南—高雄旅游包机,大韩航空公司执飞的济南—首尔航班、长荣航空公司和山航执飞的济南—台北航班各增至每周4班,济南—台湾(台北、台中)每周已达10个往返航班。　（王华晨）

【创建“贴心民政”服务品牌】　1.“贴心民政”品牌创建工作。推广“村(居)民政强基工程”,通过以奖代补形式,为全市5088个村(居)选配民政助理员,民政部部长李立国对济南市通过财政补贴加强村级民政工作力量的做法给予充分肯定。论文《探索建立村(居)民政助理员制度、完善基层民政公共服务网络》获全国民政政策理论调研二等奖;创新开展“走进民政看民生”和“贴心民政爱心大篷车”活动,围绕群众和社会各界关注的热点、难点问题,开展主题活动15次。在《济南日报》刊登“贴心民政”专版12期,完成《贴心民政》一书编辑工作。

2. 深化党务政务公开。成立党务公开工作领导小组,制定下发《中共济南市民政局委员会党务公开实施细则》,在济南民政信息网开设党务公开栏,定期公开相关内容。全年办理12345市民热线936件,回访率100%,满意率98%;办理人民来信9封、电话反映问题20余次,办结率100%;在济南民政信息网回复问答1500余条,在市政府网站答复咨询信息300余条;收到人大代表建议、政协提案(意见)50件,办结率和满意率100%。聘请党务公开监督员、设立监督举报电话和网上、网下意见举报信箱,有效推进党务公开工作开展。加大政务公开力度,编纂《济南民政信息》21期,向上级部门报送信息500余条,编辑《领导参阅》12期。完成2010年机关文书档案整理工作,移交市档案局保管,获2011年度全市档案工作先进集体。

3. 加强政策法规和党风廉政建设。开展全市民政系统2011年度政策理论研究工作,编辑出版《2011年“贴心民政”调研文集》,收集调研文章70余篇,其中2篇调研报告分获全国民政政策理论调研二、三等奖,6篇调研文章获市委、市政法委一、二等奖。制定印发《济南市民政系统法制宣传教育第六个五年规划》,认真落实党风廉政建设责任追究制,按照责权分明原则,定期进行监督检查。建立廉政风险防控机制,成立廉政风险防控领导小组,排查潜在廉政风险点29个。制定出台《关于进一步加强局机关财务管理的通知》,建立健全对全局公用经费开支定期通报制度,并自觉接受财政、审计等有关部门监督。

4. 基础民生设施建设。投资1.54亿元,建筑面积3.5万平方米、设计床位1000张的市儿童福利院投入使用,5月29日,民政部部长李立国和省委副书记、省长姜大明出席市儿童福利院启用仪式。11月27日,山东济南养老服务中心项目奠基开工。占地约0.73公顷,投资1.15亿元,建筑面积3.2万平方米的市军休服务中心大楼主体工程已经通过验收,正在进行后期装修;投资1500万元,建筑面积5260平方米的市精神病院病房楼扩建工程按期完工,新增床位160张,改善了该院基础设施条件。市救灾应急物资储备管理中心项目加快推进,市发改委已研究通过,该项目计划占地面积2.33公顷,建筑面积6000平方米左右,其中库房5000平方米。济南革命烈士陵园(济南战役纪念馆)筹资近700万元,完成英雄山蓝天舞池市民休闲广场整修改造工作。

5. 民政队伍建设。按照《党政领导干部选拔任用工作条例》和党政领导干部选拔任用4项监督制度,完成机关试用期满处级干部考核,通过竞争上岗提拔处级干部5名,组织2次局属事业单位公开招聘,指导儿童福利院完成30个岗位设置和聘用工作,组织全系统98名工人参加全市技术工人等级考试。出台《济南市中长期社会工作人才发展规划(2011～2020)》和《社会工作人才队伍建设“以奖代补”暂行办法》,制定《社工职业准入和岗位设置指导办法》《关于加强社会组织人才队伍建设的意见》。通过市本级购买专业社工岗位100个,通过以奖代补形式鼓励各县(市)区在街道、社区聘用专业社工100人,委托济南社工协会面向全国招聘全职社会工作者80人,使市本级聘用专业社工人数达到102人。鼓励和扶持民办社工服务机构发展，济南社工协会、山泉、基爱、积成社等民间社工机构逐步发展壮大，已聘用优秀专业社工 150 余名。（陈尚军）

【农村基层政权建设】 基本完成全市第十届村委会、第八届社区居委会换届工作。在城市社区首次在候选人提名阶段实行考核考试，有 139 人通过选举程序当选为社区居委会成员，村、居“两委”班子结构进一步优化，综合素质明显提升。加强村务公开民主管理，在全市农村设立新型村务公开栏，完善公开内容、时间、方式和程序，市中区、商河县被推荐为“全国村务公开民主管理示范单位”。（陈尚军）

【社区建设】 推进城乡社区建设，在市中区试点建立社区管理服务系统，建成“济南社区服务网”，出台《济南市管理服务示范社区评定标准》，开展农村社区建设示范村工作，打造农村“品牌社区”，槐荫区、天桥区、历城区、章丘市、平阴县实现农村社区建设全覆盖。（陈尚军）

【行政区划与地名管理】 完成章丘市黄河乡、商河县白桥乡撤乡设镇及平阴县榆山街道和锦水街道部分区划调整。推进平安边界建设，完成 9 条县界联检任务；开展创建“边界和谐走廊”活动，结合乡镇和村居换届督导各地签订新一轮“共建平安边界协议书”。完成西客站片区地名规划命名工作，探索建立地名命名与片区功能定位、当地群众意愿、历史文化传承有机融合新模式，命名的 22 条道路和 5 个居民安置区受到好评。继续加强地名文化建设，编辑发行《古城印象》济南旧影邮票邮资明信片珍藏册，成为国内首部以邮票和明信片形式来展现济南古城风貌的明信片珍藏册。济南市被评为首批“全国地名公共服务示范市”，章丘市被民政部、联合国地名专家组中国分部认定为“千年古县”。（陈尚军）

【社会组织管理】 对全市各类社团组织、民办非企业单位开展“送年检上门”服务，共年检民办非企业单位 1805 家、社会团体 935 家。制订出台《济南市社会组织评估实施办法》，通过实行差别化管理，督促社会组织规范自身行为，实现快速健康发展。深入开展社会团体“小金库”治理“回头看”工作，制定出台《济南市社会团体防治“小金库”暂行办法》等制度。年末，全市社会组织 3247 个，其中社会团体 1299 个、民办非企业单位 1948 个；农村经济协会和社区社会组织分别达到 456 个和 1409 个。社会组织党建工作得到较快发展，社会组织党组织覆盖率达 69.16%。（陈尚军）

【退役士兵接收安置】 接收转业士官和退役士兵 4014 名，利用山东蓝翔技校全市退役士兵技能培训基地和各县（市）区培训基地开展城乡一体化退役士兵培训，全市退役士兵培训率达 75%。为 274 名选择自谋职业退役士兵办理手续，发放自谋职业金 949.68 万元。（陈尚军）

【军队离退休干部安置和管理】 完成全年 479 名军休干部安置任务，实现 589 名师级军休干部到省级医院就医。对全市 3491 名军休干部（士官）和 1035 名无军籍职工信息数据进行更新。12 月 9 日，承办全省军休工作规范化建设现场经验交流会，向全省民政系统介绍济南市军休规范化工作经验。（陈尚军）

【双拥工作】 开展拥军优属活动。“八一”期间，市六大班子领导带领市“双拥”工作领导小组成员单位，先后到济南军区、济南军区空军、省军区和武警山东总队等驻济部队机关走访慰问，赠送慰问金 1000 余万元和价值 300 余万元慰问品。9 月 9 日，济南爱国拥军促进会在舜耕会堂召开成立大会。注重解决部队官兵实际困难。按照《济南市随军家属安置就业暂行办法》，对驻济部队符合随军条件且未就业的部队随军家属情况进行调查摸底，确定 1059 名随军家属人员名单，并协调财政部门落实经费 325 万元，切实保障随军家属每月 510 元的基本生活补助费及时足额发放。建立机关事业单位随军家属安置工作长效机制，与市人社局联合制定《济南市机关事业单位接收安置随军家属工作的意见》。（陈尚军）

【优抚工作】 借助新农合注重强化基础工作有利时机，协调市卫生局新增农村优抚对象门诊医疗定点 3772 家。为农村优抚对象维修住房 470 多户，将市内 5 区优抚对象优先纳入廉租房摇号选房。重大节日走访慰问救助优抚对象近 1.3 万户，发放慰问金、救助金近 710 万元。制定下发《关于推进基层优抚工作规范化的通知》，对 21 项优抚业务进行全面规范，明确基层优抚工作操作标准。将义务兵优待金标准由原来每年 2000 元提高到上年度农民人均纯收入水平，并全部实行城乡统筹。在全省率先完成 15525 名农村退伍老兵普查统计和身份认定工作，对全市 1385 名抗美援朝烈士名单进行系统整理，将 22150 名优抚对象基本信息全部录入优抚信息系统。（陈尚军）

【民政事业单位管理】 济南革命烈士陵园（济南战役纪念馆）全年接待团体 774 个、观众 115313 人次，为观众讲解 935 场次，播放全景画 892 场次，特殊接待服务 20 场次。投入 700 多万元，对有近 20 年历史的蓝天舞池进行大规模改造提升，将其变成集休闲娱乐和活动健身于一体的市民休闲地，并免费向市民开放。开通“网上烈士查找”和“干部骨灰堂”网上祭奠板块。8 月，将散葬在市中区、天桥区、槐荫区的 13 位有名烈士和 13 位济南战役牺牲的无名烈士分两批迁入济南革命烈士陵园统一安葬。

济南市社会福利院坚持亲情化服务，提高老人生活质量，确保老有所养。9 月 9 日～10 月 9 日，结合中国传统中秋、重阳佳节，开展“情系孤老、爱在双节”敬老月系列活动，提高孤寡老人社会关注度，倡导尊老敬老社会氛围。10 月，与中国社工教育协会驻济 8 所高校签订协议书，成为社工专业学生实习基地，为社工人才引进和社工专业知识普及提供便利。

济南市儿童福利院 5 月 29 日正式投

入使用，是一所集抚育、教育、医疗、康复、特教、家庭寄养、国内外收养、家庭教育、技能培训于一体的综合性儿童福利机构。8月份启动“社会开放日”以来，共接待社会各界爱心人士8000余人。全年接收弃婴、弃儿104人。

济南市救助管理站推进“关爱救助在行动”品牌创建，全年共救助8612人，其中街头巡回救助3206人。为85名精神病人和老人儿童找到亲属，接收患精神疾病山东籍外省受助人员980人次，妥善安置郑承镇遗留下来的9名孩子，配合公安打拐护送新疆儿童16人次。

济南市社区服务中心在全市打造“心连心”家政、婚庆、婚介品牌，成立济南市婚姻协会。与中国老龄基金会专业服务团队合作提升“贴心一键通”综合性服务平台，开通新的呼叫服务系统，实现与120、110、119三方实时通话。年末，“贴心一键通”用户近7000户，实施紧急救助300余人次，提供各种日常生活服务75000余人次。（陈尚军）

【史志工作】 1.二轮修志工作。按照“总体设计、全面推进、重点突破、确保质量、分册出书”的编纂工作思路，制定《济南市志（1986～2010）》编纂出版规划，对整部市志编纂出版进行整体设计。制定《〈济南市志（1986～2010）〉第一册编纂出版实施细则》，针对第一册涉及内容、有关承编单位、工作模式及程序、初稿审核标准、工作步骤及时间要求、相关课题外包、组稿任务分工进行细致分解。以市经信委为主要承编单位的工业卷先期启动试点课题承包编纂模式，作为二轮市志编纂难点取得重要进展。截至年底，完成第一册全部组稿任务，完成全部市志初稿编纂任务的20%，市志封面设计征集工作启动。加强对《中国地方志》《山东史志》等理论书刊学习，研读《邗江县志》《丰南县续志》《周村区志》等优秀志书，汲取先进经验，增强质量意识，提高编辑技能。在《山东史志》《广西地方志》等发表数篇业务论文，平阴史志办撰写的《从〈平阴玫瑰志〉编纂看平阴玫瑰产业发展的几个问题》一文入围全省史志系统“八个一优秀”优秀业务文章。

按时完成省史志办部署的《山东省历史地图集·济南》文化卷、经济卷、古地图卷、军事卷审核校对及报送工作，《山东省汶川特大地震救助援建志》济南部分的稿件已审定并提报有关照片，《中华人民共和国第十一届运动会志》（济南赛区）撰稿任务已完成。

推动和指导部门志、专业志、基层志书编纂。《济南水利志》《济南军事志》《济南科技志》出版。对续修的《历下区志》《历城区志》《天桥区志》多次进行调研审稿，提出修改意见和建议。对在市政协十二届四次会议上收到的《关于加快撰写我市地方村（居）史（志）的建议》提案，形成《关于加强村居史志编纂工作的意见》向县（市）区下发，提出特别是已拆迁或消失的村（居）要首批抢救挖掘。《商河乡村志》编纂进入志稿搜集整理收尾阶段，槐荫区《槐荫区农村概览》编纂工作启动。章丘《大寨村志》《龙山村志》、济阳《孙耿镇志》、历城《冷水沟村志》、平阴《孝直村志》、天桥《药山春秋》、槐荫《西张家庄村志》出版。章丘《旧军村志》、商河《殷巷镇志》《蓝家洼村志》、历城《辛甸村志》正在编纂中。

2.年鉴编纂工作。3月21日，全省史志系统“八个一优秀”评审领导小组全体会议在济南召开，会议以无记名投票形式评选出2010年度全省史志系统“八个一优秀”评选获奖单位和成果，《济南年鉴》2010卷被评为全省史志系统优秀综合年鉴。《济南年鉴》2010卷还获第五届全国年鉴编校质量评比特等奖。《济南年鉴》2011卷在吸取上年工作经验基础上，严把质量关，以史料精确、文字精练、格式规范为目标，组稿快速，栏目框架更加趋向科学合理，编校审慎严密。在年鉴彩页中着重反映全市“十一五”期间取得成就，对“十二五”开局之年市委市政府提出“四大战略”设计4个专题进行诠释。10月，2011卷出版发行，光盘一并制作完成。县（市）区年鉴编纂成果不断。《商河年鉴（2007～2010）》《天桥年鉴（2009～2010）》出版发行；《平阴年鉴（2004～2010）》通过专家评审，进入印刷程序；《章丘年鉴（2006～2010）》也在编纂中。

3.方志馆和信息化建设。完成全国45个城市2010年年鉴交换，新购志类文献、线装书籍、工具书1000余册。书籍管理整洁有序，全部录入管理系统，已完成馆藏录入2000余册。电子图书资源的开发利用，方便了社会各界读志用志，为史志工作服务政府、服务社会创造了更加直接的条件。章丘、历下、槐荫、天桥、长清、平阴、商河方志室已建成，其余县区正在争取中。槐荫区方志馆获齐鲁新方志奖优秀方志馆称号。网站及时更新动态栏目，采集整理地情资料和历史图片，收集年鉴彩页照片100余幅、济南泉水老照片60余幅。利用网站平台宣传济南历史文化，及时报道全市史志工作动态，全年点击率20多万次。新增数字化资料300余万字。举办全市史志系统信息管理培训班，为加快全市史志系统信息化建设起到推动作用。有1人被评为全市政府网站建设工作先进个人。

4.拓展服务功能。《济南市汶川特大地震救助援建志》编纂完成，样书已报送参与援川的市级领导及相关部门审阅。《济南泉水志》编纂启动，截至年底，初稿基本完稿，进入编纂阶段。道光《济南府志》整理工作在调研论证基础上启动，整理工作将遵照“整旧如旧”原则，实现古为今用、资政当代。

5.法制化建设。为将全市史志事业纳入法制化轨道，解决组稿难、稿件质量不高等难题，在贯彻国务院《地方志工作条例》和《山东省地方史志工作条例》的基础上，推进依法修志，进一步完善全市史志工作法制化、制度化体系，为全市史志事业发展提供法律依据和制度保障。截至年底，已制定出台县级政府规范性文件7个，济南市及其他县区史志法规建设也在推进中。

6.人才队伍建设。以建设“学习型、研究型、创新型、服务型”史志机构为目标，着力改善现有史志队伍人员结构，培育高素质修志工作队伍，全面推进史志人才队伍建设。进一步完善、实施修志人员业务培训五年规划，全年组织2期全市修志人员业务培训，培训人员70余人，涉及相关部门60多个，有效推动了志鉴编纂工作。 （王 洋）

【《冷水沟村志》出版发行】 1月，《冷水沟村志》出版发行，该志由历城区王舍人镇冷水沟村委会主持编纂，历时2年。《冷水沟村志》全书采用全彩印刷，图文并茂，体例完整，内容翔实。上限至明洪武年间，下限至2007年底。全志共有7篇28章，记录了冷水沟村政治、经济、文化、教育等方面内容，涵盖600年来之盛衰，特别是半个世纪以来冷水沟村历史进程。 （王 洋）

【《龙山村志》出版发行】 1月22日，《龙山村志》发行仪式在章丘市龙山街道办事处举行。《龙山村志》自2009年5月启动以来，历时2年时间，三易其稿成书，是龙山村有史以来第一部反映全村政治、经济、军事、文化的大型资料性志书。该志全面、系统、客观地记述龙山村自远古时期至2010年间自然、政治、经济、文化、社会等方面发展历史与现状，再现龙山村发展变迁，反映龙山人民奋斗历程及取得的重大成就。全书设13篇、55章、171节，并配以插图和照片，为全方位了解龙山地情、民情、社情提供了真实而宝贵资料，是一部资料性强、信息量大、印装精美、图文并茂的地域性百科全书。 （王 洋）

【《济南泉水志》专家论证会】 2月25日，市史志办召开《济南泉水志》专家论证会。《济南泉水志》是一部全面、系统、准确记述济南泉水自然景观与人文历史的专业山水志，包含泉水地理、人物、大事记等内容，全书总计120万字、上下两卷。《济南泉水志》也将为在济举办的第十届中国艺术节、第二十二届国际历史科学大会呈献一份厚礼。与会专家围绕篇目框架设置、编纂内容、泉水历史人文、修志模式等问题建言献策，提出意见和建议。

（王 洋）

【《商河年鉴（2007～2010）》出版发行】 6月30日，《商河年鉴（2007～2010）》首发仪式举行。该书由商河县人民政府主办、商河县党史县志办公室编纂、济南出版社出版发行。全鉴共65万字，反映了2007～2010年间，商河县自然、政治、经济、文化、社会各方面基本情况。

（王 洋）

【与全国网友面对面论泉谈泉说修志】 7月21日，市史志办主任李吉祥携相关处室负责人做客"济南日报新闻在线"，围绕正在编纂的《济南泉水志》，回答市民和网友提出的问题，听取广大爱泉人士对这部济南首部系统记述济南泉水全貌的综合性志书的意见和建议。有120余位网友参与互动交流，这次通过网络微博形式与全国网友交流，是政府主导、专家和部门参与、听取市民建议"开门修志"的一个全新尝试。 （王 洋）

【《济南年鉴》2010卷获第五届全国年鉴编校质量评比特等奖】 9月，《济南年鉴》2010卷在中国出版工作者协会年鉴工作委员会主办的第五届全国年鉴编校质量检查评比活动中获编校质量评比特等奖，这是继上年在全国地方志系统第二届年鉴评奖中获特等奖后再次获得全国年鉴评比最高奖。 （王 洋）

【《章丘市大事记（2010）》出版发行】 9月28日，《章丘市大事记（2010）》出版发行。全书共收录章丘市大事、要事条目900余条，10余万字。全书采用灵活记述方法，对2010年章丘市发生的大事、要事全面、详细、完整记述，达到存史性和资料性相统一。 （王 洋）

【整理道光《济南府志》专家座谈会】 道光《济南府志》于清道光二十年（1840）刊刻问世，卷帙浩大，全书凡72卷，分32个门类，共计180余万字，在史志界享有较高声誉。11月16日，整理道光《济南府志》专家座谈会召开，专家们充分肯定整理这部旧志重要意义，高度评价前期整理样本。济南市将以整理道光《济南府志》为起始，有规划、有计划地系统整理济南的旧志文献系列丛书。 （王 洋）

【《天桥年鉴（2009～2010）》出版发行】 12月12日，由天桥区人民政府主办，天桥区史志办主编的《天桥年鉴（2009～2010）》出版发行。《天桥年鉴（2009～2010）》系创刊以来的第七部年鉴，共92.5万字。正文设23个栏目，全面、系统、翔实地介绍了天桥区政治、经济、文化、社会诸方面的基本情况，有彩页48幅，随文插有相关内容图片。 （王 洋）

2011年11月16日，整理道光《济南府志》专家座谈会召开。 （市史志办供稿）

【《中共平阴历史大事记(1921.7～2011.6)》出版发行】 12月,为纪念中国共产党成立90周年,由平阴县史志办公室编著的《中共平阴历史大事记(1921.7～2011.6)》出版发行。该书共55万字,采用编年体的记述方法,系统完整地记载了1921年7月至2011年6月间,平阴县发生的大事、要事。反映了平阴人民在党的领导下,进行社会主义革命、建设、改革的光辉历程,集中展示了平阴县90年所取得的辉煌成就。 (王 洋)

【市级机关事务管理】 1.服务保障工作。市五大班子及74个市直部门、单位,共计7600多人全部按计划搬迁入驻龙奥大厦,龙奥大厦建设和使用管理工作得到充分肯定。开发建设集管理监督、指挥调度、信息共享、形象展示于一体的公共机构节能和节约型机关建设综合管理平台——济南市公共机构节能监控中心,实现公共机构能耗监测、龙奥大厦管理和服务保障、行政事业资产管理、工程统管统建、公务用车管理、政府集中采购6个方面全过程、信息化、集中统一管理控制。建设龙奥大厦能耗监测系统,实现对各入驻单位用能分户、分项、实时监控,公共机构用能有关做法在全国推广,形成《济南市公共机构能源消耗量定额》。联合制定《济南市公共机构节能监督考核办法》,对公共机构节能监督考核范围、方式、内容、奖惩作出明确规定。在全省"十一五"公共机构节能考核中被评为优秀等次第一名;被评为"十一五"期间济南市节能突出贡献单位,记集体二等功一次。市机关事务管理局连续4年被评为省级文明单位,局党组连续2年被评为全市先进党组中心组。

2.公务用车专项治理。对各县(市)区和市直部门、单位报送的公务用车信息,与交警部门登记信息对比,与公车主管部门登记信息对比,与车辆行驶证对比,与单位资产账目对比,确保统计信息真实、可靠。完善相关公务用车管理制度,深化市级机关公务用车管理。协调开行龙奥通勤专线车,办理乘车卡7313张,日运送乘客4690人次,实现零事故、零投诉。

3.行政事业资产管理。全年实际到账收入18312.92万元。其中,处置收入17595.27万元、租金717.65万元。利用各方面条件和优势,以收益最大化为目标,变原来简单土地出让为住宅开发出售,提高资产处置收益,维护国有资产安全完整和保值增值。

4.重点统建统管项目。市公安局项目1个月完成30万方土石方开挖,2个月完成4.5万平方米地下部分施工,4个月实现结构封顶。市气象局项目位于旅游路与舜华南路交界处,总建筑面积16340平方米,集气象业务、防灾减灾预警、公共气象服务、雷电灾害监测防御、卫星遥感信息接收、气象科普等功能于一体,10月9日奠基,计划于2012年底投入使用。

5.政府集中采购。坚持"公开、公平、公正"集中采购原则,以"推行电子化采购、推进电子防腐"为主线,完善政府采购网站功能,扩大网上采购范围,做好网上协议供货技术准备,接受公共资源交易平台实时监控,规范采购行为,提高采购效率,降低采购成本,方便了供应单位。全年完成预算采购6.5亿元,实际支付5.1亿元,节约财政资金1.4亿元;完成采购业务4388次(份),连续3年保持零有效投诉。 (张文浩)

人事管理

【概况】 依法加强公务员队伍管理,完成534名新公务员招录工作,考录公平性、科学性进一步提升。严格审核行政表彰奖励事项,制定出台"泉城优秀公务员标兵"评选意见。规范公务员日常职位管理,完成公安人民警察警员职务套改工作。强化公务员素质能力培训,完成各类培训18个班次。开展《公务员法》执行情况检查,公务员管理工作得到国家公务员局肯定。健全完善事业单位公开招聘制度,探索实行分类考试、面试前置办法,公开招聘1809人,其中市属事业单位327人、县(市)区属事业单位1482人。推进事业单位岗位设置管理改革,91%的市直事业单位和95%的人员完成首次聘用。改革创新职称评审工作,完善出台一系列职称评审政策办法,评审工作走上制度化规范化轨道。推进绩效工资制度改革,全市851所义务教育学校4.3万名教职工绩效工资已兑现到位,公共卫生和基层医疗卫生事业单位绩效工资工作有序推进。深化人事考试诚信建设,完成100多项10余万人次报名考试任务,做到高效率、零误差。坚持"四公开一监督"考试考核安置办法,完成507名军转干部安置任务。充分利用高校优质教育资源加强军转干部培训的做法在全国推广,自主择业军转干部管理服务手段和水平进一步提升。做好企业军转干部解困维稳工作,搭建沟通交流平台,确保企业军转干部总体稳定。

【人才队伍建设】 "5150引才计划"提前完成,"百千万人才引进工程"顺利推进。制定出台《济南市引进海内外千层次创新人才实施办法》(济人社[2011]15号),引进高层次创新创业人才111名,累计达到210名,其中院士1名、国家"千人计划"人选9名、省"万人计划"人选18名,享受政府扶持资金近1.8亿元。引入各类技术成果600多项,带动投资8亿多元。实施引智项目34项,其中1项获国家首批高端外国专家项目;引进外国专家151人次,有2人获省"齐鲁友谊奖"、9人获市"泉城友谊奖";执行出国(境)培训项目18项,获国家资助521万元。新增创业园区孵化面积3.2万平方米,新入驻留学人员企业38家。新增9人享受国务院特殊津贴,2人获省突出贡献中青年专家称号,各类博士后工作站达9家。起草实施引进高层次人才跟踪管理办法,加强对已引进高层次人才创新创业情况的跟踪服务以及6个"海外人才联络处"的联系沟通。开展"规模企业上门服务活动",促进人才供求对接。在澳大利亚悉尼设立海外高层次留学人才联络处,负责联络澳大利亚及新西兰高层次留学人才,整体上形成覆盖北美、欧洲、日韩、澳新海外人才引进格局。新增留学回国人员创业载体孵化面积3.2万平方米,总孵化面积达到47.2万平方米。其中,齐鲁软件园23万平方米,济南留学人员创业园15.8万平方米,大学科技园以及槐荫区、市中区和历下区共计3.4万平方米。

加快市技师学院新校区建设,铁路技校教学实训楼投入使用。新增高技能人才2.76万人。组织开展2011年度省首席技师和高级技师推荐申报工作。拟定《济南市首席技师工作站管理暂行办法》,重新评估确定9个"泉城金蓝领"培训基地,培训高技能人才1297人;其中,技师、高级技师541人,高级工756人。市属技工院校完成招生8600人,资助困难家庭学生2.51万人。开发建设近200平方米的专业化、信息化、多功能高层次人才评价中心。职业技能鉴定面逐步由企业职工、职业院校学生向下岗失业职工、农村转移劳动力扩展,开展职业资格考核鉴定的职业工种达187个。制定通过4项国家专项职业能力考核规范,全年完成职业技能鉴定8.46万人。

开展公共人才培训业务,推动人才诚信体系建设。组织51名市首席技师、部分享受国务院特殊津贴专家和省突出贡献的中青年专家外地考察休假,为90名首席技师进行健康查体。

【基层基础建设】 适应建立覆盖城乡居民社会保障体系新要求,按照"制度覆盖到哪里、服务就跟进到哪里"原则,制定出台《关于加强人力资源社会保障基层公共服务平台建设的意见》(济政办字〔2011〕61号),统一机构名称和标志,初步构建起市、县(市)区、乡镇(街道)、村居(社区)四级服务网络。争取财政支持,对平台场所进行新建扩建和提升改造,乡镇、街道平台面积平均达160平方米以上,普遍配备信息发布屏、触摸屏等硬件设备,增添便民设施。把能够或者允许在基层办理的业务尽可能下放基层,并制定全市统一业务流程。采取考选一批、招聘一批、兼职一批等多种形式,配备充实基层工作人员,编印专门培训教材,分期分批对1200多名基层骨干进行业务培训。制定平台建设目标责任制考核验收标准,并纳入全市科学发展考核体系。全市144个乡镇(街道)基本建立人力资源社会保障服务中心,5229个行政村(社区)配备协理员,初步实现基层"有人管事、有地办事、有钱干事"。

(王　东)

华侨事务

【概况】 全市侨务工作以"凝侨聚才促发展"为主线,实施引进海外人才、搭建对外合作平台、优化为侨服务机制3项措施,做好"侨星"计划、侨务品牌活动、项目对接、服务侨企、"双爱"工程、推介文化泉城6项重点工作。全年联络重点华商实业家、知名侨领61位,华人商会、科技团体31家。引进接待海外经贸、科技团组13个;引荐103位海外高层次专业人士来济开展科技交流与合作,对接创新创业项目37个,扶持12家来济创业科技企业;引荐118家海外华商企业来济对接洽谈,对接引资项目26个;为济南企事业单位引荐海外商贸客户33家,跟踪推进重点项目20个。协调服务重点侨资企业108家,扶贫帮困归侨侨眷106户,建设"和谐侨务示范社区"13家、侨法宣传基地5家。"侨心热线"回复率、侨务信访处结率分别为100%、98.1%。

1.引进海外高层次人才和创业团队。实施"侨星计划"。贯彻落实《济南市中长期人才发展纲要(2010~2020)》和国侨办"海外人才为国服务计划"精神,制定并实施引才、荐才、服务人才于一体的"侨星计划",在人才引进、合作交流、创业扶持、跟踪服务多方面进行落实,通过加强人才资源信息库建设、培育人才工作海外重点合作社团、开展多形式侨务招才引智活动、搭建合作平台、建立引才工作合作机制、优化服务环境等11项举措,共引荐60位海外高端人才申报"5150"计划。组团赴海外举办人才政策项目推介会。围绕全市"5150"高层次引才计划,上半年会同组织部、人社局组织4个团组分赴美国、加拿大、俄罗斯、瑞典4国6城市,举办创新创业人才项目对接会、恳谈会11场,发布电子信息、生物医药、新能源新材料、先进制造业、金融商务、服务外包等重点产业168项人才需求岗位和项目信息。800名海外创新创业人士与会洽谈,签署创业协议63项、意向138项,165人填报创新岗位协议。全年推荐10位海外人才成功入选第四批"5150"引才计划,分别获得150~200万元资金政策扶持,占全市第四批获批创新创业人才的15%。

2.引进商业项目。引荐东南亚知名华商财团和欧美专业经贸科技团组来济开展项目对接47个。编制《重点跟踪项目表》,实行专员负责制,会同多部门11次研究协调解决疑难问题,促成印尼金锋集团与西区投资公司60亿元开发建设"长青城"城市商务综合体和工业园、美国纽约山东商会投资1.5亿美元在历城建设济南华侨文化科技产业园、马来西亚百盛购物商城落户泉城路等项目正式签约,国联投资担保公司等11个商业模式先进、附加值高的重点项目有序推进。

3. 文化交流。承办"第五届山东国际华商高尔夫友谊赛""欧华联会泉城行""世界华裔杰出青年华夏行""海外华文媒体泉城采风""中国济南海外学人联谊总会成立10周年纪念"等12项文化科技交流活动,邀请100多个国家的1000余名侨领、杰出青年、华文媒体感知泉城文化,共话合作友谊。组团参加第11届世界华商大会、澳门济南联谊会、"中国侨商大会"等活动。为美国、巴西、印尼、牙买加4国华侨华人社团派去4名汉语老师,帮助当地华人传习中文。

4."关爱工程"与"和谐侨务社区"建设。①连续3年开展"知侨情、解侨忧"百户困难群体访贫送暖调研,走访困难侨户110户,调研生活水平下降、大病救助范围过窄等民生问题13件,出台提高早期企业老归侨生活困难补贴标准、扩大归侨侨眷大病救助金救助范围、建立侨胞资助困难侨眷教育助学金、困难侨户廉租房同等选房优先、为困难侨属提供免费法律服务等6项惠侨新规定,140位早期老归侨困难补贴标准由每月150元提高到260元,19位侨户报销大病救助金,10位贫困子女享受侨胞助学金,在侨界产生广泛好评。日本发生特大地震后,及时与驻地侨胞取得联系,走访驻济归侨侨眷,表达关爱之情。②推动社区侨务规范化建设。联合市民政局出台《关于建设"和谐侨务示范社区"指导意见》,开展以"组织网络规范化、社区为侨服务制度化、侨为社区贡献多样化、维权护益化解矛盾亲情化、社区侨界群众满意度高"为内容的和谐侨务社区建设。为符合条件的历下区文化东路中创开元山庄、市中区睦和苑、天桥区矿院路、槐荫区前卫街等13家"和谐侨务示范社区"挂牌,市侨办拨款5.2万元扶持示范社区信息化建设。推动开元山庄社区入选全国20家侨务明星示范社区。③做好侨心热线、信访投诉协调工作。与市长热线联动,设立侨心热线登记表,耐心解答处置华侨华人、归侨侨眷的咨询求助。发放"侨心热线服务指南"1000余份,接待侨心热线302件(次)、信访53件(次),办理归侨侨眷证36个,受理华侨回国定居审批手续6人。④开展百侨助百村活动。联合市致公党开展"侨爱济南——善行泉城"慈善活动,捐款近4万元救助部分贫困归侨侨眷和商河县韩庙乡敬老院老人。利用各种机会,发放"侨爱工程——百侨助百村"项目手册进行宣传。香港实业家、慈善家李钜能出资30万元捐助商河韩庙乡赵寨小学、章丘曹范镇南横河村自来水"户户通"2个项目;美籍济南人高永祺在侨办设立"高晶侨爱助学金"项目,每年资助10名考入大学归侨侨眷子女。多渠道筹措资金10万元建设孙营村"侨爱养殖基地"。

5. 为侨商和创业团队服务。①加大对中小侨企服务力度。开展摸底调查,认证侨资企业1105家,完善200家重点侨资企业动态数据库。针对中小侨企招工难、融资难问题,组织15家侨企联合举办用工招聘会,促成用工意向382个。发挥"银侨战略合作平台"作用,为国联山东等5家侨业融资2亿元。为佳隆建工集团等102家侨企办实事128件(次)。协调解决美捷家纺等侨企经济纠纷8件。②为创新创业团队提供服务。多次组织召开政策咨询会,为43家来济创业高层次人才团队就海外来济创业人士往返签证、居留证办理、税收返还及优惠等问题答疑解惑,排解难题50多件。联合高新区推动"5150"人才大厦建设和人才居住证政策落实。举荐晶正电子胡卉团队入选国务院侨办50家重点华侨华人创业团队并获资金扶持。市侨办《关于我市海外高层次人才创新创业载体建设情况的调查报告》获市政府系统优秀调研成果一等奖。③指导侨商会发挥作用。通过举办第五届山东国际华商高尔夫友谊赛、驻济侨商参加中国侨商投资企业协会换届会、春节及中秋联谊会,推荐侨商参加"荣耀2010投资山东十大风云人物"、泉城友谊奖、荣誉市民、三八红旗手等评选表彰活动,加强与全国各地侨商交流合作,宣传侨商创业发展业绩,营造良好创业发展氛围。济南侨商会会长吴立春升任中国侨商会副会长。

【第七届"中国济南创业与投资合作周"】 8月7~10日,来自美国、加拿大、法国等12个国家和地区112位生物医药领域高层次人才参加第七届"中国济南创业与投资合作周"生物医药专场,与济南市200余家企事业单位交流洽谈、考察对接。促成济群医药、东兴生物等4家海外人才创业企业落户济南生物医药园,达成在济选址建设生产有机螯合硅酸离子药品等华侨华人创业项目合作意向15项。

【中国济南海外学人联谊总会10周年纪念活动】 9月17日,中国济南海外学人联谊总会10周年纪念活动在济南举行。来自欧美等国20多位学人代表在高新区创业服务中心广场栽下象征海外学人人才荟萃、友谊长存的泰山松。10年来,海学会已在30多个国家和地区拥有400多名会员和9个团体,为促进济南与世界各国间交流合作作出贡献。

(隋云峰)

【概况】 1. 经贸合作良好发展。全年,新批台资项目8个、增资项目8个,投资总额15735.69万美元,台资合同额14375.69万美元,实际利用台资10382.69万美元,比上年同期分别增长153.4%、140%、117%。重大合作项目进展顺利。7月,济南市委副书记、市长张建国率团赴台参加"台湾·山东周暨第十七届鲁台经贸洽谈会",推动济台两地在新能源、物流、食品、旅游等方面合作。其中,总投资7600万美元的统一集团饮料、方便面生产线以及物流仓库项目已开工建设,预计2012年8月竣工投产。华新丽华集团投资15亿美元建设以"齐鲁之门"为主体的西部新区地标性建筑,耐斯集团投资2亿美元的健康饮品、儿童乐园和文化创意园项目完成签约;台湾经贸城项目、山东台湾新城项目、东元软件城项目以及摩斯汉堡项目进入考察洽谈阶段。经山东省台办批准,济南市在济阳县建立台湾都市农业园,在商河县建立两岸温泉合作基地。台湾展逸农业科技有限公司在商河投资600万美元成立兰花生产基地。11月11日,济南市台商协会召开换届大会,海基会副董事长兼秘书长高孔廉一行专程来济出席换届大会,会议选举产生新一届协会会长、副会长、常务理事。市台办主任李元东被中央台办评为全国对台工作先进个人,市台办被授予2011年度省级文明单位称号。

2. 加强青少年交流。借助山东省、济南市儒家传统文化优势和特色,围绕增强台湾青少年文化认同和民族认同,市台办策划组织2项青少年交流活动。①成功举办"和谐中华·第二届海峡两岸经典文化推广会演"活动。5月13~20日,由济南市台办与国台办《两岸关系》杂志社、济南市教育学会、台湾中华华夏文化交流协会共同主办,济南、台中40余所学校和教育机构的20000余名青少年分别在济南府学文庙主会场、台中市中山公园分会场齐诵中华经典名言。活动期间，还举办了国学讲堂、海峡两岸青少年书画展、中华孝文化论坛、齐鲁百题知识问答、两岸优秀经典诵读学校参观交流、孔子文化研习等8项专题活动。②成功举办第八届“齐鲁风·两岸情”优秀中学生中华文化研习营。来自台湾新竹忠信学校、台北市成功中学等台湾教育机构的近百名师生与济南市5所中学通过举办教学观摩、教师交流研讨、《论语讲堂》讲座、成人礼仪式等活动增进了解，建立友谊。

3.开启政党和城市交流新平台。市委副书记、市长张建国，市委副书记殷鲁谦先后赴基隆拜会基隆市政府、议会、国民党党部，推动政党交流新平台并达成基隆市设立驻济南旅游经贸文化办事处、投资台湾名品城和基隆庙口小吃街等意向。对口城市交流互访密集，济南市人大及槐荫区人大、历下区人大等6批86人先后到访基隆；基隆市议会、里长及社区负责人行业公会，花莲县政府，台南市党代表、妇女会以及澎湖县议会、同乡会等基层组织参访济南市，达成和签署民意机构、文化、社区、旅游等多项交流合作意向和协议。

4.对台宣传工作。围绕和谐中华·第二届海峡两岸经典文化推广会演活动，市台办拍摄制作了时长20分钟的专题片——《寻根》，记录两岸青少年诵读研习中华文化经典盛况，反映两岸积极传承和弘扬中华优秀传统文化的共同心声，展现济南市历史文化名城的优势和特色。专题片除在济南电视台连续播放外，中央电视台国际频道《海峡两岸》栏目黄金时段全片播放，台湾东森电视台也进行了播放。《寻根》电视纪录片被济南市评为对外宣传一等奖。加强与台湾媒体合作，以“魅力济南”为主题，台湾中天电视制作播放时长48分钟的《魅力城市——济南》专题片，《中时报》《旺报》分别设立1个专版和2个全版，《中时电子报》设置为期半年的济南专区，宣传推介济南市历史、景观、社会以及城市建设等情况。对魅力泉城网站进行改版升级，其中台湾网民月均点击率在5000次以上，在华夏经纬网全国40家地市网站中名列前茅。

5.及时稳妥处置涉台投诉信访和涉台突发事件。6月15日，台胞洪浚高因劳资纠纷被人打伤昏迷不醒，急需救治。事情发生后，市台办立即启动涉台突发事件应急机制，中共济南市委领导多次批示和过问事情处理进展情况，多部门联动配合做好救治、安抚帮助台胞家属、依法处理肇事人等相关工作。因受伤台胞和肇事者均无力支付巨额医药费，市台办采取拨付、垫资、捐助等多种形式筹集经费47.61万元，确保台胞及时有效救治。受伤台胞被安全送回台湾进行康复治疗，得到台胞家属和台湾海基会认可。11月4日，济南市委副书记殷鲁谦召集有关部门，逐案研究大润发山水店租赁费被外地法院重复划扣问题等3起案件，就案件责任、办理时限提出明确要求。经协调和多方努力，3起案件全部办结，并得到台商满意回复。市政府12345台胞服务热线形成济南市对台工作新品牌，热线开通以来，受理来电（短信、邮件）162个（条、件），办结率、回复率和满意率分别为98%、100%、99%。开展走访调研活动，征集台胞台商意见建议51条。为台胞联系处理房产纠纷案件4起，寻亲案件3起。通过媒体向社会公示拟办的实事7项全部完成。全年处理台商投诉案件52件，已办理51件，结案率98%。建立台属法律援助工作站，拨专款走访慰问特困台属，为台属提供免费技术培训、赴台旅游优惠等服务，市台办机关党员干部自发捐资3200元，结对救助16名特困台属。（赵立成）

【济南市台湾同胞联谊会】 年末，全市共有台籍同胞61户、106人，其中高山族同胞15户23人、回台定居台胞11人；济南地区去台人员亲属（简称台属）4000余户、2万余人。市台联所辖县（市）区及山东大学、济南大学、济南铁路局台属或台侨属联谊会13个。

1.宣传教育工作。在纪念建党90周年和辛亥革命100周年之际，开展“重温红色记忆、感怀党的恩情”和“缅怀辛亥志士、弘扬辛亥精神”等主题教育和征文活动，组织台胞台属、台商台生代表在辛亥革命山东烈士纪念园缅怀革命先驱。把《济南台联工作》和《台情调研》作为向台胞台属宣传教育的重要载体和主要途径，全年编发《济南台联工作》《台情调研》4期600余册。

2.联谊服务工作。开展“贴近群众、服务台胞”和“温馨祝福送关怀”等特色服务活动。组织17名老台胞和生活困难台胞，进行全面体检，建立个人档案和电话联系制度。从7月份开始，为年满70岁及70岁以上台胞庆贺生日，全年共为5位台胞庆贺生日。年底为30名60岁以上台胞、台属订阅《健康指南》杂志。利用春节和中秋节两个传统节日走访看望50多户老台胞、台胞遗属、困难台胞及台属。举办省暨济南市台联“迎春联欢会”“中秋联谊会”，与台胞台属、台商台生畅叙亲情乡情，传递美好祝愿。深入6家台商、台胞、台属企业进行调研，对在生产经营中遇到的困难和问题，及时反映，帮助解决。在竞聘就业中为台胞翁思夷出具台胞证明，并协调市台办落实台胞政策，使其上岗就业。为赴台定居人员孔庆云出具相关证明，使其顺利领取退休养老金。全年为台胞台属台商办实事7件次，做到事事有回音、件件有落实。

3.与台等地交流交往。7月，配合省台联做好“两岸同心、我们同行”第八届全国台联台胞青年千人夏令营接待服务工作，组织岛内10所大专院校32名营员参观和交流，使他们看到济南改革开放取得的巨大成就，加深对祖国大陆的了解。9月，组织部分县（市）区台办负责人和理事赴重庆市台联学习考察，就如何做好新形势下台联工作进行交流。

4.参政议政。根据市委统战部开展的“党外代表人士队伍建设年”活动精神和要求，制定下发《关于推荐优秀中青年台胞台属骨干的意见》，经各县（市）区推荐，建立起一支由30名中青年台胞台属组成的骨干队伍。为提高他们政治把握能力、参政议政能力和履行职责能力，举办“济南市第六期中青年台胞台属骨干培训班”。推荐10名中青年台胞参加省台联组织的“台胞代表人士”培训班。在全市台胞台属中开展“我为《政府工作报告》建言献策”的提案征集活动，共收到意见和建议18条，人大、政协议案和提案5件。（张　丰）

【概况】　全年共派出各类团组357批1184人，接待外国友人259批2782人，其中重要党宾、国宾27批260人。向友好城市派出团组20批175人，接待友好城市重要团组32批275人。

1.友好城市交流合作。同巴西波多韦柳市、土耳其马尔马里斯市、印尼徐图利祖市建立友好城市关系，进一步发展同韩国大田市、印度卡邦、西班牙瓦伦西亚大区、巴西萨尔瓦多市、澳大利亚卧龙岗市、保加利亚卡赞勒格市友好合作关系。同巴西波多韦柳市建立友好城市关系，与萨尔瓦多市建立友好合作关系，填补了济南市在南美地区友好关系空白。协调高新区及各县(市)区派企业团组参加“第十一届山东省·山口县经贸洽谈会”，协助平阴县开展玫瑰产业国际交流与合作，促成山东海瑞特生物工程、全美山东商会轻骑商贸城等项目落户商河。市人大常委会与韩国水原市议会建立长期交流机制，以人大和议会交流为平台，推动两市在经济贸易、文化体育、现代服务业和观光旅游业广泛交流。济南市第二十七中学赴法国雷恩市参加帕斯第二十七届国际少年篮球赛，实验初中与韩国水原栗田中学、经五路小学与日本山口市小学就建立友好学校达成协议。济南二中派学生代表团参加波兰什切青市“海洋节”，市摄影家协会选送30余幅作品参加在水原市举办的第16届东北亚摄影交流展，韩国大田市在趵突泉公园举办该城市图片展，大邱市戏剧协会来济南进行话剧表演。

2.重大外事活动。打造“天下泉城”文化品牌，利用友好城市平台推介济南。以芬兰万达市第四届中秋节及“济南—万达结好10周年”庆祝活动为契机，与万达市开展一系列纪念庆祝活动。期间，举办济南文化周，济南民俗风情图片展，杂技、歌舞、京剧艺术家们的精彩表演掀起“济南热”。在日、韩友好城市举办“济南文化周”活动，举办“天下泉城”图片展览，提升济南市国际知名度和影响力。举办“2011济南国际友好城市文化交流暨大型图片展”，来自美国、巴西、印尼等9个国家11个城市的代表团参加活动，这是济南市首次举办以展示济南市及友好城市自然风光、历史文化、市民生活为主题的大型文化交流活动。在首届友好城市高层合作论坛上，与会城市代表共同签署关于深化友好城市合作的《济南宣言》。

3.打造“为民外事”品牌。日本3·11地震以后，立即启动领事保护工作应急机制，与12345市民服务热线加强联动，及时在媒体发布信息，与济南市1070名在日市民和留学生取得联系，做好相关救助工作。组织开展济南市“海外安全暨外事服务宣传月”活动，是围绕外事为民、针对全市企业和市民的涉外服务宣传活动。济南电视台、《济南日报》等媒体开设“海外安全与服务”专栏，市民积极参加“海外安全暨外事服务知识竞赛”。加强与市外宣办、城管局、文广新局等部门合作，通过召开新闻发布会，组织参观考察等形式，组织2次“外国人看济南”活动，先后邀请60多名驻济外国人参观大明湖整治工程、西客站建设以及“百姓城管”建设等，着重宣传济南市投资环境及历史人文，使在济外国人更深刻地感受到“实力济南、魅力济南、宜居济南”。

4.为在济外国人服务。全年共办理外国人来华邀请函894批1440人次，办理领事认证1411份，协调处置美国人在济猝死案等4起重大涉外案(事)件，安排美联社北京分社等多家媒体52名外国记者来济采访。继续在12345市民服务热线设立外语专线，实现全市范围涉外服务全覆盖。为鼓励对济南市经济社会发展作出突出贡献的外籍友人、海外华人，经外办、侨办等多个部门推荐提报，荣誉市民评审委员会初审，并报经市政府常务会讨论通过，市人大常委会审议通过，加拿大里贾纳市长帕特·菲亚柯、以色列爱开普公司总经理阿什克纳兹·伊斯雷尔、芬兰万达市瓦斯科山高中校长艾拉·卡斯佩尔、采埃孚商用车转向机有限公司总经理德莱孚·普莱格、意大利文化艺术中心主席温琴佐·桑弗5位外国友人获济南市荣誉市民称号。

5.为因公出访服务。按照“控制总量、突出重点、保压结合、服务发展”原则，强化出国管理机制建设，共审批(核)出国团组357批1184人，为334个团组1190人办理各类证照手续，其中副市级以上团组23批。举办4期全市因公出国专办员培训班，召开全市因公出国工作座谈会，确保出国(境)团组和人数实现“零增长”目标。为66家民营企业80人办理各类因公出国手续，为中集汽车、万博科技、济南锅炉等31家企业171人申办APEC商务旅行卡，支持企业“走出去”，促进地方经济社会发展。

6.外事调研与宣传。制定《2011年全市外事系统调研工作计划》，明确各处室和县(市)区外办调研任务，全年完成27篇调研文章。探讨与南美地区友好交流与合作，完成《我市与南美国家合作的现状及对策》。在省外事系统优秀调研成果评比中获2个一等奖，并获市政府优秀调研成果一等奖。在《济南日报》发表题为《矢志不移跟党走、放眼寰宇看世界》的外事工作专版介绍，详细回顾济南外事30年来发展历程；在《济南日报》发表题为《打造文化外事品牌　服务城市发展大局》外事专版；还在《中国日报》上发表友好城市发展情况回顾专刊，宣传济南外事工作。全年共向外交部、全国友协、省外办、市委市政府信息处等各级各类杂志、信息刊物报送稿件139件。《济南外事》获“山东省优秀连续性内部资料出版物”称号。编印《济南外事》5期、《外事信息》11期，网站累计访问量突破21万次。

【外事往来】 全年共派出各类团组357批1184人次，接待来济参观访问、洽谈贸易、技术交流外国客人259批2782人次，其中重要党宾、国宾27批260人次。

来访：

1月12日，德国索乐马克特公司维克勒一行3人访问济南。在济期间，代表团开展商务考察，与济南晟朗能源科技有限公司商谈合作事宜。双方表示将加强沟通与合作，把济南太阳能产业进一步做大做强。

1月13日，澳大利亚新南威尔士州驻上海商务代表处贸易投资总监张涛拜会市外办，双方就在新南威尔士州寻找合适友好交流城市进行座谈。市外办表达济南市希望在澳大利亚东部和南部开拓友好交流渠道愿望，赠送"天下泉城"等宣传材料，并委托其向有关城市推介济南。张涛介绍新州概况及其近期经济发展情况，推荐了卧龙岗、纽卡斯尔、猎人谷等具有较大发展前景城市。

1月14日，德国安顾保险集团董事会主席欧磊一行9人访问济南。在济期间，代表团出席安顾保险集团与省国有资产投资控股有限公司合资成立的安顾保险(中国)合资公司合同签字仪式。

1月17日，以总经理山本晃弘为团长的日本松下电工(中国)有限公司代表团一行5人访济。在济期间，代表团考察济南市住宅产业化发展情况，与省外办和市建委、商务局、发改委、外办、住宅产业化发展中心等部门和单位就参与济南市住宅产业化发展进行座谈。

2月21日，以色列环达通房产集团公司董事长阿隆·士兰克一行4人访问济南。在济期间，代表团详细考察高新区大型购物中心项目，听取项目有关商务用地及近年来周边商务、住宅发展情况，表示将推动该项目取得进展。代表团还实地考察丁豪国际项目、中铁国际项目以及银座商城燕山店、万达广场、恒隆广场等项目，并参观龙奥大厦，听取周边发展规划。

2月21日，德国驻华大使施明贤一行3人访问济南。在济期间，代表团出席在山东大学举办的学术活动，并就加强德国与山东省交流合作进行考察。

3月2日，巴西巴中工商总会会长唐凯千一行4人访问济南。在济期间，代表团与轻骑集团洽谈合作事宜。双方商谈济南市与巴西城市开展友好交流和经济交流有关事宜，并就在汽车产业领域开展合作进行深入探讨。

3月14～17日，以色列凯丹集团环达通中国总公司马克思·柯及高纬环球顾问团一行5人访问济南。在济期间，代表团与市建委、规划局、高新区规划局进行座谈，详细了解城市整体规划发展、城市商圈和未来重点商业项目发展情况以及高新区区域规划、商务和商业项目、人口发展等情况。代表团还与国际会展中心相关负责人进行座谈，实地考察济南市中心商业圈、区域商业圈情况，对济南市商业及房地产项目进行调研。

3月15日，以日本山口县观光交流课主干田村宪正为团长的观光交流促进代表团一行6人访问济南。在济期间，代表团与市外办、市教育局、历下区教育局、省实验中学、济南外国语学校等部门和单位就加强青少年交流、旅游交流等合作事宜进行座谈。

3月15～18日，以韩国国会议员崔钟元为顾问、大邱市演剧协会会长朴显淳为团长的韩国大邱演剧文化交流代表团一行26人访问济南。在济期间，代表团与市文联共同举办中韩文化交流(展演)活动，面向济南市市民演出俄国著名作家契诃夫的独幕喜剧《求婚》。

3月16日，芬兰中国合作中心总裁林蓝晨率赫尔辛基大区企业代表团一行11人访问济南。在济期间，代表团与市政公用事业局就污水处理、污泥处理及无害化利用等项目进行探讨，考察济南钢铁总厂，双方就中水回用、烟气除尘、余热回收等节能减排项目进行座谈和技术交流。

3月28～29日，以日本山口县国际交流协会事务局长福田一美为团长的教育代表团一行8人访问济南。在济期间，代表团与济南外国语学校进行友好访问与座谈，双方就今后交流交换意见。

3月29日，以荷兰海尔德兰省副省长范海琳女士为团长的政府及经贸代表团一行17人访问济南。在济期间，代表团与山东省有关部门及企业进行对口洽谈，重点了解黄河三角洲高效生态经济区相关项目建设情况，并表示将进一步推动荷兰与山东、济南的友好交往与经贸合作。代表团还参观了济南奥体中心，高度评价奥体中心设计理念、管理模式和设施配备。

4月6日，巴西巴中工商总会会长唐凯千率巴西经贸代表团一行5人访问济南。在济期间，代表团与济南市相关部门就在章丘建立巴西工业园区、加强两市经贸合作等事宜进行商谈，并考察章丘明水经济开发区，与轻骑集团就在南美开展合作进行洽谈。

4月12日，韩国希杰集团CGV株式会社山东地区开发经理杨铭达访问济南，考察大型影院投资项目。在济期间，杨铭达参加历下区政府举办的招商推介会，与历下区商务局等部门进行座谈，了解历下区城市综合体建设和运营情况，并与有关企业初步接洽，商谈合作事宜。

4月12日，澳大利亚集保亚太区集团总裁皮特·麦基一行4人访问济南。在济期间，代表团重点考察济南市投资环境，对济南市所取得成就给予高度评价，洽谈集保集团在济业务拓展事宜，表示愿进一步加强合作，扩大在济业务量。

4月15日，以美国犹他州经济发展公司副总裁金姆·洛夫格林为团长的政府代表团一行7人访问济南。在济期间，代表团与省商务厅等部门及企业进行对口洽谈，就进一步推动美国犹他州与山东、济南经贸文化交流与合作进行探讨。代表团还参观了力诺集团和齐鲁软件园，对济南市新能源产业和软件产业给予高度评价。

4月15日，由国防部外事办公室组织的38个国家的70位驻华武官夫人代表团访问济南。在济期间，代表团参观济南第三十四中学，与学校师生进行交流和互动，并考察省博物馆及济南市部分名胜古迹，增进对济南历史文化以及经济社会发展情况了解。

4月22日，以越南驻华大使阮文诗为团长的友好经贸代表团一行4人访问济南。在济期间，代表团考察对越南有投资意向相关企业，洽谈与山东、济南经贸合作，并表示将积极促进双方各领域交流与合作。代表团还参观了高新区齐鲁软件园。

5月3日，以斯洛伐克共和国国会议员、波普拉德市市长邓克·安东为团长的欧洲参访团一行4人访问济南。在济期间，代表团考察济南西部新城建设情况，观看西客站片区规划展，并对旅游文化资源等进行深入细致了解，对济南市城市建设给予高度评价，表示将加强与济南沟通，推动双方在经贸和文化领域交流与合作。

5月18日，以日本日中经济交流协会副会长尾和和浩为团长的萤火虫考察团一行3人访问济南。在济期间，代表团考察园博园内萤火虫实验室，就萤火虫引种、食物摄取等关键问题进行探讨。

5月18～19日，韩国科学技术人协会事务总长梁在勋一行4人访问济南。在济期间，代表团与商河县城区产业园、济南众森建材科技有限公司等就沥青添加剂、节煤添加剂合作项目进行洽谈。

5月20～22日，澳大利亚驻华使馆公使梅耕瑞访问济南。在济期间，梅耕瑞参加在园博园国际会展中心举办的中澳新媒体艺术展开幕式并致辞。

5月26日，以日本驻华大使丹羽宇一郎为团长的代表团一行20人访问济南。在济期间，市委副书记、市长张建国会见丹羽宇一郎一行。双方一致同意今后将以经济合作为重点，发展全方位友好交流与合作。代表团还考察了大明湖东拓工程，观看济南明湖合唱团表演。

6月20日，以朝鲜黄海南道农村经理委员会副委员长李胜虎为团长的友好代表团一行7人访问济南。在济期间，代表团与市外办、商务局进行座谈，咨询洽谈在济开设朝鲜餐厅相关事宜，考察山东中德设备有限公司，就进口该公司小型啤酒制造设备交换意见。

6月21～23日，以韩国大田广域市行政副市长朴相德为团长的大田市友好代表团一行9人访问济南。在济期间，代表团与济南市签署两市友好交流合作协议书，举办“大田市图片展”，就韩南大学与济南大学交流合作进行协商，与市商务局、饭店业协会商谈参加“2012年大田世界厨师大会”事宜，考察高新区、大田在济企业德仁三坐标测量仪有限公司，以及济南市市容和最新发展成就。

6月24日，“外国人看济南”主题活动正式启动。驻济外国友人参观济南市行政审批中心和12345市民服务热线，了解在济投资兴业环境，对济南市在节水保泉、维护生态环境、打造宜居泉城方面所做工作给予高度评价。

7月1日，以伊朗议会农业和水资源委员会第一副主席艾哈迈德·阿里·坎克哈为团长的议会代表团一行13人访问济南。在济期间，代表团了解济南市经济发展情况，参观佳宝乳业集团生产车间和牧场示范园，就乳制品生产情况进行交流，表示将进一步推动伊朗与济南市在农业领域合作。

7月6日，济南外宣门户网站“天下泉城”网日文频道、韩文频道开通仪式在山东大厦举行。日本驻青岛总领馆首席领事下地富雄、韩国驻青岛总领馆领事郑丙培应邀参加活动，并分别表示，网站对日本人民和韩国人民了解济南，以及中日、中韩交流起到促进作用。

7月7日，以巴西帕拉州州长代表、州政府战略项目部长悉尼·罗萨为团长的政府、议会及企业代表团一行10人访问济南。在济期间，代表团参观重汽和浪潮集团，并与山东信康农业开发有限公司、济南美家源科贸公司、山东东岳国际经贸合作股份有限公司就肉类、建筑材料进出口贸易等项目进行洽谈。

7月7～8日，巴西圣莱奥波尔多市市长亚历·法南斯一行12人访问济南。在济期间，代表团了解济南市社会经济发展情况，参观高新区齐鲁软件园展厅，表示将寻求双方在政府、高新技术、教育等领域交流与合作。代表团还与济南大学就其与圣莱奥波尔多西诺科技大学开展科研项目合作、双学位授予及合作办学等进行座谈，并将在适当时机签订两校合作备忘录。

7月19日，以色列驻华大使安泰毅一行5人访问济南。在济期间，代表团与市政府就推动农业在谈项目进展进行交流。以色列海择拉优质种子公司、耐特菲姆公司及艾森贝克农业设备有限公司与章丘市农业及水务企业在农产品种子引进、滴水灌溉技术等方面达成合作意向。

7月25～30日，美国、韩国、印度等20多个国家和地区520名青少年代表团访问济南，参加由山东省友协举办的“2011山东国际青少年文化之旅”活动。在济期间，代表团参观奥体中心、市青少年宫，观看民俗演出等。

8月6～8日，美国休斯敦市副市长耿艾迪一行8人访问济南。在济期间，代表团举行休斯敦国际贸易中心招商说明会，推介休斯敦国际贸易中心，表示将加强两市经贸交流与合作，并逐步开展教育、医疗等领域交流。

8月19日，以中央执委拉登瑞为团长的缅甸联邦巩固和发展党干部考察团一行20人访问济南。在济期间，代表团与济南市有关部门进行会谈，考察章丘市三涧溪村及历下区开元社区，详细了解济南市新农村建设、农民增收、居民养老、涉农企业发展、城市社区建设及党员支部生活等情况。

9月1～2日，朝鲜驻华大使池在龙一行3人访问济南。在济期间，代表团参观考察中国重汽集团和大明湖东扩工程，对济南市经济和城市建设快速发展予以高度评价，表示将学习借鉴经济发展经验、做法，加强交流合作，实现互利共赢。

9月1～11日，以日本足协国家队部山田熏为团长的日本国家女子足球队一行33人、以大韩足协副会长崔泰利为团长的韩国国家女子足球队一行32人、以朝鲜足协常委黄义善为团长的朝鲜国家女子足球队一行32人、泰国国家女子足球队一行27人、澳大利亚国家女子足球队一行33人、亚足联贵宾团一行27人访问济南，参加2012年伦敦奥运女子足球亚洲区决赛。

9月2日，来自松下电子、昭和塑料、奥美国际等驻济外企20余名外国友人，参观市城管局数字化城管中心、西站环卫装备和网格化管理，并在趵突泉观看百姓城管文艺演出，对济南城管先进管理水平和浓厚文化氛围表示赞叹。

9月5日，瑞士安迈集团高级副总裁罗夫·詹尼一行4人访问济南。在济期间，代表团与市公路管理局就公路再生项目进行洽谈，并有意与力诺集团在太阳能加热沥青项目方面进行合作。

9月7日，亚美尼亚宪法法院院长加吉克·阿鲁秋尼扬一行4人访问济南。在济期间，代表团考察济泉黄岩蜂产品开发有限公司，双方就蜂产品开发技术合作进行初步探讨。代表团还参观了趵突泉公园。

9月24日，法国画家西蒙及夫人黄丽访问济南，在济南画院举办"山水肖像和东西方——缘"油画作品展并参加开幕式。

9月27日，山东省与韩国京畿道联合举办的中韩企业贸易洽谈会在济举行，环保、建筑装饰材料等领域12家韩国企业访问济南。市外办组织山东菊野生物技术有限公司、山东瑞神建筑装饰材料有限公司等参加洽谈会，与韩国企业进行一对一对接洽谈。

10月19日，澳大利亚联邦银行首席执行官严乃瑞一行6人访问济南。在济期间，代表团与齐鲁银行进行友好会谈，就发展战略等问题进行沟通交流。

10月20～23日，以韩国大田市行政自治局局长金义洙为团长的大田市代表团一行7人访问济南，参加"2011年济南市国际友城文化交流暨友好城市大型图片展"活动。在济期间，代表团参观图片展并观看文艺演出，参加"2011济南国际友城城市对话暨济南宣言签署"活动，考察甸柳社区第一居民委员会。

10月20～25日，以佛得角驻华使馆参赞乔治·席尔瓦为团长的佛得角代表团一行4人、以印度卡纳塔克邦印中友协卡邦分联合会秘书长摩西为团长的印度代表团一行7人、以韩国仁川国际交流中心交流合作处课长金仲铉为团长的仁川代表团一行8人访问济南，参加"2011年济南市国际友城文化交流暨友好城市大型图片展"活动。在济期间，参观图片展并观看文艺演出，参加"2011济南国际友城城市对话暨《济南宣言》签署"活动。代表团还参观考察趵突泉、大明湖和黄河公园，实地考察城市建设。

10月25日，澳大利亚西澳国际工商学院院长格林·沃特金斯及副院长徐兴奎一行5人访问济南。在济期间，代表团与市外办就进一步加强与济南大学合作及促进济南市与西澳大利亚州天鹅市经贸往来交换意见。

10月27日，以色列凯丹集团环达通公司中国市场部经理卓尔访问济南。在济期间，卓尔与市商务局、市发改委进行工作会谈，洽谈商业地产开发、轨道交通合作等有关事宜，并实地考察唐冶新区等地。

10月27日，博茨瓦纳共和国国民议会议长纳莎率领国民议会代表团一行9人访问济南。在济期间，代表团参观访问力诺集团和位于章丘明水开发区的冠世针织有限公司及银鹭食品有限公司，详细了解企业生产经营情况和济南市为企业营造良好投资环境所做努力，对济南市在新能源利用、先进制造业发展方面取得的成绩给予高度评价，表示将积极学习借鉴济南在发展经济方面好的经验，加强沟通，谋求双方更多合作机遇。

11月2日，由商务部主办，中国社会科学院研究生院承办的"非洲经济社会发展研究学者研修班"一行20人访问济南。在济期间，代表团考察历城区艾家村，与当地相关部门进行座谈，对济南市新农村建设发展成就和经验给予高度评价。

11月7日，加拿大魁北克省卡萨翁兄弟公司国际市场总监让·吕克一行2人访问济南。在济期间，客人考察西区省城文化艺术中心建设，与工程建设部门洽谈推荐卡萨翁公司生产的管风琴产品参与文化艺术中心音乐厅建设招投标事宜。

11月15日，美国康涅狄格州布诗诺艺术中心代表团一行2人访问济南。在济期间，与市外办就推动双向文化艺术交流及城市文化景观设计领域合作进行座谈。

11月22日，以韩国京畿道城市住宅室地域政策课地域计划担当金阳洙为团长的京畿道城市规划考察团一行6人访问济南。在济期间，代表团参观济南市城市规划展览馆，详细了解济南市规划变迁、总体规划、历史文化名城保护规划、城乡统筹和重点规划等，对济南市城市规划和建设给予高度评价。

11月24日，以日本日中经济协会专务理事稻叶健次为团长的日本建筑节能企业代表团一行13人访问济南。在济期间，代表团参加由济南市人民政府和日本日中经济协会主办的中日（济南）建筑节能论坛，济南市有关部门负责人、中日双方专家、企业代表就建筑节能问题进行交流讨论。

12月8日，以罗马尼亚全国进步联盟执行主席、国防部长加布里埃尔·奥普雷亚为团长的罗马尼亚代表团一行10人访问济南。在济期间，代表团考察市中区舜玉街道办事处舜园社区，详细了解社区日常工作，并就党建工作与社区进行座谈。

出访：

1月19日，市委常委、副市长申长友走访日本驻青岛总领事馆和韩国驻青岛总领事馆，分别与斋藤法雄总领事、俞载贤总领事进行会谈。会谈期间，对济南市与日本、韩国友好交流和经贸合作进行回顾，就开展全方位交流合作交换意见。两位总领事对济南市经济社会发展成就、外事工作成绩以及投资环境改善给予高度评价，表示将进一步加强中日韩三方共同参与的合作项目。

4月13～23日，应赞比亚国民议会副议长和纳米比亚地方政府、住房与农村发展部部长邀请，以全国政协副主席阿不来提·阿不都热西提为团长的地方政府和企业家代表团访问上述两国，市外办随团出访。访问期间，代表团参加了中国援建的赞比亚媒体中心奠基仪式、"2010中国赞比亚光明行"和向纳米比亚莫尔森特殊儿童学校捐赠等活动。市外办在与纳米比亚温得和克市市长座谈中就两市开展友好交流互换意见,双方达成初步共识。

5月11~21日,应阿根廷南美东亚商会、委内瑞拉委京中华总会馆邀请,以市委常委、市总工会主席王以才为团长的工会考察团一行5人赴阿根廷、委内瑞拉访问。访问期间,代表团会见了阿根廷南美东亚商会会长奥斯瓦多,就国外社团组织与政府关系、社团组织在经济社会中作用等进行座谈,实地考察委京中华总会馆,了解华人社区组织体制、运行机制和管理服务等有关情况。

5月23日至6月3日,以市委常委、市纪委书记王成波为团长的经贸考察团一行6人赴巴西、委内瑞拉、古巴访问。访问期间,代表团考察了山东电建一公司承建的巴西坎迪奥塔二期C电厂项目、巴西圣泉化学品贸易有限公司及其物流中心,与巴中工商总会会长唐凯千进行会谈,考察浪潮集团在委内瑞拉设立的委内瑞拉工业科技公司,拜访古巴基础工业部新能源办公室,就推动济南市与古巴在新能源、医药包装等领域合作达成共识。

5月25日至6月5日,应俄罗斯圣彼得堡市亚太经济文化合作中心、法国巴黎中国文化中心、瑞典华人工商联合总会邀请,以市委副书记殷鲁谦为团长的济南代表团一行6人赴俄罗斯、瑞典、法国访问。访问期间,代表团拜会中国驻俄罗斯大使李辉、驻瑞典大使兰立俊,在莫斯科、圣彼得堡、斯德哥尔摩、巴黎、纽约、芝加哥、圣地亚哥、温哥华等地举办多场引才政策推介会和创新创业恳谈会,现场签约人才项目60个。

6月14~23日,以市委副书记、市长张建国为团长的友好经贸代表团赴奥地利、瑞士访问。在奥地利期间,访问上奥地利州首府林茨市,与副州长黑泽尔、国际关系部部长哈格进行友好会谈,就双方在友好省州关系良好发展基础上开拓济南市与林茨市友好城市关系达成共识,参观考察林茨生物沼气垃圾处理厂、林茨匹克灵福利院,与有关负责人进行座谈,拜会中国驻奥地利大使史明德,与西门子有限公司签订深化合作备忘录,参加力诺集团与西门子公司关于光伏发电逆变器项目合作协议的签署仪式。在瑞士期间,代表团访问瑞士普洛斯公司总部,与瑞士国会议员、国会交通委员会主席比尔先生座谈,并出席北车集团与普洛斯公司全面战略框架合作备忘录签字仪式,考察瑞士钟表产业发展情况,促进山东康巴斯公司与瑞士钟表公司技术合作,访问阿尔高州首府阿劳市,与古纳德市长、甘茨副市长进行友好会谈,签署两市建立友好城市关系备忘录,考察阿劳市城市建设和环保设施,参观国拉提养老院。

8月30日至9月8日,济南市环保代表团一行6人赴韩国、日本和香港访问。访问期间,代表团考察日本土壤菌应用技术公司垃圾渗滤液处理技术及其在韩国、日本工程案例,并与香港中国光大国际有限公司商讨在济建设并运营垃圾渗滤液处理厂等事宜。

11月10~14日,市环保局组派的代表团一行5人赴韩国访问。访问期间,代表团参加在昌原市举办的“第四届三城市·三大学国际环境研讨会”,考察昌原市德洞污水处理厂、甘泉村小规模污水处理厂等市政环境设施,学习环境保护方面经验。

【友好城市交往】 全年向友好城市派出各类团组20批175人,接待友好城市重要团组32批275人。

来访:

3月5~8日,以日本和歌山市和济经济联合会会长西广真治为团长的代表团一行10人访问济南。在济期间,代表团与济南市青年联合会正式签署友好合作备忘录,就幼儿园、旅行社、汽车售后服务等合资合作项目考察济南市部分企业,达成初步合作意向。

3月8~10日,加拿大里贾纳大学校长维亚纳·蒂蒙斯一行5人访问济南。代表团与山东大学就双方建立友好校际关系30周年庆祝活动以及两校友好交流与合作事宜进行探讨,与济南大学商谈两校交流合作项目具体实施计划,与中创软件工程股份有限公司进行会谈,就双方合作关系发展方向达成共识。

3月14~15日,英国考文垂商会中国贸易联络处主任马克·伊顿一行3人访问济南。在济期间,代表团与市外办进行工作会谈,双方就2011年两市友好交流与合作事宜进行探讨,表示将推动两市企业和经贸代表团交流,加深友好关系,发掘西米德兰大区、考文垂市与济南市企业合作潜力,促进友好城市关系深入发展。

3月30日至4月1日,以韩国水原市政府企划预算课企划系长金显光为团长的水原市优秀公务员代表团一行17人访问济南。在济期间,代表团拜会市文联,并就两市开展文化领域交流事宜进行座谈,参观省博物馆、山东工艺美术学院美术馆以及园博园水原公园等文化设施。

4月22日,日本关西国际中心株式会社董事长中下胜雄访问济南,与东拓置业有限公司进行洽谈,了解舜奥嘉园幼儿园招标情况以及外方投资幼儿园相关政策问题。双方一致同意保持密切联系,推进幼儿园招标事宜。

4月26日,法国雷恩市布列塔尼孔子学院中方院长王丽萍、法方校长白思杰访问济南,与市外办进行座谈,就在该院举办文化活动等事宜交换意见。双方一致表示将尽快推动济南图片展览和文艺演出的组织,并进行文化、教育合作。

5月5~8日,芬兰万达创新中心首席执行官瑞特瓦·阿拉塔罗女士一行7人访问济南。在济期间,代表团与市外办举行座谈,回顾两市结好10年成果,并就在万达市举办结好10周年庆典活动进行探讨。代表团还分别与山东大学和济南大学就合作开展企业培训事宜进行会谈,通过为有意进入中国的芬兰企业进行中国语言、文化、立法和商务环境等方面培训,加强交流与合作,深化两市友好关系。

5月13~19日,以法国雷恩市雷恩—济南友协会长菲利普·依查德为团长的代表团一行7人访问济南。在济期间,代表团与市文广新局就两市开展文化合作交换意见,考察护城河公园、大明湖扩建景区,调研园博园“雷恩园”维护情况和游客数量，与济南一中、三中和二十七中进行座谈，商定与雷恩市有关学校建立友好关系事宜，与山东艺术学院就雷恩市音乐学院和山艺音乐系开展钢琴交流交换意见，与济南大学法语系师生进行会谈。

6 月 14～18 日，以日本和歌山市幼儿园企业集团“柠檬会”理事长前田劾多郎为团长的七田式教室合作考察团一行 6 人访问济南。在济期间，代表团考察济南市青少年宫、妇女儿童活动中心，与两家单位就合作开办幼儿教育“七田式教室”事宜进行洽谈，双方一致同意继续就此项目进行研究与合作。

7 月 8～13 日，美国萨克拉门托市学生代表团一行 9 人访问济南。在济期间，代表团与济南市学生共同参加“小小艺术家舞台联欢演出”，参观闫文斌民族舞蹈教学，参加武术训练、乒乓球比赛等各项体验活动，与寄宿家庭儿童一起赴泰安、曲阜参观游览。

7 月 26～27 日，澳大利亚郡德勒普市伍德维尔高中师生代表团一行 16 人访问济南。在济期间，代表团访问友好学校济南九中，与九中师生进行交流，体验中国国画绘画、民族乐器演奏、书法、剪纸等中国文化，还乘船观赏济南著名泉水景点，了解济南历史和文化。

8 月 23～27 日，以韩国水原市副市长尹圣均为团长的友好代表团一行 7 人访问济南。在济期间，代表团参加在济举办的“2011 山东—京畿友城联合体大会”，考察 12345 市民服务热线，考察济南高新技术产业开发区、章丘明水经济开发区、大明湖新区、奥体中心。

8 月 30 日，韩国水原市亚洲大学等 4 所大学的 11 名大学生访问济南，参加第三批济南大学国际友城奖学金项目，进行为期一年的中文研修学习。

9 月 27 日，以韩国水原市议长姜长奉为团长的水原市议会代表团一行 8 人访问济南。在济期间，代表团与市人大常委会共同签署两市人大（议会）友好交流协议书，还参观考察大明湖新景区、奥体中心和章丘明水经济开发区。

10 月 13～14 日，巴西朗多尼亚州工商业协会主席丹尼斯・罗伯特・巴乌及波多韦柳市市长罗伯特・爱德华・索布里诺一行 21 人访问济南。在济期间，代表团与济南市共同签署建立友好城市关系协议书，与市发改委、经信委洽谈中小企业发展情况，考察济南大学、佳宝集团，参观章丘重汽工业产业园并与重汽集团洽谈。

10 月 19～22 日，巴西波多韦柳市市长罗伯特・爱德华・索布里诺一行 9 人访问济南，参加“2011 年济南市国际友城文化交流暨友好城市大型图片展”活动。在济期间，代表团参观图片展并观看文艺演出，参加“2011 济南国际友城城市对话暨济南宣言签署”活动，考察济南市垃圾处理厂、舜玉社区医院和舜耕中学。

10 月 20～24 日，以土耳其马尔马里斯市市长阿里・阿贾为团长的马尔马里斯市政府友好代表团一行 11 人访问济南，参加“2011 年济南市国际友城文化交流暨友好城市大型图片展”活动。在济期间，代表团参观图片展并观看文艺演出，参加“2011 济南国际友城城市对话暨济南宣言签署”活动，并与济南市签署建立友好城市关系协议书。

10 月 20～24 日，美国萨克拉门托市代表团一行 12 人访问济南，参加“2011 年济南市国际友城文化交流暨友好城市大型图片展”活动。在济期间，代表团参观图片展并观看文艺演出，参加“2011 济南国际友城城市对话暨济南宣言签署”活动，与市青少年宫师生联欢，举办交响乐大师课，与胜利大街小学、山大附中、历城二中和省实验中学举行座谈，就建立友好学校和开展视频交流进行沟通。

10 月 20～24 日，芬兰万达代表团一行 3 人访问济南，参加“2011 年济南市国际友城文化交流暨友好城市大型图片展”活动。在济期间，代表团参观图片展并观看文艺演出，参加“2011 济南国际友城城市对话暨济南宣言签署”活动。代表团还参观考察趵突泉、大明湖和黄河公园，实地考察城市建设。

10 月 20～25 日，以韩国水原市交通行政课课长朴来宪为团长的水原市代表团一行 11 人、以印度尼西亚徐图利祖市合作事务局局长赛弗・阿吉为团长的代表团一行 8 人访问济南，参加“2011 年济南市国际友城文化交流暨友好城市大型图片展”活动。在济期间，代表团参观图片展并观看文艺演出，参加“2011 济南国际友城城市对话暨济南宣言签署”活动。代表团还参观考察趵突泉、大明湖和黄河公园，实地考察城市建设。

10 月 21 日，法国驻华使馆特派代表、法语联盟山东济南校长石帝先生一行 2 人参加“2011 年济南市国际友城文化交流暨友好城市大型图片展”活动，参观图片展并观看文艺演出，并参加“2011 济南国际友城城市对话暨济南宣言签署”活动。

10 月 25～29 日，以日本和歌山市市长大桥建一为团长、副议长中村协二为副团长的和歌山市第 28 次访问团一行 14 人访问济南。在济期间，代表团访问山大附中和济南市博物馆，洽谈文化教育交流事宜，考察“12345”市民服务热线，对济南市服务市民、关注民生的做法给予高度评价。代表团还参观了奥体中心、大明湖新区。

11 月 4 日，法国雷恩音乐学院院长宝玛・格特内・贝诺瓦一行 4 人访问济南。在济期间，代表团与山东艺术学院进行座谈交流，法国钢琴教师开设大师班进行一周授课，两校签署合作备忘录并共同举办音乐会。

11 月 22～26 日，以副校长栗本昌彦为团长的日本和歌山大学附属中学代表团一行 16 人访问济南。在济期间，代表团与山东大学附属中学进行友好交流，深入课堂听课，参观学生课外活动，体验包饺子、京剧等中国传统文化，表演具有本国民族特色歌舞、乐器等节目，并与山大附中学生进行结对家庭访问，双方教师就教育方法、交流教学经验等进行座谈。

11 月 30 日至 12 月 2 日，以印度尼西亚徐图利祖市议会副议长阿坝度・克里克为团长的徐图利祖市议会代表团一行 6 人访问济南。在济期间，代表团考察济南市中心医院，详细了解济南市医疗产业发展情况，探讨两市在医疗卫生领域可能进行的交流与合作,还考察可口可乐公司,了解外资企业在济发展模式。

12 月 13～16 日,以韩国水原市清明高中副校长郑万教为团长的修学访问团一行 15 人访问济南。在济期间,代表团与济南市第七中学学生开展民宿交流,并观摩济南七中英语、物理两门课程。两校学生进行联欢演出,两校领导就进一步扩大师生互访等议题进行交流。代表团还参观省博物馆,体验章丘民俗。

出访:

3 月 24～28 日,应法国雷恩市帕斯篮球协会邀请,济南市篮球、文化代表团一行 21 人赴法国雷恩市参加帕斯第二十七届国际少年篮球赛。在法期间,代表团在比赛中获得优胜奖,并在比赛欢迎宴会和闭幕式上表演以京剧《梨花颂》为背景音乐的舞蹈和功夫《太极功夫扇》,获最佳表演奖。代表团还在社区养老院举行公益表演,访问帕斯圣加百利中学,就与济南第二十七中学建立友好学校关系、实现两校师生互访等事宜达成意向。

4 月 9～19 日,以副市长巩宪群为团长的济南市友好代表团一行 6 人赴巴西、阿根廷访问。访问期间,代表团与巴西波多韦柳市议会和市政府签署《济南市和波多韦柳市建立友好城市关系协议书》,会见巴西萨尔瓦多市副市长艾得瓦多·布里托,签署《济南市和萨尔瓦多市建立友好城市关系谅解备忘录》,访问阿根廷布宜诺斯艾利斯市文化局,就两市在文化方面合作可能性进行磋商,拜访中国驻阿根廷大使殷恒民,就在阿根廷寻找友好城市进行探讨。

5 月 13～24 日,以副市长张宗祥为团长的济南市友好经贸代表团一行 6 人赴土耳其、波兰、捷克访问。访问期间,与土耳其马尔马里斯市签署两市建立友好城市关系意向书,与波兰什切青市副市长波丹·加洛斯进行友好会谈,考察波铁集团与中国北车合资项目,与瑞盟有限责任公司商谈风电场项目,与波兰基础工业部进行会谈,拜访中国驻波兰大使馆商务处,与捷克福伊博斯公司就经贸文化项目进行洽谈,并考察捷克卡洛维法利市。

5 月 26 日至 6 月 4 日,济南市人大友好访问团一行 5 人赴韩国、印度尼西亚访问。访问期间,代表团与韩国水原市和印度尼西亚徐图利祖市就济南市人大与对方议会开展交流事宜进行会谈,考察两市农业及市政设施,向徐图利祖市政府转交拟在该市建设的“济南友好园”园林设计方案。

6 月 5～9 日,济南市书法代表团一行 8 人赴韩国访问。访问期间,代表团与韩国水原市书法家协会共同举办第九届中韩书法交流展和公益笔会,水原市议会议长姜长奉、副市长芮昌根会见代表团,并参加书法交流展开幕式。

7 月 11～20 日,以市委常委、宣传部长谭延伟为团长的济南市友好文化代表团一行 9 人赴日本、韩国访问。访问期间,代表团拜会日本和歌山市市长大桥建一和议长和田秀教、韩国大田市行政副市长朴相德和政务副市长李钟起,洽谈文化领域交流合作事宜,在和歌山市和大田市分别举办“天下泉城”济南市图片展,参观考察和歌山电视台、和歌山广播电台、大田文化产业振兴院、大田 KBS 电台电视台,与日本富士电视台就文化产业、动漫制作及广播电视制播等达成合作意向。

8 月 22～31 日,济南市政府友好代表团一行 5 人赴乌克兰、匈牙利访问。在乌克兰期间,代表团参加乌克兰独立 20 周年暨哈尔科夫市市庆日庆典活动,拜会哈尔科夫市市长肯纳基、副市长谢尔盖和国际合作局局长鲁奇,并与哈尔科夫华人联合会会长李学刚进行会谈,参观哈尔科夫市中国商品中心。在匈牙利期间,代表团参观亚洲中心贸易市场和浙江商品展区,同匈牙利亚洲协会匈中分会代表进行友好会谈。

9 月 3～14 日,以省委常委、市委书记焉荣竹为团长的济南市友好代表团一行 6 人赴阿联酋、南非和以色列访问。在阿联酋期间,出席浪潮集团与阿斯比斯公司开展战略合作签约仪式,与阿联酋山东商会就进一步加强济南市与阿联酋贸易往来进行交流。在南非期间,出席山东电力基本建设总公司与南非 MPE 公司风电合作项目、与敦莱斯公司煤电一体化合作项目签约仪式,考察德国曼公司南非区域总部及客车组装厂,与非洲中华总商会及南非齐鲁同乡会进行座谈和交流。在以色列期间,访问友好城市卡法萨巴市,与市长本哈默举行友好会谈,拜会中国驻以色列大使高燕平,与舒华集团创始人艾萨克·舒华及部分高管进行会谈,就舒华集团进一步扩大在济南投资项目深入交换意见,与以色列凯丹集团就在济开发商业项目达成共识。市人大常委会副主任马纯济参加在南非考察交流活动。

9 月 8～17 日,以市人大常委会副主任孟祥桓为团长的济南市友好代表团一行 6 人赴俄罗斯、波兰访问。在俄罗斯期间,代表团参加下诺夫哥罗德市建市 790 周年暨改革开放 20 周年庆祝活动,参观国际友城图片展,与市长萨洛金·阿列克、俄外交部代表及国际关系委员会主任阿列克·索洛维约夫进行友好会谈。在波兰期间,代表团与波兰国家投资招商局副局长马瑞克、部门经理阿洛娜进行座谈,就济南市与波兰开展友好交流事宜进行探讨。

9 月 8～18 日,市政协主席徐长玉率团在芬兰和法国举办“济南文化周”活动。济南市艺术家为“万达中秋节”和“两市结好 10 周年庆典”奉献精彩表演,在我驻法大使馆和巴黎中国文化中心进行演出,受到中国驻法国大使孔泉、驻芬兰大使黄兴等外交官以及《凤凰卫视》《新华网》《人民网》等中外媒体高度评价。

9 月 9～18 日,济南市艺术代表团一行 14 人赴芬兰、法国访问。访问期间,代表团举行文艺演出、图片展览、文化洽谈等一系列“文化周”活动,在芬兰万达市音乐厅、我驻法大使馆、巴黎中国文化中心进行 3 场演出,并在芬兰万达市举办民俗图片展览,在巴黎中国文化中心播映《天下泉城》影片。

10 月 2～6 日,济南市青少年宫青少年文化交流访问团一行 15 人赴韩国访问。访问期间,代表团与韩国水原市就青少年结对、文化艺术交流等相关事宜进行交流。

10月3～12日，济南市文化代表团一行6人赴加拿大、美国访问。在加拿大期间，代表团参加里贾纳大学与中国国内部分大学建立交往30周年系列庆典活动，并分别与萨斯喀彻温省议会政府间事务办公室中国区主任威廉·王和萨斯喀彻温省旅游文化部相关负责人进行会谈，就2012年两市进行建立交往25周年庆祝活动进行初步探讨。在美国期间，代表团会见萨克拉门托市市长凯文·约翰逊，参观威廉小学汉语浸入式课堂，了解汉语在萨市推广情况，访问萨市公共电视台，讨论电视台运行模式和制片流程等。

10月3～12日，济南市妇女代表团一行6人赴加拿大、美国访问。在加拿大期间，代表团参加里贾纳大学与中国国内部分大学建立交往30周年系列庆典活动，并分别与萨斯喀彻温省议会政府间事务办公室中国区主任威廉·王和萨斯喀彻温省女企业家协会6位成员进行会谈，详细了解萨斯喀彻温省经济发展和投资现状，妇女就业创业情况和促进妇女发展政策措施等。在美国期间，代表团参观萨克拉门托市威廉小学汉语浸入式课堂，了解汉语在萨市推广情况，访问萨市公共电视台，讨论电视台运行模式和制片流程等。

10月6～9日，济南倍安商贸有限公司、山东海安特安全科技、济南采晨经贸3家企业代表一行3人赴韩国访问。访问期间，参加韩国水原国际友城进出口企业洽谈会，与水原市20余家企业进行接洽和商谈，并与DIGIANA国际株式会社、PHYTOS株式会社等6家企业达成商品采购和经贸合作初步合作意向。

10月6～13日，济南市政府友好代表团一行6人赴韩国、香港访问。在韩国期间，代表团拜访韩国水原市市长廉泰英、议长姜长奉、水原市第一副市长尹圣均等官员，参加水原第48届华城文化节开幕式以及水原国际友城进出口企业洽谈会，考察水原市环境事业所等。在香港期间，拜会香港贸发局内地推广主管梁国浩等，就加强双方合作进行座谈。

12月14～19日，济南实验初中修学访问团16人赴韩国访问。访问期间，代表团访问韩国水原市友好学校栗田中学，与该校学生开展交流活动，还访问泉川中学、水原青少年培养财团等机构。

【举办2011济南市国际友城文化交流暨友好城市大型图片展】　10月20～23日，“2011年济南市国际友城文化交流暨友好城市大型图片展”在济举行，此次活动由济南市人民政府主办，市外办、市政府新闻办承办。来自巴西、土耳其、印度尼西亚、美国、印度、法国等9个国家的11个代表团近百人参加图片展开幕式、2011济南国际友城城市对话暨济南宣言签署活动、济南电视台英语访谈等一系列活动，考察了济南市市容市貌，领略了丰富多彩的齐鲁文化，增进了相互间了解和友谊。

【新增3个友好城市】　济南市与巴西波多韦柳市、土耳其马尔马里斯市和印度尼西亚徐图利祖市正式建立友好城市关系。济南市的友好城市达到19个，覆盖五大洲18个国家。7月27日，济南市十四届人大常委会第三十二次会议通过济南市与徐图利祖市建立友好城市关系决议。11月28日，经报请中国人民对外友好协会批准，同意济南市与徐图利祖市建立友好城市关系，两市正式结为友好城市。10月13日，市委副书记、市长张建国会见巴西波多韦柳市市长罗伯特·爱德华·索布里诺一行，并与索布里诺市长共同签署建立友好城市关系协议书。10月21日，市委副书记、市长张建国会见土耳其马尔马里斯市市长阿里·阿贾一行，并与阿里·阿贾市长共同签署建立友好城市关系协议书。

【举办“济南文化周”】　为更好地推动泉城优秀文化“走出去”，提高济南国际竞争力和影响力，济南市先后在日本、韩国、芬兰、法国举办济南文化周活动，推动“天下泉城”品牌走进友城。7月11～20日，市委常委、宣传部长谭延伟率团在日、韩友城举办“济南文化周”活动和“天下泉城”图片展览。9月8～18日，市政协主席徐长玉率团在芬兰和法国举办“济南文化周”活动。

【举办“外国人看济南”活动】　开展以“外国人看济南”为主题系列活动，通过召开新闻发布会、组织参观考察等形式，组织2次“外国人看济南”活动，先后邀请10多个国家60多名驻济外国人参观考察济南市12345市民服务热线、市行政审批服务中心、大明湖整治工程、西客站建设以及“百姓城管”建设等，着重宣传济南市投资环境及历史人文，向驻济外国友人展示济南市“十一五”取得的成就，展现“十二五”规划蓝图，使在济外国人更深刻地感受到“人文济南、实力济南、魅力济南、宜居济南”。新华社、央视网等20多家中央以及省市媒体对活动进行了报道。

（傅　琳　张志国　程　路）

责任编校　王　炜

治安·司法

公 安

【概况】 1. 持续净化社会治安环境。成功侦破平阴特大生产销售"地沟食用油"案、章丘"9·16"重大抢劫金店案等一批具有重大社会影响的案件。加强经侦基层基础工作,公安部在济南市召开现场推进会推广市公安局经侦工作经验。开展"清网行动",经过200余天奋战,累计抓获网上逃犯1138名,清网率达91%,位居全省前列。集中整治突出治安问题,开展"创安利民"治安秩序10项整治行动,得到群众广泛支持。推进治安防控体系建设,市委、市政府转发《大力加强社会治安打防管控体系建设的意见》,将打防管控体系建设纳入经济社会发展总体规划。全市抢劫、抢夺案件同比分别下降25.2%、41.4%。在省公安厅委托进行的抽样调查中,全市群众安全感和满意度达96.64%、96.7%,较上年分别提升0.38和0.36个百分点。

2. 确保政治大局稳定。重大群体性事件预警率、处置率达100%。严密防范、严厉打击境内外敌对势力的渗透破坏活动,强化反恐处突实战演练和训练,参加全省城市间反恐怖对抗、处置化学恐怖袭击事件演习和全军军地平安建设观摩活动。积极应对、及时化解涉警舆情,科学妥善处置"8·17"涉警群体性事件。

3. 推进社会管理创新。优化警务运行机制,市公安局"警用地理信息系统"和市中公安分局"枪支远程控制与智能管理系统"获全省公安科学技术进步奖应用技术成果一等奖。组织全市1万余名民警参加全国执法资格考试,83名民警通过国家司法考试,累计有193名民警取得法律职业资格证书。制定下发《执法规范化建设项目书》《深化执法规范化建设目标责任书》。全年行政复议正确率保持100%,涉法初信初访同比下降11.2%。"济南公安民生服务在线"功能更加丰富,手机版服务更加便捷,被评为全省电子政务示范工程,被授予全省公安机关社会管理创新一等奖。扎实推行"小警务"工作,制定出台《服务民生二十条新承诺》,提升服务质量和工作效率。圆满完成482批次各级警卫任务和奥运女足亚洲资格赛决赛等460余项大型活动安保。查处酒后驾驶1727起、醉酒驾驶616起,交通、火灾事故各项指标稳中有降。

4. 创新发展和谐警民关系。市公安局建立以"济南公安微博"为骨干,覆盖各警种和民警个人的"博警"在线平台,拥有粉丝1200余万,成功入选《中国社会科学院2011年法治蓝皮书》和中国最具影响力政务微博,跻身"全国十大政务机构微博"和"全国政府机构微博十强",公安部、省公安厅和市委、市政府先后召开会议推广市公安局微博工作经验。以"广大民警受教育、人民群众得实惠,公安工作上水平、警民关系更和谐"为目标,开展"大走访"开门评警活动,自觉接受监督,听取各方意见,改革和创新公安工作。

5. 开展和谐警营建设。以纪念建党90周年为契机,开展"发扬传统、坚定信念、执法为民"主题教育实践活动,组建主题教育活动先进事迹报告团,巡回报告18场,5000余名民警和社会各界群众收听收看了报告会。全市公安机关13个分(县)局全部建立规范化涉案物品保管中心,所有基层执法单位都建立了符合标准的涉案物品保管室,涉案资金实现统一集中规范管理。完成人民警察职务套改。举办"携手春天"2011年迎新春文艺晚会、青年联欢篝火晚会、庆"三八"联欢会等文艺活动,开展"警队80后"风采系列展示。

年内,有37个单位和255名民警记一、二、三等功,205个单位和2075名民警受到上级党委政府和公安机关表彰,其中盖继纲被公安部追授为"全国公安系统二级英雄模范"、刘德营被公安部授予"特级优秀人民警察"称号。

【第三次全国经侦工作会议现场推进会在济召开】 7月6日,公安部在济南召开第三次全国经侦工作会议现场推进会,推广济南市公安局经侦基层基础工作经验做法。市公安局局长刘杰作了《围绕"四个主流"促进"四个发展"以"三侦会"精神引领经侦工作实现新跨越》的典型发言,历城分局东风派出所进行书面经验交流。与会代表深入基层单位,实地考察经侦基础和规范化建设情况。公安部领导及与会代表对济南市公安机关高度重视经侦工作,切实将防范、打击经济犯罪的触角延伸到基层派出所,夯实经侦基层基础的作法给予充分肯定和高度评价。

【"清网行动"取得战果】 按照公安部"清网行动"部署,全市各级公安机关历经6个多月、200余天奋战,累计抓获网上逃犯1138名,其中抓获公安部B级逃犯2

名、部督捕逃犯1名、省厅督捕逃犯9名、故意杀人逃犯15名、故意伤害致人死亡或重伤逃犯56名、其他暴力犯罪案件逃犯135名,全市清网率达91%,超出省公安厅提出的清网率66%的任务目标。

【"创安利民"治安秩序十项整治成效显著】 为全面加强社会治安管控,整治各类治安突出问题,市公安局从2011年3月开始,开展以"净风、净网、净业、治爆、治犬、扫盲、助乞、护学、保畅、除患"为主要内容的"创安利民"治安秩序十项整治,净化社会治安环境,得到社会各界好评。严厉打击"黄赌毒"丑恶现象,先后组织开展"净风"1号、2号行动,查办涉黄涉赌案件3090起,集中销毁赌博电子游戏机776台。开展"创建绿色网吧、关注青少年健康"活动,创新积分管理、"巡查卡"检查等工作措施,查处违法经营网吧109家(次)。养犬管理走上良性循环轨道,新办犬证2.1万个,收缴违章犬6500余只,市民文明养犬意识增强。

【推行"小警务"工作】 全市公安机关开展"创新警务、创安惠民"主题行动,全面推动"小警务"工作内容创新、载体创新和方法创新。制定出台《服务民生二十条新承诺》,简化办事手续、规范服务流程、压缩办结时限、提高工作效能。开展"信访案件调处百日会战",集中处理群众反映突出、强烈关注的公安信访问题,期间共接待群众初访222起,受理查办信访事项437起,办结率达93.1%。组织"万名民警换位体验帮扶",广大民警深入田间地头、工厂工地、环卫一线等开展劳动体验,进一步发展和巩固和谐警民关系。

【盖继纲被追授为"全国公安系统二级英雄模范"】 2011年7月,国务委员、公安部部长孟建柱签署命令,追授因公牺牲的市公安局成丰桥派出所原所长盖继纲"全国公安系统二级英雄模范"称号。9月,市公安局召开追授盖继纲"全国公安系统二级英雄模范"称号命名大会,号召全市公安机关和广大民警向盖继纲学习。

【破获以段某为首的黑社会性质犯罪组织案】 以段某为首的黑恶势力自2004年以来,先后在济南市平阴县和泰安、聊城等地,以暴力、威胁等手段,插手客运、工程建筑等行业,涉嫌寻衅滋事、故意伤害、敲诈勒索、抢劫、非法持有枪支等案件78起。此案侦办历时3年,民警先后辗转济宁、聊城、泰安、重庆等全国10余座城市,走访群众1500余人,成功抓获犯罪集团成员37人。2011年8月,经法院审理,认定该犯罪集团为黑社会性质犯罪组织,段某及其骨干成员分别被判处4~16年不等有期徒刑。(参见"治安·司法"栏目"审判"分目【审判段某等26人黑社会性质犯罪案】条)

【非法加工销售"地沟油"案】 7月4日,市公安局与浙江警方联合行动,一举打掉位于平阴县玫瑰镇的地沟油加工、销售窝点——济南格林生物能源有限公司,抓获9名涉案人员,并顺线发现其他6家单位涉嫌加工、销售"地沟食用油"。市公安局党委成立专案组,全力开展案件侦查,经过4个多月努力,共抓获犯罪嫌疑人23名,查封"地沟油"生产线5条,封存"地沟油"1000余吨。此案是公安部"打四黑除四害"专项行动挂牌督办十大案件之一,是山东省成功侦破的第一起重大生产、销售"地沟食用油"案件。案件侦破后,国务院总理温家宝、副总理李克强等中央领导先后作出批示,充分肯定该案成功破获对于加强食品安全、维护群众生命健康的重要意义。

【"11·30"特大互联网销售假药案】 2010年11月30日,根据公安部交办的"中国医药供求网销售假药"有关线索,市公安局成立专案组展开调查核实,经过半年侦查,专案组民警基本掌握了犯罪嫌疑人通过互联网销售假药的证据。4月26日,抓获6名犯罪嫌疑人,捣毁存放假药窝点4处,查缴假冒药品101箱。随后赴黑龙江、广东、山西等地抓获涉案犯罪嫌疑人7名。此案共抓获犯罪嫌疑人13名,查缴各类假药249个品种、300余批次、近10万盒,涉及10余家跨国医药公司以及近百家国内知名药企产品,查证销售假药案值1400余万元。德国拜耳、美国辉瑞、英国阿斯利康3家跨国医药公司联名发来感谢信,公安部、省公安厅也先后发来贺电,对济南市公安机关成功破获案件表示感谢和祝贺。

【"9·16"重大抢劫金店案】 9月16日18时许,章丘市发生一起重大抢劫案,3名蒙面男子抢劫章丘市百货大楼嘉华珠宝专柜黄金饰品一宗,涉案价值20余万元。案发后,济南、章丘两级公安机关全力投入案件侦破,于发案当晚在章丘市明水一出租房内发现疑似仿真枪包装盒和编织袋,并顺线确定3名重大犯罪嫌疑人。9月17日晚,民警在济阳汽车总站成功锁定并抓获3名犯罪嫌疑人,追回全部被抢黄金项链、吊坠等物品。"9·16"重大抢劫金店案,从发案到破案仅用时24小时。

【"11·1"假冒品牌润滑油案】 2011年11月1日,市公安局获取王舍人镇幸福柳广场一出租院内有人正在生产假冒品牌润滑油的重要线索,迅速组织警力采取集中行动,于当日在该出租院内抓获犯罪嫌疑人3人,当场查获假冒"中国重汽""一汽大众""美孚""壳牌"等品牌润滑油20余吨,查缴制假工具及假冒油桶、商标、包装箱一大宗。根据主要犯罪嫌疑人供述,又捣毁3处制造假冒品牌润滑油桶、商标和外包装的窝点,查缴贴标机、印刷机等制假机器7台,假冒品牌润滑油桶3.5万余只,以及大量已印制的假冒商标、包装箱等。该案涉案价值达2.3亿元,是山东省破获的最大生产、销售、储存假冒品牌润滑油案。

(李冰峰 姚方晓)

【概况】 1.发挥职能。新收各类案件

66705件，审（执）结64867件（含旧存），同比分别上升1.28%和下降2.99%；结案标的额134.49亿元，结案率97.24%，同比下降4.28个百分点。其中，中院审（执）结各类案件6636件，结案率96.66%。参与社会治安综合治理，开展法制宣传、法制讲座、公开宣判等活动200余次，提出司法建议371条。

刑事审判。审结一审刑事案件3231件。在判决生效的4485名罪犯中，判处5年以上有期徒刑直至死刑的815人，占18.17%。审结杀人、绑架、抢劫等严重暴力犯罪，黑社会性质组织犯罪以及盗窃、抢夺、诈骗等多发性侵财犯罪案件1577件，判处罪犯2846人；审结非法吸收公众存款、生产销售伪劣产品、金融诈骗等破坏市场经济秩序犯罪案件160件，判处罪犯276人，挽回经济损失2515万元；审结贪污、贿赂、渎职犯罪案件125件，判处罪犯177人，其中原为县处级以上公务人员7人。依法审理菏泽市政协原副主席朱某某受贿犯罪等一批有重大社会影响案件。严格控制和慎重适用死刑，确保死刑案件审判质量，最高法院对市法院一审判处死刑案件核准率为100%。坚持罪刑法定、罚当其罪，对943名罪行较轻、确实不再危害社会的被告人，依法判处非监禁刑；对认真接受改造、确有悔改或立功表现的4823名罪犯，依法裁定减刑或假释。重视少年司法工作，贯彻“教育、感化、挽救”方针，切实保护未成年人合法权益。

商事审判。审结一审商事案件18958件，结案标的额53.39亿元。依法审结在加强宏观调控、优化投资结构过程中引发的借款、买卖、担保、股权转让、公司解散等各类案件13340件。深化知识产权民事、行政、刑事案件“三审合一”新机制，加大对自主创新品牌、核心关键技术司法保护力度，审结专利、商标、著作权、植物新品种等知识产权案件548件。审理个人住房、汽车买卖、旅游服务及其他消费者权益纠纷案件3744件，审结农村土地承包、流转、农资产品质量纠纷案件211件，审结涉外、涉港澳台案件25件。深入重点企业调研走访，帮助解决司法难题，增强实体经济抗风险能力。

民事审判。审结一审民事案件21159件。其中，审结离婚、赡养、抚养、继承等婚姻家庭案件8421件，审结宅基地、相邻权、物业管理、房屋租赁等案件1114件，审结交通事故、医疗损害、产品质量、环境污染等侵权案件5967件，审结劳动争议、劳动报酬等案件1593件。推进便民诉讼网络建设，建立便民联系点26个，聘请司法联络员397人，通过巡回审判审结发生在乡村的婚姻家庭、相邻权纠纷等案件827件。坚持“调解优先、调判结合”工作原则，努力实现案结事了人和，调撤率保持在71%以上。设立绿色通道，优先办理追索劳动报酬、抚养费、赡养费和老弱病残孕等特殊群体起诉案件。认真执行司法救助制度，缓减免诉讼费180.84万元。

行政审判。审结一审行政诉讼案件903件。其中，维护、支持行政机关具体行政行为227件，撤销或变更具体行政行为、支持行政相对人诉讼请求53件。通过加大协调力度，行政相对人与行政机关和解后撤诉案件471件，占已审结一审行政案件42.92%。对涉及旧城改造等重点工程行政案件，成立专门合议庭进行审理，注重建设需求，注重权益保护，为拓展城市发展空间、保障省会现代化建设作出贡献。通过建立行政诉讼、行政复议工作联席会议和行政执法过错责任追究工作联席会议制度，发布行政审判白皮书，推动行政机关负责人出庭应诉等方式，促进行政执法水平提高。严格执行《国家赔偿法》，审结国家赔偿案件2件，决定赔偿1件，使受到侵害的合法权利得到有效司法救济。

涉诉信访和审判监督工作。全市法院坚持把处理涉诉信访案件作为联系群众、倾听民意、为民解忧的重要途径。推进领导干部接访下访制度化、常态化，畅通群众诉求表达渠道。狠抓办案质量，强化判后答疑，从源头上预防涉诉信访发生。运用司法救助、行政救济、社会帮扶等手段化解信访积案，解决了一批信访当事人低保、医疗和生产生活方面实际困难。全市法院信访总量明显下降，共处理人民来信293件次、接待人民来访1140人次、信访率2.21%，分别比上年下降58.93%、38.87%和1.65%。审结再审案件543件，占一、二审结案总数的1.11%，其中改判和发回重审98件，再审发改率呈逐年下降趋势。接受检察机关法律监督，共审结检察机关提起抗诉的再审案件139件，占一、二审结案总数的0.28%。其中，对原判认定事实清楚、适用法律正确的30件案件依法予以维持，对原判不当、抗诉理由成立的24件案件依法改判或发回重审，对因事实证据变化的69件案件经调解当事人达成和解协议。

执行工作。执结各类案件15011件，标的额57.96亿元。开展反规避执行专项活动，向社会公布10件反规避执行典型案例，公布20名“老赖”，推进社会诚信体系建设。强化执行威慑机制，对226件有能力但逃避执行、抗拒执行的被执行人依法予以制裁，化解执行阻力；对1549件案件依法强制执行，维护法律权威。加强委托评估、拍卖管理，完善执行流程管理、执行听证等工作制度，强化对执行权内部监督制约。注重和谐执行，特别是对涉及企业发展、民生利益和社会稳定案件，坚持慎重处置原则，讲究执行方式方法，促成1654件案件债权人与债务人达成和解协议。

2. 队伍建设。全市法院开展“发扬传统、坚定信念、执法为民”主题实践活动、“重回延安”作风整顿活动，提升干警精神状态。加强领导班子建设，推进竞争上岗和法官遴选工作，全市法院调整、充实、提拔部分干警，机关队伍结构进一步优化。落实党风廉政建设责任制，强化治本措施，组织廉政教育102次，严格落实“五个严禁”，加大案件查办力度，对违纪违法行为做到“零容忍”。加强司法能力建设，开展庭审考评、文书评比等多形式岗位练兵。与有关部门联合举办“公正廉洁为民好法官”评选活动。两级法院共办结关系干警工作生活实事90余件。推进法院文化建设，中院成立文化建设机构，在全市法院确定19个公共文化建设项目。组织初任法官宣誓仪式，实施一批法院文化建设重点项目，开展各种文体活动，用以人为本的管理文化凝聚激励队伍。

3. 提升管理水平。健全干警考勤、着装等27项制度并抓好落实，规范机关工作秩序。发挥机关民主管理委员会、生活管理委员会和民主理财小组作用，促进机关事务管理民主化、公开化和科学化。重点抓好审判管理，论证出台涉及审判管理10个规范性文件，创新和加强审判质量、效率、流程、层级和绩效管理。实行要情专报制度，强化对重大、敏感案件和重点事项督办工作。依法规范公开选择专业机构与拍卖机构活动，为321件对外委托案件随机抽取专业机构与拍卖机构，有效杜绝暗箱操作。强化人民陪审员工作，增加具有法律知识背景陪审员比重，建立人民陪审员退出机制，人民陪审员参与审判案件13256件，同比上升26.16%。开展司法巡查工作，对两级法院重点工作推进、廉政风险防范等情况进行集中巡查，发挥巡查工作督导促进作用。

4. 基层基础建设。截至年末，在113个不设人民法庭的乡镇（街道）全部设立法官工作室；设置通联法官601名，占基层法官总数81.43%，负责联系5056个村（居），通联法官覆盖率100%；选聘“村民法官”“社区法官”4679名，占全部村（居）92.54%，有效化解诉前纠纷9000余件。在两级法院开通自主研发的“网上法院”，构筑起涵盖办案、宣传、服务、监督功能信息化工作新平台。从宏观指导、审判监督、班子协管、队伍培训、考核奖惩等方面，切实履行对基层法院监督指导职责。依托“12345市民服务热线”对基层法院工作进行社会考核评价，考核工作更加公开公正。

5. 接受监督。自觉接受人大及其常委会和人大代表监督，并就行政审判工作向市人大常委会作专项工作报告。重视人大常委会督办案件以及人大代表建议和政协委员提案办理，加强督办反馈，提升办理成效，共办结51件。市“两会”期间，认真听取和征求人大代表审议《法院工作报告》意见，对人大代表提出健全立案大厅功能、加大执行工作力度等6件建议，全部办理完毕并进行反馈。加强代表联络工作，定期走访人大代表、政协委员，征求对法院工作意见和建议；邀请人大代表、政协委员视察座谈、旁听案件审理89批930人次，聘请249人担任特邀监督员。主动向政府、政协通报工作，加强与有关部门、人民团体和新闻媒体联系沟通，接受各界监督，以监督保公正，以监督促廉洁。

年内，全市法院26次受到省市领导批示肯定，有19个单位和部门在工作中取得的典型经验被省法院和市委推广介绍，全市法院“优专快好”涉军维权审判模式受到解放军总政治部领导肯定。中院被最高法院授予全国法院破产审判先进集体称号，法警支队在全国司法警察岗位大练兵考核中获得第一名，中院机关连续8年被评为省级文明机关。济南市中级人民法院执行二庭法官刘江被最高人民法院授予“全国法院办案标兵”称号。

【通报“十例反规避执行典型案件”】 7月26日，济南市中级人民法院召开反规避执行专项活动情况通报会，通报济南两级法院开展反规避执行专项活动总体情况，并向社会公布“十例反规避执行典型案件”。

公布的十例反规避执行典型案件是：①王某与章丘市某街道办事处土地补偿款纠纷执行案；②乔某某与济南某大酒店劳动争议纠纷执行案；③淄博某投资管理咨询有限公司与某县供销合作社联社借款保证合同纠纷执行案；④济南某炉料有限公司与张某某买卖合同纠纷执行案；⑤王某某与彭某、孙某某等借款合同纠纷执行案；⑥王某某等69人与陈某某买卖合同纠纷执行案；⑦焦某某与章丘市某物资有限公司借款合同纠纷执行案；⑧山东某环保科技发展有限公司与祝某某返还车辆纠纷执行案；⑨张某某、杨某某与吉林某实业集团有限公司交通事故人身损害赔偿纠纷执行案；⑩济南某电气制造有限公司与蔡某某劳动争议纠纷执行案。

【开通“网上法院”】 济南市中级人民法院以互联网技术为支撑，以“济南法院网”为依托，建立集办案、宣传、服务、监督四大功能于一体的功能性网站。济南法院网设“新闻发布”“网上法院”“法院文化”“基层风采”4个特色板块。通过“网上法院”，当事人可以与济南两级法院沟通、联系和处理相关事项，还能了解济南法院审判活动最新进展情况，对法院工作建言献策。9月26日，中院举行“网上法院”开通仪式。省法院党组书记、院长周玉华，市委副书记殷鲁谦，市委常委、政法委书记刘杰出席仪式并分别致辞。

【通报“商事审判十大案件”】 11月29日，济南市中级人民法院召开新闻发布会，公布2010～2011年审理生效的具有影响力的“商事审判十大案件”。

公布的商事审判十大案件是：①原告某物产公司与被告某塑料公司保证合同纠纷案；②原告广州某公司与被告某公司承揽合同纠纷案；③原告某公司与被告周某居间合同纠纷案；④原告济南某公司与被告山东某公司、刘某、徐某承揽合同纠纷案；⑤原告某饭店与被告某宾馆担保追偿纠纷案；⑥原告胡某与被告某保险公司人身伤害保险合同纠纷案；⑦原告刘某与被告某保险公司保险代理合同纠纷案；⑧原告某信用社与温某等4被告金融借款合同纠纷案；⑨原告刘某、张某、李某等诉被告汽车一队股东会决议、董事会决议效力纠纷案；⑩原告胡某、杨某与被告某劳务派遣公司盈余分配纠纷案。

【审判济南市首起危险驾驶案】 6月24日，市中区法院对被告人孔某某危险驾驶案作出一审宣判。法院审理查明，2011年5月1日15时20分，被告人孔某某驾驶轿车行驶至经四纬二路口时，因越线停车被交通民警当场查获，经现场呼气测试，孔某某涉嫌醉酒驾驶，后经济南市公安局交通物证鉴定所进行酒精鉴定，达到醉酒标准。法院审理认为，被告人孔某某违反国家交通管理法规，在道路上醉酒驾驶机动车，其行为已构成危险驾驶罪。被告人孔某某在缓刑考验期内犯新罪，依法应当撤销缓刑，数罪并罚；鉴于其归案后，能够如实供述自己的罪行，依法可以从轻处罚。依法以危险驾驶罪判处被告人孔某某拘役1个月，并处罚金人民币1000元；撤销缓刑，决定执行有期徒刑1年零6个月，有期徒刑执行完毕以后再执行拘役1个月，并处罚金人民币1000元。

【审判段某等26人黑社会性质犯罪案】9月16日，章丘市法院对段某等26人黑社会性质犯罪案作出一审宣判，以组织、领导黑社会性质组织罪及聚众斗殴罪、寻衅滋事罪、故意伤害罪、敲诈勒索罪，数罪并罚，判处被告人段某有期徒刑16年。其余25名被告人分别被判处有期徒刑1年到14年零6个月不等的刑罚。法院审理查明，被告人段某先后纠集尹某、张某某、孙某某等25人，通过有组织的实施聚众斗殴、故意伤害等暴力性违法犯罪活动，称霸一方，先后实施聚众斗殴1起、敲诈勒索4起、寻衅滋事8起、故意伤害2起，在平阴县城及其周边地区获取非法利益，造成重大影响。在长达4年的时间里，该组织逐渐形成以段某为核心的黑社会性质组织。法院审理认为，段某为获取非法利益，在平阴县组织、发展无业人员，逐步形成以其为组织、领导核心，以其他25名被告人为参加者的黑社会性质组织，遂依法作出上述判决。（参见“治安·司法”栏目“公安”分目【以段某为首的黑社会性质犯罪组织案】条）

【审判朱某某职务犯罪案】 10月14日，济南市中级人民法院对菏泽市政协原副主席朱某某受贿案作出一审宣判，以受贿罪判处被告人朱某某有期徒刑11年。法院审理查明：1998年至2009年间，被告人朱某某先后利用担任曹县县委书记、菏泽市副市长、菏泽市政协副主席等职务便利，为他人谋取利益，以“借款”为名，向他人索要现金87万元，非法收受他人现金4万元，索要、非法收受他人现金共计91万元。法院审理认为，被告人朱某某身为国家工作人员，利用职务上便利，索取他人财物，或者为他人谋取利益，非法收受他人财物，数额特别巨大，其行为构成受贿罪。朱某某的大部分受贿系索贿，依法应从重处罚。朱某某归案后能如实交代所犯罪行，且受贿赃款大部分已追回，可以酌情从轻处罚。遂依法作出上述判决。

【2011年十大知识产权案件】 1. 山东水泊焊割公司焊接设备专利维权案。原告山东水泊焊割设备制造有限公司与被告扬州某机械设备公司侵犯实用新型专利权纠纷一案，原告系国内知名焊接设备制造企业，拥有多项专利技术，其中就包括“液压式异形封头旋边机”实用新型专利。该专利技术有效克服焊接时采用传统工艺为异形封头折边产生渗漏的技术难题，具有国内领先技术水平。原告发现被告使用该专利技术生产、销售侵权产品，并以低价冲击市场，遂起诉要求被告停止侵权行为、赔偿经济损失50万元。济南中院经审理认为，被告生产的侵权产品具备专利权利要求中全部必要技术特征，落入专利权利要求保护范围，构成专利侵权，最终判令被告停止侵权并赔偿原告经济损失30万元。

2. 典发公司“千页豆腐”外观设计专利系列维权案。台资企业典发食品（苏州）有限公司生产的“千页豆腐”知名度较高，其产品包装袋上图案设计独特，并取得外观设计专利权。某食品厂在生产、销售的同类产品上使用了与该专利设计极其相似包装，为此该公司分别对某食品厂及3名销售商提起外观设计专利侵权诉讼。济南中院受理案件后，承办法官向双方耐心释明法律规定，仔细梳理诉讼风险，逐条解答当事人疑惑，最终赢得双方信任，3案全部达成调解，被告及时支付赔偿款。

3. “中国重汽”商标维权案。原告中国重型汽车集团有限公司是中国重型汽车生产的龙头骨干企业，集研发、生产、销售、服务于一体，产品和服务包括从整车到润滑油、配件等重型汽车全部产品。原告的“中国重汽字母及图”商标2004年12月核准注册，2009年4月被国家商标局认定为驰名商标。2009年8月，原告发现被告济南某石油化工有限公司生产、销售的部分润滑油系列商品标有该商标标识，遂提起商标侵权诉讼，请求法院判令被告立即停止侵权行为并赔偿原告经济损失。案件在审理过程中，法院认为被告行为已经产生相关公众混淆和误认侵权后果。法院在查明事实情况下，加大辨法析理力度，向被告释明假冒行为的错误性质，同时根据被告诚恳认错情况及时做好调解工作。经调解，被告表示接受此案教训，不再侵权，并赔偿原告经济损失15万元。

4. “三联”商标使用许可合同纠纷案。因山东三联集团有限责任公司（以下简称三联集团）对郑州百文股份（集团）有限公司（以下简称郑百文）进行资产重组时，双方于2003年1月27日签订商标许可使用合同，约定：三联集团许可郑百文在家电零售领域无偿使用第779479号“三联”商标；三联集团承诺不再以任何直接或间接形式在家电零售领域使用或许可他人使用“三联”商标、商号；如果三联集团拟放弃“三联”商标所有权，应事先通知郑百文，并在郑百文同意情况下，无偿将“三联”商标转让给郑百文。2003年7月18日，郑百文股票在上交所恢复挂牌交易。2003年8月22日，郑百文名称变更为现名三联商社股份有限公司（以下简称三联商社）。2008年2月，三联集团持有的三联商社股权被法院强制拍卖，国美电器成为三联商社实际控股股东。2008年6月，三联集团向国家商标局申请将“三联”商标转让给山东三联家电有限公司。三联商社认为三联集团行为侵犯其合法权益，为此诉至法院，请求判令三联集团立即停止将“三联”商标转让给任何第三方行为，并依约将该商标无偿转让给三联商社。济南中院经审理认为，三联集团与郑百文签订的商标许可使用合同合法有效。“三联”商标由三联集团申请并使用近20年，成为企业的一项重要知识产权，也是其重要财产权利。涉案合同有关商标转让约定，应与合同整体内容、合同签订背景和目的相结合，贯彻公平合理、诚实信用原则进行解释。郑百文承接三联集团从事家电零售经营全部业务和相关资产，但

"三联"商标专用权及使用许可权并未成为三联集团重组郑百文的对价内容。郑百文获得"三联"商标使用权是基于三联集团公司对其控股关系。同理,"三联"商标若无偿转让给三联商社也应基于三联集团对其控股。当三联集团持有的三联商社股权被法院强制拍卖并丧失第一大股东地位后,涉案合同目的已经无法实现。因此,三联集团将其"三联"商标转让给第三人并无不当,三联商社诉讼请求缺乏事实和法律依据。法院最终驳回三联商社诉讼请求。

5."湘鄂情"与"湘鄂情怀"商标诉争案。原告北京湘鄂情股份有限公司系"湘鄂情"文字及图形组合商标专用权人,原告认为被告济南某餐饮公司在其经营门店、店内用品、户外广告、官方网站均突出、醒目地使用"湘鄂情怀"文字,构成对"湘鄂情"商标侵犯,遂起诉要求被告停止侵权,赔偿经济损失。济南中院经审理认为,首先,原告"湘鄂情"商标系一图形、文字及字母组合形成的服务商标,商标中"湘鄂"两字系显著性较低的省级区划简称,原告对该商标所享有的专用权应是对其整体体现的商标标识的专用权,而不应过窄地解释为对"湘鄂情"三字专用权,而被告在经营活动中是以"湘鄂情怀"为其字号和简称。其次,法院考虑原告在山东境内并无经营店面,而被告仅在山东境内经营,且主要店面在济南,两者经营地域范围并不重合,不易构成混淆。再者,被告通过多年经营,已使"湘鄂情怀"在其经营所在地特别是在济南形成识别其餐饮服务的显著含义。济南中院最终认定,原、被告商标标识近似程度并未达到"易使相关公众对商品的来源产生误认或者认为其来源与原告注册商标的商品有特定联系"的程度,遂判决驳回原告诉讼请求。

6.北京天语同声公司制止KTV歌厅侵犯著作权纠纷案。原告北京天语同声信息技术有限公司经版权人授权,取得《SHE Together》专辑收录的《美丽新世界》《热带雨林》等7部MTV音乐电视作品在中国大陆地区的排他性专属授权。原告发现被告济南某KTV歌厅在其经营场所内以卡拉OK方式向公众放映上述专辑中MTV音乐电视作品,遂诉至历下法院。法院经审理认为,原告提供的正版光盘及公证书,证明原告是涉案音乐电视作品在中国大陆地区唯一合法授权使用主体。被告通过播放设备在其经营的KTV歌厅内传播涉案作品,又不能提供任何合法来源证据,其行为侵犯了原告著作财产权。法院最终判决被告立即停止侵权行为并赔偿原告经济损失。

7.广东原创动力文化传播有限公司"喜羊羊"著作权维权案。2011年,济南市2家大型知名超市销售的床上用品、童裤上使用了未经授权的"喜羊羊"卡通形象。为此版权人分别将2家商场起诉至法院,要求停止侵权并赔偿经济损失。经济南中院调解,双方当事人最终达成和解,原告撤回起诉。

8."拉线位移传感器"商业秘密维权案。济南中院审理原告济南开思科技有限公司与被告济南某设备有限公司、魏某侵犯商业秘密纠纷一案。原告开思公司诉称,被告魏某原系原告单位职工,掌握原告技术秘密,魏某为济南某设备有限公司实际控制人,该公司一直利用魏某从原告处所获技术秘密生产、销售与原告产品高度相似的拉线位移传感器,请求判令两被告停止侵权并赔偿经济损失。经审理查明,通过对原告销售拉线位移传感器产品进行合法拆解、测绘,可以合法获得该产品技术信息,该产品技术信息已经不具备商业秘密的秘密性构成条件,原告开思公司所主张商业秘密侵权不成立,遂驳回原告诉讼请求。

9.山东高机公司制止网络搜索引擎不正当竞争案。原告山东高机工业机械有限公司发现被告济南某公司在其网站搜索链接中使用原告企业名称中"山东高机"文字,使相关公众在搜索原告网站时同时搜索到被告公司网站。原告认为被告行为侵犯了其合法权利,遂诉至法院,请求判令被告立即停止侵权行为并赔偿经济损失。济南中院经审理认为,被告在其网站搜索链接中把原告企业名称重要组成部分"山东高机"作为自己产品名称使用,又不能说明使用合理依据,其目的在于诱使相关公众在搜索原告网站时,同时出现被告公司网站,借助原告市场声誉增加其产品营销机会,此行为虽然不属于造成相关公众对企业主体或产品来源产生混淆的传统不正当竞争行为,但违反我国反不正当竞争法关于经营者在市场交易中必须遵守诚实信用原则和公认的商业道德规定,仍然构成不正当竞争。法院最终判决被告立即停止侵权行为、赔偿原告经济损失5万元。

10."美人榆"观赏树木植物新品种纠纷案。济南中院审理原告石家庄市绿缘达园林工程有限公司与被告肖某的植物新品种纠纷案,涉及林业植物新品种保护问题。原告系"美人榆"植物新品种的品种权人,"美人榆"系观赏树木类型,属于林业植物新品种保护范畴。原告以被告未经其许可,擅自培育"美人榆"植物新品种对外销售为由,起诉要求被告停止侵权行为并赔偿经济损失50万元。在案件审理中,法院通过咨询权威机构,对林业植物新品种的生物特性与侵权认定形成法律共识。法院在此基础之上加大调解力度,将诉讼风险和成本向当事人明示,最终促成双方当事人和解。被告通过支付许可使用费方式继续合法生产经营,品种权人得到应有回报,案件处理实现"双赢"审判效果。

(陈俊海)

检 察

【概况】 1.树立与发展相适应的执法理念。倡导和树立与科学发展观相符合的执法观、大局观、政绩观,增强服务"十二五"发展的社会责任感。开展调查研究,健全落实服务措施,强化对知识产权、高新产业、土地资源、生态环境、科技人才的司法保护。把执法办案作为检察机关维护社会稳定、服务经济发展的基本途径,提高办案质量,增强执法效果。关注人民群众反映强烈的问题，及时开展各类专项行动，重点打击涉及民生和食品药品安全的犯罪案件，严肃查办征地拆迁、教育医疗、社会保障、资源开发、环境保护等民生领域的职务犯罪。办好民生检察服务热线，共受理群众来电5349个，帮助群众解决困难211件。

2.为社会发展提供司法保障。配合有关部门开展打黑除恶、打击“两抢一盗”专项行动，严惩暴力犯罪、多发性侵财犯罪、破坏市场经济秩序犯罪，共批准逮捕各类刑事犯罪嫌疑人3073人，提起公诉5026人。重视重大敏感复杂案件的批捕、起诉工作，坚持提前介入，引导侦查取证，取得良好效果。在严厉打击犯罪同时，推行逮捕必要性审查、附条件不起诉、量刑建议、刑事和解、刑事被害人救助等工作机制，减少社会对抗、化解矛盾纠纷。做好涉检信访工作，落实风险预警评估机制，及早预判引发上访可能性，把矛盾消除在萌芽状态，全市未发生涉检进京上访事件。对事关全局的社会管理问题，及时进行分析、研判，向党委政府和有关部门提出建议，促进社会管理水平提高。

3.查办和预防职务犯罪。把查办和预防职务犯罪工作摆在更加突出位置，加大办案力度，提高办案质量，推动反腐败斗争深入健康发展。共立查职务犯罪案件232人，其中县处级干部25人、副厅级以上3人，大要案比例为83%。查办了山东能源集团有限公司原董事长马某某涉嫌受贿3900余万元案、山东技师学院原院长王某某涉嫌受贿90余万元案、省环保厅污染控制处原处长曲某某涉嫌受贿100余万元案、鑫海小额贷款有限公司原总经理焦某某涉嫌受贿2000余万元案等重大案件。依法查办司法人员职务犯罪案件20人。市检察院坚持带头办案，立案18人，全部是大要案，办案数量在全省市级院中最多。查办的职务犯罪案件，已起诉169人、判决158人，全部是有罪判决。在严惩职务犯罪同时，深化预防工作，介入西客站等60多项省市重点工程开展同步预防。市院检察制度史和预防展厅面向社会开放，已有17000余名干部参观，成为全市廉政教育重要基地。

4.强化对诉讼活动的法律监督。监督公安机关立案112人，监督撤案45人，依法不批捕828人，占受理提请批准逮捕总数的21%；不起诉25人，追捕98人，追诉244人；提出刑事抗诉32件，法院已审结30件，改判、发回重审11件；提出民行抗诉59件，提请省院抗诉62件，法院共审结105件，改判、发回重审和调解结案94件。依法纠正监管活动、刑罚变更、监外执行中各类违法行为295件，维护了监管场所管理秩序。

5.加强检察队伍自身建设。落实领导干部政治轮训制度，开展“发扬传统、坚定信念、执法为民”和“创先争优、争做齐鲁先锋”等活动。认真执行党风廉政建设责任制和《廉政准则》，完善检察机关惩治和预防腐败体系，全面落实纪检监察人员跟踪办案、“一案三卡”、执法档案等措施。年内，市委巡视组和省检察院巡视组先后对市检察院进行巡视，领导班子民主测评优秀率为98%。建设电子阅览室、电教室、市图书馆检察院分馆，被市委组织部确定为“干部在线学习”试点单位，有120多人授课，培训4000多人次。重视司法考试工作，2011年通过13人。强化检务督察，狠抓财务、车辆和机关管理，在不断发现和解决问题中推动工作发展。加大对基层院领导班子协管力度，完善市院党组成员联系基层院制度，有针对性地帮助基层解决实际问题。2011年度，市检察院和9个基层院继续保持省级文明单位、文明机关称号，济南市检察院被省检察院记一等功，有204个集体和个人受到市级以上表彰。

6.自觉接受监督。认真执行向人大、政协报告通报制度，加强与人大代表、政协委员的联系。邀请人大代表、政协委员视察检察工作280人次，召开座谈会25次，认真听取人大代表和政协委员的意见建议，推动检察工作发展。落实人民监督员制度，对职务犯罪嫌疑人不服逮捕决定等案件，全部纳入人民监督员监督程序。自觉接受媒体和网络监督，加强舆情监控，营造良好舆论环境，始终把检察权的行使置于人民群众监督之下。

【新修订的《济南市预防职务犯罪工作条例》获批准】 11月25日，山东省第十一届人民代表大会常务委员会第二十七次会议经过审查，批准了新修订的《济南市预防职务犯罪工作条例》；12月30日，济南市人民代表大会常务委员会在《济南日报》专版向社会公布。新修订的《条例》于2012年1月1日起施行，原《条例》同时废止。新修订的《条例》，由原来22条增加到31条，明确了预防职务犯罪工作组织领导机构，确立了行贿犯罪档案查询制度，规定了预防的重点和措施，更加细化了各单位、各部门的预防职责，完善了责任追究的事项和程序，比原《条例》更为具体、更加科学、更具时代性、更有操作性，对进一步形成全社会共同参与的预防职务犯罪工作格局起到积极作用。

【参加国际廉政宣传短片比赛】 根据国际反贪局联合会执行委员会决议，香港廉政公署2011年12月在香港举办国际廉政宣传短片比赛，最高人民检察院决定在全国检察系统内征集廉政宣传短片，择优参赛。市检察院预防处围绕“廉政宣传”主题，以鞭挞贪污腐败，传播廉政理念为基本思路，投入力量设计、制作了以《农夫捉猴》为题材的动漫短片参赛。该短片画面清新，主题鲜明，内涵深刻，富有创意，在全国检察机关的100多个作品中脱颖而出，被高检院推荐参加国际廉政宣传短片评选。

【济阳县检察院建立社区矫正对象心理诊疗室】 济阳县检察院协调司法局、法院、公安机关等司法行政部门，在全县8个社区建立心理诊疗室。从全县50多所学校中选出16位经验丰富的教育学、心理学教师，分配到8个社区矫正点，保证及时为社区矫正对象提供心理咨询。自建立心理诊疗室以来，共接受20余名社区矫正对象的心理咨询，起到良好社会效果。

（胡林泉）

司法行政

【概况】 1. 为经济社会发展服务。当好经济发展“法律智库”，全市律师为2200多家机关企事业单位担任法律顾问，办理各类法律服务事项85000余件。围绕济南市“一城三区”发展战略，为西客站片区、省会文化艺术中心、小清河整治等重点项目和重点工程提供综合法律服务。实施法律援助温暖行动，确定“低保标准二倍”为申请法律援助标准，开展“残疾人法律援助月”“关爱农民工法律援助月”等活动，办理法律援助案件4519件，比上年增长33%。开展法律援助进社区、公证进社区等便民服务活动。投资近10万元改造12348热线平台，平均每月转接12345市民服务热线电话300多件次，平均每月接听法律服务咨询电话3000多件次。开展人民调解创新年活动，形成人民调解与司法调解、行政调解等调解方式有效衔接的工作格局，各级调解组织调解矛盾纠纷41478件，调解成功率95.7%。

2. 加强特殊人群管理。市劳教所与济南大学教育与心理科学学院开展“1+1帮1”活动，组织1名警察和1名济南大学教育与心理科学学院学生从心理咨询、生活帮扶等10个方面帮助1名劳教人员。济南监狱联合人社局职业技能鉴定中心开展服刑劳教人员职业技能鉴定，联合职业介绍机构举办服刑劳教人员就业推介会，联系用工单位开通服刑劳教人员“就业直通车”，为服刑劳教人员回归社会打下基础。平阴县在全市建立首家刑释解教和社区矫正人员“新天地中途之家”过渡性安置基地，有效预防和减少重新违法犯罪。济南监狱解决了济南监狱历史债务等问题，并将狱政设施改造项目列入市“十二五”规划。

3. 启动“六五”普法规划。召开全市第十四次普法依法治理工作会议，转发“六五”普法规划，济南市“六五”普法工作全面启动。联合市委宣传部、市文广新局部署开展法治文化建设年活动，打造全国首家宪法主题公园、网络互动普法贴吧和论坛、普法电影城乡行等法治文化平台，召开全市社会主义法治文化工作会议。在全国第七次法制宣传教育工作会议上，历下区、历城区、章丘市获“2006～2010年全国法制宣传教育先进县（市、区）”称号。

4. 加强司法队伍建设。制定出台县（市）区司法局、市局机关处室考评办法和实施细则，完成机构改革任务，在市局机关实行竞争上岗和轮岗交流，调整交流33名处级干部、6名科级干部。开展“发扬传统、坚定信念、执法为民”和“深入基层、服务群众”等主题教育活动，开展建党90周年纪念活动。

【实施“大联动”服务】 联合市仲裁委、经信委、商务局开展“百名律师仲裁员服务百家中小企业”活动，组织20多名律师加入山东半岛蓝色经济区和黄河三角洲高效生态经济区律师服务团，成立众成律师联盟服务省会城市群经济圈。市泉城公证处依托济南公共资源交易中心，承办所有招投标公证业务。在10个县级交警部门、10家县级法院设立人民调解室，全市受理交通事故损害赔偿人民调解案件1731件，成功调处1590件，涉及赔偿金额9000余万元。与公安、保密、无线电管理等部门联动，完成济南考区国家司法考试任务，有考生8307人，在全国各大城市排名第五位，创济南考区历史新高。法律援助建立城际间、委员会成员单位间、系统内3个联动体系，把公证、司法鉴定、人民调解纳入法律援助内容。

【与乌鲁木齐市司法局签订合作协议】 10月26日，济南市司法局与乌鲁木齐市司法局合作协议签字仪式在济南举行，济南市司法局局长毛华铭和乌鲁木齐市司法局局长潘明分别代表双方签字。双方约定，依托合作协议平台，互通有无，取长补短，在人才培养、业务交流、信息化建设3个方面深化合作。

【成立全省首家“归侨侨眷台属法律援助工作站”】 5月31日，市司法局、市侨办、市台办、致公党济南市委联合成立全省首家“归侨侨眷台属法律援助工作站”，制定出台《关于开展为归侨侨眷台属提供法律援助的实施意见》，与山东豪才、德义君达、鲁泉、润耕4家律师事务所签订《归侨侨眷台属法律援助服务意向书》，为归侨侨眷台属提供专业法律服务。

（刘　霞）

责任编校　王　炜

军 事

济南警备区

【概况】 1.思想建设。挖掘军地教育资源,按季度分专题组织学习研讨交流,举办团职干部理论读书班,开设5期机关大讲堂,邀请17名军地专家辅导授课,42名机关干部交流发言,增强理论学习效果。开展"坚定理想信念、忠诚履行使命"主题教育和纪念建党90周年"读党史、学党章、上党课、过党日、交党费"等系列活动,着力培育当代革命军人核心价值观。贯彻落实《民兵政治工作规定》《预备役部队政治工作规定》,在天桥区人武部、预备役高炮团先行试点基础上,召开专题政工会推广经验做法,经验做法被省军区转发。全年新闻媒体见稿1674篇,其中中央级530篇,包括中央新闻联播2条、《中国国防报》头版头条3篇,省级报纸头版头条8篇。济南警备区政治部被军区表彰为先进政治机关。

2.遂行多样化军事任务能力提高。突出使命课题训练。6~7月参加军区"前卫—211"演习,围绕城市防空、战备执勤、支前保障等课题进行实兵演练。9月组织部分预备役和民兵高炮连赴军区靶场进行实弹战术演习,取得优秀成绩;12月组织2个预备役团开展信息化条件下野营拉练。军事斗争准备检查评估年度考核成绩优秀,省军区转发警备区扎实做好战备工作经验做法。突出信息化条件下岗位练兵。投入60余万元升级战备值班系统,实现可视对讲和文电传输。加强一体化指挥平台训练,参加军区信息化集训考核,获省军区个人单项第一名、总评第二名。组织1400余人参加大练兵活动,在省军区信息化条件下岗位练兵比武中,取得2个第一名、3个第二名的成绩。突出各类应急任务完成。结合整组点验对13个民兵应急分队进行拉动考核,先后组织民兵预备役人员2.4万人次、协调机械装备600余台次参与地方抗旱救灾、扑灭山火等急难险重任务。

3.国防后备力量建设。学习《国防动员法》,开展国防知识"进机关、进学校、进企业"活动,警备区代表队参加全省国防动员知识竞赛获二等奖。加强国防动员机动指挥系统建设,6月组织县(市、区)国防动员应急指挥演练试点观摩活动,探索国防动员指挥建设向基层拓展延伸方式。协调市委、市政府出台《关于加强新形势下民兵、预备役部队基层建设的意见》,完成第三批基层单位达标建设,基层建设水平整体提高。抓好党委议军、第一书记述职等党管武装制度落实,研究解决民兵预备役建设新情况新问题。济南市投资1.64亿元,历时2年建成民兵训练中心(国防教育基地),占地18.1公顷,建筑面积2.7万平方米,兼有军事训练、国防教育和社会服务功能。提升"双拥"共建质量,成立济南市爱国拥军促进会,开展"为泉城人民献爱心、看济南驻军在行动"系列活动,为济南市连续第七次评为"全国'双拥'模范城"作出贡献。

4.后勤装备保障。落实党委理财制度,分批组织财务人员年度预算编制培训,财务管理正规有序,警备区被省军区评为预算执行先进单位。12月组织《财务条例》知识竞赛活动,以比促学、以学促用,后勤干部业务素质明显提升。完成各类津贴补贴发放和新型军人保障卡办理工作,警备区团以上干部经济适用住房建设顺利封顶,房地产租赁整改、营区综合治理、军用土地确权、卫生防疫和招待所服务保障成效显著。提高装备管理水平,协调资金1700万元新建济南市民兵武器装备仓库,完成5个民兵武器装备仓库监控设施升级改造,民兵武器弹药转运工作安全顺利进行。

【征兵工作】 按照"一季征兵、全年准备"工作思路,做好征兵准备工作。1月上旬,全市开展"光荣牌挂起来、立功喜报送起来、特困家庭帮起来"等送温暖活动,走访慰问新兵家庭,发放慰问品、慰问金,营造"一人参军、全家光荣"社会氛围。4月份,完成省军区赋予的"一季征兵、全年准备"试点任务,进一步规范征兵准备阶段和实施阶段内容、程序、方法、标准要求。兵役登记工作从5月1日开始,6月底结束,全市开设固定和流动登记站141个,登记适龄青年17026人,确定预征对象8727名。为做好高校应届毕业生预征工作,警备区联合市政府于5月23日召开驻济高校预征工作座谈会,总结交流预征工作经验,建立征兵工作联系机制,大学生网上预征报名人数7075人,位列全省第一。5~9月,警备区承担军区、省军区赋予的预先征集院校毕业生试点任务,人武部会同教育、公安、卫生部门对征集对象进行身体初检和政治审查,全市签约协议兵员2775人,圆满完成试点任务。

警备区协调市政府研究出台现(退)

役士兵优惠政策，大幅提高现役士兵优待金和退役士兵自谋职业一次性补助金经费标准。章丘市将优待金提至1万元，市中区对入伍在校生奖励2000元。在退役安置上，每年招收的社工、公益性岗位拿出一定比例，用于招录退役士兵，事业单位不少于安置计划的10%，以解决退役士兵后顾之忧。10月17日，济南市召开征兵工作会议，副市长齐建中与各县（市、区）分管领导签订征兵工作责任书。11月8日，市政府、警备区召开企业兵员征集座谈会，研究解决企业兵员征集存在的矛盾问题，为完成2%的征集任务奠定基础。全市年度完成3250名新兵征集任务，高学历兵员比例34.5%，确保了兵员征集质量。

【全军平安建设工作座谈会课目演示活动】 11月24～25日，全军平安建设工作座谈会在济召开，期间观摩了济南警备区组织的涉军舆情管控、涉军维权处置和军警民联合应急处突课目演示。历下、槐荫、历城民兵医疗救护、防化洗消、消防灭火、应急分队400人，驻济某防化团和市公安特警"黑豹"突击队、武警特勤中队、消防支队以及卫生局、环保局等单位200人，动用装备器材60套、车辆50台，围绕军队如何参加军地联合组织指挥，向与会代表演示了军警民联合应急处突、应对公共突发事件、重要军事目标防护等课目。这次演练全面反映以军队安全促社会稳定、以融合发展促社会和谐的军地平安建设成果，对搞好新形势下部队、民兵预备役配合公安、武警协同处置应急突发事件的方法进行了有益探索。

（张宗超　史本波）

武警济南市支队

【概况】 1. 思想建设。开展培育当代革命军人核心价值观主题教育，广大官兵争做党和人民忠诚卫士的理想信念更加坚定。每月下发《月经常性思想工作要点》，开展"深知兵、真爱兵"活动，做好法律和心理服务工作。开展警地文化共建联创活动，丰富官兵业余文化生活。正确处理干部调整、党员发展、技术学兵选拔、士官选改、评功评奖等热点敏感问题，公正办事逐步走上制度化、规范化轨道。关心爱护干部，适时安排干部探亲、休假，为38名干部家属办理随军手续，激发了干部扎根基层、建设基层工作热情。7人被总队表彰为"百名"十佳标兵，71人荣立个人三等功。支队被武警总部表彰为"基层建设先进单位"。

2. 完成中心任务。开展隐患专项治理活动，召开"正规化执勤工作现场会"，制定《经常性执勤工作规范》，提高正规化执勤工作质量。研发"反恐处突指挥系统"软件，为基层中队安装"多功能哨位集成箱"，执勤信息化水平不断提高。加强应急力量建设，形成"一队多装、一队多用、一队多能"兵力编成模式。规范机关、基层战备设施建设，提升战备水平，为总队军事工作集训提供高质量观摩现场。年内出动兵力近2万人次，完成重大警卫勤务、重要赛事和大型演出安保、城市武装巡逻、抢险救灾等任务400余次。参加"滨海—11"演习、城市防化学袭击演习和警地联合处突维稳演习，在总队反恐分队比武中获团体第3名。支队连续7年被总队评为"正规化执勤一级支队"。

3. 部队管理教育。落实从严治警方针，开展新兵"条令学习月"活动，组织召开"正规化管理工作现场会"，完善《经常性管理工作规范》。突出"八小时以外"管理。开展枪弹安全、保密安全、密切内部关系专项教育整顿，抓好重大安全问题防范和隐患排查整治。落实安全工作责任制，逐级签订《安全管理责任书》，制定《安全工作实施细则》，把依法从严治警、坚持安全发展责任落实到每名官兵。

4. 基层建设。制定党委机关按纲指导、基层按纲建队计划，组织参加《纲要》网上培训，按纲抓建能力不断提高。坚持常委包片，营以上干部挂钩中队，抓好经常性调研帮建。召开"连续4年以上未跨先进中队建设汇报会"和"挂钩帮建工作汇报会"，突出对后进单位帮建。有6个连续4年未跨先进中队在按纲考评中夺得红旗，4个进入先进行列。

5. 后勤保障。满足部队多样化任务保障需求，完善保障预案，充实战备物资，加强应急保障能力建设。坚持后勤训练与军事训练同部署、同开展，专业兵保障能力不断增强。落实制度标准，精心组织供应保障，综合保障效益明显提高。从严管控基层地方保障经费和预算外经费，推进行政消耗性经费改革试点，精心组织伙食精细化管理和远程医学信息系统建设试点。完善财务、军粮、被装、军械、油料运输信息平台。支队被总队表彰为"车辆安全管理先进单位"，军械仓库被总队表彰为"红旗军械仓库"。

【苏丹警察部队代表团来访】 7月21日，苏丹内政部警察总监哈希姆·奥斯曼上将带领苏丹警察部队代表团一行5人，在武警部队后勤部副部长刘占琪少将、总队长南平少将、副参谋长张昌伟大校陪同下，到济南市支队参观访问。

（韩振宅）

【概况】 1. 指挥通信建设。完善市级人防基本指挥所、预备指挥所和机动指挥所信息平台建设，配套建成空情接收预警系统、电子地理信息系统、无线电短波二级网和人防信息化专网。新增防空警报器10台，防空警报覆盖率达100%。人口疏散体系建设从无到有，初步建立疏散基地11个。全市重要经济目标，实行分级分类科学管理，基本做到防护组织、防护方案和训练演练"三落实"。按照要求建立了10支约6000人的人防专业队伍，新组建部分人口疏散志愿者队伍。建立健全结合警报试鸣开展防空防灾演练制度，提高公众应急避险能力。4月15日，成功组织济南市暨槐荫区城市防空袭应急演习。各级人防部门与应急管理部门建立起有效沟通与协作机制，建立健全利用人防战备资源参与应急管理机制。

2. 人防工程建设。大众广场综合改造工程全面竣工，总建筑面积6.5万平方米的大众广场人防工程，是全国人防自建单体面积最大、档次最高、设施最全的人防工程，对于省城开发利用地下空间起到指导和推动作用。建筑面积1222.9平方米的经四路补建人防工程主体全部竣工。市行政审批中心人防窗口审查图纸面积1750万平方米，其中人防图纸111家、面积104万平方米，发放防空地下室建设许可证93个、建筑面积54.7万平方米，报审率达100%，报建率达78.7%，竣工备案64个单体工程、计26万平方米。维护各类人防工程42万多平方米。与市规划局、公用事业局共同修编《济南市人防工程建设及地下空间开发利用规划（2010～2020）》，由清华大学规划设计院编制完成。编制"十二五"人防工程建设规划，规划投资56亿元，建设人防工程面积128万平方米。编制11个片区人防工程修建性详细规划，规划建设人防工程20万平方米。

3. 平战结合。全市人防工程设施年营业额14.5亿元，创造利税8000多万元，提供就业岗位3万余个。英雄山人防工程地下商业设施为2000多人提供就业岗位，年创利税上千万元，仅夏季制冷和冬季供暖就节省300多万元资金。启动"夏季开放人防工事纳凉工程"，开辟经四路人防商城、英雄山人防商城、马鞍山银座广场人防店、旅游路富禧肥牛等4个便民避暑纳凉点，合计开放面积8.2万平方米，纳凉点增设座椅、电视、休闲读物，免费提供饮用水，受到广大市民赞扬。组织各类检查或抽查30多次，实现全年安全无事故目标。

4. 人防执法。人防审批项目全部纳入市行政审批大厅，建立人防工程项目报建联审机制，建立人防重大事项集体审批制度。加强执法监督力度，全年出动执法检查500余次，办理新开工工程质量监督手续110余个，下达催缴规费通知书12个，补缴人防易地建设费1100余万元，确保全市防空地下室建设质量。与市执法局建立联合执法平台，对于规范和促进人防执法起到推动作用。开展"阳光执法、廉洁执法"活动，维护人防法律法规尊严。

5. 宣传教育。以宣传贯彻人防法律法规和普及防空防灾知识为重点，充分利用广播、电视、报刊、网络等多种新闻媒体宣传人防，在各级新闻媒体刊发197篇新闻报道。在初级中学开设人防课，增强学生国防观念和人民防空意识，全市初级中学人防知识教育实现制度化、规范化，学校开课率和学生考试及格率均达100%。

【大众广场人防工程投入使用】　9月29日，位于济南市西南部王官庄附近的大众广场人防工程竣工暨华润万家大众广场人防店正式开业。总建筑面积6.5万平方米的大众广场人防工程2009年1月开工建设，整个工程包括修建全民健身广场、绿化及广场改造、修建地下停车场和地下人防工程4个方面。该工程的建成，填补了该区域战时缺少大型骨干人防工程，平时没有大型综合商业设施的空白，优化了全市人防工程防护体系。

【济南市暨槐荫区城市防空袭应急演习】

为提升城市和全民防空意识，强化防空临战及人防专业队伍应变能力，4月15日，济南市暨槐荫区城市防空袭应急演习在济南市第十二中学开展。本次演习包括防空警报、人员疏散、医疗救护、治安巡逻、供电抢修、供水抢修、消防灭火等8个方面内容，组织6个单位参加，参加演习的干部、教师、学生700多人，参加演习的各级指挥员和应急抢险、抢救、抢修和保障人防专业队伍近100人，参演车辆16辆。

（王玉金　张　涛）

责任编校　王　炜

经济综合与管理

发展和改革工作

【概况】 1. 加强发展研究工作,为市委、市政府决策当好参谋助手。①做好"十二五"规划编制和实施。编制完成济南市国民经济和社会发展第十二个五年规划纲要草案,经市十四届人大第四次会议审议通过后,报请市政府发布实施。加强对专项规划编制的协调服务,会签专项规划10余项,工业和信息化、金融业等专项规划经市政府发布实施。进一步分解落实各主要指标、重点任务和重大工程项目,做好"十二五"规划实施工作。济南市"十二五"规划纲要被国家发改委、省发改委分别授予贡献奖和优秀奖。②做好年度计划编制下达工作。认真谋划"十二五"开局之年各项工作,起草济南市2011年国民经济和社会发展计划草案,经市十四届人大第四次会议审议通过后,报请市政府下达实施,同时编制下达各专项计划。③做好经济运行监测和形势分析。密切跟踪宏观调控政策取向,深入研究经济运行中的苗头性、倾向性问题,正确判断经济运行走势,多次向市委、市人大、市政府汇报经济运行走势,提出对策建议,为市委、市政府决策提供依据。④做好重大课题研究。起草完成市发改委《贯彻〈固定资产投资项目节能评估和审查暂行办法〉的实施细则(试行)》,推进固定资产投资项目节能评审工作。研究提出《济南市政府投资项目初步设计和概算审批管理实施细则》,加强政府投资项目初步设计和概算管理工作。组织开展综合性国家高技术产业基地建设、南部山区生态保护与农民增收等事关省会建设发展的课题开展调查研究,形成一批调研报告。

2. 抓好重点项目建设,促进投资较快增长。①加快重点项目建设。报请市委、市政府下达2011年"项目推进年"实施意见,筛选确定180个重点建设项目和18个重点前期工作项目,进一步完善推进项目建设的长效机制,180个项目完成投资438亿元。西客站配套工程、小清河综合治理、省会文化艺术中心大剧院等5个项目列入2011年省重点建设项目。②加强投资管理。会同相关部门下达2011年全市固定资产投资分解指导性计划,切实做好6批扩大内需中央投资项目和3批省扩大内需调控资金项目收尾工作。行政审批窗口受理固定资产投资项目523个,新审批、核准、备案项目267个。对17个项目进行节能评审,节能登记备案93个项目。加强政府投资项目初步设计和概算审批工作,为36个项目审减投资10.9亿元。③拓宽项目融资渠道。加强与金融机构沟通衔接,润华集团、山东方正等7家企业争取山东省加快服务业跨越发展专项合作贷款资金4.6亿元。为全市97个项目争取上级财政资金4亿元,其中中央预算内资金3.1亿元、省预算内资金0.9亿元。市城建投资公司和小清河投融资管理中心企业债券申请材料报国家发改委受理。济南热力综合节能改造、市消防支队购置消防设备等利用国外贷款项目进展顺利。④扎实做好招商引资工作。加强招商管理,下达年度指导性计划指标,定期通报各县(市)区招商引资计划完成情况。组织参加赴台、赴港等招商活动,全年引进市外投资951.8亿元,同比增长13.3%。

3. 推进产业结构调整,加快现代产业体系建设。①深入推进国家服务业综合改革试点。筹备召开全市服务业发展工作会议和现场调度会,明确年度工作重点,协调解决有关问题。分解落实国家服务业综合改革试点各项任务目标,定期调度进展情况,加大市服务业引导资金支持力度,着力推进信息服务、商贸物流、金融服务、文化旅游和商务会展5大区域中心建设。加快推进30个重点园区、100家重点企业和100个重点项目建设,建立协调推进机制,协调解决载体建设中存在的问题。积极协调市有关部门,加强与驻济监管部门沟通和对骨干企业的调度,完成年度服务业发展各项指标。②推进工业和能源结构调整。积极培育发展战略性新兴产业。33个项目列入省重点战略性新兴产业项目。为二机床全自动冲压生产线产业化等3个项目争取国家发改委战略性新兴产业和结构调整资金2534万元。设立市战略性新兴产业发展创业投资引导基金,出资2000万元带动社会资金1.8亿元。推进创新能力建设。全市新增2家国家级企业技术中心认证,1家国家地方联合工程实验室,2家省级工程实验室。牵头组织与山东大学签署战略合作框架协议,围绕发展战略和规划、战略性新兴产业和创新平台建设等九大领域开展合作。推进能源结构调整。大唐风电、力诺太阳能发电、第二生活垃圾场生物质发电等新能源项目投入运营,研究起草《济南市加快新能源汽车示范推广试点工作的若干意见》，加快推进示范推广工作。③大力发展现代农业。做好新增50万吨粮食产能、平原水库建设及河道治理、大型灌区续建配套和节水改造、农村饮水安全、农产品质量安全检验检测体系等10大类26个项目资金争取工作，争取上级扶持资金2.2亿元，增强现代农业发展的基础支撑。

4. 加快社会事业建设，做好保障和改善民生工作。①积极发挥综合协调职能，配合相关部门做好2011年为民办10件实事的研究提出和调度落实工作。②继续加大工作力度，争取上级对全市社会事业发展的资金支持，为山东济南养老服务中心、济南艺术学校、商河县卫生监督等项目争取上级各类资金支持1815万元。加强日常管理，及时跟进服务，积极推进重点项目建设，为30多个社会事业建设项目完善立项手续。③认真履行综合指导和协调服务职能，研究起草全市基层医疗卫生机构长效补偿、综合改革、清理化债和村医队伍建设等有关配套文件，报市政府印发。加强人员培训，做好市级数据采集、汇总、上报工作，完成医改中期评估工作。协调完成基层医疗卫生机构综合改革任务，政府办基层医疗卫生机构初步建立坚持公益性、保持可持续的体制机制。④会同相关部门确定保障性住房建设年度任务，全年全市新开工保障性住房2.65万套，超额完成省下达年度计划任务。完善城中村改造审批程序，先后批复唐冶七村整合、大柿子园等村庄改造项目。

5. 加强统筹协调，加快推进各项重点工作。①做好南部山区管理工作。研究制订《〈关于济南南部生态经济区保护与发展问题的议案〉办理工作方案》，组织召开全市议案办理工作动员大会，分解落实议案办理工作任务。会同历城区政府编制了《历城区南部山区生态保护与经济发展规划(2011～2015)》，协调各有关单位编制和完善了南部山区生态保护、镇村建设和旅游发展等专项规划。争取财政资金1.1亿元，支持港西路提升改造、荒山造林绿化等项目。经省政府批准，设立济南泉域南部山区水源涵养省级生态功能保护区。②做好对口支援和经济合作工作。会同商河县研究制定2011年帮扶工作重点和帮扶项目计划，并定期调度各责任部门工作进展情况，全年到位各类支持资金5.7亿元。继续做好帮扶成武、援藏、援疆、支援忠县和扶贫协作武隆县等工作。组织参加喀交会、青洽会、广博会等经贸洽谈活动，加强环渤海区域合作。③加快推进轨道交通相关工作。编制完成济南市轨道交通线网规划，顺利通过专家评审，开展两期地质勘探工作，推进综合交通规划、轨道交通控制性详细规划等9项配套规划和专题报告的编制工作。④做好“十二五”国民经济动员规划纲要编制与工业动员、民用机场油料保障潜力调查等工作。（高　华）

【经济体制改革】 1. 行政管理体制改革。①深化行政审批制度改革。调整公布全市市级行政审批事项，由93项精减为91项。整合行政审批服务资源，成立市住房公积金、市住房保障局、市科技局和市质监局4个审批服务分大厅。对同一个行政审批服务事项涉及2个以上部门的审批环节进行再整合，实行联合办理、并联审批和上下联动审批。成立固定资产投资无偿代办服务领导小组，实行全程无偿代办服务。推进网上审批，加快不下班网上政府建设，实施各部门已有业务网络系统、县(市)区网上审批系统与新建平台网络的技术对接和数据交互的探索试点。②推进事业单位岗位设置管理改革。基本完成全市岗位核准工作，因事设岗、按岗聘用、合同管理的新机制初步形成。推行事业单位按岗申报和差额预申报制度，实行社会化和网络化评审。稳妥推进绩效工资制度改革。

2. 国有企业改革。①推进优势企业战略重组和股权多元化。完成人民商场市场化债转股、济南变压器集团和山东建筑机械公司增资扩股等企业的战略重组工作。②6户监管企业完成改革改制。完成济南市建联中药公司股权转让、齐鲁化纤集团回购华丰纺织股权、力诺药业集团国有股权转让、国舜公司吸收合并商润公司和商茂物流公司、东风汽车重组改制、济南食品包装厂改制。③完成市城乡建设委、市公用事业局、市城市园林绿化局、市商务局等市直部门所属11户企业重组、破产、清算，济南济华燃气有限公司、济南一建集团、济南化纤总公司等企业整合理顺资产关系。12户破产程序内企业破产财产全部处置完毕，基本完成职工内债清偿工作。

3. 农村综合改革。①完善农村基本经营制度。规划建设15家农村土地流转服务中心，土地流转面积达到2.74万公顷，占全市耕地面积8%以上。全市规模以上龙头企业达到410家，农民合作组织达到3278家，建成休闲农业项目200余处。②加快水利改革。出台《关于加快水利改革发展的实施意见》，建立严格的水资源管理制度指标控制体系，分解下达用水总量、用水效率、水功能区限制纳污控制指标。出台《济南市用水总量控制管理办法》，严格取水许可审批管理。③稳妥开展林权制度改革。明晰全市17.71万公顷林地产权，集体统一经营林地发股权证率达到95%。勘界宗地14万宗，确权发证率达到98.8%。④推进畜牧兽医体制改革。出台《关于推进县(市)区畜牧兽医管理体制改革的意见》，加快乡镇畜牧兽医站改革。⑤稳步推进农村集体资产改革。天桥区、槐荫区、历下区、历城区开展试点工作，城区115个有集体资产的村改居社区中33个社区居委会进行改革，促进农村集体资产保值增值和居民收入稳定增长。

4. 财政金融体制改革。①财政体制改革。深化国库集中支付制度改革，扩大市级改革单位和资金范围，改革单位达到236家。创新支农资金投入机制，完善支农资金分配决策体系，实行专家评审论证、招投标、社会公告公示等制度。拟定县级基本财力保障机制意见和办法，建立完善县级基本财力保障机制。规范保障性转移支付补助资金使用范围。推进政府采购平台建设，建立涵盖政府采购管理与交易全过程的电子化系统，形成全程动态监管体系。②金融体制改革。出台加快推进济南区域性金融中心建设的实施意见，推动济南区域性金融中心建设。渣打银行、广发银行获准筹建分行，新设证券营业部8家、期货营业部1家，新增保险分公司13家。全市小额贷款公司数量达到14家，章丘市齐鲁村镇银行获得开业批准，上海农商银行在槐荫区、长清区分别设立村镇银行。创博亚太、山东章鼓、澳华新能源3家企业上市，全市区域内上市公司达到29家，上市股票达到31只，累计融资总额突破500亿元。

5. 国家服务业综合改革试点。①五大区域性中心建设。加快推进金融商务中心区、企业上市示范区、金融后台服务集聚区、农村金融改革试点区等金融功能区建设。微软人才认证基地、三网融合联合实验室落户济南，济南云计算中心成立。山东文化产权交易所正式成立，加快培育30个重点文化园区，逐步形成章丘影视文化、市中艺术品交易、高新区创意设计等文化创意产业集群。山东银座、济南华联、九州通、大润发等一批流通企业加快配送体系建设，山东物流信息网、济南运通等物流信息平台相继建成运营。积极发展中介服务业，构建种类齐全、功能完善的现代商务服务体系。②服务业市场化、社会化、标准化建设。成立市金融行业协会、文化创意产业协会。开展企业非核心业务剥离工作，支持大中型企业分离发展服务业。放宽行业准入，吸引民营资本进入金融、教育、公用事业、卫生、体育等领域。开展物流、旅游、商贸等领域服务业标准化改革试点，成立了现代物流协会仲裁中心等6个法律机构。③服务业发展要素支撑体系。全面落实关于加快服务业跨越发展的若干政策及关于促进金融业、软件产业、服务外包、商贸服务业、旅游业等重点产业发展的一系列政策意见，强化土地、资金、人才等要素支撑。

6. 医药卫生体制改革。①健全基本医疗保障制度。市政府下发关于调整城镇居民基本医疗保险部分政策的通知，群众就医负担进一步减轻。全市参合农民达325.5万人，参合率100%，政府补助标准提高到年人均200元，新农合政策范围内住院费用报销比例达到75.5%。②实施国家基本药物制度。基本药物制度覆盖面进一步扩大，政府办的78所基层医疗卫生机构全部实施国家基本药物制度，市、县(市)区两级公立医院延伸举办的86所社区卫生服务机构实施了国家基本药物制度，全部通过省药品采购平台采购药品。③完成基层医疗卫生机构综合改革。全市78所政府直接举办基层医疗卫生机构的综合改革全面完成，核定编制总量4989人，绩效考核、多渠道补偿机制初步建立。④完善基层医疗卫生服务体系。全市统一规划的75所乡镇卫生院、2366个村卫生室的标准化建设全部完成。乡村一体化管理率以乡镇卫生院为单位达到100%，以村卫生室为单位达到89%。基层卫生资源进一步优化，基础设施建设明显改善，人才队伍建设得到加强。⑤推进公共卫生服务均等化。人均基本公共卫生服务经费提高到25元，城镇居民健康档案建档率、农村居民健康档案建档率均超90%，健康教育、慢性病管理等基本公共卫生服务项目进展顺利。⑥公立医院改革稳妥推进。完成卫生资源规划，推出临床路径、电子病历、预约诊疗服务和整体护理试点等一批惠民便民措施，全市37家二级以上公立医院积极推进公立医院10项改革措施，章丘市人民医院、平阴县人民医院作为试点单位探索县级公立医院改革路径。

7. 章丘市省级改革试点。①稳步推进农村金融改革。成立小额贷款公司、村镇银行等新型金融机构。政府注资中小企业信用担保中心和同晟担保公司，担保公司累计为403家市属企业和部分中小企业贷款提供担保。先后推出应收账款质押、存货抵押、网上循环贷款等信贷业务，实现多元化的动产抵押、权利抵押、第三方担保等信贷抵押担保方式。组建企业上市办公室，出台加快推进企业上市工作的意见，与深圳证券交易所结成战略联盟。章鼓公司在深交所上市，圣泉股份完成材料的申报准备工作，中森机械股份制改造稳步推进，华凌电缆进入上市辅导程序。②推进统筹城乡公共服务改革。推动城乡规划建设、产业发展、资源配置、基础设施、公共服务、就业和保障、生态环境保护及社会管理服务"八个一体化"，加快构建终身教育、就业服务、公共卫生、社会保障、住房保障、养老服务"六大体系"，提高城乡一体化发展水平。

8. 社会事业改革。①教育体制改革。增加教育投入。提高中小学公用经费基准定额，建立高中阶段公办学校公用经费保障制度。改善中小学办学条件，改造校舍158万平方米，加快实施普通中小学办学条件标准化建设工程，继续实施中小学"211工程"、学校下山、共享优质教育等工程。整合优化教育资源配置，发挥优质教育资源辐射带动作用，采取优质学校与薄弱学校整合、重组等措施，使学校间更趋均衡。建立学前教育阶段家庭经济困难儿童资助制度，提高农村义务教育阶段学校寄宿生生活补助标准，对城市义务教育阶段低保家庭学生继续实施"一免一补"政策，提高普通高中在校生国家助学金资助比例和标准，将城市家庭经济困难学生纳入中等职业教育免学费政策范围，提高高校国家助学金标准，贫困家庭学生实现"应保尽保"。②文化体制改革。召开全市文化体制改革工作会议和全市非时政类报刊出版单位体制改革会议，明确全市深化文化体制改革的路线图、任务书和时间表。制定市属文艺院团体制改革实施方案和济南报业传媒有限公司组建方案，理清发展目标、改革模式、实现路径和推进措施。深化公益性文化单位内部改革，济南日报报业集团、济南广播电视台、市图书馆、群众艺术馆等公益性文化单位实行全员聘用制。③科技体制改革。优化创新型城市建设政策环境。加大战略性新兴产业政策性倾斜，发挥财政资金对相关行业和企业的支持带动作用，促进全市战略性新兴产业发展。加大科技计划管理改革力度，对市级科技计划项目继续实行省外异地专家评审，并将全部事务性工作委托异地中介机构实施；改革立项审批方式，对2012年市级企业自主创新计划、平台计划和软科学计划立项评审采取技术专家与现场考察打分相结合的方式进行，使项目立项更加合理公正。探索科技金融结合新模式，首批科技风险补偿资金1350万元已拨付至济南生产力促进中心。

9.社会保障体系建设。突出抓好重点群体就业，就业局势保持基本稳定。新农保参保人数211.6万人，参保率达95%以上，61.3万名农村老年居民按月领取了基础养老金。新农保、城镇居民养老保险基础养老金同步由每人每月55元提至60元。城镇居民基本医疗保险的年人均财政补贴标准由120元调至200元，最高支付限额由9万元提高到15万元。城区失业保险金标准提高至600元。在全省率先建立城乡低保和五保供养的自然增长机制。 （王　卫）

【固定资产投资】 全年完成固定资产投资1934.3亿元，同比增长18.1%。产业投资结构持续优化，一产投资48.6亿元，增长20.8%；二产投资607.3亿元，增长19.1%；三产投资1278.4亿元，增长17.5%。三次产业投资比重为2.5:31.4:66.1，以服务业投资为主导的产业投资结构更趋合理。

重点领域投资带动有力。完成工业投资576.7亿元，增长18%，占二产投资的95%；完成技术改造投资408.8亿元，增长9.1%；完成高新技术产业投资226.2亿元，增长36.8%；"双高"行业完成投资113.4亿元，下降34.3%。信息传输、计算机服务业和软件业、金融业、房地产业、商务服务业、研究与试验发展、专业技术服务等现代服务业投资941.7亿元，增长16.1%，占三产投资的74%。

民间投资规模不断扩张。完成国有投资733.5亿元，增长15.8%；港澳台投资58.6亿元，增长5.1%；外商投资40.9亿元，增长6.6%。随着国家、省市一系列鼓励和促进民间投资政策措施的相继出台，民间投资发展环境得到持续优化，完成民间投资1101.3亿元，增长4.3%，占全市投资的57%。

新区建设步伐加快。西部新区，以京沪高铁通车和承办十艺节为契机，片区开发建设力度不断加快，京沪高铁已实现全线通车，西客站片区热源厂一期工程已经完工，场站一体化工程、省会文化艺术中心大剧院、腊山河综合整治、西客站综合客运枢纽工程、片区市政道路、西客站片区第三安置区、世博山东馆复建等项目正在抓紧建设。东部新区，成城大厦、鲁邦银河大厦竣工投入使用，姚家村安置房、市委党校新校区、奥体金融中心等项目按计划施工，丁家、雪山安置房项目在进行前期工作。滨河新区，小清河综合治理工程主体工程基本完工，主城区段实现蓄水通航，梁府、田园新城等地块进行开发建设，华山片区开发前期工作加快推进，规划策划济南新东站枢纽新区项目。

老城改造稳步推进。基础设施方面，文化东西路改造、张庄路改造竣工通车，第二生活垃圾综合处理场焚烧发电厂竣工投入运营，腊山分洪工程、东联供水二期工程进入收尾阶段，二环西路地面道路及高架桥工程、刘长山路西延长线等道路工程已经全面开工，城区河道综合整治工程、济西二期供水工程等按计划顺利实施，东区水厂进行开工准备，第三生活垃圾综合处理厂、生活废弃物处理中心封场一期工程进行前期工作。泉城特色方面，明府城百花洲片区整治工程正在进行部分基础设施建设和保留民居修复，大明湖至小清河通航工程进行开工准备，花卉公园、中山公园扩建等进行前期工作。

城乡居民住房建设取得新突破。以确保城乡居民住宅有效供给为目标，继续加大保障性安居工程建设力度，切实抓好农村住房建设和危房改造工作，全市城乡居民住房建设取得新突破。全年开工落实廉租住房、公共租赁住房、经济适用住房（含企业职工集资建房）等保障性安居工程2.65万套，超额完成省下达的年度计划任务。启动38个集中片区和35个零星片区棚户区改造工作，其中华阳新区、顺祥新区、兴盛小区等9个片区、约1万余居民实现陆续回迁，东舍坊、经八纬一西、北刘等棚改项目进入收尾阶段。全年全市农村住房建设启动整村迁建改造项目150个、涉及村庄242个，整村迁建项目开、竣工75522户，其中在建38523户、竣工36999户，3年累计完成农房建设26.5万户、危房改造3万余户。

（王　炜）

【"项目推进年"活动】 全市"项目推进年"活动确定重点建设项目180个。其中，基础设施项目13个，总投资249亿元；现代产业项目106个，总投资2864.5亿元；城建项目26个，总投资346.5亿元；社会事业项目35个，总投资345亿元。同时，确定城市快速轨道交通工程、济南都市圈城际铁路、济南西部热电厂、百年商埠区保护改造、重汽集团轻卡车生产基地等重点前期工作项目18个。180个重点建设项目开工139个，开工率为77%，累计完成投资438亿元。18个前期工作项目中，城市快速轨道交通工程已完成线网规划，并启动建设规划编制工作，济南西部热电厂工程启动项目报批程序，重汽集团轻卡车生产基地实现开工建设。

（王　炜）

【省重点建设项目】 全市5个重点项目列入省重点建设项目，分别是省会文化艺术中心大剧院、济南西客站配套工程、小清河综合治理、山东瀚迪物流园一期和帝华海缔斯电梯。5个项目总投资386.3亿元，年度计划投资51.1亿元，全年累计完成投资53.83亿元，超额完成年度投资计划。 （刘广祥）

【政府投资项目初步设计和概算管理】 市发改委牵头组织开展政府投资项目初步设计和概算的审批管理工作，全年评审批复西蒋峪市政配套工程、济南市委党校新校区建设工程、清河新居廉租住房建设项目等43个政府投资项目。43个项目共提报建设投资115亿元，共审减节约投资11.4亿元，审减率为9.95%，有效控制了政府投资项目建设规模。 （刘广祥）

【招商引资】 全年共引进市外投资951.8亿元，同比增长13.3%，完成年度计划的101.3%，占全市固定资产投资的49.2%。其中，一产项目9个，引进投资4.8亿元；二产项目217个，引进投资308.5亿元；三产项目335个,引进投资638.5亿元,三次产业引进投资比例为0.5:32.4:67.1。共引进亿元以上项目339个,投资860.6亿元,分别占全市引进项目总数和投资总额的60.4%和90.4%,其中10亿元以上项目99个,投资484.4亿元,分别占17.6%和50.9%。 (朱国建)

【赴浙招商成效显著】 6月22~23日,市政府组织相关部门赴浙江开展"济南·温州招商推介座谈会""济南·杭州现代服务业和战略性新兴产业项目推介会"招商活动,浙江五金建材城、温州商会金融大厦等7个项目签约,总投资103亿元。7个项目投资方向均为现代服务业和战略性新兴产业,有助于全市加快产业结构调整。 (张 屹)

【全市设立战略性新兴产业引导资金】 为推动全市战略性新兴产业的发展,市政府确定设立战略性新兴产业引导资金。政府出资2000万元,带动社会资本1.8亿元成立山东红土创业投资有限公司和济南科信创业投资有限公司,投资领域为新一代信息技术、新能源、生物医药、高端装备制造业等战略性新兴产业。引导基金实现9倍带动放大作用,对于发挥财政资金杠杆效应、解决中小企业创业融资难等问题具有重要意义。 (许 凯)

【济南热力公司供热管网综合节能技术改造项目通过法国开发署评估】 项目总投资7.3亿元,改造供热管网101.8公里,建设黄台、轻化、小鸭3个首站以及二环东路、东关2个中继泵站,改造或新建185个二级换热站,新增和改造供热面积980万平方米。该项目是全省第一个使用法国开发署贷款项目,拟利用贷款4000万欧元。 (江永梅)

【境外投资实现突破】 全市共批准境外投资项目45个,中方协议投资额2.5亿美元,同比增长59%。投资领域在境外资源开发基础上,向制造业、服务业延伸,投资目的国向欧美、大洋洲等地区发展。其中力诺集团美国光伏太阳能产业基地项目,总投资额9351万美元,为全市最大的境外投资项目。 (江永梅)

【京沪高铁济南段建成通车】 6月30日,京沪高速铁路通车。京沪高速铁路全长1318公里,济南段境内线路全长98.8公里,其中正线60.5公里、联络线38.3公里。济南西客站也正式投入使用,站房总建筑面积9.98万平方米,站场规模为15台17线,总投资22亿元,站前东广场设有进站高架桥、公交车场、出租车场及商业空间,并预留轨道交通站台及通道。(参见"交通·邮电"栏目"铁路运输"分目【京沪高铁开通运营】) (李 刚)

【济南金融商务中心区入选省级服务业综合改革试点】 为加快调整优化服务业结构,培育区域性服务业中心,省发改委确定11个省级服务业综合改革试点区域,济南金融商务中心区作为唯一金融类服务业园区入选。通过改革试点工作,将加快创新园区发展机制、培育优质载体、集聚高端人才,打造金融机构汇聚、服务功能完备区域性金融商务聚集区和现代服务业发展示范区。 (张 琛)

【33个项目列入省重点战略性新兴产业项目】 经市发改委牵头组织申报,全市33个项目列入省战略性新兴产业项目,项目总数列全省第一,在资金、土地、市场等方面获得优惠政策支持。其中全省第一批100个项目中,济南市中孚信息公司内网安全保密综合管理平台产业化项目、力诺集团年产700兆瓦光伏电池片产业化项目等17个项目列入,涉及生物、新能源和高端装备制造等六大新兴产业领域。第二批50个项目中,神思电子技术股份有限公司射频智能终端与应用软件系统产业化项目、济南普赛通信技术有限公司工业无线传感网产业化项目等16个项目列入,涉及新一代信息技术和海洋开发产业两个领域。 (焦 然)

【创新能力建设再上新台阶】 全市新增国家级和省级企业技术中心、工程实验室5家。其中山东华凌电缆有限公司企业技术中心、中国石油集团济柴动力总厂企业技术中心分中心成为国家企业技术中心;山东奥太电气有限公司现代焊接装备工程实验室成为国家地方联合工程实验室;山东省信息安全工程实验室、山东省电子加速器工程实验室成为省级工程实验室。 (焦 然)

【15家工业企业获上级资金支持】 经组织申报,全市15家工业企业获上级资金支持7159万元。其中宏业纺织等6家企业获国家重点产业振兴和技术改造专项、中小企业专项资金1825万元,二机床集团等3家企业获国家战略性新兴产业和结构调整专项资金2534万元,济南柴油机股份有限公司等6家企业获省新能源产业发展专项资金2800万元。 (焦 然)

【南部生态经济区保护与发展议案办理】 市十四届人大四次会议确定《关于济南南部生态经济区保护与发展问题的议案》为大会议案,市政府成立议案办理工作领导小组,组织召开动员部署会议,出台议案办理工作方案,加快推进各项重点工作。市发改委会同历城区政府编制《历城区南部山区生态保护与经济发展规划(2011-2015年)》,并协调有关单位编制完善南部山区土地利用、农林水利、环境保护、镇村建设、旅游发展、道路交通等专项规划。围绕南部生态经济区道路交通、生态旅游等领域,筛选确定20余个重点建设项目,并争取财政资金1.1亿元,支持港西路提升改造、历城区南部山区生活垃圾转运站等项目建设。济南泉域南部山区水源涵养省级生态功能保护区获省政府批复,初步确定泉水补给区勘察研究方案。 (魏淑平)

民营经济

【概况】 全市规模以上中小企业实现增

加值940亿元，主营业务收入2900亿元，利税302亿元，同比分别增长20%、25%、20%，规模以上中小企业完成增加值占全部规模以上工业增加值的比例超过70%。中小企业创造了全市工业40%的GDP、50%的税收、60%的出口、70%的技术创新成果，吸纳了80%的就业，企业个数占90%以上。市政府以济政发〔2011〕1号文出台《关于进一步促进中小企业发展的意见》，促进中小企业发展政策扶持体系更加规范全面，实现中小企业政策支撑体系基本覆盖。

在全省首批34家规范提升型担保公司中，济南市有12家，累计担保融资超过200亿元；认定10家单位为第一批"济南市小企业创业辅导基地"。年末，有市级以上小企业创业辅导基地13家，其中省级3家，共培育小企业1000余家，安排就业4万人。举办各类培训班、讲座、论坛60多个，培训高中层经营管理人员2000余人次，依托培训机构培训企业基层职工10万余人次。组织企业参加省级重点公共技术服务平台申报工作。建立并完善市中小企业征信系统，有161家中小企业进入第一批省级信用良好中小企业名单，其中连续10年无不良信用记录企业21家、连续7年无不良信用记录企业29家、连续5年无不良信用记录企业26家、连续3年无不良信用记录企业69家。成立济南市中小企业法律咨询服务中心，为中小企业提供"四免服务"（免费规范合同文本，免费提供法律咨询，免费提供政策、法律培训，免费提供法律疑难问题解决方案），切实解决企业困难，维护企业合法权益，提高企业经营管理水平。分步分批开展企业实训基地建设，102家企业成为"山东省企业实习实训基地"，实训基地共投入场地12万多平方米，设备和保障投入25亿多元。济南市中小企业电子商务综合系统注册用户达3000余家，应用状况良好。

4家企业进入全省百强民营企业，最具发展潜力成长型企业有20家，6家企业被评为省级管理创新优秀企业，24个成果被评为省级企业管理现代化创新成果和优秀应用成果。2家企业被评为省级精细化管理样板企业，浪潮集团被评为第二届山东省企业管理奖企业。

【中小企业获财政融资费用补贴】 为鼓励中小企业快速发展，降低中小企业融资成本，缓解中小企业融资难问题，在市中小企业发展专项资金中安排1000万元，为济南市符合条件的中小企业提供贷款贴息及担保费补贴。全年，共为59家企业（担保机构）提供资金544万元。

【产业集群集聚作用增强】 全市拥有8个省级工业园区，已初步形成产业集群21个，其中年主营业务收入过100亿元的9个、过50亿元的2个。集群自主创新能力、龙头企业带动作用逐步增强。其中，历城区现代物流产业集群、章丘市交通装备制造产业集群被新认定为省级产业集群，历下区软件发展中心、科技市场有限公司、历城盖世国际物流集团有限公司被认定为省级公共服务平台。

（刘 毅）

【概况】 1. 加快转型升级步伐，企业核心竞争力不断增强。牢固树立发展是第一要务的思想，采取多种措施促进企业转方式、调结构，增强企业的发展活力，骨干企业培植工程成效显著。二机床、三箭、四建、金钟衡器、澳利集团、元首针织、建设安装、一建集团等企业，完成产值、实现利税都同比呈现两位数增长，优势骨干企业不断发展壮大。项目带动作用逐步显现，二机床的冲压自动化和提升热处理能力改造，欧亚大观商业综合体，齐鲁化纤商河纺织化纤工业园等产业提升项目，投资力度明显加大，有力地推动了传统产业改造升级步伐。自主创新能力不断提升，以实施百项自主创新、百项人才培养引进"双百工程"为突破口，加大科技投入和人才引进培养力度，完善创新体系，企业产品结构不断优化，核心竞争力明显增强。资本运营实现新突破，充分发挥国资投资公司投融资平台作用，组织济南四建集团等8家市属国企发行集合票据，募资10亿元，破解了企业资金瓶颈，为市属国企转方式、调结构，实现产业升级提供了资金支撑。

2. 稳妥推进改革重组，企业发展内生动力得到有效激发。企业战略重组成效显著，先后完成济变股份与中国西电、人民商场与烟台振华、山东建设机械与山推股份的战略重组，共引进战略投资资金11.54亿元，极大地改善了企业资产状况，企业抗风险能力显著增强。困难企业改制退出工作稳步推进，在上年完成12户程序内破产企业攻坚战的基础上，不断总结经验，完善配套政策，年内又先后指导12家企业依法清算、破产、注销工作，促进了市属困难企业有序退出市场，摸索出一条困难企业改革脱困的新路子。

3. 深化国资监管，服务监管效能不断提升。国有资产经营责任得到有效落实，完成企业负责人3年任期目标考核兑现，实现年度考核与任期考核有机统一，促进了企业健康发展，特别是上一个3年任期考核期间（2008～2010）实现利润同比增长815.28%。经营性国有资产集中统一监管工作扎实推进，以市政府名义制定下发《关于加快转变经济增长方式加强国有资产监管促进企业改革发展的意见》，为加快集中统一监管奠定了坚实基础。积极推进国有资本经营预算收缴工作，已收缴国有资本经营预算收入5700万元。

4. 全力做好群众工作，和谐稳定局面不断巩固。坚持不懈地为职工群众办实事解难题，进一步完善惠民制度，筹集资金近亿元，更好地满足职工群众在就业、教育、医疗、社会保障等方面的基本需求。在信访维稳工作中，深入开展"规范化建设年"活动，着力抓好源头预防、着力解决信访突出问题、着力惠民生保稳定，信访总量同比批次下降42.71%，人次下降29.70%。

【元首针织被评为"全国纺织工业先进集

体”】　1月8日，在全国纺织工业劳动模范及先进集体评选表彰会上，济南元首针织股份有限公司被授予“全国纺织工业先进集体”称号。全国共有100家企业获此称号，山东省15家纺织服装企业入选，济南市仅元首针织一家企业榜上有名。此次全国纺织工业劳动模范及先进集体评选，是国家机构调整后国家人力资源部与中国纺织工业协会首次联合举办的省部级劳模评选表彰活动，代表着国内纺织行业最高荣誉。元首公司作为中国针织行业骨干生产企业，年生产针织服装内衣3000万件以上，销往全国各地及日本、美国、西欧等40多个国家和地区，是济南市出口创汇大户。元首公司加快转变发展方式，逐步由劳动密集型针织企业向科技创新型企业转变，设计研发了具有独立知识产权的“小浴比染色机”，主要耗水、耗电指标达到国际先进水平，获得山东省“首台套”项目和“泉城学者”项目。

【济南二机床重型数控机床获山东省科技进步奖一等奖】　2月16日，在山东省科学技术奖励大会上济南二机床集团研发的“双龙门大扭矩机械主轴五轴联动数控机床关键技术及设备”获山东省科技进步一等奖。“双龙门大扭矩机械主轴五轴联动数控机床关键技术及设备”项目拥有自主知识产权，获得授权实用新型专利5项，公示国家发明专利3项。

【西电济南变压器股份有限公司揭牌】　3月6日，西电济南变压器股份有限公司举行揭牌仪式。为加快企业转方式、调结构步伐，增强企业发展活力，市国资委积极发挥国有产权“酵母”作用，引进战略投资者，通过靠大联强，资产重组，再造企业发展新优势。经过一年多的磋商，济南变压器集团股份有限公司与中国西电于2010年12月签署增资扩股协议书，2011年2月中国西电投入的5亿元资金全部到位。新成立的西电济变公司主导产品为500千伏级及以下油浸式电力变压器、配电变压器、干式变压器、箱式变电站和大型变压器油箱组部件，同时制造750千伏级特高压变压器、特种变压器以及为风电设施配套的变压器等产品。作为中国西电面向华北、华东等区域以及出口东欧等国家的重要变压器制造基地，西电济南变压器股份有限公司将在“十二五”时期实现资本结构、产品结构和市场结构的三个调整，力争5年实现销售收入30亿元。

【人民商场完成资产重组】　3月17日，济南人民商场股份有限公司召开股东大会，审议通过公司资产重组方案及公司章程修正案，选举产生了新一届董事会、监事会。标志着济南人民商场与烟台振华百货集团股份有限公司资产重组正式完成。本次人民商场资产重组是引进企业最大债权人烟台振华作为战略投资者，采取债务重组并债权转股权的方式进行的。重组方烟台振华是集购物、餐饮、房地产开发等于一体的大型商贸集团，现拥有28家百货连锁企业，48家超市连锁门店，1家三星级大酒店和3家房地产公司。经营区域已拓展到威海、东营、天津、济南、潍坊、莱芜、临沂、聊城等城市，总资产121.3亿元。人民商场是济南市第一家采取市场化债转股完成重组改制的股份制企业。通过本次重组，济南人民商场净资产提高39404万元，每股净资产提高4.77元。

【澳利集团所属威海澳利花卉公司成立】　3月17日，澳利集团下属子公司威海澳利花卉园艺有限公司在威海文登注册成立。威海澳利花卉公司注册资本300万元，其中澳利集团占股51%、济南澳利花卉园艺有限公司占股49%。威海澳利花卉园艺公司将建设5万平方米大花蕙兰种植基地，建设完成后年产大花蕙兰8万株，实现年利润300～500万元。威海大花蕙兰基地的建成，不但可以扩大澳利花卉公司生产经营规模，获得较高的利润，还能带动山东大花蕙兰产业的发展，致富农民，促进地方经济快速发展，实现澳利集团有限公司的社会价值。

【欧亚大观商都落户阳光新路】　4月6日，济南欧亚大观商都举行奠基仪式。该项目总投资15亿元，建设用地2.87公顷，规划总建筑面积32万平方米，其中零售业、餐饮等经营面积在15万平方米左右，1至5层为百货商场，地下1层是1.3万平方米的大型超市，6～7层经营休闲娱乐项目，地上1层拥有众多门头房，将建成风情小吃街。欧亚大观商都位于阳光新路与卧龙路交叉口西北角，由济南欧亚大观有限公司开发、建设和运营，目标是建设成一座集购物、餐饮、休闲娱乐、写字楼、公寓于一体的高品质商务中心。项目建设完成后，预计年可实现营业额12亿元，利税1亿元。

【济南四建集团与恒大地产开展战略合作】　4月17日，济南四建集团与恒大地产集团济南置业有限公司结成战略合作伙伴关系。在合理报价基础上，济南四建可以优先中标恒大在山东全省范围的工程。济南四建与恒大地产建立战略合作伙伴关系，旨在通过双方在各自领域内的专业优势，充分整合自身资源，不断拓宽合作领域，积极探索新的发展思路与合作模式，为广大业主提供更优质的服务和具有更高附加值的产品，并提升双方在各自领域的品牌竞争优势，达到双方友好合作、互利共赢的目标。济南四建集团将进一步加强企业管理，注重企业诚信，并发挥“强强联合”优势，科学施工、全力以赴，整合企业优势资源为恒大项目的建设提供全方位支持，全面履行合同约定。

【济南二机床两项高端装备通过国家验收】　5月18日，济南二机床集团公司研制的“大型快速高效数控全自动冲压生产线”和“数控大型多工位压力机”同时通过由工业和信息化部组织的国家验收。这两项高端装备是济南二机床集团公司承担的国家“高档数控机床与基础制造装备”的科技重大攻关专项。济南二机床公司生产的大型快速高效数控全自动冲压生产线主要用于汽车大型覆盖件的生产。拥有完全自主知识产权、11项核心技术及集成制造技术、14项专利，每分钟可冲压

15件大型汽车覆盖件，是国内使用的最高水平的汽车冲压生产线。项目被工信部确定为国家重大专项10大重点示范项目。同时通过验收的大型多工位压力机主要用于大批量内外饰冲压件的生产，拥有完全自主知识产权，集机械、电子、控制和检测技术为一体，取得5项专利技术，可实现冲压件的高速、高精度、全自动生产，生产效率提高3～4倍，节能达50%以上，节省生产面积40%以上，显著降低了综合投资成本。

【市国资系统中小企业集合票据发行】 5月26日，市国资系统中小企业2011年度第一期集合票据正式发行。由市国有资产投资有限公司(简称济南国投公司)牵头组织，济南四建集团、西电济南变压器公司等8家市属国企抱团募资10亿元，成功在全国银行间债券市场“上市”。本期集合票据发行额度为10亿元，期限两年，由兴业银行济南分行主承销。该票据是济南市发行的首单集合票据，是全国首单“国字号”集合票据，同时也创造了迄今为止全国“发行融资额度最大、集合企业最多”两项全国第一。8家发行企业分别是山东三箭建设工程管理有限公司、济南四建集团有限责任公司、山东建设机械股份有限公司、西电济南变压器集团股份有限公司、济南金钟电子衡器股份有限公司、济南城建集团有限公司、济南热力有限公司、济南水业集团有限责任公司。这8家企业的资产规模、利润指标等在同行业中处于先进水平，有的企业还是行业标准制定者，募集资金用途都是为了偿还银行贷款以及补充营运资金。据测算，该笔资金投入后，将拉动企业产业链新增产值50多亿元，每年新增税收2亿元，新增社会就业岗位超过3000个。

【第四届全国衡器标准化技术委员会在济南成立】 5月27日，第四届全国衡器标准化技术委员会在济南成立。作为国家法定计量器具，衡器已经成为工业、农业、贸易、科研等行业的一项“基础设施”，衡器正向数字化、集成化、网络化、智能化方向发展。1987年，国家成立首届全国衡器标准化技术委员会，先后制定10余个产品的质量分等规定，现行国家标准15项、行业标准6项，正在制定或修订的国家标准16项、行业标准7项，建立了比较完备的标准化体系。济南金钟电子衡器股份有限公司参与起草的国家标准有9项，其中作为第一起草人参与起草的国家标准有4项。

【济南二机床“JIER”商标被认定为中国驰名商标】 5月30日，国家工商行政管理总局正式公布最新中国驰名商标的认定结果，济南二机床集团“JIER”商标榜上有名。加上之前被商务部认定的“最具市场竞争力品牌”、被国家质检总局认定的“中国名牌”，“JIER”品牌成为拥有3项国内顶级荣誉的品牌。济南二机床以“打造国际一流机床制造企业，培育世界知名品牌”为目标，按照国际一流标准，全面打造企业综合实力，在技术、市场、服务等方面实现了新突破，“JIER”成为世界第三大冲压装备品牌。

【济南二机床集团承担的两项科技重大专项通过国家财务验收】 7月14日，济南二机床集团承担的“大型快速高效数控全自动冲压生产线”和“数控大型多工位压力机”在北京通过国家财务验收。验收会上，济南二机床集团有关负责人分别汇报了两个课题的技术工作总结报告和财务决算报告。验收组专家在听取汇报、审查相关验收资料、对课题中的相关问题进行了质询后，一致同意通过验收。

【山东三箭集团与恒大集团签订战略合作协议书】 9月2日，山东三箭集团与恒大济南公司签订战略合作协议，双方签订《战略合作框架协议》，标志着三箭与恒大的合作将进入一个新的发展阶段。山东三箭集团与恒大地产建立战略合作伙伴关系，旨在通过双方的专业化优势，充分整合资源，不断拓宽合作领域，积极探索新的合作模式，提升双方在各自领域的品牌竞争优势，达到双方友好合作、互利共赢的目标。山东三箭集团将以此为契机，秉承“诚信、创新、团结、奉献”的企业精神，以“客户满意、员工自豪、社会认可”为目标，整合优势资源、精心组织、科学管理，与恒大济南公司共同谱写双方合作共赢、共谋发展的新篇章。

【山东三塑集团与山东豪克公司签订重组协议】 9月16日，山东三塑集团与山东豪克投资有限公司举行重组签字仪式。山东三塑集团是市国资委所属集体企业，由于体制、机制、市场等方面的原因，企业陷于困境，依靠企业自身的力量无法扭转困难局面，迫切需要选择战略合作伙伴，引进资金和管理，推动企业新的发展，保持企业和谐稳定。山东豪克投资有限公司是涵盖房地产及中小企业投资、物业管理的投资性公司，有雄厚的资金支持和先进的管理经验。通过豪克投资公司的管理和资金优势的平台，三塑集团将进一步增强自主创新能力和自我发展能力，全力打造全国一流的塑料制品企业。

【元首集团济阳工业园(一期)奠基】 10月21日，元首集团济阳工业园(一期)举行奠基仪式，标志着元首股份整体搬迁项目正式启动。该项目一期占地343亩，整个工业园区占地66.67公顷，该园区将承载元首集团的搬迁扩大项目，生产品种丰富的高质量、高档次针织服装。计划投资5.6亿元，总建筑面积为1.8万平方米，2014年达到年产6000万件生产规模，实现销售收入11亿元，实现利税1.9亿元。

【济南金钟电子衡器股份有限公司5个项目通过鉴定验收】 11月17日，济南金钟衡器有限公司第二批技术创新项目及科技成果顺利通过由市经信委、市科技局组织的专家组鉴定验收，这批创新项目共有3个山东省技术创新项目和2个济南市科技计划项目，分别是“ABS－XL－XXA型非连续累计秤”、“车体称重调簧试验装置”、“散装水泥定量装车控制系统”3个山东省技术创新项目和“高精度网络化计算机称重计量控制系统”、济南市市中区科技发展计划项目“ABS－XL－06AF非连续累计秤”2个济南市科技计划项目，这5个项目产品技术指标均达到国内同类产品领先水平。

【济南二机床集团承担的两个国家科技重大专项通过验收】 12月8日，济南二机床集团承担的两个国家重大专项课题“高速龙门五轴加工中心”和“双摆角数控万能铣头”在济南同时通过国家验收。这两个项目均是国内航空、航天、发电、冶金、铁路机车、船舶等重点行业领域急需的关键装备。打破了国外产品在重点行业领域的技术封锁和技术垄断，为实现高端数控装备自主化，满足国民经济发展和国家战略需求发挥重要作用。通过实施重大专项，济南二机床进一步增强了企业综合实力，高新技术产品接连在高端市场竞争中胜出，赢得了著名汽车公司在美国、印度、巴西等国的项目订单，“JIER”品牌在国内外的知名度和影响力不断提升。

【山东三箭集团获中国建筑业最具成长性百强企业称号】 12月14日，山东三箭集团入选“年度中国建筑业企业双百强”榜单，集团董事长张镇被授予“全国建筑业优秀企业家”称号。中国建筑业企业“双百强”，是指“中国建筑业企业竞争力百强”和“中国建筑业最具成长性企业百强”。该评审由中国建筑业协会2011年首次主办，旨在彰显中国建筑行业的综合实力，展示中国建筑业辉煌业绩，树立企业“品牌”形象，促进中国建筑企业积极履行社会责任，引导中国建筑业企业加快转变发展方式，不断提升企业自身竞争力。山东三箭集团这次在全国566家企业参加申报评选中入围百强企业，彰显了企业在中国建筑行业以及省市地区的综合实力，提升了企业形象，为企业做大做强奠定了良好的基础。

【山东建设机械股份有限公司增资扩股协议正式签署】 12月28日，山东建设机械股份有限公司举行增资扩股协议签字仪式。为优化资产重组，加快转型升级，做大做强企业，山东建设机械股份有限公司采取增资扩股的方式，引进山推工程机械股份有限公司控股山东建设机械。山东建设机械采取增资扩股的方式，以存量资产折股，定向向山推股份增发股份，山推股份以不低于现金2.60亿元认购股份，通过战略重组，加快调整资本、市场结构，及时化解资金、技术、市场制约，力争在新一轮产业结构调整中实现可持续发展。这次战略重组，山推股份制定了山东建设机械长远发展目标，计划总投资20亿元，建设济南工程机械产业园，用5年时间将山东建设机械发展成为国内领先并具有国际竞争力的工程机械龙头企业，年销售收入45亿元，实现利税5亿元。

【二机床全自动高效冲压线中标福特汽车公司订货合同】 12月29日，济南二机床集团在与世界一流企业的国际竞标中，一举包揽福特汽车在美国两个工厂全部5条大型快速智能冲压生产线订货合同，实现我国高端机械装备制造出口美国重大突破。该项目将于2013年竣工，届时，在福特汽车发源地、在美国引以为豪的汽车文化里，将刻上中国“JIER”品牌标志。这是福特汽车近20年来首次采购非德国生产的成套冲压装备，刷新了机床企业单笔出口订单新纪录，也是济南二机床集团赢得的迄今国际最高水平的成套冲压装备订单。

（王福民　秦家鼎）

国土资源管理

【概况】 1.保障发展用地。认真贯彻国家宏观调控政策和土地政策，坚持保重点、促转变、惠民生，统筹安排用地计划指标，合理确定用地规模，主动跟进，高效服务，上报国务院和省政府审批建设用地1864.13公顷，落实单独选址项目用地1555.13公顷。出台《关于实施济南市土地征收管理办法若干问题的意见》，做好征地政策衔接和补偿安置工作，市本级实施征地1684.53公顷，保障“一城三区”规划建设和一大批重点工程、重点项目用地需求，保障性住房用地应保尽保。规范城乡建设用地增减挂钩试点，完成市级初验340.6公顷。市国土资源局被评选为全国“双保工程”2011年行动成效显著单位。

2.加快土地供应。制定2011年度土地供应计划，合理安排供地节奏和时序，全市供地2509.93公顷，其中划拨763.33公顷，出让1746.6公顷，出让土地总价款312亿元；市本级供地1685.53公顷，其中划拨637.53公顷，出让1048公顷，出让土地总价款277亿元。加强土地市场动态监测，调整更新城区国有土地基准地价，开展批而未供土地专项清理，完善市场配置制度和运作模式，加强对土地熟化单位的政策指导和衔接配合，市本级收购国有土地287.67公顷，办理土地转让18.67公顷，推动旧城改造和重点工程建设。积极推进节约集约模范县创建，历城区被评选为“全国首届国土资源节约集约模范县（区）”。

3.严格耕地保护。认真落实最严格的耕地保护制度，逐级签订耕地保护目标责任书，强化动态监管、考核奖惩，全市36.6万公顷耕地得到有效保护，“十一五”政府耕地保护责任目标履行情况顺利通过国务院5部门考核。坚持以建设促保护，新设立市级基本农田保护示范区2个，面积1333.3公顷。制定《济南市土地开发整理项目管理规定》和《济南市耕地占补平衡管理规定》，完成土地开发整理9333.3公顷，新增耕地1263公顷，确保全市耕地占补平衡。积极推进5个土地综合整治项目。

4.强化土地执法。出台《中共济南市委办公厅、济南市人民政府办公厅关于建立土地执法监管共同责任制的意见》，建立联席会议制度，将土地违法违规问题专项清理与变更调查相结合，积极处理了一批违法用地。扎实开展2010年度土地矿产卫片执法检查，全市违法占用耕地面积比例控制在3%，顺利通过国土资源部验收。认真做好国土资源信访稳定工作，办结信访事项196宗，促进社会和谐稳定。

5. 规范地籍管理。应用第二次土地调查成果，开展2010年度土地变更调查。规范土地登记，推进地籍档案信息化管理，市本级办理国有土地登记508宗，面积3.9万亩；办理抵押登记421宗，抵押金额294亿元；办理商品房和房改房土地登记1178宗。推进农村集体土地确权登记发证，完成农村集体土地所有权登记4212宗，集体建设用地使用权登记4万余宗，宅基地使用权登记107万宗。完成13个旧村（居）改造项目集体土地审核工作。

6. 强化矿产管理。公布实施《济南市矿产资源总体规划（2006～2015）》，深化资源整合工作顺利通过部、省验收。全面完成矿产资源3项调查任务，摸清了全市矿产家底。建立矿业权有形市场，制定《济南市矿业权交易管理暂行办法》，新设采矿权2宗、延续22宗，征收矿产资源补偿费2900万元、采矿权价款6606万元。加强储量动态监管，严格建设项目压矿审查，设立资源节约和综合利用项目3个。认真落实矿山年检、矿产督察制度，加强矿山安全隐患排查，严防超层越界开采行为，促进矿山安全生产。

7. 加强地勘管理。颁布《济南市地质灾害防治管理办法》，开展4个县（市）区地质灾害调查和防治规划修编，排查地质灾害隐患点109处，逐一制定应急防范措施，完成地质灾害治理工程4处，实施地质灾害搬迁避让工程3处，确保全市地质安全。加强地质找矿和地质环境保护，在平阴县探明铁矿2142万吨，争取地质公园保护经费1000万元，新治理破损山体9座，征收矿山地质环境治理保证金4179万元，完成抗旱找水打井51眼。

8. 夯实基础工作。开展"依法行政年"活动，加强制度建设，开展普法宣传，推进"一个平台、两个市场"建设，提高了国土资源信息化水平。办理人大代表建议11件、政协委员提案8件，参与行政复议7件、行政诉讼22件，组织听证21次。受理办结审批审核备案事项912件，固定资产投资项目用地手续124件。

【《济南市土地利用总体规划（2006～2020）》获批】 9月，国务院正式批复《济南市土地利用总体规划（2006～2020）》（以下简称《规划》）。《规划》以2006～2020年为规划期，规划范围为全市行政辖区所有土地。规划期内，全市新增建设占用耕地控制在14225公顷以内，整理复垦开发补充耕地义务量不少于14225公顷。2020年全市耕地保有量不少于365845公顷，基本农田保护面积不少于320018公顷。根据《规划》，到2020年，全市城乡建设用地规模控制在128187公顷以内，中心城区建设用地规模控制在410平方公里以内。济南市新一轮土地利用总体规划修编是按照国务院统一部署，坚持政府组织、专家领衔、部门合作、公众参与的方针，以保证中心城区410平方公里建设用地规模为核心，突出把握好"一城三区"城市总体布局和用地规模需求，注重与国民经济和社会发展规划、城市规划、环境规划以及交通、水利、农业、林业、电力、能源等各专项规划相协调，在用地布局上实现与城市规划的无缝衔接，确保规划的科学性、前瞻性和可操作性，为未来10年济南市加强土地管理、切实保护耕地、合理利用土地提供根本性依据和保障。

（周　鹏　梁国庆）

【概况】 1. 完善价格调控措施，稳定市场价格总水平。全市物价部门认真落实各项稳价政策措施，加大工作力度，积极调控监管。①健全完善价格调控联席会议制度。将成员单位增加到19个部门，通过联席会议机制，协调各有关部门出台并认真实施了扶持生产、保障供应、落实储备、清费减负等政策措施。②认真实施价格监测分析报告制度。及时调整监测范围，密切跟踪监测主要农产品、生活必需品、生产资料及服务价格，及时分析价格趋势和提出建议，为上级部门和市委、市政府价格调控决策提供了重要参考。③稳定政府定价项目。对上年初列入计划的垃圾处理费、阶梯式水价、幼儿园收费等项目，报请市政府同意延缓出台。④沉着应对突发事件。针对3月中旬个别地方食盐抢购和哄抬价格现象，加大监管力度，依法查处14家经营单位涉嫌高价销售食盐的行为；积极应对济南万达物业服务收费纠纷，依法受理案件，认真研究政策，主动介入协调，在促进问题解决中发挥积极作用。⑤及时牵头启动实施社会救助和保障标准与物价上涨挂钩的联动机制。二、三季度，会同有关部门，提请市政府启动联动机制，向各类社会救助对象18万多人发放临时价格补贴。同时，进一步完善联动机制，扩大保障范围，为缓解物价上涨对低收入群众生活的影响提供制度保障。

2. 不断深化价格改革，合理疏导价费矛盾。①按照市政府要求，会同有关部门，对2010年制定的城市集中供热计量价格实施方案进行了修改和完善，对市民比较关注的供热计量办法、热费收缴方式、政策适用范围、供热纠纷解决途径等热点问题作了明确规定。②会同公安交警部门，广泛征求各方面意见和建议，制定机动车停车收费管理办法。③经过深入细致的调查研究和成本监审，出台规划红线内居民住宅小区供水、供热、供气、供电基础设施工程安装收费标准。④拟定改革生活垃圾处理费征收办法和殡葬服务收费管理办法的初步方案。

3. 大力推进清费治乱，营造良好发展环境。①落实涉企收费减免政策，减轻企业生产经营负担。继续执行自2009年实施的暂停征收和降低的11项行政事业性收费规定，并将执行期限延续到2014年；清理取消涉及企业的31项行政事业性收费，每年减轻社会负担6亿元。②制定完善相关政策，着力化解物业服务收费纠纷。针对社会反映比较强烈的装修服务费等问题，对相关收费进行规范。为化解物业小区停车收费纠纷，制定发布与《山东省物业管理条例》配套的多项规定，在普通住宅小区前期物业服务收费、共用车库服务收费、车位租赁价格等方面做好政策对接工作。③根据上级要求，会同有关部门将基层医疗卫生机构现有的挂号费、诊查费、注射费及药事服务成本合并为一般诊疗费，并确定一般诊疗费标准。④加强收费年审工作，对2010年度行政事业性收费情况进行集中审验。

4.强化民生价格监管，规范市场价格秩序。①对群众反映较多的有线电视收费，进一步明确相关收费政策，组织开展检查整治。②配合药品集中招标采购制度和基本药物制度改革，对集中招标采购的药品价格严格审核，降低部分药品零售价格，加强了基本药物价格管理。③组织开展涉农、医药、教育等价格专项检查和重点检查，及时查处乱涨价、乱收费行为。④开展“推进明码标价、规范价格秩序”专项整治活动，以明码标价为抓手，查处一批价格欺诈案件，规范市场价格秩序。同时倡导价格诚信，营造诚信光荣的氛围，评选出39家省级价格诚信单位。全年全市共查处价格违法案件222起，实施经济制裁6895万元，其中退还消费者462.3万元、上缴财政6432.7万元。

5.夯实价格基础工作，提高公共服务水平。①价格调研和宣传。围绕公用事业价格监管、加强价格调控、完善价格形成机制、理顺价费管理体制等课题，组织开展调查研究，并邀请有关方面的专家和领导对公文写作、危机处理、宣传工作等进行专题辅导。②成本调查和监审。组织开展农调情况巡回检查，围绕农副产品价格成本和农户收支、种植意向、农资购买等情况组织专题调查。③价格认证服务。开展“千、百、十、零”活动，对伤残人员、低保户等困难群众的价格鉴证实施免费服务，及时协调化解价格矛盾纠纷。④依法行政。总结落实“五五”价格普法规划，制定“六五”价格普法规划；落实市政府关于行政执法电子监察系统建设；《济南市价格监测条例》列入市人大立法调研项目。⑤政务信息公开。对群众关心的商品价格信息，加强权威价格信息发布，与省、市主要新闻媒体合作，及时发布主要农副产品的市场供求和价格信息，合理引导价格预期。

【市场价格总水平持续上涨】　全年，济南市CPI累计上涨5.4%，较上年高出3.3个百分点，与全国涨幅持平，高于全省涨幅0.4个百分点，其价格总水平运行趋势与全国、全省基本一致。受货币条件宽松、国际输入性通胀、成本上升加速、部分商品供应偏紧等因素的影响，全年价格总水平呈现上涨较快、预期较强、范围较广的特点。居民消费价格持续在高位运行，4月份以来同比涨幅一直在5%以上，7月份同比上涨6.9%，达到年内高点。4季度受国家和省、市稳定物价的各项调控措施政策影响，从10月份起CPI涨幅连续3个月呈持续回落态势，到12月份同比涨幅降至3.7%。分类别看，构成居民消费的八大类商品与服务项目价格呈“六涨二降”格局。其中，食品类上涨11.3%，烟酒类上涨7.1%，衣着类上涨0.5%，家庭设备用品及维修服务类上涨2.5%，医疗保健和个人用品类上涨5.4%，居住类上涨7.7%；交通和通信类下降1.1%，娱乐教育文化用品及服务类下降0.1%。可以看出全年价格结构性上涨的特征明显，食品和居住价格成为主要推动因素。食品类价格和居住类价格分别拉动居民消费价格总水平上涨3.15、1.52个百分点。

【实施社会救助和保障标准与物价上涨挂钩的联动机制】　二、三季度，济南市共发放价格临时补贴2300多万元，惠及各类社会保障对象18万人。8月，市物价局等7部门联合下发《关于完善社会救助和保障标准与物价上涨挂钩联动机制的通知》，对联动机制进行完善，扩大联动范围。按照《通知》规定，当该季度低收入价格指数涨幅超过5%时，对困难群体发放价格补贴。将联动机制保障对象扩大到主要包括优抚对象、城乡低保对象、农村“五保”供养对象、领取失业保险金人员。为进一步做好联动机制工作，12月，提请市政府下发《关于做好社会救助和保障标准与物价上涨挂钩联动工作的通知》，将联动机制纳入政府督查事项。

【健全完善价格调控联席会议制度】　按照国家、省关于加强对稳定物价工作的领导，建立价格调控联席会议制度的部署要求，提请市政府同意，自2008年起建立的济南市保障市场供应加强价格监管工作联席会议更名为济南市价格调控联席会议，并将成员单位增加到19个部门，制定《济南市价格调控联席会议工作规则》。全年组织召开3次价格调控联席会议，协调有关部门出台并实施扶持生产、保障供应、落实储备、清费减负等政策措施，对稳定全市持续上涨的价格起到了积极作用。

（于旭荣）

工商行政管理

【概况】　1.深情帮扶，服务全市经济发展方式转变。①优化入门环境，支持市场主体转型升级。坚持“少限制，多扶持；少说教，多引导；少坐等，多主动；少旁观，多尽责”的原则，根据全市转方式的要求，下移登记事权，把好市场主体入门关。靠前贴身服务，指导相关企业依法兼并、重组，帮助205户企业完成改制。开展文化产业专题调研，支持文化企业体制改革，帮助市新闻出版社由事业单位改制为有限公司；帮扶城市建设投资有限公司等5家公司优化整合为4家国有投资公司。促进动漫等新兴产业发展，增长率11.5%。坚持市场主体信息月汇总、季分析、年报告，开展特定行业专项分析，为政府调控提供参考依据。全年新登记各类市场主体54395户，其中现代服务业12061户；新增注册资本264.81亿元，同比增长5.01%；累计登记农民专业合作社3278户，同比增长23.33%；市区域内上市公司28户，融资突破500亿元。②拓展服务领域，主动帮扶市场主体做大做强。立足商标战略实施示范城市标准，筛选拟定争创名单，落实跟踪帮扶和领导分工包挂制度，对企业争创驰（著）名商标跟进指导。指导帮扶企业新争创中国驰名商标7件、省著名商标43件、地理标志证明商标7件，新认定市著名商标63件，驰名商标、省著名商标、市著名商标和地理标志证明商标总量分别达到35件、214件、264件和17件,位次均明显前移。强化就业政策和市场信息咨询服务,帮扶下岗失业人员、残疾人、农民工、大学生、复转退军人等就业再就业1.2万余人次。督促1799家企业完税1700余万元。实施E线通验资2398户,验资额57.84亿元。组织广告企业参加山东省第十四届广告节和第十八届中国国际广告节,连续3年获省级优秀组织奖和全国最佳组织奖。③增强发展后劲,促进全市经济持续健康发展。畅通网上登记、年检,对有多家企业、多个子公司和分支机构的企业,实行预约年检、上门服务,共为2850家企业提供上门年检服务。走访企业4302家,帮助解决实际问题和困难337件。开展债权出资、股权出资、股权出质登记,拓宽投融资渠道,为615家企业办理股权出质登记,登记出质额51.5亿元;促进25家企业引入战略投资者,引入资金18亿元。帮扶11家农民专业合作社冠省名登记。建立外资企业联系点,落实驻点帮扶责任,加大对外资大项目指导服务。配合市委市直机关工委,表彰全市51个非公有制经济组织先进基层党组织,激发企业发展活力。制定《关于加强企业字号商号管理的意见》,加大规范和保护老字号力度,营造转方式良好机制。

2. 科学监管,维护市场经济秩序。①规范准入秩序,维护经济运行安全。加强对重要行业的登记和年检审查,对容易引发社会问题和影响群众生命财产安全的高污染、危险化学品、增资限制类行业严格登记把关。参与社会治安综合治理,把查处无照经营纳入地方社会治安综合治理考核。查处无照经营2659户,指导办理营业执照4082户,限期整改2184户。建立部门联动机制,认真查处“两虚一逃”(虚报注册资本、虚假出资和抽逃出资),积极整治校园周边环境和“黑网吧”,加强市场分级分类管理,落实市场主办方自律责任,争创16处省级文明诚信市场。认真承办“创城”复查相关工作,市场主体经营情况抽查保持全分,为全市通过复检作出贡献。②规范交易秩序,维护企业和消费者合法权益。严格食品流通许可,整改331户食品卫生许可证不规范行为。下拨200万元食品监管专项资金,强化食品快速检测,完成6大类49个批次重点商品监测。配合相关部门,开展食品添加剂、“地沟油”等专项治理,抽检散装食用油394批次,合格率95.7%。加强工商12315与市政府12345热线对接,及时分流、督办和回复。谋求与其他部门热线接轨并联,共同做好配合“一号通”工作。共受理处结咨询申诉举报78150件,督办和回复12345转办件500余件。③规范竞争秩序,维护市场公平。清除造假窝点和斩断供货链条,遏制制假售假和侵犯知识产权违法行为,全年共查办案件452起,捣毁地下窝点43个,对3起涉嫌犯罪的移送公安机关。加大广告监管力度,监控各类广告2万余条次,实施行政指导和预警550余起,查办广告案件278件。开展“无传销街道(乡镇)”建设,达标率达58%,超额完成年度目标任务;与11所高校签订《防控传销合作服务协议》,培训1800余名辅导员和学生干部,查办网络传销案件2起,取缔传销窝点1个。

3. 创新闯关,改革机制实现突破。①围绕重点难点闯关。探索小额贷款公司为中小企业提供资金,推行具有金融服务、消费优惠等功能的“惠商卡”,帮助民营企业贷款6亿余元。健全商标电子监管服务系统,开发辅助模块,加大科技支撑,使商标数据导入、商标分配认领、商标培育库管理、驰著名商标争创全部实现信息化。推行行政约谈制度,市局约谈全市18家大型超市、221个门店主要负责人,分局、工商所先后约谈4万余户企业和个体食品经营者,督导兑现自律承诺。完善前店后厂食品经营监管模式,创设食品添加剂“二次上架”监管,确保万无一失。②围绕热点焦点闯关。市消协、个私协以换届为契机推进组织建设,成立济南市消费者委员会,增强与行政部门、行业组织、司法部门和新闻单位的协作配合,合力维护消费者权益。指导企业开展社会责任评价试点工作,先后指导的6户试点企业全部被表彰为首批“履行企业社会责任达标企业”。济南阳光大姐服务有限公司在全省社会责任评价试点工作总结动员大会上介绍经验,并在北京举行新闻发布会,发布我国第一份基于ISO社会责任国际标准(ISO26000)的企业社会责任报告。积极应对区域性系统性执法风险,探索与法院建立联席会议制度,确保安全履职。③围绕前沿长效闯关。成立专门网络市场监管机构,整合职能和人员,开展全市网络交易平台、知名网店、重点行业官网专项检查,建立网络市场经营主体档案18579份,查办网络违法案件52起。推进“集中办案”改革,合理配置监管服务人力资源,统筹跟进各项配套措施。组建履职督导大队,对全系统履职情况进行全面督导,及时发现存在问题和安全隐患,超前防范掌控。

【企业登记注册管理】 全市各类市场主体发展情况:全年全市实有各类市场主体263494户,同比增长4.93%;注册资本2533.81亿元,同比增长19.75%。全市新登记各类市场主体54395户,同比减少4.06%;新增注册资本264.81亿元,同比增长5.01%。

1. 内资企业:实有内资企业13919户,注册资本(金)982.03亿元。住所在济南,登记机关是省工商局的内资企业3004户,注册资金4387.41亿元。新登记内资企业561户,注册资本(金)36.81亿元。

2. 私营企业:实有私营企业68516户,注册资本983.81亿元,从业人员450844人。住所在济南,登记机关是省工商局的私营企业2962户,注册资金775.82亿元,投资者人数12233人。新登记私营企业13128户,注册资本(金)121.89亿元,从业人员69716人。

3. 个体工商户:实有个体工商户176061户,资金数额77.02亿元,从业人员404734人。新登记个体工商户39864户,资金数额22.96亿元,从业人员87842人。

4. 农民专业合作社:实有农民专业合作社3278户,出资总额42.52亿元,成员总数44666人。新登记农民专业合作社626户,出资总额12.79亿元,成员总数9743人。

5.外商投资企业:实有外商投资企业1720户,其中法人企业744户、分支机构976户,投资总额1031372.67万美元,注册资本659432.86万美元,外方认缴额525034.69万美元,实收资本480770.10万美元。投资总额1000万美元以上的外商投资企业160户,其中5000万美元以上的37户。外国(地区)在济境内从事经营活动1户,外资合伙企业1户,外国(地区)企业常驻代表机构267户。住所在济南登记机关是省工商局的外资企业121户,注册资金306327.2万美元。新登记外商投资企业216户,其中法人企业74户、分支机构142户,投资总额157143.35万美元,注册资本103474.49万美元,外方认缴额80828.45万美元。

【消费者权益保护】 1.查处侵害消费者权益案件。全年查处侵害消费者权益案件共计599件,涉及案件总值53.01万元。查处侵害消费者权益案件中583件为商品消费案件,16件为服务消费案件。处理涉及生产、销售商品不符合保障人身、财产安全要求案件42件;涉及在商品中掺杂掺假、以假充真、以次充好或以不合格商品冒充合格商品案件9件;涉及生产国家明令淘汰商品或销售失效、变质商品2件;涉及伪造商品产地、伪造或冒用他人厂名、厂址,伪造或冒用认证标志、名优标志等质量标志案件11件;涉及销售的商品应检验、检疫而未检验、检疫或伪造检验、检疫结果案件6件;其他案件529件。查处制售假冒伪劣商品案件132件,案件总值52.49万元。其中,违反消费者权益保护法规4件,违反产品质量法规的案件47件,违反其他法律法规案件81件。

2.流通领域食品安全监管。立案查处流通领域食品安全案件564件,食品安全案件总值50.06万元,涉及案件数量较为集中的商品为包装食品类,合计451件。涉及违法主体为国有企业的食品安全案件1件,违法主体为公司的食品安全案件46件,违法主体为私营企业的食品安全案件59件,违法主体为个体工商户的食品安全案件441件,违法主体为自然人的食品安全案件17件。查处食品安全案件主要包括:粮食及其制品类案件6件,奶制品类案件4件,肉类及其制品类案件3件,水产品及其制品8件,糕点类案件21件,月饼类案件4件,糖果类案件2件,食用油脂类案件11件,干果坚果类案件2件,饮料饮品类案件12件,酒类案件21件,调味品(烹调佐料)类4件,其他类466件。进行食品安全快速检测687次,食品安全快速检测重点为水产品类及其制品、肉类、蔬菜类、乳制品等,其中以水产品、肉类及其制品类抽检样数最多,合计达330组。检测显示水产品类不合格率9.45%、肉类及其制品类不合格率6.72%,其余各类产品合格率均为100%。按照《食品安全法》的相关要求、国家工商总局流通环节监管8项制度,针对大型商超、食品批发业户及具备条件的食杂店,推广经营者自律软件,对软件的使用进行讲解和说明,提升依法经营的行为和意识,已持续培训食品从业人员21035人次,食品批发户和具备条件的食杂店共1696户。以监管执法的数据搜集、录入为基础,进行综合分析,从而保证食品监管落实到位,食品追溯系统软件录入信息量位列全省前三。在处理问题绿茶粉和涉塑台湾问题饮料事件时,启动应急预案,利用追溯系统快速锁定销售业户,辖区工商所第一时间赶赴现场,在极短时间内完成了对涉嫌问题食品的追溯、下架、退市等工作,共查封175.5千克问题绿茶粉、849听统一牌各类涉塑饮料。在大型商超设置食品安全查询机,为社会监督提供可检索、查询的平台,形成经营者、消费者、工商机关三方监督制约,共同维护食品消费安全。在全市60家大中型商场超市安装156台食品安全电子查询机,位列全省第一。

3.12315申诉举报。各级12315共受理消费者申诉10068件,较上年同期6328件增加59.1%,调解成功9622件。消费申诉涉及争议金额3720.59万元,加倍赔偿金额32.59万元,挽回经济损失553.92万元。受理商品类消费申诉6937件,受理服务类消费申诉案件3131件。共受理举报案件51件,接听消费者咨询热线85493个。开展12315维权联络站建设及农村产品质量和食品安全示范店建设工作,建立12315联络站2393个,覆盖率达到40.64%;农村行政村1935个,覆盖率42.67%;城市社区147个,覆盖率58.80%。

【公平交易执法】 公平交易执法部门共查办各类经济违法违章案件213件,全部为普通程序案件,案件总值1495.2万元。围绕与人民群众生活密切相关的行业和领域,瞄准社会反映强烈的热点和难点,以治理商业贿赂、打击"傍名牌"、查处公用企业等依法具有独占地位经营者限制竞争行为为重点,积极开展反不正当竞争执法工作。不断开拓监管领域,围绕群众关注的热点,积极查办商业贿赂案件,探索建立长效监管机制。共立案查处商业贿赂案件48起,涉案热点领域转向医药购销、旅游、土地房地产评估、安全评价机构。对跨地区作案,初步形成了省局督办掌控、省市区三级联动,跨地区执法检查的办案模式,提高办案效率。严厉查处各类虚假宣传行为,全年共查处对商品质量、制作成分、性能、用途等做虚假宣传案件56件,同比增加34件。开展打击"傍名牌"专项行动,主动邀请部分知名企业进行座谈讨论,对工商机关打击侵犯知识产权和制售假冒伪劣商品专项行动提出意见和建议,以提高专项行动成效。创建"无传销街道(乡镇)"工作,联合下发《济南市开展创建"无传销街道(乡镇)"活动的意见》。提出"签订一份责任书、畅通二条热线、健全三级协作网、建立四项工作机制"的工作要求及实施步骤,针对当前传销活动智能化、职业化、网络化、复合化的显著特征,采取主动性的暗访摸底、条理性的外围调查、针对性的固定证据、突破性的定性处置,有效破解查办网络传销案件取证困难多、查处难度大、惩治效果欠佳的实际特点，取得成效。深化"二备一约"直销监管工作方式，增加"直销企业营销会议活动报备、从业人员实名备案和问题企业约谈整改"三项制度，构建动态监控、精确规范、引导自律的直销企业会议式营销监管工作格局。直销企业在全市现有市级分支机构1个，服务网点9个，直销培训员31人，直销员10894人。

【广告和商标管理】　1.广告监管。全年全市广告业持续稳定发展，共有广告经营单位4363户，广告从业人员19703人，广告经营额146494.85万元。从广告经营单位类别看，以广告公司为主；从广告经营单位所有制性质看，数量上以私营企业和个体工商户为主，经营额上以国有事业单位和私营企业为主；从广告经营额构成看，房地产、医疗服务、信息产业高居前三位。全年实现广告监测240万条次，为总局、省局和有关部门提供监测报告55份，利用监测结果对620条次的轻微违法广告进行行政指导。设立"曝光台"，对典型违法广告进行曝光。全市各级工商机关共查处违法广告案件262件。

2.商标监管。加强商标监管力度，规范商标使用行为，强化商标执法办案，加强商标法律法规宣传，推进指导战略，全市商标工作有较大突破。有7件商标被国家工商总局认定为驰名商标，国家驰名商标总量达到35件；有43件商标被省工商局认定为省著名商标，省著名商标总量达到214件；地理标志证明商标全年新增7件，地理标志证明商标达到17件。全市共查处各类商标违法案件524件，同比增加54件；销毁侵权商品61320件、商标标识7346件。侵权案件518件，同比增加58件。共查处侵犯港澳台和外国商标注册人权益案件66件，同比增加17件；案值64.63万元，同比增加27.75万元；从案件涉及的商标权益人的国家看，共涉及5个国家和地区，其中法国27件、韩国15件、德国12件、美国7件、日本5件。

济南市第五届著名商标名单(63件)

商标	企业名称	认定商品/服务	区划
金升及图	山东太阳金店有限公司	装饰品、链(珠宝)、戒指(珠宝)	市中
圣康圣罗兰	济南圣康食品有限公司	蛋糕、糕点	历下
古堂香及图	济南满堂香有限公司	茶、茶叶代用品	市中
图形	济南无线电十厂有限责任公司	连接器(接插件)	历下
图形	山东天地人文化传播有限公司	组织竞赛(教育或娱乐)、策划聚会	槐荫
天宇及图	济南华源祥生物科技发展有限公司	茶叶	槐荫
赛邦	济南赛邦石油化学有限公司	变压器油、润滑油	天桥
玄义玫瑰及图	济南大三惠实业有限公司	饴糖(软体)、糖酥煎饼、煎饼	历城
申捷	齐鲁制药有限公司	单唾液酸神经节苷脂	高新
四世同堂	山东天地健生物工程有限公司	非医用营养胶囊	高新
深蓝动保	济南深蓝动物保健品有限公司	医用饲料添加剂、兽医用药	济阳
吉富	济南晶恒电子有限责任公司	半导体器件、集成电路	历下
堂堂	济南永正标志服有限责任公司	服装	历下
泰信	山东泰信电子有限公司	图文电视接收机	历下
大智及图	山东大智考试培训学校	教育	历下
历山及图	济南瑞通铁路电务有限责任公司	电缆	历下
紫阁罗	济南鲁泉机械厂	家具	市中
图形	济南市压力容器厂	钢制压力容器	市中
超意兴及图	济南超意兴餐饮有限公司	快餐馆	市中
图形	山东鸿基换热技术有限公司	换热器	市中

续表 1

商标	企业名称	认定商品/服务	区划
高第街 56 号	济南凯瑞酒店管理有限公司	饭店	市中
博远及图	山东博远物流发展有限公司	钢筋	槐荫
TLD 及图	山东同力达智能机械有限公司	机械加工装置、电动扳手	槐荫
图形	济南堤口集团有限责任公司	推销、替他人作中介	天桥
泺口 LUOKOU	济南泺口服装有限公司	柜台出租	天桥
Bester 及图	山东百斯特电梯有限公司	升降设备、自动梯、移动楼梯	天桥
海迅及图	山东海讯生物化学有限公司	杀菌剂	天桥
仙妮特及图	济南仙妮特实业有限公司	女鞋	天桥
福润康及图	山东福润康食品有限公司	枣	历城
鲁汉金象山	济南金象山旅游发展有限公司	游乐园	历城
RUIYUN 及图	济南瑞云科信电器有限公司	汽车高压点火线总成	历城
GXHN	济南高新华能气动液压有限公司	气动元件	历城
泉城及图	山东泉城阀门有限公司	金属阀门	历城
华鲁牌及图	济南华鲁食品有限公司	食用烟熏香味料	历城
力诺药业及图	济南力诺药业控股集团有限公司	人用药、中药成药	历城
力诺及字母	山东力诺太阳能电力股份有限公司	太阳能光伏电池及组件	历城
科尔	山东科尔生物医药科技开发有限公司	非医用营养胶囊	高新
百川同创	山东百川同创能源有限公司	气体发生器、气体净化装置、炉子	高新
易创电子及图	山东易创电子有限公司	视听教学仪器、光学器械和仪器	高新
三鼎及图	济南三鼎电气有限责任公司	铁路信号设备	高新
科芮尔	山东科芮尔生物制品有限公司	饲料	高新
赛克赛斯	山东赛克赛斯药业科技有限公司	手术防粘连液、鼻用过敏原阻隔软膏	高新
迅达康及图	山东迅达康兽药有限公司	兽医用药	长清
齐鲁漫联	山东世博文化传播有限公司	节目制作	长清
美医林	济南美医林电子仪器有限公司	医疗分析仪器	长清
环水及图	济南张夏供水换热设备有限公司	供水设备、热气装置	长清
立泰山及图	山东立泰山茶业科技开发有限公司	茶、茶饮料、茶叶代用品	长清
乒乓 Q	济南八宝峪养鸡专业合作社	鸡蛋	长清
环泰及图	济南泰星精细化工有限公司	阻燃剂	章丘
宇龙	章丘市宇龙机械有限公司	饲料粉碎机、搅拌机	章丘
绿叶及图	中国重汽集团济南专用车有限公司	绿化喷洒多用车	章丘
炬能及图	济南巨能铁塔制造有限公司	输电线路铁塔	章丘
FINEHOPE	山东丰汇设备技术有限公司	升降设备、装卸设备	章丘
图形	山东丰汇设备技术有限公司	升降设备、装卸设备	章丘

续表2

商标	企业名称	认定商品/服务	区划
大龙及图	济南大隆机车工业有限公司	摩托车	章丘
美鹰及图	山东美鹰食品设备有限公司	和面机、馒头机、水饺机	章丘
生态福迪	济南福迪木业有限公司	细木工板	平阴
黄特及图	济南黄河特钢有限责任公司	角钢、金属建筑材料、金属轨道	平阴
鲜峰	山东营养源食品科技有限公司	食品储存用化学品	济阳
宇斯盾	济南宇斯盾润滑油有限公司	润滑油	济阳
绿源欣及图	山东绿源新食品有限公司	加工过的黑猪肉	济阳
图形	济南华强新型建材有限公司	金属丝网	商河
鼓子秧歌及图	商河县商南农贸有限公司	新鲜蔬菜(彩椒)	商河

(翟玉红)

质量技术监督

【概况】 全市质量技术监督系统以“质量主体责任年”为主题,加强依法行政和监管能力建设,开展食品、特种设备专项整治,产品质量稳定提升,食品和特种设备安全形势向好,标准、计量等基础工作得到加强,生产领域食品检验合格率91.98%;特种设备检验率98%,重要设备合格率100%。市质监局被评为2011年度省级文明单位。

1.质量管理和监督。实施名牌战略,组织全市企业争创“山东省省长质量奖”和“济南市市长质量奖”,引导企业建立卓越绩效管理体系,追求卓越质量经营,加快产业升级和产品结构调整。山东高速集团、山东力诺瑞特新能源有限公司总经理申文明分获“山东省省长质量奖”单位和个人奖项,浪潮集团等5家企业和3名企业家获“济南市市长质量奖”。全市53个产品被确认为2011年“山东名牌”产品,6个单位获山东省服务名牌;56家企业的75个产品被评为2011年度济南名牌产品。章丘市交通装备基地通过全省优质产品生产基地审核。组织对家具、装饰材料、配装眼镜、铝塑门窗设备、食品机械、太阳能热水器等537家企业16类894个批次产品进行市级监督抽查,组织对1856家生产企业2511个批次的产品实施定期监督检验,批次合格率为99.64%。依法组织对93批次不合格产品的生产企业进行后处理工作,处结率100%。

2.食品质量安全。对562家食品企业实施2480个批次的监督检验,检验合格率91.98%,比上年同期提高5.7个百分点。组织全市乳制品企业生产许可复审工作,全市9家乳品企业增加投资5938.32万元用于生产和检测条件提升,增加13个出厂检验项目,获得新乳品生产许可证,全市乳制品质量控制能力得到提升。打击违法添加非食用物质和滥用食品添加剂,督促全市面粉企业执行国家强制标准,全部停止添加并销毁过氧化苯甲酰。加强对食用油生产、分装企业专项整治,责令21家卫生条件较差、质量控制不达标企业限期整改,注销或撤销13家食用油分装企业生产许可证。年底组织审核人员对全市食用油生产、分装企业进行重新验收,全市食用油生产秩序得到恢复。

3.特种设备安全监察。检验各类特种设备8.7万余台,较上年增加1.9万余台,全市特种设备平均定检率98.9%,特种设备生产企业出厂产品监检率100%。举办特种设备作业人员培训189期,取证(换证)2.3万人次。推行特种设备使用单位安全承诺制,实施《特种设备现场监督检查规则》,查处非法生产案件7起,查处特种设备非法使用案件33起,责令2家气瓶检验机构整改,发现并消除特种设备安全隐患134处,注销1家不符合许可条件的企业。

4.标准化管理。开展企业标准备案180个,登记158个,全市新增条码注册成员184家,商品条码续展327家,印刷资格认证和复审10家。全市组织机构代码数据总量134451个,较上年增长约10%,有效数据91878个,年检总量74741个,有效年检率85%。承担国家代码中心代码产品数据库试点工作,采集有效信息10769条。组织制定并发布实施17项济南市农业地方规范。新增9家企业“采标”,引导企业创建“标准化良好行为”示范企业,新增国家级标准化良好行为“AAAA”级企业2家,省级“AAAA”级1家,全市累计达到34家,12家企业获“山东省标准创新新型企业”称号。11家企业主持制、修订13项国家标准,4家企业主持制、修订5项行业标准,济南昌林气囊容器有限公司参与制定一项ISO国际标准,实现济南市制定国际标准零突破。济南金钟电子衡器股份有限公司承担了全国衡器标准化技术委员会秘书处工作;济南舜耕山庄通过国家级服务标准化试点验收;历城、商河、章丘

3个行政审批服务中心通过省级服务标准化试点验收；济南市12345市民服务热线被国标委批准为国家级试点；济南阳光大姐服务有限责任公司被国家标准化委员会指定发布"ISO26000的企业社会责任报告"，"阳光大姐"服务标准化工作走在全国、全行业前列。

5. 计量管理。检定、校准各类计量器具272174台件，其中强检192592台件，发放20个企业制造计量器具许可证，考核计量标准77项。推动全社会计量诚信体系建设，组织45家单位参加省、市"诚信计量示范单位"创建活动。编印《济南市能源计量工作手册》，对全市重点用能企业能源计量工作进行指导，更新78家重点用能企业能源计量信息平台，26家重点用能企业建立网上直报制度，能源计量工作实现从抓器具管理向抓能源数据管理的转变，16家企业通过"省市能源计量标杆示范企业"创建验收。济南市质量技术监督局被授予"山东省节能先进单位"称号，记集体二等功。

6. 行政执法。全系统共办理案件625起，上缴国库罚没款1657万元，比上年增长38%，其中，大要案22起，百万元以上特大案件4起，全部案件复议无变更、诉讼无败诉。接听"12365"咨询电话9850件，受理消费者投诉和产品质量申诉847起，较上年489起增加73%；处理市"12345"转办案件450起；投诉案件处结率、回复率100%，被市政府表彰为"热线办理先进单位"。开展执法打假和各类专项整治行动，组织食品安全、农资打假、"地沟油"、电梯、建材等专项整治30次，在桶装水、"地沟油"和化学油脂等产品专项检查整治中，排查制水、制罐企业143家，检查食用油企业78家，端掉"地沟油"收购生产作坊等各类"黑窝点"30个。

7. 技术机构发展。年内7.5万平方米的济南市特种设备与产品质量检验检测中心和商河检验检测中心2项工程主体完工，平阴、济阳检验检测中心投入使用。山东省农药产品、山东省食品加工机械、山东省纸制品质量监督检验中心获准筹建。市锅炉压力容器检验研究所是国家质检总局确定的全省两家锅炉定型产品和在用锅炉能效测试机构之一，当年测试锅炉30台；投资建设了车载气瓶专用检测线，全市近8000辆出租车、1000辆公交车在用液化气气瓶实现定期安全检验。

【首届市长质量奖】 2月25日，济南市人民政府印发《济南市市长质量奖管理办法的通知》，4月1日起施行。济南市市长质量奖是市政府设立的最高质量奖项，由市政府和市长审定批准、表彰和奖励，授予质量管理绩效显著、质量水平领先、为全市经济社会发展作出重要贡献的组织和为质量振兴工作作出突出贡献的个人。市长质量奖设"济南市市长质量奖（组织）"和"济南市市长质量奖（个人）"2个奖项。"济南市市长质量奖（组织）"每年不超过5个，"济南市市长质量奖（个人）"每年不超过3个。市长质量奖每年评选1次，有效期5年，满5年后可重新申报，济南市名牌产品评审委员会负责市长质量奖评审的组织管理工作，市名评委办公室（市质监局）具体承担评审的日常工作。根据《济南市市长质量奖管理办法的通知》在企业和个人自愿申报的基础上，经资格审查、材料审核、社会满意度测评、现场评审以及济南市名牌产品评审委员会全体会议审议等程序，确定首届济南市市长质量奖企业和个人名单。

【开展"质量主体责任年"活动】 为落实企业产品质量主体责任，全市1726家企业签订质量安全主体责任承诺书并向社会公开承诺。组织全市食品生产企业法人对"落实质量主体责任"情况进行公开履职，全市获食品生产许可证企业100%参加。市质监局会同市文明办共同开展"落实企业主体责任，负责任地做产品"主题宣传活动，举办"落实主体责任，加强质量管理"和省长质量奖获奖企业典型经验巡回报告会，培训企业员工5500余人。9月，联合省市多部门举办山东省暨济南市质量月活动，组织咨询活动13次，发放宣传材料15000余份，开放实验室8个，市质监局获国家质量监督检验检疫总局"'五五'普法先进单位"称号。

首届济南市市长质量奖名单

市长质量奖企业奖

浪潮集团有限公司齐鲁制药有限公司
济南二机床集团有限公司
济南圣泉集团股份有限公司
山东积成电子股份有限公司

市长质量奖企业提名奖

中国石油集团济柴动力总厂
济南玫德铸造有限公司
山东世纪金榜书业有限公司
济南华联商厦集团股份有限公司

市长质量奖个人奖

凌沛学 山东福瑞达医药集团公司总裁
申文明 山东力诺瑞特新能源有限公司总经理
王兆波 山东华凌电缆有限公司总经理

市长质量奖个人提名奖

李　瑜 济南佳宝乳业有限公司董事长
周惠敏 山东慧敏科技开发有限公司董事长
杨福安 山东福胶集团总经理

【质监行政许可改革】 市质监局设立济南市行政审批服务分大厅，成立统一管理的行政许可工作机构，将分散的行政许可、审批、受理等办事环节调整到一个机构进行，方便企业办事。集中受理许可事项205项，其中食品生产许可145项、工业产品生产许可32项、实验室资质认定28项。

【国家网络软件产品质量监督检验中心（济南）设立】 市政府批准成立国家网络软件产品质量监督检验中心（济南）为正处级事业单位，核定编制15人。该机构通过国家质量监督检验检疫总局审核和相关资质认定后，是第三方软件产品评测机构，将承担全国软件产品国家质量监督检验任务，为全市软件业创新发展和创建

"中国软件名城"提供技术支撑。

【2011年济南名牌产品公布】 根据《济南名牌产品评价管理办法(试行)》,市名牌产品评审委员会办公室会同有关部门组织评审、认定57家企业的74个产品为2011年济南名牌产品。其中,到期复评的产品18个,新申报的产品56个。(见附表)

2011年新评济南名牌产品名单

行业	企业名称	申报产品名称	商标
食品	山东立泰山茶业科技开发有限公司	茶叶	灵岩
食品	济南燕山食品有限公司	坚果炒货食品	寅旺
医药	山东司邦得制药有限公司	复方氨酚烷胺胶囊	感邦
医药	济南汉磁生物科技有限公司	汉磁牌灸热贴	汉磁
医药	齐鲁制药有限公司	利培酮片	卓夫
		注射用头孢哌酮那舒巴坦钠	安士杰
		盐酸特比萘芬片	丁克
		替吉奥胶囊	苏立
		阿德福韦脂片	亿来芬
化工	济南昊月树脂有限公司	高吸收性树脂	金月
化工	济南绿邦化工有限公司	30%草甘膦水剂	龙达
		40克/升烟嘧磺隆可分散油悬浮剂	巴巴帝
化工	济南巴顿化肥有限公司	掺混肥料	巴顿
轻工	山东耀华玻璃有限公司	LOW-E节能中空玻璃	山耀
轻工	山东银座海亚科技有限公司	电子防眩目车内后视镜	银座海雅
眼镜	济南亨得利钟表眼镜有限公司	眼镜	精益
建材	山东亿佳美暖通设备有限公司	散热器	亿佳美
建材	济南新惠学特种耐火材料有限公司	滑板砖	HUIXUE
建材	章丘科汇门窗有限公司	塑钢门窗	汇泰
建材	山东泰朗禾散热器制造有限公司	铜铝复合散热器	泰朗禾
		钢铝复合散热器	
电器	山东凯莱电气设备有限公司	低压配电柜	金星凯莱
		户内金属铠装移开式开关设备	
电器	济南旭泰开关设备有限公司	照明计量配电箱	旭泰
		低压抽出式开关柜	
		动力配电箱	
电器	山东翔里光电科技有限公司	显示屏	翔里

续表

行业	企业名称	申报产品名称	商标
软件、动漫	山东万博科技股份有限公司	万博代维管理智能指挥平台	
		万博基于3G的多媒体监控系统	
软件、动漫	山东鲁能智能技术有限公司	智能高频开关直流电源	LNINT
软件、动漫	山东康威通信技术有限公司	电网运行安全集中监控系统	Canwell
软件、动漫	山东山大联润信息科技有限公司	视维网络视频系统	山大联润
		康居住房公积金贷款管理信息系统	
机械	济南银河电气有限公司	柔性无功潮流补偿装置	金信银电
机械	山东中德设备有限公司	啤酒生物发酵系统工程	CGET
机械	山东同力达智能机械有限公司	智能拧紧机	TLD
机械	济南市压力容器厂	内置式除氧器	济容
机械	济南汇力数控机械有限公司	数控冲压机床	汇力
机械	山东百川同创能源有限公司	生物质热解气化及无污染燃气净化机组	百川同创
机械	山东航宇科技有限公司	CNI外场检查仪	航宇
机械	章丘丰源机械有限公司	罗茨鼓风机	FSR
机械	济南鑫光试验机制造有限公司	万能试验机	鑫光
机械	济南润之科技有限公司	激光粒度分析仪	Rise
		比表面积及孔隙度分析仪	
机械	济南金品磁业有限公司	高频焊管磁棒	济磁
机械	济南新力集团有限责任公司	换热器	泉新
		压力容器	
机械	山东华宁电伴热科技有限公司	防爆电加热器	鑫华宁
家具	济南正康门业有限公司	防火门	正康缘
家具	济南潘氏东星家具有限公司	民用家具	潘氏东星
家具	济南春阳实木家具厂	实木家具	春阳家居(高标)
家具	山东洪涛装饰工程有限公司	木门	锦福家
纺织	山东省鲁棉集团天元纺织有限公司	棉纱	
纺织	济南康乐棉制品有限公司	棉被	康辉
纺织	济南靓姿服饰有限公司	女时装	美若仙妮
纺织	山东兴昊制衣有限公司	纺织服装	椰树鸟

（郭培刚）

食品药品监督管理

【概况】 1.食品综合监管。2011年是全面履行餐饮服务食品、保健食品、化妆品监管职责的第一年,按照标本兼治,疏堵结合的原则,建章立制,创新手段,初步构建教育培训、监督抽验、信用管理和社会监督等监管工作机制。①报请市食安办出台《济南市重大活动餐饮服务食品安全保障工作规范》,完成省市"两会"等30多个重大活动餐饮服务食品安全保障任务。建立餐饮服务单位短信服务平台。②以落实餐饮服务单位主体责任为重点,先后组织开展"瘦肉精"、添加剂、食用油脂、问题乳粉、火锅底料等20多项专项整治,对学校食堂、建筑工地食堂、集体配餐单位等高风险餐饮单位进行专项检查。启动为期6个月的餐饮服务食品安全专项整治行动。③全系统共出动执法人员57634人次,检查餐饮单位38265家次,立案查处275件,其中取缔无证经营30家,下达执法文书1843份,抽样送检169批,责令整改210家,妥善处置疑似食物中毒事件5起。④围绕保健食品、化妆品监管,建立126个保健食品"一品一档"、38家保化生产企业"一企一档"以及2000余家经营单位的"一店一档"。对辖区内保健食品产品和生产企业进行登记确认,覆盖面达100%。⑤组织开展保健食品化妆品违法添加专项整治活动,对32家次保化生产企业进行监督检查,发现缺陷问题110项,下达《现场监督检查意见书》22份,整改率达到100%。

2.药品和医疗器械监管。重点抓基本药物电子监管,实行全品种覆盖、全过程监控、全项目检验"三全"监管,确保对生产、配送、使用、监督抽验、不良反应监测5个环节日常监督检查覆盖面达到100%。①药品生产环节。对全部23家中标基本药物生产企业实施电子监管,对274种基本药物进行工艺处方核查,建立基本药物质量监管档案,完成204家中标生产企业(含外地)的381个品种样品备案。加强高风险药品、特殊药品的监管,大力加强药品生产企业实施新版药品GMP,已有3家企业通过国家级、6家企业通过省级新版GMP认证,居全省首位。②药品流通环节。推行诚信管理,在全市零售药店中推行了药品安全信用分类管理,将企业分为守信、基本守信、失信和严重失信4个信用等级,实行分类监管,动态化管理。全市有A类药店1958家,B类药店202家,C类药店49家,D类药店166家。截至12月,已对126家配送企业实现基本药物电子监管,对109家药品经营企业进行GSP(良好供应规范)认证跟踪检查,现场收回GSP证书14张,2家零售药店停业整顿。发挥政策导向作用,促进医药产业健康发展。以大型骨干企业为龙头,以现代物流为支撑,以基本药物供应为主线,辐射省内外,覆盖县乡村的药品生产流通新格局正逐步形成。预计全年规模以上医药工业实现主营收入约138亿元,同比增长20%,利税22亿,增长15%。③药品使用环节。强化对基本药物进货、验收、养护和使用的监督检查,全市169家实施基本药物制度的基层医疗机构全部达到药品使用质量管理规范化标准。④医疗器械监管。开展高风险医疗器械经营及使用专项检查,共对1108家高风险医疗器械经营使用单位和154家二、三类医疗器械生产企业进行检查,对336家高风险医疗器械经营企业进行评级;开展定制式义齿生产质量管理规范年活动,对全市20家定制式义齿生产企业进行评定,评选出4家示范单位。⑤技术监督环节。市药品检验所更名为济南市食品药品检验所,加挂"济南市药品不良反应和医疗器械不良事件监测中心"牌子,增加3个内设科室和20名人员编制。完成"餐保化"扩项认证工作。全年共完成药品检验2196批,其中不合格279批;上报药品不良反应病例12062例,平均百万人口2006例,其中新的严重不良反应病例3750例,比例为31.09%。

【药品安全专项整治工作】 以打假治劣为重点,继续在药品注册监管、药品生产监管、药品流通监管、药品使用监管、医疗器械监管、打击制售假劣药品、药品技术监督7个方面,深入开展8项专项行动。全系统共检查涉药(械)单位27986家(次),查处涉药(械)违法案件2014件,其中查处制售假劣药品案件417件,捣毁制假售假窝点3个,取缔无证经营14家,涉案总值1537万元,涉嫌犯罪移交司法机关1起。4月,与公安机关联手,打掉1个售假窝点,查获假冒30多家知名企业药品60多个品种近百个批次,案值高达1400余万元。对26家经营违法广告药品较多的药店负责人进行约谈,对7种严重违法广告药品采取在济南辖区内暂停销售的行政强制措施,移送处理违法广告235起。8月,省政府对济南市进行检查评估,综合评估结果名列全省前茅。市局被评为全国食品药品监管系统打击侵犯知识产权和制售假冒伪劣商品专项行动先进单位,市局市场处被评为全国药品安全专项整治工作先进集体。

【饮食用药安全宣传教育】 围绕"健康饮食、合理用药"主题,与市委宣传部联合创建全国规模最大的饮食用药安全宣传教育基地,共设健康大讲堂、中药材、食品标本展示、警示教育等10大功能区,陈列标本2000多个,长期免费向公众开放。建立新闻宣传长效机制,在济南电视台、《济南时报》、济南电台开设"饮食用药安全报告""饮食用药安全在线"和"饮食用药点点听"等公益性栏目。

(张 斌)

安全生产监督管理

【概况】 全市安全生产工作始终坚持"安全第一、预防为主、综合治理"的方针,不断强化安全生产责任,加大安全监管力度,狠抓重点行业领域隐患排查治理,严厉打击各类非法违法生产经营建设行为,有效减少了各类生产安全事故的发生。

全市全年共发生各类安全生产事故1367起，死亡299人，与上年同比起数减少84起，下降5.8%；死亡人数减少7人，下降2.3%，实现事故起数和死亡人数双下降，确保了全市安全生产形势持续稳定。

1.深入贯彻落实国发23号文件精神，严格落实责任制。2010年，国务院出台《关于进一步加强企业安全生产工作的通知》（国发[2010]23号），这是做好安全生产工作的纲领性文件。2011年，全市各级各部门各单位围绕贯彻国发23号文件，牢牢把握落实安全生产责任这一核心问题不放松，进一步健全和完善全市安全生产责任落实体系。年初，市政府把全年生产安全事故控制指标作为量化责任，分解落实到10个县（市）区、38个市直部门，并签订安全生产目标管理责任书。各县（市）区政府和部门严格按照行政区划和属地管理原则，把安全生产目标管理责任书签到乡镇、街办、企业和生产一线，形成各级政府之间、政府与部门之间、政府与企业之间三位一体的责任落实体系。同时，严格执行安全生产行政首长负责制和领导班子成员“一岗双责”制，强化各级领导干部的安全生产责任，并把安全生产年度考核纳入全市科学发展综合考核之中，使其与各级各部门的评先评优相结合，有力推动了安全生产责任落实。

2.扎实开展安全生产基层基础深化年活动，安全生产基层基础工作进一步夯实。2011年是省政府确定的“安全生产基层基础深化年”。市安监局以企业规范化建设为重要内容，在全市开展安全生产基层基础深化年活动。①开展4次集中行动，确保全市重点敏感时期安全生产稳定。针对春夏秋冬不同季节的不同特点，在全市每个季度组织开展一次安全生产集中行动，消除大量事故隐患，确保春节、“两会”、五一、国庆和夏季汛期等重点敏感时期的安全稳定。②开展企业规范化建设，企业本质安全水平得到进一步提升。按照“统筹规划、分类指导、典型示范、稳步推进”的原则，在全市开展企业安全标准化达标活动，完善企业安全生产标准体系，引导企业加强班组安全建设，筑牢安全生产第一道防线。③开展安全社区创建活动，安全生产社会基础得到进一步巩固。全市10个县（市）区和高新区把创建安全社区活动作为拓展安全生产社会基础的有效手段，采取集中学习、专家辅导、现场交流、重点帮抓等多种形式，投入大量人力物力，安全社区创建工作初见成效。全市有11个乡镇（街办）被评为全国安全社区。

3.突出重点行业领域安全监管，安全生产环境进一步优化。全市进一步加强对矿山、危险化学品、烟花爆竹、交通、建设施工、冶金、消防安全等重点行业领域的安全监管。开展煤矿、非煤矿山行业安全隐患排查治理活动，共排查整改各类隐患2360余条，140多家中小矿山企业淘汰落后工艺设备；认真落实《国务院安委办关于全面排查整治危险化学品企业安全隐患的通知》，重点抓用火、受限空间作业安全生产专项整治和农药、医药生产企业专项检查，全市2200多家危化企业查改各类安全隐患260多条；开展烟花爆竹百日安全专项行动，捣毁烟花爆竹非法生产、制售窝点15个，销毁烟花爆竹7000余箱；对“两客一危”（两客是指单次运营里程超过800公里的客运车辆和高速公路客运车辆，一危是指危险品运输车辆）重点营运车辆以及“三超一疲劳”（即超速、超员、超载和疲劳驾驶）运输行为开展集中整治，在全市客运车辆安装定位监控系统；加大路面违法行为打击力度，共处罚各类交通违法行为140万余人次，交通、教育、交警等部门进一步加强校车安全管理；开展建筑行业百日安全专项整治，查处“三违”（违章指挥、违章操作、违反劳动纪律）作业2200余起；对高层建筑、集贸市场、九小场所和施工工地等人员密集场所开展消防安全重点整治，进一步加大对人员密集场所、特种设备以及与人民群众生活息息相关设施设备的安全检查，消除大量安全隐患，优化了安全生产环境。

4.开展“打非”专项行动，安全生产秩序得到进一步规范。把严厉打击各类非法违法行为作为规范全市安全生产秩序的突破口和着力点，始终保持“打非”工作的高压态势。市安委会制定下发《关于开展严厉打击非法违法生产经营建设行为专项行动的通知》，各级各部门结合实际，制定本地区、本部门的“打非”行动方案，确定打击重点，明确“打非”责任。“打非”行动严格按照“对非法生产经营建设和经停产整顿仍未达到要求的，一律关闭取缔；对非法违法生产经营建设的有关单位和责任人，一律按规定上限予以处罚；对存在违法生产经营建设的单位，一律责令停产整顿；对触犯法律的有关单位和人员，一律依法严格追究法律责任”等“四个一律”要求，对各类非法行为进行严厉处罚。全年共查处各类非法违法行为26000余起，取缔非法违法生产经营建设单位1900余家。同时，按照部门包区、区县包段、责任到户的办法，对京沪高铁济南段87.6公里铁路沿线，开展全覆盖、无缝隙、地毯式调查摸底和集中打击，对影响铁路运输安全的各类隐患进行集中清理，确保京沪高铁济南段的顺利开通和安全运营。

5.加大安全生产宣传教育和培训力度，全民安全生产意识和素质进一步增强。全民的安全生产意识和从业人员的安全生产技能，是决定安全生产的关键因素，市安监局把安全生产宣传教育和培训放在突出位置来抓。①拓宽宣传渠道，加大宣传力度。积极利用报纸、电视、广播、互联网、手机短信、公益广告等多种宣传平台，大力宣传安全生产法律法规和安全生产基本常识，在潜移默化中提升全民的安全生产意识。②加大安全生产培训力度，大力提升从业人员安全生产技能。进一步加大对企业负责人、安全管理人员和特种作业人员的培训力度，切实提高从业人员安全生产素质，确保从业人员持证上岗率。全市各类中小学也把安全课程纳入日常教学当中，设置固定课时，配强师资力量，切实做到安全从娃娃抓起。

6.加强安全生产保障机制建设，抵御生产安全事故风险能力进一步增强。①加强全市应急管理。建立市应急救援指挥中心并落实人员装备，开展安全生产应急管理示范点创建活动，引导企业进一步加强安全生产应急管理。积极组织重点企业开展应急救援演练活动，全年共组织各类应急救援演练420余次，参演人员达到20000多人次，通过演练，进一步提升企业应对安全生产突发事故能力。②加快科技兴安步伐。大力推广先进技术装备和安全保障设施使用，着重抓数字化矿山建设和危险化工工艺自动化控制改造等高危行业安全设施建设。同时，还引进一大批消防、市政建设和交通安全设施等先进技术装备，切实提升全市安全生产保障能力。③大力推进企业落实安全生产责任险。坚持把促进企业落实安全生产责任险，作为企业抵御生产安全事故风险的最后一道屏障，有力地降低生产安全事故给企业带来的资金压力，同时也保护了职工在事故中的个人利益。

（马金阁）

统计工作

【概况】 1.第六次人口普查取得成功。经过2年多人口普查历程，完成第六次人口普查等大型国情国力普查。人口普查主要数据公报正式向社会发布，后期各项工作有序展开。完成第二次农业普查资料开发和编印工作，正式出版印制汇编资料。

2.“企业一套表试点”工作取得成效。市政府办公厅转发市统计局《关于切实做好“企业一套表”统计改革工作的意见》，印发《关于对济政办字〔2011〕68号文件贯彻落实情况进行专项督查的通知》，推动各县（市）区统计基层基础工作和“企业一套表”工作贯彻落实。全市从基础入手，做好“基本单位名录库”和“基层统计机构、人员工作状况数据库”动态管理，推进“三上”企业星级管理试点，为“一套表”试点工作开展奠定基础。推进培训工作，采取分期分批、分期分片直接培训到企业，“三上”企业培训率达90%以上，联网直报工作取得进展。

3.统计数据质量提高。围绕国民经济核算改革对全市数据质量控制办法进行适应性调整，更加注重相关匹配指标采集和使用，统计数据逻辑关系更加匹配。推进工业、服务业、投资、收入调查、价格调查等方面统计制度方法改革，推进房地产和高新技术产业统计等改革工作，全面推广CPI手持数据采集系统，完成城镇和农村住户调查样本轮换工作，城镇住户网上记账系统使用率达60%以上，通过制度方法改革强化数据质量基础。按照《统计法》和《济南市部门统计工作管理办法》，完善部门统计联席制度，部门统计数据规范性、准确性、时效性进一步提高。规范企业统计行为，对基层统计机构和企业统计建设进行专项督查，确保源头数据质量。

4.统计服务能力提升。建立和完善经济运行情况每月通报制度、经济社会发展重大情况快速反应制度、社会热点问题专项调查制度等。增强责任意识，服务工作大局，“晴雨表”“信息窗”功能得到发挥，纸介质服务产品达16种。全年编发统计信息93篇、统计分析75篇、领导参阅84篇，市主要领导批示8篇。多篇分析报告被国家、省局转载。开展一系列统计监测和重点调查。完成市委组织部委托的县（市）区领导班子换届考核数据搜集和测算工作，撰写全市10个县（市）区科学发展实绩分析。加强对省会城市交流网、副省级城市交流网等网络及时加载、维护，做好数据交换和资料交流。开展济南统计开放日活动，利用电视“政务面对面”、广播“政务热线”、舜网访谈等形式，推进政府统计公开。通过12345专线、咨询电话、网络咨询及现场咨询等多种渠道为社会公众提供统计服务。免除统计从业资格证考试考务、年审、培训、报表资料和咨询收费，打造免收费服务型机关，降低基层和企业负担。

5.统计基层基础夯实。推进统计人员从业资格证管理规范，加大统计从业人员继续教育培训力度，组织全市统计执法检查员暨普法骨干培训，开展创建“文明统计站”等活动。按照《济南市部门统计工作管理办法》要求，制定《济南市部门统计规范化评分标准》和《济南市部门统计工作管理手册》，强化部门统计规范管理。结合国家推行的国民经济核算改革，建立部门协调会议制度，加强部门统计数据质量评估。局队机关连续7年被省文明委授予省级文明机关称号，连续6年被评为山东省统计系统文明单位；10个县（市）区统计局均进入市级文明机关行列，其中5个县（市）区统计局跨入省级文明机关行列。

（孙夕良　胡中华）

【企业一套表联网直报】 认真贯彻落实国家、省统计局关于企业一套表联网直报阶段统一要求，推进联网直报工作。在全市统计工作会议上，把企业一套表改革列为全市统计工作重中之重，向全市统计系统进行部署，并作为统计部门“一把手工程”进行督查。10月8日，市政府办公厅下发《济南市人民政府办公厅转发市统计局关于切实做好“企业一套表”统计改革工作意见的通知》（济政办字〔2011〕68号）。市统计局成立企业一套表改革工作领导小组，下发《济南市统计局企业一套表改革办公室职责分工》。建立工作旬报制度、数据上报期间日报及通报制度、数据上报期间24小时值班制度、数据质量管理责任制、应急预案制度等，保证企业一套表数据上报期间各种问题能快速、及时解决，实现数据顺利上报。通过采取印发宣传册、召开座谈会、开通QQ群在线交流、发放宣传纪念品、寄发贺年卡、发放法律义务告知书等多种形式，运用电视台、报纸、互联网等多种载体，向统计调查对象和社会公众进行宣传和发动。采取市培训到县（市）区、县（市）区培训到企业方式，组织全市近4000家“三上”企业和房地产企业统计业务人员进行一套表综合业务、数据处理软件及法律法规等知识培训。于8月、10月和12月先后3次单独或会同市政府督查室，对各县（市）区政府、统计机构、企业3个层面的企业一套表改革工作贯彻落实情况进行专项督查。市统计局建立局级领导分工联系县（市）区制度，各县（市）区按属地管理原则，将辖区内所属“三上”企业及房地产开发企业纳入企业一套表改革范围企业督报责任,形成《督报责任人明细分工表》《企业上报规范性排查表》,确保按时高效高质完成数据报送工作。在时间紧、任务重的情况下,企业一套表联网直报顺利完成。

(朱强 姜宁 张媛媛)

【发布2010年第六次人口普查主要数据公报】 5月11日,济南市统计局、济南市第六次人口普查领导小组办公室在《大众日报》《济南日报》、济南广播电台、济南电视台、济南统计信息网等省、市主要新闻媒体上发布《济南市2010年第六次全国人口普查主要数据公报》。济南市第六次人口普查工作,经过历时一年半组织和工作,完成了主要数据汇总工作。公报主要围绕全市2010年11月1日零时普查时点的常住人口、家庭户人口、性别构成、年龄构成、各种受教育程度人口、人口地区分布等内容,通过与2000年第五次全国人口普查数据对比分析,展示10年来济南市人口发展趋势和主要特点。主要数据如下:

1. 全市常住人口。全市常住人口(包括居住在本乡镇街道且户口在本乡镇街道或户口待定的人、居住在本乡镇街道且离开户口登记地所在的乡镇街道半年以上的人、户口在本乡镇街道且外出不满半年或在境外工作学习的人,“境外”是指我国海关关境以外)为681.40万人,同第五次全国人口普查2000年11月1日零时的592.17万人相比,10年共增加89.23万人;增长15.07%,年平均增长1.41%。

2. 家庭户人口。全市常住人口中共有家庭户(指以家庭成员关系为主、居住一处共同生活的人组成的户)201.26万户,家庭户人口为599.36万人,平均每个家庭户的人口为2.98人,比2000年第五次全国人口普查的3.22人减少了0.24人。

3. 性别构成。全市常住人口中,男性为342.39万人,占总人口的50.25%;女性为339.01万人,占总人口的49.75%,总人口性别比(以女性为100,男性对女性的比例)由2000年第五次全国人口普查的102.88下降为101.00。

4. 年龄构成。全市常住人口中,0~14岁的人口为92.91万人,占13.64%;15~64岁的人口为526.14万人,占77.21%;65岁及以上的人口为62.35万人,占9.15%。同2000年第五次全国人口普查相比,0~14岁人口的比重下降了4.33个百分点,15~64岁人口比重上升了3.17个百分点,65岁及以上人口的比重上升了1.16个百分点。

5. 各种受教育程度人口。全市常住人口中,具有大学(指大专以上)受教育程度的为135.69万人,具有高中(含中专)受教育程度的为113.96万人,具有初中受教育程度的为229.00万人,具有小学受教育程度的为134.90万人(以上各种受教育程度的人包括各类学校的毕业生、肄业生和在校生)。同2000年第五次全国人口普查相比,每10万人具有大学受教育程度的由8455人上升为19914人,具有高中受教育程度的由15922人上升为16724人,具有初中受教育程度的由34602人下降为33608人,具有小学受教育程度的由27134人下降为19798人。全市常住人口中,文盲人口(15岁及15岁以上不识字的人)为25.98万人,同2000年第五次全国人口普查相比,文盲人口减少12.63万人,文盲率(指全市常住人口中15岁及以上不识字人口所占比重)由6.52%下降为3.81%,下降了2.71个百分点。

6. 人口分布。全市常住人口的地区分布如下:历下区,75.41万人;市中区,71.36万人;槐荫区,47.68万人;天桥区,68.84万人;历城区,112.43万人;长清区,57.87万人;平阴县,33.17万人;济阳县,51.79万人;商河县,56.41万人;章丘市,106.42万人。

(杨 冰)

【整理编纂《济南市“十一五”经济社会发展报告》】 济南市统计局、国家统计局济南调查队整理编纂的《济南市“十一五”经济社会发展报告》一书于“两会”现场发放到代表手中。该书图文并茂,包含统计制图、统计公报、统计数据、专题分析4部分内容,同时收录全国副省级城市、省会城市、全省17城市以及全市县(市)区数据。对于认真总结“十一五”,促进“十二五”时期全市经济社会又好又快发展具有参考价值。

(孙夕良 张叶红)

【概况】 全年完成审计或审计调查71项,查处违规资金13.3亿元,管理不规范金额258亿元,促进增收节支4.3亿元,为国家节约建设资金9.7亿元;向司法、纪检监察等部门移送案件10起。“济南市棚户区改造审计调查项目”获全省优秀审计项目评比第一名,并受到审计署通报表彰,地方政府性债务审计工作被省审计厅授予集体三等功。市审计局连续5年被评为省级文明单位。

1. 维护财政资金安全,预算执行审计更加深入。以推进预算管理制度改革、促进构建绩效财政为目标,以本级预算执行审计为核心,以全部政府性资金为监督对象,以政府性资金使用效益情况审计调查为依托,大力深化财政预算执行审计。开展预算执行项目18个,查处违规资金2.3亿元,管理不规范资金84.1亿元。揭示预算管理不规范、延压滞留预算收入、财政资金闲置等问题,促使有关部门采取措施加以规范,截至年底,8个部门单位补征、上缴各类资金3.9亿元,通过调整会计账目、规范资金管理等方式整改52.1亿元。

2. 关注建设项目安全,政府投资审计不断拓展。以优化结构和提高政府投融资效益为目标,积极推进政府投资体制改革,深化对政府重大投资项目审计。重点关注工程质量安全、揭示建设程序履行、建设项目资金管理和使用等方面存在的问题。开展工程建设项目审计7个,节约国家建设资金9.7亿元,促进了政府投融资效益和建设项目管理水平进一步提高。

3. 重视领导干部监督,经济责任审计日益规范。重点关注重大经济决策、经济结构调整、财政管理等方面责任履行情况。完成经济责任审计项目28个,审计经济责任人31人。查处违规金额8.9亿元,管理不规范金额128.3亿元。积极探索党政主要领导干部同步审计新路子,完成对章丘、商河、市中、历城4县(市)区党政主要负责人同步经济责任审计,共对29名市管领导干部开展经济责任审计。

4.注重服务民生,专项资金审计或审计调查持续加强。针对直接涉及群众切身利益的问题,开展政府保障性住房资金管理和使用效益审计、中小学校舍安全工程审计、农村住房建设与危房改造审计调查、全民健身活动运行及资金使用情况的绩效审计调查;围绕保障生态安全,开展水利专项资金审计、环保专项资金投入和使用效益情况审计调查、排污费征管及使用情况审计等重点民生项目的专项审计或审计调查。有15篇审计或审计调查报告被市领导批示。

5.加强管理指导,内部审计工作扎实有效。完成市内审协会的换届工作,举办内审人员培训班5期,培训407人。全市内审机构和广大内审人员,在坚持财务收支真实性审计的基础上,积极推进内部审计工作转型与发展,较好地发挥内部审计工作的监督服务作用。全年完成各类审计6868项,查处损失浪费资金2.1亿元,提出意见建议被采纳4601条,促进部门、单位增加效益2.2亿元。在全省内审"双先双优"表彰活动中,市内审协会被评为优秀内审协会。

【审计市级预算执行及其他财政收支情况】 4~5月,对市财政局2010年度预算执行和其他财政收支情况进行审计,对高新开发区预算执行情况及历城区、长清区上级转移支付资金使用情况进行延伸审计。①财政收支完成情况:一般预算收入1264100万元,完成预算的111.62%,比上年增长23.54%;中央税收返还、各项补助及上年结转收入等539357万元,收入总计1803457万元。一般预算支出1487974万元,完成预算的112.72%,比上年增长20.51%;上解省支出、补助县区支出及结转下年支出等314558万元,支出总计1802532万元。收支相抵,累计净结余925万元。政府性基金收入2890537万元,较上年增长37.91%;各项补助、上年结转收入等819503万元,收入总计3710040万元。政府性基金支出2679143万元,增长74.65%;上解省支出等29773万元,支出总计2708916万元。收支相抵,结余1001124万元。预算外资金收入159972万元,比上年下降31.44%;上年结余等94633万元,收入总计254605万元。预算外资金支出167089万元,比上年下降22.37%,结余87516万元。②市级一般预算超收收入、预备费及应急保障资金使用情况:市级一般预算超收收入131595万元,主要用于落实民生政策、困难县区补助、公共基础设施及公益事业补贴、维护社会稳定、安排偿债准备金等方面支出。年初预算安排预备费15000万元,当年支出14983.08万元。主要用于市公共资源交易中心改造工程投资、创新型城市建设奖励、提高义务教育教师待遇等支出。年初预算安排城市应急保障资金10050万元,当年支出9969.59万元。主要用于部分供热企业财政补助、市城管局和公安执法规范化建设等支出。③对教育、科技、农业法定投入情况:市级一般预算支出中对教育、科技的投入资金分别为122040万元、40192万元,同比分别增长52.10%、17.66%,投入增长比例高于当年财政经常性收入16.89%的增幅,符合法定支出增长要求;2010年农业投入63337万元,扣除因水资源费收入短收致使水资源费支出下降影响,农业投入实际增长23.60%。④社会保险基金收支情况:市级五项社会保险基金上年结余574807万元,当年收入986946万元,其中市级财政补贴收入为12493万元。当年支出871564万元,当年收支结余115382万元,年末累计结余690189万元。发现的主要问题:部分支出预算资金未批复到部门;市级预算结余资金未纳入基金预算统筹安排;结转资金管理有待加强;财政收支进度不均衡;延压、滞留市级预算收入;非税收入资金管理有待完善;国有资产管理有待加强;进一步加强专项资金的管理和监督,提高资金运行的透明度和使用效益;加强对转移支付资金的管理,完善科学细化的转移支付机制。

【审计调查全民健身资金使用绩效情况】 6~7月,对全市2008~2010年全民健身资金效益情况进行审计调查。检查重点为市体育局及所属济南奥林匹克体育中心、全民健身中心等10个下属单位和济阳县、长清区、天桥区。2008~2010年,收入合计10166.60万元(其中体彩公益金5373万元,预算内安排全民健身事业专项资金4793.60万元)。拨、支出合计8707.70万元(其中体彩公益金4316.20万元,全民健身事业专项资金4391.50万元)。截至2010年末,全民健身资金结余1521.63万元(其中体彩公益金结余1096.49万元,全民健身事业专项资金结余425.14万元)。发现的主要问题:项目资金预算不够细化形成资金结余,对农村地区和城市社区的资金投入不足,场馆"功能转换"支出较大,部分健身项目活动尚存不足,场馆资产管理制度有待完善。究其原因:财政财务政策和单位预算编制不完善,对全民健身的引导宣传不够,未建立沟通协调机制,全民健身管理经验不足。审计机关建议:加强资金管理和监督检查,促进资金使用效益的提高;加大对基层投入力度,分配好全民健身资金;完善内控制度,加强资产管理。

【环保资金专项审计调查】 2~4月,对济南市环境保护局2008~2010年市级以上环保专项资金投入和使用绩效情况进行专项审计调查。审计调查市本级及所属10个县(市)区的环保、财政等部门及污染防治项目实施单位94个;抽审项目154个,占项目总数238个的64.71%。截至2010年底,抽审的154个项目,已完工106个,在建44个,未实施4个。审计调查环保补助资金总额31499.41万元,占资金总额42564.20万元的74%。审计调查显示:3年来,通过对重点污染源治理、区域性污染防治和生态建设以及对小清河等主要河道的截污整治，使辖区空气质量和环境明显好转，在2009年“全运会”期间达到国家大型赛事活动标准基础上，2010年改善率同比达12.70%，连续两年居全省前列，可吸入颗粒物、二氧化硫、二氧化氮3项主要污染物年均浓度分别下降4.50%、2.90%和9.7%；水质和周边环境明显改善，小清河、徒骇河等出境断面化学需氧量、氨氮浓度均达到省控标准，实现恢复常见鱼类生长的目标。特别是小清河水质达到有监测数据以来最好水平，通过中水利用，既缓解了城市供水不足的矛盾，又降低了城市管理成本，节约了大量的水资源；声环境质量总体状况良好，市区交通噪声、区域环境噪声均达到国家标准要求。发现的主要问题：部分项目未实施或未按计划实施、项目支出预算明显超过实际需求，造成小项目大预算；部分单位未按规定审批和验收已完工项目、未按规定申报项目、会计核算不够规范；资金和项目管理制度不够健全、完善。究其原因：制度建设重视不够，严格执行规定的意识不够强，管理和监督不到位，项目前期准备工作不够充分，人员少任务重的矛盾比较突出。审计机关提出4项建议：建立健全制度，规范项目和资金管理；加强项目管理，严格按规定申报、审批项目；强化资金管理，努力提高资金使用效益；广泛筹集资金，充分发挥财政资金引导作用。

【跟踪审计济南奥林匹克体育中心建设项目】　2006年9月至2011年7月对济南奥体中心工程进行跟踪审计，审计总投资额36.76亿元，共审减(节约)建设资金70266.95万元。①财务收支情况。截至2011年3月31日，该项目到位资金475579万元，支出367634.38万元。②驻场审计投资控制情况。截至2011年7月，共投入审计人员58名、47936个有效工作日，组织召开现场审计会议1121次，出具审计报告659份、跟踪审计意见单75份。通过现场跟踪审计在工程建设过程中节约投资15026.69万元。③工程结算审核情况。奥体中心场馆工程承包单位提报工程结算369份，提报材料设备结算486份，提报服务类结算30份。通过审计核减工程结算55240.26万元。④投资完成情况。该项目共完成投资暂定355283.07万元(不含征地拆迁补偿款、废弃山体搬出、大辛河治理等)。其中，工程投资250793.75万元，设备投资19552.78万元，待摊投资84936.54万元(包括：规划勘察设计费7983.66万元，评估、监理、质监等费用8444.10万元，建设单位管理费1010.40万元，项目管理费2204.81万元，建筑企业养老保障金2340.00万元，利息费用56047.49万元，综合配套费6230.26万元，其他支出675.82万元)。⑤赛后利用情况的效益评价。截至2011年3月底，除办公、物业、仓库用房外，基本已全部对外出租，签订的商户租赁合同为50156平方米，实现租金收入1831.50万元。共承办国家级、省级等大型体育赛事及商业演出活动10余次，并协助举办康宝莱年会、安利健康跑等活动，共计出租场地10余次，实现收入742.50余万元，开展全民健身项目实现收入588.50万元。发挥奥体中心的公益性和产业功能，取得较好的体育产业效益。发现的主要问题：投资超概算，因火灾、使用不当等原因增加建设成本，材料管理存在薄弱环节，多列借款利息，未严格按照规定进行财务核算，施工单位提报结算质量不高。审计机关建议：深化设计，加强投资控制；强化监理职责；规范招投标行为；加强工程签证工作；加强物资管理；对市区内市属、区属以及周边县(市)体育场馆进行资源整合，实施统一经营，形成集团化、集约化的发展格局。

【市农村住房建设与危房改造项目专项审计调查】　1～4月，对济南市农村住房建设与危房改造项目实施情况进行专项审计调查。济南市农村住房建设与危房改造工作领导小组办公室提供的数据显示，省下达济南市2009年计划新建农房6.377万户，改造危房1.007万户；2010年计划新建7.9949万户，改造危房1.4548万户。截至2010年底，实际建设农房16.3661万户，其中完成11.9732万户，在建4.3929万户，实际建设农房户数完成计划的114%，改造危房完成计划的108%。全市两年农房建设完成投资299亿元。通过两年农房建设，就地改造、就近整合132个村庄，形成大量新型农村社区；整体改造322个城中村、城边村和乡镇驻地村，加快了城镇化进程。全市有54万农民群众住房条件得到改善。截至2010年12月底，省、市两级财政共计投入农房建设与危房改造项目专项资金62952万元。其中，省级“以奖代补”专项资金1247万元，“腾空地”整理复垦项目资金705万元，市级“以奖代补”专项资金11000万元，市级农房建设专项借款50000万元。发现的主要问题：个别行政性收费减免政策未严格执行；滞留土地复垦资金及农房建设专项资金，影响了专项借款资金效益的发挥；农房建设扶持资金未设立专户管理；2009年批复的增减挂钩项目有1个项目区尚未实施；部分农房建设手续不完善；个别村庄改造项目基础配套设施不完善。主要原因：济南市虽然出台《农村住房建设与危房改造“以奖代补”资金管理暂行办法》，但未对农房建设专项资金的具体支出范围和标准做出规定，部分县(市)区财政部门无法将专项资金根据实际完成情况进行分配，造成资金滞留；省政府下达济南市3年完成20万户农房建设与危房改造任务，各项建设手续的办理需要一定周期，存在边建设边完善手续的问题。审计机关建议：严格执行农房建设的优惠政策；规范农房建设专项资金的管理使用；充分利用好土地增减挂钩政策；简化程序，完善手续，挂牌督办，提高效率。

【济南市中小学校舍安全工程建设审计调查】　10月，对济南市33所市本级所属中小学校舍安全工程实施情况进行专项审计调查。该项目自2009年起，规划确定全市校舍安全工程5年总投资为160336万元，规划加固、重建校舍总面积221.66万平方米，其中加固面积111.39万平方米、重建面积110.27万平方米。截至9月30日，全市校舍安全工程累计开工项目

1324个,开工面积145.63万平方米,占5年规划总面积的66.02%;竣工面积103.24万平方米,占5年规划总面积的46.80%。全市累计投入资金88105.29万元,占5年规划总投资的50.73%,其中中央资金4216万元、省级资金2900万元、市级资金27666.23万元、县级资金37037.82万元、其他资金16285.24万元。审计调查评价:已竣工的校舍安全工程达到了提高学校安全等级、消除安全隐患、保障师生人身安全、改善教学环境的主要目的;各县(市)区对校舍安全工程资金基本实行专户存储和管理,按工程进度拨付资金。发现的主要问题:部分区县校舍安全工程2011年规划项目竣工率低,部分县(市)区建设资金不到位。审计机关提出4项建议:积极筹措资金,确保资金及时足额到位;加强项目管理,完善建设手续;科学调度,强力推进中小学校舍安全工程建设;协调市有关部门,研究出台相应的制度、办法,确保审计整改落实到位。

【政府保障性住房资金投资及效益情况审计调查】 2~4月,对济南市住房保障和房产管理局、市国土资源局、市财政局、市城市建设投资有限公司、市旧城改造投资运营有限公司等7个市直部门和单位2008~2010年政府保障性住房资金筹集、管理及使用效益情况进行专项审计调查,并延伸调查天桥区、长清区房产管理局等单位。济南市住房保障和房产管理局按照市委、市政府的工作部署,逐步构建起以实物配租为重点、集资建房和棚改安置房同步推进、租金补贴和租金核减“托底”、公共租赁住房为主要方向的住房保障工作格局,城市低收入家庭的住房条件得到明显改善。截至2010年底,政府通过实物配租和住房租金补贴解决了10400余户低收入家庭的住房困难。其中,实物配租解决3000户,租金补贴解决7400余户。市住房保障资金筹集295494.36万元,其中土地出让净收益提取223994万元、住房公积金增值净收益提取22734万元、上级补助资金7099万元、公房出售收入41667.36万元。资金支出79047.59万元,其中发放廉租住房租金补贴4575.93万元、廉租住房建设支出28221.92万元、廉租住房购买支出30468.94万元、公共租赁住房启动资金支出15780.80万元。截至2010年底,政府保障性住房资金结余216446.77万元。审计调查结果表明:①政府住房保障工作目标基本完成,3年实际完成实物配租分别是552户、839户和1493户,分别完成年度目标任务的110%、105%和149%。廉租住房租金补贴分别发放2774户、约1241万元,3650户、约1591万元,4262户、约1841万元,做到了应保尽保。②城市住房保障体系逐步形成,政府住房保障资金分别投入7419万元、27417万元、110825万元,租金补贴保障户数分别是2774户、3650户、4261户。③保障性住房运行机制不断加强。④住房保障资金收支预算编制日趋合理。发现主要问题:政府住房保障资金筹集和使用中少提住房保障资金、闲置公租房中央补贴资金;廉租住房资金用于支付配套公建房价款;核销代垫经济适用房前期费用;新购保障性住房面积大,未办理土地手续;公租房建设贷款压力大;缺乏保障性住房管理信息共享系统。审计调查建议:进一步规范住房保障资金筹集和使用,提高资金使用效益;加强保障性住房后期管理,完善保障房土地手续;尽快制定和完善公共租赁住房的审核程序和准入制度,积极推进公共租赁住房建设;建立网络平台,逐步实现保障住房管理的信息化。

【市级行政事业单位资产管理及处置情况审计调查】 2~5月,对济南市市级行政事业单位资产管理及处置情况进行专项审计调查。①划转资产情况。截至2010年底,列入市机关事务管理局划转范围的行政事业单位不动产经核准为:土地划转面积1123461.57平方米,账面价值141382.63万元;房屋建筑物划转面积852217.35平方米,账面价值142504.22万元。根据市委、市政府确定的划转名单,划转范围为全市98户行政事业单位的不动产,根据以前年度资产清查认定:土地面积1434618.96平方米,实际划转面积为1271739.17平方米,账面价值为151238.49万元;房屋实际划转面积873951.24平方米,账面价值142013.80万元。经政府批准增加1户行政事业单位不动产(市药品监督管理局),土地2081.50平方米;房屋建筑物2300.28平方米,账面价值1009.79万元。置换资产增加土地140平方米,账面价值37.85万元;房屋建筑物890平方米,账面价值100.31万元。经政府批准的98户行政事业单位不动产中,不予划转退回原单位土地150499.10平方米,账面价值9893.71万元;房屋建筑物24924.17平方米,账面价值619.68万元。②划转资产现状。市机关事务管理局签订各类合同(协议)总金额74193.53万元,上缴财政后返还66209.90万元,尚未收到补偿金1857.26万元。其中,市机关事务管理局出租房产收入共计1976.08万元,上缴财政后返还1976.08万元。发现的主要问题:固定资产账务处理不及时;部分资产处置收入未到位;有偿使用资产的补偿金,缺乏定价标准;经营性资产处置程序不规范;存续资产管理、整合力度不够。原因:资产管理协调制约机制薄弱,有偿使用资产管理不到位,管理及整合力度不到位。审计机关提出6项建议:加强固定资产账务管理;尽快催收欠款,减少还贷压力;加强有偿使用资产管理工作;严格执行资产处置领导小组决定,避免国有资产收益流失;加强存续资产整合,科学合理配置资产;尽快出台济南市级行政事业单位资产使用管理相关办法。

【市筹建设资金分配使用和管理情况审计调查】 2~4月对市筹建设资金分配使用和管理情况进行审计调查。市筹建设资金是经市政府批准设立,列入市财政年度预算,主要用于文化、卫生、教育、体育、科技、公安、司法、城市基础设施和市直党政机关及事业单位基本建设的资金,具体投向是为社会发展服务、不以盈利为目的的社会公益性项目。2008~2010年,市筹建设资金下达投资计划共计36238万元。

其中,2008年投资项目27个,变更以前年度投资项目未拨付资金至当年使用项目3个,总投资10238万元;2009年投资项目31个,变更项目1个,总投资10200万元;2010年投资项目33个,变更项目7个,总投资15800万元。审计重点调查了19家项目单位和2家项目评审(咨询)机构,调查单位占项目单位总数的36.2%,调查资金21000万元,占资金总数的60%。发现的主要问题:自筹资金不到位,影响项目实施进度;多头申请财政资金;建设项目运作不规范。原因:①资金分配管理缺乏制度规范。市筹建设资金的分配使用和管理没有专门的管理办法,在项目选择、资金分配标准与重点保障等方面缺少规范。②跟踪问效不到位,检查监督力度小。市筹建设资金主管部门没有形成定期回访检查、联合督导的管理机制,不能及时和充分调度市筹建设资金使用情况。③资金规模小,尚不能满足社会事业建设需求。2008~2010年,安排的建设资金分别占当年市财政收入的0.55%、0.49%、0.59%。上述3年,共安排市筹建设资金36238万元,涉及建设项目单位56个,项目平均资金投入647.11万元,由于该项资金规模小且投入面广,以至于资金投入难以形成合力,影响决策机构通盘考虑。④项目建设管理水平亟待提高。审计机关提出4项建议:规范管理程序,完善项目管理制度;逐步扩大市筹建设资金规模;改进建设方式,推行“代建制”;引入市场竞争机制,加强中介服务管理。

【市属国有及国有企业监管情况专项审计调查】 5~6月,对济南市市属国有及国有资本控股企业监管情况进行专项审计调查。2004年9月,济南市设立专门的国有资产监督管理机构——市国资委,并授权其代表市政府履行国有资本出资人职责。调查显示:截至2010年底,全市市属国有及控股企业175家,按照行业和类型分为一般竞争性企业、城市建设投融资、城市基础设施建设、特殊企业和地方金融性企业5大类,分别由14个部门负责监管。其中一般竞争性企业122家、占69.71%。市国资委直接监管的国有及控股企业20家、占11.43%,全部为一般竞争性企业,另外还监管参股企业5家、集体企业3家,其余分别由市公用事业局、市粮食局、市商务局等部门监管。2008~2010年,全市经营性国有资产总量、国有企业年度销售收入和净利润均呈快速提升态势。国有及控股企业产权转让基本做到“主体到位、交易进场、信息公开”,有效地防止了国有资产流失。2008~2010年,国有股权交易26宗,对应企业净资产3.49亿元,转让基础价4.68亿元,成交价5.11亿元。企业法人财产转让24宗,挂牌价2723.57万元,成交价2599.94万元。市投资控股有限公司完成招拍挂土地收储用地11宗,实现土地交易额11亿元,为政府增加收益4亿元;处置市属企业已核销不良资产近14亿元,涉及全市70余家企业,形成一整套实物不良资产依法竞标处置流程,完成26家企业的实物不良资产处置,实现收益390万元。发现的主要问题:①监管体制有待完善,部分政府部门履行出资人职责主体缺位。②问责制度尚未建立,国有资产保值增值难以实现。③激励机制亟待健全,经营业绩考核制度难以全面落实。④国有资产收益收缴规定尚未执行。审计机关建议:进一步完善国有资产监管体制,不断提高国有资产规范管理的水平;进一步强化企业国有资产管理,切实履行出资人职责;进一步完善相关政策规定,全力解决企业改制历史遗留问题。

【水利专项资金审计调查】 2~5月,对济南市市本级2009~2010年水利专项资金投入和使用效益情况进行专项审计调查。2009年、2010年市水利局收到中央、省、市三级拨付的水利专项资金分别为119542万元、203646万元,2009~2010年市水利局支付专项资金总额为324174万元,拨付市级项目资金265515万元,拨付各区县资金58659万元。上述拨付市级项目资金中主要用于腊山分洪、邢家渡灌区续建配套及节水改造、卧虎山水库除险加固及清淤、清源公司原水供应补贴及南水北调工程。发现的主要问题:①水利专项资金征收管理方面。部分单位欠缴水资源费、污水处理费和2009年度河道维护费。②专项资金预算管理和支出方面。征收管理费结余未编入部门预算;部分专项资金预算编制不够细化,个别专项资金年初预算未分配到具体项目;部分单位应缴未缴印花税。③专项资金使用效益方面。部分项目资金闲置;部分项目未制定明确的项目实施计划和时间进度,影响了专项资金的使用效益。④账户和资金管理方面。下属单位未按规定对专项资金实行专户存储,工程管理费资金未纳入财政集中支付系统实行财政统一监管。究其原因:部分企业经营困难,无力缴纳相关费用;部分企业对有关水利规费的缴纳认识不到位,主动缴纳意识不足;征管机制不够完善,相关部门征管工作协调配合不够;水利专项资金预算编制过于粗放,对预算编制和执行的要求不够严格,没有严格执行有关财务和资金管理的各项规定;内部管理及监督检查不够。审计调查建议:加强水利规费的征缴力度。建议政府及有关部门按照国家税费改革的思路和水利事业长远发展的需要,重新设计并规范相关水利建设资金的征收模式;加强水利建设规划和水利资金的预算管理;完善水利专项资金的使用管理,严格执行基本建设财务管理规定;加强水利建设的项目管理,创造条件尽快全面实行水利建设工程从勘察设计到竣工验收的全过程招投标管理。

【养老保险基金筹集管理使用情况专项审计调查】 7~8月,对章丘市、平阴县、商河县的养老保险基金(含企业职工基本养老保险、新型农村社会养老保险、机关事业单位养老保险)筹集、管理、使用情况进行专项审计调查。2011年1~6月份,3县(市)养老保险基金收入71803.11万元,支出52164.13万元,上半年基金结余19638.98万元,累计基金结余97512.35万元。其中,企业职工基本养老保险基金收入33944.48万元,支出24530.53万元,上半年基金结余9413.95万元,累计基金结余73233.96万元;机关事业单位养老保险基金收入16855.51万元,支出19443.13万元,上半年基金超支2587.62万元,累计基金结余9030.66万元;新型农村社会养老保险基金收入21003.12万元,支出8190.47万元,上半年基金结余12812.65万元,累计基金结余15247.73万元。截至6月30日,3县(市)养老保险应保人数121.39万人,实际参保人数113.45万人,实际缴费人数98.44万人,领取养老金人数29.75万人。全部养老保险均实行了财政专户管理和社会化发放。其中,企业职工基本养老保险应保人数16.69万人,实际参保人数16.69万人,实际缴费人数13.61万人,领取养老金人数2.45万人,月人均领取养老金1561元;机关事业单位养老保险应保人数5.94万人,实际参保人数5.94万人,实际缴费人数4.83万人,领取养老金人数1.43万人,月人均领取养老金2236元;新型农村社会养老保险应保人数98.76万人,实际参保人数90.82万人,实际缴费人数80万人,领取养老金人数25.87万人,月人均领取养老金55元。发现的主要问题:①欠缴企业职工基本养老保险、机关事业单位养老保险。截至2011年6月底,养老保险基金累计欠缴1899.01万元,其中企业职工基本养老保险欠缴1435.98万元,机关事业单位养老保险欠缴463.03万元。②机关事业单位养老保险收支倒挂。3县(市)2010年机关事业单位养老保险收入30563.32万元,支出35077.82万元,收支倒挂4514.50万元;2011年机关事业单位养老保险收入16855.51万元,支出19443.13万元,收支倒挂2587.62万元。③新、旧农村社会养老保险制度没有衔接。④养老保险信息系统数据质量不高,数据化建设有待加强。⑤新型农村社会养老保险没有做到应保尽保。审计机关建议:多部门联动,杜绝恶意拖欠保费行为,由政府牵头,工商、税务、公安、法院等相关部门共同参与,对恶意拖欠保费的单位或个人,要坚决予以纠正,切实保障群众利益;加强制度建设,依靠政策管理。通过加强养老保险制度建设,解决机关事业单位养老保险收支倒挂、新旧农村养老保险制度不衔接等问题;加强信息化建设,全面提升养老保险管理水平。

(刘剑秋　宋　欣)

责任编校　王　洋

经济开发园区

济南高新技术开发区

【概况】 全年实现地区生产总值380.3亿元,增长20.6%;税收收入120.3亿元,增长29.8%;完成地方财政一般预算收入20亿元,增长52.7%。地区生产总值、地方财政一般预算收入增幅均列全市第一位,主要经济指标占全市的比重有新的提高。一般预算收入、地区生产总值、规模以上工业企业主营业务收入和税收收入分别占全市的6.2%、8.6%、14.6%和18.4%。

1. 产业聚集成效明显。截至年底,全区共拥有各类企业6656家,规模以上企业368家,年销售收入过亿元企业140家,其中过10亿元的22家、过20亿元的9家、过30亿元的6家、过100亿元的2家。上市公司13家,完成"新三板"券商内核16家,上市储备企业已有400多家。随着骨干企业的快速膨胀,高新技术产业、先进制造业、现代服务业三大千亿级产业的发展已具雏形。

2. 创新能力显著提高。新认定的高新技术企业共161家,占全市的45.3%,完成高新技术产业产值491.6亿元,增长27.2%,占全区工业总产值比重的68.4%。全年共获得各级科技立项159项、专利授权1569件;新增省级以上名牌产品13项、省级以上著名商标6件;新培育孵化企业62家、新增孵化毕业企业29家;新引进市"5150引才计划"61人,其中列入省"万人计划"第一层次6人、列入国家"千人计划"4人,被评为国家级高层次人才创新创业基地;国家综合性新药研发技术大平台建设速度不断加快,浪潮高端容错计算机、国家千万亿次超级计算机、量子通信等一批高端项目相继投产和运营。

3. 有效投入不断加大。全年完成全社会固定资产投资242.5亿元,增长22.1%,占全市的13.1%。浪潮产业园、吉利汽车、青年汽车、中车、重汽配套园、中电装备济南产业基地、北车风电等工业项目陆续投产,浪潮光电园、红帆低碳园、齐鲁电机汽轮机产业园、福瑞达生物医药产业园等项目也在加紧建设之中。全年引进市外资金137.2亿元,实际到账外资2.13亿美元,为后续发展打下基础。

4. 城市建设加速推进。全年基础设施建设投入17亿元,中心区、出口加工区、孙村新区的承载功能进一步提升,综合保税区的申建工作取得实质性进展。齐鲁外包城、总部基地和金融商务中心、创新创业基地、会展中心等城市综合体建设速度不断加快,各类城市要素加快聚集,吃、住、行、游、购、娱等配套设施不断完善。加强城市综合管理,拆违控违、渣土治理、交通整治、扬尘治理、环卫绿化等工作都取得新的成效,净化、亮化、绿化、美化、规范化水平不断提高。

5. 民计民生大为改善。文化教育、医疗卫生、计划生育等社会事业取得发展,劳动就业工作扎实推进,社会保障体系不断完善。拆迁安置工作进展比较顺利,中心区旧村拆迁接近尾声,安置房和生活保障房建设已完成近80%;孙村新区累计完成安置房建设101万平方米;公租房建设速度加快,已累计开工建设793套、6.1万平方米。加强和创新社会管理,社会治安综合治理、信访调解、安全生产、食品药品监管、应急管理等工作扎实推进。

【过亿元项目入驻高新区】 1月8日,齐鲁泰山电站设备有限公司清洁高效汽轮发电机组生产建设项目在济南高新区开工。该项目位于高新区孙村片区,计划占地约40公顷,投资18.5亿元,项目建成后将形成年产汽轮机、汽轮发电机700万千瓦的发电设备配套生产能力。项目分两期进行,建设周期3年。

1月18日,首家总部设在济南市的全国性保险法人机构——泰山财产保险股份有限公司挂牌成立,是山东省首家本土保险公司。该公司由中国重汽集团、山东高速集团、山东省国际信托等16家省属国有企业共同出资设立,注册资本金20.3亿元。公司计划在2年时间内达到省内二、三级机构水平,并择机发展省外分公司,实现立足山东服务全国。

2月15日,沃尔沃建筑设备技术(中国)有限公司落户国家信息通信国际创新园。该公司是沃尔沃建筑设备公司在中国设立的首个产品与技术中心,也是济南市第一家世界500强企业设立的国家级研发中心。该研发中心是沃尔沃全球研发网络的重要组成部分,将为"金砖四国"等新兴市场国家客户设计建筑设备及相关零配件。

3月8日,世界最大轴承和密封件供应商瑞典斯凯孚集团入驻济南高新区签约仪式举行。瑞典斯凯孚轴承制造是全球第一大滚动轴承和密封件供应商,连续

3年保持20%的经济增长率，成为全球最受关注、最具竞争力的轴承制造企业之一。斯凯孚轴承项目总投资5亿元，实际利用外资3000万美元，全部达产后可实现年销售收入20亿元、利税2亿元。

3月16日，全球商用车技术领航者、一级供应商威伯科汽车控制系统中国济南六西格玛精益生产基地在高新区开业。威伯科总部位于比利时，在全球31个国家拥有9900余名员工。作为全球领先的商用汽车控制系统供应商，威伯科公司为中国市场上的多家商用汽车制造商提供服务，其中既有中国本土的行业领先者，也有知名商用汽车跨国企业，如中国重汽、郑州宇通、中国一汽、福田汽车、金龙客车等。仅ABS系统，威伯科在中国商用车市场的份额就已经达到65%。

4月2日，山东红帆能源发展有限公司揭牌暨“直线驱动列车试验线”项目启动仪式在济南高新区举行，标志着我国第一辆拥有完全独立知识产权的直线驱动列车即将在济南市下线。直线驱动列车技术具有节能、节材、节地、工期短、投资少等优势，代表着未来城市轨道交通发展的趋势，在美国、日本、加拿大等国家已有较好发展，该项目总投资15亿元。

4月15日，斯凯孚济南轴承与精密技术产品有限公司在济南高新区奠基，该项目占地1.6万平方米，投资6亿元。新厂将参照能源和环保设计认证(LEED)标准建立，届时主要生产应用于汽车和卡车的圆锥滚子轴承和卡车轮毂单元。

4月29日，山东荷德鲁美特(HYDROMETER)表计有限公司新生产线落成仪式在高新区举行。该公司是拥有超过百年发展历史的德国代傲集团在中国的一家投资公司，专注于高精度计量仪器的生产和销售。2009年，HYDROMETER品牌稳居热量表国内市场第一品牌的位置，2010年销售收入突破亿元大关，全年缴税近1100万元，获地方政府产业发展奖励基金29万元。

5月18日，沃尔沃建筑设备项目入驻高新区签约仪式举行。沃尔沃建筑设备是世界500强沃尔沃集团的全资子公司，是全球领先的建筑设备制造商之一。该公司是沃尔沃建筑设备公司在中国设立的首个产品与技术中心，也是济南市第一家世界500强企业设立的国家级研发中心，该研发中心是沃尔沃全球研发网络的重要组成部分。

5月28日，中国重汽保税物流业务启动暨出口非洲1500辆发车仪式在济南出口加工区举行。重汽保税物流业务将充分利用出口加工区良好的交通和环境优势及政策功能优势，通过发展汽车研发、检验检测、咨询以及汽车贸易、物流、金融业务，把济南出口加工区打造成我国重型汽车及零部件出口基地。预计该项保税物流业务总投资额将达到4700万美元，基地全部建成后，重汽在济南出口加工区的保税物流业务每年进出口额将达10亿美元。

5月30日，创博亚太科技(山东)有限公司通讯产业科研楼开工奠基仪式举行。创博亚太科技(山东)有限公司是中国领先的移动支付解决方案与移动增值业务解决方案的技术供应商。2月，公司在美国纳斯达克成功上市。创博通讯产业科研楼项目投资1.3亿元，总建筑面积4.4万平方米，投产后可实现年销售收入4亿元、利税2.2亿元。

7月14日，山东乾舜矿冶科技股份有限公司院士专家工作站在高新区正式成立。这是济南市成立的第7家企业院士专家工作站。山东乾舜矿冶科技股份有限公司是集科研、设计、生产、工程项目管理及产品销售于一体的高新技术企业。公司共完成自主研发项目57项，其中36项通过省部级鉴定，达到国际先进和领先水平7项，获得省部级科学技术进步奖5项、地市和行业科技进步奖二等奖以上18项，拥有专利技术6项。

7月22日，山东省首家市级云计算中心——济南云计算中心成立。该中心是国内首个完全基于自主知识产权产品构筑的“济南云”，实现了云应用的自主、可控、安全。中心由浪潮集团承建，在云计算平台上搭建各种云应用，构建基于云计算的工业企业软件服务平台，推动全市中小企业发展，实现网上虚拟体验和物理应用，为1000家以上的企业云计算应用提供优质服务。市政府与浪潮集团签署的战略合作协议约定，与浪潮共同编制济南市云计算产业发展规划，围绕国家云计算发展战略，打造一流的云计算产业链，形成两三个云计算产业基地和产业集群，带动相关产业发展，使以云计算为代表的战略性新兴产业成为“十二五”期间济南市新型工业化的支柱产业。济南云计算中心的成立对推动全市战略性新兴产业快速发展、促进中国软件名城和“数字泉城”建设具有重要意义。

8月5日，山东省医疗器械产品质量检验中心新建实验楼奠基仪式在高新区举行。该中心是山东省唯一法定的医疗器械产品质量检验机构，也是10个国家级医疗器械检验中心之一，承担全省全部及全国部分医疗器械、药品包装材料检测检验任务。新实验楼项目总投资1亿元，建设面积2.6万平方米。

8月8日，由浙大网新集团有限公司投资成立的济南智瑞信息科技有限公司在济南高新区正式成立。成立后的济南智瑞信息科技有限公司依托浙大网新的雄厚资源，主要开展离岸、在岸软件服务业外包业务。浙大网新集团有限公司位居2008年中国软件外包20强第2名，是中国软件欧美出口工程第一批A类试点企业单位，业务面向国际和国内市场，致力于全球化金融证券信息系统的开发和服务。

8月15日，利星行机械济南省际服务中心开业。利星行机械济南省际服务中心总建筑面积8500平方米，是江苏利星行机械总部在山东省设立的省级销售网络，主要从事全球工程机械行业巨头——美国卡特彼勒公司的各类产品销售及售后服务。美国卡特彼勒公司是世界上最大的工程机械和矿山设备生产厂家，也是世界上最大的燃气发动机、工业用燃气轮机及柴油机生产厂家之一，在中国已投资建立生产企业11家。

9月19日，山东省浅层地热能工程技术研究中心成立大会召开，该中心企业——山东方亚地源热泵空调技术有限公司正式落户济南高新区。地源热泵技术已经被列为国家鼓励推广的节能环保技术多项计划，在税收、补贴、贷款等多方面得到相关政策扶持。

9月22日，百度旗下招聘网站“百度人才”更名为“百伯”，并正式入驻齐鲁软件园，成为济南市网络招聘行业新巨头。作为百度投资的网络招聘公司，该网站是国内首家提出“按效果付费”的网络招聘网站，已跻身国内网络招聘行业第一阵营，业务深度覆盖全国一、二线城市，客户遍及IT、互联网、电信、金融、房地产、汽车和能源等多个行业。

9月23日，国农租赁有限公司入驻济南高新区签约仪式举行。该公司注册资本5.1亿元，将依托山东省农资集团资金及行业优势，建立全国性的融资租赁公司。国农公司以支持农资生产销售企业为着力点，以服务“三农”为主线，将迅速实施行业渗透及区域扩张战略，加快发展融资租赁业务。

10月18日，沃尔沃建筑设备济南研发中心在高新区奠基。该中心是沃尔沃建筑设备中国地区唯一的产品技术中心，也是世界500强企业在济南市设立的首家国家级研发中心。沃尔沃建筑设备济南研发中心投资近3亿瑞典克朗，占地约5万平方米，项目全部建成后将成为具有世界先进水平的建筑设备企业技术中心，中心致力于研究与开发适合新兴市场的整机、总成及零部件产品。

10月25日，微软(中国)济南分公司正式入驻齐鲁软件园，是微软在中国设立的第四家分公司。微软是全球最大的操作系统、网页浏览及办公软件套件产品和IT服务外包发包商。2010年10月，微软中国与济南市政府签署了为期3年的战略合作备忘录，双方计划在云计算、人才培养、外包、知识产权保护等方面展开合作。此次微软在济南市设立分公司是战略合作备忘录的重要内容之一。

10月26日，中国电力技术装备有限公司济南产业基地落成典礼暨启动重大电力装备研发项目仪式在高新区举行。中国电力技术装备有限公司济南产业基地预计总投资100亿元，将打造成为集产品研发、设计、制造、检测及成套一体的国际一流现代化产业基地，新增就业岗位8000~10000个。

10月27日，国家超级计算机济南中心在高新区揭牌启用。中心装备国内首台全部采用国产自主中央处理器和系统软件构建的“神威蓝光”千万亿次计算机系统，标志着我国成为继美国、日本之后能够采用自主中央处理器构建千万亿次计算机的国家。

10月28日，我国石油行业管理软件领域最大的本土供应商——普联软件(中国)有限公司全资并购煤炭行业人力资源管理软件第一品牌——合肥朗霁软件技术有限公司及其子公司上海中瑞软件技术有限公司。普联软件是山东省第一家在纳斯达克主板上市的软件企业，公司注册资本1亿元人民币。自2008年上市以来，普联软件(中国)有限公司已完成多次并购，包括对北京艾特兰博软件公司、山东泓奥电力科技公司以及对日本两个公司手机测试和开发业务的收购，收购和投资总额超过8000万元。

12月20日，高新区与大唐山东太阳能开发有限公司、东营市泰和太阳能电力有限公司签署协议，三方共同开发85兆瓦金太阳项目。项目总装机容量为85兆瓦，总投资15亿元。电站25年总发电量为25亿千瓦时，年均发电量约1亿千瓦时。项目建成后每年可节约标煤约3万吨，减少二氧化硫排放量约3000吨。

【驻区企业发展成果】 2月3日，创博亚太科技(山东)有限公司在美国纳斯达克挂牌上市，是继普联软件之后济南市第二家登陆纳斯达克的企业。开盘发行价为5美元，募集资金2000万美元。山东创博于2007年12月在济南高新区注册成立，主要是为中国的电信运营商提供应用程序平台和解决方案，为用户提供移动增值服务。该公司已申请专利150余项，其中50项获国家发明专利。

4月15日，由清华大学和浪潮集团共同研制的我国高等院校性能最高的计算机平台——超百万亿次超级计算机正式启用，这也是我国在地球系统模拟领域速度最快的超级计算机。地球模拟器是对地球自然过程进行数值模拟的超级计算机。“地球模拟器”科学工程将为我国制定环境变化相关政策、环境保护与资源科学利用等关系国计民生的重要领域提供科学的决策依据，并对全球气候研究提供重要参考。

5月6日，省人社厅、教育厅、总工会和工商联4部门联合开展的“就业与社会保障先进民营企业”表彰名单公布，济南青年汽车有限公司被评为“就业与社会保障先进企业”。

6月16日，中创软件在2010~2011中国软件和信息服务业年度颁奖典礼上，获“中国软件和信息服务业突出贡献奖”和“2010~2011年度最具创新影响力软件企业奖”。该奖项是由国务院批准颁发，国家商务部、工信部、教育部、科技部、贸促会、辽宁省人民政府联合主办，邀请相关政府部门领导、专家学者、资深人士组成专家评审团，极力打造IT界最受关注的年度评选活动。

7月13~14日，第十一届ChinaBio创业投资论坛在济南高新区举行。论坛由济南生物医药园与ChinaBioLLC共同主办。来自全球的20多家投资公司及150余家生物医药企业参加论坛。论坛安排了针对生物医药企业的专业论坛，包括济南生物制药产业发展现状及趋势分析、生命科学融资展望、如何吸引风投等内容。

9月1日，浪潮集团与省卫生厅签订战略合作协议，“十二五”期间双方将在卫生信息化领域开展全面合作，共同建设山东“卫生云”计算信息平台，提供基于云的公共卫生信息服务。这是国内以省级为单位的“卫生云”首次落地。浪潮集团将助力山东省构建“卫生云”信息平台，提供集硬件、软件、运营维护为一体的综合服务，完成承载全省居民电子健康档案建设，整合新型农村合作医疗信息，实现公共卫生信息综合管理的基本任务。

9月19日，山东确信信息产业股份有限公司入选首批山东省电子商务企业。

该公司专门从事 PKI 网络安全设备和网络安全应用中间产品研发、生产、销售和提供信息安全服务，是政府认定的高新技术企业和双软企业，是国家密码管理局指定的商用密码产品定点生产单位。公司获得国家科技部 2 项创新基金和省、市 3 项科技基金支持，拥有 15 项软件著作权。

10 月 1 日，东方道迩信息技术股份有限公司在由中国信息化推进联盟、中国计算机行业协会、中国计算机报社等国家信息化领域权威机构共同组织开展的“2011 年度中国行业信息化奖项评选”活动中，因利用空间信息技术应对各种灾害和服务大型公共活动获“2011 年度中国行业信息化突出贡献企业”奖。

11 月 1 日，山东桑乐太阳能有限公司和日本矢崎总业株式会社在高新区签订全面合作框架协议，双方将在先进太阳能热利用技术特别是平板太阳能集热器及其系统技术和产品研发推广方面进行深入合作，共同致力于太阳能高端产品的研发和推广。

11 月 15 日，由省科技厅主持召开的“山东红帆直线电机轮轨列车多功能综合实验线技术方案”暨“山东红帆直线电机轮轨交通集成系统产业化项目”论证会在济南市举行。山东红帆将规划建设我国首条直线电机列车多功能综合实验线，填补国内现有城市轨道交通试验条件的空白。来自中国铁道科学研究院、山东大学、上海大学、北京城建院集团轨道交通设计研究院总院、广州市地下铁道总公司等单位的专家教授组成的论证组对上述方案及项目进行充分的论证。

12 月 16 日，我国首条高端(FBGA)存储器集成电路封装测试生产线在济南市上线投产。该生产线是在华芯半导体有限公司对奇梦达资产二次并购的基础上建设而成的，华芯成为国内唯一同时具备集成电路设计、研发和封测制造能力的企业，将改变我国大容量存储器芯片长期依赖国外的局面。该生产线来自奇梦达葡萄牙产业基地，曾是全球最大的存储器生产基地之一，华芯以 1 亿元人民币将价值 5 亿元的奇梦达整条封装测试生产线收购，是继华芯 2009 年收购奇梦达研发中心后又一次“抄底”收购。生产线采用世界先进水平的 FBGA（细间距球栅阵列）封装工艺，是全球领先的集成电路封装测试技术之一。

12 月 22 日，浪潮集团与山东广电网络有限公司举行全面业务战略合作协议签字暨合资公司成立仪式，山东广电网络将成为全国有线电视网络产业的重要基地，主要发展广电互联网数据中心(MMC)、媒体云业务中心以及三网融合应用中心等功能板块，开展面向全国有线电视网络的未来核心业务。

【国家信息通信国际创新园（齐鲁软件园）】 2 月 23 日，省科技厅批复同意山东万博科技股份有限公司、山东泰华电讯有限责任公司、山东中孚信息产业股份有限公司分别组建山东省物联网应用中间软件工程技术研究中心、山东省智能照明工程技术研究中心、山东省信息安全共性工程技术研究中心。至此，入驻山东信息通信技术研究院的省级工程技术研究中心达到 11 家，标志着研究院科技创新载体建设取得新进展。

2 月 25 日，齐鲁软件园在第二届“ChinaSourcing 中国软件与信息服务外包产业年会”上，获“最佳投资环境”奖和“中国软件与信息服务外包产业联盟第二届理事单位”。园区企业万博科技股份公司获“最具潜力企业”奖。

3 月 12 日，中国电科院中电普华软件外包基地揭牌仪式在齐鲁软件园举行。该基地由山东金码信息技术有限公司与中国电力科学研究院北京中电普华信息技术有限公司合作建设，计划分 3 期，用 2 年时间建设成人员规模达千人以上，能整体承接中国电科院大型电力行业研发项目，成为中国电科院重要的软件开发保障基地。

6 月 3 日，省政府公布 100 个第一批省级战略性新兴产业项目名单。山东信息通信技术研究院驻院团队有 5 个项目入围，分别是研究院管理中心国家超级计算济南中心建设项目、山东量子科学技术研究院有限公司济南量子保密通信试验网建设项目、山东中孚信息产业股份有限公司内网安全保密综合管理平台产业化项目、山东山大华天科技股份有限公司电能质量控制装置产业化项目、力诺集团股份有限公司年产 700MW 光伏电池片产业化项目。

8 月 18 日，济南东忠软件有限公司在齐鲁软件园举行新事业所开所仪式。济南东忠公司是东忠集团在济南设立的分公司，根据东忠集团的整体规划，济南东忠软件将成为东忠集团在中国的最大开发基地，其新事业所的开业必将大大增强济南东忠软件对日外包业务的能力。

8 月 31 日，山东信息通信技术研究院管理中心与华语大业产业集团签订战略合作协议。双方将在影视制作，动漫产业的创意、原创、制作、发行的产业链及衍生品等方面开展广泛、深入的合作，提升平台的知名度，充分发挥平台推进山东省创意文化产业发展的支撑作用。

12 月 16 日，由工业和信息化部软件与集成电路促进中心、市经济和信息化委员会主办，国家信息通信国际创新园承办的“2011 中国集成电路产业促进大会暨第六届‘中国芯’颁奖典礼”举行。大会以“推动整机与芯片联动、打造集成电路大产业链”为主题，300 多名集成电路产业链上下游企业代表出席会议，华为终端、浪潮集团、ARM、华芯半导体、中芯国际等来自产业各界的领军企业代表作报告。

（许　立）

省级开发园区

【山东省明水经济开发区】 全年明水经济开发区 217 家规模以上企业实现销售收入 801 亿元，完成工业增加值 184 亿元，实现利税 62 亿元，实现利润 36 亿元，同比分别增长 21%、19%、22%、21.5%。

1. 注重双向承诺，招商引资实现互利双赢。按照“投资有强度、建设有进度、税收有贡献”的原则，严把项目质量关，招商引资实现互利双赢。起草《关于进一步加强招商引资工作的意见》,夯实招商基础。在法律部门的协助下,对合同条款进行论证修订,把优惠政策和投资方的投资强度、建设周期、年度纳税额进行双向承诺、双向制约,为提高项目质量、加强企业管理提供法律依据。推进项目审核签约。开发区先后举行3次项目会审,共有40个重点项目参加会审,总投资112亿元。其中,37个项目通过会审,总投资96亿元。特雷克斯重机、韩国KPF汽车零部件等18个项目签约落户开发区,总投资58.3亿元,可新增销售收入121.5亿元、税收6.5亿元。

2.完善基础设施,园区环境得到有效提升。按照章丘市政府城乡综合整治总体部署和要求,完成世纪大道、工业二路等路段的整体维护工作。配合绣源河改造等市重点工程,完成世纪西路、工业四路等道路的绿化工程。累计投资4000万元,重点实施十一号路东延线、绿野路等3项道路工程及力诺、重汽客车厂等7项排水排污工程。其中,十一号路东延线的开通,将开发利用166.67公顷建设用地。

3.确保税收增长,财税工作更加规范有序。根据预算任务和财政收入目标,加强对主要税种和零散税源的有效管理,积极巩固现有税源、抓好新增税源、挖掘潜在税源,保证各项税收的平稳增长。研究通过《进一步完善财务管理的规定》,使财务管理工作更加制度化、规范化。全年完成税收4.9亿元。

4.积极组织协调,创建工作迈出坚实步伐。围绕争创国家级开发区和省级高新技术开发区两个工作重点,按照分步走的创建升级战略,在科技创新、人才建设及争创工作3个方面都实现新突破。先后组织中集车辆、华凌电缆等多家企业申报国家高新技术企业和省级工程研究中心,开发区通过山东省优质产品生产基地验收。建立健全人才工作领导机构和人才管理体系,举办企业上市、知识产权等各类培训交流活动30多次,顺利通过济南市委组织部人才工作的考核验收。启动国家级经济技术开发区和省级高新技术开发区的争创工作,成立由管委会主任任组长的争创工作领导小组,进行全面对接协调。

5.转变工作作风,管理服务效能不断提升。开发区不断转变工作作风,效率效能意识进一步增强。建立"生产企业—管委会—生产要素供应部门"3方协调互动机制,保证生产要素供应的相对平稳。努力维护职工权益,指导6家企业依法建起工会组织,建会企业80%以上签订了集体劳动协议,95%以上职工与单位签订了劳动合同,使职工利益得到保障。制定机关干部行为规范和关于开展"转变工作作风、为企业发展排忧解难"主题活动的实施意见;围绕增强服务本领,在机关干部中开展学法律、学政策、学技能活动,干部队伍整体素质不断提高。 （王书国）

【济北经济开发区】 截至年底,开发区规模以上企业共有87家;新增固定资产投资36亿元;规模以上工业销售收入131.7亿元,同比增长58.2%;完成增加值35.5亿元,同比增长63.2%;实现利税15.2亿元,同比增长61.5%;自营出口总额9025万美元,同比增长82.3%;实际利用外资5500万美元;完成地方财政收入2.09亿元,同比增长43.8%。

1.招商引资成效显著。开发区按照"转方式、调结构"的要求,以"大项目—产业链—产业集群—产业基地"为发展思路,依托食品饮料、机械电子初具规模的优势,积极开展产业链招商,重点加强对国内外知名企业的对接融合,着力引进在产业链条中处于核心地位的企业,形成带动效应,加快产业集聚。同时结合产业发展和城市发展需求,狠抓技术开发、服务外包、商贸物流等现代服务业,推进金融机构进区布点,形成二三产业互动发展的新局面。先后引进安达刹车盘、捷瑞物流、西藏同信证券、格力商务运营中心、钱江摩托等11个项目,完成投资额31.6亿元。其中,统一、上好佳等知名企业的相继落户,进一步壮大了食品产业队伍,初步形成行业门类齐全、产品质量较高、经济效益良好的食品工业体系,相继被命名为"全国食品工业强县"和"全省食品产业基地"。

2.项目建设加快推进。大力实施项目带动战略,继续加大对重点项目、重点工程的协调力度。坚持做到新上项目抓协调,续建项目抓进度,投产项目抓效益,充分发扬干事创业的济北精神。在工作中,坚持公开、公平、公正的原则,严格执行相关政策,加大透明力度,清点、补偿、兑付工作日趋科学、规范、高效,重点项目推进顺利。先后完成统一食品、新热源厂、元首针织、健身广场等153.33公顷项目用地的清点、清障工作,欧克家具、上好佳、环宇纺织等16个项目先后开工建设。

3.园区环境日益优化。以创优发展环境为着力点,不断提升园区发展的"软""硬"实力和可持续发展能力。①园区承载能力不断提升。基础设施累计投入28.5亿元,"九纵九横"的道路框架已经形成;"九通一平"的配套水平进一步增强;污水处理厂二期、新热源厂开工建设,供排水、电力、蒸汽、天然气管网建设不断扩容、改造、延伸,保障能力和覆盖面大幅提升。②服务质量进一步提高。牢固树立"服务就是生产力"的理念,创新管理模式,改进服务方法,全力打造优质服务品牌,建立企业运行监测机制,设计完成"园区经济监测和预警系统",实现对企业经营状况及发展态势的动态监控。完善项目跟踪服务机制,及时发现和解决项目落户过程中的困难和问题。先后为欧克家具、捷瑞物流、高新华能等10余家企业代办工商注册、立项、环评、规划、土地等手续近200项,为项目的开工建设奠定良好基础。③可持续发展能力进一步增强。加大对闲置土地的盘活和低效项目的淘汰力度,通过整体转让、项目租赁等方式有效盘活土地26.67公顷,提高了土地集约利用率;按照绿色经济的发展理念,严格项目环保准入和末端治理环节,加大节能减排工作力度,获"山东省低碳经济示范园区"称号。

4.社会事业普惠民生。高度重视保障和改善民生,将惠及民生统筹于各项社会事业中,人民生活更加富足,群众安全感、幸福感不断增强，满意度明显提高。①新型社区建设加快推进。开发区集中人力、物力、财力加快汇鑫苑社区建设进度，先后30多次在施工一线召开调度会，及时协调处理存在的问题。强化工程建设管理，及时成立由村民代表参加的社区建设监督小组，让群众充分参与到社区建设的具体环节中。菅家社区一期15万平方米的地质勘探和招投标工作结束。为做好群众回迁准备工作，成立专业工作组，结合待回迁的6个村(居)的实际情况，制定一对一工作方案，逐村逐户界定人口、核实户型、张榜公示并签字确认。②城乡环境美化实现突破。结合“城乡环卫一体化”活动，投资40多万元，为辖区村(居)配备垃圾清运设备和35名保洁人员，在全县率先实现城乡环卫一体化全覆盖，并获“市级卫生乡镇”称号。③民生保障全面加强。全年落实“五保”、低保家庭295户，实施大病救助、优抚救助27户，17位老人实现居家养老。新农保参保率、新农合参合率分别达到98%和100%。计生工作成绩突出，先后两次开展流动人口和重点人群的清理核查工作，组织辖区5000余名妇女进行健康查体，区内符合政策生育率97.4%，群众满意率达99%以上。秸秆禁烧、美国白蛾防治、林权制度改革、畜牧防疫等各项工作成效显著。信访网络体系不断完善，社会更加和谐稳定。惠农政策落实到位，全年发放各项惠农补贴121万元，城镇居民人均可支配收入20520元，农民人均纯收入9775元。

(王超　赵萍)

【济南临港经济开发区】　开发区全年实现区域生产总值42.16亿元，地方财政一般预算收入1.42亿元，固定资产投资40.1亿元，实际利用外资3600万美元，规模以上工业增加值30.08亿元、利税17.46亿元。

1. 城市建设取得新突破。①空港新城建设拉开序幕。总投资1.29亿元的温泉小镇一期12栋楼主体封顶，总投资2.9亿元的鸭旺口旧改安置楼工程进展顺利，向阳旧改安置楼奠基开工。②基础配套不断完善。开展“基础设施建设年”活动，按照城市道路标准实施总投资约3亿元的机场路、机场东路、机场西路、温泉路、临港路、临港北路、稼轩西路等建设和改造提升工程，完善人行道、路灯、公交站亭、排水等设施，美化、绿化、亮化了投资环境。开发区2.5万吨污水处理厂确定选址。③按照全区“城市管理年”“公路管理提升年”和“城乡环卫一体化”的要求，加强道路保洁及绿化管理工作，实施环卫进农村工程，充实城管执法力量，加大巡查力度，提升城市的管理水平。

2. 工业经济取得新成效。突出表现在以欧洲工业园为主要载体的外资企业膨胀发展，德国大陆汽车电子有限公司竣工投产；德国采埃孚、福士、日本希森美康3家公司分别实施总投资2亿元、1.5亿元、7000万元的二期扩建工程，主体建设基本完成；来自美国、英国、比利时、意大利、瑞士、荷兰6个国家的欧美企业签约落户，其中美国北谷电器、意大利艾德勒、瑞士欧瑞康3家公司已投产，荷兰阿鲁卡斯特、英国鲍迪克、比利时艾斯克3家公司正在积极筹建。入园欧美企业已由成立之初的1家达到11家，成为全市最大的欧美企业聚集区。济南外企协会欧洲投资企业分会在开发区挂牌。山东华伟发展有限公司、春鹏彩虹电器有限公司等多家国内知名企业竣工投产，开发区经济实力不断增强。

3. 现代服务业取得新进展。立足区位优势，大力引进和发展以医药、家电为主的高端物流产业和服务外包产业，现代物流产业基地初步形成。引进山东瑞康、科伦、美的等医药、家电物流及上海圆通速递等项目。其中，总投资4亿元的瑞康医药物流项目和总投资6000万元的恒安医药物流项目已开工建设；东港服务外包楼已建成，积极引进和培育服务外包主体。

4. 农业和社会各项事业统筹推进。突出抓好农业产业结构调整工作，每年拿出100万元以上专项资金用于农业结构调整，发展都市观光农业，鲁青农业示范园被列为市、区两级新建都市农业园区；加强“和谐临港”建设，投资60万元建设和改造提升劳动保障服务大厅、阳光民生服务大厅和临港综合文化站，完善为民服务平台；加大教育投入，提高代课教师工资待遇，投入150万元建设大码头小学新教学楼，规划实施高标准的临港中心小学。辖区农村民主政治建设继续推进，“平安临港”“文明临港”建设深入实施，社会保障、医疗卫生、计划生育等社会各项事业得到进一步发展。　(赵　婷)

【山东商河经济开发区】　截至年底，园区共有企业158家，其中规模以上企业58家。全年完成固定资产投资172669万元。规模以上企业实现增加值184493万元，实现销售收入631382万元，实现工业利税40802万元，实现出口3332万美元。

1. 招商引资取得积极进展。截至12月，开发区新引进项目8个，合同利用内资7.95亿元。新引进项目中，投资过亿元4个、过5000万元3个。机械制造类4个，园区生产生活配套类2个，没有污染项目。

2. 项目推进进展顺利。开发区共有在建续建项目14个(其中新建项目3个)，签约待建项目9个。建设进度较快并实现投资或试产的项目有双隆电站、山诺机械、诺能生物、东合化工等。实现增资、扩产的续建项目有科源制药，新上法国欧莱雅定制产品生产项目、科邦喷气织机项目、安池饲料扩产项目、天匠重工铸造项目，共计完成投资4208万元。山东商祺锂电、济南兴源钢结构属于盘活存量土地项目，总计盘活存量土地6.25公顷。金畅隆冶金设备项目、和齐环保纸业属新开工项目。

3. 基础设施配套进一步完善。开发区基础设施建设重点项目主要是：凯源街、天和路综合整治项目，污水处理厂及配套项目，综合服务中心配套建设项目。道路整治全长2500米，涉及人行道板和路沿石更换、新增绿篱、沉淀井清淤、安砌树穴条石、维修改造桥梁等小项，4月底竣工验收；污水处理厂及配套工程，5月初竣工；综合服务中心建设和绿化项目，4月全部完成。污水处理厂运行正常，已通过县环保局验收。

4.多措并举推进土地集约利用,破解用地难题。采取收购、兼并等形式盘活部分停产、停工项目。鼓励生产企业增资扩产提高土地使用效率。积极促成闲置厂房、厂区出租,发挥土地厂房吸纳资金、增收创税的作用。提高项目入驻投资强度要求,从源头上杜绝土地闲置、利用率低下的现象发生。加大企业用地清理整顿力度,进一步提高存量土地利用效率。已有科源制药、安池饲料、天匠重工、裕济化工、宏业纺织股份有限公司等企业新上项目、追加投资,共启用储备土地12余公顷,预追加投资总计2.1亿元。通过收购、兼并等形式引进落地的项目有裕都生态酒店、兴源钢构、润华兽药、荣通达能源、那美新材料等十几家企业,共盘活土地约66公顷。 (商河经济开发区)

【山东平阴工业园区】 园区规模以上工业企业实现工业总产值85亿元、销售收入82亿元、利税14亿元,分别比上年增长37%、31%和55%。

1.企业新上技改速度加快。确立引进新企业与壮大老企业并举的思路,在抓招商引资的同时,加快转方式调结构步伐,全力做好老企业的技改扩张工作。全年技改新上项目13个、总投资6亿元,其中完工项目8个、完成投资3.9亿元。济南玫德铸造有限公司分厂投资1亿元,完成研发中心和三期扩产2个项目的建设。其中,投资5000万元的研发中心项目,建设面积5000平方米,可进行力学、化学、热学等6大类型的研发、检测,使新产品研发的周期缩短到15天。山东鸿瑞石油化工有限公司投资7500万元,规划建设聚合车间、动力车间、原料罐区和成品罐区。山东信诚碳素质量检验公共服务平台项目,投资6000万元,总建筑面积5800平方米。

2.在建项目顺利推进。新开工的在建项目22个,完成固定资产投资10亿元。其中,投资6.5亿元建设玛钢公司8万吨球铁管件生产项目。鲁西化工平阴第三化肥厂顺利实现产业转型,投资4亿元新上化工机械系列产品制造项目,并做到“不减员、不放假、不降薪”。济南铸诚建设集团投资1亿元,建设钢结构生产加工项目。

3.基础设施建设按期推进。按照“一园三区”的发展规划、功能定位、产业集群要求,积极推进园区载体建设,使中心、安城、孝直3个片区承载不同的产业项目,形成各自产业特色,加快园区产业化、产业集群化进程。县城中心片区,重点实施南延工程,完成玫瑰片区道路、供电和排水设施建设,确保玛钢8万吨球铁项目顺利落地。玫瑰片区,投资340万元,完成长1200米主干道路建设;投资150万元,完成化肥厂35千伏供电线路迁移工作。安城片区,初步完成规划整合工作,推动片区北延。重点推进济南元首针织项目建设,投资250万元,实施厂区土地整平。孝直片区,重点进行基础设施建设,修建道路、排水及供电等基础设施,项目落地承载力得到进一步提高。

(李秀芝 于瑞东 张 红)

【济南槐荫工业园区】 园区全年完成固定资产投资及招商引资15亿元。规模以上工业企业实现销售收入42亿元、利润7.1亿元、利税9.1亿元。实际利用外资1076万美元。完成区级收入1.2亿元,增长15.32%;限额以上贸易业销售总额69亿元,社会消费品零售总额5200万元。

1.园区投资环境不断改善。美里路拓宽工程的竣工,对园区经济发展起到极大地促进作用,该工程已获山东省、济南市“市政工程金杯奖”,道路两侧行道树成活率100%,绿化带养护情况良好。协调有关部门对美里路南侧排水管线进行规划设计,保证大项目在美里路两侧落地不受影响。二环西路高架工程美里湖段全长2411米,工程造价约4.8亿元,涉及3个行政村,48户村民,地下管线工程施工基本完毕。

2.旧村改造进程不断加快。西沙村旧村改造项目地块总用地13.95公顷,其中规划建设用地面积约11.03公顷,用地性质为居住,地上容积率约3.3,建筑密度约19%,绿地率35%,规划总建筑面积47.42万平方米。邹庄村旧村改造项目,位于邹庄村南、绕城高速公路以南,美里路以北、美里东路以西,项目总用地面积9.97公顷。

3.重点项目建设成效显著。园区运用高新技术改造传统产业,促进产业技术升级和结构调整,努力培植和壮大智能型小家电、机械制造、新材料和新能源、现代物流等产业。园区入园企业累计达到400余家,其中规模以上工业企业10家,出现一批以山东九阳生产基地项目、山东电力集团生产检修建设基地项目、华润山东医药生产物流基地项目、瑞诺公司装载机生产基地项目、天岳先进材料公司LED蓝宝石晶体和碳化硅晶体项目等为代表的重点项目。 (李雨霏)

责任编校 王 洋

工业·信息产业

综述

【工业概况】 全市年销售收入2000万元以上工业企业(以下称规模以上企业)1650个。规模以上企业按隶属关系分,中央企业33个,省属企业48个,市属企业99个,县(市)区属企业132个,乡镇属企业12个,其他企业1326个;按轻重工业分,轻工业企业490个,重工业企业1160个;按企业登记注册类型分,国有企业54个,集体企业57个,股份合作企业13个,股份制企业1093个,外商及港、澳、台商投资企业184个,其他企业249个;按企业规模分,大型企业11个,中型企业56个。全市规模以上工业企业资产合计3923.97亿元,同比增长9.18%;负债合计2426.01亿元,同比增长9.13%;工业流动资产合计2261.48亿元,同比增长10.04%。

1.工业生产平稳增长。全年完成生产总值4406.29亿元,同比增长10.6%;全部工业增加值1507.9亿元,同比增长12.2%。规模以上工业完成工业增加值1355.2亿元,同比增长13.1%。社会物流总额10665.7亿元,同比增长16.3%。工业用电量161.91亿千瓦时,同比增长2.91%。

2.工业效益保持稳定。规模以上工业主营业务收入5023.1亿元,比上年增长15.3%;实现利税517.1亿元,比上年增长7.3%;实现利润251.5亿元,比上年增长4.9%。

3.工业经济结构优化。产业结构发生变化,三次产业增加值比例由上年5.5:41.9:52.6调整为5.4:41.5:53.1。经济外向度15.04%,比上年提高2.44个百分点。战略性新兴产业同比增速高出规模以上工业6.7个百分点。新一代信息技术、高端装备制造、生物医药、新能源等战略性新兴产业实现主营业务收入2310.8亿元,增长10.6%,其中新信息增长27.4%、新能源增长21.5%、生物医药增长42.8%、高端装备增长5.3%。六大高耗能行业完成工业增加值482.2亿元,比上年增长11.4%,增幅低于全市1.7个百分点。

4.技术进步成效显著。全市技术中心企业新产品销售比率44%。新认定省级企业技术中心10家、市级企业技术中心23家,全市各级企业技术中心数量达224家。413个项目列入2011年山东省技术创新项目计划。全年高新技术产业产值1979.7亿元,增长12.2%,占规模以上工业总产值比重38.66%,提高1.01个百分点,高于全省平均水平11.4个百分点。

5.工业投资继续扩大。全社会固定资产投资1934.3亿元,增长18.1%。工业投资576.7亿元、增长18.0%,其中技术改造投资408.8亿元、增长9.1%。高新技术产业投资226.2亿元、增长36.8%,比上年提高12.3个百分点。在建工业投资项目1443个,其中新开工工业投资项目1085个,增加108个;在新开工工业投资项目中,亿元及以上项目45个,增加4个。

6.重点行业保持较快发展。全市机械装备、石化及新材料、食品药品业、电子信息、新能源及节能环保产业等重点行业增势较好。其中,机械装备业实现营业收入1124.8亿元、增长22.8%,石化及新材料实现营业收入801.9亿元、增长34.5%。

7.工业品产销衔接良好。全市工业销售产值比上年增长17.1%;工业产销率达98.2%,同比提高0.5个百分点。全市生产的129种大类产品中,有86种产品呈增长态势,占66.7%,提高6.6个百分点。

8.信息产业跨越式发展。软件与信息服务业实现业务收入830亿元,同比增长36%。全市移动电话用户931.1万户,增长18%;互联网宽带用户133万户,增长11%。信息化对企业效益增长贡献率超过35%。

9.园区承载能力提高。济南高新技术开发区、出口加工区等10家省级以上经济开发区,有规模以上工业企业732家,全年工业增加值607.19亿元、占全市规模以上工业企业的44.8%,实现利税总额201.27亿元、占全市规模以上工业企业的45%。

10.节能减排和环保力度加大。全年全市万元GDP能耗同比下降3.78%,规模以上工业增长单位能耗同比下降4.48%。完成省政府下达的万元GDP能耗、规模以上工业万元增加值能耗分别下降3.7%和3.89%目标任务。完成6座350立方米炼铁高炉、180台75KA预焙铝生产设备、1.8万千瓦发电机组的关停淘汰工作,分别淘汰炼铁、电解铝产能280万吨和4万吨。列入全省重点考核的4条主要河流,均达到恢复鱼类生长的水质目标。

【技术创新】 1. 创新环境不断优化。①贯彻落实省经信委等部门技术创新政策及配套措施，鼓励技术中心企业尤其是县属企业不断加大科技投入。调整市级企业技术中心认定管理办法，在同等条件下享受研发费用加计扣除政策的企业优先考虑设立技术中心。进一步修改补充《济南市“十二五”技术创新规划》和《济南市“十二五”新材料产业发展规划》，在征求各县（市）区意见基础上印发。引导企业申报省技术创新项目，有113个项目达到国际先进水平。开发济南市技术中心信息管理系统。7月，对全市2010年度省级技术创新项目承担企业研发费用加计扣除情况进行调度，共调度125家企业。开展市级以上技术中心企业培训班，宣传技术创新优惠政策。②千万亿次国家超级计算济南中心揭牌启用，济南市成为第三个拥有国家超级计算中心的城市，中国科学院量子技术与应用研究中心暨济南量子技术研究院建成山东省首家“云计算中心”。中国石油集团济柴动力总厂、山东华凌电缆有限公司等2家企业被新认定国家级企业技术中心，国家级企业技术中心达15家。山东三箭建设工程股份有限公司、中建八局第二建设有限公司、保利民爆济南科技有限公司、齐鲁宏业纺织集团有限公司、山东百脉泉酒业有限公司、济南巨能液压机电工程有限公司、山东泰华电讯有限责任公司、济南晶恒电子有限责任公司、山东绿霸化工股份有限公司、山东华民钢球股份有限公司10家企业入选省级企业技术中心，省级企业技术中心达56家。新认定市级企业技术中心23家。年末，全市国家、省及市三级企业技术中心数量达224家，技术中心企业全年销售收入3235亿元，同比增长11%；新产品销售收入1425亿元，同比增长7.66%，企业技术中心对全市工业经济贡献率逐年提高。③2月19日，召开全市科技进步暨创新型城市建设表彰大会，兑现奖励资金5379万元、277项。全年共减免高新技术企业所得税6.58亿元、企业研究开发费用加计扣除1.88亿元，对7家上年认定的省级企业技术中心拨付补助资金700万元，企业享受财政专项扶持资金1100万余元。法因数控、章丘炊具、商河宏业入选省工业设计中心建设项目，玫德铸造、力诺集团入选省企业技术创新能力建设项目，力诺瑞特、浪潮集团2家企业入选2011年国家重大科技成果转化项目。强化资金引导作用，市经信委组织专家对各县（市）区申报资金项目进行择优比较、定性和定量评价，7个项目（第一批）获得技术创新专项资金扶持，资金总额175万元；发挥省财政扶持资金杠杆作用，19家企业32个新产品项目申报山东省财政专项扶持资金，经省经信委和省财政厅审查，23个新产品项目列入《2011年山东省享受财政专项资金扶持的新产品项目名单》，占全省总数的16.2%。全年企业技术中心科技活动经费支出130.91亿元，比上年增长14.86%，去除中心数量增加因素，平均单个中心科技活动经费支出增加363.44万元。技术中心企业研发仪器设备原值46.22亿元，比上年增长20.08%。

2. 创新项目建设稳步推进。围绕电子信息、新医药、新能源、高端装备制造等新兴产业，突出重大专项实施。413个项目列入省技术创新项目计划，同比增加11.6%。安排市级重大专项22项、专项资金4000万元，引导企业科技投入超过10亿元。33个项目列入全省战略性新兴产业项目，产业高端化趋势进一步显现。争取省部级各类科技计划200余项、资金4.5亿元。全市出口额60.5亿美元，其中机电产品、高新技术产品出口额占66%。浪潮、中创两个项目列入“核高基”国家科技重大专项；二机床集团中标福特冲压成套项目，6个项目列入“数控机床”国家科技重大专项、9个项目成为省重点领域首台（套）技术装备项目。11月16日，由省科技厅主持召开的“山东红帆直线电机轮轨交通集成系统产业化项目”论证会在舜耕山庄举行，红帆规划建设的直线电机列车多功能综合实验线为国内首条，填补了国内现有城市轨道交通试验条件空白。12月29日，济南二机床获得福特汽车美国2家工厂全部5条大型快速智能冲压生产线订货合同，标志着拥有完全自主知识产权的国产冲压装备制造技术实现重大突破。我国首条高端集成电路存储器封装测试生产线在浪潮产业园投产，将进一步加快济南集成电路产业化进程。

3. 国家创新型试点城市扎实推进。出台《济南市建设国家创新型城市试点工作实施方案》，明确创新型城市建设目标和任务，推进创新型城市建设。新批准国家级企业研发机构5家、省级企业研发机构34家；新认定中国驰名商标7个、省著名商标42个、山东名牌产品26个；制定国际标准1项，实现零的突破；制定国家标准（行业标准）14项。取得重要科技成果415项，济南二机床集团研制的大型快速智能冲压装备等一大批科研成果达到国际领先水平。认定自主创新产品128个，累计达379项。年末，市级以上创新型企业总数145家，其中省级以上40家，省级创新联盟33家。获国家科技进步二等奖3项、省科技进步奖43项。专利申请量18564件、增长19.6%，其中发明专利申请量5125件、增长49.3%；专利授权量11329件、增长18.1%，其中发明专利授权量1623件、增长28.8%。新培育高新技术企业87家，总数达353家。新增国家级创新型企业1家、省级创新型企业19家、市级创新型企业30家。实现技术合同交易额27.4亿元。国家科技成果转化服务（济南）示范基地正式启动，遴选成果174项，开展对接转化28项。新增19家省级工程技术研究中心。建成国家级科技园区5个、火炬计划特色产业基地8个、“863”成果转化基地2个、国际科技合作基地4个。高新区实现生产总值380.31亿元，增长20.6%；其中，第二产业增加值239.26亿元、增长20.9%，第三产业增加值141.05亿元、增长20.1%。公共财政预算收入20.0亿元，增长52.7%。固定资产投资242.5亿元，增长22.1%。出口6.39亿美元，增长33.6%。新签合同利用外资项目35项，实际使用外资2.13亿美元，增长1.3%。企业科技项目立项159项，新认定“双软”企业43家，累计达168家，6家企业入选全国软件收入百强企业；

新引进服务外包企业26家，累计达87家；高新技术产业投资226.2亿元，增长36.8%，比上年提高12.3个百分点。

4.市场开拓取得实效。实施创新驱动战略和"专利、品牌、商标、标准"战略，专利品牌意识日益增强，企业核心竞争力不断提高。市级以上企业技术中心共申请专利4560件、同比增加1118件，其中发明专利受理数1701件、同比增加627件，发明专利数量1001件、同比增加377件。开展"市场营销年"活动，组建"济南环保产业营销联盟"，成立由山东大学、山东建筑大学、山东轻工业学院、山东省环境工程所和山东省环保设计院等大专院校、科研院所专家教授组成的联盟专家委员会，有25家环保企业入盟。举办"2011第五届中国山东(国际)糖酒食品交易会"，参展企业600余家，规划展位1300余个，参展代理商、经销商、投资商等14万人，成交总额22亿元，刷新了山东糖酒会历史纪录；举办"2011中国(济南)国际纺织服装博览会暨中韩时尚产品展览会"，参展企业85家，国际标准展位260个，展会期间实际成交额8000万元，意向成交额1.5亿元；组织企业参加第一届中国国际新材料产业博览会。引进并协助武汉市举办"武汉名优特新产品(济南)展销会"。组织召开全市智能工业创新发展与应用大会，推进第六届信博会筹备工作。

5.产学研合作结硕果。金钟衡器牵头制定国家标准，9家企业被省政府认定为产学研合作创新突出贡献单位。第四届全国衡器标准化技术委员会在济南成立。组织企业参加山东省产学研展洽会，浪潮集团有限公司、济南二机床集团有限公司等21家企业参加展洽会成果展示。济南二机床集团有限公司和山东大学签署"大型精密复合冲压成型机床创新能力平台建设"项目合作协议。山东浪潮华光光电子有限公司被省经信委认定为首批"山东省新材料深加工示范企业"，山东法因数控机械股份有限公司和章丘炊具机械总厂被认定为2011年山东省工业设计中心。济南金钟电子衡器股份有限公司"网络化远程计量控制系统—GAM系统"获2011年山东省产学研展洽会参展产品金奖，山东康巴丝实业有限公司等2家企业2个产品获银奖，九阳股份有限公司等3家企业3个产品获铜奖，山东力诺瑞特新能源有限公司等5家企业5个产品获创新奖。市经信委被评为省产学研合作创新突出贡献先进集体，山东齐鲁电机制造有限公司等9家企业被省政府评为产学研合作创新突出贡献单位。

6.着力打造"人才特区"。编制出台全市高层次创新型科技人才、宣传文化人才、农村实用人才、社会工作人才、专业技术人才、高技能人才等6个中长期专项人才发展规划，初步建立人才强市规划体系。加快"5150引才计划"和"百千万引才工程"实施步伐，引进各类人才3000余人，其中列入"5150"的海内外高层次人才4批163人，提前完成5年引进150人目标。支持以领军人物为核心的人才创新团队建设，发挥20家济南市优秀创新团队持续创新和示范带动作用，提升攻克创新前沿阵地综合能力。出台《市委市政府关于建设"齐鲁人才特区"的意见》(济发〔2011〕13号)，依托济南高新区，面向全市，辐射全省，建设"齐鲁人才特区"，打造人才体制机制改革试验区和创新创业人才特别集聚区。11月，济南高新区被中组部授予第三批国家"海外高层次人才创新创业基地"。

【结构调整】 1.调结构保增长成效显著。围绕"转方式、调结构、促增长、惠民生、保稳定"中心工作，编制"十二五"工业和信息化发展规划，通过实施重点工业和信息化投资项目，推进产业、产品结构调整。累计完成规模以上工业固定资产投资576.7亿元，同比增长18%，占全社会固定资产投资(1934.3亿元)的29.8%。其中，中央及省属企业完成工业固定资产投资141.1亿元、占总投资额的24.5%，市属及市属以下企业完成工业固定资产投资435.7亿元、占总投资额的75.5%。增值税累计抵扣28.7亿元(不含省电力公司在本市以外投资抵扣金额15.34亿元)，抵扣企业8278户。落实技术改造投资核准、备案制度，引导社会投资向主导产业和战略性新兴产业集中。现有工业企业累计完成技术改造投资408.8亿元，同比增长9.1%，占工业固定资产投资的70.9%，占全社会固定资产投资的21.1%，绝对值位列全省第九，占全省(8054.4亿元)5.1%。高新技术产业完成投资226.2亿元，同比增长36.8%，占工业固定资产投资的39.2%。高新技术产业占规模以上工业比重的38.7%，比年初提高1个百分点；"双高"行业投资同比下降31.4%。制造业完成投资517.2亿元，占工业固定资产投资的89.7%。六大支柱产业完成投资425.7亿元，同比增长2.1%，占全市工业投资的73.8%，其中机械制造和石油化工行业同比分别增长22.9%和7.0%。

2.项目建设进展顺利。全市在建工业投资项目1443个，同比增加8个，其中亿元以上项目112个、同比减少34个。新开工项目1085个、同比增加108个，完成投资363.3亿元、占工业投资的63.0%。新开工亿元以上工业项目45个，同比增加4个，完成投资71.5亿元，占工业投资12.4%。竣工项目1053个(亿元以上30个)，完成投资339.9亿元。年初确定的2011年度工业和信息化100个重点项目，总投资952亿元(其中储备项目10项、总投资451亿元)，已开工项目78项，总投资552亿元。力诺集团股份有限公司300MW光伏电池片项目(总投资13.8亿元、累计完成投资12.3亿元)，济南吉利汽车零部件有限公司零部件生产项目等27个项目均已竣工，年新增销售收入158.1亿元、利润17.4亿元、税金9.7亿元。争取国家和省级专项资金2.3亿元，安排市财政资金2.2亿元，带动社会资金投入60亿元。推进山水垃圾焚烧、济钢循环经济产业园等重大项目建设。黄台发电有限公司黄台电厂2台300MW上大压小热电联产工程，总投资29亿元，累计完成投资28亿元，第一台机组2010年12月15日投产，第二台机组2010年12月31日投产。

3.产业转型升级步伐不断加快。

①战略性新兴产业发展迅速。全市工业完成高新技术产业产值1979.7亿元,同比增长12.2%,占规模以上工业总产值比重的38.66%,比年初提高1.01个百分点,高新比重高于全省平均水平11.35个百分点,在17地市中位列第三位。全市新信息、新能源、生物医药、高端装备等四大战略性新兴产业企业743家,其中过亿元企业361家、同比增加66家;实现主营业务收入2310.8亿元、增长10.6%,其中新信息增长27.4%、新能源增长21.5%、生物医药增长42.8%、高端装备增长5.3%。②中小企业活力不断增强。市政府1号文件出台《关于进一步促进中小企业发展的意见》,优化中小企业发展政策环境。完善服务平台建设,成立中小企业法律咨询服务中心,开通中小企业政策咨询热线,免费为中小企业提供法律和政策咨询服务。开展企业实训基地建设,102家企业成为省级"企业实习实训基地",全年中小型企业完成工业增加值962.0亿元,增长21.3%,拉动工业增加值增长14.5个百分点。中小型企业效益大幅提升,全年实现利税298.5亿元、增长18.8%,利润180.0亿元、增长20.0%;利税、利润分别达到全市的57.7%和71.6%,增幅分别高于全市11.5个、15.1个百分点。全市规模以上中小企业完成增加值占全部规模以上工业的70%,成为全市经济社会发展的重要支撑力量。③民营非公有制经济增势较好。力诺集团、吉利汽车、福胶集团、松下电子、青年汽车等新老骨干非公有制企业生产和效益均实现较快增长。非公有制企业完成工业增加值692.7亿元,占规模以上工业的51.1%,比上年提高2.9个百分点,同比增长20.8%,增幅高于全市平均7.7个百分点;实现利税287.0亿元,增长20.0%,其中实现利润185.4亿元、增长20.2%,增幅分别高于全市12.7个、15.2个百分点。④轻工业增长快速,高耗能行业增速放缓。医药、烟草、纺织服装、农副食品加工、家具制造等轻工行业增长快速。全年轻工业完成工业增加值329.9亿元,增长16.7%,增幅分别高于全市平均和重工业3.6个、4.7个百分点;轻工业占全市的24.3%,同比提高0.7个百分点。其中,医药制造业增长20.5%,烟草制品业增长33.5%,纺织、服装业增长19.2%,农副食品加工业增长18.2%,家具制造业增长67.2%。钢铁、有色、建材、石油加工及炼焦、化工、电力六大高耗能行业完成工业增加值482.2亿元,增长11.4%,增幅低于全市1.7个百分点,占全市的35.6%,同比提高0.5个百分点。"双高"行业投资113.4亿元,同比下降34.3%。⑤加强产业载体建设。明确省级以上工业园区功能定位和县(市)区工业发展方向,加强园区基础设施建设,推动产业集聚集约发展。省级以上园区规模以上工业增加值突破600亿元,同比增长35%。明水经济开发区被认定为国家汽车产业示范基地,济北经济开发区被认定为全国食品饮料产业基地和省级高端装备制造业基地。⑥制定实施"十二五"规划。编制印发工业和信息化"十二五"规划及20个专项规划。到2015年,全市工业、软件与信息服务业、现代物流业增加值达到3360亿元,年均增长13.1%,占全市GDP的50%以上;主营业务收入达14400亿元,年均增长13.1%。工业固定资产投资累计5000亿元,年均增长15%。

4.拓宽融资渠道支持技术改造。技术改造利用国家预算资金11.6亿元,国内贷款31.6亿元,同比分别增长11.7%、51.5%。会同中国银行济南分行及金融担保机构等单位搭建互动平台,推荐急需流动资金企业56户,申请贷款12.13亿元。设立6000万元中小企业发展专项资金和1亿元过桥资金。提高市中小企业信用担保中心注册资金,提升担保机构规范化服务水平,12家规范化担保公司累计为中小企业提供担保融资超过200亿元。加强银企对接,与建设银行山东分行合作搭建中小企业贷款"绿色通道",新增贷款11.7亿元,为全市产业集群提供30亿元信贷额度支持。有3家企业实现上市融资,其中章鼓上市结束了济南市县域经济没有上市公司的历史。区域内上市公司达29家、股票31只,累计融资总额502.7亿元。上市后备资源培育工作取得较大发展,有9家企业已报山东证监局备案辅导,20家企业与中介机构签订协议,4家企业推进境外上市。有40余家企业引入战略投资者,引入投资资金约21亿元。

【节能降耗】 1.节能减排工作取得成效。全年全市万元GDP能耗同比下降3.78%,规模以上工业增长单位能耗同比下降4.48%。完成省政府下达的万元GDP能耗、规模以上工业万元增加值能耗分别下降3.7%和3.89%目标任务。完成6座350立方米炼铁高炉、180台75KA预焙铝生产设备、1.8万千瓦发电机组关停淘汰工作。200辆新能源公交车投入运营。4月26日,在省政府召开的全省节能考核奖励电视会议上,市政府被省政府授予山东省节能突出贡献单位称号,记集体一等功;市经信委被省人社厅、经信委授予山东省节能先进单位称号,记集体二等功;中国重型汽车集团有限公司被省政府授予山东省节能突出贡献企业称号。

2.推进循环经济和清洁生产。开展循环经济试点工作,推广山水集团、圣泉集团、埠村煤矿、琦泉热电等4家企业典型经验。济南钢铁集团有限公司被列入省循环经济标准化试点企业名单,复强动力被列入国家发改委、教育部循环经济教育基地。认定资源综合利用企业46户,为企业减免税金8000余万元。按照"节能、降耗、减污、增效"要求和清洁生产标准,签订清洁生产技术服务合同企业65家。6项节能技术和产品入选全省第二批重点节能推广目录。长清区被认定为省级节能环保产业基地,14家企业被授予山东省节能环保示范企业称号,节能环保示范企业数量居全省首位。

3.强化节能监察管理。印发《济南市人民政府关于落实2011年节能目标任务的通知》(济政字〔2011〕20号),以市政府名义与21个政府部门签订责任书。印发《2011年济南市节能降耗预警调控方案》,加强对重点用能单位能耗监测,对机床二厂等51家工业重点用能单位、妇幼保健院等55家非生产用能单位进行日常节能监察。下达节能监察建议书11份，节能监察意见书8份，限期整改通知书16份。对44家重点用能单位上年度主要产品执行能耗限额标准情况，7户交通重点用能企业、工业固定资产投资项目节能评估和审查制度执行情况进行专项监察。开展商场、超市等大型公共建筑节约用电情况，机关、事业单位、社会团体等公共机构节约用电情况，高耗能落后机电设备（产品）淘汰情况专项检查。对济钢、日月化工等用能单位实行高耗能行业节能产品政府优先采购执行情况等开展专项检查。对38家重点用能企业和35家非生产用能单位节能管理人员进行能源利用状况报告填报、重点用能单位月度数据上报等业务培训；按省节能办要求，组织575名节能管理人员参加济南片区能源管理师培训和考试，全市39名节能监管人员分3批参加全省能源管理师资格培训。

4. 淘汰落后产能，推进节能环保。严控"两高"项目建设，对符合条件的6个技改项目和43个新建项目组织节能评估和审查。停产拆除济南钢铁股份有限公司6座350立方米炼铁高炉（产能280万吨）、平阴铝业有限公司180台75KA预焙铝电解槽及辅助生产设备（产能4万吨），关停章丘市琅沟热电厂、康桥投资有限公司共计1.8万千瓦机组。在全省节能环保产业示范基地和示范企业申报中，长清区被评为山东省节能环保产业基地，桑乐太阳能等14家企业被评为山东省节能环保示范企业，节能环保示范企业数居全省第一。

5. 加强重点领域节能。县级以上城市规划区新建建筑全面执行居住建筑节能65%、公共建筑节能50%设计标准，建筑节能标准执行率100%；新建建筑中新型墙体材料应用率100%。已建成节能建筑约300多万平方米，启动实施既有居住建筑供热计量和节能改造建筑面积100万平方米，实施太阳能一体化工程119万平方米。严格贯彻实施营运车辆燃料消耗量准入制度，推广应用节油型车辆，限制、淘汰高油耗车辆，已购进200辆新能源客车投入运营。在全市公共机构能源消耗监测管理平台的基础上建成济南市公共机构节能监控中心，出台《济南市公共机构节能监督考核办法（试行）》，初步形成用能有标准、计量有手段、考核有办法的闭环式公共机构节能管理体系。

6. 争取政策支持，强化示范带动。上报省环境保护与节能节水项目7个，4个项目获得审批，享受"三免三减半"所得税优惠政策。为宝世达LED示范项目、西客站LED路灯项目、丞华建材干混砂浆项目、天玉建材项目争取资金2960万元。上报12个省节能技术产业化项目（含商河2个），其中节能产业化项目9个、节能技术改造项目3个，获奖励资金400万元。组织2011年学校太阳能集热项目申报和审核验收工作，上报23个学校太阳能集热项目，13个审核验收合格，合计集热总面积6900平方米，年实现节能量800吨标准煤，获省补贴资金243.51万元。组织2010年度企业节能节水设备购置使用确认工作，全市8家企业购置使用的价值2亿多元的设备符合国家《节能节水专用设备企业所得税优惠目录（2008年版）》要求，通过省市审核，获得税收优惠。将拟开工或正在实施的68项节能减排项目，充实到节能减排项目库，68个项目计划总投资56.5亿元，完成后可实现现实节能量18万吨标准煤，社会节能量110万吨标准煤。加大市级节能资金扶持力度。第一批市节能资金支持项目17个，支持资金370万元；第二批市节能资金支持项目41个，支持资金1009.95万元。建立中小企业节能减排融资平台，帮助企业解决节能减排投入资金问题。

7. 加强节能宣传。组织开展节能宣传周活动，下发《关于组织开展2011年济南市节能宣传周活动的通知》。6月11日，市经信委会同省节能办、省妇联、市妇联举办低碳家庭健康万里行活动暨节能宣传周启动仪式。印刷500套节能宣传画、500本节能小册子，发放到机关、企业、医院、学校、社区，宣传节能减排意义，提高全民节能意识。对节能先进典型进行宣传，在《济南日报》、济南电视台和电台等新闻媒体开设专栏，对部门、企业在节能降耗方面好做法等进行宣传。发送节能短信1000多万条。按照建设"节能、低碳、和谐、宜居"社区理念，通过政府引导、媒体宣传、全民参与，节能型社区建设全面推进，济南市成为全省3个居民生活用电下降城市之一。

（范　路）

【概况】 1. 软件和信息服务业实现重大突破。全市实现软件业务收入830亿元（行业统计数），同比增长36%，占全省的62.5%，规模和独立软件综合实力居全省首位。有软件企业1200多家，软件从业人员超过16万人，经认定的软件企业565家，登记软件产品2584个，国家认定的软件企业数和软件产品数继续名列全省第一。①11月25日，被工业和信息化部正式授予"中国软件名城"称号，成为全国继南京之后第二个获此殊荣城市，标志着济南市软件和信息技术服务业步入国家软件和信息服务业重点规划布局。②产业布局结构合理。已形成以齐鲁软件园国家级软件产业基地为龙头，历下软件园、长清园区基地为补充的多园多基地产业发展格局。累计建成研发建筑面积400多万平方米，其中齐鲁软件园建设规模居全国11个国家级软件产业基地前列，入园企业800余家，实现技工贸总收入720亿元、比上年增长13.6%，软件和信息服务业收入458亿元、增长18.6%。③重点企业蓬勃发展。有7家企业入围国家规划布局内重点软件企业、11家企业入围全国软件百强企业、66家企业通过CMM/CMMI认证、22家企业通过ISO27001认证、9家软件企业成功上市，均居全省第一位。5月，浪潮再次入选由IAOP（国际外包专家协会）评选的"2011全球外包100强"，是浪潮连续第五年获此殊荣。5月31日，浪潮正式发布全国首款云数据中心操作系统——云海OS，标志着我国在全球云计算这一竞争焦点领域取得重大突破。12

月16日，国内首条专业存储器芯片封装测试生产线在浪潮产业园举行投产启动仪式。浪潮华芯成为国内唯一同时具备集成电路设计、研发和封测制造能力企业。12月18日，中创软件董事长兼总裁景新海被中国软件行业协会评选为“中国软件产业十年功勋人物”，是山东省唯一获此表彰的软件企业家。④品牌产品丰富多样。济南市软件产业主要涵盖软件产品、系统集成、信息技术咨询服务、数据处理和运营服务、嵌入式系统软件和IC设计六大领域，其中软件产品占比最高在40%左右、信息技术咨询服务和信息系统集成分别约占27%和19%，数据处理运营服务和IC设计增速逐年上升，软件产品服务化、网络化趋势明显。拥有中间件、行业应用、信息安全等六大领域近3000种软件产品，自主知识产权率达95%以上。浪潮、中创位居“中国自主品牌软件产品十强”，入围企业数连续5年居全国之首。浪潮ERP被评为软件首家“中国名牌”。中创公司承担的国家“核高基”重大专项入选“十一五”重大科技成就展。中创中间件、华天三维CAD、地纬社保软件、中孚信息安全产品、神思识别终端、积成电力控制系统、星科教学仿真等品牌软件产品居国内市场占有率前列。5月12～14日，济南市3个园区、20家重点企业、约50人参加的大型展团，以创建“中国软件名城”为主题，成功亮相2011年第十五届中国国际软件博览会(北京软博会)，8项产品获得软博会金奖和创新奖。⑤公共服务平台建设取得新突破。有软件类国家级企业技术中心1家、国家级重点实验室1家、省级软件工程技术中心28家、省级工程技术中心36家、省级重点实验室4家、省级其他研发机构2家。已建成齐鲁软件园公共技术服务平台、济南—中国软件名城综合服务平台等综合性公共服务平台，以及济南工业软件云平台、动漫游戏渲染平台、济南市云计算中心平台等专业性公共服务平台。7月15日，济台动漫游戏合作项目签约仪式在台北举行。7月22日，山东省首家市级云计算中心——济南云计算中心成立，市政府与浪潮集团签署共同推进云计算战略合作协议。8月10日，国内首个“国产安全可控基础和应用软硬件产业联盟公约”在济南签署。济南工业软件云平台项目正式启动。10月，中孚信息入选国家首批《保密技术防护专用系统产品检测合格单位目录》，全面构建满足国家保密局要求的保密技术防护专用系统。⑥人才支撑作用持续加强。软件从业人员中本科以上学历人员比重超过80%。拥有齐鲁软件园(国家软件人才国际培训基地)、山东大学软件学院(国家示范性软件学院)等国家级和省级软件人才培训基地12个，浪潮培训学院、师创软件培训中心、华天软件工程学院、济南木田培训学校等培训机构51家，年培训人员超过5万人次，每年能安排3万多名大学生就业。

2. 信息化建设上新台阶。软件与信息服务业实现业务收入800亿元，同比增长31%。经济社会各领域信息化建设不断深化，信息化对企业效益增长贡献率超过35%。①信息化和工业化融合步伐加快。1月，市政府办公厅出台《关于推进信息化与工业化融合试验市建设的意见》，促进信息技术在节能减排、生产安全、中小企业等重点领域应用，全市70%规模以上企业设置专门信息化管理部门。申报两化融合并确认获得“四个一百”工程培育资格企业15家。申报国家两化融合促进安全生产重点项目5个，其中济钢、保利民爆获国家两化融合促进安全生产重点项目。推荐国家两化融合促进节能减排重点推进项目10个。申报2011年山东省信息产业发展专项资金项目(信息技术推广应用领域)48个，17家企业获1140万元资金支持。确定全市范围内两化融合先进实用技术和装备15项，全市两化融合重点企业300余家，中小企业信息化典型案例8家，重点项目200余项，示范企业10家、优秀企业10家。现代物流领域两化融合得到发展，初步形成以盖世物流、佳怡物流、零点物流为代表的具有信息流、资金流、交通流等特征的现代物流企业。举办省级信息化助企行动1次、区域性信息化助企行动2次，300多家企业的信息化主管700多人次参加培训。②加快物联网建设步伐。制定《济南市物联网发展规划(2011～2015)》。提出以构建“数字泉城”为总目标，实施“1234”工程建设计划。启动数字城管平台、城市智能公交物联网综合应用平台、“数字市政”综合信息系统、“数字环保”环境监控中心、“数字智能药监”管理平台。形成以泰华电讯、集成电子为首的物联网企业集群。高新技术开发区成为山东省首批省级物联网产业基地。12家企业申报国家2011年物联网专项资金项目，其中山东泓奥电子科技有限公司和积成电子股份有限公司入围，获取专项支持400万元。③加强信息化工程项目管理。根据《济南市信息化工程建设管理规定》，对市纪委“济南市科技防腐综合电子监察系统”等15个申请市财政资金的信息化项目进行评审，审核资金9255万元，核定资金5870万元，节省资金3385万余元。④开展“信息化下乡、3G下乡”活动。通过章丘普集镇和市中区陡沟办事处2个农村综合信息化服务培训中心，普及信息化基础知识300人次。

3. 电子信息制造业稳定增长。规模以上电子信息制造企业66家，实现主营业务收入348.5亿元、同比增长20.31%，利税24.96亿元、增长28.62%，利润14.21亿元、增长26.23%。山东华芯集成电路封装测试生产线项目、天岳先进科技半导体衬底材料项目、力诺集团700兆瓦光伏项目、宝世达大功率LED芯片封装线项目等进展顺利，卫星通信、量子通信、物联网等项目取得新进展。12月，在国务院纠风办及工业和信息化部批准的“2011年全国电子信息行业优秀企业”评选中，浪潮集团有限公司被评为最具影响力企业，山东康威通信技术股份有限公司、山东中孚信息产业股份有限公司被评为优秀创新企业，东港安全印刷股份有限公司被评为优秀境外投资企业。

4. 城市信息基础设施和网络安全稳步推进。电信行业电信业务总量76亿元，同比增长15%；电信主营业务收入63亿元，同比增长10%。全市移动电话用户931.10万户，增长18%；互联网宽带用户

133万户，增长11%；固定电话用户186.8万户，同比下降12.4%。①信息基础设施功能提升。基本建成覆盖城乡信息高速公路体系，信息通信整体规模和技术水平达到国内先进水平，成为全国重要通信枢纽和信息中心城市。精品宽带光纤接入网络改造完成，速率20M以上光纤覆盖市区和县城驻地90%以上楼宇，速率2M以上宽带网络覆盖全部行政村，互联网出口带宽450G，互联网站3.3万家。“无线城市”试点工作初见成效，3G网络100%覆盖市区和县城驻地，3G基站4800多个，3G用户约80万户，WLAN网络初具规模，热点覆盖区域近3000处，机场、车站、广场、景区、高校、星级宾馆、休闲场所等重点区域全部实现无线宽带网络覆盖，上网速度最高能达54M。国家五星级互联网数据中心二期工程投入使用，通过310G出口带宽直连国家核心骨干网，承载着中央电视台、新浪、搜狐、腾讯等600多家著名企事业单位网站系统。山东广电网络济南分公司挂牌成立，城区有线数字电视网络数字化、双向化改造全面完成，有线电视用户约138.58万户。②网络与信息安全工作逐步加强。制定出台《关于进一步做好网络与信息安全保障工作的意见》，落实各级各部门信息安全责任制，开展信息安全风险评估和等级保护工作，认真组织实施信息安全检查，3250人次参加各类网络与信息安全专题培训，信息安全防范能力和应急处置能力得到提高。山东中孚、济南银泉、山东德安等25家企业信息安全产业收入7.5亿元，同比增长36%，从业人员4400多人。③应急通信保障体系逐步完善。修编发布《济南市通信保障应急预案》，在“4·18”长清卧龙峪森林火灾扑救行动中，迅速启动通信保障应急预案，出动抢修人员145人、车辆21部、发电机6台，架设直放站4台，铺设光缆8公里，开通基站4个，新增话务信道100多个，调通军线电话和军区视频会议链路4条，提供对讲机、手机终端65部。加强无线电频谱监管，完成重大保障任务40余次。④无线城市试点建设深入推进。编制《济南市无线城市建设实施方案》，引导电信运营企业开展无线城市基础网络建设和业务应用推广。济南移动以无线生活、无线政务、无线行业为内容，建成热点2000余处、50000台AP的规模，实现重要酒店完善覆盖，560处社区覆盖和80%高校覆盖。济南联通以宽带城域网为依托，以无线网为补充，实现主要区域无缝覆盖，定位于政务、商务、社区、公众、城管五大领域，热点区域1800多个。济南电信新增3G基站39座，新建光缆3138皮长公里。开展城市防汛无线监控、警务通、数字公路、出租车无线调度、远程抄表、矿山安全检测、智慧校园、无线社区等近百项无线城市业务应用。⑤电子政务建设不断深化。市公用信息平台接入单位达300多个，200多项信息系统依托平台建设运行，70%以上市直部门建有业务信息库，75%核心业务实现信息化支撑，40%部门实现信息共享。

（范　路）

煤炭工业

【概况】 年末，全市共有煤矿16处，总核定生产能力245万吨/年。全年生产原煤190.10万吨，实现销售收入8.38亿元，利税2.54亿元，利润1.35亿元。

落实安全生产责任制。认真贯彻落实中央和省、市关于安全生产指示精神，始终把安全生产摆在高于一切、重于一切、先于一切的位置。继续坚持“谁主管、谁负责”原则，细化分解和落实各级煤炭管理部门和煤矿企业安全工作领导责任、监管责任、技术责任和现场管理责任，逐级签订安全生产目标责任书。各煤矿制定严格考核标准和奖惩办法，强化领导干部下井带班制度，确保安全生产目标实现。深入持久地开展“双基”和安全质量标准化工作，促使煤矿建立自我约束、持续改进的安全生产长效机制。全市16处煤矿有5处达到安全质量标准化一级矿井标准，8处达到二级标准。督促有关单位编制完善应急预案，组织力量对部分结构不完整、针对性不强的预案进行补充完善，确保预案具有针对性和可操作性；督促煤矿加强预案演练，增强预案科学性、可行性和针对性，提高快速反应能力、应急救援能力和协同作战能力。

做好特殊时段安全生产工作。为确保“两节”“两会”等特殊时段全市煤矿实现安全生产，提前召开会议，下发关于认真做好“两节”“两会”等特殊时段煤矿安全生产工作通知；要求各单位结合自身实际制定切实可行的停产检修计划和安全防范措施、安全技术措施，重点检修矿井提升、运输、通风、供电、排水等主要系统、设备和安全设施，加强领导干部值班带班工作，保证全市煤矿停产检修工作顺利进行；对矿井恢复生产条件严格把关，重点督查矿井恢复生产前对职工岗前培训及特殊工种持证情况，安全隐患排查、治理及监控情况，恢复生产安全技术措施批准和落实情况，对不具备安全生产条件矿井责令停产整改，确保全市煤矿安全有序恢复生产。

“安全生产基层基础深化年”工作。按照省政府安委会及省局关于认真开展2011年“安全生产基层基础深化年”部署要求，制定《济南市煤矿“安全生产基层基础深化年”集中行动方案》，在明确任务，逐级分解基础上，分阶段、有目标地将每一项工作任务落到实处。重点围绕机电运输管理、顶板管理和受水危害矿井等方面，不断深化安全质量标准化建设，通过加强安全管理机构、技术管理体系、现场管理制度、隐患排查治理、安全教育培训和应急管理等制度、措施的落实，强化企业安全主体责任，整体提升煤矿安全基础管理水平。对全市煤矿开拓布局情况进行全面审查，形成《济南市煤矿优化开拓布局合理集中生产的审查意见》。

全面提升矿井安全防控能力。立足于“查大系统、治大隐患、防大事故”，突出“一通三防”、防治水患两个重点以及易由自然灾害引发事故灾难的隐患点等，从严从深从细排查安全隐患，做到不留死角。对排查的各类隐患，实行ABC三级管理，挂牌督办，严格执行安全隐患治理措施、责任、资金、期限、应急预案和监控“六落实”。年内,全市16处煤矿共排查出各类安全隐患217条,整改隐患209条,整改率96.3%。针对省局8月份安全大检查提出的137条问题,进行跟踪督查,确保问题得到整改落实,已整改128条,长期监控的有4条,整改率在95%以上。

(李通锋)

电力工业

【电力生产】 黄台电厂全年完成发电量69.24亿千瓦时,综合供电煤耗316.91克/千瓦时。完成70万千瓦投产目标,比集团批复的里程碑计划提前两个半月。两台新机组被集团公司正式命名为“达标投产机组”。

1.加强责任制落实,安全生产保持平稳态势。以“安全保障能力提升年”为主线,深入开展季节性安全大检查、防止人身伤害事故专项检查、百日反违章专项整治等活动,安全生产基础得到不断夯实。加大隐患排查和违章治理力度,认真执行“周检查、日上岗”和“一日一查一通报”监督制度,全年共下达安全文明生产整改通知单4200余条,整改率达到96%以上。不断加强风险管理体系建设,认真组织开展迎峰度夏、防寒防冻、供热抢险等演练。吸取兄弟单位事故教训,有针对性地完善风险防范措施,强化“两票三制”(工作票、操作票、交接班制、巡回检查制、设备定期试验轮换制)和操作风险分析制度的执行,进一步提高风险防范能力。加大职工教育培训力度,积极组织开展以安全为主题的演讲比赛、知识竞赛和征文答题等活动,对全厂生产岗位人员进行技能摸底考试,职工安全意识和业务技能得到进一步提升。

2.加强可靠性管理,设备安全运行有提升。4台机组均取得年内连续运行100天的好成绩。加大设备可靠性的管理力度和奖惩力度,制订、修订《设备可靠性管理办法》《缺陷管理办法》《无泄漏考核办法》等制度,完善以可靠性为核心的设备管理体系。着力强化检修管理,在8号机组维修中首次推行检修全过程标准化管理,完成全年计划检修任务。通过机组检修,解决8号炉三级过热器管材过热老化,8号机缸体严重变形,隔板、轴封漏气量大等设备缺陷和历史遗留问题,为机组安全经济运行打下坚实基础。着力开展9、10号机组遗留缺陷消除、设备综合治理、机组调试优化等工作,成立9个技术攻关小组,消除各种缺陷、实施改造项目7000余(条)项。完成圆形煤场、翻车机、废水处理设施、中水系统投用等尾工尾项,通过5项专题验收,12月26日9、10号机组被集团公司正式命名为“达标投产机组”。

3.深化效益调电举措,营销工作取得成绩。加强与相关部门的沟通联系,争取到基础电量计划67.74亿千瓦时、奖励电量计划5.27亿千瓦时,全年共落实统调电量计划73.01亿千瓦时。以发电贡献最大化为原则,统筹做好发电进度安排、电量结构优化、运行方式优化、抢发电量等工作,效益调电工作取得显著成绩。9、10号机组发电利用小时数完成5960小时,比7、8号机组高1790小时,其中10号机组设备利用小时达到6231小时,达到公司内300兆瓦以上类型机组的领先水平。积极向政府部门及新闻媒体反映煤电倒挂、企业经营困难等情况,多次提出上调电热价格、尽快施行脱硝电价的具体建议。年内经过3次电价调整,7、8号机组和9、10号机组上网电价合计分别调增5.95分/千瓦时和6.75分/千瓦时,全年发电收入增加约1.5亿元。

4.保供应、控成本,燃料管理工作取得进步。为保证4台机组生产用煤,及时开拓并稳固陕西红石峡、河北张家口等供应渠道,保障燃料供应安全稳定。在山东公司积极运作下,10月首次实现从内蒙古方向直接发运到厂,进一步提高燃料保障能力。全年累计进煤354.53万吨,同比增加122.88万吨,基本满足了生产需要。及时对燃料管理机构进行调整,燃料管理机制得到进一步优化。加强燃料管理现场监督,推行厂领导及行政、政工系统人员现场带班监督制度,完善现场监控设施,成立监控班,实现重点环节和场所的全方位监控。加大设备投入力度,安装机械采样机、联合制样机,提高精细化管理水平。加强厂内接卸、储存及上煤掺配管理,在降低卸车延时费、厂内倒运费、煤场损耗等方面取得成效。全年厂炉热值差累计完成417千焦/千克,同比下降93千焦/千克;月均场损率0.1%,低于0.5%的场损标准。

5.强化经营管理,减亏增效措施得到较好落实。加大预算管理力度,坚决杜绝预算外支出和超预算支出,超额完成全年可控费用压减10%的目标。积极应对金融政策不利影响,加大融资力度,全年新增贷款3.69亿元,置换到期贷款9.04亿元,保障企业资金需求。全力推进5、6号机组历史负债处置工作,经过电厂多方协调和积极争取,12月28日山东省人民政府印发专题《会议纪要》,从上缴利润返还、电价补贴、水资源费减免、环保专项补助、电量扶持、资产划转等方面提出解决5、6号机组历史遗留债务问题的系列措施。1分/千瓦时的临时补贴电价已落实到现役4台机组,其他政策正在积极推动落实。

6.加强节能减排,两型企业创建成果得到巩固。积极开展华能“两型”企业创优工作。加大设备节能改造力度,重点实施9、10号机组凝补水泵改造、干式变更换,7号机组凝升泵变频改造,2号供热首站疏水回收,8号机组凝汽器改造等项目,取得节能效果。完成机组计划检修工作,7号机组C修后热耗降低约240千焦/千瓦时,8号机组A修后热耗降低约300千焦/千瓦时。认真执行机组参数“压红线”运行,积极开展小指标竞赛,各类指标得到持续优化。注重环保设施维护,加强环保参数优化调整,各类污染物达标排放,通过年度脱硫总量核查和9、10号机组环评验收等重点检查。 (任 骞)

【电力供应】 市供电公司全年售电量完成229.3亿千瓦时,同比增长7.62%;全市全社会用电量完成256.57亿千瓦时，同比增长4.71%；供电可靠率完成99.97%；实现安全生产无事故，确保全市电力的供应安全可靠。

1.电网建设加快推进。实施“外电入济”工程，大力推进1000千伏特高压和500千伏超高压工程建设，全年共接受外来电力99.8亿千瓦时，占全社会用电量的38.9%。投资9亿元，建成投运220千伏京沪高铁济南牵引站、飞鹰变、贤文变、黄台电厂送出改造、清河变防汛改造、玫瑰变、110千伏翡翠、田园8项输变电工程，新增变电容量159万千伏安，新增110千伏及以上输电线路232.8公里，电网供电可靠性进一步提高。积极争取济南市为“坚强智能配网建设试点城市”，制定并实施《济南城市核心区配电自动化建设方案》，完成46条配电线路的智能化改造，努力打造国内领先的智能配电网。为配合完成全市新能源汽车“十城千辆”试点任务，协调山东电力集团公司作出专项投资计划，与市政府签署加快电动汽车智能充换电服务网络建设合作协议，建成5座充电站，开工建设英雄集中充换电站、西客站充换电站二期、英贤充电站改造工程及6座电池配送站。

2.优质服务水平持续提升。创新供电服务举措，全力打造“十分钟”便民交费服务圈，在近900处交费网点的基础上，新增3处24小时自助交费厅，在118个大中型社区安装175台24小时交费终端，推出手机短信等新型交费方式，进一步方便居民交费。在全省率先建成投运济南市客户电力业扩工程招投标服务中心，营造更加公开、公平、公正的市场环境。认真做好京沪高铁、西客站、小清河综合治理等重点项目的配套电力服务工作，完成文化东路、张庄路、清河北路等5条道路43条架空线路的电缆化改造，共拆除电杆323基，敷设电缆90.98公里。服务全市节能减排工作，在全国率先成立节能服务公司，与济钢等5家企业签订合同能源管理协议，被市政府授予“十一五”节能减排“突出贡献单位”、记集体一等功。

3.供电保障能力再上新水平。深化“为民服务创先争优”，成立26支彩虹党员服务队，组织彩虹服务队进社区和园区开展安全用电宣传，义务帮助全市107个非直供直管居民小区开展用电隐患排查治理。针对省会城市党政机关、大型企业等重要电力客户众多的实际情况，组织开展“客户安全用电管理年”活动，协助全市134户高危及重要客户进行安全隐患排查治理，专题研究解决电气化铁路牵引站供电可靠性问题。全年完成50项重大活动的保电任务，累计保电271天。全力做好电网迎峰度夏、度冬和防汛期间的电力保障，切实做好供电抢修服务工作，确保济南电网最高负荷418.6万千瓦情况下的电力安全可靠供应。

4.城乡供电服务一体化不断深化。面对年初济南市严峻的旱情，开展“彩虹春雨”抗旱保电大会战，开辟抗旱用电“绿色通道”，出动3430余人次，灌溉耕地2.06万公顷。统一城乡供电服务标准和故障抢修时限，增设营业场所布点，建成全省首个智能用电示范村。为改变农村电网网架结构相对薄弱的现状，实施农网改造升级工程，新建并投运1项110千伏、开工建设2项110千伏输变电工程。加快新农村电气化建设，先后完成4个电气化县、36个电气化乡镇、1499个电气化村的建设任务，有力地支撑了县域经济发展。（王　芳）

装备制造业

【概况】　全市规模以上装备企业已达778家，实现主营业务收入2323亿元，同比增长8.07%；利税210亿元，同比增长9.9%。销售收入占全市工业的比重连续10年在40%以上，2011年达48.2%；实现利润占全市工业比重的53.2%。装备制造业经济总量、技术水平在全省均处于领先地位。拥有数控机床、轨道交通、重型汽车及电力设备等门类齐全、优势明显的高端装备制造业。在锻压设备、数控机床、重型汽车、发电设备、变压器、内燃机等重型机械制造领域，制造技术总体达到国内领先水平。数控机床、大型压力机生产线多项关键设备制造已打破国外封锁和垄断。

【清洁高效汽轮发电机组生产建设项目在济开工】　齐鲁泰山电站设备有限公司清洁高效汽轮发电机组生产建设项目在高新区开工，对于壮大济南市电力设备制造产业链，调整优化产业结构将发挥积极作用。该项目位于高新区孙村片区，计划占地40.47公顷，投资18.5亿元，项目建成后将形成年产汽轮机、汽轮发电机700万千瓦的发电设备配套生产能力；达产后，企业年销售收入可达30亿元。将拉动相关配套产业和上下游产业实现大发展，通过产业链的构建，将可拉动GDP增长200亿元，对打造我国第四大发电设备制造基地，振兴国家装备制造业，塑造“齐鲁”民族品牌，实现省政府建设济南发电设备基地规划目标，提高山东省发电设备制造业综合竞争能力具有重要意义。

【济南西门子变压器有限公司增资扩产】　西门子公司总部在济南西门子变压器有限公司增加投资，主要用于扩大产品品种和提高产品质量，生产720MVA/500KV的油浸式电力变压器并提供相关设备和服务，年生产能力为25000MVA。合资公司生产的变压器根据最新的西门子变压器技术进行设计和制造。

【沃尔沃建筑设备项目落户高新区】　2月，沃尔沃建筑设备技术（中国）有限公司首笔注册资本1.5亿人民币（约2200万美元）的到位，标志着该项目正式落户济南高新区。沃尔沃建筑设备是世界500强沃尔沃集团的全资子公司，是全球领先的建筑设备制造商之一。沃尔沃建筑设备技术（中国）有限公司是沃尔沃建筑设备公司在中国设立的首个产品与技术中心，也是济南市第一家世界500强企业设立的国家级研发中心。该研发中心位于济南高新区，是沃尔沃全球研发网络的重要组成部分，将为“金砖四国”等新兴市场国家客户设计建筑设备及相关零配件。该研发中心将在2012年正式运营。

【长清区被认定为全省首批高端装备制造产业园区】 近年来，长清区以济柴、铸锻所公司、巨能液压等企业为龙头的装备制造业快速发展，大力培植、壮大机械装备制造业集群，形成主导产业明确、龙头企业带动力强的产业群和项目链，柴油发动（电）机、数控铸造锻压设备、重型数控液压机等高端装备在国内市场占据重要地位。年末，园区内有国家级企业技术中心2家，省级企业技术中心5家，省级工程技术中心4家。全区市级以上高新技术企业达17家、高新技术产品232项，省市级企业、工程技术中心达37家，全年实现高新技术产值104亿元，高新技术产值比重达24.8%。2011年，长清区被认定为全省首批高端装备制造产业园区，将对全区高端装备制造业的发展起到巨大的推动作用。

【斯凯孚轴承项目落户高新区】 瑞典斯凯孚集团投资的轴承项目正式签约入驻高新区。该项目的进区，将进一步完善高新区汽车产业链，为下一步交通装备产业的发展起到推动作用。瑞典斯凯孚轴承制造是全球第一大滚动轴承和密封件供应商，近3年来，斯凯孚轴承集团连续保持20%的经济增长率，成为全球最受关注、最具竞争力的轴承制造企业之一。高新区斯凯孚轴承项目，总投资5亿元，实际利用外资3000万美元；项目全部达产后，可实现年销售收入20亿元、利税2亿元。

【济南“巨无霸”变压器出口印度】 我国出口容量最大、技术难度最高的2台“济南造”启动备用“巨无霸”变压器，在印度APL电厂成功运行。此次销往印度的2台SFFZ－70000/400TH新型变压器，是应印度APL电厂需求量身打造，是山东电力设备有限公司超高压、特高压变压器在关键技术领域取得的最新成果，是我国目前出口印度同类产品中电压等级最高、容量最大的电厂用分裂变压器，并具有完全知识产权。

【济柴研发出可调式液力变矩器】 由中国石油集团济柴动力总厂生产的YDB670可调式液力变矩器在中国石油乌鲁木齐石化分公司一次调试运行成功，并顺利完成24小时全负荷、全工况考核验证，正式投入使用。这是国产首台具有自主知识产权并进行工业应用的可调式液力变矩器。近30年来，国内石化市场一直由德国福伊特EL系列变矩器独霸，济柴研发出的可调式液力变矩器打破了发达国家的技术垄断。

【济南二机床两项高端装备通过国家验收】 济南二机床集团公司研制的“大型快速高效数控全自动冲压生产线”和“数控大型多工位压力机”通过由工业和信息化部组织的国家验收。这两项高端装备是济南二机床集团公司承担的国家“高档数控机床与基础制造装备”科技重大攻关专项。大型快速高效数控全自动冲压生产线主要用于汽车大型覆盖件的生产，拥有完全自主知识产权、11项核心技术及集成制造技术、14项专利，每分钟可冲压15件大型汽车覆盖件，是目前国内使用的最高水平的汽车冲压生产线。数控大型多工位压力机主要用于大批量内外饰冲压件的生产，拥有完全自主知识产权，集机械、电子、控制和检测技术为一体，取得5项专利技术，可实现冲压件的高速、高精度、全自动生产，生产效率提高3～4倍，节能达50%以上，节省生产面积40%以上，显著降低了综合投资成本。

【大唐长清风电一期机组安装完毕】 大唐长清风电项目一期工程33台机组已经安装完毕，将于2012年初全部建设完成并投入使用。该项目是济南市重点风电项目之一，整套设备将实现电脑全自动控制，风机可以根据风向、风速自动调整转向和转速，整个发电程序只需5～6个人就可以维持正常运转。投产后，风电场年发电量可达9347万千瓦，与燃煤火电厂相比，每年可节约标准煤3.19万吨，减少向空中排放粉尘303吨、二氧化碳74460吨、二氧化硫383吨、一氧化碳7.35吨、灰渣7670吨。

【实现冲压装备国际重大突破】 12月，济南二机床集团在国际竞标中一举囊括福特汽车美国2个工厂5条大型快速智能冲压生产线订货合同。这是福特汽车近20年来首次采购非欧美国家生产的成套冲压装备，也是济南二机床赢得的国际最高水平的成套冲压装备订单，标志着我国完全自主知识产权的国产冲压装备技术水平与国际竞争力实现重大突破。

（李晨生）

石化工业

【与中国化工集团公司签署战略合作协议】 5月7日，围绕在济南化工产业园投资建设大型工业及资源整合等项目事宜，市长张建国、总经理任建新分别代表济南市人民政府和中国化工集团公司在北京签署战略合作协议。根据协议，中国化工集团公司将结合其“十二五”规划，在济南化工产业园投资120亿元，建设包括150万吨催化热裂解和60万吨精对苯二甲酸等项目在内的一批科技含量高、投资强度高、税收效益好、产业带动性强的大型工业项目。

【济南化学和医药行业协会成立】 12月16日，召开成立大会，标志着济南地区化学和医药行业企事业单位、社会团体以及从业人员有了自己的组织。协会将按照服务企业、规范行业、发展产业要求，发挥组织协调和桥梁纽带作用，开展行业公平竞争，引导会员依法经营，维护行业自身利益，增强企业诚信意识，为推动济南市化学、医药和相关产业全面协调和可持续发展作出贡献。

【联合国泡沫技术选择委员会联合主席来济访问】 6月24日，联合国泡沫技术选择委员会联合主席、欧洲酚醛树脂协会会长、Caleb 公司总经理保罗·阿什福德来济南圣泉集团股份有限公司进行为期 2 天工作访问。访问期间，双方就酚醛发泡技术、发泡设备工艺要求等专业问题展开讨论，对全球发泡酚醛防火保温板现状和未来进行分析展望。

【《工业磷酸升级技术生产缓控释肥》通过技术鉴定】 11 月 15 日，济南乐喜施肥料有限公司承担的市科技计划项目“工业磷酸升级技术生产缓控释肥”，通过市科技局组织的技术鉴定。该项目经济及社会效益显著，推广应用前景广阔，在国内同类研究中居领先水平。

【圣泉集团获“山东省标准创新型企业”称号】 10 月 14 日，在第四十二届世界标准日暨标准创新型企业表彰大会上，济南圣泉集团股份有限公司获“山东省标准创新型企业”称号。在铸造、摩擦、耐火材料产品中，由圣泉集团制定的国标、行标共 10 项，其中国家标准 7 项、行业标准 3 项。

【第十五届胜邦绿野奖学金颁发大会举行】 山东胜邦绿野化学有限公司在快速发展同时，为推动教育事业发展，自 1997 年起，与山东农业大学植保学院建立合作关系，每年吸收多名优秀农大植保学院毕业生培养成为公司业务骨干。10 月 14 日，第十五届胜邦绿野奖学金颁发大会在山东农业大学植保学院举行，65 名品学兼优的植保学院学生分获优秀学生奖、优秀学生干部奖、优秀助学奖。

（姜延智）

食品工业

【概况】 市食品工业规模以上企业 166 家，销售收入全口径计 709 亿元，其中规模以上企业销售收入 408 亿元，同比增长 23%；利税 107.41 亿元，同比增长 25%。产品有 4 大门类、19 中类、42 小类、7000 余个花色品种，其中国家级名牌产品 3 种、省级 14 种、市级 24 种。有国家驰名商标 3 个、省著名商标 37 个、市著名商标 41 个。有国家级农业产业化龙头企业 3 家、省级 4 家、市级 19 家；有省级企业技术中心 5 家、工程技术研究中心 2 家，市级企业技术中心 8 家、工程技术研究中心 1 家；高校科研院所在济南食品行业建立各种产学研基地 23 个。企业年销售收入过亿元企业 27 家，过 10 亿元企业 11 家，过 50 亿元企业 2 家。

市食品工业协会专家委员会新增补山东省农科院作物研究所研究员许金芳、山东职业学院生物工程系副教授毕德成、山东济南生产力促进中心高级工程师谭鑫元、山东省轻工业设计院研究员赵笑萍、山东省科学院生物所研究员史建国 5 人为专家委员会委员，专家委员会成员达 25 人。

5 月，组织 25 家企业 60 余人参观上海第十四届中国国际新概念包装和焙烤博览会，收集新产品信息，了解市场发展趋势。6 月，组织企业参加烟台中日韩国际食品博览会。10 月，济南食协组团赴美国纽约、华盛顿、夏威夷、拉斯维加斯、旧金山、洛杉矶等地参观考察。11 月 3～6 日，组织济南 11 家食品企业 50 余人参加 2011 中国·天津（环渤海）国际食品交易会，设展位 14 个，与地经销商签订经销合同。

11 月底，举办 2011 年济南食品行业糕点（中、西式）、酿酒技能大赛，有 12 个企业的 54 位选手参赛，根据竞赛成绩，推荐出济南市首席技师 3 名、技师 6 名、高级工 45 名，市人力资源和社会保障局向获奖者颁发资格证书。市食品工业协会与市消费者委员会共同组织对工业化生产的粽子、冷食、海参、白酒、月饼、馅料 6 类食品进行感官质量鉴评，由食品专家教授组成的鉴评组鉴评出精品级粽子 15 种、冷食 15 种、海参 8 种、白酒 17 种、月饼 39 种、馅料 9 种，向社会进行发布，正面引导市场消费。

【举办第五届中国（山东）糖酒食品交易会】 由山东省经济和信息化委员会、济南市政府主办，济南市经济和信息化委员会、济南市食品工业协会、山东国际会展管理中心联合承办的第五届中国（山东）糖酒食品交易会 11 月 18 日在济南国际会展中心举行。展交会参展企业 800 余家，展位 1200 个，成交额 24 亿元，参观人数 13 万人次。

【第三届食品行业产学研合作会议】 7 月 25 日，市食品工业协会和山东济南生产力促进中心联合举办 2011 年济南科技成果转化项目签约暨第三届食品行业产学研合作会议，济南市食品企业与高校院所签订科技全面合作协议 5 项、建产学研基地协议 4 项、科技成果转化项目协议 10 项。

【企业风采】 济南群康集团董事长于宏昌被中华全国总工会、全国工商联授予“全国关爱员工优秀民营企业家”称号。

百脉泉酒业公司酒文化博物馆 6 月正式开馆，被省旅游局批准成为工业游定点单位，是济南市第一个食品文化博物馆。

济南华盛食品有限责任公司和济南圣康食品有限公司在黑龙江省五常市和延寿县分别建立绿色粮食供应基地，7 月 8 日召开建立产品原料粮食供应基地新闻发布会。

10 月 21 日，山东百脉泉酒业有限公司总工程师杜祥宝在中国食协举办的第八届白酒国家评委考评会中，以第三名的成绩获白酒国家评委资格。至此全市共有 6 名国家级白酒感官质量评价员。

11 月 17 日，济南卷烟厂卷烟生产突破 100 万大箱，中国烟草工业总公司及山东省政府在济南卷烟厂举行庆祝会。全年卷烟年销售收入突破 100 亿元，利税 85 亿元，再创历史最好水平。

济南益康食品厂有限公司生产的“益利思牌葡萄软月”、济南川蜜食品有限公司生产的“川蜜牌川蜜玫瑰花”两种月饼被济南市食品工业协会授予“济南特产月饼”称号。

台湾旺旺集团年内继续追加投资7000万美元，新上12条高速牛奶生产线，全部达产后，该公司年产值可达35亿元。

济南食品工业30年（1981～2011）突出贡献单位（排名不分先后）

山东中烟工业有限责任公司济南卷烟厂
济南趵突泉酿酒有限责任公司
山东百脉泉酒业有限公司
济南佳宝乳业有限公司
济南维尔康食品有限公司
济南群康食品有限公司
济南民天面粉有限责任公司
济南德馨斋食品有限公司
济南市益康食品厂有限公司
山东董老大食品有限公司
济南华鲁食品有限公司
济南普利思矿泉水有限公司
山东秦老太食品有限公司
济南华盛食品有限责任公司
山东稻香园食品有限公司
济南圣康食品有限公司
中国冶金地质总局山东局金乔食品厂
济南野风酥食品有限公司
济南大三惠实业有限公司
山东金鲁源食品有限公司
山东朝阳食品有限公司
济南今朝酒业有限公司
山东旺旺食品有限公司
济南君乐乳业食品有限公司
济南一大食物公司
济南川蜜食品有限责任公司

济南食品工业30年（1981～2011）优秀品牌食品（排名不分先后）

佳宝牌牛奶
济南佳宝乳业有限公司
维尔康牌肉制品
济南维尔康食品有限公司
民天牌面制品
济南民天面粉有限责任公司
趵突泉牌白酒
济南趵突泉酿酒有限责任公司
百脉泉牌白酒
山东百脉泉酒业有限公司
将军牌卷烟
山东中烟工业公司济南卷烟厂
秦老太牌速溶食品
山东秦老太食品有限公司
群康牌冷食
济南群康食品有限公司
德馨斋牌调味品
济南德馨斋食品有限公司
普利思牌饮用水
济南普利思矿泉水有限公司
野风酥牌糖酥煎饼、山楂制品
济南野风酥食品有限公司
大三惠牌高粱饴糖、糖酥煎饼
济南大三惠实业有限公司
金鲁源牌海参
山东金鲁源食品有限公司
益利思牌糕点、粽子
济南市益康食品厂有限公司
冠中华盛牌糕点、调理肉制品
济南华盛食品有限责任公司
今朝牌白酒
济南今朝酒业有限公司
华鲁牌核桃油、烟熏香料
济南华鲁食品有限公司
稻香园牌蛋糕、糕点
山东稻香园食品有限公司
世纪新日牌面包屑
山东朝阳食品有限公司
董老大牌水果馅料
山东董老大食品有限公司
川蜜牌玫瑰花月饼
济南川蜜食品有限责任公司
圣康牌月饼、糕点
济南圣康食品有限公司
乔家栅牌糯米制品、糕点
山东金乔食品厂

2011年度济南市食品行业先进企业（排名不分先后）

山东中烟工业有限责任公司济南卷烟厂
济南维尔康食品有限公司
济南佳宝乳业有限公司
济南趵突泉酿酒有限责任公司
济南民天面粉有限责任公司
济南群康食品有限公司
山东百脉泉酒业有限公司
山东旺旺食品有限公司
济南德馨斋食品有限公司
济南市益康食品厂有限公司
济南华鲁食品有限公司
山东董老大食品有限公司
山东秦老太食品有限公司
济南野风酥食品有限公司
济南华盛食品有限责任公司
山东朝阳食品有限公司
山东稻香园食品有限公司
中国冶金地质总局山东局金乔食品厂
济南今朝酒业有限公司
济南裕龙酒业有限公司
济南御泉酿酒有限公司
济南张夏酿酒有限公司
山东金德利集团快餐连锁配送有限责任公司
山东金德利集团市中快餐连锁有限责任公司
山东金德利集团历下快餐连锁有限责任公司
山东金鲁源食品有限公司
济南大三惠实业有限公司
济南旭升宝利来食品有限公司
济南卡秋莎食品有限公司
济南川蜜食品有限责任公司
济南飞龙食品有限公司
济南嘉兴园食品有限公司
济南佳禾食品有限公司
济南威尔玛商贸有限公司
济南贝克汉邦食品科技有限公司
济南君乐乳业食品有限公司
济南圣康食品有限公司
济南艺新康利来食品有限公司
济南圣水冷食厂
济南金王食品有限公司
山东益豪（油脂）食品有限公司
济南金谷源商贸有限公司
济南市天桥天泰机械制造厂
济南金诺安康生物科技有限公司
济南新思达机械有限公司

济南渤海参行
济南海右食品科技有限公司
济南市中顺昌冷饮厂
济南恒龙酒业有限公司
济南一大食物公司
山东高速生物工程有限公司
济南好邦食品有限公司
济南市历城区民康馒头房

（郭凤楼　朱延明）

集团公司选介

【济钢集团有限公司】 济钢集团有限公司（以下简称济钢）截至2011年底，在册职工总数31797人。具有高级专业技术职务1038人、中级2494人、初级2350人。全公司设备总台数13.54万台（套），装机总容量117.67万千瓦。资产总额480.52亿元。主要生产设备有120吨转炉3座、210吨转炉1座，1750立方米高炉3座、3200立方米高炉1座。线材生产线小型材、中型材各1条。板材生产线宽厚板、中厚板、中板、冷轧薄宽钢带、热轧中厚宽钢带、镀锌彩涂板（带）生产线各1条。燃气—蒸汽联合循环发电机组13套。钢铁主业产品以宽厚板、中厚板、中板、冷轧薄宽钢带、热轧中厚宽钢带为主。济钢全年生产钢834.38万吨、铁877.00万吨、钢材789.24万吨；实现销售收入375.37亿元、利润2.74亿元；出口钢铁产品49.04万吨，创汇4.34亿美元，实现进出口贸易总额18.20亿美元。

济钢持续推动成本管理，从堵塞漏洞、优化工艺阶段转向降低结构成本、采购成本和系统成本的阶段。围绕降低采购成本，开发了铁矿石经济性评价模型，对炼铁成本分两线考核，实现生产单位与采购部门工作目标同向、责任共担。山西焦煤集团煤炭采购量突破100万吨，降低采购成本1亿元左右。深化阳光采购，从8月起对人民币现货进口矿实施公开招标采购，通过采取紧跟市场、控制节奏等措施，进口矿抓商机实现尝试性的突破。采购部门敏锐把握商机，保证矿石和煤炭采购的经济性。在备品备件采购供应中积极推行“公开招标＋反拍卖”法、无忧化供应等。围绕降低结构成本，实施“三低”炼铁，低品位矿炼铁工艺和技术实现经济料配比从小高炉到大高炉的复制，低质煤配比炼焦实现成本与焦炭质量兼得，低焦比炼铁向3200立方米高炉推广、提升。降低系统成本，一方面通过研究合金成分和性能，采用合金替代降成本，另一方面钢轧系统实施合金减量化，降低合金成本，炼钢厂3个转炉区域全年降低合金成本1亿多元。强化资金管理，推行资金占用利息日结算、旬讲评、月考核制度，优化管控措施，创建采购预算管理体系，使原燃料库存控制在下限合理位置运行；重点关注产品的交付质量、交付速度、缩短产品交付周期，提高交付水平，实现产成品库存和资金占用降低的目标。经过全公司的共同努力，与上年比，在消化掉高达16亿元增支减利因素的情况下，全年降本增益达到1.2亿元，完成了山钢集团下达的利润指标。

济钢全面落实安全生产主体责任，开展管理提升、管理创新和技术创新活动。本着“从严、从难、从极端”的原则和要求，深入开展“安全生产月”活动和隐患排查与治理工作，实施安全标准化，全年杜绝了重大生产事故、重大交通事故、重大设备事故、重大火灾事故和重大人身伤害事故，千人负伤率和重伤率实现控制目标。全面加强计划管理，优化生产组织结构，保证高效产线满负荷生产；借助“市场前线指挥部”信息和政策平台，加强结构调控，生产与销售协同创效益；全面系统优化检修时间及节点，实现设备检修与生产运行的紧密衔接，与市场走势的紧密配合；整体优化、系统平衡原燃料进厂组织，积极实施大物流管理；科学筹划，系统平衡，按时关停剩余4座小高炉，淘汰落后的任务圆满完成；坚持采取铁腕抓质量、质量改进长效机制等措施，严抓进厂检验、细抓中间环节、狠抓出厂检查。全年检验各类进厂物资2.3万批，降低潜在采购成本4.5亿元，挽回质量损失2.25亿元。开展质量缺陷攻关，组建8个质量改进课题组，从工艺技术角度进行深入研究、攻关，8月以后2500毫米轧机产线高强船板杜绝了花斑质量问题；4300毫米轧机产线探伤合格率达到99%；3500毫米轧机和4300毫米轧机产线裂纹改判大幅降低。开展工艺技术创新和定期工艺纪律检查，使产品实物质量特别是性能合格率得到明显提升；强化热处理挽救、切边挽救及修磨工作，降低质量改判损失。全年月均质量损失同比降低了50%多，实现质量损失减半的目标。加强工艺技术创新和产品创新，积极组织“总经理质量与核心竞争力工作日”活动，强化核心竞争力项目“核电用钢和商业模式开发”工作，ASME质量体系通过外审认证。“炼焦煤气流调湿与分级一体化研发实验室”通过国家级技术中心创新能力建设项目验收；完成2项国家标准、1项行业标准的制定等任务；参加多项国家标准的修订，并将济钢研制的600兆帕级热轧带肋钢筋纳入国标，有效提升了济钢的影响力。

济钢坚持依靠创新解决转型发展中遇到的问题，以管理创新课题研究和机关创新创效为抓手，积极推进创新驱动战略，先后辨识下达89项指令性管理创新课题，形成研究管理、研究创新的浓厚氛围，形成一批有价值的研究成果，影响带动管理效率和管理质量提升的难题逐步得到解决。装备部负责组织的《开展设备检修质的飞跃》课题，解决了过去设备低水平运行问题，探索形成了新型设备管理模式，设备事故率降低，经济损失大幅度下降。营销部门围绕充分发挥贸易带动作用，全面推广“产品＋服务”的营销模式，形成以服务产线为特色的合作模式、以资金链为核心的产业链合作模式、济钢—现代重工船板接单模式、出口产品预处理深加工模式等，提升了济钢产品的市场占有率和市场竞争能力。财务处负责组织的《改善保险管理，降低保险费用》课题，打破传统思维定势，在投保财产大幅增加的情况下，保费净支出同比减少2000多万元，返还和减少保费比例达80%以上。组建的铁前可靠性工程小组、质量攻坚战指挥部、成本翻身仗指挥部、市场前线指挥部、核心竞争力领导小组，都围绕生产经营中心任务，集聚智慧，挖掘潜能，合力推进降本增效，解决产品质量问题，拓展高端市场，为提升核心竞争能力奠定了坚实的基础。总部机关加强创新能力建设，成立创新创效工作推进组，加强过程督导，积极性和创新潜能得到激发。全年机关创新创效实现25亿元，其中净增益完成7000万元，节支、避损、增益15亿元，创间接效益9.5亿元。按照“打通薄板线、提升厚板线、延伸产业链”的发展思路，反复研究论证，慎重决策，重点对轧钢各主要生产线进行高效求盈改造。围绕解决热连轧生产线存在的生产工艺及设备问题，提高薄规格产品生产比例和产品质量，实施的1700毫米热连轧主线技术改造项目，投产后3.0毫米以下薄规格产品比例达到43%，产品表面及内部质量明显改善，冷轧供料能力及市场竞争力显著增强。为释放双机架冷轧机产能，降低工序生产成本，解决镀锌原料卷供应问题，新增年产20万吨的单机架可逆轧机，实现与现有双机架冷轧机组差异化分工，进一步提高冷轧产线扭亏能力。围绕尽快解决镀锌彩涂产线连续亏损的局面，对影响产品质量的气刀进行改造。在3500毫米轧机产线，建设了蓄热步进梁式加热炉和四辊粗轧机，形成轧制力7000吨的双四辊轧机装备优势，具备了高技术含量、高附加值、高销售价格钢板的生产能力。在4300毫米轧机产线，配置两条引进德国先进技术的热处理线，具备年产100万吨热处理钢板的装备技术水平；与澳大利亚合资成立贝斯济钢钢板公司，利用济钢先进热处理生产技术，生产高质量、高性能热处理钢板产品。

济钢坚持把开展节能减排工作，建设与城市共生型钢厂作为可持续发展的战略举措紧抓不放，大力优化能源资源结构，提高综合利用水平。年初成立节能减排指挥部，协调、调动各方面力量，争取1年完成需要一个五年规划完成的任务。创新管理模式，实现8台燃机并网发电的历史性突破，全年余热余能发电35亿千瓦时，比上年增加13.6%，自供电能力达到用电总量的57%。实施水资源结构优化，实现生产、生活用地下井水零提取，降低50%，年节约水资源费2000万元，为济南市“节水保泉”作出了突出贡献。二降压电网重构工程全面竣工，年降低费用3300多万元。强化削峰填谷节电管理，峰谷平年创节电效益4500万元，同比增长1倍。强化动态平衡调整，高炉煤气放散率降低到2.89%，降低1.5个百分点，吨钢转炉煤气回收提高6立方米。将工艺中富余的副产能源输送到周边企业，全年实现销售收入约7800万元，增加50%，启动利用余热资源实现社会化供暖工程。坚持环境持续改进机制，实施污染物资源化治理，建设400平方米和2号120平方米烧结机脱硫工程、化工厂酚氰污水处理工程等污染减排项目。废气排放达标率98.2%，废水达标率98.5%，环保设备同步正常运行率达到99.9%。全年减排化学需氧量200吨、二氧化硫3500吨，全面完成全年节能减排目标。

坚持产线管理和市场导向，实施系统创新，按照“创利优先，系统效益最大”的原则，形成炼铁单元、钢轧产线、模拟法人、费用单位等多种创利考核机制，构建形式多样、针对性强、能够充分反映市场贡献的绩效管理体系，实现政策导向与企业目标相统一，各单位局部绩效与企业整体绩效相统一。实施机制创新，先后对化工厂、气体公司、冷轧厂、彩板厂、职工医院、国贸公司，建立模拟法人经营运作机制和创利考核机制，提高经营的灵活性、自主性与有效性，全年实现创利减亏1.5亿元。推行政策创新，建立两级研发管理机制，形成产销研一体化管理机制和考核机制。一级研发产品累计占到资源量的3.4%，全年创毛利总额4600多万元，吨材毛利达到常规产品的2.5倍；“万元钢”实现零突破，“千元利”产品突破1万吨；核电用钢、无取向硅钢、9Ni钢等50余项高等级产品研发取得新突破。改革职称聘任机制，完善专业技术职务聘任制度，打破工龄、资历、身份界限，把创效数额作为职称聘任的主要标准，鼓励有才能有才华的职工脱颖而出。

非钢产业运行质量和整体效益明显提升，各子公司的整体实力显著增强，经营业绩稳步提高，成为济钢效益的重要来源。21个纳入绩效考核的子公司全年实现营业收入120亿元、比上年提高3.9%，其中实现社会市场收入59亿元、提高9.1%；实现利润4.89亿元，同比提高27.52%。出资人职能管理不断完善，投资结构实现持续优化，对投资企业监控做到及时到位，投资收益趋于稳健向好。创新中外合作经营管理模式，成立贝斯济钢钢板公司；推动、加快子公司上市工作，鲁新建材与鲁昂建材完成吸收合并；英大信托公司、大连济连冶金机械成套设备公司等股权转让事宜稳步推进；对外投资收益管理得到进一步规范，17家全资、控股、参股公司年度实现投资分红，有效维护了济钢作为投资者的合法权益。非钢产业转型发展项目实现提速和进步，冷弯型钢项目稳步推进，非晶合金母材基地项目承接订单试生产，永磁铁氧体材料项目、活性铁项目承接实施；信息智能化产业编制《智慧泉城可行性报告》，智能小区的试点开发建设基本完成。核心产业培育上，发挥核心竞争力培育管理的引导作用，进行钢结构房屋的产业化、现代工业设计、资源类产业深加工培育及“城市矿产”示范基地建设等领域和项目的有益探索。进一步规范驻外投资公司的基础管理，创新管控模式，建立管控制度和目标绩效考核体系，基础管理水平不断提升。驻外经贸公司和合资合作公司全年分别实现利润1181万元、6046万元，同比分别提高368.7%和20.2%。驻外经贸公司和合资合作公司以“产品＋服务”营销模式为指导，依托贸易带动，市场空间、营销渠道不断扩展，分别完成钢材销售量92.8万吨、66.5万吨，同比提高190%、62.2%，逐步成为济钢产品的重要营销渠道。

（陈双玲）

【中国重型汽车集团有限公司】 全年累计销售汽车16万辆，实现销售收入701亿元，实现利税总额38亿元，实现利润总额

25亿元,实现工业增加值63亿元。集团公司组织实施“二次创业”,全面提升企业运行质量水平,企业效益和运行质量好于行业平均水平,主要表现在:排气量9L以上重卡继续保持国内首位;出口整车超过2.1万辆,同比增长56.3%,再创历史新纪录;产品产业结构的优化调整迈出实质性的一步,质量提升的成果开始有明显的市场正面反映,企业的核心竞争力得到进一步提升,继续保持健康的运行态势。12月20日,中国重汽被中央授予“全国文明单位”称号。

1.全力提升营销网络水平。出台经销商信用评级制度等一系列创新政策,筛选一批长期忠诚战略合作单位,建立战略合作关系,初步形成新的激励模式,积极引导售后服务由被动服务向主动服务转变。由原来的综合性经代销制向区域经销与品系经营相结合的营销网络体系转变,初步建立起网络成员单位提高营销质量和管理水平的竞争机制,有效控制在途车辆和应收款,售后服务水平进一步提升。积极探索金融产品支持销售的途径,大力推行各种模式的消费信贷、保兑仓等业务,取得良好效果。从国际市场来看,中国重汽出口量大幅增长,连续6年保持重卡行业出口首位。进出口系统的“6+1”模式基本确立,开始凸显优势。进出口公司进行境内支撑和服务,境外设立机构,划分六大区域,财务独立运行,常驻境外人员超过120人。强化境外售后体系建设,取消带配件销售、买断售后服务的模式,建立长期服务机制和模式。加强进出口系统内部管理力度,制定并严格贯彻落实进出口系统人员职级浮动管理办法,进一步调动海外营销团队的工作积极性。国际国内营销网络规模和质量的有效提升、营销队伍建设的不断加强,成为中国重汽强化市场优势的有力支撑。

2.大力优化产品结构,不断提高技术创新能力。坚持技术领先战略,产品开发能力和水平始终处于行业前列。特别是通过实施“二次创业”工程,重卡产品得到全面优化提升,轻量化有新的突破,燃油经济性更加适应区域市场需求。中重卡开始形成能力,轻卡实现金三角布局,客车、工程机械等形成新的增长点。中国重汽在坚持重卡为主导、实现全系列商用车方面迈出关键性的一步。又将产品划分为5个平台,面向市场进行产品细分,同时对产品研发、销售的组织架构进行调整,使技术研发更加贴近市场,更加有利于落实目标责任考核。

3.抓好质量水平的提升。中国重汽始终坚持高质量低成本战略,产品质量大幅提升,形成“用人品打造精品,用精品奉献社会”的质量理念。通过“二次创业”,进一步强化全员质量意识,加大质量投入,在工艺管理上下工夫,重卡产品的可靠性、用户满意度明显提高。同时加强对员工的技能、质量培训,提高全员的质量意识。加大质量检测考核力度,形成人人关心质量、高度重视质量的良好氛围。2011年中国重汽产品售后服务次数同比下降26.88%,单车质量索赔额同比下降14%,被国家质量总局授予“出入境检验质量信用管理AA级企业”称号。

4.全面提升企业精益管理水平。各二级单位开展全员参与的持续改善活动,从身边做起,从每一个员工自身做起,研究改善提升,解决流程科学的问题。全公司3800多项改进、改善措施固化,为提高质量、提升效益发挥了良好作用。出台《物流优化改革工作指导意见》等一系列管理创新制度,有效控制企业管理成本。严格执行比质比价招标采购管理流程,进一步降低制造成本。开展全面预算管理,细化资金管理流程,对资金、成本、效益进行分类预算,定期召开预算分析会,科学分析、合理安排,提升财务管理水平。高度重视风险防范工作,进一步完善风险防范的制度流程,使企业内控管理更加科学,确保实现企业最佳效益。

5.坚持机制创新,使企业运行更加科学高效。取消车间工段的传统管理模式,推行现场分部制,压缩机构层级,提升现场管理水平。组织机构优化调整工作全面铺开,努力减少法人单位,在制造单位中全面推行扁平化管理,进一步提高集团管控能力。在认真总结前期工作经验的基础上,完善干部职级浮动管理,持续推行绩效考核晋级制度、非领导职务晋升制度、干部公开选拔、竞聘上岗工作,为各类人才提供更广阔的发展平台。制定并严格落实分配制度改革意见,既解决“干多干少一个样”的问题,更解决了“干好干坏一个样”的问题。从分配制度上保证企业实现由大到强的重要转变。 (于庆军)

【力诺集团股份有限公司】 集团整体规模首次突破百亿元,同比增长30%。人才培养计划得到全面推行,基层员工及班组长的培训力度不断加大,基层管理人员的技能得到很大提升,核心骨干赴新加坡开展高端培训,为高管人员开办MBA核心课程教育。在国际化进程中,德国公司、北美基地开始运行,南非公司完成注册,满足了全球化条件下企业发展的需要。品牌建设获得重大突破,“双虎涂料”及“力诺瑞特”先后被国家工商行政管理总局认定为“中国驰名商标”,新获国家专利117项(含发明专利19项),知识产权保护工作再添新亮点。亲情文化进一步“落地”,员工待遇、工作环境、福利条件有了显著改善,多个单位按照国家要求安排节假日,陆续实现每周双休制度。这些工作增强了集团的凝聚力,提升了企业形象,彰显了社会责任,为集团更加稳健持续的发展,提供了新的动力和有力保障。2011年是国家“十二五”规划的开局之年,也是集团新的“四五”规划的开局之年,为配合国家整体规划与企业发展的实际需要,集团对“四五”规划的区间进行微调,各二级集团实现新的增长。

1.力诺光伏集团优化运营模式,应对市场挑战。光伏集团积极应对市场挑战,及时调整发展战略,组建新的管理架构,优化商业运营模式,不断加大国内电站建设运营和海外电站开发力度,日喀则10兆瓦、德令哈30兆瓦、力诺科技园区10兆瓦及20兆瓦的EPC光伏电站项目先后建成。结合光伏行业发展形势,企业不断加大技术创新和品牌建设力度,集团承担了国家光伏行业唯一的薄膜硅电池“863”计划。国际化有了实质推进,分别在美洲、欧洲、非洲、澳洲设立分公司、子公司，并取得全球五大洲光伏行业认证，为产品走向全球打开了通道。基于战略定位，集团太阳能电力公司国内电站确保200兆瓦，争取260兆瓦，力争在“四五”期间实现太阳能电站安装达到3000兆瓦，成为集团新的增长点。

2. 力诺瑞特集团销售模式转变，实现由量到质的飞跃。力诺瑞特集团通过销售管控模式转型，在SAP-ERP成功运行的基础上，SAP-CRM提前上线应用，建立资源、财务一体化的高效快速运营模式。通过实施价值链运营管理，实现经营由量向质的转变，力诺集团副总裁申文明被山东省政府授予“省长质量奖”。全球首创的CPC中温太阳能工业锅炉系统，突破太阳能由“热水”向“热能”升级的技术难题，这项重大创新技术被列入国家科技支撑计划；聚光非跟踪式中温太阳能技术，被纳入国家“十二五”科学支撑计划；钛金太阳集热管被列入国家火炬计划，与清华大学、上海交通大学等的合作成果得到体现；工业绿动力计划启动，节能服务公司通过国家发改委备案，引领太阳能热利用行业的未来发展方向；经过开展“阳光150”行动，协同镀膜管板块使资源得到优化，产业链协同效应更加凸显。

3. 力诺玻璃集团强化技术创新，跃居行业龙头。企业强化技术创新，深化与JSJ合作，成功开发出硼硅中性3.3玻管，填补国内空白；棕色安瓿玻管通过专家鉴定，走在市场与竞争对手的前列；济南力诺跃居中国轻工业玻璃器皿行业十强首位。与飞利浦实现战略联盟，借鉴国际先进经验，深入推行“3+5”管理，成为集团精益管理的典范。站在全局和未来发展的角度，协同高硼硅玻璃管板块共同发展。

4. 力诺宏济堂集团品牌建设提升，利润实现大幅增长。通过压缩库存和应收账款提升了现金流，力诺宏济堂集团成功跻身中国中药工业50强，两个课题入选国家“重大新药创制”专项，通过“山东省高新技术企业”复审。当选中国中药协会副会长单位，提升了行业地位；当选山东省阿胶行业协会副会长单位，进一步确立宏济堂阿胶在行业中的历史地位，增强了话语权。中药产业园建设高质量推进并基本竣工，这些重点工程承载了未来发展的基础。作为中华老字号企业，宏济堂集团不断提升研发能力，把深厚的文化底蕴作为企业发展的强力支撑，在山东乃至全国中药企业中有了一定的位置。

5. 力诺药业集团面对市场挑战，实现工商一体化运转。力诺药业集团产业链垂直整合基本完成，初步实现工商一体化的运营模式。携手上海药源全力涉入制剂研发业务，实现从国际向国内、从原料向制剂、从CRO向CMO并举、从定制开发向自主研发的转变。国际化定制生产赢得几十个国家高端市场外包业务，找到新的盈利模式。聚焦研发，搭建起力诺药业研究院平台，通过与中国药科大学、山东大学合作，开发了25个产品，形成未来市场的竞争力。新上的100亿片项目一期45亿片固体制剂车间建成，并通过新版GMP认证。

6. 打造物流枢纽，网络布局形成规模。通过内部积极调整，较好地完成了经营指标，山东力诺物流公司被评为AAAA级物流企业。通过与国家交通部等单位合作，以邢村物流中心为基地，以山东力诺物流公司为载体，打造济南特色低碳物流枢纽。物流业务加快从传统物流向第三方物流和现代物流的转变，为配合集团区域化和全球化的发展，加快物流网络布局，作出了贡献。（高冠兴）

【中创软件工程股份有限公司】 中创软件创立于1991年，现已成为具有国际竞争力的基础软件提供商和信息化建设服务商。中创软件是国家“核高基”科技重大专项基础软件课题牵头承担单位、国家规划布局内重点软件企业、国家863成果产业化基地、中国软件欧美出口工程A级示范企业、中国软件行业企业信用评价AAA级信用企业、中国十大创新软件企业、中国软件行业最佳技术创新企业、中国自主品牌软件产品收入前十家企业。中创软件已经在基础软件开发和信息系统建设服务领域形成企业核心竞争力，在国家主管部门、IT行业专家的认同下，牵头承担了“十一五”核高基专项中6-1课题“国产中间件参考实现及平台”和6-2课题“集成化中间件套件产品研发及产业化”，其目标是追赶国际技术和产业的迅速发展，攻克关键技术、研发战略核心产品。

1. 中创软件基于“核高基”成果自主研发的Infors中创中间件产品，被中国软件行业协会评为“中国软件二十年最具应用价值的软件产品”“中国十大创新软件产品”。Infors中创中间件产品的研发，得到国家发改委、科技部、工业和信息化部等各级政府部门的重点支持，得到国防科技大学、北京大学、北京航空航天大学、中科院软件所等高校、科研院所的多方面支撑。通过组建联合实验室，成立产业基地与应用联盟，充分发挥“产学研”合作优势，联合攻关，整合资源，集成多方成果与智慧，通过创新能量的高度聚集产生更大的创新力。产品遵循国际标准和“核高基”中间件标准体系，拥有自主知识产权，可替代国际同类产品，在国民经济主行业广泛应用。

2. 在金融领域，为国开行、进出口行、建行、交行、民生银行等众多银行、金融机构提供关键系统的信息化支撑，为我国16.6万亿信贷资产提供信息化管理支持，每天处理千万级海量数据信息，有效防范金融风险，保护每个客户的利益。

3. 中创中间件已在国家部委等29个机关单位，以及众多政府和大型企事业单位信息安全建设中应用。已为全国人大网站主站和十几个子站成功服务6年，提供7×24小时安全防护，可以像一张过滤网一样，识别所有属于“非法篡改”的信息，并迅速加以阻止，不间断保障全国两会信息的正确发布。

4. 针对物联网、云计算、移动互联网的发展，中创软件发布了国内首款云计算中间件、物联网中间件，以安全为建设核心，面向云计算中心、物联网传输特别提供各种安全防护服务，保证业务和数据应用的安全可靠。强化基础软件中间件与新一代信息技术在运行、管理、服务等方面的融合，同时更加重视应用中的网络安全、数据安全和可信计算，确保安全可靠。

5. 中创软件重视成果的市场应用，通过市场的广泛应用带动产业发展，研究如何更好地适应中国信息化建设需求。中创软件组建并参与了“四方国件”中间件产业技术创新战略联盟、国产安全可控基础和应用软硬件产业联盟、中国可信软件生产技术创新联盟、OW2国际开源中间件软件联盟、海峡两岸融泰软件联盟等国际、国内联盟，通过广泛联合实现产业的快速发展与共赢。

6. 中创软件持续保持和增进与IBM、Oracle、HP、INTEL、Microsoft、Thales、UEL等国际知名企业及OW2联盟、OMG组织、Avaya实验室等国际机构在国际标准制订、前沿技术研究、软件工程管理和市场开拓等方面的合作，研究和紧跟国际技术标准和发展趋势，为保证创新的领先性及提升企业市场竞争力提供支撑。

（刘杰宜）

【山东佳宝集团有限公司】 山东佳宝集团有限公司成立于1996年6月，是国家农业产业化重点龙头企业和中国食品工业百强企业。集团下设2个全资子公司——济南佳宝乳业有限公司、济南维尔康食品有限公司及7个控股公司，拥有员工8000余人，总资产20亿元，“佳宝”“维尔康”均为国家名牌。涉及奶牛养殖、乳品加工、生猪屠宰、肉类加工、速冻食品、宠物食品出口、生化制药、批发市场、商业、服务等行业。集团公司按照“集团化经营、规模化竞争、集约化发展”的总体发展战略和“创新发展、和谐发展”的企业宗旨，发展空间和综合实力得到迅速扩展和增强，集团下属的佳宝、维尔康两公司先后被国家、省认定为农业产业化重点龙头企业。

1月，维尔康公司下属的维尔康肉类水产批发市场在国家商务部全国城市农贸中心联合会（即中国农产品批发市场协会）举办的2010年度全国农产品批发市场百强排名活动中，获得全国农产品批发市场综合百强排名第二名，全国水产品批发市场二十强第一名，全国肉禽蛋批发市场二十强第一名。维尔康肉类水产批发市场，已成为国家农业部定点市场、国家商务部生活必需品重点监测市场。市场经营面积20余万平方米，经营业户750余家，拥有冷库6座，总容量12万吨，冷藏能力居全国同行业首位，是全国最大的肉类水产品集散地批发市场。

3月，佳宝集团所属济南佳宝乳业有限公司，通过山东省质监局组织的生产许可证的重新换证审核。佳宝乳业作为山东省最大的液态乳生产企业，为保障众多消费者的饮食安全，让消费者喝上更安全放心的牛奶，对企业软硬件进行大规模的改造升级。按照GMP（良好作业规范）标准投资320万元进行包装间净化10万级隔断安装，车间更衣室改造，车间空气净化空调设备改造，车间风淋室建设，CIP吊顶，化验室、双氧水传递窗安装及维修等27项工程；投资410多万元先后购买气相色谱仪、原子吸收分光光度计、原子荧光分光光度计、紫外可见分光光度计、黄曲霉毒素检测仪、冰点仪以及前处理所配备的高速离心机、微波消解仪、高压消解罐、氮吹仪、生物安全柜、超声波清洗器、涡旋混合器、恒温振荡仪等仪器设备以及大量的辅助用试剂、玻璃仪器等。对检验人员进行全面培训，持证上岗检验员达60余人。管理上进一步完善生产记录，建立电子追溯系统。

5月，佳宝研发的欧赛庄园新产品上市，它在承袭欧洲经典发酵工艺基础上，严选高品质奶源，使用特殊奶酪风味酸奶菌种发酵、并结合佳宝独有的现代创新工艺精制而成。在原料奶选择上，济南佳宝乳业依托自有的现代化示范牧场，严选新鲜、蛋白质含量高的优质新鲜奶源，以保证欧赛庄园酸奶的新鲜、营养；在制作工艺上，承袭欧洲经典发酵、制造工艺，使用少数厂家使用的奶酪风味酸奶菌种发酵，从而有效地调节发酵奶的酸甜度和软硬度。

6月，在由中国肉类协会举办，国内800多家肉类食品行业规模企业参加的中国肉类食品行业强势企业评定活动中，济南维尔康食品有限公司凭借生产经营规模、经济效益、出口创汇等综合指标，迈进中国肉类食品行业十强行列。公司按照董事会制定的“以科学发展观为统领，提高公司的发展质量与效率；多业并举，国内与国外市场相结合，打造多元化大型企业”的战略方针，以创新、发展作为开展各项工作的出发点，针对公司生猪屠宰、肉制品加工、冷藏物流、生化制药、国际贸易五大产业的不同特点开展工作，销售收入、利税等主要经济指标，连续创出公司历史最好水平，实现公司经济又好又快发展，公司综合实力稳步提高。

（张巨恒）

【山东齐鲁电机制造有限公司】 山东齐鲁电机制造有限公司地处济南高新技术开发区内，三大主导产品为汽轮机、发电机和电动机，年生产能力分别达到157万千瓦、800万千瓦和60万千瓦，是全国发电设备行业的骨干企业。公司拥有国家级企业技术开发中心，具有进出口经营权，系山东省高新技术企业。2011年公司实现工业总产值12.5亿元、销售收入14.6亿元，同比分别增长11.92%和30.35%，实现了销售收入年均增长20%的目标。

公司以“前瞻研究、科技引领、基础推进、协调发展”为方针，强化分阶段目标引导，开展4次攻坚战役，大力推进清洁高效汽轮机生产建设和发电机、电动机技改技措等重点项目，实现持续平稳发展。①强化产品营销，市场开拓力度进一步加大。年内销售28台30万千瓦以上发电机产品，使大容量机组进入五大电力公司，全年累计新签生效发电机合同1527万千瓦，合同额19.9亿元；全年签订汽轮机机组15台套，合同额2.1亿元；销售电动机53.17万千瓦，销售收入1.15亿元，在整个发电设备市场低迷的形势下创造了奇迹。②加强调度管理，努力实现产销协调。加强过程控制，强化各项基础管理，全年生产汽轮发电机822万千瓦、交流电动机60万千瓦、汽轮机11万千瓦，均实现历史性突破。③积极推进科技创新。顺利通过国家级技术中心复审。全年开发新产品85个,申请专利23项,“35万千瓦空内冷汽轮发电机创新研制”项目获山东省科技进步二等奖和中国机械工业科学技术二等奖,并入围2012年济南市重大专项。 (孙 菁)

【济南卷烟厂】 济南卷烟厂全年实现销售收入突破100亿元,实现税金54亿元。先后获得“全国五一劳动奖状”“全国模范职工之家”“全国烟草行业企业文化建设先进集体”“山东省富民兴鲁劳动奖状”“济南市五一劳动奖状”“济南市明星企业”等荣誉。

1. 精益生产。坚持模块化生产和柔性加工相结合的运行模式,科学合理安排生产,生产计划执行率100%。制定并实施《济南卷烟厂2011年度产品质量提升方案》,开展竞品比对暨合作生产卷烟质量一致性评价。品牌合作生产顺利通过国家烟草专卖局合作加工质量保障现场评价。加强重点品牌和合作生产品牌材料质量、安全跟踪、快速供应及对外协调联系工作,全年材料供应及时率为100%。

2. 技术保障。烟叶醇化库项目通过验收具备使用条件。制定并实施《2011年能源考核实施细则》,万支卷烟综合能耗由2.95千克标煤降低为2.92千克标煤。完成国家烟草专卖局“一号工程”系统的升级,成功实施卷烟物流数据统计应用项目5100版本试点工作。加强信息的日常维护和管理,通过山东中烟工业有限责任公司2011年保密与信息系统安全及年度信息化工作检查。信息化网络、物流系统正常运行率均为100%。

3. 市场营销。举办“百万泰山”下线仪式。策划开展临沂全国村长会、德州太阳能国际会议、泰安国际登山节等会议营销活动、婚庆市场促销活动、大型企事业单位团购用烟活动。举办“泰山”品牌培育重点零售户培训班130场,培训零售户12800余人。全年销售鲁产卷烟55.61万箱。省内17区域综合排名临沂区域第一,济南第二。

4. 企业管理。①财务审计。推进“小金库”专项治理工作,深化模拟利润中心运行,有效加强内控管理力度。通过财会基础规范化达标等各项检查工作。推进物资采购、宣传促销、工程投资、税收管理、费用管理、资产管理、发票使用等内容的全面审计自查,通过公司复查。加强工程项目监管,出具工程审计报告73项。②基础管理。完成全年创新成果、合理化建议评审奖励,121个创新成果、100条合理化建议获表彰;创新成果厂外评选再创佳绩,1项创新成果获“山东省企业管理现代化创新及应用优秀成果”特等奖,5项创新成果分获“山东省企业管理现代化创新成果”一、二等奖,6篇科技论文分获“山东省技术创新优秀成果优秀论文”一、二、三等奖,企业被评为山东省首批“管理创新示范基地”。新建和修改完善企业标准516个,评审企业标准740余个,获取适用的公司标准280余个,确保文件的适宜性和有效性。清洁生产顺利通过省环保厅审核验收,企业获“山东省清洁生产先进单位”称号。2003年以来第四次通过山东省企业信誉最高等级AAA级优等信誉企业复审。拟定并实施“六五”普法规划。完成年度档案鉴别和整理归档,积极开发档案信息资源,建立科学实用的档案检索体系。③安全生产。全面落实安全生产责任制,签订安全生产责任书50份。不断强化烟叶熏蒸杀虫和基建技改项目的安全监管。坚持重大节日安全检查和月度安全文明生产检查,积极落实隐患整改措施,年内企业被评为济南市安全生产先进单位,并再次获得山东省安全生产基层基础工作先进企业和山东省“安康杯”竞赛优胜单位称号。 (郭 勇)

责任编校 王 洋

农 业

农村工作综述

【概况】 1."两型农业"发展方向基本确立。粮食生产实现"九连丰",总产295.8万吨、单产达到423.5公斤,均创历史最高水平。在确保粮食稳定增产的基础上,加快培育"都市型、城郊型"现代农业产业体系,"一圈三带"的农业产业布局基本形成,蔬菜、畜牧、种苗、林果花卉四大产业体系基本确立,农业产业化经营深入推进。全市规模以上农业龙头企业410家,农业专业合作社3278家,重点扶持80个都市农业园区和47个特色品牌基地建设,带动标准化生产基地约13.3万公顷,休闲观光农业蓬勃兴起,建成农业休闲观光项目200余处。

2.农民收入实现持续增长。2011年突破万元大关,达到10412元,同比增长16.9%,连续2年超过城市居民人均可支配收入增幅,其中,工资性收入占农民纯收入的47.7%,成为收入增长的主要推动力。

3.农村基础设施建设成效显著。落实水利投资27.2亿元,完成各类水利工程2186项,恢复和改善灌溉面积4.27万公顷、节水面积1.53万公顷。完成造林面积1.55万公顷,森林覆盖率达到31.1%。行政村内主次道路硬化率达到97%,通客车率达到99.8%,自来水入村率、入户率分别达到96.4%和90%。50%的乡镇实现城乡环卫一体化,60%的村实现生活垃圾集中处理。

4.农村民生持续改善。在全省率先实现新型农村社会养老保险全覆盖,参保人数达到213.1万人,养老金发放率达到100%,农村低保标准提高到每人每年不低于1800元,新型农村合作医疗覆盖率达到100%。新建农房100094户,完成了全年任务的181.9%。农村办学条件进一步改善,城乡教育逐步向均衡发展推进。

5.农村改革亮点纷呈。统筹城乡发展七大工程全面启动,特别是重点城镇提升和山区生态建设两大重点工程迈出新步伐。出台水利改革发展实施意见,基本形成水利投入稳定增长机制。出台推进县(市)区畜牧兽医管理体制改革意见,积极推进乡镇畜牧兽医站改革。集体林权制度改革基本完成。土地承包经营权加快流转。

6.农村社会管理水平不断提升。村"两委"换届工作顺利完成,以党组织为核心的基层组织建设不断加强;新型农村社区建设与管理创新迈出新步伐,创先争优活动深入开展;精神文明建设和民主法制建设深入推进,农村社会治安持续好转,呈现出和谐稳定的良好局面。

(王树勇　刘方洲)

【统筹城乡发展"七大工程"顺利启动】市委、市政府在总结"十一五"新农村建设"十大行动"的基础上,经过深入调研,并经市委九届九次全会和市十届人大第四次会议研究,确定"十二五"期间实施加快农民增收工程等统筹城乡发展"七大工程"。

1.加快农民增收工程。"十二五"时期,通过大力实施"3115"农民增收计划(靠加快推进工业化、城镇化,加强劳动力培训,发展劳务经济,促进农民工资性收入增长3000元;靠转变农业发展,促进农民家庭经营性收入增长1000元;靠深化农村产权制度改革,促进农民财产性收入增长1000元;靠落实支农政策,促进农民转移性收入增长500元),多渠道增加农民收入,力争"十二五"末全市农民人均纯收入达到14000元。在全市各级的共同努力下,2011年农民人均纯收入达到10411.8元,同比增长16.9%。

2.山区生态建设工程。围绕保护生态、富民惠民基本目标,实施"减人、兴业"战略。"减人"就是山区农民向城镇和新型农村社区转移,"兴业"就是发展生态休闲文化旅游产业。从规划建设历城区柳埠、长清区五峰旅游综合体突破,逐步将南部山区建设成生态功能区和休闲宜居旅游区。每个镇(办)900万的建设资金已全部拨付到位,进一步完善建设规划,筹划项目建设。

3.重点城镇提升工程。在章丘市刁镇、济阳县崔寨镇、商河县玉皇庙镇、平阴县安城镇等4个重点城镇实施"兴业、聚人"战略。"兴业"就是加快工业园区建设,加大招商引资力度,大力发展实体经济;"聚人"就是加快新型农村社区建设,引导农民向镇驻地集中,争取到"十二五"末,打造成1个在全省、3个在全市有较大影响的强镇。每个镇800万的建设资金均已拨付到位,按照规划,实施项目建设。

4.新型社保覆盖工程。主要包括新型农村社会养老保障、农村医保、弱势群体保障和义务教育4个方面,进一步提高农村公共服务水平。新型农村养老保险制度在全省率先实现了全覆盖;新型农村合作医疗人均筹资标准已达到250元,参合人数达到325.4万,参合率达到100%;弱势群体保障力度进一步加强,供养标准都有不同程度提高;农村中小学公用经费保障水平进一步提高,累计投入校舍安全工程资金4.34亿元,37.6万学生受益。

5.基础设施强化工程。主要包括中小河流治理、森林城市创建和农村道路保通3个方面。年河道治理完成投资2.1亿元,实施了腊山分洪、土马河治理、大寺河治理等工程;森林城市创建工作进展顺利,新增造林1.55万公顷,新建完善农田林网0.84万公顷,森林覆盖率达到31.1%;道路保通工作,完成农村道路保通工程项目187个,236公里,新建大中桥(危桥改造)29座,农村道路状况不断改善。

6.产业体系振兴工程。主要包括蔬菜、畜牧、林果花卉、种苗四大产业,加快构建现代农业产业体系,增强农产品供给保障能力。年内,标准化蔬菜生产基地达到13.3万公顷、保供菜田达到3.33万公顷、新建标准化畜牧小区46处、新发展优质果品生产基地0.43万公顷、新育花卉面积0.11万公顷、新育苗0.12万公顷。

7.乡村文明创建工程。主要包括农村环卫、沼气、文化体育和乡村文明争创工作。通过工程的实施,大力改善农村环境,丰富农民文化生活,提升乡村文明水平。生态文明村建设取得积极进展,800个生态文明村庄建设全部完成;城乡环卫一体化工作得到较快发展,全市44个乡镇(办)基本完成城乡环卫一体化建设,农村生活垃圾"村集、镇收、县(市)运输处理"的模式初步形成;农村能源建设不断加快,户用沼气池达到19万户。公共文化设施建设不断加强,1502个村建设了文化大院,占全市行政村总数的37%。

2011年主要农产品产量

产品名称	单位	产品产量	比上年±%
粮食	万吨	295.8	2.2
棉花	万吨	2.8	-3.3
油料	万吨	5.5	-6.7
水果	万吨	48.0	1.2
蔬菜	万吨	617.8	2.7
肉类	万吨	38.8	2.0
禽蛋	万吨	35.2	-2.4
奶类	万吨	31.4	0.7
水产品	万吨	4.4	2.3

(王树勇 刘方洲)

【"两型"农业建设】 坚持都市型、城郊型"两型"农业建设发展方向,大力实施特色品牌战略,着力推进省会农业发展基地园区化、基地园区建设集约化、集约经营可持续化。全市重点扶持基地和园区127个,比上年新增50个,建成核心区约1.73万公顷,带动标准化生产面积约13.3万公顷,涌现出一批优势突出、竞争力强、功能融合、效益明显的产业隆起带。新认证"三品一标"农产品175个,累计683个,各类农产品品牌140多个。特别是依托基地园区产业载体和产品主体功能,以"美丽乡村"创建为引领,加快推进休闲农业发展,举办农业节庆活动60多次,接待游人超过1200万人次,实现综合收入22亿元。 (李 建)

【都市农业园区建设】 制定《关于抓好一批都市农业园区建设的实施意见》,明确2011年园区十大重点建设内容。重点建设提升打造80处市级都市农业园区,形成一批有功能、有特色、有创意、有融合、有潜力的园区,改善城郊生态环境,增加农民收入,拓展农业功能。园区规模明显增大,80家园区总规划面积1万公顷,实现土地流转面积0.47万公顷,完成年度投资5.6亿元。园区农业生产能力明显增强,80个园区蔬菜、水果、中药材等产品年产量3万吨,形成20余个农产品品牌。园区生态功能不断完善,沼气池容量达到1.37万立方米,喷滴灌和防虫网等病虫害防控面积约0.13万公顷。园区休闲观光功能明显拓展,园区年接待游客超过200万人次,经营收入近2.8亿元,是2010年的5倍。坚持把政策扶持与工作绩效挂钩,根据中期和年终两次考评结果,对56个园区给予奖励扶持,扶持资金总额达1200万元。 (冯文军 李 建)

【特色品牌基地建设】 按照年初制定的工作计划和既定工作目标,基地建设发展规模不断扩大,主导产业日益突出,基地功能不断提升,建设机制不断完善,运营模式丰富多样,品牌影响力日益提升。全市品牌基地发展到47个,较上年增加13个,基地建设面积、核心区面积分别达到8万公顷和0.4万公顷,基地规模得到有效扩大。出台《济南市现代农业特色品牌基地认定管理办法(暂行)》与《济南市现代农业特色品牌基地考核评价细则》,基地建设管理更加规范。依托品牌基地建设,配发了40辆"菜篮子"直通车,完善了生产与消费的对接。 (张建军 李 建)

【农业产业化经营】 以培育壮大规模龙头企业为切入点,以建设标准化生产基地为基础,以建立农民专业合作社为纽带,进一步完善带动农户的组织制度和利益联结机制,全市农业产业化经营水平不断提升。新认定市级农业龙头企业67家、农民专业合作社示范社100家,公布质量安全放心批发市场13家。全市市级以上农业龙头企业307家,其中省级以上37家;农民专业合作社3278家、新增542家,成功举办了现代农业成果展,发放了40辆菜篮子工程配送车,开通了农产品网上产销平台,积极探索推进农超、农社、农校等新型对接模式,有效拓宽了农产品市场。 (李 建)

【农业科技推广能力建设】 以组织实施农业科技推广能力建设"双三六"工程为抓手,突出聚集平台、人才、项目和机制等科技要素,逐步构建起具有济南特色的农技推广"1234"模式,农业技术集成化水平不断提升。农高区体制进行了调整理顺,为其更好发展创造了条件。依托市农科院,实施了十大农业科技攻关项目,农科院的龙头作用逐步显现。组建百名农业科技专家团队,下达21个示范培训中心建设项目,实施25个农业"双推"项目,引进新品种156个、新技术98项,获省市农业科技项目奖励13项。创新农民培训方式,初步建立起农民培训监管和远程管理系统,培训专业大户、农技辅导员等新型农民1.4万人次。开发了农村首席信息员管理系统,向2万农户发送实用信息700余条,加快了农业生产经营信息化进程。 (李 建)

【农产品质量监管】 紧紧围绕创建农产品质量安全放心城市品牌，出台农业品牌化建设意见，制定优质名牌农产品评选办法，突出抓好监管、标准化、监测和认证体系建设，努力提高农产品质量安全水平。市县两级均成立了监管机构，73%的乡镇、街道成立监管办公室，并聘任200名协管员，市县乡村4级农产品质量安全监管网络初步建成。全面推行农药市场准入备案和高毒农药禁销制度，对126家农药批发企业的4700个产品批准备案。新制定农业地方标准17项，农业标准化基地总数达到81个。以实施国家县级质检站项目为抓手，着力提升县级农业质量检测中心建设，全年完成农(渔)药残留定量法检测3000个、速测法检测4万个，合格率分别超过97%和99%。 （李　建）

【农业基础条件改善】 大力推进农业基础设施改善和物质装备水平提升，努力提高农业综合生产能力和抗风险能力。协调争取千亿斤粮食等10个重大项目落地建设，15个在建项目压茬推进，总投资超过1.7亿元。大力推进循环农业发展，建成高标准生态文明示范村30个、户用沼气池1万户、沼气工程22处、沼气服务组织100处，推广“三沼”综合利用技术约1.67万公顷、测土配方施肥技术约42.4万公顷，秸秆综合利用率93%，农业面源污染得到有效治理。持续实施渔业标准化池塘整理工程，改造提升池塘约127公顷。着力健全农业病虫害防治体系，新建40个植保专业化防治队伍，为农业生产安全提供了基础性保障。 （李　建）

【农业支持保护体系建设】 全年落实粮食直补、农资综合补贴、良种补贴和购机补贴资金5.14亿元，同比增长12.5%，围绕春季抗旱双保，及时发放浇水补贴和弱苗补贴4285万元，有效调动农民生产积极性。政策性农业保险在3个试点县区实现了小麦、玉米、棉花全覆盖，承保面积达到15.5万公顷，为农民协调理赔资金1088万元。以扶持乡镇土地流转服务中心为重点，加快健全市县乡村4级土地流转服务网络，农村土地流转面积达到约2.89万公顷，增加约0.49万公顷。指导做好“一事一议”筹资筹劳工作，筹得项目投资1.55亿元，47万人受益。落实扶贫资金3373万元，覆盖169个村、6.1万低收入人口，实现人均增收1300余元。不断强化农业综合执法，查获伪劣农资50余吨，妥善处置5起种子质量纠纷案件，有效维护了农业生产经营秩序和农民合法权益。 （李　建）

【农业机械化概况】 全市农机总动力527万千瓦，农机总值30.2亿元，分别比2010年增长3.5%和4.5%。在农机补贴政策的推动下，农机装备水平进一步提高，农机装备结构进一步优化。联合收获机达到8608台，增长13.8%，其中小麦联合收获机达到5683台，新增657台；玉米联合收获机达到2925台，新增384台；玉米机收率81.2%，比上年提高8.4个百分点。机耕、机播、机收分别为74.96%、96.58%、86.43%，分别比上年提高1.1、1.9和5.3个百分点，全市农业综合机械化水平达到80%，提高2个百分点。大中型拖拉机保有量1.96万台，免耕播种机1514台，深松机390台，农机装备结构进一步优化。全市农机合作社83家，其中14个规范化农机合作社示范点，成员超过1500人，拥有农机具超过2000台(套)，年作业服务面积8万公顷以上，承担全市农机作业量20%以上，年服务总收入2026.5万元，农机服务体系日趋完善，服务功能不断增强。

1.全市农业机械化工作会议召开。市政府于5月召开全市农业机械化工作会议，出台《济南市人民政府关于促进农业机械化又好又快发展的意见》，计划到2015年，全市农机总动力550万千瓦，农机总值(原值)35亿元，农机服务总产值19.5亿元。主要农作物耕种收综合机械化水平90%以上，重点经济作物关键生产环节综合机械化水平超过66%，设施农业、畜牧业、水产业、林果业和农产品初加工业机械化得到全面发展。农业机械化服务体系不断完善，服务能力明显增强。

2.农作物秸秆综合利用工作成效显著，秸秆综合利用长效机制进一步巩固。秸秆利用工作再上新台阶。年内共产生农作物秸秆约42.7万公顷，秸秆综合利用总量39.7万公顷，综合利用率93%，同比增加2个百分点。其中，机械化还田面积约27.8万公顷，秸秆青贮约5.95万公顷，通过发展秸秆养殖食用菌、秸秆压块等秸秆综合利用技术，消化秸秆约5.95万公顷。济南国际机场、主要高速公路两侧及济南城市周边等重点区域，秸秆综合利用率96.5%，杜绝了秸秆焚烧现象。

3.完成购机补贴工作。中央、省共安排济南市购机补贴资金5860万元(含省财政直管县商河县1060万元)，市财政配套资金200万元。共补贴各种农机具10124台(套)，受益农民6224户。其中，对大型拖拉机、玉米联合收获机及小麦免耕播种机进行重点补贴，分别为1476台、340台和113台。通过购机补贴，直接带动农民投资农业机械1.5亿元，拉动农机化装备的快速发展。

4.“三夏”“三秋”农机化作业顺利完成。共收获小麦21.57万公顷，其中机械收获约20.9万公顷，机收率97%，比上年提高0.4%，适宜机收小麦基本实现机械化。夏播玉米面积约17.56万公顷，机播率87%，比上年提高4.2%。秋季玉米机收面积约17.14万公顷，机收率81.2%，比上年增长8.6%。秋种小麦面积20.9万公顷，小麦机播率95%，其中免耕播种面积1.88万公顷。“三夏”“三秋”期间共检修各类农机具9.41万台，培训机手12435人，组织跨区机收服务队145个，在主要交通路口设立接机服务站48个。夏秋两季共投入各类农机具21246台(套)，其中小麦、玉米联合收获机8146台，免耕播种机1260台，深松机近400台，玉米机收率突破81%，为粮食产量九连丰打下坚实基础。

5.保护性耕作、深松深耕等新型田间作业方式快速推广。经历年初的低温和持续干旱后，约1.27万公顷保护性耕作小麦呈现出显著优势。市农机推广部门对8种保护性耕作机具11种模式进行对比试验,组织市县两级农业、农机专家对实施保护性耕作的36个监测点和对比田进行实地测产,逐步探索适合济南实际情况的发展模式。投入180万元,在历城、章丘、长清、平阴、济阳、商河各建立约667公顷深松整地示范区,每亩作业补贴30元,全年完成深松整地面积近1.33万公顷。

6.农机监理工作有序开展。组织开展"安全生产月"及"农机专项打假"活动,继续深入开展"星级文明农机维修网点"创建活动,新确定3家单位为全市三星级文明农机维修网点,为促进农业机械维修质量和服务水平的提高提供保障。共检验拖拉机、联合收割机6800余台;新车上户1915台;新考驾驶员725人;查处各类违章780余人次,事故率控制在1‰以下;技术检验农机修配网点520个;发放农业机械维修技术合格证310个;办理职业技能鉴定证书450个。

(吴岳　李建)

【休闲农业】 结合"山东省国民休闲汇活动",在城市周边推出一批采摘、垂钓、养生、运动为主题的乡村休闲休憩带。依托高科技企业、现代农业示范园项目以及林果、蔬菜等特色农业产业推出一批现代农业休闲基地,以旅游强县为重点推出"绿道"漫游乡村线路活动。全年休闲农业接待游人超过1200万人次,实现综合收入22亿元以上。重点举办张而草莓节、王家峪樱桃节、书堂峪樱桃节、济阳圣源梨花节、仁风富硒西瓜节、章丘黄河西瓜节、高官寨甜瓜节和黄河湾捕鱼节等农业节庆活动60多次。重点评选推介章丘市明水街道办事处柳沟村、章丘市双山街道办事处马安村、历城区郭店街道办事处相公庄村、历城区仲宫镇杨而村、长清区五峰山街道办事处石窝村、平阴县洪范池镇书院村、平阴县锦水街道办事处毕海洋村、济阳县崔寨镇前街村、商河县龙桑寺镇刘集村和市中区陡沟街道办事处小庄村10个"美丽乡村"(第二批)。重点培育打造历城区柳埠镇、长清区双泉镇2个休闲农业示范乡镇,临港片区1个休闲农业重点片区。

(段振锋　李建)

【农村能源建设】 全市各级农村能源系统认真组织实施农村能源及生态农业建设项目,积极推进农村户用沼气、沼气服务体系、大中小型沼气工程、生态循环农业示范园区建设,取得显著成效。全市共完善生态文明示范村100个,建成高标准生态文明示范村30个,新建户用沼气池1.2万户,安装太阳能热水器6000余台,推动"家居温暖清洁化、庭院经济高效化、农业生产无害化"建设进程。全年共提升完善农村沼气服务组织100余处,服务沼气用户超过15万户,沼气服务覆盖率达到79%,其中合同化服务超过8万户。确定9处服务组织为区域化服务创新示范单位,积极探索区域化沼气服务运作模式,推动全市沼气服务组织能力、质量和水平不断提升。全年共建成大型沼气工程项目2处,中小型沼气工程20处。全市单池容积在50立方米以上的各类沼气工程达465处,总容积达3万立方米,年处理粪污300余万吨,年产沼气200多万立方米,有效促进农业面源污染的治理,实现部分养殖场畜禽粪便等废弃物的资源化利用,发挥了良好的经济、社会和生态效益。积极开展"三沼"综合利用试验示范,重点扶持15处循环农业示范园区(基地)实施"三沼"综合利用项目,对生态循环农业开展较好的30处园区(基地)进行了评优表彰。"一棚一池""三位一体""畜—沼—果(菜)"等各种生态循环农业模式推广面积达1.67万公顷,有效促进了以沼气为纽带的生态循环农业发展。

(杨瑞　李建)

【农村扶贫开发】 2011年是"十二五"扶贫开发的开局之年,全市扶贫开发工作紧紧围绕"三个明显"的阶段性目标,在扩规模、上水平、增效益上下工夫,全面完成6万低收入农民受益增收的任务。全市共安排市级财政扶贫专项资金3000万元,重点扶持章丘、历城、长清、平阴、济阳、商河、市中7个县(市)区的37个乡镇。累计发展优质林果基地1166公顷,中药材基地、茶园、蔬菜等特色种植约127公顷,新建大棚956个,养殖奶牛、獭兔、土鸡等40万只;新修硬化生产路112.95千米,新打井、蓄水池、水窖、提水站169处;铺设管道27.8千米,项目共覆盖169个村,33029户、113699人,其中低收入人口14021户、61121人。项目完成总投资1.33亿元,实现总收入2.3亿元,纯收入1.5亿元,低收入人口人均增收1320元。

(段振锋　李建)

【第二届农民春晚】 1月24日晚,济南市第二届现代农业"百花奖"颁奖暨农民春节联欢晚会在济南电视台举行。市委书记焉荣竹致信祝贺。晚会以现代农业发展为背景、以城乡统筹为主题,着重再现全市广大农民致富奔小康的乐观情怀,商河鼓子秧歌和《绿动长清》《快乐乡村》《章丘大葱》《唱唱俺唐王的大白菜》等节目展现了原汁原味的济南乡土特色。晚会现场还颁发了济南市最具影响力的十大农业特色品牌基地、十大都市农业园区和十大特色农产品品牌、十大农业节庆、十大农业龙头企业、十大农民专业合作社、十大现代农业文化创意、十大美丽乡村等奖项。

(李　建)

种植业

【概况】 全市农作物播种总面积62.1万公顷,比上年增加0.25万公顷。粮食总面积46.85万公顷,比上年增加0.51万公顷。夏粮(小麦)面积21.57万公顷,比上年增加0.21万公顷。秋粮面积25.27万公顷,比上年增加0.29万公顷,其中玉米种植面积21.12万公顷,增加0.60万公顷。油料作物面积1.53万公顷,棉花面积2.52万公顷,蔬菜面积11.15万公顷。粮食总产295.84万吨,比上年增加6.37万吨;平均单产421公斤,比上年增加4.6公斤,粮食生产实现"九连丰"。夏粮(小麦)总产128.95万吨,比上年增加6.14公斤,平均单产398.5公斤,比上年增加15.2公斤。秋粮总产166.89万吨,比上年增加3.77万吨;平均单产440.2公斤。

其中,玉米总产143.96万吨,比上年增加4.12万吨;稻谷总产6.34万吨;谷子总产2.25万吨;高粱总产0.27万吨,比上年增加0.1万吨;豆类总产3.39万吨,比上年减少0.1万吨;薯类(地瓜折粮数)总产10.64万吨,比上年减少0.06万吨。油料作物总产5.48万吨,比上年减少0.39万吨。棉花总产2.84万吨,比上年减少0.1万吨。蔬菜总产713.12万吨。

(李永伟)

【粮食生产政策性保障】 全市共落实粮食直补、农资综合补贴资金3.74亿元。小麦良种补贴24.26万公顷,补贴资金3639万元;玉米良种补贴245.06万公顷,补贴资金3759万元;水稻良种补贴0.63万公顷,补贴资金142万元。政策性农业保险工作积极推进,共承保各类农作物15.48万公顷(小麦7.7万公顷,玉米7万公顷,棉花0.78万公顷),承担保险责任7.43亿元,收取保费2419.4万元,赔款金额1088万元。 (李永伟)

【蔬菜生产】 全市大力实施蔬菜产业振兴规划,围绕保供应、保质量、保增收的要求,以建立保供菜田、完善配送体系为重点,实施品牌战略,全力推进规模化种植、标准化生产、商品化处理、品牌化销售、产业化经营,全市蔬菜面积达到11.15万公顷,设施蔬菜面积达2.1万公顷,蔬菜总产713.12万吨。 (李永伟)

【棉花生产】 全市棉花播种面积2.52万公顷,比上年减少0.1万公顷,其中纯春棉2万公顷,套春棉0.53万公顷;棉花收获面积2.52万公顷,比上年减少0.12万公顷,同比下降0.43%。受生长后期连阴雨天气影响,全市棉花产量有所减少,其中单产75.2公斤/亩,比上年减少1.9公斤,总产2.84万吨,比上年减少3.7%。受市场多方因素影响,棉花收购价格较往年有所降低,籽棉平均收购价8.2元/公斤左右,比上年同期降低3.6元左右,棉农收益受到较大影响。

商河县、章丘市承担了农业部2011年棉花高产创建任务。经省棉花高产创建测产验收专家组核定,商河县高产攻关田亩产皮棉142.1公斤,创全市棉花单产最高纪录。济南自2009年开始实施中央财政棉花良种补贴项目,2011年良种补贴面积约1.93万公顷,补贴金额434.1万元。 (张甲生)

【食用菌生产】 全市食用菌总产量12.6万吨,比上年增长8.8%;总产值10.5亿元,比上年增长9.6%。全市食用菌生产逐步形成以济阳县济阳街道办事处、垛石镇,平阴县孔村镇为中心的区域特色食用菌片区;以历城区遥墙街道办事处为中心的优质珍稀食用菌片区;以章丘市枣园街道办事处、水寨镇,槐荫区段店镇、吴家堡镇为中心的常规栽培食用菌片区。 (张甲生 李建)

【概况】 全年全市渔业经济平稳较快发展,渔业经济总产值6.98亿元,比上年同期增长5.52%;渔业生产规模不断扩大,渔业养殖面积6933公顷,水产品总量4.4万吨,分别比上年同期增长1%、2.3%。在养殖模式方面,池塘养殖5017公顷,湖泊养殖140公顷,水库养殖1563公顷,河沟养殖62公顷。在养殖品种方面,草鱼养殖15478吨,鲤鱼14253吨,鲢鱼5439吨,鳙鱼2581吨,鲫鱼2226吨,鲶鱼484吨,观赏鱼60.5万尾。

1. 渔业产业结构持续优化。坚持生态、高质、高端、高效、品牌渔业发展理念,深入推动名优水产品养殖、休闲渔业、生态渔业"三支柱"产业快速发展,规模分别达到0.3万公顷、0.2万公顷、0.47万公顷。"三支柱"产业进入积极调整期,无论是规划定位、规模扩张,还是标准提升、功能拓展,都有了新的突破。市淡水所名优苗种繁育中心地位进一步确立,槐荫美里湖、历城唐王、章丘白云湖"三片区"的名优水产品水平得到进一步提升。沿黄一线的生态渔业标准化发展迅速。

2. 水产品质量监管不断加强。坚持"抓两头促中间",在强化投入品、水产品质量监管以及促进渔业标准化生产上有新进展。以"五项制度、两项登记"制度建设为重点,推动8处健康养殖示范区建设。新制定市级地方标准2项,累计推广国家行业地方标准20多项,标准化生产水平稳步推进。持续推进无公害水产品质量认证,新认定无公害水产品产地4处,认证无公害水产品7个。配合完成农业部、省、市水产品质量安全抽检任务8批次、187个样品,抽检合格率进一步提高。

3. 休闲观赏渔业建设取得突破。按照都市型现代农业建设要求,加大休闲观赏渔业发展,先后开展十大休闲渔业示范点授牌暨首届"黄河湾杯"垂钓大赛、章丘白云湖荷花节、槐荫美里湖捕鱼节、2011济南锦鲤大赛暨锦鲤文化展等活动,极大地提升了省会休闲观赏渔业发展水平。按照《济南市休闲渔业示范点"十有"标准》评选出首批十大市级休闲渔业示范点,并通过新闻媒体集中宣传推介,取得良好效果。济南锦鲤大赛暨锦鲤文化展举行锦鲤评比、锦鲤拍卖、现场抽奖、锦鲤文化展示、锦鲤知识讲习等活动,20家单位的180多条锦鲤参加角逐,评选出冠、亚、季军,其中冠军、亚军、季军分别拍出58万元、37万元、21万元的高价。

4. 渔业品牌效应逐步显现。继续实施渔业特色品牌战略,槐荫美里湖、历城唐王、章丘白云湖"三大片区"渔业特色品牌建设取得新突破。章丘"白云湖甲鱼"通过地理标志认证,中华鳖、鲑鱼、鳙鱼3个品种通过绿色产品认证。市淡水所引进娃娃鱼、斑点鳟鲑、泰山赤磷鱼、河豚鱼等试养成功,淡水石斑鱼、鲈鱼、鳜鱼养殖规模进一步扩大。加大池塘整理工程实施力度,新投入320万元,整理改造了10处连片养殖基地,改扩建池塘及工厂化养殖设施分别达到约127公顷、5400平方米。

5. 渔政执法工作取得新突破。针对渔政执法工作的新形势、新任务,在执法方式上，确定了“三个转移”：在执法重心上，实现以市为主向以区、县为主的方向转移，由目的性执法向常态化执法转移；在执法环节上，由事后执法向事前、事中执法转移；在执法重点上，确立以水产品质量安全、渔业生产安全、渔业生态安全“三个安全”为重点。全年累计办理水生野生动物经营利用许可证23本，接访12345热线13起，查处炸鱼、毒鱼、电鱼“三害”案件43起，保障了现代渔业持续健康发展。

（崔迎松）

【概况】 全市畜牧兽医系统深入贯彻落实《山东省畜禽养殖管理办法》和《济南市畜牧业振兴规划（2011～2015）》，以发展高产、优质、高效、生态、安全、品牌畜牧业为目标，坚持“发展、保护、监管”并重原则，在统筹兼顾畜产品质量安全、公共卫生安全、生态环境安全的基础上，推动畜牧业加快向区域化布局、标准化生产、产业化经营、品牌化创建、科技化支撑的格局转变，畜牧业生产安全、动物产品消费安全和公共卫生安全得到有效保障。据畜牧系统统计，2011年全市生猪存栏255.47万头，同比增长2.92%；牛存栏98.22万头，同比增长5.38%，其中奶牛17.27万头，同比增长9.71%；羊存栏186.94万头，同比增长6.88%；家禽存栏4618.32万只，同比增长9.89%。全市肉蛋奶总产140.08万吨，同比增长8.52%。

推进规模化标准化养殖。继续扎实开展畜禽养殖标准化示范创建活动，30个标准化生态养殖基地实现了改造升级。全市各类规模化小区（场）达到900余处，规模养殖达到70%以上；畜牧业标准化生产基地发展到80处，其中国家和省级标准化生产基地33处。调整优化畜牧业结构。在稳定猪、鸡等食粮畜禽生产的同时，继续加快发展牛、羊等节粮型畜禽和草食畜禽。以现代奶业项目实施为抓手，突出奶牛业发展，全市奶牛标准化规模生产发展迅猛，同比增长9.2%。争取省以上支持畜牧业标准化规模养殖发展的项目资金达到6130万元，涵盖了生猪、奶牛、蛋鸡、肉鸡、肉牛、肉羊六大主要畜种。不断提高产业组织化程度。各类畜牧业合作经济组织706个，比上年增加90个，占全市农民专业合作组织的30%以上，注册资金总额达到3.8亿元，发展社员2.8万户，社员人均年收入1.5万元。促进畜牧业循环经济发展。配合全市现代奶业项目建设，积极推广新型秸秆青贮利用模式，形成了种、加、养一体化的良好生产格局。全年争取并发放落实青贮池建造补贴、种植结构调整补贴、青贮加工机械购置补贴等专项资金600多万元，全市玉米秸秆青贮总量达到185万吨，新建青贮池（窖）81个，新增容积40000多立方米。

全面加快无疫区建设步伐。全年动物疫情形势稳定，连续6年未发生高致病性禽流感等区域性重大动物疫情。按照免疫计划，积极组织疫苗供应，确保满足春秋季集中免疫需要，适免动物免疫率达到100%。全年共完成高致病性禽流感、口蹄疫等重大动物疫病血清学、病原学检测3万份。执业兽医师资格考试顺利进行，全市987名考生参加考试。完成官方兽医登记工作，共计登记官方兽医460名。兽医实验室认证有序推进，6个农业县（市）区兽医实验室通过了省局考核验收。加快检查站建设进度，省政府批复的10个公路动物卫生监督检查站的建设工作基本完成，其中商河县贾庄等检查站建设标准已达到国内先进水平。市疫控中心建设项目进展顺利。

着力构建畜产品质量安全长效机制。积极应对瘦肉精事件，深入开展安全整治专项行动，严厉打击非法添加和滥用食品添加剂行为，有效消除了畜产品质量安全隐患。开展生鲜乳及生鲜乳收购站整治工作，保障了生鲜乳质量安全。积极开展兽药饲料和畜产品质量安全监测工作，有效防控了有毒、有害畜产品流入市场。共开展畜产品安全监测1346批次，监测合格率达99.96%。

【济南市优质畜产品展销中心建成】 1月26日在伟东新都小区开业，营业面积120平方米。中心集聚了全市畜牧龙头企业的近百种名优畜产品，这些产品经过兽医人员全程跟踪监测，养殖和加工过程全部采用标准化技术，并通过国家无公害、绿色或有机产品认证，产品具有高端、高质、绿色、安全的特点，可供广大市民放心食用。该中心为全市优质高端畜产品搭建了一个展示和销售的平台，建立济南名优畜产品进入市场的主渠道，为济南畜产品走向全省乃至全国大市场提供窗口，进而推动全市畜牧产业实现转型升级、跨越发展。

【全省动物检疫技能大比武】 6月15～17日，在商河县万润食品有限公司举行。这次技能比武分理论测试和现场操作两部分，内容涉及《动物防疫法》等法律法规及生猪屠宰检疫的各个环节，全省17市的68名基层检疫员参加比赛。大比武活动邀请山东农业大学、山东商业职业技术学院和山东畜牧兽医职业学院的专家担任评委。经过激烈角逐，评出团体奖6名，全省动物检疫能手10名。

【山东省第五届猪业博览会暨种猪拍卖会】 6月27～29日，在济南举行。全省100多家种猪场、50多个人工授精站和全省畜牧兽医系统的4000多人参加了本次博览会，70多家国内外优秀企业展示了养猪新技术、新产品，参会人员和参展企业数量创历届博览会之最。

博览会包括技术讲座、新成果新产品展示和种猪拍卖三大内容。邀请省内外知名专家举办了5场技术讲座，组织全省5名原种猪场的技术场长现场解答了与会者提出的问题。博览会评选出性能测定优秀种公猪15头，并进行了公开拍卖，来自潍坊江海原种猪场的D1765－9号杜洛克种猪以1.5万的价格摘得“标王”。

【5个兽医实验室顺利通过兽医系统实验室现场考核】 按照农业部《兽医系统实验室考核管理办法》和《兽医系统实验室

考核工作实施方案》要求，受省畜牧兽医局委托，山东省动物疫病预防与控制中心副主任田夫林率专家组一行3人对商河县动物疫病预防与控制中心实验室、长清区畜牧局化验中心、历城区畜牧兽医局化验中心、济阳县畜牧局化验中心和平阴县畜牧兽医工作站实验室进行了现场考核。

专家组按考核要求，在现场听取了实验室工作汇报，检查了实验室，查阅了相关档案资料，对实验室人员进行了理论考试、现场操作考核和面试。通过考核，专家组认为，商河、长清、历城、济阳、平阴5个兽医实验室在实验室设施、仪器设备、工作人员、实验室管理、检测工作、档案管理、理论考试和检验项目实际操作等8个方面均基本符合《兽医系统实验室考核管理办法》的要求，准予通过现场考核。济南市6个农业县（市）区兽医实验室已全部通过考核评审，标志着全市兽医系统实验室考核工作进入全省前列。

【参加首届全国农产品质量检测大比武】 11月，首届全国农产品质量安全检测技术人员大比武总决赛在北京举办，本次大比武活动由农业部主办，农业部科技发展中心、农产品质量标准研究中心具体承办，历时5天。本次大比武共有32支队伍参赛，分别代表32个省（自治区、直辖市），每支参赛队伍有6名正式参赛队员（地市级检测机构人员3人，县级检测机构人员2人，知识竞赛候补队员1人），参赛队员共192人。比武采取笔试、实验室现场操作考核和知识竞赛相结合的形式进行。实验室操作考核分为5类，包括蔬菜农药残留快速检测、蔬菜农药残留定量检测、畜产品兽药残留快速检测、畜产品兽药残留定量检测、水产品兽药残留定量检测；其中，农、兽药残留定量检测由地市级检测机构人员参加，快速检测由县级检测机构人员参加。经过激烈角逐，山东省代表队总成绩第四，获大比武团体二等奖。其中，市畜产品质量安全监测中心选派的莫贞峰参加了畜产品兽药残留的定量检测，以个人排名第九的成绩，获个人三等奖。

【全面开展“瘦肉精”治理整顿工作】 3月19～20日，市畜牧兽医局6路督查小组分赴各县（市）区，对饲料兽药生产经营单位情况、饲养环节监管情况和产地检疫工作情况等进行检查。以养殖环节为监控核心，以生猪养殖场（户）自配料、食槽饲料和育肥猪为监控重点，在生猪生产区进行大范围、高密度的“瘦肉精”等违禁药物拉网式监测。把养殖环节、饲料兽药生产经营环节和产地检疫环节结合起来，依法监管，净化养殖环境，保证养殖环节不出现添加违禁药物事件。同时，对全市的75个规模猪场、15个肉牛养殖场抽检猪尿、牛尿共170批次，分别进行了“瘦肉精”类违禁药物盐酸克伦特罗、莱克多巴胺、沙丁胺醇残留检测，未检出违禁药物残留，全部合格。

（于　洋）

林果业

【概况】 全市共完成造林面积约1.55万公顷，新建完善农田林网0.84万公顷，新育苗0.12万公顷，果品产量57.6万吨，森林覆盖率达到31.1%，各项指标均超额完成任务。

【国家森林城市建设】 2011年是开展创建国家森林城市工作的第二年，也是实现创建目标打基础的关键年。

1. 南部山区营造林工程。通过荒山造林、退耕还林、疏林地补植和森林经营，增加南部山区森林资源。按照统一规划设计、统一技术标准、统一工程监理、统一检查验收的模式，采取市场化运作、合同化管理、专业化施工的方式，实现了高起点规划、高标准建设和高效能管理，进一步推进和加快荒山造林绿化。全市共完成荒山造林0.66万公顷。

2. 北部平原风沙治理工程。坚持植树造林，重点绿化治理沙化土地，完善和建设农田林网，利用四旁隙地营造围村林，构建平原防风固沙的生态屏障。全市完成风沙治理造林0.15万公顷，新建完善农田林网0.84万公顷。

3. 水系生态绿化工程。各县（市）区按照水系生态绿化工程造林规划，在河流、渠道、水库和湖泊周边组织开展植树造林。全市共完成水系绿化0.46万公顷。

4. 湿地恢复与保护建设工程。新增5处湿地公园，其中，历城区遥墙清荷湿地公园、章丘市白云湖湿地公园、济阳县燕子湾湿地公园被批准为省级湿地公园；商河县清源湖湿地、济阳县土马河湿地批准为市级湿地公园。

5. 森林公园与自然保护区建设工程。新增章丘市莲华山等8处市级森林公园，新增历城区柳埠省级自然保护区和长清区大峰山市级自然保护区。

6. 现代林业示范园区建设工程。通过在高新区利用采空区土地规划建设集科研与观光旅游为一体的现代林业科技示范园区，辐射带动全市林业园区建设。编制完成《济南现代林业示范园总体规划》，完成绿化面积约13公顷，共栽植水杉、鹅掌楸和白皮松等树木2.7万株，培育草本花卉25万盆。各县（市）区林业示范园区建设，新建核桃、大樱桃、桃、苹果等经济林基地、示范园15处。

7. 林业产业化推进工程。按照做大做强林业产业要求，大力发展干鲜果品、林木种苗花卉、速生丰产林基地，促进林下经济、林产品加工、森林旅游等产业发展。完成退耕还林0.37万公顷，新发展林下经济面积约1.21万公顷，新增林产品加工企业（户）91家。

【森林资源保护】 认真贯彻执行有关法律法规，坚持资源保护与合理开发利用并举的方针，严格执法检查，打击各种破坏森林资源和野生动植物资源的各类违法行为，加强美国白蛾防治和森林防火工作，有效地保护森林资源和野生动植物资源。

1. 美国白蛾防治。全市上下按照统一部署、统一时间、统一行动、统一用药的要求，抓住美国白蛾成虫羽化期、卵期、幼虫危害期和老熟幼虫下树化蛹期4个关键环节，强化组织领导、舆论宣传、监测预警、科学防控、投入保障、责任追究六大体系建设，在全市范围内建立起纵向贯通、横向衔接、责任明确的全覆盖无缝隙防治体系，形成机防、人防、空防，全方位、立体式的防治格局，取得防治工作全面胜利。全市防治作业面积13.57万公顷次，其中药物防治面积9.83万公顷次，飞机防治作业面积约4.1万公顷；全市共悬挂1.3万盏杀虫灯，动用各类防治器械1.4万台；喷洒药剂308吨，释放周氏啮小蜂76.2亿头，有虫株率控制在1%以下。

2. 森林防火。2010～2011年度森林防火期，是济南市有气象记录以来最为严重干旱的一年，秋冬春连旱，百年一遇，也是全市森林火灾频发、森林防火形势极为严峻的一年。全市平均降水量仅为27.5毫米（较常年同期减少35.9%），森林火险指数4级以上日数高达108天（是有纪录以来同期最高水平），森林防火工作经历了前所未有的巨大压力。市防火办共接山火报警120余次，全市发生一般森林火灾5起，重大森林火灾1起，过火面积约477公顷，未造成人员伤亡事故。

3. 林业执法工作和森林资源监管。坚持把开展"林政管理效能建设"活动作为提高林政管理规范化水平、提高林政管理服务质量、提高林政管理工作效能的重要措施，以"春季攻势"和"亮剑行动"为抓手，各项工作有序开展。全市依法审核发放林木采伐许可证3365份，批准采伐林木69820.2立方米；为8个林地征占用单位申报办理了使用林地手续，审核批准使用林地约20.8公顷，收缴森林植被恢复费1057.9万元；办理木材运输证3971份，批准运输木材237.3万立方米；新办木材经营加工许可证106个。全市出动森林公安700余人次，出动车辆300台次，查处林业案件427起，行政处罚409人次，罚款147.9万元，责令补种树木11.2万株，没收木材47.7立方米；向公安机关移交林业刑事案件16起；申请法院强制执行行政处罚案件31起。

【林权制度改革】 认真落实国家、省关于集体林改工作的指示精神，全市集体林权制度主体改革任务基本完成。全市84个乡（镇）办、2068个村有林改任务，林改面积17.71万公顷，其中集体林地面积10.39万公顷，非林业用地面积7.32万公顷；公益林9.41万公顷，商品林7.49万公顷，宜林地0.81万公顷。对全市17.71万公顷林地明晰了产权，其中8.93万公顷明确由集体统一经营，有1.31万公顷落实了承包关系，集体统一经营的林地发股权证率95%，发股权证24万个；通过开展林权登记发证，勘界宗地14万宗，确权发证面积17.51万公顷，确权发证率98.8%，发林权证12442个，新登记发证2718个。

（王　翀）

【水利事业概况】 济南市下发水利改革发展的一号文件，召开了最高规格的水利工作会议，水利工作实现了跨越式发展，全年共完成各类投资17.2亿元。

南水北调工程。市区以东明渠段和东湖水库征迁完成，为主体工程顺利实施提供了有力保障。同时，南水北调济南市配套工程完成可行性研究，玉清湖引水和东湖输水工程前期准备加速进行；腊山分洪工程完成投资1.45亿元，累计6.6亿元，占概算总投资的96.7%。小农水重点县项目。6个小农水重点县开工建设，累计完成投资3060万元。农村饮水安全工程。国家共安排两批饮水安全项目，涉及7个县（市）区26.4万农村居民和2.46万学校师生，总投资1.36亿元，全市农村自来水入村率达96.4%，入户率提高到90%。灌区续建配套与节水改造工程。邢家渡灌区提前完成年投资计划，田山灌区进行工程招投标。同时，编写新一轮大型灌区续建配套与节水改造可行性研究报告，其中胡家岸灌区可研报告通过评审。病险水库、水闸除险加固工程。大站水库初步设计已通过评审，狼猫山、石店、玉清湖3座中型水库完成初步设计。平阴县7座小型水库除险加固工程前期准备就绪。四干入清闸、营子闸除险加固工程编制初步设计。中小河流治理工程。土马河、大寺河治理基本完成，绣江河完成施工招投标工作，锦绣川完成初步设计并通过专家评审。小流域水土保持综合治理工程。平阴皂角峪、长清南山等37条小流域综合治理工程超额完成，完成治理水土流失面积88平方公里，超过计划10%。东联供水二期工程黄台电厂项目。完成总投资3500万元，每天可新增置换地下水2万吨。

（魏　巍）

【防汛抗旱减灾工作】 在防汛工作中，立足于防大汛、抗大灾、抢大险，全面落实各项防汛措施。精心组织，对全市水利工程进行了防汛安全监督大检查；修订预案，组织开展了徒骇河济阳段等多次防汛抢险演练；加强协调，应急疏通了临商河全线河道，实现了水库不垮坝、河道不决口、内涝少成灾的防汛目标。在抗旱工作中，共安排抗旱资金8425余万元，累计新打人饮深井100余眼，新打农灌机井1250眼，恢复和改善灌溉面积4.27万公顷。

（魏　巍）

【编制全市水网规划】 结合济南实际，编制了《济南市水网规划》，对全市水利工程进行统一布局、分步实施。水网的骨干构架为"六横连八纵，一环绕泉城"，计划用10年时间，构建防洪减灾水网、城乡供水水网、水系生态水网，基本形成防洪减灾、水资源配置利用、水系生态保护、水利发展机制四大体系，率先实现水利现代化。

（魏　巍）

【制定严格水资源管理制度】 建立严格水资源管理制度指标控制体系。完成了《济南市最严格水资源管理制度建设实施方案》《济南市地下水位警戒线划定》《济南市水资源调查评价》等文件的编制工作，并将用水总量、用水效率、水功能区限制纳污控制指标全部分解下达实施，严格考核。认真贯彻落实《山东省用水总量控制管理办法》。出台了《济南市用水总量控制管理办法(暂行)》,严格取水许可审批管理,严格执行取水许可审批符合“六个必须”要求。严格水功能区水资源保护管理。加强排污口的监督管理,通过水资源论证严格要求项目的退水必须满足水功能区水质目标要求。根据《济南市地表水水功能区划》所确定的水功能区水质保护目标和水体自然净化能力核定地表水体的纳污能力,制定限制排污总量。加快节水型社会建设。开展《济南市节水型社会建设规划》编制工作,在抓好平阴、章丘节水型社会建设省级试点县(市)工作的基础上,认真总结两个试点县的经验并在全市范围内推广。加大水利规费征收力度。征收水资源费、河道维护费、水土保持设施补偿费等共计1.59亿元。严格地下水管理。积极开展地下水保护行动,全年共出动执法人员1000余人次,查处私自凿井、违法取水、破坏水土保持等案件160起;加大封井保泉工作力度,联合市城管执法局等部门进行自备井检查,累计封闭深井344眼,浅井2900眼,保持了泉水连续8年持续喷涌。 (魏 巍)

【水利普查工作】 加强对县(市)区的综合技术指导,定期进行督导检查,强化质量控制措施,加强工作进度管理。采取“五步审验法”,开展了清查登记成果验收工作,顺利通过了省级验收,完成了清查登记阶段各项工作。 (魏 巍)

【黄河治理概况】 全年,黄河流域降水量较少。黄河下游仅在小浪底水库调水调沙期间出现过一次较大洪水过程。山东省全年黄河来水量240.6亿立方米,较历年平均值偏少31.8%;济南市泺口站水量192.4亿立方米,较历年平均值偏少40.6%。年内,济南河段没有发生较大险情。黄河汛前调水调沙从6月19日开始,至7月11日结束。济南市最大流量出现在7月2日14时,为3320立方米每秒,相应最高水位30.20米,3000~3320立方米每秒大流量维持了7天。期间,全市共有15处防洪工程38段坝出险,共抛石方6903.08立方米,耗资95.84万元。没有发生较大险情。4月26日,黄委会主任陈小江到济南黄河进行调研,重点察看济南黄河标准化堤防建设情况。

1. 防汛工作。按照黄河防总和山东省、济南市防指的统一部署,以防御新中国成立以来最大洪水为目标,紧紧围绕“指挥调度、洪水预测、查险抢险”3个关键环节,积极进行各项防汛准备,确保济南市防洪、防凌安全。①全面落实以行政首长负责制为核心的各项责任制。全市逐级签订《防汛责任书》454份;各级领导干部检查、认领防汛责任段199人次;行政领导包黄河防洪工程78人。②对全市群众防守力量进行部署。共落实群众防汛队伍18万余人,其中一线队伍4.34万人、二线队伍2.71万人、三线队伍2.50万人,预备队8.50万人。培训各类防汛队伍2.55万人,其中群众一线队伍2.40万人,黄河专业队伍886人。③按照国家、社会团体和群众三结合原则,全面落实防汛料物。对国家常备防汛物资进行全面检查,做到账实相符、管打管用,对社会团体和群众备料进行登记造册,挂牌号料。为保障防洪抢险需要,各县(市)区局对国家常备防汛料物进行了核查,主要对各个仓库物资的品种、数量、存放地点等进行了仔细、全面核查,达到账、卡、物、表四相符。全市共落实石料28.02万立方米、铅丝201吨、麻料137吨、编织袋25.11万条、篷布98块、救生衣2430件、编织布1.36万平方米、砂石料0.02万立方米、发电机组636千瓦、冲锋舟3艘等。社会团体和群众备料按照料物品种、数量、联系人、存放地点、运输方式五落实的要求,共落实柳秸料9236.62万公斤,软楔1.44万个,木桩28.3万根,草麻袋177.24万条,雨具7.56万件,棉衣被9.4万件,防汛车辆0.6万辆,照明设备95台、925千瓦,铅丝232.1吨,绳类322.7吨等。④针对河势、工程和人员变化,修订防洪预案、滩区运用预案、调水调沙预案、工程抢险方案及机动抢险队抢险行动方案。特别是在修订防洪预案和滩区运用预案时,为保证滩区群众的生命安全,进一步明确当黄河发生中小洪水时,沿黄各县(市)区防指要及时发布通告,采取防范措施,确保人身安全。⑤完成第十一次调水调沙生产运行任务,确保滩区和人员安全;加强浮桥管理,及时拆除19座浮桥。

2. 防洪工程规划与建设。着力抓好综合规划和专项规划的编制工作,不断完善防洪工程规划体系,储备工程项目。根据上级部署,配合有关部门完成黄河济南段部分规划的修编和新一轮黄河下游防洪工程建设可行性研究相关工作。开展黄河流域(片)水利发展“十二五”规划编制工作,及时上报基础资料。章丘市黄河放淤固堤工程、防浪林建设、险工拆改和长清区黄河控导工程整修等防洪工程初步设计通过黄委审查,概算投资3.33亿元。防洪工程建设用地征收工作取得新进展。配合市国土资源局完成了相关报件工作,共投资6523万元。平阴、长清、槐荫、天桥、济阳5个区(县)新增补偿投资全部支付到位。

3. 积极构建济南黄河生态体系。以维持防洪工程完整和提高抗洪强度为中心,进一步强化黄河防洪工程管理。全年累计投资3746.4万元,完成土方27.80万立方米,石方5.46万立方米。开展绿化工作,全年共植树86589株,占计划任务的102.35%。大力开展美国白蛾防治工作,维护济南黄河生态安全。着力打造黄河精品工程,大王庙引黄闸被评为黄委示范工程。济阳河务局通过了国家一级水管单位复查。强化济南黄河生态防护林更新采伐管理,使济南黄河生态防护林更新采伐工作步入规范化轨道。

4. 实施最严格的河道管理制度,全面提升依法行政能力。继续实施最严格的河道管理制度,不断探索完善水政与公安派出所联合执法新机制,联合执法成效显著。全年共立案23起,结案22起,派出所独立查处各类案件43起。加大河道监管力度,清除阻水片林13.3公顷、22000株。强化浮桥管理,对浮桥经理进行培训。加强非防洪工程建设项目管理,建立运行管理档案,全年共受理非防洪工程建设项目许可10项,市局审批9项。扎实启动“六五”普法工作,完善普法网络。积极开展水法规宣传活动，投入宣传资金7.3万元。市局分别被黄委会和济南市委、市政府评为“十一五”水政工作先进集体、“十一五”全市普法依法治理工作先进集体。

5.继续实施最严格的水资源管理制度，应急抗旱工作成效显著。科学调度黄河水资源，全年安全供水5.54亿立方米，其中工业用水2.78亿立方米，农业用水2.64亿立方米。2011年春季，山东省遭遇特大干旱，济南市旱情为60年一遇。面对严峻的抗旱形势，济南河务局对抗旱工作进行专题研究部署，尽最大努力支持济南市抗旱工作。成立抗旱供水领导小组，加强与地方党委政府的沟通，当好参谋，及时提供水情信息。积极向上级争取抗旱引水指标，科学调度，合理配置，使有限的黄河水资源发挥了最大效益。至4月27日济南黄河引黄春灌工作结束，期间共引用黄河水1.47亿立方米，引水量较上年同期增长18%，基本满足了济南市农业抗旱及城区用水需求。

6.加强科技治河。向山东河务局申报2009~2011年度创新项目39项，22个项目获山东黄河创新成果奖，其中重大奖2项，一等奖5项。6个项目通过黄河水利委员会“新技术、新方法、新材料”认定，1个项目获山东黄河科技进步“火花奖”一等奖，2个项目获山东黄河科技进步二等奖。（刘卫国　孙　凡）

【抵御黄河秋汛】　9月，受持续强降雨影响，黄河干流和渭河、北洛河、汾河、伊洛河等重要支流相继出现了3次洪水过程，黄河发生了多年罕见的秋汛。9月21日15时30分，黄河干流潼关水文站曾出现5720立方米/秒的洪峰，是自1998年以来黄河中游出现的最大洪水流量。受洪水影响，济南境内的19座浮桥全部拆除。面对严峻的秋汛形势，济南河务局及时部署，下达关于防御黄河秋汛洪水的通知，严格落实防汛责任制，加强工程巡查，黄河应急专业机动抢险队和各专业抢险队原地待命，随时准备参加抢险。至9月26日黄河秋汛结束，全市未发生大的险情。（刘卫国　孙　凡）

【成立山东黄河第二应急机动抢险队】根据山东河务局要求，以山东黄河第二、第十二、第十三专业机动抢险队的抢险骨干为主，并补充复员退伍军人为新生力量，成立了山东黄河第二应急专业抢险队。抢险队成立后，实施全员培训，着重锻炼机动能力、反应速度，确保抢险队关键时刻“拉得出、上得去、打得赢”，力保黄河安全度汛。同时，按照正规化、规范化、现代化和机械化的要求，出台应急抢险队《建设管理办法》《设备管理制度》《值班制度》和《岗位责任制》，达到了科学训练、科学管理、科学调度的要求。

（刘卫国　孙　凡）

【2011天桥名优美食节暨都市农业成果展】　9月30日至10月2日，天桥区人民政府与济南河务局在济南百里黄河风景区的中心景区联合主办2011天桥名优美食节暨都市农业成果展。活动还吸引了大批中央、省市媒体的记者。活动期间共接待全国各地游客10万人次，极大地提高了济南黄河的知名度与美誉度，取得了地方政府与黄河河务部门的双赢，为黄河旅游产业发展摸索出一条新路子。

（刘卫国）

【完善黄河派出所和水政监察大队协作配合机制】　11月，根据山东省公安厅、山东黄河河务局《关于印发建立黄河派出所和黄河水政监察大队协作配合机制的意见的通知》要求，济南河务局所辖7个县（市）区局积极与当地公安部门协商沟通，多次召开公安、水政联席会议座谈讨论，结合派出所成立以来的执法情况，制定符合自身实际和执法需要的协作配合机制，具体包括《联席会商制度》《情况通报制度》《联合巡查制度》《重大、应急突发事件协同处置制度》《联合宣传制度》《联合执法统计制度》和《联合学习培训制度》，全面完成黄河派出所和水政监察大队协作配合机制建设工作。

（刘卫国　孙　凡）

【小清河玉清湖沉沙池补水工程完工】　7月28日，由济南市黄河工程局中标承建的济南市小清河玉清湖沉沙池补水工程顺利完工。该工程利用玉清湖沉沙池沉沙后原水对小清河实施补源，自玉清湖沉沙池起，沿黄河大堤至睦里闸进水口，设计输水流量约5立方米/秒，输水线路长2.6千米，设计进水涵闸一座，坝顶高程38.5米。主要工程量包括：进水闸1座、箱涵6节、进出口段压力水池各1座、双排输水管线5240米、管道沿线小型建筑物压力水池1座、排气阀井2座、蝶阀井2座、测流井1座以及压力井1座。工程自3月30日开工，按期完成主体工程的施工任务。（刘卫国　孙　凡）

责任编校　宣　涛

商贸·旅游

商贸服务业综述

【商贸概况】 1. 开放商务各项工作实现新跨越。利用外资规模与质量双提高。坚持招商先行理念，多次组织有关部门人员赴有关国家和地区开展专业或专题招商活动。在北京举办了面向世界500强跨国公司的招商推介会。全年新批外商投资项目86个；完成合同外资14.1亿美元，增长17%；实际利用外资11亿美元，增长5.8%；新批总投资1亿美元以上的大项目6个、3000万美元以上项目12个；到位资金过1亿美元的大项目5个；新增世界500强投资企业5家，总数达到51家。全市外资融资租赁公司达到7家，占全省的一半。制造业和服务业利用外资呈现良好态势，外资结构进一步优化。

对外贸易首次突破百亿美元。全年实现进出口总额104亿美元，增长40.4%，其中，出口一年内连续迈上50亿美元和60亿美元两大台阶，达到60.5亿美元，增长49.1%。机电和高新技术产品出口47.5亿美元，占全市出口比重的79%，同比提高4.6个百分点；加工贸易出口首次突破6亿美元，创历史新高。出口对全市经济增长作出重大贡献，拉动全市GDP增长超过5个百分点。

对外经济技术合作在全省的地位上升。全年新签对外承包工程合同额38.5亿美元，同比增长17.1%；完成对外承包工程营业额21.6亿美元，增长59.9%；外派劳务9008人；新批境外企业（机构）44家；中方协议投资额2.45亿美元，增长56.3%。外派劳务、对外承包工程营业额保持全省第二位，对外承包工程合同额、境外投资项目和投资额由上年的全省第二、第六、第六位上升至第一、第二和第四位。境外工程承包带动出口15.92亿美元，增长243.1%，占全市出口的28.5%。

服务外包稳固保持全省第一。全年登记承接服务外包合同2754份，合同额6.6亿美元，同比增长52%；完成服务外包离岸执行额4.5亿美元，同比增长106%；新增服务外包企业65家，其中新引进企业30家，累计达到265家；培训服务外包适用人才1.4万人，实现服务外包人才就业6300多人。积极推动落实微软与济南签署的《战略合作备忘录》和《济南共识》，微软在中国的第4家分公司入驻齐鲁软件园，全球首个服务外包人才培训和国际认证合作计划落户济南。新开工建设服务外包园区45万平方米。

园区建设与升级工作取得新进展。全市省级经济开发区、出口加工区实现国内生产总值499.82亿元；出口14.18亿美元，增长94.01%；实际利用外资3亿美元，利用外资千万美元以上项目13个。明水经济开发区升级国家级开发区已被商务部列为拟批单位，出口加工区申建综合保税区已进入第二轮部委审签程序。与新加坡裕廊顾问合作策划“新济科技服务园”已经签署合作备忘录，与台湾东元集团合作建设软件园、与德国易赛公司合作建设中欧产业园已进入选址阶段。

2. 民生商务发展水平实现新提升。落实“扩消费、惠民生”政策措施积极有效。全市实现社会消费品零售总额2023.1亿元，同比增长17.3%。深入开展“满意消费惠万家”活动取得丰硕成果。家电下乡、家电以旧换新工作走在全省前列，累计销售家电下乡产品118万台，销售金额28亿元，发放财政补贴2.9亿元，受益农户80万多户；家电、汽车以旧换新工作累计带动家电、汽车销售187万余台，销售金额76.5亿元，发放补贴逾6亿元，惠及企业、市民42万多户。成功举办了新年购物节、泉城金秋购物节、青岛啤酒节等一系列促消费活动。

各项便民利民的“民心工程”加快推进。积极争取商务部将济南市列入全国肉类蔬菜流通追溯体系和家政服务体系建设试点城市，“放心肉”追溯系统一期工程建成运行，市内5家屠宰企业、26家外埠进济销售企业的生猪产品纳入监管范围，市区14家超市设置了肉品质量安全信息查询终端设备。家政服务网络中心开通试运行，新建家政服务连锁店74个。深入实施“社区便民放心菜工程”，新建社区菜市场13处、社区便民肉菜店86家。“放心早餐工程”改造建设3处配送中心，全市主城区累计建成早餐连锁店340家，发展早餐车20部。

城乡市场商品流通体系建设进一步完善。深入实施“万村千乡市场工程”，新建农家店600家，日用品店行政村覆盖率达到85.7%；重点推进直营农家店建设，全年改造建设直营农家店32家。深入推进“农超对接”，全市34个特色农产品基地的140余种特色农产品已进入超市；14个大型超市开设了“出口农产品专区”，展销“出口农产品质量安全示范区”产品，“农超对接”销售额占全部农产品销售总额的48%，扩大了特色农产品销售，让市民得到了实惠。完成《商品交易市场布局发展规划》，各类商品交易市场改造提升工作稳步推进。

市场监测、行业监管和应急保供能力不断增强。市场监测保持全省第一和全国先进，市商务局获全国城市商业网络信息报送工作一等奖、全省市场监测工作考核第一名。市场应急保供平台建成并投入试运行，重要生活必需品和防汛抗旱物资储备等工作机制日益完善。生猪定点屠宰监管工作力度进一步加大，完成压缩7家定点屠宰场(点)的任务。在全市启动创建诚信商贸企业承诺活动，有112家批发零售和住宿餐饮企业按要求悬挂或摆放了承诺牌匾。打击侵犯知识产权和制售假冒伪劣商品专项行动取得重大成果，出动执法人员6.2万余人次，检查企业、单位3.1万余家，查处各类侵权假冒案件1300余起。

3.商贸流通现代化水平实现新提高。商贸流通主体结构日益优化。进一步加强大项目调度工作力度，建立季度调度会制度、重点项目联系制度及商贸流通大项目库。全市投资额过亿元、面积在1万平方米以上的商贸大项目达到70个，总建筑面积873万平方米，总投资额498亿元。恒隆广场、和谐广场、华润万家、华强电子世界等大体量商业综合体项目，以及美爵、凯悦和香格里拉五星级酒店项目等一批大型商贸设施建成开业和开工建设。新导入限额以上商贸流通企业291家，总数达到1662家。重点商贸流通企业统计监测体系建成并运行。

特色品牌发展呈现众多亮点。《加快济南市特色商业街区建设发展的指导意见》已经市政府常务会议研究通过，《特色商业街区建设三年规划》编制完成。堤口路啤酒厂娱乐休闲街、齐鲁国际美食广场正式营业，“红尚坊”酒吧休闲街等特色商业街建设顺利推进；英雄山文化休闲商业街区规划方案通过专家评审，并进入国家级商业街区评审程序；明湖南百花洲特色街区正在策划与评审；泉城路等5条商业街已申报“山东省特色商业街”。新认定“中华老字号”4家、“山东老字号”1家，新评国家级酒家4家、中国绿色饭店5家。

会展业规模与品质不断提高。完成《济南会展业调研报告》，制定出台《济南市品牌展览会申报评审管理暂行办法》，组织举办济南(北京)会展业推介会，引进国字号展会7个，全年共举办展会141个，展览面积199万平方米，参观人数745万人次，交易额1110亿元，直接营业收入3.25亿元，拉动相关行业收入153亿元。济南市被评为2011年“中国十佳品牌会展城市”和“中国十大影响力会展城市”。

现代流通方式推广取得成效。连锁经营和电子商务快速成长。新增商贸连锁企业4家、连锁门店61个，13家重点商贸连锁企业实现销售总值492.3亿元，同比增长26%；山东商业集团被纳入全国电子商务试点企业，山东韩都衣舍进入国内品牌电子商务企业行列，山东商业集团“银座100”、济南科技市场“网上商城”等10家重点电子商务企业营业额逾15亿元。与世界知名中介服务企业合作及引进工作取得突破，与世界著名“五大行之一”的戴德梁行上海分公司签订战略合作协议，华普天健会计师事务所、中兴财光华会计师事务所、中审亚太会计师事务所、中伦文德律师事务所、法资金盛保险在济南设立了分公司，有力推动了济南中介领域的流通现代化。

4.营造商务发展新优势收效显著。积极争取各级各有关部门的政策支持。肉类蔬菜流通追溯体系和全国家政服务体系建设试点、农村商贸流通体系建设、市场监管公共服务体系建设共获得中央和省财政扶持资金6110万元；济南被商务部确定为第二批落实CEPA示范城市，在密切与港澳合作方面给予特殊政策安排；积极争取市财政设立了200万元的对外经济技术合作专项扶持资金，为加快实施“走出去”战略发挥了积极作用。

借用外脑和外力为商务发展提供支持。与济南大学联合开展的民生商务满意度社会调查，与中商规划院合作开展的商业网点调查、商业街建设和提升规划编制，以及与香港、台湾、新加坡、英国、日本的世界知名机构签署的多方面协议和开展的多方面合作，将对济南市商务可持续发展起到不可估量的推动作用。

加强对产业引导资金的使用和管理。制定产业发展专项资金使用管理办法及商务系统专项资金内部管理办法，明确7类重点扶持项目，资金使用管理更加科学、系统、规范，各项产业政策的引导和扶持效益明显提升。

【沃尔沃济南研发中心奠基】 10月18日，沃尔沃建筑设备济南研发中心在高新区举行项目奠基仪式。沃尔沃建筑设备(VCE)是世界500强沃尔沃集团的全资子公司，是全球领先的建筑设备制造商之一，致力于开发、生产和营销适用于建筑及相关行业的机械设备。该项目是沃尔沃在中国的第一个研发中心。(参见“经济开发园区·济南高新技术开发区”【概况】条)

【济南市首个对外劳务服务平台正式运行】 11月，济南市首家对外劳务合作服务平台在章丘市建立并正式运行。该平台的主要职能是为劳务人员和外派企业免费提供对接服务，监督外派企业和劳务人员依法签署合同，为劳务人员提供政策咨询、就业指导等相关服务，它的建立将有助于推动济南市外派劳务市场的规范化与透明化，促进济南市外派劳务健康、有序发展。

【二机床集团两个重大专项课题通过验收】 12月，济南二机床集团承担的两个国家重大专项课题——“高速龙门五轴加工中心”和“双摆角数控万能铣头”在济南同时通过国家验收。这两个项目均是国内航空、航天、发电、冶金、铁路机车、船舶等重点行业领域研发急需的关键装备，这打破了国外产品在重点行业领域的技术封锁和技术垄断，为实现高端数控装备自主化，满足国民经济发展和国家战略需求发挥了重要作用。

【建立冬春蔬菜储备制度】 该制度是由

政府委托蔬菜主产区生产基地的蔬菜农业合作组织或蔬菜种植基地的企业及专业批发市场进行储备,政府给予相应费用补贴。全市冬春蔬菜储备总量1万吨,能够满足市区400万居民4~5天的正常蔬菜需求。该制度的建立,对于保障济南市冬春蔬菜供应、平抑淡旺季蔬菜市场价格过大波动、稳定居民对蔬菜市场的价格预期具有重要意义。

(李辉阳)

国内贸易

【粮油概况】 全年全市粮食系统实现销售收入21亿元,完成年度目标的161.53%;实现利税2498万元,完成全年指标的124.93%;全市粮食企业资产总额25.22亿元,国有资产保值增值率达到108%。全市粮食经济继续保持平稳较快发展态势。

1.粮食购销。贯彻落实国家和省、市关于加强粮食宏观调控、确保粮食市场稳定有序的一系列指示精神,积极畅通粮食流通渠道,加强粮食产销衔接,科学指导粮食购销经营,督促企业保持合理库存,确保全市全年、特别是重大节庆活动期间粮油销售不脱销、不断档。严格落实省政府核定储备指标,调整充实"可供市场10天以上成品粮油应急储备",粮油储备保障有力。全年全市各类粮食经营企业累计购进和销售粮食206.5万吨、油脂2.9万吨,同比分别增长12%和5%;年末粮食企业商品粮库存12.3万吨,社会粮食库存适度增长。全市粮油市场运行平稳,供需总量基本平衡,储备充实到位,价格基本稳定,为管理好通胀预期发挥了基础性作用。

国有粮食购销企业坚持"政策性"定位,推进科学化管理、市场化运作,在有效防范经营风险的前提下,发挥仓储、信誉、服务优势,搞好粮食经营,提前三个月完成粮食轮换任务。各粮库带头执行国家粮食收购政策,发挥粮食部门主渠道作用,粮食入库价格每500克在1.05~1.06元之间,高出国家最低收购价近0.1元,激发农民种粮售粮积极性。第一粮库通过开展外购外销、合作经营,稳妥开展贸易经营。第二粮库充分发挥物流优势,积极做好省际产销衔接和企业协作。第三粮库借助电子商务和出口资质,积极拓展国外粮食市场,开展自主经营并取得显著效益。北山粮库借势转型,全年投资110万元改造闲置资产,当年实现租赁收益150万元,并回购了原被拍卖房地产。

县域粮食经济发展良好。章丘荣元公司筹集资金开展粮食收购,建立放心粮油供应网络体系,抓好粮油食品安全,产业竞争能力提升。济阳县粮食局坚持改革创新,优化粮食产业布局,促进产业链条延伸,放心粮油、粮食购销、益粮商贸、富硒面粉、招商引资等工作亮点突出。历城区粮食局切实加强储备库建设和管理工作,粮食贸易规模和经营效益同比大幅提升。平阴县粮食局加大仓房维修力度,增加有效仓容2.5万吨。商河县粮食局积极争取政府支持,列支专门经费用于保障全县粮食收购秩序。长清区粮食局全年处置变现资产5宗,筹集资金妥善解决4个企业、253名职工社会保障问题。

2.粮食调控。创新完善粮食调控运行机制,认真做好粮食市场行情监测分析,建立重点粮食品种价格日报制度、一般粮油商品价格周报制度和全市粮食市场行情月度分析制度,实现对粮食流通信息动态管理,提高应对市场变化的能力和水平。完善调查方案和抽样方法,扩大粮情调查范围,全市纳入统计范围企业达到396家,设立农户粮情监测点300个,城镇粮情调查点316个,粮油价格直报点68个,圆满完成社会粮油供需平衡和成本利润调查工作。继续推进《济南市粮食流通管理办法》贯彻实施,研究制定《济南市粮食批发零售备案管理实施细则》,2011正式颁布实施。切实加强粮食应急保障工作组织领导,在全省率先修订完成《粮食应急预案》,健全完善粮食应急管理工作机制。做好粮食政策法规宣传工作,推动社会各界提高对粮食安全问题认知和重视程度。在省、市庆祝《粮食流通管理条例》颁布7周年暨《粮食流通管理办法》颁布实施系列活动中,300余家社会粮食企业积极参与,近万名群众参加咨询,市民群众的粮食安全意识日益提高。市政府办公厅刊发《信息特刊》,全面介绍一年来粮食部门严格落实国家粮食政策,扎实做好粮油保供稳价工作取得的良好成效。市委党校课题组就全市近年来粮食改革发展实践开展专题调研,将粮食安全保障工作的经验做法概括为6个"坚持创新",并以《关于构建省会粮食安全体系的建议报告》为题,通过《领导参阅》上报市领导。市粮食局被国家粮食局评为"全国粮食系统法制宣传教育先进单位"。

3.粮油储备。市粮食局切实加强业务指导和监督检查,突出抓好储备体系建设和规范化管理工作,确保地方粮食储备管理达标。健全工作机制,先后研究制定《济南市地方储备食用油管理制度》等15项管理规定,规范储备粮油日常管理;创新管理方式,对承储企业轮换过程实施全程监控,提升粮油储备轮换调控力度;加强库存调度,全面掌握储备粮油的品种、数量、存储地点、收获年限等信息,强化粮情安全动态管理;强化监督检查,通过定期普查和专项抽查,提高承储企业综合业务管理水平。2011年,济南市粮食局连续6年被评为"全省粮油仓储管理先进单位",第一粮库、第二粮库、第三粮库被评为"全省规范化管理示范粮库",第二粮库获"全省十佳示范粮库"称号。

4.粮食执法。认真履行粮食流通管理职能,加强市、县两级行政执法体系建设,加大粮食行政执法力度。年内,全市各级粮食行政管理部门依法开展粮食收购联合执法、粮油库存检查、粮食应急加工企业专项检查等各类监督检查活动472次,出动人员1600人次,处理案件56例,责令改正20例,行政处罚15例,注销粮食收购资格12个,未出现1例行政复议和行政诉讼案件。其中,夏粮收购联合执法是济南市开展夏粮收购专项检查3年来规模最大、时间最长、入户检查最多、检查内容最全面的一次,得到县(市)区的高度重视和大力支持,营造了粮食执法良好氛围,维护了正常的粮食收购市场秩序。继续巩固省级“规范化执法示范县”创建活动成果,章丘、济阳、平阴3个县(市)顺利通过验收,全市县(市)区提前一年完成创建省级“示范县”任务,全市各级粮食部门执法能力和水平得到整体提升,市局连续5年被评为“全省粮食流通监督检查行政执法工作先进单位”。

5.粮食加工。济南民天集团加快资源整合步伐。作为行业龙头企业,民天公司优化产品结构,推进面粉、食品、杂粮三大主业稳健发展;完成新产品开发7项,提高市场竞争力;坚持品牌化运作,积极探索新型经营业态;积极推进民天工业园建设和润园拆迁回购工作,保持了企业平稳发展。饲料公司加强与外商合作和内部建设,推动正大饲料和金海天公司超额完成年度目标任务,顺利解决了企业700余万元的历史债务。包装公司减亏增盈成效明显,职工队伍保持团结稳定。良香宾馆、植物油库等面临拆迁企业积极与开发商沟通协调,保证国有资产保值增值。挂面厂、粮机厂、饮料厂等企业积极解决历史遗留问题,保持了企业稳定。

6.粮食供应。金德利集团突出食品安全管控,大力加强中心厨房建设,不断加强运营管理,提升企业核心竞争力,实现企业自身有效积累和快速发展壮大。截至年底,金德利集团各子公司中心厨房建设总面积达到5500平方米,设备200台套,配送品种130余个,全年配送额1.25亿元。同时,改造提升各子公司食品质量检测室,从源头上严把食品安全。突出店面运营管理,加大老店提升和新店开发。对内狠抓店面管理、提高创利能力,对外加大网点开发力度、稳步推进规模扩张。槐荫公司90%的老店实现了效益明显增长,新建5家网点,积累县城市场开发经验,拆迁回购实现国有资产保值增值。天桥公司加大网点改造力度,7家店面实现电子收款方式,老店整体面貌焕然一新。突出经营模式创新。配送公司推出四大套餐系列产品,承接30场会展、会务供餐任务,逐步站稳济南团膳市场龙头地位,创造单日供餐近20万元的销售记录,并继续保持产品零投诉的服务水准。市中公司成功解决产权纠纷,将办公场所与经营场所调换,拓宽了企业盈利空间。历下公司创新晚餐经营,增加配送品种,扩大配送规模。突出抓好基础管理,切实增强可持续发展能力。集团公司全面完成快餐网点集中统一核算,财务信息化建设助力企业发展。规范劳动用工,全部实现劳动合同签约率80%的目标。加强人员培训,实现员工价值,不断聚集快餐行业高技能人才。

“居民厨房工程”日益成为粮食部门联系群众、服务民生、群众信赖的重要平台。年内,金德利集团新建网点17家,改造提升16家,全市经营网点营业面积超过4万平方米,在岗职工4000余人,日服务群众15万人次,继续引领全国快餐行业发展。金德利集团再次入选“中国中式快餐企业50强”,获“全国放心粮油进农村进社区先进单位”“全省粮食系统先进集体”等荣誉,“金德利民”商标被评为山东省著名商标。人民日报、新华社等6家中央媒体对其发展经验进行了报道。

7.军粮供应。严格落实军粮供应政策,狠抓粮油质量管理,保持军粮质量合格率100%、部队满意率100%,形成“质量稳定、服务优质、供应及时、秩序良好”的长效工作机制。在全国“地沟油”专项整治工作中,军供中心顺利通过国家、省、市3级质监部门突击检查,被列为济南市食用油灌装标杆企业。创新开展“粮油科技进军营”活动,组织各类培训活动12期次,培训战士500余人,为部队检测粮油30余批次,供应应急保障食品上万份。济南市军粮供应中心和军供站分别被国家粮食局评为“全国军粮管理工作先进单位”和“全国百强军粮供应站”。　　(郭松舟)

【盐业概况】　全年共销售各类盐94922吨,完成全年任务的110.25%;销售食盐65992吨,完成全年任务的114.45%;销售小包装食盐28062吨,完成全年任务的112.56%;累计销售高档盐5550吨,完成全年任务的222.60%,占到小包装盐销量的19.78%。全年实现销售收入1.64亿元,实现利润632.23万元,上缴税金965.47万元。其中,全市非盐商品销售额2505万元,比上年同期增加1622.69万元。职工收入也有了较大增加。

1.积极履行社会责任,确保食盐安全供应。将食盐安全供应作为工作重心,制订《济南市食盐应急保供预案》《食盐召回管理办法》《食盐安全质量责任追究制度》等,建立食盐安全和质量管理领导小组,安排专职人员具体负责食盐安全,建立健全用户档案和销售台账,规范对食盐零售市场的服务和管理。积极申请财政贴息,全年全市食盐储备量增加到1万吨。3月,全市发生食盐抢购风波,盐业系统充分发挥政府食盐储备和完善销售渠道的作用,加强新闻媒体宣传,迅速平息了食盐抢购风波,保障了食盐供应和价格稳定,维护了盐业市场秩序。

2.企业管理实现信息一体化。制定实施信息化管理制度,贯彻落实《计算机等信息化设备使用管理制度》《应用系统使用管理制度》《信息化办公工作制度》《上网行为管理制度》《电子公文管理制度》,严格规范信息化工作流程及使用网络行为,完善岗位责任制,切实提高协同办公效率和通过应用系统处理业务的能力。稳步推进经营管理一体化工作。全市盐业财务管理实现一体化和信息化;两次聘请技术研发人员,对业务信息化管理员进行培训,业务购销存供应链管理系统在全市全面推广使用,实现了全市业务管理一体化,商品的购、销、调、存实现网络传输。做好协同办公系统的全面应用,规范公文处理程序,公文处理、日常办公、文件资料传递全部通过网络进行。规范使用计算机及网络行为,加强市局网站的信息维护工作,确保网站信息的经常性更新。

3.加快推进发展方式转换和结构调整。制定实施意见,优化渠道资源,开展非盐商品经营,强化内部管理,努力创建品牌形象。把发展非盐商品经营作为企业的战略选择,出台《非盐商品统一经营管理实施方案》作为指导方针。各分公司结合自身实际制定具体实施方案,将目标责任层层分解落实。召开多种形式专题会议，探讨交流各分公司发展非盐商品经营的情况和经验。发挥食盐配送与网络优势，全力开拓农村商品流通市场，推行直营店和加盟店经营模式，探索建立以集中采购、统一配送为核心的农村新型流通市场体系，从源头上控制假冒伪劣商品流入农村消费市场。章丘分公司加强员工市场营销培训，逐步弱化对专营政策的依赖，发挥网络、品牌、人才优势，整合各类资源，转变经营模式，用全新的市场化手段进军乡镇及农村商品流通市场，闯出一条经营性与公益性相结合、自身发展与为农服务共赢的新路子。全年完成非盐销售额1130万元，比计划多出530万元，走在全省盐业县、市分公司的前列。济阳分公司充分利用“万村千乡市场工程”惠民政策，建立信息化形象店100家、直营店3家；积极与扳倒井酒厂协商，为80家农家店无偿更换门头牌，统一命名；进一步扩大经营品种，产品更加适销对路；对所经营商品全部张贴“济盐配送”标签，实行明码标价，提高消费者认知度，树立济盐配送商品的良好形象。

4.狠抓基础管理，提高经营管理水平。制定《关于建立济南盐业公司全员业绩考核工作体系的实施方案》《济南盐业公司客户经理制实施方案》和《开展“管理效益年”活动的实施方案》，进一步加强基础管理体系建设。积极推行客户经理制和绩效考核，在全市10个县（市）区全面推行客户经理制，实行以底薪加提成或底薪加绩效为主的薪酬分配办法，充实一线经营队伍，细划经营区域，直接面向市场。各公司根据各自情况重新整合优化了片区，按照个人申请、竞聘上岗的原则，共产生第一批客户经理51名。客户经理按照职责要求，注意搜集客户信息，指导零售客户正确安排盐产品和非盐产品在其他零售商品中所占比重，确定各类产品的合理库存量，帮助客户了解产品知识，提升客户销售技巧和推销能力，增加客户的销售利润。在客户经理制的推行过程中，建立严格的考核机制，细化、量化考核指标，建立起综合考核体系和配套的配送服务制度。扎实开展“管理效益年”活动，提升企业管理水平。积极开展“双增双节”活动，增产节约，增收节支，推进精细化管理，从整体上提高素质和经济效益。加强企业风险控制。建立健全财务预算组织工作体系，加强财务管理。加强投资采购管理，制订《济南盐业公司招标采购管理办法（试行）》，进一步明确职责，保证采购质量，降低采购成本。加强合同管理，先后印发《济南盐业公司合同管理规定》《关于进一步加强合同管理的通知》，建立《济南盐业公司合同登记备案簿》《济南盐业公司授权委托书登记备案簿》，有效防范合同风险。

5.强化稽查力度，落实各项政府职能。开展专项整治，加强市场监管。针对全市的重点地区、学校食堂、建筑工地、批发市场、超市等单位，组织开展7次专项治理行动，共检查31256家，查办盐业违法案件1035件，结案率100%，查没私盐1369.5吨，共罚款121.9万元，打掉20个食盐假冒制售加工窝点，联合办案26起，移送司法机关处理案件1起，刑拘1人。保持高压态势，严厉打击涉盐违法行为，门祝芬、李庆锋等10余起大案违法当事人相继伏法。全年共查获大要案11起，罚款18.9万元，没收盐产品50余吨。加强与公安、工商等部门的联系沟通，建立多部门联席会议制度，共同建立打击涉盐违法犯罪活动的长效机制，充分发挥各级联合执法办公室的作用，建立济南盐政执法交流群，实行信息资源共享，增强监管合力。全年与各职能部门联合办案26起，查获在途盐产品600吨，罚款32.57万元。（吴松涛）

【烟草专卖】 济南市烟草专卖局（山东省烟草公司济南市公司）下辖市中区烟草专卖局（营销部）、历下区烟草专卖局（营销部）、槐荫区烟草专卖局（营销部）、天桥区烟草专卖局（营销部）、历城区烟草专卖局（营销部）、长清区烟草专卖局（营销部）、章丘市烟草专卖局（营销部）、平阴县烟草专卖局（营销部）、济阳县烟草专卖局（营销部）、商河县烟草专卖局（营销部）10个县级烟草专卖局（营销部）。全系统共有职工1159人。总资产313781万元，资产负债率38.17%。2011年销售卷烟148.11亿支，同比增长7.1%。实现利税173131万元，同比增长44.49%。全年共查获涉烟违法案件2274起，案值693.34万元。

卷烟经营。坚持以市场需求为导向，着力培育重点品牌，大力实施“精准营销”，卷烟经营工作迈上新台阶。坚持实行“差异化投放”“峰谷投放”“超市投放”的经营理念，完善信息采集网络，强化信息分析应用，加强有效货源组织，动态调整投放策略，满足市场需求的能力明显提高。积极开展培育知名品牌“建功立业”、百县“泰山”联谊、“重点品牌上柜提升”竞赛等活动，实行重点品牌培育周例会制度，全面加强工商协同，增强品牌培育合力，全国重点品牌销量同比增长72.9%，占卷烟总销量的比重达到84.3%。创新开展楼宇营销、会议营销、婚庆营销、工地营销，成立县级营销部品牌分部，集中力量开发高端消费市场，重点市场得到深度开发。不断加强零售终端建设与维护，强化终端的培育品牌功能，积极推行网上订货和电子结算，实行卷烟配送“一体化”管理模式，提高物流配送效率，营销基层基础得到加强。深入实施零售户致富工程，全市零售户毛利率达到11.67%，户均毛利26894元，增长28.88%。扎实推进济南烟草区域物流中心建设，顺利通过国家局组织的项目论证。

专卖管理。把专卖管理作为重要的经济增长点，不断加大专卖执法力度，提升市场净化水平，维护良好的卷烟市场秩序。主动争取地方党委、政府的领导和有关部门的支持配合，建立全方位、多层次的工作沟通与协作机制，执法环境不断优化。坚持“打疏建结合”的综合治理，有效防止制假反弹。持续开展卷烟市场经营秩序集中整治行动，巩固扩大非法名烟名酒店、礼品回收店打击成果，破获达到国家局、公安部标准的网络案件13起。加强专卖管理与控制体系建设，开展稽查分队标准化创建，推动专卖管理向精细化转变。修订完善《烟草制品零售点布局规定》，深入实施“拓荒工程”，严格落实行政执法责任制，专卖基层基础不断夯实。

（周 倩）

【石油供应】 中国石化山东济南石油分公司开展“强化管理规范服务”和“为民服务创先争优”活动，优化环境、改善服务，精心选点、优化布局、确保供应。发挥主渠道作用，统筹制定保供方案，积极应对年初旱情，制定“三夏”“三秋”期间的惠农、支农、便农措施，及时组织货源，确保市场平稳。全年实现销售收入67.8亿元。销售成品油88.83万吨，其中零售55.68万吨，直销15.19万吨。销售润滑油0.55万吨。非油品营业收入5938万元。实现利税2.07亿元。

1.提升经营能力。①积极开展市场调研，有的放矢主导市场。本着“管理前移、目标定向、协调有方、强化执行”的管理理念，落实“周、月经营质量分析会议”制度，组织零售、安全等职能部门对全部在营站开展“经营管理、站容站貌、设备设施、关爱员工”4项内容为主的调查研究活动，搜集一线建议、意见和问题209条，整理分类后及时下发并督促相关部门限时办理。②千方百计协调资源，保证市场有序供应。2011年的资源紧张时期累计达4个半月，汽油、柴油相继短缺，库存持续低位，面对年初旱情和“三夏”“三秋”期间保供工作，提前制定保供预案，建立销售日调度制度，合理安排加油站、油库直销、小额配送的出库进度，采取主动与被动配送相结合的办法，提高车辆满载率，优先保证重点保供加油站、终端用户的用油，努力实现资源效益最大化。③做大“零售、直分销、非油品”主业销量。继续加大“油中感谢”“积分加油”等常态性营销政策的宣传力度，适时开展“加油送清凉”“加油送围裙”“国道站营销”等活动，通过加油卡综合营销、油非互促、轻润组合、批直零互动等方式，为客户提供便捷、多样的商品和服务。实施品牌营销，推出车用柴油油品，不断提升中国石化品牌价值。成立并发挥“大客户服务中心”作用，继续加大客户的开发和维护力度。电话回访万余人次，上门走访近800人次，成功中标省政府、市政府定点加油项目，新开发邮政系统、重汽进出口公司等大客户，继续深化与招商银行的战略合作，调整、延长发卡网点营业时间，为广大私家车主提供便利。做好自助站的试点运行工作。对10座加油站进行加油机更换、标识改造，通过赠送礼品、双倍积分、免收押金等方式培养和引导客户自助加油的习惯。加气卡系统成功上线，适时开展“持卡9折优惠”活动。坚持“小超市、大连锁”的发展思路，制定并下发《2011年非油品业务绩效考核办法》《非油品团购业务流程》《库存管理办法》等管理制度，堵塞管理漏洞。召开茅台酒及南山红酒品鉴会，提高“易捷”品牌知名度，当场销售额达400万元，当月销售额达880万元，创历史新高。继续抓好季节性商品、重点商品销售的同时开发特色性商品，进一步拓宽销售渠道。

2.增强网络建设。紧跟全市城市发展规划步伐，加强与政府沟通和联系，坚持“东西两翼发展、兼顾其他”的网点建设目标，网点建设继续提升。全年新增租赁站4座，续租加油站9座，新建加油站6座，新建加气站4座，另有5座加油站、1座液化天然气加气站新建项目手续正在办理中。拓宽网点建设模式，与槐荫区政府合作，组建“友邦公司”，已有加油站2座，并取得初步成效；与章丘明水集团、西区投融资管理中心等单位筹划成立联营公司，填补市场空白点，扩大网络覆盖面，增强市场控制力。持续做好加油站改造工程，从统一外观形象、完善服务功能、加强隐患治理等方面入手，改造加油站9座，完成大中维修项目50个。积极开展打假维权工作，全年起诉侵权加油站1座，协助公安打掉侵权加油站2座。

3.提升管理水平。①加强资金和税务管理。针对138个偏远加油站，采取“货款自行送存、费用专项补贴”的管理模式；对政府等优质客户采取见票充值的方式，提高工作效率，巩固和增进双方关系；完善增值税发票系统功能，有效防范税务风险。《中国税务报》《济南日报》等先后登载相关经验介绍，提升了企业的社会形象和公信力。②狠抓降费增效和资产管理。坚持“以费促量、以量挣费、量费互动”和“谁管理、谁负责”“谁支出、谁控制”的原则，细化成本核算，严格考核奖惩，费用核算规范性和预算准确性稳步提升。及时对电子资产管理手册进行维护、更新，编写资产培训教材，规范资产调拨和日常管理程序，避免资产流失、损毁风险。③油品数质量管理稳步提升。制定完善《济南石油分公司计量事故责任追究规定（试行）》《济南油品质量事故责任追究规定（试行）》《济南石油分公司数质量考核细则（试行）》等制度，推动ISO9000质量管理体系建设，强化仓储、运输、销售环节的数质量监控。年内先后多次迎接集团公司、省公司，省、市、区级3级工商、质检部门质量检查，均顺利通过并受到好评。严格便利店产品质量管理，积极开展“万店无假货”活动，杜绝销售假冒伪劣和过期商品。④推进现代化科技管理手段的应用。对57座加油站增设视频监控设备，制定下发《加油站视频监控管理维护办法》，提高加油站现场管理水平和安全防范能力。⑤优化人力资源管理。围绕“业务经营需求”和“增强技能素质”主题，发挥培训站教育体系平台作用，举办后备站长培训班、初级工技能鉴定师资培训班、复转军人培训班和新入职员工培训班，共组织培训242期，培训员工5716人次。认真开展技能鉴定工作，全年共有337人通过初、中、高级技能鉴定，7人通过技师鉴定。⑥强化安全意识，落实安全责任。各县公司（片区）设一名专职安全设备数质量管理员，逐级签订《安全生产目标责任书》和《安全承诺书》，认真落实安全生产纪律。筹集资金对部分重要隐患实施整改，对694个在用油罐通气帽进行清洗更换，对市区6座加油站罐区加装阻隔防爆装置，对油罐的人孔盖漏气问题及时进行整改更换，配发接地阻值测试仪12部。积极开展共建“平安工地”活动，进一步落实对承包商的安全监管责任，严格施工项目资料审核，强化对施工现场的安全监管。全年参加安监部门组织的各类上岗培训400余人次，取得安全管理、气瓶检查、气瓶充装等上岗资格证94个，做到加气员工及管理人员全员持证上岗。开展职业卫生建设，组织1563名一线员工进行职业病健康查体，对加油站和油库的206个有害（汽油）作业环境检测点进行职业卫生环境检测。

（石油公司经理办）

供销合作商业

【概况】 全年全市供销社系统实现销售收入65亿元，增长20%；实现利税8335万元，增长12%；完成基本建设投入7590万元，新建、改造各类经营设施4.95万平方米。截至年底，全系统资产总额20.5亿元，负债16亿元，净资产4.5亿元，在册职工8340人。

市供销社系统（含县、市、区供销社）全年完成基本建设投入5890万元，新建和改造各类经营设施3.95万平方米，供应各类化肥91万吨、农药2650吨，同比分别增长4%和6%。

截至年底，各县（市）区供销社资产总额16.3亿元，负债12.5亿元，净资产3.8亿元，在册职工7220人。

市供销社系统所属12家直属企业，主要涉及农业生产资料、再生资源、茶叶、文化用品、资产管理、烟花爆竹等经营领域。全年完成基本建设投入1700万元，新建改造经营设施1万平方米。截至年底，直属企业资产总额4.3亿元，负债3.5亿元，净资产0.8亿元，在册职工1120人。

1. 农村现代经营服务体系建设。围绕构建农村现代经营服务体系，重点推动农资、日用消费品、农产品经营服务体系和农村合作经济组织建设。

县（市）区供销社建设。实施农村现代经营服务体系建设项目45个，其中政策支持项目33个，获得扶持资金690万元，带动投资6000多万元，形成一批规模大、档次高、影响力和带动力比较强的经营服务设施，有力推动了农村现代经营服务体系建设。

农资经营服务体系建设。新建、改造农资经营网点144个，农资连锁经营网点总数达到1340个。全年完成农资销售额10.5亿元，增长28%。化肥销量占市场需求量的72%，同比增长2个百分点，进一步巩固了主渠道地位。

日用品连锁经营体系建设。年内，建成日用品配送中心5个，大中型超市9个，村级日用品经营网点100个。截至年底，全系统建成8个日用品配送中心、面积500平方米以上大中型超市45个、经营网点1516个，初步形成供销社农村日用品连锁经营服务体系。

农产品经营服务体系建设。建设农产品交易市场2个，兴办农民专业合作经济组织10个，组织农民建立农产品生产基地4个。截至年底，全系统共参股领办农民专业合作经济组织135个，涉及8个种类、30多个品种。建立农产品基地24个，约1733.33公顷（2.6万亩），在发展特色种植，开展“农超对接”，服务城乡居民生活方面发挥了积极作用。另外，建成符合标准化要求的农村社区综合服务中心4个，总数达到55个，进一步提升了参与农村社区综合服务的能力。

2. 市属企业发展。市属企业认真贯彻市供销社工作部署，深入开展双增双节活动，加强企业内部核算，促进优化资产结构，实现了社有资产的保值增值，企业效益和职工收入都有了新的提高。全年盘活存量资产230万元，减债减负980万元，资产负债率78.8%，同比下降1.2个百分点。市属企业在岗职工收入、下岗职工生活费较上年同期分别增长9%和7%，企业运行和管理状况进一步好转。

3. 市场建设。茶叶市场投资200多万元，建设茶叶保鲜库1座；对沿街营业楼进行整体仿古改造，美化了市场环境。5月27日，举办第六届国际茶博会，再次展现了“江北第一茶市”的实力和风采。9月，茶叶市场获“中华全国供销合作总社农业产业化重点龙头企业”称号。英雄山文化市场投资200万元，改扩建经营面积550平方米。国内首屈一指的大型青花瓷壁画《山水泉城》正式落成，进一步增加了市场的文化气息。英雄山文化市场被济南市文化体制改革和文化产业发展工作领导小组列为“济南重点文化产业园区”，在全市8个园区中排名第一位。

4. 再生资源回收体系。全系统改建再生资源回收站点123处，建成分拣中心3个、集散市场1个。其中，废旧钢材集散市场年分拣加工能力4.5万吨，废造纸原料分拣中心年分拣加工各类废纸5万吨，进一步提高了全市废钢铁、废纸分拣加工水平，再生资源回收体系建设取得重要的阶段性成果。

【中国济南第六届国际茶博览会】 5月27～29日，中国济南第六届国际茶博览会在济南茶叶批发市场举行。本届茶博会完成交易额近3亿元，签订交易合同及意向协议1100多份，共有16个政府代表团和10家行业协会组团参会，布置展位166个，均创历届茶博会之最。茶博会活动丰富，除继续开展名优茶推介会等活动外，还首次开展了“推介天下名茶·环游济南名泉”“茶韵墨趣名家书画鉴赏”和长清“茶之旅”等活动，吸引了近6万名市民参加，进一步推动了茶文化传播。茶博会知名度不断提高，有中央、省、市60余家媒体对本届茶博会进行了专题报道，并推出一系列专栏，宣传茶知识、弘扬茶文化，提高了展会的社会影响力。

【大型青花瓷壁画《山水泉城》制作完成】 5月26日，大型青花瓷壁画《山水泉城》揭幕仪式在英雄山文化市场举行。该壁画全长38米，高1.7米，投资近100万元，采用青花瓷古窑釉下彩工艺烧制，历经两年时间制作完成，将济南的泉群、湖光、山色、名胜、古迹同英雄山文化市场融合在一幅画卷上，进一步提升了英雄山文化市场的整体形象，也为济南市增添了一道靓丽的艺术风景线。

（孙　铮）

【两家购物中心开业】 8月26日，济南

市最大的购物中心——恒隆广场正式开业。恒隆广场位于泉城路核心区,由香港恒隆集团投资建设,商业面积17.1万平方米,总投资约40亿元,350余家店铺中超半数为国际时尚品牌商户,其中40%的品牌是首次进驻济南,汇聚了影院、高级超市和多家优质食府,集优质餐饮、购物、休闲和娱乐于一体,功能齐全,位置优越,硬件设施完备,建筑设计理念超前,成为济南又一个地标性建筑。

9月30日,省城西部最大的购物中心项目、鲁商集团旗下的和谐广场隆重开业。和谐广场总建筑面积约14.5万平方米,囊括逾500个国内外知名品牌,并引入诸多首度进军济南或以旗舰店形式进驻的国际知名品牌,汇聚国际品牌自营店及百货、超市、餐饮、娱乐、文化、休闲、运动等多种业态,并配备可容纳2500辆汽车的大型停车场。 (李辉阳)

【济南舜耕山庄集团】 全年实现营业收入24966万元,同比提高8.06%,增收1863.2万元,再创历史新高。平均开房率、餐饮上座率、写字间出租率、展会收入、单位面积营业收入、人均劳效等指标均有提高,向管理要效益取得实效。

1.服务标准化体系建设取得突破。从1月开始,在宾馆及集团管理部门全面推行服务标准化百分绩效考核。4月,由舜耕山庄制作的《鲁菜·山东海参》等第二批10道鲁菜标准由省质监局正式批准发布,成为山东省地方标准。集团于8月、11月先后以全国最高分顺利通过国家质检总局组织的“国家级服务业标准化试点评估”及国家旅游局组织的“国家级旅游标准化试点验收评估”,管理体系更加科学规范,处于全国领先水平。

2.知名度和美誉度进一步提升。集团先后获国家级服务标准化示范单位、国家级旅游标准化示范单位、山东省服务标准化示范单位、首届山东饭店金星奖、山东省优质服务先进单位、山东省旅游服务名牌、鲁菜产业发展贡献奖、好客山东贺年会突出贡献奖、济南市微笑服务标兵单位等称号。同时涌现出国务院津贴获得者黑伟钰、山东省“十一五”节能减排贡献一等功获得者李传秦等一批先进个人,为集团争得了荣誉。派出精干厨师和服务团队参加清华大学百年校庆“名厨进清华、佳肴迎百年”活动,参与北京大学标准化团膳的制定工作。舜耕品牌的知名度和美誉度得到进一步提升。

3.经营环境进一步优化。集团投入近2000万元更新改造贵宾楼大堂和部分餐厅、重华堂多功能厅、客房和舜耕会堂会议室等设备设施,进一步优化经营环境,为集团发展增添了后劲。特别是新建的贵宾楼舜明堂宴会厅和龙宫宴会厅,古朴典雅、气派大方,民族风格、文化氛围浓郁,广受好评,成为舜耕山庄经营新亮点。

4.顺利完成伦敦奥运会女足亚洲区预选赛决赛、省妇代会、市政协会等一系列重大接待任务。年内共接待各类会议700余个,收到宾客感谢信3000余封,“微笑的舜耕山庄欢迎您”的服务品牌得到社会各界的充分肯定。特别是8月27日至9月12日,2012年伦敦奥运会女子足球亚洲区预选赛决赛在济南举行,集团圆满完成了朝鲜队、韩国队、日本队、泰国队4支球队的接待任务,受到活动主委会和球队的表彰和赞扬。

5.宾馆消防安全设施得到全面改造。投资近200万元对宾馆消防系统进行全面改造,对原喷淋泵房进行迁移,重新铺设二区和三区客房、大堂及宴会厅区域的消防管道,完善宾馆主楼喷淋消防系统,使舜耕山庄消防安全水平得到全面提升。

6.关心员工落到实处。集团克服资金紧张,调整员工薪酬,员工收入平均涨幅为35.8%,是历年来涨幅最大的一次。首次对专业技术人员进行聘任,共聘任初、中、高级专业技术人员17名,这是26年来集团首次进行的专业技术人员聘任。

(高 群)

对外及港澳台经济贸易

【利用外资】 全年全市合同外资额141440万美元,同比增长16.99%,完成任务指标的101%;实际使用外资110002万美元,同比增长5.76%,完成任务指标的100%。合同、实际外资两项指标均圆满完成全年任务。新批总投资超过1000万美元以上的项目22家,合同外资金额90602.5万美元,占总量的64.1%,其中投资总额超过1亿美元的有6家。全市批准增资项目46个,合同外资金额46355.5万美元,占总量的32.8%。制造业及服务业领域成为济南市存量企业增资主阵地。制造业领域增资项目19个,合同外资金额26760.7万美元,占总量的19%,服务业领域增资项目26个,合同外资金额19581.5万美元,占总量的13.8%。全市新批第三产业外商投资项目64个,合同外资94721万美元,实际外资64621万美元,占比分别达到67%和58.75%,第三产业外商投资项目数、合同外资、实际外资同比分别增长10.34%、18.2%和4.25%。其中,房地产业合同外资44744万美元,占31.6%,实际外资31618万美元,占28.7%。

按合作方式分析:合同外资中,合资企业新批项目28个,金额46760万美元,占33.1%;合作企业新批项目2个,金额170万美元;独资企业新批项目55个,金额94248万美元,占66.6%;外商投资股份制企业1个,金额262万美元。实际外资中,合资企业43357万美元,占39.4%;独资企业66505万美元,占60.5%。

按产业分析:86个新批项目中,属第一产业的4个,合同金额1125万美元,占总额的0.8%;属第二产业的18个,合同金额45594万美元,占总额的32.2%;属第三产业的64个,合同金额94721万美元,占总额的67%。实际外资中,第一产业825万美元,占总额的0.75%;第二产业44556万美元,占总额的40.5%;第三产业64621万美元,占总额的58.75%。

按外资来源国别地区分析:86个新批项目中,亚洲47个,非洲2个,欧洲7个,拉丁美洲3个,北美洲18个,大洋洲5个,投资性公司投资4个。合同外资中,亚洲129531万美元,占91.6%;欧洲12527万美元,占 8.9%;拉丁美洲 6580 万美元,占 4.7%;北美洲 12400 万美元,占 8.8%。实际外资中,亚洲 97183 万美元,占 88.3%;欧洲 7051 万美元,占 6.4%;拉丁美洲 2998 万美元,占 2.7%;北美洲 2469 万美元,占 2.2%;投资性公司 2875 万美元,占 2.6%。

按板块分析:县(市)区新批项目 55 个,合同外资 105202.6 万美元,占全市的 74.4%,实际外资 88737.1 万美元,占全市的 80.7%。高新区新批项目 31 个,合同外资 36237.4 万美元,占全市的 25.6%。实际外资 21264.9 万美元,占全市的 19.3%。 (李辉阳)

【对外贸易】 全年全市实现进出口总值 104.02 亿美元,突破百亿美元大关,同比增长 40.4%,比金融危机前的 2008 年多出 23.75 亿美元。2011 年全市出口 60.48 亿美元,同比增长 49.1%,跃居全省第五位。出口主要特点:

1. 骨干企业带动能力增强。"济南造"产品占据出口产品主导地位,内资企业出口 43.66 亿美元,同比增长 59.4%,占全市出口比重的 72.19%。省电建、重汽、济钢、玫德、省冶金等 69 家出口企业出口 45.54 亿美元,同比增长 60.3%,占全市出口的 75.29%。

2. 出口产品结构进一步优化。机电、高新技术产品出口增幅较大,占总出口比重不断提高。机电产品出口 42.01 亿美元,同比增长 66.2%,占全市比重 69.5%,高新技术产品出口 5.5 亿美元,同比增长 26.2%,占全市比重 9.1%。

3. 出口区域实现转调升级。出口区域在稳固亚洲、欧洲传统市场的同时,其他国别地区实现快速增长。2011 年全市对亚洲出口 33.84 亿美元,增长 62.1%,占全市出口的 55.9%。其中,出口南亚 17.86 亿美元,增长 159.9%,占全市的 29.5%;出口东盟 5.31 亿美元,增长 35.8%,占全市的 8.8%;出口欧洲 10.71 亿美元,增长 35.6%,占全市的 17.7%。出口非洲 4.87 亿美元,增长 67.9%;出口南美洲 5.47 亿美元,增长 17.8%;出口北美洲 4.31 亿美元,增长 23.2%;出口大洋洲 1.27 亿美元,增长 75.4%。

(李辉阳)

【对外经济合作】 全年全市新签对外承包工程合同额 38.5 亿美元,同比增长 17.1%,完成营业额 21.6 亿美元,同比增长 60%,外派劳务 9008 人,与上年基本持平,新批境外企业(机构)44 家,同比增长 46.7%。

1. 外经指标在全省的位次进一步前移。对外承包工程营业额、外派劳务继续稳固保持了第二、第一的位次,对外承包工程合同额则由上年的第二位升至全省第一;境外投资由上年的第六位跃升到第二位。

2. 外经工作对出口的拉动作用进一步显现。全年仅工程承包带动出口超过 15 亿美元,同时境外实物投资及境外贸易公司的设立也对出口发挥了巨大的带动作用。

3. 民营企业对外承包工程实现突破。源和电站工程有限公司继上半年新签 3.7 亿美元印度电站项目后,7 月份又成功签订土耳其 EPC 电站项目,不仅成为济南市第一家开拓国际承包工程市场的民营企业,同时也是全国第一家对外承包 60 万千瓦以上大机组 EPC 项目的民营企业。

4. 设立了对外经济合作支持资金。该资金的出台,对济南市外向型经济发展的引导和带动作用已经开始显现。

(李辉阳)

【国际贸易促进工作】 全市贸促系统围绕中心,立足企业,发挥优势,在商务会展、招商引资、开拓国际市场等重点工作方面表现突出,受到中国贸促会通报表彰。

1. 展览工作。举办和组织企业参加境内展(博)会 154 个,展出面积 350 万平方米,贸易成交合同金额 54.6 亿美元;赴境外参加展(博)会 77 次,展出面积 9490 平方米,贸易成交合同金额 1.96 亿美元。首次引进的国字号展会——中国国际租赁产业博览会,把济南作为国内巡展的首座城市,展出面积 2.77 万平方米。展馆内豪华轿车、超级跑车、医疗保健器材等各种租赁商品琳琅满目,充分展示了"租赁消费"这种新的生活方式。

2. 招商引资。推动公共停车场建设,引进济南红叶散热器有限公司等数十家企业落户济南。全程跟踪推进长清黄河大桥,大唐长清风电场一期、二期工程等重点项目。在平阴县举办两次大项目签约仪式,集中签约项目 21 个。全市贸促系统招商引资实际到位资金 4.93 亿美元。

3. 国际市场开拓。组织出访团组 37 个、270 人次,帮助"走出去"项目 18 个,参加企业 48 家,合同总金额 3.06 亿美元。接待来访团组 174 个、854 人次,接待重要团组访问 43 次。举办和参加国际会议 28 次、经贸投资论坛 50 个。组织境内外各类涉外培训 46 次、1800 多人受训。向近 200 家企业、30 家商务机构提供系列投资贸易项目对接服务。促进全市外贸总额超过百亿元,实现 104 亿美元。

4. 法律服务。签发原产地证明书 4238 份,办理商业文件证明书 526 份,代办领事认证 140 份,办理 ATA 证册 5 份。成立济南仲裁委员会国际商事仲裁中心,实现调解与仲裁工作的无缝对接。继续暂停收取一般原产地证明书费、仲裁费、涉外(台)经济贸易争议调解费,减轻企业负担。

5. 系统建设。改造升级会员信息管理系统,创办内部刊物《济南贸促》。扎实推动基层支会加快发展,促进基层单位之间的横向交流。全市 10 个县(市)区支会全部实现独立建制,多年来困扰基层单位发展的无编制、无资金、无人员等难题一举得到解决。 (赵常昭)

【2011 中国(济南)国际卡车暨零部件展览会】 9 月 29 日,2011 中国(济南)国际卡车暨零部件展览会在济南举行。此次展会实现了与汉诺威米兰展览会(中国)有限公司的战略合作,展出面积 2.5 万平方米,参展企业 113 家,展车 108 台,重汽、北汽福田、奔驰等诸多知名整车企业纷纷亮相济南。整车签订销售合同 3000 多万元,意向协议 8000 多万元,现场销售 500 多万元。零部件签订销售合同 200 多万元,意向协议 4000 万元。同期举办了

2011中国卡车发展高层论坛，成立了中国汽车配件企业出口联盟，促成55家汽车配件企业达成战略合作协议。

（赵常昭）

【2011中国(济南)儿童产业国际博览会】 7月8～10日，2011中国(济南)儿童产业国际博览会在济南舜耕国际会展中心举办。展会展出面积1万平方米，香港比特福、澳洲牧场、卡洛塔妮等160余家知名企业踊跃参加，3天展期累计接待观众9万人次，专业合作媒体40多家，主流媒体25家，“童博会”作为市贸促会自主举办的品牌展会，已发展成为行业交流、产品采购的重要平台和每年孩子、家长盼望的盛会。

（赵常昭）

海关

【概况】 全年监管进出口货物504.85万吨，增长23%；进出口货值30.1亿美元，增长21%；税款入库20.1亿元，增长18%；审结报关单4.12万份，增长32%；监管进出境人员19.36万人次，增长26%；进出境航班1699架次，增长9%。加工贸易实际进出口值6.93亿美元，增长21%。

1. 深化监管改革，提升执法能力。①通关监管更加严密高效。属地通关拓展得力，报关单量首次突破4万票。实际监管切实加强，进出口舱单及时核销率保持99%以上，旅客舱单电子数据传输率达90%。完成国际机场中转厅监管区改造，旅检靶向性有效提升。邮递监管更加严密，连续查获走私枪支案3起，移交缉私案件15起。②巩固综合治税成果，税收入库连续6年创历史新高。进一步加大对“两非”商品、模糊申报品名及首次进口商品审核力度，审价补税2796.78万元。批量复审机制不断完善，规范申报率达99.46%。③打击走私取得重大突破。主动查发案件能力进一步提高。刑事执法取得重大突破，全年立案4起，案值1亿元，抓获犯罪嫌疑人10名。成功侦办“8·11”毒品案，查获海洛因、咖啡因共398克，实现山东关区查办走私海洛因案件和内陆海关查获毒品案件零的突破。行政执法全年立案案值1.5亿元，涉税1577万元，均为历史之最。④加工贸易管理稳步加强。规范备案数据申报，切实加大手册监控分析力度，严格单耗管理，保税监管效能不断提升。有效发挥信息围网和物理围网的作用，特殊区域监管更加严密。电子账册核销率达100%；保税物流货值6.25亿美元，增长1.26倍。⑤统计作用进一步发挥。审核报关单记录12万条，增长23%，差错率同比降低58%。撰写统计分析、监测预警及执法评估报告等96篇，其中《山东口岸乳制品进口分析》获国务院副总理回良玉批示。⑥风险管理、后续管理和企业管理水平同步提升。以风险研判方式实施专项稽查、减免税核查33起，查发问题18起，专项稽查有效率达78%；移交缉私案件6起，案值4625万元；稽查追补税626万元，为历史最佳。对新注册和变更信息企业实施100%复核，分类管理初审准确率、信息维护完整率均达100%。⑦法制建设取得新进展。切实加强知识产权保护，查获侵权案件80起，创历史新高。查获的假冒迪奥商标香水案是山东关区近5年邮递渠道单笔案值最大的侵权案件，获海关总署贺电表扬。

2. 增强“服务省会”意识，加大服务“稳增长”力度。①扶持重点区域和产业快速发展，成效突出。支持综合保税区申建工作进展顺利。率先在省内开通出口加工区与青岛港之间的重卡直通监管模式，畅通了特殊区域货物转关进出口的物流通道。全年监管重汽出口整车3938辆，总值1.5亿美元。加大软件外包支持力度，监管出口软件总值3017万美元，占全省总量的92%。服务对台经贸，支持台湾长荣航空公司在济运营；保障ECFA（海峡两岸经济合作框架协议）早收计划顺利实施，全年受惠进口货值454万美元。帮助企事业单位用好税收优惠，减免税款4.8亿元。②通关业务改革顺利推进。巩固“京津沪深”区域通关网络，开通与丹东口岸铁路出口区域通关，进一步降低物流成本。对海、空、邮运货物全面按照风险高低实施分类通关，进出口报关单低风险快速审放比例分别达88%和75%。全面推进通关电子化，60%以上出口货物实现无纸通关。试点开展特殊区域集中申报，简化通关手续。③对外服务质量显著提升。与市商务局联合面向区县外向型企业征集意见，解决各类问题33项，逐一反馈答复意见。建立并实行服务性约谈制度，主动邀约地方拟引入企业和政策潜在适用对象进行座谈，搭建起关企磋商沟通的互动平台。先后组织宣讲和约谈活动30余次，协助引入的魏桥纺织、百利通等企业成为济南外贸业务的生力军。④“文化把关”服务作用有效发挥。为重大文化交流活动设立专用窗口和绿色通道，主动提供咨询服务；对文物、高价值艺术品等特殊进出境物资实施预约通关和担保验放。全年共为伦敦奥运会女足预选赛等重要赛事活动提供通关便利20余次，货值约4000万美元；向台湾海峡两岸观光协会等20余个文化交流团体提供通关礼遇。

（贺　娟）

出入境检验检疫

【概况】 全年共检验检疫出入境货物11612批、15.62亿美元，同比分别增长13.78%和36.34%；货物通关8120批、7.34亿美元，同比增长1.06%和11.96%。

1. 促进工业品出口成效显著。认真落实支持和促进济南市经济发展的各项措施，积极探索和创新工作模式、检验流程、服务手段，促进经济发展转方式、调结构取得较好成效。通过帮助企业培育自主品牌，开拓国际市场，加强免验产品后续监管，促进中国重汽出口整车1.38万辆、5.2亿美元，同比分别增长76.62%和73.91%。采取以验证监管代替抽批监管的方式，提高出口放行速度，钛白粉出口同比增长近8倍。充分发挥认证认可手段在服务外经贸工作中的作用，指导企业通过欧洲经济委员会对汽车及零部件领域的EEC认证，从而使济南电动摩托车顺利打入欧盟市场。落实分类管理要求，实行即报即检和全天候服务措施，加快放行速度，促进新调入法检目录的纺织品服装出口1.75亿美元，同比增长114.98%。为帮助济南陶瓷制品跻身伦敦奥运会专用商品，对可能影响日用陶瓷质量的各个环节进行排查并严格控制差错，确保杯面贴花、防伪激光标志美观、准确。2011年共检验出口工业品10.69亿美元，同比增长27.22%。

2.确保出口食品农产品质量安全。进一步强化出口食品源头备案工作。积极开展打击食品添加剂非法添加和滥用食品添加剂活动，对全市出口食品农产品企业进行拉网式检查，摸清全市17家出口食品生产企业的食品原料、辅料及添加剂来源、种类、使用范围等方面的底数，指导企业建立添加剂采购、复检、管理、使用等相关制度，从源头上保证出口产品质量安全。加强新出口产品的检验检疫监管。针对新出口食品农产品的特点，一厂一策，重点监管，新出口食品农产品生产加工企业从立项初始就在检验检疫的严密监管下运行，极大降低了质量安全隐患，果蔬脆片、蘑菇菌棒等首次进入日韩市场。积极帮助企业破解国外技术壁垒。帮助企业完善质量管理体系，制定并执行良好操作规范；推荐企业进行国外注册，指导帮助济南联美宠物食品有限公司顺利通过加拿大食品检验署(CFIA)现场检查，为该类产品出口开辟了新的国际市场。2011年共检验检疫出口食品农产品7769万美元，同比增长37.55%。

3.努力提高执法把关的有效性。认真开展专项整治。在深入开展严厉打击食品非法添加和滥用食品添加剂、假冒侵权酒类产品等专项活动的同时，加强与市政府及有关部门的联系，积极承担全省食药系统餐饮服务食品安全监督抽检样品委托检测任务，完成对生食水产品、熟肉制品、腌腊肉制品等8类产品的检测。对照含有受塑化剂污染的起云剂的产品名录，加强对从台湾进口的饮料、化妆品的排查，及时向有关方面通报检测结果。口岸把关能力提升幅度较大。加强防辐射知识和核辐射处置知识培训和应急演练，有效防止日本放射性物质污染货物入境，成功处置一起航空邮件突发放射性物质泄漏事件。特事特办，确保美国眼库协会捐助的95批、185枚人体眼角膜顺利入境。加强口岸合作机制建设，与海关、边检、医疗急救等各相关部门建立全面合作工作机制，并与西安签订国际航线检验检疫保障合作备忘录。进一步加大行政执法力度。对一批进口棉花下脚料中夹带的大量杂草种子，依法监督企业进行销毁处理。连续3次从进境邮件中检出未经检疫审批的花卉球茎，分别作退运和销毁处理，并依法对2起不如实申报的违法案件进行了查处。

【进出口商品检验鉴定监管】　共检验进出口商品9622批、货值14.39亿美元，同比分别增长11.52%和33.78%。其中检验进口商品1463批、货值3.7亿美元，同比分别增长15.2%和57.26%。进口商品合格1438批、货值3.67亿美元，同比分别增长15.50%和60.26%；不合格24批，涉及货值266万美元，不合格率为1.64%。检验出口商品8159批、货值10.69亿美元，合格批率为99.94%；不合格3批、货值35万美元，不合格批率为0.06%。完成出境危险货物包装鉴定和出境一般货物包装鉴定610万件，同比增长13.38%。签发出入境检验检疫证单总计14785份，同比增长4.84%，其中进出口商品通关单9467份，同比增长12.8%。签发各类原产地证书122279份、5.69亿美元，其中签发一般原产地证书2749份、1.18亿美元，同比分别减少52.94%和49.57%；签发普惠制原产地证书5807份、2.38亿美元，同比分别减少47.64%和42.91%；签发亚太贸易协定原产地证书758份、3575万美元，同比分别减少54.36%和52.02%；签发中国—东盟自由贸易区原产地证书(FORME)2152份、1.27亿美元，同比分别减少39.21%和43.13%。

【进出境动植物检疫】　共检疫进出境动植物及其产品950批、货值7916万美元，同比分别增长16.71%和93.69%。其中检疫进境动植物及其产品129批、货值3666万美元，同比分别增长32.99%和302.41%；检疫出境动植物及其产品821批、货值4250万美元，同比分别增长14.5%和33.82%。检疫进境集装箱351标箱，同比减少35.24%，全部进行了卫生除害处理。检疫进出境货物木质包装2989批、112143件，同比分别增长4.47%和9.13%，其中检疫进境货物木质包装2229批、36404件，从中截获有害生物31批。从空港进境旅客携带物中截获禁止进境物791批，同比增长55.4%。

【国境卫生检疫】　共检疫查验出入境人员193882人次，同比增长28.91%。其中，出境95785人次、入境98097人次，同比分别增长27.80%和28.91%。健康体检和传染病监测10863人次，同比减少5.81%，检出各类疾病3486例，检出率为32.09%；实施预防接种18004人次，同比增长3.41%。检疫出入境飞机1687架次，同比增长13.53%，其中出境843架次、入境844架次，同比分别增长13.77%和13.29%，卫生消毒处理出入境飞机844架次。对出入境食品、化妆品实施卫生检验监督832批、货值2907万美元，同比分别增长49.64%和78.02%。其中出境620批，货值2008万美元，同比分别增长51.59%和77.23%；入境212批，货值899万美元，同比分别增长35.03%和79.8%。

【农产品检测】　山东出入境检验检疫局农产品检测济南分中心共完成检测业务7917批、74851个样品、198400项次，同比分别增长46.7%、35.9%和43.8%。其中，食品农产品6845批、46376个样品、113556项次，阳性结果检出83批次，检出率为1.09%；工业品1072批、28475个样品、84844项次，从330批约5.83万吨进口棉花中检出不合格125批，批次不合格率为37.9%。主持完成的6个科研项目全部通过专家鉴定，其中3项研究成果达到国际先进水平。为提高应急检测能力，在较短时间内开发46个相关检测项目，为严厉打击食品非法添加和滥用食品添加剂提供了技术支持。

（侯玉栋　马金刚）

旅游业

【概况】 全市旅游行业首创旅游营销新模式，扶持壮大市场主体，扩大旅游消费需求，旅游产业景气度持续提升。全年接待旅游者4008.5万人次，实现旅游总收入382.8亿元，同比分别增长18.3%和22%。“十一”黄金周期间，全市共接待旅游者668.5万人次，实现旅游总收入52.8亿元，同比分别增长24%和29%，均居全省首位，在全国15个副省级城市中居第三位。游客满意度大幅提升，在第三季度全国50个城市游客满意度调查中，济南市游客满意度排名跃居第9位，比上年同期提升22个名次，全年位列第17位。在首届中国旅游产业发展年会上，济南市旅游行业获“2011年度旅游产业发展十大关键词”“2011年度中国旅行社业旅游包机十强”和“第三届全国红色导游员网络电视大赛十佳导游员”3项荣誉。

1. 首创旅游营销新模式，强化城市旅游品牌形象。为强化泉城济南旅游品牌形象，创新推出旅游营销新模式，充分利用节庆活动、媒体网络宣传、广告宣传、重点客源地促销等宣传方式，多角度、全方位开展立体化营销，提高城市知名度和美誉度。年内开展的各项活动中，“2011泉城新年祈福会”被山东省旅游局评为山东省旅游产业创新奖二等奖。在2011年好客山东贺年会“美陈大赛”“贺年会之最”“金点子”“好玩游戏”“主题街区”五大评选活动中，全省共评出244项入围项目，济南入围45项，居全省首位。其中“祈福开笔礼”获“好客山东贺年会金点子”一等奖。在“好客山东休闲汇”评选活动中，“好客山东休闲汇暨泉城休闲周”启动仪式、“济南一日游服务中心”被评为“好客山东休闲汇”最佳创意奖，济南市获“好客山东休闲汇组织奖”。

为破解春节民俗旅游难题，推进文化旅游资源向文化旅游产品的创新性转变，突出泉城“福”文化，举办“2011泉城新年祈福会”，“祈福会”已成为全市春节民俗文化旅游的重要载体。为适应高铁旅游发展新形势，牵头组织成立“京沪高铁城市旅游联盟”，搭建沿线城市旅游交流平台，提高济南市的知名度、关注度和影响力。把握高铁“快旅慢游”趋势，推出以二日游、三日游和周末游为特点的“慢游”式高铁旅游产品。组织开展高铁沿线城市促销，客源市场不断扩大。在首届中国旅游产业发展年会上，“高铁旅游”入选年度旅游产业发展关键词。为提升泉水旅游品牌，举办“游济南名泉、赢旅游大奖”活动，有效提升了泉城旅游的核心竞争力，带动泉城游向深度休闲度假游转变。游名泉活动创新参与形式，是国内首个以转化率作为考核指标的精准营销活动，在年内召开的全国旅游市场工作会议上，“游名泉赢大奖”活动被国家旅游局作为典型营销案例加以推广。发展泉城特色休闲产品，举办“好客山东休闲汇”活动，动员34个市直部门和10个县（市）区政府充分发挥自身优势，发动各行业，推出各类专题休闲产品，推进休闲产品创新发展，营造了浓厚的城市休闲氛围。强化旅游宣传，举办首届“中国旅游日”宣传活动。制作专题宣传片，组织一系列纪念活动，推出系列惠民措施，鼓励人们广泛参与旅游活动，推动旅游业发展。积极发展旅游包机业务，推动济南国际航线的开通，提高城市外向度水平。积极推动台湾长荣航空以旅游包机形式正式开通济南—台北的直航航线，后改为正班航班，并与长荣航空中国世家旅游联盟签订旅游合作协议。山东嘉华文化国际旅行社也因成功运作长荣包机入选中国旅行社协会“2011年度旅行社旅游包机业务十强”。大力加强旅游信息化建设。鼓励旅游企业开展电子商务，改版完善济南旅游政务网，制作“游名泉赢大奖”等专题网站，建立新浪、腾讯官方微博，新浪微博在政府影响力排行榜旅游类中位次持续上升。

2. 创新提升旅游管理服务，市场主体转型步伐加快。市场主体进一步发展壮大，山东嘉华国际旅行社有限公司等3家旅行社连续两年进入全国“百强”旅行社行列。积极引导本地旅行社加强合作，组建“润派旅游国际”等松散型联盟。加强引进外地品牌旅行社，全国三大新兴平台旅行商——海航、百事通、宝中全部进入济南，旅行社转型步伐加快。①针对济南多年地接市场弱的难题，组织七大旅游企业联合成立“济南一日游服务中心”，形成以济南为中心，辐射周边500公里，对接京沪高铁沿线更广泛市场的旅游服务新平台。中心在全市设立千余家网点，网点遍及饭店、公交车站、商店、火车票售票点、超市、银行、社区、写字楼等人流密集区，涉及面广，特别在全市百余家星级酒店和百余家商务连锁酒店进行网点运营，使大量商务客流成为一日游游客。②继续推进旅游服务标准化、规范化建设。实施《旅行社管理百分量化考核标准》，规范旅行社经营行为，树立旅游企业诚信经营的行业风气。强化旅游质量跟踪制度，充分发挥社会义务监督员、新闻媒体、旅游监察简报和旅游诚信网的监督作用，旅游发展环境持续优化。③多渠道、多形式治理整顿旅游市场秩序，确保旅游市场平稳有序。全年共取消星级酒店16家，其中三星级4家，二星级12家；查处违规案件52起，取缔“黑社”7家；接收旅游投诉148件，正式立案24件，处结率100%，协调理赔金额156396元。

3. 整合提升旅游资源，旅游核心竞争力持续提升。①提高旅游规划的科学指导功能。组织编制《济南市旅游业“十二五”发展规划环评报告书》，完成《商河县温泉旅游发展规划》的编制和修改工作，协助柳埠镇编制《柳埠镇旅游小镇发展总体规划》，启动南部山区旅游专项发展与提升规划。②旅游大项目建设取得突破性进展。环城河通航工程、小清河通航工程、水帘峡二期工程、舜和国际酒店、阳光美爵酒店等重点旅游项目建成开放。截至年底，全市在建重点旅游项目25个，总投资约570亿元，重点项目有鹊山龙湖、济西湿地、澄波湖工程、商河温泉小镇、明府城保护工程、银座天成文化创意产业园、柳埠国际生态文化旅游镇、平阴龙冈梦幻谷、玫瑰湖湿地等。③积极推动各县(市)区发展乡村旅游。重点开展首批好客人家农家乐评定工作，共评出50家好客人家星级农家乐。指导商河县贾庄镇7个乡镇、乡村创建成为省级旅游强镇和旅游特色村，平阴伊利乳业有限公司等6家单位创建成为省级工农业旅游示范点。贡万佳旅游特产商店、山东优特旅游特产商店创建成为山东省金牌旅游购物商店。

4. 创新旅游人力资源开发模式，旅游人才结构不断优化。①借助高校人力科研资源，强化旅游人才培养智力支持。8月16日，与山东大学历史文化学院联合成立“山东大学济南文化旅游研究中心”。研究中心开设济南文化旅游大讲堂，致力于文化旅游产学研究，构筑文化旅游平台；促进政校旅游平台的有机对接，发挥智库作用，为决策献言建策；推进传播旅游产业先进理念，打造具有国际视野和现代管理理念的旅游管理队伍。②创新培训模式，完善旅游培训体系。采取远程培训、课堂授课和实地踩线相结合、考培结合、专题讲座等培训方式，组织导游年审培训、岗前培训、技能强化培训、职业化导游培训和日常专题培训等系列培训，共培训导游员17500多人次，同比增长23%，培养出一批优秀导游员。③举办首届“星耀泉城”电视网络导游大赛，全面展示导游职业风采，激发从业者和大学生对导游职业的热爱，提升导游整体素质和服务质量。组织旅游人才招聘会，促进旅游企业和旅游人才的交流沟通。

【泉城新年祈福会】　为破解春节民俗旅游难题，迎合游客春节祈福祉、迎吉祥的心理诉求，1月26日至2月17日，济南市举办“2011泉城新年祈福会”，传承和创新济南春节“福”文化，形成“福满泉城”“福地济南”的浓厚氛围，“祈福会”已成为全市春节民俗文化旅游的重要载体。国务院参事室、中央文史馆“春节文化传承与创新”课题调研组两次到济南考察，对济南市传承春节文化，创新举办新年祈福会的做法给予高度评价。

【京沪高铁城市旅游联盟成立】　6月20日，由北京市旅游发展委员会、上海市旅游局、天津市旅游局、南京市旅游园林局、济南市旅游局、沧州市旅游局、蚌埠市旅游局共同主办，济南市旅游局承办的京沪高铁城市旅游联盟成立大会在济南召开。大会以“同行、共享、互利”为主题，联盟各城市将依托京沪高铁，本着“资源共享、互利共赢”的原则，大力推进城市旅游合作，共同打造“交通旅游”的合作典范。7个联盟城市共同签署了《京沪高铁城市旅游联盟旅游合作泉城宣言》，宣言涉及产品开发、市场营销、合作机制等多个方面，联盟城市将共同打造“慢游中国·品味城市”高铁之旅品牌，设计开发以城市休闲为特色的都市风情游、世界遗产游、民俗文化游等系列化主题产品，联合营销高铁旅游产品，推动旅行社进行深度合作，实现高铁旅游市场产品供给一体化。(参见“交通·邮电”栏目“铁路运输”分目【京沪高铁城市旅游联盟成立】条)

【首届“星耀泉城”电视网络导游大赛】

9月14日，“山东旅行社杯”济南市首届“星耀泉城”电视网络导游大赛总决赛在舜耕会堂举行。大赛由市政府新闻办公室、市总工会、团市委、市妇联、市旅游局共同主办，旨在挖掘和培养“新生代”优秀导游人才。大赛设“导游之星”和“未来之星”两个组别，参赛选手主要为驻济各大高校的大学生和导游从业者。从4月份开始启动，经单位推荐、初赛、晋级赛等13场比赛选拔，从1800多名选手中选出20名选手参加总决赛，来自嘉华国旅的贾雯获得“导游之星”组冠军，来自山东师范大学的周子馨获得“未来导游之星”组冠军。

【举办“国民休闲汇”活动】　为引领健康、文明、科学的休闲方式，由国家旅游局、山东省人民政府主办，山东省旅游局、济南市人民政府承办，好客山东休闲汇暨泉城休闲周启动仪式于8月13日在大明湖超然楼广场举行。活动时间从8月13日至10月31日，以“健康休闲、幸福人生”为主题，整合全市各类休闲资源，推出乡村休闲、健身养生休闲、旅游休闲、节事休闲、夜间休闲、文化休闲及修学休闲等七大系列产品，形成持续不断的休闲活动高潮，实现了地区之间、城乡之间均衡发展。同时策划了泉城休闲周、泉水旅游休闲周活动。活动创意新颖、亮点突出，收益丰厚，参与度强，影响力大，对休闲产业的多元化发展和规模壮大起到推进作用。

【济南一日游服务中心启动】　9月30日，济南一日游服务中心启动仪式暨《畅游泉城》创刊、网站开通新闻发布会在济南举行。济南一日游服务中心以政府为主导，骨干企业为支撑，多元平台链接，打造以济南市为中心，辐射周边500公里旅游圈内所有城市，对接京沪等市场的地接旅游服务新平台，以济南城市游、周边游、500公里以内的短中途旅游、自驾游为主，服务涉及“吃住行游购娱”，提供旅游六要素的全方位服务。服务中心下设6个运营分中心，由6家骨干企业分头运作。其中，5个具体的旅游业务板块网点，由济南本地旅游企业负责运营，统一标识，统一对外宣传，统一服务流程和质量考核细则，引入退出机制，形成一体化发展平台。年内，该中心已在全市范围内星级酒店、经济型连锁酒店、超市、公交车站、银行网点等全面铺开千余处营销点。中心对外承诺“定时定点发车”“一人也成团”“服务零投诉”，确保服务质量。

（罗　涛）

责任编校　张　阳

财税·金融

【概况】 全年财政工作围绕财政可持续发展思路，依法聚财增收，切实保障民生，锐意深化改革，精心细化管理，全力推进全市调结构、稳物价、保民生、促改革各项工作落实。

财政收入完成情况：全市一般预算收入完成325.4165亿元，完成预算的106.33%，比预算306.0511亿元超收19.3654亿元，比上年增收59.2851亿元，增长22.28%。其中，税收收入255.1794亿元，比上年增收46.0476亿元，增长22.02%；非税收入70.2371亿元，比上年增收13.2375亿元，增长23.22%。税收比重78.42%，比上年78.58%下降0.16个百分点。

大地域收入情况：预算内大地域收入完成1260.12亿元，比上年增收115.04亿元，增长10.05%。其中税收收入完成603.14亿元，比上年增收90.73亿元，增长17.71%；土地收入257.81亿元，比上年减收42.38亿元，降低14.12%。

一般预算支出完成情况：全市一般预算支出395.6735亿元，比上年增支58.8584亿元，增长17.47%。其中，市本级一般预算支出142.4078亿元，比上年增支17.4735亿元，增长13.99%；县区级一般预算支出253.2657亿元，比上年增支41.3849亿元，增长19.53%。

（丁　强　黄锡锋）

【财政收入增长】 坚持统筹兼顾，切实做好聚财增收工作，财政收入提前一个月完成预算目标任务。

1.财源建设工作。财源建设工作思路更加清晰，切实发挥产业引导资金的导向和汲水作用，促进了经济发展方式转变和产业结构调整，为财政收入增长奠定了基础。安排五大类产业引导资金6.2亿元，支持打造五大区域性服务业中心建设，促进金融、物流、外经外贸等现代服务业发展，推动传统工业优化升级和自主创新；通过支持政策性担保企业增加资本金、对中小企业融资费用给予财政补贴、设立“过桥资金”等形式，妥善缓解了融资难的问题。

2.财政收入管理。健全收入管理制度，依法严格税收和非税征管，将除教育收费和彩票发行费之外的预算外资金全部纳入预算管理，确保应收尽收。非税收入征管，全面完成了51家行政事业单位的非税收入执收成本综合预算管理，对95家行政和全额事业单位进行了执收成本核定，整合非税征收项目，促进非税收入管理更加科学化规范化。

3.争取资金支持工作。积极争取上级财政支持，全年争取省专项转移支付共计53.28亿元，比2010年增加15.89亿元，增长42.5%。主要包括：教育、科技、文化、政法等社会事业方面6.55亿元，社会保障、医疗卫生、住房保障等方面13.51亿元，农林水事务方面5.81亿元，城市公益事业方面16.55亿元，城乡社区事务方面6.05亿元，环境保护方面4.27亿元。

（丁　强　黄锡锋）

【财政宏观调控与科学管理】 促进中小企业转方式、调结构。共安排工业和信息化发展专项资金9000万元，用于支持商河县园区工业和信息化项目、对61个工业固定资产技术改造项目和94个信息化项目给予扶持；共安排中小企业发展专项资金6000万元，支持济南市中小企业信用担保中心、110家中小企业项目和为58家中小企业的3.5亿元贷款提供财政贴息。设立企业过桥资金，为9家企业办理了6000多万元的“借新还旧”贷款，破解中小企业融资难问题。安排市级科技型中小企业创新资金1000万元，对49个科技型中小企业创新项目进行了扶持。

支持园区经济快速发展。安排园区经济发展专项资金5000万元，重点支持八大省级工业园区基础设施建设。安排550万元支持济南经济开发区建设、450万元支持济南临港经济开发区建设、470万元支持山东省明水经济开发区建设、520万元支持济南化工产业园区建设、450万元支持济北经济开发区建设、500万元支持平阴工业园区建设、400万元支持济南槐荫工业园区建设，极大地提升了园区的承载能力，使园区进一步成为新型产业集聚区和县域经济发展的增长点。

大力支持商务事业发展。安排2000万元贸易服务业发展引导资金，争取上级贸易服务业发展资金8050万元，全力支持贸易服务业发展；安排5700万元资金支持服务外包和外经外贸事业发展，促进出口结构优化升级和外贸发展方式转变。

促内需，支持家电、汽车、摩托车下乡和“以旧换新”。①汽车下乡，累计销售各型汽车52608辆，财政补贴资金1.9亿元，拉动市场消费18.71亿元；②汽车以旧换新，累计销售汽车7232辆、财政补贴资金

9130.6万元，拉动市场消费7.58亿元。③家电下乡，累计销售下乡家电产品121万台，财政补贴资金3.2亿元；④家电以旧换新，累计销售以旧换新家电产品175万台，财政补贴资金3.2亿元。对拉动内需，稳定和扩大就业，保持经济平稳较快发展和节能减排等都发挥了重要作用。

利用政府外债资金促进经济社会建设。世行赠款济南"中国城市交通示范项目"和"中国火电效率项目"进入实施阶段，其中"中国火电效率项目"已实施完毕。拨付"中国火电效率项目"107.9万美元，上报"中国城市交通示范项目"资金19万美元。利用法国开发署贷款4000万欧元资金节能项目，已于10月完成对热力公司项目甄别、评估工作；市公安消防支队利用奥地利政府贷款1000万欧元项目已完成招标代理、科研批复，进入项目资金申请阶段。

彩票销售突破22亿元，比2010年增长4.68亿元，增幅27%。其中福利彩票销售10亿元，体育彩票销售12亿元。共提取彩票公益金约6.5亿元，提取市级彩票公益金约1.8亿元，为市社会福利、公共体育等社会公益事业的发展提供强有力的资金支持。（丁　强　黄锡锋）

【扩大民生支出规模】 财政的公共性特征更加明显，支出结构不断优化，一般行政性开支不断压缩，"三公"经费得到严格控制，民生支出规模进一步扩大。全市一般预算支出完成395.67亿元，同比增长17.47%，其中，民生和社会重点事业支出219.26亿元，占比达到55.41%，比上年提高2.26个百分点。

基本医疗保障水平逐步提高。继续完善城乡基本医保制度，将城镇居民基本医疗保险政府补助标准由每人每年120元提高到200元；新农合补助标准不断提高，新农合乡镇、村覆盖率保持在100%，参合农民达到323.7万人，参合率达99.33%，各级政府对参保城镇居民和参合农民的人均补助标准提高到200元，市级财政补助资金达2.08亿元；基本公共卫生服务人均标准由15元提高到25元。

城乡低保和五保供养标准不断提高。城市居民最低生活保障标准由上年度的每人每月360元提高到400元，共拨付城市低保资金8469万元，市本级补助资金7626.8万元，保障城市居民2.7万户、5.9万人；农村最低生活保障标准由上年度的每人每年不低于1320元提高到1800元，共拨付农村低保资金4758万元，市本级补助资金3185万元，保障3.7万户城市居民、6.5万户农村居民的基本生活；五保供养集中供养标准由上年度的年人均不低于2800元提高到3600元，分散供养标准由年人均不低于1800元提高到2300元，共拨付农村"五保"供养资金1126万元，1.2万户"五保"对象基本生活得到保障。

解决困难企业军转干部、老党员及涉军群体的待遇和补贴资金。安排解困资金5000万元用于解决全市5000余名困难企业军转干部因社会平均工资提高而增长的工资、生活费、社会保险等方面待遇。为全市811名农村老党员发放生活补贴340.44万元。

健全完善各类教育经费保障机制。市级共拨付城乡义务教育保障经费19199万元，切实保证城乡义务教育阶段各项经费保障的全面落实。新增投入7208万元，进一步提高各类学校公用经费标准。全省义务教育阶段生均公用经费基准定额比上年提高100元，义务教育阶段生均公用经费标准提高为小学700元、初中900元。中小学校舍安全工程安排资金2.46亿元，带动县（市）区投入资金1.94亿元，改造校舍面积156.2万平方米。安排资金2.19亿元，启动全市普通中小学基本办学条件标准化建设以及中小学教育信息化"班班通"工程。已通过省级清理化解农村义务教育债务考核验收。

支持公共文化服务体系建设和文化产业发展。安排"以奖代补"资金2000万元，对已建成并通过达标验收的每个图书馆、文化馆、街道办文化站、农村文化大院、社区文化中心分别给予150万元、120万元、20万元、2万元、5万元的奖励。支持"农家书屋"建设，安排专项资金1000万元，按照省定标准完成1187家"农家书屋"建设，提前一年全面完成全市4572个行政村的"农家书屋"建设任务。支持艺术精品创作及院团发展，安排专项资金2485万元，重点支持艺术精品的创作和生产。

圆满完成保障性住房建设任务。全年共安排18.3276亿元用于保障性住房建设。其中：安排14亿元用于公共租赁住房建设、4.3亿元用于廉租住房保障。市本级投入11.28亿元用于住房保障（含发放廉租住房补贴2000万元），其中投入1.91亿元用于廉租住房建设，投入9.37亿元用于公共租赁住房建设。争取上级专项资金4.7595亿元，全部用于住房保障。廉租住房主要运作清河新居和裕辛苑小区两个项目，可提供2362套廉租住房，已投入资金1.91亿元。天和、天保、天成项目竣工并已入住，八里桥项目主体施工至16层，清河小区已完成基础施工垫层工程，裕辛苑小区进入桩基施工阶段。（丁　强　黄锡锋）

【推动城乡统筹协调发展】 加大环境保护投入。安排950万元的环保专项资金用于环境监测和秸秆禁烧工作；从排污费中安排市级环保专项资金6566万元，支持开展大气污染防治和水污染防治、监管、监测，在全省污染物减排和环境改善考核中，济南市获空气质量改善第二类城市一等奖；加大农村环保和环境综合整治工作，章丘市被列为全省农村环境连片整治示范市，获国家补助和省级配套农村环境整治示范资金7000万元，市县配套资金1800万元；支持小清河流域水污染治理，争取小清河综合治理工程补助资金1亿元，专项用于小清河污染综合防治，小清河水质达到省控标准，"国庆"期间实现通航。

落实支农专项资金。全市财政安排农业专项资金4.6665亿元，较2010年的4.0916亿元增长5749万元，增幅14%。截至11月底，实现财政支农支出9亿元，其中，市级支农专项资金4.8028亿元，比上年增加7112万元，增幅17%；争取省以上专款4.2亿元，比上年增加0.2亿元，增长5%。

支持抗旱双保工作。自2010年入冬以来，济南6.574万公顷农田遭遇严重旱情，按照市委、市政府的统一部署和要求，启动应急程序，多方筹集资金，共紧急拨付县(市)区8235万元抗旱救灾资金。其中市本级投入县(市)区特大抗旱补助经费500万元、应急保障资金3460万元，争取中央、省级抗旱资金4275万元。

落实农业综合开发项目和种粮农民补贴。农业综合开发总投资10612.5万元。其中，土地治理总投资7505万元，治理面积5000公顷，涉及7个县(市)区的9个乡镇、办事处和60个行政村，受益农民5.44万人。产业化经营项目总投资3107.5万元，扶持项目17个。对种粮农民补贴，每亩小麦补贴98.45元，比2010年提高18.4%。另外，对每户小麦种植面积在100亩以上的种粮大户，每亩给予10元奖励。全市25.354万公顷小麦种植农户获得财政补贴37450.5万元。

统计完成“十一五”期间财政支持“三农”资金投入情况。2006～2010年5年间，全市在新农村建设“十大行动”和其他支农行动中，各级财政支持“三农”资金累计达到1205666.45万元(市本级659162.86万元，争取省以上424916.60万元，县以下配套121586.99万元)，占“十一五”期间计划投资额851347万元的142%。其中用于新农村建设“十大行动”累计支出907460.77万元(市本级457791.74万元，争取省以上334085.29万元，县以下配套115583.74万元)，占“十一五”期间计划投资额638848万元的142%。其他用于支持“三农”的资金298205.68万元(市本级201371.12万元，争取省以上90832.00万元，县以下配套6002.66万元)，占“十一五”期间计划投资额212499万元的140%。

(丁　强　黄锡锋)

【行政执法部门工作经费安排】　全年部门预算共安排行政执法部门经费18.6344亿元，比上年增加1.9411亿元，增长11.63%。安排人大、政协和民主党派专项经费3252.15万元，确保履行职能的需要。全年共计安排专项经费845万元，支持政权、社会维稳工作。安排专项资金5300万元，用于村级运转经费和村干部报酬、支持农村基层组织建设，逐步形成村级组织运转经费正常合理的增长机制。全年共支付政法部门办案经费、装备经费等5.0909亿元，用于支持公检法司部门科技强警、科技强检、办公办案装备、信息化和行政执法电子监察系统建设。安排工作经费522.9万元，选聘300名高校毕业生到村任职，以改善基层人才队伍结构。安排毕业生就业见习经费291万元，用于600名高校毕业生就业见习期间发放见习补贴和保险。

(丁　强　黄锡锋)

【财政改革与监督】　治理“小金库”工作取得成效。与市纪委、国资委、审计局等部门安排全市4043个单位(其中党政机关782个、事业单位2048个、社会团体811个、国有及国有控股企业402个)进行复查，复查面达100%。结合会计信息质量检查，重点对房地产、卫生等部门检查，共查出违法违规金额2.1亿元。其中，应补缴税款3939万元，应补缴财政非税收入422万元，会计信息不规范、不实金额1.6638亿元。

完成企业所得税税源暨重点产品国际竞争力调查。全市对354户纳税大户和73户进出口重点企业开展了企业所得税税源和重点产品国际竞争力调查。稳步推进非税收入成本核定改革。根据上年执收成本核定数据，当年完成了51家行政事业单位的非税收入执收成本综合预算管理工作。核定非税收9.5863亿元，执收成本7.9097亿元，平均执收成本率为82.51%，节约支出(政府多统筹)7733.88万元。

扎实推进国库集中支付改革。对42个主管部门、193家单位进行账户核查，共核查预算单位183个，核查账户451个。账户核查工作基本摸清了各单位的账户设立、资金余额、资金来源、财政预算管理形式等情况，为全面深化国库集中支付改革提供了基础资料。最后确定市药监系统7家、市教育系统34家预算单位作为试点单位。确定齐鲁银行、工商银行作为代理银行。

严格执行资产处置、政府采购、财政投资评审监管。通过推行政府采购预算编制、季度计划、采购申请制度，全市政府采购预算金额84.63亿元，实际采购金额71.47亿元，节约资金13.16亿元，资金节约率15.55%。全市共完成各类评审项目268个，评审资金总值28.34亿元，审定资金总值26.89亿元，完成评审的资金总规模比上年同期增长66%。

积极做好资产日常处置，累计处置市直单位资产1.0791亿元，其中，调拨3890.42万元，报废6900.73万元。

(丁　强　黄锡锋)

【政府资金集中结算统一核算】　市政府资金结算中心全年共为320个结算单位(含学会、协会)设立会计账套448个，编制会计报表1.86万张，受理资金结算业务9.86万笔，审核原始凭证116.18万张，核算实有资金282.46亿元、国库授权支付金额207亿元，装订会计凭证8444册，拒付违规业务3笔、金额150.5万元，提示不合理业务68笔共计1.29亿元。办公用品集中采购与供应办理领用业务6500多笔，供应金额7200万元。

1.加强规范化、制度化建设。①出版《政府资金集中结算统一核算业务规范》。5月，修订后的《政府资金集中结算统一核算业务规范》正式印刷出版。该书对行政单位、事业单位和城市建设、土地收储等不同业务类型从结算依据、审核方法、会计核算、特殊事项处理等方面进行规范，填补了政府资金集中结算业务操作方面的空白，对于规范行政事业单位会计核算、强化财务监督具有积极意义。②启动《政府资金集中结算统一核算法规制度汇编》编印工作。《政府资金集中结算统一核算业务规范》成稿后，考虑到其中涉及的财经法律、法规及各级规范性文件比较简要，为全面涵盖与集中结算业务相关的规范性文件，结算中心计划收集、整理这类文件，编印法规汇编。年内，结算中心起草工作方案，规定各部门分工，明确收集法律法规的范围、内容等，并着手通过网络查询、档案馆查阅等方式收集资料。

待对相关文件进行分类整理、确定收录内容后，正式编印出版。③深入开展政策调研。随着政府资金集中结算工作的不断深化，提高政策调研水平，提供更多有分量、有价值的调研成果，为各级领导科学决策提供参考资料，成为结算中心工作重点之一。根据市政府《关于进一步加强调查研究工作的意见》要求，在上年印发《进一步加强调查研究工作的实施方案》的基础上，2011 年初，又制订调研工作实施计划，组织上报调研课题。各部门对实际工作中遇到的“热点”“难点”问题开展对策性研究。10 月，调研报告编写工作相继完成，涉及政府资金监督、信息系统建设、提高服务能力等方面共 9 篇。为便于学习交流，促进调研成果转化，结算中心于 11 月将调研报告汇总整理成《2011 年度政策调研成果汇编》。

2. 建立并实施结算大厅处长值班制度。为不断增强服务意识，提高服务水平，配合机关作风建设年活动，年内，结算中心建立并实施处长值班制度，即在结算大厅设立值班服务台，由各结算处处长轮流值班。按照既定的《值班处长职责》，值班处长每天检查、记录工作人员着装、出勤、工作秩序等情况，并负责接待结算单位来访、现场解答业务咨询。根据 2011 年度检查记录，未发现违反工作纪律的现象，也没有接到结算单位投诉。在 2011 年度服务对象满意度调查中，各单位对结算中心结算服务工作的满意度超过 99%。

3. 加强承办银行监督管理，提高政府资金集中结算金融服务水平。①重新签订《合作协议》《补充协议》。2004 年结算中心成立伊始即与 6 家承办银行签订《合作协议》，随着政府资金管理制度改革不断深化，集中结算工作的内容以及对金融服务的要求都发生了变化，为进一步明确双方权利、义务，强化监督约束，结算中心重新修订了《合作协议》。4 月 29 日，政府资金集中结算金融服务工作会议暨合作协议签约仪式召开，结算中心与承办银行签订新的《合作协议》和《补充协议》，就进一步密切合作，不断完善金融服务工作进行了探讨交流。②增加承办银行。为更好地服务结算单位，完善承办银行竞争机制，根据市政府要求，结算中心引入兴业银行济南分行为结算单位提供金融服务，承办银行由 6 家增加为 7 家。签订《合作协议》后，结算中心根据 2010 年度各承办行开户结算单位银行存款情况，对结算单位银行账户进行统一调整。为确保账户调整工作的顺利进行，先后印发《关于调整部分结算单位承办银行的通知》《关于调整部分承办银行服务单位的通知》《关于进一步做好承办银行服务单位调整工作的通知》等，联合财政局召开由结算中心、兴业银行以及有关结算单位参加的协调会。银行账户的调整工作进展顺利，确保了结算单位各项业务的正常开展和平稳过渡。③重新修订并发布《政府资金集中结算承办银行综合考评暂行办法》。《政府资金集中结算承办银行综合考评暂行办法》在总结以往对承办银行管理和考评经验的基础上，结合国库集中支付等一系列财政改革的实施，坚持业务与服务并重的原则，采取量化评分与扣分相结合、日常监督检查与服务对象评价相结合的方法，对承办银行的资金收支、信息反馈、账户管理和组织管理等方面进行全方位的综合考评，进一步强化对承办银行的监督管理，促进结算中心监管水平的提高。

4. 严格规范管理，提高办公用品供应保障水平。①做好办公用品供应商采购工作。根据办公用品供应工作的实际情况和办公用品超市建设需要，制订办公文具、钟表、耗材、标牌四大类商品供应商采购计划，报财政局批准后，通过市政府公共资源交易平台补充了 12 家供应商。4 月 16 日，召开供应商大会，签订供应合同和廉政公约，总结讲评 2010 年供应工作，并对 2011 年办公用品供应工作提出具体要求。②抓好超市供应管理工作。在办公用品超市推行首问负责制和 AB 角制度，对超市工作人员进行轮岗，加强超市现场管理。进一步增强工作透明度，将各项工作制度和岗位职责落实到位。在供应商管理方面，通过开展市场商品价格调查、加强送货验收单和领用单审核等措施，强化供应商履约监督，全年共开展市场调查 40 多次，检测品种 2200 多种，抽查验收单 15300 张，全年供应商品质量合格率 97% 以上，价格合格率 96% 以上。③进一步改善办公用品超市供应环境。借助搬迁龙奥大厦的契机，拓展超市现场供应面积，由原来的 100 多平方米增加为 400 多平方米，能够进入超市现场供应的商品全部进入现场，还对超市布局重新规划调整，增设仓储区。新的办公用品超市实现了大部分日常办公用品现场供应，提高了供应效率，为单位采购和领用提供了便利。　（田青　张瑾）

【国税征管】　围绕“拓展城市发展空间，打造现代产业体系”的发展主题，大力组织收入，优化纳税服务，创新征管模式，全面发挥税收职能作用，各项国税工作取得新进展。

1. 税收收入创新高。紧紧抓住全市“十二五”规划开局的发展新机遇，坚持依法征税，努力把经济发展成果转化为税收收入，实现“十二五”时期税收收入“开门红”。全年全口径税收收入完成 361.43 亿元，同比增长 16.64%，增收 51.56 亿元；剔除海关代征后，国内税收收入完成 343.24 亿元，同比增长 16.50%，增收 48.61 亿元。

分收入级次统计，中央级收入完成 282.99 亿元，同比增长 15.81%，增收 38.64 亿元；省级收入完成 19.87 亿元，同比增长 44.17%，增收 6.09 亿元；市以下级收入完成 58.57 亿元，同比增长 13.20%，增收 6.83 亿元。市以下级收入中，市本级收入完成 26.20 亿元，同比增长 15%，增收 3.42 亿元；区县级收入完成 32.37 亿元，同比增长 11.78%，增收 3.41 亿元。直接组织的市以下级收入再加上中央税收返还 17 亿多元，共为全市贡献地方财力 76 亿元。

分税种统计，增值税完成135.54亿元，同比增长10.16%，增收12.50亿元；消费税完成75.34亿元，同比增长17.99%，增收11.49亿元；企业所得税完成115.15亿元，同比增长23.79%，增收22.13亿元；储蓄存款利息个人所得税完成0.10亿元，同比下降59.59%，减收0.15亿元；车辆购置税完成17.11亿元，同比增长18.23%，增收2.64亿元；海关代征增值税和消费税完成18.20亿元，同比增长19.39%，增收2.95亿元。

同时，全年兑现各项结构性减税和税收减免116.65亿元，同比增长15.32%，增加15.49亿元。其中约89亿元来自于中央级和省级收入，直接用于济南市的经济发展和民生改善。针对企业融资难问题，对新购设备的7500多户企业抵扣固定资产投资增值税28亿元；鼓励创新，为软件、新能源、生物医药等高新技术企业减免企业所得税6亿元；促进外向型经济发展，办理出口退免税41亿元；促进招商引资，对国外来济南投资的企业，办理国际税收协定优惠1.2亿元；帮扶小微企业和个体经济发展，支持环保、农业、就业等各项事业，共减免税款6亿多元。市国税局被评为全省外经外贸工作先进单位、全市节能减排工作先进单位、全市服务工业先进单位和信息化工作先进单位等称号。

2. 优化纳税服务。紧紧围绕市委提出的“深入基层、服务群众”活动，以纳税人为中心，整合资源、丰富手段、精简程序，显著提高了服务效率和纳税人满意度。市国税局是当年全省国税系统唯一有基层办税厅获“全国青年文明号”的单位，“3A纳税服务”被授予“泉城精神文明建设著名品牌”。①加强税收政策宣传辅导。通过媒体、12366税务热线、网络、办税厅、管户人员流动服务等多种渠道，免费宣传政策和提供资料。实行大企业联系点直通车服务，举办国税大讲堂、在线访谈和新业户税收课堂，全年举办税收政策学习培训班上百期，辅导纳税人近20万户次，市国税局被评为全市普法先进单位。②简化办税程序。创建一体化信息化服务平台和电子资料库，取消重复报送资料316项；改事前审批为备案管理，精简流程手续30多项，合并调查7项。与地税联建办税厅，联合办理近20项业务，为纳税人节省了办税时间和成本。③丰富办税方式。坚持全员全程全方位服务，自助办税、同城办税、12366热线保持全国领先。建设50多个标准化办税厅，实行一站受理、一窗通办、预约服务。打造“网上办税厅”，远程办理136项涉税业务，纳税电子申报率超过90%。④切实保障纳税人权益。制定9类、64个岗位的服务职责及标准，实行12366热线与政府12345热线联动，通过网站、明察暗访、问卷调查等方式，及时了解纳税人诉求和满意度，为纳税人排忧解难。

3. 改革创新税收征管模式，提升征管质量。针对全市税源户数快速增加的实际，改革创新集约化、专业化、信息化管理模式，税收征管效能显著增强，各项征管指标在全省名列前茅。①创新专业化征管模式。按照税源状况，重新组建机构和队伍，对税源监控、涉税调查、纳税评估、税务稽查，实行专业化集中管理模式。②分类管理税源。对全市28个主要行业，建立《税收管理指引》和84个监控模板，按照大、中、小税源，分别实施精细化管理。大企业分市和区县两级集中管理，中小企业统一按行业管理，个体税收委托地方综合治税代征。③实施信息管税。率先开发应用“纳税人身份证识别系统”，与工商局、质监局、海关等20多个部门建立联席会议制度，拓展经济税收信息来源。建立“数据管理中心”，根据税源发展趋势，建立375项《税收分析指标体系》；根据纳税信誉和征管、稽查等指标，建立纳税人特征库和“黑名单库”；充分应用数据加工分析，有针对性地实施税源差异化管理，加强动态预警和跟踪巡查布控，有效提升征管质量。④整顿优化税收秩序。加强纳税疑点预警评估，增加税款7.5亿元；加大涉税违法打击力度，税务稽查入库税收4.7亿元；加强非居民税收监控，对境外企业来济南承包工程等，征缴一次性税款2.3亿元。

4. 加强征管队伍建设。①规范岗位责任，实行全员“职位管理”。制定推行175个岗位《职责说明书》，科学清晰地界定岗位责任、权限和工作事项，重点规范干部履职尽责。修订完善《工作人员行政告诫办法》，对干部履职状态消极、庸碌无为等问题，加强告诫警示。②强化领导干部考评。坚持抓班子带队伍、抓领导带群众，签订领导干部《履职承诺书》，全面开展区县局班子领导和市局中层干部综合考评，在全市分类排序、评价到人、按季度通报。③深化岗位风险控制。围绕廉政建设和预防职务犯罪，率先在全国税务系统以税收岗位为基础，建立风险排查教育、权力运行监控等一整套预防机制，中纪委、监察部、税务总局领导给予了批示推广。重点围绕“科技防腐”，将税收征管和内部管理的风险控制，全面纳入信息化平台，自动监控考评权力运行过程和结果，健全内控预防体系，执法准确率99.8%，在全省名列前茅。2011年，市国税局获全省国税系统目标管理考核第一名，全系统保持着“省级文明单位”和济南市“文明单位标兵”称号，累计获“全国文明单位”等省部级以上荣誉称号65个。

（程　果）

【地税征管】　大力推进“依法治税、信息管税、服务兴税、人才强税”四大战略，各项工作均取得明显成效。

1. 税收收入。全年全市地域地税收入完成292.04亿元，比上年增收74.21亿元，增长34.07%。其中，自3月份起负责征收的耕地占用税和契税分别入库3.8亿元、12.89亿元，自8月份起开征的水利建设基金入库0.97亿元。按可比口径计算，全市地域地税收入完成274.38亿元，比上年增收56.56亿元，增长25.96%。2011年地税收入主要呈现以下特点：①各级次收入全面增长，区县级收入贡献突出。分级次情况看，中央级收入完成44.81亿元，增长26.38%；省级收入完成39.16亿元，增长23.88%；市县级收入完成208.07亿元，增长38.02%。市县级收入中，市本级完成84.1亿元，同比增长27.36%；区县级完成123.97亿元，增长46.33%。中央级、省级、市本级收入稳定增长，区县级收入增长较快，对缓解区县财政压力，促进区县经济的发展起到了积极作用。②地方税费增幅较高，主体税种增速回落。地方税费中，除资源税略有减收外，其他税种在征管促收和政策性增收双重拉动下，增势明显。其中城建税、土地使用税、土地增值税以及教育费附加和地方教育费附加均保持较快增长，分别增长29.74%、29.51%、101.15%、29.24%和149.62%。三大主体税种增速放缓，营业税、个人所得税分别增长18.84%、22.65%，企业所得税增长31.82%。③二、三产业收入增长均衡，金融房地产收入增幅回落。二、三产业地税收入分别完成78.11亿元和213.77亿元，分别增长30.55%和35.43%，第三产业收入占比达到73.2%，继续保持全省第一位次。从分行业情况看，房地产业受限购、限贷等宏观调控政策以及近年来高速增长形成的高收入基数影响，增幅(按可比口径)回落至22.78%；金融业由于受重点税源转移和宏观政策的双重影响，仅增长16.48%。

2. 税收征管。①加大征管稽查力度。从实行普遍登记、强化非正常户管理、加强财产登记信息管理、规范跨区县(市)迁移、加强监控分析等方面入手，全面掌握和监控税源，合理配置征管力量，加强税基管理。坚持抓大不放小，继续加强对重点税源、重大建设项目、重点行业的分级分类监控，同时，把地方留成比例大和全部留成的土地使用税、土地增值税、车船税、耕地占用税、契税等小税种抓住不放，促进了小税种收入的快速增长，调整和优化了收入结构。加大税务稽查力度，突出重点税源检查和大案要案查处“两个重点”，始终保持对各类涉税违法案件的高压态势；深化税收预警，有针对性地开展比对、分析和评估，通过预警、评估和稽查增加税收2.42亿元。②创新税源管理。坚持因地制宜、好用见效、方式多样的原则，探索建立以分类、分级、分岗管理为基础，集中办公模式下的税源专业化管理。在试行“内分”管理模式基础上，又在全省率先建立打破属地管理、分行业实施税源管理的新模式和重点税源集中管理、一般税源属地管理，内外分相结合的税源专业化管理模式，进一步完善税源控管体系。③深化综合治税。结合贯彻《山东省地方税收保障条例》，紧紧依靠各级政府领导，深入做好综合治税，建立以政府考核为主的督导考核制度，增强依法治税合力。与市法院建立执行联动机制，加强财产拍卖环节的税收管理。全系统借助综合治税网络，采集利用各类信息8.8万条，新增税收2.99亿元。

3. 便民服务。①深入开展“五个走进”主题系列活动，为企业送政策、送服务、送点子。活动期间，共深入机关、企业、学校、社区等100余家，征求各类意见建议60余条，为企业解决税收问题20多项，免费举办纳税辅导5期，入门培训8期。②大力推进办税服务厅规范化建设，各办税服务厅统一窗口设置、色彩配置等14项硬件设施，规范首问责任制、承诺服务制等14项工作制度，办税环境得到显著改善。创新服务手段，推出“免填单”服务、“智能自助办税终端系统”等，基本实现纳税人办税无排队、零等待需求；在全省率先实现地税发票同城领购，方便纳税人就近购买发票；推出POS刷卡缴税方式，彻底解决纳税人多头跑、税务机关风险大、受理银行手续繁杂等突出问题。一系列便民服务举措，提高了办税效率，降低了税收成本。③认真落实好国家推出的惠民政策，积极抓好个人所得税工资薪金费用扣除标准提高、营业税起征点调整等政策落实。工资薪金个人所得税费用扣除标准由2000元调高至3500元，全市纳税人由49万下降为22万，个人所得税减收幅度达到31.59%，每年减收税款9.76亿元；营业税起征点由5000元调整为2万元，全市纳税个体工商户减少2万余户，每年减少税款1.2亿元。同时，积极落实促进产业结构调整、下岗再就业、残疾人就业等各项税收优惠政策，大力支持现代服务业、先进制造业、高新技术企业发展，全年共办理减免税8.96亿元，落实企业所得税减、免、抵收入及加计扣除额等优惠政策14.77亿元。

4. 健全防范监督机制，加强税收廉政建设。积极构建风险综合性防范体系，围绕税收执法权和行政管理权运行容易发生违规的环节和岗位，排查廉政风险、确定风险级别、健全防控措施、考核防范效果，加强廉政预警机制建设。推出的“网上党风廉政建设教育基地”、“网上税收风险防范平台”等，得到上级的充分肯定。探索建立具有较强“刚性”的违规案件查处机制，研究制定了行政管理、税收执法、廉政建设、财务管理4个责任追究办法。对外，加大与纪检监察等部门的联系协调，落实税检联席会议等制度；积极参加行风评议活动，通过“政务监督热线”“政务面对面”等多种渠道，健全防范和监督的工作机制。年内，市局被评为全国“文明单位”，全系统还获得市级以上荣誉150余项。 （于光远）

金融综述

【金融业概况】 全年金融业增加值实现330.1亿元，同比增长14.5%，占全市GDP的7.5%，占服务业增加值的14.1%；金融业实现税收收入61.8亿元，同比增长11.8%，其中实现市及市以下级税收收入36.95亿元，同比增长16.5%，占地方财政收入的11.4%。

1. 间接融资。在流动性收紧的情况下，全市银行业金融机构千方百计融通资金，支持实体经济发展和重点项目建设。全年新增本外币贷款981.4亿元，增长14.0%，高出存款增速3.9个百分点，新增贷款在全省占比达到19.5%；年末全市本外币贷款余额达到8009.8亿元。全年各银行业金融机构累计签发银行承兑汇票4093.2亿元，同比增加1128亿元。银行业质量效益稳步提升，实现利润总额13.6亿元，增长56.3%；不良贷款率1.3%，同比下降0.2个百分点。

2. 直接融资。年内新增上市公司3家，创博科技在美国纳斯达克发行上市，募集资金2000万美元；山东章鼓在深交所中小板挂牌上市，融资总额4亿元；澳华新能源在英国伦敦上市，首期融资3150万元。华电国际、中国重汽、山东高速、山东黄金和山水水泥等上市公司分别发行短期融资券、中期票据、优先票据，融资113亿元。区域内上市公司达到29家，股票31只，累计融资总额达到615.7亿元。各银行业金融机构积极运用金融市场工具支持中小企业发展，在全国银行间债券市场公开发行了济南市第一单国资系统中小企业集合票据10亿元，推荐发行和承销济南市企业短期融资券、中期票据和中小企业集合票据125亿元，进一步拓宽了企业特别是中小企业的融资渠道。

3.保费收入与赔款。全年实现保费收入110.35亿元（按新口径计算），同比增长9.8%。其中财产险保费收入32.91亿元，同比增长14.04%；人身险保费收入77.44亿元，同比增长8.09%。承担各类风险责任27100亿元，累计赔付27.73亿元左右。保险覆盖面不断扩大，保险深度和密度持续拓展，有力保障了经济社会健康发展。

4.机构引进工作。经过不懈努力，渣打银行、广发银行获批在济南筹建分行。全年济南市新设证券营业部9家，总数达到51家；新设期货营业部8家，总数达到21家；新增保险分公司13家，总数达到70家；新成立股权投资基金公司4家，济南市金融体系进一步趋于健全。

5.地方性金融组织发展。截至年末，济南市小额贷款公司达到14家，已营业的11家小额贷款公司累计发放贷款26.5亿元；全市50家融资性担保机构，担保业务在保余额127亿元；全市23家典当公司（含分支机构）累计发放当金额19.31亿元。由齐鲁银行控股发起的首家村镇银行于11月30日在章丘市正式挂牌营业；上海农村商业银行将作为主发起人在槐荫和长清两区各成立一家村镇银行。

6.区域性金融中心建设。5月，省政府常务会议专题研究加快推进济南区域性金融中心建设工作，会后下发《山东省人民政府关于加快推进济南区域性金融中心建设的意见》。济南市政府出台了《关于贯彻落实省政府鲁政发〔2011〕17号文件加快推进济南区域性金融中心建设的实施意见》。随后，组织召开区域性金融中心建设协调会、东部金融新区规划设计论证会，推动成立了东部金融新区建设工作班子，并举办济南首届金融博览会和齐鲁金融论坛，区域性金融中心建设进一步加快。

【政府金融工作】 1.规划编制。编制完成《济南市“十二五”金融业发展规划》，经市政府审定，9月21日以济政发〔2011〕32号文件发布实施。《规划》提出了济南市“十二五”金融业发展的指导思想、总体思路、目标任务及工作措施。

2.金融中心建设。以金融商务区建设为突破口，学习考察深圳、广州等先进城市经验，完成了《深穗金融商务区建设考察报告》，市长张建国阅后批示同意报告所提建议。经过积极协调争取，省政府于5月25日出台了《关于加快推进济南区域性金融中心建设的意见》；市政府及时发布了实施意见。随后，加强与有关单位沟通衔接，参与和组织召开了区域性金融中心建设协调会、东部金融新区规划设计论证会，推动成立了东部金融新区建设工作班子，并举办了济南首届金融博览会和齐鲁金融论坛，推动济南区域性金融中心建设迈出重要步伐。

3.金融调研。密切关注宏观环境对济南市经济金融发展的影响，全面掌握金融业情况数据，总结分析金融业运行特点及存在的问题，先后完成了一季度、上半年和三季度《全市金融运行分析报告》，上报市委市政府领导参阅；参加了全市服务业发展座谈会、全市经济形势分析会、金融工作座谈会等重要会议，分析通报国内外宏观金融形势和济南市金融业发展情况，为市委市政府正确决策提供了重要依据。针对融资平台融资困难的实际，会同山东银监局、市发改委、市财政局等部门开展调研，完成了《关于我市政府融资工作有关情况的报告》，引起市政府主要领导的关注。针对房地产典当业务的苗头性问题，及时召开典当企业会议，完成了《济南市典当企业房地产开发业务调研报告》，为制定对策提供了重要参照和依据。

4.金融机构引进。积极协调省、市各有关部门，加大金融机构引进力度。渣打银行获批在济南筹建分行，是落户济南市的第二家外资银行；广发银行也获批筹建济南分行，至此济南市全国性股份制银行全部到齐。全年济南市新设证券营业部9家，总数达到51家；新设期货营业部8家，总数达到21家；新增保险分公司13家，总数达到70家；泰山财产保险公司是落户济南市的山东省首家法人保险机构；新成立黄河三角洲、三盛、红土、科信4家股权投资基金，金融体系进一步趋于健全。

5.信贷融资。在流动性收紧的情况下，为保持和增强金融业对济南市的信贷支持，主动加强与驻济银行的联系，积极为企业争取信贷资金。经过努力协调，北京银行与3家中小企业签订中小企业集合债承销协议，通过发行中小企业集合债方式融资；兴业银行为济南变压器厂、重型机械厂等发行中小企业集合票据融资10亿元；光大银行调剂50亿元资金投放济南；省农发行营业部为济南市政府融资平台提供贷款14.6亿元，积极促进银企对接。6月，与人民银行、市经信委联合举办“新型工业化”重点项目银企合作推进会，驻济银行共与403家企业签订综合授信协议361.7亿元，签订流动性资金贷款协议28.6亿元，签订重点项目信贷资金162.9亿元。

6.推进企业上市。年内市政府出台《关于进一步完善推进企业上市有关扶持政策的通知》，将鼓励企业上市的优惠政策由上市后奖励改为上市前补助。通过召开现场会、建立季度工作调度会制度、深入重点后备上市企业走访调研、利用资本市场杂志和政策汇编加强宣传等一系列活动和措施，积极推进企业上市进程。2011年，济南市有创博科技、山东章鼓和澳华新能源3家企业上市；9家企业已报山东证监局备案辅导，20家企业与中介机构签订协议，4家企业积极推进境外上市；40余家企业引入战略投资者，引入投资资金约21亿元，平均每家企业引入5000万元现金。后备上市企业、拟上市公司、新上市公司数量达到历史最好水平。

7.发展地方金融组织。①发展小额贷款公司。召开全市小额贷款公司工作会议，开展小额贷款公司现场检查，加强对有意向企业的指导帮助，对上报材料进行严格审核。对开业运营的小额贷款公司加强每月报表审查，实时掌握运行情况，确保合法合规经营。开展涉及房地产企业贷款大检查，督促涉及的公司限期搞好整改。全年共有7家小额贷款公司获批，总数达到14家，另有7家正申报材料。②积极组建村镇银行。经过积极协调，章丘市齐鲁村镇银行已开业运营；上海农商行分别与槐荫区、长清区签订合作协议，将在两区分别发起成立一家村镇银行，其山东省内村镇银行管理机构也将设在济南市。③规范发展融资性担保公司。继续开展融资性担保机构规范整顿工作，对获批担保机构进行现场检查验收。开展担保机构规范经营自查自纠活动，举行《济南市担保行业自律公约》签约仪式。截至年底，全市共有融资性担保机构50家，在保余额127亿元。④促进典当行健康发展。制定《典当行业日常监管实施细则》，建立董事长约谈制度，对经营中有违规行为的责令限期整改，确保健康发展。截至12月末，23家典当企业累计发放当金额19.31亿元，同比增加39.8%。

8.金融维稳工作。及时分析研判金融系统稳定情况，认真落实社会稳定风险评估化解机制，维护金融稳定和安全。成立稳定工作专项领导小组，对稳定案件实行“一岗双责”、包案到人，促进各类案件及时解决。拟定《济南市金融系统重大事项社会稳定风险评估化解实施办法》，针对不同风险的防范和化解制定相应的应急预案；并对全市金融机构面临的金融风险情况进行全面分析排查，形成《济南市金融风险情况调研报告》并上报省市有关部门。严格落实信息报送制度，及时向省打击和处置非法集资办公室报送涉嫌非法集资案件数据信息。全年上报案件7起，涉及金额4782万余元、人员840余人。积极做好打击和处置非法集资工作，协调、配合有关部门做好“12·6”案件处置工作，协调处置山东辰旭投资公司涉嫌非法吸收公众存款案件，认真做好“南京润在”非法集资案还款的协调保障工作等。

【出台加快济南区域性金融中心建设的实施意见】 5月25日，省政府出台《山东省人民政府关于加快推进济南区域性金融中心建设的意见》。市政府随即研究出台《关于贯彻落实省政府鲁政发[2011]17号文件加快推进济南区域性金融中心建设的实施意见》，以济政发[2011]24号文件正式发布实施。文件明确了加快济南区域性金融中心建设的思路和目标，要以科学发展观为指导，以促进金融产业发展为目标，以金融功能区建设为突破口，以巩固壮大传统金融业、大力发展新兴金融业、引进培育金融机构、健全完善金融市场体系为主要任务，坚持政府主导、市场运作、统一规划、分区建设的原则，完善工作机制，加大政策扶持，优化发展环境，切实增强区域金融集聚辐射能力，把济南建设成为立足山东、辐射周边省份、在全国有较大影响的黄河中下游地区金融中心。

【《济南市“十二五”金融业发展规划》编制完成】 9月21日，市政府印发《济南市“十二五”金融业发展规划》。市金融办与山东经济学院合作，认真开展“十二五”金融业发展规划的编制工作。通过深入金融机构开展调研，赴先进地区学习考察，全面总结“十一五”金融业发展情况和存在的问题，认真分析当前金融业发展面临的形势和机遇，在广泛征求意见、深入研讨论证的基础上，编制完成《济南市“十二五”金融业发展规划》。经市政府审定，以济政发[2011]32号文件发布实施。发展目标是，到2020年末，全市金融业增加值力争达到1800亿元以上，占地区生产总值比重达到15%。基本建成以济南金融功能区为基地，以省会城市群为支撑，辐射全省及周边地区，黄河中下游地区最具影响力、最具辐射带动能力的区域性金融管理中心、金融机构中心、资金结算中心、金融交易中心、金融后台服务中心，成为承接京津和“长三角”地区金融辐射的区域核心。

【济南金融商务中心区列入省级服务业综合改革试点】 10月，济南金融商务中心区被省发改委认定为省级服务业综合改革试点，这是全市唯一的省级服务业综合改革试点区，也是全省唯一的金融商务试点区。济南金融商务中心区的核心区位于市中区北部，西至纬二路，东至顺河街，以经四路、经七路、经十路为发展轴线，规划用地169.4公顷、建筑面积约468万平方米。该区域交通便捷，通讯发达，文化底蕴深厚，金融传统悠久，经多年不断发展，已形成全省最大的金融业集聚区。通过开展省级服务业综合改革试点，济南金融商务中心区将成为面向省会经济圈、辐射周边地区、金融机构汇聚、服务功能强大、文化特色鲜明、具有较高知名度的区域性金融商务聚集区和现代服务业发展示范区。

【东部金融新区建设正式启动】 4月，市政府第七十三次常务会议决定，在汉峪燕山片区统一规划建设金融新区。随即，副市长张宗祥带队赴深圳、广州学习考察，形成《深穗金融商务区建设考察报告》，提出关于东部金融新区建设的具体建议措施，市长张建国表示同意。8月，市政府出台《关于贯彻落实省政府鲁政发〔2011〕17号文件加快推进济南区域性金融中心建设的实施意见》，就东部金融新区规划建设进行安排部署，成立济南东部金融新区建设工作协调组，具体负责协调推进东部金融新区建设有关工作。随后，市金融办着手编制金融新区控制性详规，落实有关扶持政策，积极引进金融机构落户。截至年末，已有鲁银投资集团、阳光财险、民生银行等10多家金融商务企业签约或意向入驻。

【举办2011中国(济南)国际金融博览会】 9月27~30日,2011中国(济南)国际金融博览会暨投融资洽谈会举办。主题是“新金融——现代经济社会发展的核心”,重点展示济南区域性金融中心发展规划,集中展示驻济各金融机构的形象和产品,展现济南市良好的金融发展环境。展会历时4天,累计参观人数近3万人次。济南市政府相关部门和企事业单位的负责人、驻济各金融机构负责人,来自20余个城市的政府及企业代表团,国内以及境外商会、协会代表团共1000多人参加了金博会相关活动。共有40多家银行、风投创投、担保机构带来服务于企业的融资产品参与洽谈,为来自济南及周边地市省份的企业提供资金支持。同时,本届金博会开设了6场投资理财“财富大讲堂”,涉及证券、黄金、基金、收藏品等多种理财方式,吸引了2000多名市民前来听课。展会开幕当天,济南市政府与北京银行建立战略合作伙伴关系,并签署了合作协议。

【举办首届齐鲁金融论坛】 9月27日,首届齐鲁金融论坛在济开幕。来自国内外的知名金融专家、驻济金融机构负责人、全国各地商会负责人及企业界代表近300人,围绕区域性金融中心建设问题展开深入探讨。“齐鲁金融论坛”是济南市与省金融办联合设立的济南区域性金融中心建设专题论坛,每年举办一次。论坛邀请国际和国内知名经济学家、金融专家,省市领导,金融监管机构以及各大金融机构人员出席,重点就济南区域性金融中心建设问题进行研究探讨,为打造济南区域性金融中心建言献策。

【召开“新型工业化”重点项目银企合作推进会】 6月30日,2011年济南市“新型工业化”重点项目银企合作推进会在舜耕山庄召开。会议由人民银行济南分行营管部、市金融办和市经信委主办。驻济金融机构共与403家企业签订综合授信协议361.7亿元,签订流动性资金贷款协议28.6亿元,签订重点项目资金总额162.9亿元。本次推进会共达成项目融资意向553.22亿元。

【首家村镇银行开业】 见“银行”分目

【渣打银行济南分行、广发银行济南分行获批筹建】 见“银行”分目

【济南市典当行业协会、金融行业协会成立】 6月27日,济南市典当行业协会成立大会召开,市金融办、市民政局、市公安局等有关单位领导出席会议。全市21家典当行和1家分支机构成为首批会员。2011年全市拥有典当行及分支机构23家,注册资本达到4.53亿元,从业人员近200人。典当行业在救急解难、支持生产、搞活流通、方便群众、发展经济等方面发挥着积极作用。

7月2日,济南市金融行业协会成立大会暨第一次会员大会召开。会议审议通过了《济南市金融行业协会章程》,选举产生了第一届理事会、协会会长、副会长、常务理事、协会秘书长等,明确了业务范围、组织建设及有关工作程序。协会共有会员单位53家,是由银行、保险、证券、担保、小额贷款公司以及新闻媒体等多个行业组成的综合型协会。协会的成立,对促进济南金融行业的健康发展,维护金融市场秩序,创新金融服务水平将起到积极的推动作用。

驻济金融机构名录

银 行

国家开发银行山东省分行
中国农业发展银行山东省分行营业部
中国工商银行山东省分行营业部
中国农业银行山东省分行营业部
中国银行济南分行
中国建设银行山东省分行济南经营管理部
交通银行山东省分行
中信银行济南分行
中国光大银行济南分行
华夏银行济南分行
深圳发展银行济南分行
招商银行济南分行
上海浦东发展银行济南分行
兴业银行济南分行
中国民生银行济南分行
恒丰银行济南分行
渤海银行济南分行
浙商银行济南分行
齐鲁银行
威海市商业银行济南分行
青岛银行济南分行
日照银行济南分行
天津银行济南分行
北京银行济南分行
莱商银行济南分行
中国邮政储蓄银行济南分行
润丰农村合作银行
汇丰银行济南分行

村镇银行

章丘齐鲁村镇银行

资产管理公司

中国信达资产管理公司济南办事处
中国华融资产管理公司济南办事处
中国长城资产管理公司济南办事处

信托投资公司

山东省国际信托投资公司
英大国际信托投资有限公司山东业务部

财务公司

中国重汽财务有限公司

农村信用社

历城区农村信用联社
章丘市农村信用联社
长清区农村信用联社
平阴县农村信用联社
济阳县农村信用联社
商河县农村信用联社

小额贷款公司

天桥区鑫海小额贷款有限公司
长清区北辰小额贷款有限公司
历城区鲁商小额贷款股份有限公司
高新开发区华企小额贷款股份有限公司
章丘市恒通小额贷款有限公司
市中区汇金小额贷款有限公司
济阳县金华小额贷款股份有限公司
高新开发区东方小额贷款股份有限公司
历下区汇鑫小额贷款股份有限公司
槐荫区大友小额贷款股份有限公司
高新开发区天业小额贷款股份有限公司
历下区鲁信小额贷款有限公司
历下区舜融小额贷款股份有限公司
平阴县金鼎小额贷款有限责任公司(在筹)

证券公司及营业部

齐鲁证券有限公司(10家证券营业部)
齐鲁证券有限公司济南第一大道证券营业部
齐鲁证券有限公司济南共青团路证券营业部
齐鲁证券有限公司济南济泺路证券营业部
齐鲁证券有限公司济南解放路证券营业部
齐鲁证券有限公司济南经七路证券营业部
齐鲁证券有限公司济南经十路证券营业部
齐鲁证券有限公司济南历山路证券营业部
齐鲁证券有限公司济南民生大街证券营业部
齐鲁证券有限公司济南舜耕路证券营业部
齐鲁证券有限公司章丘山泉路证券营业部
广发证券股份有限公司山东分公司(2家证券营业部)
广发证券股份有限公司济南经七路证券营业部
广发证券股份有限公司济南泺源大街证券营业部
国泰君安股份有限公司山东分公司(2家证券营业部)
国泰君安证券股份有限公司济南解放路证券营业部
国泰君安证券股份有限公司济南永庆街证券营业部
华泰证券股份有限公司(3家证券营业部)
华泰证券股份有限公司济南灵岩路证券营业部
华泰证券股份有限公司济南山大南路证券营业部
华泰证券股份有限公司济南无影山东路证券营业部
海通证券股份有限公司(2家证券营业部)
海通证券股份有限公司济南洪家楼南路证券营业部
海通证券股份有限公司济南泉城路证券营业部
中信建投证券有限责任公司(2家证券营业部)
中信建投证券有限责任公司济南经四路证券营业部
中信建投证券有限责任公司济南泺源大街证券营业部
安信证券股份有限公司济南泉城路证券营业部
渤海证券股份有限公司济南英雄山路证券营业部
长江证券股份有限公司济南花园路证券营业部
东北证券股份有限公司济南解放路证券营业部
东方证券股份有限公司济南经七路证券营业部
东吴证券股份有限公司济南纬十二路证券营业部
光大证券股份有限公司济南经十路证券营业部
国盛证券有限责任公司济南济安路证券营业部
国信证券股份有限公司济南泺源大街证券营业部
恒泰证券股份有限公司济南解放路证券营业部
宏源证券股份有限公司济南纬九路证券营业部
民生证券有限责任公司济南千佛山路证券营业部
山西证券股份有限公司济南华龙路证券营业部
西南证券股份有限公司济南大明湖路证券营业部
湘财证券有限责任公司济南经十一路证券营业部
兴业证券股份有限公司济南历山路证券营业部
银泰证券有限责任公司济南大纬二路证券营业部
招商证券股份有限公司济南泉城路证券营业部
中国建银投资证券有限责任公司济南历山路证券营业部
中国民族证券有限责任公司济南历山路证券营业部
中国银河证券股份有限公司济南经七路证券营业部
中信万通证券有限责任公司济南山大路证券营业部
众成证券经纪有限公司济南经七路证券营业部
国海证券股份有限公司济南济安街证券营业部
华安证券有限责任公司济南英贤街证券营业部
江海证券有限公司济南经十路证券营业部
西部证券股份有限公司济南经十路证券营业部
浙商证券有限责任公司济南和平路证券营业部
中原证券股份有限公司济南经四路证券营业部

西藏同信证券有限责任公司济阳证券营业部

保险公司

中国人民财产保险股份有限公司济南市分公司
中国人寿保险公司济南市分公司
中国太平洋财产保险股份有限公司济南中心支公司
中国太平洋人寿保险股份有限公司济南中心支公司
中国平安财产保险股份有限公司山东分公司营业本部
中国平安人寿保险股份有限公司济南分公司
太平人寿保险有限公司山东分公司
太平财产保险有限公司山东分公司
泰康人寿保险股份有限公司济南分公司
天安保险股份有限公司山东省分公司营业部
新华人寿保险股份有限公司山东分公司济南联合营业区
永安财产保险股份有限公司山东分公司营业部
中国大地财产保险股份有限公司山东分公司营业部
中华联合财产保险公司济南中心支公司
民生人寿保险股份有限公司山东分公司
合众人寿保险股份有限公司山东分公司
安邦财产保险股份有限公司济南分公司
华安财产保险股份有限公司山东分公司
阳光财产保险股份有限公司山东省分公司营业本部
长城人寿保险股份有限公司山东分公司
中英人寿保险有限公司山东分公司
信诚人寿保险有限公司山东省分公司
海康人寿保险有限公司山东分公司
中荷人寿保险有限公司山东省分公司
中国人民健康保险股份有限公司山东分公司
嘉禾人寿保险股份有限公司山东分公司
安华农业保险股份有限公司济南中心支公司
永诚财产保险股份有限公司山东分公司营业部
中宏人寿保险有限公司山东分公司
都邦财产保险股份有限公司山东分公司
渤海财产保险股份有限公司山东分公司
平安养老保险股份有限公司山东分公司
民安财产保险有限公司山东分公司
恒安标准人寿保险公司山东分公司
华夏人寿保险股份有限公司山东分公司
生命人寿保险股份有限公司山东分公司
中国人保寿险股份有限公司山东分公司济南中心支公司
中银保险有限公司山东分公司
华泰人寿保险公司山东分公司
天平汽车保险公司公司山东分公司
信泰人寿保险股份有限公司山东分公司
国泰人寿保险有限责任公司山东分公司
国华人寿保险公司山东分公司
长安责任保险公司山东分公司
英大泰和人寿保险公司山东分公司
阳光人寿保险公司山东分公司
华泰财产保险股份有限公司山东分公司
中国人寿财产保险股份有限公司山东分公司
中德安连人寿保险有限公司山东分公司
中意人寿保险有限公司山东分公司
幸福人寿保险股份有限公司山东分公司
海尔纽约人寿保险有限公司山东分公司
招商信诺人寿保险有限公司山东分公司
浙商财产保险股份有限公司山东分公司
英大泰和财产保险股份有限公司山东分公司
泰山财产保险股份有限公司山东分公司
百年人寿保险股份有限公司山东分公司
太平养老保险股份有限公司山东分公司
紫金财产保险股份有限公司山东分公司
中国人寿养老保险股份有限公司山东分公司
安邦人寿保险股份有限公司山东分公司
国泰财产保险有限责任公司山东分公司
信达财产保险股份有限公司山东分公司
和谐健康保险股份有限公司山东分公司
安诚财产保险股份有限公司山东分公司
泰康养老保险股份有限公司山东分公司
金盛人寿有限公司保险山东分公司(在筹)
昆仑健康保险股份有限公司山东分公司(在筹)
天安人寿保险股份有限公司山东分公司(在筹)
建信人寿保险有限公司山东分公司(在筹)

期货公司

鲁证期货有限公司
英大期货有限公司
上海中财期货经纪有限公司济南营业部

上海金鹏期货经纪有限公司济南营业部
银河期货经纪有限公司济南营业部
北京首创期货有限责任公司济南营业部
华元期货有限责任公司济南营业部
中信建投期货经纪有限公司济南营业部
浙江省永安期货经纪有限公司济南营业部
江苏弘业期货经纪有限公司济南营业部
国信期货有限责任公司济南营业部
浙江新华期货经纪有限公司济南营业部
美尔雅期货经纪有限公司济南营业部
成都倍特期货经纪有限公司济南营业部
中国国际期货有限公司济南营业部
渤海期货有限公司济南营业部
中钢期货有限公司济南营业部
宏源期货有限公司济南营业部
烟台中州期货经纪有限公司济南营业部
浙江大地期货经纪有限公司济南营业部
新湖期货有限公司济南营业部

融资性担保公司

山东铂钟原投资担保有限公司
山东大地担保有限公司
山东泛亚达担保有限公司
山东福熙担保投资有限公司
山东国盛投资担保有限公司
山东汇银信用担保有限公司
山东隆越担保有限公司
山东润康投资担保有限公司
山东圣联投资担保有限公司
山东天银投资担保有限公司
济南友信担保有限公司
山东智联担保有限公司
山东荣威担保有限公司
瀚华担保股份有限公司山东分公司
普惠农牧投资担保有限公司
山东瑞信投资信用担保有限公司
山东润成汽车销售担保有限公司
山东浙鲁投资担保有限公司
济南市中小企业信用担保中心
山东银瑞投资担保有限公司
融正五岳信用担保有限公司
山东朝阳投资担保有限公司
山东建德担保有限公司
山东九泰投资担保有限公司
山东齐鲁润德投资担保有限公司
科信丰大投资担保有限公司
山东齐鲁八达担保有限公司
山东润通投资担保有限公司
山东天元担保有限公司
山东正金投资担保有限公司
山东众通投资担保有限公司
山东沃尔德担保有限公司
山东鑫海担保有限公司
山东银联担保有限公司
山东永信投资担保有限公司
山东杰佳投资担保有限公司
章丘市同晟工业企业投资担保有限公司
章丘市中小企业信用担保中心
济南市启新担保有限公司
济阳县金鑫中小企业信用担保中心
济南晟启担保投资有限公司
山东安桥投资担保有限公司
山东汇欣担保投资有限公司
平阴县中小企业信用担保中心
山东银帝投资担保有限公司
山东邦越融资性担保有限公司
广东捷信融资担保有限公司济南分公司
山东泉源融资性担保有限公司
山东金满仓融资性担保有限公司
山东龙融融资性担保有限公司

典当公司

济南市新融典当有限责任公司
章丘市诚信典当有限责任公司
济南邦联典当有限责任公司
济南汇丰典当有限公司
济南市银通典当有限责任公司
济南市万永典当有限责任公司
济南市将军典当有限责任公司
济南山塑典当有限公司
济南鼎隆典当有限公司
济南市聚宝德典当有限责任公司
济南市普丰典当有限责任公司
济南国信典当有限公司
济南天银典当有限责任公司
济南市聚鑫典当有限公司
济南邦顺典当有限责任公司
济南信邦典当有限责任公司
济南银山典当有限公司
济南朗巍典当有限公司
济南九鼎典当有限公司
济南宝瑞昌典当有限责任公司
济南银特典当有限责任公司
青岛市兴华典当有限责任公司济南分公司
济南市银通典当有限公司天桥分公司

上市公司

中国重汽集团济南卡车股份有限公司
银座集团股份有限公司
济南轻骑摩托车股份有限公司
山东天业恒基股份有限公司
山东金泰集团股份有限公司
东港安全印刷股份有限公司
九阳股份有限公司
山东法因数控机械股份有限公司
华电国际电力股份有限公司
济南钢铁股份有限公司
山东黄金矿业股份有限公司
济南柴油机股份有限公司
山东高速公路股份有限公司
浪潮电子信息产业股份有限公司
鲁银投资集团股份有限公司
山东胜利股份有限公司
三联商社股份有限公司
山东航空股份有限公司
山东省中鲁远洋渔业股份有限公司
中润资源投资股份有限公司
积成电子股份有限公司
山东省章丘鼓风机股份有限公司
中国重汽(香港)有限公司
浪潮国际有限公司
华熙生物科技有限公司

中国山水水泥集团有限公司
普联软件(中国)有限公司
创博国际控股有限公司
澳华清洁能源控股有限公司

(翟亚男)

银行

【概况】 驻济银行业金融机构认真贯彻执行稳健的货币政策和全市经济工作会议精神,稳定增加信贷投放,积极调整和优化信贷结构,不断改进金融服务,有力地支持了全市经济"转方式、调结构"。

1.贷款投放保持稳定增长。截至年末,全市本外币各项贷款余额8009.8亿元,比年初增加981.4亿元,增长14.0%,高出存款增速3.9个百分点,新增存贷比达到127.9%。其中,人民币各项贷款余额6893.7亿元,比年初增加581.2亿元,人民币贷款余额和新增额分别占全省的14.6%和12.9%。

2.短期贷款占比明显提高。截至年末,全市金融机构人民币短期贷款余额2313.6亿元,比年初增加417.8亿元,同比多增242.7亿元,占全部新增贷款的71.9%,比上年同期高出43.4个百分点。中长期贷款增长较少,中长期贷款年末余额4151.8亿元,比年初增加58.4亿元,占各项贷款的比重为10%。在宏观调控政策背景下,各银行调整业务结构,重点支持了骨干企业、中小企业生产经营和流通企业的短期资金需求。票据融资增加平稳,全市金融机构票据融资余额270.1亿元,比年初增加49.9亿元。

3.贷款投向结构优化。①贷款主体逐步向中小企业倾斜。全市银行业金融机构对中小企业全年累放贷款占比达到48.3%,同比提高2.4个百分点;小型企业贷款余额占比达到19.6%,同比提高6.4个百分点。②对十大振兴产业、战略新兴产业贷款增长较快。全年十大振兴产业贷款新增额223亿元,占各项贷款新增额的48.8%,同比提高13.5个百分点;战略新兴产业贷款新增27.9亿元,占各项贷款新增额的5.7%,同比提高4个百分点。③房地产信贷增量回落。截至年末,房地产贷款余额893.2亿元,比年初增加78.3亿元,同比少增156.7亿元。其中,房地产开发贷款余额184亿元,比年初增加10.5亿元;个人住房贷款余额438.7亿元,比年初增加45亿元。保障性住房贷款余额47.7亿元,全年新增5.9亿元。

4.银行非信贷渠道信用供给增加。全年各银行业金融机构累计签发银行承兑汇票4093.2亿元,同比增加1128亿元;积极运用金融市场工具支持中小企业发展,在全国银行间债券市场公开发行了济南市第一单国资系统中小企业集合票据10亿元,推荐发行和承销济南市企业短期融资券、中期票据和中小企业集合票据125亿元。

5.存款增量减少,结构变化明显。年末,全市本外币各项存款余额8364.1亿元,比年初增加767.4亿元,增长10.1%,同比少增409.5亿元。其中,人民币各项存款余额8275.8亿元,比年初增加770.6亿元,同比少增374.9亿元。人民币存款余额和新增额分别占全省的17.8%和14.3%,存款新增额位居全省第2位。从存款结构看,单位存款比年初增加501亿元,个人存款比年初增加263亿元,占全部新增存款比重为34.1%,比上年同期提高10个百分点。

6.金融业运行效益和质量提高。2011年,全市金融业实现税收收入61.8亿元,同比增加6.5亿元,增长11.8%,其中市及市以下级税收收入39.95亿元,同比增加5.6亿元,增长16.5%,占全市地方财政收入的11.4%。实现利润总额13.6亿元,增长56.3%。不良贷款率1.3%,同比下降0.2%。 (薛 景)

【首家村镇银行开业】 11月30日,由齐鲁银行控股发起的章丘齐鲁村镇银行在章丘市正式挂牌营业,这是济南市成立的第一家村镇银行。章丘齐鲁村镇银行以"立足当地,服务三农,服务中小企业,繁荣农村金融,促进地方农民、农业和农村经济发展"为宗旨,依托当地党委政府,按照监管要求,依法合规经营,以创新的产品和优质的服务树立良好品牌,发挥机制灵活、高效快捷的服务优势,满足中小微企业和三农客户的金融需求,积极支持章丘农村经济的发展。 (翟亚男)

【渣打银行济南分行、广发银行济南分行获批筹建】 年内,渣打银行济南分行、广发银行济南分行获批筹建。渣打银行是历史悠久的国际知名银行,总部位于英国伦敦,亚洲为其重点业务区域。济南分行是渣打银行在山东设立的第二家分支机构,也是济南继汇丰之后的第二家外资银行。广发银行济南分行的获批筹建,标志着12家全国性股份制商业银行全部在济南市设立了分支机构。 (翟亚男)

【中国人民银行济南分行营业管理部】 面对错综复杂的经济金融形势,中国人民银行济南分行营业管理部认真履行基层央行职责,贯彻落实稳健的货币政策,为全市经济社会发展创造了良好的金融环境。

1.实施"窗口指导",支持全市经济"转方式、调结构"取得新的进展。制定印发《关于贯彻稳健货币政策调整优化信贷结构 促进全市经济平稳健康发展的指导意见》,提出突出"七个重点、七个促进"的信贷结构调整要求,引导驻济银行业金融机构坚持"区别对待、有扶有控"的策略,进一步加大对济南市战略新兴产业、现代服务业、民生和社会事业、"三农"、中小企业等经济发展关键领域、薄弱环节的信贷支持力度。全年十大振兴产业贷款新增额223亿元,占各项贷款新增额的48.8%,同比提高13.5个百分点;战略新兴产业贷款新增27.9亿元,占各项贷款新增额的5.7%,同比提高4个百分点。全市支持节能减排新增贷款22.3亿元,对163家企业实施了"两高一剩"行业信贷退出,同比增加83家。推动银企合作的纵深化发展。组织召开2011年济南市"新型工业化"重点项目银企合作推进会,驻济银行业金融机构与403家企业签订信贷支持意向协议553.2亿元。截至年末，各银行业金融机构共对协议企业综合授信或发放贷款480亿元，资金到位率达86.7%，有力地支持了实体经济发展。加强对房地产信贷政策的督导落实。引导驻济各银行业金融机构大力支持保障性住房建设项目。截至12月末，全市保障性住房贷款余额达到47.7亿元，全年新增5.9亿元。

2.创新货币政策传导手段，支持中小企业发展。全市银行业金融机构对中小企业全年累放贷款占比达到48.3%，同比增加2.4个百分点；小型企业贷款余额占比达到19.6%，同比增加6.4个百分点。同时，积极运用市场工具支持中小企业发展。5月23日，在全国银行间债券市场公开发行了济南市第一单国资系统中小企业集合票据，全年在全国银行间市场推荐发行和承销济南市企业短期融资券、中期票据和中小企业集合票据125亿元。

3.加强风险防控，稳定金融秩序。认真落实差别准备金动态调整政策，加强对法人金融机构实施差别准备金动态调整的监测、审核，及时进行风险提示，进一步增强辖内法人金融机构资金运营的稳健性。创新风险监测手段，在全省率先研究开发了覆盖银行、证券、保险3个行业的“金融稳定风险监测预警系统”，有效提升风险监测效率。进一步扩大风险监测范围，将保险、信托、财务公司等法人金融机构纳入金融稳定监测体系，并进一步加大对小额贷款公司、金融衍生产品、金融机构理财产品等“影子”银行系统的风险监测，及时发现和预警苗头性、倾向性问题，提高对系统性风险传递的防控能力，为地方经济金融和谐发展创造安全稳定的金融环境。

4.积极开展金融服务创新。农村支付环境建设工作成效显著。全面开展农村支付环境建设“强力推进年”活动，督促农业银行、邮政储蓄银行、农村信用社等涉农银行业金融机构以“新农合”“新农保”试点为契机，在农村大力布放自助设备，推广应用银行卡、网上银行、电话银行等新兴电子支付工具，满足农村居民、个体工商户、乡镇企业的多种金融服务需求。截至年末，济南市县域农村地区累计布放ATM、普通POS、电话POS数量分别比上年末增长23.81%、60.52%和202.24%；借记卡、信用卡累计发卡量分别比上年末增长115.59%、66.49%；网上银行开通数量达到31.99万个，比上年末增长86.86%；济南市金融基础设施在行政村的布放率达到90%，位居全省前列。国库综合服务水平进一步提升。全年共办理预算收入业务489万笔、金额1313亿元，较上年同期增长12%。国库直接支付规模不断扩大，截至年末，直接支付项目达192项，累计支出747.9万元，惠及各类群体4.9万余人。非税收入直缴入库工作快速拓展，全年共办理直缴入库收入3.7亿元，直缴入库范围全面覆盖中央到乡镇5级。人民币管理和服务能力进一步增强。加强发行基金调拨，加大回笼券清分销毁力度，确保现金供应充足、券别结构合理、票面整洁美观，较好地满足了社会需要。建立“公交公司—金融机构—社会需求”之间的小面额票币横向调剂机制，全年调剂小面额票币50余次、1.2亿元。征信服务工作实现新突破。截至年末，企业征信系统共收录全市4.9万户借款人信息，个人征信系统共收录全市400余万自然人信息，全市个人征信系统查询量达470万次，日均查询量突破3万次，继续保持全省领先地位。深入推进社会信用体系建设，在平阴县开展“农村青年信用示范户”创建试点工作。至11月末，济南市共培植青年信用示范户2100多户，向760户信用示范户累计发放贷款1.7亿元。跨境贸易人民币结算业务快速发展。全年全市16家银行业金融机构为140家企业累计办理跨境贸易人民币结算业务512笔、167.9亿元，结算范围辐射31个国家和地区。

5.进一步提升依法行政工作水平。按照人民银行总行、济南分行统一部署，在全市银行业金融机构全面开展以“开业管理、经营管理、综合执法检查和综合评价”为主要内容的“两管理、两综合”工作，进一步提升基层央行管理和服务的规范化水平，维护了辖区金融业依法合规经营、业务稳健发展的良好局面。

（薛　景）

【中国工商银行山东省分行营业部】　截至年底，中国工商银行股份有限公司山东省分行营业部各项存款余额1192亿元，较年初增加140.27亿元，同比多增78.28亿元，增量4行（工农中建）占比36.58%，排名第一。表内外融资总量达到1103.86亿元，较年初增加124.52亿元。其中，表内贷款余额866.2亿元，较年初增加31.27亿元。不良贷款率2.5%，较年初下降0.24个百分点。实现中间业务收入7.64亿元，同比增长1.65亿元，增幅27.6%。

1.业务发展。按照国家宏观调控政策和货币信贷政策的要求，及时研究并结合济南市经济发展特点对信贷政策进行适当调整，盘活贷款存量，加大信贷流量，在传统流动资金和项目信贷业务的基础上，不断创新多元化的信贷业务品种，加快短期融资券、中期票据等新产品的市场开拓力度，及时满足各级企业日趋紧张的资金需求。全年累计发放各类贷款近300亿元。为助力济南市市政建设，向20余个市重点工程项目累计发放贷款100多亿元。另外，积极做好重大民生工程的金融服务，重点参与棚户区改造、保障性住房建设、重点安居工程、经济适用房项目建设，累计发放贷款13亿元。

2.产业结构调整。①按照济南市八大产业发展规划，面向新技术、新能源、新产业“三新”产业，全面优化信贷投放通道，积极开展贸易融资业务的集群式开发，优先支持具有核心竞争力的行业性龙头企业。累计向“三新”企业客户发放贷款16.7亿元，贷款余额达到92亿元。②严格落实国家绿色信贷的各项政策，将保护环境、减少污染、节约资源作为经营决策的重要依据。严把信贷投放的环保关，在信贷审查、审批环节中切实坚持“一票否决制”。一方面在严格控制对“两高一剩”行业信贷投入的同时，对缺乏节能减排、技术改造能力的企业，逐步压控贷款规模,对资源环境负面影响较大、缺乏发展前景的企业,坚决收回贷款;另一方面着力加大对低碳经济、循环经济、节能减排等绿色经济的支持力度,把非环境敏感行业、环境友好企业作为信贷投放的优先战略方向,优先满足信贷客户在节能环保、节能减排、资源综合利用等领域的信贷需求。共支持重点绿色项目5个,发放绿色项目贷款7.2亿元,贷款余额71亿元,所有法人客户项目贷款均通过环保评价,贷款环保合格率100%。

3.服务小企业。在信贷资金紧张与小企业资金需求旺盛的矛盾日益突出的情况下,坚持满足小企业发展的资金需求,建立起适合小企业需求的快捷、高效的融资通道,成功扶持了一大批创新能力强、产品附加值高、市场发展潜力大的小企业客户,全年净发放小企业贷款12.05亿元,扶持的小企业客户解决了8万余个就业岗位。

4.客户服务。①按照便民利民的要求,积极推进业务流程综合改造,整合利用电子渠道等各类服务资源,进一步分流和缓解柜面服务压力。积极改进服务细节,推广"行长坐堂制",强化网点现场服务管理;投产了网点排队管理系统,实时监测全行网点排队状况;灵活调整劳动组合,增开弹性窗口,实行弹性工时,积极推广电子免填单等服务模式,有效解决了高峰时客户排队问题。②优化网点服务环境,相继对100多家营业网点进行装修改造,使网点的服务环境更加优美舒适,服务功能更加完善,每位客户都能体验到优质服务。③注重服务民生,通过提供个人住房贷款、个人消费经营贷款、逸贷卡、分期付款等产品和服务,有效支持百姓对购房、购车、教育以及扩大经营规模等方面的资金需求,全年净发放个人类贷款12.43亿元。

5.行风建设。自觉维护金融生态环境,牢固树立"工于至诚,行以致远"的核心价值观,在全行大力推进"严格、规范、谨慎、诚信、创新"的行风建设,坚持依法经营、稳健经营、文明经营、合规经营,自觉服从金融监管,带头抵制行业不正之风,坚决杜绝乱收费、高息揽存等现象,维护正常的金融市场秩序。 (冯 可)

【中国农业银行股份有限公司山东省分行营业部】 截至年底,中国农业银行股份有限公司山东省分行营业部各项存款达到887.21亿元,在四家大型商业银行中占比25.33%,居第二位;较年初增加87.71亿元,占比22.12%,增量居济南金融同业第三位,存量和增量均居全省农行系统第一位。各项贷款达到645.32亿元,在4家大型银行中占比27.67%,居第二位;较年初增加62.26亿元,占比42.07%,居第一位。不良贷款余额2.24亿元(含审慎进账2800万元),占比0.35%,分别较年初下降3253万元和0.09个百分点。实现中间业务收入4.88亿元,同比增加2.26亿元。四大行中提升1个位次,居第二位。实现拨备前利润19.16亿元,同比增加1.7亿元,实现拨备后利润18.52亿元,盈利水平居系统内第一位。

1.业务持续稳健发展。①对公业务。创新营销思路,扩大优质客户群体,大力拓展世界和全国500强驻济企业、济南纳税前200强企业、进出口前50强企业等优质大型客户。支持关系国计民生的重点行业、重点企业和重点项目,优质法人贷款客户较年初增加87户,对公人民币基本结算账户较年初增加4715户,新增现金管理客户较年初增加658户,全行累计投放法人贷款291.07亿元。充分发挥农行点多面广的优势,专门成立小企业金融服务中心,为符合条件的小企业提供"一站式"服务,小企业客户较年初增加82户,小企业贷款余额7.03亿元,较年初增加2.78亿元。②个人业务。连续开展"伴您成长·金钥匙春天行动""激情仲夏·金彩生活""爱在金秋·情系万家"等综合营销活动。积极开展产品宣讲活动,举办13场产品宣讲活动,培训17个支行营销人员2000余人次。先后走进公司、单位、市场、楼宇、社区、商户宣讲140余次,累计受众4000余人。至年末,贷记卡发卡量达15.46万张,企业网银7524户,个人网银35.36万户,电话银行54.32万户,转账电话2.84万个,有效收单商户1416户。③中间业务。积极拓宽收入渠道,大力拓展债务融资工具、并购重组、资产证券化等新兴业务,成功营销了51亿元债权投资计划,填补了全国农行创投业务的空白;开立清洁发展机制(CDM)项下涉外预付款保函1275万欧元,促成该行国内首笔碳信用交易融资业务。销售开放式基金2.93亿元,销售黄金7.7千克;实现代理保费收入5.32亿元,手续费收入3216万元;实现国际结算量16.02亿美元,累计开证2.97亿美元,办理结售汇7.72亿美元。④服务"三农"。坚持"面向三农"的市场定位,积极推进"三农"金融事业部改革,大力支持农业产业化、工业化和城镇化"三化进程",支持农业产业化龙头企业、成长性中小企业和县域基础设施建设,重点支持佳宝、维尔康、万润等173家农业产业化龙头企业,为济南奥海炭素有限公司、济南圣泉集团、山东水务集团3户投放贷款4.2亿元。择优选择粮食、棉花、油料等大宗农产品生产区和畜牧、水产、蔬菜、花卉、林果、中药材等地方特色优势农业重点产区,开展集中连片服务"三农"工作,发放惠农卡31.20万张,较年初增加8.06万张。农户贷款余额12.47亿元,较年初增加1.97亿元,有力地支持了县域农村经济的发展。

2.金融服务水平明显提高。①服务网络建设。先后投入8300万元,完成25个网点的整体装修改造和1个一级支行、7个营业网点的选址落地工作,建立起以2个财富管理中心、4个理财中心、59个精品网点、75个基础网点为依托的金融服务网络,提升了客户满意度和网点竞争力。依托财富管理中心、理财中心等服务网络,先后举办VIP客户答谢会、音乐会、理财知识巡讲等活动10次,组织VIP客户参加茶道艺术、美容健身、鉴宝等高尚典雅、健康时尚的主题沙龙活动20余次,为客户提供全方位、个性化增值服务,全面提升网点的营销服务功能。②服务技能培训。选拔出17名年纪轻、学历高、富有激情的员工担任网点专管员,采用晨会、授课、讲座、巡讲等多种形式，开展持续不断的服务技能培训，累计培训50余次，培训人员1500人次；引入IBM公司的商机管理理念，聘请欧顾得管理咨询公司对全辖140个网点进行标准化服务导入，继续开展第三方“神秘人”暗访检查，不断加大检查监督力度，集中检查8次，不定期检查10次，提升了网点服务层次。③电子渠道建设。大力加强电子渠道和自助渠道服务建设，建设自助银行133处，布放自助设备801台，成为济南市自助设备最多的银行，缓解了客户排队状况。新增个人网银客户35.36万户，企业网银7524户，转账电话2.84万个，扩展了金融服务的内涵和外延，为市民工作、生活提供了便利。④积极承担社会责任。充分发挥点多面广的优势，为济南市离退休人员代发养老金月均13万人，约占全市离退休总人数的60%，月均代发工资6700万元。为济南市各级企业事业单位、部队、学校、医院等代发工资，代发人数月均9万人，代发工资月均2亿元，方便了市民生活。

3.不断加大改革发展力度。①深化机构改革。坚持“适应市场、职责清晰、控制有力、精干高效”的原则，在营业部本部按照三农、对公、个人、风险管理、资金计财、科技、行政支持7大板块，设立19个一级部、4个二级部。对7位营业部领导班子成员进行重新分工，确立零售、对公、中台、后台4个较为清晰的业务板块。先后调整26名支行领导班子成员和营业部中层干部，在全辖公开选聘66名网点后备干部，增强干部队伍的活力。②完善绩效考核体系。制定《一级支行综合考核办法》，按照管理半径、机构数量、业务规模等，将17个一级支行分为城区A、B、C和县域四大板块，制定《营业网点综合竞争力评价考核办法》，将140个网点全部纳入考核，充分激发全行员工的积极性和主动性，在总行对46112个重点城市农行的考核中，始终位居全国农行系统20家分行营业部前列；在省行2011年度综合绩效考评中，成功跨入一类行。③完善资源配置机制。树立经济资本约束理念，将信贷资源优先配置到信用等级高、期限短、经济资本占用低的项目上，资本约束力进一步增强。截至年末，增量短期贷款占比达到88.23%，中长期贷款较年初下降4.57个百分点，经济资本加权系数为6.23%，较年初下降0.61个百分点。④深化三农事业部改革。成立三农金融部管理委员会，制定《深化三农金融事业部制改革试点实施方案》。按照“六个单独管理”的要求，设立5个中后台管理中心和农村产业金融部和个人金融部（农户金融部）2个办事机构，将章丘、平阴、济阳、商河4个县域支行整体纳入三农金融分部，优先配置信贷资源，下沉经营重心，促进三农和县域业务发展明显提速。截至年末，三农存款达到115.3亿元，较年初增加11.6亿元，三农贷款余额51.6亿元，较年初增加14.5亿元。

4.持续强化全面风险管理。①建设运营中心。以“集中作业、集中授权、集中监控”为核心，建设运转高效的后台中心，成为全国农行系统第一家完成“三大集中”整体上线的分行，在“减负、增效、控险、转型”等方面的效果逐步显现。全年共核销预警47万余笔，发出督办信息3万余笔，发现问题700余条，下发整改通知书170余次，有效防范操作风险。②加强信用风险管理。扎实开展“三化三铁”和“三化三无一退出支行”等创建活动，实行信贷业务“平行作业”，引进独立审批、专家委员审议的决策方式，推行贷后管理例会制度，提高审批质量和效率。有7个支行获省行“三化三铁”称号，13个支行被评为“三化三无一退出”创建活动先进支行。截至年末，全行优良客户贷款占比达到96.98%，到期贷款现金收回率达到99.96%。③加强案件防范。开展“案防制度落实年”活动，逐级签订《党风廉政建设暨合规经营防范案件责任书》，共签订责任书295份，发送廉政提示函共57份。狠抓思想教育，认真落实思想行为排查、组织全系统网点主任以上的领导干部共计420人到济南监狱，听取服刑人员的现身说法。组织全辖员工共3000人进行《中国农业银行员工违反规章制度处理办法》考试，提升员工的合规意识，在全行营造合规经营的良好氛围。④落实“三防一保”。通过远程视频实时监控和现场检查，对全辖金库、营业网点、自助银行三大区域进行实时检查，加大对社会化运钞的备勤运钞车辆和押运人员的管理，对款包交接、身份验证等环节进行不间断检查。为87台自助设备安装改造电视监控，为272台自助设备、116处自助银行安装震动探测报警器、求助报警按钮、烟感报警器，改造22个营业网点的柜台、防弹玻璃等物防设施，持续强化安全防范，连续多年没有发生各类案件和重大责任事故。

（侯培国）

【中国银行股份有限公司济南分行】　截至年末，中国银行股份有限公司济南分行本外币各项负债总计646.17亿元，较年初增加118.46亿元。其中，人民币各项存款余额市场份额达到6.95%，较年初提升0.8个百分点，同业排名第4位，新增份额居全部同业之首。外币各项存款市场份额19.56%，份额占比较年初提升2.52个百分点。本外币资产总额651.27亿元，较年初增加114.37亿元。其中，人民币各项贷款余额市场份额为4.64%，较年初提升0.07个百分点。全行不良资产余额1.61亿元，不良率0.49%，分别较年初下降0.99亿元和0.37个百分点。拨备覆盖率达到419.25%。实现中间业务净收入28028万元，同比增长9525万元，增幅51.48%。实现考核净利润8.73亿元，同比增长1.94亿元，增幅28.59%。

1.加大基层基础建设。推进网点转型工作。坚持从战略高度重视网点转型，以全局视野谋划网点转型，构建了“一把手主抓、分管行长靠上、网点转型办公室牵头、跨条线联动”的组织领导体系，形成全辖推动网点转型的强大合力。坚持统筹管理和资源配置并重，扎实推动全功能、销售服务型网点转型工程，全行大中型网点转型计划完成率180%，全功能、销售服务型网点转型计划完成率为105.7%。持续强化“服务指导、资源配置、产品开办、流程优化”等重点工作，进一步释放网点生产力。坚持走专业化道路，邀请专业公司策划2012～2014年网点建设规划方案，对大堂引领及大堂经理队伍等实施专业公司外包，统一形象，规范服务。开展以“讲职业礼仪、树文明新风、塑窗口形象”为主题的服务活动，规范员工服务举止，提升员工服务水平。推进客户群建设。加强项目化管理及名单式销售，积极推进本部与基层、公司与个金的联动营销。树立“经营客户”理念，加强客户关系管理和目标客户群建设，进一步加大争客户、争市场的工作力度，努力培育“综合回报高、定价水平高、忠诚度高、成长性好”的优质客户群，客户规模持续扩容，客户结构不断优化，有力支撑了全行各项业务的全面发展。坚持营销和维护并举、质量和数量并重原则，加强各类产品之间的交叉营销和捆绑销售，以竞赛推动和产品带动为总抓手，大力开展源头营销、专项营销和联动营销，实现了公司优质客户群体的稳步扩张和个人客户结构的持续优化。优化完善架构流程。按照以客户为中心、以市场为导向的原则，突出业务部门经营与管理职能的相对分离，强化条线、上下联动的组织建设，成立分行公司金融业务发展协调委员会。完成分行营业部、财富管理中心、国际结算部和公司业务部组织架构的梳理整合，进行部门分工，明确岗位职责，为更好挖掘客户来源、拓展客户渠道、促进产品创新推广奠定良好基础。进一步加强专业化队伍建设，推进管辖支行产品经理、账户经理以及二级机构专职客户经理、理财经理队伍的配备工作，有效提升全辖专业化能力水平。完成了运营板块组织架构调整，加快推进业务流程再造工作，网点市场营销及综合竞争力得到显著提升。

2. 加快转型创新发展。积极推动存款业务。认真研究和制定促进存款业务发展的长效机制和办法，持续强化激励约束、产品带动、营销拓展等措施，推动全行存款业务的快速增长。突出高层营销，不断完善营销责任制，重点抓好行政事业存款拓展。调整信贷结构，坚持“优化结构、节约资本、精细管理、提高效益”的原则，实现了信贷业务的稳健发展。截至年末，全行人民币贷款较年初增长31.15亿元，增幅10.79%。加大对中小企业的支持力度，中小企业贷款较年初新增4.44亿元；增加对节能环保、电力等行业的信贷投放；加大对地方融资平台贷款和产能过剩行业贷款压降力度，积极压缩平台贷款2.31亿元，压缩产能过剩行业贷款0.56亿元。高度重视产品与服务创新，不断开辟业务发展的新空间、新模式，推动中间业务收入水平的提高。充分发挥中行海内外一体化、总行与省行资源联动两个优势，加快理财产品、债券、融资券、票据等高附加值产品的开发和推广。成功与总行联合研发股票收益权信托理财贷款、中银集富理财票据投资业务，为全国中行系统投资权益类理财产品闯出新路，并首办“创新型信用险”项下国内融信达业务、外币“代付达”业务等。加大小微企业业务创新，研发重汽“商承通达”业务，并成功在鲁商置业和胜邦绿野等公司客户中复制。加大国际结算业务创新推广，全年实现国际结算业务量26.99亿美元，同比增长49%；按照外管口径市场份额达到29.24%，较年初提升5.03个百分点；叙做跨境贸易人民币业务量28.25亿元，笔数及业务量在济南同业均位居第一。

3. 内部管理。推进科学管理。加快实施全面预算管理、组织架构整合、激励约束机制建设等管理变革，确保全行战略规划执行到位。继续设立财务专项费用，突出财务资源对核心存款、客户群建设、网点转型等战略性业务以及重点产品的倾斜性支持。加强统筹风险管理工作，成立风险与内部控制委员会，提升本行风险管理与内部控制的整体性、集约性和有效性。推进风险防范管理。从严治行，加强内控体系建设，推进内控精细化管理。建立健全风险防控机制，巩固树立“合规人人有责”“合规也是生产力”等内控理念。严格落实案件防控责任制，针对重点领域、重点环节、重点人员，组织开展专项排查、风险教育和合规教育，将具体操作要求贯穿于各项工作细节中，并注重过程管理，营造了良好的内部发展环境。认真开展“三重一大”效能监察活动，积极创建“平安中行”工作，确保全年“无案件、无事故”目标实现。 （孟杜鹃）

【中国建设银行股份有限公司山东省分行营业部】 截至年末，中国建设银行股份有限公司山东省分行营业部全口径存款余额965.73亿元，一般性存款余额882.84亿元（其中企业存款余额505.39亿元，个人存款余额377.45亿元），同业存款余额82.89亿元。各项贷款余额492.98亿元，其中对公贷款余额428.49亿元，个人类贷款余额64.49亿元。五级分类不良贷款额7.6亿元，不良率1.54%。全年实现主营业务收入23.90亿元，其中中间业务毛收入4.96亿元，实现税前利润14.39亿元。

1. 支持济南经济发展。支持济南市基础设施建设。发挥该行在基础设施建设方面的中长期信贷优势，加大对京沪高铁、公路铁路交通等基础设施建设的支持力度；跟进城际高速、城际轻轨等一批基础设施类客户。支持济南市支柱产业和新兴产业发展。紧随全市产业结构调整步伐，加大信贷对电力、高新技术产业、先进装备制造业等支柱产业和战略新兴产业的支持力度，严格控制低端制造业、“两高一剩”行业等不符合产业结构调整政策的行业的信贷投放。助推济南市中小企业繁荣发展。在全面建立中小企业专营机构的基础上，完善“信贷工厂”经营模式，提高专业化经营水平，努力推进政府合作平台、供应链融资平台、园区经济平台、特色客户群体平台、担保公司合作平台、社团组织平台六大平台的建设；与济南市经济和信息化委员会联合组织“支持济南市中小企业产业集群发展”签约仪式，在支持软件、电力装备、化工及新材料等20余个产业集群的发展方面迈出新步伐。

2. 支持济南市民生领域建设。抓住济南市城市化进程加快的契机，跟进保障房建设以及旧城改造、棚户区改造等城建类项目，在与住房公积金管理中心签订《住房公积金支持保障性住房建设项目》基础上，进一步扩大与政府合作界面，发放公积金贷款19.8亿元。抓住济南市推进民生工程的契机，积极跟进营销医院、教育等机构类客户，推广“民本通达”综合服务，有效提升服务水平。加快网点和渠道建设，为居民提供更加方便快捷的交易手段。加大自助设备投放，提升台日均账务性交易占比达到61.26%；个人网银、手机银行客户新增量居同业首位，企业网银和电话银行客户新增量居同业第二位，信用卡业务获总行2011年度中心城市行优胜奖，现金管理系统签约户数完成省行下达计划的236.79%，在系统内首家成功上线“房e通”系统并实现贷款投放。

3.基础管理。深入开展“基础管理安全年”活动。认真梳理排查基础管理中存在的突出问题，按季对基础管理安全年活动进行考核，帮助各支行不断提升基础管理水平，确保活动效果；加大合规建设力度，并大力抓好问题整改，防止屡查屡犯，使内外部审计发现的问题持续减少；组织开展内控自评和实施“内部控制规范”等工作，对现有控制制度有效性进行评价，查找缺陷，强化整改。加强信用风险管理。加强贷后管理，加大实地检查力度，完善贷后管理考核机制；严格执行风险与案件分析例会制度，及时发现和化解重大风险事项。加强操作风险管理。通过制定《济南地区关键风险点控制手册》、加强员工教育和行为管理排查、强化职业道德建设等措施，进一步促使员工养成良好操作习惯。加强案件防范。持续开展整治“小金库”活动和违规代客办理业务现象，提高排查的频率和深度；不断提高员工安全意识，成功堵截多起诈骗案件，维护了单位声誉和客户资金安全。

4.客户服务。认真组织开展星级网点创建暨柜面业务竞赛活动，完成济南地区所有网点二代转型，全员的营销能力、服务能力大幅提高，私人银行客户经理程佳被总行评为“2011年度青年服务明星”。加强员工队伍建设，强化员工培训，员工整体素质得到有效提升。

（夏仲文）

【交通银行山东省分行】 截至年末，交通银行山东省分行总资产1105.39亿元；人民币各项存款余额1028.21亿元，比年初增加225.21亿元，增幅28.05%；人民币各项贷款余额678.13亿元，比年初增加89.25亿元，增幅15.15%。实现经营利润14.91亿元，实现拨备后利润15.45亿元，同比增加4.23亿元，增幅37.69%。

1.均衡信贷投放力度。坚持优先保证实体经济、重点区域资金需求，积极支持新技术、新能源、新产业发展，加大中小企业、个人贷款投放力度。在行业和区域结构上做到“三高三低”：提高重点区域贷款、小企业贷款、个人消费贷款占比；降低融资平台、房地产开发、“两高一剩”行业贷款占比。在客户结构上做到四管齐下：持续抓好对重点项目、重点企业的支持，重点拓展中型客户，大力提升中小企业贷款占比，支持实体经济发展。

2.强化风险管控。积极落实银监会要求，在授信审批中实施存量客户和目标客户的全名单管理，严控产能过剩行业贷款。在年末内部评级客户结构中，1～8级客户贷款余额占比达到97.85%，高于总行平均水平；对公贷款受托支付率达84.64%，超过80%的监管要求。①强化会计条线化管理作用。省分行会计部直接参与全辖会计条线人员及内控的管理，保证“真委派、真排查、真轮调、真强休”，提高会计管理的独立性。②加强案件防控。通过监察、审计、会计、风险、合规多部门联动，形成员工失范行为风险排查“常态化”机制，把差错、事故、案发率降到最低。③严格审计流程。建立审计报告、审计整改督办、风险提示、责任人问责、审计结果纳入考核、审计对象反馈及内控培训等7项制度，全面提升内控质量。④资产质量持续提升。5级分类偏离度和拨备偏离度控制在总行目标范围内。不良贷款率0.69%，较年初下降0.58个百分点，低于总行平均水平0.23个百分点。拨备覆盖率220.24%，信贷成本率-0.04%。

3.打造“好客交行”服务品牌。以客户体验为第一标准，聘用专业公司开展神秘人检查，强化服务技巧培训，开展常态化的客户联谊活动和增值服务。成功举办总行沃德5周年大型路演、沃德财富论坛等活动。推进“一个交行、一个客户”服务建设。将零售板块的个金、零贷、电银3个条线客户经理集中，成立零贷业务中心，全面承担3个条线的市场推广、产品营销、客户拓展；进一步加强公司与零售板块的综合销售力度，形成全行“精准营销、交叉销售、分层服务”的营销管理体系，全面满足客户个人银行业务的需求。

4.支持中小企业发展。持续加大对中小企业客户的贷款投放力度，落实“增速不低于全部贷款的平均增速，增量不低于上年同期贷款数量”的两个“不低于”目标，重点支持基本面好、有市场、有效益的中小企业。通过不断丰富“展业通”服务品牌内容、创新担保方式、简化授信流程等方式，满足中小企业不同发展时期的资金和财务需求。该行支持中小企业的经验做法得到省金融办、省经信委、山东银监局认可，联合发文给予推广。

（段　艳）

【中信银行济南分行】 截至年末，中信银行济南分行本外币资产总额622.46亿元，同比增长144.55亿元，增幅30.25%；本外币各项存款余额598.79亿元，同比增长138.03亿元，增幅29.96%；本外币各项贷款余额354.07亿元，同比增长68.33亿元，增幅23.91%。不良贷款余额1.59亿元，同比减少1.18亿元，不良贷款率0.45%，同比下降0.52%；连续两年保持新增不良贷款为零。全年累计实现账面税前利润合并人民币12.24亿元，同比增长4.66亿元，增幅61.39%。先后获“山东省金融创新奖”“2011年平安济南建设先进基层单位”等称号。

1.公司业务。继续贯彻“以供应链金融为显著特征”的公司银行战略，全年保持良性发展。供应链金融全年累计融资量261亿元，同比增长27%；供应链客户507户，同比增长38%。供应链金融业务在规模连续两年保持30%增长幅度的同时，实现小家电保兑仓、工程机械融资租赁等多个行业及产品的创新。全年电子金融交易量达2544亿元，新增现金管理项目12个。投行与资金资本业务收入及债券承销规模均创分行历史新高，全年为6家优质企业累计承销发行债券47亿元，成功发行首笔中小企业集合票据。集中操作平台稳步推进,对公业务主线专业化操作模式初具雏形。在合规的前提下,实现同城全部供应链金融业务纸质银承的集中化传递、汽车合格证的集中化管理,供应链金融信息管理系统投入运行;分行集中管理的汽车金融业务协议近400笔,日均入库、赎放操作超过100笔。

2.国际业务。全年累计实现考核口径项下进出口收付汇量43.5亿美元,同比增长18.72亿美元,增幅76%,在当地市场占比10.45%,位列中小银行第一位。结合市场特点,在巩固传统结算业务优势的基础上,以客户群建设为核心,以结算产品推广和供应链融资为平台,通过研究核心企业上下游客户需求,开发新产品、推广新业务。全年表外贸易融资累计实现29.7亿美元,同比增长47.8%;新增国际业务有效客户83家,同比增长34%。把握业务主导方向,找准产品市场定位,从客户需求入手,推出买方付息国内证、国内证债权间接买断、跨境人民币出口代付等低风险资产占用、高中间业务回报的创新产品。全年共办理国内证融资79亿元,融资量同比增长106%。积极推动跨境人民币业务,全年共办理跨境人民币结算14.39亿元,被人民银行济南分行、山东省商务厅评为"山东省跨境人民币结算先进单位",是济南市唯一获此荣誉的中小银行。加强精细管理,完善业务操作规程,更新内控管理制度,推动业务合规经营。通过梳理贸易、非贸易、资本项下外汇政策和业务操作流程,推出多项政策办法,确保业务健康发展。

3.机构业务。成功举办"银财通"高层合作论坛,使银财、银政合作平台进一步巩固。全年政府、财政类日均存款74亿元,同比增长12亿元,增幅19.35%。实现非税财政收入代缴125亿元,列当地中小银行首位;作为山东省首批POS及网银非税代理银行,先后代理多项网上缴费业务,在电子化代缴非税方面走在同业前列。托管业务势头良好,托管规模达74.09亿元,连续3年被总行评为托管业务优秀分行。为山东体育彩票投注站安装POS机具近5000台,省内站点布放率超过50%,交易达70万笔,归集资金10亿元。被济南市旅游局确定为重点合作银行,已有180余家旅行社在该行办理了质保金存储业务,占济南市旅行社总数的80%以上。年末机构类存款余额104.77亿元,同比增长23.76亿元,增幅29.33%。

4.小企业金融。年内,中信银行山东小企业金融中心正式运行。截至年末,小企业贷款余额9.59亿元,同比增长5.61亿元,增幅140.95%,小企业贷款增量在全部新增贷款中占比8.1%;年末小企业授信客户数达到350户,同比增长84户,增幅32%。

5.零售业务。个人理财、个人贷款、代发工资、个人网银交易等业务取得较好成绩。为更好地为客户提供金融服务,该行着手构建大众客户服务体系,一方面加强客户经理队伍建设,提升服务客户的能力;另一方面通过上线基金分析系统、加强网点区域划分,为客户提供便利。推动个人贷款业务管理和运营体系优化,零售资产业务实现稳步发展。

6.风险控制。科学制定信贷政策,合理引导信贷投放,把好授信审查质量关。结合山东省地域经济特点,明确信贷投放重点,在符合国家政策的基础上,尽可能为当地经济和社会发展提供信贷支持。加强对授信项目的审查和后续跟踪,提升甄别和化解风险的能力。对业务中存在的风险隐患,由主线部门与一线机构共同研究,积极进行方案完善,增加有效的风险防控措施。同时加强对业务的后续跟踪,通过各种渠道,尽可能了解客户真实情况,必要时迅速采取有效措施化解风险。完善多通道审批机制,提高审查审批质量和效率。将提高信审工作质效作为工作重点,不断强化风险控制意识,严把授信质量审批关,切实将授信风险挡在门外。深化多层级审批机制,将小企业授信等业务纳入专业信审会审批,并制定"随时审查、随时开会"的原则,控制风险,提高效率。强化风险预警机制,提升对风险监控的前瞻性。按照"早发现、早行动、早化解"的工作要求,围绕重点行业、重点企业、重点产品,年内组织多次专项检查,对检查中发现的风险隐患,立即行动,做好风险化解工作。

7.内控合规。以国家审计署的现场审计为契机,开展全面自查自纠,对各项制度流程及风险点进行拉网式排查,并对发现的问题进行全面整改。对员工进行合规教育,提升合规经营的意识。强化内控合规平台建设,搭建起"点—线—面"结合的内控合规平台,并进一步建立"制度流程系统库"。不断巩固案防基础,年内全行各网点堵截涉嫌金融犯罪事件35起,其中协助警方抓获在逃犯4名,堵截以虚假身份办理开户、挂失等案件31起。(李　勇)

【中国光大银行股份有限公司济南分行】

截至年末,资产总额256.17亿元,较上年增加26.19亿元,增幅11.39%。一般性存款余额234.70亿元,较上年增加38.39亿元,增幅19.56%。一般性存款日均199.72亿元,较上年增加31.66亿元,增幅18.84%。对公存款余额208.28亿元,较上年增加33.75亿元,增幅19.38%。对公存款日均178.02亿元,较上年增加28.71亿元,增幅19.23%。储蓄存款余额26.42亿元,较上年增加4.64亿元,增幅21.30%。储蓄存款日均21.70亿元,较上年增加2.96亿元,增幅15.80%。贷款余额176.76亿元,较上年增加25.93亿元,增幅17.19%。实现税前账面利润3.05亿元,实现账面中间业务净收入7306.55万元,较上年增加2345.87万元,增幅47.29%。

1.公司业务。发展客户群体,发掘营销山东市场优质客户,培育新的增长空间。采取多种激励措施,调动和发挥广大客户经理业务拓展的积极性,进一步壮大基础客户群。创新营销,拓展市场。坚持业务发展向模式化经营调整的思路,重点提出山钢保兑仓、重汽集团上游供应商开发的战略思路,积极规划创新业务产品发展。充分利用该行的产品优势尤其是贸易融资、供应链融资和票据贴现、托管和现金管理业务产品等进行全面整合,为客户提供“一揽子”服务方案，开展综合营销、交叉营销，争取更多重点客户形成多方面的合作，控制企业的资金流和物流，发展了一批忠诚度高、合作范围广、综合贡献度高的客户。山钢保兑仓客户达到28户，余额34亿元。同时，在政府采购、担保平台、重汽上游供应商开发中积极探索模式化经营，实现较好的效果。

2.零售业务。通过组织全行储蓄竞赛、网点营销PK等活动，推动储蓄业务的持续增长。在成立工程机械贷款中心的基础上，进一步开发重汽车辆按揭业务，优化整合流程，推进专业化分工，强化工程机械贷款这一该行优势产品的营销，实现模式推广。逐步提升网点环境的改造，推进星级网点、客户最佳体验网点、旗舰网点的形成。改造客户服务流程，提供高效、便捷、差异化、多样化的金融服务。

3.合规建设。深入贯彻“从严治行”的管理思想，狠抓合规建设，确保安全运营。制定员工职业道德操守和行为准则，开展职业道德及合规教育工作，与全员签订职业操守行为准则、案件防范等责任书。开展业务风险排查，做好各项内外部审计检查工作。强化服务意识和技能培训。在加强督导、后督检查，确保有效职能分工的同时，缩短流程，提高效率，提升风险合规响应的有效性和及时性。认真做好“三防一保”，深入开展安全检查，重视安保队伍建设和技能培训，充分发挥远程监控系统作用，全年运营安全无事故。

4.客户服务。坚持以客户服务为中心，打造服务领先银行。持续推进“标杆营业网点”打造工作，积极做好网点硬件、服务设施的改造配置升级。全年完成2家支行的迁址、1家支行的原址装修以及分行大楼和多家网点基础设施的改造工作。建立客户服务标准和客户满意度调查体系，将支行和分行各部室服务质量考评纳入绩效考核体系，全面提升服务质量和效率。通过开展阳光服务“十项做法”“倾听计划”等活动，及时发现问题，及时加以改进。加大形象广告投入力度，冠名经七路光大银行人行天桥，设置经十路灯箱广告、高速路口户外广告牌，全面提升光大银行在百姓心中的形象，展现光大银行的实力和风采。（陆德军　郭　峰）

【华夏银行济南分行】 截至年末，华夏银行济南分行利润同比增加3.1亿元，增长46.3%。其中中间业务收入同比增加3700万元，增长29%；人均利润同比增加34万元，增长58%；资产利润率同比提高0.68个百分点。五级不良贷款比年初减少14975万元，关注类贷款比年初减少11045万元，不良贷款率比年初下降0.5个百分点，全面完成总行下达的考核口径资产质量控制计划。加快转变发展方式，提高市场竞争力，存款业务基础逐步夯实。通过强化考核引导和新产品运用，积极开发新客户，挖潜存量客户。全年净增公司业务有效客户完成计划的113%，对公国际结算有效户完成计划的104.4%，净增个人贵宾客户完成计划的83.3%，净增信用卡VIP客户完成计划的156%。

1.公司业务。①进一步深化以客户为中心的经营理念。员工在研究客户、服务客户方面投入更多的精力，学产品、用产品已形成一种工作习惯，逐渐由单一服务向综合服务转变。②产品推广机制进一步完善。组织修订《产品经理管理办法》，对产品经理实行分级管理，在经营单位设立高级产品经理和兼职产品经理，按月召集产品经理团队会议，学习成功案例、营销简报及先进行的经验和做法，加大奖励力度，鼓励全行围绕核心客户开展上下游链式营销。③加强新兴业务拓展。加快发展投行业务，制定鼓励投行业务发展的相关办法，明确投行业务的营销方向，针对重点客户业务需求，专门设计有针对性的方案。④重点项目攻关实现新突破。进一步提高营销服务层次，加强团队营销，认真落实首席客户经理制，分行班子成员与有关部门、经营单位负责人和客户经理组成专门团队，上下联动，为每个客户设计针对性服务方案，强化重点客户、重点项目攻关和服务。⑤简化公司客户授信项目推荐流程。实行受理全程负责制，进一步提高授信项目推荐环节的审批流转速度。

2.个人业务。围绕个人业务营销组织建设、过程管理、支持保障和提升服务开展工作，通过不断强化客户开发、产品运用、渠道建设、队伍管理，有效促进了个人业务稳健发展，网点服务水平不断提高。①完善客户服务体系。修订服务标准，制定并出台服务行为指引，弥补了服务人员岗位行为标准的空白；设立“2011版神秘访客监测标准”项目，加大监督检查力度，有效提高服务水平；加强前台服务管理，明确主抓前台营运行长的工作职责；完善投诉处理机制，实行首问负责制，设专人第一时间处理95577流程工单。②强化示范引领作用。制定《客户挖潜营销模板》，提高客户服务工作的针对性和实效性，启动“创富尊享、掘金计划”营销活动，强化配套政策支持，通过电话、上门拜访、纪念日切入点营销、增值服务、客户沙龙等方式，重点开展存量客户挖潜服务和贵宾客户拓展。③开展银行卡业务。针对特色客户，深入组织开展系列华夏卡品牌营销活动，先后以“温情华夏欢乐佳节 柔情华夏浪漫之旅——华夏卡消费季”“‘礼值’气壮刷华夏卡”“华夏商旅卡贵宾增值服务体验月”为主题，开展华夏卡营销活动，有效提升了华夏卡业务质量。④提高财富管理水平。利用自身产品优势，加强理财产品组合营销，将“资本游走族”转化为忠实客户，带动储蓄稳存增存。同时，认真落实贵宾客户信息建档率和日常维护，为每一位新增贵宾客户建立服务档案，落实“一对一”服务，提高了客户忠诚度。

3.国际业务。通过进一步完善营销架构和激励机制、突出重点产品营销、加大贸易融资授信力度、夯实客户基础、防范业务风险，全面完成总行下达的各项国际业务指标计划。①加强专业指导和管理。制定并出台《济南分行国际业务工作要点》和《济南分行营销工作指导意见》，组织编写《济南分行国际业务产品风险手册》，并分地区列明省内进出口3000强企业客户名单，为指导、推动、落实国际业务营销工作创造有利条件。②实施客户分类营销。对照本外币授信客户名单，根据客户授信敞口占比,提出有针对性的国际业务服务方案;对于贸易融资授信额度缺口较大的重点客户,积极组织上报总行审批;对贸易融资用信不足的客户,逐户分析原因,提出解决方案,进一步提高客户用信率。③着力提高国际结算服务水平。积极组织和引导全行推广进口开证、进口代付和结售汇等产品,进口开证和进口代付业务实现明显增长。④开展营销竞赛和产品推介活动。在全辖开展国际业务营销竞赛活动,充分调动经营单位和客户经理的积极性,确保了国际业务经营指标的完成。

4.会计工作。按照"实现新核心系统顺利上线并平稳运行"和总行"2011年会计专业工作落实意见"要求,在新核心系统平稳运行的基础上,实现了会计工作安全运行,服务和保障业务发展的能力进一步增强。①新核心业务系统成功上线。经过完成暂停服务、日结前处理、日结处理、数据移植与核对、升级与切换、绿灯测试和试营业及切换后处理等重点任务,新核心系统成功上线。②组织开展专业竞赛。分层次、分岗位开展由全行会计人员参加的"会计专业双基大赛",营业机构分管行长以基础知识和案件防范为主,营业室经理以基础知识、新核心系统知识和案件防范为主,一般会计人员以基础知识、新核心系统知识、案件防范和会计基本技能为主,进一步提高会计服务水平。③强化精细化管理。重点加强授权管理、账户管理、对账管理、事后监督和重要空白凭证管理,并与员工异常行为排查结合起来,修订会计人员岗位职责,开发"集中对账"管理系统,实现对账工作的电子化管理,提高对账工作质量,建立会计专业专家队伍,强化专业指导和支持。④加强会计培训。通过区分支行分管副行长和营业室经理、会计操作人员3个层级,分别设计培训课程,重点组织开展反洗钱、反假币、票据防伪以及票据、重要凭证、业务印章的审核要点等培训。

5.风险管理。坚持以风险控制为底线,认真落实国家宏观调控政策,加强过程管理,优化操作流程,深化内控建设,提高风险防控能力。①优化内控管理机制。重新梳理管理部门岗位职责,编制岗位说明书,实现岗位间的相互制约和控制;认真落实操作风险,强化关键岗位、关键人员监督,完善强制休假、岗位轮换等制度;按照内控评价要求,对各单位合规建设、制度建设、内部控制等工作进行检查。②深化合规运行管理,加强合规队伍建设。在异地机构设立专职合规管理员(岗),制定《华夏银行济南分行内控管理评价实施细则》,强化内控管理的考核与评价。③优化信用风险防控机制。建立贷后管理积分评价制度,对贷后管理工作进行量化评价,加大贷后检查督察力度,建立重点监控客户名单库,对入库客户实施动态监控。④完善操作风险防控机制。进一步强化操作风险识别、监测、评估、风险提示等工作,突出专业部门"第一道防线"作用。建立案防组织领导、宣传教育、责任落实、考核评价及处置追究等5个方面的工作机制。⑤加大不良贷款清收盘活力度。坚持"一户一策",加大新增不良贷款防控和存量不良贷款清收力度,存量不良贷款清收处置取得较大进展,新增不良贷款得到较好控制,各项质量类指标全面完成计划。

6.科技工作。①保障新核心系统上线。经过网络改造、设备改造、数据移植和清理、特色业务改造等技术准备工作,顺利完成新核心业务系统上线。②加强业务创新。完成特色业务项目开发和现有系统升级,积极配合网点建设,先后完成联通代理商系统、ETC业务系统、商品房预售资金监管系统、公积金联机代扣系统、对公结算账户对账系统等项目开发和上线工作,开发联通双网合一系统、个人结算账户统计系统两个重点项目。③加强系统安全管理。组织开展包括中心机房基础设施、网络设备、应用系统在内的6次信息系统应急演练,确保系统安全运行。 (尤元宝)

【招商银行济南分行】 截至年末,招商银行济南分行资产总额531.37亿元,新增15.50亿元;全折自营存款余额462.36亿元,新增22.25亿元;全折自营贷款余额501.44亿元,新增37.57亿元;全年累计实现税前利润15.16亿元,新增6.35亿元,增幅72.08%;不良贷款余额下降0.34亿元;全年未发生任何重大案件和差错,实现安全运营。

1.业务发展。大力拓展负债业务。批发银行业务强化营销推动,紧紧把握债券市场、资本市场及生产要素市场蓬勃发展的有利时机,重点开拓新兴市场存款,吸收上市资金;零售银行业务通过扩大代发规模、挖掘第三方存管价值客户、推广信用卡、专业版等手段,积极拓展客户渠道,促进基础客户群、高价值客户群规模和资产规模快速增长。不断提升资产业务收益水平。优化产品定价模型,加强综合收益的测算,提升对公贷款的整体定价水平;个贷业务以合规经营、风险控制为基础,积极推进产品、流程及管理创新,努力提升业务定价,重点推进市场个贷业务,实现了个贷业务的有序发展。传统与新兴中间业务协调发展。抓住山东省大型企业集中、直接融资需求旺盛的市场优势,大力推进投资银行等新兴中间业务发展,培育非利息收入增长新的亮点,全年实现非利息净收入5.6亿元,非利息净收入占比达19.26%。国际业务稳健发展。立足山东市场,以价值为导向、以产品创新为核心,发挥招商银行"跨境金融"品牌优势,把握企业"走出去"的战略机遇,持续拓宽金融服务的内涵和外延,提供境外融资服务,助推企业"走出去"步伐。紧抓人民币国际化发展机遇,整合跨境人民币结算、融资产品,理顺并优化业务流程,实现了收益与规模、传统与新兴、境内与境外的协调发展。

2.合规建设。开展"内控建设年"活动,深化合规宣传教育,加强内控合规队伍建设。组织制度评审和后评价工作,完善各类业务流程和制度体系,进一步优化内部控制环境。加强法律合规审查服务职能,加大对创新业务、案件诉讼和客户投诉的法律支持力度和审计监督力度。深入开展"反洗钱宣传教育月"活动,提高员工的反洗钱意识。全面推广运用总、分行自行查核系统,促进管理水平提升。

3. 客户服务。持续强化服务手段,进一步树立良好品牌形象。全面实行标准工作量、标准活动量和工作质量的"三量"化管理,不断提升员工的专业化能力;细化服务制度建设,注重服务实效,通过网点评价、服务质量、专业素质、营销工作的综合考核,实现了服务与绩效的同步提升;秉承"因您而变"的经营理念,努力推动业务创新和服务质量的提升,获山东省人民政府"金融创新奖"、大众网评选的"山东网友最信赖银行"称号,分行营业部获"中国银行业文明规范服务百佳示范单位"称号。 (康 玲)

【兴业银行济南分行】 截至年末,兴业银行济南分行主要业务指标继续位居山东同类型银行先进行列,在总行综合考评中位列同类行第一名,市场份额、综合竞争力及品牌影响力持续攀升。资产总额达758.5亿元,较年初增加160.3亿元,增长27%;本外币各项存款达657.3亿元,较年初增加127.3亿元,增长24%;本外币各项贷款394亿元,较年初增加41.7亿元,增长11.8%;不良贷款率0.15%,与年初持平。盈利水平不断提高,实现账面利润14.9亿元,同比增加5.34亿元,增幅55.9%;实现中间业务收入2.9亿元,同比增长70.7%。业务结构日趋完善,存贷比保持在60%的较低水平;中间业务收入占比达19.4%,较上年提高1.7个百分点。客户群体持续增加,公司客户达12239户,较年初增加4228户;零售客户达60.9万户,较年初增加15.3万户。队伍基础持续夯实,新引进各类人才257人,其中对公经营人员88人,零售经营人员33人。此外,设立临沂、泰安两家地市行和济南历下、高新两家同城支行,开设了首家地市行辖属机构烟台开发区支行、首家县域支行潍坊寿光支行。

1. 业务发展。面对信贷规模受限、金融监管趋严等形势,灵活运用本外币、表内外、直接与间接融资等各类业务,抢占信贷紧缩带来的市场先机,重点攻关四大板块业务。机构业务方面,实施"人盯人、行盯行"策略,落实人力资源与业务沙盘对接,成功突破一系列重点系统客户,机构存款时点余额达149亿元,较年初增加48亿元;机构客户有效新开户达458户,较年初增加227户,实现客户倍增。公司业务方面,积极推进供应链金融等创新业务及商票保贴、现金管理等重点产品。供应链金融重点从总对总合作、本地网络等5个模式入手,切入钢铁、汽车等产业链条,新增供应链核心企业10户,完成供应链业务量922亿元,完成国际结算量68.3亿美元。投行业务以债务融资工具和IPO财务顾问为重点,全年注册中期票据、短期融资券50亿元,发行35.8亿元。小企业业务按照新的运营模式铺开集成式、批量化拓展,小企业客户新增3210户。财富业务方面,拓展发展通道,创设信托理财52期,其中重点营销上市公司股东股权受益权融资,代销集合信托计划26个;抢占总行资产池银信合作规模,与总行联动非标项目26个。扩大交易对手,合规开展买入返售票据;扩大同业资金来源,配合资产业务做大同业负债,共办理票据转贴现299亿元,同业日均存款达64.4亿元。深化同业合作,新增同业核心客户5家,上线银银平台客户4家。零售业务方面,重点围绕"目标客户拓展"主线,储蓄存款以代发业务、高收益信托产品、个人经营贷关联、POS商户拓展为营销抓手,新增24亿元,时点余额达67.2亿元。个人经营贷以主流消费市场为主线,余额新增9亿元,当年新发放个贷加权基准利率上浮27%。"兴业通"完成统一收单系统的上线推广,新增收单核心客户1952户。终端标准化深入推行大堂、柜员、财富等各岗位员工服务流程管理,开展视频、现场培训及标杆网点示范等多种推广。

2. 企业管理。做好资源管理,财务资源配置重点向机构业务、财富业务倾斜,结构上控制费用资源配置水平,引导经营单位真正把费用投向市场。规模分配挂钩存款增长、贷款收益水平,将有限规模效益最大化。按月调度地市行投放需求,灵活调剂到期贷款,并积极向总行争取信贷规模,有效满足贷款需求。做好信审服务,制定20个行业及9项主要业务的准入细则,进一步明确区域信贷投向,扩大目标客户到2139户。抓好风险管理,强化"行业+区域+板块"的监管分工,加大后评价和风险排查力度;加强重点领域风险管理,严格房地产贷款贷后管理,严防票据风险,建立新兴业务评审委员会机制;按监管要求全力抓好平台贷款管理,平台贷款均为全覆盖,风险分类未下调;强力推进贷款新规落地,受托支付比例符合监管要求。把好内控关口,全面梳理六大类内控制度,梳理有效制度197项,其中新增32项、修订40项;结合检查发现的问题及监管要求,重新制定九大业务流程的238项内控关键点,并组织了31次综合检查。体制机制改革初见成效。积极响应总行改革部署,首批上报总行改革方案并获批。第四季度,本着"统筹规划、自上而下、循序渐进"的原则,设立各级企业金融总部,组建各业务部并成立首批业务总部,制定了一系列配套制度,改革步入正轨。同时,以改革为契机,对现有团队彻底摸底,对业务、人力、财务等管理流程及相关授权全面梳理,为业务可持续发展奠定基础。完善人才选拔机制,建立公开竞聘、末位淘汰等制度,健全"合适的人做合适的事"的用人机制。构建人力资源培训体系,重点建立起各条线牌照管理和任职资格考试制度,逐步实现各级干部和业务人员学习的制度化。 (逄 钢 布晨光)

【上海浦东发展银行济南分行】 截至年末,上海浦东发展银行济南分行一般性存款558.92亿元,同比增加114.31亿元,增长25.71%;贷款435.13亿元,同比增加84.63亿元,增幅24.15%;实现账面利润12.53亿元,同比增加5.69亿元,增长83.19%;实现中间业务收入3.25亿元,同比增加1.44亿元,增长79.89%;不良贷款额和不良率保持双降。新开东营、聊城两家二级分行和兰山、临淄两家支行。年内,获山东省政府"金融创新奖",被评为"省直文明单位"。

1. 业务发展。负债业务由传统的以

贷引存向结算、纯负债、储蓄等多业务发展的转变,实现负债来源的多样化和发展的稳定性。以客户深入营销推动负债增长。在"1+N"目标客户体系建设的直接带动下,客户数量大幅增长,公司类有价值客户和个人钻石客户、白金客户在超额完成任务计划的同时,有效带动了结算存款、储蓄存款、纯负债的增长。积极发展表外业务,结合严控信贷规模的宏观形势和企业资金需求旺盛的市场环境,在合规的前提下,积极推动票据、保函、信用证等表外业务发展,带动保证金存款的增长。以创新业务带动负债增长。多方开源,加强贸易融资、国际结算、上市公司募集资金、理财、代发、三方存管等业务发展,积极参与省市财政资金托管,拓宽资金来源渠道。资产业务方面,建立并持续完善"三位一体"营销推进体系,强化条线协同和部门配合,实现从客户关系建立、营销方案制定到客户关系维护的全过程的参与,营销力量由分散向集中转变,发挥出部门主导和整体配合的双重效能。根据客户行业、规模、经营特点,大力实施差异化营销和精准营销,积极推广绿色信贷,精心设计融基础金融服务和增值服务于一体,有助于客户价值提升的现代营销方案,提升客户拓展的针对性和营销力度。打破关系营销局限,强化产品营销、服务营销,以产品为突破口撬动客户,并以资产业务为纽带,带动理财、票据、债务性融资工具等业务发展。年内,办理AFD(法国开发署)贷款1.1亿元,办理浦发系统近年来唯一一单外国政府转贷款190万欧元,在全行率先办理了首单CDM(清洁发展机制)项下保理业务,取得华鲁集团中期票据、山东钢铁私募债主销资格。在坚持平稳信贷投放的基础上,以提升资源利用效能、深化业务合作、提高效益为基本原则,以大客户深入开发、中小客户批量开发、个人客户交叉开发为重点,以产品撬动和价值链延伸为手段,大力实施精准营销,实现了资产业务增长方式的明显转变。以创新引领中间业务发展。通过方案式营销、交叉营销和联动营销,拓宽合作领域,提升合作层级,继而形成多源的收入来源,推动收入持续增长。大力发展贸易融资业务,累计完成国际结算量36.2亿美元,同比增长170%,完成总行任务指标的180%,累计完成率全行排名第三位。累计办理表内、表外贸易融资业务184亿元,同比增长138%;累计实现保理业务量41亿元,同比增长64%,实现保理收入1.06亿元,同比增长80%,在浦发系统内一直稳居第一位。积极寻求债务融资工具的发展,承销的山东高速等28亿元中票、胜利股份等28亿元短券已顺利上报协会,北金集团9.8亿元短券、东营方圆有色13亿元短券项目申报材料已完成总行审定工作,全年操作的中票、短券项目超过了近5年的总和。完成山东蓝天首饰、山东金创股份黄金租赁业务197公斤,签约客户数量占总行一半。加强同业合作,与12家金融机构签署同业代付协议,办理同业代付67笔,对外代付金额达到21亿元;累计办理票据买入业务313.67亿元,实现利息收入42640.47万元。

2. 内部管理。①提升运营服务质量。积极优化业务流程,调整劳动组合,推行服务规范,开展网点间的业务PK赛、销售争先赛、技能大比武等竞赛活动,运营服务水平和工作效率大幅提高。截至年末,该行核心系统成功交易业务量1998万笔,同比增长25.3%;集中系统成功交易的业务量为79.8万笔,同比增长112%;集中业务线上处理率为96.73%,同比增长12.41%。通过强化服务营销理念、组织厅堂服务专题培训、整合网点销售与服务体系、强化考核引导等措施,加快推进厅堂服务一体化建设。采取强制休假、轮岗、飞行检查、内控辅导等措施,防控业务风险,提高运营操作的规范性。推进合规体系建设。强化观念理念教育,出台《员工八小时以外行为规范》,加大对违法违规行为的处罚力度,提高全员合规意识。加强对案防工作的组织领导,强化案防责任制,成立案防联络员队伍,落实二级分行专岗合规人员配置,建立自上而下、有效覆盖的防范体系。深入开展"内控建设年"活动,持续开展十大重点领域风险排查,发布十项合规提示,完成五项合规测试,做到隐患早发现、早处理,坚决杜绝案件和重大责任事故的发生。增强风险防控能力。进一步加强制度建设,继续细化和完善各项风险管理制度。先后下发了关于授信审批、授信风险责任认定、资产负债业务交接等的制度十余项,并积极推进制度落实,有效规范业务发展。加强对形势政策和行业的分析研究,及时出台授信政策指引,及时发布风险提示,将风险管理的关口前移。加大检查力度,全年共现场检查客户150户,开展了对二级分行、集群式供应链融资、房地产开发贷款等检查以及总行、人民银行、银监局安排的各项检查调研60余项。按照银监局要求,积极落实平台贷款、中长期贷款合同分期还款、贷款新规受托支付走款比例3项重点工作,取得积极成效。推动二级分行发展。积极适应从城市经营行向区域管辖行的转变,按照"条块结合、以块为主""促进发展、防范风险""规范管理、差异经营"的原则,制定《辖属二级分行管理办法》和《县域支行试行办法》,厘清经营管理权限,明确职责、流程、方式,调动职能部门管理服务的主动性和二级分行经营管理的积极性。同时,根据业务发展需要,适当给予信贷资源、人员配备的倾斜支持,加强对二级分行风险、运营主管人员的委派制管理,持续开展内部审计和风险检查,发现问题,及时纠偏,全年发展态势良好。 (燕　峰)

【中国民生银行济南分行】 截至年末,中国民生银行济南分行总资产615.03亿元,较年初增长138.92亿元;各项存款余额552.73亿元,较年初增长105.08亿元;各项贷款余额400.07亿元,较年初增长44.68亿元。年末,不良贷款余额7916万元,不良贷款率0.2%。全年累计实现账面利润12.15亿元,较上年增加4.69亿元。

1. 存款业务。分行始终坚持将负债管理作为首要和核心任务,不仅强调负债规模的增长,更强调增长模式的转变,逐步建立负债业务的内生增长机制。①围绕政府机构抓好负债管理。民生银行济南分行是山东省唯一一家同时获得省级国库集中支付、省市级财政非税收入等4项代理资格的股份制银行，并成为首批财政非税业务电子化试点行、竞争性财政存款试点行。年内实现了全市工商系统的非税电子代缴，成功中标济南市财政预算单位的国库集中支付业务，同时与山东省财政厅、体育局、地矿局、公安厅以及电信、邮政、文化系统开展全面合作。分支机构也依托业务，多措并举吸收机构存款。如临沂支行依托小微贷款撬动机构存款6亿元，并取得5000万元的政府风险补偿基金。截至年末，机构存款突破80亿元。②围绕资本市场抓好负债管理。积极营销拟上市公司募集资金托管项目，成功托管永泰能源17.55亿元和烟台万润8亿元上市募集资金，成为总行系统内"上市直通车"项目推动的成功典型。③围绕直接融资抓好负债管理。先后成功发行兖矿集团30亿元中期票据和山东钢铁集团30亿元短期融资券，带来大量存款沉淀。另有4个发债融资项目正在推进，总金额近60亿元。④围绕产品创新抓好负债管理。全年交易融资金额达221亿元，较上年翻了两番多，增加额在全行系统内排名第一，有效带动存款约80亿元；充分发挥电子银行渠道作用，利用现金管理、资金归集实现存款稳定增长。

2. 信贷业务。中国民生银行是国内最早提出"做小微企业的银行"战略定位的全国性股份制商业银行，年内中国民生银行济南分行积极加大对小微企业的信贷投放力度，全力支持小微企业发展。积极推广"乐收银"产品。至年末，分行安装"乐收银"3099台，当年结算量超过45亿元，提高了小微企业的电子化结算水平，并且收款资金实时到账，方便快捷，付款按标准享受交易手续费的减免，为小微企业节省了可观的结算费用。启动小微法人授信业务，拓宽小微业务产品线，包括银行承兑汇票、商业承兑汇票贴现、国内非融资性保函。搭建批量营销、服务小微企业的银企沟通平台，全年共举办"商贷通财富大讲堂"115场，向客户宣传信贷、结算、理财等产品，使更多的小微企业与该行建立了合作关系。截至年末，小微企业贷款（商贷通）余额103亿元，较年初增长73亿元，当年新增额在系统内排名第二位。与此同时，小微客户的数量达到18082户，较年初增加12924户。

3. 内部管理。①加强小微企业贷款的风险管理。专门成立售后服务部，配备人员13人，专司小微企业的贷后管理；继续坚持和推行"兼职合规经理和纪检监察员"制度，两支兼职队伍分别把住业务操作风险关和员工道德风险关；继续坚持各种风险管理例会制度，包括风险经理例会、会计经理例会、反洗钱领导工作小组例会、兼职合规经理例会等，确保信息沟通渠道畅通、工作部署得到落实；进一步完善规章制度，包括推进流程立规、定期梳理，连续编制分行的年度规章制度汇编，根据内外部检查的问题及时对规章制度进行修改，制定完善制度92项。②严格执行各项规章制度，使信用风险、操作风险、道德风险和声誉风险得到有效控制。全年累计发出风险预警227次，风险提示128次，全年累计现金清收金额达到1429万元。在业务快速发展的同时，仍保持较低不良率的良好发展态势。年内不良贷款余额7916万元，其中对公不良贷款6800万元，不良率0.17%，低于总行0.5%的控制目标；小微不良贷款余额796万元，不良率为0.08%，低于总行0.5%的控制目标。③加强运营风险管理。严格实施运营机构及人员风险通报制度，持续推进运营风险例会制度。对业务差错和操作违规事项，实施机构和个人考核挂钩，重大事项一票否决。加大业务培训力度，采取"合规巡讲"的方式，由分行分管风险的副行长带队，到济南、临沂、潍坊等地巡讲，巡讲面覆盖到全行所有异地员工，提升了员工的风险防范能力。对重点业务环节和重点部位实施重点监控。针对对账环节，制订账户真实性核实的实施细则；针对定期存单质押业务，完善重要运营资料交接的流程；针对现金、重要空白凭证等实物管理，采取运营管理部突击检查、飞行式检查等方式督促落实。全年共堵截假印鉴7起，假开户资料11起，假身份证件15起，假回单6起，假证明2起，冒充他人办理业务12起，协助公安机关破案2起，堵截客户资金诈骗1起，假人民币135张、金额11170元。④加强科技管理。注重加强管理精细化，明确突发事项的报告流程，实现全天候不间断运行值班工作制。强化科技队伍管理，制定并下发计算机管理人员考核、奖惩办法。巩固基础环境，建立防病毒安全监控系统、网络监控系统、机房运行环境监控系统、远程监控系统等，切实增强抵抗风险、快速应对的能力。不断提升应急能力，建立健全应急预案。对分行计算机系统的应急预案采用不定期的修补机制，同时定期进行全行范围的应急演练。⑤加强人力资源管理。加强干部交流、轮岗和强制休假制度的执行，年内新聘任中层干部5人，中层序列岗位交流8人；新聘任初级管理人员26人（其中异地机构9人），初级序列岗位交流9人；共实现65人次的重要岗位轮换，其中同一业务条线内轮岗人员39人，跨业务条线轮岗人员26人。进一步修订强制休假实施细则，制定强制休假计划并予以落实，全年共有148人实行了强制休假。由于内控建设的基础工作相对较好，经营网点安全评估成绩突出，被总行确认为贯彻巴塞尔协议、实施操作风险管理工具的4家试点分行之一。

（孙　霖）

【深圳发展银行济南分行】　截至年末，深圳发展银行济南分行各项存款余额198.41亿元，较年初增加29.38亿元，增幅17.38%，存款市场份额为2.43%（含总行协议存款回补），较年初上升0.21个百分点。

1. 业务拓展。积极贯彻总行和北区的各项政策和工作部署，实现了年初制定的"上半年对标同业上规模、下半年夯实基础调结构"的全年工作方针，公司业务各项指标取得较理想的成绩。扩大存款规模。一季度，部署开展"百日存款劳动竞赛"等活动，实现了公司业务的开门红并奠定了上半年存款增长态势。二季度，以存款规模为核心的各项主指标迅速拉升，实现了规模化增长。调整存款结构。

下半年，着力推动以纯负债为核心的业务结构优化、为业务发展打基础的客户资源储备、为实现战略发展的人才引进等工作，确保实现年末的完美收官并为下年业务奠定坚实基础。扩大有效客户规模。年末，该行有效授信客户1060户，比年初净增415户，增幅64%。在客户升级方面，该行是总行评定的全国4家示范行之一，一、二类客户的数量占比、存款余额占比、授信余额占比三项核心指标均位列全行第一。搭建供应链金融营销支持平台。在制度上、考核上、组织上搭建统一的供应链金融营销支持平台，着重对煤炭、工程机械、钢铁、汽车等行业的重点供应链金融项目深入挖掘，从原来的单向拓展延伸到对上下游客户的双向营销；在业务模式上，大胆创新，尝试煤炭行业“1+N+1”模式供应链；在地域范围上，不断扩展，从省内为主延伸到覆盖河北、江苏等地，贸融余额保持稳定增长态势。国际离岸业务翻番增长。及时出台《深圳发展银行济南分行国内信用证业务营销指引》，大力推动国内信用证业务，解决企业出账通道的同时，带动了存款增加。推进进口代付理财业务，吸收人民币存款3.3亿；成功拓展离岸背对背信用证业务，成为系统内开办此业务的4家分行之一，业务量名列前茅。中小企业业务快速发展。从组织、推动、审批、管理4方面推进中小企业业务发展，中小企业新增客户约占该行新增客户数量的40%；中小企业授信敞口额度在该行授信敞口额度占比约8%。

2. 零售业务。按照“最佳零售银行战略”的要求，开展一系列形式多样的业务技能培训和营销宣传活动。开展“兔年迎春储蓄竞赛”“金卡集结号2011虎狼羊”PK赛、“我为深发献八户”等竞赛活动，先后组织各支行举办“理财沙龙”“贵金属讲座”“顶级红酒品鉴会”等活动，密切与客户的关系，提升客户忠诚度。倡导零售人员走出去、变被动为主动的营销，全力搭建经营单位与“圈、链、会”等私人业主的沟通桥梁，联合济南紫金投资咨询有限公司在三季度开展贵金属延期交易大赛。个贷业务转型。确定向经营性贷款转型、创造产能最大化的经营思路，将个人房贷业务渠道拓展逐渐向经营性贷款转型。全年全行个贷团队共发放零售贷款5.85亿元，较上年余额增加3.12亿元，其中经营性贷款净增4.37亿元，实现年日均3.6亿元，以213%的完成率完成全年经营贷的贷款任务。

3. 资金业务。围绕“同业利润追求增长、渠道建设争创成效、资产负债自求平衡、投行业务全力突破”的年度工作规划展开工作。同业负债业务方面，首次挂钩分行关键业绩指标考核，当年实现日均42.58亿元，完成率达132.38%。成功营销某国有银行省分行理财专用账户在该行开户，贡献低成本同业资金日均29.48亿元。渠道建设方面，持续做好银银平台搭建工作。第三方存管代理业务客户数量、保证金及清算资金沉淀日均有较大幅度增长。贵金属业务代理等业务开创良好局面，处于全行领先地位。同业授信方面，组织完成同业授信10家，累计综合授信额度达72亿元。对山东省内符合该行授信条件的城市商业银行实现全覆盖，并取得向省外拓展的重大突破。此外，该行人民币代付业务、理财产品销售、投行业务、直贴业务、头寸管理等也取得较好成绩。

4. 信贷资金安全。年末共审批中小企业客户806户，较上年同期增加342户，新增授信额度181.2亿元，较同期增加64.94亿元，增幅分别为73.13%和58.28%。截至12月末，中小型企业贷款余额61.9亿元，占全部公司贷款余额49.3%，较年初上升17.6%，尤其是小型企业贷款余额达6.8亿元，较年初增长251%。对贸易融资核心客户间接融资额度开通绿色通道，截至12月末，贸融客户数(小口径，审批户数)234户，较年初净增40户；贸易融资月均余额达到57.75亿元，指标完成率达到102%。通过调整授信策略分类，挖掘现有优质客户的潜力，全年共审批授信策略分类调整75户。引导个贷业务向小微经营性贷款转型，初步实现了个贷业务由低利差的房贷、消费贷向高利差的小微业务、经营贷的结构调整。其中，小微业务累计发放量约占个贷业务年发放量的80%。早预警、快行动，资产保全快速介入，较好地维护了信贷资产质量。此外，切实加强政府平台和房地产贷款的风险管理，实现了授信风险的基本释放。

5. 内控管理。组织开展多种合规和反洗钱培训宣传活动，加强专兼职合规人员队伍建设和反洗钱人员岗位管理，积极配合总行及监管机构的各类检查稽核工作，推动全行合规文化建设和反洗钱工作水平不断提高。认真落实监管政策的跟踪和解读。全年共完成合规审查158项，业务咨询回复和工作建议318条；合规提示报告11份，解读监管规定和管理要求19条，提出应对措施62条。加强制度库日常维护和管理，持续开展规章制度梳理。全年共规划和梳理各类规章制度119项，修订制度11项，新建制度10项，废止制度14项。与监管部门建立经营管理信息的定期报告和反馈机制，加强合规报告和监管沟通，强化该行依法合规形象。

6. 人力资源管理。年内共引进行外员工78人，截至年末，共有员工403名，其中合同制员工332名，外勤人员占比38.31%。进一步加大对内部人才的培养力度，通过岗位价值评估，结合员工绩效表现，更新关键人才库，对关键人才和业务能手在薪酬审定、内部讲师认定、培训资源等方面给予适当倾斜。制定人才引进计划及考核方案，加大对资源型客户经理的引进力度。（崔建伟　梁菲菲）

【齐鲁银行】 截至年末，齐鲁银行各项存款余额651.26亿元，同比降低0.86%；各项贷款余额426.77亿元，同比增长0.99%，全行80%以上的贷款投向了中小企业。

1. 业务开展。创新营销思路，完善金融服务，推进银政、银企合作，有效促进了产品销售和业务发展。年内先后与济南市粮食局、药监局及长清区政府等实现战略合作，积极开展工商验资E线通、银企直联和集团现金管理等业务。发行齐鲁白金卡，在私人银行服务方面做出积极探索。进一步做大做强济南市银企协会品牌，积极支持优质中小企业发展。

2. 风险防控。加大关键领域、关键业务的风险排查，出台一系列风险管控措施。积极推进业务集中处理、风险集中控制，推行会计主管委派，成立放款中心，完善贷后管理机制，实施账户集中审批、集中对账等措施，推进条线制衡，有效防范柜面风险及操作风险。梳理完善授权管理、科技风险、财务审查、印章管理等项规章制度，业务合规程度进一步增强。适时退出风险客户，持续压缩异地授信业务及房地产贷款，业务结构得以持续优化，风险可控程度进一步提高。

3. 渠道建设。持续推进产品宣传和品牌宣传，推动全行品牌梳理和网点环境识别项目建设，加快电子渠道建设，提高柜面服务标准，有效整合内部服务资源，提升服务效率。定期为分支机构量身定做服务培训方案，举行管理能力提升培训，提升现场管理、员工管理、内控风险和服务营销等能力，并在全行开展"微笑服务、诚信金融"活动，着力打造"诚信金融"品牌。同时，围绕城市建设和新建经济聚集区，持续优化网点布局，提升综合服务功能。年内，聊城阳谷支行、天津静海支行顺利开业，由该行控股发起的首家村镇银行在章丘市正式挂牌运营，对服务三农、服务中小企业、支持农村经济发展起到积极作用。

4. 内部管理。强化人员精细化管理。启动支行行长级人才后备库选拔，优化充实人力资源基础。改进和完善全员上岗考试，以考促学，学用结合，效果明显。成立机构网点建设推进领导小组，理清工作流程，提高机构网点建设效率。规范财务管理，成立财务审查委员会，建立重大财务事项集体研究、决策机制，强化财务审查和预算约束。启动数据仓库建设及信贷流程梳理项目，上线信贷风险监控、会计预警等系统，提高全流程精细化技术水平。完善督办制度，对重点事项要求切实做到"件件有着落、事事有回音"。

（赵　晋）

【山东省农村信用社联合社济南办事处】

截至年末，全市农村信用社系统总资产达到591.18亿元，较年初增加94.41亿元，增长19%。各项贷款余额374.5亿元，比年初增加45亿元，增长13.67%，高于全市银行机构平均增幅4.58个百分点。各项存款余额510.5亿元，比年初增加66.3亿元，增长14.92%，高于全市同业平均4.69个百分点。全年实现经营利润13.41亿元，增长30.57%，缴纳各项税金2.75亿元。

1. 业务发展。在从紧的货币政策下，调整结构，"有保有压"做好信贷投放。突出对三农、中小企业和县域经济的信贷支持，结合济南市农业产业化发展规划，优先支持村大联保体、农民专业合作社及涉农企业，新增涉农贷款17.9亿元，增长39.8%，涉农贷款占比达到46%，提高2.74个百分点，实现涉农贷款增量高于上年、增幅高于各项贷款增幅的目标。中间业务品种进一步丰富，国际业务成功开通，银保合作领域不断拓宽，代理保险业务范围覆盖多个险种，开办代销实物金银业务，代收政府非税收入增长迅速。新农保代理业务不断扩大，3家县级联社取得新农保代理资格，代发新农保业务15万笔、6500余万元。银行卡业务快速发展，发卡量达到111万张。

2. 客户服务。立足面向三农、面向中小企业、面向社区、面向县域经济的市场定位，加快业务、产品和服务创新，提高整体服务水平。①强化信贷服务，以"全覆盖"为目标构建信贷服务网络。将农村信用工程建设与农村精神文明建设相结合，开展信用农户、信用村和信用乡镇的评定，给予"贷款优先、利率优惠、简化手续"的信贷倾斜。信用评定覆盖全市4153个行政村，年内新评定信用农户7.5万户，新增贷款证授信19.2亿元，构建了信贷支农服务网络。农户贷款全部实现信用评级和授信集中办理，提高了服务效率和服务深度。围绕市政府支持产业结构升级的战略部署，加大对个体经济和小微企业的支持，净投放公司类贷款21.5亿元，占全年信贷投放的47.8%。推出企业联盟信用共同体贷款、商会小企业贷款和市场商户联保贷款，较好地满足了中小企业的资金需求。②实施支付结算畅通工程。加快网上银行、"财富在手"手机银行卡等新型支付结算工具的推广，开户数量突破3万户。实施"万村千乡"工程，大力拓展POS特约商户、电话POS业务，全市商户总量达3452户，比年初增加1938户，增长127.9%。稳步实施金融服务网络建设，安装农民金融自助服务终端设备107台，累计受理业务25万笔、6.8亿元，进一步延伸了服务链条，有效缓解了农村地区金融服务的不足。

3. 风险防控。以完善制度规范、加强重点领域治理、健全监督体系为抓手，进一步强化风险防控长效机制建设。全面梳理各项业务制度，完善业务操作流程，强化制度监督制约作用。组织开展业务条线风险排查、内控环节及特殊业务风险排查，及时发现和堵塞风险漏洞。深入开展合规文化建设年活动，通过知识竞赛、短信提示、电脑屏保等方式强化合规教育，营造良好合规文化。切实发挥审计的监督职能，围绕全市业务发展重心，突出风险评估审计、资产质量审计和履职审计3个重点，着力开展审计队伍业务能力、审计管理规范化、审计成果运用和审计信息化4项建设。积极整合管理资源，辖内7家县级联社全部设立会计监督中心，内控体系进一步完善。

（李　明　张莲蕙）

证　券

【概况】　全年全市有3家企业成功上市。2月3日，高新区创博亚太在美国纳斯达克上市，募集资金2000万美元；7月7日，山东章鼓在深交所中小板上市，融资4亿元人民币；12月15日，澳华新能源发布在英国伦敦交易所的上市公告，首期融资3150万元人民币。山东章鼓的上市，不仅结束了章丘作为全国百强县没有本土上市公司的历史，也实现了济南市县域企业上市零的突破。上市公司再融资方面，山东黄金发行中期票据融资 12 亿元；山东高速发行短期融资券融资 15 亿元；中国重汽发行短期融资券融资 17 亿元；华电国际发行短期融资券融资 20 亿元；山水水泥发行优先票据融资 40 亿元，发行中期票据融资 9 亿元。2011 年，济南市区域内上市公司总数增加到 29 家，上市股票总数达到 31 只（其中 A 股 20 只、B 股 3 只、香港联交所 5 只、美国纳斯达克 2 只、英国伦敦 1 只），累计融资总额达到 615.7 亿元人民币。全年新增首发融资 5.64 亿元，新增债券类直接融资 113 亿元。截至第三季度，29 家上市公司营业总收入 1996.68 亿元，净利润 94.6 亿元，上交所得税 29.1 亿元。至年末，29 家上市公司总市值 1624.42 亿元，其中 10 家公司市值超过 50 亿元，6 家公司市值过百亿元。

截至年底，济南地区证券营业部实现营业收入 7.19 亿元，利润总额 1.59 亿元。证券交易额 6765.64 亿元，其中股票交易额 6138.29 亿元。济南地区期货营业部实现代理交易量 2746.92 万手，代理交易额 2.76 万亿元。

【济南县域企业“第一股”——山东章鼓首发上市】　7 月 7 日，济南市县域企业“第一股”——山东省章丘鼓风机股份有限公司在深交所中小板挂牌上市。山东章鼓的上市，不仅结束了全国中小城市综合经济实力百强县市——章丘没有本土上市企业的历史，更开启了济南市县域企业融入资本市场的“破冰之旅”。山东章鼓向社会公开发行人民币普通股 4000 万股，发行价 10 元，上市首日开盘价为 21.9 元，涨幅达 119%。

（翟亚男）

【概况】　截至年底，全市共有保险公司主体 70 家，其中产险 28 家、寿险 42 家。全年实现保费收入 110.35 亿元（按新口径计算），同比增长 9.8%。其中财险保费收入 32.91 亿元，同比增长 14.04%；寿险保费收入 77.44 亿元，同比增长 8.09%。

保险业全年共为全市承担了 27100 亿的风险责任。全年累计赔款与给付 27.73亿元，同比增长 24.97%。其中财险赔款支出 12.61 亿元，人身险给付 15.12 亿元。

（翟亚男）

【济南市保险行业协会】　据不完全统计，加入协会的 52 家会员公司，全年共收入保费 104.0337 亿元，共支出赔款（给付）26.6218 亿元。

1. 全力做好济南市机动车辆轻微交通事故快速处理快速理赔工作。7 月，协会组织全市各产险公司召开专题会议，就进一步做好济南市机动车辆轻微交通事故快速处理快速理赔工作进行部署安排。同月，协会又在市区南部新建济南车险快处快赔中心东岳服务大厅。至此，在市区东、南、西、北四方都设置了车险快处快赔服务大厅，为车险客户就近快速处理快速理赔提供了方便。济南车险快处快赔中心全年共受理、定损车辆 58926 台次。

2. 在边远县域保险市场建立县区保险自律委员会。针对章丘、济阳、商河、平阴和长清 5 个县市（区）距市区比较偏远且自律工作相对薄弱的问题，决定建立市协会所属的各县区保险自律委员会，切实加强县域保险市场的自律规范工作。经过认真调查，协会详细制定了《济南县区保险自律委员会工作规程》，明确了县区保险自律委员会的基本职责、考核办法等各项规定。11 月中旬首先在章丘保险市场成立章丘市保险自律委员会。拟在章丘保险市场试点成功后，再在其他县域保险市场全面推开。

3. 组织行业自律检查和保险代理人基本资格考试。年内，机动车辆保险市场和银行邮政代理保险市场先后组织了 4 次自律检查活动。通过自律检查，进一步增强驻济各公司严格履约、规范经营的自觉性。受山东保监局委托，组织保险代理人基本资格考试 265 场，23187 人次参加考试，15904 人合格，通过率为 71.54%。

4. 组织召开 2011 年度“济南保险业社会监督员座谈会议”。3 月 10 日，邀请济南保险业“社会监督员”单位的有关领导，与济南 13 家保险协会常务理事公司的总经理进行座谈。通过座谈，增强党政领导机关、新闻媒体及社会各界对济南保险业的监督、了解和支持，为济南保险业的快速健康发展创造良好的社会环境。

5. 举办“3・15 让消费者满意行动”保险宣传咨询活动。3 月 13～15 日，省暨济南保险协会在济南舜耕国际会展中心广场联合举办“3・15 让消费者满意行动”保险宣传咨询活动。活动以“诚信保险、责任社会”为主题，设置了保险咨询服务台，向消费者发放“满意在保险”宣传册，介绍保险知识；对消费者的咨询给予认真、热情的解答；对消费者的投诉，能当场给予答复的当场进行了答复，不能当场答复的，认真记录在案，日后及时进行协调处理和反馈。6 家省级公司和济南协会 6 家市级会员公司参加了本次活动。

6. 组织开展济南保险业“四个率先”创建工作年度检查评比和表彰活动。年初，广泛开展了为期一个月的“四个率先”创建工作公司内部评比活动。在此基础上，又利用一个多月的时间，对 42 家经营一年以上的会员公司依次进行了认真的现场检查评比，有 16 家理事会员公司和 61 个部门、区县机构分别被评为济南保险业 2010 年度“四个率先”创建工作市级先进单位和区县级先进单位；68 名员工和 100 名营销员被评为优秀个人。4 月 15 日，在南郊宾馆礼堂召开“济南保险业 2010 年度‘四个率先’创建工作先进单位、优秀个人表彰大会”，对先进单位和优秀个人进行表彰。

7. 配合媒体顺利完成济南地区的“保险服务齐鲁行”记者采风活动。10 月 31 日，由山东省保险行业协会、山东省新闻工作者协会联合举办的“响应走转改号召、保险服务齐鲁行”记者采风活动顺利启动。11 月 1～4 日，10 家媒体的 14 名记者对济南车险快赔中心、太平洋产险公司、人保集中运营中心、中国人寿呼叫中心、大地保险公司、平安保险济南第一中心支公司、幸福人寿山东分公司、中英人寿山东分公司进行了采访，深度挖掘保险业在服务社会经济、服务民生、提升服务水平、积极参与社会公益事业等方面所发挥的作用。

8. 通过主流媒体宣传普及保险知识。在《生活日报》上刊发“济南保险”专版13期，在《济南时报》上刊发“泉城保险”专版6期，每周都在济南电视台和济南交通广播电台的“济南金融”和“刘敏热线”等栏目中进行保险行业宣传以及保险知识的普及。为进一步加强保险行业宣传工作，根据山东保监局《关于加强保险行业协会宣传工作的指导意见（试行）》的要求，于2011年9月正式成立了由各会员公司分管副总经理组成的协会宣传工作委员会。（丁　群）

【中国人民财产保险股份有限公司济南市分公司】　全年实现保费收入85710万元，同比增长1.06%；实收保费85285万元，利润总额10676万元，同比增长52.37%；未决赔款准备金净额49168万元，本年提取11276万元，未决提取率63.95%，未决提取全年充足。为全市3000多家企业、20多万户城乡居民、70万辆机动车提供财产保险服务，全年承担各类风险总额2110亿元，处理赔案13.16万件，支付赔款3.79亿元。其中，为广大农户支付农业赔款近1091.7万元，治安保险支付赔款80多万元；新增就业人员900人，上缴各类税收1.2亿（含代缴车船税）。

1. 基础管理。①通过承保政策、管控政策以及费用政策的调整，进一步改善公司总体险种结构。车辆保险作为分散性险种，步入良性发展的轨道。非车险业务明确了特殊风险业务审批权限和范围，扭转了上年同期亏损的局面，各产品线产品质量明显提升。②把握市场脉搏，有效防止风险逆选择。针对近年保险主体快速增加并对公司经营发展造成巨大冲击的现实，济南市分公司设置了市场调研员，对市场发展情况调研，及时制定应对措施。在优质业务竞争上，采取主动出击策略，积极打拼，赢得市场；在风险可以控制的保险业务上，采取调整承保险种，提高保费充足率的策略，有效改造产品质量；在风险难于控制的保险业务上，主动降低承保比例，有效控制发展规模和速度。③强化对经营单位承保管控，积极推行“一司一策，一车一策”发展策略。制定消灭亏损支公司的目标，采取降低小经营单位的保险额度，不同单位差异化的承保政策，高亏单位限制承保个别类型的高亏业务，对规模小效益差的经营单位进行合并，以实现公司总体盈利能力的有效提升。④严格管控异地保险业务，尤其重点控制异地车辆、工程险、财产险和船货险业务。对于严重影响公司承保利润的异地工程险业务，在保费规模、经纪费用等方面严格予以限定，对于50辆以下的异地车队业务严禁承保，确保了业务风险的可控性。同时，对于重大风险业务，采取分保及联共保等风险共担措施，将每次事故公司承担的最大赔偿额度限定在500万元以内。

2. 效益管理。为有效降低经营成本，节约费用支出，以销售管理系统为依托，积极推进渠道清分工作，扎实做好销售队伍改革，探索销售费用差异化配置的方式方法，提高渠道精确化管理水平。①重点探索解决销售费用的差异化配置问题。针对非车险业务风险集中的特点，制定根据风险水平确定销售费用配置的制度，针对重点业务、重点风险点进行细致评估，做到一事一议；针对车险业务风险较分散的特点，根据赔付率情况制定差异化销售费用配置方案，指导业务发展方向；对营业货车、特种车业务除在承保政策上实行差异化外，对重点的客户类型，实行差异化费用配置，确保优质业务费用配置比例，减少高风险业务费用投入，实现业务结构的优化调整。②重点解决重点渠道差异化投入问题。以“专管”为核心，以专业化团队建设、差异化资源配置和推广单元成本核算为重点，着力提升专管专营的体系化和规范化水平。重新完善新车和4S店营业部建设，建立4S店业务监控分析体系，对4S店业务分店、分品牌、分集团、分区域等进行监控和分析，提高对渠道的管控及资源的差异化配置能力。同时，推进4S店模拟独立核算，依托公司资源优势，有效降低销售费用投入。

3. 客户服务。在理赔服务方面推进服务升级，构筑公司竞争优势。①加快赔款速度，缩短赔付周期。针对中心城市轻微刮擦事故较多的特点，采取集中与分散相结合的理赔模式，简化理赔手续，减少理赔流程，加快现场处理速度，前移理算平台等措施，有效降低理赔周期，提高数据真实性和未决赔款准备金的准确性。②加强历史案件清理，提高数据质量。由调度岗对历史遗留人伤案件估损小于5000元的进行回访，对于事故属实确实需要赔付的，通过补充资料与客户协商打折处理，既提高了客户的满意度，又有效减少了大批案件的未决存量。③加强人伤案件跟踪，提高结案率。安排数据岗人员提取人伤赔案数据，逐笔分析案件出险情况，安排专人对人伤估损万元以下案件进行回访，督促客户进行案件处理。同时，对人伤案件，设置案前调解，如实告知客户赔付比例、赔付标准及赔付要求，提前介入赔付流程，防止大量的事后纠纷。④加强交强险理赔管理，确保不亏损。严格执行分项限额的理赔制度，对涉及交强险的人伤案件，遵循“被保险人未尽义务，免责协商解决”的原则。

4. 内控管理。面对激烈的市场竞争，始终坚持“全面内控，主动合规”的经营理念，并深入到车险发展及理赔工作的各个环节，通过教育引导，制度管理，外部监督以及内部审查等方式，逐步改善内部管理机制，提高依法合规的意识。①完成出单中心的集中改造，实现全市“同城出单”，统一标准化流程，明确了岗位职责，制定了营业货车安全锁的安装规范，严格落实验车人制度，明确验车、验证、验风险的相关规定，有效降低了入口风险。②充分利用核保省集中机制，实行差异化核保授权，减少和杜绝改变使用性质、低套座位数、低套费率现象和不严格执行费率浮动标准，随意降费导致保费漏损现象的发生。对高危车型，明确要求上传验车照片。③成立理赔督察办公室,建立疑难案件会商复查机制,配合刑警深入调查内外勾结、骗赔骗保的犯罪行为,依法查处多起大要案,整肃了理赔队伍,净化了保险风气。④强化外部监督机制。建立独立的理赔违纪查处机制,借助第三方调查力量对理赔内部人员违纪违规问题重点进行独立查处。同时启动社会监督机制,在与保险经营联系较为紧密的行业或部门,广泛聘用保险社会监督员,对公司理赔常规服务进行监督。（林　琳）

【中国人寿保险股份有限公司济南市分公司】　全年实现首年标准保费1.36亿元,同比增长9%。个险渠道5年期以上首年期交保费2.37亿元,同比增长11.8%;10年期以上首年期交保费1.31亿元,同比增长48.68%。银保渠道首年期交实现1.73亿元,占银保新单的比重达到22.44%。实现佣金类首年期交保费3443万元,同比增长99.3%,完成年度计划的140.55%。克服银保新政等不利因素的影响,期交业务发展迅速,渠道续期保费存量达到4亿元以上,占整个续期保费的26.92%。团险渠道短险、意外险、首年期交分别实现6209万元、4257万元和1278万元,同比分别增长60.25%、80.75%和86.63%,意外险在短险中的比重同比提高7.77个百分点。从市场份额来看,市公司、个险、银保、团险分别达到35.02%、35%、46.73%和31.65%,较上年分别提高5.79%、6%、4.33%和16.3%,均处于行业领先地位。团险渠道意外险规模近年来首次实现对主要竞争对手的反超,夺回市场领先位置。

1. 销售渠道建设。个险5～9年期、10年期件均保费分别达到17763元和4410元,同比提升3098元和1327元。季均举绩人力3876人,同比增加290人。育成组经理115人,主管平均管理收益较新法套改前提升27.8%,直辖组人力规模同比提升30%。人均首年佣金收入11399元,同比提升1665元。银保新单、期交件均保费分别达到21968元和12107元,同比提升1086元和72元。理财团队在总公司举办的第三届星光大道F1大赛中以四站积分满分的成绩获总冠军。城区理财中心月人均收入突破4000元。团险短险件均保费7240元,同比提升2220元。月人均收入3636元,同比提升427元。代理企业年金和财产险业务规模分别达到4.31亿元和2800万元,互动业务在促进队伍创富中的作用进一步显现。

2. 重点项目落实。推动城乡统筹发展,在6个县域单位中,按照强、中、弱分类推动,通过重点引导推动销售人力指标提升和农村营销服务部的不断发展,引导各县域单位抢名次、争位次,继续巩固公司在县域的优势地位。根据省公司网站数据统计,章丘在经济强县县域排名首位,取得考核保费、综合排名、个险期交总量、5年期及10年期保费收入5项全省第一。全市实现一星级营销服务部66个,顺利完成省公司下达的预算指标。积极尝试中心城区社区经营思路,加大推动落实力度,取得初步成效。在先期试点的单位中,通过社区招募的人员占比达到70%以上。

3. 内部管理。①按照监管部门和上级公司的统一部署,顺利完成税务自查、第二次财务业务数据真实性自查、“小金库”专项自查、规范费用列支及应收应付款专项治理检查、关键岗位专项检查、反洗钱自查自纠、中介业务自查、集中采购自查等工作,有效防范经营风险。②开展“两个议事规则”市、县两级公司的贯彻落实,推动提高两级班子议事决策水平。③开展“诚信我为先”活动,充分发挥信息技术作用,完成自动监控预警任务807个。完成风险预警排查24批次,累计排查保单7583笔。④客服条线组织开展以“争做无差错柜面、争做无差错柜员、争创服务标准化柜面”为目标的“创先争优”劳动竞赛,柜面服务和风险防范水平进一步提高。严格落实办公密码、单证、印章、档案等管理规定,整体管控水平实现一定提升。

4. 继续加大人才培养力度,推进本部员工赴基层单位交流锻炼工作。将党建工作与公司发展紧密结合,深入开展创先争优活动,有效激发干部员工特别是党员同志干事创业的热情。通过时代光华网络学习、国寿E学、制度考试等方式,进一步加强干部员工的教育培训。深入推进本部和营业单位结对帮扶工作,进一步密切了本部和营业单位的联系,和谐发展氛围日渐浓厚。全年有5个单位、20个人受到政府部门、行业协会和上级公司的表彰。（张　展）

【中国太平洋财产保险股份有限公司济南中心支公司】　公司综合配套改革初见成效,盈利模式基本成型,整体经营业绩情况良好。全年总体入账保费36798万元,同比增长7%。其中车险入账保费30606万元,同比增长11.99%;非车险入账保费6192万元,同比增长13.4%。全年支付赔款17258万元,实现就业人数近300人。

1. 客户服务。理赔方面,进一步落实“以客户需求为导向”的战略转型措施,切实履行服务承诺,推出了10项服务举措:3G定损,立等即赔;主动催领,上门服务;无限次免费,五星级救援;疑难案件,无偿援助;全国联网,“通赔通付”;“五个一”标准化查勘服务;感恩客户,积分有礼;网上客服,沟通无限;增值短信,体贴关怀;聘请理赔监督员,公开接受社会监督。这10项举措进一步提升了客服满意度,理赔服务速度不断加快、理赔周期大大缩短,实现了快速服务出险客户、关怀维护优质客户、吸引开发潜在客户的目标。同时,还开展了车险理赔“流程再提速、服务达新标”劳动竞赛活动。在太保山东分公司全辖十几家支公司的评比中,获得服务达标奖二等奖。

2. 业务拓展。2011年在市场出现乏力的形势下,济南市保险主体已达到62家,其中财产险公司达到28家,保险业竞争日益激烈。中国太平洋财产保险股份有限公司济南中心支公司顶住压力,经受住考验,不断增强保险产品的竞争力,促进保险产品创新。①以客户需求为导向,推进电销渠道建设。从5月1日起,在全国范围内面向电话车险客户提供道路综合救援服务。对由于电子机械故障、驾驶员错误、事故导致的该公司电销车险客户车辆无法行驶的状况,提供非事故救援服务与事故救援服务,帮助出险客户在线解决问题、路边维修、紧急拖车(困境救援)和驾车医疗救援。②作为一种全新的销售模式,电话销售可以有效降低承保费率,惠及广大消费者,提高市场竞争能力。该公司积极探索创新业务拓展手段,力争电话销售成为全年新的业务增长点。为此,公司组建并进一步完善电销服务团队,在门店接待、单证配送、增值服务等方面设立专人负责,实现在济南绕城高速范围内的无缝隙配送服务。自8月20日起,该公司的电销渠道专用服务号码由4006095500变更为10108888。③深化保险中介市场改革,充分发挥中介特别是保险兼业代理机构在公司做大做强中的积极作用。④充分利用上级公司推出的产寿联动政策,发挥寿代产渠道的营销队伍优势,提高分散业务的拓展。在公司本部及县支公司设立产寿交叉销售专员,积极与寿险公司联系,借助寿险个人代理渠道,以“分散”展业对付“分散”业务。寿代产车险业务全年实现保费收入400余万元。

3. 内控管理。高度警惕偿付能力和退保风险,严格按照监管机关和上级公司的要求优化险种结构,制定确保业务持续全面发展的各项规章制度及操作流程,加强内部管控,实行风险管控一把手负责制,建立健全风险预警体系和突发事件应急预案。出台一系列加强经营管理、提高业务质量、严格核保核赔等方面的规章制度;严格执行各部门费用预算管理,推行费用预算前的审核,到事中、事后的使用监督,使公司的费用、成本控制得到极大改善;积极配合总公司的审计工作,认真贯彻落实总公司对业务与财务信息的真实性、经营活动的合规性等各方面的制度要求;进一步完善各项问责制度,加强执行情况的监督检查和通报制度,维护各项政策和制度的严肃性。

4. 队伍建设。制定管理部室考核方案,对员工的工作绩效进行科学评定,以此促进各管理部室切实履行部门职责,增强其为业务部室员工的服务意识。同时,本着对企业自身负责、对客户负责、对社会负责的理念,认真落实《山东保险行业服务质量规范》,组织开展“诚信、专业、规范,让消费者满意”活动,以“让消费者满意”为目标,进一步增强服务意识,改善服务氛围。年内下发了《济南中心支公司职场日常管理办法》,力争以管理措施的转变促进公司服务水平的提升。

按照中国质量协会制定的《全国服务业现场管理星级评价标准》,以努力打造成为山东保险行业的服务标杆为目标,创建设施一流、环境一流、产品一流、服务一流的星级示范服务门店。12月3日,该公司服务门店顺利通过中国质量协会“全国现场管理星级评价”评定小组的评定,成为山东省金融行业首家“五星级示范服务门店”。

(刘海芳)

【中国太平洋人寿保险股份有限公司济南中心支公司】 截至年底,中国太平洋人寿保险股份有限公司济南中心支公司下设9家支公司、27家乡镇营销服务部,拥有内外勤员工1500余人,新老个人客户累计近百万人。公司建立了完善的销售服务体系,业务涵盖个人营销、团体直销和银行代理三大分销渠道,险种覆盖人寿保险、健康保险、意外伤害保险等多个领域。全年实现保费收入5.52亿元。其中,个险条线累计实现规模保费4008万元,同比增长12%;团险条线累计实现规模保费4042万元,系统内全省排名第二;银保条线累计实现标准保费11743万元,系统内全省排名第二;续期条线全年续期实收保费14202万,累计预算达成率102%,新保实现规模保费162万元,同比增长50%。

1. 业务拓展。①个险业务。以队伍组织发展为主线,以强化队伍基础为核心,以绩优培养和双基工程为抓手,全面提升队伍的销售能力。借助各种销售契机,强力推动业务发展,累计实现规模保费4800万元,同比增长12%;大力推动人力建设,以城区人力突破、重点五级机构五进四、重点县区帮扶为推动点,逐步扩展现有队伍,从年初的998人增加到年底的1106人。②团险业务。坚持以经营效益为中心,细化经营管理,努力维护传统渠道优势,同时积极开拓发展驾意险等新型业务渠道。在安贷宝费率下调、乘意险模式切换等不利因素影响下,实现意外险保费规模3800万,在济南市场占比达40%,继续稳居本市同行业第一位。③银保业务。通过拓宽渠道资源、探索新的销售模式,使银保条线克服市场环境等不利因素影响,经受住了市场的考验,在保持团队稳定的基础上,有效遏制了业务的下滑趋势,11月与12月连续两个月环比正增长,全年累计实现标准保费11748万元,辖内排名全省第二。④续收业务。围绕分公司“指标优化、目标达成和团队建设、基础管理”的经营指导思路,全年续期实收保费14202万,比业务目标多出207万。以成立“精英俱乐部”为牵引,分阶段开展不同主题的新保业务推动活动,一季度紧跟分公司开展“开门红”活动,二季度结合个险举办“五六联动挑战赛”,三季度强抓中支开展“捍卫荣誉战”活动,四季度举行“积累客户备战开门红”等。全年新保业务实现规模保费162万元,同比增长50%。

2. 客户服务。公司秉承“用心承诺,用爱负责”的服务理念,创新理赔服务模式,优化理赔服务流程,搭建网络信息平台,提高理赔服务水平。为保障理赔工作的顺利进行,公司出台了“理赔服务十大举措”:鲜花慰问服务、大额赔案上门送款服务、及时出现场服务、预付赔款服务、小额赔案现场理赔服务、报案追踪提醒服务、保险金赔付通知服务、结案后回访服务、专人陪同评残服务、理赔直通服务。建立“把理赔放进金鱼缸”的理赔透明化服务机制、理赔重案处理机制、理赔品牌宣传机制、理赔监督协调机制等各项制度,为客户战胜疾病、克服困难提供重要保障。全年处理理赔案件3200多件,赔付额达1800余万元。

3. 财务管理。以“优化资源配置方式、规范账务核算流程、防范财务经营风险、提升队伍专业水平”为工作重点,着重从预算流程、项目管理、报销时效、标准规范、提前预警5个方面进一步完善预算管理工作。加强预算分析,重点分析业务结构调整、险种创费能力及预算执行差异情况,对机构达标考核各项指标起到一定引导作用。积极落实财务集中化管理,提升零现金转账率,支出转账率达到99.1%,收入转账率达95.6%,从源头和流程上规避经营风险,确保资金使用安全。

(潘志勇)

【中国平安财产保险股份有限公司山东分公司】　全年实现保费收入196927.16万元,同比增长35.31%,其中机动车辆保险保费收入161713.67万元,同比增长33.62%,财产险保费收入30725.40万元,同比增长42.64%,意健险保费收入4488.09万元,同比增长51.00%。全年实现利润30993.2万元,承保利润率为20.31%。

1. 风险防范和内控管理。①实行"三集中"控制风险。实现公司公章、单证、财务的集中,较大程度上规避了经营中存在的风险。通过基础工作管理、财务作业集中、人员调整、系统优化等一系列组合措施,强化制度执行力,控制业务、财务风险,实现公司基础管理动作与业务直接挂钩的管理。②内部稽核与外部监管处罚结合。执行总公司针对内控管理的考核机制,对内外部监管发现的问题进行处罚和扣分,对重点违规问题实行一票否决制度。同时严格落实责任追究制度,任内存在违规行为,调离后仍需对问题机构及调离人员进行稽查和处罚。③加强监管思路及合规经营培训。严格贯彻保监局监管思路,明确合规这一经营底线,将保监局会议、文件精神传达至所有基层单位。每月经营分析会议上针对合规工作进行培训和宣导,每季度对公司各层级管理干部进行监管思路、法律制度、合规工作的测验,未通过测验者,进行专项培训。④开展合规内控自查工作。由分公司总经理室牵头,成立合规内控自查整改工作小组,覆盖全辖实施合规内控自查整改,并现场检查验收,对存在的问题进行整改,对违规人员进行处罚。

2. 客户服务。①加强电销渠道管理。严格遵守保监局相关管理规定,规范电销销售行为,提高客户认同感和满意度。结合客户调研意见,通过调整呼出时间及呼出频度解决电话扰民问题;加强对电话坐席的培训,防止误导消费者;推行"理赔大管家"服务,对电销渠道客户提供协同式、一站式的售后服务。②开展"承诺不变、服务升级"客户服务活动。分公司于4月召开新闻发布会,面向全省媒体推出6项增值服务承诺。包括:非事故道路救援、上门代收理赔资料、承保人性化关怀服务、理赔人性化关怀服务、欢乐平安行服务、VIP服务。非事故道路救援面向所有个人商业车险客户,提供接电、送油、加水、更换轮胎、拖车牵引、吊装救援等服务,解决客户行驶中燃眉之急。③不断创新理赔服务模式,提高服务时效。分公司在理赔服务中大量应用新技术,查勘车安装GPS定位系统,提高查勘第一现场时效,同时推行手机定损、远程定损,为客户节省时间,提高理赔效率;理赔门店外延,通过建立直赔中心提高理赔网点覆盖率;针对各渠道特点提供差异化的理赔服务,推广电销专修门店。④持续开展理赔打假,维护行业形象。打造过硬的查勘理赔队伍,严格要求,严肃处理违反公司制度的人员;建立外部减损渠道,加强和刑警支队、经侦支队的合作,加强对酒驾、掉包的核查力度;规范减损动作,更新减损理念,合理赔付,不少赔、不惜赔,制定车物、人伤、诉讼、品审各环节合理性减损指引,在全辖推广规范化减损行动。

3. 队伍建设。①强化市级公司机构班子能力素质提升。年初针对市级机构班子培养,制定并实施《雄鹰计划》(针对中层干部实施的干部能力提升计划),培养计划共分13期,每期对2人进行为期两周的分公司轮岗锻炼培养,从保险法律法规知识、管理能力、业务水平等多方面进行专项培训和提升,制定专项考核方案保证提升效果。②强化职能部门的服务意识和专业技能。公司内部树立"上级为下级、后线为前线、全员为客户"的服务理念,每半年开展分公司后线管理部门服务满意度测评工作,测评主要从服务态度、服务时效、内部分工协作、跨部门协调、对建议的采纳、问题解决的成效、政策(制度)的合理性、专业技能、部门职能的发挥、对机构的帮助等10个方面进行打分,测评结果作为各部门绩效考核的重要参考。③强化后备人才培养。建立潜才队伍成长体系,评聘一批优秀的C类干部(介于普通员工和部门经理之间的干部);实施《育鹰计划》,为入职1~3年的优秀员工提供成长平台,催熟队伍,挖掘潜质人才,培养并输送干部。④强化新人培养。针对新员工及入职1年以内的员工实施《雏鹰计划》,加快新员工的成长,通过培训、轮岗、定期交流指导等形式提高新人技能,为公司培养专业化、高素质人才。

4. 县区机构建设。①加大县区机构管理型渠道人力编制的投入力度,加快新渠道地面营销人员的配置和素质提升,提高管理型渠道人均产能,明确各岗位的工作量和人力需求。②继续开展县区机构负责人胜任素质评估,加强后备人才的储备,推进县区机构负责人"三化"(专业化、年轻化、知识化)建设。③加大对县区机构资源的投入。采用先进技术、整合资源、优化服务流程,提升服务能力。

(陶　鹏)

【中国平安人寿保险股份有限公司济南分公司】　公司拥有个险、银保、电销三大销售渠道,涵盖从传统的储蓄型、保障型产品,到非传统的分红型、投资型产品,为客户提供"一个账户、多个产品、一站式服务"。全年公司共实现保费收入40.6亿元,同比增长15.6%。其中,个险总保费收入34.63亿元,同比增长18.37%。全年累计13个月保费继续率达91.8%,25个月保费继续率达94.6%,续期保费收入达24.7亿元,较2010年增长30.1%。年内济南地区共实现总保费收入19.14亿元,同比增长14.40%。其中,个险总保费收入18.57亿元,同比增长12.69%。

公司在济南拥有100万客户。继2009年率先在业内提出平安寿险"信守合约、为您寻找理赔的理由"服务承诺后,连续3年不断提升服务承诺。2011年,再次将服务承诺升级,推出“标准案件 资料齐全 三天赔付”的服务承诺。即在客户理赔材料提供齐全后,3个工作日内完成案件审批,对于未达成时效的超期案件,除支付保险金外,将从第4日起按超期天数支付客户超期利息,利率按照中国人民银行公布的金融机构人民币活期存款基准利率再加1个百分点。全年理赔一般案件3个工作日结案率达到99.4%(10个自然日结案率92.86%,10个工作日结案率94.95%),理赔满意度为92.76%;豁免保险费1016.03万元;死伤医疗给付13046.13万元,较上年同期增长34%。

公司每月向业务员下发下个月客户生存金领取、保单还款清单,提醒业务员他的哪些客户即将领取生存金或还款,并要求业务员及时联系客户,协助客户及时办理相关业务。年内,公司还开展了老客户手机补充活动,通过老客户回访,主动维护客户联系信息;亲访公司柜面办理业务的客户,由公司服务人员逐一核对并完善客户联系方式,提升客户联系信息准确性,确保公司与客户保持畅通的沟通渠道,及时分享公司相关资讯及服务信息。　(张力韦)

【太平人寿保险有限公司山东分公司本部】　截至年底,太平人寿山东分公司本部期末有效承保金额112.1亿元,同比增长-11%,其中个险代理渠道71.8亿元,同比增长18%,银邮代理渠道有效承保金额3.18亿元,同比增长79%。受宏观环境及市场竞争、银保监管新政等的影响,银邮代理渠道保费收入8746万元,同比下滑34%,但个人代理渠道业务发展良好,保费收入1.81亿元,同比增长30%,其中个人代理渠道新单保费5973万元,同比增长11%,标保达成率103%(公司折标非行业折标),在太平人寿全系统本部排名中位列第五,继续率指标达成优秀,4项继续率指标全面达标。

1.“转方式调结构”见成效。认真响应政府号召,深入落实“转方式、调结构、防风险、促发展”的各项工作要求。积极推动内涵式发展,各条线业务线以推动和落实核心业务价值为导向,积极发展传统保障型产品和10年期及以上长期期缴产品。全年分公司本部实现长期健康险、普通寿险保费收入2552万元和831万元,同比分别增长30%和20%;10年期及以上新单期缴保费收入5551万元,同比增长4%,占全部新单期缴业务收入的91.2%,较上年占比提高8.7%。各项业务的新单期缴保费合计5999万元,新单期缴率53.5%,占比较上年提高13.5%。个人渠道业务保费收入1.81亿元,较上年同期增长30%,在总规模保费收入中的占比为65.4%,占比较上年提高16.5个百分点。

2.业务品质管理。本部个险累计13个月、25个月继续率为94.9%、96.5%,银保13个月、25个月继续率为94.2%、97.3%,均较上年同期有所提升。退保率1.48%,退保规模可控。随着品质文化的深入人心,业务品质得到进一步提升。

3.客服管理。通过开展理赔调查前置服务、重大疾病住院探视服务、开通“短信通知”为主的理赔透明服务、开展理赔结论电话通知服务等理赔服务新举措,在赔付案件量同比增长13%的情况下,平均理赔时效较上年提升了0.45天,达到1.18天。同时,通过全面推广高端业务运营支持体系,加强业务员展业支持,最大限度地提升了高端业务承保率;通过实施立保通电子投保项目,提高了工作时效,满足了业务员展业需求,强化了客户对公司专业高效服务的良好认识。

4.服务地方经济。截至年底,分公司本部共下辖5个营销服务部,期末有效承保人次25.4万人,有效保单件数85363件,较上年同期增长15%。各项赔款给付共计2052万元,其中年金给付1096万元,较上年增长33%。分公司本部全年共为268人次提供了就业岗位,较上年同比增长3%,其中内勤岗位18人次,外勤及个险代理人250人次。

5.县域业务开拓。年内,在长清、章丘等地的县域保费收入分别为563万元和1003万元,较上年同期分别增长23%和32%。5月,积极履行“企业公民”义务,组织了“同在蓝天下、爱心助成长”爱心助学活动,向平阴县李沟小学20名贫困学子捐赠善款2万元以及图书、衣物和文具等物品。　(王海霞　刘文静)

责任编校　张　阳

交通·邮电

铁路运输

【概况】 2011年,济南铁路主要运输站段紧紧围绕路局实现无行车重大、大事故1000天目标开展工作。济南火车站针对京沪高铁济南西站联络线连接本站旅客到发线和胶济客运专线的重大施工安全问题,认真制定施工预案,干部职工盯控安全关键,确保了施工安全和顺利开通。济南机务段为迎接京沪高铁6月30日按时开通,致力构建全员安全防控网;开通后,又对动车司机标准化作业实行趟车检索鉴定。济南供电段坚持设备巡视检查到位、缺陷问题整治到位、急抢险准备到位制度,确保电气化铁路供电安全。济南车辆段加强动车的保养和检修检测,保证动车组列车运行安全。济西站和济南车务段针对大雾天调车、行车安全难度大的实际,认真贯彻执行雾天调车、行车办法,充分发挥机车信号作用,安全生产得到保证。

济南铁路运输站段坚持运输、基建两手抓。在运输生产上加强历城、黄台、济西、泺口、济南南、章丘等主要装卸点建设,扩大了钢铁、石化、轻工、粮食、煤炭、农用物资运输能力,支持了工矿企业生产,满足了人民生活不断提高的需要。在基建工程上突出京沪高铁济南西站建设重点,抓进度,保质量,确保了6月30日开通投产,实现了运输、基建双丰收。

【春运】 济南火车站在春运工作中突出安全、能力、秩序、服务、售票"五位一体",把握特点,完善方案,细化措施。除开启全部售票窗口外,在火车站广场新设临时售票窗口6个;售票人员采取错时吃饭、交接班换人不停机等措施,保证24小时不间断售票;为济南50所大、中专院校办理团体订送客票4万余张;前往长清、章丘大学城现场售票1000余张;受理农民工团体58批、4200余张,为建筑劳务公司等单位民工送票27批、2000余张。在旅客爆满时,为保证旅客走得了走得好,及时开行临时旅客列车下行和加挂客车766辆。1月19日至2月27日春运期间,共安全发送旅客162.9万人。

【济南—南通 昆明—济南间增开旅客列车】 随着中国沿海铁路建成通车,1月11日,济南铁路局调整列车运行图,增开济南—南通快速旅客列车K771/2次,由济南客运段担当列车乘务,方便了旅客出行。6月30日在全国铁路调整旅客列车运行图中新增昆明—济南快速旅客列车,解决去昆明的旅客在上海换乘问题,本次列车由昆明客运段担当乘务。

【京沪高铁开通运营】 京沪高铁于6月30日开通运营,初期,开行动车组旅客列车90对;动车组列车采用300、250两种不同时速运行,其中,时速300公里动车组列车63对,时速250公里动车组列车27对。时速300公里列车采用先进的国产CRH380型动车组列车,北京南—上海虹桥间全程运行时间为4小时48分,时速250公里动车组列车全程运行6小时57分。不同时速动车组列车票价也不尽相同:时速300公里动车组列车二等座555元,一等座935元,商务座(包括观光座、一等座)1750元;时速250公里动车组列车二等座410元,一等座650元。旅客凭二代身份证在济南西站售票大厅内售票窗口或自动售票机上购票,也可通过网络购票,直接凭身份证进站上车。

【京沪高铁济南动车运用所启用】 5月18日,京沪高铁济南动车运用所启用。占地44.4公顷的济南车辆段济南动车运用所位于大金庄附近,是京沪高铁济南枢纽的重要工程,主要承担京沪高铁在济南西站始发、终到的高速动车组及少量跨线动车组的一、二级(专项)检修,内外部保洁、吸污等整备作业,以及动车组夜间存放和完成相关动车组运用、检修信息的数据维护工作等任务。该所站场设施根据功能共分检测区、存放区、检修区、临修区、洗车区、生活区,用于动车组维修的56种设备已全部配置到位。按照京沪高铁动车组开行方案,铁道部配属济南动车运用所12组CRH380BL型动车组列车。

【京沪高铁调整列车运行图】 自12月12日零时起,京沪高铁调整列车运行图,牵涉济南铁路的动车组共86对,比调图前增加28对。

京沪高铁新列车运行图中,高峰期以铁道部规定的春暑运、黄金周、小长假运输期间为准,周末为周五至周日、日常为周一至周四。在京沪高铁新列车运行图中,共有动车组旅客列车92对,与济南铁路局相关的86对,其中时速300公里动车组65对;时速250公里动车组21对。高峰期京沪高铁将按基本图满图运行,日常和周末则是抽线运行。其中,高峰期涉及济南铁路的开行86对动车列车,周末开行79对动车列车,比高峰基本图少开7对(北京南—上海虹桥3对,北京南—南京南2对,北京南—济南西1对,济南西—上海虹桥1对),日常开行72对动车列车,比周末少开7对(北京南—上海虹桥6对,天津西—上海虹桥1对)。

在涉及济南铁路的86对动车列车中,时速300公里动车组北京南—上海虹桥由15对增加到32对;北京南—杭州由4对增加到7对;北京南—南京南由1对增加到3对;北京南—济南西由1对增加到2对;天津西—杭州由1对增加2对;天津西—上海虹桥由2对增加到3对;上海虹桥—青岛由3对增加到4对。时速250公里动车列车中,北京南—济南西由2对增加到3对;济南西—上海虹桥由1对增加到2对。另外,日常和周末遇突发客流,铁路部门还将会对列车进行调度。

涉及济南铁路的86对动车组车次

时速300公里(65对)

北京南—上海虹桥40对(车次G1—G4、G11—G22、G101—G164)

北京南—杭州7对(车次G31—G44)

北京南—南京南3对(车次G201—G206)

天津西—上海虹桥3对(车次G211—G216)

天津西—杭州2对(车次G51—G54)

北京南—济南西2对(车次G181—G184)

北京南—青岛3对(车次G191—G196)

济南西—杭州1对(车次G61—G62)

上海虹桥—青岛4对(车次G222/3—G236/3)

时速250公里(21对)

北京南—上海虹桥3对(车次D315—D320)

北京南—福州1对(车次D365—D366)

北京南—南京南1对(车次D355—D356)

北京南—徐州东1对(车次D351—D352)

天津西—上海虹桥1对(车次D325—D326)

北京南—济南西3对(车次D401—D406)

济南西—上海虹桥2对(车次D361—D364)

北京南—青岛6对(车次D331—D342)

天津西—青岛2对(车次D345—D348)

郑州—济南1对(车次D257/60—D258/9)

【京沪高铁城市旅游联盟成立】 6月20日,京沪高铁城市旅游联盟成立大会在济南召开。北京、上海、天津、南京、济南、蚌埠、沧州7市依托京沪高铁,本着“资源共享、互利共赢”的原则,大力推进城市旅游合作,共同打造“交通旅游”的合作典范。京沪高铁沿线站点涵盖了9处世界遗产、16座中国优秀旅游城市,是我国旅游资源和旅游产业高度聚集的地区。该联盟由北京市旅游发展委员会、上海市旅游局、天津市旅游局、南京市旅游园林局、济南市旅游局、沧州市旅游局和蚌埠市旅游局共同发起成立。(参见“商贸·旅游”栏目“旅游”分目【京沪高铁城市旅游联盟成立】条)

(蒋汉生)

公路运输及城市客运

【概况】 全市公路旅客营运车辆3898辆、115700个客位,同比分别下降15.2%和8.4%。其中,大型客车2068部、86009个客位,分别比上年增长5.56%、6.01%;中型客车965部、25824个客位,分别比上年下降39.15%、35.66%。全年完成客运量1.1亿人次,客运周转量144.1亿人公里,分别比上年下降12.5%、增长4.1%。客车营运线路876条,其中省际线路358条,市际线路147条,县际线路194条,县内线路177条。

纳入交通部门管理的营运出租车9019部,全年完成客运量22117.8万人次,运营里程97897.9万公里。

营业性载货汽车99419部、447402个吨位,分别比上年减少0.6%、增长22.6%。其中,普通载货汽车97084部、423186个吨位,分别比上年增长21.3%、30.2%;专用载货汽车2335部、24216个吨位,分别比上年增长15.76%、5.92%;货运量共完成1.5亿吨,比上年同期增长11.9%。货物周转量完成253.6亿吨公里,比上年同期增长9.5%。

2011年公路通车里程11940公里,比上年增长2.8%。其中干线公路通车里程1273.4公里,与上年持平;农村公路通车里程10666.6公里,比上年增长3.2%。其中按技术等级分,高速公路通车里程达到346.7公里,一级公路460公里,二级公路1069.1公里,三级公路1388.7公里,四级公路8544.2公里,等外公路130.8公里。高级路面里程8204.4公里,占全部通车里程的68.7%;次高级路面里程3464.3公里,占全部通车里程的29%;其余的均为中级路面里程,共271.3公里,占全部通车里程的2.3%。

纳入行业管理的机动车维修业户2453家。其中,一类业户120家,二类业户647家,三类业户1686家。机动车驾驶培训机构51家。其中,一级26家,二级25家。

全年共完成投资14.1亿元。其中,干线公路完成投资4.1亿元,农村公路完成投资5.3亿元,运输场站基础设施完成投资2.8亿元,公路运输部门完成投资1.9亿元。

全市道路专业运输企业没有发生重特大安全责任事故,水上运输生产实现零死亡,交通行业安全生产保持了持续稳定的良好局面。

【城市公交】　拥有公交营运车辆4009部，从业人员11100人，营运线路188条，运营线路总长3317.7公里，公交线网长度1051.5公里，全市万人拥有公交车17.85标台。完成营运行驶里程18794万公里，较上年同期减少265万公里，降幅1.39%；完成客运量84446万人次，增加4053.28万人次，增幅5.04%；全年开辟线路1条、临时区间线路2条，恢复线路1条，停运线路1条，优化整合线路45条，填补空白里程12.7公里，新增月票发售点1处。全年购置新车123辆（其中混合动力新能源车100辆），淘汰车辆83辆，大修车辆181辆。启用公交热线“96190”短号码，进一步方便市民识记和拨打。继续推行“星级管理、星级服务”制度，深入开展“温馨公交系乘客，微笑服务铸品牌”系列活动，一线驾驶员挂星率达87.1%，有158条线路达到星级线路标准，乘客满意率达94.76%，市公交总公司荣获“济南市二十佳文明服务窗口”称号。节能减排取得良好效果，全年综合节约能耗折合标准煤1785.2吨，减少碳排放4450.49吨。济南公交以强化服务推动创先争优，取得了明显成效。2011年济南市公共交通总公司连续第五次获全国“安康杯”竞赛优胜企业称号，并获交通运输部“车、船、路、港千家企业低碳交通运输专项行动先进企业”“中国绿色公交卓越贡献奖”“全国公交行业信息化应用示范单位”“济南市信息化应用先进集体”“中华见义勇为基金会第一届至第五届全国十大见义勇为好司机评选表彰活动单位奖”“济南市城乡牵手、文明共建先进单位”“济南市建功立业先进集体”“济南市最具爱心企业”“济南市企业管理状态AAA级企业”等称号。

【城市出租】　主城区出租汽车数量为8043辆，从业人员15000余名，经营企业36家，年营运行驶里程8.8亿公里，年客运量1.95亿人次。全年更新出租车553辆，彩色出租车数量达到了全部在运车辆的82%。投资近30万元，分别在火车站、飞机场设立出租车服务监督亭，实现了24小时监管。换发第二代出租汽车驾驶员电子资格证15101件。发放燃油补贴4300万元，减轻了出租车驾驶员的营运负担。成立由交通、公安两部门组成的联合执法队伍，集中开展客运出租市场清理整顿专项活动，打击非法营运车辆342辆，规范了客运出租汽车市场秩序。开展出租汽车行业“讲文明、树品牌、优质服务达标年”活动，提高服务质量，促进行业文明创建。举办“的士欢乐周”“迎新辞旧看电影”等活动，丰富了出租车从业人员的文化生活。

（康学兵　李　东）

航空运输

【概况】　2011年，济南国际机场完成旅客吞吐量787.97万人次、货邮吞吐量7.76万吨，比上年分别增长14.2%和10.6%。旅客吞吐量列全国第二十二位，比上年提升两位。全年保障飞机起降7.79万架次，比上年增长12.6%；安检旅客355.54万人次，运输行货邮1086.74万件；全年航班正常放行率达91.90%，高于全国主要机场航班正常放行率6.07个百分点。顺利实现第十二个“双零”安全年目标。连续11年保持年度省级文明单位称号，获全省共建文明口岸先进单位、省管企业宣传与信访工作先进单位和济南市创“三优”共建文明口岸活动先进单位等称号。

【安全管理】　围绕预控强基础。总结试点经验，稳步推进安全管理体系建设。坚持周安全生产讲评、月度安全形势分析和风险警示发布等风险管控制度。举办多层次、多形式的员工安全教育和专业技能培训。加大对安全运行资源的有效补充，完成了01号盲降系统的改造和对通信导航、驱鸟、安检X光机、消防、特种车辆等设备的补充和更新，进一步夯实了安全基础。突出重点抓整治。先后组织开展违规运输危险品专项治理、航空货邮安保专项治理和机坪运行秩序整治；开展飞行区适用性、鸟害防治、不停航施工、净空管理、危险品航空运输等检查7次。从“人、机、环、管理”四要素上查找危险源321项，整改安全隐患41项。扎实有效地开展“安康杯”、“安全生产月”等专题活动，推动了安全管理水平的提高。完善制度增能力。修订完善了《航空安全保卫方案》《机坪运行管理细则》《危险品运输管理手册》等，与山航签订了《山航货运出港库区安全保障协议》。认真开展应急救援专项评估，及时妥善处置“4·18”紧急灭火救援飞行、“5·28”炸弹恐吓等突发紧急事件，快速反应和应急处置能力得到进一步提升。完成春运、两会、军交运输、重要旅客专包机等多项重大航空运输保障任务。

【服务保障】　建立并落实服务质量标准。依据服务质量考核指标及《服务质量监督管理暂行办法》，开展现场检查90余次，发现服务质量、设施设备、运行程序等方面问题30余项，落实加强和改进服务措施20余项，全年未发生有效投诉。通过进一步细化旅客运输服务质量标准，实行服务质量跟踪管理，落实了“品牌服务提升年”活动要求，高端服务享受行、无干扰检查、快速提货等“温馨空港”品牌的创建，赢得各界好评。全年保障专包机56架次，接待要客17.16万人，没有出现服务差错。不断提升服务保障能力。硬件上，增加楼内引导标志、绿植遮阳带；改造国际中转联检厅；增设12台自助值机设备；完成候机楼卫生间改造、三楼夹层工作区改造和96888呼叫中心的搬迁改造；完成了海关工作区改造和宾馆客房的装修改造；扩建了停车场，扩建后车位可达2100个。软件上，研发了贵宾旅客服务信息系统；大力推广网上值机业务；进一步优化过站保障流程，为过站旅客提供快速登机服务。强化不正常航班的服务保障。通过细化航班服务保障方案，加强信息沟通，注重值班领导的指挥协调，建立与航空公司的临时磋商机制，不断增强航班大面积延误时与机场服务相关单位的协同效应。保障不正常航班950架次，服务航班延误旅客1.84万人次。12月连续4天大雾，导致502架航班延误或取消，公司及时启动应急预案，主要领导亲临指挥，出动旅客保障车辆592台次，服务保障旅客1.2万人次，做到了航班延误、服务不延误。

【生产运营】 面对高铁开通后带来的竞争压力，及时调整市场开发策略，持续加大市场开拓力度。主动出击寻求市场。制订出台了市场开发激励办法，进一步优化完善公务机等非例行保障的标准和方案，适当调整了收费标准。有针对性地走访南航、厦航、川航、海航等航空公司，加强与大连、哈尔滨、三亚、汕头、武夷山、西宁等机场的联系和合作，先后争取到西藏航空、顺丰航空、台湾立荣航空、泰国东方航空等6家航空公司的地面服务代理权。新增国内航线18条，恢复3条，加密12条；新开国际航线1条，加密国际航线1条，对台航班量实现成倍增长，达到每周9班；全货机航线3条。机场可代理的航空公司已达50余家。通过采取积极的应对措施，虽有高铁冲击，年内仍然实现了航线数量的持续增长。加快落实航空货运发展举措。继续强化中转货业务，拓展中转货渠道，出台减免中转货物操作费等优惠政策，开发了北京、大连等地的陆转空运输模式。创新包舱运输，首次开通济南至武汉的包舱运输航班。稳步推进邮航货运仓储库区建设，新增邮政快件代办业务。在全国航空货运负增长的情况下，济南机场逆势而上，保持了两位数的增长。

（张晓腾）

邮 政

【概况】 全市邮政业务总量累计完成4.88亿元，其中函件业务量完成6407.5万件，包裹业务量完成70.98万件，邮政代理汇兑业务量完成82.5万笔，报刊订阅业务量完成12925.3万份，报刊零售业务量完成1315.5万份，代理速递业务量完成125.3万件，邮票业务量完成1513.8万枚，邮资票品制作量完成51.8万册，邮政物流业务量完成5.45万吨，其中农资分销配送量完成2万吨。济南市邮政局获"全国邮政用户满意企业"称号。

坚持履行普遍服务义务。加强普遍服务基础能力建设，进一步提高邮政对外服务水平和形象，为社会和人民群众提供"迅速、准确、安全、方便"的邮政服务，保证党政军机关政令畅通，满足人民群众用邮需求。省会邮政服务水平进一步提高。通过开展"擦亮窗口，服务客户""为民服务创先争优"活动，不断提升服务水平。积极参加市政府组织的优化发展环境民主评议以及市纠风办、市人民广播电台主办的《政务监督热线》、济南电视台《政务面对面》活动，认真解决服务中的热点、难点问题。在全市行风民主评议中获得91.22分，比上年提高2.52分。受理各类用户来电来访1.3万起，投诉处理及时率达到100%。11185邮政客服中心人工接听电话310余万次，通话结束客户评价满意率达到98%以上，居全国32个邮政客服中心第三位。开展"给力服务在邮政"主题活动，组织规范服务百题知识、支局晨会和"炫服务风采"情景大赛，210个营业网点、近千名员工参与活动，窗口规范化服务质量明显提高，支局（所）营业服务规范管理达标率达到80%以上，邮政服务赢得社会广泛好评，用户满意度达89分，被市文明委评为"微笑服务先进单位"。邮政普遍服务设施进一步完善。市政府将邮政局所、三农服务站和集邮文化纳入"十二五"发展规划。同时，信报箱建设纳入济南市建设工程项目规划，并把济南市邮政局列为市建委房地产开发项目竣工综合验收小组成员单位。在保证普遍服务水平不降低的前提下，邮政部门合理迁址6处和撤销2处营业网点，提高了营业网点的综合服务能力。同时，在市建委等部门大力支持下，督导住宅楼房开发商安装了1.36万个信报箱，缓解了小区居民通邮难问题。启动邮政网点信息线路扩容升级工程，实施全省邮政济南骨干信息网改造，完成69个网点会计稽核系统、19个网点金融系统加密改造以及21个网点理财终端系统上线，提高了网点发展技术含量。开展了全市邮政金融网点安全评估，整改维修不合格联动门70余套，网点安全评估均达到90分以上。内部作业流程继续优化。严格执行《投递管理规范》，开展投递服务规范管理达标活动，邮件报刊妥投率、银企对公账单妥投率、投递信息系统上线率均达到100%。探索"接转式"投递模式取得初步成效，加快了邮件投递时限，减轻了投递员劳动强度。强化落实邮件时限作业频次要求，全局调度令规范执行率达到100%，邮件处理规格合格率及传递时限准时率达到96%。

助推地方经济发展。通过邮政文化产品宣传弘扬泉城特色文化。济南邮政开发了一系列具有泉城特色和齐鲁文化特色的集邮文化产品，提升城市知名度。3月27日，济南市邮政局与市旅游局、名泉保护办公室和市公共交通总公司，联合推出中国第一套明信片式公交车票《"泉之旅"72名泉系列珍藏册》。通过把"四面荷花三面柳，一城山色半城湖"的泉城胜景浓缩到邮票、邮资明信片、公交车票等独特载体上，进一步增强公交车票的流通功能，展示提供给广大市民和外地游客，有力宣传和推介了济南的特色文化品牌和旅游资源。6月11日，济南市邮政局承办了庆祝中国共产党成立90周年集邮展览，策划设计的《天下泉城 名士济南》、《山水圣人》纪念邮册也在当日首发。济南市邮政局与团市委、市教育局、市少工委成功举办了济南市青少年书信大赛，持续推进"集邮文化进校园"等活动。利用邮政资源平台促进地方经济发展。通过发挥邮政全程全网优势、邮政金融网络优势以及邮政数据库商函资源优势，为中小企业搭建了产品推广、物流配送、资金运转等多方面平台和渠道。山东邮政与省工商联签订了"发挥邮政资源优势，助力民营企业成长"的战略合作协议，为民营企业提供市场拓展、产品流通和金融服务等系列化邮政服务。济南市邮政局适应中小企业发展需求，设立了"直邮专函"绿色通道、三免优惠服务政策，向中小企业提供名址数据、创意设计等一揽子服务，实现“示范百家服务千家”。为100余家中小企业提供直邮示范服务，合计寄发直邮240余万封，为企业新增销售额2800多万元，直邮投资回报率平均达到12倍，为中小企业扩大市场、快速发展提供了强劲动力。济南市邮政局牵手省旅游部门，共同开展了“邀请百万老乡回家过大年”活动，向山东以外的山东籍人士寄发邀请函100万封，利用邮政的数据和信息网络优势，有力支持了省旅游“贺年会”活动，促进了全省旅游事业的发展。发挥邮政行业优势助力服务民生。自3月份开始，济南邮政部门全面启动邮政便民站建设工作，为城乡百姓搭建了服务功能更加齐全、服务方式更加方便的综合性、公益性、便捷性服务平台。对于解决百姓用邮难、缴费难、公共事业收费难的问题；对于为社会下岗人员提供再就业渠道，解决部分家庭生活困难的问题；对于提高金融、通信企业和各类公用事业单位服务效率，解决降本增效的问题，都发挥了促进作用。政府部门高度重视邮政便民站建设工作并提供了政策支撑。济南市共建设邮政便民服务站2343家，取得了“政府满意、百姓方便、企业收益、商户得利”多方共赢的良好效果。

服务“三农”工作。继续完善“市—县—支局(乡镇)—三农服务站”4级邮政物流分销配送网络体系，进一步搭建了促进现代农业发展的农村公共服务平台。邮政新建“三农”服务站652个。积极开展“送科技送文化下乡”活动，通过聘请农技专家田间授课、组织科技兴农文艺演出、举办科普知识讲座等形式，帮助农民走科学种田、科技致富道路。建设邮政农资试验田200多公顷，开展科普知识讲座1500场次，涉及全市82个乡镇，2700多个行政村，参加人数4万人次。积极参与代理“新农保”服务工作。发挥邮政金融网点优势，配合政府保证“新农保”发放及时到位。利用邮政储蓄网点开设的“新农保”个人账户累计达28.4万个，年累计代发金额1.87亿元。为方便农民存取款，在223个行政村开办了助农取款点，受到政府和农民好评。在继续推进旅游下乡的基础上，针对菜贱伤农的问题，开展了“爱心采摘系列配送活动”，通过下乡采摘和蔬菜直供配送，帮农民排忧解难，向市民配送爱心菜礼盒10000余盒，促进了农业生产和农民增收。

企业精神文明建设又上新台阶。济南市邮政局获“全国邮政用户满意企业”称号，并连续25年保持“省级文明单位”称号。有多个单位和个人获省部级荣誉。趵突泉邮电支局获全国五一巾帼标兵岗和国家级青年文明号称号，“11185”客服中心获山东省工人先锋号，师范路邮电支局被授予省级青年文明号集体；刘艳艳获山东省富民兴鲁劳动奖章，投递员赵翠琴、庄喜云获得济南市“诚实守信”道德模范称号。700余名员工参加了建党90周年文艺汇演；组队参加山东邮政第一届职工田径趣味运动会，囊括团体总分冠亚军。积极投身公益事业和志愿服务工作，每年都开展为灾区儿童捐助爱心包裹，向特教学校的孩子赠送爱心月饼，为革命老区贫困学校捐助图书等活动，慈心一日捐捐款近6万元。被市委、市慈善总会授予“爱心企业”称号。

【“邮政便民服务站”全面铺开】　邮政便民服务站是基本公共服务体系建设的重要组成部分，其建设形式主要是在利用社会各类便民服务平台基础上，通过与百姓生活区域内的社区服务站、商品超市、福彩体彩销售点、商铺门店以及百姓生活区域周边的通信商经营店、加油站、学校等领域合作，将邮政代理收缴各类通信费、代理收缴有线电视、水、电、暖等公共事业费用的服务，叠加搭载到邮政便民服务平台上，为百姓提供更加快捷、方便和近距离的集邮政服务在内的多元化服务，增加社区便民服务内容和品种，提升社区各类便民服务平台的综合服务功能。该平台实现缴费通、票务通、邮政通、商品通。缴费通主要开办代收移动、联通、电信话费以及电费、水费、热力暖气费等业务；票务通主要开办代售航空机票、火车票、长途汽车票、旅游年票、一卡通、演出票等业务；邮政通主要开办代收订报刊、代投报刊信件等业务；商品通主要开办报刊、图书文化类产品的销售。

7月28日市政府下发《关于加快邮政便民服务站建设的通知》，各县(市)区将邮政便民服务站纳入社会基本公共服务体系，对便民站服务内容、建设方式、计划目标、推进措施等方面提出具体要求。邮政便民服务站建设形成了“政府下文推进、相关部门部署督办、社区乡镇具体落实、邮政部门配合实施”的联动机制。邮政以服务城乡居民生产生活、完善基本公共服务体系为目标，以打造“政府满意、百姓方便、企业收益、商户得利”多方共赢的满意工程为目的，加快推进邮政便民服务站建设，加大技术支撑和服务项目叠加力度，通过对站点的服务项目系统安装、服务器配备以及互联网连接等设备和技术进行投入，逐步搭建起功能丰富的邮政便民服务网络。便民服务站已建设2343家，涉及居委会、村委会、社区商超、居民小区书店、大专院校、水电暖公用事业、连锁药店、加油店、电信运营商、邮政报刊亭等，叠加的服务种类达到缴费、票务、邮政、商品四大门类近20余项。邮政便民服务站服务民生的创新举措，引起了社会新闻媒体的高度关注，12月，中央人民广播电台、新华社山东分社、大众日报、山东卫视、济南电视台、济南广播电台、济南日报、济南时报等10余家中央和省、市媒体先后对济南市邮政便民服务站进行了现场采访和宣传报道，社会反响良好。

(陈军　刘莉)

电信业

【中国联通济南市分公司】　济南联通公司求真务实、创新发展，各项工作取得显著成绩。公司党委分别被济南市委、省公司党委、集团公司党组授予“先进基层党组织”称号，公司获“全国文明单位”“济南市企业思想政治工作暨企业文化建设工作先进单位”“济南市文明服务标兵”称号，各县级分公司全部保持“省级文明单位”称号，各级青年文明号集体达33个。

1.提升渠道销售能力，实现重点业务快速发展。全面推进渠道优化转型，按照扁平化、专业化的思路，减少组织机构层级，市场销售实现专业化、穿透式管理。宽带用户突破100万户，成为中国联通集团第三个宽带用户过百万的地市级本地网公司。以行业应用带动3G发展，全年共组织信息化推介会、现场办公160场，实施信息化项目602项。其中，重汽集团移动信息化项目被省公司评为年度标杆项目，山东嘉伟司机服务公司PTT项目、省建行e动终端无线应用项目起到了较好的行业示范作用。先后推出了“沃家庭”“沃商务”“宽带免费提速”、3G“存话费送话费”合约计划、“新农合医疗信息卡”“亲情1+关爱定位”等新业务，取得良好效果。

2.加强网络建设优化，提升网络支撑保障能力。全力推进精品网络建设，3G网络进一步扩大覆盖范围、提高覆盖质量，重点加强对交通干线、市区密集小区的深度覆盖，全年基站增长率40%，3G网络质量在集团公司组织的重点城市第三方测试中全省排名第一。2G网络重点加强交通干线覆盖、济阳和商河农村覆盖及部分重点小区的深度覆盖，开通了EDGE业务。固网积极推进FTTH建设，完成光进铜退项目882个，撤铜42万芯对公里。积极探索驻地网建设新模式，新增重要商务楼宇项目实现全部进线。加强运行维护基础管理，开展“压缩故障总量，提升客户感知”竞赛，全网故障总量同比下降16.28%，运行维护考核指标全省排名第一。开展机房“零增长”及机房资源整合，通过光进铜退、网点下沉等措施，整合机房29个、移动网基站9个。推进节能降耗，开展设备下电及ADSL设备瘦身，节省投资近千万元；实施机房新风系统合同能源管理项目，完成181台机房智能新风设备的安装开通，节能率约40%，年节约电费约300万元；改造动环监控系统，实施接入机房空调远程控制改造，实现对市区750个机房空调的远程控制开关，年节约电费约50万元，被全国通信协会评为通信行业节能管理先进单位。

3.围绕客户满意度，不断提升服务水平。开展“3G服务集中整治专项活动”，找出公司39项服务短板，39项专项治理活动全部完成。加强服务指标综合管控，压缩各类投诉，投诉总量同比下降41.29%。加强宽带专家和3G专家建设，宽带专家障碍现场过滤率由年初的10.8%提高到53.29%，全省排名第一，宽带障碍派单量同比下降48.56%。开通3G专家热线，共接听3G客户来电5443次。加强客户维系体系建设，整合市、区两级渠道服务资源，成立客户维系中心，采用“电话服务经理+专属VIP客户经理”的联动模式，为移动业务高端客户提供规范化、标准化服务，并叠加VIP客户经理个性化服务；3G百元拍照用户保有率、收入保有率、积分应用率、3G户均流量均排名全省前三名。组织开展客户俱乐部大型活动20余起，参与会员上万人次，新增会员3万余户。

4.推进经营生产组织优化，完善激励机制，提升企业运营效率。配合渠道优化转型，全面实施建设、维护、服务体制改革，将客户响应、工程管理、客户投诉处理、客户维系、欠费催缴、营业厅管理等工作由区(社区)层面集中到市公司，使基层营销单位和营销人员专注于营销拓展。完善激励机制，制定管理序列、专业序列、营销单位负责人及员工、营业厅主任职位等级动态调整管理办法，拓展了各岗位的职级带宽，明确了职级晋升和业绩的挂钩办法。探索推进全成本管理。加强专业线成本管控，投资线和市场线指标明显改善，公司整体指标在北方同类地市中排名第一，比上年上升一位。简化日报、稽核等业务流程，释放客户经理资源。开发工程资金管理平台，所有工程付款申请、支付额、支付比例、支付理由等均在平台中集中展现，保证工程付款的透明性、公正性和均衡性。 (逄永勤)

【济南联通新业务】 1.沃家庭。1月1日，集团统一的家庭客户通信品牌沃家庭正式销售，采用A计划宽带+固话+手机，B计划在A计划基础上叠加3G两种业务方式给客户最大的优惠。沃家庭推出了2M宽带60元至8M宽带200元共7档套餐供用户选择，赠送100分钟至600分钟本地通话时长，套餐内固话、2G手机和3G手机互拨免费，国内长途享受市话价。加入3G后组沃家庭B计划，套餐值直接打8折，预交还能赠月，最终优惠后2M宽带只需40元/月。沃家庭套餐的推出，能满足不同层次用户的需求。

2.3G“预存话费送手机”合约计划。分11档套餐，最低档套餐费用46元，最高档套餐费用886元。以中兴V880为例，根据合约计划，用户选择66元套餐，预存1399元，并且承诺消费24个月，可以享受0元购机，预存款则全部作为用户的话费，分月返还给用户使用。

3.3G“存话费送话费”合约计划。分11档套餐，最低档套餐费用46元，最高档套餐费用886元。每档套餐用户只需预存一定额度话费即可分月获得等额话费返还和双倍赠送，即“存一得三”。以46元套餐为例，用户只需预存84元，即可享受每月返还7元，赠送14元，为期一年的优惠，一年赠送用户的总费用为168元。

4.宽带免费提速。宽带老用户无论原有速率、资费多少，均能免费提速至4M；办理3G组沃家庭B计划，10M宽带每月仅需40元。

5.足不出户装宽带。济南用户装宽带，拨打10010可报装宽带业务，客服人员根据用户提供的信息受理宽带业务，48小时内装机人员上门开展装机、调测、收费一条龙服务。

6.沃·商务。沃·商务融合套餐是面向集团和中小企业客户提供的基于共享时长、高速宽带及3G业务，集固定电话、手机、宽带、信息化应用于一体的标准化融合套餐产品。分为精英版和至尊版。套餐采用全国统一的结构，套餐内用户统一账户，合账缴费；套餐内固话、2G手机用户长途市话合一共享时长，套餐内的每部终端均享有相应分钟数的VPN网内主叫时长。其中精英版A套餐默认包含一部固话和一部2G手机,B套餐默认包含一部固话、一部2G手机和一部3G手机;至尊版A套餐默认包含2M宽带、一部固话和一部2G手机,至尊版B套餐默认包含2M宽带、一部固话、一部2G手机和一部3G手机。

7.亲情1+关爱定位业务。是专为老人、孩子等需要关爱的群体开发的一项产品,采用GPS定位和基站粗定位技术,通过定制化的手机终端,在满足被关爱用户基本语音通信需求外,提供位置信息服务,满足家人对被关爱者安全关心的需求。产品具有定位、一键求助、绿色通信等功能。为子女关注老人安全、父母关爱中小学生提供了方便、快捷的手段。

8.新农合医疗信息卡。新农合一卡通依托山东省公共卫生医疗项目平台,由济南联通与合作厂家进行产品研发,通过IC卡与手机卡的有机结合,实现"三能""两免费"的强大功能。三能是:能报销、能打电话、能接受报销信息。两免费是:免费拨打"12316"三农服务热线、"69901234"医疗咨询热线、"88820120"新农合热线;免费接收公共卫生、医疗健康短信。 (逄永勤)

【中国电信股份有限公司济南分公司】2011年,是全面深化转型、加快发展的一年,用户和收入规模稳步增长,运营能力持续提升,信息化优势及社会影响力进一步增强,为企业的快速发展打下了更为坚实的基础。经营能力快速提升。对全省的收入贡献由1月份的11.17%提升至12月份的13.59%,提升2.42个百分点;VLR用户数由1月份的23.47万户提升到12月份的27.34万户,增幅16.5%。行业信息化服务能力持续提升。重点行业、重点客户实质突破。行业应用方面,全年组织开展了海尔E-Store、烟草E通会战、矿安天翼、3G走进警务通、司法E通、组织部远程教育试点等专项营销活动,发展行业应用移动用户12300余户;重点项目方面,有高新天网、济南市中级人民法院、市交通局、市工商局等一批项目。队伍活力不断增强。创新选人机制,公开选聘31名支局长、11名经理助理。倾斜一线,市公司先后两次压缩51人,全部充实到区县营销岗位。有效控制用工总量,实行定员管理,压缩规模。区县(市)公司发展成绩突出。半数以上的区县公司智能机实现快速增长,槐荫、济阳、商河表现突出。长清FTTH宽带建设,章丘乡镇驻地和富裕村宽带接入建设,高新区、章丘、济阳的烟草、矿安和监狱等行业应用发展较好,通过信息化应用带动智能机销量提升。章丘、长清获全省"十强县公司",济阳获全省"十快县公司",历下、高新、市中获全省"六强区公司",天桥获全省"六快区公司"称号。 (窦玉霞)

【中国移动通信集团山东有限公司济南分公司】 中国移动通信集团山东有限公司济南分公司加快发展,着力维护和谐发展环境,全力以赴做好各项大型社会活动的移动通信保障工作,为全市的移动通信保障、人民安居生活和经济社会发展起到良好的支撑和促进作用。历城高新开发区营业厅、章丘白云路营业厅、长清莲台山路营业厅、济阳开元大街营业厅获济南市巾帼文明岗称号。公司八一立交桥、共青团路营业厅,历下公司山大南路营业厅被评为省公司五星级营业厅。150名员工获省公司服务明星称号。公司继续保持省级文明单位称号,蝉联省消费者满意单位。

1.移动业务健康快速发展。始终坚持以客户发展为中心,新业务不断推陈出新,在原有业务基础上,又陆续推出MM商城、手机钱包(联名卡)、手机冲浪、手机导航、农政通等新业务,充分满足广大客户的个性化需求。创新产品设计思路,面向学生推广的动感地带畅聊计划,"长(途)、市(话)一口价""亲情畅聊免费"广受欢迎,成为新的校园主流资费。设计推广家庭计划,"家庭通话免费""三位短号"深受用户喜爱。面向低龄儿童推出"关爱童"业务,其安全定位的特点,受到社会广泛认可。在行业应用发展方面,依托物流、党政机关、大型企业等行业不同的应用特性,为客户量身打造个性化解决方案。如:与济南大型交通物流企业九通公司合作开发全省客运车辆图片回传与实时监控项目,确保车辆运行安全;与济南市委组织部合作全市党员信息教育化平台项目,满足全市60万名基层党员党性教育普及信息传达的需求;与以山东高速为代表的大型企业合作,将客户固网OA功能平滑移植到手机客户端,实现移动办公,并建设高速96159呼叫中心,语音虚拟网等各项业务,为各大企业提供完整的信息化解决方案。面向客户需求创新产品应用,与省残联合作的残疾人专属资费卡"关爱通",包含LBS位置通定位业务,受到省政府、省残联的高度重视;先后开发了面向零售烟草终端商户订烟售烟的"烟销通"和面向集团客户的"考勤通"等产品。无线城市门户网站全省率先运营,累计引入项目应用34项,涵盖以水、电、燃、查询及缴费为核心的民生类应用、便民信息查询类应用、健康医疗、消费打折等,为打造无线城市建设作出贡献。

2.整体服务水平再上新高。深入推进"大服务理念"的落实,以客户为中心,持续开展"大客户回报"系列活动,发挥高尔夫、羽毛球和乒乓球等VIP俱乐部优势,积极组织中高端客户参加各项活动,提升客户满意度。夯实基础管理,持续降低客户投诉量。缩短投诉处理时限,提升一次性解决率和投诉处理满意度。加大电子渠道普及推广力度。通过引导客户通过电子渠道办理业务,减少客户等待时间。多措并举全面改善窗口服务质量。①建立业务预处理机制,通过多种预处理方式分流客户,减少排队现象;②根据代理商信用等级,适当扩大业务授权,分流自办厅业务量;③推行大堂经理服务模式,加强现场管理,优化服务流程,强化业务培训,缩短客户等候时长,提升客户感知。营业厅服务满意度较年初的98.45%提高到98.85%,全省营业厅暗访排名提升6个名次;八一、共青团两个五星级营业厅获得省公司"卓越团队"称号。

3.网络支撑能力持续增强。以提升网络质量和客户感知为主线,提升网络工作管理水平,深化网络基础维护,全年网络运行安全平稳,各项网络主要指标综合排名位于全省前列。

为推进“无线城市”建设,大力推进2G、3G(TD - SCDMA)、WLAN无线局域网“三网合一”建设,以2G/TD/WLAN“三网合一”的混合组网模式,实现济南无线宽带的全面无缝覆盖。济南移动WLAN网络覆盖全市3000多个热点区域,包括医院、餐饮休闲场所、酒店、商场、机场、车站、各大核心商圈、居民小区以及绝大多数高校园区等,编织着“无处不在”的高速信息网,为市民建立起高速的移动互联网通道,带来移动互联时代新体验的同时,不断丰富“无线城市”的应用,使市民能够随时随地获得便民信息。全年共申报集团公司技术成果18项,其中12项通过集团公司成果认定,4项专利通过集团评审,获省优秀QC项目4项,科技创新工作在全省继续保持领先地位。

4. 积极承担企业公民责任。无线城市对发展经济、推动民生意义深远。济南移动从与人们生活息息相关的各方面入手,打造数字校园、建设无线社区、实现无线政务、企业办公,为市民购物、出行、学习、教育、保健,为企业销售、管理、提高工作效率以及为政府的政务公开、监督、城市管理等方面提供便利和有益帮助。在现有济南城市路灯智能管理、公交公司综合无线信息化、环保无线监测、出租车辆综合管理调度平台、城市亮化工程监控、煤气公司地下管网检测、热力管网监控和电力无线抄表等公共事业应用的基础上,设计、开发更好的产品,为广大市民提供更好的服务。与山东省残联合作打造乐善助残工程,向全省10万残疾人受助群体推出“关爱通”,使残疾人足不出户就可以轻松获知教育、培训、康复等信息,推动残疾人实现稳定就业,改善生活状况。在泉城广场举办“爱在‘舜’间”助残启动仪式,获得社会各界一致好评。 (张 娟)

【移动新业务】 在原有46项业务的基础上又增加了以下5项新业务:

1. MM商城:MobileMarket是中国移动在3G时代搭建的增值业务平台,该平台的运作流程,是用户通过客户端接入运营商的网络门店下载应用,开发者通过开发者社区进行应用托管,运营商通过货架管理和用户个性化信息进行分类和销售。

2. 手机钱包(联名卡):是中国移动与浦发银行联合推出的,具有13.56M贴片卡(或挂坠卡)和标准磁条卡双形态的现场支付业务,用户开通后可在所有完成13.56M改造的金融POS机上消费。

3. 手机冲浪:是中国移动推出的手机上网增强服务,用户使用普通上网手机,即可高效、自由地访问互联网WWW站点,突破一般上网手机只能访问WAP网站的限制。

4. 手机导航:面向个人用户,提供驾车导航服务、目的地搜索、定位自己或他人、公交换乘指引、交通路况信息以及一键通等功能。

5. 农政通:是农信通全网产品之一,主要面向县、乡级政府部门及农村基层组织,通过互联网、短信、彩信、语音等多种方式提供公文传阅、通知下发、任务督办、数据采集和电话会议等功能,实现政务信息的上传下达以及高效便捷的内部沟通。农政通业务平台网址:http://www.1258299.com。

(张 娟)

【中国铁通济南分公司】 市场经营收入与上年度基本持平,宽带装机、商务固话均保持较好的发展势头,用户投诉率同比减少55%。以增收提效为总目标,以夯实基础为首要任务,对经营模式和收入结构进行深度调整,全面强化网络与服务支撑市场能力,开拓了济南铁通整体发展新局面,基本实现业务发展、协同突破、管理规范、队伍稳定的既定目标。7月,通过由工信部、国资委等有关部门组成的全国文明单位复核审查组对济南铁通全国文明单位创建的复查和审核。 (樊晓扬)

【开展网络优化整治活动】 结合市场发展需要和网络融合的新形势,以提升网络质量、改善用户感知为重点,以强化集中管理、专业维护为手段,在全公司范围内开展网络优化整治活动。通过规范通信故障和网络安全管理,推进机房、网管集中化,清查交换网、互联网资源,成立互联网支撑中心,完善台账资料等措施,夯实运维管理基础。抽调人力物力,进行标准化机房整治,对互联网接入层设备和线缆、机房电源系统以及专网交换机进行专项整治,降低通信网络故障率。通过互联网链路扩容、IP城域网扁平化、优化路由、规范出口管理及DNS建设等措施,提升互联网质量。通过有重点的网络优化升级、作业流程再造及应急预案的制定完善,提高网络安全系数和网络运行质量。

(樊晓扬)

【建立用户投诉防控体系】 全力做好客户投诉处理工作。严格执行首问负责制,提高10050客服热线人工接通率。加强故障工单的全程跟踪,有效解决客户催装催修问题。通过工单的派发、回复、回访等措施,加强故障处理全程监控,严防故障超时。加大用户回访力度,减少误解,增进沟通。通过10050电话回访和装维修人员上门服务,及时了解用户感受和体验,积极解决回访过程中发现的问题,提前对前期的投诉客户及对服务质量不满意客户进行重点回访,发现问题及时处理。 (樊晓扬)

【推出网上营业厅功能】 开通运行网上营业厅系统。该系统采用全国集中模式,由统一门户网站站内跳转至各省分公司。现网站分为“营业厅”“客服平台”“营销中心”和“宣传媒介”4个功能平台,下设业务办理、费用查询、缴费充值、故障受理、业务咨询、投诉建议、潜在客户管理、邮件营销、公司简介、业务介绍、品牌推介等功能。网上营业厅的成功运作真正实现了“一点接触 全面服务”的服务理念,为客户提供7×24小时方便、快捷的固话和宽带服务,并通过差异化服务为客户送去便利,降低企业运营成本、提高企业服务水平和竞争力。 (樊晓扬)

责任编校 宣 涛

城乡建设·环境保护

综 述

【城乡建设概况】 全市城乡建设系统围绕“大力实施新型城市化,拓展城市发展空间,建设实力济南、魅力济南、宜居济南”的中心任务,注重提升房地产业与建筑业发展,做好房地产市场调控、工程质量安全、征收拆迁、农房建设、建筑节能等工作,实现了城乡建设事业的健康发展和全面提升。

1. 建筑业实现平稳较快增长。以深入开展执法检查、加大联动执法和协作执法力度、加强有形市场和诚信建设、规范招投标行为、严格准入清出为重点,继续深化建筑市场监管。启动随机抽取发包代理业务工作,全面推行中标项目班子执业证书暂存制度,注重对投标单位诚信和管理能力的考核。规范外地企业进济施工,完善家装工程投诉机制,优化招标控制价和竣工结算备案管理,推行建安工程合理工期。继续加快产业结构优化调整步伐,扶持发展高等级资质企业、符合市场需求的专业承包企业及劳务分包企业,逐步形成结构合理、协调发展、优势互补的产业发展格局。年内,全市建筑业延续了上年以来平稳较快的发展态势,主要经济指标持续增长,总量规模进一步扩大,运行质量进一步提高。全年全市完成建筑业总产值1126亿元,同比增长26%;实现建筑业增加值321.2亿元,同比增长12.7%;实现利税56.3亿元,同比增长25.1%。

2. 房地产业保持健康稳定发展。严格落实国办发[2011]1号文件和省、市一系列房地产调控政策措施,成立市房地产调控工作领导小组,发布年度房价控制目标,制订一系列调控房价的配套文件和实施细则,以完善预售许可、规范销售管理为抓手,严格执行商品住房限购政策,投资投机型需求得到明显抑制,房价稳中有降。创新房地产开发管理模式,制订加强开发企业资质管理的规定,出台房地产开发项目竣工综合验收备案办法,房地产开发全程监管机制进一步健全。CSI住宅(中国支撑体住宅)产业工业体系及技术体系打造取得新进展,房地产业结构调整、优化升级步伐进一步加快。全市全年房地产开发完成投资527.2亿元,房屋施工面积3520.9万平方米,年度新开工面积1220.8万平方米,房屋竣工面积594.5万平方米,新建商品房网签销售面积593.33万平方米,同比分别增长8.8%、49%、25.6%、141.9%和90.57%。

3. 超额完成农房建设危房改造任务,大力推进城镇建设行动。出台优化项目审批、优先用地供应、减免施工图审费等优惠政策,采取精确统计、现场督查、公开排名、严格问责等有力措施,组织政策培训、专题采访、亮点评选、论文研讨等系列活动,以抓开工为突破,倒排工期,强力推进任务进展。2011年是3年农村住房建设与危房改造的收官之年,3年来,累计完成农房建设26.5万户,完成全部计划任务的144%,其中整村迁建项目337个、23.5万户,改造村庄553个,分散建设3万户;累计完成危房改造3万余户。大力推进重点镇提升工程和“城镇建设行动”延伸工作,进行洪范池小城镇生态建设试点工作,并召开全市小城镇建设现场会。

4. 严格执行建筑节能标准,加快既有建筑节能改造。继续严把设计、施工、验收、备案等关口,新建建筑节能标准执行率100%。大力推广实施可再生能源建筑应用,完成太阳能光热与建筑一体化项目63个、119万平方米。结合供热计量改革及小区整治工作,推进实施101.3万平方米的既有建筑节能改造。开展公共建筑重点用电单位能耗统计和能源审计工作,完成50栋、170万平方米大型公建的能源审计。严格执行新型墙体材料和建筑节能产品生产现场考察标准和认定程序,“禁实”工作(建设工程禁止使用实心黏土砖)全面推行到建制镇。全年全市县以上城市规划区内新建建筑全面执行居住建筑节能65%、公共建筑节能50%的标准,新建成节能建筑1054万平方米。

5. 房屋征收体系基本建立,征收新模式顺利启动。按照国务院房屋征收补偿条例的实施要求,迅速展开新条例学习培训、新流程研究制订、新政策建立配套等,出台征收补偿工作暂行规定、评估指导意见、资金监管意见等一揽子规定,率先建立起新条例操作实施的基本框架体系。以历城招待所棚改项目为试点,相继启动20个房屋征收项目,保障了城市建设的需要。

6. 控重点控关键,切实维护城乡建设安全稳定。抓住影响行业和谐稳定的关键性问题,加强监管,深入排查,全面治理,不断强化相关制度建设,着力消除各类安全隐患和不稳定因素。强化以保障性住房建设为重点的质量安全监管。推行工程建设全程监管，推进工程质量安全标准化，落实工程参建各方主体责任。深入开展“住宅工程质量通病再治理”“安全生产基层基础工作深化年”等活动，加强工程竣工分户验收监管。深化竣工验收、质量保修等工程质量监督制度，严格落实安全生产许可证、专项施工方案专家论证等施工作业制度，不断完善安全事故约谈、重大事故报告制度。全市全年未发生一例在建建筑工程生产安全死亡事故。进一步加强信访工作，确保群众来信“件件有着落、事事有回音”，全年共接待来访群众238批、2398人次。

7. 注重维护农民工和建筑企业合法权益。严格执行劳务工资保证金制度和建筑工程竣工备案工程款支付审核制度，强化农民工工资保证金缴存动态管理，深入开展农民工工资支付情况专项排查，及时处置群体性事件。全年共受理并解决拖欠农民工工资投诉案件146起，解决拖欠金额4492万元，惠及农民工5900余人。进一步加大建筑企业养老保障金收缴、追缴和拨付、补贴力度，全年收缴总额达10.96亿元，拨付及补贴6.2亿元，分别增长38.4%和72.7%。

8. 无障碍设施建设继续推进，公共停车场建设实现政策突破。按照“区筹市补、以区为主、兼顾社会”的原则，开展了120个既有小区、45条城市道路的无障碍设施改造。牵头起草并提请市政府出台了鼓励公共停车场建设的暂行规定，为推进公共停车场建设奠定了坚实基础。

9. 审批效率和服务水平进一步提升。推行窗口服务规范管理，推进效能建设，工作提速提效。将精简审批程序、减少审批环节、缩短审批时间及推进网上审批有机结合。年内，市城乡建设委员会多项行政审批事项从项目公告、申报、受理至审批、发证，整个流程全部实行网上办理，降低了行政审批成本。 （杨 阳）

【勘察设计管理】 全市勘察设计行业管理以贯彻落实《山东省建设工程勘察设计管理条例》为主线，切实履行管理职责，进一步健全、完善市场动态监管制度、招标投标制度、责任保险制度、初步设计审批制度、施工图审查和审后监管等制度，严格执法，使勘察设计的各个环节都有法可依、有章可循，全面推进全市建设工程勘察设计依法管理进程。

1. 加强资质审批和市场管理。组织全市勘察设计市场专项检查，对15家单位实施不良记录，6家单位责令限期整改。配合省建设厅检查勘察设计单位38家。办理省外勘察设计单位进济备案30件。受理各行业设计资质核定、升级、增项共47项。完成全市勘察设计企业的统计季报和年报工作。

2. 加大对建筑工程和市政工程设计招投标的监管力度。重点加强对国有投资建设项目设计招投标的监管力度，进一步强化国有投资项目必须在济南市公共资源交易中心公开招标的制度。全年对69项建筑工程项目和市政工程项目的设计招标投标实施全过程监督，依法处罚招标违规项目57项。

3. 加强勘察设计执业注册师管理。组织全市5324人参加2011年全国一、二级注册建筑师和其他注册师的考试报名工作。加强对注册师的执业注册管理，完善全市勘察设计各类执业注册师信息档案。

4. 积极开展行业争优创优工作。开展2011年度济南市优秀工程勘察设计评选工作，共评出一等奖16项、二等奖21项、三等奖27项。完成省级年度优秀工程勘察设计项目的申报工作。

5. 开展工程初步设计审查和抗震超限审查。依法完善政府投资项目初步设计审查审批管理程序和初步设计及概算审批的相关工作制度，初步形成建委负责初步设计、发改委负责概算的“各有侧重、联合审查、分别审批”的管理格局。全年完成24项政府投资重点工程项目初步设计的审查、审批，完成结构抗震超限审查6项。

6. 强化施工图审查和审后监管。根据全市施工图审查工作的总体需要，强化建设行政主管部门对施工图审查的监管，开展全市施工图审查机构专项检查，2家审图机构被责令限期整改；完成施工图审查747项，建筑面积2248万平方米，比上年增长24.6%，审查市政工程99项，建设投资61亿元；强化对城市建设配套费的严格把关，配套费把关率达到100%，确保城市建设配套费的及时、足额收缴。

（邵志敏）

【村镇建设】 全市列入村镇统计范围的乡镇55个（其中建制镇50个，乡5个），共有行政村4454个，村镇人口309.6万人。全市2011年镇（乡）建设总投资871371万元，其中住宅557452万元，公共建筑54361万元，生产性建筑128377万元，市政公用设施131181万元（含供水14676万元、道路桥梁55039万元、排水8965万元、防洪4724万元、园林绿化13046万元、环卫10924万元、燃气5344万元、集中供热7451万元，其他11012万元）。

扎实推进农村住房建设。2011年是3年农村住房建设与危房改造的收官之年，截至年底，全市完成农房建设100094户，其中实施整村迁建项目173个，涉及改造村庄276个，整村建设93224户（完工51385户，在建41839户），分散建设6870户；完成投资160多个亿，完成危房改造3631户，超额完成年度建设任务。

大力推进重点镇提升工程和“城镇建设行动”延伸工作。按照市委、市政府《关于加快推进生态文明乡村建设的意见》，组织开展重点镇提升工程，按照统筹规划、功能完善，凸显特色的要求，有针对性地开展重点镇提升工作。积极开展重点镇提升工作的调研活动，出台“十二五”期间重点建设城镇实施方案，成立重点镇规划建设专家指导组。将“城镇建设行动”工作进一步延伸，一方面加大对小城镇建设的管理，巩固“城镇建设行动”成果；另一方面加大对一般镇的扶持力度，范围扩大到全市所有的镇（乡）。

积极开展帮扶和携手共建工作。济南市历城区金刚纂村是市城乡建设委的携手共建帮扶村。市城乡建设委在深入调研的基础上，科学制定帮扶工作计划，筹措30万元帮扶资金，明确帮扶方法和具体工作措施，圆满完成年度帮扶共建任务。重点帮助发展集体经济，新建养鸡场1处，使养殖规模扩大到1万只；进一步扩大食用菌种植规模，增加种植品种和产量，创出品牌；对村庄北侧破损山体进行山体绿化提升和道路整修，村庄面貌进一步改善。

全市城镇化情况。积极开展城镇化工作调研，摸清现状、找准问题、研究措施，为探索加快推进小城镇发展、推进城乡一体化进程积累了经验。根据《山东省2011年城镇化发展报告》，截至年底，全市完成生产总值4406.3亿元，实现地方财政一般预算收入325.4亿元，人口城镇化率达到65.05%。

截至年底，全市乡镇实有住宅建筑面积13290.96万平方米，本年竣工建筑面积390.03万平方米，人均住宅建筑面积33.75平方米；公共建筑年末实有建筑面积925.3万平方米，本年竣工建筑面积48.15万平方米；生产性建筑年末实有建筑面积1213.86万平方米，本年竣工建筑面积116.13万平方米。乡镇道路长度1450.46公里（面积1075.65万平方米），新增道路长度83.4公里，人均道路面积17.29平方米；道路照明灯18085盏，桥梁1199座，防洪堤418.72公里；供水管道9433.31公里，新增743.28公里，公共供水设施161个，年供水总量5420.24万立方米，人均日生活用水量88.98升，用水普及率82.1%；排水管道3874.62公里，新增排水管道208.72公里；年污水处理总量363.29万吨；绿化覆盖面积3121.51万平方米，绿化覆盖率22.36%，绿地面积1728.3公顷，绿地率12.32%，公园绿地面积392.94万平方米，人均公园绿地面积5.36平方米；生活垃圾年处理量3.39万吨，生活垃圾处理率为80.23%，环卫专用车辆设备355辆，公共厕所334座。

（李善坤 贾晓剑）

【建筑业管理】 全市全年完成建筑业总产值1126亿元，同比增长26%；实现建筑业增加值321.2亿元，同比增长12.7%；实现利税56.3亿元，同比增长25.1%。截至年底，全市建筑施工企业共有1331家（含外地进济企业278家）。其中施工总承包企业389家，占29.2%；专业承包企业706家，占53.1%；劳务分包企业236家，占17.7%，逐步形成结构合理、协调发展、优势互补的行业组织结构。

1.建筑市场监管进一步加强。进一步健全市场准入清出机制，印发《关于进一步加强建筑市场准入清出管理工作的指导意见》《济南市外地进济建筑业企业监督管理办法》，创新完善建筑市场准入清出制度，积极推进外地建筑业企业在济施工活动的常态化、规范化管理；招投标管理进一步深化，制定《关于建立政府投资建筑工程（招标代理）预选承包商名录库并实行随机抽取办法发包代理业务的通知》《济南市建筑工程项目中标人从业证书暂存管理暂行办法》，启动实施随机抽取发包代理业务工作，全面推行中标单位项目管理班子成员注册执业证书暂存制度。

2.工程造价监管成效明显，建筑企业养老保障金管理继续保持良好态势。印发《关于加强建筑安装工程工期管理的通知》，督促建设单位严格执行全国统一建筑安装工程工期定额，严禁任意压缩合理工期。全市收缴建筑企业养老保障金10.96亿元，同比增长38.4%；拨付及补贴建筑企业养老保障金6.2亿元，同比增长72.7%。

3.装饰市场监管全面加强，有形建筑市场建设扎实推进。不断健全装饰装修开工申报制度，严把公共建筑装饰装修招投标、审图、消防、施工安全和材料检测关，完善装饰装修特别是家装投诉举报、受理机制。全年全市进场交易项目达1162项，工程造价约617亿元，建筑面积达3455万平方米。

4.进一步完善预防和解决拖欠农民工工资工作的长效机制。年内共受理并解决拖欠农民工工资投诉案件146起，解决拖欠金额4492万元，惠及农民工5900余人。

5.工程质量稳中有升，安全生产形势持续平稳。全市累计监督在建（单体）工程6288个，建筑面积5820.73万平方米。其中已竣工（单体）工程1245个，建筑面积1058.98万平方米，合格率100%。全市共创建省“泰山杯”工程奖31项（含装饰工程17项），全国建筑工程装饰奖16项，全国建筑工程“国家优质工程奖”2项，全国建设工程“鲁班奖”表彰奖1项，全国建设工程“鲁班奖”1项。全市在建建筑工程未发生一例生产安全死亡事故。

（高树全）

【建筑节能与建设科技】 全市县以上城市规划区内新建建筑全面执行居住建筑节能65%、公共建筑节能50%的标准，新建成节能建筑1054万平方米。截至年底，全市累计建成节能建筑4900余万平方米。全市新型墙材和建筑节能产品企业192家，品种34个，年生产能力30亿标砖。全市共实施太阳能热水系统与建筑一体化建设119万平方米，浅层地热能应用10万平方米。

深入开展既有居住建筑供热计量及节能改造工作。组织完成全市“十一五”既有居住建筑供热计量及节能改造项目省、市两级验收工作；市政府出台《济南市人民政府关于推进供热计量改革与既有建筑节能改造的实施意见》，对全市供热计量改革与既有建筑节能改造工作进行规范；市政府召开全市供热计量改革与既有建筑节能改造工作会议，对“十二五”既有居住建筑节能改造和供热计量改革工作进行部署和安排；制定出台《既有居住建筑供热计量及节能改造实施方案》《济南市既有居住建筑节能改造项目管理工作指南》，将外墙保温改造工程纳入建设程序管理，公开向社会招标，优选入库施工和监理单位，并从设计、图审、施工到竣工验收层层把关，确保改造项目的工程质量和节能效果；加大市级财政对既有居住建筑节能改造补助力度，对改造项目按中央财政奖励资金额1:1的比例，即按建筑面积45元/平方米的标准进行补贴。年内，全市共启动实施供热计量及既有居住建筑节能改造101.3万平方米。

加快推进机关办公建筑和大型公共建筑节能工作。顺利完成242栋建筑的基础信息调查及能耗统计工作，对50家重点用电单位下达用电限额。全面推动全市大型公共建筑能源审计工作，全年完成50栋大型公建和机关办公建筑的能源审计。积极开展全市机关办公建筑和大型公共建筑能耗在线监测，已初步建成市级数据中心，已完成22栋建筑的能耗监测点，能耗数据已陆续接入。济南市被确定为山东省公共建筑节能监测平台建设示范城市。开展公共建筑节能改造试点示范，逐步推动公共建筑节能改造，利用合同能源管理模式或单位自筹资金方式，完成8栋、44.6万平方米公共建筑节能改造。

建设科技工作取得新进展。全年共有22个科研课题申请立项；结题并通过技术鉴定的项目5项，技术均达到国内领先水平；组织建筑施工单位积极开展施工新技术应用示范活动，全年共组织申报省级示范工程40项，省级工法61项。全市有4个项目列入国家级太阳能光电建筑应用示范，全部通过国家级检测和验收。有4个项目被列入省级绿色建筑示范工程，其中1个项目获得两星级绿色标识。

（刘瑞国）

【房屋征收拆迁】 全年全市共搬迁居民和单位2万户（个），拆除各类房屋建筑面积120万平方米。

贯彻国务院条例，制定配套政策。国务院《国有土地上房屋征收与补偿条例》颁布施行后，及时制定《济南市国有土地上房屋征收与补偿工作暂行规定》《济南市国有土地上房屋征收补偿房地产价格评估机构选定办法》和《关于我市重点工程拆迁安置房屋确权登记历史遗留问题的处理意见》等一系列配套政策，为依法实施房屋征收工作提供了政策保障。

健全内部工作机制，理顺工作程序。市城市建设项目审批小组做出房屋征收决定，细化相关单位的工作分工；建立房屋征收与补偿工作联络员会议制度，研究解决房屋征收工作中的重大问题，论证征收与补偿方案；制定房屋征收与补偿工作操作细则，理顺房屋征收工作程序，确保房屋征收工作有序开展。

组织学习相关条例，加强业务培训。组织两期《征收条例》学习班，各县（市）区分管领导、城乡建设委主任、房屋征收从业人员、各有关投融资平台领导和业务骨干等500多人参加培训。培训班对有关新政策规定进行认真解读，并对与会人员提出的问题进行集中解疑释惑，提高了从业人员工作水平。

规范征收拆迁活动，实施阳光征收。严格按照《征收与补偿条例》和《暂行规定》的要求，认真把好征收工程要件审查、征收补偿方案论证、群众意见征求、补偿资金和安置房源落实、房屋规范拆除管理等关口；加强征收拆迁网站建设，确保各类信息公开透明；推行依法征收、文明征收、阳光征收，确保全市房屋征收工作依法、文明进行。

（申玉奎）

【房地产开发管理】 认真贯彻落实国家、省一系列关于加强房地产市场调控的精神，实施限购、限贷、税收等一揽子政策措施，房地产市场调控工作取得阶段性成效。全市房地产开发完成投资527.2亿元，同比增长8.8%。全市房屋施工面积3520.9万平方米，同比增长49%。本年新开工面积1220.8万平方米，同比增长25.6%。房屋竣工面积594.5万平方米，同比增长141.9%。商品房待售面积67.1万平方米，同比增长33.1%。全市新建商品房网签65686套、593.33万平方米，销售面积同比增长90.57%，均价8122.35元/平方米，同比下降3.48%。

出台商品房“限购令”及实施细则。2月25日出台《关于转发鲁政办发〔2011〕5号文件进一步改进和加强房地产市场调控的通知》，2月28日出台《关于贯彻落实商品住房限购政策有关问题的通知》，明确了限购实施细则及有关具体规定。

完成2011年新建商品住房价格控制目标。确定新建商品住房均价涨幅低于城镇居民人均可支配收入增长水平的目标，并及时向社会公布。数据显示，全市新建商品住房均价7394.87元/平方米，同比下降3.37%，完成全年的房价控制目标。

开发商品房限购查询信息系统。配合限购政策的实施，升级房地产信息系统，开发完成新建商品住房限购查询系统。

开展商品房销售行为专项检查。对全市在建在售项目进行集中清理，对涉及发放VIP卡、捂盘惜售、无证售房以及信息公示不符合要求等行为进行纠正。

健全房市场监管的长效机制。推行市场监管、项目监管、企业监管“三位一体”的监管模式，加强资质核验、经营权审批、预售许可、竣工综合验收等环节的联动。

（王大港）

【旧城改造】 按照《济南市投融资平台公司改革实施方案》，济南旧城开发投资集团有限公司于2011年9月28日组建成立。集团公司下设山东新泉城置业有限公司、济南新泉城建设项目管理有限公司和济南市旧城改造投资服务有限公司3个全资子公司，以母公司为核心企业组建了济南旧城开发投资集团。原济南市旧城改造投融资管理中心予以保留。

旧城投资集团按照全市“拓展城市发展空间，打造现代产业体系”的总体思路和“一城三区”城市发展格局要求，突出“两改”（棚户区改造、危旧房改造）工作重点，全力加快“两建”（棚改安置房建设、公租房建设）工程建设，着力做好“老城改造提升”文章，稳步推进投融资体制改革。全年新开工棚改安置房5000套、公租房6000套，分别完成年度工作目标任务的100%和171.4%，兑现了“为民办10件实事”的有关承诺。

1.棚户区改造工作。①拆迁工作。发挥各区拆迁责任主体作用，以解决遗留问题为重点，会同各区逐项目梳理，分门别类研究措施办法，全力加快拆迁收尾工作。年内，宝华、全胜街北（济南二中）、舜耕路（城建学院）、梁庄、后屯等项目完成拆迁工作，中山公园东、北大槐树、南辛庄、经四纬十二、官扎营、万盛等项目进入拆迁收尾，鲁艺剧院东项目全面动迁。②回迁安置工作。总结前期工作经验，加强与各区的密切合作，积极争取有关部门的支持配合,逐步建立起一套完整的回迁安置工作体系。按照“政策扶持、属地管理、专业服务”原则和《棚户区改造回迁安置工作程序(试行)》,会同各区提前制订方案,提前做好综合验收、房屋交接等工作,确保后期管理服务及时跟进到位。现场集中办公,最大程度方便群众,稳步有序推进回迁安置工作。年内,华阳新区、顺祥新区、济安新区、兴盛小区、和信花园、泉馨苑、振兴花园、泺祥新区、燕山立交西9个片区、1万余户居民陆续回迁。根据《关于解决棚户区改造低收入家庭差价款缴纳问题的意见》,为138户困难群众办理房屋租住手续,向市住房保障局移交廉租房234套。

截至年底,全市已启动38个集中连片棚户区和35个零星片区改造,动迁居民约6万户、18.3万人,拆迁房屋建筑面积430万平方米,安置房开工310万平方米、竣工130万平方米,累计完成各项投资161亿元。馆驿街新区、茂新新区、聚贤新区、顺河新区、华阳新区、济安新区(原经一顺河三角地棚改项目)、顺祥新区(原经一纬九棚改项目)、兴盛小区(原经七纬十二东南棚改项目)、发祥巷、文华园、和信花园(原馆驿街西棚改项目)、泉馨苑(原小园庄、菜市庄棚改项目)、振兴花园、泺祥新区(原汽车厂东路棚改项目)、燕山立交西15个片区竣工,加上美里新居、盛福花园部分外迁安置房等,共有20个集中连片棚户区约2.4万户居民陆续入住新居。东舍坊、经八纬一、北刘等棚改项目即将竣工,涉及回迁居民约3000户。

2. 危旧房改造工作。重点围绕城区“四部五轴”,通过加快主轴沿线两侧改造开发,将危旧房与零星棚户区改造有机结合,突出区位特色优势,加快功能调整优化,建设宜居宜业新区,提升城市品位形象,进一步拉开城市发展框架,做大做强中心城区。城区东部,以客运东站、二汽改、全福立交西南、陶瓷市场、洪楼广场周边等项目为重点,着力打造以二环东路为主轴的“交通大动脉、景观新走廊、发展隆起带”。城区中部,以山大路解放路西北(铁职二期)、鲁艺剧院东、解放桥周边等项目为重点,着力打造以山大路、解放路为主轴的科技商务区;以万达广场、大观园东、中山公园东等项目为重点,着力打造以经四路为主轴的金融商务区和商埠区。城区西部,以振兴街、经四纬十二、丁字山、槐荫广场西等项目为重点,着力打造以纬十二路、阳光新路为主轴的西部商贸区。城区北部,以官扎营、天桥东等项目为重点,以经一路、天成路为主轴,着力打造集住宅、商务和商业为一体的城市综合体。

强化政策支撑。参照棚户区改造政策和做法,结合危旧房改造工作实际,研究提报了《关于推进中心城区危旧楼房片区改造试点工作的指导意见(试行)》并经市政府常务会审议通过。2011年1月,国务院颁布《国有土地上房屋征收与补偿条例》。3月21日,济南市出台《济南市国有土地上房屋征收与补偿工作暂行规定》,4月14日,市城市建设审批领导小组办公室拟定《暂行规定》工作程序(征求意见稿)。鉴于政策发生较大变化,有关项目责任主体和工作程序等相应调整,旧城投资集团在认真组织学习的基础上,按照新的政策规定,积极开展有关政策研究、调查摸底、项目申报等前期工作,为下一步工作开展奠定了基础。

加快改造试点。为加快推进危旧房改造,在相关政策尚未正式出台的情况下,旧城投资集团经与各区协商研究,先期开展危旧房改造试点工作。截至年底,先后启动大观园东、环山路大众报业宿舍、历城招待所、全福立交桥西南角、陶瓷市场、铁道职业技术学院6个危旧房改造项目。

3. 保障性安居工程建设。“开工建设3万套保障性住房”是全市2011年承诺为民办的10件实事之一,其中,旧城投资集团承担着开工建设棚改安置房5000套、公租房3500套的任务。年内,梁庄、官扎营、南辛庄3个棚改项目5000余套安置房先后开工建设,完成年度工作任务目标100%。文庄片区6000余套公租房于8月上旬开工建设,完成年度工作任务目标171.4%。

加强组织领导。成立保障性住房建设工作领导小组,确定以文庄片区公租房、棚改安置房为重点,集中人财物力,明确时限,落实责任,倒排工期,加快推进,确保工期进度。

加快工程建设。高标准建设安置房。严把工程质量关,着力加快自建和代建安置房建设。按照《济南市旧城改造安置房代建管理办法》,强化管理监督,加强检查调度。扎实开展“工程综合考评”活动,抓好对重点环节和节点的控制,每月考核评比,重奖重罚,奖罚分明。提前组织安排,积极协调供电、市政等相关部门,加快配套设施建设,确保功能齐全完善,与安置房同步竣工交付使用。狠抓安全生产。集团与各部室签订《2011年度安全生产责任书》,制定印发《2011年度棚改安置房项目防汛应急预案》《市旧城改造安置房建设工程防汛抢险小组组织实施方案》等。按照有关规定和应急预案要求,引导督促施工企业以加强现场管理为重点,超前防范,有效监管,保障安置房建设顺利实施,全年未发生重大安全生产责任事故。建设宜居宜业棚改新区。进一步加大资金投入,着力绿化美化环境,提升城市功能形象,增强居民的认知感和归属感,为实现居民顺利回迁创造良好条件。

年内,由旧城投资集团建设的棚改安置房项目中,有27个单位工程完成竣工验收,合格率100%,中大槐树项目部分单位工程被授予济南市建筑工程“泉城杯”奖,宝华项目部分单位工程被授予济南市建筑工程“优质结构”奖,经一纬九项目部分单位工程被评为“省安全文明示范工地”。2011年元旦,省委书记姜异康视察中大槐树项目工地,对全市棚改工作给予充分肯定。9月,在迎接中央加快转变经济发展方式检查中,中大槐树棚改安置房工程得到上级领导的充分肯定。《山东加快转变经济发展方式监督检查情况专报》第6期,以《抓管理促规范,着力打造棚改精品工程》为题,介绍报道了济南旧城开发投资集团公司的经验做法。

(魏　鑫)

【西区开发建设】　西区建设牢牢把握京沪高铁通车和举办第十届中国艺术节两个重大节点，全年支付各类资金100多亿元，确保高铁顺利通车，加快"十艺节"工程建设进度，推动西部新城跃升到大投入、大建设的新阶段。

1. 以高铁通车为契机，推动基础设施建设。为最大限度发挥高铁对西部新城发展的带动作用，结合高铁西站，打造集高铁、轨道交通、长途运输、公交、出租及配套商业服务一体化的省会交通枢纽中心，总建设规模近70万平方米。①市政设施。全部完成为济南西站配套的西广场及管理用房、停车场、下沉广场、公交站台、高架落客平台和广场T字头工程。完成为高铁配套的20公里道路，同步完成雨水、污水、强电、弱电、热力、天然气、自来水等各种管网建设并投入使用。污水处理厂、热源厂、变电站全部建成或完成改造，确保了高铁污水处理达标，高铁双电源供电和高铁场站及回迁安置居民供热。完成了80万平方米片区绿化。②征地拆迁。西客站片区累计完成拆迁520多万平方米，涉及2.3万多户、8万多人，建成110万平方米的两个安置区，首批7个村、5000多户、2.1万人实现了回迁安置。安置区环境设计、建筑设计、公共空间、楼间距离等均优于商业开发标准，配套有教育、医疗、健身、公交等设施，最大限度方便群众衣食住行。③综合治理。为对外展示西部新城的门户形象，参与全市"迎京沪高铁通车百日综合整治行动"，集中绿化草坪20多万平方米，栽植树木花卉40多万株，制作道路围挡和公益广告牌匾1.8万平方米，确保了西部新城精彩亮相。

2. 以十艺节举办为契机，带动核心区开发。①加快建设省会文化艺术中心。大剧院综合体。大剧院完成主体混凝土工程施工的95%；配套高层正进行基础工程施工。"三馆"综合体。含美术馆、图书馆、群艺馆、影城、书城、商业配套等，正进行基础施工，计划与大剧院同步投入使用。省级文化院团综合体。初步确定省属5家文化艺术团体（单位）和省科技馆、市博物馆整合迁入，正进行规划设计。②狠抓招商引资和大项目落地。实施大项目拉动和大企业入驻战略，集中精力打造6平方公里核心区。先后与多家境内外企业进行项目洽谈，中建股份、上海绿地、山东高速、山东国投、省建设厅、荣宝斋艺术大厦、济南日报传媒大厦等项目已落地，与香港华润、恒大地产合作建设城市综合体项目正在洽谈中。③同步协调推进其他重点工程。市政道路建成25公里，在建70公里。开工建设2个安置区共195万平方米，正进行基础施工。开工建设3个公租房项目，共7900套、建筑面积58.2万平方米。腊山河整治工程完成40%，景观样板段基本完成。济西湿地公园已完成部分景观绿化和60%的航道开挖。世博山东馆重建工程正进行主体施工。

西区开发建设全年共征用集体土地533公顷，收储国有土地100公顷，整合军事用地253公顷，出让土地38宗、223公顷，土地成交价69.55亿元。全年融资近70亿元，支出102.6亿元，保证了大范围拆迁、大规模建设的资金需求。注重低碳环保和可持续发展，推广应用"四新"（新技术、新材料、新工艺、新设备）成果，中央和省财政拨付专项补助资金1300多万元。按照高起点的要求，完成策划规划近百项，形成了宏观策划、总体规划、专项研究和标准导则"四位一体"的规划体系。累计引进动漫企业53家。成功申报了国家级"双实双业"基地。中国软件名城泉城软件园、园博园国际文化创意区等产业项目陆续启动。　（潘齐齐）

【城建投融资管理】　按照《济南市投融资平台公司改革实施方案》，济南市城市建设投融资集团于9月由市国有资产运营公司与市城市建设投资公司组建而成，系市政府直属城建投资类国有独资企业。2012年1月5日，集团正式挂牌。主要职责是：经政府授权开展土地一级开发利用、国有资产运营管理、城市基础设施建设、资本运营、房产经营开发等业务。截至年底，集团总资产约600亿元。

城投集团加快推进市场化改革进程，进一步完善提升奥体文博片区建设水平、积极推进雪山片区城市综合体建设、全力打造古城改造新亮点、高标准实施地块开发和公共租赁住房建设，完成年度目标任务。全年实现各项收入43.74亿元，催收各平台债务29.69亿元，工程建设支出20.81亿元，偿还到期债务55.06亿元。在融资贷款面临巨大困难及建设资金需求量大、支付集中的情况下，确保工程质量、进度，保持债务履约率100%。集团机关党支部被市委市直机关工委表彰为先进基层党组织。

1. 推进项目建设。奥体文博片区建设项目。加强土地规划策划，全年共完成11宗地块、128.3公顷土地的规划策划，出让、划拨37.3公顷，实现土地出让收入9.86亿元。加快片区内土地收储、熟化工作。龙洞片区25.4公顷农用地已完成国土部批复并报省国土厅备案，转山西侧地块土地收储与山东电视台初步达成一致，正组织协议的签订，文博西侧地块项目已完成现场调查摸底、熟化成本测算工作。姚家村民安置房工程18栋高层建筑主体已全部完工，内部装饰、安装工程完成工程量的90%，幼儿园、社区服务中心全部完工，其中3栋建筑主体被济南市建委评为"优质结构杯"工程。完成大辛河上游河道整治与龙泉湖连接桥加宽工程。龙泉湖景观绿化工程，新建园路面积约3200平方米，广场面积约470平方米，绿化面积3万平方米。片区内市政配套工程建设按计划有序推进。①雪山片区建设项目。雪山地区控制性详细规划及核心区城市设计工作已通过济南市规划局审批及社会公示，纳入济南市控制性规划编制体系。完成片区4村范围内无标准地上物评估工作及长岭山和工业用地范围内约3.35万平方米建筑物的补测工作。配合历城区和历下区完成涉及两区共15个村的土地指界工作。确定了合适的安置房和保障用地的选址，并完成安置房规划设计初稿。经石油管道管理处协商，已基本确定输油管线改线方案。②老城区建设项目。武岳庙历史建筑保护项目1月6

日奠基，已完成基坑支护桩及防水帷幕施工、福慧禅林寺整体加固抬升和武岳庙正殿、配殿主体结构建设。苗家巷地块的拆迁安置工作已具备土地招拍挂条件。完成市煤炭培训中心地块、济南第三粮库地块、海慕法姆地块的规划指标申请确认及黄岗汽修厂地块、天桥区检察院西地块规划策划方案的编制。③市委党校新校区建设项目。图书信息办公楼、会议中心已完成主体结构工程量的70%；学员宿舍楼西区进行6层封顶施工，东区进行4层结构施工；学术交流中心和学员餐厅主体结构已封顶，进行围护墙砌体施工；教学楼进行二层结构施工，文体中心进行网球馆和游泳池结构施工，地下车库进行地板施工。④西蒋峪片区公租房建设项目。西蒋峪公租房项目30.8万平方米、3594套，是济南市首批较大规模保障房建设工程。市政配套工程达到通车条件，房屋建设工程全部完成基础施工，部分单体实现封顶。温泉国际建设项目。⑤温泉国际是济南市支持商河加快发展的重点项目，核心区域温泉中心汤屋区部分已完成主体建设；温泉国际运营中心投入使用；温泉国际会议中心及温泉国际商品房项目将于明后两年陆续完工。⑥旅游路（历城段）两侧地块片区开发建设项目。旅游路两侧地块项目规划总面积5511公顷，包含莲花山、章锦、彩石3个片区。初步计划按照由西向东逐次推进的原则，依次展开实施莲花山片区、章锦片区、彩石片区的土地熟化、房屋征收、居民安置及基础设施建设，已完成3个片区的投入产出初步测算。

2. 筹措项目资金。积极筹措资金，加强与市财政局和市土储中心的沟通协调，及时跟进各片区土地招、拍、挂及资金返还进程，质押账户资金审批11笔、21.26亿元，收回资金63137万元。对市政公用局、园林局、建委承建的财政统筹项目，按照财政局要求的程序完善相关材料，收回占用资金72000万元。分别从民生银行及农发行取得燕山B地块姚家村民安置房项目贷款3.5亿元和5亿元，与兴业银行合作取得信托资金借款5亿元。全年偿还到期债务55.06亿元，债务履约率100%。加大资产管理力度，确保国有资产保值增值，全年房屋租赁实现收入2087.36万元。

集团全年实现收入43.74亿元，包括财政性资金19.61亿元，资产经营收入1.26亿元，新增银行贷款15.52亿元，土地熟化保证金7.35亿元。催收各平台债务29.69亿元。较好地保障了各项重点工程的资金需求。（陈朝晖）

【滨河新区建设】 按照《济南市投融资平台公司改革实施方案》，济南滨河新区建设投资集团有限公司于2011年9月30日组建成立。集团公司下设济南市小清河开发建设投资有限公司、济南滨湖地产有限公司和济南华建地产开发有限公司3个全资子公司，以母公司为核心企业组建了济南滨河新区建设投资集团有限公司。原济南市小清河开发建设投融资管理中心予以保留。公司全力推进小清河综合治理和滨河新区开发建设以及公租房建设，取得明显成效。

1. 小清河主体工程完工，主城区段实现蓄水通航目标。国庆节前，小清河综合治理主体工程完工，主城区段实现蓄水通航。截至年底，共征收工程建设用地403.3公顷（其中，国有土地87.2公顷，集体土地301.8公顷，城市居民占地14.3公顷），拆除各类建筑100.36万平方米，新建电力、自来水、污水、燃气、热力、通信等9类管线365公里，迁改管线115公里。河道拓宽挖深，扩挖河道土方1110万立方米，建设岸墙24公里，小清河的防洪标准由20年一遇提高到百年一遇，景观水面由70万平方米增加到200万平方米，小清河恢复通航。改造完善游船码头，新建观光游船，累计接待各级领导及市民代表、老干部代表、劳模代表等各界人士195船次、3996人次。完成玉清湖沉砂池出水闸、输水管道等补水设施建设，建立实施东平湖调水补源机制，两种补源方式成功运行，年可调水2亿立方米，为改善小清河水质提供保障。新建（改建）跨河桥梁31座，新建道路57公里、141万平方米，有效改善周边交通条件。建成绿地面积95.5万平方米，在建绿地面积33.7万平方米；建成景观小品、文化雕塑43处，群众健身场所98处；新建2.2万平方米生产苗圃1处，储备各类苗木4000余株；安装各类景观照明灯具约18500余套，建成盐仓遗址配套管理房等公用服务设施6处、1300平方米。

2. 片区开发进展顺利，加快推进现代化滨河新区建设。滨河新区规划面积158平方公里，横跨槐荫、天桥、历城3个行政区。①着力抓好规划策划工作。在市规划局的指导下，以规划为引领，开展规划策划研究，初步完成《滨河新区城市发展战略及重点地区概念性规划》《滨河新区功能定位与产业发展策划》《滨河新区综合交通规划》和《市政基础设施规划》《滨河新区城中村改造整合规划》以及《滨河新区核心区城市设计》《生态景观规划》《旅游规划》等规划研究。结合重点片区开发，逐步开展《华山片区（包括华山北）综合交通及市政设施规划》和新东站片区规划。②全力推进重点项目建设工作。完成泺口涝洼地危旧房改造项目和徐李旧村居改造项目的熟化公告和征收冻结手续办理，泺口项目开工建设13万平方米，徐李项目非住宅地上物拆除完毕；完成核心区及大明湖至小清河通航项目安置区规划策划初步方案；基本确定华山历史文化公园范围线和安置区选址；积极推进新东站枢纽新区项目片区控规、核心商务区（5平方公里）城市设计及场站一体化枢纽工程规划研究。北京天鸿的田园新城项目、北大资源的北闸子尚品清河项目和河南鑫苑的鑫苑名家项目开工建设面积102万平方米，完成投资40.66亿元。

3. 实施公租房建设工作，超额完成开工建设任务。按照市政府总体要求，“十二五”期间承担2.1万套、约110万平方米公租房的建设任务。7月15日开工建设总建筑面积37万平方米、共计6014套的清雅居公租房项目，提前1个半月超额完成市政府下达的开工建设任务（开工面积超出12万平方米、1514套）。积极推进华山北旧村改造及公租房建设项目（该项

目包括20万平方米村民安置房和90万平方米公租房），完成调查摸底、征地组卷和方案招标工作。（奚 冉）

【概况】 围绕发展大局，创新理念思路。正确把握省会现代化建设的阶段性特征，积极应对“十二五”时期经济社会发展的形势任务，在总结多年工作经验的基础上，研究提出了“实施精品战略、建设精品城市”“积极保护”等创新性理念，进一步丰富、完善、发展规划工作的目标和思路。

发挥引领作用，推动城市发展。在全面拉开“一城三区”发展框架的基础上，着力构建老城中心区、奥体文博片区、西客站等城市公共服务中心，进一步优化城市结构与秩序。加强与各区和有关单位的对接，发挥规划策划平台的职能作用，开展北湖、新东站等重要区域和重大基础设施的规划编研工作。大力推进恒隆广场、大观园东地块等城市综合体的规划建设，为吸引大型开发企业落户济南创造了条件，为省城现代服务业发展注入新的活力。

实施精品规划，开展城市设计。研究制订《实施精品规划、建设精品城市的意见》，新推出“岱青海蓝”省会文化艺术中心大剧院、“三馆”（美术馆、图书馆、群众艺术馆）、西客站站前综合体等精品设计。在城市规划覆盖率达到100%的基础上，东部新城CBD、汉峪核心区、西客站核心区等几十项设计成果相继完成，省城建设发展进入控制性详规和城市设计共同引导的新阶段。

优化规划体系，提升规划水平。在西部新区，整合各层次法定规划，编制城市设计和设计导则，研究探索“规划与设计”新体系。在东部新区，对贤文、孙村等6个片区的控规进行调整深化。在滨河新区，发展战略、功能定位、产业策划、生态景观、河道通航等规划全面完成。完成新一轮总规修订和100多项重点规划成果，开展城市综合交通体系规划前期工作，轨道交通规划取得阶段性成果。

坚持依法行政，提高服务水平。《城乡规划管理技术规定》和《测绘管理办法》完成调研起草，陆续修订30多项管理规定，规章制度的适用性和执行力明显提升。依法实施批后管理，推行规划核实制度，放线、验线、巡查等工作逐渐步入正轨。坚持把工作重心放在解决实际问题上，及时办理各类项目近4000项次，积极推动京沪高铁及西客站配套工程、重汽工业园等重点工程建设。围绕优化发展环境，广泛征求各界群众的意见和建议，有的放矢地抓好整改落实，促进规划服务效能不断提升。

推行阳光规划，保障改善民生。深入推行政务公开，先后发布信息5000多条，组织公示600余次。济南市规划展览馆正式面向社会开放，“泉城精品规划”评选、《济南市城乡规划条例》实施3周年规划咨询服务、城乡规划知识竞赛等活动开展得有声有色。切实强化“为民规划”意识，用创新性的思维解决棚户区、城中村改造等老问题，推进保障性住房建设，完善以市民服务热线为主线的规划咨询服务体系。开展建议提案办理工作，办结率、面复率、满意率继续保持在100%，规划信访逐渐成为化解矛盾纠纷的有效渠道。

加快平台建设，抓好基础测绘。“一张蓝图”规划管理信息系统全面投入使用，初步实现了规划审批网上流转。围绕推广建设项目电子报建深入开展调研，为构建数字化管理服务平台奠定了基础。积极推进国家数字城市地理空间框架建设试点工作，地理信息公共平台开发基本完成，测绘市场监管、地形图修测、地理信息数据更新以及规划竣工测量等工作有序推进。

【济南市规划委员会二届三次会议】 3月17日在龙奥大厦召开。市委副书记、市长、市规委主任张建国主持会议并讲话。市委常委、常务副市长、市规委常务副主任王良，市人大常委会副主任、市规委副主任孟祥桓，市政协副主席、市规委副主任冯光文，济南军区联勤部营房部部长、市规委副主任张云峰，省住房和城乡建设厅副厅长、市规委副主任万利国等出席会议。会议听取了市规委办公室关于全市规划工作情况的汇报，审议通过了关于增补调整市规划委员会组成人员的建议及《济南市中心城色彩规划研究》《济南东部新城CBD城市设计》《济南西部新城核心区城市设计》和《济南汉峪片区控制性规划及核心区城市设计》4个规划方案。

【实施城市规划“精品战略”】 市规划局全面落实市委、市政府“拓展城市发展空间，打造现代产业体系”的总体要求，着眼于转变城市发展方式，提高城市发展质量，大力实施精品战略，规划设计的科学性和特色化水平明显提高。积极建立理念新、视野宽、起点高的精品规划体系，注重突出特色、把握重点，综合开展空间、经济、社会、文化、历史等多维度研究。将开展城市设计作为实施精品战略的重要抓手，按照“改善环境、完善功能、彰显特色、提升形象”的思路，先后编竣东部新城CBD、汉峪核心区、雪山地区核心区、西客站核心区、滨河新区核心区、商埠风貌区等十几项城市设计。抓住京沪高铁通车、举办中国艺术节等新的历史机遇，推出“岱青海蓝”省会文化艺术中心、“齐鲁之门”、西客站站前综合体等一大批精品规划。会同市委宣传部联合举办了“泉城精品规划”评选活动，“东荷西柳”奥体中心、“岱青海蓝”省会文化艺术中心大剧院等10个规划方案被市民评为“泉城精品规划”。

【历史文化名城保护取得显著进展】 市规划局坚持引领未来和传承历史并重，正确处理当前与长远、继承与发展的关系，善待城市历史，传承城市文脉，使文化底蕴更加深厚，泉城特色更加鲜明。以打造“泉城”和“文化名城”两大特色名片为目标，形成“人城和谐、人水和谐、人文和谐、人居和谐”的规划理念和“恢复性保护、艺术性更新、创新性改造”的规划原则。以继承、延续和发展“山、泉、湖、河、城”有机相融的城市特色风貌为核心，潜心探索历史文化名城保护的新理念、新途径、新方式，围绕打造泉城文化特色品牌，提出以科学保护、统筹保护、整体保护、特色保护为主要内容的“积极保护观”。深化完善《泉城特色标志区规划》，精心编制了百花洲片区保护更新、大明湖—小清河通航等规划方案。在编竣《商埠区保护策略研究》的基础上，开展“商埠风貌区保护与复兴城市设计”，为科学引领该区域建设发展提供了规划依据。

【《济南市福利设施专项规划》编竣】《济南市福利设施专项规划》1 月编竣。根据规划，济南市福利设施将形成以省市两级福利设施为重点、区级福利设施为纽带、社区（镇）级福利设施为骨干、居住小区级福利设施为依托的 4 级网络体系框架。规划到 2020 年，中心城区形成老年福利设施 444 处、残疾人福利设施 999 处、孤残儿童福利设施 2 处、农村福利设施 54 处，形成布局合理、配套齐全、服务便利、形式多样、环境优良的福利设施总体布局，建成与城市发展水平相适应、符合社会化要求的社会福利服务体系。

【《济南市中心城色彩规划研究》编竣】《济南市中心城色彩规划研究》3 月编竣。规划通过对自然景观、历史文脉、泉水特色、色彩演进的系统分析，按照屋顶色、墙面色和点缀色的结构，建立了济南城市色彩谱系，提出“湖光山色、淡妆浓彩”的城市色彩总体定位、“四区两带”的城市色彩分区和各分区的色彩主旋律关键词。其中，古城区色彩主旋律关键词为“青砖黛瓦”，商埠区色彩主旋律关键词为“暖墙褐瓦”，西部新城色彩主旋律的关键词为“深暖淡彩”，东部新城色彩主旋律的关键词为“浅灰重彩”，滨河带和临山带色彩主旋律关键词分别为“雅灰淡彩”和“暖褐彩灰”。在中心城色彩规划引导下，济南的城市色彩将向有序化、特色化方向发展，逐步形成特色鲜明、多元和谐的现代化省会城市新形象。

【《济南市城市防洪专项规划》编竣】《济南市城市防洪专项规划》4 月编竣。该规划在对防洪体系现状评价的基础上，对市区防洪体系总体布局及各项工程措施、非工程措施做出统筹安排。确定了“上蓄、中疏、下泄、适当分洪和滞洪”的城市防洪总体格局。“上蓄”指上游依靠 1 座大型水库、5 座中型水库和 80 座小型水库、332 座塘坝进行源头洪水拦蓄；“中疏”指通过黄河水系的 3 条支流和小清河水系的支流疏导上游、下游洪水；“下泄”指通过黄河干流和小清河干流排泄洪水；“适当分洪和滞洪”指实施腊山分洪工程，并利用小清河干流规划的小李家、华山蓄滞洪区分担小清河洪水，缓解下游防洪压力。

【《章丘市城市总体规划》获省政府批复】《章丘市城市总体规划》8 月获省政府正式批复。批复指出，章丘市城市性质为济南市的次中心城市，以先进制造业和高新技术产业为主导，具有泉水特色的园林城市。规划到 2020 年，城市人口为 50 万人，用地不超过 55 平方公里。中心城区以“西进、东优、南控、北抑”为城市空间发展战略，以西巴漏河为界，形成“一城（东部主城区）一区（西部城区）”的用地格局。“一城”由老城、新城、教育和明水 4 个片区组成。“一区”由圣井片区和龙山—枣园片区组成。市域城镇规模等级结构分为三级，一级为中心城区，二级为刁镇、普集、文祖 3 个重点镇，三级为其他建制镇。将形成“四个核心城镇、三条城镇带”的空间结构。“四个核心城镇”指中心城区、刁镇、普集镇和文祖镇，“三条城镇带”分别为依托经十东路形成的东西向城镇带、依托 242 省道和潘王路形成的两条南北城镇带。城镇化水平 2020 年达到 65%左右。

【济南市规划展览馆向社会开放】 7 月 1 日，济南市规划展览馆正式向社会开放。济南市规划展览馆位于济南市全民健身中心，建筑面积 2000 平方米。展馆以“泉上名郡·山水新城”为主题，运用先进设计理念和现代化技术手段，采取图板、模型、多媒体、影视等多种形式，分“潇洒济南”“海右风华”“泉城演进”“规划蓝图”4 个板块，集中展示了济南城市特色风貌、历史文化、建设成就、总体规划、专项规划、控制性详细规划、重点规划和县（市）规划等内容，构建起宣传济南的窗口、了解济南的基地、展示济南的平台和接待来宾的“客厅”。

【市勘察测绘研究院研究开发部获“全国青年文明号”称号】 6 月 29 日，“全国青年文明号”授牌仪式在龙奥大厦举行。团省委书记王磊，市委常委、市总工会主席王以才向济南市勘察测绘研究院研究开发部授牌，市直机关工委书记孙积港、省测绘局负责人和市规划测绘系统的团员青年代表参加了活动。市勘测院研究开发部是济南市规划测绘系统基层团组织中的优秀代表，平均年龄 30 岁，是一支充满朝气与活力的高学历队伍。近年来，他们紧紧围绕规划中心工作，围绕“四个一流”“三个效益”的创建目标，立足本职工作，倡导职业文明，拓展服务领域，提升技术水平，在第十一届全运会地理信息服务、支援四川灾区恢复重建、全国第二次经济普查、全国第二次国土调查和济南市“一张蓝图”规划管理信息系统、“数字泉城”、“金盾工程”建设等工作中取得优异成绩，2005 年被授予“市级青年文明号”，2006 年被授予“省级青年文明号”，2011 年 5 月被团中央命名为“全国青年文明号”。

【《北川县擂鼓镇灾后重建规划》获全国优秀规划设计成果一等奖】 2 月，在全国优秀城乡规划设计奖评选活动中，济南市规划设计研究院编制的《四川省绵阳市北川羌族自治县擂鼓镇灾后重建规划》获灾后重建村镇规划设计类一等奖。该规划是济南市援川重点规划项目。根据市委、市政府统一部署，市规划部门组织技术骨干力量于 2008 年 6 月启动该项工作。经现场踏勘、方案编制、专家评审、深化完善等环节，2008 年 9 月由绵阳市政府批复实施。规划形成"一心、三带、四区"的功能结构："一心"指羌族特色旅游中心区，"三带"指安北路特色景观带、苏宝河和干河子生态景观带，"四区"指狮子山羌族特色文化景区、两个羌族特色居住区、一个特色产业聚集区。根据规划，擂鼓镇将建设成为北川羌族自治县的副中心，北川国家地震博物馆的门户和综合服务区，体现自然山水和羌族文化特色的现代化新城镇。该规划的编制实施对擂鼓镇区的近期建设和3年重建起到重要引领作用，擂鼓镇已成为全省乡镇援建启动较早、完成投资较多、建设标准较高的灾后重建示范镇。

【《新世纪科学发展城市规划集成研究》获2010年度山东建设科技创新一等奖】 4月，《新世纪科学发展城市规划集成研究》获2010年度山东建设科技创新一等奖。该研究是市规划局承担的住建部科技计划项目，于2007年年初启动，经现场调研、资料搜集、文献搜集、国内考察、专题研讨等阶段，形成研究成果并通过专家验收鉴定。该项目由"和谐导向的大都市近郊山区保护和发展研究""城郊生态建设与可持续发展研究""沿江（河）大城市跨江（河）发展与都市区空间整合研究"3个子课题构成。研究成果资料完整、数据翔实，具有创新性和可操作性，对济南市和全国其他同类城市科学发展具有指导作用，为大都市地区城乡统筹和谐发展提供了战略指引，为地方政府管理决策提供了科学依据。

（市规划局）

市政公用事业

【概况】 市政公用系统全力抓好"七个大力推进"（大力推进基础设施建设、大力推进节能减排行动、大力推进安全生产管理、大力推进优质服务年活动、大力推进监管能力提升、大力推进数字市政建设、大力推进创新发展）等各项重点工作，市政公用事业保障能力和服务能力不断提高，实现"十二五"良好开局。全年续建、新建12条市政道路，新建7座过街人行天桥，完成31条道路路灯建设提升工程，新增路灯4533盏，全市路灯增至92510盏。完成12.4公里城区河道综合整治、200公里雨水管道清淤疏浚和28处道路积水点改造任务。完成鹊华及玉清水厂处理工艺升级改造一期工程和20个供水低压片区、4万户户表计量改造工程。完成26座液化石油气瓶组站并网工程，免费更换超期煤气表8.28万只，新增管道燃气用户11万户，燃气气化率、管道气化率分别增至98%和73.4%。新（扩）建和改造热源厂、锅炉房6座，回收自管换热站249个，新增供热能力800多万平方米，城市集中供热面积达7400万平方米，城市集中供热普及率增至52.8%。安全生产形势持续平稳，未发生安全责任事故，顺利完成各项目标任务。

【城市道路建设】 全年续建、新建市政道路12条，年内完成5条，分别为文化路（青年西路至二环东路）、玉兴路（万寿路至七里山路）、舜德路（二环南路至兴济河桥）、荆山东路（旅游路至仁和路）、张庄路（二环西路至纬十二路）。幸福柳路、无影山中路、按察司街、泉城路试验段、水厂路、旅游北路道路建设工程按计划推进。二环西路地面道路工程，包括北园路西延在内，7个标段全部开工，综合管廊完成992米，占总量的五分之一；雨水暗渠完成8500米，小清河以南基本贯通；污水干管完成6000余米，超过总量的50%；热力、给水、燃气等管线完成15000米；便道完成3175米，西侧便道已基本具备通行条件，基本实现年度建设目标。

2011年续建、新建12条市政道路统计表 （单位：米）

道路	起止点	长度（米）	内容
文化路	青年西路—二环东路	5260	道路规划红线30米，双向四车道，主要工程内容包括道路、雨水管道、污水管道、路灯、绿化等设施建设。
玉兴路	万寿路—七里山路	1900	道路红线宽25米，主要建设内容包括：道路改建，新建排水设施，绿化、路灯等设施建设，同步完善各种市政管线。
舜德路	二环南路—兴济河桥	520	道路规划红线35米，主要建设内容包括道路施工、雨水管线敷设，同步完善路灯、交通信号灯及其他市政管线，同时进行道路绿化及桥梁建设。
荆山东路	旅游路—仁和路	720	道路规划红线15米，机动车道为双向两车道。主要建设内容包括道路施工、敷设雨污管线等、同步完善各种市政管线。
张庄路	二环西路—纬十二路	2850	二环西路—兴济河规划红线60米，兴济河—纬十二路规划红线50米。主要建设内容包括道路、桥梁以及管线敷设，同时进行道路绿化及相关拆迁等。
幸福柳路	工业北路—水质净化三厂	1230	道路规划红线25米，主要工程内容包括道路改建，新建排水设施，绿化、路灯等设施建设，同步完善各种市政管线。

续表

道路	起止点	长度(米)	内　容
无影山中路	汽车厂西路—至师范路	1010	道路规划红线宽为 50 米,工程总投资估算约 2.12 亿元。工程建设内容主要包括:道路建设,完善雨、污水管网,配套敷设供水、供热、供气等管线,实施架空杆线入地等。
按察司街	泉城路—大明湖路	802	道路规划红线 20 米,主要建设内容包括道路施工、雨水管线敷设,同步完善路灯、交通信号灯及其他市政管线,同时进行道路绿化及拆迁。
泉城路试验段	黑北路—趵北路	1560	道路规划红线 50 米,机动车道 14～14.5 米。建设内容:对机动车道路面进行加强修补。
水厂路	玉函路—玉兴路	310	道路规划红线 25 米,主要工程内容包括道路改建,新建排水设施,绿化、路灯等设施建设,同步完善各种市政管线。
旅游北路	舜华路—港九路	3100	主要建设内容包括道路施工、综合沟工程、桥涵工程、雨污水管线敷设,同步完善路灯、交通信号灯、绿化等设施。
二环西路	天桥立交—段店立交 济齐路口—规划机场路口	1040	主要建设内容包括道路建设、综合管沟、雨污水管线敷设,北太平河桥、机场沟桥等桥涵工程,BRT 站台、人行天桥、过街地道等设施建设、同步完善路灯、交通信号灯及其他市政管线,同时进行道路绿化及相关拆迁等。

【城市路灯建设】　全年共完成 31 条道路路灯建设改造任务,新增路灯 4533 盏、变压器 14 台,全市路灯总数 92510 盏、变压器 590 台。与山东泰华电讯有限责任公司合作开发建设路灯单灯控制系统,在全国率先实现路灯单灯节能控制,已完成城区范围内路灯地上设施普查和 14162 台单灯控制器的安装调试任务,综合节电率达 30%。同步实施灯杆报警定位系统,完成灯杆编码 3.1 万根,逐步完善系统建设,待与 110 报警系统对接后,即可实现灯杆编码报警定位。

【市政设施维护管理】　完成建新南路、益寿路、刘长山路、华能路等 10 条道路大中修工程,同时协调完成供水管网低压片区改造、危旧燃气管网改造及供热管网汽改水改造等 16400 余米;完成舜新路、粟山路等 142 条道路坑槽修补 10.37 万平方米;完成经一路、解放路等 45 条主次干道 3170 余座检查井整治任务;建成经十路省博物馆、恒隆广场、张庄路森林公园、经七路省实验中学、解放路中心医院、经十路西段世购广场天桥和润华集团附近 7 座人行过街天桥;完成经十路车辙病害治理实验工程和经十西路交通改造提升工程;桥梁隧道管理方面,完成开元隧道电缆及排水沟改造工程,完成高架桥在内的全市 471 座桥梁专业检测,实施了韩仓河桥、章锦桥、顺河街高架桥、纬六路斜拉桥等抢修维护工程;完成桥梁护栏、限高限载及隧道设施等市政设施维修项目 550 余件(次);受理 12319、12345 热线工单 18200 余份,处结率和满意率达 100%;审批道路挖掘 19 项,批准挖掘面积 9084.15 平方米;完成绕城高速以内 1232 条道路设施普查工作;完成市政设施管网普查总长度 8652 公里。

【城市排水及河道截污整治】　完成袁柳河、龙窝沟、黄台南路边沟、柳行河、南大槐树沟(三期)等 12.4 公里的河道综合整治工程,减少了河道水质污染,提升了防洪能力。实施道路积水点排水改造工程,完成环山路、千佛山路等 28 处积水点改造工程。启动护城河周边污水收集系统改造第一批项目,提高了朝山街、南门大街等主管线承载能力,实现了周边区域雨污分流。推行排水行业标准化管理,加大河道、排水管网等设施日常监督管理和检查考核力度,规范排水业务审批流程,确保排水设施安全稳定运行。推动数字市政排水系统建设,启动建设河道视频监控和污水管网监控系统,中水站远程监控系统和排水综合管理信息系统上线测试运行。

【城市污水处理】　全年处理污水 2.57 亿吨,出水水质全部达到 GB18918—A 标准,城市污水集中处理率达到 92%。完成 COD 减排 2.13 万吨,占全市 COD 减排总量的 90% 以上。建立污泥处置长效管理机制,制订印发《济南市城区污水处理厂(站)污泥处理处置办法》,明确污泥产生、转运、处置标准。9 月,山东省最大的单体再生水回用项目——水质净化三厂再生水回用项目正式通水,日供水规模 4.2 万立方米。住房和城乡建设部对全国 36 个大中城市的污水处理工作综合考评中,济南市名列第二。

【城市防汛】　修订完成《济南市城市防汛应急预案》并报送市政府审批印发,修订后的预案调整了预警级别部分内容和发布程序,简化了应急响应程序,增加了防台风内容。编制完成《济南市城市防汛特大暴雨(红色)应急响应操作手册》,明确了责任主体和职责。完成城市防汛移动指挥调度救援中心的技术升级,新增视频、无线电传输基站 4 处。根据气象部门发布的暴雨预警信息和实际降雨情况,启动《济南市城市防汛应急预案》四级(蓝色)预警应急响应1次。组织开展城市防汛知识宣传周活动,发放《市民汛期安全实用手册》1万余册,张贴《城市防汛知识挂图》5000余套,在广场、学校等循环播放《城市防汛知识动漫宣传片》。汛期通过手机短信向200余万市民发布防汛安全信息。

【城市供水】 全市城市公共供水总量25230万立方米,售水量17134万立方米。管网压力合格率99.82%,水质综合合格率99.99%,管网修漏及时率99.85%。投资4.7亿元,实施济西二期供水工程(一期),投运后,可新增地下水供水能力10万立方米/日,进一步提高了城市供水设施调配能力。投资1200万元,建成城市供水数字化调度管理系统。投资4540万元,完成20个片区供水升压改造工程。升级改造使用20年以上的供水管线102公里。完善城市供水水质安全监控平台,覆盖全市的49个水质自动监测站投入使用。完成《济南市城市供水专项规划》(2010~2020年)编制和《济南市城市供水条例》修订工作;制定并向社会公布《济南市城市供水规范化服务标准》。实施东区水厂建设工程,预计投资5.2亿元,总建设规模20万立方米/日,一期工程规模10万立方米/日,截至年底,一期工程已完成规划、立项、环评等工作,征地手续在办,预计2012年底建成。

【第六届中国城镇水务发展国际研讨会在济召开】 9月19~21日,第六届中国城镇水务发展国际研讨会和新技术设备博览会在济南举办。本届研讨会由中国城市科学研究会、中国城镇供水排水协会、省住房和城乡建设厅、济南市政府联合主办,济南市市政公用事业局承办,住房和城乡建设部、环境保护部、山东省政府和亚洲开发银行给予了全力支持。大会以"供水安全、节水减污、人水和谐"为主题,围绕城镇水务规划与改革发展、城镇净水工艺与水质达标、水质监测及应急技术、供水管网改造与运行管理等20余个课题展开专题研讨与广泛交流。共有来自众多国家、组织以及国内相关部委和地区、科研院所、社团组织、水务企业的官员、专家等与会代表1500余人,参加博览会的参展厂商近2000人,参展观众3万余人次,与会人数创历届新高。除举行城镇水务发展综合论坛和20余个分论坛外,研讨

2011年20个供水低压片区升级改造工程 (单位:米)

工程名称	DN300球管		DN200PE		DN110PE		DN63PE		合计
	设计量	进度量	设计量	进度量	设计量	进度量	设计量	进度量	
司里街			985	339	715	715	27	27	1081
建筑新村	530			560		40			600
车站北街			315	309	140	148	100	105	562
营市东街			480	480	900	900	230	320	1700
明星小区			985	985	3410	3400	745	760	5145
南辛庄			880	872	1371	1370	792	792	3034
七里山			2074	2104	3640	4144	56	440	6688
佛山苑	607	576	1166	1166	1883	1870	994	994	4606
沃家庄			160	160	545	545	270	120	825
梁府			400	400	770	770	265	270	1440
舜清苑	270	252			263	381	55	187	820
清河北苑			354	400	626	604	129	376	1380
甸柳	742	678	831	990	1665	1950	134	330	3948
旭升家园					500	460	46	50	510
鲁艺小区			145	154	424	450	54	60	664
十亩园			860	500	1450	1130	180	190	1820
洪楼			1150	1159	2300	2300	500	520	3979
铁路宿舍			454	560	542	480	1404	1400	2440
孔村			790	790	560	320	500	500	1610
时代佳苑			290	290	830	830	220	220	1340
合计	2149	1506	12319	12218	22534	22807	6701	7661	44192

会还设供排水监管、城市供水保障、城市排水及水环境治理、节水保泉4条考察专线，向全世界展示济南水务事业发展成果。济南市城市供水行业的规范化服务体系建设、数字供水调度管理系统、管道不停水抢修技术、城市供水水质安全监控平台等成果受到国内外专家、学者一致好评，住房和城乡建设部副部长仇保兴提出水务“济南模式”并在全国推广。

【国家“水专项”示范工程】 投资1.68亿元，实施国家水体污染控制与治理科技重大专项黄河项目示范工程——鹊华、玉清两大水厂各20万立方米/日规模水处理工艺的改造工程，1月开工，8月竣工，新工艺出水水质完全符合国家新的《生活饮用水卫生标准》（GB5749—2006）有关要求。新工艺的运行将有效改善济南市经十路两侧及经一路以北大部分居民的用水水质，也将对我国黄河中下游地区水厂深度处理工艺改造工作起到良好的示范作用。

【城市节水】 全年城市节水总量2600万立方米，万元GDP取水量降至12.50立方米，工业用水重复利用率达95.5%，用水计划管理率、考核率达到98%，全年验收中水设施30座，全市共建成中水设施170座，日处理能力22.9万立方米。组织开展全国第二十个城市节水宣传周活动。顺利通过全国节水型城市复查工作。编制完成《济南市“十二五”城市节约用水规划》。申报的节水分流器入选“十二五”国家科技项目库。对200余处“老、旧、大”小区的二次供水设施进行全面检查，将二次供水和中水设施竣工验收纳入到住宅小区的综合验收备案之中。

【城市燃气】 全市具备燃气经营许可证的燃气企业83家，分别从事管道燃气、液化石油气及天然气加气站业务，其中规模以上燃气企业产值超过15.8亿元。全年天然气用气量为4.9亿立方米（含章丘市和济阳、商河、平阴等县，其中主城区全年天然气用气量为3.3亿立方米），同比增长9.8%（其中主城区同比增长20.4%），液化石油气6.3万吨，焦炉煤气4500万立方米。管道燃气民用户达到73万户，工商用户约2100户。地下燃气管网总长度3000公里，其中中压以上级别管网长度1200公里。并网液化气瓶组站26座，改造市区危旧管网（灰口铸铁管网）89.1千米，免费更换8.28万只到期煤气表。城市燃气气化率98%，其中城市管道燃气气化率达到73.4%。燃气安全管理机制建设取得新进展，成立了济南市燃气安全工作领导小组，市政府颁布下发了《关于加强城镇燃气安全管理工作的意见》，该《意见》是济南市颁布的第一个关于燃气安全管理的规范性文件。

【集中供热】 新增集中供热面积800多万平方米，全市集中供热面积达到7400万平方米，城市集中供热普及率提高到52.8%。加大设施基础建设力度，完成北郊热电厂1×70MW热水锅炉、金鸡岭热电厂1×70MW热水锅炉和丁字山热源厂1×58MW热水锅炉扩建项目并投入使用；推进莲花山热源厂项目，敷设供热主管网2公里；完成“汽改水”管网改造39公里；完成自管换热站回收改造249个。供热计量改革迈出新步伐。市政府出台《关于推进供热计量改革与既有建筑节能改造的意见》，明确了全市供热计量改革工作的总体思路、目标任务和措施要求，同时根据与省政府签订的责任书要求，按时完成了100万平方米供热计量改造任务。推出供热10项便民服务措施，进一步提高供热服务质量。10项措施分别是供热调试期制度、室温监测及退费规定、发放便民服务卡、严禁供热“连坐”、强化自管换热站监管、定期深入社区、抢修及投诉处理限时服务、完善社会服务监督机制、建立信息公开制度和建立供热专家咨询制度。

【节能减排】 完成市政府下达的生态市建设和主要污染物总量减排目标任务，重点工程项目和主要指标全部提前和超额完成。全年完成COD减排2.13万吨，占全市全年COD减排总量的90%以上。年处理污水量、城市污水集中处理率分别达到2.57亿吨和92%，较2007年分别提高37%和12个百分点。启动主城区污水全收集一期工程，按计划推进水质净化三厂扩建和金牛公园、羊头峪东沟中水站等工程。完成10台供热锅炉脱硫除尘升级改造，二环西路建设采用全过程视频监控等措施，减少了烟尘及车辆废气排放。全年城市节水总量2600万立方米，以全省第一名的成绩通过国家节水型城市复查。路灯单灯节能控制系统建设初具规模，采用合同能源管理模式，在全国率先实现路灯单灯节能控制，综合节电率达30%。以市政府名义出台《关于推进我市供热计量改革与既有建筑节能改造实施意见》，实施的100万平方米既有建筑供热计量及建筑节能改造项目竣工后全部实现供热计量收费。热电行业利用欧洲投资银行及法国开发署贷款进行的节能改造项目取得积极进展。济南市市政公用局分别被评为全省“十一五”主要污染物总量减排目标考核突出贡献单位、济南市“十一五”污染减排工作优秀单位、济南市“十一五”节能突出贡献单位并记集体二等功。

【科技创新】 《济南市数字市政系统应用示范项目》《城市步行和自行车交通系统规划研究》《济南市二环西路综合管网工程》3个项目被列入国家住建部2011年科技示范工程。《济南市数字市政系统》《城市供水水质监测预警机应急系统研究与示范建设》被列入2011年济南市科技重大专项。完成技术研发14项，并通过科技主管部门组织的科技成果鉴定。《受污染引黄水库水净化处理关键技术装备研究与示范工程》分别获省科学技术进步一等奖和市科学技术进步一等奖，《济南市污水处理厂水质再提高（减排）技术集成与工程示范》获市科学技术进步二等奖，《逆作法与沉井工艺相结合的施工技术研究与应用》获市科学技术进步三等奖。市市政公用局获全省建设系统“十一五”教育培训突出贡献奖单位，分别与哈尔滨工业大学市政环境工程学院和交通科学与工程学院及山东大学政治学与公共管理学院签订《联合培养在职硕士研究生协议》，组织举办了在职工程硕士班和MPA研究生班。

【数字市政建设】 数字市政一期建设已完成并通过验收、审计，数字市政二期智能化建设初步完成验收工作；组织数字市政项目立项申报工作，先后在国家住建部、市发改委、市科技局和市经信委立项。《济南市数字市政系统》项目被市科技局列为2011年济南市自主创新产业化重大专项，获得资金支持220万。《掌上热线处理系统及短信平台》项目被市经信委列为2011年工业和信息化发展专项，获得资金支持20万。《市政公用服务产品质量在线测评系统》《基于地理信息技术的城市防汛预警决策指挥系统》《数字市政数据标准体系的研究》3项数字市政子课题通过技术鉴定，分别为国际先进和国内领先的成果水平。

【中国城市科学研究会数字城市专委会数字市政专业学组在济成立】 10月28～29日，中国城科会数字城市专委会主办、济南市市政公用事业局承办召开中国城市科学研究会数字城市专业委员会数字市政专业学组成立大会暨第一届年会，全国30多个城市的120余名代表出席会议并加入数字市政专业学组。大会讨论并通过了学组工作简则，选举产生了学组组长、副组长。济南市市政公用事业局党委书记、局长贾玉良任组长；济南市市政公用事业局总工程师修春海任常务副组长；长春市市政公用局党委书记、局长刘东伟，北京市政市容委信息中心副主任刘琨，桂林市市政公用局总工程师张坤，山东泰华电讯有限责任公司董事长马述杰和中地数码有限公司副总裁吕建军任副组长。

【市政公用数字化管理中心成立】 为提高市政公用设施综合管理水平，经市编委会2011年第一次会议研究决定，4月22日起，将市市政公用事业局下属济南市12319热线服务中心更名为济南市市政公用数字化管理中心（加挂12319热线服务中心牌子），为市政公用事业局所属财政拨款正处级事业单位，核定事业编制40名。内设综合科、技术科、监控科、热线受理科、应急管理科，领导职数核定主任1名、副主任2名，科长5名、副科长5名。将原核定的聘用制话务员60名调整为公益岗位60名（主要用于话务员岗位），实行合同制管理（不占编制），其管理形式及所需经费由市市政公用事业局有关部门研究决定。中心主要负责市政设施运行检测、安全监测及相关技术支持；受理群众反映的设施维护、抢险抢修、突发事件等问题，并及时反馈处理结果；受理市民对热线联动单位的工作质量、工作效率、工作作风等问题提出的批评、意见、建议及举报和投诉；及时向上级机关提供市民反映的重要信息；按时统计、分析、汇总信息资料，定期向有关部门通报，为领导机关提供决策依据；指导监督联动单位网络体系的设立和运行。

【国有资产监管及改制】 稳步推进市政公用企业的改革与发展。燃气行业，将济南济华燃气有限公司进行整合，对山东济华燃气有限公司进行增资扩股，同时将煤气公司两个参股的子公司进行增资扩股，有效降低运营成本，提高国有资产的运营效率。供热行业，完成济南开发区热电厂、东新热电公司的财务审计、清产核资工作，为济南东新热电公司国有资产无偿划入市政公用事业局监管做好转让准备工作；配合行业处室，参与部分供热自管站资产移交工作。供水行业，完成济南东区供水公司雪山公司资产转让工作；完成对水务集团与泉城水务公司产权无偿划转前期论证工作。市政建设行业，完成黄河路桥公司改制立项工作。认真贯彻落实中共中央办公厅、国务院办公厅《关于进一步推进国有企业贯彻落实“三重一大”决策制度的意见》，制定《济南市市政公用国有企业“三重一大”集体决策制度的实施意见》和《济南市市政公用事业局派出监事会的工作方式和工作规程》。

【安全生产管理】 建立四级安全生产风险分析会制度，坚持局系统每季、企业每月、分公司半月、班组每周进行一次安全生产风险分析。与局属各单位签订安全目标责任书，将目标任务细化、分解和落实。以“安全生产基层基础深化年”为主线，组织开展4次安全生产集中行动，开展打非治违专项行动和百日安全专项行动，在供水、供气、供热、市政建设、路灯、道路桥梁、排水等重点行业领域开展专项整治活动，排查消除各类安全隐患3600多处。开展安全生产标准化工作，通过创建“样板生产经营单位”“样板基层单位”和“样板生产岗位”，进一步夯实安全生产基层基础。实施重大危险源监控，对水厂、加压站、天然气门站、储配站、液化气储罐厂（站）、热源厂等市政设施要害部位，严格落实人防、物防、技防措施，覆盖率达100%。严格落实新建、改建、扩建工程安全实施“三同时”制度。坚持定期全员安全教育培训，组织举办3期安全管理人员培训班、培训安全管理人员460人；坚持全员安全教育和从业人员三级安全教育培训，定期开展安全警示教育，编制《安全生产典型事故案例警示录》。强化对农民工安全知识和安全技能的培训，依法组织特种作业人员参加教育培训，特种作业人员持证上岗率达100%。修订完善《济南市城市燃气突发事件应急预案》，组织开展燃气泄漏爆炸、氯气泄漏、人员中毒和窒息、管线爆裂、水气热供应中断以及防火、疏散逃生和应急队伍拉动等演练活动151次，参加演练人员达到3300余人次。全年市政公用系统安全生产形势持续平稳。

【“十大惠民工程”暨“五个一百活动”】 3月27日，市政公用“十大惠民工程”暨“五个一百”活动全面启动。“十大惠民工程”包括：饮用优质地下水工程，将长清区长孝水源地优质地下水调入市区，惠及市民20万户；居民饮用水水质提升工程，对玉清、鹊华两大地表水厂实施工艺改造，使出厂水质达到直饮要求，惠及市民约120万人；供水低压片区升级改造工程，对市区 15 个供水压力不足片区的供水管网实施升级改造，惠及市民约 12 万户；液化气瓶组站并网工程，对具备条件的瓶组站用户改用管道燃气，惠及市民约 7500 户；煤气表免费换新工程，惠及市民 8 万户；管道燃气通万家工程，年新增民用户 10 万户，惠及市民约 30 万人；集中供热暖万家工程，新建、扩建及改造金鸡岭、北郊、东新热电等热源厂，新增供热能力 800 万平方米、集中供热用户 6 万户；自管换热站回收及二次管网改造工程，惠及市民 8 万户；过街人行天桥建设工程，新建 6 座过街人行天桥；道路积水点排水改造工程，对七里山路郎茂山桥等 15 处道路积水点实施排水改造。截至年底，“十大惠民”工程已完成总计划量的 112%。在 8 项超计划完成的工程中，供水低压片区改造已完成 20 个，超过原计划 5 个；液化气瓶组站并网完成 26 座，超计划 6 座；煤气表免费换新 8.28 万个，超计划 0.28 万个；管道燃气新开通 11 万户，超计划 1 万户；新增集中供暖 8 万户，超计划 2 万户；自管换热站收并 249 个，超计划 49 个；过街人行天桥年内新增 7 座，超计划 1 座；积水点改造 28 处，超计划 13 处。结合“深入基层、服务群众”活动，扎实开展“五个一百”活动。内容包括采取定点和自愿结合的方式，向社会公开选定 100 个社区，建立服务共建示范联系点，局领导、市政公用企业主要负责人现场办公解难题；选取 100 户困难群众作为帮扶对象；公开选聘 100 名社会监督员；设置 100 个市政公用行业服务先锋岗；评选表彰市政公用系统 100 名优秀党员。活动全部按期完成。

【为民服务十项制度】 市政公用局根据中央创新和加强社会管理执政理念的要求，结合行业实际，提出了创新社会管理、为民服务工作“十项制度”。①信息公开制度。统筹党务、政务和企事业单位办事公开，主动对群众关心关注的热点、难点和焦点问题进行多渠道、多方式信息公开，扩大公众知晓面、知情率。②新闻发布制度。局机关和所属各单位均设立新闻发言人，将市政公用重大政策出台、价格调整、重点工程建设、突发事件处置等作为重点及时发布。③舆情处置制度。注重舆情预警、监测、引导与传播，建立分类分级快速回应机制，赢得社会理解和支持。立足行业特点和实际，加强阶段性舆情研判，做到未雨绸缪。④应急保障制度。遇有市政公用行业突发事故，在实施快速抢险抢修的同时，水、气、热等采取相应应急保障措施，最大限度减少突发事故对群众生活的影响。⑤民意调查制度。自 2008 年起，坚持每年委托山东大学等第三方开展行业满意度调查，特别是在重大市政基础设施建设等方面更加注重征求民需民意。如过街人行天桥建设选址、设计选型，泉城路道路抢修改造试验等方面均集思广益，广泛征求市民意见建议。⑥换位体验制度。一方面，定期组织社会监督员、新闻媒体、市民代表参加城市供水、排水、供热、防汛、道路建设等体验活动；另一方面，适时组织机关干部、企业负责人，深入街道社区、基层单位和工程建设一线开展换位体验活动。⑦座谈恳谈制度。定期、不定期邀请有关部门和单位以及人大代表、政协委员等恳谈交流，争取理解支持，广泛征求意见。⑧社会监督制度。除市纪委特邀监察员外，通过聘请社会监督员，广泛接受新闻舆论监督，定期组织召开座谈会，深入窗口单位一线，对市政公用行业各项工作进行全方位监督。⑨热线服务制度。坚持每周四局领导班子成员轮流上线、每月一次局长办公会专题研究热线问题制度。⑩社区办公制度。坚持每年至少进 100 个社区，计划用 3 年时间深入市区 450 个社区现场办公一遍，积极为群众排忧解难。回应人民群众诉求，主动为人民群众排忧解难。为民服务十项制度的主要经验做法，先后被《中国纪检监察报》头版头条及《中纪委党风廉政建设》《山东省反腐倡廉建设研究》刊物刊载。

【行风建设】 开展“优质服务年”系列活动，推出局机关、窗口服务单位、街道办事处、社区居民“四位一体”服务模式，建立社区共建联系点 145 个，开展进社区便民服务 42 次，解决问题 4000 余件。开通市政微博，加强与 12345、12319 热线和各新闻媒体的联动，局领导到 12319 接听市民热线 87 次，解决问题 3627 件；12319 热线全年共接听电话 142229 个，转办 12345 热线工单 35254 件，处结率、满意率均在 98.5% 以上。全面梳理窗口行政审批事项，提高审批效能，全年受理各类办件 2192 项，按时办结率达 100%。率先在全国正式颁布实施城市供水、供气、供热、12319 热线、市政道路建设、设施维护、排水和路灯 8 个行业服务标准，组织开展各类服务培训 6357 人次。全年办理人大建议、政协提案 120 件，办件面复率和代表、委员满意率均达到 100%；处理群众来信 48 件、来访 25 批次，办结率 98% 以上。市民满意率逐年提高，市政公用行业总体服务综合满意率达到 90.28%。局机关被评为全国职工职业道德建设先进单位和省职工职业道德标兵单位，并被授予省富民兴鲁劳动奖状。年内新增省级文明单位 1 家，市级文明单位 1 家，局系统省级文明单位达到 8 家。

（丁雪峰　国兴华）

住房保障和房产管理

【概况】 1. 住房保障工作取得新突破，显著改善了被保障家庭居住条件。2011 年保障性安居工程建设任务量大、投资多、时间紧、考核严，全市千方百计加快推进公共租赁住房工作。制定出台《济南市政府投资保障性住房建设资金管理暂行办法》《济南市关于大力实施保障性安居工程 加快推进公共租赁住房建设的意见》《济南市社会组织建设公共租赁住房暂行规定》《济南市关于开展公共租赁住房预登记工作的通知》《关于开展保障性住房建设专项督查的通知》等系列配套政策，为公共租赁住房建设提供坚实的政策支撑。创新建设途径，以政府为主导，动员社会各方力量参与；收购和转化现有住宅，在普通商品住宅小区中配建，多渠道筹建公共租赁住房。开辟“绿色通道”,快速完善手续。建立项目进展通报和督查制度,督促项目加快进度。

认真做好廉租住房工作,向4328户家庭(新增1520户)发放租赁补贴1824万元,做到应保尽保;新开工建设廉租住房项目2个,全年筹集房源2030套,已全部实施配租。

稳妥推进经济适用住房建设。批准建设31万平方米,有效解决了困难企业职工的住房难问题。年内,开工落实保障性安居工程2.6万套,开工率101.9%,连同往年续建项目,全市保障性安居工程竣工率已达60%,圆满完成省、市下达的任务目标。国务院转变经济发展方式督导组、国家住建部建设工程质量安全检查组、省人大保障性住房视察组均对济南市住房保障工作给予充分肯定。

2.扎实做好房改工作。认真做好房改售房审核和房改售房资金归集、使用工作,办理公有住房出售确认单位71家,审核房改售房资料2928户,归集房改售房资金4327万元;扩大企业房改覆盖面,指导有条件的企业实施住房货币化分配;加大房改遗留问题及信访问题的处理力度,推进卧龙花园市直统建房历史遗留问题的解决,妥善处理将军集团、长城炼油厂、市中发改委等一批单位的房改遗留问题。12月,开发完成了济南市房改审核管理系统。

3.不断提升房产交易与权属登记规范化水平,努力营造规范有序的住房消费环境。建立起具有国内一流水平的房地产市场信息系统。建成以城市地理信息系统为基础、“地、楼、房”三位一体的房地产市场信息系统,实现了“以图管房”。济南市率先建成并运行国内首个个人住房信息系统,成为全国首批与住房和城乡建设部实现信息系统联网的3个试点城市之一,在全国住房和城乡建设工作会议上介绍了经验。认真贯彻落实国家宏观调控政策,扩大二手房资金监管范围,免费办理5.1万份购房证明。狠抓服务窗口建设,积极创新便民服务举措,提升服务质量。规范房地产中介行业管理工作,建立完善中介市场管理综合执法协调配合机制;严格房地产中介市场准入制度,完善房地产中介机构信用档案;建立房屋租赁备案登记制度,加强房屋租赁管理。年内,共为27.4万套房屋办理登记手续,登记面积2747.9万平方米;办理房产交易11.7万套,交易面积1180.6万平方米,交易金额425.8亿元。

4.持续规范发展物业服务,努力构建和谐社区。印发《关于集中清理济南市资质已超期的三级(三级暂定)物业服务企业的通知》,规范物业服务企业资质管理工作,注销了95家企业的从业资质。在全市物业服务小区推行公开服务内容、服务标准、服务承诺活动,着力打造“管理有序、服务完善、环境优美、秩序良好、生活便利、人际关系和谐”的社区。成立济南仲裁委员会房产仲裁中心和历下区人民调解委员会物业管理纠纷调解中心,及时仲裁、调解各类矛盾纠纷。制定印发《济南市新建物业质量保修金监管实施细则(试行)》,开发了保修金缴存、使用管理的信息系统。全市物业企业总数已达436家,从业人员3.28万人;全市物业管理面积达7380万平方米,其中住宅物业管理面积5840万平方米。

5.房政管理工作水平不断提升,确保国有资产的保值增值。进一步健全完善政策法规协调指导力度。制定《关于规范直管公房经营管理行为的通知》《济南市直管公房委托经营管理考核内容和考核办法(试行)》等规范性文件。继续强化直管公房产权管理。对5家房产经营单位直管公房受托经营各项指标完成情况进行年度考核。济南市直管公房信息管理系统上线运行,提高了直管公房管理水平。严格直管公房产权处置审批程序,共接管、撤管直管公房房产125处,建筑面积15469.81平方米。

6.创新房屋维修管理体制,着力解决住房维修难问题。进一步拓宽房管维修热线工作思路,指导各区局、市公房管修处成立了房屋维修管理中心,组建6支专业房屋维修队伍,24小时为居民提供房屋维修服务,初步建立了覆盖全市的房屋维修服务网络。做好维修资金归集工作,明确房屋应急维修制度和工作程序,建立房屋维修代修保障机制。年内归集维修资金3.87亿元。抓好直管危旧平房和简易楼房的维修及安全防汛工作,对存在安全隐患和影响居民生活问题的房屋及时组织安排大修、翻建。

年内,市住房保障和房产管理局被评为全国住房和城乡建设系统企业文化建设示范单位、全省住房保障工作目标责任书考核先进单位,局机关被评为全市先进基层党组织。济南市房屋产权登记中心被评为全国房地产交易与登记规范化管理先进单位,济南市房产测绘研究院被评为2010年度全国房屋安全鉴定工作先进单位。　(李　岳)

【住宅建设】　截至年底,济南市市区(不含长清区)竣工各类房屋建筑面积492.06万平方米,其中,住宅建筑面积358.05万平方米。年内市区拆除房屋建筑面积153.87万平方米,其中,住宅148.84万平方米。城市居民人均住宅建筑面积30.30平方米。　(李　岳)

【住房保障工作再次被确定为2011年市政府为民办10件实事之首】　在2月21日召开的济南市十四届人大四次会议上,政府工作报告中再次将“建设保障性住房”列为济南市政府为市民办10件实事之首。任务目标确定为:开工建设公共租赁住房不低于2.3万套,向社会提供不低于2000套廉租住房,向符合条件的申请家庭发放廉租住房租金补贴。根据任务目标全年共需开工建设保障性住房约150万平方米,这是历年来保障性住房建设项目最多、任务最艰巨的一年。全年超额完成年度住房保障任务,共完成廉租住房实物配租2030套;向3576户家庭发放廉租住房租赁补贴1545.4万元,实现了“应保尽保”;公共租赁住房建设顺利推进,开工落实公租房20200套。　(李　岳)

【开展集中清理三级物业服务企业资质超期工作】　为维护物业服务市场的健康发

展，规范物业服务企业资质管理工作，根据《行政许可法》《物业服务企业资质管理办法》（建设部令第164号）的规定，市住房保障管理局对济南市资质已超期的三级（三级暂定）物业服务企业开展集中清理检查工作，对全市资质已超期的171家物业服务企业进行了集中清理。经审查，对济南天舒物业管理有限公司等95家企业予以注销资质。　（李　岳）

【加强房屋租赁管理】　为深入贯彻落实住房和城乡建设部《商品房屋租赁管理办法》《房地产经纪管理办法》，以及省住房和城乡建设厅关于加强房屋租赁管理的有关规定，进一步加强规范全市房屋租赁业务管理工作，统一业务报表项目内容，报表实行按月报送制度。要求各房地产经纪机构及其分支机构在承揽房屋租赁业务时，严格按照《商品房屋租赁管理办法》的规定和要求，对依法不允许出租的房屋或房屋租赁超出规定范围的，不得居间代理；按照《房地产经纪管理办法》的规定，建立健全房屋租赁业务记录制度，如实记录房屋租赁业务情况。各县（市）区住房保障和房产管理部门要认真完成好各自单位房屋租赁登记备案业务统计工作，认真做好对辖区内房地产经纪机构及其分支机构报表的督促、汇总工作，并根据各机构报送的房屋租赁业务信息，进一步加强房屋租赁管理和登记备案工作。

（李　岳）

【《关于大力实施保障性安居工程 加快推进公共租赁住房建设的意见》发布实施】　4月30日，市政府发布《关于大力实施保障性安居工程 加快推进公共租赁住房建设的意见》。《意见》从总体要求、配套政策、建设要求和组织领导等方面对加快推进公共租赁住房建设工作做了进一步明确和规定，其中特别在资金投入、扶持政策和责任追究等方面做出具体要求，确保公共租赁住房建设任务目标的落实。《意见》要求强化对公租房建设的财政支持，要安排不低于10%的土地出让净收益用于保障性住房建设，住房公积金增值收益中计提的廉租住房保障资金用于发展公租房，政府公有住房出售收入的70%用于公租房建设，积极争取中央财政专项补助资金和省住房保障奖补资金。“十二五”期间，市财政每年投入不少于10亿元用于公租房建设，5年累计达到50亿元以上。设立公租房建设专项奖励资金，采取“以奖代补”“先干后补”等方式支持和鼓励各县（市）区、承建单位开展公共租赁住房建设工作。《意见》明确要发动社会力量参与公租房建设。采取“多条腿同步运行”的办法，充分发动社会力量参与公租房建设，实行配建制度，对新建商品住宅项目，根据规模、区位、性质，按照不同比例配建公租房。收购、转换、改造一批不违反城市规划、建筑质量合格、设施配套相对齐全的既有住宅，转化为公租房。人才公寓、农民工公寓、干部与教师周转房等纳入公租房建设和管理。《意见》要求对公租房建设强化监督检查。

（李　岳）

【《济南市社会组织建设公共租赁住房暂行规定》发布实施】　为鼓励和支持各类社会组织建设公共租赁住房，多渠道解决中等偏下收入住房困难职工家庭、引进人才、新就业单身职工的住房问题，5月10日，《济南市社会组织建设公共租赁住房暂行规定》正式发布实施。《规定》要求按照“政府引导、规范运作、定向使用、只租不售”的原则实施社会组织建设公共租赁住房，对开发区和产业园区、大专院校、企事业单位等社会组织参与公共租赁住房建设工作，在土地使用、资金筹措、建设方式、分配方式、审批和分配程序等方面给予政策支持。　（李　岳）

【《关于开展公共租赁住房预登记工作的通知》发布实施】　为摸清公共租赁住房需求，合理安排建设规模，科学制定公共租赁住房准入和保障标准，9月28日，《关于开展公共租赁住房预登记工作的通知》正式发布实施。《通知》对中等偏下收入住房困难家庭和单身职工进行预登记的资格范围、工作程序作出具体规定，并对各级各部门提出工作要求，确保预登记工作全面、准确，取得实效。　（李　岳）

【开展物业管理项目规范化服务活动】　为深入贯彻《山东省物业管理条例》，加快实现物业管理基本服务流程规范化、基本服务质量标准化，提高行业整体服务水平，改善人民群众居住和工作环境，济南市自5月起在全市物业管理项目中开展规范化服务活动。此次活动要求全市物业服务企业对所管理的物业项目进行统计造册，将各项服务的办事制度、服务标准、收费标准、收费项目、24小时服务电话在物业项目醒目位置进行公示，并对所有物业管理项目从环境卫生、安全隐患、配套设施设备、公共秩序、物业服务收费5方面进行一次综合治理，努力打造“管理有序、服务完善、环境优美、秩序良好、生活便利、人际关系和谐”的物业社区。

（李　岳）

【济南市在全国率先完成个人住房信息系统数据镜像工程建设任务】　6月，由济南市技术骨干与住建部专家共同组成技术攻关小组，克服时间紧、技术难点多等困难，在全国率先完成了个人住房信息系统数据镜像工程建设任务，济南市成为全国首个与住建部联网的城市。该系统工程将原来分散于房屋预售、房屋登记、房改、住房保障等系统的数据统一到同一数据库中，并与地税征管部门、住房公积金管理部门、金融机构等进行连接，在执行差别化的房地产税收和信贷政策、实施住房限购政策、保证保障性住房分配公平公正方面发挥了巨大作用。　（李　岳）

【全省物业管理工作座谈会】　7月18～19日在济南召开。会议总结了2010年全省物业管理工作座谈会议以来的工作经验，对全省物业管理统计和专项维修资金审计工作进行了部署。会议要求各市要以物业管理改革发展30周年为契机，深入推进贯彻落实《山东省物业管理条例》，推动全省物业管理工作迈上新台阶。

（李　岳）

【建立保障性住房档案信息系统】　为建立和完善济南市住房保障档案体系，实事求是地反映保障性安居工程建设的工作成果，济南市将2006年以来城市棚户区改造拆迁安置、重点工程拆迁安置和城中村改造拆迁安置情况纳入保障性住房范围并进行统一建档管理，建立和完善全市保障性住房档案信息系统。据统计，“十一五”期间，济南市城区内以棚户区改造为主的各类拆迁安置累计55个项目，拆迁各类住房57633户，总建筑面积666.45万平方米。 （李 岳）

【济南市超额完成全年住房保障任务】 2011年，济南市廉租住房完成实物配租2030套，超过年初市政府“为民办实事”任务目标30套；向3576户家庭发放廉租住房租赁补贴1545.4万元，实现了“应保尽保”；公共租赁住房建设顺利推进，开工落实公租房20200套，超出省政府为济南市下达的新增公租房2万套的任务目标200套。 （李 岳）

【直管公房信息管理系统启用】 为加强济南市直管公房委托经营管理，规范直管公房经营管理行为，进一步提高直管公房管理水平和服务效率，市住房保障管理局开发了直管公房信息管理系统，并于12月正式启用。该系统可实现房屋信息管理、用地信息管理、接管业务网上审批、撤管业务网上审批、专项资金网上审批、资产核算、经营管理、纠纷管理、综合查询、统计报表、系统管理等功能。市级主管部门能够动态掌握全市直管公房的基本信息和统计信息。 （李 岳）

【《济南市新建物业质量保修金监管实施细则(试行)》出台】 12月16日，济南市出台《济南市新建物业质量保修金监管实施细则(试行)》，该《细则》对济南市新建物业质保金的交存、使用、监管及退还等进行了明确规范。同时，济南市新建物业质量保修金管理系统开发完成并启用。 （李 岳）

【住房公积金管理】 全年全辖完成住房公积金归集额86.6亿元，比上年同期增长31%。公积金支取41.48亿元，比上年同期增长31.2%。住房公积金个人购房贷款完成57.94亿元，比上年同期增长6.5%。截至年底，住房公积金个贷率为61.99%。

业务发展取得新增长。扩面维权，拟定《济南市住房公积金管理办法》，由市政府正式颁布实行，为制度推行提供法律保障。年内新开户单位1752个，新增缴存人6.3万人。接待群众来访161人次，受理投诉案件271件。提高实缴率，全年共催缴1050个单位，691个单位恢复正常缴交，补缴公积金16500余万元。扩大贷款规模，严格执行差别化贷款政策，积极做好住房公积金支持保障性住房建设项目贷款试点工作，发放3.6亿元贷款用于中大南片区棚户区改造建设项目，成为省内首家发放保障性住房建设公积金贷款的单位。

管理手段实现新突破。以资金风险防控为重点，以网络建设为手段，以住房公积金贷款业务整合为基础，确立以市住房公积金管理中心为核算主体的贷款业务运作模式，解决了制约管理中心业务发展的难题，打破了制约公积金发展的瓶颈。将贷款资金流向完全纳入到平台中操作，建立“管理中心核算、银行经办”的资金管理模式，确立管理中心资金核算业务主体地位。将贷款业务完全纳入平台中操作，将“中心审批、银行经办”操作模式在系统中实现整合与统一。通过与银行中间业务平台实时互联，实现自动扣款，用系统的智能化控制代替人工操作，提高系统安全性，减少工作量，真正实现贷款业务办理自动化。管理中心贷款业务统一平台的建立，实现了“管理中心—受委托银行—贷款客户”3个贷款要素间的业务关联，提高了资金风险控制管理程度和操作审计体系的严密性，统一了贷款业务财务管理和会计核算，做到每一笔贷款有审批、有记录、有监督，真正实现贷款资金流转全程监控，提高了信息化风险防控能力。

优化服务取得新成绩。推出贷款还款委托提取业务，与430位支取人签订委托协议，为200多名职工办理划款手续。市住房公积金管理中心审批大厅成为市行政审批中心分大厅，积极实行“三统一”管理，被评为优秀审批大厅，成为中心形象展示窗口。市住房公积金管理中心网站健全网站信息公开栏目，开设网上办理业务，按照网民意愿增加交流互动次数，将网站建设成为管理中心政策发布的平台，被市政府评为优秀网站。按照“一号对外、联动服务”的原则，加强服务热线管理，定期分析职工的问题，协调解决职工反映的热点难点问题，咨询电话成为沟通热线、服务热线。为群众服务的水平进一步提升，市住房公积金管理中心被评为省级文明单位。 （徐雁飞）

园林绿化

【概况】 全市园林系统以建设生态园林城市为目标，以“重点工程建设和管理创新年”为主抓手，强化服务意识，创新管理，狠抓落实，完成年度各项任务目标。城市建成区绿化覆盖率、绿地率、人均公园绿地面积分别达到37%、33.6%和10.3平方米。市城市园林绿化局在2011年度全市行风民主评议活动27个公共服务类部门单位中，排名由2010年度的第十七位跃升至第四位，群众满意度明显提高。

1.重点工程建设。①百花洲片区整治工程正式动工。该工程是明府城整治的试点项目，总面积5.6公顷，于2011年9月26日正式开工，计划2013年全部竣工。截至年底，已完成工程立项、招标及新增区域的拆迁摸底工作；开工建设建筑面积4681平方米，群联报社、万寿宫、南厂房等老建筑整修完成。②大明湖—小清河通航工程前期准备就绪。该工程是“山、泉、湖、河、城”城市风貌轴的重要组成部分，是滨河新区核心区的中央绿轴，全长约2.2公里，由滨河投资公司负责拆迁，市城市园林绿化局负责工程建设，计划投资3.36亿元。工程实施后将实现主城区与滨河新区的连通，激活并带动新区发展，成为连接繁华都市和小清河水景的纽带。截至年底，工程立项、建设用地规划许可证办理、规划方案编制等前期工作基本完成，在拆迁顺利实施的条件下，适时开工建设，用两年时间完成项目施工。③千佛山环境改造提升工程基本竣工。该项目于3月19日开工建设，年内共完成投资2188万元，拆除有碍观瞻建（构）筑物及设施11处、1250平方米，铺设沥青路面1.8万平方米，整理绿地10.3万平方米，新植花灌木3万余株，改造了观音院等景点，增加了厕所、太阳能路灯、休闲座椅等服务设施，有效提升了景区的景观效果和服务功能。

2.城市绿化美化。围绕创建生态园林城市目标，深入开展“绿荫工程”“公园绿地建设年”等行动，全市共新建绿地391万平方米。①城区绿地建设实现新突破。结合旧城改造和新区建设，中心城区新建绿地38处；对洪山公园、峨眉山公园、唐冶体育公园等10处区级公园实施出入口整治、苗木栽植和基础设施建设，东沙公园全面建成并免费开放；对小清河生态绿廊、西客站片区等重点项目加强绿化指导，形成规模大、效果好的生态景观。②“绿荫工程”取得突出成绩。本着增加绿荫面积、突出道路特色的原则，在省道103线、二环南路等80余条道路旁栽植大规格乔木5万株，让市民提前享受到绿荫效果，被省住建厅评为“绿荫工程”示范城市；对省府前街、经十西路等27条道路实施绿化提升，栽植各类苗木142万株，安装灌溉管线2.5万米。③节能绿化、城市美化成效明显。全市新建屋顶绿化3.8万平方米，栽植垂直绿化植物50万株，推广宿根花卉50万余株；在市区主要道路、广场等布置花卉1000万盆，花卉造型40组，为泉城增加了亮丽色彩。④城市绿化管理再上新水平。通过日巡月查、评选培训以及开通数字化管理系统，在精品路、示范路基础上扩大精细化管理范围，提高了绿化管养水平；全年受理审批事项44件，通过加大现场勘查力度，严格审批条件，最大限度地保护绿化成果。⑤“绿化进社区”广受欢迎。加强社区绿化管理，深入社区现场调研，送技术、听建议，发放《家庭绿化植物养护手册》，把绿化意识渗透到城市的神经末梢。

3.公园、风景区建设管理。加强公园、风景区周边环境整治和综合管理，在景观提升、服务质量和文化品位上实现突破。全年共完成周边环境整治15项，园区整治提升53项，栽植调整乔、灌木49.2万株，新植改造地被19.4万平方米，拆建增绿1700平方米；完成建设维护项目46项，改造新建厕所9处，维修建筑29组、动物笼舍18组，维修或新建道路广场2.9万平方米，新建山林防火通道5.2万平方米。建成并开放森林公园科普馆，被省科协确立为“山东省科普教育基地”。动物园金牛湖片区综合改造、跑马岭野生动物世界表演馆改造、园博园沙滩建设等项目取得良好效果。在继承传统游园内容的基础上，进一步加大动员力度、扩大参与范围、招标优化方案，全年共举办各类游园活动72项，灯会、山会、菊展、荷花节、龙舟赛、冬泳节、红叶节等都不同程度地得到改进，游园活动的品位和档次有效提升。

4.名泉保护管理。围绕“突出泉城特色、保持泉水常年喷涌”的目标，做好名泉保护管理和综合利用工作。①泉水实现持续喷涌8周年。面对60年一遇的大旱形势，通过强化地下水位监测，严控地下水开采，加大巡查检查，紧急启动卧虎山放水补源等措施，减缓地下水位下降速度，顺利实现了泉水持续喷涌8周年。②全市名泉普查成果丰硕。引进地理信息采集系统，对全市8个县（市）区50多个乡镇的849处名泉进行了普查，整理信息资料20多万字，摸清了泉水家底、文化及环境状况，并通过专家成果论证，为建立全市名泉地理信息数据库、编制名泉保护总体规划奠定了基础。③名泉整治提升效果显著。初步完成《明府城泉水环境保护规划》，对济南72名泉及周边环境进行全面检查和维护，整治、修复院后泉、突泉等6处名泉，恢复了名泉景观及文化内涵。④积极筹备泉水文化节，加快泉水申遗进程。经市委、市政府同意，首届泉水文化节将于2013年“十艺节”期间举办，年内已成立了筹备工作办公室，并向市政府报送了筹备工作草案。为泉水申遗工作制定了“名泉申遗初步实施方案”，各项工作稳步推进。

5.“管理创新年”活动。以岗位、财务、制度、服务为主要内容的管理创新试点工作取得显著效果。①制定出台《局属事业单位岗位管理试行办法》，明确岗位管理的设岗原则、竞岗办法，确定了4个试点单位，大幅度精简临时用工，适度增加劳务派遣岗位，为全面推行岗位管理奠定基础。②制定下发“会计科目核算内容操作规范”“事业单位部门预算编制工作意见”，进一步规范事业单位收支、专项资金使用科目及核算内容，明确预算编制流程、收支内容和测算依据，加大财务管理、会计核算业务的指导和检查力度，为加强预算执行监督、强化预算约束和年终考核检查提供保障。③完善“公园、风景区管理检查评分办法”，制定“公园、风景区绿地分级分类管养规范”“卫生保洁工作流程”等三个规范、两个流程，在强化督查与落实的基础上，创立标准厕所、样板绿地、卫生保洁示范片区、水面管理示范片区、综合示范片区106处，有效地提升了园区综合管理水平。④通过组织各类服务工作现场观摩会等形式，交流服务经验，促进服务意识增强和服务技能的提高；研究制定《经营服务自查标准》《考核暂行办法》及《考评细则》，采取暗访、问卷调查等形式，多角度了解经营管理情况，促进服务水平提升。

6.政策法规等工作。制定“五年立法规划”，完成《济南市城市绿化条例》的修订工作，并通过省、市人大常委会的审议；起草《济南市风景名胜区管理条例（草案）》，初步开展立法调研工作；组织开展“清明节山林防火”“第十个安全生产月”和“清剿火患专项行动”等多项活动，落实安全生产及风景林地防火责任制，强化安保督查力度，实现全市近郊风景山林连续12年无火灾事故发生。经营服务工作方面，对535份到期经营合同进行审查、梳理，发行2011年度通游年票17.2万张。园林科技创新工作共获得“市科学技术进步奖”等五大类35个奖项，开展了园林绿地养护管理及评估等39项课题研究工作,园林绿化废弃物生态处理及循环利用项目投入试运营。财务审计完成年度预算管理、重点工程资金筹措、项目投资审计等。

【百花洲片区整治工程全面开工】 明府城百花洲片区是泉城特色标志区的重要组成部分,位于济南市"一环、一湖、一城"的核心地带,北临明湖路,东至泉乐坊,西至文庙,南至后宰门街。作为明府城整治的试点项目,百花洲片区整治工程占地面积5.6公顷,总投资约4.65亿元,规划定位为"文化休闲旅游区",通过保护及合理利用现有街巷、建筑、水体遗存,完善、提升泉池水系,延续传统特色建筑及环境风貌,突出老济南"泉水串流街巷民居"韵味,打造"家家泉水、户户垂杨"的特色空间,形成集民巷民俗文化体验、传统文化展示、商业休闲等于一体的文化休闲场所。片区建成后将与护城河、大明湖景区功能互补、相得益彰,对整合提升区域景观效果、彰显千年古城特色风貌意义深远。经过半年多的规划研究和精心筹备,项目于2011年9月26日开工建设,计划2013年全部完成。年内已完成工程立项、招标及新增区域的拆迁摸底工作;开工建设建筑面积4681平方米,群联报社、万寿宫、南厂房等老建筑整修完成。

【《济南市城市绿化条例》获批】 根据济南市人大会常委会关于《2011年地方立法计划》,经广泛征求各方意见,并进行反复修改后,《济南市城市绿化条例》(送审稿)形成,于5月16日报送市政府法制办。8月16日,经市政府第八十三次市长常务会议审议,形成了《济南市人民政府关于提请审议〈济南市城市绿化条例〉(修订草案)的议案》。8月29日,市人大常委会法制委员会和城建环保委员会及其工作室在广泛调研基础上,进一步对《条例》(草案)进行调整、充实和完善,形成共7章66条的《济南市城市绿化条例》(草案稿),11月29日经济南市人大常委会第三十四次会议审议通过,并于2012年1月13日经山东省第十一届人大常委会第二十八次会议批准公布,自2012年6月1日起施行。《条例》对全市城市规划区内城市绿化的规划、建设、管理、保护和监督等做出了详细规定,济南市的城市绿化工作从此"有法可依"。

【济南森林公园科普馆建成开放】 济南森林公园科普馆位于公园中央主轴线上,南临揽翠湖,北依翠溪地形,是济南森林公园主体景观建筑之一,建筑面积5282.5平方米,整体为3层钢筋混凝土结构,分为科普展区和游客服务区两个区域。科普展区由1个植物中厅、5个主题展厅和1个动态展厅组成,游客服务区包括1个3D影院和1个生态餐厅。科普馆共布设展品36394件,其中栽植植物105种、35760株,摆放动、植物标本362件,土壤、岩石、化石、观赏石81件;安装动态模型5个、灯箱25个、图板1100平方米、多媒体电子屏51台。该馆于2010年7月26日开工建设,2011年11月完成布展,12月16日建成开放,是全市首座集观赏、展览、科普、生态于一体的多功能科普展馆,也是省内首个动植物主题科普馆,被确定为山东省科普教育基地。

【重庆国际园博园济南园精彩亮相】 11月19日,由住房和城乡建设部、重庆市人民政府主办的第八届中国(重庆)国际园林博览会开幕,济南市城市园林绿化局承建的"济南园"精彩亮相重庆。济南园位于重庆国际园博园中心景区,占地6200平方米,其中建筑面积320平方米,水系面积1185平方米,绿化面积3289平方米,共建成"龙潭拂柳""高山流水""别有洞天""清泉石流""黑虎吐玉"五大景观,完成工程造价约780万元。济南园以"泉水魂"为主题,以地形为骨架,以水系为线索,通过叠山理水,配以亭、榭、桥、溪、园路、植物等元素,形成环形集锦式园林景观,充分体现济南山、泉、湖、河、城相依相生的城市特色和园林文化,受到社会各界和海内外游客的广泛赞誉。

【全市泉水普查成果丰硕】 全市泉水普查工作于6月23日正式启动,是自新中国成立以来第一次在全市范围内进行的、最系统的泉水普查活动。10月,完成外业信息采集、泉水复查和内业整理工作,并通过专家成果论证。本次泉水普查以"科技化、信息化、数字化"为特征,首次引入地理信息采集系统,新增泉水地理信息、经纬度坐标、导航信息等内容的采集,在全市8个县(市)区的50多个乡镇勘察到名泉849处,整理信息资料20多万字,照片9000余张,摸清了泉水家底、文化及环境状况,为建立全市名泉地理信息数据库、编制名泉保护总体规划和编纂《济南泉水志》提供了翔实、科学的资料依据,为整合泉水自然与文化资源,提升泉水文化内涵,进一步做好名泉保护工作奠定了坚实基础。

【济南园林绿化废弃物处理站建成使用】 为解决枝条、落叶等园林绿化废弃物传

2011年11月19日,济南园惊艳亮相重庆国际园博园。 (市园林局供稿)

统处理方式对生态环境的不利影响,市城市园林绿化局对绿化废弃物生态处理及循环利用项目进行立项研究,年内建成山东省首座园林绿化废弃物处理站并投入运行。该处理站位于济南经十东路花卉苗木开发中心,7月8日正式开工建设,10月12日顺利竣工并试运营。全站占地4000平方米,年处理能力2.7万立方米,预计年产堆肥产品2000立方米。处理站将园林绿化废弃物经过粉碎、发酵、腐熟、后加工等生态化处理后,形成绿色堆肥产品,用于园林绿化土壤改良及绿地覆盖,达到保护环境、节约资源、改良土壤的目的,填补了山东省在该领域研究及应用的空白。

【济南市泉城风貌恢复与保护项目获中国人居环境范例奖】 12月14日,住房和城乡建设部公布2011年中国人居环境奖获奖名单,山东省济南市泉城风貌恢复与保护项目榜上有名。"中国人居环境奖"和"中国人居环境范例奖"设立于2000年,是全国人居环境建设领域的最高荣誉奖项。本次获奖的济南市泉城风貌恢复与保护项目是泉城特色标志区规划建设的重要内容,由"一环"(护城河)、"一湖"(大明湖)、"一城"(明府城)组成,全长6.9公里,总面积300万平方米,总投入30亿元,通过实施护城河清淤、截污,建设桥梁、船闸,提升景观,对护城河沿线棚户区进行改造,对泉系、泉眼进行疏浚、修复,迁建修缮有保留价值的老建筑,扩建改造大明湖景区和五龙潭公园等项目,旨在突出济南老城区风貌,保留历史文化肌理,将护城河沿线泉群与大明湖有机衔接,提升老城区生态环境和周边居民生活质量,实现还泉、还河、还湖、还城于民。整个工程历时4年,2007年年初开始前期工作,2008年年底基本完成拆迁安置,2009年7月护城河西线与大明湖实现贯通,同年9月大明湖新扩建区域免费向游客开放,2010年12月29日护城河和大明湖全线通航,实现了济南人千百年来祈盼的一水连百景、船游泉城的梦想。

【第七届中国(济南)国际园林花卉博览园项目获中国工程质量最高奖——鲁班奖】

11月7日,2010~2011年度中国建设工程鲁班奖揭晓,第七届中国(济南)国际园林花卉博览园项目获此荣誉,这是省内乃至全国第一个以园林工程为主项获得鲁班奖的工程。该项目位于济南市大学科技园内,由市政府委托市城市园林绿化局建设实施,于2008年11月1日开工,2009年8月31日竣工,是一项集休闲、旅游、展览于一体的园林综合性工程,主要包括园博大道、济南园、设计师展园、湿地等。园博大道是园博园中轴线上的景观大道,由泉韵广场、花博大道、天圆广场、地方广场、历史长河组成,配以花海、树阵和溪流,构成错落有致的景观空间。济南园以古城泉韵为主题,融入假山、古亭、植被、流水等元素,体现了浓郁的泉文化气息和古城韵味。主建单位济南园林开发建设集团和济南百合园林集团有限公司广泛运用新材料、新技术、新工艺,坚持过程监控、工序严谨、施工精细、管理科学,展现出精美的造园手法和过硬的施工能力,为第七届国博会的成功举办奠定了坚实基础,收到了显著的环境效益和社会效益。园博园工程凭借展园规模、设计理念、施工质量的优质水平,通过山东省检查组和国家复查组的初审、复审,获得全国建筑业最高质量奖——鲁班奖。

(释 冰)

【概况】 以"构建人民满意城管品牌"为目标,以人民满意为城管工作的出发点、着力点和落脚点,提升境界,创新机制,创先争优,进一步完善"服务、管理、执法"三位一体和"态度、过程、结果"三个满意的城管新模式,全市城市管理各项工作取得新的成绩和进步。中共中央政治局委员、中央书记处书记、中央组织部部长李源潮,中央组织部副部长、中央创先争优活动领导小组成员兼办公室主任王秦丰,《求是》杂志社总编辑张晓林分别对市城管局工作给予了充分肯定。

开展"十大行动、百件实事"。围绕全市中心任务,围绕提升省会城市形象和为老百姓办好事、办实事,开展了济南城管"十大行动,百件实事"。年内,全市共拆除违法违章建设682处、41.5万余平方米,整治、拆除各类破旧零乱广告牌匾1.5万处,累计处置建筑渣土约3000万立方米,建筑渣土源头监管率达到99.6%、密闭运输率达到99.3%、规范化处置率达到99.1%;共处理生活垃圾102万吨,发电3906.08万度,完成城乡环卫一体化建设的乡镇(街办)占全市农村乡镇(街办)总数的50%;主城区主次道路机扫率达到68%,洒水冲刷率达到98%。生活垃圾密闭化运输率达到93%以上,无害化处理率达到95%以上;出台了以30个重要片区、164条重要路段和510个窗口部位为重点的户外经营专项整治方案,延伸地图思维,推出了491处西瓜摊点,编制了"西瓜地图",设置了100余处蔬菜直销点;巩固提升了38条道路的整治成果,重点加强铁路沿线的综合整治,粉刷墙体23.5万平方米,拆除违章、危旧建筑1.8万平方米,清理垃圾10.2万立方米;立案约32.4万件,结案32.2万件,结案率99.5%,其中主动发现案件286912件,占全市立案总数的88.62%,结案28.6万件,结案率99.7%,被动发现案件约3.7万件,占全市立案总数的11.38%,结案35919件,结案率97.5%;完成《济南市村镇生活垃圾收集设施设备研制及标准化收运模式的试点研究》课题鉴定,《粪便资源化处理与公厕改造技术研究》获市科技进步三等奖;组织开展"城管十进""百姓城管大讲堂""捐赠爱心遮阳伞"等活动,形成了全民城管的浓厚氛围。

强化行风政风建设。健全完善城管问题主动发现机制,建立24小时督查督办制度,成立督查办公室,专门负责对通过主动发现或者被动发现的所有事项进行督查督导。完善责任追究机制,将城管工作纳入全市科学发展综合考核体系,把"十大行动、百件实事"各项指标全部落实到每一位城管工作者身上，实行每周一调度、半月一讲评、一月一通报的制度，确保每件实事都能落实。严格落实信访稳定例会制度，定期分析信访工作形势，研究解决群众反映的热点难点问题。年内，受理上级交办及人民来信71件次，答复率100%；接待群众来访521人次，接访率100%，处结率100%；办理人大建议、政协提案41件，回复满意率100%。市城市管理局、市城市管理行政执法局被评为山东省文明单位；市机扫大队第四机扫班获全国“工人先锋号”称号；市机扫大队刘长郢、市环卫科研所杨秀禄、市环卫修制厂史连群获山东省“富民兴鲁”劳动奖章；市城肥一处110联动办公室获全省建设系统“工人先锋号”称号；市城肥二处青年突击队被团中央、住房和城乡建设部命名为“2009～2010年度全国青年文明号”；市城管执法局直属大队志愿服务队被团省委、山东省青年志愿者协会评为“第七届山东省青年志愿服务先进集体”，三中队被团省委、山东省住房和城乡建设厅命名为“建设系统2009年度山东省青年文明号”。10月26日，济南市召开庆祝第十七届山东省环卫工人节大会，市委副书记、市长张建国，市委常委、常务副市长孙晓刚，市委常委、市总工会主席王以才等领导出席，会议表彰了“济南市‘十佳’保洁员”和100名“济南市优秀保洁员”。

（冯　蕾）

【济南市城市管理行政执法局直属支队成立】 7月7日，济南市城市管理行政执法局（济南市城市管理行政执法总队）直属支队挂牌成立，该支队由原济南市城市管理行政执法总队督查大队和济南市城市管理行政执法局（济南市城市管理行政执法总队）直属大队合并而成，为济南市城市管理行政执法局（济南市城市管理行政执法总队）所属副局级事业单位。内设综合处和6个大队，主要职责是受市城市管理行政执法局（市城市管理行政执法总队）委托，查处案情重大和其他需要直接查处的违法案件，承担应急执法任务，处置突发事件等。（冯　蕾）

【设置周末蔬菜临时直销点】 10月，在全市设置周末蔬菜临时直销点100处，其中蔬菜固定直销点93个、蔬菜流动直销社区7个，并为每个蔬菜直销点配备“管理服务大使”，引导菜农到蔬菜直销点经营。每逢周末，菜农可凭当地村委会或居委会开具的菜农身份证明，以车载的形式到93个直销点申请销售自产蔬菜，并免收卫生费。7个直销社区采取流动形式，在市内各区开展蔬菜进社区活动，同时，联合有关蔬菜基地、蔬菜批发市场，组织开展大白菜进社区活动，帮助菜农解决“卖菜难”问题。年内，共为市区提供新鲜蔬菜20万吨，帮助菜农销售滞销大白菜110余吨。周末蔬菜临时直销点的设置，解决了菜农进城卖菜占道经营问题，减少了中间流通环节，为市民购买新鲜蔬菜提供方便，为双方找到了互惠互利的结合点，受到广大市民的称赞。（冯　蕾）

【广告与夜景亮化整治】 积极推进户外广告经营权公开出让。先后对经十路林家庄等4座过街天桥及腊山立交桥、全福立交桥、青龙桥、工业北路西段、经十西路世购广场5座过街天桥的广告牌经营权进行公开出让，招标和拍卖总额已达到近1.5亿元，实现了由行政配置到市场配置的转变和城市空间资源的价值最大化。建立户外广告设施安全管理制度。结合市政府恶劣天气预报以及各季节特点和特殊天气情况，先后组织18次户外广告牌匾与安全紧急检查，发现安全隐患立即整改，较好地保证了恶劣天气户外广告设施和商业牌匾的安全。大力开展户外广告专项整治，年内，共拆除违规设置大型户外广告约12000平方米，整治商业牌匾3000余块，违法违规行为得到有效遏制。深化夜景亮化建设管理，对经十西路（腊山立交桥至宋庄公铁立交桥）两侧景观照明进行设计招标，每周组织2～3次照明设施运行情况巡查，每月对各区进行考核，坚持开展月总结、月通报、月讲评、月奖补“四项”制度，保证了亮灯率。

（冯　蕾）

【城乡清洁行动】 年内，共清理各类垃圾死角685处，清理垃圾4852立方米，城乡

整治一新的堤口路　（市园林局供稿）

结合部区域生活垃圾统管统运率达到80%。推动化粪池网格化动态管理。将全市64个办事处(镇)、37000余个化粪池,划分为55块,通过聘用监督员和建立巡查机制,结合数字化信息管理平台,初步实现了楼房化粪池动态管理。年内,完成全市34551座开放式小区化粪池免费清疏,并进一步扩大服务范围,新接管1075处化粪池,同时对老城区居民家庭旱厕清挖实行预约和定岗包门服务,进一步提升为民服务水平。实施城乡环卫一体化工程。年内,各县(市)区完成投资1.25亿元,全市共有46个镇(街办)、近2100个村庄开展了城乡环卫一体化基础设施建设、管理机构设置、管理制度建设等工作,共新增保洁员9000余名,建设中转站27处,设置垃圾收集桶约4.2万个,新增垃圾收集车238辆,初步形成农村生活垃圾"户集、村收、镇运、县(市)处理"的模式,130多万农民率先受惠。规范道路保洁监管。对全市划分面积较大、道路较多的招标路段,细化分为3~5个小段,便于检查人员监督检查,提高了检查的针对性和可操作性,进一步规范了主次道路的监督检查工作。 (冯　蕾)

【环卫设施设备建设】 制定了《关于加强环卫设施建设管理的意见》《关于加强环卫专用车辆和设备管理的意见》和《关于加快城市公共厕所建设的实施方案》。年内,新建公厕57座、改建21座,完成招投标70余座;新设置果皮箱3000个,更换500个,维修1600个。各区城管局加快环卫设施建设步伐,新(改)建垃圾转运站25座。采取多种举措改善保洁员居住条件,全年新建保洁员公寓5处,建筑面积1893平方米;改建12处,建筑面积3455平方米。加强环卫专用车辆的运行安全,预防车辆事故发生,年内新购置清洗扫路车30辆、洒水车14辆、扫路车5辆、粪便清运车30辆、其他各种大型环卫专用车辆20余辆。为减轻环卫工人的劳动强度,购置电动快速保洁车460辆,电动垃圾收集车100辆。环卫设施完好运行率90%以上。 (王　艳)

【第二生活垃圾综合处理厂建设】 济南市第二生活垃圾综合处理厂位于济阳县孙耿镇香火高家村南侧,采取焚烧发电和卫生填埋两种方式对生活垃圾进行无害化处理,总投资约12.3亿元。焚烧发电项目设计处理规模为2000吨/日(年处理量66.67万吨),占地8公顷,其中焚烧发电厂政府配套供水、供电工程投资约0.72亿元,2011年7月前先后投入使用;焚烧发电厂8.9亿元项目采用BOT方式投资建设运行(即建设—经营—转让,是指政府通过契约授予私营企业包括外国企业以一定期限的特许专营权,许可其融资建设和经营特定的公用基础设施,并准许其通过向用户收取费用或出售产品以清偿贷款,回收投资并赚取利润;特许权期限届满时,该基础设施无偿移交给政府),10月28日启用。卫生填埋场占地31.6公顷,设计服务年限为20年,一期工程总投资2.6465亿元。该场用于垃圾焚烧后的飞灰和部分炉渣填埋,同时负责新增和焚烧设备维修期间生活垃圾的填埋,建成后日平均卫生填埋垃圾562吨、炉渣227.5吨、飞灰78吨,于12月通过阶段性验收。 (王　艳)

【第三生活垃圾无害化处理厂建设】 济南市第三生活垃圾无害化处理厂位于长清区马山镇季家庄村东北山峪,设计日处理能力1500吨,总占地面积约109.3公顷。项目分三期建设,一期工程主要建设生活垃圾填埋及渗滤液处理区及生活管理区等;二期工程主要建设焚烧发电厂、餐饮垃圾处理区;三期工程主要建设废旧物分类回收利用及产业园区生态提升改造。其中填埋场工程处理规模为日填埋处理生活垃圾500吨,设计使用年限20年。截至2011年底,已完成地震安全性评估、土地预审、环评批复等工程建设手续办理;工程设计日趋完善,工程初步设计基本完成;长清区政府正在强力推进征地拆迁工作。 (冉德超)

【建筑渣土整治】 年内,考核规模以上建筑渣土处置工地共计681处,其中达到建筑渣土规范处置标准的工地675处,达到优秀管理标准的工地340处。通过开展"三讲评一调度"工作,落实对各区整治效能考核、各渣土处置的工地考核、各运输单位及车辆考核"三项考核"和举报有奖、快速处置、倒查追究、红牌停工"四项制度",建筑渣土群众投诉由2010年同期的1000余件下降到不足500件,同比下降54%。有12处工地被列入重点监管,4处工地被停工整顿,对7家建设、施工、运输单位进行了上门约谈。6辆渣土车被摘牌停工整顿1个月,14家运输单位因违规记分达到60分被书面警告。先后有85个城市来济南考察学习渣土管理工作。 (高济军)

【依法整治违法违章建设】 加快完善新的防控体系。在新的违法违章建设防控体系基本建立的基础上,市、区、街三级结合工作中遇到的新问题、新情况,采取整治措施,使新的违法违章建设防控体系不断完善。市中区针对旧村改造范围内村民违法违章建设问题,推行办事处领导包村、村干部包户的防违控违责任制;槐荫区各街办(镇)结合辖区实际,向网格化巡查方向探索,成立"楼院百姓志愿城管队",采取分片设立巡查员的控违制度,确保该区巡查工作无漏洞;天桥区出台《关于对违法违规占地和违法违章建设行为及整治工作不力实施责任追究的意见》,从制度上对依法整治工作提供了保障;历城区结合市级绩效考核,推出《济南市历城区依法整治违法违章建设月度绩效考核问责办法》,加大对整治工作不力的问责力度。深入推进绩效考核。对全市91个街道办(镇)进行了月度考核。考核制度实施一年多来,街办(镇)最低得分由上年考核初期的-1055分提升至50分;获满分街办(镇)数量由38个提升至80个;街办(镇)平均得分由61.7分提升至97.4分。 (冯　蕾)

【城乡环境综合整治】 铁路沿线综合整治。全市已有31个街道(乡镇)启动整治工程,共拆除违章、危旧建筑1.8万平方米,平整场地6.4万平方米,粉刷墙体

23.5万平方米,新建围墙9960平方米,清理各类垃圾10.2万立方米,绿化补植9.1万平方米,清理河道2000米,拆除广告牌匾1920处,改造污水管线350米。3520铁路桥南便民休闲广场、津浦铁路北闸子段绿色长廊一、二期工程已圆满完成,全面提升了该路段铁路沿线两侧环境,成为铁路沿线环境整治工作中的一大亮点。市容道路整治。对全市29条道路进行综合整治,对38条道路进行巩固提升,共拆除违章、危旧建筑3.9万平方米,绿化10.7万平方米,清理垃圾2.4万立方米,规范广告牌匾8882处,硬化道路4.4万平方米,整平场地6.7万平方米,粉刷墙体建筑物立面5.1万平方米。城市出入口及窗口部位整治。对腊山立交、担山立交桥、零点立交、邢村立交、七贤广场、郎茂山公园实施绿化提升,对省立医院周边集中开展了治污、治乱、亮化美化和交通秩序整治,对火车东站广场、长途汽车总站南北站区、济莱高速港九路出入口周边等重点窗口部位进行了卫生保洁、清洁建筑物外立面等整治工作。硬化道路1200平方米,修复道路两侧绿化带0.93万平方米,清洁建筑物外立面3040平方米,清理垃圾2100立方米。城乡结合部整治。对西客站片区、无影山北路、王舍人镇、郭店、二环南路等城乡结合部开展了综合整治。硬化路面1200平方米,修复立沿石3700米,粉刷墙体1190平方米,拆除违章建筑560平方米,清运垃圾近2万立方米,新建绿地2万平方米。文化墙整治。年内,已完成对破损文化墙的整治提升工作,累计立面粉刷、清洗、修补9.3万余平方米。 (冯　蕾)

【户外经营整治】 年内,共出动执法人员28.8万余人次,协管员约4.2万人次,车辆6.8台次,受理户外经营方面的来信来访来电等10216件次。整治重要道路164条,整治重要片区30个,整治窗口部位510个,整治热点难点部位25处,整治支路、街巷2074条,整治社区1366个,化解妨碍执法62件。查处自发形成的早(夜)市、摊点群、固定商摊9604处,查处占道经营露天烧烤3889处,查处店外经营、销售、展示和店外加工、修理、洗车作业等行为17501处,查处违章占用道路等从事商业宣传、商品销售、庆典等活动6130处,查处非法销售燃气瓶灌装点1026处,查处流动商贩、机动车流动清洗点31448处,拆除沿街两侧和道路施工乱搭建的临时占道设施505处,清理沿街搭设实物造型、布条幅、充气装置、乱摆乱放灯箱广告和店招牌及堆放物料等11205处,规范管理便民临时服务摊点1.03万余处,规范管理临时便民经营场所,加快退路进厅进程,维护市场周边市容秩序4036处,及时清除城市乱贴乱写乱画57010处,清理沿街散发小广告行为2.8万余处,引导露天烧烤入室、入院、入场经营712处,在建便民菜市场20处,规范设置管理临时便民经营场所304处,建立违章业户管理台账4164件。 (辛雪薇)

【数字化城管体系建设】 经市编委2010年第三次会议审议,并经九届市委第125次常委会议审定,济南市数字化城市管理中心设立,主要负责组织全市数字化城市管理信息系统的建设、维护和管理,实施全市数字化城市管理的技术标准和运行规范及数字化城市管理部件、事件等信息的采集、受理、转办、督办及应急处置等工作。数字化城管中心成立后,将数字化城管、环卫110、16039城管执法热线进行整合,实现了“三台合一”,制定工作例会、情况通报、协调督办、监督考核、案件回访、责任追究6项工作制度,建立完善西瓜销售便民摊点地图、在建工程监管地图、化粪池清疏地图等20余类城管便民电子地图;确定市级系统平台技术升级方案,通过专家论证;完善市、区两级数字化城管大巡查机制,推行数字化城管巡查员两班巡查,全时、全域、全覆盖巡查城管(执法)事项;建立完善督查督办机制,提高数字化城管案件处置执行力;被动发现机制实现常态化,从案件登记、分派、处置、反馈、归档等方面规范工作流程。 (朱　萍)

【百姓城管协会成立】 5月19日,济南市城市管理局成立全国首个百姓城管协会。会议讨论通过了《济南市百姓城管协会章程》《济南市百姓城管协会第一次会员代表大会选举办法》,并依据《章程》选举产生了理事、常务理事、会长、副会长和秘书长。济南市百姓城管协会主要承担建立健全百姓城管义务工作规章制度,制定开展百姓城管义务工作计划并组织实施,负责百姓城管参与者的组织、培训、指导、管理和表彰,组织开展百姓城管义务工作的宣传与交流活动,维护百姓城管义务工作者的合法权益,定期组织开展各项百姓城管活动等职责。百姓城管协会的成立标志着百姓城管活动由初期的自发组织转入协会统一协调,步入规范化、专业化运作。5月22日,举办了百姓城管协会揭牌仪式暨“体彩杯”首届百姓城管趣味运动会,包括城管人员、学生、市民、瓜农菜农、个体经营业户在内的770余人参加百姓城管趣味运动会,达到城管与市民同乐、与瓜农菜农同乐、与管理服务对象同乐的目的。 (冯　蕾)

【济南城管慈善工作站成立】 5月30日,市城管局、城管执法局成立全国城管系统首个慈善工作站,并设立全国首个摊贩专项救助基金,同时,向社会公开为摊贩募集就业机会和工作岗位。年内,共救助摊贩特困户、家庭困难保洁员及患病职工375人,捐助资金20万元。6月,市城管局开辟捐赠热线,向社会公开为菜农瓜农募集遮阳伞活动,全市各界爱心企业和市民积极响应,共收到捐赠爱心遮阳伞6500余把,为进城瓜农菜农送去一份关爱。为加强对一线保洁员的关爱,市城管局面向社会征集保洁员歇脚点,在全市主要路段、公交站点、沿街商家等区域共设立保洁员“歇脚点”近2000处,并挂上统一设置的标志牌,方便保洁员及市民休息。城管慈善工作站的成立,打破了城管执法人员与占道摊贩矛盾对立的现状,展现了全市城管系统干部职工的真诚善意。 (冯　蕾)

环境保护

【概况】 环保工作围绕改善环境质量、确保环境安全、服务科学发展3条主线，努力把加强环境保护与转方式、调结构、惠民生、促和谐有机结合起来，不断加大治污减排力度，扎实推进生态文明建设，圆满完成年初确定的各项任务目标。济南市超额完成"十一五"污染减排任务，累计削减COD3.3万吨、二氧化硫4.7万吨，完成省政府下达"十一五"减排任务的111%和147%。环境空气质量持续改善，市区环境空气质量改善率为9.4%。水环境质量明显好转，声环境质量和生态环境质量保持良好。全年共争取国家、省级资金1.44亿元。济南市先后被山东省政府授予"山东省'十一五'主要污染物总量减排目标考核突出贡献单位""2010年度生态山东建设先进市"称号，在山东省环境监察、监测、应急大比武中获一等奖。全市环保系统建成省级文明单位11个、市级文明单位6个，省级青年文明号5个、市级青年文明号3个，省级巾帼文明岗1个、省级三八红旗集体1个。

【环境质量状况】 济南市区环境空气3项主要污染物可吸入颗粒物、二氧化硫、二氧化氮年均浓度分别为0.103毫克/立方米、0.050毫克/立方米、0.036毫克/立方米，可吸入颗粒物超过国家环境空气质量二级标准0.03倍，二氧化硫、二氧化氮均达到国家环境空气质量二级标准。地下水水质状态良好，基本达到国家地下水质量Ⅲ类标准。市区交通噪声达到《声环境质量标准》(GB3096—2008)中适用于交通干线两侧的4A类区域标准；区域环境噪声达到以居住、文教机关为主的1类区域标准。

【污染减排】 组织制定《"十二五"主要污染物总量削减目标责任书》和《济南市"十二五"期间主要污染物排放总量控制指标初步分配方案》，严格落实污染减排任务，把污染减排指标纳入济南市科学发展综合考核评价体系，将考核结果作为评先评优和干部提拔使用的重要依据。完成光大水务(济南历城)有限公司、北郊热电厂脱硫设施升级改造，实现黄台电厂9－10#机组脱硫脱硝重点减排项目稳定运行。开展污染源普查更新和环境统计工作，调查工业企业634家，规模化畜禽养殖场、养殖小区321家，集中式污染治理设施34家，获取各类指标数据26万余项次。

【污染防治】 积极推进《济南市大气污染防治条例》修订工作。建立环保、城管联合执法联席会议制度，全面完善市区两级城管执法、环保联合查处和信息通报机制。开展扬尘污染防治分类挂牌管理，挂牌管理率达95%以上。加大督查巡查力度，依法查处建设单位4家。做好烟尘控制管理，组织开展燃煤电厂、钢铁烧结机烟气脱硫设施建设运行情况专项检查和小燃煤锅炉低空排烟设施和小烟囱拆除取缔复查工作，复查率达100%。实施机动车排气污染综合整治，建成济南市机动车排气污染防治监控平台。开展机动车冒黑烟专项查处行动和有奖举报活动，强化外地车辆转入环保核查制度。济南市积极协调推进小清河综合治理工程及市区河道综合整治工程进度，督促完成市区8条河道截污整治和20余条主干管清淤疏通工作。坚持"超标即应急"制度，重点加强国控、省控、市控重点污染源、饮用水源地、重点河流断面预警监测。建立"日测日报"和24小时巡查制度，全方位加强对济南市重点河流断面、城市污水处理厂以及重点排污企业监管，确保工业废水处理设施全年稳定运行并达标排放。实施污染治理再提高工程，分两批对18家工业企业实施限期治理、13家企业实施达标再提高工程。加强饮用水水源地的环境监管，编制完成《济南市饮用水水源保护区划分方案》，组织完成饮用水水源安全保障基础状况调查工作、农村集中式饮用水水源地调查评估工作。完成饮用水水源地标志牌设立工作，推进饮用水水源地一级保护区的封闭管理。督促工业企业加强对超标噪声源的治理，减少噪声扰民现象的发生。建立环保和城管执法部门建筑施工夜间审批信息反馈制度。积极开展噪声达标区复查工作，共复查噪声达标区269.86平方公里。

【环境影响评价与建设项目环境管理】 认真执行环境影响评价和"三同时"制度，严把新上项目环境准入关，坚持"先算后审再批"，有效遏制"两高一资"、产能过剩和简单重复建设。同时，通过深化审批制度改革、整合审批资源、优化工作流程、开辟"绿色通道"等有效措施，为符合国家扩大内需重点投资方向、满足环保准入条件的项目提供更好、更快捷的服务。全年共初审项目625个，审批建设项目321个，验收项目150个，拒批不符合国家产业政策和各类规划的建设项目8个。

【生态环境建设与保护】 加强生态市建设工作，有力推动生态市建设各项指标任务的完成。全年共申报国家级生态乡镇26个、省级生态乡镇26个、省级生态村104个，济阳县被环保部批准为国家级生态示范区，章丘市建成省级生态县(市)，商河县通过省级生态县技术核查。狠抓中央农村环保专项资金项目监管，对新获批的4个中央农村环境综合整治专项资金项目强化监督管理与现场检查，督促项目保质保量按期完成。逐步推进农村环境连片整治试点。圆满完成禁烧工作任务，实现省里通报火点数为零。

【环境监管】 认真落实山东省环境监管"四个办法"，进一步加强对国控、省控和市控重点单位污染防治设施的运行管理，严格落实24小时值班制度。开展整治违法排污企业、保障群众健康环保专项行动，对2家单位挂牌督办、5家单位通报批评、4家单位立案处罚，责令其限期整改。开通运行济南市行政执法电子监察系统，将全部处罚案件纳入网上运行实施。全年共审核处罚环境违法案件80件，申请法院强制执行4件,办理行政复议案件1件。认真落实绿色信贷政策,全年共向银行移送各类信息12批次、1462项,有力促进了各项环境管理工作的开展。扎实做好12369环保举报热线、12345市民服务热线环保联动和12319城市公共服务热线环保联动工作。12369环保热线共接听举报与咨询电话18020个,受理环境举报投诉1865件,案件处理率100%、回复回访率100%、群众满意率96.5%,群众满意率同比提高0.7个百分点,妥善解决了一批群众反映强烈的环境问题。

【环境安全】　编制完成"十二五"重金属污染防治规划,开展重金属污染专项整治工作,对38家涉及重金属污染的企业进行全面排查,启动重点污染河流、湖泊、滩涂底泥重金属污染状况调查,第一阶段工作顺利完成。济南市代表山东省接受国家环保部组织的环境风险及化学品检查验收,获优秀等次。做好危险废物和辐射环境管理工作,对所有跨市转移申请实行"五审查一征求"(即审查转移危险废物的类别、数量、频次,危险废物处置协议,接受单位资质能力,运输单位资质和运输合同,运输途中的应急预案,并在转移前征求接受地市级环保部门意见)。重点加强济南裕兴化工有限责任公司铬渣等危险废物环境管理,安全处置1.5万吨。开展危险废物规范化管理工作,对49家重点单位逐一检查验收,对存在问题的单位立即督促整改。抓好辐射应急工作,安全送贮废旧放射源43枚。着手开发环境应急指挥中心软件平台,制定《济南市环保局突发环境事件应急预案管理实施方案》,印发《济南市水质预警监测工作方案》《关于加强汛期环境安全防控工作的通知》,针对重点河流、重点企业、重点时段开展预警监测、排查环境隐患。同时,认真组织突发环境事件应急演练,先后参加济南市防化学恐怖袭击事件应急演练、隧道突发事件应急演练等多次应急演练,妥善处置多起突发环境事件。

【环境监测】　组织编制的"十一五"环境质量报告书,获国家环保部环境质量报告书评选一等奖。国家环保公益项目《城市环境空气中PM2.5监测技术与规范研究》进展顺利。"济南市扬尘污染防治管理信息系统研究"等3项课题列入全市2011年科技计划,"济南市大气颗粒物细粒子(PM2.5)数值预报与应用研究"等5项研究成果通过专家鉴定和验收。"氧化镁湿法烟气脱硫"项目获2011年度市科技进步一等奖和省环保科技一等奖。

【环境信息化建设】　完成环境信息数据中心一期建设,实现信息资源整合和共享。改版升级内部办公平台,进一步推进办公自动化工作,实现无纸化办公。完成济南市饮用水水源地保护区划分与电子地图制作工作,为饮用水水源地的保护提供数据服务与支持。济南市环境信息公开和政务信息工作继续在国家、省考核中名列前茅。

【环境宣传教育】　充分发挥新闻媒体的舆论监督和宣传引导作用,继续开设"泉城环保"专题、"环保点点听"栏目和"环保知识窗"专栏,在国家和省、市新闻媒体共组织发表稿件1900余篇。充分利用济南市环境保护移动宣传服务站,深入全市机关、学校、社区、企业、村镇等场所开展环保宣传教育,全年组织巡回宣传活动173场次,受众达20余万人次。继续开展绿色系列创建活动,创建市级"安静居住小区"9家、市级"绿色家庭"100户。市中区绿色创建工作成绩显著,创建的生态学校——舜耕小学被评为国际生态学校。　(李计珍)

责任编校　张　阳

教　育

综　述

【教育事业概况】　全市各级各类学生的入学率、巩固率、升学率均保持在全省领先水平，学生综合素质和创新实践能力不断提高，在全国、全省学科竞赛和各类素质技能展示中获奖位次和获奖人数均位居全省前列。济南市获"全省未成年人思想道德建设工作先进城市"称号，市教育局获"省级文明单位""山东省五五教育普法工作先进集体""山东省青少年科技教育工作先进单位""山东省全民科学素质工作先进集体""济南市法治机关"等称号。

1. 实施素质教育，全面提高教育质量。全市各级各类学校以学校发展性综合评价体系为引领，以"教好教会学生"为工作目标，深入实施素质教育，不断提升教育质量，全市学生学业水平测试合格率保持全省第一，半数以上的高中毕业生进入本科院校学习。①致力于"教好"学生。通过"济南市优秀班主任工作室"和家长委员会建设，逐步形成学校、家庭和社会德育教育的合力。深入开展"学生阳光体育运动"，加强中小学心理健康教育的研究和指导。②实施课程改革，加强课程管理，完善国家、地方和学校课程协调发展的三级课程管理体系。广泛开展兴趣点教学改革实验，关注学生不同特点，以保护"兴趣"为切入点，开拓学生的学习和创新能力。建立有效的教学质量监控和评价体系，改革优质课评选办法，完善课堂质量监测制度，不断提高教学效率。规范办学行为，构建符合素质教育要求的考试、评价运行机制。通过总量控制学生家庭作业，实施"作息时间、课程表、教材征订目录、学校收费项目、学生每天的家庭作业"公示制度，切实减轻学生课业负担。③全面实施以形成性、水平性和选拔性评价为一体的初中学生学业质量综合评价体系，推行日常考试无分数评价。完善指标分配制度和优秀初中毕业生推荐入学制度，促进教学和教学管理工作的科学化和常态化。

2. 科学统筹，教育均衡取得突破性进展。①通过公平投入促进物力资源配置的均衡。加大对经济欠发达区域和农村的支持力度，全面实施中小学校舍安全工程和学校标准化建设，校舍安全工程开工建设1430个项目，改造校舍158万平方米；启动普通中小学办学条件标准化建设。实现城乡学校公用经费标准的统一，全部达到小学生均700元、初中生均900元的标准；特殊教育学校生均公用经费由1400元提高到3000元。充分发挥优质教育资源的辐射、带动作用，采取名校嫁接、管理输入、强校带弱校等途径，使学校间更趋均衡。②通过培训和交换促进人力资源配置的均衡。全年组织25587名中小学教师参加全员远程研修。通过实施"济南名师建设工程"，77名教师被命名为首批"济南名师"，并确定92名第二批培养人选，同时启动优秀教育管理者培养工程。通过开展区域内教师交流和特级教师、名优教师交换活动，推进教师资源的均衡配置，让学生不必择校同样能接受优质教育。③通过政策导向促进教育机会均等。建立并完善从学前到高等教育全覆盖的学生资助体系，进一步提高各学段的资助比例和标准，使所有贫困家庭学生实现"应保尽保"。全年共发放各类助学金1.38亿元，惠及学生13.1万人。严控义务教育阶段择校，根据城市建设和生源变化，对学区进行合理的动态调整，确保适龄儿童依法按时入学。严格控制义务教育阶段学校班数和班额，规定义务教育阶段学生不准跨区择校，择校生不享受指标生和推荐生待遇，并逐年提高高中学校指标生分配比例，提高到计划内招生人数的80%以上，使义务教育阶段择校生人数逐年减少。

3. 协调发展，各类教育整体提升。学前教育坚持公益性、普惠性，制定并实施《学前教育三年行动计划》，加快建设学前教育公共服务体系。职业教育坚持"围绕产业办专业，紧跟市场育人才"的发展战略，加强校企合作，强化内涵建设，积极探索职业教育人才培养模式改革，实现职业教育规模、质量、效益等方面的发展。全年有5所学校被列入中央、省财政支持的实训中心项目学校，校企合作企业达到124家。全市新增省级重点职业学校3所，国家级重点中等职业学校2所，国家级改革发展示范校2所，在山东省职业院校技能大赛中济南市奖牌总数蝉联第一。启动国家教育体制改革"学习型城市建设"试点实验项目，以公办社会教育资源为主体，建立首批11处市民终身教育实验基地。开展网上大学建设试点工作，已向市民发放网上学习账号2万多个。教育部正式批准成立济南幼儿师范高等专科学校、山东协和职业技术学院升格为本科院校，济南卫生学校升格为济南护理职业学院。

4.适应社会需求，着力解决教育资源布局和结构性配置不足的问题。①全力完成“为民办实事”项目。年初市政府把新建50所公办幼儿园作为为民办实事项目，截至年底，已有40所开园招生，10所已经完工，累计新增学位近1.3万个，全面完成“年内开工建设50所公办幼儿园”的任务。此外，105所公办幼儿园通过改扩建和内部挖潜，增加学位8240个，有效缓解了适龄儿童入公办园的压力。②集中整治城区居住区教育设施配建问题。针对新建和改扩建居住区市民子女入学难问题，成立遗留问题专项整治联合办公室（设在市教育局），截至年底，已约谈30个开发单位，移交和承诺移交学校（幼儿园）22所。③确保外来务工人员子女就学。针对济南外来人口急剧增加、进城务工人员子女就学压力巨大的现实，在教育基础设施总量没有大量增加的情况下，挖潜整合，新确定16所学校为进城务工人员子女定点学校，全市定点学校总数达到了56所，基本满足了外来务工人员子女的就学需求。建立农村“留守儿童”登记备案制度，保证农村“留守儿童”按时就学。

5.强化管理，实现教育科学发展。①高度重视学校安全稳定工作。健全完善集人防、物防、技防为一体的校园安全防控体系，开展多种形式的学生安全教育和安全避险与自救演练，加大校园周边治理力度，形成学校、学生、家长、社区四位一体的校园安全管理网络。②强化教育法治与督导，坚持依法治教。不断完善教育法律制度建设、教育行政执法和执法监督，深入开展普法教育，推进依法治校。以教育工作综合督导为抓手，不断完善督导公报与限期整改等制度，推动各级政府更好地履行教育职责，积极推进省级教育工作示范县（市）区创建工作，以区域教育均衡和发展促进全市教育工作的均衡发展。③自觉接受社会监督。通过“政务监督热线”“政务面对面”“学校开放日”等平台，大力推进政务、校务公开，通过开展教育行风民主评议活动，全年共收到市人大代表建议11件、市政协委员提案46件，全部按期按规定办理完毕，代表和委员满意率和基本满意率达到100%。

【全市教育工作会议】　3月18日，济南市召开全市教育工作会议，学习贯彻全国、全省教育工作会议精神以及国家、省中长期教育改革和发展规划纲要，研究部署全市未来10年教育改革和发展的任务，颁布《济南市中长期教育改革和发展规划纲要（2011～2020）》。会议指出当前要重点解决好教育发展中的6个突出问题：一要抓好学前教育，扩大幼儿园特别是公办幼儿园供给，将学前教育经费列入各级政府财政预算。二要提高素质教育水平，切实减轻学生过重的课业负担。三要推进教育均衡公平，建立健全义务教育均衡发展保障机制。四要增强职业教育服务发展的能力，加强特色专业建设。五要深化教育体制改革，探索公办学校办学模式改革。六要提高教师队伍职业素养，重视提高教师的社会地位和待遇条件。

【《济南市中长期教育改革和发展规划纲要（2011～2020）》颁布实施】　3月18日，《济南市中长期教育改革和发展规划纲要（2011～2020）》（以下简称《规划纲要》）正式颁布实施。《规划纲要》提出济南市今后10年教育改革发展的总体目标是：到2020年，在全省率先实现教育现代化，率先建成学习型城市，进入全国人力资源强市行列，形成具有时代特色、齐鲁韵致、泉城风格的教育新格局。《规划纲要》在全面分析全市教育事业发展面临的形势和存在的问题基础上，有针对性地提出未来10年教育事业改革发展的重点工作。提出学前教育普惠化发展、义务教育均衡化发展、普通高中特色化发展、职业教育多元化发展、继续教育社会化发展，提出要提高素质教育实施水平、提高教师队伍建设水平、加快教育改革与创新、提高教育整体发展水平的重点工程建设，并强化落实优先发展教育方针和各级政府的责任。

【启动校舍安全工程】　为做好全市中小学校舍综合灾害防治工作，最大限度地减少灾害造成的损失，市委、市政府启动校舍安全工程，并把校舍安全工程放在教育均衡发展的优先位置，纳入市政府重大民生工程。根据鉴定结果，全市非安全校舍221万平方米。其中，需要加固校舍1095栋，建筑面积143万平方米，占全部校舍建筑面积的22.5%；需拆除重建的校舍3147栋，建筑面积92万平方米，占校舍总面积的14.6%。据此，市校安办科学制定5年建设改造规划和校舍综合防灾方案。2009～2011年已开工项目1430个，改造校舍面积158万平方米，占3年规划改造校舍面积的138.67%；全市已竣工项目1010个，竣工校舍面积108.83万平方米，占3年规划改造校舍面积的101.57%；全市已累计投入工程专项资金10.5亿元。

【教育配套设施遗留问题专项整治行动】　4月26日，市政府印发《济南市人民政府办公厅关于印发〈济南市城区居住区教育设施配套建设遗留问题专项整治行动实施方案〉的通知》，成立专项整治行动领导小组，由市教育局牵头，对济南市城区居住区内不按规划要求配建中小学校、幼儿园，或建成后将学校挪作他用等遗留问题进行专项整治。根据调查摸底，全市有29个居住区存在中小学校、幼儿园应建未建或建成后挪作他用的问题，涉及学校及幼儿园41所，开发单位30家，市整治小组对30家开发单位进行逐一约谈，并制定整改方案，截至年底，整治工作取得阶段性成果。有的应建未建的中小学校及幼儿园已开工建设；部分被挪作他用的学校已恢复原有使用功能；开发商将产权移交给教育主管部门的学校、幼儿园占地面积达到8.56公顷，建筑面积53559平方米；使用权移交的学校、幼儿园，占地面积达到3.09公顷，建筑面积16205.69平方米；通过整治承诺将产权或使用权移交且正在整改的学校、幼儿园17处，占地面积达15.42公顷，建筑面积100786.35平方米；合计收复“教育失地”达27.07公顷，建筑面积170551.04平方米。

【建成教育行政执法电子监察系统】 4月，教育行政执法电子监察系统与全市电子监察系统实现对接，并正式投入使用。该系统自2010年10月着手搭建，经系统开发、网络建设、数据录入、软件测试、系统对接等环节，历时一年半的时间完成。该系统的建成，标志着济南市全部教育行政处罚事项，自立案受理、调查取证、告知听证、案件审批、送达执行等各环节全部实现网上运行，并实时接受法制、纪检部门网上监督。

【教育"六五"普法工作启动】 12月，《全市教育系统开展法制宣传教育的第六个五年规划》印发，教育"六五"普法工作正式启动。全市教育系统"六五"法制宣传教育规划从2011年开始实施，到2015年结束。确定两项普法工作任务：①大力加强法制宣传教育，重点突出对领导干部和公务员、青少年学生、教职员工法制宣传教育，把领导干部和青少年作为重中之重，提升干部师生法律素养；②全面深化法治创建活动，深入开展"法律进机关""法律进学校"活动，不断规范教育行政行为、办学行为，提升教育法治化管理水平。

【2011年度教育十件大事】 11～12月，市教育局联合《济南日报》，舜网开展"2011年度教育十件大事"评选活动。在各县(市)区教育局、各级各类学校推荐的基础上，"2011年度教育十件大事"评选办公室从85件推荐事件中初选了20个候选事件，并通过《济南日报》、舜网、济南教育电视台、济南市教育局网站向社会公布。通过社会各界投票和专家评审相结合的形式，最终确定2011年度教育十件大事为：①全市教育工作会议召开并发布《济南市中长期教育改革和发展规划纲要(2011～2020)》；②新建50所公办幼儿园；③开展特级教师、名优教师跨校交换活动；④开展居住区教育配套设施遗留问题专项整治行动；⑤外来务工人员子女定点学校增至56所；⑥提高各类教育经费保障标准；⑦济南市在第八届全国中等职业学校"文明风采"竞赛中获奖；⑧在各级各类学校开设廉洁教育课；⑨京剧进校园成效初显；⑩加强名师培养并启动优秀教育管理者建设工程。

(高洪波　孙开花　黄传新)

学前教育

【概况】 截至10月，全市注册幼儿园1332处，其中公办及公办性质幼儿园741处、民办园591处。在园幼儿154792人，教职工15562人。全市有省十佳幼儿园14处，省级示范实验园87处。全年新建50所公办幼儿园被列入济南市政府为民办实事工程之一，截至12月初，已有40处幼儿园招生，10处已建设完毕处于内外装修阶段。50所幼儿园，新增规模453个班，增加学位13590个，累计占地面积177991平方米，建筑面积106264平方米，内外装修和设施配套投资1.77亿元。

【实施济南市学前教育三年行动计划】 8月18日，济南市人民政府出台《济南市人民政府办公厅关于印发济南市学前教育三年行动计划(2011～2013)的通知》，对今后全市学前教育发展提出构建"政府主导、公办为主、民办补充"的办园体制。市教育局协调相关职能部门，先后出台《关于减免幼儿园建设工程有关收费问题的通知》《济南市人民政府办公厅关于建立幼儿园建设项目审批绿色通道的通知》等文件，减免从幼儿园建设项目的审批到行政事业性收费(免交47项行政事业型收费和政府性基金项目、19项经营服务性收费项目减免60%的费用)，为幼儿园建设提供无缝隙的政策支持，在全省首家建立健全的幼儿园建设政策体系。

【规范幼儿园招生和标准化管理工作】 4月8日，市教育局印发《济南市2011年幼儿园招生工作指导意见(试行)》的通知，提出"相对就近、严限年龄"的原则，提出不以排队先后顺序为录取条件。对招生对象和条件、招生时间、招生程序、招生管理提出相关要求。11月10日，市教育局印发《济南市幼儿园一日标准化管理程序》，对幼儿园一日活动中的开园、入园、户外活动、教学活动、生活活动、离园、闭园7项内容作出全面规定，提出标准化要求。

(高洪波　孙开花　黄传新)

基础教育

【外来务工人员子女定点学校增至56所】 为进一步满足外来务工人员子女在济接受义务教育的需求，全年济南市加大扩大外来务工人员子女定点学校的步伐，由上年的40所增加到56所；分布区域也由原来的市内4区和历城区扩展到全市范围，章丘市、长清区、平阴县、济阳县、商河县以及高新区也均设立济南市外来务工人员子女定点学校。为进一步加强定点学校建设，使外来务工人员子女同样享受优质教育，上半年全市投入2550万元专项资金用于定点学校建设科学探究室，添置多媒体教学设备，建设"班班通"网络教学设备，改善定点学校办学条件；下半年投入2300万元专项资金用于定点学校"温暖图书工程"，按照省级规范化学校建设标准为定点学校图书室、阅览室配备图书和相关的图书管理软件，并在部分学校试点推广校园广播系统建设工作。

【实施"学生课业情况校园公示制度"】 为切实减轻学生课业负担，市教育局要求各学校充分利用校园网、公示栏和致家长公开信等多种形式，将学生的"作息时间、课程表、教材征订目录、学校收费项目、学生每天的家庭作业"进行公示，高中学校增加了公示学生的选课情况、研究性学习过程及成果展示以及每位学生的学分认定结果的要求，让全社会监督学校的办学行为，市区学校校园网公示普及率已达到61%。

【民族学校办学质量提升工程】 加快民

族学校发展步伐，改善全市20所民族中小学办学条件。对济南市首个新疆班建设工作加大扶持力度，先后投入4900万元，为首批新疆民族学生创造温馨快乐的学习环境。

【扩大普通高中指标生分配比例】 为有效推进教育均衡发展，发挥评价机制的政策引导作用，济南市进一步扩大指标生分配比例，普通高中指标生计划扩大到计划内招生人数的80%，并改革推荐生推荐办法，将推荐生试点学校的部分录取计划与义务教育阶段课程改革先进学校的评选结果挂钩，实施定向推荐办法。同时增加对初中学生物理、化学、生物学科实验能力考查测试内容。通过这一改革，力求促进学生提高动手实践能力，促进学生全面、健康发展，形成有利于素质教育导向，有利于学生全面发展，有利于高中招生考试制度改革的评价机制。

【成立济南市学生心理健康教育指导中心】 5月3日，济南市中小学心理健康教育指导中心成立大会在省实验中学举行，目的是进一步加强心理健康教育在学生思想指导和心理疏导方面的工作力度，切实解决教育工作中出现的新问题，全面提高济南市心理健康教育水平。该中心设在山东省实验中学，担负着研究制定全市学校心理健康教育及科研规划，指导全市中小学心理健康教育工作，组织中小学心理健康教育师资培训，开展面向家长的心理健康教育，指导全市中小学开展专门的团体心理辅导和个别心理咨询与辅导等职责。

【成立"济南市优秀班主任工作室"】 10月18日，市优秀班主任工作室成立。首批市优秀班主任工作室成员共35人。市优秀班主任工作室设在市教育局基础教育处，采取自主研修和专家引领相结合的方式，通过专题研讨、主题论坛等多种方式，指导培养班主任成长，提高班主任队伍整体素质。工作室成员实行淘汰制，每两年组织一次评选，将充分发挥优秀班主任的示范引领作用。

【中小学家长委员会建设和管理】 10月，召开济南市中小学家长委员会建设和管理工作现场会，出台《推进中小学家长委员会建设和管理工作的实施意见》，对家长委员会的工作内容进行规范，并制定考核细则，逐步探索和建立起科学规范、有效参与、有序开展、成效显著的家长委员会运行机制和工作格局，进一步构建和完善学校、家庭、社会有机结合的教育体系。

（高洪波　孙开花　黄传新）

高 等 教 育

【实现与驻济高校业务对接】 从2010年3月开始，先后启动与济南大学、山东大学、山东女子学院等驻济高校对接与服务项目。济南大学初等教育学院正式挂牌，并完成当年招生任务；实现与济南大学共建大学生实践教学基地和优秀生源基地的协议对接；与山东女子学院签署幼儿教师"省级教师教育基地"共建协议并完成相关论证；落实市政府与山东大学战略合作相关工作，完成与山大及美国北卡罗来纳大学骨干教师远程交流启动工作。

【多所市属高校实现跨越式发展】 4月，国家教育部正式批准济南师范学校和济南幼儿师范学校合并组建济南幼儿师范高等专科学校。5月24日，山东省政府办公厅下发《山东省人民政府关于建立济南幼儿师范高等专科学校的通知》。济南幼儿师范高等专科学校实行省与济南市双重领导和管理，以济南市为主的管理体制，学校是专科层次的普通高等学校，以实施高等专科教育为主，主要培养、培训学前教育师资。山东协和职业技术学院顺利升格为本科院校，济南卫生学校通过省教育厅验收升格为济南护理职业学院。8月，济南幼专、济南护理职业学院通过省教育厅专业设置评估专家组的专业设置评估；9～10月，山东力明科技职业学院和山东圣翰财贸职业学院参加省教育厅组织的高职院校人才培养工作评估，受到省厅专家组好评。

（高洪波　孙开花　黄传新）

职 业 教 育

【在全国职业院校技能大赛中再创佳绩】 6月27日，全国职业院校技能大赛闭幕式在天津海河教育园体育馆举行。济南市共有5所职业学校15人参加8个专业的大赛。经过紧张的比赛，会计电算化、电子商务、烹饪3个专业获二等奖，会计电算化、电子产品、物流信息、给排水4个专业获三等奖，护理、楼宇智能化2个专业获优秀奖，获奖比率比往年有较大幅度提高。

【4所学校入选国家中等职业教育改革发展示范学校】 9月，历城区职业中等专业学校、平阴县职业中等专业学校、山东省济南商贸学校、济南电子机械工程学校4所学校入选国家中等职业教育改革发展示范学校行列。

【参加第八届全国中等职业学校"文明风采"竞赛】 11月10日，由国家教育部、中央文明办、中华职业教育社主办的第八届全国中等职业学校"文明风采"竞赛活动结束。全市共有683件作品获奖。8所学校获得"全国决赛组织奖"，4所学校获得"全国决赛优秀组织奖"。此前，各县（市）区教育局、各中等职业学校组织了多种形式的德育实践、竞赛、比赛活动，经过学校初赛，全市共有20所学校选拔出5类11项学生参赛作品5653件参加省级复赛，270件作品获一等奖、744件作品获二等奖、962件作品获三等奖，1431件作品获优秀奖。其中，一等奖、二等奖共1014件作品上报教育部，参加全国决赛。

（高洪波　孙开花　黄传新）

成人教育及民办教育

【启动"完善成人教育体系、建设学习型城市"试点项目】 根据《国家中长期教育改革和发展规划纲要》和国家教育体制改革领导小组的有关要求,启动济南市承担的"完善成人教育体系、建设学习型城市"试点项目。已完成全市成人教育体系和学习型城市建设的现状调查分析,研究确定试点项目方案和工作重点。该方案已经市政府批准实施。确定省及市级青少年活动中心(少年宫)、妇女儿童活动中心等11所公办社会教育培训机构为首批济南市终身教育实验基地。组织济南电大和市中区联建市民学习数码港试点工作。向市民发放网上学习账号近2万个。全市有16所社区教育中心学校或市民学校的办学服务水平得到较大提升,有19所乡镇成教中心学校开展社区教育实验工作。在全市范围内推广历下区"家庭教育进社区"系列活动、市中区"现代家庭教育"工程、平阴县安城乡成教中心学校建立"流动家长学校"等经验。会同市委宣传部、市文明办等11部门开展全市第六届全民终身学习宣传周活动。有7万多名市民参与本届宣传周活动。济南市已连续6年被中国成人教育协会、教育部职成教司评为全国全民终身学习宣传周活动"优秀组织城市"。

【开展"成人教育创新项目工程"】 全年县(市)区、乡镇两级政府、教育部门投入资金600余万元,有40余处成人学校教学培训条件有了较大改善。以全市23处示范性乡镇科普服务站为重点,实施乡镇科普服务站农民教育培训计划,全年通过乡镇科普服务站共举办各类农民教育培训班540余场(次),培训农民5.8万余人。组织拓展"一村一名大学生"培训以及新型农民培养工程。全年完成农村劳动力转移培训4.3余万人,完成农业实用技术培训15.6余万人,"一村一名大学生"培训在校生达2000余人。全年全市成人中专学校共招生13000余人。

(高洪波 孙开花 黄传新)

教育教学改革与教师教育

【济南市教育科学"十二五"规划课题立项评审会召开】 9月27日,济南市教育科学"十二五"规划课题立项评审会召开。根据《济南市教育局〈关于印发济南市教育科学"十二五"规划课题指南〉的通知》和《济南市教育科学"十二五"规划课题申报评审办法》,市教育科学规划办组织了课题的申报评审工作,在层层推荐的基础上共受理申报课题578项。市教育科学规划领导小组专门成立课题立项评审委员会和28人专家评审组。经过严格的审阅申报材料、专家评议等评审程序,最终确定立项课题526项,其中86项课题被推荐申报省教育科学规划办立项。

【中小学教师远程研修工作】 按照省教育厅统一部署,济南市继续利用山东教师教育网远程研修平台开展高、初中教师培训。暑期全市共有11300名高、初中教师参加了新课程远程研修。其中,高中15个学科的7254名教师组成70个虚拟班级,培训期间,共提交作业54371篇,发表评论104485篇,为平台提供资源155份,关注度115。初中6个学科的4046名教师组成39个虚拟班级,共提交作业36443篇,发表评论51878篇,为平台提供资源54份,关注度125。首次开展小学教师远程研修。小学研修分集中和分散两个环节,10月15日、16日进行为期2天的集中研修,10月17日至12月11日开展分散研修。研修内容包括语文、数学、英语3个学科,内容指向学科核心教学内容和典型教学问题,对接课堂教学和校本研修。全市共有14287名教师参加培训。

【实施"名师建设工程"】 根据中小学骨干教师国家级培训计划要求,先后组织落实中小学骨干班主任培训、中小学骨干教师培训、骨干幼儿教师培训、微软项目携手助学培训、教育技术能力培训等16个学科、10个门类的培训,联系承担培训任务的华东师范大学等各类培训院校10余所,推荐、选派参加各类培训的教师1324名。市教育局组织专家评委严格按照评选条件进行初评。后经复评,有6名教师入围第二期"齐鲁名师"人选,92名教师入围济南名师建设工程培养人选。确定首期优秀教育管理者建设工程培养人选64名。

(高洪波 孙开花 黄传新)

交流与合作

【教育对外交流与服务】 全年教育系统出国(境)团组48个、541人赴美国、加拿大、澳大利亚、新西兰、芬兰、捷克及港澳台等18个国家和地区执行友好校际交流、干部培训、国际比赛、文艺演出、项目合作、考察学习、国际会议、讲学等任务。接待驻华武官夫人代表团、芬兰万达市教育代表团、瑞典蒙道尔市教育代表团、巴西波多韦柳市市长代表团、德国巴伐利亚州校长代表团、俄罗斯高等教育代表团等来自50多个国家的36个代表团、720多人访问济南市24所中小学校、幼儿园,开展教育考察、教学交流、项目合作等。全市30多个学校参与对外交流活动,涵盖高职、中职、基教、幼教等各类学校。

【推动汉语推广和华文教育工作】 6月,市教育局与加拿大魁北克孔子学院签署合作意向书。山东省实验中学等3所学校与加拿大埃德蒙顿市合作的孔子课堂运行正常。协调支持芬兰万达市学校开设汉语课程,建设孔子课堂。多个国外师生代表团来济南学习汉语。派出2名教师赴国外任教,5名教师列入国侨办华文教师储备库。

【对台教育交流活动】 5月,以"万众共

咏千古经典,两岸齐颂和谐中华”为主题的“和谐中华·第二届海峡两岸经典文化推广会演”在济南举行。济南主会场和台中分会场的两万名师生在同一时刻齐声诵读中华经典名句,并采用网络视频连线直播的方式,呈现两地开幕式实况。期间,还举办两岸中小学生经典文化书画展、经典文化与测评、传统文化进校园成果表演等活动。此次活动是海峡两岸历年来共同举办的最大规模的青少年文化交流活动。10 月,第八届“齐鲁风、两岸情”优秀中学生中华文化研习营在济南举行,来自台湾教育机构的 44 名师生参加研习营活动。期间,台湾师生与山东省实验中学、济南第一中学、济南第三中学、济南第十三中学等开展教学观摩、教师交流研讨、学生联谊等活动。济南和台湾中学生还一起前往泰山、孔子故乡等齐鲁历史文化名胜考察。年内,济南市天桥区教育代表团、山东省实验中学男子篮球代表团、济南第一中学代表团等先后应邀赴台湾参加文化体育交流活动。

【省实验中学举办中外合作办学高中课程项目班】 5 月 13 日,山东省教育厅批复同意山东省实验中学与美国布里斯中学合作举办高中课程项目班。9 月,首批中美高中课程项目班 68 名学生入学。11 月 25 日,山东省实验中学举行国际部成立仪式暨中美高中课程展示活动。

【济南教育友好代表团出访芬兰和捷克】 8 月 24 日至 9 月 2 日,应万达市政府、库特纳霍拉市政府的邀请,济南教育友好代表团一行 6 人,对上述两市进行为期 10 天的友好访问。在万达市期间,代表团与万达市政府就进一步深化两市多领域交流与合作进行友好会谈,并访问万达市教育局、芬兰国家教育委员会及万达市部分中小学、幼儿园及职业学校,达成济南七中与万达市卢默高中建立友好学校的意向,就市中区教育代表团访问芬兰万达市的有关细节安排进行协商,为与济南市学校间开展教育国际交流与合作搭建平台。代表团还专程前往赫尔辛基大学孔子学院,与该院中方院长就万达市孔子课堂建设进行协商。在捷克库特纳霍拉市期间,代表团与该市市长、副市长、议员代表就深入推动两市间交流与合作进行座谈交流,达成库特纳霍拉市与济南市建立友好城市关系的重要意向。代表团访问了库特纳霍拉奥滕文法学校,达成济南七中与奥滕文法学校开展教师交流、学生交流的意向,就支持库特纳霍拉市学校开设中文课程,建设孔子课堂进行了探讨。

(高洪波　孙开花　黄传新)

责任编校　王　洋

科学

科技综述

【概况】 1.科技支撑经济发展方式转变作用日益突出。围绕重点园区、重点企业、重点产业、重点产品，采取有力措施培育发展“三新一高”（新材料、新医药、新能源和节能环保、高端装备制造产业）战略性新兴产业，推进经济结构调整和发展方式转变。全年实施市级重大专项18项，新培育高新技术企业86家（总数达到352家）。共建成国家级科技园区5个、火炬计划特色产业基地8个、863成果转化基地2个、国际科技合作基地1个。高新区对全市经济社会的拉动作用日趋强劲，综合实力居全国83个国家级高新区第13位。全市实现高新技术产业产值1979.67亿元，占规模以上工业总产值比重的38.66%，比年初增长1.01个百分点。

2.科技惠及民生作用更加显现。开展科技特派员工作，认定市级科技特派员示范基地9个，选派市级科技特派员150人，引进推广新品种193个，新技术163项。实施农业良种工程，10大种业企业自主创新种质18份，引进创新种质73份，推广新品种面积约1.33万公顷。开展科技富民强县工作，市中区和章丘市被认定为省科技富民强县试点县（市）区。大力加强国家综合性新药研发技术大平台和国家创新药物孵化基地建设，新争取省级项目2项，经费5000万元。积极推动新能源汽车示范工作，全年示范应用混合动力公交车100辆，纯电动公务车26辆，全市示范应用新能源汽车达到226辆。

3.企业核心竞争能力不断增强。全年共争取省级以上项目155项，资金1.96亿元；下达市级计划546项，安排经费1.35亿元。新增国家级创新型企业1家；省级创新型（试点）企业19家，总数达38家；新增市级创新型企业30家，总数达105家；新认定省级创新联盟13家，总数达20家；新认定技术先进型服务企业6家，总数达到12家；新认定济南市自主创新产品128个，累计达379项。我国首条高端集成电路存储器封装测试生产线在浪潮产业园上线投产。山东电力研究院等单位研制的智能变电站巡检机器人、济南二机床集团研制的大型快速智能冲压装备等一大批科研成果达到国际领先水平。全市获国家科技进步二等奖3项，省科技奖43项。全年专利申请总量18564件，授权量11329件。其中，发明专利申请量5125件，同比增长49.33%；授权量1623件，同比增长28.81%。

4.科技创新平台建设取得新突破。重点加强高层次重大研发平台建设。年内，国家超级计算济南中心、中国科学院量子技术与应用研究中心暨济南量子技术研究院、国家科技成果转化服务（济南）示范基地、济南云计算中心等相继揭牌启用。积极推进企业研发机构上档升级。全市新增国家工程技术中心1家，总数达到4家；新增省级工程技术研究中心19家，总数达126家；市级工程技术中心达63家。新增国家级企业技术中心2家，总数达15家；新增省级企业技术中心8家，总数达56家；新增市级企业技术中心10家，总数达153家。齐鲁电机、齐鲁制药、圣泉集团和福瑞达4家企业进入重点实验室建设阶段。进一步深化产学研合作。组织第二届济南大学—济南市科技合作论坛，启动开展科技信息研究与决策咨询研究全面合作，新建产学研合作基地、教学实践基地等39家，促成重点科技成果转化189项。科技服务平台建设水平提高，市科技服务中心被批准为济南市政府行政审批分中心，并被济南市行政审批中心评为优秀服务大厅。全年实现技术合同交易额27.4亿元，比上年同期增长30%，增长幅度创历史新高。

5.国家创新型试点城市建设稳步推进。召开全市科技进步暨创新型城市建设表彰大会，兑现奖励资金达5379万元。进一步加大科技创新税收优惠政策免抵力度。2010年度落实企业研发经费扣除额1.88亿元，落实高新技术企业税收减免6.59亿元。加强优秀创新团队建设。新培育济南市优秀创新团队10个，总数达20个；新培育“科技明星计划”50人，总数达435人；新培育“留学人员创业计划”14人，总数达116人。引进“5150”人才163人。全年新认定中国驰名商标7个，总数达35个；新增山东省著名商标43个，总数达214个；新增地理标志集体商标7个，总数达17个；新增出口国商标注册8个；制定国际标准1项，实现零的突破。以“携手建设创新型国家”为主题，在全市组织开展科技活动周活动，科技创新氛围更加浓厚。通过2009~2010年度全国县（市）区科技进步考核，济南市连续5届被评为全国科技进步考核先进市。历下区、市中区等7个县（市）区被评为全国科技进步考核先进县（市、区），创历届新高。

（李月明 何庆春 刘全祥 张明燕）

【科技进步暨创新型城市建设表彰大会】 2月19日，济南市召开科技进步暨创新型城市建设表彰大会。会上，市委、市政府对实施创新驱动战略、加快国家创新型城市建设进行部署，颁布出台《济南市建设国家创新型城市试点工作实施方案》，明确提出到2015年进入全国创新型城市的先进行列。表彰奖励在科技创新和创新型城市建设工作中作出突出贡献的单位和个人，奖励总金额5379万元。这是济南市连续第五次对创新型城市建设进行政策性奖励，累计兑现奖励资金超过2.7亿元。（刘全祥 陈京娜）

【中国科学院量子技术与应用研究中心暨济南量子技术研究院落户济南高新区】 5月16日，中国科学院量子技术与应用研究中心暨济南量子技术研究院落户济南高新区。中国科学院量子技术与应用研究中心将依托中国科技大学建设，以济南量子技术研究院作为日常办事机构。山东省安排项目研发资金1.78亿元。

（陈 波）

【建成全省首家市级云计算中心】 7月22日，由济南市政府与浪潮共同打造的国内首个基于自主知识产权云计算产品和方案构建的"济南云计算中心"在济南正式揭牌，济南云计算中心的核心装备全面采用自主知识产权的产品和技术。济南市政府与浪潮集团签署共同推进云计算战略合作协议，济南市将与浪潮集团共同编制济南市云计算产业发展规划，围绕国家云计算发展战略，打造一流的云计算产业链，形成2～3个云计算产业基地和产业集群，带动相关产业发展，使以云计算为代表的战略性新兴产业成为"十二五"期间济南市新型工业化的支柱产业。浪潮集团将围绕云计算、三网融合、半导体照明等重大产品和核心技术，持续加大投入，抢占新产品先机和新技术制高点，力争在"十二五"末实现销售收入1000亿元，推进信息产业在济南市的集聚发展。

（李 婷）

【济南市暨商河县科技活动周开幕】 5月15日，济南市暨商河县科技活动周在商河县鼓子秧歌广场开幕。本届科技活动周，更加注重结合全市创新型城市发展实践，突出"提高自主创新能力、建设国家创新型试点城市"的主题，突出"科技支撑发展、科技惠及民生"的重要作用，针对当前社会热点和群众的实际需求，围绕主题举办一系列科普活动。主要大型活动有10项：科技活动周启动仪式，核科学技术知识科普宣传系列行动，粮油科普知识系列讲座，校园科学剧表演大赛，"关注心理健康，促进社会和谐"——心理健康进社区活动启动仪式，流动科技馆进校园，专家企业行报告会，齐鲁大学生软件设计及外语大赛巡回报告会，气象学会专家服务站科技服务活动，济钢科普周。（张成军）

【国家科技成果转化服务（济南）示范基地启动】 5月31日，国家科技成果转化服务（济南）示范基地启动仪式暨科技成果发布会在山东华艺集团举行。2010年11月，国家科学技术奖励工作办公室首批批准设立两家（济南、厦门）科技成果转化服务示范基地。主要目的是依托国家科技成果资源，推动科技新成果在济南及周边城市向现实生产力转化，实现国家科技成果转化的典型示范作用。该示范基地的体制是政府引导，企业（山东华艺集团）运作，市场调节，实现共赢。

（刘全祥 赖李宁）

【《济南科技志（1986～2005）》举行首发式】 9月6日，济南市史志办、市科技局联合举行《济南科技志》（1986～2005）首发仪式。该书编纂工作于2007年5月8日启动。4年多来，历经5次审修、10易其稿，全书共7篇32章、120万字，从科技发展、成果、产业、人才、机构、管理、服务等方面，全面记述改革开放20年间全市科技工作者的奋斗历程和成就，为广大人民群众了解科技，热爱济南，励志创新奉献了一份本土教材。（刘全祥）

【济南市发布科技发展"十二五"规划】 9月7日，《济南市科技发展"十二五"规划》发布。《规划》提出"十二五"科技发展总体目标是：坚定不移地加强国家创新型城市建设，进一步优化科技资源配置，完善创新环境，努力实现科技投入大幅增加，创新活力显著增强，科技综合实力和城市竞争力全面提升。至"十二五"末，初步实现经济发展方式由要素驱动向创新驱动的转变，全面完成国家创新型城市试点建设任务，并进入国家创新型城市建设试点的先进行列。全市规模以上工业高新技术产业产值达到5000亿元，全社会研究与试验发展（R&D）经费占生产总值比重2.65%以上，万人专利申请量达到30件。（纪 元）

【国家超级计算中心落户济南市】 10月27日，国家超级计算济南中心落户济南市。济南市成为继天津、深圳之后，第3个拥有国家超级计算中心的城市。国家超级计算济南中心装备国内首台全部采用国产自主中央处理器和系统软件构建的"神威蓝光"千万亿次计算机系统，其实际计算能力排在国际TOP500第14位，标志着我国成为继美国、日本之后第三个能够采用自主中央处理器构建千万亿次计算机的国家。该中心建成后，将为山东省和济南市生物制药、海洋应用、天气预测、动漫渲染、集成电路设计等领域的应用基础科学研究和重大科学工程中的关键问题，在计算、仿真、模拟、展现等方面提供强力支撑，对提升济南市科技创新能力，调整产业结构，转变经济发展方式，加快战略性新兴产业发展起到积极推动作用。

（陈 波）

【连续第5次获全国科技进步考核先进城市】 11月，科技部正式下发《关于印发2011年全国县市科技进步考核结果的通知》和《关于表彰2011年全国县（市）科技进步考核先进集体和先进个人的通知》。其中，济南市及10个县（市）区全部通过科技进步考核；济南市被确定为2011年度全国县（市）科技进步考核先进市，这是济南市连续第五次获得这一科技领域最高荣誉；历下区、市中区、槐荫区、天桥区、历城区、章丘市、平阴县7个县（市）区被

确定为2011年度全国县(市)科技进步考核先进县(市、区)。 (张成军)

【济南市入选国家软件名城】 11月25日,济南市"中国软件名城"创建试点工作总结大会暨"中国软件名城"授牌仪式举行。济南成为继南京之后全国第二个获此称号的城市。济南市于2009年11月被国家工信部批准为"中国软件名城"创建试点城市。3年来,全市软件和信息服务业年均增长35%以上,全市软件和信息服务业企业达到1200多家、从业人员15.5万人,全市高新技术企业(353家)中软件企业(73家)所占比例达到21%,软件产业占全市GDP比重比创建前提高2.6个百分点,跃升为全市支柱产业。2010年主营业务收入突破1000亿元,其中软件业务收入达610亿元。形成齐鲁软件园、历下软件园、长清软件园错位发展,大学科技园、环保科技园、留学人员创业园等特色园区互为补充的"多园多基地"产业发展格局。 (李 婷)

【我国首条高端集成电路存储器封测生产线在浪潮投产】 12月16日,我国首条高端集成电路存储器封装测试生产线在浪潮产业园上线投产。该生产线是浪潮集团继并购奇梦达中国研发中心后对其资产成功实施的二次抄底并购,实现了以1亿元人民币将价值5亿元的奇梦达整条封装测试生产线收入囊中的目标。该生产线是奇梦达在欧洲重要的存储器生产基地之一,采用世界先进水平的FBGA(细间距球栅阵列)封装工艺,是全球领先的集成电路封装测试技术之一,其收购成功将改变我国电子信息产品存储器依赖国外的局面。投产后的浪潮集成电路封测生产线年产能可达6000万颗高端存储器芯片,年销售额将超过1亿美元。

(陈京娜)

【取得巡检机器人等科研成果】 全年全市大力扶持以企业为主体的自主创新体系建设,取得一批重大科研成果。山东电力研究院等单位研制的智能变电站巡检机器人、济南二机床集团研制的大型快速智能冲压装备、济南友邦恒誉科技开发有限公司研制的工业连续化废橡胶废塑料低温裂解资源化利用成套技术及装备等一大批科研成果达到国际领先水平。全年济南市共获国家科技进步二等奖3项;获省科技奖43项,其中省技术发明二等奖1项,省科技进步一等奖3项、二等奖9项、三等奖30项。 (刘全祥)

【天然气专用发动机开发】 完成单位:中国重型汽车集团有限公司。项目简介:该项目是拥有自主知识产权的电控、稀燃、增压中冷、四气门发动机,也是国内同等排量发动机最大功率档单燃料气体机。主要研究内容:天然气发动机高效低污染燃烧系统的开发,电控系统选型、匹配及标定开发,天然气发动机催化转化器的开发,发动机故障诊断标定及排放标定。主要创新点:①采用闭环电控技术,实现天然气发动机的燃料供给、点火正时等的精确控制。②采用稀薄燃烧、增压中冷和高能点火技术,通过对过量空气系数及点火提前角的精确标定,提高发动机动力性、经济性,降低排放。③通过稀燃控制NOX排放并采用氧化型后处理技术,实现发动机排放物HC、CO和CH_4的高效转化,发动机的排放指标达到国Ⅳ排放要求。该项目产品广泛应用于重型商用车、空调/非空调城市客车、城际间客车等领域,在国内、外天然气资源丰富并且加气站建设完善的地方得到推广应用,取得较大的经济和社会效益,新增产值4.1亿元、新增利润2500万元、新增税收7000万元。

【330兆瓦空冷汽轮发电机定子嵌线工艺研究】 完成单位:山东齐鲁电机制造有限公司。项目简介:该公司与Alstom合作生产的330兆瓦空冷汽轮发电机,为国内最大容量的空冷汽轮发电机。该项目采用VPI浸渍固化后的单支成品定子线棒嵌入定子槽内,进行槽固定和端部固定;采用凸凹槽楔和固定槽楔的双层结构,控制槽楔弯曲变形量,消除槽电位的产生;采用内外支撑环、拉紧装置、上中下压板等绝缘结构件使端部固定,压板把上下层线棒压紧,防止运行时的振动或突然短路使线棒产生有害变形,通过调整拉紧装置和内撑环与铁芯间的距离将线棒端部的径向和轴向固定牢固;采用大直径空心圆管弯成的连接环做连接线。由于采用新的绝缘结构和冷却技术,提高了定子绕组绝缘的机械强度和电气强度,改善了定子绕组的散热效果和固定强度。由于系统相对简单,安装维护方便,运行安全,因而在中小型汽轮发电机中具有较强竞争力。该项目已授权发明专利1项、实用新型专利1项。累计新增产值20000万元、创税约1680万元、利润约3800万元。

【核电站用电缆】 完成单位:山东华凌电缆有限公司。项目简介:该项目开发的核电站用电缆采用异质双层绝缘结构,较好地解决了电性能、机械性能和阻燃性能不能兼顾的矛盾。采用合理的结构设计和先进工艺,电缆能够满足IE级K3类核电站用电缆的性能指标,具有耐磨、抗拉、耐辐射、阻燃、耐老化等特点,使用寿命大于40年。其主要技术指标:①绝缘采用双层结构,辐照交联加工,共挤工艺,既可保证电气性能,又可保证阻燃和机械物理性能。②护套的抗张强度达到12N/mm,断裂伸出率达到250%;成品电缆通过160℃×1800h的模拟老化试验和GB/T18380成束燃烧试验(B类)。③燃烧烟密度试验符合GB/T17651规定要求,绝缘与护套燃烧时释放出气体试验符合GB/T17650的规定要求。该项目已授权发明专利1项、实用新型专利3项。成果广泛应用于海阳核电站、威海电厂三期、天津地铁、西安地铁等项目工程,累计销售收入15000万元、利润3000万元、实现税收700万元。

【实时切换物理隔离安全卡(HDP-Ⅳ)】 完成单位:山东中孚信息产业股份有限公司。项目简介:该项目研发的产品是传统隔离卡的替代品，能够解决传统产品进行内外网络切换时需要耗费大量时间和不能保存内外网操作系统工作现场等长期困扰隔离卡使用的关键问题，大大提高了物理隔离产品易用性。该项目采用自有核心技术设计的新一代"实时切换"物理隔离卡，包括单硬盘物理隔离技术和双硬盘（IDE、SATA）物理隔离技术两部分。能够提高内外网络切换速度，切换时间由原来的2分钟左右缩短至约30秒，而且能够保存用户在内外网操作系统中工作现场程序，使用户在内外网络工作时几乎不受网络切换影响。既实现物理隔离，能够确保系统安全保密，又方便用户使用，用户工作流程自然流畅。该项目的推广应用对推动我国政府信息化和企业信息化建设的快速发展具有重要意义。该项目产品已在山东省委办公厅、山东省农业厅、山东省工商局、青岛市环保局和湖南省纪委等数百家单位推广和应用。

【兆瓦级高效节能风电机组塔架法兰的研制】 完成单位：山东伊莱特重工有限公司、山东建筑大学。项目简介：风电塔架法兰是风电技术装备中的关键组成零件之一，风电塔架在整机造价比重中占15%左右。为承受海上的强风载荷、海水腐蚀和波浪冲击等，海上风电机组的基础远比陆上的结构复杂、技术难度高、建设成本高。该项目系统地研究海上风电法兰在不同锻造、碾环、热处理等条件下的显微组织、力学性能和低温冲击功，讨论了锻造工艺、热处理工艺参数和合金元素等对塔架法兰显微组织、力学性能的影响规律和机理。研究确定了3.6兆瓦大型海上风电法兰合金成分、锻造、碾环、热处理工艺、机加工、检测等一整套工艺路线和质量管理体系，开发了一次锻造和碾制2个风电塔架法兰的新工艺和碾扩模具。主要技术指标：拉伸强度≥545MPa，屈服强度≥340MPa，伸长率≥32.5%，断面收缩率≥71%，-50℃低温冲击功≥120J。兆瓦级节能风电机组塔架法兰项目获山东省技术创新项目计划资助2项，制订行业标准2项，申请发明专利1项、实用新型专利8项，已授权实用新型专利6项。项目实施以来新增企业就业300余人，累计新增产值3亿余元、新增利税8500余万元、出口创汇2500万美元。

【受污染引黄水库水净化处理关键技术装备研究与示范工程】 完成单位：济南市供排水监测中心、山东省给水处理工程技术研究中心。项目简介：该项目为建设部科学技术计划项目。项目针对引黄水库水低浊、高藻、高嗅味、高有机物和高溴离子等水质污染特征，研发的复合混凝剂、复合药剂和稳定型消毒剂适用于不同水质条件下引黄水库的现状常规工艺水质达标要求；臭氧—生物活性炭组合工艺可解决高藻和嗅味问题，有效规避溴酸盐超标和微生物泄露风险；超滤膜处理组合工艺可解决低温低浊、高藻高有机物、"两虫"等给水处理难题，微生物安全性大幅提高。构建了适用于引黄水库水净化处理的成套技术装备与示范工程体系。在饮用水特征污染物监测评价、常规工艺优化与深度处理集成技术等方面具有创新性和实用性。项目取得授权专利6项，发表论文12篇。在山东省主要沿黄城市供水系统得到应用，部分关键技术现已用于济南玉清、鹊华、商河清源、东营南郊、耿井、辛安等水厂提标改造工程，核心成果已推广至北京、郑州、潍坊等国内10余座大型水厂，累积应用规模达218万立方米/天。示范水厂运行稳定，出水满足《生活饮用水卫生标准》，嗅味明显改善，有机物高效去除，消毒副产物大幅消减。

【氧化镁湿法烟气脱硫和回收水合硫酸镁新工艺及工业示范工程研究】 完成单位：济南市环境保护科学研究所、清华大学。项目简介：该项目是国家科技攻关计划项目。为实现脱硫副产品资源化、改脱硫亏损为运行盈利宗旨而研发立项。该项目通过对氧化镁湿法脱硫机理进行深入研究以及脱硫吸收液循环氧化提浓工业试验，揭示了氧化镁湿法脱硫机理；解析了氧化镁湿法烟气脱硫与副产物回收工艺衔接工序的关键参数；研发了工艺简练可靠、成本低、效益好的氧化镁烟气脱硫及产物浓浆法氧化回收工艺；建立了国内第一个氧化镁湿法脱硫及回收水合硫酸镁示范工程。该项目采用循环提浓冷却结晶工艺，建立了具有较高经济性的氧化镁烟气脱硫回收水合硫酸镁的成套循环经济新工艺，回收得到工业级七水硫酸镁，实现脱硫副产物的高效回收，突破了氧化镁法脱硫副产物难以实现资源化的技术瓶颈，实现"脱硫运行盈利"。项目共申请发明专利4项，其中授权发明专利2项；发表论文10篇，其中SCI收录4篇、EI篇收录1篇、中文核心4篇。

2011年度济南市科技奖获奖项目

奖励级别	奖励等次	项目名称	完成单位
国家科技进步奖（3项）	二等奖	重组人白介素-11的研制及产业化关键技术	齐鲁制药有限公司、山东大学、山东元隆生物技术有限公司
		工业连续化废橡胶废塑料低温裂解资源化利用成套技术及装备	济南友邦恒誉科技开发有限公司、青岛科技大学

续表 1

奖励级别	奖励等次	项目名称	完成单位
		大批量混流生产工艺过程优化平台及其在汽车等行业的应用	华中科技大学、安徽江淮汽车股份有限公司、奇瑞汽车股份有限公司、中国重型汽车集团有限公司、江铃控股有限公司、一汽海马汽车有限公司、湖北三江航天万山特种车辆有限公司
省科技进步奖（42 项）	一等奖(3 项)	受污染引黄水库水净化处理关键技术装备研究与示范工程	济南市供排水监测中心、山东省给水处理工程技术研究中心、中国石化集团胜利石油管理局供水公司、济南泉城水务有限公司、山东大学
		多靶点抗代谢类抗肿瘤药物培美曲塞的研制及产业化	齐鲁制药有限公司
		规模化固定床生物质热解气化技术开发及其产业化	山东大学、山东百川同创能源有限公司
	二等奖(9 项)	支持多行业的职业资格服务及运营平台	山东大学、山东地纬计算机软件有限公司
		新型防弹插板研制	山东三达科技发展公司
		兆瓦级高效节能风电机组塔架法兰的研制	山东伊莱特重工有限公司、山东建筑大学
		济南市主城区活断层探测与地震危险性评价	山东省地震工程研究院、济南市地震局
		SKYE21225C 型数控伺服转塔冲床	济南铸造锻压机械研究所有限公司
		空内冷 330MW 汽轮发电机新产品创新研制	山东科技大学、山东新阳能源有限公司
		山东省软件产业发展模式研究	山东财政学院、山东中创软件工程股份有限公司
		生鲜农产品储藏与流通冷链工程成套技术开发与工程应用	山东省商业集团有限公司、山东神舟制冷设备有限公司
		超长连续溶蚀断层破碎带及软岩大变形隧道施工关键技术	中铁十四局集团有限公司
	三等奖(30 项)	大蒜精深加工关键技术研究及产业化	中华全国供销合作总社济南果品研究院、山东省巨野晨农天然产物有限公司
		轧钢生产技能训练与考核模拟仿真系统的开发与产业化	山东星科智能科技有限公司
		浪潮票据电子存根系统	浪潮齐鲁软件产业有限公司
		实现嵌入数据库决策支持驱动工作流管理的环境调控装置	山东正晨科技有限公司、山东建筑大学、北京航空航天大学
		基于多科目的通用考试网上评卷管理系统	山东大学、山东山大鸥玛软件有限公司、山东省教育招生考试院
		提高移动终端数据传输可靠性的软件技术及产品	山东神思电子技术有限公司
		铁路工务起拨道激光测量仪	济南蓝动激光技术有限公司
		城市绿色照明节能管理系统	山东泰华电讯有限责任公司
		基于换衬底技术的超高亮度 LED 制备技术	山东浪潮华光光电子有限公司

续表2

奖励级别	奖励等次	项目名称	完成单位
		超细煤粉生产油煤浆燃料油新技术的开发与应用	济南开发区星火科学技术研究院、山东星火科学技术研究院
		发动机活塞固体润滑减摩涂层材料的研究与应用	山东省科学院新材料研究所、山东滨州渤海活塞股份有限公司、山东久隆高分子材料有限公司
		均温构件流化床甲醇脱水制二甲醚工业试验	山东清大新能源有限公司、清华大学
		2,2－二羟甲基丙酸生产新工艺研究与开发	山东省化工研究院、济南艾孚特科技有限责任公司
		脱硫石膏在普通干混砂浆中的关键应用技术	山东华森混凝土有限公司、同济大学
		农村智能配电网建设与管理模式	商河县供电公司
		山东电网调度综合数据平台	山东电力集团公司、积成电子股份有限公司、北京科东电力控制系统有限公司
		生物质成型及高效燃烧技术和装备	山东省科学院能源研究所、济南百奥能源环境科技有限公司
		双电源双显示供暖分户计量与智能节能系统研制	山东建筑大学、济南雪山节能科技有限公司
		350 Km/h 高速铁路复杂环境下 112m 跨钢管混凝土提篮拱桥关键施工技术	中铁十四局集团有限公司
		导电高分子护套综合贯通地线	济南瑞通铁路电务有限责任公司
		60 公斤级高强度结构钢合金减量化的研究	济南钢铁股份有限公司
		能源行业用全自动高速高精密硅钢片落料生产线关键技术及设备	济南二机床集团有限公司
		XK2840×160 数控动梁龙门移动式镗铣床	济南二机床集团有限公司
		高速数控转塔冲床液压伺服控制系统的研究及推广应用	济南大学、济南德森特数控机械有限公司
		基于 PLC 技术的农林虫情自动监测预防系统的研制与应用	济南祥辰科技有限公司、山东省森林病虫害防治检疫站
		农村饮水安全集成技术研究与示范	济南市水利局、山东省水利科学研究院
		噻唑烷二酮及黄芪对实验性自身免疫性心肌炎大鼠作用的研究	济南市中心医院、山东省立医院
		阿尔茨海默病药物保护机制及其与 Prion 蛋白基因多态性的关系	济南市中心医院
		固定矫治器对牙龈健康的影响及伴放线放线杆菌基因多态性研究	济南市口腔医院、山东省医药生物技术中心
		吸入性全身麻醉药异氟烷的研究与开发	山东省医药工业研究所、山东科源制药有限公司
省技术发明奖(1 项)	二等奖(1 项)	高功率 808nm 非对称无铝应变量子阱激光器	山东华光光电子有限公司
市科学技术奖(120 项)	最高奖(1 人)	王晶翼(齐鲁制药有限公司)	

续表3

奖励级别	奖励等次	项目名称	完成单位
市技术发明奖（5项）	二等奖（3项）	自助办税终端	浪潮齐鲁软件产业有限公司
		J4K－071系列柴油发动机喷油嘴磨削加工自动生产线	济南四机数控机床有限公司
		脱硫石膏在普通干混砂浆中的关键应用技术	山东华森混凝土有限公司、同济大学
	三等奖（2项）	铁路工务起拨道激光测量仪	济南蓝动激光技术有限公司、铁道部标准计量研究所
		SHQZA复杂塑料门窗多工位自动焊接机	济南德佳机器控股有限公司
市科技进步奖（114项）	一等奖（8项）	天然气专用发动机开发	中国重型汽车集团有限公司
		330MW空冷汽轮发电机定子嵌线工艺研究	山东齐鲁电机制造有限公司
		核电站用电缆	山东华凌电缆有限公司
		实时切换物理隔离安全卡（HDP－IV）	山东中孚信息产业股份有限公司
		兆瓦级高效节能风电机组塔架法兰的研制	山东伊莱特重工有限公司、山东建筑大学
		受污染引黄水库水净化处理关键技术装备研究与示范工程	济南市供排水监测中心、山东省给水处理工程技术研究中心、中国石化集团胜利石油管理局供水公司、济南泉城水务有限公司、山东大学
		氧化镁湿法烟气脱硫和回收水合硫酸镁新工艺及工业示范工程研究	济南市环境保护科学研究所、清华大学、山东绿盾环保工程有限公司、肥城矿业集团有限责任公司
		高血压靶器官损害与保护研究	济南市中心医院
	二等奖（43项）	20mm高强板多功能数控开卷校平生产线	济南铸造锻压机械研究所有限公司
		动车组轮对组装、检修线智能化螺纹装配系统的研制	山东同力达智能机械有限公司
		MJ－630/MC型数控车削中心	济南一机床集团有限公司
		TK6920×154数控落地铣镗床	济南二机床集团有限公司
		轧机换辊车	济南华北升降平台制造有限公司
		ZRMC2620中速磨煤机	济南重工股份有限公司
		K172FMM发动机开发与制造	济南轻骑发动机有限公司
		基于风险调整的商业银行经营分析系统	浪潮集团有限公司
		新一代32位多功能SOC芯片	浪潮电子信息产业股份有限公司
		基于数字信号传输网络的电视收视率调查系统	济南恒大视讯科技有限公司
		密码安全应用平台	山东得安信息技术有限公司
		DLP大屏幕拼接显示控制系统	山东巨洋神州信息技术有限公司
		基于SOA构架的企业信息融通平台	济南时空超越科技有限公司
		数据库操作行为监督审计系统	山东矩阵软件工程有限公司
		聚异丁烯研制及产业化	山东鸿瑞石油化工有限公司

续表4

奖励级别	奖励等次	项目名称	完成单位
		超细煤粉生产油煤浆燃料油新技术的开发与应用	济南开发区星火科学技术研究院、山东星火科学技术研究院、济南联星石油化工有限公司、北京欧美中科学技术研究院
		转炉出钢气幕挡渣技术的研制与应用	济南镁碳砖厂有限公司、济南大学
		ASP 中薄板坯超低碳深冲 IF 钢 JSt14 的研制	济钢集团有限公司
		日光温室土传病害综合治理技术研究	济南市蔬菜技术推广服务中心
		大粒优质无核葡萄新品种选育及产业化开发	济南澳利花卉园艺有限公司
		基于 PLC 技术的农林虫情自动监测预防系统的研究与应用	济南祥辰科技有限公司、山东省森林病虫害防治检疫站
		优势珍稀食用菌林间标准化生产技术研究与开发	济南市食用菌工作站
		设施蔬菜持续发展关键技术研究与示范	济南市蔬菜技术推广服务中心、山东省农业科学院蔬菜研究所
		济南市园林绿化建设质量评价体系研究	济南市园林绿化工程质量监督站
		鸡白细胞介素 2 的基因克隆及序列分析和 IL－2 新城疫基因疫苗的研究与应用	济南市畜产品质量安全监测中心
		农村饮水安全集成技术研究与示范	济南市水利局、山东省水利科学研究院
		济南市污水处理厂水质再提高（减排）技术集成与工程示范	光大水务（济南）有限公司
		混凝土顶板供冷（暖）/置换通风在低能耗建筑体系中的应用	山东同圆设计集团有限公司、山东建筑大学
		济南轨道交通线网规划之核心都市区远景规划研究	济南市规划设计研究院
		济南市市区道路扬尘粒子的污染监测及控制对策研究	济南市环境卫生科学研究所
		应用血管内超声显像技术评价冠状动脉病变与颈动脉病变相关性的研究	济南市第四人民医院
		快速 B－型脑钠肽在急性心肌梗死患者早期心力衰竭中的预测价值	济南市中心医院
		脑缺血再灌注损伤药物保护作用实验与临床研究	济南市中心医院
		IL －1 和 IL－6 基因多态性与结核易感性的相关性研究	济南市中心医院
		超薄型股前外侧皮瓣的显微解剖学及临床应用研究	济南市第三人民医院
		透明外鞘脑室内窥镜治疗高血压脑出血的临床研究	济南市第三人民医院
		PKRP 围手术期静脉血栓栓塞症的研究	济南市第五人民医院

续表 5

奖励级别	奖励等次	项目名称	完成单位
		JN219 抗轮状病毒机理研究模型的建立	济南市儿童医院
		孕中期胎儿重大遗传病产前筛查及产前诊断技术的临床应用研究	济南市妇幼保健院
		Tim 基因家族与儿童哮喘的关系	济南市儿童医院
		疏肝益肾法对女性抑郁患者性激素干预及相关性研究	济南市中心医院
		济南市麻风病流行状况及防治对策研究	济南市皮肤病防治院
		四季感冒系列产品的研制与开发	山东明仁福瑞达制药有限公司、山东省生物药物研究院
	三等奖(63 项)	(略)	

(郑艺颖　王文锋)

地震·气象

【防震减灾】 1. 完善地震监测台网。①不断完善市县地震监测台网。市地震局坚持“以市为主、市县共建”的原则，全年共投资 60 余万元，在平阴、章丘、济阳、商河、市中、长清、历城、高新区 8 个县(市)区建成县级地震监测中心；新建市中、长清、商河、天桥、历下、高新区 6 个强震动台，全市强震动台已达 13 个，实现强震台县(市)区全覆盖，全市地震监测和地震烈度速报能力显著提升；加强监测设备、系统运维管理，市监测中心设备和系统实现单台运行率均保持 95% 以上，确保全市地震监测台网正常运行。②加强地震群测群防工作。根据市地震局关于加强和规范“三网一员”(地震知识宣传教育网、灾情速报网、宏观观测网、防震减灾助理员)体系建设的统一部署，历城区、天桥区、平阴县、长清区等召开专题会议，槐荫区举行宏观观测点授牌仪式，市中区、章丘市等联合有关部门下发文件，其他县(市)区也采取不同形式积极抓好落实。在市、县(市)区共同努力下，重新登记确定宏观观测点 139 处，灾情速报网点、科普宣传网点各 130 处，防震减灾助理员 130 人，并筛选出市级地震宏观观测点 19 处，将对其统一挂牌管理，发挥群测群防工作在地震短临预报、灾情速报工作中的重要作用。③开展地震监测科研活动。《济南市主城区活动断层探测与地震危险性评价》获省科技进步二等奖；在全省地震观测资料评比中，数字测震台网运行、信息网络均获第一名，地震速报获第二名。

2. 切实加强抗震设防监管。①扎实推进地震小区划工程。在济南市主城区、长清大学城和章丘市主城区完成地震小区划基础上，研究制定《济南市地震小区划结果使用办法》。高新区地震小区划正式启动，平阴县分 3 年实施完成主城区小区划工作，济阳县已经落实地震小区划启动资金。②联合开展震害防御工作检查。全面落实省防震减灾领导小组工作要求，成立地震灾害防御工作专项检查组，先后对市教育局、卫生局、城乡建设委、供电局管理的有关建设工程地震灾害防御情况进行检查，提出整改意见和措施。市地震局还协同教育部门开展全市中小学校安工程检查，为校安工程提供地震安全保障。③严把建设工程抗震设防要求关。县(市)和高新区依法将抗震设防要求纳入基本建设管理程序。全面落实地震安全性评价和一般建设工程抗震设防要求的有关规定，济南市、章丘市、济阳县、商河县地震局审批窗口多次获优秀窗口称号，窗口服务人员多次被评为先进个人、服务标兵。

3. 开展地震应急实战演练。11 月 15 日凌晨 4 点 28 分，为检验 1 月 29 日济阳 3.5 级地震后修订的地震应急预案，市地震局与章丘市地震局联合开展模拟三涧溪村 5.5 级地震应急演练，整个演练活动持续 6 个半小时。

4. 深入开展试点示范工程。章丘市省级防震减灾基层基础工作示范县试点创建活动扎实开展，富有成效；历城区青少年素质教育基地和济南市地震监测中心被确定为省级防震减灾科普教育基地；在章丘市的山东丰汇设备技术有限公司、历城区的济南市公明新技术开发有限公司进行试点，积极培育全市地震安全示范企业；确定济北街道办事处韩家居委会等市级农村民居地震安全示范工程 2 个；市地震局协同市教育局，制定地震科普学校达标标准，在全市中小学校全面开展达标创建活动。

(于金正)

【长清地震台落成启用】 5 月 12 日，长清地震台正式落成启用，该地震台位于长清大学城紫薇路以东，常青藤御龙湾以南，占地 0.67 公顷，建筑面积 1044.77 平方米，投资 600 余万元。长清地震台建成，标志着济南市“十一五”重点项目全面完成，全市已拥有 8 个测震台、13 个强震动台、12 个数字化前兆监测站和遍布城乡

的139个宏观观测点，能有效监测辖区内1.0级以上地震。 （于金正）

【印发市防震减灾规划】 9月29日，市政府印发《济南市防震减灾“十二五”规划》，对全市“十二五”期间的防震减灾工作提出要求。《规划》围绕建立健全防震减灾三大工作体系，就强化地震监测预警能力，提高城乡地震灾害防御水平，健全地震应急救援体系，建立健全防震减灾宣传教育长效机制等方面制定具体措施，通过推进县（市）区防震减灾工作，提高全市防震减灾工作水平。《规划》还分别在基础设施、装备设备、公共服务和社会管理方面确定全市防震减灾“十二五”重点建设项目。 （于金正）

【市地震监测中心成立】 9月13日，市编委批复同意设立济南市地震监测中心，为市地震局所属财政全额拨款的正处级事业单位，内设综合科和业务科两个科室，人员编制11名，主要职责是负责地震监测中心、各地震监测台站和地震应急指挥中心及相关配套设施的建设管理，开展地震科研攻关和对外交流合作，进行防震减灾宣传教育活动。10月17日，济南市地震监测中心揭牌。 （于金正）

【《济南市防震减灾条例》颁布实施】 12月19日，市政府召开《济南市防震减灾条例》颁布实施工作会议。《条例（草案）》于6月3日市政府第78次常务会议讨论通过。济南市人大常委会分别于7月27日、9月28日进行一审、二审并通过，于11月25日经省人大常委会第二十七次会议批准，定于2011年12月20日实施。《济南市防震减灾条例》共6章50条，分为总则、地震监测预报、地震灾害预防、地震应急救援、法律责任、附则。 （于金正）

【气象概况】 市气象局不断强化观测资料和信息传输的质量管理，基础业务质量稳步提高，在全省气象系统综合业务目标考核中获第一名。在全省第二届行业职业技能竞赛中，有1人取得参加第三届全国气象行业预报竞赛选拔培训资格。积极选派业务、管理人员参加有关学习培训；聘请专家、省局首席预报员等讲学授课；鼓励在职人员参加在职学历学位教育；所有外出学习、培训、考察人员回单位后均以适当方式进行汇报交流，做到学习成果共享。组建科研创新团队，围绕业务工作需解决的难点和重点，集中攻关，与南京信息大学滨江学院签订局院合作协议。重点开展《加强大城市气象应急减灾服务能力建设有关问题研究》《济南市城区内涝风险评估及对策研究》等课题研究。全市气象系统职工发表论文30篇，其中核心期刊9篇。争取中国气象局2项、省局2项和市科技局课题1项。全年共实施人工增雨（雪）作业26次、发射火箭弹2657枚，增雨量6520万吨，为趵突泉水持续8年的喷涌做出贡献。济南市气象局与济南市人工影响天气办公室被评为济南市保泉先进集体，有1人被评为济南市保泉先进个人。 （毛晓平）

【济南气象防灾减灾预警中心开工】 10月9日，总投资约1.6亿元、占地1.46公顷的济南气象防灾减灾预警中心正式开工建设。该项目既是“十二五”气象事业发展规划的重点项目，又是市政府2010年60号《会议纪要》和省部合作协议确定的重点工程，其中济南防灾减灾气象科普馆也是省气象局确定的全省气象防灾减灾科普基地，曙光、CARRY、IBM等中国气象历代超级巨型计算机系统将在馆内展示。 （毛晓平）

【为扑灭“4·18”长清森林大火提供气象保障】 4月18日，长清区万德镇突发山林大火，市气象局立即启动森林火灾气象服务应急预案，组成气象应急服务组第一时间赶赴火灾现场，三天三夜在火灾现场开展实况监测和预报服务，紧急调动7辆移动人工影响作业车进驻现场增雨作业。济南市气象台加强24小时不间断值班，及时收集火场周边县市的风向风速，每半小时一次加密观测并将数据及时上传，每隔1～2小时向市政府应急办提供天气实况和趋势预测，同时以文字材料方式报送市指挥部，为现场扑救工作提供保障服务，共报送森林防火现场服务天气快报29期，天气实况91期。市气象局被评为“森林防火先进单位”。 （毛晓平）

【开拓气象服务】 1.拓展决策气象服务。市气象局全年认真做好关键性、转折性、灾害性等重大天气预报服务，及时发布暴雨、雷电、干旱、雪冻等重要气象预警信号。年内提供电话传真服务4000余次，短信服务800余次（近90万人次）；邮件服务400余次。针对日本福岛核电站事故辐射影响，向市政府和相关部门报送《日本福岛核电站事故气象服务》专报22期。7月，参加济南市内河防汛抢险演练，气象服务准确、及时、到位，1人被评为“济南市防汛演练先进个人”。配合市政公用事业局开展冬季道路洒水、公交车运行和供暖气象服务。

2.强化公众气象服务。充分利用“12345”市民热线、“12121”自动答询、新闻媒体、手机短信、电子显示屏等及时发布天气预报。全年共制作近期天气和气象资讯各365期，重要天气预报17期，预警信号30期；改进《泉城新气象》栏目，丰富内容，每天5个频道播出15次，并将电视天气预报制作到乡镇，受到社会关注和市民喜爱，获全省气象影视服务业务竞赛团体第二名、气象科普类第一名；济南气象政府门户网站强化了公众服务、党务、政务公开和在线互动等功能，设置了10余个栏目，成为气象部门履行社会管理职能、发布气象信息、服务人民群众的重要平台。

3.“三农”气象服务进一步深化。针对1951年以来同期降水最少的秋冬连旱，先后启动重大气象灾害（干旱）预警防御应急预案Ⅱ级应急响应令，加强天气会商和服务。组织科技人员深入章丘市测土配方施肥示范基地实地察看麦田旱情，提出小麦春季管理建议与对策；开展设施农业气象服务，制作设施农业天气周报。

4.开拓企业气象服务。和省气候中心合作，争取省、市有关部门投资120万元，在济南伟丽种业有限公司安装小气候观测站等气象设施，增加了为现代化设施

农业开展服务的科技含量。（毛晓平）

【为伦敦奥运会女足亚洲区预选赛决赛提供气象服务】 2012年伦敦奥运会女子足球亚洲区预选赛决赛于9月1～11日在济南市奥体中心和山东省体育中心两个赛场同时进行，市气象台自8月31日起为组委会提供气象服务。比赛日期间，在比赛前3小时向组委会和比赛现场提供天气预报；训练日期间，分别在早晨和下午提供济南市奥体中心和山东省体育中心的场地预报。天气预报制作后通过传真和电子邮件的形式向组委会和两个比赛场地传送。共发布气象服务专报17期。市气象台还与组委会建立了24小时服务热线，遇有突发天气时随时向组委会提供气象服务。（毛晓平）

【规范省会城市防雷安全工作】 按照省局党组关于规范省会城市防雷管理的要求，争取市人大支持，协调行政审批中心出台了《济南市建筑项目集中审查的通知》，将气象等7个部门在建工程图纸联审意见作为规划、房管部门办理规划许可、房屋预售的必备手续，从源头上规范防雷图纸审核工作；联合市安监局和公安局下发了《关于进一步加强防雷安全工作的通知》等3个文件，省防雷中心加大防雷检测力度，防雷检测率大幅提升；先后5次联合安监局对辖区内各大公园，旅游景点防雷设施重点检查，对联通、移动以及各大住宅小区进行防雷安全专项检查。组成联合执法队伍，对7家大的房地产开发商进行2个月的执法检查。“防雷审图”窗口共接167件，发防雷核准书110件，市区图纸审核及竣工验收达85%。市人大在气象局召开了农口各部门立法工作调度会，为气象立法工作打下基础。（毛晓平）

【济南市科学技术协会】 全市10个县(市)区均建有科协组织，市、县两级科协共有工作人员131人。市科协所属的市级学会、协会、研究会66个(市科协作为业务主管部门的66个)，会员22000人；企业科协171个(其中民营企业和新兴经济组织科协117个)，会员28943人；全市已建立各级老年科协组织2个，其中市级1个、县(市、区)级1个；各类农村专业技术协会1178个，会员30万人。

1.服务经济社会发展，开展决策咨询工作。以“大学生创新创业与企业需求”为主题，举办济南市第八届青年科学家论坛。指导学会开展决策咨询，组织“可再生能源”“提升工业设计水平”“转变经济发展方式考评体系”等课题研究。向市委报送《关于促进我市大学生创业就业的建议》《关于推进生态工业园区建设的建议》《云计算的现状与发展趋势》等专家建议3项。加大科普惠农工作力度。6个农技协、2个科普示范基地、2名农村科普带头人获国家级和省级表彰。长清区文昌街道办事处、历城区唐王镇成为省“科普双百工程”百强乡镇，商河大蒜特色品牌基地成为“山东省十大高效生态科普示范基地”。组织农村科普专家服务团授课300场。大力推进院士专家工作站建设，在山东乾舜矿冶、济南轻骑、光大水务(济南)建立院士专家工作站，全市已建立院士专家工作站8家，引进院士专家29名，签订合作协议10项。59家企业的1.8万名科技人员参与“讲、比”活动，评选优秀科技创新项目150项。济钢和济南轻骑成为全国创新方法试点企业，组织“专家企业行”报告会26场。

2.服务科技创新，开展学术交流。以“科技创新与新型工业化”为主题，举办济南市第五届学术年会，围绕自主创新、经济结构调整、新型工业化、战略性新兴产业等主题，邀请37位国内外专家作学术报告，2000余名科技工作者参与学术交流。实施“海智计划”，邀请海外专家3批、9人次来济交流，在风能发电机、电力机器人、动漫产业等方面进行交流合作。

3.服务全民科学素质提高。召开全市科学素质工作领导小组第五次会议和联络员会议。开展全国科普示范县(区)创建工作，历下区、市中区、历城区获2011～2015年度全国科普示范区称号。组织以“坚持科学发展、节约保护水资源”为主题的山东省暨济南市全国科普日活动，举办山东半岛蓝色经济区建设专题展、科技企业展，科普展览、讲座等活动55场次，参与群众20余万人。社区科普大学全年授课1200课时。针对日本大地震引发的核辐射危机，及时制作科普挂图、展板开展核辐射知识宣传。开展“心理健康进社区”活动，组织心理专家为群众开展心理咨询、科普讲座40余场。创新科普工作载体。与市政府12345市民服务热线联动，开通科普服务热线，认真受理广大群众对科普工作提出的意见和建议，及时答复和妥善处理群众反映的科普疑难问题。将社会工作引入科普领域，与市民政局联合成立全国首家科普社工工作站，在社会工作与科普工作相结合方面进行探索。组织第26届青少年科技创新大赛、第八届青少年电脑机器人竞赛、第三届山东省暨济南市校园科学剧表演大赛、第四届青少年科技节。在省青少年创新大赛获17个一等奖。科技节以“探索未来”为主题，设立30余项科技竞赛活动，全市数万名中小学生参与。组织流动科技馆进校园37场次，5.9万余名学生参加科技体验活动。实施大学生科技创新创业行动，依托学会团体设立竞赛组委会，深入开展大学生5项科技创新创业竞赛。第九届齐鲁大学生软件设计及外语大赛有70所院校、1022个团队，5950余名学生报名参赛；第四届齐鲁大学生服装设计大赛有19所院校、1000余人次报名参赛；第二届齐鲁大学生工业设计大赛共有省内9所院校、267人次参赛；第二届齐鲁大学生创业计划竞赛有27所院校、2200余人次参赛；第三届齐鲁(国际)动漫大赛有43所院校、3500余名学生报名参赛。

4.服务科技工作者，做好高层次人才引进和海外科技交流。组织留日博士泉城行考察团，14名留日博士与NEC软件(济南)有限公司、创博亚太科技(山东)

有限公司等企业进行对接，达成多项合作意向。联合市委组织部、市人社局组织第六届优秀科技工作者、第十一届优秀学术成果评选，表彰优秀科技工作者30人，表彰优秀学术成果283项。大力宣传在各条战线做出突出贡献的科技人才，制作《科技之子》专题片4期，在省市媒体宣传优秀科技工作者52人次。

（常　江　周建广）

【济南市社会科学界联合会】 市社科联所属学会、协会、研究会共45个，分政治、经济、哲学、文史、法学五大科类，共有会员约3万人。市社科联按照“突出重点深化理论研究，整合资源推进社科普及，培育功能加强学会建设”的总体思路，不断拓展新平台，打造新品牌，推出新亮点，先后获得全国先进社科联和山东省先进社科联称号。

1. 围绕中心，服务大局，理论研究和学术研讨不断深入。全年围绕学习贯彻党的十七届六中全会精神，推动省会文化大发展大繁荣工作大局，举办以“社会主义核心价值体系与先进文化”为主题的学术年会，年会共提交论文30余篇，形成一些对科学决策有影响的思想、观点和建议。以主办、联办和承办等多种形式，组织“全市学习贯彻十七届六中全会精神”“庆祝建党90周年”座谈会等系列学术研讨活动。完成《小清河（济南段）文化保护与开发》《济南市农民工问题研究》2项市级社科规划课题，其中《小清河（济南段）文化保护与开发》获优秀社科规划课题。牵头组织省市专家学者开展创新城市管理社会调研，撰写《为人民管理城市——济南市创新城市管理的实践及启示》调研报告，在《求是》杂志第5期刊发，《大众日报》全文转发。

2. 着眼品牌，丰富内容，社科普及工作向纵深发展。社科普及周的集中宣传效应进一步凸显。开展“宣传‘十二五’规划，助力科学发展”为主题的社科普及周活动。省、市、县三级联动，聚合作用进一步增强。重点开展主题展览、义务咨询、主题讲座三大板块活动，省市多家媒体进行跟踪报道，形成社会各界关心、关注、参与社会科学知识普及的热潮。依托人文济南讲坛载体，先后组织《如何进行社会管理创新》《济南休闲文化建设》《从媒体征婚看婚恋观的演变》等20多场报告，听众6000余人。在天桥区设立“天保新居社科普及示范社区”，组织开展社科专家基层行活动。协同省社科联为示范社区赠送社科类图书数百册，及时将最新社科知识送到基层。

3. 规范管理，致力发展，不断增强学会的生机活力。坚持“寓管理于服务，以服务促管理”的理念，切实加强基层学会的规范化管理建设。履行职责，认真做好社团日常管理，组织完成直属学会年检、学会信息报送、审核及数据汇总。加强学会组织建设，按照程序顺利完成教育学会、软科学研究会、水产发展与经营协会3个社团换届工作。基层学会呈现出在发展中求规范，在规范中寻发展的良好局面。一年来各学会组织研讨会、座谈会、报告会50余场次，科普展览30余场次，形成优秀调研成果20余篇，有力地推动了社会科学的创新发展。

4. 完善制度，改进办法，圆满完成社科评奖工作。修改《济南市社会科学优秀成果奖评选办法》，评奖经费和奖金额度较之往届有较大幅度的提高，同时充实调整评委会，加大初评力度。经过评委的评议，最终评出获奖成果80项，其中一等奖5项，二等奖25项，三等奖50项。本次获奖成果集中体现三个特点：①覆盖面广。涵盖了哲学、政治、经济、党建、新闻、文学等众多领域。获奖者中既有高校专家学者，也有来自实际工作部门的人员。这说明社科评奖工作正在形成一种多学科、全方位、多层次的格局。②为经济发展这个“第一要务”服务的获奖成果突出。选题为经济发展方式转变与“十二五”规划、中小企业自主创新、新兴产业研究、楼宇经济等社会普遍关注的经济发展问题占有相当的比例，部分研究成果被党委政府批示、采纳。③具有地域文化特色的获奖成果令人耳目一新。研究济南城市品牌、文化创意、非物质文化遗产等方面的成果明显增多。出现了《胶济铁路与济南商埠的兴起》《千佛山禅宗现状调查及保护开发对策研究》《非遗保护与利用的动态博弈》等获奖成果。

（苑　红）

【社科主题学术年会】 12月2日，举办以“社会主义核心价值体系与先进文化”为主题的学术年会。学术研究的视域与济南发展实践的充分结合是年会的一个亮点。主题紧贴新形势下建设经济文化强市的总体布局，对如何突出社会主义核心价值的提炼与建构、文化的发展繁荣与创新、文化产业发展中长期战略、济南筹办“十艺节”的文化效应等问题进行了研究。研讨方向更加明确集中，研讨题目更具针对性、时效性。年会共提交论文30余篇，形成对科学决策有影响的思想、观点和建议。

（苑　红）

【社会科学普及周】 5月7日，举办以“宣传十二五规划，助力科学发展”为主题的社科普及周活动。省、市、县三级联动，聚合作用进一步增强。重点开展三大板块活动：①主题展览。在章丘百脉泉广场展出省市“十二五”规划内容，图文并茂向公众详细解读今后5年省会经济社会发展脉络。②义务咨询活动。组织20多个省市学会、100多位专家学者设展位50余个，围绕择业就业、社保医保、心理健康、疾病防控、金融理财等话题，与公众展开面对面交流，为公众解惑释疑。③主题讲座。邀请寿光市三元朱村党支部书记“蔬菜大王”王乐义，为近千名基层乡村干部做主题报告，关注民生民情，积极推动社会主义新农村建设。《大众日报》、《济南日报》、山东电视台、济南电视台等多家媒体进行跟踪报道，形成社会各界关心、关注、参与社会科学知识普及的热潮。

（苑　红）

济南市第二十六次社会科学优秀成果奖获奖成果

获奖等级	作 品	单 位	作 者
一等奖(5 项)	《齐地历史与济南文化》(专著)	济南社科院	张华松
	《山东省文化创意产业集群化与可持续发展研究》	济南大学	张振鹏
	《生育观念与制度建构互动研究》	济南大学	陈岱云
	《经济增长方式转变、影响因素与十二五矛盾克服》	济南社科院	崔 巍
	《资源节约型社会指标体系、衡量标准及监测评价方法研究》	济南大学	朱孔来
二等奖(25 项)	《资源投入有效性研究》(专著)	济南大学	李光红
	《中国经济发展方式转变中的动力缺失及对策》	济南市委党校	孔祥敏
	《社会阶层分化背景下中国政党制度的社会整合功能研究》	济南市委党校	耿百峰
	《论发挥中国工人阶级的历史主动性与中国工会的历史使命》	济南市委党校	张吉清
	《中国转型期非正规就业女性群体的福利权问题研究》	济南大学	唐斌尧
	《胶济铁路与济南商埠的兴起(1904—1937)》	济南大学	林吉玲
	《魏晋时期琅邪颜氏家族文化研究》	济南大学	常 昭
	《村落精英与社区整合》	济南大学	龚晓洁 丛晓峰 赵宝爱
	《党的十六大以来党建理论与实践的新发展研究》	济南市委党校	刘晓钟
	《青年人才目标定向对创新行为的影响》	济南大学	葛金田 李成江
	《转变发展方式背景下承接国际服务外包的转移》	济南市委党校	翟芳玲
	《马克思主义哲学视域中的幸福问题》	济南社科院	王鲁宁
	《济南市建设发展现代都市农业研究报告》	济南市委政研室	张崇顺
	《知识启蒙——〈东方杂志〉对近代启蒙思潮的贡献研究》	济南职业学院	汝艳红
	《完善济南市社会救助体系研究》	济南社科院	朱冬梅
	《济南经济实现跨越式发展的路径选择》	济南大学	冯素玲
	《政党关系和谐与中国特色政党制度发展的新境界》	济南市委党校	金 刚
	《加强行政事业性收费管理 优化经济社会发展环境》	济南市财政局	王 毅
	《从城乡割裂到城乡融合 从分割发展到统筹发展》	济南市委党校	冯 雷
	《济南市拓展城市发展空间进程中的农民市民化问题研究》	济南市委党校	吴学军
	《非遗保护与利用的动态博弈》	济南大学	党红星
	《企业家创业精神视角下高校创业人才培养模式研究》	济南大学	赵 薇
	《略论罗伯特·基欧汉的“权力”思想》	济南大学	王力军
	《城市转型背景下济南外事发展研究》	济南市外办	李 敏
	《网络环境下图书馆参考咨询服务工作探析》	济南市图书馆	陈 敏
三等奖(50 项)	(略)		

(苑 红)

【济南社会科学院】 济南社会科学院以加快科研转型、建设新型智库为主题，以实施重大课题带动战略为主线，围绕市委、市政府确定的“新型城市化、新型工业化、创新驱动、富民惠民”四大战略，推进以科研为核心的各项工作。

1. 重大课题研究取得新进展。以济南市经济社会发展中的全局性、战略性重大问题为主攻方向，确定《济南实施新型城市化战略研究》《济南实施新型工业化战略研究》《济南实施创新驱动战略研究》《济南工业产业转型升级研究》等重大课题，分别由1名院长牵头，整合全院科研资源，成立课题组，实行集体调研攻关。以研究所为集体科研平台，发挥团结协作优势，确定7项所重点课题；根据科研人员的研究优势和特长，确定10项一般课题，包括经济、政治、文化、社会、民生等方面内容。①完成济南市社会科学规划重点课题7项，《基于历史文化资源优势的济南文化产业发展研究》《济南在中国共产党建党历史上的地位与作用研究》《“转方式调结构惠民生”形势下政府职能的改进与创新研究》《海归人才引进政策城际比较与发展环境研究》《济南“十二五”时期志愿服务的重点与突破研究》《从“文化事业”到“文化产业”——繁荣发展济南市文化事业与文化产业研究》《辛亥革命与济南的社会变革》，并通过市社科规划办鉴定。②完成院重点课题的结项鉴定工作，邀请省、市知名专家对14项重点课题进行评审鉴定，结集出版《济南城市发展研究》一书，院重大课题《济南筹办第十届中国艺术节研究》由山东文艺出版社出版发行。参与起草《中共济南市委关于贯彻落实党的十七届六中全会和省委九届十三次全会精神加快建设文化强市的实施意见》，并经市委九届十一次全会审议通过。③在《中国社会科学报》发表的署名文章《加快科研转型，建设新型智库》，在全国社科院系统产生强烈反响；在《济南宣传工作》《泉城瞭望》上发表反映全院科研工作的文章10篇；编辑《济南社会科学》6期、《济南社会科学信息》7期，促进科研成果转化和工作信息交流。宣传信息调研工作获市委宣传部表彰。④全年合计完成各类科研成果90项，有效科研工作量达150余万字。其中，6项科研成果获省市领导肯定性批示，18项科研成果获省、市各类奖项，多名科研人员就全市经济社会发展的重要问题接受了新闻媒体采访。完成学术论文74篇，其中公开发表论文24篇、内刊发表论文44篇、参加省市正式学术会议提交论文6篇；出版学术著作2部，参编学术著作2部。完成省市社科规划课题、软科学课题、院年度立项课题及上级领导交办和部门合作课题32项，其中16项2010年院重点课题和个人课题收入《济南城市发展研究》一书，其他16项各类课题已经正式结题或通过鉴定。⑤全年有18项科研成果获得省、市各类奖项19项。其中，获省市哲学社会科学优秀成果奖8项，《铁骑冲破万重关——中国重汽集团科学发展之路》《经济周期波动、危机与管控实践及理论再研究》两项成果获省哲学社会科学优秀成果三等奖，6项科研成果分别获市哲学社会科学优秀成果一、二、三等奖；获省级学会学术年会一等奖2项、二等奖1项，省级部门奖2项，市级部门奖、征文奖6项。

2. 加强与全国各地方社科院之间的横向联系。4月20日，邀请省社科院党委书记、院长张华作了题为《科研转型与创新》的学术报告。5月和11月，分别参加全国城市社科院第21次院长联席会议、第15次全国社科院院长联席会议、全国地方社科院行政后勤工作会议和全国“城市智库功能”论坛，学习交流借鉴各社科院的先进经验，提交题为《加快科研转型，建设新型智库》的大会经验交流材料。加强与市直部门合作，服务省会发展，受市政协委托，完成于2010年5月承担的省政协重大文化工程项目——《山东区域文化通览·济南文化通览》的初稿任务。科研人员参与部门调研活动，以其研究成果为省市领导提供决策服务。《大力发展城市外事、推动地方外事实现新突破》《强化“全域济南”理念、推动城乡统筹发展》《关于济南筹办“十艺节”的总体思考与建议》《突出“五个转向”，推动我市住房保障体系的进一步完善》4篇调研报告，得到省、市领导的肯定性批示，并转发给相关部门。3月，参加市委研究室《济南市南部山区生态功能保护区生态保护与农民增收》重大课题调研，得到市委、市政府主要领导的批示，被评为市委政研系统优秀调研报告。受市政府办公厅委托，完成《12345热线：社会管理创新的济南模式》，总结提升12345热线的创新经验做法，向全国有力宣传和推介济南的群众工作。10月18～19日，与山东社科院联合举办第三届山东省地方社科院科研联席会议，来自全省地方社科院的领导和专家学者70余人围绕“探索科研规律，服务地方发展”进行广泛交流和深入研讨。11月，与山东大学联合举办“近代民间组织与社会救济”国际学术研讨会，来自日本、韩国和台湾、香港等地区的中外学者近百人参加会议。12月2日，与市委宣传部、市社科联、市委党校、济南大学联合举办“社会主义核心价值体系与先进文化”理论研讨会，认真学习贯彻党的十七届六中全会和省委九届第十三次会议、市委九届十一次会议精神，以“社会主义核心价值体系与先进文化”为主题，研讨社会主义核心价值体系的科学内涵、精神实质以及与社会主义先进文化的关系，探讨全市推动文化大发展大繁荣的实践路径，为实施文化强市战略提供对策建议。

3. 加强人才队伍建设。6月，开展首次职称聘任工作，根据市人社局关于事业单位职称聘任的有关政策规定，积极稳妥推进首次职称竞聘工作。24名专业技术人员全部竞岗到位，按规定兑现工资待遇，彻底解决遗留多年困扰发展的问题。（梁永贤）

责任编校 王 洋

文化事业综述

【概况】 1."十艺节"筹备工作快速推进。①召开"十艺节"筹委会第二次全体会议。6月2日,召开筹委会第二次会议,听取了前期筹备工作情况汇报,市政府主要领导出席会议并就进一步加快筹备进程提出6个方面的要求,市政府分管领导与各县(市)区签订了基层公共文化设施建设目标责任书。②修订完善相关方案规划。进一步充实完善《济南市筹办第十届中国艺术节总体方案》,制定了舞台艺术创作生产、群众艺术创作等配套方案,分解细化了艺术创作生产规划和年度计划,促进了全市艺术创作生产任务的落实。③推进"三馆"规划建设进程。9月23日,作为新中国成立以来济南市规划建设的最大基础公共文化设施,总建筑规模10.4万平方米的"三馆"奠基,其中,市图书馆建筑面积4万平方米、市群艺馆3万平方米、市美术馆1.5万平方米、其他配套设施近2万平方米,完成35万立方米的土方开挖、4950棵钢管桩施工。

2.庆祝"建党90周年"系列活动隆重热烈。①组织开展主题广场文化活动。4月至11月,"喜迎十艺节·颂歌献给党"广场文化活动共组织演出649场,参演队伍230支、1.9万人次,受益群众65万人,媒体报道350篇次,成为济南历时最长、参演人员场次最多、覆盖面最广、社会影响最大的群众性文化活动。济阳县、天桥区、长清区精心安排部署,大幅度超场次完成演出任务。②创演和复排一批红色经典剧目。组织创演曲艺晚会《永远的誓言》、歌舞晚会《永恒的旗帜》等主题晚会,复排京剧《沙家浜》《江姐》等红色经典选段。市属文艺院团参演纪念晚会100余场。③组织主题群众文化活动。市群众艺术馆组织开展"党心民心·心连心"大型群众文化活动、"向党旗敬礼"诗词朗诵比赛等群众性庆祝活动20余场。章丘市、平阴县、商河县组织举办了主题鲜明的红歌会、专题晚会等庆祝活动。④举办了专题展览展映。市博物馆、图书馆、画院、群艺馆、府学文庙等组织举办专题图片实物展、书画展、公益讲座等12次。举办红色经典电影展映暨第二届社区广场电影节,放映经典影片300余场。历下区、市中区、槐荫区、历城区也都组织了形式多样的展览展映活动。

3.公共文化服务体系建设步伐明显加快。①推动市属专业演出场所改造建设。完成北洋大戏院改造工程前期筹备工作,并于10月底开工。新建的市民艺术中心,处在规划论证、立项审核阶段。②县级以下基层公共文化设施建设提速。在市政府"以奖代补"政策推动下,县级以下公共文化设施建设步伐明显加快,部分县级图书馆、文化馆建设已经完成,经市里验收的31处基层文化设施已合格达标,发放"以奖代补"资金1300万元。历下区、市中区、天桥区图书馆、文化馆"两馆"已达国家二级标准以上,章丘市、平阴县、济阳县、商河县、槐荫区、长清区等县(市)区的图书馆、文化馆等基础文化设施建设也相继展开。③文化惠民活动深层推进。建成农家书屋1172家,提前1年实现全覆盖。放映农村公益电影55680场,观众626万人次。市属文艺院团开展公益演出下基层300场,市群众艺术馆"公共文化走进新农村"活动20场。市图书馆、博物馆、美术馆举办各类展览、讲座180余次,受益市民群众30余万人次。市图书馆接待读者83万人次,外借图书文献67万册次。市群艺馆举办公益培训班、非遗传习班40个,培训2000余人。市画院捐赠画作200余幅。府学文庙举办的开笔礼、成人礼、文庙讲堂等活动社会影响日益扩大。迎新年民间文艺演出、第二届齐鲁民间艺术展演、第十届济南市花灯艺术大赛及各县(市)区各具特色的群众文化活动,极大地丰富了城乡群众文化生活。

4.艺术创作生产成果丰硕。①艺术创作成果斐然。公开征集并签约高质量剧本13个。杂技剧《红色记忆》,京剧《重瞳项羽》《孔圣母》,歌舞剧《大舜》,吕剧《阳光大姐》《泉城传说》,儿童剧《我的麦哲伦海峡》,方言剧《泉城人家》等8台新创剧目先后搬上舞台,完成年度创作任务。从各县(市)区、各系统推荐的128件优秀群众艺术作品中,精选出音乐、舞蹈、戏剧、曲艺等四类艺术作品34件,经全国知名专家评审认定,女子表演唱《山乡故事》等6件作品具备冲击全国"群星奖"潜力。济南画院也创作完成美术作品20件。市豫剧团修改加工山东梆子《郭巨传奇》。②艺术演出水平显著提升。市儿童艺术剧院两次在国家大剧院演出,在全省尚属首例。曲艺晚会《永远的誓言》、吕剧《阳光大姐》进京汇报演出,广受各界好评。全年市属艺术院团共获国家级奖励7项、省级奖励34项。其中京剧《重瞳项羽》荣获第六届中国京剧艺术节二等奖，市京剧院李青获第二十五届中国戏剧梅花奖，填补了济南市空白。③演出市场更富活力。以宝贝剧场、明湖居、珍珠泉会堂、戏缘俱乐部、章丘百脉剧场为主要演出阵地，形成“月月有主题、周周有演出、天天有曲艺”的演艺常态。采取市场运作方式，组织“迎办十艺节新创舞台剧目展演”30场。市杂技团积极开拓国内国际演出市场，实现经济社会效益共荣共赢。全年市属艺术院团共完成各类演出2204场，收入1314.5万元。市豫剧团深入农村、社区演出近400场。

5.文化市场管理与扫黄打非工作依法推进。①文化市场管理工作更加规范有序。重心下移，将连锁网吧、游艺娱乐场所审批权限下放县(市)区文化主管部门，统一了单体网吧与连锁网吧、歌舞娱乐与游艺娱乐场所审批主体。拓展网吧、游艺娱乐场所设立标准，降低农村场所的准入门槛，并对审批程序、设立标准等重新进行界定。②文化市场管理基础性工作更加扎实高效。批准设立网吧、游艺娱乐场所、歌舞娱乐场所等文化市场经营单位91家，批准变更33家，依法注销网吧经营许可证40家，归整审批档案454件，培训网吧法定代表人1100人。③“扫黄打非”工作更加协调有力。举办省市非法出版物集中销毁活动，现场销毁10万余册(盘)。全年共出动执法人员1万余人次，开展专项行动13次，查缴非法出版物15万余册(盘)，关闭印刷复制企业125家，取缔无证摊点530个，查办案件61件。

6.文化产业发展态势良好。①引导扶持园区基地。明湖居演艺有限公司等3家单位被选为第三批省文化产业示范基地，全市省级示范基地增至9家。山东爱书人公司等9家单位入选省级文化企业重点企业、项目和园区。万达广场、英雄山等文化产业园加快发展，市中区、历下区、天桥区文化产业发展呈现出良好势头。②大力培育骨干文化企业。发挥市文化企业融资担保平台的优势，帮助相关企业向市信用担保中心提报信用担保。组织系统内11个项目申报文化产业专项资金。2家企业被命名为市文化企业10强，8家企业入选省文化企业30强。③积极推进动漫产业升级。举办动漫嘉年华和齐鲁动漫展，两次展会共接待观众近8万人，社会反响强烈。组织推荐1家企业申报认定国家动漫企业。积极组织15个项目申报国家动漫精品工程，7个项目参与国家首届动漫奖评选。

7.广播电影电视管理工作走向规范。①确保舆论导向正确。加强对广播电视宣传的指导、监督和管理，及时制发有关宣传纪律文件130多份，开展新闻职业道德建设专项教育活动，认真安排布置多项广播电视及网络视听宣传活动，确保不出任何政治责任事故。②完成安全播出任务。加强技术管理，完善应急处置机制建设，多次开展专项安全检查，保障“七一”等重要时期的安全播出，创评了广播电视节目技术质量奖，实行广播电视信息安全等级保护评级，创造了良好的安全播出环境。③提高依法行政水平。切实加强传媒机构管理，对全市非法办台和违规使用频道频率情况进行检查，深入开展违规广告治理，及时审核广播电视许可事项，保障和促进了广播电视的健康发展。④认真组织实施公益电影放映。加大对放映质量和放映场次督导检查力度，加强补贴资金管理使用，超额完成54864场年度放映任务。同时，积极搭建电影媒体广告平台，新农村院线公司实现经营收入180万元。⑤着力提升电影公共服务能力。督导开展各种优惠观影活动，建成了青少年电影院，促成了1家低票价影院落户；积极组织开展公益电影进基层，举办八一建军节电影慰问活动，电影服务能力和水平得到明显增强。

8.新闻出版和版权保护工作日趋完善。①积极做好新闻出版管理工作。年审出版印刷企业2500多家，完成了13家报刊、记者站的年审转报工作，审核转报连续性内部出版物、电子出版物经营单位32家，统一换发县(市)区出版广电系统记者证，对655名出版物发行员、印刷企业法人进行了法规培训。②依法履行省局委托权限。受省局委托，审批变更了包装装潢等印刷企业53家，批准转报了一次性内部出版物、连续性内部出版物18种，完成图书、期刊委托书备案680项。③推进政府机关使用正版软件工作。市直机关使用正版软件工作基本完成，县(市)区政府机关使用正版软件工作也取得明显成效。新增使用正版化软件外资企业22家，登记作品560件。

9.文物保护利用工作成效显著。①文保工作基础更加坚实。补充完善1600余处第三次文物普查文物数据，组织完成历城大辛庄遗址、章丘城子崖遗址两处大遗址保护总体规划，推进长清汉济北王墓保护规划编制工作，推荐46处文物参评第四批省级文保单位。②维修保护工作进展顺利。兴国寺维修保护工程已基本完成。“五三”惨案蔡公时殉难地等维修保护工作有序推进。府学文庙修缮保护工程进入综合提升阶段。开展闵子骞墓苑综合整治。③考古发掘取得重大收获。大辛庄遗址考古发掘获全国十大考古新发现。天地坛街、北刘片区遗址考古发掘取得重大突破。市考古所获全国考古发掘资质。7处文物入选全省百大考古新发现。④文物安全工作成效明显。开展多次文物安全执法检查工作，特别是7月至9月联合市公安局对全市文物保护单位进行了全面检查，对发现的安全隐患进行重点督办，确保了文物安全。历下区、章丘市、济阳县加大文物安全保护投入，文物安全形势持续好转。⑤加快文物店划转文物移交。科学组织文物清点登记工作，完成万余件书画登记移交。建立了定期调度机制，及时协调文物移交工作，确保文物清点工作顺利进行，按期移交。

10.文化影响力美誉度大幅提升。①多渠道多途径加强宣传新闻信息工作。巩固新闻媒体和内部信息通报等宣传方式，编印宣传画册，拍摄宣传片，创编内部刊物，扩大简报发放范围，增加局网站宣传信息量，形成强大的宣传声势。②宣传报道信息工作实现突破。在各级媒体发稿2480篇次，其中省级以上媒体580篇次。被市委、市政府采用信息55篇，编发《文化简报》56期11.2万字，《泉城文化》

6期16万字，局网站发布信息320条。③各级媒体广泛报道文化建设成果。在《中国文化报》头版、二版发表报道5篇，其中头版头条1篇。在《济南日报》组织刊发专版3个。多家省市媒体多视角、高频度对文化建设予以报道，采用报道的数量质量、篇幅版面都有了质的提升。④对外文化交流取得新进展。积极拓展文化交流合作领域，对外文化交流呈现出多层次、多渠道、多形式的新特点，全年共计出访12批、128人次，接待来访7批、107人次。先后举办了朝鲜著名油画精品展、“山水肖像和东西方——缘”法国画家西蒙油画作品展，成功组织济南艺术团随济南友好代表团赴芬兰和法国举办“中国济南文化周”文化交流活动，充分展示济南绚丽多彩的文化艺术，扩大济南文化在国际舞台上的影响。与市外办合作，接待法国雷恩—济南友协代表团、日本和歌山市市长大桥建一率领的日本和歌山市友好访问团。济南市华夏文化促进会副会长何晓铮赴澳门展演面塑技艺，法国卢瓦尔大区民间木偶剧团与市群众艺术馆进行民间文艺交流。民间文化资源为对外文化交流工作注入了新的活力。

（王相强）

【文化市场综合行政执法概况】 2011年文化市场经营单位总数为1779家、从业人员9849人、资产总计为11.31亿元、总营业收入为5.73亿元、主营业务收入为5.07亿元、营业利润2.29亿元，分别比上年度增加6.59%、15.09%、15.87%、14.67%、15.26%、17.16%。文化市场综合行政执法按照“健全机制、依法行政、净化环境、促进繁荣”的工作思路，坚持为民执法、文明执法、严格执法，着力创建平安文化市场，严厉打击各类违法违规行为。全市各级文化执法部门共出动人员6万余人次，检查经营场所3.2万余家次，责令整改违规经营单位788家次，警告违规经营单位205家次，对223家违规经营单位立案调查，办结案件229件，移交案件26件，确保了文化市场健康有序发展。

1. 健全工作机制，提升执法效能，确保全市文化市场健康有序。①认真做好行政处罚事项的梳理工作。对文化市场综合执法的法律法规依据逐项进行自查，初步形成了文化市场行政处罚自由裁量权的标准规范，有效避免了行政处罚自由裁量权行使过程中的不公平不公正现象。②研究制定《机关工作制度汇编（试行）》和《文化市场行政执法工作制度汇编（试行）》，统一规范全市文化市场行政执法文书格式，确保综合执法程序正确，标准统一，保证每个案件都纳入监督范围。③对涉及文化市场行政执法的相关法律法规进行整理，并将主要执法依据进行分类和排序，编印了《文化市场综合行政执法法律法规选编》，保证行政执法有法可依。

2. 强化业务培训，规范执法行为，不断提高文化执法水平。①根据全国和省、市“六五”普法规划以及上级业务主管部门的部署，制订全市文化执法人员2011～2013年法制学习培训规划，制订分步实施配档表，使全市文化执法队伍建设更具科学化、规范化。②举办文化市场行政执法人员培训班，邀请省、市有关专家、领导分别就文化市场、广电和新闻出版行政执法实务进行讲授，全市文化市场执法人员120余人参加培训。③积极推进文化执法办公系统建设，着力完善执法监督体系。将文化市场办公系统和市行政执法电子监察系统作为文化执法监督工作的重要抓手，结合网上办公进一步优化办案流程，确保全市文化市场办公系统操作不留盲区，杜绝网下循环。有效提高全市文化执法办案效率，杜绝操作不规范、案件拖延等现象，全市无一件行政复议和行政诉讼案件。④建立全市文化执法人员档案，对全市160多名文化市场行政执法人员进行文化市场行政执法法律法规知识培训，组织了统一考试。⑤开展全市文化市场行政执法案卷评选活动，9个单位、共计18件案卷参评，评出一等奖2件、二等奖3件、三等奖4件。章丘市“凯玛网吧接纳未成年人进入营业场所案”获省案卷评比二等奖，历城区“山东中鲁时空数字技术传播家园济南第四分店在规定的营业时间以外营业案”获省案卷评比三等奖。市文化执法局还承办了文化部重点研究课题——文化市场案件督办规范的研究。

3. 强化宣传引导，畅通举报途径，着力营造良好执法环境。①充分利用广播、电视、报纸、网络、简报等各类新闻媒体和手段，采取印制宣传画册、制作宣传视频、聘请社会监督员等多种措施，广泛宣传文化市场管理方面的法律法规、文化执法工作动态和成果，并对一些违法违规现象进行社会监督、曝光和警示，增强自觉维护知识产权的意识，提升文化执法的社会影响力。②举办以“深入基层、服务业户、规范经营、促进繁荣”为主题的宣传教育活动和“3·18文化市场法制教育宣传日”活动。组织开展以“送法进商城、服务下基层”为主题系列法规宣传活动，在中恒商城等5家商城进行6场广播电视法规普法讲座，主动深入经营单位开展面对面服务和法规宣传，现场解答市民关心的文化市场管理热点难点问题，提高经营者的法律法规意识和行业自律意识。举办省暨济南市2011年侵权盗版及非法出版物集中销毁活动，现场销毁各类侵权盗版及非法出版物10万余册（盘）。③充分利用《济南市文化市场综合执法工作简报》，及时反映执法动态、交流执法经验、宣传执法工作成绩、推广先进典型，推动执法工作有效开展，加强信息交流，着力提高快速反应能力，推动执法工作有效开展。全年共编发简报52期，刊发各类信息150余条，多条信息被省市媒体、网站、信息简报等转载，其中有6条信息收录入中国文化市场网。④畅通举报途径，积极做好12318举报热线和12345市民服务热线的处理工作，设立举报信箱，使广大群众积极参与到文化市场监管工作中来，维护公平有序的文化市场环境。

（卢明胜 陈海燕）

【迎接“创城”复查专项行动】 按照市委、市政府的统一部署，召开迎接全国文明城市创建先进城市复查工作动员会议，印发《关于迎接全国文明城市创建先进城市复查工作方案》及《文化市场巡查督导工作方案》，制定《迎接全国文明城市创建先进城市检查十项标准》，明确对网吧、电子游戏机等经营场所、图书、电子、音像、报刊等出版物以及印刷、复制等企业的监管任务目标。强化属地管理,创新监管模式,着力在巡查督导上下工夫,采取分组、分区域、分阶段的方法,坚持全面巡查、重点督导的原则,对全市文化市场进行明查暗访、实地巡查、督导整改,建立巡查登记制度,形成市局机关与执法支队、各县(市)区执法机构之间的高效合理实用的管理网络。期间对重点经营场所进行了巡查督导,检查网吧、电子游戏机等经营场所1650家次,全市文化市场监管取得明显成效。(卢明胜　陈海燕)

【学校及周边环境集中整治专项行动】认真落实省、市综治委有关要求,深入开展校园及幼儿园周边文化环境集中整治。集中力量对校园周边开设的网吧、电子游戏室、歌舞厅、音像书刊店等各类文化经营场所进行全面普查。对学校周边出版物市场进行重点清理,严厉打击各种形式的非法报刊及兜售侵权盗版和非法出版物的游商地摊,清除校园周边文化垃圾。专项行动中,出动执法人员1300余人次,车辆230余台次,检查场所1574家次,查处违规经营业户42家,取缔非法游商及无证经营摊点35个,查缴侵权盗版及格调低下的非法出版物5300余册,为青少年健康成长营造了良好的社会文化环境。(卢明胜　陈海燕)

【强化网吧和娱乐、演出市场监管】坚持经常性监管与暗访检查相结合,深入开展春季安全排查整治工作专项行动、净化演出市场专项行动、建党90周年文化市场专项保障行动等专项行动,突出重点敏感时期、重点行业和重点区域,实施重点监管。加强网吧市场监管,以查处接纳未成年人、超时经营、未悬挂经营许可证和未成年人禁入标志、擅自停止技术管理措施、未建立实名上网登记制度等为重点,实施分级管理,坚持错时检查,检查网吧654家次,立案调查19起,责令整改6家次,严厉打击了网吧违规经营活动。加强演出市场监管,以查处未经文化部门批准擅自演出等各类违规演出活动为重点,对全市营业性演出场所和营业性演出活动以及歌舞娱乐场所进行拉网式检查,并对周杰伦演唱会、俄罗斯大马戏团等20余起手续齐全的涉外演出活动进行全程跟踪检查。检查经营单位792家,查处经营单位违规经营12起,移交工商部门2起,取缔草台班子4家,对2家违规经营单位做出行政处罚,净化了娱乐演出市场。加强了电子游戏经营场所监管,重点对擅自变更经营面积、机型机种、机器数量等行为进行查处,检查经营场所245家次,责令整改10家次。配合公安部门打击使用赌博机型机种、利用游艺设备进行赌博违法犯罪活动,查处了济南欢乐城科技发展有限公司运营《捕鱼达人》网络游戏违规经营行为,填补查处网络文化经营违规活动的空白。(卢明胜　陈海燕)

【下放网吧审批管理权限】为进一步规范网吧市场管理,优化网吧发展布局,推进网吧市场健康有序发展,按照有关规定,市文广新局印发《关于进一步做好网吧行政审批管理工作的通知》,自9月1日起将网吧的审批管理权限下放给各县(市)区文化行政部门,各县(市)区将在总量控制范围内依法审批管理网吧。除审批权限下放之外,新规定还涉及以下几项内容:①继续鼓励扶持农村网吧市场发展,适当降低在乡镇农村新设连锁网吧的准入标准,最低标准降至经营面积不小于150平方米,电脑设备不少于60台;②规范法人变更程序,凡网吧申请变更法人,必须先注销原网络文化经营许可证,然后按照设立连锁网吧的程序和标准重新申请,在申请变更时,现有连锁网吧电脑设备不低于100台,单体网吧电脑设备不低于60台的,经营地址可保持不变;③以单体网吧变更经营事项为契机推动网吧"单转连",单体网吧转为连锁网吧可以自主选择连锁企业签订合作协议;④进一步优化网吧发展布局,凡新设或变更的网吧,与原有网吧之间的行走距离应大于150米。(卢明胜　陈海燕)

【成功举办"2011世博动漫嘉年华"】5月1~3日,由济南市文化广电新闻出版局主办,山东世博文化传播有限公司承办的"2011世博动漫嘉年华"在山东省科技馆盛大登场。本次活动呈现出许多创新元素,打造出泉城"五一"期间的动漫娱乐视觉盛宴,共有来自山东及周边省市30余支团队参赛。(郭　晨)

【第十三届齐鲁动漫展】10月7日,由济南市文化广电新闻出版局主办,山东世博文化传播有限公司承办的"第十三届齐鲁动漫展"落下帷幕。"十一"期间,万余名观众前往参观动漫展,展会吸引了武汉、广州、南京、青岛等地的多家动漫企业前来参展。(郭　晨)

【齐鲁动漫艺术博览会冲击国家动漫奖】

11月2日,济南市推荐的7个动漫项目,经省文化厅审核已全部报送至国家文化部,参评国家首届动漫奖,通过率位于全省前列。此次参评的7个项目涉及4类奖项,其中不乏具有竞争力的项目。(郭　晨)

【山东海澜天韵集团有限公司等7家文化企业受到市委、市政府表彰】11月3日,全市文化产业发展工作座谈会召开。会上,由市文化广电新闻出版局推荐的山东海澜天韵集团有限公司、山东东方天健数字传媒有限公司、济南东方斯卡拉西部酒城等3家企业被命名为"济南市文化企业十强",山东新之航传媒集团有限公司、济南馨漫园动漫文化发展有限公司、济南明湖居演艺公司、济南世博演艺经纪有限公司等4家企业入选"济南文化产业发展创新奖"。(郭　晨)

【多家单位(项目)被评为省重点文化企业、项目、园区】12月14日,中共山东省委宣传部、山东省发展和改革委员会、山东省财政厅表彰一批山东省重点文化企业、山东省重点文化产业项目和山东省文化产业重点园区基地。其中,济南市文化广电新闻出版局推荐的山东星火国际传媒集团有限公司、东港安全印刷股份有限公司等5家单位入选省重点文化企业;爱书人数字内容投送平台等3个项目入选

省重点文化产业项目；山东信息通信技术研究院数字媒体技术平台（高新区）入选省重点文化产业园区。　（郭　晨）

【新增 3 家省级文化产业示范基地】　12 月 23 日，山东省文化厅发文表彰第三批山东省文化产业示范基地。其中，济南市文化广电新闻出版局推荐的济南明湖居演艺有限公司、山东世纪金榜科技文化股份有限公司、山东鲁信文化传媒投资集团有限公司等 3 家单位全部入围。至此，济南市的省级文化产业示范基地增至 9 家，在全省名列前茅。　（郭　晨）

【出台《关于加强基层公共文化设施建设实施方案》】　3 月，起草《关于加强基层公共文化设施建设实施方案》，由市委办公厅、市府办公厅下发。文件就 2013 年 5 月底前基本实现公共文化设施全覆盖提出了目标、实施步骤、保障措施，并就财政投入 5600 万元“以奖代补”资金分配制定了详细奖补政策。

【对县（市）区基层公共文化设施建设进行检查验收】　8 月、11 月，联合市委宣传部、市发改委、市政府办公厅、市财政局在县（市）区自查的基础上分两批对县（市）区基层公共文化设施建设进行检查验收，首批 1300 万元“以奖代补”资金 10 月底全部兑现，第二批 685 万元年底兑现。

【首届民俗文化艺术节】　2 月 3～7 日（正月初一至初五），首届民俗文化艺术节在泉城广场举办，200 余个单位及个人参加了民俗文化及民族特色小吃的展演、展示活动。5 天游客参与人数 80 万人次，民俗文化产品交易额 400 多万元。

【“喜迎十艺节·颂歌献给党”广场文化活动】　4～11 月，组织开展了“喜迎十艺节·颂歌献给党”广场文化活动，并为活动印制了宣传画和活动手册，发放到县（市）区基层设施站点。活动持续 7 个多月，共组织广场演出活动 649 场，230 余支文艺骨干队伍参与演出，先后参加演出的群众演员达 19000 余人次，观看演出并受益观众约 65 万人。

【成功举办第二届齐鲁民间艺术展演】　2 月 11～12 日（正月初九、初十），来自全市的 32 支民间艺术表演队伍，在泉城公园向市民和游客奉献了 4 台精彩纷呈的民间艺术展演。

【成功举办济南市第十届花灯艺术大赛】　2 月 15～17 日（正月十三至十五），济南市第十届花灯艺术展大赛举行。元宵节期间花灯艺术展大赛在各县（市）区街道、社区、公园成功举办，本次大赛评出了 8 大项 223 个获奖作品。

【成功举办济南市首届非物质文化遗产手工艺技能大赛】　6 月，在济南市青少年宫举办济南市首届非物质文化遗产手工艺技能大赛，来自全市的非物质文化遗产传承人展示了他们的绝活，令在场的观众大为惊叹。

【参加文化部关于评选“中国文化艺术之乡”的活动】　7 月，组织参加文化部关于评选“中国文化艺术之乡”的活动，章丘市、商河县被文化部命名为“中国文化艺术之乡”。

【文化惠民走进千家万户】　市图书馆、艺术馆实行免费服务，做到了真正意义上的无障碍、零门槛进入。市艺术馆的“新市民新课堂”面向外来务工人员、农民工、下岗职工及其子女开展公共培训 40 个班次，3000 余人。市画院深入部队、社区、农村、灾区慰问捐画 200 余幅，捐款 11600 元。市非遗保护中心举办了非遗公益传习班，组织传承人学习《非遗法》。

（张　更）

文 学 艺 术

【概况】　1. 充分发挥自身优势，开展主题文艺活动。①围绕纪念建党 90 周年和辛亥革命百年，举办大型文艺展演活动。举办了“重汽杯·丰碑赞”庆祝建党 90 周年诗歌朗诵会，庆祝建党 90 周年和辛亥革命百年征文大赛并编辑出版专刊，“红心献给党”书画摄影展，“廉政文化”书画摄影展，“向党报告——永远的誓言”曲艺演出，“幸福红歌会”演唱会，“向太阳”书画特展，庆祝西藏和平解放 60 周年书画创作，“献礼建党 90 周年、红色经典影片放映”活动，“红歌嘹亮，唱响槐荫”红歌会，“艺苑花齐放、硕果献给党”民俗艺术作品展，杂技剧《红色记忆》系列展演等活动 20 多次，营造良好的社会文化氛围。②组织开展有影响有特色的文艺活动。作家、音乐家新作品展演暨“礼赞生命”主题征文颁奖典礼，“天下泉城”济南主题文化全国书画名家作品邀请展，“翰墨泉城”书画精品展，全国名家书画邀请展，泰山石文化发展高层论坛暨泰山奇石收藏研讨会等。重大历史美术题材创作活动，“七十二名泉”诗书画长卷展，“西部崛起”摄影展，西部新城摄影征集大赛和第五届“读书人”摄影比赛，“键盘上的舞蹈”双键盘电子琴交响音乐会，美协和书协会员作品展，首届山东省暨济南市民间工艺大赛，第九届春节民间扮玩活动，双十佳颁奖典礼文艺晚会，“欢乐在广场、舞出新人生”广场文艺演出，首届楹联书法展暨《泉城楹联》首发式和全国省市三级楹联教育基地揭牌活动，市政法文体联首届美术书法篆刻展，2012 新春征联大赛，“莱乡情——走进唐王”广场文艺晚会，“辉煌市中”摄影图片展和书法竹刻展，“魅力新城”槐荫书画展，《历下盛歌》群众文艺演出，“品质长清·美好生活”文艺展演，李清照文化周和“历代文人咏章丘”全国名家书法邀请展，“天桥·商河庆祝建党 90 周年书画联展”，商河“温泉杯迎七一”大型书画联展，济阳“迎新春书画展”等，均产生了良好社会反响。③举办作品研讨展演活动。举办纪念山东快书传承大师孙镇业系列活动，纪念严薇青诞辰一百周年座谈会，《任远文集》出版座谈会，长篇小说《义和风云》《义和庄》《丁香季》和诗集《时间之心》及《济南工艺美术史》作品研讨会，刘玉民《山东竹枝词》首发式暨赠书活动，济南女评论家座谈会，“路岚师生”二胡演奏会，吴泽浩卢浮宫书画作品展，王少毅“上帝的牧羊人”油画作品展，马骥“济南名士多”画展，胡宗江书法艺术座谈会等。

2. 深入开展惠民文艺活动，服务文化民生。①组织开展“繁荣泉城文艺·服务文化民生”主题惠民文艺活动。深入乡村、社区、厂矿、企业、部队和学校开展“深入基层·服务群众”系列文艺演出，开展“送文化下乡”“书画进万家”“民俗艺术进社区”“艺术讲坛进高校”“书架进校园”“走进西部新城”和“感受济南城管”及“残健共融合、携手绘丹青”采风创作等活动30多次，参与艺术家达2000多人。②继续开展“送欢乐·下基层”活动。传统节庆期间，文联和所属协会及各县（市）区文联组织了30多次、1000多人次的民俗文化大拜年和各类文艺展演及送书画、春联等活动，烘托和营造了欢乐祥和的节日气氛。

3. 加强对外文化交流，提升泉城美誉度。接待韩国大邱演剧协会代表团一行26人来济访问，并进行交流演出、社会考察、文化研讨；受市政府委派，组团赴韩国水原市进行中韩书画交流活动，在韩国成功举办第九届中韩书法交流展及社会公益活动；组织文艺家赴美国、加拿大友好城市进行文化交流活动；组织艺术家赴欧洲进行文艺展演活动，提升了济南的国际形象。

4. 强化精品和人才意识，推出优秀作品和人才。①在第四届“泰山文艺奖”评选中，郭文秋、孙丽、孟燕获艺术突出贡献奖；曲艺剧《茶壶就是喝茶的》和隶书《温庭筠诗》获一等奖；民乐合奏《繁花似锦》，油画《远乡的收获》，草书册页《滕王阁序》，隶书团扇《刘熙载论书语数则》，纪实摄影《搏》（组照）获二等奖；吕剧《阳光大姐》，歌曲《欢腾的高原·欢腾的雪顿节》，国标舞《矜持》，水彩《戏曲人生》获三等奖；长篇小说《大脚姥姥》《丁香季》，中篇小说《纸环》，诗集《时间之心》获“泰山文艺奖”文学奖。胡宗江书法获全国第十届书法篆刻展优秀作品奖，京剧《重瞳项羽》获中国第六届京剧艺术节二等奖，山东大鼓《战马超》获“2011中国·宝丰马街书会”一等奖，陈剑霞、李庆杰、聂鸿立、王瑞、胡宗江、张冰、卢雪、刘卫东、张泉刚、朱传宏10人入选首届齐鲁文化之星，山东琴书《生灵叹》获二等奖，评论文章《京剧〈辛弃疾〉》获山东省第六届“刘勰文艺评论奖”，歌曲《如梦令》获第八届“齐鲁风情”青年歌手暨新作品演唱大赛作曲一等奖。电视连续剧《等你回家》，长篇小说《年日如草》《老九》《河与海》，文学评论集《济南作家论》，散文集《二安词话》《山水济南》，影视剧本《百年匪王》《鱼哭了、水知道》，歌曲《山乡故事》，儿童剧《少年大舜》，多媒体儿童剧《我的麦哲伦海峡》，歌舞剧《大舜》，吕剧《泉城传说》，杂技剧《红色记忆》，电视片《名士济南》和纪录片《我的济南老家——季羡林》等一批富有特色的精神文化产品深受好评。②加强文艺阵地建设，提供创作生产平台。成立全省首家街道文联——槐荫区南辛庄街道文联和全省首家社区文联——天桥区堤口路社区文联，相继建立济南市文艺创作、文学创作、书法创作、书画培训、民俗文化教育、楹联教育等8处基地，分别成立了济南市小提琴、手风琴学会，拓展文艺活动阵地，丰富文艺活动内容，提升文联形象。发挥《当代小说》“泉城文艺网”《济南文联》《济南文艺评论》《泉城楹联》《济南书法家》《荷风》和《章丘双年鉴》《济阳文艺》等阵地作用，为推精品、出人才提供平台，展示文艺工作和文联工作成就。

5. 精心组织“泉城文艺奖”评选。组织了首届泉城文艺奖颁奖大会，省市领导出席颁奖大会并向获奖者颁发奖杯、证书和奖金，为打造“天下泉城”文化品牌和迎接2013年“第十届中国艺术节”创造了有利条件。精心组织第二届“泉城文艺奖”评选，扩大了推荐评选范围，规范了评选程序。（张佃水）

【济南市文艺界十件大事】 1. 举办纪念中国共产党建党90周年和辛亥革命100周年系列文艺活动；2. 有3人获第四届泰山文艺奖“艺术突出贡献奖”，13件（项）作品获奖，获奖数量位列全省首位；3. 槐荫区南辛庄街道办事处、天桥区堤口路社区先后建立山东省首家街道文联、社区文联；4. 举办第九届中韩书法交流展及中韩文化交流演出等对外文化艺术交流活动；5. 承办第四届山东国际大众艺术节系列群众文化活动；6. 承办山东省暨济南市首届民间工艺大赛等民间艺术系列活动；7. 为已故老文艺家严薇青、任远、孙镇业等举办纪念活动；8. 举办“天下泉城”系列文艺活动；9. 举办“重汽之夏”诗歌朗诵会等文艺家送艺术进企业、进校园、进军营、进社区、进农村系列活动；10. 第二届泉城文艺奖评选开始。（张佃水）

【杂技剧《红色记忆》搬上泉城舞台】 4月28日，济南市杂技团创演的杂技剧《红色记忆》搬上泉城舞台，作为庆祝建党90周年的主打剧目，在珍珠泉人民会堂连续演出75场。该剧从《红灯记》《沙家浜》《铁道游击队》《地道战》等众多红色经典电影戏剧作品之中发掘素材，吸取灵感，与惊险纷呈和高难度的杂技技巧巧妙融合为一台杂技版的红色经典艺术作品，带给观众以红色经典文化的温馨记忆和奇幻的杂技艺术享受。（魏洪强）

【曲艺晚会《永远的誓言》应邀进京演出】

应中国曲艺家协会邀请，济南市曲艺团创作演出的曲艺主题晚会《永远的誓言》于5月29日赴京参加由中国文联、中国曲艺家协会联合举办的“向党报告——庆祝中国共产党成立90周年曲艺演出周”活动。原第十届全国人大常委会副委员长、全国妇联主席顾秀莲，中国文联副主席冯远，曲艺名家刘兰芳、赵连甲、常贵田以及来自首都各界的近千名观众一同观

看了演出,对创新的曲艺演出形式表示肯定。 (魏洪强)

【济南儿艺再次走进国家大剧院】 应国家大剧院的邀请,济南市儿童艺术剧院创演的儿童剧《我和我的影子》赴京参加"第四届北京儿童戏剧季"活动,于5月30至6月1日在国家大剧院演出3场。这是济南儿艺第二次走进国家大剧院演出,成为山东省唯一一家两次进入国家级最高艺术殿堂的艺术院团。 (魏洪强)

【"和谐中华·第二届海峡两岸经典文化推广会演"活动成功举办】 5月,市文化广电新闻出版局与市台办等部门协同合作,成功举办"和谐中华·第二届海峡两岸经典文化推广会演"活动开幕式及开幕式文艺表演和非遗项目展演等活动,展现中华传统文化的多样性,增强台湾青少年学生对中华文化的感知与认同。

(张 宸)

【济南市京剧院李青摘得中国戏剧梅花奖】 6月10日,凭借市京剧院原创剧目《李清照》,李清照的饰演者、济南市京剧院国家一级演员李青获第二十五届中国戏剧梅花奖,成为济南市第一个获得该奖项的演员,填补济南市在该奖项上的空白,也是本届梅花奖评选中山东省唯一获此殊荣的演员。 (魏洪强)

【京剧《重瞳项羽》获第六届中国京剧艺术节二等奖】 京剧《重瞳项羽》是市京剧院为迎接"十艺节"创演的剧目,7月28日首演,11月9~10日赴武汉参加文化部主办的第六届中国京剧艺术节,荣获二等奖。这是济南市京剧院继京剧《李清照》《辛弃疾》之后又一原创剧目参加这一国家级艺术赛事并获殊荣。该剧以楚汉相争为主线,通过《鸿门宴》《回江东》《划鸿沟》《别虞姬》等经典历史故事,以崭新的历史视角,诠释了一个固守仁义礼智信而不知政治权术、真诚可爱敢担当而胸无城府的铁血柔情之项羽,力图揭示千百年来仁人志士怜惜、尊崇的英雄项羽之内在缘由。 (魏洪强)

【儿童剧《三个和尚》赴日本演出】 7月,济南儿童艺术剧院《三个和尚》剧组赴日本参加"2011东亚儿童青少年舞台艺术节"活动,节目以鲜明的中国元素、高难度的肢体表演、充满哲理的故事情节赢得了日本观众的一致认可。 (张 宸)

【2011国际儿童青少年戏剧协会亚洲会议在济南召开】 8月13日,由市委宣传部、市文化广电新闻出版局等单位联合主办的2011国际儿童青少年戏剧协会亚洲会议在济南召开,来自中国、日本、韩国等8个国家的代表出席了会议,就创新思路、积极谋求亚洲儿童青少年戏剧的新发展进行了深入研讨。会议期间,来自国内外的11个艺术团体演出了25台剧目。国际儿童青少年戏剧协会亚洲会议首次在中国召开,是对济南市儿童戏剧事业蓬勃发展成绩的充分肯定,对推进中国儿童青少年戏剧事业发展有着重要作用。

(张 宸)

【吕剧《阳光大姐》再度搬上舞台】 8月12日,济南市吕剧院排演的现代吕剧《阳光大姐》在百花剧院上演。该剧曾于2009年10月首度搬上舞台,讲述了下岗职工在政府的引导扶持下,转变再就业观念,积极投身家政服务行业,重塑自我,将爱心与阳光洒入千家万户的故事。

(魏洪强)

【首届中国儿童戏剧节·济南第三届亲子剧节】 8月13日至9月24日,由中国儿童戏剧节组委会、中国儿童戏剧研究会、中共济南市委宣传部、济南市文化广电新闻出版局主办,济南市儿童艺术剧院、济南世博演艺经纪有限公司承办的首届中国儿童戏剧节·济南第三届亲子剧节于济南举办。本届亲子剧节主办方共邀请了中国儿童艺术剧院、中国福利会儿童艺术剧院、天津儿童艺术剧院、西安儿童艺术剧院有限责任公司、山东省话剧院、英国奇趣三人乐队等11家国内外艺术团体,在为期一个多月的时间里,为泉城少年儿童奉献了25场风格迥异、精彩纷呈的儿童舞台艺术作品。 (魏洪强)

【歌舞剧《大舜》亮相泉城舞台】 由济南市歌舞剧院、山东大学艺术学院联合创作演出的歌舞剧《大舜》10月26日在铁路文化宫正式搬上泉城舞台。该剧是我国第一部以舜文化为题材的歌舞剧。该剧以舜城、舜山、舜井以及与舜有关的历史遗迹为切入点,以大舜的成长经历为主线,以历史文献和民间传说为文化基础,辅以浓郁的泉城地方特色文化元素进行创作。剧中,舜以一把五弦琴明志,宣扬了"顺天道尽人心"的执政理念,耕于历山、泰山封禅、东巡等故事被一一演绎。

(魏洪强)

【第五届济南市泉荷奖新剧目会演】 10月26日至11月30日,济南市文化广电新闻出版局主办的第五届济南市泉荷奖新剧目会演在济南成功举办。市属6家艺术院团的7台剧目参加了本届新剧目会演,共举办专场演出30场,吸引观众3万多名。经评委会评审,京剧《重瞳项羽》、儿童剧《我的麦哲伦海峡》、方言剧《泉城人家》获优秀剧目奖,杂技剧《红色记忆》、吕剧《阳光大姐》、歌舞剧《大舜》、吕剧《泉城传说》获剧目奖,陈长庆等148人分获表演、导演、编剧、舞美等单项一、二、三等奖。 (魏洪强)

【吕剧《泉城传说》亮相泉城舞台】 济南市吕剧院创演的新编神话吕剧《泉城传说》于11月11日在山东剧院首演。该剧借助济南名胜与神话传说故事,赋予泉、荷、柳以生命内涵,将济南"泉"之清冽甘美,"水"之灵韵生动和独特的人情风物特色融汇一体,以吕剧的艺术形式,讲述大明湖畔的荷花姑娘与泉母神仙之子青柳间的凄美爱情故事,以崭新的艺术视角展现了济南人弘扬正义、弃恶扬善、共享和谐的良好品德和鲜明的地方民俗文化特色。 (魏洪强)

【儿童剧《我的麦哲伦海峡》搬上舞台】 济南市儿童艺术剧院创演的儿童剧《我的麦哲伦海峡》,11月12日在济南宝贝剧场搬上舞台。该剧从一个初中生的视角出发,刻画了不自信的吕小远、苦于无法和儿子交流的吕大平、困惑于退休生活的老船长、缺失父爱的刘圆等一个个具有典型代表性的鲜活人物，将处于青春期的孩子们的困惑，单亲家庭父与子的矛盾，孩子们与家长之间的隔阂等一系列社会和现实问题展现在舞台上，发人深省。阐释了只要鼓起勇气，不言放弃，勇敢地接受一个个人生的"麦哲伦海峡"，总有一天一定会到达人生的"太平洋"的道理。

（魏洪强）

【方言剧《泉城人家》再度亮相泉城舞台】 济南市曲艺团创演的方言剧《泉城人家》11月29日再度亮相泉城舞台。该剧围绕主要人物泉妞与一对收养儿女以及同住在泉邻巷1号院的泉子、大聪等诸多邻里的亲情、爱情、友情展开。展现了泉城济南邻里之间风雨相扶、危难相助的真情实感和济南人淳朴、善良、热情、率真的性格，折射出诚信、创新和谐的济南城市精神。（魏洪强）

【第四届泰山文艺奖喜获丰收】 在第四届山东省"泰山文艺奖"授奖仪式上，郭文秋、孙丽、孟燕3人获得艺术突出贡献奖；曲艺剧《茶壶就是喝茶的》、书法作品《温庭筠诗》等12件作品获奖，在全省名列前茅。市文联始终坚持"出作品，出人才"的宗旨，全面贯彻"二为"方向和"双百"方针，打造好"天下泉城""翰墨泉城""荷风泉韵""中韩文化交流""齐风鲁韵作品系列"、广场文化活动等文化品牌；开展"送欢乐、下基层""聚焦新农村、文艺为农民""艺术进校园""书画进万家"等惠民文艺活动。（张佃水）

【颁发首届济南市泉城文艺奖】 2月18日，济南人自己的文艺奖——首届济南市泉城文艺奖颁奖大会在龙奥大厦召开。济南市泉城文艺奖由市委、市政府设立，是济南市文学艺术界的综合性文艺奖。泉城文艺奖评审委员会于2010年8月至12月组织了首届济南市泉城文艺奖评选。评选工作严格遵守评奖程序，按照"公平公正、平等竞争、综合平衡、宁缺毋滥"的评奖原则，最终评选出首届济南市泉城文艺奖。其中，郭文秋、刘礼、孙丽3名老艺术家荣获艺术突出贡献奖；长篇小说《梅庄旧事》等21件作品荣获文学创作奖，电视纪录片《天下泉城》等5件作品荣获艺术作品奖一等奖，儿童剧《我和我的影子》等25件作品荣获艺术作品奖二等奖，舞蹈《秋泉剑魂》等28件作品荣获艺术作品奖三等奖。（张佃水）

【京剧意象杂技剧《粉墨》境外掀起"粉墨热"】 1月22日至2月3日，应香港中国文化艺术传播有限公司的邀请，济南市杂技团创演的京剧意象杂技剧《粉墨》在香港太古城中心文化主题广场演出30余场；应匈牙利马戏和综艺公司的邀请，济南市杂技团《粉墨》剧组于9月赴匈牙利进行为期3个月的演出，在匈牙利布达佩斯国家大马戏院连续演出了108场，深受当地观众欢迎，反响热烈。同时，市杂技团《绳技》演出小组与世界著名的加拿大太阳马戏团合作，自2008年迄今在日本连续演出900余场，演员们精湛的技艺给日本观众留下深刻印象，《绳技》节目也成为日本东京大剧场最受欢迎的节目之一。

（张　宸）

【天下泉城·济南主题文化全国书画名家提名邀请展】 由济南市文联主办，济南海东文化发展有限公司策划承办，12月16～18日在山东省图书馆举办，展出近百件当代书画名家围绕济南主题文化创作的书画精品。此次展览以突显济南深厚的文化底蕴和独特的人文历史为主线，邀请当代书法家书写历代吟诵济南的诗文名篇，画家绘制有关济南历史文化名人、名胜和城市建设的国画作品。中国书协主席张海及中国书协顾问、副主席、理事30多人，中国美协顾问刘勃舒和来自中国国家画院、中国美院的专业画家和近20位中国美协理事，为此次活动专题创作了风格各异、大气恢弘的书画精品。画家们用浓浓笔墨和深深情怀表达了对济南、对济南文化的独特情感。这次名家书画精品的展示，是对济南文化的一次全新注释，极大地丰富了天下泉城文化品牌内涵。这些艺术价值和收藏价值极高的作品在济南集中展示，是近年来济南少有的一次高品位、高档次的艺术盛宴。由中国言实出版社出版的展览画册《美哉天下泉城》同时首发。（张佃水）

【纪念严薇青诞辰一百周年座谈会】 8月19日是严薇青诞辰100周年纪念日。由济南市委宣传部、济南市文联主办，省、市文艺界专家学者及严薇青生前好友近20人参加座谈会。严薇青系原山东师范大学教授，中文系主任。长期从事中国古典文学教学和研究，特别致力于刘鹗及其《老残游记》的研究。著有《老残游记新注》《刘鹗与太谷学派》《柳宗元世系补正》《魏晋南北朝志怪小说书录》《关于〈红楼梦〉作者家世的新材料》等。先后出版有《济南琐话》《济南掌故》《泉城百年·老照片》，与人合著《济南地名漫话》等，为济南留下了宝贵的精神财富。曾先后任山东省文联副主席、山东省作协副主席及济南市政府文化顾问委员会顾问等职。座谈会上，专家学者们从不同的角度对严薇青生平事迹及著述作了精辟的阐述和论证，全面缅怀了其治学严谨、求真务实的教学人生。《老残游记》作者刘鹗后人、《聊斋志异》作者蒲松龄后人都发来贺电，对座谈会的召开表示祝贺。（张佃水）

【《任远文集》出版座谈会】 11月16日举行。任远（已故），1949年7月参加革命工作，曾任济南市文联副主席、济南市文联顾问、济南市作家协会主席、山东省散文学会副会长、山东省民间艺术家协会顾问。出版有诗集《唱给泰山与黄河的歌》，散文集《故乡情》《山水情》《邻里情》《北方的榆树》，评论集《济南文坛漫话》等，许多作品被收入各种散文、诗歌作品选，有些作品还在全国及省、市获奖。他先后主编《泉城》和《当代小说》，注重发现和培养文学新人，《当代小说》杂志成为全省优秀期刊，荣获了国家新闻出版署和中国出版工作者协会颁发的"为出版事业做出积极贡献者"证书，并被授予济南市首批专业技术拔尖人才称号。（张佃水）

【孙镇业艺术研讨会】　由中华曲艺学会、市文联主办的已故著名山东快书表演艺术家孙镇业艺术研讨会,4月8～9日在明湖居举行。著名曲艺人姜昆、常祥霖、李立山、赵连甲、高洪胜和省内著名表演艺术家薛中锐、李岱江等到会并献艺演出。参会的曲艺名家和孙镇业先生的弟子们联袂献艺,举行纪念山东快书传承大师孙镇业先生的专场演出,总结研讨孙镇业先生的艺术特色和艺术成就。会后赠送《不了的乡情·永远的乡音——纪念山东快书传承大师孙镇业先生》文集。孙镇业先生生前字画作品也一并展出。

（张佃水）

【首届山东省暨济南市民间工艺大赛】　10月1日,由市文联、民协主办,济南民俗文化委员会协办的首届山东省暨济南市民间工艺大赛开始。此次大赛汇集了济南、潍坊、莱芜、日照、德州、菏泽等市的民间工艺和文化创意精品。比赛共评选出金、银、铜奖35名。其中,来自济南的面塑老艺术家董凤岐创作的《钟馗嫁妹》、潍坊杨家埠木版年画传承人杨洛书的《水浒人物长卷》等9件作品获得金奖,戎玉蕊的鲁绣人物、吕红霞的扑灰年画等12件作品获得银奖,另有14件作品获得铜奖。（张佃水）

【山东省首家街道文联成立】　7月29日,济南市槐荫区南辛庄街道办事处文联成立暨"南辛家园巧手秀"大赛颁奖仪式在南辛办事处家园中心举行。南辛庄街道文联是山东省首家基层文联。南辛庄街道办事处举办了五届全市中小学生陶艺节,南辛庄小学还被济南市文联、市民协授予"陶艺文化教育基地"匾牌。

（张佃水）

【王金年《义和风云》作品研讨会】　为纪念辛亥革命100周年,由济南市委宣传部、济南市文联、济南市作协举办的长篇小说《义和风云》研讨会于9月23日在大明湖畔明湖居召开。山东省作家协会主席张炜以及省市著名作家、评论家谭好哲、李掖平、王耕夫、严民等参加研讨。该小说是国家一级作家、济南市作协副主席王金年继《百年匪王》《大脚姥姥》后的第三部长篇力作。由深圳海天出版社在6月隆重推出。它是一部真实、客观、全面、全景、全程反映义和团事件的长篇小说,也是山东省唯一一部以纪念辛亥革命为主题的长篇力作。与会专家学者就作品展开了热烈讨论。专家们认为,全书注重细节和社会底层的研究,对义和团的社会基础,外国传教士的渗透,神功护体仪式的传播途径,以及政府对地区的掌控能力都有详细的分析。透过此书,能了解当时农民起义的一些模式和社会背景,以及19世纪末外国势力进入中国的影响过程。

（张佃水）

【韩国大邱演剧文化交流团来访】　由济南市文联、济南市戏剧家协会和韩国大邱演剧协会、大邱市立剧团共同举办,山东世博演艺公司、济南市儿童剧院承办的中韩文化交流(展演)活动,于3月15日拉开序幕。同日,韩国大邱演剧文化交流团抵达济南。16日,大邱演剧协会演出团在济南市儿童艺术剧院隆重推出世界著名的契诃夫独幕喜剧《求婚》。早在20世纪30年代起,《求婚》已有中译本和改编本在我国舞台上经常演出,受到广大观众的热烈欢迎。此次韩版《求婚》的上演,受到济南观众的欢迎。（张佃水）

【净化出版物市场环境】　以打击政治性非法出版物和淫秽色情出版物为重点,加大出版物市场日常监管力度。组织开展三级"两会"及节日期间出版物市场集中清查行动、整治民营医院非法内刊专项行动、地图市场专项整治、打击盗版教材教辅等专项行动。对英雄山文化市场等出版物集中经营场所和繁华街区、旅游景点、机场、车站周边等重点地区和部位进行重点监控,加大对非法游商和无证经营摊点的打击力度。加强对印刷企业日常监管,严厉打击盗版盗印活动,对全市所有有书刊印刷能力的印刷企业进行了重点清查。以查缴非法盗版音像制品为重点,严厉查处音像制品地下批发网络、地下窝点和无证经营等非法经营活动,严防非法音像制品以"正版"面目进入超市和大型商场等流通领域。加大了版权保护工作力度,重点对山大路科技市场等重点区域和重点部位加强日常监管,加大对新出厂计算机预装正版操作系统软件的监管力度,严厉打击兜售盗版软件和非法预装计算机正版操作系统软件等行为。查处各类案件40多起,办理群众举报80余起,立案处罚22起,罚款30多万元,查缴盗版图书、光盘、计算机软件17.3万余册(盘),为企业挽回经济损失120余万元。打击侵权盗版行为,确保出版物市场的健康有序。（卢明胜　陈海燕）

【打击侵犯知识产权和制售假冒伪劣商品专项行动】　2010年11月下旬至2011年6月,在全市文化市场认真组织实施了以图书音像制品市场集中整治行动、印刷企业集中整治行动、软件市场集中整治行动、盗版工具书集中整治行动等为重点的专项行动,严厉打击侵权盗版盗印、销售盗版图书、音像制品和非法预装计算机软件及销售盗版软件行为。查处了彭士学销售盗版《中国共产党历史(第二卷)》案、山东迅达印务有限公司违规印刷非法印刷品案、刘超非法销售非法出版的全国高等教育自学考试教材案等数家侵犯知识产权大案要案,破获马文功非法光盘制作窝点案,取缔了《伊妹儿》《山东商界》等12家非法编辑部,有效遏制侵权盗版行为,规范市场秩序。全国"扫黄办"、新闻出版总署专项检查组对济南市出版物市场监管工作给予高度评价。市文化执法局执法三处被国家版权局评为查处侵权盗版案件有功单位。

（卢明胜　陈海燕）

【侵权盗版及非法出版物集中销毁活动在泉城广场举行】　根据全国"扫黄打非"工作小组统一部署,4月22日,由省、市"扫黄打非"工作领导小组主办,省、市"扫黄打非"工作领导小组办公室、山东省新闻出版局、济南市文化广电新闻出版局、济南市文化市场综合行政执法局联合承办的山东省暨济南市2011年侵权盗版及非法出版物集中销毁活动在泉城广场举行，现场销毁各类侵权盗版及非法出版物10万余册(盘)，并启动“拒绝盗版，做诚信公民”签名和发放绿书签等活动。省、市“扫黄打非”工作领导小组及成员单位负责人，县(市)区文化广电新闻出版局负责人、全市文化市场执法人员、印刷发行单位及学生代表、省市新闻媒体记者和社会各界群众近1000人参加活动。大明湖小学学生白子涵代表全市学生发出倡议，努力争做宣传“拒绝盗版，做诚信公民”的小使者。 (卢明胜　陈海燕)

【济南出版社】 1. 继续深化体制机制改革，完善企业管理制度。完成公司国有资产评估和工商登记注册，实现了真正意义上的转企改制。调整、完善企业管理制度，通过重新修订《全员岗位目标责任制》，实施新的任务目标，以及调整修改考核标准、考核办法，有效调动起员工的积极性，进一步形成竞争激励氛围；通过召开职工代表大会，选举产生出职工董事，进入公司董事会，行使规定的权利、义务和责任，更好地实现职工民主管理；成立公司经营管理委员会，建立有关制度，规定了公司重大经营及投资决策的程序，从而确保公司决策的科学性，有效防范风险，保障公司利益。公司还对编辑委员会成员进行调整，对原有业务管理制度重新修订完善，出台《选题计划管理办法》等15项暂行条例，使出版业务工作更加规范化。

2. 调整图书出版结构，突出品牌效应。公司根据市场需求调整图书出版结构，在选题策划、图书质量、扩大发行等方面均有新突破。全年共出版图书443种(新版和再版)，其中一般图书190种，教材和教辅图书253种。虽然数量少于上年，但质量上有比较大提高，销售收入也有较大增长。对出书结构进一步调整，重点打造党史和文化类系列图书。为纪念建党90周年，先后出版了《中华人民共和国史述评》丛书、《创建伟业：中国共产党成长发展史研究》丛书、《我观党史》(三卷本)、《红色故事会：讲给孩子们的党史人物故事》及《红色往事：党史人物忆党史》等图书。其中《红色往事：党史人物忆党史》和《我观党史》被列为国家“十二五”出版规划项目，并获国家新闻出版总署出版基金资助。文化类图书一直是济南出版社的重点，受到业内关注的大型系列丛书《文化中国》继续推出边缘话题第二辑；《济南历史文化读本》丛书出版30种；受到社会欢迎的《老济南系列》丛书，获首届山东新闻出版图书奖；《中国美学三十年》获出版总署第三届“三个一百”原创工程奖；《学府往事》系列和《百年清华》丛书，被《中国文化报》等多家报纸推荐；《甲骨文中的殷前古史》受到学界很大关注，中央党校文史部和哲学部专门为此书在京召开了座谈会，受到北大、清华、人大等20多名专家学者的充分肯定。大型系列画册《天下泉城》已出版《航拍济南》和《济南现存老建筑集萃》两册，受到济南市民的好评。除“红色历史”和“文化品牌”系列图书外，生活类图书和少儿类图书品种也在不断增加，《阿速有妙招》通过签名售书活动，发行8万册，多次登上新华书店畅销书排行榜前列。《从生活中找健康》丛书、《女人四十》《最美的关系》《知美童年》丛书、《拼音大王》等图书得到读者肯定。教材教辅、《时政教育》以及青少年助读图书，也取得质量上的较大提高和发行量上较大增长。据财务报表分析，教材教辅销售收入占全部收入的比例，比上年增长3个百分点，连续成为经济效益的支柱。社办刊物《中学时代》坚持“贴近生活、反映现实、抒发真情、展示风采”的办刊宗旨，获“山东省优秀期刊”称号和“中国优秀少儿期刊奖”。

3. 融入市场竞争，确保国有资产保值增值。全年公司资产总额达到9254万元，完成业务销售收入6635万元，较上年增长877万元、增幅15%；实现利润总额808万元，同比增长74%；上缴各种税金629万元，同比增长36%。获“山东省文化企业30强”称号。

4. 参与城乡共建活动，做好帮贫扶贫工作。公司除积极参加济南市慈善总会每年都举办的“慈善爱心一日捐”活动外，还向社会各界捐赠图书3.5万册，价值码洋106.2万元。为平阴县孙庄村的6位特困家庭捐赠了6000元慰问金以及粮、油、衣、被等大宗物品。 (张元立)

【济南日报报业集团】 1. 传媒大厦奠基。12月3日，集团传媒大厦奠基仪式隆重举行，集团西进大幕由此拉开。集团传媒大厦位于西部新城核心区域，紧邻省会文化艺术中心，与第十届中国艺术节主会场大剧院、文化中心三馆(图书馆、美术馆、群众艺术馆)隔河相望，总投资5.5亿元。作为第十届中国艺术节的重要配套工程之一，集团传媒大厦是全面建设文化强市的重要载体，是加快西部新城发展的关键延伸。

2. “制度建设年”成果丰硕。为完善、创新制度建设，理顺内部关系，按照现代报业发展的要求，建设既有报业行业特点，又能体现时代精神的济南日报制度规范体系，从3月至12月开展“制度建设年”活动。通过开展活动，建立健全集团各项规章制度，做到各项工作有章可依，初步建立起涵盖新闻采编、经营和管理等各方面工作的规章制度体系。出台各项规章制度80多个，进一步强化了集团规范化管理，为集团“十二五”实现腾跃发展提供了强有力的制度保障。

3. 人事制度改革深入人心。先后出台了《首席编辑和首席记者评聘办法》《济南日报报业集团金牌经营人评聘办法》《广告经营人员参照事业编制管理实施办法》《济南日报报业集团干部选拔任用管理办法》等办法、规定。集团全年共评选首席编辑、记者17人，金牌经营人6人，1人被评为第十批济南专业技术拔尖人才，5人被评为第五批济南市青年学术技术带头人。

4. 内部机构改革促进集团事业大发展。2月，《济南日报》编辑部进行改革，设立了14个新闻部室，采编体制更加灵活，分工更加明确，运转更加高效，责权利落实到部门，大大激发了部门和个人的积极性，新闻稿件更加鲜活，陆续推出了一批超常规、大篇幅的重点策划，在社会上引起强烈反响。

5. 报网改版成功。3月28日，《济南日报》全新改版，版数由每周68个版增加到110多个版。特别是导读版的设置，是长江以北地区党报的创举和大胆尝试。全新改版后的日报从4月11日起试水零售市场，面向党政机关、企事业单位订阅发行的党报，逐渐走近普通百姓生活，受到越来越多市民的喜爱。1月1日，《济南时报》改版，在版面设计及重点新闻报道上发生了较大改变。2011年，《济南时报》获"中国市民喜爱的媒体品牌""2011中国报业创新奖"和"2011中国最具影响力地产传媒"等3项大奖。《都市女报》开辟"新闻实验室""话题新闻""深度调查"等版面，保证了贴近性新闻长期化、深入化；将"伊言堂"栏目扩充为专版，增设以微博形式表达观点的专栏；对"捕风""舒心热线""安心热线""'艾'书推荐"等传统优势版面或栏目进行升级提高，使之在高端读者群中赢得较高美誉。6月，舜网对首页及各频道进行改版，开设了"新闻中心""济南社区""济南手机报""舜房网""商业财经"等品牌栏目，突出关注济南、阅读实用性等特色，使舜网内容更具可读性和实用性，获得网友一致好评，点击率迅速蹿升，大大提升网站的社会影响力和知名度。

6. 舆论监督关心民生。《济南日报》围绕市委、市政府中心任务，倾听基层百姓呼声，坚持为百姓说话，敢于承担舆论监督责任，勇于维护社会公平正义，采写"动车车票垄断销售""人情假条肆虐无序""教育配套设施不到位""医生被指不当诊疗"等一系列监督报道，在社会上引起强烈反响。《济南时报》推出"我的心是如何'变黑'的"报道，曝光滥用食品添加剂现象，引发"道德滑坡"现象大讨论；"济南铁路局垄断销售动车实名票"系列报道，推动了问题解决。多篇让政府和老百姓都叫好的作品，引发广泛的社会反响。《都市女报》的"我的生育谁做主""女强人不是你想的那样""探秘济南'女子笼屋'"等报道，关注女生考研、就业，展现精英女性真实生活，对女大学生、白领给与了人文关怀；"黑校车系列报道""食殇系列报道""医保病人为啥被卡"等监督报道，引起强烈社会反响，相关部门高度重视，积极采取措施进行整治，维护社会公共利益。舜网全媒体新闻中心成功策划了"舜网记者走基层进农家纪实""体验港华燃气背后的艰辛工作""数字城管在行动""走农家访济南名优农产品"等活动，体验民情，关心民生，汇集民意，社会反响强烈。

7. 以活动促创收集团获巨大效益。《济南日报》策划推出了112个版的《党旗飘扬——庆祝中国共产党成立90周年特刊》，随当天前40个新闻版发行，创下《济南日报》当日版数达152个的最多历史纪录，当日随刊广告收入创历史最高纪录；《第六届国际茶博会特刊》《济南市第四届农展会特刊》开党报特刊先河，获得很好的经济和社会效益；"第八届青岛啤酒节"成为全国党报媒体经典案例，同时获得可观收益；日报独家策划"'责任地产教育先行'2011济南教育地产高端论坛"活动取得良好效益；《京沪高铁开通，济南西客站启用》《小清河蓄水试航暨主体工程完工》《济南城管系列报道》《辛亥革命百年》等一批具有新闻价值和历史意义的特刊，受到有关领导和广大读者的肯定。2011年是《济南日报》历史上出版特刊最多的一年，组织活动最多的一年，广告效益最好的一年，取得社会和经济效益双丰收。《济南时报》举办的第十五、十六届现代生活方式展创收上千万元；《地产十年》百版大型纪念特刊广告收入创时报创刊以来最高纪录；《寻找地产变革年代的行业榜样——2011济南地产年度总评榜》特刊创收超过以往；《2011新春特辑》《都市济南的封面N次方》《济南地产年中红榜》《战·楼市十一特刊》等多个特刊创收达数百万元以上；《3·15诚信医疗在行动》特刊广告续创佳绩；2011年《济南时报》通过活动、特刊共实现广告创收数千万元。《都市女报》推出的《美丽春光特刊》创单刊广告收入之最；《创刊十周年特刊》实现单日发行量和广告收入新高。《当代健康报》《从生活中找健康》丛书10月份上市，已销售10000多套，被评为"济南市十佳图书"。舜网推出网上婚博会、789单身俱乐部、2010济南地产年度总评榜、济南市最佳宜居小区网络评选、家装大讲堂、2011齐鲁秋季网上车展、贵和购物中心美颜秋色化妆节、舜网车友会、舜网美食品鉴团、舜网观影团、机动车冒黑烟有奖举报等活动，取得良好的宣传效果。

8. 集团广告收入实现大幅增长。"五报一网"实现广告毛收入同比增长29.9%；纯收入同比增长28.5%。其中，《济南日报》广告毛收入同比增长120.4%，纯收入增长111.7%；《济南时报》广告毛收入同比增长15.5%，纯收入增长15.7%；《都市女报》广告毛收入同比增长22%，纯收入同比增长18.4%；《当代健康报》广告毛、纯收入同比增长15.2%；《人口导报》广告毛、纯收入同比增长104.7%；舜网广告毛收入同比增长13.3%，纯收入增长15.3%。集团广告收入增幅速度在全省、全国同行业中位居前列。

9. 发行体制改革成效显著。为适应集团发展新形势的需要，促进发行工作实现新突破，8月1日，集团做出《关于切实推进发行工作的决定》，对报纸发行体制进行重大改革，按照"定投分离"的原则，实行"一报一发行"，《济南日报》《济南时报》《都市女报》《当代健康报》分别成立发行部，报纸征订数大幅增长，《济南日报》增长40.3%，《济南时报》增长54.8%，《都市女报》增长78%，《当代健康报》增长40%。各报征订数都实现了集团发行史上的重大突破，创下新的历史纪录。

10. 文化体制改革开端良好。济南日报报业集团与青岛医保城药业集团签署合作协议，《当代健康报》股份制改革迈出关键一步，打下《当代健康报》做大做强的基础，让《当代健康报》走出山东，覆盖全国。舜网成立了省内首家全媒体——舜网全媒体新闻中心，组建舜网采编队伍，搭建微新闻全媒体采编业务平台。济南手机报已与莱芜、聊城、滕州、邹城、河口等30余家市及区县合作，订阅数突破7

万份，被中共济南市委宣传部评为“济南十佳报纸栏目”，“舜网微新闻全媒体采编业务平台”项目成功申报2011年度济南市文化产业发展专项资金。成立济南好客国际展览有限公司，助力会展业产业化发展，取得良好的社会效益和经济效益。济南报业文化发展有限公司先后承办“德国汉堡交响乐团——2011泉城新年音乐会”“《济南时报》置业周刊创立十周年庆典活动——钢琴公主陈萨独奏音乐会”“MUSIC－MAN王力宏2011济南演唱会”“时代的晚上——2011崔健济南演唱会”“2011中国（平阴）第三届玫瑰仙子暨旅游形象大使选拔赛”等活动，丰富了省城文化生活，增强了集团在文化市场上的竞争力和影响力。（郭春利）

【济南日报】 1.围绕中心，服务大局，新闻宣传高潮迭起。市两会报道是年初宣传工作的重点。按照要求在重要版面刊发稿件近200篇，有动态消息、人物访谈、政策解读，受到各有关部门的一致好评。全国两会开幕后，采用“两会连线”等形式，集中报道驻济、驻鲁代表委员的参政议政情况，凸显了党报的政治责任感。2011年是“十二五”的开局之年。《济南日报》推出长篇综述《长风破浪会有时 直挂云帆济沧海——济南市“十一五”科学发展纪实》和《迎接跨越发展的又一个春天——写在济南“十二五”开局之年》，全面总结了“十一五”时期济南在社会主义经济建设、政治建设、文化建设、社会建设、生态文明建设和党的建设方面取得的重大进展，展望了“十二五”时期济南的美好未来。“深入基层、服务群众”主题活动，是市委开展的一项贯穿全年的重大活动。《济南日报》对此进行了持续报道，并在一版连续刊发《以敬仰之心躬耕于野 用愧疚之情感恩群众》《理直气壮和群众在一起 全力以赴为民排忧解难》《常怀赶考之心 书写为民答卷》3篇评论员文章。2011年，济南遭遇60年一遇的特大旱灾，连续140多天没有有效降水，8.53万公顷小麦受旱。《济南日报》采写《春风不让一木枯 同心戮力降旱魃——济南市众志成城抗击60年一遇特大干旱纪实》。在纪念辛亥革命百年报道中，《济南日报》推出独家系列报道《孙中山在济影像唯一底版现身》《寿康楼街8号：孙中山应在这里合影》《与孙中山合影者可确定三人》，包括新华社、新华网、人民网等中央级媒体在内的众多媒体予以关注和转载，新华社山东分社还就此采访了《济南日报》记者赵晓林，大大提升《济南日报》在全国的影响力。在纪念建党90周年报道中，独家推出“寻访济南各界收藏红色革命文献”系列报道，省内独家重磅特稿《中共早期领导人珍贵影像首次在国内发现》，独家报道《王尽美邓恩铭珍贵文物现藏济南》等，引起普通读者和专业研究人士的关注。

2.以民为本，监督报道掷地有声。《济南日报》对城区居住区教育设施不配套问题进行持续监督，曝光一批群众反映强烈的不配套教育设施的小区及其开发商，促使15亿元的教育配套设施开始移交给政府。对济南铁路局垄断动车票社会代售权进行连续报道，最终促使铁路局全面放开社会代售点动车票销售权。曝光山东大学齐鲁医院、山东省精神卫生中心开具“人情假条”“跨国假条”事件，引起社会广泛关注，全国百余家媒体纷纷转载。在《济南日报》的连续报道下，开具“人情假条”医生被停止门诊半年，山东省卫生厅表示将对医生开具病假条行为作出详细规范。

3.精心策划，周密组织，专刊特刊叫响业内。2011年是中国共产党建党90周年，《济南日报》于7月1日隆重推出了《党旗飘扬——庆祝中国共产党成立90周年特刊》。特刊共112个版，随《济南日报》正刊40个版一起发行，共152个版，单日版数之多不仅创下《济南日报》历史之最，而且在纪念建党90周年当天创全国党报版数之最。同时，特刊版数之多，在中央级党报和省级、副省级城市党报中也位居首位，国家新闻出版总署主办的《中国新闻出版报》特意撰文推介。2011年是辛亥革命100周年，《济南日报》策划推出8个版的《辛亥革命百年纪念特刊》。该特刊有别于省城其他媒体更多以资料性内容做主打的操作模式，而是最大限度地致力于本报记者独家采访基础上的本土性和新闻性，其中很多涉及山东尤其是济南与辛亥革命的新发现、新见解、新成果均首次公开披露，特刊见报后赢得报界同行、社会各界尤其是文史界的高度评价。京沪高铁通车是2011年的重大事件，《济南日报》于6月28日推出8个版的《高铁来了——京沪高铁通车纪念特刊》，从高铁历史、高铁类型、高铁优劣、京沪高铁设计和建设过程、沿线重要城市风土人情等方面，为呼应京沪高铁通车，策划推出4个版的兼具人文内涵与新闻价值的《让历史告诉未来——胶济铁路津浦铁路特别报道》。《济南日报》关注济南本土文化生态，对文化济南的建设指出问题、提出建议，推动济南地域文化的复兴与发展。不断推出较有影响的文化专题，如《泉水节，何时莅临天下泉城》《老建筑保护，他山之石如何攻玉》《老城保护：将军庙片区可否先“动”起来》《曲山艺海：重现还是扬弃？》等；同时，继续关注国内重大文化事件、文化现象及新闻热点，推出《中国文化符号排名的背后》《中华节日文化，需要LOGO表达》《醉驾入罪，助我们重建汽车文明》《一定要客观全面看美国——对话博鳌亚洲论坛秘书长、前驻美大使周文重》《中国何时诞生自己的乔布斯》《从彭宇到小悦悦：我们要叩问什么》《入世十年，那些值得回味的文化之变》等重点报道。其中，《中国文化符号排名的背后》见报当日，即被新华网、人民网、中新网、腾讯网、新浪网、搜狐、网易、雅虎网、凤凰网、联合早报、TOM、中国网、新民网、中国政协新闻网、大众网等20多家门户网站在显著位置转载。在第二十一届中国新闻奖评选中，《济南日报》编发的作品《食》获唯一一个新闻漫画一等奖，编辑李雪萌获编辑一等奖。在山东新闻奖评选中，王彬采写、牛继兴编辑的《济南公交车咋进不了火车站广场》获系列报道一等奖，宋晓晖采写、李宝玉编辑的《山东87名见义勇为英雄每月领取资助金》获消息一等奖，甄真采写、郭春利编辑的《地理标志证明商标的经济效应》获通讯一等奖。

（郭春利）

【济南时报】 1.发行量实现突破性增长。成立发行部，在市场上夺回并坐稳发行量第二的位置，缩小了与排名第一的差距，打破了与另外两家报纸在竞争上的胶着状态，甩开对手。零售量同比增长30%～80%。截至11月中旬，《济南时报》的征订量已突破上年征订总量，编辑部报纸征订量同比翻番，读者结构层次明显改善。

2.办报质量明显提升。创新思维，三次改版，从编采两条战线上推行视觉化改造；推出各类周刊，解决内容的短板问题；和市政府服务热线12345合作推出12345专版，改善民生报道质量，满足读者阅读和市场竞争需要；东拓西进，在周边县(市)设立报道中心，实现发行和新闻报道突破。争取到时报历史上第一个采访境外举办的奥运会的名额。①三次改版。1月1日，时报学习借鉴国内先进媒体进行了全新改版，形成清新舒朗、庄重大气的版式风格。4月18日，进行双封面改版，封面突出重点新闻和冲击力强的照片，A1版改为导读索引。为进一步增强B版块的可读性和冲击力，4月19日再次对B版块的封面进行改版，最终形成AB版三封面的版面格局。《济南时报》的读者调查显示，周末和周三，时报的市场零售存在差距。分别于6月、8月和10月，在周一推出《深度周刊》，周日推出《温故》周刊，周三推出《艺文志》周刊，解决内容的短板问题。在新闻版面上，新开设了“我要问时报”“追问案中人”等栏目，在全国两会和国内重大新闻事件发生时派记者到现场采访，发出时报的声音。改造都市新闻封面，推出速读版，增强都市新闻版块的层次感。开设《运动帮》栏目，使体育报道由竞技体育转向更为广阔的全民健身。②战略布局。按照市区提升、郊县覆盖的发展战略，东拓西进、北部突破，在章丘、长清、济阳设立报道中心，并在发行和新闻报道上取得了实质性突破。③部门调整。根据市场竞争态势，对3个本地新闻采访部门进行调整，细化出11个报道小组和工作室，发挥骨干记者的带头作用，形成更为专业、更加灵活的单元。为解决编采协调衔接问题，根据版面的版块分割，在总编室聘任8名资深编辑，提前介入新闻策划，解决过去存在的编采脱节问题。④视觉化改造。8月，派员工专门到视觉化表现突出的新京报学习，全程参与新京报的夜班编辑流程。在改造中，着力通过编采两个环节推进视觉化改造，从采访环节起就要做到心中有读者，注重贴近性，编辑环节通过标题字体字号、留白设计、制图插图、色彩运用、图文比例、版块分栏等，从技术上增加视觉化效果，逐步改变以往不够灵活大气、个性特色不足的问题。⑤创新思路。10月，时报编辑部和市政府“12345”服务热线合作推出专版，提升民生报道的质量。11月，与济南电视台都市频道合作，推出现场突发新闻的联动共享机制，丰富现场报道的内容。⑥开门办报。开展读者调查，按市场需求办报。先后在1月24日和4月8日组织全体编辑记者开展了两次大规模的零售市场调查，每次调查分44个小组，每个小组负责3个报摊，对时报的零售现状、读者反映进行实地调查，掌握第一手资料。1月26日，通过时报QQ开展网上开放日活动，广泛听取读者的意见和建议。根据读者调查情况，对版面进行相应调整。加强“时报体育”的分量，重新恢复《时报体育周刊》。

3.品牌影响力大幅提升。获“中国市民喜爱的媒体品牌”“2011中国报业创新奖”两项大奖。到10月，有6篇稿件获得集团原创好新闻一等奖。一批有影响力的监督报道和深度报道，提升了时报在全国同行中的影响力和品牌效应。5月，在由中国信息化推进联盟、中国国际名牌协会等单位联合主办的“2011中国媒体与企业品牌峰会暨中国市民喜爱的品牌(商标)颁奖盛典”上，《济南时报》与《新京报》《新民晚报》《南方周末》等全国52家媒体被评为“中国市民喜爱的媒体品牌”。9月，在由中国信息化推进联盟、世界华文媒体传播协会、中国国际名牌协会等主办的第五届中国报业创新峰会上，《济南时报》与《南方周末》《新民晚报》《北京青年报》等全国知名媒体获得“2011中国报业创新奖”。一批重点报道获得集团原创好新闻奖励，其中《青霉素哪去了?》《美国白衣巫师的中国咒语》《济南痛失刘汉格》《大润发防损部涉嫌欺诈》《刘华清上将：人民和国防建设铭记您》《“瓦良格”回家之路》等稿件获得集团原创好新闻一等奖。8月26日，时报文娱专刊《文化星期五》推出的《第八届茅盾文学奖获奖作品纵横谈》，被国内具有重要影响的《新华文摘》在2011年第21期转载。截至11月30日，已有800多篇稿件被外媒转载。

在高铁开通、辛亥革命百年等重点新闻事件上，时报分别推出了《高铁特刊》和《辛亥革命百年特刊》，内容丰富，特色鲜明。依托“孙华调查”“深度周刊”等知名栏目和有发展潜力的版块。在重大新闻事件上坚持派记者到现场采访，发出时报自己的声音，给读者提供最新鲜、最快捷的新闻信息，在“7·23甬温线特别重大铁路交通事故”“浙江乐清钱云会被碾压事件”等新闻事件中，记者第一时间赶赴现场，发回报道。

时报有7人被评为集团首席编辑记者，1人被评为“济南市十佳新闻工作者”。在山东新闻奖、赵超构新闻奖(中国晚报界最高奖)、山东省地市报新闻奖评选中，有117人(次)获各类奖项。

(邵显亭)

【都市女报】 1.对版式进行全面调整，初步完成《都市女报》视觉化改造。编辑部根据女性审美规律，充分借鉴国内外媒体先进的视觉化理念，对版式风格进行了根本性改变，使报纸的版面设计更具现代感。头版封面化的表现形式集中体现了这次版式调整的效果。改变过去单一的模式化封面照片选择思路，强调以突出女性特点并兼顾新闻性，以美为主的大图片选择原则。在封面导读的选择与制作上，改变了过去简单地把文章标题移植到封面的做法，强调封面的导读要有均衡感和全面性，能够把整张报纸中最精彩的内容推荐给读者。

2.使报道更加贴近读者。编辑部抽调集团首席记者孙昊等骨干专门成立深度报道小组。《“黑校车”系列报道》《“食觞”系列报道》《“女强人”系列报道》在社会上引起强烈反响。编辑部每月都有2篇以上报道获集团原创好新闻奖，获中央、省、市各类新闻奖项40余个。

3.提升报纸阅读品味，全力打造名牌版面及栏目。《伊言堂》连续两年获济南市十佳报纸栏目称号，将栏目扩充为专一版面，增设以微博的形式表达观点的专栏。开设一个以介绍世界各大知名品牌及其成长发展故事为主要内容的《品牌故事》版，每周出版二次。副刊版块开设《创富汇》版每周一期，向读者介绍了史玉柱、严旭、罗永浩、冯仑等一批新时代创富英雄。

4.加强与读者互动，扩展报道资源。所有编辑除跟踪稿件成稿全过程外，还利用微博、QQ等现代通讯方式密切联系读者。“女性就业促进月”和“女大学生就业服务周”是《都市女报》与市妇联、市劳动和社会保障局联合举办的传统大型社会公益活动，吸引数百家企事业单位和三四万大学生求职者参与。每周五开辟女大学生就业推荐版面，刊登驻济高校的女大学生简历。

5.利用节假日和纪念日推出特刊，促进办报和经营一体化进程。编辑部和广告部协同，以出版特刊的形式，促进报纸品质的提升和广告经营的聚集化效益。

（朱　明）

【当代健康报】 1.走出去，请进来，打好报纸质量战。2月28日，上级决定《当代健康报》独立经营。北上北京和天津，到健康时报社、医药养生保健报社学习交流办报经验。走访部分广告客户，寻求深度合作。南下南昌，到医药健康类报纸的“领头羊”——《家庭医生》报社学习考察。每半个月搞一次健康公益讲座，为广大读者提供服务，同时征求读者对报纸的意见和建议，并迅速落实到具体办报中，增强报纸的服务性和可读性。全年共获集团原创好新闻奖18次，其中一等奖3次。

2.发挥专业优势，出版健康图书，探索多元化经营之路。《当代健康报》策划、编辑，委托济南出版社出版《从生活中找健康》丛书，倡导市民通过改变生活方式，解决健康问题。《从生活中找健康》丛书，分《小运动大健康》《小厨房大营养》《小偏方大疗效》3卷，颇受读者喜爱。自10月份上市，已与省报刊发行局联合销售了10000多套。在记者节表彰大会上，被评为“济南市十佳图书”。

3.股份制改革迈出关键一步。11月24日，济南日报报业集团与青岛医保城药业集团签署合作协议。做大做强《当代健康报》，让《当代健康报》冲出济南，走向山东，覆盖全国。

4.走基层、开微博，提升报纸质量和影响力。结合“走、转、改”活动，关注民生。在走基层活动中，记者采访到济南市郊区一位患尿毒症的农民，因家庭经济困难无力治病的新闻，在对新闻事件报道的同时，还配发《请给病家留条生路》的深度评论。此稿被多家网站转载。编辑、记者在网上开微博，将报纸精彩内容贴在微博上，自开通以来，4个月访问量就突破了10万人次，6月16日刊登的《走出高考的纠结怪圈》一文被60多家知名网站转载。12月，和山东电子商务有限公司洽谈合作手机报和电子商城业务。

5.多措并举，提高经营、发行业绩。安排综合部联系、发展新客户；主动调整广告结构，增加新的广告品种；寻求与健康产业相关的政府部门支持，扩大经营收入。仅与市农业局、老龄委的合作，就增加收入22万元。全年广告收入比上年同期增长25%左右，经营总收入同比增长30%左右。借助青岛医保城药业集团和鲁和投资公司在全省药品销售门店促进发行。

（王　哲）

【人口导报】 1.围绕中心、服务大局，完成宣传报道任务。4月26日，中央政治局第二十八次集体学习专门就人口和计划生育问题进行集体学习，胡锦涛总书记发表重要讲话。报社第一时间全文转发，并配发深度报道。围绕“4·26”讲话精神，策划一批全省及各市“结合实际，深入贯彻”的系列报道，组织理论性文章对讲话进行解读，营造良好的舆论环境。7月19日，全省人口计生工作会议召开，用三个版的篇幅对工作会议进行全面报道，并发表题为《稳低丝毫不能松》的社论。搞好出生人口性别比综合治理的报道。全国、全省综合治理出生人口性别比偏高问题集中整治“两非”专项活动座谈会召开后，配发3000字的长篇评论《全面深化基层基础工作，确保出生人口性别比明显下降》，刊发《青岛性别比连续18年自然平衡》《烟台40年来性别比一直保持平衡》的稿件。精心策划纪念“世界70亿人口日”宣传报道。10月17日，编辑出版了《世界70亿人口日》特刊，用10个版的篇幅报道全省各地纪念“世界70亿人口日”宣传活动。共出版51期报纸，刊出有关人口和计划生育工作稿件近5000篇，近300万字，完成省人口计生委安排的宣传报道任务。

2.突出主题、强化策划，不断提高报纸质量。年初拟定了一批重点选题，刊出后取得较好效果。响应中宣部“走、转、改”活动部署，采写《走访赢来的荣誉》《乐居杜行》等有深度、有影响的基层报道。围绕新闻热点、群众需求做专刊，提高专刊的信息含量和可读性。

3.主动融入、完善机制，发行工作成效显著。召开发行会，根据划分的发行责任小组，安排编辑记者积极走下去催发行、催回款、解难题，保证发行数量稳中有升。

（耿　强）

【舜网】 紧扣宣传主题，营造积极的网上舆论氛围。3月，对首页、新闻频道进行改版，突出政务新闻，关注民生新闻，积极宣传政务信息、感人事迹及文化最新动态。改版后近5个月内，发布新闻信息共1.2万条，对网络文化建设和和谐网络文化氛围的营造起到积极推动作用。

舜网全力跟踪报道各项活动，第一时间发布新闻稿件，并开设新闻专题专栏，先后制作“‘十二五’开局之年看山东”“济南部分革命遗址保护现状”“学习贯彻‘七一’讲话精神提高党的建设科学化水平”“第二十六届世界大学生运动会”“宣传文化工作‘三问于民’大家谈”“第九届全国少数民族传统体育运动会”“医改在基层”“身边济南人”“全国道德模范评选”“走基层转作风改文风”“2011‘影响济南’年度经济人物评选”“加强文化建设”“济南小清河通航”“泉城新八景”等专题共计 60 多个。

坚持舜网论坛品牌特色，开设舜网时评栏目。对舜网的名牌栏目舜网论坛进行整合，重点打造以济南本地为主的网友生活圈，策划“游名泉，赢大奖”“美食品鉴团”等一系列网友互动活动，更注重网友体验和论坛感受，吸引了更多忠实于舜网的网友，持续扩大了舜网论坛的影响力和知名度。舜网论坛日发帖量超 11 万帖，同时在线人数 3 万以上，点击量达 450 万。被市委、市政府评为“济南市最受群众喜爱的十佳栏目”，荣膺“山东对外传播奖”网络栏目一等奖，蝉联“中国 BBS100 强”，荣获 2010 年济南市“十佳报纸栏目”。

舜网时评是舜网唯一的时政评论性栏目，拥有固定供稿人 30 余人，每月发表推荐 900 余篇评论文章。同时，舜网还重视网络评论员队伍的建设和管理，建立一支以省聘核心评论员为核心、省聘评论员为骨干、其他社会兼职人员为辅助网上评论员队伍，拥有专、兼职网上评论员 50 余人。

开通外文频道，打造多语种、综合性的外宣网站。在做好新闻宣传的基础上，积极筹建英、法、德、日、韩 5 个外文频道和繁体字频道。外文频道立足济南特色、突出泉城概念，坚持国际视野、尊重海外受众习俗，开设济南、山东概况、信息发布、文化交流、电子商务、城市生活指南、图库、视频、手机报等 10 余个栏目，集中展示经济社会文化发展成就，吸引世界的目光关注济南、聚焦泉城，致力于打造高水平、多语种、综合性的外宣网站。

组织策划各类活动，广告经营再上新台阶。策划组织了一系列线上线下活动，扩大网站和汽车、女性、房产、财经、商业等频道的影响力，广告份额日渐扩大。努力维护老客户，积极开拓新客户，不断与知名品牌合作，先后策划网上婚博会、完美蝶变空间视频访谈、789 单身俱乐部、2010 济南地产年度总评榜、济南市最佳宜居小区网络评选、家装大讲堂、2011 齐鲁秋季网上车展、雪铁龙 C5 创享试驾数字体验、武动欧蓝德 EX 演绎生活感动力、贵和购物中心美颜秋色化妆节、联通 3G 网上趣味课堂、舜网车友会等活动，取得了良好的社会效益和经济效益。

成立全媒体新闻中心，搭建微新闻全媒体采编业务平台。舜网全媒体新闻中心 10 月 28 日成立，标志着济南有了首家全媒体新闻中心。舜网全媒体新闻中心是在舜网原新闻部和多媒体采访部的基础上，整合新闻采编、视频访谈、健康、教育等部门的资源成立的，成立初期组成了 8 人的采访队伍，负责时政、经济、教育、科技、卫生、体育等对口单位的新闻报道，搭建了微新闻全媒体采编业务平台。成功策划了“舜网记者走基层进农家纪实”“体验港华燃气背后的艰辛工作”“数字城管在行动”等活动，社会反响强烈。

区县手机报成功推介，用户突破 40 万。2010 年 9 月，随着山东省内第一家县级手机报——济阳手机报的成功上线，舜网在国内率先推出区县手机报平台，提出手机报向区县发展的思路。舜网区县手机报由区县委宣传部、移动公司、舜网共同合作，依托手机媒体，内容除了涵盖国内国际新闻外，还提供差异化的本地新闻、民生资讯，真正实现了一县一报。舜网区县手机报充分利用山东移动的渠道优势和手机媒体覆盖面广、传播速度快、互动性强等特点。2011 年，舜网发展和推介区县手机报，与邹城市、垦利县、昌邑市、济阳县等 30 余家区县合作，手机报用户突破 40 万。

服务政府各部门和企业，提供网络服务。为各部门、企业提供建站、推广、优化等网络服务，先后建设大舜文化网、乐善助残网、济南文明联盟网、济南水利局网等，配合市环保局开展“机动车冒黑烟有奖举报”，配合市旅游局开展“济南首个中国旅游日”“游 72 名泉，赢旅游大奖”活动，配合联想集团、格力集团进行产品推介宣传，取得了良好的社会效益和经济效益。

搭建电子商务框架，电子商务实现新跨越。舜网作为“山东省电子商务示范企业”，除旗下运营的一元通、交易宝外，又推出舜网团、“舜网 E 购”网上商城等电子商务项目。“舜网团”是舜网倾力打造的本地化团购电子商务网站，借助自主开发的“交易宝”以及支付宝、网银在线、易宝、财富通等第三方支付平台，通过市场代理等方式开展业务。

“舜网 E 购”网上商城是舜网结合传统行业与电子商务优势开发的全新电子商务平台，依托济南茶叶批发市场优质的茶资源和济南日报报业集团五报一网强大的媒体资源，建设以茶叶、茶具、茶包装为主题的“舜网 E 购”网上商城，同时完善线下运营环节，把有形市场与数字化无形市场有机结合，实现网上推广、网上商店、网上交易、网上结算等一条龙服务，为济南市电子商务发展起到积极的推动作用。

1 月，舜网被济南市人民政府办公厅评为“我为《政府工作报告》建言献策活动先进单位”。7 月，被山东省报业协会评为“2009～2010 年度全省报业电子技术进步先进集体”。8 月，被中国地市新闻网联盟、第四届中国地市网盟年会组委会评为“全国地方十强新闻网站”。10 月，被山东省人民政府新闻办公室、山东省网络文化办公室、山东省通信管理局评为“山东省第二届优秀网站”。　（周斐斐）

广播电视

【概况】 1. 充分发挥主流媒体作用，出色完成新闻宣传任务。①科学发展观宣传报道内容和深度实现突破。两台牢牢把握正确舆论导向，坚持围绕市委、市政府重大决策和重点工作，加强新闻宣传策划和组织实施，在主要新闻节目中开辟专栏，挂牌推出“学习贯彻五中、六中全会精神”“转方式调结构”“创先争优”“开局之年谋发展”等专题报道，有力地强化了对全市经济、文化和社会改革发展先进经验和优秀典型的宣传，加大综合性报道的深度、力度，形成了“加快科学发展、建设美好济南”的强大舆论态势。②重大主题宣传活动影响实现突破。重点实施“庆祝建党90周年”“纪念辛亥革命100周年”等主题宣传活动，开设《泉城先锋》《红旗飘飘》等10多个专栏，播出90多期节目，策划推出党史巨著《苦难辉煌》广播版，精心组织了系列活动“声动泉城”、电视晚会“颂歌献给党”等大型纪念活动和晚会。③两会宣传报道形式和手段实现突破。在两会现场首次设立电台新闻直播区和电视新闻演播区，实现了开门搞报道、展示济南广电媒体良好形象的目的。④对外宣传济南实现突破。《天下泉城》《名士济南》《我的济南老家——季羡林》等一批展示济南历史文化和城市发展的电视片先后在央视、香港卫视、台湾东森电视等媒体播出，反映济南经济文化社会发展成就的450多条广播报道、580多条电视报道，分别被中央台和省台采用播发，进一步提升了济南的知名度和美誉度。其中，济南电台获2011年度中央台新闻发稿全国城市市级广播电台“十强”。

2. 加大节目创新创优力度，向社会奉献更多视听精品。①节目栏目创新成果显著。按照“三贴近”原则，充分挖掘利用本地资源，打造推出《博闻天下》《直通12345》等13档新品牌节目，改版提升《政务监督热线》《今晚不关机》等16档老品牌节目，节目收听收视率和市场占有率显著提升。据权威调查公司统计数据，全年济南市广播听众中有70%的人收听济南电台的节目，电视观众中有33%的人收看济南电视台的节目，所占份额均位居全国省会城市台第一位。济南电台跻身全国最具实力市级广播电台行列。②大型品牌活动影响持续扩大。先后成功举办“汽车音乐节”“小桔灯爱心读书行动”“电视观众节”“影响济南的文化活动文化人物评选”等20多项有广电特色、有社会影响的标志性品牌活动。③“天下泉城”品牌进一步延伸。精心打造推出大型电视文献片《泉城之光》和大型历史纪录片《孙中山与济南》，获社会一致好评，使“天下泉城”品牌的影响力持续增强。④节目创优硕果累累。全台共有52件作品获省级政府奖一等奖以上奖励。其中2件作品获中国广播影视大奖二等奖，5件作品获山东新闻奖一等奖，29件作品和栏目获山东广播影视大奖一等奖，15件电视作品获山东省电视艺术“牡丹奖”一等奖，城市形象宣传片《名士济南》获泰山文艺奖二等奖。

3. 科学谋划精心组织，数字电视整体转换工作创全国一流。济南有线数字电视顺利通过广电总局组织的技术鉴定和验收，专家组一致认为：济南面向三网融合的有线电视高清双向综合业务平台技术达到国内领先水平，为全国有线电视数字整体转换工作树立了标杆，提供了新的经验。李长春在山东视察时，专门听取济南数字电视整转情况汇报并给予充分肯定和高度评价，广电总局局长蔡赴朝在济南广播电视台视察时指出：济南有线数字整转坚持技术创新，实现文化和科技有机结合，在满足人民群众精神文化需求方面，在改革创新方面，确实走在了全国的前沿。

4. 积极建设现代传播体系，全面提高技术保障能力。围绕安全优质播出和技术保障的任务要求，建立健全安全播出日常管理与应急指挥系统，全面推进安全播出制度建设，加强技术管理和培训，加大技术资金投入，完成70多次卫星直播车现场直播活动、近1000小时演播室直播节目，以及85场大型综艺节目和活动的录制工作；首次独立完成伦敦奥运会女足赛亚洲赛区9场比赛的现场直播转播任务；完成电台录制播出系统项目建设，采购的大型数字卫星广播直播车投入使用，结束了电台没有大型转播车的历史；投资3000万元，将济南电视新闻频道建成了全国第一个高清新闻综合频道和山东省第一个高清频道；圆满实现全年累计播出传输11万多小时无责任事故、台内停播率百小时零秒的安全播出工作目标。

5. 科学调整广告结构，提升经营创收水平。按照“转变广告经营方式、调整广告经营结构”的要求，大幅削减客座广告比例，增强品牌广告吸纳能力，全面加强广告统一经营管理，调整充实经营队伍，健全完善奖惩机制，最大限度调动经营创收积极性。同时以提高经济效益为中心，不断完善预算管理，挖掘增收潜力，优化支出结构，科学运筹资金，确保经营收入和经济效益同步提升。全台经营收入突破3亿元，比上年增长22%，综合经济实力显著提升。

6. 加快推进产业发展，打造多元化发展格局。①成功推出济南网络广播电视台。将济南广播电视台7个电视频道和6个广播频率全部送上互联网，建成融广播节目、电视节目及平面媒体为一体的网络全媒体，进一步提升济南广电节目品牌价值和媒体影响力，有效扩大了广告经营的覆盖范围。②一屏、一刊成为济南广电新的产业发展点。城市电视户外LED大屏总数达到15块、室内屏幕达到500余处，移动电视终端达到1800多个，不仅成为全市城市应急信息发布的重要渠道，也成为具有一定规模和影响的广告经营平台。《齐鲁新视听》杂志成功出版36期，每期发行量3万册，手机杂志读者达30万人，建立1000多家发行网点，成为省内期刊发行密度和发行量最大的刊物之一，实现当年运作，当年盈利。（温健　马斌）

【加强广播电视行业管理制度建设】　根据全市广电工作实际，出台《全市广播电视安全播出应急预案》《济南市广告播出监管办法》《播出机构年终考核测评指标》等规范性文件；组织编印有关广播电视的行政法规、部门规章、政策文件等的文件汇编，整理、印刷、装订成册，下发各相关单位，使广播电视管理工作有据可依；创建《广播电视行业管理工作简报》，用于及时反映工作动态、重大事项的通报等。

（温健　马斌）

【规范广播影视执法工作】　加大非法卫星电视接收设施（“小耳朵”）的治理工作力度，紧紧抓住“小耳朵”的销售、安装和使用三大环节，组织开展清理整治工作。对“小耳朵”销售较为集中的中恒商城、段店酒水批发市场、七贤文化广场和豪鲁电子商城等区域进行重点清理，查处非法销售安装窝点61个，查缴非法卫星接收设施1750套(件),2起案件移交工商部门处理。组织开展清查有害卫星电视节目信号和接收境外卫星电视节目专项检查行动,进一步加大对大专院校和宾馆酒店的检查力度,普查全市三星级以上宾馆酒店卫星接收设备运行和节目传送等情况。加强对电影市场和广播电视播出机构的监管,尤其是对广告节目播放的监管取得一定成效。全市卫星电视传播秩序得到明显改善。（卢明胜 陈海燕）

【打击非法"网络共享"网站及设备产品专项治理行动】 坚持疏堵结合、宣传与查处并重,建立了与商城管理部门的预警警示、联合巡查和定期督导工作机制,注重加强商城自主管理,对发现的有非法销售行为的家电商城和小商品批发市场管理部门负责人进行约谈,要求其加强内部管理,自觉纠正违法违规行为;对全市主要小商品批发市场、电子科技市场、农村集市、夜市进行全面清理,严厉查处通过互联网接收、传播境外电视节目和淫秽色情视频节目的"电视棒",查处非法设备经销点68个,"电视棒"1356个,非法"网络共享"设备的销售行为得到有效遏制。山东省"打击非法'网络共享'网站及设备产品专项治理行动"领导小组向全省推广济南市在专项治理工作中的经验做法。

（卢明胜 陈海燕）

【农村电影放映工作超额完成年度目标任务】 3月25日,全市农村电影工作现场会在历城区柳埠镇召开。4月,全市农村电影工作全面启动,6月27日,市局下发《关于进一步做好农村公益电影放映工作的通知》,强调要进一步加强组织领导,提高服务质量,确保新形势下全市农村公益电影放映工程的顺利实施。11月30日,历时8个月的农村公益电影放映工作圆满结束,全年度共放映55680场次,是省下达年度计划任务54864场次的102%,观众达600余万人次,为繁荣发展农村文化事业、建设社会主义新农村、构建社会主义和谐社会作出突出贡献。

（于万勇 赵 宁）

【青少年电影院落成】 由共青团济南市委和济南文化广电新闻出版局联合主办,济南青少年宫和市电影发行放映公司合作建设的济南市青少年电影院落成揭牌仪式暨关爱农民工子女志愿服务"六一"观影活动启动仪式,6月1日在济南青少年宫举行。该影院是一家专以青少年儿童成长、励志、关爱、科普教育及亲情感召等为主题的特色电影院。影院实行会员制管理与售票相结合的方式,观影票价具有公益性。影院还利用周末、寒暑假及节假日定期举办免费观影活动。

（于万勇 赵 宁）

【社区公益电影放映工作效果显著】 为庆祝中国共产党90华诞,由市委宣传部、市文广新局、济南广播电视台、《生活日报》、济南新农村院线共同主办的庆祝建党90周年红色经典电影展暨济南市第二届社区广场电影节,6月26日在英雄山风景区赤霞广场启动。活动历时4个月,覆盖全市城乡,共放映电影近3万场次,观众500余万人次。11月25日,在银座和谐广场鲁信影城举行闭幕式,命名表彰第一批10个社区电影文化广场,这10个广场将作为固定的露天电影放映场所,长期为市民提供电影文化服务。

（于万勇 赵 宁）

【10部历届"金鸡、百花"奖获奖影片驻济高校巡展活动】 由中国电影家协会主办,中国电影金鸡奖评奖办公室、中国影协高校电影联盟协办,济南新农村数字电影院线公司承办的"农夫山泉杯"首届大学生电影论坛暨金鸡、百花奖获奖影片驻济高校巡展活动,9月1日在驻济15所高校全面启动。此次展映活动以改革开放30年历程为主题,于10月31日结束,在为期两个月的时间里,10部影片共放映194场,60余万人次高校师生足不出校园欣赏了国产优秀获奖大片。

（于万勇 赵 宁）

【电影《半边井》杀青】 10月底,由山东电视台和平阴县文广新局组织拍摄的电影《半边井》摄制完成。这是继《乡恋》后第二部由平阴人自主创作、在平阴全景拍摄的影片。剧本由电影《乡恋》编剧、平阴县文广新局局长井庆春编写,故事以社会主义新农村建设为背景,旨在宣传国家计划生育政策,改变生育观念,同时反映出新农村建设、新农合制度为农民群众带来的实惠和保障,折射了改革开放给农村、农民带来的新变化。（于万勇 赵 宁）

【2010影响济南年度文化事件及人物评选活动颁奖盛典】 1月20日,2010影响济南年度文化事件、文化人物评选活动在济南电视台演播大厅举行颁奖典礼。评选活动由市委宣传部、济南广播电视台联合主办,市文化广电新闻出版局、市文联、《济南日报》《济南时报》、舜网协办。由济南广播电视台主办的这次电视颁奖盛典首次采用30米的弧形LED大型彩幕,并采用跨越时空的创意,现场感怀快书艺术家孙镇业的音容笑貌,82岁高龄的著名书法家欧阳中石现场挥毫泼墨,实现了精彩文艺节目与文化事件和文化人物的巧妙结合。（温健 马斌）

【"声动泉城"激情点燃红色浪潮】 5～7月,中共济南市委宣传部和济南广播电视台联合开展纪念建党90周年"声动泉城"大型系列宣传活动,回顾中国共产党90年的风雨历程,讴歌90年来在中国共产党领导下取得的辉煌成就,使广大人民群众更加热爱党、热爱祖国。"声动泉城"大型系列宣传活动中六大广播频率合力出击,连续推出读红诗、唱红歌、观看红色电影、讲述红色故事、重走革命道路、探访英雄人物六大系列活动,首次实现直播、讲座、节目、现场、社区活动一体化运作。5月21日,活动在大明湖北岸举行启动仪式,从直播间统领到大明湖游船上的特别节目,再到北极阁启动现场,3个场景同步直播,一气呵成。活动特别邀请国防大学教授、《苦难辉煌》作者金一南做客现场,在游船上对话"信仰的力量",并为济南市宣传系统举办专题报告会,各大广播频率并机直播,10万多听众直接参与系列活动,全市共有800多万人次收听、收看了相关活动。（温健 马斌）

【济南数字电视整体转换全国领先】 5月13日,济南有线数字电视整体转换项目通过广电总局组织的技术鉴定和验收。专家组一致认为:济南面向三网融合的有线电视高清双向综合业务平台技术达到国内领先水平,为全国有线电视数字整体转换工作树立了标杆、提供了新的经验。济南有线数字整转坚持技术创新,实现文化和科技有机结合,把高清双向互动系统设计得更周到、更先进,采取了非常扎实的措施。济南广电在改革创新方面,走在了全国的前沿。 (温健 马斌)

【电视片《泉城之光》与观众见面】 7月1日,由中国中共党史人物研究会、中共中央党史研究室宣教局、中共济南市委宣传部和济南广播电视台联合摄制的大型文献电视片《泉城之光》在济南电视台播出,引起良好的社会反响。

该片是为纪念建党90周年而倾力打造的献礼之作,创作历时一年,通过全新的电视手法和翔实的文献资料,诠释和解读了从济南走出去的中共一大代表王尽美、邓恩铭等人参与中国共产党的创建过程,以及他们短暂而光辉的革命生涯。7月22日该片通过国家有关部门审核,获得由国家广播电影电视总局重大理论文献影视片创作领导小组和国家广播电影电视总局宣传管理司共同颁发的播映许可证,意味着该片将可在各级电视台播映和发行。专家认为,《泉城之光》用大胆独特的创意、准确而富有意境的文字、优美的画面、大气的音乐,为观众展现了上世纪20年代初期中国共产党的创建历程以及中国共产党早期创始人感人的事迹。王尽美和邓恩铭两位中共早期创始人留给后人的资料很少,而《泉城之光》运用“再现”这种电视手段,把这两位先驱的一生展示得既翔实丰满,又生动鲜活。《泉城之光》充分展示了地方电视台的创作实力和水平。 (温健 马斌)

【开展“走转改”活动】 2011年下半年,自中宣部等5部门在全国新闻战线部署开展“走基层、转作风、改文风”活动以来,济南广播电视台按照省市委宣传部的要求,结合自身特点,精心组织实施,多种形式扎实推进,在了解基层实际、反映群众意愿、树立良好形象、提高新闻宣传质量水平上取得积极进展,有力促进了广播电视舆论引导力和公信力的提升。针对当前广电新闻队伍中不同程度存在的采访不深入、身子沉不下、浮于表面、脱离基层、群众观念和意识淡薄、新闻报道缺乏群众语言等问题,济南广播电视台坚持从广电自身实际出发,紧紧围绕“走”“转”“改”3个环节做文章、下工夫。济南广电始终遵循“三个结合”原则,即把“走转改”活动与“深入基层、服务群众”主题活动和“三个一切”主题教育活动相结合,与日常新闻报道相结合,与全面提升新闻节目质量相结合,做到上下齐动、全台参与,力促走基层经常化。台领导班子成员率先垂范,先后到槐荫、历城、长清、天桥等7县区进行走访,面对面听取县区党委政府对广电新闻宣传的意见建议,了解基层宣传工作要求和报道重点,并在走访对接的基础上,制定切实可行的宣传计划并精心组织实施。全台编辑记者、节目主持人深入农村、社区、企业开展蹲点调研、换位体验和结对帮扶等活动。据不完全统计,从8月到12月,济南广电累计有近百名编辑记者和节目主持人开展基层调研采访和换位体验活动,播发各类来自一线、更具可听性和可视性的鲜活报道100多篇,有力促进了广播电视舆论引导力和公信力的提升。济南广电两台还加大现场报道力度,并将贴近本地老百姓、服务本地老百姓,作为办台主攻方向和节目创新打造的主体构成,先后推出《直通12345》《仲裁与社会》《万家乐吧》《城市爱生活》《天天健康》等10多档导向正确、特点鲜明、满足群众生活需求、为群众解忧排难的民生类、服务类新节目,受到了社会的广泛关注。 (温健 马斌)

【济南人民广播电台获“全国最具实力市级广播电台”称号】 8月12日,在北京举行的“时代之声”2011全国广播业综合实力大型调研成果发布会上,济南人民广播电台从参与调研活动的近200家省市广播机构中脱颖而出,获“全国最具实力市级广播电台”称号,交通广播FM103.1和音乐广播music88.7分获“全国最具实力市级交通广播”和“全国最具实力市级音乐广播”称号。“时代之声”2011全国广播业综合实力大型调研,是由国家广电总局认定,由《中国广播影视》杂志主办的权威调研项目。调研内容涉及体制机制、节目研发、产业状况、广告创收和品牌影响力等多个方面,在数据分析、专家研讨、指标评估等基础上,主办方确定本届调研的最终榜单。济南人民广播电台凭借权威可信度、社会影响力以及出色的收听率、市场占有率和广告创收能力获得其中三项大奖,稳居全国广播业第一方阵。济南人民广播电台始终坚持正确舆论导向,积极推进品牌战略,以新闻资讯准确、权威的播报及其富有人文特色的节目内容,获得广大听众的认同,拥有《济南新闻》《政务监督热线》《交通雷达网》《含笑时间》《金山夜话》等一大批深受市民欢迎的节目。同时,大力实施精品战略,先后摘得全国精神文明建设“五个一”工程奖、中国广播影视大奖、全国广电播音主持“金话筒奖”等100多项国家级、省级政府奖励,成为济南老百姓最欢迎的新闻媒体之一。根据AC尼尔森的数据,2010年济南人民广播电台全台节目市场份额突破70%,其中车上移动高端市场占有率达到75%。2011年济南电台市场份额继续保持70%以上的高位运行。

(温健 马斌)

【济南网络广播电视台首次成功直播奥运女足赛】 9月1～11日,2012年伦敦奥运会女子足球亚洲资格赛决赛在济南开赛,济南网络广播电视台在省内首次启用现代化网络演播室,对9场比赛成功进行全程同步直播,实现这次国际A级赛事的全媒体、全方位报道。这也是济南网络广播电视台自8月25日上线开播以来第一次网络直播的大型体育赛事。济南广播电视台组建了由90多人组成的转播团队,启用最先进的转播设备,同时向5个参赛国家提供比赛高质高清公共信号,受

到中央电视台、日本 NHK、韩国 KBS 等媒体的赞誉。（温健 马斌）

【济南广播电视台开播全新民生节目《直通 12345》】 9月26日，由济南电视台与12345市民服务热线联手打造的民生服务类电视栏目《直通12345》，在济南电视台生活与法频道正式开播。这是济南地区唯一一档与12345市民服务热线联办的民生服务类电视栏目。栏目设置"热线连连看""热点排排看""热问一把手"三大板块，重点关注市民遇到的热点、难点问题，急市民之所急，想市民之所想，并以电视的手段和视角，全面展示12345市民服务热线直办、转办、督办各类问题的工作过程，架起党委政府与普通百姓之间的沟通桥梁。截至年底，热线共对700多个民生诉求进行追踪报道，协调帮助解决群众难题和投诉400多个，其余的热线投诉也得到及时答复和认真处理，较好地起到引导舆论、解疑释惑、化解矛盾、凝聚共识的作用，受到社会广泛好评和市民群众欢迎。（温健 马斌）

【济南网络广播电视台揭牌】 9月30日，市委常委、宣传部长谭延伟，副市长巩宪群为济南网络广播电视台揭牌。标志着济南广播电视台在推动新媒体开发、促进文化产业多元化发展和文化体制改革方面迈出了坚实的一步。济南广播电视台从建立一个"跨媒体、跨地域、跨终端、跨受众、跨渠道"的新媒体战略发展平台出发，率先与深圳、青岛、武汉、大连、苏州等19家城市媒体联盟，联合组建中国城市联合网络电视台，并于2010年12月27日获国家广电总局批准。8月25日，作为中国城市联合网络电视台主要联盟台的济南网络广播电视台(www. ijntv. cn)正式上线开播。2011年，济南广电投入近2000万元，相继搭建济南网络广播电视台的技术平台、内容平台和推广平台，将济南广播电视台7个电视频道和6个广播频率全部送上互联网，实现全国落地、全球可见，并将济南广电的品牌节目碎片化整合为新闻进行时、综艺纵贯等五大板块，进一步提升了济南广电节目品牌价值和媒体影响力，有效地扩大了广告经营的覆盖范围。（温健 马斌）

【《孙中山与济南》填补历史研究空白】 10月9日、10日，由中共济南市委宣传部、济南广播电视台联合制作的大型电视纪录片《孙中山与济南》在济南电视台各频道滚动播出。该节目以其深刻的思想内涵、珍贵的第一手资料、浓郁的济南地域文化特色、典雅清丽的画面和诗意叙事，获得广大观众和专家的一致好评，引起良好的社会反响。该片是济南广电为纪念辛亥革命100周年而打造的特别节目，以1912年孙中山来济南考察为主线，全面展示了中国民主革命的先驱——孙中山先生在济南的革命活动，以及辛亥革命前后，在山东济南追随孙中山先生的革命志士所进行的为推翻帝制实现共和所进行的伟大斗争，充分展示了孙中山与济南这座城市的全方位多角度的联系与情感，特别是济南对中山先生的集体记忆与深切怀念。专家认为，这部作品挖掘出了众多珍贵第一手资料，唤醒了一段富有价值却被尘封的历史，完整而系统地展示了孙中山与济南的联系，不仅是纪念辛亥革命100周年的珍贵献礼，而且在济南近代史和城市发展史的研究上，也填补了一项重要空白，起到了"补史之缺，匡史之误"的作用。

（温健 马斌）

【济南广播电视台六大广播频率联手推出2011 中国·济南汽车音乐节】 10月15～16日，由济南广播电视台六大广播频率联手推出的"2011中国·济南汽车音乐节"在济南龙奥大厦西侧广场华彩绽放。作为济南广播电视台2011年倾力打造的大型重点品牌活动之一，这次汽车音乐节采用大型户外嘉年华的模式，不设坐席，现场市民可以像参加时尚聚会一样，边逛、边玩、边吃、边购。汽车音乐节最为抢眼的是重量级明星阵容的加入。华语音乐教父李宗盛、著名流行摇滚歌手张震岳领衔，王若琳、哈狗帮、M. I. C 男团、S. P. Y 女团众明星倾情加盟，无论是脍炙人口的经典旋律还是激情四溢的劲歌热舞，都带来非同寻常的视觉冲击和听觉震撼。市民在现场除了可以领略兰博基尼、劳斯莱斯、保时捷等名车的风采外，还能与济南电台六大频率的首席主持人、知名播音员面对面交流互动，并亲身参与国际汽车音响视听体验、汽车音乐排行榜、泉城招牌菜评选等一系列富有特色的文化活动。为期两天的活动吸引了1万多名广播听众的现场参与。（温健 马斌）

【建成全国第一个省会城市台高清新闻综合频道和山东省第一个高清频道】 12月，经过3个月的建设，济南广播电视台顺利完成电视新闻综合高清频道的打造，从而建成全国第一个省会城市台高清新闻综合频道和山东省第一个高清频道。2011年下半年，济南电视台新闻综合频道高清项目正式立项以后，先后投入3000万元，升级改造2个准高清演播室、新建1个高清演播室，加上原有2个高清演播室共计实现5个高清演播室节目制作；新建高清新闻制作网络、高清电视在线包装制作网络和高清网络化硬盘播出系统，并达到网间互联互通；全部采用高清蓝光盘摄像机实现高清节目拍摄；新上高清 DLP 大屏用于高清演播室背景。这些项目于12月20日完成全部安装和调试，投入高清全制播系统试运行，济南电视台新闻综合频道全部直播和自编播节目具备了完全高清化播出的条件，高标清频道同播率100%。（温健 马斌）

档案事业

【概况】 济南市各级档案部门全面履行档案工作职能，充分发挥档案在经济社会发展中的独特作用，实现档案事业"十二五"规划的良好开局。市档案局（馆）被评为"省级文明单位"。

档案工作日益关注民生。召开全市家庭建档推进会议，举办历时35天的家庭建档成果巡展，观众10万余人次。年内，有308个社区、73个劳动保障中心、39个社区卫生服务中心实现规范建档，新增各类涉民档案5万余卷(件)。新农合建档乡镇(街道)达到68个，新建档案3.3万余卷(件)。农村劳动力转移建档乡镇(街道)达到70个，共建档案15.4万余卷(件)。农村居民健康建档总人数超过200万人。

档案利用更加便民惠民。市档案馆积极为下岗、残疾等特殊群体提供免费查档服务，为3000余人次减免查档费用，共接待查档人员5500余人次，提供利用档案8100余卷次，处理咨询电话3600余次。济阳县开展了“档案馆开放日”和“档案查询服务周”活动，市中区设立了“文档服务惠民岗”，章丘市、市中区向社会开放了部分新的馆藏档案。年内，济南市及各县(市)区房屋档案馆共接待查档人员近9万人次。

档案资源开发更加贴近中心。围绕庆祝建党90周年，全市各级档案部门通过举办展览、编辑图书等形式多样、内容丰富的纪念活动，发挥了档案文化的独特作用。市档案局(馆)与市委宣传部联合编纂了《党旗飘扬——中国共产党90年济南图鉴》，与济南电视台联合摄制《珍贵瞬间——中国共产党成立90周年今晚特别报道》专题片，得到广泛好评；围绕加强水利建设、抑制通胀等编写《档案资政参考》，为领导决策提供了依据。平阴县配合有关部门建设了党史陈列馆，济阳县举办大型图片展并出版了画册，市中区配合“农村档案信息共享工程”建设，编辑了涉农信息文件汇编。

档案安全保管保护条件进一步改善。市档案馆完成了与西安市档案馆重要档案数据异地备份首批数据交接和“档案库房安全综合管理系统”完善工作，对部分库房进行了改造。通过开展全市企事业单位档案安全大检查，强化了基层档案安全意识和安全保障。章丘市档案馆晋升为国家二级综合档案馆。

档案信息化建设再上新台阶。建成全市综合档案馆“民生档案信息共享系统”，初步实现全市民生档案信息资源共享。市档案馆年内完成了500万页重要档案全文数字化处理，接收市直机关机读档案目录10万条，及时对济南档案信息网站进行维护更新，保证网站的安全运行。

档案资源建设取得新成效。市档案馆共接收各类档案资料8.7万余卷(件)，跟踪拍摄和征集重大活动、重点工程、济南泉水、济南革命历史等档案资料1500余件，馆藏总量已达60万卷(件)。各县(市)区和市城建、房屋档案馆共收集各类档案资料22万卷(件)。

档案法制建设深入推进。市档案局制发了《“六五”档案法制宣传教育规划》和《档案行政处罚程序规定》，与有关部门分别对2009年政府机构改革新建单位档案工作和部分县(市)区城建档案工作进行了执法检查。

机关档案工作巩固提高。加大对市直机关档案业务指导力度，2010年度归档文件整理验收118个单位，合格率100%。指导市委、市政府办公厅等13个单位顺利完成了档案进馆任务。市和各县(市)区档案局通过集中立卷、业务培训、加强指导等方式，有效提高了机关档案业务水平。全市有上千家档案馆(室)开展了档案管理年度考核。

企业和城建档案工作有新拓展。贯彻《企业档案工作规范》，加强企业产品、安全生产等档案收集归档。配合全市“项目推进年”活动，新建重点建设项目档案1.9万余卷(件)、图纸6.9万张(套)。市破产企业档案管理中心完成了11家破产企业档案接管工作，档案总量5.7万卷。

农业农村档案工作继续深化。各县(市)区积极开展试点工作，集体林权制度改革建档7200余卷(件)，“新农保”建档乡镇达到82个，土地承包建档乡镇达到75个。深化无公害农产品基地建档、特色品牌农产品基地建档、农民专业合作经济组织建档，利用档案取得良好经济效益。章丘市、平阴县扎实开展国家和省级“新农村建设档案工作示范县”创建工作，其他县区开展了“新农村建设档案工作示范乡(镇)”创建工作。

【《党旗飘扬——中国共产党九十年济南图鉴》出版】 作为济南市纪念建党90周年系列活动之一，由市委宣传部、市档案局(馆)联合编纂，中国档案出版社出版的《党旗飘扬——中国共产党九十年济南图鉴》首发式于6月28日举行。该书由省委常委、市委书记焉荣竹作序，围绕建党90年来的重大事件和重要人物，深入浅出、形象生动地反映了中国共产党近一个世纪以来领导济南人民革命和建设的辉煌历程。共收录近700幅图片，具有较高的史料价值和学术价值。

【全市家庭建档成果展览】 为进一步推动全市家庭档案工作的深入开展，更好地为和谐家庭、和谐社区、和谐社会建设服务，全市家庭建档推进会议于10月14日召开。同时，《济南市家庭建档成果展》开展。展览分三大部分，用200多幅照片集中展示了全市近年来家庭建档工作的发展历程和丰硕成果。展览先后在市中、历下、天桥、槐荫、长清等地的大型商场、公共广场、体育馆、社区、小学等场所进行了35天的巡展，引起社会广泛关注，近10万市民参观了展览。巡展中，各区还结合实际开展现场咨询、发放宣传资料、家庭建档现场演示、播放专题录像片、家庭档案实物展示等系列宣传活动。

【“济南市民生档案信息共享系统研究”项目通过鉴定】 12月18日，市档案局承担的“济南市民生档案信息共享系统研究”项目顺利通过山东省档案局组织的专家组的鉴定。市档案局(馆)自2010年开始启动“民生档案信息资源共享系统”建设，通过前期调研、制订方案、平台研发、配备硬件、数据收整、人员培训等一系列环节，于2011年底建成“济南市民生档案信息共享系统”。该系统依托济南市政务网，与11个县(市)区档案馆进行互联，管理了13个门类的民生档案数据约200余万条，具有目录管理及分布式全文检索功能，实现了一地查询、全市联动的民生档案信息资源共享目标，构建起方便人民群众查阅的民生档案利用体系。该系统的建成，标志着济南实现了市域内民生档案信息资源共享和民生档案管理现代化。

【《济南市档案行政处罚程序规定》出台】 9月，《济南市档案行政处罚程序规定》正式印发。该《规定》共39条，对全市各级档案行政管理部门实施档案行政处罚的基本程序及相关环节进行了全面规范，内容主要有档案行政处罚的原则、处罚的种类、执法人员资格等，重点就查处档案违法行为的登记、立案、调查、处理、结案等基本程序和相关环节的工作要求做了详尽规定。同时，为保障行政执法相对人的权益，明确了回避、会审、听证等相关规定。为确保档案行政执法工作的严谨性、规范性，《规定》还在“附件”中明确了档案行政执法的一般流程和各类档案行政执法文书的格式。

（宋建青）

【概况】 年内，市文物局以大遗址保护工程、文物修缮保护工程、打造公益文化活动品牌、第三次文物普查等重点工作为抓手，大力推进全市文化遗产保护、管理工作，各项工作均取得较好成绩。

1. 大遗址保护工程取得阶段性成果。大遗址保护工程是国家文物局“十一五”期间大力推进的重大工程，指导历城区、章丘市文物部门完成了《大辛庄遗址保护规划》《城子崖遗址保护规划》编制工作；按照专家评审意见对两个保护规划进行了修订。齐长城遗址被列入大遗址保护工程中，组织齐长城沿线的长清区、历城区、章丘市对下一步保护规划编制工作进行了调研，启动了长清区孝里镇的齐长城源头保护规划编制、考古调查与勘探工作。

2. 完成了第三次文物普查各项重大工作。在2009、2010年度全市已完成野外实地调查阶段工作的基础上，2011年度继续将全市第三次文物普查工作推向深入，全市文物普查工作顺利转入第三阶段，较好地完成了第三阶段的各项重大工作任务。①对第一、二阶段的工作进行了梳理，对所有的普查资料重新进行检查、调整，对不符合要求的图纸、照片等进行补正，进一步补充完善了1600余处登录文物点的各项数据。②按照国家文物局专家组的意见，对全市第三次文物普查数据进行五轮整改，保质保量完成了数据修改任务。③对第三次文物普查开展近5年以来的各项工作情况进行全面总结，按照国家文物局《第三次全国文物普查工作报告编制大纲》要求，完成了10余万字的《济南市第三次全国文物普查工作报告》，同时指导全市10个县（市）区完成本县域第三次文物普查工作报告的撰写。④组织召开了全市第三次文物普查调度会，进一步明确第三次文物普查的各项工作目标。⑤在6月11日中国文化遗产日之际举办“追寻历史传承文明——济南市第三次全国文物普查成果展”，宣传文物普查取得的丰硕成果。

3. 启动各项文物修缮保护工程。进一步加强对全市各级文物保护单位特别是全国重点文物保护单位保护工程的管理与指导，督促有关单位先后启动或开展了相关文物修缮保护工程。①四门塔、唐代建筑基台和青龙白虎亭的抢修方案已获国家文物局批准，招标、施工等工作进展顺利。②兴福寺是省级文物保护单位，位于西客站东北部，提出兴福寺保护范围划定意见，并对其建设控制地带内的环境风貌、建筑风格提出技术要求，与规划、设计院等单位协商，编制兴福寺保护利用规划。③平阴县学文庙修缮工作上半年启动，7、8月份组织市考古研究所对部分区域进行了考古发掘，揭露面积4000平方米，清理出清代节孝祠院落基址、明代魁星楼基址、文昌阁基址以及原泮池，基本摸清了平阴文庙原建筑布局。根据发掘成果重新修订维修方案。整个工程将分两个阶段实施，部分古建筑的修缮工作已经开始，年底前完成阶段性修缮工程。④整理修复华阳宫古建筑群内100余平方米明晚期至民国时期的壁画，修复工程取得阶段性成果。⑤在“五三惨案”纪念日，举行了蔡公时纪念馆修缮工程启动仪式，开始对“五三惨案”蔡公时殉难地进行全面维修；同时开展蔡公时纪念馆陈列大纲设计、展品复制等工作。⑥省级文物保护单位兴国寺修缮保护工程于2010年底正式启动，2011年完成天王殿、东西旁门、关王殿、灶王殿及大殿等维修工程。⑦对闵子骞墓苑进行了综合整治，重新修砌院内西侧台基，制作碑座，将院内散落的石碑加固树立，改善了闵子骞墓苑内部环境。

4. 博物馆免费开放工作深入进行。①组织各级博物馆开展2008至2010年度免费开放绩效情况自查，并对全市各级博物馆免费开放情况进行综合评估上报省文物局备案，争取“十二五”期间国家经费支持。②对全市列入中央四部局免费开放名单的博物馆、新增加的自行免费开放的博物馆、民办博物馆的相关情况，例如免费开放情况、馆舍建设、陈列展览、经费投入、展览天数、观众人数等情况进行了调查统计，撰写博物馆免费开放情况工作报告，提出博物馆年审意见。③指导全市免费开放的5家国有博物馆改善陈列展览、提升服务质量，为社会提供更多更好的展览。辛弃疾纪念馆、商河县博物馆被列入中央第三批免费开放的博物馆、纪念馆名单中。围绕纪念建党90周年、辛亥革命100周年、“5·18”国际博物馆日和中国文化遗产日等主题，部署“每馆一展”及其他陈列展览活动。各博物馆结合本馆特色，采取引进来、走出去等方式，推出内容多样的陈列展览，并将展览送到社区、军营、农村、学校，广泛宣传历史文化、科普知识、革命党史等，取得良好的社会效果。

5. 田野考古发掘取得丰硕成果。经国家文物局批准，济南市考古研究所获得团体领队发掘资质。①大辛庄遗址考古发掘被列入2010年度全国十大考古新发现中。大辛庄遗址2010～2011年度的田野发掘获重要发现，共发掘商代墓葬91座以及大量的灰坑、房址和窑址等重要遗迹，出土众多玉器、陶器、骨器、蚌器、石器以及珍贵的青铜制品，并采集了大量动植物和土壤样品等自然遗物标本，这些重要遗迹遗物充分说明商代晚期大辛庄在商王朝经略东方的战略中占有极其重要的地位。该项目被评为2010年度中国十大考古新发现，大大提高了济南市文物保护的影响力。这也是济南市继洛庄汉墓祭祀坑、陪葬坑发掘和章丘危山汉陶俑坑发掘分获2000、2003年度全国十大考古新发现后又一重大成果，也是山东省2010年度唯一获得十大考古发现的项目。②发掘清理了腊山分洪河北齐墓，是济南地区迄今发现的最大的南北朝时期墓葬。采取探沟钻探法和探铲钻探法相结合方式，对历城区郭店镇耿家墓地进行了考古勘探与发掘。抢救清理了高新区鲁能产业园两座金代墓葬、长清区平安工业园明代墓葬、腊山分洪河朱家庄段两座清代墓；对槐荫区王府变电站占地项目进行了考古勘探，勘探面积8000余平方米，为建设单位施工避开文物点提供了依据。

6.城市考古取得新进展。配合济南市城市建设工程，对在地下文物保护区古城区、刘家庄片区进行的建设项目进行了抢救发掘，城市考古工作取得新进展。①古城区天地坛街不仅发现了大量汉代至明清时期遗迹、遗物，还发现了几处龙山文化时期灰坑，出土了大量龙山文化陶片。这是第一次在济南古城区内发现龙山文化时期遗存，为济南城市建设史、舜文化研究提供了珍贵的第一手资料。②刘家庄片区共清理出商周至明清时期灰坑30个，发掘商周和唐宋时期墓葬20座，出土各类文物百余件，对研究济南地区商文化具有重要价值。③对位于古城区东南区域的舜井街——宽厚所街片区进行了为期5个月的抢救发掘，发现水井10口、房基25座、房屋百余间、水沟4个、路面6条、碾道2个、灰坑40余个，勘探发掘面积超过3万平方米，揭露出了大型建筑遗址——明代小王府遗址，为研究济南历史沿革尤其是古城区东南片区提供了重要资料。④为配合历下区武岳庙、福慧禅林古建筑群文物保护工程，对该区域地下遗存进行第一期抢救性发掘，揭露了武岳庙早期建筑布局，并清理出明清时期福慧禅林的建筑规模和布局，发现大量与两组建筑有关的碑刻和其他文物遗存，为合理恢复两处古建筑提供了重要依据。

7.打造济南公益文化活动品牌。发挥府学文庙的多方面综合作用，积极探索将府学文庙融入全市精神文明建设之路。以府学文庙深厚的儒家文化为基础，以“依托历史文化资源、传承优秀传统文化”为宗旨，努力打造具有济南府学文庙特色的文庙讲堂、成人礼、开笔礼、周末到文庙读《弟子规》等公益文化活动品牌。①举办了孔子诞辰2562年纪念活动暨“文庙讲堂”启动仪式。2011年9月28日，值孔子诞辰2562年之际，在明伦堂内设“文庙讲堂”，举办了别具特色的纪念活动暨“文庙讲堂”启动仪式，计划不定期邀请知名专家学者和普通市民，利用“文庙讲堂”开展优秀传统文化、爱国主义、思想道德教育讲座，逐渐将济南府学文庙打造成弘扬中华优秀传统文化的基地和社会各界日益关注的儒家文化传播中心。②开笔礼活动得到社会各界的广泛参与，市民对儿童开笔礼活动中的开智（点痣）、击启智钟、写人字、读《弟子规》等亮点程序好评如潮，该活动被省旅游局等单位评为2011好客山东贺年会“金点子”一等奖第一名。③成人礼活动受到青少年的欢迎。1998年9月16日，济南市第十二届人大常委会第四次会议审议通过了《关于设立“济南市十八岁成人节”的决定》，从1998年起，每年的9月24日为“济南市十八岁成人节”。成人节期间，在府学文庙举办多场公益性“成人礼”活动，使即将迈入成人行列的青年感受到了悠久深厚的中华优秀传统文化。该活动成为对适龄青少年进行传统感恩教育的经典活动之一。④周末到文庙诵读《弟子规》公益文化活动在广大市民中反响热烈，前来报名的络绎不绝。该活动自2011年7月启动以来，先后有400余名传统文化爱好者报名参加，同时也有小学、企业等单位组织集体参加，如公交公司组织站务员统一报名参加，通过诵读国学经典的方式，感受传统文化魅力。

8.组织参加全省讲解员大赛活动。按照省委宣传部、省文物局《关于开展第五届讲解员大赛》的通知精神，对参赛人员进行了初次选拔，按照名额分配选拔出4名专业中文、2名专业英文、1名志愿者讲解员，并聘请播音主持专家对参赛选手从形体、语言表达、精神面貌等方面进行了数次集中培训。取得两个一等奖、两个三等奖和三个优秀奖的优良成绩。

9.市文物店整建制划归市博物馆改革工作。9月，济南市编委印发了《关于济南市文物店整建制划归济南市博物馆的批复》，启动市文物店整建制划归市博物馆改革工作。制定缜密可行的工作方案，成立综合协调组、人员划转组、资产财务审计组、文物点交组、新商品点交组、安全保卫组、纪律监察组7个工作小组，各小组根据本组工作性质制订工作方案并启动相应工作。

10.各项文物保护管理工作取得较好成绩。①结合第三次文物普查工作取得的成果，对已掌握的不可移动文物进行认真筛选，经组织有关专家现场考察、资料审核和初步评审，确定推荐闵子骞墓等46处不可移动文物申报第四批省级文物保护单位，并按国家和省文物局的要求编制申报材料。②组织各县（市）区开展第四批市级文物保护单位推荐工作，制定推荐标准、推荐材料编写要求，指导各县（市）区严格按照规范要求进行推荐，确保了推荐材料的完整、准确性，为开展文物保护管理工作打下基础。③对涉及文物保护的国家、省、市建设项目严格执法，协助上级业务部门妥善处理高速公路和铁路、风力发电、市政建设等建设项目涉及的地上、地下文物保护问题，指导、协助建设单位依法履行报批手续，同时指导考古发掘单位开展抢救发掘工作，确保地上、地下文物安全。④配合历下区政府实施的舜井街——解放阁片区改造工程，以及齐鲁宾馆改造工程，对位于舜井街、记载济南大舜文化历史的迎祥宫碑实施平移保护，对位于齐鲁宾馆院内的舍利塔实施异地保护。⑤按照市领导的要求，顾全大局，将位于县西巷的武岳庙地段移交给市城投公司，协调市城投公司承担经费对该区域进行抢救发掘，基本摸清了武岳庙的历史布局。同时，对市城投公司编制的福慧祥林、武岳庙维修方案进行了审查并提出修改意见，在其后期的实施中提供了大量技术指导。⑥与市规划局、建委一同完成迎接国家文物局、住建部历史文化名城检查工作，上级领导、专家对济南的文物保护工作给予很好的评价。⑦组织开展全市文物保护、第三次文物普查、馆藏文物数据库建设工程先进集体及先进个人评选活动，对长年工作在基层的先进集体、先进个人进行表彰。⑧指导各级博物馆积极开展“5・18 国际博物馆日”活动，各博物馆通过举办陈列展览、送展览下乡、与中小学校联谊、悬挂横幅及送发传单等形式，庆祝“5・18 国际博物馆日”，很好地发挥了爱国主义教育基地作用。

（于　茸）

【大辛庄遗址考古发掘被评为 2010 年度全国十大考古新发现】　在 2011 年 4 月由全国十大考古新发现评选活动办公室组织的 2010 年度全国十大考古新发现评选活动中，大辛庄遗址的考古发掘获得殊荣。2010 年 3～12 月，山东大学考古系与山东省文物考古研究所、济南市考古研究所联合组成考古队，对济南市大辛庄遗址进行了为期 10 个月的发掘。本次发掘区域分别位于蝎子沟东西两侧，总面积为 2000 平方米，共揭露商代灰坑 252 个、灰沟 19 条、墓葬 141 座、房址 5 座、窑址 3 座、灶 2 处、水井 1 座，获取陶器标本 2359 件、骨器和骨料 1092 件、蚌器和角器 102 件、石器和石料 290 件、玉器 17 件、青铜制品 206 件、原始瓷器标本 27 件，并采集大量动植物和土壤样品等自然遗物。本次发掘的商代墓地年代跨商代前期晚段至商代后期，墓葬按时间延续可分为两类。第一类墓葬以 139、216 号墓葬为代表，墓圹较大、时代为商代前期晚段，虽大多早期被盗掘，但残存随葬品仍反映出其当时应属高规格墓葬。第二类墓葬以 225、256 号墓葬为代表，时代为商代后期，墓向多在 190°～220°之间，是目前所见大辛庄遗址中规格最高的两座商代晚期墓葬。

（于　茸）

【7 处不可移动文物入选山东省第三次全国文物普查“百大新发现”】　为全面展示山东省第三次文物普查成果，山东省第三次文物普查领导小组办公室组织专家组，从普查登记的新发现文物点中评选出了山东省第三次文物普查“百大新发现”，并于 12 月向社会公布，董家遗址、渔张影壁、南崖村古村落、大徐家登云楼、济南泺口黄河铁路大桥及济南机车厂旧址、山东丰大银行旧址、山东师范大学毛泽东主席塑像共 7 处不可移动文物榜上有名。这 7 处入选的不可移动文物均具有较高的文物价值，包括了古遗址、古建筑、古民居及二十世纪的交通、金融、工业遗产等，类别丰富，是第三次文物普查新发现文物的典型代表。

（蓝秋霞）

【济南迎祥宫碑成功实施迁移保护】　9 月 4 日，由济南市文物局、历下区舜井商厦建设管理办公室组织实施的迎祥宫碑吊装迁移保护工程顺利实施，迎祥宫碑被安全迁移到距现位置 20 余米处安放保护。迎祥宫碑记载了金、元时期济南舜祠和迎祥宫的兴衰过程，是济南大舜文化的重要见证物，它的保护与迁移受到社会大众的广泛关注。迎祥宫碑是济南市发现为数极少的早期碑刻之一，是研究济南历史文化特别是舜文化的重要实物资料。20 世纪 80 年代舜井商业街改造时，迎祥宫碑被发现，但碑身已断裂成数块。为使该碑得到妥善保护，文物部门多方努力将该碑安置到舜井商业街南端的舜园内，碑身被拼接修复后砌在碑楼内，为书法艺术爱好者、舜文化研究者研究提供便利条件。

（于　茸）

【济南一舍利塔实施异地保护】　12 月 23 日，在济南市文物局、市考古研究所的大力支持下，山东智邦文保工程公司对位于千佛山北麓齐鲁饭店院内的舍利塔实施吊装、异地保护。整个吊装工程进行顺利，舍利塔被安置在省级文物保护单位兴福寺院内保护。该舍利塔原位于千佛山北麓现千佛山路的南端，二十世纪五六十年代修千佛山路时被移至千佛山路东侧、齐鲁宾馆院内保存至今。该塔为石质，高约 5.3 米，由 12 块青石砌成，无塔铭，保存基本完好，多年来一直由齐鲁宾馆负责管理。自齐鲁宾馆改建项目启动后，管理单位认为该石塔与其改建规划不协调，主动向文物部门提出要求迁至异地保护。考虑到该塔具备迁移保护的条件，为使其得到更好地保护与展示，济南市文物局决定将其迁至位于济南西客站附近的省级文物保护单位兴福寺院内保存，并计划结合下一步兴福寺保护工程的实施，做好展示与利用。承担迁移工程的山东智邦文保工程公司曾实施过舜井街迎祥宫碑平移保护工程等，拥有一批文保素质较高的工程设计、施工人员。他们对石塔采取标注、编号、软布包装、分部分逐一吊装等方式，行程 15 公里，将石塔平安运到兴福寺院内。结合兴福寺保护规划，该石塔被一次性安装到位，并设有参观平台，供游人观赏。

（于　茸）

【公布一批爱国主义教育基地】　6 月 16 日，济南市委宣传部公布了济南市第三批市级爱国主义教育基地，济南府学文庙、历城区辛弃疾纪念馆名列其中。为大力宣传中国共产党的光荣历史和丰功伟绩，加强社会主义核心价值体系建设，自 1995 年以来，济南市委宣传部组织开展了申报、公布爱国主义教育基地活动。已公布了 3 批共 31 个单位为爱国主义教育基地。济南府学文庙是济南城区现存规模最大的一组古建筑群，占地 1.65 公顷，地上建筑面积 4021.67 平方米。经过为时 5 年的维修，2010 年 9 月 28 日正式向社会开放，年接待观众特别是中小学生达数万人，逐步打造成人礼仪式、新年祈福会、开笔礼仪式、古琴展演等具有济南特色的文化品牌活动。历城区辛弃疾纪念馆成立于 1998 年，馆址建在辛弃疾的故里——历城区遥墙镇四风闸村，占地面积约 2.1 公顷，由纪念馆和辛家坟两部分组成。馆内共有 6 个展室，分别展示“一代词宗”“义胆忠魂”和民俗文物等，另外还建有辛弃疾塑像、辛弃疾纪念祠、稼轩词书法艺术刻石碑廊等人文景观。该馆自建立以

来，多次组织举行相约稼轩故里诗词朗诵会、稼轩书画联谊展、小导游竞聘会等主题活动。（于 苴）

【组织5·18国际博物馆日文化活动】为庆祝5·18国际博物馆日，进一步宣传《文物保护法》等法律法规，提高民众保护文化遗产的认识，在5·18国际博物馆之际，济南市各文博单位紧紧围绕国际博物馆协会确定的"博物馆与记忆"主题，通过免费开放、送展览进社区（乡镇）、制作宣传展板、展示文物图片、散发宣传册、开展《文物保护法》知识有奖问答、征集博物馆服务意见等形式，推出了一系列文化活动。济南市博物馆在继续展出《中国景德镇名家臻品艺术陶瓷展》《博物馆里的宝——玉器集萃》《县西巷出土佛教造像展》及《古城辉煌》基本陈列的同时，还推出多个精彩展览。其中《墨韵丹青——馆藏近现代绘画精品展》，既有齐白石、黄宾虹、徐悲鸿等书法大家的精品，也有山东著名画家黑伯龙、于希宁、柳子谷等的名作，为广大公众提供了一份高品位的艺术欣赏大餐。历城区博物馆精选了第三次文物普查登录的70余处文物照片，制作了精美的展板，将展览送到10余个乡镇、办事处，印制、发放了5000余份文物保护法律法规宣传单，丰富了市民文化生活，提高了公众的文物保护意识。商河县博物馆结合商河历史文化特色，提出了商河县纪念"5·18国际博物馆日"活动口号——"魅力博物馆人文商河城"，举办了"旧貌新颜——商河城区的历史变迁"图片展、商河鼓子秧歌展、免费文物咨询鉴定、免费派发《文物保护法律法规汇编》等系列主题活动，前往参观展览、咨询、鉴定的观众达8000余人次，使市民更深入了解了商河3000多年的历史和深厚的文化底蕴。（蓝秋霞）

【济南府学文庙举办2011年贺年会祈福活动】 在辞旧迎新之际，为弘扬中国优秀传统文化，祝福泉城市民福祉绵绵，济南府学文庙于2011年2月3日（农历辛卯年正月初一），举行了隆重的"2011年贺年会祈福仪式"。整个活动分成3部分：祈福祭孔、开笔礼和分享福果（送祝福送红蛋）。祈福祭孔仪式开启于公元前479年伟大的思想家、教育家，儒家学派创始人孔子逝世之际，至清朝祭孔仪制成为与祭天地、祭宗庙、祭社稷同等规格的大祀，被称为"国之大典"。济南府学文庙自2010年9月28日正式向社会开放仪式后，就积极谋划春节期间的祭祀祈福活动。上午10时祈福祭孔活动正式开始，在主持人的引领下，身着汉服的参祭人员鱼贯穿过大成门至大成殿前肃立，盥洗、列队、行鞠躬礼、恭读祝文、酹酒、礼毕，整个过程隆重又简洁。开笔礼是中国古代读书人成长过程中的首次大礼，是对学前儿童进行的一次尊师崇礼的启蒙式教育。参与者经过盥洗、行鞠躬礼、跟读论语、开智（即为初入学的儿童在眉心处点痣）、进入大成殿内敲击"启智钟"等环节后进入明伦堂，由老师教写"人"字，完成启蒙教育的第一课。祈福祭孔、开笔礼活动结束后，工作人员向参礼、观礼人员及游客发放祈福红蛋和红"福"字，给大家送上美好的祝福与祝愿。祈福会当天，济南府学文庙接待游客1500多人。（于 苴）

责任编辑 宣 涛

卫生·体育

卫生事业综述

【概况】 截至年底，全市共有医疗机构5156所，其中二级以上医院75所，妇幼保健机构12所（省1所、市1所、县区10所），疾病预防控制机构12所（省1所、市1所、县区10所），卫生监督机构12所（省1所、市1所、县区10所），采供血机构3所，专科疾病防治院（所、站）8所，社区卫生服务机构258所，乡镇卫生院62所，村卫生室2366所。共有医疗床位35560张，卫生技术人员42103人。每千人口拥有床位5.22张，卫生技术人员6.18人。年内市卫生局被评为全国药品不良反应报告与监测监管先进单位、全省干部保健工作先进集体，市皮防院团支部获全国五四红旗团支部称号，市儿童医院脑瘫康复中心被授予全国“巾帼文明岗”称号，市卫生局妇委会获省“巾帼建功”竞赛活动、“幸福进家”活动先进单位，市皮防院、儿童医院新创建为省级文明单位，市五院离退休党支部被评为全省先进离退休党支部，济南护理职业学院获省富民兴鲁劳动奖状，市中医医院保健康复病房获省女职工建功立业标兵岗称号，市儿童医院内科第二团支部获省五四红旗团支部称号，市中心医院“爱心天使”青年志愿者服务队获省青年志愿服务先进集体称号，市血保中心体采二科、市疾控中心性病艾滋病防治所被授予省“巾帼文明岗”称号。

1. 疾病预防控制工作。①重点传染病防控有力。坚持抓早抓主动，强化部门联动，手足口病疫情平稳。麻疹防控措施落实，疫情得到有效应对，麻疹疫苗强化免疫工作全面完成，人群免疫屏障建立。②艾滋病网络直报率、疫情报告及时率、病毒感染者/病人随访干预率等均达到100%，重点人群哨点监测质量稳步提高，“小阮热线”“小阮在线”品牌效应进一步增强。济南市代表山东省接受世界卫生组织、联合国艾滋病规划署艾滋病哨点监测质量评估，受到高度评价，被认为拥有独特的工作思路和创新意识，创造了“济南模式”。历下区艾滋病防治和“红丝带之家”建设得到国际专家高度评价。③市疾控中心满分通过考核，成为全国首家取得PulseNet China资质的地市级疾控中心。市传染病医院成功挂牌山东省肝病诊疗中心。慢病防治稳步推进，槐荫区、章丘市分别通过全国、全省慢病综合防治示范区的考核验收。

2. 卫生应急工作。应急预案体系渐趋完善，新制定预案2个，修订2个，配合制作卫生应急动画宣传片15集，主办跨系统医疗救援演练1次，完成全省地震应急救援演习等演练任务3项。全年完成较大医疗救援事件61起、公共卫生相关信息报告362起，为市政府提供卫生重要应急信息28件。在全省卫生应急工作会议上作典型发言。

3. 妇幼保健工作。“妇女健康十大行动”和“婴幼儿健康工程”扎实开展，严格孕产妇和新生儿死亡评审，加强出生缺陷三级预防措施，出生人口素质进一步提高。加强妇幼保健机构基础设施和能力建设，制定一级妇幼保健机构评审标准。市妇幼保健院顺利通过三甲妇幼保健机构评审；成功抢救孕25周、体重700克极低出生体重儿，打破省内抢救孕龄最小的早产儿纪录。市儿童医院开展尿有机酸检测技术，填补省技术空白；完成省内年龄最小（4个月、4.5千克）先心病患儿介入手术。

4. 卫生监督工作。①加强市场监管。实行医疗卫生行政处罚信息和医疗机构依法执业信息公示制度。加强医疗机构综合监管，检查二级以上公立医疗机构34家，下达意见书27份。开展打击非法行医专项整治，检查单位5423户，立案489户，取缔251户。②强化公共场所和生活饮用水监管。加大《公共场所卫生管理条例实施细则》宣传力度，推行卫生监督量化分级管理制度，检查经营单位7860户次，行政处罚184家。开展生活饮用水卫生安全工程，在集中式供水单位推行量化分级管理制度，完成农村生活饮用水公共供水单位卫生许可情况调研，农村供水监督检查覆盖率和供水单位分户建档率均达100%。对500所学校、托幼机构传染病防控工作进行监督检查，对233家学校进行量化分级管理，对使用市政自来水的学校，定期对末梢水进行检测。③强化职业卫生监督。在全省率先启动职业卫生“四个一”工程第3批试点，检查企业1100余家，签订责任书974份，建立职业卫生档案959家，开展企业培训333家。

5. 食品安全工作。①圆满完成食品安全综合协调任务，并与市食安办顺利交接。履行综合协调职能期间，建立《济南市食品安全案件督察督办制度》等10项制度和《济南市食品安全社会监督员管理办法》《济南市食品安全举报奖励办法》，组建食品安全社会监督员队伍。会同有关部门做好地沟油和餐厨废弃物、瘦肉精、食品添加剂、农村食品安全等专项整治,保持高压态势。②稳妥处置"8·25"毒蕈中毒事件,成功挽救4名患者的生命,创造鹅膏菌中毒抢救成功率57.1%的先例。致毒的淡玫红鹅膏菌属省内首次发现,由该菌引起的食物中毒属国内首次发现。③承办省暨济南市食品安全宣传周启动仪式。宣传周期间,发送食品安全提示信息,覆盖2万余人次。通过市人大常委会《食品安全法》执法检查,迎接国务院、省政府食品安全督查,得到高度评价。全年无重大食品安全突发事件发生。

6.爱国卫生工作。①健康教育普及、小手牵大手、健康送万家、饮泉城水做济南人、我的血压我知道、控烟我先行六大行动扎实推进。省爱卫会在济南市召开现场会并推广济南经验。全年累计3万余名志愿者参与活动,发放健康大礼包4.8万个、宣传材料50万份,免费测量血压150万人次,受众100万余人。20个健康示范社区、22个示范单位、11个示范餐厅、17个示范学校获得命名,18人获省"健康大使"称号。②无烟卫生系统创建成效明显,乡镇以上医疗机构均建立控烟督导员、巡查员和志愿服务者队伍,成功举办全系统控烟知识电视大赛,发放控烟标识4万余张,系统职工吸烟率明显下降,受到省厅控烟督导组的高度评价。③完成10个县(市)区160个集中供水工程的水样采集及实验室分析,覆盖人口327.7万人,农村自来水普及率达95.5%。清洁行动有序展开,全年消杀除害面积1300万平方米,有效降低病媒生物危害。全市233个单位、7个镇、37个村步入省级卫生先进行列。章丘市完成20个监测点的国家农村环境卫生监测任务。

7.中医药工作。①出台《济南市人民政府关于扶持和促进中医药事业发展的意见》。天桥区创建为全国社区中医药工作先进单位,平阴县创建为全国农村中医工作先进单位。②深入开展中医医院管理年活动,市中医医院、章丘市中医医院成为山东省医学科学院附属中医医院,7家中医医院对照检查评估标准和细则进行自查和整改,先后接受省中医药管理局组织的检查和国家局的抽查暗访。③提高中医传承与教育能力,全年组织中医类别执业医师资格考试1815人,组织30人参加全省中医全科医师骨干培训,资助经费12万元。启动市名中医"薪火传承231工程",首批20名指导老师和33名传承人进入传承程序。市中医医院浦家祚被确定为"全国名老中医传承工作室建设项目专家",获资助经费50万元。④规范管理药品零售企业设置中医坐堂医诊所,组织专家对被批准的72家诊所进行检查评估并公示,责令24家诊所限期整改。

8.科教外事工作。①科技能力稳步提升。获国家自然基金项目4项,省级计划10项,市级计划24项,获经费400余万元。获省科技进步三等奖3项,市科技进步一等奖1项、二等奖12项、三等奖15项。6个省级重点专业通过评审。6个专业经省卫生厅组织专家评审,确定为省级重点专业。②人才培养进一步强化。完成第二批"泉城卫生科技明星"评选,10人入选。第二期卫生管理EMBA班结业,52名管理干部获硕士学位。市卫生局获国家继续医学教育项目4个,省继续医学教育项目59个。济南卫校升格为济南护理职业学院,卫生职教平台更加广阔。加强院校合作,市儿童医院成为山东大学教学医院;市中医医院、章丘市中医院分别成为山东省医学科学院附属中医医院。市中心医院作为山大非隶属附属医院,代表山大参加第二届全国大学生临床技能竞赛获华东赛区特等奖、总决赛二等奖。与卫生部人才中心签署战略合作协议,合资成立济南卫人人力资源开发有限公司,试点异地人才派遣。③外事工作有序推进。选拔7名医务人员参加全省第22批援助坦桑尼亚医疗队。市中心医院、三院分别与韩国威尔登医院、庆北大学医院结为友好医院。市卫生局医学顾问、美国威奇托州立大学骨科教授杨上游被市政府授予泉城友谊奖。市卫生局代表山东省在全国出国(境)培训成果工作会议上作典型发言。

【医改五项重点工作】 1.新农合工作。①实现全覆盖目标,筹资水平进一步提高。参合农民325.46万人,参合率100%,人均筹资标准提高到250元,高新区达到259.7元。②保障水平逐步提高。补偿封顶线提高到10万元以上,达到农民纯收入的10倍以上。定点医疗机构报销比例均有提高,报销范围进一步扩大。高血压、精神病等纳入大额门诊补偿,重性精神病、乳腺癌、血友病等纳入大病保障。农村儿童重大疾病医疗保障工作全市推开,限额内新农合报销70%,协调民政补偿20%。累计手术治疗先心病患儿88人,收治白血病患儿30人。新农合全年补偿人次达到430万,政策范围内住院补偿比达75.59%。③加强经办管理。市级新农合信息化服务平台建立。10个县(市)区统一安装了新农合管理系统,统筹地区内定点医疗机构网络化即时结报全部实现。省市级定点医疗机构即时结报工作覆盖所有农业县(市)区。全年即时结报6000余人次,垫付资金1400余万元。新农合"一卡通"启用,筹资、看病、报销、查询一卡通用。推进支付方式改革,门诊总额预付制全市推开。章丘市试点先看病后付费,济阳县和商河县试行住院手术治疗的单病种定额结算,历城区为1.7万名特困群众购买大病补充救助商业保险,为新农合提供了有力补充。

2.国家基本药物制度工作。①实现所有政府办基层卫生机构制度实施全覆盖,实施机构175家。出台《关于实施基本药物制度村卫生室有关问题的通知》,1546个纳入省统一规划设置的村卫生室纳入实施范围。基本药物平均降价35.34%,药品让利10299万元,基层医疗卫生机构药物收入下降8.7%,每门诊人次药费同比下降37%,门诊量同比增加14%,每住院均次药费同比下降18.6%,住院人次同比增加3.6%。②配套改革稳步推进。实施机构全部通过省药品采购平台采购药品。为专业特色明显的乡镇卫生院加挂专科医院牌子,稳妥处理特色专科医疗服务问题。推进二级以上医疗机构基本药物配备使用,严格执行省配备和使用政策。③综合改革基本完成。78所政府直接举办基层医疗卫生机构的综合改革任务完成，核编4989人，绩效考核、多渠道补偿机制初步建立。机构人员年均工资由2.7万元增加到3.1万元。《健康报》对历城区加大投入、实行收支两条线的做法进行了报道。长清区绩效考核工作开展扎实。④强化药事管理。推出抗菌药物临床应用量化赋分管理措施，着手开发市抗菌药物临床应用管理系统，开展专项整治。推进县级以上医疗机构药械网上采购工作，57家县级以上医疗机构全部参加省网采购。

3.基层卫生服务体系建设。①体系建设不断加强。新建社区卫生服务中心6所。创建全国社区卫生服务示范中心3所，全省星级社区卫生服务机构22所。天桥区创建为中华医学会社区健康管理学分会社区健康实验基地。②内涵建设不断强化。举办乡镇卫生院院长培训班、业务培训班；乡村医生在岗培训扎实推进，执业管理系统健全完善。组织专家编写《全科医学基础》丛书。完成社区全科医学培训技能考核和社区岗位培训实践技能考核。启动全科医生转岗培训，建立培训基地16个，159人进入培训程序。165名社区护理人员进行全科医学岗位培训。启动乡镇全科医师规范化培训，对首批招聘的13名乡镇全科医师进行为期3年的规范化培训。省社区卫生服务信息协同系统全市推开，延伸系统功能开发OA办公系统、基本医疗管理系统和全科医护巡诊系统。开展特色服务，历下区、天桥区试行家庭签约医生责任制，签订管理协议书2万份。槐荫区试点居民健康档案信息与120急救中心共享。市卫生局“服务零距离，满意在社区”品牌被评为省卫生系统“两好一满意”十大服务品牌。槐荫区裕园社区卫生服务站主任张永红获全国“我身边的社区卫生服务”主题活动演讲比赛第一名。③卫生强基工程稳步推进。章丘市探索卫生集团化管理，先进经验在《健康报》刊载。商河县实行乡村一体化管理，打造“10分钟健康服务圈”，工作经验被省政府《政务特刊》刊发并获省长姜大明批示。开展省级重点专业对口帮扶县级医疗卫生机构工作，派出专家159人，指导开展基层新技术50项，接受进修人员46人。获批省卫生强基工程第二批适宜技术推广项目2项。帮扶商河卫生事业大发展取得显著成效。

4.公共卫生服务均等化。①基本公共卫生服务项目。人均经费提高到25元，出台《关于做好基本公共卫生服务项目资金分解和管理使用工作的通知》和《济南市基本公共卫生服务项目绩效考核办法（试行）》，率先对经费使用和管理提出规定，并建立起量化考核机制。累计建立城镇居民健康档案306.29万份，建档率92.81%，电子档案建档率83.69%；累计建立农村居民健康档案273.46万份，建档率93%，电子档案建档率60.51%。举办健康教育讲座3126次，接受健康教育28.07万人次。济阳县与华医网签订健康教育委托协议，探索出健康教育新模式。全市孕产妇保健覆盖率、系统管理率、住院分娩率分别达到98.87%、96.96%和100%，3岁以下儿童系统管理率和7岁以下儿童保健管理率分别为97.13%和96.14%，均高于全省平均水平。孕产妇死亡率和婴儿死亡率分别为9.23/10万、4.43‰，均为全市历史最低水平。老年人保健管理人数达63.89万。市中区投入专项资金为全区65岁以上老年人免费查体。新建儿童免疫预防信息网络系统，麻风腮疫苗纳入济南市国家免疫规划，适龄儿童免疫规划疫苗接种率达95%以上。城市高血压、糖尿病管理人数分别新增36299人和15254人；农村高血压、糖尿病管理人数分别新增65275人和33581人。将12307名重性精神病人纳入规范管理。全年无重大突发公共卫生事件发生。卫生监督协管工作全面启动，8个县（市）区的77个乡镇、社区设立卫生监督协管员333人，历城区、章丘市基本实现全覆盖。②重大公共卫生服务项目。15岁以下人群乙肝疫苗补种项目3年任务全面完成，接种111661人。完成宫颈癌检查88204人，乳腺癌检查93232人，分别完成年度任务的114.08%和147.26%；确诊宫颈癌129例、乳腺癌149例，全部得到及时治疗。发放农村孕产妇住院分娩补助35298人，占年度任务的103.59%。免费向37599名农村孕前和孕早期妇女发放叶酸177407瓶，占年度任务的110.81%。槐荫区、章丘市作为国家预防艾滋病、梅毒和乙肝母婴传播项目示范县（市）、区，为14420名孕妇进行免费艾滋病、梅毒和乙肝筛查，占年度任务的114.28%。完成贫困白内障患者复明手术3271例，占年度任务的155.76%。建造农村无害化卫生厕所28000座（国家项目16000座，地方项目12000座），年度任务全面完成，全市卫生厕所普及率达81.71%。

5.公立医院改革工作。①区域卫生资源配置渐趋优化。按照《济南市医疗卫生专项规划》和“东部做优、西部做大、北部做强、中部做精”的资源配置战略有序推进，明确在省会城市科学布局区域医疗中心、医学研究中心，推动医疗急救网络城乡全覆盖的思路。市中心医院、一院、三院、四院、五院、中医医院、民族医院、卫校等单位建设项目进度加快。②单项改革重点推开。在二级以上医院全面开展10项改革。临床路径试点专业扩大到31个，病种56个，进入路径病例5121例，缩短平均住院日，降低住院费用。平阴县人民医院作为全国电子病历试点，整合5个专业信息系统，环节管理和质量控制加强。强化优质护理服务示范工程创建，确定省级重点联系医院7所、试点病房56个，市五院构建“一科一特色，一科一品牌”服务格局，内六科病房被评为全国优秀病房。积极开展“志愿服务在医院”活动，中国南丁格尔志愿护理服务总队济南市中心医院分队、市二院眼博士志愿服务队开展特色志愿服务，深受患者欢迎。通过电话、网络、门诊、转诊等方式广泛开展预约诊疗工作，市口腔医院复诊患者预约率达98%。做好院务公开，章丘市人民医院被确定为全国院务公开示范点。深化对出院病人的随访，实施医院随访率达96%，出院患者满意率达98%以上。③县级医院综合改革强力推进。平阴县、章丘市人民医院作为省级试点着力改革创新，章丘市人民医院被卫生部授予2011医院改革创新奖称号。④质量管理持续强化。严格医疗要素准入，医疗机构准入实行现场审核，强化前置质量控制。第二周期医师定期考核启动，覆盖97家医疗机构1.2万余名医师。开展综合评价检查，评选文明诚信医院10家。新一轮医院等级评审启动，13家医院被评为二级甲等医院。建立死亡病例讨论、核心医疗制度落实、重点科室管理长效机制。强化三基三严训练，举办医学影像医师技能比赛。市二院代表济南市包揽全省眼病防治技能竞赛团体和个人一等奖。市三院在全省率先开展经鼻蝶垂体瘤切除术，成功为七指离断男子实施断指再植手术。调整充实无偿献血领导小组，济南市第七次被评为全国无偿献血先进市，市血保中心与德州血站建立交流合作关系。规范急救工作，建立120家庭急救档案信息系统，农村院前急救体系建设提速，平阴县投入260万元升级县域急救体系。

【为民办实事工作】 2011年《政府工作报告》承诺为民办10件实事，其中市卫生局承担3件，包括提高新农合政府补助标准、提高基本公共卫生服务经费标准和扩大农村儿童重大疾病医疗保障试点范围。3件实事均完成年度目标。①新农合人均筹资标准提高到250元，其中政府补助200元，个人缴纳资金及各级政府补助资金全部到位，到位资金总额8.13亿元，其中各级政府补助6.51亿元，个人筹资1.62亿元。②全市人均基本公共卫生服务经费标准由15元提高到25元。省、市配套资金共计8215.45万元。③扩大农村儿童重大疾病医疗保障试点范围工作。农村儿童白血病、先天性心脏病、单纯性唇裂等儿童重大疾病医疗保障试点扩大到10个县(市)区。

【济南卫校升格为高职院校】 5月9日，教育部批复山东省教育厅的请示，同意新的济南护理职业学院正式备案，标志着济南卫校正式升格为高职院校。

【济南市医患纠纷人民调解委员会成立】 12月14日，市卫生局与市综治办、市司法局联合召开济南市医患纠纷人民调解委员会成立大会。济南市成立医患纠纷人民调解委员会，是促进平安医院建设，落实公立医院改革，推动医患纠纷人民调解工作机制，创新社会管理，维护社会稳定的一项重大决策。医患纠纷人民调解委员会主要受理全市二级及以上医院(包括驻济的省部属医疗机构)发生的医患纠纷。其职能主要是将医患纠纷的处理，从医院内部引导到外部解决，防止医患双方矛盾纠纷激化，影响医疗工作秩序；对矛盾激化有可能演化为群体性事件的医患纠纷还可以主动介入调解；向医疗机构提出防范医疗纠纷的意见、建议；向患者及其家属或者医疗机构提供医患纠纷调解咨询和服务；向卫生、司法等政府有关部门报告医患纠纷发生和调处工作的情况。医患纠纷人民调解委员会对申请医患纠纷调处的当事人，根据具体情况和需求，采取说服、教育、疏导等方式依法规范调解，消除医患隔阂，在自愿、平等、互谅互让的基础上达成调解协议。对调解不成或不愿调解的引导当事人通过仲裁、诉讼等途径解决。

医患纠纷人民调解工作启动后，患方索赔金额1万元(含1万元)以下的医疗纠纷，医患双方可自行和解；患方索赔金额在1万元至15万元的，医患双方应通过医患纠纷人民调解委员会调处或选择仲裁、诉讼等途径解决；患方索赔金额在15万元(含15万元)以上的，医患双方应先进行医疗事故技术鉴定，明确责任后再进行调解，或直接向人民法院提起诉讼。

【名中医"薪火传承231工程"】 为进一步做好济南市名老中医学术思想抢救、整理和挖掘工作，选拔培养一批热爱中医药事业、中医理论深厚、中医药技术精湛的优秀传承人才，市卫生局、人社局和财政局联合印发《济南市名中医"薪火传承231工程"实施方案》。"薪火传承231工程"就是每3年遴选一批，每批遴选指导老师20名、传承人30名，指导老师和传承人每人每年资助1万元，传承期为5年。首批薪火传承工程于11月组织专家评选出20名指导老师和33名传承人，举行带教协议签字及拜师仪式，正式进岗传承培训。市卫生局将按照《实施方案》进行监督指导、管理和考核，强化跟师学习和经典理论学习，做好阶段考核、年度考核，合格者资助经费。

(苏道远)

体育事业综述

【概况】 全市体育工作者紧紧围绕建设体育强市目标任务，团结协作，积极构建亲民惠民体育公共服务体系，全力备战第七届城市运动会，大力发展体育产业，完成年度各项工作任务。市体育局获国家体育总局"2011年全民健身活动优秀组织奖"，被山东省精神文明建设委员会表彰为"省级文明单位"。

群众体育持续蓬勃发展。以贯彻落实《全民健身条例》《全民健身计划(2011~2015年)》为主线，以建立全民健身公共服务体系为重点、提高人民身体素质为目标，认真履行体育公共服务职能，群众体育工作取得新进展。

精心制定群众体育规划。为抓好《全民健身计划》贯彻落实，年初根据国家和省体育局要求，深入调研，广泛论证，制定《济南市全民健身实施计划(2011－2015年)》(征求意见稿)，进一步明确了全民健身工作指导思想、目标任务和推进措施，全面推动全民健身事业持续、快速、健康发展，为提高广大市民身体素质和健康水平奠定了坚实基础。

完成山东省首届全民健身运动会的参赛、承办任务。山东省首届全民健身运动会，是本省首次设立的以非奥运项目为主、面向普通群众的全民健身运动会。根据省体育局的总体安排，承办省全民健身运动会的开幕式和3个比赛项目，推荐1个精品展演项目。参加省全民健身运动会的全部项目，共获一等奖49个、二等奖

118个、三等奖90个。参加项目、获奖总数和奖牌总数均列全省第一，并获体育道德风尚奖。参照省全民健身运动会的组织形式和竞赛办法，组织了济南市第一届全民健身运动会，设拔河、毽球、武术、健美操等17个竞赛项目。10个县(市)区根据实际情况，分别举办了各具特色的全民健身运动会。济南市、县(市)、区两级全民健身运动会设置项目102个，参赛人数达到11万余人次。

全民健身活动丰富多彩。先后承办了全国健身气功指导员巡回教学志愿服务活动、山东省暨济南市全民健身月启动仪式、山东省暨济南市全民健身日活动、“明湖友谊杯”山东省传统武术邀请赛、山东省暨济南市“国际志愿者日”“三关爱”全民健身志愿服务活动等国家、省级以上全民健身活动6次；组织元旦全民健身系列活动、大明湖龙舟赛、全民健身纪录挑战赛、健身路径大赛、济南市第七届乒乓球等级联赛、市直机关广播操比赛和游泳比赛等体育竞赛和健身展示活动126次，参与人数100多万人次。参加山东省第八届少数民族传统体育运动会，并取得金牌5枚、银牌4枚、铜牌3枚的优异成绩。

健身服务水平稳步提高。加强社会体育指导员队伍建设，联合山东中医药大学、山东经济学院、济南市体校等开展二级社会体育指导员培训，组织各县(市)区开展三级社会体育指导员培训。推荐20人参加国家级社会体育指导员培训，37人参加了一级社会体育指导员培训。全年共举办社会体育指导员培训班16期，培训社会体育指导员1813人，其中二级326人、三级1487人；体育社团组织建设扎实推进，全年新成立体育民间组织14家，年检体育民间组织93家，合格率达98%；加强国民体质监测，全年举办公益体质检测和科学健身指导活动20余场，发放科普宣传知识手册2万余册，受益群众4万余人。

体育健身设施不断完善。按照科学规划、布局合理、面向群众的原则，充分利用体彩公益金的扶持政策，加大对群众健身场地设施的投入，扶持建设平阴体育公园，槐荫、历城、长清全民健身中心等县(市)区级工程。推荐1个市级、2个县(市)、区级、8个乡镇(街道)、10个社区、160个行政村体育健身工程为省级体彩资助项目。争取省体彩公益金364万元建设全民健身设施884处，总投入1.6亿元。

竞技体育可持续发展能力进一步增强。济南市运动员在国际大赛中共获17枚金牌、9枚银牌、4枚铜牌，在全国大赛中共获19枚金牌、19枚银牌、30枚铜牌。

参加全国第七届城市运动会成绩喜人。在第七届全国城市运动会上，129名运动员参加了田径、游泳、举重、柔道等15个大项的决赛，共获得金牌5枚，银牌7枚，铜牌8枚，并获体育道德风尚奖。

“体教结合”工作取得新进展。联合市教育局举办济南市第五届青少年运动会暨第二届中小学生运动会。本届运动会共设竞技体育类16个大项、450个小项，参赛运动员达3500人；设国家课程类和阳光体育运动类项目8个，参赛学生近10万人次，有力推动了学校体育的深入开展；4月召开了全市青少年体育工作会议，下发《济南市关于进一步加强全市青少年体育工作的意见》，明确了青少年体育工作的总体要求和任务目标，调整充实济南市“体教结合”工作领导小组，教、体资源进一步优化；争创体育传统项目学校和体育后备人才培养基地，以点带面推进业余培训工作开展，体育传统项目学校的数量和覆盖面逐步扩大。皇亭业余体育学校和市体育运动学校通过新周期体育后备人才培养基地的检查评估，有89所学校被命名为“山东省体育传统项目学校”；足球业余培训网点建设取得重大进展，建立专业女子足球队，与济南二中签订了共同培养女足队员协议，与鲁能足球学校合作成立足球训练基地，足球网点学校发展至51所，参加校园足球联赛的小学队伍42支，初中队伍15支，参赛人数2000余人；抓好体育后备人才培养输送，全年共向省专业运动队输送优秀体育苗子24人。运动员参加全省青少年锦标赛23个大项的决赛，共有613名运动员进入前八名，其中第一名135人、第二名163人、第三名137人，选拔了一大批基层优秀体育人才。

竞赛组织工作水平不断提升。承办2012年伦敦奥运会女足项目亚洲区决赛。本次赛事有中国、日本、韩国、朝鲜、澳大利亚、泰国等6个国家女足队伍参赛，是继全运会后承办的规模最大、规格最高的国际单项体育赛事。根据市政府要求，按照精彩、热烈、圆满、顺畅、安全的原则，参照全运会的办赛模式，成立2012年伦敦奥运会女子足球项目亚洲区决赛组委会(下设“一室七部”)，全市27个部门团结协作，扎实工作，完成15个场次的比赛任务，实现零失误、零差错的目标，受到国家体育总局及省、市领导的高度赞扬。承办了第二届U16亚洲青年篮球锦标赛，第七届全国城市运动会田径、游泳、网球3个项目的预赛及省羽毛球锦标赛。

第二十三届省运会备战工作稳步推进。各项目、各组别组队完成80%，774名运动员通过手球、排球等20个大项的资审，成立“体育科研信息工作领导小组”，加强科研对比赛训练的指导。同时，注重备战信息的收集和反馈，定期召开备战信息通报会，做好与省、县(市)区和直属训练单位间的沟通协调，并及时根据其他地市的备战信息采取积极的应对措施，为竞技体育事业提供科技支撑。

体育产业实现持续健康发展。体彩销量继续保持稳定、快速增长，平均月销量达到1亿元，全年销量超过13.67亿元，增幅50%；市场占有率约55%，较上年增长3个百分点；体彩销售网络日趋完善，全年新增小卖场55个，新增竞猜彩票站点约140个，总数达213个，各类销售点总量约1190个；城乡一体化建设成果显著，网点标准化建设已改造站点500余个，工程完成率约90%。体育场馆运营成效显著。济南奥体中心全年运营收入5000余万元，上缴税收400余万元；举办大型体育赛事、活动20余场次；服务保障接待各类参观团体200多个；接待健身参观群众、赛事演出观众近300万人次。济南市全民健身中心全年收入达到570万元，比上年同期增长27%，全年接待健身市民120余万人次，各类会员已发展到2.7万人。皇亭体育馆全年收入约710万元。

【济南市体彩知识竞赛】 12月20日，2011年济南市体育彩票知识竞赛在济南市妇女儿童活动中心举行。来自10个县(市)区的代表队参加了“好运开门来”“快速来抢答”“幸运猜猜猜”“大家来找茬”“大胆来闯关”“互相来挑战”和“超级金手指”7个环节的激烈竞争，天桥区代表队获冠军，历下区代表队获亚军，长清区代表队获季军。历城区、槐荫区、章丘市代表队则分别获“优秀组织奖”。

【公益体彩爱心行活动】 “公益体彩爱心行”是济南体彩多年来公益活动的统称，也是济南体彩打造的公益活动品牌。已经连续4年组织各种捐助活动，捐助对象遍布10个县(市)区的中小学、敬老院、孤残儿童、交警、环卫工人等各个群体，累积活动近40场。5月14日，公益体彩爱心行活动正式启动；5月31日走进历城区唐王济南脑瘫孤残儿童寄养基地；8月26日走进槐荫区五里沟贫困家庭；9月9日走进天桥区桑梓店敬老院；9月27日走进长清区潘村小学；11月2日走进历下区5所学校；11月10日走进章丘市闫家峪小学；12月28日走进济阳县稍门小学、敬老院；12月29日走进平阴县洪范池周河小学。通过开展“公益体彩爱心行”系列活动，在为全市各类需要帮助的人群提供必要物质帮助的同时，有力提升了体彩的公益形象，提高了百姓对公益体彩的认知度。使体彩更加贴近民生，走进寻常百姓，彰显了中国体育彩票公益为民的内涵。

【全市青少年体育工作会议】 4月28日，全市青少年体育工作会议召开，传达全省青少年体育工作会议精神，总结济南市“十一五”及2010年青少年体育工作，部署“十二五”及2011年的目标任务，动员全市加快转变体育发展方式，推动体育事业又好又快发展。会议还传达了山东省贯彻国家《全民健身计划》暨青少年体育工作会议精神，就抓好学校体育和青少年竞技体育工作分别作了部署。印发了《关于进一步加强全市青少年体育工作的意见》，市青少年校园足球工作领导小组办公室和槐荫区教育局分别作了典型发言。各县(市)区分管(教育、体育)负责人，教育(教、体)局、体育局局长和分管局长，市教育局直属学校校长，市体育局各承训单位主要负责人150余人参加了会议。

(逄淑友)

【“体彩杯”2011年济南市元旦全民健身活动】 1月1日，以“运动让泉城充满活力健身使生活更加美好”为主题的“体彩杯”2011年济南市元旦全民健身活动在泉城广场举行。长跑队伍从泉城广场泉标南侧出发，经泺源大街、趵突泉东门、黑虎泉西路至南门桥，由泉城广场东侧入口返回广场，全程2公里，来自全市各行业的5000余名市民共同跑完了全程。在广州亚运会上获得男子武术散手70公斤级冠军的济南市运动员张勇和获得女子50米仰泳冠军的高畅为长跑发令并与现场市民进行了互动。

“体彩杯”2011年济南市元旦健身活动由济南市人民政府主办，济南市体育局和济南市体育总会承办，济南市体育训练基地、济南市体育彩票管理中心协办，中国体育彩票冠名支持。

【全国健身气功指导员巡回教学志愿服务活动】 3月14～17日，全国健身气功指导员巡回教学志愿服务活动首站在济南举行。来自北京体育大学、上海体育学院和武汉体育学院的健身气功编创专家和老师，为山东省95名健身气功业务骨干进行了竞赛功法的培训，并在山东省委党校为站点习练群众举办了健身气功科普讲座。18日，为检验本次志愿教学服务活动成效，参训学员和360多名健身气功爱好者在济南槐荫广场举行4种健身气功的交流展示活动。槐荫区体育局还在交流展示现场分发全民健身辅导材料，安排了专家咨询服务，与现场群众展开互动交流。

【山东省第一届全民健身运动会开幕式暨2011年全民健身月启动仪式】 5月7日上午9时在泉城广场举行。本届全民健身运动会全部由非专业运动员参赛，省市县三级层层举办，设置拔河、攀岩、够级等26个比赛项目，持续了5个多月。启动仪式上，全市中小学生代表进行了阳光体育表演、职工代表表演了第八套广播体操、老年人代表表演了健身气功、农民代表表演了鼓子秧歌，全省17市参加体育舞蹈比赛的运动员进行体育舞蹈展演。活动现场还设置了全民健身项目体验区(有象棋、健美操、健美、武术等)、全民健身纪录挑战区、国民体质监测区和健身器材展示区4个区，吸引了近万名群众参与。

【山东省第一届全民健身运动会体育舞蹈比赛】 5月6日在济南市皇亭体育馆举行。本次比赛是山东省第一届全民健身运动会举办的首个比赛项目，由济南市体育局承办，来自全省17市的350名运动员参加了比赛。本次全民健身大会体育舞蹈比赛兼顾参与性和观赏性，设专业和业余两个组，专业组设标准舞、拉丁舞、标准舞单项、拉丁舞单项4个比赛项目，参赛选手主要来自全省专业院校在读及毕业生；业余组则重视了广泛的参与性，按照年龄共设标准舞、拉丁舞40岁级以上、17～39岁、16岁及以下12个小项的比赛。济南市运动员在本次比赛中获4个一等奖，11个二等奖，6个三等奖。

【山东省第一届全民健身运动会毽球比赛】 7月21日，由山东省体育局主办，济南市体育局、章丘市人民政府承办的“中国体育彩票杯”山东省第一届全民健身运动会毽球比赛在章丘市体育馆拉开帷幕。来自济南、日照、临沂、济宁、威海等地市的9支代表队、118名运动员参赛，共设男子三人、女子三人、男子双人、女子双人4个项目。在为期一天半的角逐中，产生了一等奖1名、二等奖3名、三等奖4名以及道德风尚奖等奖项，济南代表队获1个二等奖、2个三等奖。

【山东省第一届全民健身运动会定向比赛】　9月25～26日，由山东省体育局主办，济南市体育局、长清区人民政府和济南国际园博园共同承办的山东省第一届全民健身运动会定向比赛在济南国际园博园景区举办。本次比赛分短距离、中距离、男子二人接力、女子二人接力4个项目组，共7支队伍、50多名运动员参赛。比赛中，济南市运动员发挥出色，包揽了全部项目的6个一等奖。其中，汤建华获男子短距离赛和中距离赛2个一等奖；吴少姗获女子短距离和中距离赛2个一等奖；汤建湘、汤建华获男子接力赛一等奖；梁敏珊、吴少姗获女子接力赛一等奖。

【"明湖杯"济南市第十二届大明湖龙舟大赛】　7月16日至8月21日，在济南大明湖景区开赛。本届龙舟大赛由市体育局、市总工会、市旅游局、市园林局主办，大明湖风景名胜区管理处承办。龙舟大赛采取直线竞速的比赛形式，分设男子组和男女混合组，赛程800米。根据三轮比赛的综合成绩，前三名将分别获得不等的奖金奖励和荣誉奖励。大赛还设各种参赛奖和精神文明奖，所有参赛队伍都获得纪念奖品和荣誉证书。经过三轮的角逐，大明食府代表队和鑫金城集团代表队分获男子组和混合组一等奖。

【2011年山东省暨济南市全民健身日活动启动仪式】　8月8日，在济南市全民健身中心举行。启动仪式现场，8支不同年龄段的群众体育队伍进行了精彩展示，活泼可爱的少儿舞蹈、时尚动感的爵士舞、刚健有力的跆拳道、刚柔并济的健身气功，带动现场观众加入到健身队伍中来。在活动现场，还集中组织了国民体质监测和健身科学指导活动，向广大群众讲解健身知识，推广健身方法，普及科学健身理念，为全民健身活动提供技术指导服务。济南奥体中心、全民健身中心等公共体育场馆当天分时段对市民免费开放，提供游泳、羽毛球、乒乓球、篮球等近20个不同类型的体育项目。

【"国际志愿者日""三关爱"全民健身志愿服务活动】　12月5日，山东省暨济南市"国际志愿者日""三关爱"（关爱空巢老人、关爱残疾人、关爱农民工）全民健身志愿服务活动在济阳县回河镇敬老院、济阳县特殊教育学校举办。活动中，省、市体育局向回河镇敬老院老人和县特殊教育学校学生赠送了体育健身器材，全民健身志愿服务人员针对敬老院老人的具体需求和身体状况，为他们进行健康指导，全民健身志愿服务展演队伍表演了健身秧歌、太极健身球等。

【全国新年群众登高健身活动山东省千佛山会场活动】　12月23日，在济南千佛山风景区举行，2000余名泉城各界群众共同登高健身，喜迎新年。活动短片于2012年元旦在中央电视台体育频道播放。

活动启动仪式于上午10:00在千佛山景区北门广场举行，奥运会举重冠军林伟宁、奥运会跳水冠军王峰、世锦赛武术冠军曹静共同为登高活动发令，省、市机关干部、驻济高校代表、市民代表以及体彩销售员、彩民代表等共计2000余人沿千佛山登山台阶拾级而上，途经卧佛、万佛洞、文昌阁等著名景点，俯瞰弥勒胜苑、济南城市全貌后抵达千佛山名胜风景区南门，全程2.2公里。本次活动由国家体育总局登山运动管理中心、国家体育总局体育彩票管理中心发起和主办，旨在深入落实《全民健身条例》和《全民健身实施计划（2011～2015年）》，探索群众登高健身活动的长效机制，展示和宣传体育彩票"取之于民，用之于民"的公益形象，不断增强人民群众的健身意识，引导更多的人群关注和参与登高健身活动，为推动全民健身活动的广泛开展营造良好的社会氛围。

【济南市第一届全民健身运动会】　6～10月举办，制定了《济南市第一届全民健身运动会方案》《济南市第一届全民健身运动会竞赛规程总则》，设拔河、毽球、武术、健美操等17个竞赛项目。根据各区县的办赛、参赛和获得名次综合评定，最终历下区、槐荫区、济阳县分获总分一、二、三名。近万名市民群众直接参与比赛。

【济南市第一届全民健身运动会毽球比赛】　6月27日在槐荫区省委党校体育馆举行。本次比赛共设男子三人、女子三人、男子双人和女子双人4个项目，来自各县（市）区的6支队伍、71名选手参加了比赛。经过激烈竞争，共决出一等奖10名，二等奖30名，三等奖10名，参与奖10名。其中，历城区队获男子三人组、男子双人和女子双人一等奖，槐荫区队获女子三人组一等奖。

【济南市第一届全民健身运动会够级比赛】　7月1～2日在长清区莲台山宾馆举行。本次比赛以团体赛的方式进行，实行山东省最新规定的《够级竞赛规程》。来自各县（市）区的10支队伍、60余名运动员参加了比赛，共决出一等奖6名，二等奖18名，三等奖24名，参与奖12名，体育道德风尚奖5个。历下区、章丘市、平阴县分获总分前三名。

【济南市第一届全民健身运动会速度轮滑比赛】　7月14～15日在商河县第二中学举行。本次比赛凡济南市户籍的常住人口均可报名参加，设学龄前组（男、女）、小学甲组（男、女）、小学乙组（男、女）、中学组（男、女）和成人组（男、女）5个组别，共80余名运动员参加比赛。经过激烈角逐，历下区的方胜豪获小学男子组300米一等奖、小学男子乙组500米一等奖、1000米一等奖；商河县的刘梦雨获小学女子乙组500米一等奖、1000米一等奖、女子乙组300米一等奖；历下区的邱雨桐获学龄前女子组500米一等奖、学龄前女子组300米一等奖；商河县的李肇升获学龄前男子组300米一等奖；天桥的秦梓恒获学龄前男子乙组500米一等奖；历下的孔凡梦琦获中学女子组500米一等奖、300米一等奖、1000米一等奖；历下区的刘森获中学男子组1000米一等奖，杨昊昕获500米和300米一等奖，崔永壮获成人男子组300米、500米和1000米一等奖，谢雨峰获小学女子甲组1000米、500米和300米一等奖；商河县的周玉丽获成人女子组300米一等奖；历下区的李鹏鸣获小学男子甲组300米、1000米和500米一等奖。

【济南市第一届全民健身运动会航空模型比赛】 7月29～30日在历城区双语实验学校举行。本次比赛以县(市)区为单位组织参赛，分"黄鹂"手掷飞机直线距离赛、"红雀"橡盘动力心机竞时赛、"小飞龙"弹射飞机竞时赛，约60名运动员参加了比赛。槐荫区代表队的李超获"红雀"橡盘动力心机竞时赛一等奖，张柁获"小飞龙"弹射飞机竞时赛一等奖，桓鹏宇获"黄鹂"手掷飞机直线距离赛一等奖。历城区代表队的王炎鑫、槐荫区代表队的崔新峰、历城区代表队的孙效峰获"红雀"橡盘动力心机竞时赛二等奖，历城区代表队的孙贤达和李想、槐荫区代表队的李传源获"小飞龙"弹射飞机竞时赛二等奖，历城区代表队的姜一鹏、槐荫区代表队的孙君珂、市中区代表队的王世超获"黄鹂"手掷飞机直线距离赛二等奖。

【济南市第一届全民健身运动会健美操比赛】 7月24～25日在天桥区体育馆举行。比赛分成年人组(单人操、组合操、集体徒手操、集体器械)、青少年组(男子单人操、女子单人操、混合双人操、三人操、六人操)两个组别，以县(市)区为单位组队参赛，共有48名运动员参赛。历下区贾少琼、郭亚楠、乔雪尼、刘娟获成年组集体轻器械操一等奖，市中区于加帅获青少年组男单一等奖，历下区陈露、亢震霆获青少年组混双一等奖，平阴县廉真真获青少年组女单一等奖，历下区董振瀚、亢震霆、耿振隆获青少年组混双一等奖，天桥区李鹏飞获成年组单人操一等奖，天桥区王海涛、相倩倩获成年组组合操一等奖，历下区贾少琼、郭亚楠、乔雪尼、刘娟获成年组集体徒手操一等奖，历下区贾少琼、郭亚楠、乔雪尼、刘娟获成年组集体轻器械操一等奖。

【济南市第一届全民健身运动会拔河比赛】 7月26～27日在济阳县济北小学举行。本次比赛以县(市)区为单位组队参加，分女子组540公斤级和男子组640公斤级两个级别进行，共有约100名运动员报名参赛。济阳县代表队获得男子组一等奖，平阴县、长清区、章丘市代表队获二等奖；济阳县代表队获女子组一等奖，章丘市、长清区、历下区代表队获二等奖。

【济南市第一届全民健身运动会健身气功比赛】 8月1～2日在历下区济南铁路党校举行。本次比赛设置集体项目4个，主要包括易筋经、五禽戏、六字诀、八段锦竞赛功夫；个人项目8个，主要包括男子健身气功(易筋经、五禽戏、六字诀、八段锦竞赛功法)和女子健身气功(易筋经、五禽戏、六字诀、八段锦竞赛功法)，来自各县(市)区的近70名运动员参加比赛。历下区获集体组五禽戏一等奖，天桥区获集体六字诀一等奖，历下区获集体组八段锦一等奖；市中区刘国叨获男子组五禽戏一等奖，历下区马宝宏获男子组八段锦一等奖，天桥区常桂清获女子组易筋经一等奖。

【济南市第一届全民健身运动会无线电测向比赛】 8月15～16日在市中区委党校举行。本次比赛设置青年男子短距离、青年女子短距离、成年男子标准距离和成年女子标准距离4个竞赛项目，来自各县(市)区的45名运动员参加了比赛。市中区代表队李家晖获标准距离男子组一等奖，市中区代表队颜世荣获短距离男子组一等奖，市中区代表队李璐获短距离女子组一等奖，市中区代表队王靖雯获标准距离女子组一等奖。

【济南市第一届全民健身运动会围棋比赛】 8月21～22日在章丘市海龙假日大酒店举行。本次比赛设男子、女子混合个人赛，共9支队伍、53名运动员参加比赛。经过角逐，市中区体育局获团体一等奖，历下区体育局获团体二等奖，市中区汪禄获个人一等奖，历下区刘冰获个人二等奖，市中区冯毅获个人三等奖。

【济南市第一届全民健身运动会传统武术比赛】 8月24～25日在平阴县青少年活动中心举行。本次比赛设置太极拳(陈式、杨式、武式、吴式、孙式、42式任选一项)、传统拳(螳螂拳、查拳任选一项)、太极短器械(螳螂类器械)、徒手对练、太极拳集体项目6个比赛项目，以县(市)区为单位组队参赛，有61名运动员参加角逐。槐荫区体育局获42拳一等奖；天桥区杨俊华获单人拳术(查拳)表演一等奖；平阴县朱忠鲁获器械(七节鞭)表演一等奖；历下区郭树樾获男子A组太极拳(42式)一等奖；平阴县丁士强获男子B组太极拳(陈式)一等奖；历下区孙宪民获男子C组太极拳(杨式)一等奖；槐荫区黑英蓓获女子组太极拳(杨式)一等奖；章丘市马福海获男子A组传统拳(螳螂拳)一等奖；市中区张翔获男子B组传统拳(螳螂拳)一等奖；历下区郭树樾获男子组太极短器械(刀)一等奖；槐荫区于红获女子C组太极拳短器械(42式)一等奖；历下区姜守振获AB组传统短器械(剑)一等奖、李盛贵获男子C组传统短器械(剑)一等奖；长清区韩松、房其祥获男子A组徒手对练一等奖；商河县徐新华、贾建军获男子BC组徒手对练一等奖。

(逄淑友)

【济南市第五届青少年运动会开幕】 7月9日，济南市第五届青少年运动会暨济南市第二届中小学生运动会在皇亭体育馆举行。本次运动会由市政府主办，市体育局、市教育局共同承办，市体育局各直属训练单位协办。运动会以"阳光、育人、健康、成才"为主题，设竞技体育、国家课程和阳光体育运动三大类别，以高中学校、县(市)区(初中、小学)为单位组队参赛。竞技类项目共设高中、初中、小学甲、乙、幼儿5个组别。设田径、游泳等16个大项、450个小项,参赛运动员约3500余人。国家课程和阳光体育运动类共设高中组、初中组、小学组3个组别,设国家学生体质健康标准抽测、大课间体育活动、体育艺术"2+1"项目等8个项目,参与学生近10万人次。

【2010~2011年中国男子篮球职业联赛】 2010年12月12日至2011年3月4日在济南奥体中心体育馆举行。此次比赛是由中国篮球协会主办的国家A级赛事,共有运动员、教练员和领队等480人参赛。比赛分常规赛和季后赛两个阶段进行,采用主客场赛制,每周进行3场比赛,常规赛的前八名进入季后赛。

【中华人民共和国第七届城市运动会网球预选赛】 4月25日至5月8日在济南奥体中心网球馆举行。此次赛事由国家体育总局网球运动管理中心主办,共有来自全国25支代表队的249名运动员、教练员和领队参赛。竞赛设男子团体、女子团体、男子单打、女子单打、男子双打、女子双打、混合双打7个项目,竞赛办法执行中国网球协会审定的最新网球竞赛规则。济南市首次参加城运会网球男子团体项目的预选赛,并成功进入决赛。

【第七届全国城市运动会田径预选赛】 6月2~5日在济南奥体中心体育场举办。本次比赛由国家体育总局田径运动管理中心主办,来自全国各地的49支代表队的1876名运动员、教练员、领队和随队医生参赛。比赛共设男子项目22个,女子项目22个。最终广东队夺得男子团体冠军,浙江队夺得女子团体冠军。

【2011年全国青年游泳锦标赛暨第七届全国城市运动会游泳预选赛】 6月9~16日在济南奥体中心游泳馆举行,本次比赛由国家体育总局游泳运动管理中心主办,来自全国30支代表队的964名运动员、教练员、领队、随队医生参赛。比赛共设男女自由泳、仰泳、蛙泳及个人混合泳等4个项目。各单项比赛的冠军如下:男子50米自由泳:辽宁班豹;男子100米自由泳:浙江楼俊毅;男子200米自由泳:上海浦闻捷;男子400米自由泳:四川魏祺;男子1500米自由泳:天津钟桂旭;男子50米仰泳:上海石峰;男子100米仰泳:辽宁林永庆;男子200米仰泳:辽宁林永庆;男子50米蛙泳:海军赖忠坚;男子100米蛙泳:海军赖忠坚;男子200米蛙泳:浙江边远;男子50米蝶泳:山东张麒斌;男子100米蝶泳:上海石峰;男子200米蝶泳:山东许航;男子200米个人混合泳:浙江毛飞廉;男子400米个人混合泳:山东王铖湘;女子50米自由泳:解放军杨礼;女子100米自由泳:山东郑亚楠;女子200米自由泳:山东宋汶岩;女子400米自由泳:山东宋汶岩;女子800米自由泳:山东宋汶岩;女子50米仰泳:解放军杨礼;女子100米仰泳:北京水立方程海花;女子200米仰泳:山东宋佳妮;女子50米蛙泳:海军索冉;女子100米蛙泳:广州军区樊茸;女子200米蛙泳:上海周敏;女子50米蝶泳:浙江凌淑媛;女子100米蝶泳:浙江凌淑媛;女子200米蝶泳:广州军区巩杰;女子200米个人混合泳:上海张思诗;女子400米个人混合泳:上海张思诗。

【2011年中国乒乓球俱乐部超级联赛】 5月29日至9月3日,在济南奥体中心体育馆举行。此次比赛由中国乒乓球协会主办,属于国家A级赛事,比赛共分两个阶段进行:第一阶段采用主客场双循环赛制,第二阶段采用主客场多场次淘汰赛制。济南赛区承担13场比赛,共有200名运动员、教练员、领队、随队医生参赛。王皓、郭跃、马龙、许昕、丁宁、郭焱等亮相济南奥体中心。鲁能女队获得2011年赛季女子冠军,浙商银行男队获得2011年赛季男子冠军。

【2012年伦敦奥运会女子足球项目亚洲区决赛】 9月1~11日,由国际足联主办、亚足联和中国足协承办、山东省体育局和济南市政府协办的2012年伦敦奥运会女子足球项目亚洲区决赛在济南举行,来自中国、日本、韩国、朝鲜、澳大利亚、泰国6个国家的300名运动员、教练员、领队参加了本次赛事。比赛采取单循环赛制,获得前两名的球队将直接参加2012年伦敦奥运会。经过15场次的激烈角逐,最终日本队、朝鲜队获得了参加2012年伦敦奥运会的入场券。

【第二届U16亚洲青年女子篮球锦标赛】 12月4~11日,在济南奥体中心体育馆举办。此次比赛由亚洲篮球联合会和中国篮球协会主办,山东省体育局承办,山东省篮球协会和济南奥林匹克体育中心协办,本次比赛也是2012年青年世锦赛的预选赛,共有来自中国、日本、中华台北、韩国、印度、菲律宾、马来西亚、乌兹别克斯坦、斯里兰卡、新加坡、中国香港、中国澳门的12支球队、近300名运动员、教练员及裁判员参赛,其中境外来宾约220人。日本队和韩国队获得U17世锦赛的参赛资格。

(逄淑友)

济南选手国际国内大赛成绩表

项目	姓名	性别	级别	名 称	小项（级别）	名次
羽毛球	马 晋	女	世界	2011 年苏迪曼杯世界羽毛球混合团体锦标赛	混合双打	1
羽毛球	马 晋	女	世界	2001 年全英羽毛球公开赛	男女混双	1
羽毛球	马 晋	女	亚洲	2011 年亚洲羽毛球锦标赛	男女混双	2
羽毛球	马 晋	女	亚洲	2011 年亚洲羽毛球锦标赛	女子双打	3
羽毛球	骆 嬴 骆 羽	女	全国	2011 年全国羽毛球冠军赛	女子双打	1
射 击	谢杰琼	女	世界	2011 年世界杯德国站	10 米气步枪	1
射 击	刘大鹏	男	全国	华东区射击锦标赛	50 米步枪卧射	1
射 击	方 雪	男	全国	2011 年全国青少年射击锦标赛	10 米气手枪	1
举 重	杨 哲	男	亚洲	42 届男子亚洲举重锦标赛	105 公斤级	1
举 重	杨 哲	男	亚洲	42 届男子亚洲举重锦标赛	105 公斤级	1
举 重	杨 哲	男	亚洲	42 届男子亚洲举重锦标赛	106 公斤级	2
举 重	杨 哲	男	全国	中华人民共和国第七届城市运动会	105 公斤级	1
举 重	杨 哲	男	全国	2011 年全国男子举重冠军赛	105 公斤级	1
举 重	杨 哲	男	全国	2011 年全国男子举重冠军赛	105 公斤级	1
举 重	杨 哲	男	全国	2011 年全国男子青年举重锦标赛	105 公斤级	1
举 重	杨 哲	男	全国	2011 年全国男子青年举重锦标赛	105 公斤级	1
举 重	杨 哲	男	全国	2011 年全国男子青年举重锦标赛	105 公斤级	1
举 重	杨 哲	男	全国	2011 年全国男子举重冠军赛	105 公斤级	2
自行车	张 淼	男	亚洲	2011 年亚洲自行车场地锦标赛	团体竞速赛	1
自行车	张 淼	男	世界	2011 年世界大学生运动会自行车比赛	凯琳赛	1
自行车	张 淼	男	世界	2011 年世界杯场地自行车赛(第三站)	场地团体竞速赛	3
自行车	张 淼	男	世界	2011 年世界杯场地自行车赛(第三站)	场地争先赛	3
自行车	张 淼	男	全国	2011 年全国自行车场地锦标赛	场地团体竞速赛	1
自行车	张 淼	男	全国	2011 年全国自行车场地锦标赛	场地凯琳赛	1
自行车	姚 平	女	全国	中华人民共和国第七届城市运动会	山地越野赛	1
自行车	姚 平	女	全国	2011 年全国青年自行车山地锦标赛	山地越野赛	1
散 打	王玉虎	男	亚洲	2011 年亚洲青少年武术散打锦标赛	75 公斤级	1
散 打	付高峰	男	全国	2011 年全国武术散打锦标赛	80 公斤级	1
散 打	杨元飞	男	全国	2011 年全国武术散打冠军赛	85 公斤级	1
散 打	付高峰	男	全国	2011 年全国武术散打冠军赛	80 公斤级	1
散 打	王玉虎	男	全国	2011 年全国武术散打青少年锦标赛	75 公斤级	1
散 打	付高峰	男	全国	2011 年全国武术散打争霸赛	85 公斤级	1
散 打	杨元飞	男	全国	2011 年全国武术散打锦标赛	85 公斤级	2
乒乓球	李晓霞	女	世界	2011 年国际乒联职业巡回赛斯洛文尼亚公开赛	女双	1
乒乓球	李晓霞	女	世界	2011 年国际乒联职业巡回赛卡塔尔公开赛	女双	1
乒乓球	李晓霞	女	世界	2011 年国际乒联职业巡回赛德国公开赛	女双	1
乒乓球	李晓霞	女	世界	2011 年国际乒联职业巡回赛阿联酋公开赛	女双	1
乒乓球	李晓霞	女	世界	2011 年第三届“大众杯”国际乒乓球精英赛	女单	1
乒乓球	李晓霞	女	世界	2011 年第 51 届世界乒乓球锦标赛	女双	1
乒乓球	李晓霞	女	世界	2011 年国际乒联职业巡回赛总决赛	女双	1

续表1

项目	姓名	性别	级别	名　称	小项（级别）	名次
乒乓球	李晓霞	女	世界	2011年女子乒乓球世界杯	团体	1
乒乓球	李晓霞	女	世界	2011年国际乒联职业巡回赛英国公开赛	女双	2
乒乓球	李晓霞	女	世界	2011年国际乒联职业巡回赛德国公开赛	女单	2
乒乓球	李晓霞	女	世界	2011年国际乒联职业巡回赛斯洛文尼亚公开赛	女单	2
乒乓球	李晓霞	女	世界	2011年第51届世界乒乓球锦标赛	女单	2
乒乓球	李晓霞	女	世界	2011年国际乒联职业巡回赛奥地利公开赛	女双	2
乒乓球	李晓霞	女	世界	2011年女子乒乓球世界杯	女单	2
乒乓球	李晓霞	女	全国	2011年中国乒乓球俱乐部超级联赛	团体	1
乒乓球	李晓霞	女	全国	2011年全国乒乓球锦标赛	团体	1
乒乓球	李安琪	女	全国	2011年全国乒乓球锦标赛	团体	1
乒乓球	李晓霞	女	全国	2011中国乒乓球公开赛苏州站	女双	2
游　泳	高　畅	女	世界	2011年第26届世界大学生运动会游泳比赛	4×100米混合泳接力	1
游　泳	高　畅	女	世界	2011年短池游泳世界杯北京站	100米仰泳	1
游　泳	朱佳妮	女	全国	2011年全国游泳冠军赛	200米仰泳	1
游　泳	高　畅	女	全国	2011年全国游泳冠军赛	50米仰泳	1
游　泳	朱佳妮	女	全国	2011年全国青年游泳锦标赛	女子200米仰泳	1
游　泳	朱佳妮	女	全国	2011年全国游泳锦标赛	200米蝶泳	1
游　泳	高　畅	女	全国	2011年全国游泳冠军赛	100米仰泳	2
游　泳	李　茉	女	全国	2011年全国游泳锦标赛	4×200米自由泳接力	2
游　泳	朱佳妮	女	全国	2011年全国游泳锦标赛	200米仰泳	2
游　泳	辛　鑫	女	全国	中华人民共和国第七届城市运动会	女子800米自由泳	2
游　泳	于亚萍	女	全国	中华人民共和国第七届城市运动会	女子200米仰泳	2
排　球	范琳琳	女	世界	2011年女子排球世界锦标赛		3
排　球	程　珑 杨方旭	女	全国	中华人民共和国第七届城市运动会		1
射　箭	靖相青	男	全国	2011年全国射箭锦标赛	个人淘汰赛	1
射　箭	安　琪 王　超 王世豪	男	全国	2011年全国射箭重点体校锦标赛	团体	2
射　箭	王　超	男	全国	2011年全国射箭重点体校锦标赛	个人单轮全能	2
射　箭	王　超	男	全国	2011年全国射箭重点体校锦标赛	第一单轮70米	2
射　箭	王世豪	男	全国	2011年全国射箭重点体校锦标赛	单轮50米	2
柔　道	沙令梅	女	全国	中华人民共和国第七届城市运动会	无差级	1
柔　道	朱文秀	女	全国	2011年全国青年女子柔道锦标赛	57公斤级	1
橄榄球	孙士琦	女	全国	2011年全国七人制橄榄球锦标赛	女子橄榄球	1
橄榄球	马　冲	男	全国	2011年全国七人制橄榄球锦标赛	男子橄榄球	2
橄榄球	王建华	男	全国	2011年全国七人制橄榄球锦标赛	男子橄榄球	2
现代五项	陈傲男	女	全国	2011年全国现代五项锦标赛	男女混合接力	1
田　径	陈　琳	女	全国	2011年全国室内田径锦标赛（上海）	400米	2
田　径	解　雷	男	全国	2011年全国室内田径锦标赛（成都）	跳远	2
田　径	杨　英	女	全国	2011年黄河口（东营）国际马拉松赛	女子马拉松	2

续表 2

项目	姓名	性别	级别	名 称	小项 (级别)	名次
田 径	赵晓希	男	全国	2011 年亚洲田径大奖赛暨全国田径大奖赛	跳远	2
田 径	田华东	男	全国	2011 年全国田径锦标赛	10000 米	2
跳 水	王佳倩	女	全国	2011 年全国少年儿童跳水冠军赛	女子三米板	2
跳 水	窦盛昊	男	全国	2011 年全国少年儿童跳水冠军赛	男子一米板	2
跳 水	贾世成	男	全国	2011 年全国少年儿童跳水冠军赛	男子三米板	2
跳 水	刘佳一	女	全国	2011 年全国少年儿童跳水冠军赛	女子五米跳台	2
跳 水	窦盛昊	男	全国	2011 年全国少年儿童跳水冠军赛	男子五米跳台	2
跳 水	贾世成	男	全国	2011 年全国少年儿童跳水冠军赛	男子五米跳台	2
跳 水	李若妍	女	全国	2011 年全国少年儿童跳水冠军赛	女子一米板	2
跳 水	刘 佳	女	全国	2011 年全国少年儿童跳水冠军赛	女子一米板	2
跳 水	程 铭	男	全国	2011 年全国少年儿童跳水冠军赛	男子一米板	2
跳 水	张 超 周楚惟	男	全国	2011 年全国少年儿童跳水冠军赛	男子双人五米台	2
跳 水	逄�蔓 刘佳一	女	全国	2011 年全国少年儿童跳水冠军赛	女子双人五米台	2
跳 水	程 铭	男	全国	2011 年全国少年儿童跳水冠军赛	男子五米台	2
划 艇	郭胜伟	男	全国	2011 年全国皮划艇锦标赛	双人划艇 1000 米	2
赛 艇	岳文雪	女	全国	2011 年全国赛艇锦标赛	八人单桨有舵手	2
赛 艇	岳文雪	女	全国	2011 年全国赛艇锦标赛	女子四人单桨	2
赛 艇	张学敏	女	全国	2011 年全国赛艇锦标赛	八人单桨有舵手	2
赛 艇	侯振伟	男	全国	2011 年全国秋季赛艇锦标赛	男子轻量级 8 公里双人单桨	2
武 术	王 冰	女	全国	中华人民共和国第七届城市运动会	女子剑术、枪术全能	2
皮划艇	盖晓梅	女	全国	中华人民共和国第七届城市运动会	女子 2000 米四人皮艇	2

(逄淑友)

责任编校 宣 涛

社会生活

人口与计划生育

【概况】 全市人口计生工作按照“三年三步走、实现跨越发展”的目标，扎实开展基层基础建设落实年活动，强基础、补短板、破难点、出亮点，圆满完成省人口责任目标。全市出生人口56182人，出生率9.28‰，自然增长率2.62‰，合法生育率为96.9%，出生人口性别比为108.7∶100。

扎实开展计划生育“基层基础建设落实年”活动，夯实基层工作基础。年初，对薄弱村（居）逐一排查，拉出单子，落实市、县、乡三级责任追究制度。8月份扎实进行薄弱村（居）集中转化，进村入户，全力推动薄弱村（居）转化升级，使全市薄弱村违法生育同比下降了64%，促进了全市人口计生工作平衡发展。严格落实已婚育龄妇女重点人群一年两次孕情查体，将查体率达到96%作为考核标准，对4%的未查体人员实行倒查制度，并作为下次查体的必查人群，确保一年之内孕情查体全覆盖。全年对重点人群查体41.1万人，占应查体人数的97%。坚持和完善计划生育常年有奖举报制度，做到随时举报、随时查处、随时公示，以长效为主的避孕节育措施落实率达到96.9%，从源头上遏制违法生育行为的发生。

开展大宣传，营造了浓厚的计生社会氛围。广泛开展计划生育“三下乡”活动，投入100多万元，走访计生困难群众2100多户，发放各类宣传、服务材料230万份。积极整治宣传环境，在村（居）交通要道、集贸市场、活动场所等，大规模规范、更新标语口号、宣传栏，设置咨询服务平台。抓住纪念建党90周年、“7·11世界人口日”、70亿世界人口日等时机，开展丰富多彩的主题宣传活动，同时加大主流媒体新闻宣传力度，全年在各级主流媒体发稿共计1410篇，扩大了人口计生工作的影响力。

强化依法行政，维护了计生系统的和谐稳定。积极推行人口计生权力运行“阳光工程”，坚持政务、党务公开，自觉接受群众及社会各界监督。实行廉政风险防范管理，确定一、二、三级廉政风险岗位51个，查找各类潜在廉政风险点249个，制定防范措施125条，制定防范流程图18张。做好信访稳定工作，受理群众来信、来访、来电咨询等6066件次，处理12345热线、省市信访局、省人口计生委转办件76件次，结案率和结服率均为100%，没有发生群体上访和到省进京上访事件。

开展优质服务，为群众解难题、办实事。加强基础服务设施规范化建设，对全市86个县、乡（镇、街办）服务站进行了校验评估。强化计划生育优质服务，全市各级计划生育技术服务机构共计完成健康查体103.4万人次，完成各种节育手术3.9万人次，开展优生咨询3.6万人次，四项病毒监测2.1万人次，孕期保健9.6万人次，为1万余名外出务工返乡人员免费提供技术服务。认真落实市委、市政府“为民办十件实事”要求，免费为218名病残儿进行了医学鉴定；开展了国家免费孕前优生健康检查项目试点工作，免费为2013名育龄群众进行孕前健康查体。

创新城市社区和流动人口计生工作模式，加强流动人口计生服务管理。市委、市政府出台《关于进一步加强城市社区和流动人口计划生育工作的意见》，理顺城区计划生育管理体制，严格落实单位法人责任制，城区街办与辖区企事业单位签订计划生育责任书。建立“四同步、五纳入”工作机制（计划生育与社区管理同步计划、同步部署、同步推进、同步提高，把计划生育责任目标、流动人口计生管理服务、依法行政和优质服务、宣传教育、利益导向5项工作纳入社区管理），确保流动人口服务管理落到实处，新增纳入管理已婚育龄妇女2万多人，同比增加34%。各县（市）区之间、与全国全省其他30多个城市之间，开展了流动人口大协查活动，涉及流动人口育龄人群1.1万人。

【计划生育“基层基础建设落实年”活动】 市人口计生领导小组印发《全市人口和计划生育基层基础建设落实年活动实施方案》，工作中着重抓基层、打基础。抓住村居换届时机，选好配强村居计生干部，确保基层机构队伍稳定和人员报酬落实。狠抓各项经常性服务管理，强化已婚育龄妇女特别是27～40岁重点人群的孕环情况查体，严格落实责任倒查制度，确保重点已婚育龄妇女一年两次查体全覆盖。坚持和完善计划生育常年有奖举报制度，努力遏制违法生育。抓好基础薄弱地区转化，促进全市平衡发展。加强村规民约修订工作，加大检查考核力度，确保各项措施落到实处。完善城市社区人口计生管理功能和企事业法定代表人责任制，健全社区工作网络和经费保障，加强部门协作，明确责任主体，促进齐抓共管。改进人口目标责任考核办法，以平时考核和日常监控为主，年底综合考核为辅，加大对各县（市）区经常性工作的检查督导力度，严格落实重点管理、“一票否决”等制度。将稳定低生育水平与治理出生人口性别比相结合，加大出生人口性别比治理力度，确保出生人口性别比稳定在正常范围。

【全面完成人口基础信息共享平台建设】 市人口计生委按照“政府主导、部门共建、信息共享”的原则，制定下发了《关于推进县级人口基础信息共享平台建设的意见》，对信息共享平台建设工作进行安排部署，指定商河县为试点县区，先期进行信息共享平台建设。6月22日，济南市在商河县召开了现场观摩会，明确提出要按照“先启用、后规范，边使用、边完善”的原则，加快建设速度。市人口计生委和各县（市）区筹集资金600多万元，及时购置设备和配套设施，建立工作联系部门配合制度，落实人员责任，信息平台建设进展顺利，各县（市）区信息共享平台于7月底相继完成并实现全市联网，确保了信息数据及时传输和资源共享。同时，积极与省平台联网，实现了市级平台与省级平台对接，并于6月份和9月份，利用信息共享平台向省级上报人口数据21万多条，人口数据信息基本实现全覆盖。

【“世界70亿人口日”大型宣传咨询活动】 2011年10月31日是世界70亿人口日，人口问题引起人们更多地关注与思考。济南市人口计生委提前谋划，制定措施，积极开展宣传警示活动，扎实做好全市人口计生工作。通过报纸、电视、电台、网络等媒体，加大对人口问题、计生政策、优生优育、生殖健康、利益导向等内容的宣传力度，积极引导正面的舆论导向。特邀市委副书记、市长张建国在10月18日《济南日报》头版发表《全面做好人口计生工作 创造省会发展良好环境》的访谈文章，介绍世界70亿人口日的背景，济南市实行计划生育政策以来取得的成就，分析当前济南市人口面临的严峻形势和挑战，并就今后的人口计生工作提出希望要求。10月25日，与省人口计生委联合在章丘市举办“世界70亿人口日”大型宣传咨询活动。省人口计生委和市委、市政府有关领导参加，通过展板、咨询、文艺晚会等形式，宣传基本国策，提供咨询服务，引导群众和社会各界进一步关心支持人口计生工作。

【加强基层人口计生队伍建设】 在村（居）换届中，争取组织部门支持，配齐配强村级计生队伍，并抓好待遇落实。通过换届，全市共计选出村（居）专职计生干部5152名，其中连任4507人，占87.5%；女性5106人，占99.1%；进入村（居）“两委”4235人，占82.2%，比换届前提高27.6%。同时各县（市）区按每300～500户居民配备1名计生协管员、每增加300名流入已婚育龄妇女增设1名计生协管员的要求，在全市建立起一支5000余人的专兼职相结合的城市社区计划生育工作队伍。

（韦在虎）

【婚姻登记】 7月21日，济南市在全省率先实行婚姻在线登记，婚姻登记信息化水平大幅提升。10月10日，为60对现役军人、英模人物等举办了“红色浪漫、百合之缘”集体婚礼。全年共办理内地居民婚姻登记65491对，涉外婚姻登记112对，补办婚姻登记证12271件，出具（无）婚姻登记证明48367件，登记合格率100%。

【收养登记】 协调市公安局对符合收养条件的弃婴办理收养登记92件。其中章丘民政局办理收养登记54件。

【殡葬管理】 对全市1945名城乡低保家庭成员和无丧葬补助的优抚对象减免基本殡葬费用200余万元，建成79处城乡公益性骨灰堂（公墓）。清明节期间，接待祭扫群众37万余人次，积极推行“文明祭扫、绿色殡葬”，开通济南市殡葬服务网，使群众足不出户就能预约办理丧事和网上祭扫。

（陈尚军）

【就业再就业】 城镇新增就业15.4万人，新增农业富余劳动力转移就业11.29万人，援助就业困难人员2.36万人，超额完成目标任务。城镇登记失业率3.61%，低于控制目标0.39个百分点。高校毕业生就业推进工程取得新进展，见习基地扩大到146家，指导帮助2.84万本市生源非师范类高校毕业生实现就业，就业率达85.9%，外地生源毕业生在济南实现就业3.33万人。

1. 加强就业培训。制定下发《关于加强济南市就业培训质量监督管理的意见》，促进就业培训定点机构规范化建设，推出“创业技能1＋1”培训，增强了培训工作的针对性和实效性，全年完成就业培训4.35万人。

2. 加强创业带动就业。开展“创业政策宣传月”“创业项目推介会”“赢动泉城创业大赛”“百名创业之星评选”等活动，征集创业故事37篇，评选出15个优秀创业项目，推荐10人入围全省“百名创业之星”。指导历下区、历城区、济阳县完成省级创城中期考察评估工作。认定18个市级创业孵化基地，为35家市级创业孵化基地落实奖补资金237万元。筹资4100万元购置近万平方米的创业孵化中心，认定各类孵化基地42家，审核发放小额担保贷款5102万元，助推1000多人成功创业。

3. 加强就业援助。开展“就业援助月活动”，为特困群体“送政策、送岗位、送服务、送温暖”，帮助1389名困难人员实现就业，为3247人落实就业援助政策，首次将成年后就业困难的孤儿纳入援助范围。对公益性岗位从业人员的两项补贴、灵活就业人员社会保险补贴、各类用人单位安置就业困难人员补贴标准作适当调整，其中,公益性岗位两项补贴每人每月1030元,大学生公益性岗位补贴每人每月1700元,灵活就业人员社会保险补贴每人每月272元,各类用人单位吸纳安置就业困难人员的补贴每人每月330元。

4. 加强就业服务。认真开展"微笑服务、和谐就业"主题活动,积极创建"就业直通车"服务品牌。有效整合人才市场和劳动力市场,顺利实现由人才招聘服务向公共就业服务的转变。积极举办"就业援助月""春风行动""民营企业招聘周"等专题活动,为20万余人提供就业岗位31万个。建成以居民身份证为数据唯一识别标识的就业信息体系,基本实现岗位供求信息的"一点登录,全市共享"。

【劳动关系】 以签合同、上保险、保工资为重点,坚持劳动监察、调解仲裁和信访维稳多措并举,形成了执法服务促发展、维护和谐保稳定的良好局面。加强劳动合同管理,全市小企业劳动合同签订率达90%,其他各类企业普遍与劳动者签订劳动合同。深入实施彩虹计划,全市已建工会的企业中集体合同签订率达85.1%。加强对企业工资分配的宏观调控,积极推行工资集体协商制度,及时发布企业工资指导线、公布劳动力市场工资指导价位和企业人工成本信息;适时上调最低工资标准,市内5区达1100元,其他县(市)区达950元,增幅分别达19.6%和25%。加强监察执法工作,大力推行网格化监察、网络化管理,深入开展清理整顿人力资源市场秩序、遵守劳动用工和社会保险法律法规情况、清欠农民工工资等专项行动,共清欠社会保险费9693万元、劳动者工资3524万元,取缔非法职业中介机构38家。加强劳动人事争议调解仲裁工作,各县(市)区普遍建立仲裁院和基层调解组织,全市共受理争议案件4192件,结案率达98.2%,为劳动者挽回经济损失1.28亿元。加强信访工作,认真落实领导包案制和处室(单位)负责制,积极开展信访积案化解活动,全年共接待群众来信来访9074起,办结率达98%以上。

(王 东)

社会保障

【社会保险】 城镇职工养老、医疗、失业、工伤、生育保险参保人数分别达到164.7万人、167.6万人、103.7万人、131.6万人、90万人,同比分别增长10.5%、12.1%、13.2%、1.9%、24.5%;城乡居民社会养老保险参保217.5万人;城镇居民医疗保险参保107.6万人。全年各项社会保险基金总收入达154.12亿元,总支出125.19亿元,其中职工养老保险、职工医疗保险总支出分别为88.84亿元、24.58亿元;为2.33万名失业人员发放失业保险金1.4亿元;为1.15万人次支付各类工伤保险待遇1.88亿元;为2.15万人次支付生育保险待遇2.29亿元;城乡居民养老、居民医保和被征地农民养老基金分别支出4.19亿元、1.67亿元和0.34亿元。

1. 抓扩面。强力推进新农保工作,在全省率先实现全覆盖,领取基础养老金的人数达56.7万。全面启动城镇居民养老保险工作,把城镇居民养老保险与新农保统筹推进,基础养老金标准同步由每人每月55元提至60元,3.5万名重度残疾人领取基础养老金的年龄提前至55周岁。五七工、家属工养老保障工作按时启动,城镇未参保集体企业退休人员的参保问题逐步解决。

2. 抓提待。为全市29.6万退休人员调整提高养老金待遇,月人均增加219.4元。对6605名离休干部和建国前参加革命工作的老工人生活补贴标准和发放范围进行调整,补发金额1692万元。将城镇居民基本医疗保险财政补贴标准提高至200元,并自2012年1月1日起,最高支付限额由9万元提高到15万元。参保居民在一、二、三级医疗机构就医住院医疗费统筹基金负担比例由原来的70%、60%、50%上调为80%、65%、55%,将参保居民生育医疗费用纳入支付范围。大幅提高工伤、失业保险待遇水平,城区失业保险金标准达600元,领取失业保险金的人员全部纳入职工医疗保障范围。

3. 抓监管。完善稽核计划、实施、结果处理等环节的工作制度,共稽核参保单位4163家,涉及职工人数25.1万人,检查出少报、漏缴、补缴社会保险费3887万元,实际收回社会保险费2682万元,回收率为69%。全面实施特殊工种提前退休集中会审和"双公示"制度,大力开展医疗保险违规问题专项整顿活动,重点查处"挂名或冒名住院""伪造医疗文书"、超范围、超剂量用药以及以物代药等恶意骗取医疗保险基金等违规行为,累计扣除145家定点医疗机构违规质量保证金461.26万元。

4. 抓经办。整合社保经办机构,成立社会保险事业局,理顺社保管理体制。按照山东省社保局"精细化"管理的工作要求,开发了数据整理三期程序,加快社会保险数据整理工作进度。根据《社会保险法》确定的原则和授权,对现行社保经办规范性文件进行了梳理,进一步规范了经办管理和服务流程。积极打造网上社保,全面推广网上申报缴费业务。进一步完善跨统筹地区就业的职工养老、失业、医疗保险关系转移接续业务流程,依托省内医保异地就医结算网络平台,驻济5所部属、省属三级甲等医院率先接入异地结算网络,方便参保职工异地就医。

(王 东)

【救济减灾】 对因灾因病造成家庭生活特别困难的1317名群众发放临时救助资金351万元。4月18日,在长清区发生山林火灾期间,紧急调拨棉被1400床,组织转移安置附近群众1600名。5月11日,在泉城广场举办"省暨济南市防灾减灾日图片展"。组织全市《自然灾害救助条例》培训。5月30日,召开2011年救灾应急物资供货单位第一次联席会议,与市经信委、市财政局、市商务局、市交通局等有关部门加强联系,与济南本地牛奶、面粉、帐篷、矿泉水、服装、手电、棉衣被等生产企业签订了救灾应急物资紧急供应协议书,初步形成物资储备、物资调配、物资运输各个环节顺畅的救灾应急物资储备体系。历下区解放路街道后坡街社区、历下区趵突泉街道青年东路社区、市中区玉函路社区、槐荫区振兴街街道阳光新城第二社区被民政部表彰为第五批“全国综合减灾示范社区”。（陈尚军）

【农村“五保”供养】 全市农村“五保”对象的集中供养标准由每人每年不低于2800元提高到3600元，分散供养标准由不低于1800元提高到2300元。出台《济南市城乡医疗救助办法》，对困难群众的住院医疗费用在扣除各种补偿、减免和捐助后按照不低于50%的比例进行救助。全年向12827名城乡困难群众发放医疗救助资金2036.8万元。对全市79处农村“五保”供养服务机构建设和服务管理情况进行星级评定检查，为全市乡（镇）敬老院配发“慈善助老服务车”30辆。（陈尚军）

【城乡最低生活保障】 建立全市城乡低保和农村“五保”供养标准自然增长机制，全市城市和乡村低保、农村“五保”集中供养和分散供养标准分别参照上年度城市居民人均消费性支出、农民人均生活费支出和农民人均纯收入的30%、33%、40%和25%左右的比例确定，使全市“两保”提标工作实现了由人为定标、被动提标向科学立标、自然增长的历史性转变。提标后，城市人均低保标准增长10%以上，农村低保标准由年人均不低于1320元提高到1800元。全年共保障城市低保2.6万户、5.6万人，农村低保5万户、8.2万人，发放城乡低保金及各种补贴2.96亿元。为355名低保家庭考取全日制本科教育的大学新生每人一次性发放教育救助金4000元，共计发放142万元。（陈尚军）

【福利彩票发行】 福彩年销量达到10.11亿元，销售创历史新高，被山东省民政厅授予销售总量一等奖、人均销量一等奖、销售进步一等奖和组织管理一等奖4个奖项。徐永贵被授予全省福利彩票发行工作发展贡献奖。（陈尚军）

【慈善事业】 全市各级慈善组织共接收捐款10300.43万元，救助各类困难群众4.6万人次。创新开展“情系农民工、温暖过大年”“爱心授渔”“慈心爱家”“蒲公英爱心行动”4项慈善救助新品牌，进一步扩大慈善救助的覆盖面。（陈尚军）

【社会福利工作】 与市财政局联合出台《济南市社会福利机构资金资助实施意见》和《济南市养老服务机构管理规定》，制定出台《济南市人民政府办公厅关于加强和完善孤儿保障工作的意见》，对社会散居孤儿、机构集中供养孤儿的保障标准分别由每人每月600元和1000元提高到1120元和1410元，并从医疗、教育、就业、住房等多方面提出保障措施和要求，全方位保障孤儿的权益。全力打造“情暖夕阳、居家养老”服务品牌，将居家养老服务费用标准由9元/小时提高到市内6区（含高新区）11.5元/小时、其他县（市）区9.8元/小时。为儿童福利院12名残疾孤儿实施“残疾孤儿手术康复明天计划”手术。对城乡低保家庭中患有先天性心脏病的未成年人实施免费手术共计13例。（陈尚军）

红十字会

【概况】 全年全系统共接收捐款及物资折价426.49万元，共拨付资金336.98万元，物资36批次。普及初级卫生救护知识11593人，颁发急救员证910人。建立了山东省首家造血干细胞固定采集点，采集造血干细胞血样1089份，配型成功并实现捐献2例；登记遗体捐献志愿者214人，实现捐献13人；登记角膜捐献志愿者17人，实现捐献6人；登记器官捐献志愿者33人，成功捐献1人，实现了器官捐献零突破。新发展基层组织33个、团体会员37个、成人会员3454人、青少年会员15008人、志愿者4236人。在《济南日报》《中国红十字报》《环球慈善》等媒体刊登新闻报道217篇，上报政务信息52条，编发工作简报13期。

【历城区旱灾援助】 2月18日，市红十字会举行抗旱救灾捐赠仪式，将爱心人士捐赠的30万元拨付给历城区西营镇，专项用于该镇旱情最严重的老峪村和积米峪村抗旱救灾工作。4月，老峪村、积米峪村饮用水改造工程竣工，共铺架供水管道13000多米，解决了这2个行政村、13个自然村的饮水难问题。

【器官捐献实现零突破】 将人体器官捐献作为重点工作，在定点医院建立人体器官捐献协调员队伍。6月29日，济南市首例非血缘关系器官捐献在千佛山医院成功实施，器官捐献志愿者安骝成功捐献肝脏和眼角膜，成为全市首例（山东省第4例）器官捐献者，标志着济南市器官捐献试点工作实现零突破。

【开辟网站捐赠信息公开专栏】 7月，市红十字会落实中国红十字总会“两公开两透明”要求，学习借鉴中国红十字总会捐赠信息发布平台模式，建立信息化管理体系，在网站开辟信息公开专栏，及时公示捐赠款物的接收、使用和管理情况，同时制定《两公开两透明工作制度》，确保捐赠款物公开、财务管理透明、招标采购公开、分配使用透明。

【建立全省首家造血干细胞血样固定采集点】 8月25日，市红十字会和市血液供保中心联合在马鞍山路阳光大姐爱心献血屋建立造血干细胞血样采集点，这是济南市首家、山东省唯一一家造血干细胞血样固定采集点。志愿者可以随到随采，避免了“平时报名、集中采集”的传统方式所造成的捐献流失，增加了造血干细胞血样采集量，实现了采集造血干细胞血样与无偿献血双赢。

【制定《济南市红十字会工作制度》】 10月，市红十字会在原有制度的基础上，重点对资金募集、财务管理、项目管理、人员管理、信息公开等方面制度进行梳理、修订和完善。从募捐发动到接收捐赠，从资金入账到申请拨付，从检验物资到仓储管理，从业务工作到日常办公，形成24项规章制度并汇编成册，下发给每一名工作人员，形成以制度管人、管物、管事，搭建起想干事、能干事、干成事的良好平台。同时，将制度执行力摆在突出位置，进一步建立健全了问责机制、监督机制等，为红十字会规范化管理提供了有力保障。

【出版《济南市红十字会百年大事记》】11月11日，出版《济南市红十字会百年大事记》，《大事记》收录市红十字会各个时期的珍贵历史图片192幅，记载了济南市红十字会自1911年建会百年来的沧桑巨变，具有较强的资料性和史实性。有助于广大红十字工作者和社会各界人士了解济南市红十字会的百年发展历程，了解自新中国成立后、改革开放以来尤其是独立建制以来济南市红十字会的发展概况。

【举办纪念建会百年座谈会】 11月17日，市红十字会联合市委宣传部、市社会科学院、市社会科学界联合会和济南报业集团举办以"人道、博爱、奉献"为主题的纪念建会百年座谈会，回顾发展历程，总结工作经验，展望美好未来。省、市各部门领导及社会各界代表近百人参加会议，积极为红十字事业发展建言献策。会上，市红十字会联合市委宣传部、市文明办、市委市直机关工委、市总工会、团市委、市卫生局、市慈善总会向全市人民发出"博爱泉城送温暖、万名市民学救护、志愿捐献献爱心"的倡议，现场有20多家企事业单位和个人捐赠款物共计60万余元。

【"博爱泉城"品牌创建活动全面启动】11月23日，"博爱泉城送温暖活动"启动。市红十字会遵循系统救助对象统一研究、救助申请统一审批、救助物资统一发放、救助资金统一使用、救助程序统一监管的"五统一"原则，积极动员社会力量，将市民的爱心与困难群众的切实需要紧密结合，广泛开展救助活动。建立救助后期的跟踪和反馈制度，准确把握救助实施情况，及时更新救助思路。遵照捐赠人意愿，及时公布捐赠款物的去向和使用情况；邀请爱心单位及个人前往捐赠现场，亲自参与物品的捐赠和发放；诚恳接受社会各界的监督指导。截至年底，"博爱泉城送温暖"活动共救助建筑工人、环卫工人、先心病儿童、尿毒症患者、听力障碍儿童及山区贫困儿童、革命老前辈等各类人群1900余人，大病救助30人，发放棉衣、棉被1910件，发放救助款物50多万元。

（欧士博）

【居民收入】 居民收入全面增长，收入渠道多元化。城市居民收入较快稳步增长，生活水平进一步提高。根据对全市600户居民家庭的抽样调查资料显示，城市居民人均可支配收入为28891.97元，比上年增长14.1%，扣除价格因素，实际增长8.3%。居民人均家庭总收入31895.11元，同比增长15%。工资性收入仍是居民收入主要来源。全市经济运行平稳，就业形势稳定，劳动力价格上涨等因素促使城市居民收入水平提高。居民人均工资性收入23654.03元，同比增长12.9%，占家庭人均总收入的74.1%，比上年下降1.4个百分点，继续占据居民收入构成的主导地位，是居民收入稳步增长的最大推力，拉动可支配收入增长10.7个百分点。在居民的工资性收入中，人均工资及补贴收入23195.89元，增长12.5%。居民经营净收入呈现较快增长的趋势。城市居民人均经营净收入2413元，同比增长26.5%，占家庭人均总收入的7.6%，拉动可支配收入增长2个百分点，经营净收入已经成为居民收入的一个重要来源。财产性收入快速提升，成为城市居民收入新的增长点。随着社会的发展，居民投资渠道日趋多元，理财意识逐渐增强，理财能力不断提高。居民人均财产性收入344.79元，同比增长60.9%。其中，人均利息收入33.27元，增长63.8%；人均股息与红利收入36.16元，增长66.9%；出租房屋收入213.35元，增长81.4%。转移性收入保持较快增长。各级全面落实提高企业退休人员基本养老金政策，企业退休人员基本养老金增加。城市居民家庭人均转移性收入5483.3元，同比增长17.8%，占家庭人均总收入的17.1%。其中，人均养老金或离退休金收入4764.04元，增长13.4%，占人均转移性收入的86.9%。

据农村住户抽样调查(下同)，全市农民人均纯收入10412元，与上年同比增加1509元，增长16.9%，增速比上年提高2.8个百分点。从农民收入来源结构看：①工资性收入快速增长。全年人均达到4971元，同比增长20.5%，成为农民收入来源的主渠道。②第一产业收入较快增长，推动家庭经营纯收入稳步增长。全年农民人均家庭经营纯收入达到4399元，同比增长12.4%。其中，受农产品价格上涨影响，农民来自第一产业的收入实现较快增长。第一产业家庭经营纯收入达到2996元，同比增长19.1%。农民来自第二、三产业家庭经营纯收入1403元，同比增长0.4%。③财产性纯收入，人均470元，同比下降16.2%。④转移性纯收入大幅增长。随着各级政府惠农补贴力度的不断加大，以及年内开始全面实施的新型农村养老保险，促进了农民转移性收入的增长。全年农民人均转移性收入达571元，同比增长61.3%。其中，来自于各级政府惠农补贴的收入人均217元。

【居民消费】 城市居民消费水平不断提升，生活质量持续改善。随着居民收入水平的提高，居民消费性支出不断增加。城市居民人均消费性支出18045.58元，同比增长13%，扣除物价因素，实际增长7.2%。八大类消费性支出均呈现增长态势。①价格上涨带动食品支出增加。居民人均食品支出5722.65元，同比增长13.3%，恩格尔系数为31.7%，比上年同期上升0.1个百分点。猪肉、鸡蛋、鲜果等价格的上涨和高位运行是造成食品支出增长的最主要原因。生活节奏的加快以及饮食社会化程度的提高，居民消费观念逐步转变，越来越多的居民在外用餐，居民人均在外饮食支出1605.57元，增长10.6%。②衣着类消费保持较快增长。近年来，企业用工成本的增加,棉花、化纤等原材料成本价格上涨使得衣着服饰价格逐渐走高,而城市居民对时尚、品牌和个性的追求也带动了衣着消费快速增长。居民人均衣着消费支出2202.54元,同比增长17%,占消费支出的比重为12.2%。成衣类消费增长迅速,其中,服装支出为1640.08元,增长18.7%;鞋类支出为479.75元,增长14.4%;其他衣着用品支出为60.19元,增长7.5%;衣着加工服务支出为10.19元,增长12%。③居住支出略有增长,配套支出相应提高。城市居民人均居住支出1697.59元,同比增长1.9%,占消费支出的比重为9.4%。其中,人均居住服务费支出129.49元,增长29.7%。④家庭设备用品及服务支出保持快速增长。受家电以旧换新政策和家电升级换代等因素的综合影响,居民家庭耐用消费品拥有量不断增加。居民人均家庭设备用品及服务支出为1412.32元,增长23.4%,占消费支出的比重为7.8%。其中,家庭耐用消费品支出679.03元,增长16.4%;室内装饰品支出32.24元,增长65.3%;床上用品支出88.56元,增长42%;日用杂品支出为510.29元,增长31.7%;家庭服务支出68.07元,增长19.4%。从耐用消费品拥有情况看,每百户居民家庭拥有洗衣机96.83台、电冰箱100.33台、彩色电视机118.33台、家用电脑89.17台、微波炉60台、空调139.83台、移动电话196.5台,分别增长3.9%、3.8%、2.5%、10.1%、7.5%、15.1%、9.4%。⑤交通支出保持较快增长,家用汽车进入普通家庭,交通通讯更加便捷。居民人均交通和通信支出2830.12元,同比增长7%,占消费支出的比重为15.7%。其中,人均交通支出2085.74元,增长7.3%;人均通信支出744.39元,增长6.1%。家用汽车的增多,使人们的交通支出增加。截至2011年末,济南市居民百户拥有家用汽车25.33辆,同比增长11.7%。人均交通支出中,人均车辆用燃料及零配件支出469.1元,增长56.9%;人均交通工具服务支出230.45元,增长53.4%;人均交通费支出250.15元,增长11.3%。人均通信支出中,人均通信工具支出192.4元,增长19.3%;人均通信服务支出551.99元,增长2.2%。⑥健康意识逐渐增强。随着人民生活水平的提高,城市居民日益重视身体健康状况,用于医疗保健的支出不断增加。居民人均医疗保健支出1300.52元,增长10%。其中,人均医疗器具支出10.38元,增长82.7%;人均保健器具支出19.91元,增长64.1%;人均药品费支出542.37元,增长7.8%;人均滋补保健品支出157.09元,增长10.9%;人均医疗费支出556.82元,增长10%。⑦居民文化娱乐生活日趋丰富,教育娱乐服务支出增长较快。居民人均教育文化娱乐服务支出2146.57元,同比增长13.1%,占消费支出的比重为11.9%。其中,人均文化娱乐用品支出580.59元,增长3.3%;人均文化娱乐服务支出758.29元,增长41%;人均教育支出807.69元,增长1.2%。金银珠宝饰品支出增长快。近年来,金、银、翡翠珠宝价格大幅上涨,人们在价格上涨的心理预期下,购买金银珠宝以求保值。城市居民人均其他商品和服务支出732.93元,同比增长45.9%,增速居八大类消费之首,占消费支出的比重为4.1%。其中,人均金银珠宝饰品支出170.84元,增长101.11%;人均服务支出177.07元,增长20.7%。⑧信息化产品和服务消费迅速增长,网上购物渐趋流行。计算机的广泛应用和网络的全面普及,给居民的生活带来了便利。截至年末,济南市居民家庭平均每百户拥有接入互联网的计算机达到73.33台,同比增长21.2%。接入互联网的移动电话达到25.5台,增长1.2倍;接入有线电视网络的电视机95.83台,增长2.1%。低廉的价格、便捷的服务、琳琅满目的商品,形成了网络购物对消费者特别是年轻消费者的特殊吸引力。随着互联网的普及与发展,网购已然成为一种流行消费方式。城市居民人均通过互联网购买商品或服务支出53元,同比增长2.7倍。

随着农民收入水平的不断提高,加之物价特别是食品等价格明显上涨的影响,农民生活消费支出继续增长。全年农民人均生活消费支出5905元,与上年同比增加499元,增长9.2%。从生活消费支出结构看,农民消费增长结构发生较大变化:①受食品类价格高涨影响,食品消费支出快速增长。农民人均食品消费支出达到2147元,同比增长18.1%,农村恩格尔系数(食品消费占生活消费支出的比重)达到36.4%,比上年提高2.8个百分点。其中肉禽蛋奶及制品人均消费支出551元,同比增长29.8%;蔬菜消费支出213元,同比增长18.4%;烟酒消费支出271元,同比增长21.9%。②衣着消费大幅增长。农村居民人均衣着消费支出359元,同比增长24.5%。③农村住房条件不断改善,居住消费继续增长。全年人均居住消费支出992元,同比增长4.8%。④家庭设备用品消费较快增长。农村居民家庭设备及用品消费人均支出382元,同比增长14.0%。⑤交通和通讯消费支出有所下降。农村居民交通和通讯消费人均支出888元,同比减少9.6%,其中,用于购买交通工具支出人均453元,同比减少22.2%。⑥教育服务消费明显下降,教育负担减轻。全年农村居民人均文化教育娱乐消费支出388元,同比减少7.0%,其中教育服务支出176元,同比减少32.6%。⑦农民医疗保障加强,医疗费支出较快增长。农村居民人均医疗保健消费支出675元,同比增长21.3%。⑧其他消费支出继续增长。全年人均其他消费支出75元,同比增长19.3%。

【居住条件】 城市居民人均住宅建筑面积30.3平方米,增加0.6平方米;农村居民人均生活用房面积41.2平方米,增加1.1平方米。

(房建　于涛)

2011年济南市居民生活消费比重

项目	城市		农村	
	2011年	比上年±%	2011年	比上年±%
消费性支出	100.0	—	100.0	—
食品	31.7	0.1	36.4	2.8
衣着商品	12.2	0.4	6.1	0.8
家庭设备用品及服务	7.8	0.7	6.5	0.3
医疗保健	7.2	-0.2	11.4	1.1
交通与通讯	15.7	-0.9	15.0	-3.2
教育娱乐文化服务	11.9	0.0	6.6	-1.1
居住	9.4	-1.0	16.8	-0.7
其他商品和服务	4.1	1.0	1.3	0.1

2011年济南市居民家庭耐用消费品百户拥有量

项目	计量单位	城市		农村	
		2011年	比上年±%	2011年	比上年±%
摩托车	辆	10.00	-25.0	71.05	-16.3
家用汽车	辆	25.33	11.7	12.13	15.3
洗衣机	台	96.83	3.9	82.22	3.8
电冰箱	台	100.33	3.8	87.81	5.3
彩色电视机	台	118.33	2.5	116.33	-3.1
影碟机	台	—	—	55.67	-14.0
家用电脑	台	89.17	10.1	36.08	27.5
组合音响	套	16.67	3.1	—	—
照相机	架	66.67	23.5	14.62	4.3
空调器	台	139.83	15.1	36.00	0.6
淋浴热水器	台	86.67	5.7	63.78	16.8
排油烟机	台	—	—	26.79	21.4
固定电话	部	48.17	4.0	59.95	-24.8
移动电话	部	196.5	9.4	175.41	14.9

（房建　于涛）

【概况】　全市60岁以上的老年人98.9万，占总人口的16.39%。全市老龄工作认真落实“党政主导、社会参与、全民关怀”的老龄工作方针和省委、省政府《关于进一步加快老龄事业发展的意见》，以“一切为了老人，用我们的爱心和孝心托起老年人的幸福”为宗旨，以“养老服务业突破年”80项活动为重点，大力实施“银龄幸福和谐工程”，积极为老年人办实事、办好事。

“养老服务业突破年”活动进展顺利。年内，市老龄委组织开展“以我们的爱心和孝心托起泉城老年人的幸福”为宗旨的“养老服务业突破年”主题系列活动，通过新闻媒体向社会公示，公开接受社会各界监督。市老龄办、各县（市）区、市老龄委各成员单位公开承诺的80项活动全部完成，并做到事事有回音，件件都落实。其中，市老龄办承办了16项活动。市老龄办在带头落实各项承诺的同时，还积极督促协调各县（市）区和老龄委各成员单位落实承诺内容，每季度调度一次，及时推广好的经验做法。各县（市）区和市老龄委成员单位按照市老龄委的部署，明确职责分工，积极开展工作，通过新闻媒体向社会公开承诺的80项活动全部完成。

大力实施“银龄幸福和谐工程”，惠及泉城百万老人。按照省老龄办关于“大力实施‘银龄幸福和谐工程’，不断提升‘六个老有’水平”的要求，结合济南市的老龄工作实际，精心打造惠老项目。筹资40万元购买200台E动影库，免费配送给农村老年活动基地，丰富了农村老年人的精神文化生活。高龄津贴发放按时到位。健全享受高龄津贴老年人数据信息库，完善津贴金发放制度，保证老年人及时、足额领到款项，全年共发放3.53万人次，发放金额621.35万元。举办全市养老服务人员培训班，为养老服务业发展提供人才储备。以老年健康教育学校为依托，成立医疗小分队，深入到社区、村居免费为老年人提供医疗服务，义诊达1万余人，举办老年骨骼保健讲座20余场，免费为老年人进行骨骼健康查体2000余人。

老龄宣传工作不断加强，形成了尊老敬老的良好社会氛围。把加强老龄宣传工作，作为推动全市老龄事业发展的重要措施，在全市营造了尊老敬老的浓厚氛围。《济南日报》“泉映晚霞”专版，全年共出版25期；《泉映晚霞》电视节目，及时宣传老龄工作动态，反映老年人的诉求和心声；编发《老龄工作简报》50期，老龄动态信息1000余篇；同时及时更新"泉城老龄网",上传发布最新通知、政策要求、老龄动态,使广大老年人和老龄工作者及时了解最新工作情况,熟悉最新涉老政策。在全市评选表彰"泉城十大敬老楷模""老有所为先进个人""优秀老年志愿者""十大优秀村居老工委"和"泉城十大敬老企业";举办在全市老龄系统宣传骨干培训班,开展老龄宣传工作先进单位和先进个人评选活动。

认真调查研究,为党和政府决策提供科学依据。以"实践科学发展观,创新老龄工作"为主题,以"促进养老服务业发展,让老年人共享经济社会发展成果"为实践载体,深入调查研究,摸清老年人所思、所想、所忧、所盼,推动全市老龄工作的创新发展。①养老服务业发展状况调研。按照市人大常委会关于在全市开展养老服务业发展调研工作的要求,在深入基层,广泛调查研究的基础上,完成关于全市养老服务业发展的汇报材料和典型经验总结材料等。通过调研活动,拓展了视野,基本摸清了养老服务业发展的状况和存在的问题,提出了推进措施和建议;②开展80~89岁老年人高龄津贴发放调研。市老龄办会同市政府研究室等有关部门,对全市80~89岁的老年人发放高龄津贴进行广泛调查研究,撰写《关于对我市80至89岁的老年人发放高龄津贴的调研报告》报市政府,为扩大高龄津贴的发放范围奠定了基础;③开展农村为老服务调研。深入章丘市、济阳县等农村实地考察发展农村老龄服务情况,察民情、听民声、汇民意,广泛听取农村老年人的意见建议,总结好的经验和做法,完成《农村为老服务调研报告》。

【银龄安康工程】 大力实施"银龄安康工程",构筑老年人晚年生活安全保障网。市政府多次强调把实施"银龄安康工程"作为促进经济社会和谐发展和关注民生、改善民生的实践行动,要求切实抓紧抓好,抓出成效,使"银龄安康工程"成为老年人提高社会保障水平、防范意外伤害风险的一道坚强屏障。市老龄办筹资10万元,为全市10000名高龄贫困老人赠送保险。通过加大宣传力度,典型引导等措施不断推动"银龄安康工程"健康快速发展。全市各级政府补贴和赠送保费62.46万元;由单位或集体出资投保"银龄安康工程"的老年人4.91万人,缴纳保险费76.45万元。各县(市)区老龄办和中国人寿保险济南市各级机构,协调合作,建立职责明确、分工合理、制度健全、规范有序的工作机制,保证工作的顺利开展。全年投保老年人数达到30万人,投保额518.84万元,投保率达到35%,超额完成了省里下达的任务目标。中国人寿济南市分公司专门为老年人开辟绿色通道,优先处理老年人的理赔案件,给老年人以最大的方便。全年共处理老年人理赔案1694件,平均结案时间1.6天。

【老年维权咨询日】 9月9日,市老龄办会同市中级人民法院、市司法局在英雄山北广场举办"老年维权咨询日"活动,为老年人现场解答有关法律问题,依法维护老年人的合法权益。活动现场,济南市中级人民法院、市"148"法律服务热线及市内五区各级法院、法律援助中心和律师事务所为老年人提供免费法律咨询服务,讲解老年法律、法规知识,解答有关老年权益保障方面的问题,受理涉老侵权案件,对困难老年人按有关规定给予法律援助。活动期间,市老龄办还协调组织相关单位和企业为老年人提供免费医疗保健服务和旅游活动信息。近千余名中老年人参与了这次活动。

【"泉映晚霞"鹊桥会】 8月5日,由市老龄办、市文明办、市妇联、市民政局、市园林局联合主办的济南市第五届"泉映晚霞"鹊桥会在中山公园举行。全市数百名50岁以上单身女性、60岁以上单身男性来到现场寻觅自己今后生活的另一半,还有不少老年人专程从德州、河北等地赶来,演绎"夕阳更红、晚霞更美"的浪漫故事。这次"泉映晚霞"鹊桥会相较往年,呈现出几大不同特点。①老年人心态更加开放。在现场的互动游戏中,老年人一改往日的"羞涩"和"不好意思",争相上台参加活动,大方、开朗地介绍自己的情况和择偶要求。现场悬挂的个人情况介绍上也贴满了大大小小的便利贴。②年轻人心态更加包容。不少孝顺的儿女拖着父母来相亲。③现场报名更加踊跃。许多从外地赶来或没到指定地点报名的老年人,一早携带着身份证、单身证明等有效证件现场报名,热切盼望着早日找到晚年的幸福归宿。婚恋自由是公民按照宪法应享的权利,老年人的情感生活更应引起全社会的关注和重视。"泉映晚霞"鹊桥会,不仅为单身老年人再婚搭建了平台,使泉城老年人"老有所伴",也提高了老年人的生活生命质量,丰富了老年人精神文化生活,在全社会营造了尊老敬老爱老助老的浓厚氛围,得到社会各界的一致好评。"泉映晚霞"鹊桥会已经成为老年婚恋市场的一大品牌。

【居家养老志愿服务】 市老龄办在历下区试点进行高龄贫困老人居家养老关爱志愿服务活动,"泉映晚霞"志愿者深入到老年人家中,广泛开展居家养老关爱志愿服务活动。为贯彻落实中央文明办、民政部等部门关于在全国组织开展"百万空巢老人关爱志愿服务行动"的工作部署和济南市文明办、市老龄办等5部门联合下发的《济南市"关爱空巢老人志愿服务行动"实施意见》,历下区老龄办制定《开展困难老人居家养老关爱志愿服务行动实施方案》,6月14日,历下区老龄办举办困难老人居家养老关爱志愿者培训活动,参与培训的"泉映晚霞"志愿团志愿者陆续接受了职业道德教育、传统美德教育、人口老龄化知识以及志愿服务理念和心理辅导等与志愿服务相关的专项技能培训。6月22日,历下区困难老人居家养老关爱志愿服务启动仪式举行。做好关爱困难老人志愿服务活动,是建设文明和谐济南的重要内容。活动的主要目的就是要通过志愿服务这种形式,组织志愿者深入老人家中陪老人聊天,读书读报,进行心理咨询和心理疏导,更加准确地了解老年人的愿望,老年人的心结,知道他们在想什么,想做什么,他们最基本的需求是什么,最迫切的愿望是什么，他们有什么要求，有什么困难等。通过这种精神慰藉服务，在党和政府与老年人之间搭建起一座桥梁，建立一条纽带，把老年人的愿望和需求及时反馈给党和政府，同时把党和政府的温暖送到老年人手中，也为党和政府制定有关老龄方面的方针政策提供现实依据。

【老年文化艺术节】 积极搭建老年文体活动平台，使老年文化生活丰富多彩。为宣传党的光荣历史和丰功伟绩，宣传党的路线方针政策，宣传经济和社会发展的重大成就，唱响共产党好、社会主义好、改革开放好、伟大祖国好、各族人民好的时代主旋律，展示泉城老年人积极向上的精神风貌，营造纪念建党90周年的热烈气氛。市老龄办会同市委宣传部、市文广新局在全市广泛开展庆祝中国共产党成立90周年老年文化艺术节。庆祝活动历时半年，分为“山河起舞感党恩”“丹青墨宝书党魂”和“银龄颂歌——济南市老年人纪念中国共产党成立90周年文艺演出”3部分。庆祝活动4月启动，各县(市)区老年文艺团体结合本地实际开展了丰富多彩群众性庆祝活动，全市共演出20余场，200多个节目。6月9日，在山东剧院举行“银龄颂歌——济南市老年人纪念中国共产党成立90周年文艺演出”。

【敬老月活动】 9月10日至10月10日期间，组织开展以“敬老助老、从我做起”为主题的“敬老月”活动。①广泛动员，积极部署。各级各部门从“关爱老人、构建和谐”的高度，充分认识开展“敬老月”活动的重要意义。副市长、市老龄委主任齐建中签发了《关于开展2011年“敬老月”活动的通知》，市老龄办召开专门会议研究全市“敬老月”活动安排，县(市)区、市老龄委成员单位、市直各部门都以不同形式对“敬老月”活动进行了广泛的动员部署。②大力宣传，营造氛围。市老龄办下发《关于做好敬老月期间宣传工作的通知》，充分发挥新闻媒体的强力宣传和老龄宣传阵地作用，在全市广泛开展“敬老月”活动的宣传活动。在城镇、农村主要街道、社区和企事业单位悬挂以“敬老爱老、从我做起”“关爱老人、构建和谐”“热烈祝贺山东省第七个敬老月活动成功举办”和省老龄办公布的20条宣传口号为内容条幅1200多条。使“敬老月”活动深入人心，家喻户晓。③形式多样，内容丰富。市老龄办组织开展形式多样、内容丰富的敬老助老爱老活动。召开各类庆祝会、座谈会等50余次，老年文体表演近300场。④重办实事，突出实效。让老年人感受到党和政府的亲切关怀，共享经济社会的发展成果。期间，全市共走访慰问老年人10万余人次。

【深入基层、服务群众】 广泛开展“深入基层、服务群众”活动。按照市委的统一部署和市直机关工委的具体安排，牢牢把握“群众工作就是为人民群众办实事工作”的核心要求，结合全市老龄工作的实际，把开展“养老服务业突破年”80项活动作为推进主题活动的有力抓手，组织党员干部深入基层，深入农村，深入老年人当中，了解老年人的疾苦，为老年人办实事、好事，取得良好的效果，有力推动了全市老龄工作的开展。市老龄办领导分别与2名高龄贫困老年人结对帮扶，机关党员干部与1名高龄贫困老年人1对1结对帮扶，定期走访慰问，解决他们生活中的困难。市老龄办还与济阳县孙耿镇后张村结成携手共建新农村帮扶对子。多次深入后张村调查研究，帮助该村调整产业结构、制定致富措施。市老龄办为该村争取资金24万元帮助该村建立110个标准大棚。仅蔬菜大棚一项，就为该村增收120多万元，人均增收1000多元。全年累计人均增收近2000元，初步改变了该村的贫穷落后面貌，使该村走上了致富的道路。

【百岁老人】 截至年底，全市有百岁老人181人。其中男性24名，女性157名；文化程度大学1人，高中3人，初中7人，小学14人，其余为文盲；年龄最大者为商河的郑徐氏，1900年出生，111岁。

2011年度济南市百岁老人统计表

姓名	性别	出生日期	文化程度	职业	家庭住址	姓名	性别	出生日期	文化程度	职业	家庭住址
苑秋圃	女	1902.08.25	文盲	居民	历下区燕子山小区东区10－2－201	展玉兰	女	1909.11.25	文盲	居民	历下区文化西路东村300号院324号
郭玉美	女	1904.07.20	文盲	居民	历下区燕子山西路中印付花园5－2－201	王景明	女	1909.12.24	高中	居民	历下区文化西路44号西村16－4－402
张永贵	女	1906.11.23	文盲	居民	历下区东仓小区13－6－102	于德卿	女	1910.05.02	文盲	居民	历下区开元山庄西区建管局8－1－102
周原玉	女	1907.06.02	小学	居民	历下区文化东路25号9－5－302	陈方彬	男	1910.05.25	初中	居民	历下区棋盘小区二区10－2－101
席风春	女	1907.09.14	文盲	居民	历下区文化东路	孙富英	女	1910.11.11	文盲	居民	历下区历山路129号2－2－201
王君玉	男	1907.11.11	初中	居民	历下区青后小区一区4－9－102	蒋张氏	女	1910.11.18	文盲	居民	历下区文化西路44号西村8－1－101
赵鸿儒	男	1908.06.14	高中	居民	历下区芙蓉街58号	梁秀英	女	1911.01.06	私塾	居民	历下区浆水泉路4号1－3－202
徐淑泉	女	1909.01.08	文盲	居民	历下区明湖东四区1－1－103	谭淑英	女	1911.01.19	中学	居民	历下区明湖东三区17－1－202
梁尚志	男	1909.04.20	大学	居民	历下区山师北街9号23－1－101	张如芝	女	1911.01.20	文盲	居民	历下区长盛北区34－2－502
刘春奇	女	1909.07.03	文盲	居民	历下区文化西路44号东村12－4－402	曹景春	女	1911.05.16	文盲	居民	历下区山大南路
刘祥玲	女	1909.11.24	文盲	居民	历下区小园庄42号1－6－103	张玉坤	女	1911.09.17	小学	居民	历下区青后二区6－1－101

续表1

姓名	性别	出生日期	文化程度	职业	家庭住址
林宝义	男	1911.11.27	小学	居民	历下区智远林家庄
沈公田	男	1911.12.14	小学	居民	历下区双忠祠2号
何言氏	女	1903.03.06	文盲	居民	市中区党家庄6455工厂6-3-103
李张氏	女	1906.07.15	文盲	居民	市中区马鞍山路58号3-1-101
武美芝	女	1907.01.22	文盲	居民	市中区王官庄四区26-4-104
孟宪陶	男	1907.08.06	初中	居民	市中区张安新村294号
马秀贤	女	1908.06.18	文盲	居民	市中区纬一路11号
张玉峰	女	1909.09.12	文盲	居民	市中区青年西路23号303
韩丙香	女	1909.12.04	文盲	居民	市中区经三路106号
李华庭	男	1909.12.28	文盲	居民	市中区纬四路11号
张 境	女	1910.02.25	文盲	居民	市中区魏家庄普安里14号
姜应凤	女	1910.09.20	文盲	居民	市中区小纬四路9-1-502
张江氏	女	1910.12.14	文盲	居民	市中区党家街道办事处土屋村
陈立芬	女	1911.03.01	文盲	居民	市中区党家邵东村
李乃英	女	1911.06.01	文盲	居民	市中区舜耕路42-10-1-301
刘玉华	女	1911.07.08	文盲	居民	市中区玉函路54-2-202
纪桂亭	女	1911.08.30	文盲	居民	市中区杆石桥经六路27号2单元601
张秀芳	女	1911.11.09	文盲	居民	市中区四里村邮电新村29-2-103号
张春芳	女	1911.11.24	文盲	居民	市中区杆石桥纬一路317号1-3-303
张秀兰	女	1904.02.05	文盲	居民	槐荫区段店镇大杨庄
李庆英	女	1904.10.14	文盲	居民	槐荫区八里桥村48号
李静轩	男	1906.11.26	小学	居民	槐荫区道德北街194号2号楼202号
程闫氏	女	1907.04.11	文盲	居民	槐荫区济西铁路生活区9-5-302
毕镜寰	女	1908.07.20	高中	居民	槐荫区隆新里1号
章贞基	女	1909.06.23	小学	居民	槐荫区阳光一百F1-5-1001
侍开元	男	1910.01.25	小学	居民	槐荫区道德北街71号楼2单元101号
李金廷	女	1910.02.03	文盲	居民	槐荫区段店镇于庄村
马学正	男	1910.04.12	文盲	居民	槐荫区段兴东路3号三区2-1-101
徐秀兰	女	1910.06.15	文盲	居民	槐荫区槐村街7-1-3-302
段学礼	女	1910.12.03	小学	居民	槐荫区经四路475号
廉玉凤	女	1911.05.10	文盲	居民	槐荫区营市街151号3-3-301
冉祥荣	女	1911.07.01	文盲	居民	槐荫区闫千户四区1号楼1单元102
王陈氏	女	1911.10.31	文盲	居民	槐荫区段店南路38号
宋景芳	女	1907.01.18	文盲	居民	天桥区周公祠街7号
石成兰	女	1907.02.18	文盲	居民	天桥区黄岗庄2号楼5-201
王香连	女	1907.10.10	文盲	居民	天桥区湖畔苑4-2-1702
黎秀德	女	1908.01.10	初中	居民	天桥区舜清苑16-2-101
陈文波	女	1908.04.30	文盲	居民	天桥区铜元局前街2号1-2-103
杜华珍	女	1909.02.01	小学	居民	天桥区北园边庄63号
苏衍钧	男	1909.04.30	初中	居民	天桥区交校路10号内5-2-504
孙玉珍	女	1910.08.13	文盲	居民	天桥区顺河街3号楼2单元203号
赵桂香	女	1910.09.10	文盲	居民	天桥区铜元局后街7号-3-401
翟 新	女	1910.10.08	文盲	居民	天桥区南村西区41-5-101
赵风云	女	1910.10.27	文盲	居民	天桥区无影山路123号1-2-504
张坤范	女	1910.11.22	文盲	居民	天桥区泺南一街19号
张树芝	女	1910.12.01	文盲	居民	天桥区济齐路11-1-2-102
李素梅	女	1910.12.08	文盲	居民	天桥区聚贤街24号楼502室
刘子扬	男	1911.01.12	小学	居民	天桥区铜元局后街20号-3-2-103
张庆兰	女	1911.01.19	文盲	居民	天桥区车站北街65号
赵子阳	男	1911.01.29	初中	居民	天桥区胜利庄70号
王玉莲	女	1911.05.26	小学	居民	天桥区制锦市街15-303
曲文英	女	1911.10.01	文盲	居民	天桥区桑梓店镇邓营村425号
范秀兰	女	1911.10.17	文盲	居民	天桥区刘家桥小区13-3-502
傅端卿	女	1919.12.31	文盲	居民	天桥区制锦市街24号101号
马连玉	女	1904.07.16	文盲	居民	历城区港沟镇坞西村112号
赵汝英	女	1906.11.29	文盲	居民	历城区绣川乡四角嘴村
杨风太	男	1907.06.26	文盲	居民	历城区柳埠镇东坡村二区9号
李汝贞	女	1907.08.20	文盲	居民	历城区花园路84-1号
赵学芹	女	1908.05.16	文盲	居民	历城区港沟镇田庄村115号
李芳洲	男	1909.04.26	文盲	居民	历城区华山镇程家庄139号
张秀英	女	1909.05.07	文盲	居民	历城区华山镇山北陈庄3号
李克华	女	1909.11.09	文盲	居民	历城区遥墙镇王家庄188号
杨朱氏	女	1910.02.02	小学	居民	历城区东风辛祝路46号2号楼2-302
樊凤兰	女	1910.02.25	文盲	居民	历城区王舍人镇王舍人庄1094号
时法英	女	1910.03.20	文盲	居民	历城区遥墙镇遥墙村二区74号
宋吉英	女	1910.05.30	文盲	居民	历城区仲宫镇西董家庄74号
苏乐孔	男	1910.07.10	文盲	居民	历城区柳埠镇北峪村2号
张吕氏	女	1910.10.18	文盲	居民	历城区董家镇王新村63号
王可卿	女	1911.01.25	文盲	居民	历城区山大路239号2-5-401
张启英	女	1911.04.10	文盲	居民	历城区董家镇徐家庄190号
王少兰	女	1911.04.28	文盲	居民	历城区王舍人办事处铁厂宿舍9-3-103
蔡诚英	女	1911.07.02	文盲	居民	历城区荷花路办事处新开店村116号
亓永祥	女	1911.07.18	文盲	居民	历城区临港办事处朝阳345号
魏李氏	女	1911.11.06	文盲	居民	历城区王舍人办事处大辛西中街87号
史明兰	女	1909.01.12	小学	居民	长清区张夏镇井字村
孙兆连	女	1911.01.29	小学	居民	长清区万德镇大马村
宋传英	女	1911.02.16	文盲	居民	长清区平安街道冯庄村
王炳艳	女	1911.06.15	文盲	居民	长清区文昌街道叶庄村
李粱氏	女	1911.07.10	文盲	居民	长清区长广路4号
王凤珍	女	1911.07.20	文盲	居民	长清区平安街道高庄村
张君英	女	1902.09.14	文盲	居民	章丘市普集镇北孙家庄东西大街16号
彭道芝	女	1903.06.05	文盲	居民	章丘市枣园街道办事处曹庄村文化路
姜秀英	女	1908.02.01	文盲	居民	章丘市相公庄镇郝庄二村中街60号
鲁刘氏	女	1909.01.18	文盲	居民	章丘市相公庄镇大康村前街2号

续表2

姓名	性别	出生日期	文化程度	职业	家庭住址
张永秀	女	1909.02.24	文盲	居民	章丘市埠村街道办事处翟家庄村世风街14号
高俊英	女	1909.06.21	文盲	居民	章丘市普集镇孟白村东西大街82号
孙秀英	女	1909.08.28	文盲	居民	章丘市龙山街道办事处城角头前大街10号
张淑清	女	1909.12.12	文盲	居民	章丘市普集镇池子头村中街3号
王传玉	女	1909.12.31	文盲	居民	章丘市官庄镇亮甲坡村东西街47号
郭宝英	女	1910.02.04	文盲	居民	章丘市双山街道办事处杨胡村东升街九巷10号
惠世全	女	1910.04.08	文盲	居民	章丘市明水街道办事处绣水大街174号2单元104号
张永芳	女	1910.06.13	文盲	居民	章丘市宁家埠镇明家村昌盛街33号
张李氏	女	1910.06.20	文盲	居民	章丘市官庄镇法家峪村田石街9号
齐如云	女	1910.07.06	文盲	居民	章丘市相公庄镇十九郎村桥北头东二巷25号
张康氏	女	1910.08.19	文盲	居民	章丘市官庄镇栗家峪村太和街59号
景家安	男	1910.09.17	文盲	居民	章丘市官庄镇王官村前街22号
徐维俊	女	1910.10.19	文盲	居民	章丘市圣井街道办事处张官庄村东北街3号
张连清	女	1910.11.02	文盲	居民	章丘市普集镇传李村南村南北大街256号
穆玉英	女	1910.11.06	文盲	居民	章丘市刁镇王四村后街77号
麻怀兰	女	1910.12.05	文盲	居民	章丘市宁家埠镇支宋村文化路73号
程秀英	女	1910.12.09	文盲	居民	章丘市高官寨镇胥家村2号
王秀娥	女	1911.02.26	文盲	居民	章丘市刁镇刘官村东头桥北街63号
张本莲	女	1911.04.22	文盲	居民	章丘市龙山街道办事处便家庄北大街4号
靳尔秀	女	1911.08.23	文盲	居民	章丘市双山街道办事处木厂涧村北山路8号
李玉凤	女	1911.11.19	文盲	居民	章丘市埠村街道办事处翟家庄村天桥路26号
张延婷	女	1911.11.23	文盲	居民	章丘市绣惠镇西南隅村兴仁街25号
徐刘氏	女	1905.09.09	文盲	居民	济阳县新市镇草种村34号
崔志花	女	1907.03.10	文盲	居民	济阳县曲堤镇观音村12号
肖李氏	女	1907.10.30	文盲	居民	济阳县济阳街道萧家村104号
张佃甲	男	1909.03.19	文盲	居民	济阳县济阳街道李官村86号
许玉方	女	1909.04.11	文盲	居民	济阳县仁风镇王老虎村24号
尹秀花	女	1910.04.01	文盲	居民	济阳县曲堤镇郑骆村87号
谭红玉	女	1910.09.09	文盲	居民	济阳县曲堤镇毕集村134号
朱素清	女	1910.10.28	文盲	居民	济阳县回河镇店子村240号
刘桂莲	女	1910.10.31	文盲	居民	济阳县济阳街道杨家井村45号
冯兴荣	女	1910.11.28	文盲	居民	济阳县济阳街道富强街怡仙阁小区
付修林	女	1910.12.01	文盲	居民	济阳县济阳街道前辛村99号
高培英	女	1911.02.27	文盲	居民	济阳县垛石镇范家屯村266号
王文英	女	1911.03.14	文盲	居民	济阳县回河镇大杨村127号
徐本英	女	1911.04.09	文盲	居民	济阳县新市镇后寨村44号
李凤云	女	1911.07.05	文盲	居民	济阳县济阳街道孟家村2号
李云朋	男	1911.07.11	文盲	居民	济阳县太平镇李坊村35号
孙庆兰	男	1911.11.05	文盲	居民	济阳县仁风镇老桑渡村245号
郑徐氏	女	1900.12.26	文盲	居民	商河县审计局家属院
金丰良	男	1904.06.27	初中	居民	商河县孙集乡金家村
李本阶	男	1904.08.17	文盲	居民	商河县怀仁镇李家楼村8号
田光荣	女	1905.09.21	文盲	居民	商河县沙河乡东排村
翟兆兰	女	1907.07.08	文盲	居民	商河县沙河乡后邸家
刘桂花	女	1907.12.06	文盲	居民	商河县孙集乡相家村
李秀荣	女	1908.03.21	文盲	居民	商河县郑路镇靖家村141号
张纯敏	女	1908.07.13	文盲	居民	商河县白桥镇西杏村
田肖氏	女	1908.07.21	文盲	居民	商河县怀仁镇洼李村79号
寇李氏	女	1909.02.18	文盲	居民	商河县贾庄镇寇家村
王仁美	女	1910.05.04	文盲	居民	商河县许商街道李马虎村
孙郭氏	女	1910.06.15	文盲	居民	商河县怀仁镇宋家村6号
曹丕荣	女	1910.08.06	文盲	居民	商河县玉皇庙镇安子东村
赵维荣	女	1911.01.06	文盲	居民	商河县白桥镇段集村
李　氏	女	1911.07.11	文盲	居民	商河县白桥镇西尚村
吕马氏	女	1911.09.21	文盲	居民	商河县贾庄镇胡集村
孙杨氏	女	1901.10.21	文盲	居民	平阴县孝直镇后洼村
姬默苓	女	1906.01.16	文盲	居民	平阴县安城乡双井村
李吉芳	女	1906.01.18	文盲	居民	平阴县平阴镇东桥口村225号
张殿珍	女	1907.11.16	文盲	居民	平阴县孔村镇北毛峪村267号
孙凤兰	女	1908.12.21	文盲	居民	平阴县东阿镇北市村
田志英	女	1909.08.07	文盲	居民	平阴县玫瑰镇丁口村
张郭氏	女	1910.02.02	文盲	居民	平阴县安城乡近镇村
陈兴英	女	1910.08.05	文盲	居民	平阴县玫瑰镇庞口村
韩丰美	女	1910.08.15	文盲	居民	平阴县孔村镇半边井村
李吉荣	女	1910.08.30	文盲	居民	平阴县东阿镇窑头村
孙秀英	女	1910.09.16	文盲	居民	平阴县孝直镇夏庄村
臧衍秀	女	1910.09.26	文盲	居民	平阴县洪范池镇南崖村
刘朱氏	女	1911.05.12	文盲	居民	平阴县安城乡安城村
赵培习	男	1911.09.13	文盲	居民	平阴县孔村镇半边井村
尚振英	女	1911.12.31	文盲	居民	平阴县孝直镇沙岭村
郭为荣	女	1906.10.04	文盲	居民	高新区巨野河办事处李家窝村
赵宗明	女	1909.11.21	文盲	居民	高新区巨野河办事处赵家鹊山村
赵兴吾	女	1910.02.14	文盲	居民	高新区巨野河办事处东港沟村
李李氏	女	1910.11.02	文盲	居民	高新区巨野河办事处东徐马村
贾如清	女	1911.12.01	文盲	居民	高新区巨野河办事处东徐马村

（戚克春　张　靖）

残疾人事业

【概况】 规范管理、提升服务，加强残疾人组织建设。组织实施残疾人工作者“全覆盖培训工程”，先后举办残疾人工作示范乡镇（街道）残联理事长、“一专两员”培训班，全年培训各级残疾人工作者5378人次。

巩固提高残疾人“人人享有康复服务”水平。深入开展残疾人社区康复工作，在全市创建了51个残疾人社区康复工作示范乡镇（街道）；开展贫困重度智力、精神、肢体残疾人居家护理试点工作，为2629名符合条件的残疾人提供居家护理服务；对3004名肢体残疾人进行康复训练并购买康复成果；对全市137处残疾人康复指导站、3069处康复站按照“六个有”的标准进行规范化管理。

组织实施“济南市贫困残疾儿童康复救助工程”、国家“长江新里程”第二期脑瘫儿童救助项目、“山东万名聋儿启聪工程”等康复救助项目。全年共完成白内障复明手术9552例，其中，实施贫困白内障免费复明手术2583例；为100名低视力者配戴助视器；对100名盲人进行定向行走训练；全年语训聋儿84名，为120名贫困聋儿配戴助听器，为2名聋儿植入人工耳蜗；对140名智力残疾儿童、128名孤独症儿童、150名脑瘫儿童进行了康复训练，培训残疾儿童家长180名；装配假肢、矫形器130例；为残疾人供应辅助器具30862件。为3050名贫困精神残疾人实施免费服药、住院医疗；对131名贫困残疾人进行大病救助，资助1.9万名农村贫困残疾人加入“新农合”。全年全市累计培训各类康复工作人员5132人次。

开展残疾人康复需求实名制调查，完成全市有康复需求近20万人次的信息采集和数据录入工作。济南市被授予“全国白内障无障碍市”称号。

协调推进教育培训工作，为残疾人就业、创业打下坚实基础。建立残疾人培训就业直通车，大力开展特殊技能培训、高端培训；继续实施国家“长江高科技助残就业项目”，促进残疾人“白领”就业；加大农村残疾人实用技术培训；开展“职业培训促进就业年”活动，指导各区建立残疾人职业技能培训基地，开展适合残疾人的特色职业培训项目。全市投入培训经费455万元，举办各类培训班216期，培训残疾人6795人次，完成年度培训任务的116.3%。依托济南市技师学院和济南市科苑培训学校等政府、社会培训资源，结合建立“我的兄弟姐妹”创业培训基地，加强“双证”（结业证、技术等级证）培训，使280名残疾人获得“双证”。开展“送科技进村”活动，全年为广大农村残疾人购置科技图书1581套，先后举办家禽养殖、蔬菜种植、中草药种植等9个培训班，培训农村残疾人近500人。创建济南市盲人保健按摩师规范化实训及就业创业基地5处，盲人医疗按摩师规范化实训及就业创业基地1处。先后举办盲人计算机培训班和两期盲人初级保健按摩培训班，培训盲人48名。投入资金165万元，对1009名贫困残疾学生和残疾人家庭子女进行救助。

认真做好贫困重度残疾人生活补贴发放工作，残疾人就业扶贫托养服务工作取得新进展。根据全市低保人员变更情况，实现全市贫困低保重度残疾人生活补贴发放工作的长效动态管理。全市全年投入580余万元，为近万名重度残疾人发放生活补贴。

开辟“我的兄弟姐妹·温暖阳光”QQ在线交流平台，为1000余名残疾人提供心理、创业、就业指导服务；依托用工单位，实行“订单式”培训，一次性就业率达到95%以上。全年举办各种形式的招聘会及“送岗位下乡”活动53期，多渠道安置残疾人1951人次，完成全年就业任务的114.8%。其中，按比例安排残疾人就业926人，完成全年任务指标的132.29%。加大残保金征收力度，全市全年征缴残保金突破1亿元。

对全市95家“我的兄弟姐妹”扶贫开发基地进行规范管理，投入256万元，对83处扶贫基地采取以奖代补的形式给予扶持。

新建1处市级智力残疾人庇护所示范点，确定枣制品加工、绢花制作、电子线圈加工3个工疗项目。创建26处“我的兄弟姐妹”阳光家园，完成全年任务的130%。投资120余万元，筹建“我的兄弟姐妹”庇护所农疗站，针对脑瘫、智力障碍残疾人开展生态康复训练，承担相关教育培训。

全年募集残疾人福利基金500余万元，其中，长清区募集资金30余万元，超额完成任务。积极探索“我的兄弟姐妹”捐助便利店市场化运营模式，全年投入资金近200万元，救助贫困残疾人家庭1万余户；投资近30万元，对488名贫困残疾儿童进行生活救助；投资近20万元，为120名贫困残疾人免费安装了大腿、小腿假肢。

广泛开展残疾人事业宣传活动，积极营造扶残助残的良好社会氛围。为庆祝第二十一次“全国助残日”，举办“爱心助残综艺晚会”。组织举办“2010年度济南市残疾人事业好新闻”评选活动，评出获奖作品132件。开展《我的兄弟姐妹》喜迎建党90周年征文比赛活动，并编辑出版《“我的兄弟姐妹”喜迎建党90周年征文作品专集》。制作播出“情系我的兄弟姐妹”电视专栏与广播专题节目各50余期，全年编辑出版《我的兄弟姐妹》刊物4期。对“我的兄弟姐妹”网站进行改版，全年编辑更新工作信息2632条，其中被中残联网站采用139条，被省残联采用44条。全年残疾人事业在省级以上媒体刊播200余篇次，在市级媒体刊播260余篇次，有力地宣传了全市残疾人工作，营造了良好的舆论氛围。

举办第六届济南市盲、聋、培智学校学生艺术汇演，并选送11个节目参加了全省特教学校学生艺术汇演，取得15个奖项。

“我的兄弟姐妹”艺术团组织巡回演出20余场次，获济南市“十佳群众文艺团体”称号，由艺术团创编的小品《安居乐业》和“我的兄弟姐妹”品牌主题曲《为生命喝彩》双双入选“喜迎十艺节、备战群星奖”山东省社会文化新创文艺作品调演。积极组织参加第八届全国残运会，取得2金6银3铜的好成绩。

认真做好残疾人维权、信访工作，切实保障残疾人合法权益。制定《济南市残疾人事业“十二五”发展规划》和《济南市关于加快推进残疾人社会保障体系和服务体系建设的实施意见》。出台《关于规范完善残疾人事业公益性岗位的实施意见》和《济南市“我的兄弟姐妹阳光家园”计划实施方案》，并就制定《关于扶持社会力量创办残疾人服务机构的管理办法》和《济南市残疾人就业办法》进行了调研。组织开展全市残疾人事业优秀论文评选工作，共收集论文107篇，评出获奖作品55篇、组织奖5个。

对城区500户、农村2000户残疾人家庭进行无障碍改造，为部分残疾人家庭安装了无障碍智能电器开关。协调公交部门，为残疾人发放1万余张免费电子乘车卡。协调车辆驾驶学校，全市70名残疾人参加驾驶培训，38人申领驾驶证。

制定《济南市“关爱残疾人志愿服务活动”实施方案》，全年共设立“读乐尔”等5家志愿者联络站，推动志愿助残活动扎实深入开展。

以“信访工作规范化建设年”活动为契机，开展信访维稳工作和协会工作。全年共受理残疾人来信、来访420件次，接收并回复市政府门户网站信箱、市残联理事长信箱邮件14件，回复12345市民服务热线81件，全年无重大信访案件发生。

【组织开展丰富多彩的残疾人节日庆祝活动】 1.“全国爱耳日”庆祝活动。3月3日是第十二个“全国爱耳日”，主题是“康复从发现开始——大力推广新生儿听力筛查”。在市中区英雄山北广场举行“济南市暨市中区庆祝第十二个全国爱耳日宣传咨询活动”，现场组织近20家医疗、康复、科研、教育等机构以及助听器生产经营单位的专业技术人员，设立宣传咨询台，发放宣传品8000余份，面向公众普及和宣传新生儿听力筛查的重要性，现场为1000余人次提供了咨询、义诊、测听等服务。

2.“全国助残日”庆祝活动。5月15日是第二十一个“全国助残日”，主题是“改善残疾人民生、保障残疾人权益”。5月11日晚，市残联、市残疾人福利基金会、济南电视台、济南时报共同举办“我的兄弟姐妹”爱心助残综艺晚会，共募集资金380余万元。晚会现场为长沙天柯装饰工程有限责任公司颁发了“爱心募捐突出贡献奖”，为中国重汽集团工会、兴业银行济南分行、济南趵突泉酿酒有限责任公司等15个爱心单位颁发了“爱心募捐先进单位”牌匾，为彦秀文化传媒、济南市歌舞剧院、山东省济南特殊教育中心3个爱心单位颁发了“爱心大使”牌匾。

3.“全国爱眼日”庆祝活动。6月6日是第十六个“全国爱眼日”，主题是“关爱低视力患者、提高康复质量”。6月3日，市残联协调济南市低视力配镜中心（济南市第二人民医院配镜中心），派出配备专业技术设备的筛查车，组织专业技术人员到济南市儿童福利院开展义诊咨询活动，为院内30余名儿童进行了视力检查、验光、眼底检查，同时为低视力儿童验配了助视器。

4.“国际盲人节”庆祝活动。10月15日，是第二十八届“国际盲人节”，主题是“深入基层，扶盲助盲”。市残联组织市盲人按摩指导中心、市按摩医院以及社会上部分优秀盲人按摩医师，在市按摩医院举办了大型义诊活动，为300余名市民提供了免费疾病咨询、测量身高体重、测血压、测骨密度及按摩治疗。

5.“国际残疾人日”庆祝活动。12月3日，是第二十个“国际残疾人日”，主题是“人人共享美好世界，推动残疾人融合发展”。在市按摩医院举行第二十个“国际残疾人日”庆祝活动暨“全国盲人医疗按摩规范化实训基地”“山东中医药大学教学科研基地”“长春大学特教学院实习医院”揭牌仪式；举办首届“残健共融合，携手绘丹青”书画交流笔会活动；启动“我的兄弟姐妹泉城升阳康复助行工程”，为全市120名困难残疾人免费安装假肢。

（李宪波　孔　倩）

民族宗教

【民族事务概况】 济南市有少数民族52个，人口12.66万人，占全市总人口的1.86%。其中，回族人口10.74万人，占少数民族人口的84.92%。少数民族人口分布特点是大散居、小聚居、交错杂居，全市有少数民族1万人以上的县（市、区）7个，民族工作重点乡镇（街道）26个，少数民族聚居村（社区）45个。市民族宗教局被国家民委评为“五五”普法宣传教育工作先进集体。

1.深入开展民族团结宣传教育。认真贯彻市委办公厅、市政府办公厅《关于深入开展民族团结宣传教育活动的实施意见》（济办发[2010]9号），广泛开展民族团结宣传教育活动。市及各县（市）区普遍举行了民族宗教界人士迎春茶话会、座谈会和走访慰问活动。市政府召开全市第六次民族团结进步表彰大会，表彰全市民族团结进步模范集体和模范个人。9～10月举办第十一次全市民族团结进步宣传月活动，全市各级民族工作部门以“共建和谐家园”为主题，积极开展调研督查、广场宣传日、送文艺下乡、清真食品检查、民族团结先进事迹宣传栏等主题活动。在9月26日泉城广场宣传日活动中，以宣读倡议书、材料宣传、政策咨询、图片展示、民族歌舞表演等形式，大力宣传党和国家的民族政策、民族基本知识和民族团结进步事业取得的成绩，受到各族群众广泛好评。

2.大力开展民族团结进步创建活动。认真贯彻落实市委宣传部、市委统战部、市民族宗教局制定下发的《关于开展城市民族工作示范窗口建设的通知》，在全市范围内组织进行“示范窗口”建设，各级各有关部门按照创建标准和要求，采取切实可行的措施和运用灵活多样的方法，着力打造民族工作社区示范窗口、学校示范窗口和企事业示范窗口品牌，推动了全市民族团结进步模范县（市、区）、乡镇（街道)、村居(社区)、单位和个人以及和谐清真寺创建活动的开展。

3. 积极为少数民族办实事、办好事。市民族宗教局全年协调落实省、市扶持资金440余万元,带动各级地方和社会投资1460余万元,用于39个基础设施和种养殖项目建设。制定出台少数民族扶持资金管理办法。帮助10个民族村实施村内道路硬化工程,硬化面积5万平方米,扶持民族村兴建饮水工程1处、灌溉水渠1处,实施电网升级改造2处,兴建综合服务中心1处。扶持发展农民专业合作社,引导长清、济阳、章丘等地的7个民族村扩大畜牧养殖规模,使之向标准化、规模化、产业化方向发展。各民族村拥有林果基地9处,畜牧养殖基地15处,农贸批发市场4处,清真食品商业街6处,少数民族生产生活条件进一步改善。做好民族教育工作,帮助槐荫区西张回民小学、济阳县孙耿镇中心小学大路校区、垛石镇唐庙小学刘营校区实施改厕治污项目。引导民族学校搞好特色办学,在永长街回民小学成立“石京书院”,在济南西藏中学开展“汉藏学生心连心”活动。在长清一中设立全市首个内地新疆班,在济南护理职业学院设立首批内地新疆中职班。组织参加第八届全省和第九届全国少数民族传统体育运动会。继续在山东蓝翔技校开展少数民族劳动技能培训。在民族村深入开展“春风送岗位”专场招聘和送医下乡等活动,并为260名少数民族村老党员免费查体,受到各族群众欢迎。

4. 着力维护和谐民族关系。召开少数民族流动人口工作座谈会,举办外来少数民族人民调解员培训班,加强职能部门与少数民族流动人员的联系和交流,发挥市伊协组织的桥梁纽带作用,完善少数民族流动人口服务管理网络。继续通过少数民族服务热线,帮助外来少数民族协调解决在就医就业、子女就学、劳务纠纷、损害赔偿等方面的咨询求助。举办全市民族村(社区)干部培训班,提高新一届民族村(社区)两委干部推动科学发展、促进社会和谐的能力。扎实做好矛盾纠纷排查调处工作。各级民族工作部门配合京沪高铁、西客站等重点工程,采取多走、多看、多听和及时解决问题“三多一及时”的工作方法,确保了重点工程建设顺利进展和社会和谐稳定。

【召开全市第六次民族团结进步表彰大会】 7月7日,市政府在舜耕会堂召开全市第六次民族团结进步表彰大会。会议认真学习了胡锦涛“七一”重要讲话和全国、全省民族团结进步表彰大会精神,总结交流了民族工作先进经验,并对当前和今后一个时期民族工作进行安排部署。章丘市埠村街道办事处等49个全市民族团结进步模范集体,杨有伟等80名全市民族团结进步模范个人受到大会表彰。山东省委常委、济南市委书记焉荣竹出席会议并作重要讲话。

【《济南市少数民族扶持资金管理办法》出台】 为切实加强和规范少数民族扶持资金管理,提高财政资金的使用效益和监管水平,年内,市财政局、市民族宗教局依据财政部、国家民委《少数民族发展资金管理办法》和省、市有关政策联合制定出台《济南市少数民族扶持资金管理办法》,12月1日颁布实施。《办法》明确提出少数民族扶持资金实行项目管理,并在资金的分配和使用、项目的申报和审批程序,以及管理和监督等方面作了具体规定。

【济南回民中学举行建校60周年庆典大会】 10月29日,济南回民中学举行建校60周年庆典大会。省、市、区有关部门领导,校友代表和学校家长委员会代表出席庆典大会并表示祝贺。济南回民中学的师生为来宾献上了一台自编自演、精彩纷呈的文艺演出。近年来,济南回民中学突出办学特色,坚持科学的育人理念,积极推进素质教育,促进学生全面发展。学校先后被授予“全国民族中学示范校”“全国民族教育先进集体”“山东省规范化学校”“济南市教书育人先进单位”“济南市教育系统行风建设先进集体”等称号。

【宗教事务概况】 济南市有佛教、道教、伊斯兰教、天主教和基督教5种宗教,并有5个全市性的爱国宗教团体。全市有18处宗教活动场所被授予“省级和谐宗教活动场所”称号。

1. 促进宗教团体自身建设。坚持召开宗教界双月联席会,引导各宗教团体通过举办座谈会、读书班、培训班等方式,传达学习上级精神,交流思想,探讨工作,不断完善规章制度和办事规程,切实提高宗教团体的自我管理能力。在平阴县举办宗教界人士培训班,进一步提高宗教团体负责人的综合素质和工作能力。按照上级要求,认真做好宗教教职人员认定备案和宗教活动场所财务监督管理两个专项工作。《山东省宗教事务条例》颁布后,组织各宗教团体负责人认真学习《条例》精神,为《条例》的贯彻落实打下坚实基础。稳步推进宗教团体换届工作,市民族宗教局会同市委统战部专题研究,并作出总体部署和具体安排,指导宗教团体做好换届工作。通过换届,市佛协、市天主教爱国会、市伊协3个宗教团体分别选举产生新一届领导成员,实现了领导班子新老交替,推动了宗教团体班子建设和各项工作开展。

2. 加强对宗教事务依法管理。加强基层宗教工作干部培训,举办全市乡镇(街道)宗教工作干部培训班,全市各县(市)区宗教工作干部及各乡镇(街道)分管领导共160人参加培训,进一步提高基层干部依法管理宗教事务能力。认真做好抵御境外宗教渗透工作,对基督教私设聚会点进行依法治理。各级有关部门积极协作,细化工作措施,完善应急预案,强化三级管理体系,抓好关键环节和重点时段的管理,确保天主教“圣母月”活动安全平稳有序。继续制止乱建寺庙和露天宗教造像的现象,深入进行调查摸排工作,对3个乱建庙宇明确提出治理意见。积极协调有关部门妥善处理了天主教陈家楼教堂维修加固、官扎营片区宗教房产拆迁安置等问题,保护宗教界合法权益。

3. 积极引导宗教与社会主义社会相适应。继续深入开展创建“和谐宗教活动场所”活动。注重发挥县(市)区宗教工作部门的主体作用，注重激发宗教团体在创建活动中的主人翁意识，在宗教界形成争创“和谐宗教活动场所”的良好局面。继续深入开展“共建美好家园”活动，引导各宗教团体发挥自身优势，开展扶弱济贫、爱老敬老、助残助学等公益慈善活动。“六一”儿童节，宗教界向3所民族学校以及明天儿童康复中心、瑞峰听觉言语康复中心等机构捐款捐物，价值8万余元；重阳节前夕，全市宗教团体捐赠敬老院老年人生活用品，价值4万余元。部分宗教活动场所号召信教群众捐款捐物，对社会困难群体实施救助，取得良好社会反响。围绕纪念中国共产党建党90周年，以“唱和谐、颂党恩”为主题，在宗教界广泛开展“同心同行”系列活动。通过举办党史报告会、红歌演唱会、播放爱国主义影片、走访慰问老党员、参观革命老区、开展“卧尔兹”巡回演讲等活动，进一步激发了宗教界人士和信教群众爱国爱教、拥护中国共产党和拥护社会主义的热情。

【认真做好“两个专项”工作】 市民族宗教局按照国家宗教局和省宗教局的部署要求，根据《宗教教职人员备案办法》《宗教活动场所主要教职任职备案办法》《宗教活动场所财务管理办法(试行)》和各宗教认定备案办法的具体规定，通过创新工作方法，规范工作机制，强化监督检查等措施，认真开展宗教教职人员认定备案和宗教活动场所财务监督管理两个专项工作。协助指导各宗教团体和宗教活动场所，研究制定符合实际、可操作性强的工作方案，顺利完成全市第一批宗教教职人员认定备案工作。指导宗教活动场所进一步健全管理组织，细化财务制度，规范财务流程，强化监督管理，促进宗教活动场所规范化建设。

【市佛教协会第四次代表会议召开】 9月2日，济南市佛教协会第四次代表会议在长清区召开。会议审议通过《市佛教协会第三届理事会工作报告》和《市佛教协会章程修改报告》，选举产生了市佛协第四届理事会理事、常务理事和领导班子，陶书童当选新一任佛教协会会长，选举弘庵、界空、弘恩、印慈为副会长，弘庵兼任秘书长。市政协副主席、市委统战部部长杨庆林出席会议。省市有关部门领导、市各爱国宗教团体负责人应邀参加会议，省佛教协会致电祝贺会议召开。

【市天主教爱国会第十次代表会议召开】 济南市天主教爱国会第十次代表会议于9月20日召开，全市天主教界代表47人参加会议。会议审议通过《市天主教爱国会第九届委员会工作报告》和《市天主教爱国会章程修改报告》，选举产生市天主教爱国会第十届委员会委员、常务委员和领导班子，张宪旺当选新一任市爱国会委员会主任，选举张家起、孙淑慧、张寿勇、高长德、赵明忠、李守明为副主任，张家起兼任秘书长。市政协副主席、市委统战部部长杨庆林出席开幕式并讲话。山东省天主教“两会”和市各宗教团体代表应邀出席会议，并对会议的召开表示祝贺。

【市伊斯兰教第六次代表会议召开】 济南市伊斯兰教第六次代表会议于12月28日召开。全市伊斯兰教界代表110人参加会议。会议审议通过《市伊斯兰教协会第五届委员会工作报告》和《市伊斯兰教协会章程修改报告》，选举产生市伊斯兰教协会第六届委员会委员、常务委员和领导班子，杨松岳当选新一任市伊斯兰教协会会长，选举张通起、金述龙、李全福、金凤(女)、金恩庆、安瑞成为副会长，张通起兼任秘书长。市政协副主席、市委统战部部长杨庆林出席开幕式并讲话。山东省伊斯兰教协会和市各宗教团体代表应邀出席会议。

济南市爱国宗教团体

济南市天主教爱国会第十届委员会
主　任　张宪旺
济南市基督教三自爱国运动委员会
　第八届委员会
主　任　张宏伟
济南市基督教协会第五届委员会
会　长　张宏伟
济南市伊斯兰教协会第六届委员会
会　长　杨松岳
济南市佛教协会第四届理事会
会　长　陶书童

(赵　焕　潘晓坤)

责任编校　宣　涛

区 县

历下区

【概况】 春秋战国时属齐国，因在历山之下而得名。1955 年 9 月始称历下区。历下区位于济南市区东南部，面积 100.89 平方公里。下设 13 个街道办事处，辖 73 个社区居委会、19 个行政村。全区共 16.34 万户，总人口 51.29 万人。人口出生率 9.1‰，死亡率 4.8‰，自然增长率 3.46‰，生育率 99.3%。有回、满、蒙古、朝鲜、土家、壮族等 40 个少数民族，少数民族人口 10666 人。全年完成地区生产总值（按在地统计口径）752.1 亿元，按可比价格计算，比上年增长 10.2%。其中，第二产业增加值 132.7 亿元，增长 10.0%；第三产业增加值 619.3 亿元，增长 10.3%。二、三产业比例为 17.7∶82.3。

中共区委

书　记　雷天太

副书记　张海波* 宋胜玉* 田庆盈　赵东升

常　委　雷天太　张海波* 宋胜玉* 傅金峰* 韩宏伟（女）
　　李光忠* 王其广* 孙兆玉* 王　诚　曹　辛
　　聂　军　尹红梅（女）　高　卫　纪　亮
　　何继文　邓向东　尹希友

区人大常委会

主　任　孟祥桓* 雷天太

副主任　王继贵　张德祥　张念江
　　吕建中（女）　牟可兵　王晓军

区人民政府

区　长　雷天太* 田庆盈（代）

副区长　李光忠* 王其广* 华　巍* 聂　军　田庆盈
　　尹红梅（女）　何济庆　刘　科

政协区委员会

主　席　赵广忠

副主席　杨曙明　王如生　姚桂芳（女）　安利国　刘　岩

中共区纪委

书　记　傅金峰* 王　诚

区人民法院

院　长　孙兆远* 张江涛（代）

区人民检察院

检察长　宋新龙* 辛全龙（代）

区人民武装部

部　长　郝卫国

政　委　尹希友* 高　卫

工　业　工业经济平稳健康发展。全区规模以上工业企业 31 个，增加值82.34亿元，同比增长 10.4%；产品销售收入 364.7 亿元，同比增长 24.2%。工业利税 42.13 亿元。指标绝对数和增幅均创历史最好水平。全年全区软件与信息服务业实现销售收入 230 亿元，同比增长4.5%。中创软件、巨洋神州、晶恒电子、桑乐太阳能 4 家企业列入“山东省第一批战略性新兴产业企业”；大东科技城、华诚创业基地和星河民营科技园 3 家企业列入“济南市第一批小企业创业辅导基地”。

贸易财政金融　全区社会消费品零售总额累计完成 491.98 亿元，同比增长 18.17%；限额以上企业达到 316 家，完成零售额 336.8 亿元，占全区零售额的74.55%。其中：批零贸易业 173 家，累计完成 346.2 亿元，占全区零售额的70.4%；住宿餐饮业 143 家，住宿业实现零售额 6.6 亿元，增长 14.57%，餐饮业实现社会消费品零售额 14.0 亿元，增长12.07%。新建标准化菜市场 21 处、社区肉菜店 115 家。新批外资项目 11 个，实际利用外资 1.52 亿美元，占区年度计划的 221.6%；外贸出口完成 54789 万美元，同比增长36.7%。德勤咨询、金盛保险、百盛、金钱豹等知名外资品牌成功落户；恒隆广场、喜来登酒店等总建筑面积 500 万平方米的商业商务载体投入使用；祥恒置业（香格里拉）等商业地产在建项目取得突破性进展。全区共销售家电以旧换新 5 大类产品 81.83 万台，销售金额 31.59 亿元。财政收支平稳增长，实现财政总收入 57.06 亿元，增长 20.94%。其中地方财政收入 37.19 亿元，增长 23.92%；税收总收入 151.38 亿元，增长 15.6%。制定优惠政策，扩大招商引资，促进各行业税收健康发展，其中房地产业完成 136.9 亿元。挂牌成立了 3 家小额贷款公司，规范整顿并被省金融办审核批准成立了 14 家融资性担保公司，区金融工作走在了全市前列。

建设环保　全社会完成固定资产投资总额 186.2 亿元，增

注：本栏目领导名单由各县（市）区提供，统计时间截至 2011 年底。* 示 2011 年内离职，下同。

长20.8%。全区57个续建项目进展顺利，其中8个项目竣工、20个项目主体封顶，41个前期准备项目中有21个项目实现开工。完成苹果城、开元广场、恒隆广场、华强电子世界等城市综合体重点项目入驻企业的环评整体审批，办理入驻企业商户近600家。淘汰济南正昊化纤有限公司4台总容量90蒸吨的燃煤锅炉。污水集中处理率达到100%，无害化垃圾处理率达到100%。城市空气质量良好率达到61.4%，水环境功能区达标率100%，道路交通声环境质量在较好以上。全区绿化美化水平再上新台阶，共新建绿地21.8万平方米，栽植大型行道树2767棵，道路布花223万盆，社会布花201万盆，垂直绿化6.7万株，安装护栏9876米，路沿石5300米，市区19条次干道、2座广场，13处节点纳入精细化养护管理网络。在全市率先尝试屋顶绿化，完成解放路办事处、历下大厦、历下医院3处屋顶绿化，共6233平方米，获得良好的社会效应。洪山广场建设完成，总面积约5.4万平方米，共清理外运渣土3.7万立方米，栽植各类苗木13万株，铺种草坪2.6万平方米，成为东部城区居民休闲、娱乐、健身新去所。治理破损山体308万平方米，实施荒山造林200公顷。累计新建、改造车行道12.6万平方米，人行道4万平方米，建设完善污水、雨水、电力、燃气、热力等各类地下管线6.08万米。疏浚地下排水管线47万米，清理化粪池3100余座。

教科文卫体　各级专业技术职务人员3596人。有各级各类学校36所，其中九年一贯制学校6所、中学5所、小学25所，在校生42016人，毕业生8129人，教职工3780人，专任教师3590人。义务教育适龄儿童入学率100%，小学毕业生升学率100%。创建省级规范学校18所，市级规范化学校10所，省、市级规范化学校占到了全区学校总数的近78%，所有学校均达到了规范办学。有市级以上语言文字规范化示范校22所，其中国家级2所，省级语言文字规范化示范校13所；市级以上绿色学校28所，其中省级绿色学校11所，占全区学校总数的近78%。大力发展学前教育，历下第二实验幼儿园等6所公办幼儿园投入使用，公办性质幼儿园达49所；投入700万元，为全区40所学校和幼儿园安装了监控设施，配备了112名保安，切实保障了校园安全。

着力整合区域创新资源，科技进步取得长足发展。全区高新技术产业产值达77.75亿元，同比增长23.71%，占规模以上工业总产值比重21.07%，比年初提高2.38个百分点。专利申请总量4513件，其中发明专利申请量1831件，专利授权量2713件，其中发明专利授权695件。开发建设知识经济综合管理系统软件，建立区域知识经济资源的静动态数据采集和管理机制，为知识经济决策提供信息支持。该系统已录入知识经济从业机构660家，其中科研院所84家，设计机构176家，文化创意机构49家，经营性教育医疗机构109家，科技中介机构139家，其他机构103家，基本覆盖全区5大类重点知识经济从业机构。全区共组织企业申报科技计划项目108项，获立项57项，获上级资金支持1713万元。中创、桑乐获得省自主创新成果转化重大专项支持，共获资金支持400万元。19家高新技术企业通过复审，5家企业通过高新技术企业评审。推荐21项产品参加济南市自主创新产品认定，并全部通过，认定数量占全市的18.4%。5家企业被认定为市级创新型企业，1家企业成功获批技术先进型企业，实现历下区技术先进型企业零的突破，也是济南市仅有的7家技术先进型企业之一。文化市场健康、有序发展。区属单位有文化馆1处，文化站13处，区级图书馆1处，新购11万元图书，馆藏图书达到了10万册。共接待读者6000余人，借阅图书8万册次，新增读者900余人。开展元宵灯会、消夏晚会、社区文艺演出等群众性文化活动，推进基层公共文化设施建设，建成社区文化活动中心13处、农村文化大院10处，区文体活动中心投入使用，区文化馆被评为国家一级馆。全年接待旅游者2004.25万人次，实现旅游总收入191.4亿元，同比分别增长18.3%和22%。社区卫生OA办公系统已投入使用，并实现社区机构全覆盖；社区卫生基本医疗管理系统已开发完毕，并在13个机构试点运行，试点社区卫生服务机构门诊45.81万人次，处方39.93万张，药品销售金额2680.69万元，让利居民948.56万元，药品平均降价35.38%。全区共建立居民健康档案57.47万人份，建档率92.27%；开展健康教育讲座418场，0～6岁儿童保健系统管理36541人次，孕产妇保健系统管理1313人次；适龄儿童建证、建卡率100%，常规免疫接种率达99.9%；高血压、糖尿病、重性精神病系统管理率均达到93%以上。在全市率先为社区机构配发巡诊电瓶车和便携式医疗器械361台(件)，总金额达到386万元。投资130万元，购置仪器设备18大类33台，开展食品检测项目55个，达到国家规定开展检测项目的85%以上。全区有卫生机构471所，其中医院、社区78所，卫生疾病预防控制中心2个，卫生监督所2所，妇幼保健机构2所。各类卫生机构共有床位10229张，卫生技术人员10914人，其中医师4727人，护士4229人。共有社区卫生服务机构45所(中心7所、站38所)。16所为医保定点医疗机构，26所为门规定点医疗机构。新建名士豪庭、燕山新居、诚基中心社区卫生服务站。普及群众性体育活动，成功举行历下区2011年全民健身活动月启动仪式。承办和举办了济南市全民健身运动会健身气功比赛等20多项丰富多彩的群众体育活动和比赛。广泛开展全民健身运动，新增健身路径121条，济南市全民健身中心等3处市级健身场所建成开放，成功举办第七届历下区全民运动会。积极开展全国文明城市创建活动，历下区被评为“省级文明区”。被授予省22届“输送体育后备人才突出贡献奖”。有区级体育场馆1处，各类体育场、馆、池和非标准场地89个。

人民生活　年末全区从业人员26.71万人，职工平均人数23.16万人，工资总额1229703万元，人均工资53102元。全区实现城镇新增就业19982人；困难群体实现就业2309人；城镇登记失业率1.96%，参保单位达到10953家，184797人参保；实际征缴养老保险费10.13亿元。城镇居民医保参保续保人数达111551人。向35045户次、81928人次发放最低生活保障金

1523.2 万元。全区募集款(物)总计价值 342.70 万元。其中,接收捐赠物资价值 114.5 万元,接收捐赠款 233.96 万元;支出救助款(物)总计价值 183.46 万元,7495 人(次)受益。全年发放教育救助金 56 万元,救助 563 人,发放医疗救助金 108.7 万元,发放物价补贴 146.3 万元,人数 15848 人(次),发放取暖补贴 140.6 万元,户数 4222 户。落实保障性住房政策,发放廉租房补贴 1041 万元,实物配租 831 套,1000 套公租房开工建设。

【经济综合实力显著增强】 调整产业结构,加快转变发展方式,经济保持快速健康发展的良好势头。经济总量持续壮大。地区生产总值连续迈上 500、600、700 亿元台阶,区级财政收入连续突破 20 亿元、30 亿元大关。经济结构更加优化。2011 年完成服务业增加值 600 亿元,对经济增长的贡献率达到 89.3%,现代服务业比重达到 50%;年内完成规模以上工业增加值 78 亿元、工业产品销售收入 345 亿元,高新技术产业产值比重达到 20.7%。发展后劲更加强劲。完成固定资产投资 185 亿元,同比增长 19.5%。恒隆广场项目正式开业,总面积超过 17 万平方米,总投资 40 亿元,集购物、餐饮、休闲、娱乐为一体,以其优越的位置、完备的硬件设施和超前的建筑设计理念,成为全市又一个地标性建筑。恒隆广场、喜来登酒店等总建筑面积 500 万平方米的商业商务载体投入使用;省能源集团等 100 余家企业总部落户历下,智力密集型企业达 1200 家,市场主体达 3 万家;注册资本达 1500 亿元,经济发展更具活力。

【和谐社会建设深入推进】 坚持以人为本,努力在更高层次、更大范围内改善民生,切实让人民群众共享改革发展成果。就业和保障体系更趋完善。累计实现就业再就业 7.1 万人,城镇登记失业率始终控制在 2% 以内;城市居民人均可支配收入 30290 元;新增城镇职工基本养老保险 5.7 万人、城镇居民医疗保险 5.1 万人,为 60 岁以上城镇非从业居民发放了社会保险基础养老金;城市低保标准由年人均 3600 元提高到 4800 元,将 1415 户低保边缘家庭纳入了救助范围,2250 名 80 岁以上无离退休金的老人领到了生活补贴,累计发放低保金 6147 万元、救助金 1740 万元;认真落实保障性住房政策,发放廉租房补贴 1041 万元,实物配租 831 套,1000 套公租房开工建设;深入推进"双气进家入户"工程,全年为 1567 户居民安装了燃气。社会管理不断加强。深入实施社会治安综合治理,整体构筑打防管控体系,社会治安形势良好;高度重视人民内部矛盾调处,畅通群众利益诉求表达渠道,开展领导干部大接访活动,社会大调解格局初步形成;积极探索社会管理新模式,启动区、街、居三级为民服务平台建设,为民服务体系逐步完善;严格落实安全生产责任制,在全市率先推行社区安全巡查员制度;切实加强食品药品安全监管,有效打击制售假冒伪劣违法行为,公共安全得到有效保障。

(刘 佳)

【概况】 市中区因地处济南市主城区中南部而得名。全区总面积 280.32 平方公里。辖 17 个街道办事处、101 个居委会、77 个行政村。全区共有 197978 户,总人口 57.6 万人,男女性别比为 97:100。人口出生率 10.5‰,自然增长率 4.5‰。除汉族外有回族、满族、藏族等 36 个少数民族。全区生产总值完成 538.3 亿元,比上年增长 10.6%。其中第一、二、三产业分别完成 3.5 亿元、93.5 亿元、441.3 亿元,同比分别增长 7.9%、12.9%、10%。一、二、三产业比例为 0.6:17.4:82。农民人均纯收入 11597.5 元,同比增长 15.6%。

中共区委
书 记 雷 杰(女)* 孟庆斌
副书记 苏维泉* 王勤光 梁英为 邵登功
常 委 雷 杰(女)* 苏维泉* 孟庆斌 梁英为 姜守明 姚怀祥* 孙常建* 于 红(女) 任晓策 王福军* 王盛元 刘伟华 邵登功 王其广 谢兆村 王国顺 郅 颂(女) 孟 帅

区人大常委会
主 任 李聚春(女)* 苏维泉
副主任 荣 光 李 莹(女)* 杨 杰 徐广玉 刘贤江

区人民政府
区 长 孟庆斌* 王勤光(代)
副区长 梁英为 于 红(女) 刘梦海* 钱 城 谢兆村 蒋济东 李咸梁

政协区委员会
主 席 高金同
副主席 贺文萍(女) 潘 华 黄 伟 刘 宪(女) 徐长远

区纪委
书 记 姜守明

区人民法院
院 长 解雅洁(女)* 冯 媛(女)(代)

区人民检察院
检察长 刘 春* 曲立春(代)

区人民武装部
部 长 祁由恒* 张焕利
政 委 王福军* 刘伟华

工 业 全年规模以上工业企业 38 家,实现工业增加值 55.1 亿元,比上年增长 5.1%;实现销售收入 440.6 亿元,比上年增长 -12.6%;实现利税 24.1 亿元,增长 -15%。实现利润 15

亿元,增长 -24%。高新技术产值 318 亿元,占工业总产值的 91.58%。新发展个体工商户 2975 户,累计达到 11673 户;新发展私营企业 1451 家,累计达到 7905 家。

农业及农村经济　农业增加值 3.5 亿元,同比增长 7.9%。实有耕地面积 5400 公顷,农作物播种面积 10000 公顷(春、秋两季),粮食总产量 5700 万吨,增长 6%;蔬菜总产 1.68 万吨,增长 10%;水果总产 2.4 万吨;肉类总产 1.08 万吨;奶总产 3.61 万吨;禽蛋总产 1.4 万吨。全区建有养殖小区 9 处。禽畜规模化饲养率达到 86%,畜牧业占一产增加值的比重为 57.55%。蔬菜、花卉等六大基地总面积达到 6.4 公顷。区农科园发展食用菌大棚 4 个,全部达到示范大棚标准。造林绿化成效显著,完成治山整地 739.2 公顷,整鱼鳞坑 166 万个,退耕还果 166.7 公顷,新增林果面积 166.7 公顷,植各种名优果树 1.5 万株。

贸易财政金融　社会消费品零售总额 300.2 亿元,同比增长 18.1%。三产增加值占生产总值的比重达 82%。招商引进项目 421 个,其中投资过亿元的项目有 55 个,总资金 144 亿元;实现出口创汇 170411 万美元,增长 123.4%;合同利用外资 22835 万美元,实际利用外资 20848.8 万美元,增长 75.9%。实现地方财政收入 27 亿元,按可比口径增长 16.6%。辖区金融单位有 230 家,其中银行 18 家、保险 30 家,全国性总部 3 家,各类支行 98 家。

建设环保　完成全社会固定资产投资 198.5 亿元,增长 20.6%。房地产开发完成投资 79.2 亿元。环境污染治理投资 100 万元,城市空气质量良好率达到 71.6%。城市绿化覆盖率 44.15%,人均占有公共绿地面积 16.34 平方米。整治居民小区 11 个,维护养护主次道路 25 条。主次干道保洁率达 100%,清理垃圾死角 1121 处,日清运垃圾 650 吨,全年清运垃圾 23.725 万吨;拆除各类违章建筑 205 处(间),5 万余平方米;取缔占道经营 34670 余起。

教科文卫体　全区有各级各类学校 72 所,其中区属 67 所、市属 5 所。幼儿园 88 所,在园幼儿 1.7 万余名。全区在职教职工 4350 名。小学在校生巩固率 100%;小学生合格毕业率 100%;初中在校生巩固率 99.8%;初中生合格毕业率 100%;15 周岁初等教育完成率 100%;17 周岁初级中等教育完成率 99.9%。全年实施省市级科技项目 34 个,获市级以上奖励的科研成果 18 项。专利、发明专利申请量分别为 3207、723 件,授权专利 1731 件,授予发明专利 189 件。有文化馆(站)18 处,图书馆(室)1 处,藏书量 20 万册。各级专业技术职务人员 6367 人,其中高级专业技术职务 526 人,中级专业技术职务 2594 人。各类卫生机构 541 处,其中医院、卫生院 45 处,床位 4503 张;卫生技术人员 8400 人,执业医师及执业助理医师 3024 人,注册护士 3735 人。在市级以上体育比赛获奖 135 人(次),金牌 99 枚。

人民生活　年末在岗职工 218422 人,年平均工资 22210 元,比上年增长 9%。农民人均纯收入 11597.5 元,比上年增长 15.6%。社会保障体系进一步健全,完成社会养老保险扩面 3.4 万余人。机关事业单位参加社会养老保险 9534 人,保费收入 24769 万元,收缴率 100%。安置就业 2.02 万余人,农村低保标准由 1950 元提高到 2400 元,发放低保救助金 410 余万元。企业退休人员社区管理与服务工作稳步发展,进社区人数 5.1 万人。村居及以上老年公寓 12 处,集中供养"五保"对象 85 人。发放爱心救助金 100 余万元,救济物品折合人民币 91 万元。

【获山东省金融生态环境建设模范奖】　市中区作为济南金融业主要发源地,早在 1925 年就有德华银行、济南银行、交通银行济南分行等多处较大规模的近代银行。为加快金融业载体建设,市中区抓住全市老城区改造的机遇,先后启动魏家庄、天桥南三角地、普利门、中山公园东、中光明街等老城改造项目,推进金融商务中心区的开发建设。辖区内共有各类金融机构及营业网点 230 家,银行业金融机构 110 家,证券期货业金融机构 19 家,保险业金融机构 57 家,其他金融机构 44 家。其中齐鲁银行、齐鲁证券和鲁证期货 3 家金融机构为全国总部;中国工商银行山东省分行、中国农业银行山东省分行、交通银行山东省分行等 18 家银行机构区域总部,占全市总量的 60%;安邦财产保险山东分公司、英大泰和财险山东分公司等 30 家保险公司区域总部,占全市总量的 45%。

【华润万家购物中心落户市中区】　华润万家济南大众广场人防店,位于市中区王官庄大众广场,总建筑面积 6.5 万平方米,于 9 月 29 日开业,是华润万家进入山东省的第一家购物中心,也是华北地区最大的一家购物中心,总投资 1.5 亿元人民币,预计年销售额 3 亿元人民币。购物中心由大型综合超市、中高档百货商场、电影院、美食街等组成,满足消费者一站式购物的消费需求。共由地下一、地下二两层构成,地下一层共计 3.2 万平方米,为中高档百货商场、大地影院、美食街及超市冷鲜区;地下二层共计 3.3 万平方米,为超市百货区及可同时容纳 400 辆车的停车场。

【济南万达广场城市综合体】　济南万达广场开发始于 2007 年,总拆迁面积约 40 万平方米,是济南市较大的旧城改造项目。位于原魏家庄老城区,经二路以南,经四路以北,顺河高架以西,纬一路以东。该项目预计建设周期 6 年,总投资 70 亿元,用地面积约 23 万平方米,建筑面积约 100 万平方米,是由高档住宅社区、5A 级写字楼、超五星级酒店和大型购物中心组成的超大型城市综合体项目。住宅区由 22 栋高层住宅、1 栋高层公寓、幼儿园和小学组成,建筑面积约 52 万平方米。商业区由万达凯悦酒店、4 栋甲级写字楼、大型购物中心组成,总建筑面积 40.65 万平方米。

【获"全省民族团结进步模范集体"称号】　市中区有回、藏、维吾尔等 36 个少数民族、2.8 万人,约占济南市少数民族人口的三分之一。2005 年起,区财政设立每年 120 万元的少数民族专项扶持资金，用于加强村企联姻，加快民族村居经济发展。针对民族社区环境综合整治工作，投入专项资金，新建社区广场8处、休闲健身设施4处，美化绿化社区道路8条。统筹发展民族村居各项社会事业，投入970万元，新建民族学校1处，升级改建民族学校多处。开展医疗惠民行动，建立8个民族村居惠民卫生室，设立多处社区卫生服务中心。针对京沪高铁等国家大型建设项目，妥善处理民族村居的房屋拆迁、坟墓迁移等问题，合理补偿拆迁费用，尊重民族宗教习俗。

【建新社区获省级"文明单位"称号】 建新社区成立于2005年11月，辖区面积0.31平方公里，有居民3300户、9200人。社区新建服务用房2011年3月投入使用，面积1200平方米。除设有260平方米的一站式服务大厅外，另配备7处居民活动室。红色讲堂是集社区科普大学、老年大学、人口学校、社区影院等为一体的多功能教室，可容纳70余人，投入使用以来，共举办各类知识讲座50余次。海天文库为科普阅览室，配有电子阅读器及3000余册实体图书，可提供网上冲浪、电子阅读、图书借阅等服务。向日葵园是社区亲子活动室，为居民提供幼儿早教服务。同时作为四点半驿站，为家长还未下班的中小学生提供学习园地，并在假期提供课外辅导。绿色沙龙为社区文化馆，定期开展棋牌娱乐、书画比赛、手工艺等活动。暖心话吧是社区心理咨询室，聘请心理咨询师，定期开展心理健康咨询辅导。科普天地除设有科技展厅外，建有"中草药鉴定识别科普教育基地"，定期进行中药材(饮片)科普展览。紫色大厅为文艺活动室，聘有专业舞蹈教师为社区群众授课，并组织开展社区文艺汇演、歌咏舞蹈比赛、社区联欢晚会等活动。自新社区服务用房使用以来，先后为社区居民提供各类服务10000余人次。

【济南育秀中学投入使用】 该校是为领秀城配建的九年一贯制学校，总投资约1.5亿元，占地面积2.16万平方米，建筑面积13920平方米，规划27个教学班。9月1日开学，14个教学班，约700名学生。引进育英中学和胜利大街小学的优秀师资与管理机制，确保学校同样拥有较高品质的教学质量。

（于继东　荣　耀）

槐荫区

【概况】 槐荫区位于济南市区西部，1955年，将以槐树命名的街巷较多的第六区改称为槐荫区。面积151.48平方公里，辖12个街道办事处、2个镇、70个居委会、93个行政村。人口38.44万人，男女性别比为101.4∶100，人口出生率8.54‰，死亡率6.2‰，自然增长率2.3‰。有回、满等25个少数民族，少数民族人口1.62万人。完成地区生产总值264亿元，按可比价格计算，比上年增长10.1%；其中，第一、二、三产业增加值分别为3.5亿元、77.2亿元、183.3亿元，分别比上年增长5.4%、11.2%和9.7%。三次产业比例为1.3∶29.2∶69.5。完成固定资产投资219.5亿元，比上年增长20.6%。

中共区委

书　记　杨　峰

副书记　田庆盈* 孟宪伟*
　　　　国承彦(女)　王道忠

常　委　杨　峰　田庆盈* 国承彦(女)　孟宪伟*
　　　　王道忠　徐　宾　王　诚* 陈贯鹏　周　敬(女)
　　　　李国刚* 吴峻崎* 吴　力　刘海峰　李培杰
　　　　王传良　胡民安　边祥为

区人大常委会

主　任　时延盈

副主任　于汝彬　赵玉杰　刘福荣(女)　展庆林　王荣山

区人民政府

区　长　田庆盈* 国承彦(女)(代)

副区长　孟宪伟　吴　力　李培杰　印　东(女)
　　　　满　斌* 孟祥晶　赵晨光

政协区委员会

主　席　徐承鲁

副主席　刘光亮　高晓峻　姜　甦　马厚强　吕红艳(女)
　　　　李庆甲

中共区纪委

书　记　王　诚* 刘海峰

区人民法院

院　长　张新华

区人民检察院

检察长　张笑剑

区人民武装部

部　长　石　军* 付少柱

政　委　王传良

工　业　全年实现工业增加值43.2亿元，比上年增长11.8%。完成工业投资13.5亿元。规模以上工业企业达到40家(其中过亿元企业11家)，规模以上企业资产146.3亿元，从业人员15785人；实现增加值35.9亿元，比上年增长6.1%；实现销售收入144.4亿元，比上年增长6.9%；实现利税17.1亿元，比上年增长-5.1%；利润12亿元，比上年增长-2.5%。济南槐荫工业园实现规模以上工业企业增加值42亿元，销售收入42亿元，获"全国先进科技产业园"称号。

农业及农村经济　完成农业总产值4.96亿元，比上年增长10.4%；农业增加值3.5亿元，比上年增长5.4%。农、林、牧、渔、服务业增加值分别为19319万元、1179万元、10332万元、4070万元、255万元。实有耕地面积3834.73公顷；农作物播种面积4776.53公顷，其中，粮食作物播种面积4424公顷，经济作物播种面积352公顷。粮食总产量2.64万吨,蔬菜总产量1.12万吨,肉类产量0.24万吨,禽蛋产量0.1万吨,奶类产量1.4万吨,水产品产量0.3万吨。猪、牛、羊年出栏总数为26532头。全区市级以上农业龙头企业达到15家(其中国家级1家,省级1家);各类农民专业合作经济组织37家,其中示范社6家,涉及粮食、蔬菜、畜牧、水产、农资服务等行业。初步形成以绿之风、丰农、盛农、润泽、黄河湾、华盛6家农业龙头企业及席庄大米、三友蔬菜种植、亿润农产、英剑兔业4家农民合作社为代表的“十强产业化机构”。全区有15个无公害农(水)产品、4个A级绿色食品和2个有机食品。发放小麦种植补贴391万元,直补标准增加到每亩98.45元,每亩增加15.3元;发放抗旱补贴资金39.76万元;补贴农业机械276台,补贴金额80.31万元。全区森林覆盖面积530公顷,农作物秸秆总体利用率达到95%。

贸易财政　社会消费品零售总额225.2亿元,比上年增长18%。全区限额以上贸易企业201家,限额以上企业完成社会消费品零售总额162.9亿元,占全区社会消费品零售总额的72.3%。其中,批发零售贸易业144家,完成零售额159.6亿元,比上年增长13.2%;住宿餐饮业57家,完成零售额3.3亿元,比上年增长23.5%。现代服务业完成增加值61.6亿元,占全区服务业增加值比重的33.6%。“阳光100美乐汇”、银座和谐广场等商贸设施及舜和国际、银座佳悦、美爵大酒店等一批高档酒店相继建成开业,张庄路茶文化特色商业街完成提升改造,全区商贸流通业发展规模和水平得到显著提升,连续3年被评为“全市服务业发展先进城区”。全区招商引资完成94.1亿元,过千万元重点项目73个,完成投资123.17亿元。合同利用外资2633.6万美元,实际利用外资5208万美元,分别比上年增长-92.7%、-19.2%;实现出口创汇2.0959亿美元,比上年增长44.3%;有出口实绩企业66家。新增市级服务外包认定企业7家,业务领域涉及动漫、影视制作、工业设计、工程勘探设计等,离岸外包合同执行额完成1052万美元。实现财政总收入39.09亿元,比上年增长19.49%;地方财政一般预算收入14.02亿元,比上年增长36.11%。增值税、营业税、企业所得税、个人所得税四大主体税种实现收入69957万元,占税收收入的57.61%,比上年增长20.29%。财政总支出18.08亿元,比上年增长23.92%。

建设环保　资质三级以上建筑企业20家,建筑业增加值34.1亿元。全区城市基础设施建设完成投资9900万元。房地产开发完成投资75.7亿元。西部新城建设框架全面拉开,西客站热源厂、污水处理厂、济南西站站房建成投入使用;站前综合体、省会文化艺术中心大剧院实现主体封顶,图书馆、群众艺术馆、美术馆奠基;西客站片区安置一区、二区一期工程顺利竣工,首批7个村、8300多户、近3万人喜迁新居;安置三区、济南日报传媒大厦、腊山河综合整治等工程稳步推进。高标准完成了全长2800米,双向八车道(预留BRT)的张庄路拓宽改造工程,并投入1500万元对其两侧环境进行综合整治;二环西路拆迁改造工程完成投资3.2亿元,累计铺设各类管线3万米,修建临时便道3.5公里,建成管线沟1000米。棚户区改造全年累计拆迁居民9174户、25769万人,拆迁房屋面积57.18万平方米,老城区11个重点建设项目全面启动,工程建筑面积260万平方米;银座中心、绿地卢浮公馆等商业地产项目进展顺利。全区投入道路整治资金3530万元,城市道路面积达到415.4万平方米。全区累计投入园林绿化建设及各类管理维护资金3400余万元,新增绿地面积42万平方米,新栽植各类乔灌木67.6万株,城市绿化覆盖率41.6%,绿地率35%,人均公共绿地9.7平方米。累计投入各类市政设施管理维护资金1289万元。环卫设施总投入1318万元,生活垃圾密闭化运输率95%,无害化垃圾处理率达到100%,主次道路机械化清扫率达80%以上。污染物总量减排投资962万元,完成减排项目10个;全区空气良好以上天数达到192.5天,城市空气良好率达到52.7%。

教科文卫体　有各级各类学校58处(含实验幼儿园1所),在校生38906人,毕业生7507人,教职工3099人,专任教师2858人。其中,普通中学11处,在校生9213人,专任教师1052人;小学45处,在校生27470人,专任教师1579人;职业中专1所,在校生2124人,专任教师85人;特殊教育学校1处,在校生99人;其他专任教师142人。幼儿园105所,在园幼儿16180人。全区小学、初中在校生巩固率分别为100%、99.97%。承办了第一届全国中学生柔道比赛,在科技、体育、艺术等比赛中先后获得20多项全国冠军。投入资金2000万元,新建、改扩建公办幼儿园10所,建筑面积30480平方米;新建成并交付使用片区配套小学3所;投资1300万元,完成校舍安全加固及维修改造;投资1448万元,完善学校各项设施,全面完成了课堂教学信息化。全年申请专利1362项,其中发明专利203项,全区规模以上工业高新技术产业累计实现产值67.83亿元,占规模以上工业产值比重为46.29%,有院士工作站1家,省级重点实验室1家,省级工程技术研究中心5家,市级工程技术研究中心7家。围绕迎“非遗”博览会、筹备“十艺节”,开展丰富多彩的特色主题文化活动,全区有各种艺术表演团体137个,文化馆1处,公共图书馆1处,档案馆1处,农家书屋93个。建成综合文化站3个,规范化社区文化中心11个,规范化农村文化大院17个;农村放映公益电影1105场。省会文化艺术中心——图书馆、群众艺术馆、美术馆已奠基,区文体中心初步达到对外开放标准,区第七届运动会暨首届全民健身运动会在新建成的区文体活动中心体育场举办;新建健身苑2处,面积4000平方米,全区有各类健身场馆12处,健身路径1800条;国民体质监测点3处;国家级青少年体育培训基地1处;6个健身站点获“山东省全民健身先进站”称号。全区有各类卫生机构360处,其中医院、卫生院23处;社区卫生服务中心36个,疾病预防控制机构2所,妇幼保健机构2所。床位6175个;卫生技术人员5820人,其中执业医师、执业助理医师2965人,注册护士2273人。启动两镇基层医疗卫生机构改革,进一步明确了政府举办及提供基本医疗和基本公共卫生服务为主要功能的公益性质。全区基层医疗机构累计建立居民健康档39.21万份，建档率90.4%。20家社区卫生服务机构实施基本药物制度，实现药物省级集中采购、统一配送，药品价格同比下降22.1%，次均门诊费用下降32.2%。

人民生活　人均城镇消费支出16991元。农民人均纯收入12702元，比上年增长18.8%。农村家庭人均生活费支出5451元，住房36.07平方米。全区城镇职工养老、医疗、失业、工伤、生育五险参保人数分别达到15.74万人、11.22万人、7.86万人、9.16万人和7.86万人，社会保险基金总收入9.65亿元。农村社会养老保险参保农民36420人，新型农村合作医疗参合人数64175人、参合率达100%。新农合基金支出总额712.66万元，受益农民80523人次。全年安置城镇就业8090人（其中下岗失业人员4505人，就业困难人员1376人），转移农村富余劳动力2100人（其中新增转移就业1874人），城镇登记失业率控制在4%以内；高校毕业生就业率89%。全区共有劳动保障服务中心14家、社区劳动保障服务站63家。全年最低生活保障救助12.66万人，其中，城镇低保11.01万人，农村低保16500人。全区农村“五保”供养对象100人，其中集中供养40人。有敬老院1处，入住40人，床位104张；老年公寓13处，入住532人，床位715张；养老日托站3处；老年人活动中心157处。

【打造时尚、产业、宜居之城】　通过抓“项目建设”“产业培育”“环境营造”三大主题，全面促进城市发展，将槐荫打造成为“时尚之城、产业之城、宜居之城”。建新城——以十大综合体为核心，即120万平方米的文化会展商务中心综合体、上海绿地集团投资建设的56万平方米的济南西站站前绿地缤纷城综合体项目、台湾华新丽华集团投资建设的170万平方米的齐鲁之门综合体、香港华润集团投资建设的100万平方米的华润置地广场、广州恒大集团投资建设的150万平方米的商务综合体、北京荣宝斋集团投资建设的30万平方米的荣宝斋大厦、中建集团投资建设的120万平方米的高档社区、山东高速投资建设的140万平方米的商务办公和住宅综合体、杭州外海集团投资建设的88万平方米的外海中央花园综合体，以及由多家企业共同开发建设的300多万平方米的腊山南综合体等，总投资达700多亿元，总建筑面积达1000多万平方米，打造时尚之城。兴产业——以省会文化艺术中心为主体的文化创意产业和会展产业基地、以中国软件名城“泉城软件园”为主体的信息服务产业基地、以国家非物质文化遗产博览园为主体的文化旅游产业基地等，构建以文化产业为主导的新型产业聚集区。促民生——启动十大生态公园建设，围绕着“四山两湖两河一湿地一森林”，规划建设腊山公园、匡山公园、济西湿地、森林公园等十大公园，做到湿地、园林、绿地、人与自然的高度融合；启动经十一路、滨河南路等10条道路的拓宽改造工程，以路网体系建设拉开大建设、大发展框架，努力将槐荫区打造成生态、绿色、宜居、通达的宜居之城。

【济南铁路大厂厂史馆成为济南市第三批爱国主义教育基地】　6月16日，济南市第三批爱国主义教育基地在济南铁路大厂厂史馆揭牌。济南轨道交通装备有限责任公司（前身为“津浦铁路局济南机器厂”）始建于1910年，是清政府向德国借款营建的全国早期铁路工厂之一，建厂时主要修理津浦铁路北段（由天津至山东省南境峄县）的机、货、客车，人们习惯称之为“济南铁路大厂”，为济南工业文明的地标。厂史馆建在第一任厂长道格米里（德国人）的办公楼，建筑面积约1434平方米。设3个展区、8个展厅、1个接待室，藏有铁路大厂不同历史发展时期照片500余张、文物300余件，直观生动地展示出铁路大厂100年走过的历史。厂史馆一楼为发展成就展区，二楼为发展史展区，三楼为党史、工运史展区。

【济南日报报业集团传媒大厦落户槐荫】　12月3日，济南日报报业集团传媒大厦奠基仪式在京沪高铁济南西站片区举行。济南日报报业集团传媒大厦位于槐荫区济南西站片区腊山河畔，紧邻省会文化中心核心区域，与省会文化中心大剧院、群众艺术馆、图书馆、美术馆等“十艺节”重要配套项目隔河相望，总占地面积约2.8公顷，规划建设用地约1.66公顷，建设投资约5.48亿元。项目总建筑面积11万平方米，其中地上约8万平方米、地下约3万平方米。

【槐荫八景】　为挖掘槐荫独特魅力，更好地展示新槐荫形象，通过社会推荐、专家评选，槐荫八景正式出炉，分别为：“西城旭日”“商埠槐馨”“林风花语”“湿地锦霞”“玉清天光”“腊山云屏”“匡山风雅”“睦里清源”，成为新槐荫的八张亮丽名片。

【山大SIC产业化基地落户槐荫工业园】　12月21日，山东大学与山东天岳先进材料科技有限公司SIC（碳化硅）重大项目转化签约暨产业化基地揭牌仪式在山东大学举行，基地落户济南槐荫工业园区。山东大学党委书记李守信、校长徐显明和市委副书记、市政府党组书记杨鲁豫出席签约暨揭牌仪式。

山东天岳先进材料科技有限公司是从事先进材料研发、生产的高科技企业，主要从事半导体单晶材料的研发、生产、销售及技术服务。该公司将山东大学国家“863”计划、“973”计划重大项目进行产业化转化，成为国内首家掌握碳化硅单晶生长及衬底加工的高技术企业，预计3年内将形成年产40万片碳化硅衬底的生产能力，产值50亿元。其主要产品碳化硅衬底和蓝宝石衬底作为新一代半导体材料的代表，广泛应用于光电子、电力输送、民用航空、半导体照明、宽带通讯等领域。本次签约转化的碳化硅衬底还是重大节能环保材料，按照40万片的年生产能力，应用在照明领域每年减耗的电能相当于节约2600万吨标准煤。

（杨军　金颖　王壮壮）

【概况】 天桥区因辖区内建有横跨胶济、津浦铁路的天桥而得名。位于济南市区北部，跨黄河两岸，面积249平方公里，辖13个街道办事处，120个居民委员会。辖大桥镇、桑梓店2个镇，120个行政村。年末全区总人口50.69万人，人口出生率10.16‰，死亡率6.66‰，自然增长率3.5‰。有少数民族28个，17567人。全年实现生产总值263.38亿元，按可比价格计算，比上年增长11.7%。其中，第一产业增加值3.34亿元，增长5.0%；第二产业增加值69.65亿元，增长8.6%；第三产业增加值190.39亿元，增长13.0%。全社会固定资产投资74.02亿元，增长5.7%。实现财政总收入36.77亿元，增长31.9%；地方财政一般预算收入13.11亿元，增长29.5%。

中共区委

书　记　张　辉*　毕筱奇

副书记　王建军*　李洪海　国承彦*（女）　傅金峰

常　委　张　辉*　毕筱奇　王建军*　李洪海　国承彦*（女）　傅金峰　刘建忠　潘传利*　陈　勇　亓　伟　韩　伟　郅　良*（女）　樊　瑞　滕志超　冉　舸　严正保*（挂职）　王联华　叶　辉（女）

区人大常委会

主　任　张培友

副主任　童世敏　郇起鸿　贾柏林　崔然贵　张光格

区人民政府

区　长　王建军*　李洪海

副区长　陈　勇　亓　伟　韩　伟*　刘　科*　李大春　李　建　王　芳（女）　韩利师　王　睿

政协区委员会

主　席　舒孝堂

副主席　郭继清　章九玲（女）　姚桂琴（女）　刘建良　郑　刚　荣兰祥

中共区纪委

书　记　潘传利*　樊　瑞

区人民法院

院　长　李明东

区人民检察院

检察长　韩　清

区人民武装部

部　长　李　杰

政　委　冉　舸

工　业　全年实现工业增加值25.13亿元，比上年增长9.7%。规模以上工业企业65家，实现增加值19.02亿元，增长19.8%，规模以上工业实现产品销售收入85.48亿元，增长21.9%；实现利税4.55亿元，下降4.6%；实现利润2.55亿元，下降2.8%。

农业及农村经济　全年农林牧渔业实现总产值5.25亿元，比上年增长10.7%。粮食总产10.6万吨，增长3%；棉花总产0.09万吨，增长2%；水果总产0.17万吨，增长0.2%；蔬菜总产2.49万吨，下降8%。肉类总产0.39万吨，增长8%；禽蛋总产0.26万吨，增长0%；奶类总产0.28万吨，增长8%。

贸易财政金融旅游　全年实现社会消费品零售总额223.23亿元，比上年增长17.6%。其中，实现进出口总额65373万美元，增长29.2%。新签利用外资项目3项，合同外资额1275.6万美元，下降53.5%；实际利用外资5240.1万美元，下降43.9%。新批境外企业（机构）1家，协议投资总额500万美元。对外承包工程完成营业额411万美元，下降50%；主要旅游景点有3个，其中A级旅游景区1个。全年接待国内外游客110万人次，增长13%。实现旅游总收入2270万元，增长13%，其中国内旅游收入2270万元，增长13%。

建设环保　城市基础设施建设投资1.25亿元。人均绿地面积10.5平方米，建成区绿化覆盖率39.8%。廉租住房建设竣工2.75万平方米，交付552套。已建成污水处理厂2座，污水集中处理率达到46.8%，无害化垃圾处理率达到100%。城市空气质量良好率达到35.6%，道路交通声环境质量处于4类声环境功能区水平以上。

教科文卫体　有中等职业学校1所，在校生929人。普通高中2所，在校生4600余人。初中14所，在校生10766人。小学42所，在校生31391人。特殊教育学校1所，在校生84人。共取得市（地）级以上各类重要科技成果10项，其中，获得国家科技奖励1项，专利申请量2082件，授权专利1303件。档案馆1个，公共图书馆1所，文化馆（站）16个，农村文化大院66个。有卫生机构472个，其中，医院、卫生院33个，社区卫生服务中心47个，妇幼保健院（站）1个，疾病预防控制中心1个。各类卫生机构共有床位3010张，卫生技术人员4673人，其中执业医师及执业助理医师2850人，注册护士3443人。有体育馆1座，新增群众体育健身活动场地0.5万平方米。全年参加市级以上体育比赛共获奖牌114枚，其中金牌62枚。

人民生活　城镇居民人均可支配收入27147元，比上年增长13.6%；人均消费性支出14246元，增长12.1%。城镇在岗职工年平均工资43000元，增长13.5%。农村居民人均纯收入9431元，增长13%；人均生活消费支出4035元，增长10%。全区城镇基本养老、医疗、失业、工伤和生育保险参保人数分别达到18.6万人、13.31万人、9.49万人、10.41万人和9.49万人，比上年底增加1.43万人、1.23万人、0.78万人、0.94万人和0.79万人。新型农村养老保险参保农民1.0668万人，参加新型农村合作医疗农民7.4587万人。全市城乡最低生活保障救助20.07万人，其中，城镇低保16.89万人，农村低保3.18万人。收养性社会福利单位11个,收养193人。社会福利企业10个,安置残疾人员150人。

【天桥名优美食节暨都市农业成果展】 9月30日,由天桥区政府主办的“2011天桥名优美食节暨都市农业成果展”,在黄河风景区开幕。开幕式上,为13家“天桥名优小吃”、11家“群众最喜爱的名优小吃”、6家“群众最喜爱的优质农产品”和2家“群众最喜爱的都市农业园区”颁发了奖牌。展会上,王莉酥锅、荣氏栗子等54种省内名优小吃,鹊山有机莲藕、富莱花卉等22种特色农产品集体亮相,市民踊跃品尝和购买。

【中国·济南首届家居文化节暨第二届黄台家具展览会】 3月26日,“中国·济南首届家居文化节暨第二届黄台家具展览会”启动仪式隆重举行。“中国·济南首届家居文化节暨第二届黄台家具展览会”由天桥区人民政府主办,天桥区委宣传部、天桥区家居协会协办,北园街道办事处及八大家居商场共同承办。本次活动以“弘扬家居文化,携手共赢发展”为主题,历时一个月,在启动仪式后还举办“家居文化发展论坛”“欧亚达杯”摄影大赛、“中国·济南首届家居文化节”有奖征文比赛及颁奖晚会等一系列相关活动,八大家居卖场分别举办了丰富多彩的主题活动,为来自全国各地的家居厂商展示家居文化、推广品牌、拓展市场提供了更加宽广的交流平台,提升了天桥家居在全国的影响力。

(汤文超　杨桂华)

历城区

【概况】 西汉景帝四年(前153年)设历城县,因处历山(千佛山)下而得名,1987年撤县建历城区。位于济南市东、南部,面积1298.57平方公里。年末辖15个街道办事处、6个镇(2005年11月,孙村镇和大正科技工业示范区由济南市高新技术开发区代管。2007年9月,大正科技工业示范区并入孙村镇仍由济南高新技术开发区代管,以下数字包括孙村镇),47个社区居民委员会,655个行政村。全区共29.30万户,人口91.79万人,男女性别比为99.6:100,人口出生率10.22‰,自然增长率3.74‰。有回、满、蒙古、朝鲜等48个少数民族,人口10054人。地区生产总值675.77亿元,其中第一、二、三产业增加值分别为36.71亿元、355.94亿元、283.11亿元。

中共区委

书　记　李胜利

副书记　吴承丙　刘传勇*　李光忠　李季孝

常　委　李胜利　吴承丙　刘传勇*　李光忠　李季孝　孙　斌*　杨玉军*　孙德顺　袁长奎　阴　波*　路建玲(女)　李国祥　黄晓广　满　斌　罗　矗　张庆国

区人大常委会

主　任　李胜利

副主任　马荣亮　王永和　王志平　郑学胜　王富莲(女)　王连平

区人民政府

区　长　吴承丙

副区长　孙　斌*　杨玉军*　袁长奎　宫玉玲(女)　寇少杰　周培成

政协区委员会

主　席　谭传友

副主席　王志刚　王兆文　邢介安　贺光幸　李庆奎　王钢城

中共区纪委

书　记　阴　波*　满　斌

区人民法院

院　长　刘长立

区人民检察院

检察长　亓　浩

区人民武装部

部　长　赵　超

政　委　罗　矗

工　业　规模以上工业企业229个,完成工业总产值1103.48亿元。从业人员6.16万人,增加值285.95亿元,销售收入1025.13亿元,实现利税74.45亿元,利润39.16亿元,资产贡献率6.98%,增加值率25.9%,产品销售率98.9%,成本费用利润率3.4%。

农业及农村经济　农业增加值36.71亿元,其中农、林、牧、渔业增加值分别为24.97亿元、1.01亿元、9.51亿元、0.42亿元。耕地面积2.61万公顷。有效灌溉面积1.81万公顷。农作物播种面积5.74万公顷,其中粮食作物播种面积4.10万公顷,经济作物播种面积1.64万公顷。粮食总产量23.36万吨,平均公顷产量5.70吨。猪、牛、羊年出栏数分别为41万头、3.8万头、13.5万只。肉、蛋、奶、水产品产量分别为4.44万吨、4.97万吨、9.59万吨、0.52万吨。农业机械总动力62.75万千瓦。农田水利完成投资额2.1亿元,实现工程量750万立方米。

贸易财政金融旅游　社会消费品零售总额274.4亿元,其中批发零售贸易业零售额242.2亿元,餐饮业零售额32.2亿元。城乡集贸市场48个。出口总值11.55亿美元。合同利用外资4934万美元,实际利用外资11618.7万美元。新批准外商投资企业11个。地方财政收入24.01亿元,地方财政支出31.62亿元。旅游业年内接待游客880万人次,增长31.3%;实现旅游收入30亿元,比上年增长32.7%。

交通邮电　公路总长度1782.3公里,其中国家高速公路

116.5公里、国道136.1公里、省道86.2公里、县乡村道路1560公里。货运量2030万吨,货运周转量10.09万吨公里。邮政业务总量3125.8万元。

建设环保 完成固定资产投资252.52亿元。房地产开发投资54.66亿元。房屋建筑竣工面积173.36万平方米,实现建筑业总产值134.35亿元。环境保护污染防治总投资额200万元。

教科文卫体 有各级各类学校150所,在校生100713人,教职工6635人,专任教师6433人。其中,中等专业学校3所,在校生8134人,专任教师241人;成人中专1所,在校生263人,专任教师45人;普通高中5所,在校生14614人,专任教师1097人;初中17所,在校生21799人,专任教师1650人;九年一贯制学校3所,在校生7907人,专任教师487人;小学120所,在校生47885人,专任教师2884人;聋哑学校1所,在校生111人,专任教师29人。幼儿园165所,在园幼儿23921人,专任教师1237人;成人教育学校13所,专任教师113人。3岁以上幼儿入园率93.7%,适龄儿童入学率100%;小学毕业生升学率100%,小学在校生巩固率100%;初中在校生巩固率99.84%,初中毕业生升学率95.15%;高中毕业生升学率99.5%。获区级及以上奖励的科研成果24项。文化馆(站)20处,影剧院1处,图书馆1处,文献资料8万册。各类卫生机构263处,其中医院、卫生院29处,卫生技术人员2368人,床位2083个。体育场馆1处。

人民生活 年末城镇在岗职工154110人,年平均工资47104元,城镇登记失业率3.9%。农民人均纯收入11347.5元。农村居民家庭人均生活费支出7512.8元,其中食品2791元、衣着451.3元、居住1383元、家庭设备用品及服务510.1元、文教娱乐用品及服务527.8元、交通设备和通讯设备支出849.8元、医疗设备及支出886.6元、其他商品及服务支出113.2元。企业参加社会养老保险179020人,保费收入71958万元;机关事业单位参加社会养老保险21109人,保费收入12279万元;城乡居民参加社会养老保险307485人、保费收入11267万元,村居以上敬老院13处,集中供养“五保”对象436人。农村参加合作医疗48.86万人。

【旧城改造项目全面推进】 截至年底,华福国际一期、腾骐冠宸、燃料五公司住宅区、福城大厦、嘉馨商务大厦5个项目竣工,完成竣工面积22万平方米、投资15亿元;保利海德公馆、重汽翡翠清河、舜泽园、东环综合商务中心4个项目在建,完成建成面积60万平方米、投资35亿元;全福立交西南角片区、东风陶瓷市场片区、历城招待所片区3个项目办理拆迁许可证或征收决定,进入动迁阶段;七里河路西片区改造项目、山大路西片区改造项目等6个项目市规划部门完成规划方案批复;机关三大院片区改造项目、洪南小区片区改造项目等5个项目报批规划策划方案。

【区第五届全民运动会召开】 9月5日至10月13日,历城区第五届全民运动会召开,共有来自全区50个单位、3245名运动员参赛,决出团体奖128个,单项奖320个,体育道德风尚奖47个,优秀组织奖45个。本届运动会是历届区运动会参赛人数最多、规格最高的一届全民运动会。

【获“2011年全国县(市)科技进步考核先进县(市)”】 11月21日,国家科技部下发《关于表彰2011年全国县市科技进步考核先进集体和先进个人的通知》,历城区顺利通过考核,获全国科技进步先进区称号,这已是连续5次获此荣誉。科技经费投入逐年增加,2010年达到4329万元;科技服务体系建设得到加强,科技人员服务企业人数年均达到2400余人;产学研合作成效显著,2010年技术市场成交合同金额达到3.48亿元。

(张吉强)

长清区

【概况】 长清因境内齐长城和清水而得名。隋开皇十四年(594年)始置长清县。2001年6月26日,经国务院批准,山东省撤销长清县设立济南市长清区。长清区位于济南市西南部,面积1178平方公里,辖4个街道办事处、6个镇,623个行政村(居委会)。全区共16.6万户,总人口55.7万人,男女性别比为100.2:100,人口出生率10.19‰,死亡率7.13‰,自然增长率3.06‰。有回、蒙古、苗、壮、满、土、藏、朝鲜、维吾尔、布依等33个少数民族,少数民族人口6021人。完成生产总值231.3亿元,比上年增长8.0%,其中一、二、三产业增加值分别达到25.1亿元、124.8亿元、81.6亿元,分别增长1.0%、8.4%、10.2%。人均地区生产总值41397元,比上年增长8%。

中共区委

书　记　覃俊文* 王京文

副书记　张洪武　王勤光* 孙常建

常　委　覃俊文* 王京文　张洪武　王勤光* 孙常建
李广贤* 庞　涛* 刘延文* 徐　宾* 张　彦
葛殿起　刘明霞(女)　赵金民　付少柱*
韩　军　张　庆　曹　军　孙　静(女)
何天立(挂)*

区人大常委会

主　任　刘太义

副主任　司云平　时华勤(女)　孟庆华　褚兴达　韩明清

区人民政府

区　长　张洪武

副区长　庞　涛* 刘延文　房玉萍(女)*　张　彦*
李本文　韩　军　李廷正

政协区委员会

主　席　周宝华

副主席　张昭森　井永平　赵贵华　王圣才　张　勇　郭卫东　赵　洁(女)

中共区纪委

书　记　徐　宾* 张　彦

区人民法院

院　长　赵其魁

区人民检察院

检察长　张　生

区人民武装部

部　长　李守刚

政　委　付少柱* 张　庆

工　业　全区工业增加值106.2亿元,比上年增长7.6%。规模以上企业213家,完成增加值110.6亿元,比上年增长13.3%,销售收入415.8亿元,比上年增长12.4%,实现利税42.6亿元,比上年增长4.8%,利润22.2亿元,比上年增长5.7%。加快转变发展方式,产业结构实现优化升级。发展战略性新兴产业,发挥济柴、铸锻所等骨干企业科技优势,推动机械装备制造产业向高端发展,被评为“山东省低碳经济十大产业集群”“山东省高端装备制造产业园区”;发展节能环保产业,北辰、宏达等正向核电装备、深冷容器等高端领域拓展,被认定为“山东省节能环保产业基地”;发展文化创意、服务外包等企业,数字创意产业园引进微软云计算、浪潮软件、普联软件等企业50余家,被认定为“国家动漫产业发展基地”“国家数字媒体技术产业化基地”“山东省国际服务外包示范基地”。山东高速济南投资有限公司、新奥能源山东总部入驻长清,总部经济逐步兴起。全区市级以上高新技术企业17家,高新技术产品232项,省市级企业、工程技术中心37家,实现高新技术产值104亿元,高新技术产值比重达24.8%。拥有中国名牌1个、中国驰名商标1个,省市著名商标37个。建筑业、房地产业两大支柱产业健康发展,获“中国建筑之乡”称号,建筑企业达56家,其中国家一级资质企业达7家,完成建筑业产值72亿元,累计施工面积840万平方米。恒大绿洲、港基城市经典、长兴美郡、长能智华园等房地产开发项目建设进展顺利,全年房地产共完成投资21亿元。

农业及农村经济　农业总产值41.7亿元,比上年增长3.5%。农业机械总动力47万千瓦。有效灌溉面积2.2万公顷,农作物播种面积6.8万公顷,其中粮食作物播种面积5.4万公顷,经济作物播种面积1.4万公顷,粮食总产量32.6万吨。肉、蛋、奶、菜产量分别达到2.9万吨、3.1万吨、3万吨、65万吨,全区猪、大牲畜、羊、家禽年存栏量分别为24.4万头、6.1万头、25.2万只、293万只,其中奶牛存栏1.2万头。大力发展蔬菜、畜牧、林果、花卉、良种五大主导产业和中药材、茶叶等新兴产业,全区经济林、花卉苗木、中药材、蔬菜总面积达3.47万公顷,畜牧饲养小区146处,其中达到标准化养殖标准的50家。制定全区都市型农业发展规划,发展市级都市农业园区16个,特色品牌基地9个,认证西李山药等“三品一标”农产品119个,其中马山栝楼、张夏玉杏被确定为国家地理标志产品,推广农业生产标准30项,全区农业龙头企业发展到158家,农民专业合作社542家。推动农村土地有序流转,建成市级服务示范中心2处,流转土地约2667公顷(4万亩)。先后实施40座中小型水库除险加固工程,被列为全国“小农水重点区”。农机购置补贴到位资金450万元,补贴农机具960余台,受益农户650户。秸秆综合利用面积2.7公顷,总体利用率达98%。新增造林面积0.302万公顷,林木覆盖率达38.8%。推进产业扶贫和生态家园富民工程,农村能源建设工作走在全省前列。

贸易财政金融　社会消费品零售总额70亿元,其中批发零售业53.3亿元,住宿餐饮业16.7亿元。个体私营经济注册资金67.5亿元,个体工商户、私营业户分别发展到11013户、2099户。民营经济健康发展,实现增加值138.8亿元。现代服务业快速发展,山东数娱广场建成入住企业50余家。银东大厦、银东商贸楼、逸和财富广场等一系列标志性商服设施相继建成。继续实施“万村千乡市场”工程,6个街道办(镇)累计设立8处经营面积800平方米以上中心(直营)超市,在10个街道(镇)建设558处直营式加盟农家店、120处加盟农资店。推进“特色商业街”创建,“西城美食街”“西城品牌服装街”“齐鲁文化产业园”“大学城商业公园”已具特色和规模。成功举办了济南市第十届杏花节和第九届金秋柿子节。全年接待游客460万人次,实现旅游总收入28.6亿元,分别比上年增长2.2%、18.2%。出口创汇达1.36亿美元,实际利用外资7329万美元。全区大地域财政预算内收入17.79亿元,比上年增长16.0%;其中地方财政收入5.86亿元,增长12.6%。

交通邮电　全区通车总里程1604公里,其中高速公路41.5公里,国省道114.5公里。全区有货车7600辆,客车327辆,村村通客车率100%。先后对104国道、104省道、220国道实施改建和中修,完成30公里改建工程、52公里的中修罩面工程,国省道设立中央隔离栏66.6公里。总投资2000万元,完成漩刘公路改造工程。投资2600万元,改造农村公路41.4公里,建成大中型桥梁4座,7.2万农民直接受益。全年完成邮电业务收入3.1亿元,增长14.8%;其中移动业务收入1.5亿元,邮政业务收入2460万元,电信业务收入13488万元,增长35.1%。

建设环保　完成全社会固定资产投资64.5亿元,其中第一产业1.2亿元,第二产业27.2亿元,第三产业36.1亿元。城市空间不断拓展,城市规模扩大到70平方公里,城市化率48.8%。推进实施旧城改造、城中村改造、恒大片区等建设项目,玉符街翻修改造竣工通车。完成水中端加压站3座,铺设供水管网4.7公里,完成户表计量改造3400户。铺设改造供热管网4.2公里,58MW高温热水锅炉安装完成。大学科技园、康桥圣菲、常春藤等一批中高档住宅相继建成,启动了第三安置区规划建设,规划用地约58.5公顷,总投资16亿元。城乡环境发生较大变化,开展城乡环境综合整治行动，整治完成老城区府前街等背街小巷1.5万平方米，破损山体治理和矿产资源非法开采整治成果显著，被评为山东省城乡环境综合整治先进区。推进保障性住房建设，建成雅居花苑、龙泉居经济适用房，正式启动城市公租房建设，开工农房整村改造建设项目27个，建成22278户，建筑面积246.3万平方米，投资26.47亿元。已建成污水处理厂1座，污水集中处理率80%，工业废水排放达标率达到100%，饮用水源水质达标率保持100%。城市空气质量良好率56.1%，水环境功能区达标率100%。

教科文卫体　大学科技园有高等院校10所，在校师生15万人。全区各级专业技术职务人员4545人，其中高级专业技术职务557人、中级专业技术职务2085人。有各级各类学校111所，在校生65601人，教职工4909人，专任教师4777人。其中，中等专业学校1所，在校生1281人（均为业余专、本科班），专任教师55人；普通中学23所，在校生29481人，专任教师2217人；职业学校1所，在校生2700人，专任教师180人；小学86所，在校生32139人，专任教师2325人。幼儿园203所，在园幼儿11243人，专任教师904人（含公办教师126人）。学前3年幼儿入园率74.6%，适龄儿童入学率100%，小学生在校生巩固率100%，初中在校生巩固率98%，初中毕业生升学率53%（升入高中）。严格落实"两免一补"政策，全年发放公用经费、免除学生杂费、书费共计4634.37万元，补助学生生活费82.55万元。校舍安全工程扎实推进，累计投入资金7723万元，改造提升中小学校舍86处，市教育工作示范街镇9个。医药卫生体制改革稳步推进，全区农民参合率100%，行政村覆盖率达100%。新建、改建街镇卫生院10处，标准化村（居）卫生服务机构368个。各类卫生机构12个，其中医院12个，卫生技术人员1385人，床位1013个。拥有专业艺术表演团体1个，群众性文化馆1个；公共图书馆1个，馆藏量8万册（件）；档案馆1个，馆藏量达5.7万册（卷）。在省级体育比赛中获金牌8块、银牌5块。

人民生活　安置城镇就业3760人，农村劳动力转移就业16462人，城镇登记失业率控制在3.8%。企业养老保险参保人数33317人，征缴企业基本养老保险费1.68亿元。机关事业单位养老保险参保人员12224人，收缴养老保险费1.3亿元。失业保险参保人员28698人，收缴失业保险费1424万元。城镇职工医疗保险参保32000人，农村养老保险参保人员307653人。城镇居民人均可支配收入20284元，人均消费支出11457元，其中食品4388元、衣着1422元、居住701元、家庭设备用品及服务1037元、医疗保健737元、交通和通讯1440元、文教娱乐用品支出1377元、其他商品服务支出355元。农民人均纯收入10079元，人均消费支出4588元，其中食品1814元、衣着298元、居住558元、家庭设备用品消费356元、医疗保健513元、交通和通讯532元、文教娱乐用品支出299元、其他商品服务支出40元。城区人均居住面积37.4平方米，农村人均居住面积38.1平方米。

【第七届中国（济南）国际园林花卉博览园获鲁班奖】　11月，第七届中国（济南）国际园林花卉博览园获2010～2011年度中国建设工程鲁班奖。园博园位于济南市长清大学科技园内，工程于2008年11月1日开工，2009年8月31日竣工。2009年9月22日，第七届国际园博会盛大开幕，创造"展园全国覆盖，五洲都有展"的新纪录。

【获"中国建筑之乡"称号】　长清区素有"建筑建材之乡"的美誉，1995年、2006年先后两次被评为"山东省建筑业十强县（区）"。2010年，全区建筑业企业53家，其中7家跨入国家一级总承包企业行列，建筑产值60亿元，从业人员5.1万人，年纳税1.5亿元。2011年5月，长清区被中国建筑业协会授予"中国建筑之乡"称号。2001年，长清撤县设区后，立足实际，依托济南市场，面向全省拓展业务，通过"三大战略"，建筑业得到快速发展。

1. 推行"纵横术"，实施大建筑业战略。在横向方面，拓展产业领域，突破以房屋建筑为主的局限，逐步形成以施工总承包为龙头，市政、环保、园林、钢结构、设备安装、电气工程等专业补充，优势互补，协调发展的组织结构体系，专业门类由14个发展到24个；在纵向方面，拉长产业链，向房地产、新型节能建材、服务业、制造业延伸，加速产业融合，呈现"一业为主、多业并举"发展模式，既解决农村劳动力转移，又拉动相关产业实现"多赢"。

2. 开展"因材施教"，实施大企业战略。围绕"扩大规模、增强实力、跨越发展"目标，及时调整企业发展战略，制定一类企业走"骨干膨胀、以强带弱、兼并联合"路子，二类企业走"抓管理、强实力、转化升级"路子，三类企业走"依大附强、挂靠配属、合作发展"路子的战略方针，分类指导帮扶，力促企业资质转化升级，重点培育和扶持起长兴、港基、平安等一批规模大、实力强、信誉好骨干龙头企业。

3. 坚持"走出去"理念，实施大市场战略。加大外出施工指导和服务力度，引导企业树立大市场、大发展观念，以劳务合作和工程分包为突破口，采取挂靠、联合等措施，积极拓展省外市场，先后在北京、天津、内蒙古、四川、甘肃等地取得较大投资项目，扩大市场占有率，实现站稳济南、跨出省门、走向全国目标。

区住建委提出"工程质量以优取胜、施工速度以快取胜、现场管理以严取胜、跟踪服务以好取胜"4项方针，建设精品工程。一次获得"鲁班奖"、两次跻身"全省建筑业十强县（区）"、多次被评为"全省建筑管理先进集体"，多家企业被评为国家及省、市"守合同、重信用"企业和省、市消费者满意单位，"泰山杯""泉城杯""优质杯"等荣誉获得量更是名列省城首位。全区建筑业专业技术人员6200人，其中，一级建造师140人，二级建造师550人，培训人员4.7万人，培训率达92%，持证上岗人员3.2万人，持证上岗率达63%。先后获国家级科技进步奖1项，省部级科技进步奖1项，专利20项。

【获"省级文明区"称号】　长清区以争创"省级文明区"为目标，

大力加强社会主义核心价值体系建设，广泛开展群众性精神文明创建活动，城乡面貌焕然一新，市民素质显著提升，发展环境不断优化，在2011年“省级文明区”测评中成绩优异，被省委、省政府授予“省级文明区”称号。全面推进城市扩容提质，城区功能不断完善。全区上下紧紧围绕“宜居、宜业、宜游”城市新区总体目标，以大学科技园、济南经济开发区、长清主城区三大片区为重点，拉开中心城区发展新框架，城区规模由2005年的50平方公里扩大到80平方公里。在大学科技园，实施了安置区建设等一批影响长远的重大项目；在济南经济开发区，基本实现“九通一平”，引进落地济柴等一批大项目，工业化、城市化融合发展全面铺开；在主城区，实施了旧城改造、东铺片区、滨河片区、东王片区等城中村开发建设和道路建设、管网铺设等基础设施提升工程，城区功能形象显著提升。大力实施绿化工程，全区森林覆盖率达到37%；加快推进城乡一体化发展，先后在万德、归德、孝里、马山、张夏5个镇实施了城镇建设行动，相继实施农房建设与危房改造、村村通公路、通自来水等一系列惠民工程，农村生产生活条件明显改观。深入推动体制机制创新，创建工作日趋长效化、常态化。调整加强区文明委领导班子，成员单位由2005年的28个增加至39个，全区形成党委政府统一领导、文明委组织协调、各级各部门各负其责、全社会共同参与的工作机制。各承担创建任务的部门公开承诺、接受监督，每年为群众办理创城实事1700余件。成立了区志愿者协调委员会，广泛参与“省级文明区”创建的各项任务。先后开展了“提升市民素质、建设文明长清”“迎接园博会、当好东道主、实现新发展”“公共文明你我他”等主题教育实践活动，形成了推动文明城市创建的强大合力。全区涌现出全国文明镇1个、省级文明单位（机关）22个、省级文明村镇10个、省级文明社区6个、市级文明单位（机关）82个、市级文明村镇100个、市级文明生态村65个、市级文明社区9个。加快推进民生工程建设，社会更加和谐稳定。围绕解决就业、看病、上学、住房、保障等问题，连续5年开展了关注民生办实事活动。平均每年安置城镇就业再就业5000人，转移农村剩余劳动力2.6万人，城镇登记失业率控制在3.5%以内，实现了城乡就业双零家庭动态消零。城乡居民养老保险和城镇居民医疗保险实现全覆盖。推行新型农村合作医疗制度，全区行政村覆盖率和农业人口参合率均达到100%。阳光民生救助体系建设进一步完善，城乡低保和“五保”保障标准不断提高。教育卫生事业均衡发展，累计投资2亿余元，改造提升中小学校舍，提高教育技术装备；建成社区卫生服务机构17处，新建、改建乡镇卫生院9处、标准化村卫生室351个。建成雅居花苑和龙泉居两处经济适用房，公共租赁住房建设顺利启动。大力加强社会主义核心价值体系建设，城乡文明程度明显提升。广泛开展文明主题教育活动，先后组织“执政为民、廉洁高效”“深入基层、服务群众”等主题活动，策划开展了“社区邻里节”“创城集中宣传月”“中华传统文化进社区”等活动。实施市民素质提升工程，全区市民学校达到24所，形成区、街镇、村居三级教育网络。大力培树文明先进典型，先后总结推广了“王梅工作法”“知心孟姐”等精神文明创建品牌，涌现出全国优秀退休干部、济南十佳志愿者赵金川，全国优秀检察官、省道德模范孟红伟等一大批时代特色鲜明的典型人物。开展评选表彰活动，连续7年评选表彰长清区十大文明标兵单位和标兵个人，举办了两届道德模范评选表彰活动，推出省道德模范1名、省道德模范提名奖3名、市道德模范12名。深入推进文明行业、文明单位、文明村镇、文明社区等各类创建活动，广大市民文明素质不断提高。

【中药材种植“长清模式”】　马山镇立足自身资源基础，大力发展中药材种植，探索走出了一条一个产业带动校、地、企三方合作，校、地、企、农四方受益的中药材发展之路，被国家中医药管理部门领导誉为中药材种植的“长清模式”。科学定位，药材当作产业办。马山镇地处山区，具备得天独厚的中药材种植条件，是名贵中药材“栝楼”的原产地。马山镇经过反复考察论证，决定在全镇大力发展中草药种植。2009年，马山镇开始实行“发展中药材产业，建设药材之乡”发展规划，3年时间该镇中药材种植面积达到约933公顷（14000亩），成为全市八大特色农产品基地之一。该镇因地制宜，通过“企业＋农户＋基地”方式，抓好示范基地建设，大规模发展中草药种植，将栝楼申请注册为“全国地理性标志产品”，成为全国第一个中药材品种地理性标志产品。转化增值，延长药材产业链。马山镇推行产业带动校、地、企三方合作，实现校、地、企、农四方受益的模式。2010年，马山镇中药材种植基地与山东中医药大学、山东农业大学等院校和山东医药检验所等科研单位签订了全面长期技术合作协议，建立了教学、科研基地。马山丹参标准化种植基地（GAP）模式已经通过省级专家认证，基地种植的丹参经过省、市药检所检验，丹参酮含量在省内排第一位。已引进了环球医药控股集团、济南中药材科技开发有限公司等3家中药材企业。其中环球药业马山分公司现已建成约333公顷基地、约67公顷的种苗基地。山东农业大学与双泉庄中药材合作社共同建设的“药材谷”项目，占地266.67公顷，将建成集教学、研究、生产、加工、销售和观光旅游于一体的综合性基地。马山镇通过土地流转方式租赁农民土地，形成了“企业＋承包人＋农民”的经营模式，农民可以得到土地租赁承包费、劳务性工资和药材收益分成三部分收入。区域发展，建设生态药材镇。2011年，全镇中药材种植面积933公顷，种植专业村20多个，中药材收入7000万元，人均增收2000元。

（边绍林）

【概况】　章丘因章丘山（女郎山）得名。位于济南东部，是山

东省会济南的副中心城市，面积1855平方公里。辖14个镇和6个街道办事处，908个行政村。年末全市共30.57万户，年末总人口101.77万人，比上年增长0.26%。全市人口出生率8.21‰，死亡率7.59‰，自然增长率0.62‰。全市男女性别比为98.05:100。国民经济保持了平稳较快增长，全年完成生产总值572.4亿元，同比增长14.4%；其中第一、二、三产业增加值分别为63.1亿元、329.2亿元、180.1亿元，同比分别增长14.6%、12.7%、17.6%；三次产业结构为11.0:57.5:31.5。人均生产总值56319元，增长14.09%。全市地域财政总收入55.2亿元，比上年增长13.4%。其中地方财政一般预算收入30.5亿元，增长18.6%。位列2011年中国中小城市科学发展百强县(市)第34位；同时，还荣膺2011年度中国十佳“两型”中小城市称号，位列第5位；获2011年度中国最具投资潜力中小城市百强县(市)称号，位列第8位；获2011年度中国最具区域带动力中小城市百强县(市)称号。

中共市委

书　记　毕筱奇* 江　林

副书记　江　林* 刘天东　王道忠* 李文秀(女)

常　委　毕筱奇* 江　林　刘天东　王道忠* 时怀江* 李文秀(女)　窦　虎　王继民　孟学峰　齐怀栋　庞金良* 亓　峰　赵立元　车积成　杨高峰

市人大常委会

主　任　李玉新

副主任　王福先　李万百* 董宝峰* 徐家红(女)　于崇民　程秋霞(女)　王永学　高瑞莹* 孟庆杰*

市人民政府

市　长　江　林* 刘天东

副市长　李文秀(女)* 庞金良* 王继民* 窦　虎　赵立元　白秋生　齐怀栋* 王　斌　杨传军　李宝燕(女)

政协市委员会

主　席　岳庆林

副主席　赵元生　郭现和* 张国华* 马建新* 赵　敏　韩　军　林　虎　刘乃娟(女)　牛凤学(女)　牛余和* 孟庆珍(女)*

中共市纪委

书　记　窦　虎* 齐怀栋

市人民法院

院　长　沈　迎* 刘玉庆

市人民检察院

检察长　辛全龙* 韩秉林

市人民武装部

部　长　张焕利* 禚红武

政　委　车积成

工　业　年末，全市规模以上工业企业(年主营业务收入500万元及以上的工业法人企业)402家，实现增加值267.4亿元，比上年增长15.5%，实现销售收入976.3亿元，增长17.7%；利税88.2亿元，增长18.5%；利润54.1亿元，增长20.0%。全市骨干企业发展势头较好。销售收入过亿元企业159家，累计实现产品销售收入861.69亿元，同比增长21.2%；其中重汽属地207.7亿元，圣泉集团64.8亿元，山东晋煤明水化工集团35.5亿元，山东晋煤日月化工、海尔电机等6家企业过20亿元，银鹭食品、章丘发电公司2家企业过10亿元；实现利润47.46亿元，增长31.6%；实现利税11.62亿元，增长23.8%。全市实现利税过千万元以上工业企业188家。主导产业支撑带动作用明显。交通装备、机械制造、精细化工、食品饮料四大主导产业持续发展，实现产品销售收入783.42亿元，同比增长20.0%，占规模以上工业总收入的78.92%。实现利润49.23亿元，增长24.0%；实现利税76.13亿元，增长23.2%。企业上市取得新突破。7月7日，章丘鼓风机股份有限公司在深交所中小板成功挂牌上市，共发行4000万股，募集资金4亿元，实现了济南本土企业上市的历史性突破。四大新兴产业增势强劲。初步形成了新能源、新材料、生物医药、电子信息四大新兴产业，实现销售收入59.6亿元，同比增长35.12%，占全市比重6.1%。高新技术产业发展较好。全市高新技术产业企业137家，占规模以上工业企业的34.1%；高新技术产业企业实现产值487.6亿元，比上年增长9.3%，占规模以上工业总产值比重为46.9%。拥有济南市级以上企业工程技术研究中心19家、企业技术中心27家。

农　业　全年农林牧渔业实现总产值105.3亿元，比上年增长12.55%。粮食总产量达到69.5万吨，比上年增长2.45%；棉花总产0.99万吨，增长2.82%；油料总产0.81万吨，增长2.99%；水果总产6.6万吨，增长1.63%；蔬菜总产182.4万吨，增长5.65%；水产品总产1.12万吨，增长4.07%。肉类总产11.6万吨、禽蛋总产14.7万吨、奶类总产7.4万吨，分别增长11.6%、2.3%、20.8%。水产品产量1.1万吨，增长4.1%。全市“三品一标”认证总数208个，其中，地理标志农产品总数9个，当年新增6个。章丘大葱品牌价值达24.76亿元。成功举办高官寨甜瓜、赵八洞香椿、刁镇大樱桃、水寨嘎啦苹果等农事节庆活动。产业化经营水平显著提升。全市济南市级以上农业龙头企业达到47家，新增11家。其中国家级1家，省级2家，济南市级44家。全市各类农民专业合作经济组织达到628个。造林绿化取得积极成果。完成造林合格面积4280公顷，其中防护林2600公顷，用材林830公顷，经济林850公顷；农田林网建设1300公顷；新育苗268公顷，中幼龄林抚育5300公顷，全民义务植树326万株，果品产量7.5万吨。农业机械化水平提高。农机总动力达到119万千瓦，比上年增长1.7%。大中型拖拉机总量达4750台，增长5.1%；联合收获机总量达到2435台，增长10.8%。小麦生产综合机械化水平稳定在96%以上，玉米生产综合机械化水平达到77%。农作物秸秆综合利用率达到98%。水利基础设施建设全力推进。全年开工各类水利工程1363项，完成1350项，其中新打机井840眼，配套机井800眼，扩大和改善灌溉面积0.11万公顷，发展节水灌溉面积0.33万公顷，完善水土流失治理面积4.91平方公里。农村户户通自来水工程实施村内工程86处，其中2个村列入国家饮水安全计划。

建设环保　城市规划区、建成区面积分别达到185和54平方公里，新一轮城市总体规划编制完成，完成城北片区、城东片区、滨湖商务区、刁镇市域次中心控制性详规编制，开展以双山大街、汇泉路、百脉泉街为重点的主城区城市设计，调整完善相公庄、宁家埠、官庄等城镇总体规划。五馆合一的城市文博中心总面积14万平方米已完成施工图设计。石河街南延、福康路西延工程竣工通车，滨湖路铁路立交桥完成工程量的95%，双山西路北延工程进展顺利。7处城市排水排污工程全部竣工。新建双山西路景观河道，完成百脉泉广场、眼明泉公园、原市委旧址改造提升工程，实施双山大街景观河道南段改造提升工程。完成城区34条主次道路、1223项整治任务和镇村环境综合整治任务，城乡累计投入资金近亿元。新型农村社区建设加快推进，新开工农村社区公寓楼370栋、14607户，竣工9096户，总面积166万平方米，被评为“全国农村社区建设实验全覆盖市”“全省农村社区建设示范市”。有资质等级的建筑业企业42家，平均从业人员4.4万人，比上年增长2.3%。实现产值90.2亿元，增长25.45%；房屋建筑施工面积423.1万平方米，增长0.4%；房屋竣工面积159.1万平方米，与上年持平。环境质量显著提升。明化废水处理、第二污水处理厂等节能减排项目顺利实施。城乡环境综合整治取得明显成效，白云湖违法违规塑料经营全面取缔，城乡环卫一体化实现镇村全覆盖。空气质量良好率稳定在95%以上。生态建设成效显著。通过省级生态市考核验收。新建省级生态乡镇5个，申报国家级生态乡镇18个，新开工建设乡镇污水处理站13个，达到了污水处理站乡镇全覆盖。13家企业通过ISO14000环境管理体系认证，8家企业通过环保信誉企业评审，26家企业通过清洁生产审核验收，实现了主要污染物排放量的持续下降。实施水环境综合整治。境内主要河流绣江河、漯河和出境河流小清河断面水质达标率为100%。推进“绿色系列”创建活动，10家社区被评为济南市级绿色社区，8家社区被评为安静居住小区，15所学校被批准为省级“绿色学校”。

交通邮电　公路旅客运输量和周转量679万人、36310万人公里，分别比上年增长12.21%和42.99%；公路货物运输量和周转量2161万吨、98806万吨，分别增长8.50%和6.86%。全市营运车辆保有量30751辆，其中营运性载货汽车17044辆；营业性载客汽车722辆，包括从事旅客运输营运的客车286辆，客运班线136条；纳入行业管理的出租车303辆，年内更新35辆，公交车133辆，公交线路9条270公里，公交站点487个。专业运输公司108家(其中运输公司65家，物流运输公司43家)，8吨以上的营运性货运车辆3724辆。全市拥有机动车驾驶员培训学校7所，其中一级驾校4所，二级驾校3所，培训场地50余公顷、教练车300余辆、从业人员400余人，年培训人数2.17万人。全年完成邮政业务总量5295万元，比上年下降13.88%。年末固定电话用户18.02万户，比上年下降13.10%。

贸易旅游　全年实现社会消费品零售总额205.5亿元，比上年增长17.00%。其中，城镇社会消费品实现零售额92.7亿元，增长17.25%；乡村社会消费品实现零售额112.9亿元，增长16.8%。限额以上批发和零售业、住宿和餐饮业单位115家，实现零售额30.3亿元，增长30.7%。实现进出口总额40372万美元，增长16.7%，其中出口35418万美元，增长18.91%。实际利用外资13430万美元，比上年下降27.4%。合同利用外资6687万美元，减少54.59%。旅游业深入发展。获“2011休闲山东县域旅游十强”称号，全年接待国内外游客达到660万人次，旅游业总收入达到29亿元，同比分别增长3.1%和11.5%。全市旅游景区开发建设投入近1亿元，做大“泉水游”，做活“生态游”。实施白云湖景区“全面提升工程”。推出白云湖荷花节、美食节、捕捞节等活动，举办三王峪“泉水漂流节”“快乐涉猎”等活动。成功举办“章丘市首届百脉之约贺年会”“多彩章丘摄影季”“2011百脉泉仙子暨章丘旅游形象大使选拔赛”“章丘市首届国民休闲汇”等重大节庆活动和赵八洞香椿节、高官寨甜瓜节、普集西山樱桃采摘节等12项农事旅游活动。

教科文卫体　教育提升工程进展加快，年末各类学校177所，在校生14.62万人，专任教师9136人。中等职业、技工学校13所，在校生2.06万人。普通高中5所，在校生1.85万人。初中29所，在校生4.02万人。小学129所，在校生6.69万人。特殊教育学校1所，在校生165人。完成汇泉小学改扩建、一中改造、9所幼儿园新建和51个校舍安全改造工程，道通实验学校建设启动。义务教育经费保障机制不断完善，成功创建全省教育工作示范市。高等教育基地建设日益完善，招生规模不断扩大。境内入驻高校达到13所，在校学生10万人。文化事业迈向新水平。规划建设城市文博中心，完成143处农家书屋、92处农村文化大院、20处优秀文化活动广场、5处社区文化中心和1处街道综合文化站的建设任务。引进了大型京剧意象杂技剧《粉墨》系列，上演52场，观众达5万余人次。举办文化下乡演出60余场。开展庆祝建党90周年和李清照文化周系列活动。全年公益电影放映10917场次。60余件文艺美术作品获得省市级奖励。《章丘扁鼓》获第二届齐鲁民间艺术展演金奖；承接文艺演出活动15场，观众4万余人次；开展了中学生“我与数字图书馆”读书活动，接待读者8.2万人次。市博物馆、城子崖遗址博物馆免费开放接待游客5.3万人次。全市共有国家级“非遗”保护项目1项，省级4项，济南市级26项，章丘市级52项。卫生事业发展良好。各类卫生机构共有床位4587张，卫生技术人员4434人。市医院二期、埠村及党家卫生院病房楼建成使用，急救和公共卫生服务网络更加完善。全年完成诊疗253万人次，增长7.1%。收住院病人8万人次，增长7.3%。新农合筹资标准达到250元，81.2万农民参合，参合率100%，政策范围内住院补偿比例达到73.8%。全年新农合共报销114万人次，报销金额

1.77 亿元。公共卫生服务受益群众近 100 万人次。农村妇女“两癌”筛查、增补叶酸、贫困白内障患者复明等 7 项重大公共卫生服务项目扎实推进。明水、绣惠、双山三家乡镇卫生院分别被济南市卫生局挂牌为专科医院,市医院与千佛山医院建立全面战略合作关系,中医院挂牌山东省医学科学院附属医院。市医院被明确为省级公立医院改革试点单位。有体育学校 1 所,市级体育馆 2 座,全年参加济南市级以上体育比赛共获奖牌 177 枚,其中金牌 53 枚。

社会生活 城镇居民人均可支配收入 20236 元,比上年增长 13.60%;人均消费性支出 12547 元,增长 13.2%。城镇恩格尔系数为 29.97%。农民人均纯收入 11736 元,增长 15.8%;人均生活消费支出 6664 元,增长 11.6%。农村恩格尔系数为 31.6%,比上年下降 1.25 个百分点。年末城镇居民人均住宅使用面积 40.17 平方米,比上年增加 6.32 平方米;农村居民人均生活用房面积 43.7 平方米,比上年增加 0.92 平方米。城乡居民养老保险制度实现全覆盖。城乡居民养老保险参保总人数达到 552288 人,其中,60 周岁以上享受基础养老金待遇人员 154677 人(农村居民 148480 人、城镇居民 6197 人);16~59 周岁参保缴费人员 397611 人(农村居民 391764 人、城镇居民 5847 人)。收缴基本养老金 1.29 亿元,参保率达到 98%。为 60 岁以上城乡老年居民发放养老金 1.3 亿元,发放率 100%。社会保险扩面工作稳步推进。全市参保企业 893 户,参保人数 9.3 万人,实现扩面 11086 人,完成净增缴费人员 5608 人;实际征缴养老金 4 亿元,支付养老金 2.7 亿元。离退休职工人数 1.21 万人,基本养老金社会化发放率连续 13 年保持 100%。机关事业养老保险参保人员 24132 人,收缴养老金 11970 万元,发放离退休金 15867 万元。医疗保险制度改革取得新突破。城镇职工医疗保险参保单位达 679 家,参保职工 9.5 万人,其中当年新增参保单位 101 家,新增参保职工 10358 人;实现职工医疗保险基金征缴 16302 万元,支出 11643 万元;城镇居民医疗保险参保4.7万人,其中新增参保 187 人。民生保障更加有力。建设了市阳光民生服务中心,将五保、低保、下岗职工、老党员等困难群体 3.7 万人纳入救助系统。健全完善城乡低保、农村低保自然增长机制。“五保”集中供养标准由每人每年 3000 元提高到 4000 元,分散供养标准由每人每年 2000 元提高到 2400 元。城市低保标准由每人每月 300 元提高到 320 元,农村低保标准由每人每年 1640 元提高到 1970 元。“慈心一日捐”活动筹集善款 560 多万元,慈善总资金达到 1559 万元,支出资金 860 万元,救助特困群众 2.9 万人次。完善城乡困难群众临时救助制度,支出资金 141.4 万元,救助大病、低保困难家庭等特困群众 1625 户。

【获“千年古县”称号】 9 月 28 日,民政部、联合国地名专家组中国分部在章丘举行授牌命名活动,正式授予章丘市“千年古县”称号,成为济南市唯一获此荣誉的县市。“千年古县”是由联合国地名专家组中国分部和中国民政部地名研究所启动的“中国地名文化遗产保护工程”重点项目。自 2004 年开始,民政部启动了中国地名文化遗产保护工程,依据“中国地名文化遗产鉴定标准体系”和“地名文化遗产重点保护对象鉴定标准”,在中国现存的 800 多个上千年的古县中,优选出 100 个历史悠久、文化积淀深厚、地名文化内涵丰富的古县,进行“千年古县”的重点保护和国内外宣传工作。评定工作得到国际社会的认可,“千年古县”专题片除在中央电视台多次播放外,也在境外媒体播放,我国政府还将其作为国家礼品向各国政府赠送,“千年古县”已成为各古县宣传历史文化、走向世界的一张响亮“名片”。申报“千年古县”的成功,将对章丘文化遗产保护、文化旅游产业发展、对外开放水平提升和县域经济发展产生巨大推动作用。

【获第八届中国中小城市科学发展高峰论坛 4 项大奖】 9 月 17 日,中国中小城市科学发展评价体系研究成果发布暨第八届中国中小城市科学发展高峰论坛在四川省双流县举行。论坛上,组委会经过科学论证,发布了《中国中小城市科学发展评价体系研究报告》,公布 2011 年“中国中小城市科学发展百强县(市)”等测评结果并举行颁奖典礼。经测评,章丘市位列 2011 年度中国中小城市科学发展百强县(市)34 位,比上年前移 4 位;获 2011 年度中国十佳“两型”中小城市称号,位列第 5 位;获 2011 年度中国最具投资潜力中小城市百强县(市)称号,列第 8 位;获 2011 年度中国最具区域带动力中小城市百强县(市)称号。

【获全国“2011 年环卫行业创新奖”】 2012 年 2 月 17 日,中国城市环境卫生协会 2011 年会在上海召开,章丘市环卫工作获全国“2011 年环卫行业创新奖”。近年来,章丘市转变环卫管理理念,创新环卫管理机制,以数字化、精细化、高效化为导向,在全省率先建成数字化环卫管理平台,有效提升了城乡环卫管理精细化、数字化、标准化水平。数字环卫智能管理平台于 2010 年 10 月 25 日投入使用,该平台投资 360 万元,综合运用了互联网、物联网、GPS、GIS、3G、电子围栏、智能视频、电子标签等现代信息技术,共设置保洁、清运、设施、车辆、事件、考核、协同办公等 10 个模块,以环卫设施、作业路线、白色污染治理等 18 张电子地图为依托,覆盖全市所有区域,涵盖环卫所有元素,构建起一个快速发现、及时调度、高效处置、科学监督、公平评价的数字化管理系统。同时,章丘市对 436 辆环卫作业车辆、68 辆办公管理车辆安装了红外感应器、GPS 卫星定位系统、激光无线扫描仪,在城区 36 处工地、19 条主要交通路口安装智能视频监控系统 55 套,为全市 200 名环卫监察管理人员配发卫星定位的“环卫通”手机,对 17 辆监察车安装车载智能视频、360°拍照系统,对全市 14700 个垃圾箱安装电子芯片,通过信息交换,将环卫作业车辆、垃圾清运时间、次数,实时传输到数字化管理平台,对全市路面保洁、垃圾清运实施 24 小时智能化识别、定位、跟踪、监控、管理和调度,构建起一个城乡生活垃圾物联网管理系统,为持续提升城乡环卫水平提供了强有力的技术支撑和物质保障。

【世界谭氏宗亲寻根章丘祭先祖】 5月25日,来自香港、澳门、马来西亚、新加坡、印尼等国家和地区及内地省份的220名世界谭氏宗亲会成员,在龙山文化发祥地——章丘市龙山街道城子崖遗址举行了盛大的祭祖大典。世界谭氏宗亲会创会主席、原香港特别行政区选委会委员、国务院港事顾问谭福添作为谭氏第78代子孙亲致祭文,并收下龙山故里馈赠的《龙山村志》。祭祖仪式上,谭氏宗亲会成员以恭敬、严肃的礼仪表达对先人的尊重。据史料记载,商朝末年,谭人在章丘城子崖一带建立起了自己的国家,即谭国。在春秋争霸中,谭国为齐所灭,秦汉以后,关于谭、谭邑的记载便消失了,只留下了谭姓。在数百年的历史中,古谭国创造了灿烂的文化,其陶器制作艺术达到了古代制陶工艺的顶峰。世界谭氏宗亲总会成立于2000年,并于次年召开了第一届恳亲大会,之后每3年举行一次。

(王　波)

平阴县

【概况】 平阴因地处古东原之阴而得名。位于济南市西南部,面积827平方公里,辖2个街道、6个镇,15个居民委员会、337个行政村。有人口37.35万人。男女性别比为100.4:100,人口出生率8.59‰,死亡率5.89‰,自然增长率2.70‰。有少数民族23个,人口411人。完成生产总值181.27亿元,按可比价格计算,比上年增长10.3%。其中第一、二、三产业增加值分别为24.34亿元、115.75亿元、41.17亿元,分别比上年增长7.4%、11.0%、9.9%。三次产业比例为13.4:63.9:22.7。

中共县委
书　记　朱红方
副书记　朱云生　刘吉利*　刘业朝
常　委　朱红方　朱云生　刘吉利*　刘业朝　胡茂法*
　　　　李嘉存*　陈　红(女)　李成革*　焦卫星
　　　　武善欣　杜卫东　翟　军　魏志胜　牛世亮

县人大常委会
主　任　王敬德
副主任　贾传习　付　丽(女)　周传新　杨万桐
　　　　尹　杰

县人民政府
县　长　朱云生
副县长　刘业朝　李嘉存　赵淑忠　宋广炎　陈淑平(女)
　　　　翟　军

政协县委员会
主　席　吴英文
副主席　丁吉修　孟庆华　刘玉霞(女)　刘广申
　　　　宫建泉　崔召龙

中共县纪委
书　记　焦卫星*　魏志胜

县人民法院
院　长　孙永一*　李忠林(代)

县人民检察院
检察长　耿宝金*　段　刚(代)

县人民武装部
部　长　刘忠和
政　委　杜卫东

工　业　实现工业增加值107.78亿元,比上年增长10.4%。完成工业投资55.48亿元,增长24.2%。规模以上工业企业71家(年销售收入2000万元以上),实现增加值47.81亿元,比上年增长8.6%;实现产品销售收入167.51亿元,增长20.3%;实现利税26.82亿元,增长11.2%;实现利润19.57亿元,增长6.1%。规模以上工业企业产品销售率97.6%,比上年提高0.4个百分点。机械装备、水泥建材、医药化工、食品加工四大产业实现销售收入146.96亿元、利润17.24亿元、利税24.22亿元,占规模以上工业的比重分别增长0.6个、2个和5个百分点。济南玫德铸造有限公司、济南伊利乳业有限责任公司、平阴山水水泥有限公司等30家重点工业企业全年实现销售收入142.20亿元、利润19.91亿元、利税26.69亿元,分别占全县规模以上工业销售收入、利润和利税的84.9%、101.7%和99.5%,分别增长8.1%、5.2%和9.1%。规模以上高新技术产业企业42家,实现产值117.23亿元,比上年增长5.48%,占规模以上工业产值比重33.9%,同比提高0.66个百分点;实现利税11.86亿元,比上年增长18.5%;实现利润7.86亿元,增长18.7%。

农业及农村经济　农、林、牧、渔业实现总产值45.49亿元,比上年增长13.3%;农、林、牧、渔业增加值24.34亿元,比上年增长14.1%。粮食播种面积39397公顷,比上年增长1.0%;总产23.04万吨,比上年增长1.3%。棉花3674公顷,比上年增长0.1%;总产0.38万吨,比上年下降11.4%。油料2801公顷,比上年减少5.8%;总产1.0万吨,比上年减少7.4%。蔬菜7921公顷,比上年增长3.0%;总产54.13万吨,比上年增长5.0%。水果9.06公顷,比上年减少1.06%;总产11.9万吨,比上年增长1.7%。玫瑰花面积1182公顷,增长40.9%;总产1236吨,增长33.8%。肉类产量4.35万吨,禽蛋产量3.15万吨,奶牛存栏16304头,增长0.9%。农业机械总动力44.2万千瓦,比上年增长2.3%。规模以上农业龙头企业65家,农业合作社307个,绿色无公害农产品品牌84个,有机品牌22个,绿色品牌3个,农产品地理标志3个,标准化种植面积2.3万公顷。立足城郊型农业发展实际,整合优势,重点打造市级特色品牌基地,两型农业建设迈出新步伐。马铃薯(大白菜)基地建成占地133公顷的"一园两区"(马铃薯科技示范园、白庄露地蔬菜、商庄设施蔬菜核心示范区);孔村食用菌基地达到300万平方米;鲜食地瓜基地核心区建成高标准冬暖式育苗棚1200平方米,20万公斤大型恒温地瓜窖1座;中药材基地发展中药材约800公顷,成为全省中药材原材料的重要供应基地,济南禾宝中药材有限公司成为全省首家通过有机认证的中药材企业;沿黄设施蔬菜基地新建冬暖式大棚50多个,带动全县设施蔬菜新增冬暖式大棚200多个、春暖式大棚200公顷,占地66.67公顷的东阿有机蔬菜基地成为全市第二大农产品出口基地。圣母山农业观光园列入市级按园区标准建设的基地园区,仙乐都市农业园入选市十大休闲渔业示范点。

商贸旅游　社会消费品零售总额56.59亿元,比上年增长16.97%。实现出口创汇4.45亿美元,比上年增长29.8%。其中三资企业出口2.92亿美元,比上年增长21.3%;内资企业出口1.53亿美元,比上年增长49.7%。引进内资34.94亿元,比上年增长22.5%;新批外资项目1家,实际利用外资266.5万美元。全社会完成固定资产投资96.98亿元,增长23.2%。其中第一产业投资9.13亿元,比上年增长5.4%;第二产业投资57.64亿元,增长28.0%;第三产业投资30.21亿元,增长20.7%。主要旅游景点有:玫瑰园、翠屏山、云翠山、大寨山、洪范泉群、于林、圣母山农业观光园、玫瑰湖湿地公园、中共平阴县委旧址纪念馆等。全年接待国内外游客40万人次,实现旅游总收入4000万元。

财政金融保险　实现地域财政收入19.64亿元,比上年增长34.2%,其中地方财政一般预算收入6.0亿元,比上年增长22.4%。地方财政支出20.64亿元,比上年增长55.7%,其中地方财政一般预算支出13.78亿元,比上年增长28.2%。完成税收15.23亿元,比上年增长31.5%。年末,金融机构各项存款余额95.68亿元,比年初增加18.20亿元,比上年增长23.5%。其中城乡居民年末储蓄存款余额57.51亿元,比年初增加8.81亿元,同比增长18.1%。金融机构各项贷款余额48.65亿元,比年初增加7.30亿元,同比增长17.6%。

交通邮电　公路通车里程1183.1公里,比上年增加18.8公里。其中村级公路550.2公里,比上年增加18.7公里。公路旅客运输量和周转量146.36万人、7255.30万人/公里,分别比上年增长4%和13%;公路货物运输量和周转量272万吨、32384万吨/公里,分别下降2%和7%。全县行政村通沥青(水泥)路率100%,总里程1076公里。物流企业达到30家。完成邮政业务总量1583万元,下降23.6%。年末,每百户城镇居民家庭拥有汽车22辆、移动电话226部;每百户农民家庭拥有汽车7辆,移动电话178部。

建设环保　完成建筑业增加值7.97亿元,比上年增长20.4%。新资质等级建筑企业30家,完成总产值11.73亿元,增加值3.16亿元,利税0.53亿元,分别增长44.6%、41.9%、35.3%。房屋建筑施工面积120.55万平方米,下降2.26%;房屋竣工面积20.52万平方米,下降53.24%。资质以上房地产开发企业18家,完成房地产开发投资3.90亿元,下降8.79%,其中住宅投资完成3.23亿元,占房地产开发投资的82.82%。商品房竣工面积13.81万平方米,增长7.4%;销售面积16.35万平方米,下降15.12%;销售额6.10亿元,增长7.55%。房地产企业实现利税1.04亿元,实现利润0.41亿元。城市建设加快推进,片区改造大规模展开,城中村改造全面启动。锦东新区质量检测中心、国税征收大厅等重点项目投入使用,电力调度中心、锦水嘉苑主体完成,文化展览中心、锦水丽景小区等项目开工建设。启动建设22处新型农村社区,开工面积80万平方米,竣工面积30万平方米。县城累计建成烟尘控制区面积15.0平方公里,烟控区覆盖率100%。环境噪声达标面积10.1平方公里,城市环境空气主要污染物可吸入颗粒物、二氧化硫、二氧化氮年日均值分别为0.097毫克/立方米、0.042毫克/立方米、0.028毫克/立方米,均达到国家控制标准。

教科文卫体　有各级各类学校67所,在校生4.23万人,比上年下降2.3%,教职工3769人,其中专职教师3182人。其中,义务教育阶段在校生3.36万人、普通高中在校生0.66万人。适龄儿童入学率100%。教育资源优化整合,高中实现全部进城,中小学校舍安全工程扎实推进,完成投资4175万元,加固扩建校舍1.3万平方米。争取国家和省、市科技项目22项,取得成果20项,其中15项达到国内先进以上水平。在全市科技表彰大会上获14个奖项。申请专利400件,增长25.0%,授权专利299件,增长17.3%。广播人口覆盖率和电视人口覆盖率均99%。参加农村合作医疗人数27.4万人,财政补助资金由每年每人110元提高到200元。有卫生机构75处,其中医院9处,病床1198张;各类卫生技术人员1403人,其中执业医生466人。被评为"全国农村中医药工作先进单位"。举办各类运动会45项次,参加竞赛的运动员2.5万人次。参加市级以上体育比赛共获奖牌231枚,其中金牌128枚。

人民生活　年末,全县从业人员21.53万人,比上年增长1.3%。转移农村劳动力7125人,安置城镇就业3250人。企业养老保险参保人数4.28万人,征缴企业基本养老保险费1.82亿元。农村养老保险参保人数17.96万人。城镇职工基本医疗保险参保人数56867人,参加失业保险人数36906人。城乡最低生活保障救助10090人,其中城镇1642人、农村8448人。城镇居民人均可支配收入14902元,比上年增长11.2%;人均消费性支出9387元,比上年增长10.3%;人均住房建筑面积33.1平方米。农民人均纯收入8490元,增长15.9%;人均生活消费支出5461元,比上年增长37.7%;人均居住面积37.7平方米。

【打造清洁能源基地】　平阴县地处风道风口,风力强;太阳光照时间长,强度大;同时有丰富的秸秆资源,利用风能、太阳能和发展生物质能源发电潜力很大。2010年以来,平阴县积极引进清洁能源和与之配套的企业,着力在全县打造清洁能源基地。总投资20亿元、装机总容量20万千瓦的大唐风力发电项目,一期工程于2011年9月完工,总计安装33台、每台1500千瓦的风力发电机组。总投资10亿元的中海油济南平阴风电场项目,测风、勘测定界工作已经完成。总投资2.6亿元的生物质发电项目，利用国外先进技术和平阴丰富的秸秆资源进行生物质发电。昌盛日电太阳能发电及第三代薄膜太阳能电池生产项目一期工程投资1亿元，主要建设第三代薄膜太阳能电池组件生产线，投产后填补国内行业空白。

【获“山东省基层党建工作先进县”称号】 平阴县委坚持以科学发展观为统领，以深化“三级联创”为总抓手，以创先争优活动为动力，始终把基层党建工作作为一项重要政治任务，列入重要议事日程。突出“三个强化”（强化县委首要责任、强化基层党委直接责任、强化县直部门分工责任），狠抓责任落实，形成了齐抓共管的党建工作格局；不断加大投入力度，让广大农村干部有场所议事、有人干事、有章理事、有钱办事，进一步提升了基层党建组织建设水平；坚持抓载体、激活力，以“干事创业、跨越发展”活动为载体，引导基层党组织和广大党员“干事创业当先锋、立足岗位争优秀”；坚持抓管理、重帮扶，始终把加强党员队伍管理作为基层党组织建设最经常、最基础的工作来抓；坚持重实效、惠民生，始终坚持把群众满意作为工作的最高标准，用经济社会科学发展的实际成果检验基层党建工作的成效；坚持抓基层、打基础，抓重点、创特色，抓规范、上水平，有力促进了全县经济社会又好又快发展。6月，平阴县获“山东省基层党建工作先进县”称号。

【推行机关单位短途公务自行车出行】 4月8日，平阴县机关工作人员“绿色出行、低碳生活”自行车发放仪式举行。平阴县采取社会捐助、企业赞助与政府资金相结合的方式，为32个党政机关事业单位发放了300辆统一型号、统一颜色的公共自行车，推行5公里内短途公务“低碳出行”，由此迈出了“低碳出行”的第一步，在全省属于首创，受到了中央和省市媒体的高度关注。8月12日，亿佳小康太阳能有限公司为全县“低碳办公、绿色出行”活动捐赠总价值26万元的100辆“武林风”电动车，为全县的“低碳办公、绿色出行”活动再添新军。通过推广短途公务自行车出行，提高了人们对“绿色出行、低碳办公”的认识，为在全县范围内倡导市民逐步改变出行方式，推广完善公共自行车系统营造了良好的社会舆论环境。

【实施县委旧址修复工程】 为纪念建党90周年，更好地发挥中共平阴县委旧址的教育功能，1月，平阴县委、县政府多方筹资400万元对县委旧址进行了修复、扩建。按照尊重历史、修旧如旧的原则，修复了县委旧址院落和徐向前元帅住过的院落，新建了中共平阴历史陈列馆。修复后的县委旧址占地2600多平方米，其中中共平阴历史陈列馆面积485平方米，展出珍贵历史图片600余幅，实物近百件。以中共平阴地方组织成立以来发生的重大事件、取得的重要成就为主要陈列内容，通过图片展示和实物陈列的表现形式，结合多媒体、场景设计、沙盘模型、影像回放等展示手段，全方位、多角度地反映了平阴党组织走过的光辉历程。6月24日，中共平阴县委旧址修复工程竣工暨中共平阴历史陈列馆开馆仪式在孔村镇王楼村举行。

【举办首届全民健身运动会】 5月27日，平阴县首届全民健身运动会开幕。此次运动会淡化竞技性，重点突出大众性、趣味性和健身性等特点，体现全民健身主题。比赛分为13个大项、100多个小项，全县各行各业、各企事业单位的24个代表团参加，参赛运动员6000人次，先后持续4个月。本次运动会是平阴县有史以来规模最大、参赛人数最多、历时时间最长、比赛项目最多的一次大型综合体育盛会。

【“平阴玫瑰及图案”获地理标志证明商标】 2010年5月，平阴玫瑰地理商标成功注册，是平阴县第一件地理标志证明商标。该地理标志商标的商品生产地域范围为平阴县行政区域内的8个乡镇（街道），即东经116°12′～116°37′，北纬36°1′～36°23′。涉及玫瑰茶、玫瑰酱、玫瑰膏、玫瑰汁、玫瑰酒、玫瑰精油、玫瑰化妆品、玫瑰家纺、玫瑰细胞液、玫瑰超微粉等100多个玫瑰产品，涵盖医药、化工、饮料、酿酒、香料等领域，为平阴玫瑰产业的快速发展注入了新的活力。2011年2月18日，在2010年度全市科技进步暨新型城市建设工作表彰会议上，“平阴玫瑰及图案”地理标志证明获得奖励10万元。

（李秀芝　于瑞东　张　红）

【概况】 金太宗天会七年（1129年）置县，因其处于古济水之北，故名济阳县。位于济南市东北部，面积1076平方公里，辖8个镇，2个街道办事处，46个居民委员会（其中6个社区居民委员会），814个行政村。全县有居民16.35万户，人口55.55万人，其中非农业人口10.17万人。男女性别比为101∶100，人口出生率10.65‰，死亡率8.28‰，自然增长率5.46‰。有回、蒙古、藏、朝鲜、维吾尔等24个少数民族。完成地区生产总值213.48亿元，同比增长12.67%（按可比价格，下同）。其中，第一、二、三产业增加值分别为40.95亿元、125.42亿元和47.68亿元，同比增长分别为8.56%、15.17%和9.64%。三次产业比例为19.1∶58.26∶22.3。人均地区生产总值38430元。

中共县委

书　记　张新文* 祖爱民（女）

副书记　张海波* 王　壮　赵东升* 庞金良

常　委　张新文* 张海波* 祖爱民（女）　王　壮　赵东升* 文东河* 杜爱君（女）　叶维平　王洪忠　刘佩禄　孙战宇　孙良才

刘建章　郭象峥　孙长利　王长军　王秀成

李　莉(女)

县人大常委会

主　任　张新文

副主任　王兆泉　丁德花(女,回族)　王　华(女)

姜荣昌　周登胜

县人民政府

县　长　张海波*王　壮

副县长　文东河*王洪忠　杨玉美(女,回族)

孙良才　任道胜　高继锋

政协县委员会

主　席　骆合清

副主席　王尔迎　杜学增　郭协勇　张学兰(女)

阎传金　卢士平

中共县纪委

书　记　刘建章

县人民法院

院　长　张江涛*温　磊

县人民检察院

检察长　吴　强*马建华(女)

县人民武装部

部　长　曲春生*焦申孝

政　委　孙长利

工　业　实现工业增加值113.15亿元,同比增长17.2%。完成工业投资73.88亿元。规模以上工业企业233家,实现增加值107.21亿元,同比增长19.2%;实现产品销售收入359.92亿元,同比增长27.48%;实现利税42.01亿元,同比增长24.97%;实现利润28.42亿元,同比增长27.93%。高新技术产业企业36家,实现产值61.47亿元,同比增长35.34%。

农业及农村经济　农、林、牧、渔实现总产值79.1亿元,同比增长15.77%;农、林、牧、渔增加值40.9亿元,同比增长8.60%。粮食播种面积77980公顷,同比增长1.1%;总产53.19万吨,同比增长2.1%。棉花4988.3公顷,同比上升0.41%;总产0.56万吨,同比下降0.5%。油料3519.5公顷,同比上升0.23%;总产1.76万吨,同比上升0.9%。水果总产5.41万吨,同比增长0.8%。蔬菜2137.9公顷,同比增长0.38%;总产121.14万吨,同比增长2.7%。肉类产量5.78万吨,禽蛋产量4.63万吨,奶类产量3.89万吨,水产品总产0.9万吨。农业产业化水平进一步提高,新认证无公害农产品8个、绿色农产品8个,有机食品5个,地理标志3个,"曲堤"牌黄瓜获"中国驰名商标"称号。

贸易财政金融　社会消费品零售总额68.09亿元,同比增长17.77%。有城乡商品交易市场62处。实现出口总值9571万美元,同比增长33.4%。新批外资企业2个,合同利用外资额658.8万美元;实际利用外资5515.8万美元,同比下降15.1%。全社会完成固定资产投资119.83亿元,同比增长24.1%,其中城镇及以上单位完成投资90.5亿元,同比增长22.5%。实现地域财政收入15.44亿元,同比增长23.44%,其中地方财政一般预算收入8.01亿元,同比增长28.37%。地方一般预算支出15.84亿元,同比增长21.46%。完成税收14.24亿元,同比增长31.81%。年末,金融机构本币各项存款余额78.77亿元,比年初增加14.53亿元,同比增长22.61%;其中城乡居民储蓄存款余额55.22亿元,比年初增加10.64亿元,同比增长23.86%。金融机构本币各项贷款余额35.73亿元,比年初增加8.01亿元,同比增长28.13%。

交通邮电　公路通车里程1855.26公里。全年客运量752.3万人次,同比增长113.2%;货运量183.1万吨,同比增长58.3%。完成邮电业务总量14215万元,同比增长0.8%。年末固定电话用户13.15万户,同比增长2.5%,移动电话用户14.6万户,同比增长9.7%。宽带网用户1.36万户,同比增长10.9%。

建设环保　年末完成建筑业增加值12.27亿元,同比下降1.0%。资质等级建筑业企业28家。按照"整体提升、重点突出、旧城升级、新区扩容"的思路,新城区拉框架、增绿量,老城区重改造、提形象。本着"稳步发展,量力而行"的原则,以建设"功能完善、特色突出、环境优美、经济繁荣"的宜居、宜商、宜游的园林城市为目标,累计投入资金1.3亿元,硬化城镇道路面积50万平方米,铺设花砖21万平方米,新增绿地26万平方米,铺设排水管道3.4万米,安装路灯1400盏,建设休闲广场8个,共开工建设工业北路道路完善工程、龙海路南段改造提升工程、富阳街改造工程、汇鑫路改造工程、经二路北段改造工程、纬三路东段改造工程、永康街西段完善工程7个。绿化工程完成了正安路北段绿化、新元大街东段绿化、华阳路绿化、银河路北段河道改造绿化提升、泰兴街绿化改造和7处节点建设,新增绿化面积近19万平方米。崔寨镇编制提升片区规划,并列为济南市"十二五"时期重点城镇提升工程乡镇。社区建设稳步推进,在建社区5个,计2797户,崔寨前街社区二期工程640户、孙耿张庙社区200户、济北街道马家社区1000户、回河新庄社区423户、曲堤镇闻韶社区543户。济阳市民中心广场修建性详细规划通过省市专家评审,国家人防办批准立项,土地清障已完成。

教科文卫体　年末全县拥有各类学校43处,其中:职业中专1所,在校生3136人;普通高中2所,在校生8700人;普通初中13所,在校生19200人;小学26所,在校生33600人;特殊教育学校1所,在校生123人。适龄儿童入学率100%。全年共组织企业申报上级各类科技发展计划52项,16项获得立项支持,获得扶持资金500多万元,带动企业科技研发投入8000多万元。全县共申请各类专利260件,其中,发明专利申请58件。发布科技成果600多项,帮助企业实现科技成果转化30项,申报济南市自主创新产品5项,国家级重点新产品1项,全部获得审核通过。申报省级工程技术研究中心3家。公共图书馆1处,群众艺术馆、文化馆9处,档案馆1处。广播、电视人口覆盖率均达到100%。参加农村合作医疗人数达到47.99万人,同比增长3.5%,财政补助资金由每年每人55元提高到60元。有卫生机构14处,其中,县级医院2个,卫生防疫防治机构2所,妇幼保健机构1所,镇街道卫生院9个。各类卫生机构共有床位1148张,卫生技术人员1423人。有县级体育活动场地26处。举办各类运动会31次,参加竞赛的运动员达1.96万人次。参加市级以上体育比赛共获奖牌103枚,其中金牌28枚,银牌32枚。

人民生活　年末,全县从业人员37.24万人。实施就业优先发展战略,城镇新增就业3350人,实现农村富余劳动力转移就业2.6万人,其中新增转移就业9400人。城乡居民保障水平进一步提高。城镇职工基本养老、基本医疗参保人数分别达到4.25万人、3.09万人。农村参加农村合作医疗和农村养老保险人数逐年增加,分别达到47.99万人、21.88万人,同比分别增长3.5%、188.9%。年末,非私营单位在岗职工人数47112人,比上年增加108人,在岗职工平均工资27095元,同比增长38.1%。城镇居民人均可支配收入16627元,同比增长13.7%;人均消费性支出为9307元,同比下降3.3%。农民人均纯收入9507元,同比增长19.6%;人均生活消费支出5029元,同比增长7.2%。

【"曲堤"牌黄瓜获中国驰名商标】　截至年末,曲堤镇发展蔬菜大棚2.5万多个,蔬菜种植总面积约0.65万公顷,新建集科研、育苗、休闲于一体的"曲堤"牌黄瓜研发中心,占地8公顷,5000平方米的育苗温室已投入使用。曲堤镇成立农产品质量安全管理领导小组,建立农产品质量检测中心和配套联动质量检测体系:统一生产规程,规范菜农用肥、用药;对全镇农资店进行行规管理,严格建立健全台账;黄瓜市场配置先进的检测设备,专业人员对进入市场的产品进行抽检。注册"曲堤"商标,统一包装,贴牌销售,大打品牌战略。从2009年开始,连续3年召开"曲堤镇黄瓜生产总结表彰大会暨推介会"。"曲堤"牌黄瓜打入北京、上海等地的肯德基、麦当劳连锁店,产品销往东北、华北、华东地区的50多个城市,并由满洲里出口俄罗斯。2011年在人民大会堂举办的第四届"中国品牌节"上,"曲堤"牌黄瓜获"品牌中国金奖"。

【"欢乐济阳行"获全省农村公共文化服务优秀实践奖】　8~10月,济阳县创新工作思路,走进10个镇(街道)开展"欢乐济阳行"文化广场活动,现场观众20万人次,电视观众60万人次,形成济阳县独具特色的群众文化活动品牌。12月31日,县文广新局在全省文化工作会议上做典型发言,经验在全省推广,并被省文化厅命名为"全省农村公共文化服务优秀实践奖",是济南市10个县(区)中唯一获此殊荣的县。

【被评为"全国食品工业强县"】　围绕打造济南北部新型工业基地的目标,坚持"工业立县"不动摇,县域工业经济规模不断膨胀,全年新增规模以上工业企业38家,总数287家,是全市规模以上企业增加个数最多的县区。全县形成食品饮料、机械装备、电子信息和纺织服装四大主导产业,其中食品饮料产业的发展最为迅猛。近年来济阳县食品工业产值年均增长达30%以上,已成为济阳县最重要的支柱产业和财税来源。截至年底,全县共有食品工业企业142家,其中规模以上食品工业企业52家。全年食品工业企业完成工业总产值70.15亿元,占全县规模以上工业总产值的18.98%;实现销售收入66.87亿元,占全县规模以上工业销售收入的19.3%。逐步形成了行业门类齐全、产品质量较高、经济效益较好的食品工业体系,涵盖农副食品加工业、食品制造业、饮料制造业、食品包装业等行业,其中,食品制造业、饮料制造业在全国具有较强的竞争优势。食品加工产业主导产品为休闲食品、乳饮料、饼干、咖啡、糕点、方便食品(饮品)、植物油、畜产品加工、面粉、大米等。11月18日,在"2011第五届中国(山东)国际糖酒食品交易会"开幕式上,济阳县被中国食品工业协会评为"全国食品工业强县",是全市首个获此称号的县区,也是继6月29日全省首个食品工业基地在济阳揭牌后,济阳县获得的又一殊荣。

【统一集团项目开工建设】　8月17日,济南统一企业有限公司奠基仪式在济阳县举行。济南统一企业有限公司由台湾统一集团投资建设,项目总投资1亿美元,注册资本3000万美元。项目规划建设2条无菌饮料生产线,2条制瓶生产线,4条方便面生产线及办公楼等附属设施,一期建筑面积约12万平方米。

【获省粮食生产先进县称号】　把粮食生产作为重点工作来抓,积极落实各项惠农政策,调动农民种粮积极性,促进粮食增产增收。加强粮食生产的技术指导,推广各种粮食高产栽培技术,尤其是在遭遇2009年小麦冻害、2010年玉米涝灾、2011年小麦春季特大旱灾的情况下,实现灾年粮食产量不减反增。通过实施标准粮田项目、测土配方施肥项目、粮食高产创建项目,提高了全县粮食生产的现代化水平,为粮食增产奠定基础,到2011年实现了粮食产量九连增。2011年被评为全省粮食生产先进县。

(张思涛)

商河县

【概况】　因有滴河水流经取名滴河县,1086年改为商河县。位于济南市东北部,面积1162平方公里,辖7镇、4乡、1个办事处,948个行政村,15个居委会。全县18.26万户,62.52万人,其中非农业人口20.98万人,男女性别比为102.34:100,人口出生率14.55‰,自然增长率8.13‰。有回族等17个少数民族,人口11500人。国内生产总值113.2亿元,比上年增长13.6%,其中第一、二、三产业增加值分别为36.1亿元、42.5亿元、34.6亿元,分别比上年增长8.5%、15.4%、16.9%。三次产业比例31.9:37.5:30.6。人均国内生产总值18176元，比上年增长13.0%。

中共县委

书　记　李宽端* 姜　涛

副书记　姜　涛* 孙　斌　邵登功* 张　军

常　委　李宽端* 姜　涛　孙　斌　邵登功* 陶加强*
李方金* 张　军　路来良　任立新* 牛力强
高连东　吴忠胜　郭志强* 韩　英(女)
李冬利　宋玉金　王玉忠

县人大常委会

主　任　信德增

副主任　王成宝　刘学军　于广福　吕丙翠(女)　徐金忠

县人民政府

县　长　姜　涛* 孙　斌(代)

副县长　陶加强* 李方金　郭志强* 魏时光　王　科*
韩　英(女)　李冬利　马学凯　张云雷

政协县委员会

主　席　王兴怀

副主席　满长山　张立森　贾生高　王在朋　任道庆
康建华(女)

中共县纪委

书　记　牛力强

县人民法院

院　长　白　龙* 刘文明(代)

县人民检察院

检察长　曲立春* 杜新雷(代)

县人民武装部

部　长　陈广斌

政　委　吴忠胜

工　业　2011年全县工业增加值完成35.1亿元，可比增长18.7%。规模以上工业企业114家，过亿元企业达到15家，实现主营业务收入102.7亿元，增长38.9%；实现利税7.5亿元，增长21.8%；实现利润4.0亿元。经济效益综合指数257.85%，比上年提高16.32个百分点。资产贡献率28.8%，产品销售率97.64%，全员劳动生产率194499元/人，流动资金周转2.97次。

农业及农村经济　全年农牧渔业实现总产值63.3亿元，比上年增长12.1%，农业增加值36.1亿元，增长8.5%，其中农、林、牧、渔业增加值分别为24.5亿元、0.8亿元、8.3亿元、0.5亿元。农作物播种面积13.7万公顷，其中粮食作物播种面积10.8万公顷，经济作物播种面积2.9万公顷。粮食总产量77.4万吨，棉花总产0.9万吨，蔬菜总产93.0万吨，肉类总产8.1万吨，禽蛋总产3.0万吨，奶类总产0.6万吨，水产品总产1.0万吨。农业机械总动力88.8万千瓦。全年完成造林2466.7公顷，其中用材林和防护林2133.3公顷，经济林300余公顷。全县农村自来水普及率达到100%。新建乡村公路38公里，新建沼气池2547个。

贸易财政金融　社会消费品零售总额47.8亿元，比上年增长17.8%。市场建设实现新突破，全县各类市场发展到2726处，其中专业市场11处，集贸市场88处。新发展个体工商户2274户，累计达到11299户；新增民营企业204家，累计达到859家。批准设立外资企业6家，拥有自营出口权的企业33家，有出口实绩的企业20家，全年实现外贸进出口总额8555万美元，增长46.7%，合同外资额11862万美元，增长320.7%，实际利用外资1493.8万美元，增长0.7%。地方财政一般预算收入实现4.4亿元，比上年增长26.1%。年末全社会金融机构各项存款余额70.8亿元，年末各项贷款余额43.7亿元，分别比上年增长20.2%和29.9%。

交通邮电　全县公路通车总里程达2200.3公里，拥有汽车22379辆，其中大型车2390辆，小型车19989辆。交通运输车辆3964辆，年货运量28121.45万吨，年客运量622万人次。邮政业务收入2198万元，电信业务收入5387万元。固定电话达到8.098万部，移动电话用户35.22万户，互联网用户28779户。

建设环保　完成全社会固定资产投资44.5亿元，比上年增长34.2%。城区管道天然气安装工程新增用户545户，总户数达到8740户，实现安全供气2000万立方米。全县建筑业总产值7.98亿元，实现利税11457万元。环境保护总投资1320万元，工业废水排放达标率98%，工业烟尘达标率99%。城区主要道路保洁率达到100%，绿化覆盖率41.26%，人均占有公共绿地面积12.64平方米。

教科文卫体　全县有各级各类学校104所，其中，小学81所，普通中学21所，教师进修学校、职业中专各1所。共有在校生70004人，其中小学41476人、初中19168人、高中7850人，专任教师5329人。成人教育机构2处，专任教师197人。幼儿园206所，在园幼儿15891人，在任教师869人。3岁以上幼儿入园率达到88.7%，适龄儿童入学率100%。小学、初中在校生巩固率分别为100%和99.2%，初中、高中毕业升学率分别为86%和81%。全县小学、初中、高中专任教师学历达标率分别达到99.52%、94.07%、99.99%。共组织各类科技计划24项，其中省级3项、市级14项。推广科技成果10项，其中1项获省科技进步奖，2项获市科技进步奖，专利申请量166件，专利授权量63件。有专业表演艺术团体1个，公共图书馆、文化馆、档案馆、影剧院各1处。全县共有文体活动站点12处，全县新建立文体大院39个、社区文化中心4个。有各类卫生机构297所，其中医院、卫生院16所，卫生防疫防治机构1所，妇幼保健机构1所。各类卫生机构共有床位1169张，卫生从业人员1701人，乡村卫生室256处，乡村医生927人。有标准体育场1处。参加市级以上比赛共获奖牌12枚，其中金牌5枚、银牌2枚、铜牌5枚。

人民生活　城镇居民人均可支配收入14562元，比上年增长12.2%；人均消费性支出9233元，增长10.5%；人均住房使用面积35.7平方米。农村居民人均纯收入8369元，增长20.4%；

人均生活消费支出4981元，增长14.2%。参加新型农村合作医疗农民52.45万人。全县城乡最低生活保障救助19544人，其中，城镇低保2830人，农村低保16714人。全县有敬老院12处，集中供养五保对象1418人。

【济乐高速公路商河段开工】 7月18日，济乐高速公路商河段开工仪式在怀仁镇举行。济乐高速公路商河段全长33.08公里，途经商河县殷巷镇、怀仁镇、张坊乡、贾庄镇、玉皇庙镇，设服务区、监控管理中心各一处。连接线两条，其中商河连接线长6.2公里，商河经济开发区连接线长5.8公里。主线工程项目分为五、六、七3个标段，率先开工的为第六标段。

【饮水安全工程】 10月2日，商河县饮水安全工程在白桥乡原张老五水厂处正式开工建设，全县饮水安全工程全面启动。该工程自2006年实施，全县963个村(居)全部通水至村头，农村自来水入村率100%，入户率95.8%，城乡供水一体化率达40%。按照规划，2011年底全县城乡供水一体化率达到70%，2013年底全面实现城乡供水一体化。2011年商河县计划投资2223万元，通过开源水厂和清源水厂实施管网延伸，解决玉皇庙、白桥、郑路、贾庄、张坊5个乡镇的饮水安全问题。2010年冬季，玉皇庙镇相关工作已先期完成。2011年完成白桥、郑路、贾庄、张坊4个乡镇的饮水安全工程。分两期实施。一期工程是将郑路镇光明水厂、杨家水厂、展家水厂、白桥乡丁赵水厂、林场水厂5处已建成的水厂管网延伸，分别与清源、开源两个水厂实现并网连接，需铺设管网38000米，概算总投资1100万元。二期工程涉及贾庄和张坊两个乡镇，以清源水厂为供水水源实施管网延伸。

【依托5项工程壮大林业经济】 ①经济林基地建设工程。发展黄金梨、薄壳核桃、金丝魁王枣等特色经济林基地约0.17万公顷，经济林面积约0.27万公顷，年产果品4.8万吨，年产值近2亿元。②花卉苗木基地工程。依托地热资源，大力发展温泉花卉特色产业，园林花卉育苗500公顷，年产绿化苗木花卉1000余万株，年产值约3000万元。③林下种植(养殖)工程。形成林下种植留兰香、食用菌，林下养兔、养鸡、养狐等综合种养模式，总面积约0.1万公顷，年增产值近4900万元。④林产品加工和制造业工程。全县已发展木材加工企业213个，年产值约1亿元。⑤驯化果品良种工程。形成以石榴、核桃、柿子、葡萄等为主的经济林良种驯化园，建设基地约33公顷。

【发展温泉经济促进经济发展跨越转型】 温泉旅游业发展迅速。以温泉基地为中心，开发了独具特色的温泉旅游线路，全年旅游人数超过5万人次。依托温泉资源大力发展特色农业。济南乡村绿洲有限公司建成3万平方米的现代化智能花卉温室，年培育文心兰、蝴蝶兰、红掌等名贵花卉30余万盆、切花3万余枝；现代农业科技示范园建设了占地3300平方米的育苗温室，年繁育各类蔬菜种苗1000万株以上。以温泉项目建设助推产业升级。作为省、市重点服务业建设项目的温泉国际项目总投资50亿元，按照国家4A级以上旅游景区的规划定位建设温泉度假、商务办公、文化休闲、健康养生等六大功能区，有力推进全县经济从传统农业到高端服务经济的跨越转型。

(陈丽梅 于进东)

责任编校 宣 涛

人 物

新任领导人

王 敏 1956年11月生，男，汉族，山东济阳人，大学学历，1974年6月参加工作，1975年11月加入中国共产党。现任山东省委常委、秘书长，济南市委书记。

1974.06～1975.12 聊城县曹庄大队知青、二小队副队长；1975.12～1976.03 聊城县曹庄大队党支部副书记；1976.03～1978.02聊城县朱老庄公社党委委员、革委会副主任；1978.02～1982.01山东师范大学政治系政治专业学生；1982.01～1982.09 省委调研室工业处干部；1982.09～1984.02 省委调研室财贸处干部；1984.02～1986.08 省委研究室经济处正科级秘书；1986.08～1987.02 省委研究室经济处副处级秘书；1987.02～1988.11 省委研究室经济处副处长；1988.11～1990.03 省委研究室城市经济处副处长（正处级）；1990.03～1991.12 省委研究室综合处处长；1991.12～1993.03 省委办公厅秘书二室主任；1993.03～1995.08 省委办公厅副厅级秘书兼综合二室主任；1995.08～1998.06 省委办公厅副主任；1998.06～1999.08 省委副秘书长、办公厅副主任；1999.08～2004.12 省委副秘书长兼政策研究室主任；2004.12～2005.01 省委常委、副秘书长兼政策研究室主任；2005.01～2005.03省委常委、宣传部部长，省委副秘书长兼政策研究室主任；2005.03～2006.10 省委常委、宣传部部长；2006.10～2011.12 省委常委、秘书长；2011.12～省委常委、秘书长，济南市委书记。

八、九届省委委员，九届济南市委委员。

杨鲁豫 1957年3月生，男，汉族，山东莒县人，在职研究生学历，工学博士，1974年4月参加工作，1985年7月加入中国共产党。现任济南市委副书记、市政府党组书记。

1974.04～1978.03 河南省襄城县孙祠公社下乡知青；1978.03～1982.01 哈尔滨建筑工程学院建筑工程系工业与民用建筑专业学习；1982.01～1984.03 国家城乡建设环境保护部人事教育局干部；1984.03～1985.03 重庆建筑大学教务处办公室主任；1985.03～1985.08 国家城乡建设环境保护部人事教育局科长；1985.08～1987.07 哈尔滨建筑工程学院建筑经济与管理专业硕士研究生；1987.07～1988.08 国家建设部办公厅秘书、主任科员；1988.08～1989.10 国家建设部办公厅副处级秘书；1989.10～1991.05 国家建设部村镇建设司办公室副主任；1991.05～1992.11 国家建设部村镇建设司综合处处长、办公室主任；1992.11～1995.01 挂职任东营市副市长；1995.01～1995.08国家建设部村镇建设司副司长，挂职任东营市副市长；1995.08～1997.12 东营市委常委、副市长；1997.12～1999.05 省建委副主任、党组副书记；1999.05～2001.09 国家建设部城市建设司司长；2001.09～2003.05 国家建设部标准定额司司长（1998.06～2002.06 哈尔滨工业大学环境科学与技术专业博士研究生）；2003.05～2007.04 济南市委副书记、副市长，市政府党组副书记；2007.04～2008.02 济南市委副书记；2008.02～2009.01泰安市委书记、市委党校校长；2009.01～2011.12 泰安市委书记、市人大常委会主任、市委党校校长；2011.12～济南市委副书记，市政府党组书记。

九届泰安市委委员，八、九届济南市委委员。

孙晓刚 1958年9月生，男，汉族，山东苍山人，大学学历，1975年12月参加工作，1985年12月加入中国共产党。现任济南市委常委、副市长,市政府党组副书记。

1975.12~1978.02 山东中医学院教材科职工;1978.02~1982.01 山东海洋学院海洋化学系海洋化学专业学习;1982.01~1984.12 济南市环境监测站(环保科研所)助理工程师;1984.12~1985.11 济南市环境监测站(环保科研所)水质室主任;1985.11~1989.01 济南市环境监测站(环保科研所)综合室主任;1989.01~1991.12 济南市环境监测站(环保科研所)站长(所长);1991.12~1993.12 济南市环保局科研监测处处长兼市环境监测站(环保科研所)站长(所长);1993.12~1998.03 济南市环境监测站(环保科研所)站长(所长);1998.03~2001.01 济南市环保局副局长、党组成员(其间:1998.09~1999.07 在省委党校第九期中青年干部培训班学习;2000.03~2001.01挂职任平阴县委副书记);2001.01~2001.03 平阴县委书记(原副局级待遇不变);2001.03~2002.12 平阴县委书记兼县委党校校长;2002.12~2003.02 济南市委市直机关工委书记;2003.02~2004.11 济南市政府秘书长、党组成员,市政府办公厅党组书记;2004.11~2004.12 济南市政府市长助理、秘书长、党组成员,济南高新技术产业开发区管委会党委书记;2004.12~2005.02济南市政府市长助理、秘书长、党组成员,济南高新技术产业开发区管委会主任(济南市副市级)、党委书记;2005.02~2006.09 济南市政府市长助理、党组成员,济南高新技术产业开发区管委会主任(济南市副市级)、党(工)委书记;2006.09~2006.12 济南市委秘书长兼市委市直机关工委书记、济南高新技术产业开发区管委会主任(济南市副市级);2006.12~2007.04 济南市委秘书长兼市委市直机关工委书记(济南市副市级);2007.04~2010.07 济南市委常委、市委秘书长兼市委市直机关工委书记;2010.07~2011.06 济南市委常委、市委秘书长;2011.06~济南市委常委、副市长、市政府党组副书记。

八、九届济南市委委员。

张宗祥 1955年1月生,男,汉族,山东章丘人,中央党校研究生学历,管理学博士,1974年10月参加工作,1976年6月加入中国共产党。现任济南市委常委、副市长,市政府党组副书记。

1974.10~1976.10 章丘县学大寨工作组副组长;1976.10~1984.02 章丘县埠村公社曹范管区党总支委员、南曹范村党支部书记;1984.02~1985.09章丘县南曹范乡党委书记;1985.09~1989.11章丘县曹范乡乡长;

1989.11~1992.10 章丘县曹范乡党委书记;1992.10~1992.11 章丘市曹范乡党委书记[副市(县)级];1992.11~1993.01 章丘市计划委员会党委副书记;1993.01~1995.01 章丘市副市长(其间:1993.12~1995.01 济南市下派办副主任、商河县委副书记);1995.01~1997.12 济阳县委副书记、县长(1993.08~1995.12 在中央党校函授学院本科班经济管理专业学习);1997.12~1998.01济阳县委书记、县长;1998.01~1998.05 济阳县委书记;1998.05~2001.01 济阳县委书记兼县委党校校长;2001.01~2001.02 济南市政府党组成员;2001.02~2011.05 济南市副市长、市政府党组成员(其间:2003.09~2004.01在中央党校地厅级干部第41期进修班学习;2004.03~2006.01 在中央党校在职研究生班经济管理专业学习;2005.03 在天津大学管理科学与工程专业取得管理学博士学位);2011.05~2011.06 济南市委常委、副市长,市政府党组成员;2011.06~济南市委常委、副市长,市政府党组副书记。

七、八、九届济南市委委员。

刘　杰 1956年10月生,男,汉族,山东高青人,中央党校大学学历,1970年12月参加工作,1976年5月加入中国共产党。现任济南市委常委、政法委书记。

1970.12~1977.03 部队服役;1977.03~1978.05 章丘县邮电局职工;1978.05~1984.08章丘县公安局内勤、治安股副股长;1984.08~1986.07 济南市人民警察学校学习;1986.07~1988.06章丘县公安局秘书科科长;1988.06~1991.10 章丘县公安局副政委;1991.10~1994.11 章丘县公安局局长、党组书记(其间:1990.10~1992.06 在山东公安专科学校公安管理专业学习);1994.11~1995.11 章丘市公安局局长、党委书记;1995.11~1998.05 章丘市委常委、政法委书记兼市公安局局长、党委书记;1998.05~2001.07 济南市公安局副局长、党委委员;2001.07~2003.06 济南市公安局副局长、党委副书记、巡视员(1999.08~2001.12 在中央党校函授学院本科班经济管理专业学习);2003.06~2003.10 临沂市公安局局长、党委书记(副厅级);2003.10~2008.02

临沂市副市长，市公安局局长、党委书记（其间：2005.09～2007.07在中国政法大学法学院法学专业研究生班学习）；2008.02～2011.05济南市副市级干部，市公安局局长、党委书记；2011.05～2011.06济南市委常委，市公安局局长、党委书记；2011.06～2011.12济南市委常委、政法委书记，市公安局局长、党委书记；2011.12～济南市委常委、政法委书记。

十一届临沂市委委员，九届济南市委委员。

陈　勇　1960年1月生，男，汉族，山东淄博人，省委党校研究生学历，经济学硕士，1980年1月参加工作，1986年4月加入中国共产党。现任济南市委常委、秘书长、组织部部长。

1978.01～1980.01淄博师范学校学习；1980.01～1982.07淄博矿务局双沟煤矿学校教师、团支部书记；1982.07～1985.09淄博矿务局团委干事；1985.09～1987.06山东师范大学政治系干部专修科思想政治教育专业学习；1987.06～1988.07淄博矿务局团委宣传部副部长；1988.07～1989.07共青团淄博市委办公室副主任；1989.07～1991.05淄博市委办公室副科级秘书；1991.05～1993.04淄博市委办公室正科级秘书；1993.04～1993.07淄博市委办公室副主任；1993.07～1995.02淄博市委办公厅副主任；1995.02～1997.06淄博市委副秘书长、办公厅副主任（1993.09～1996.06在南开大学经济学院政治经济学专业学习，获经济学硕士学位）；1997.06～2001.04淄博市委副秘书长兼党史委主任；2001.04～2002.12淄博市委副秘书长、办公厅主任；2002.12～2006.12淄博市周村区委书记（2001.08～2003.12在中央党校干部业余本科班法律专业学习）；2006.12～2007.03桓台县委书记；2007.03～2011.05淄博市委常委、桓台县委书记（2004.09～2007.06在省委党校在职干部研究生班经济管理专业学习）；2011.05～2011.06济南市委常委；2011.06～2011.12济南市委常委、秘书长；2011.12～济南市委常委、秘书长、组织部部长。

九、十届淄博市委委员，九届济南市委委员。

孟祥桓　1954年11月生，男，汉族，山东章丘人，省委党校大学学历，1972年8月参加工作，1976年10月加入中国共产党。现任济南市人大常委会副主任、党组成员。

1972.08～1973.08章丘县郑家寨学校教师；1973.08～1975.08在章丘师范学校学习；1975.08～1976.02章丘县明水镇王白中学教师；1976.02～1976.08章丘县官庄乡台头村教师；1976.08～1977.02章丘县普集公社党委秘书；1977.02～1983.06章丘县委宣传部秘书；1983.06～1985.06在曲阜师范学院干部专修科中文专业学习；1985.06～1985.08章丘县委宣传部秘书；1985.08～1986.12章丘县委宣传部副部长；1986.12～1987.03章丘县官庄乡党委副书记；1987.03～1989.03章丘县官庄乡党委副书记、乡长；1989.03～1990.03章丘县旭升乡党委书记；1990.03～1991.12章丘县埠村镇党委书记；1991.12～1992.04省人大常委会研究室科员；1992.04～1992.11省人大常委会研究室综合处主任科员；1992.11～1996.12省人大常委会研究室综合处助理调研员；1996.12～1998.04省人大常委会研究室综合处调研员（1995.09～1997.12在省委党校业余本科班经济管理专业学习）；1998.04～2001.05济南市政府办公厅副主任；2001.05～2006.09济南市对外贸易经济合作局局长、党委书记；2006.09～2007.12济南市历下区委书记兼区委党校校长；2007.12～2010.12济南市历下区委书记、区人大常委会主任兼区委党校校长；2010.12～2011.01济南市人大常委会党组成员、历下区人大常委会主任；2011.01～2011.02济南市人大常委会党组成员；2011.02～济南市人大常委会副主任、党组成员，市人大法制委员会主任委员、城乡建设环境保护委员会主任委员。

九届济南市委委员，十一届济南市政协委员。

宋玉国　1955年10月生，男，汉族，山东宁津人，省委党校研究生学历，1971年12月参加工作，1984年6月加入中国共产党。现任济南市人大常委会副主任、党组成员。

1971.12～1979.11济南机床铸造厂工人、班组长、工段长、车间调度兼厂团总支副书记；1979.11～1984.12济南汽车铸造厂团总支副书记、书记；1984.12～1986.08济南汽车制造总厂团委副书记；1986.08～1987.09济南汽车制造总厂团委书记；1987.09～1989.07在山东大学干部专修科经济管理系经济管理专业学习（任学生党支部书记）；1989.07～1989.09济南汽车制造总厂团委书记；1989.09～1993.10济南汽车制造总厂发动机厂党委书记（其间：

1989.09～1992.07在中央党校函授学院本科班经济管理专业学习)；1993.10～1994.01商河县科技副县长，济南汽车制造总厂发动机厂党委书记；1994.01～1995.03商河县科技副县长；1995.03～1996.02商河县委常委、副县长；1996.02～1996.12商河县委常委、副县长(正县级)；1996.12～1997.02商河县委副书记、代理县长(1994.09～1997.01在省委党校在职研究生班政治学专业学习)；1997.02～1997.12商河县委副书记、县长；1997.12～1998.01商河县委书记、县长；1998.01～1998.05商河县委书记；1998.05～2001.01商河县委书记兼县委党校校长；2001.01～2001.07济南市委工交工委书记、市经委主任；2001.07～2008.01济南市经委主任、党委书记；2008.01～2011.02济南市委党校党委书记、常务副校长，市行政学院院长、市社会主义学院院长；2011.02～2011.03济南市人大常委会副主任、党组成员，市委党校党委书记、常务副校长，市行政学院院长、市社会主义学院院长，市人大教育科学文化卫生委员会主任委员、农村经济委员会主任委员；2011.03～济南市人大常委会副主任、党组成员，市人大教育科学文化卫生委员会主任委员、农村经济委员会主任委员。

七、八、九届济南市委委员，十一、十二届济南市政协常委。

李宽端　1963年10月生，男，汉族，山东青岛人，省委党校研究生学历，高级管理人员工商管理硕士，1985年7月参加工作，1985年7月加入中国共产党。现任济南市副市长、市政府党组成员。

1983.09～1985.07青岛机械工业学校机械制造工艺专业学习；1985.07～1990.01崂山县劳动局办事员(其间：1988.07～1990.01挂职任中韩镇经委副主任)；1990.01～1992.12青岛市崂山区惜福镇副镇长、经委主任；1992.12～1993.06青岛市崂山区惜福镇党委委员、副镇长、经委主任；1993.06～1994.06青岛市崂山区惜福镇党委副书记、镇长；1994.06～1995.10青岛市城阳区外经委主任；1995.10～1998.01青岛市城阳区红岛镇党委书记(1994.09～1996.12在省委党校业余本科班涉外经济管理专业学习)；1998.01～2000.01青岛市城阳区副区长(其间：1998.09～1998.10在新加坡南洋理工大学学习)；2000.01～2001.09即墨市副市长(1997.09～2000.06在省委党校在职研究生班政治学专业学习)；2001.09～2002.12即墨市委常委、副市长；2002.12～2003.01即墨市委副书记、代市长；2003.01～2006.12即墨市委副书记、市长(其间：2004.06～2005.10在南开大学工商管理专业学习，2005.12获高级管理人员工商管理硕士学位)；2006.12～2007.01商河县委书记；2007.01～2011.05商河县委书记、县委党校校长；2011.05～2011.06济南市副市长；2011.06～济南市副市长、市政府党组成员。

九届济南市委委员。

冯光文　1956年11月生，男，汉族，山东济南人，在职大学学历，高级管理人员工商管理硕士，1978年6月参加工作，1975年12月加入中国共产党。现任济南市政协副主席、党组成员，市科技局局长、党组书记兼市创新型城市建设推进委员会办公室主任。

1975.08～1977.10历城县遥墙公社朝阳村生产队队长、党支部书记；1977.10～1978.03历城县遥墙公社鸭旺口管区党总支副书记、朝阳村党支部书记；1978.03～1978.06历城县遥墙公社鸭旺口管区党总支副书记；1978.06～1978.12历城县遥墙公社鸭旺口管区党总支副书记、副主任；1978.12～1980.06历城县遥墙公社党委组织干事；1980.06～1983.09历城县遥墙公社党委组织委员；1983.09～1985.07在山东农业大学干部专修科农学专业学习；1985.07～1985.11历城县遥墙区委副书记、区长；1985.11～1987.02历城县遥墙镇党委副书记、镇长；1987.02～1990.02济南市历城区遥墙镇党委书记；1990.02～1992.12济南市历城区洪家楼镇党委书记；1992.12～1993.01济南市历城区委常委、洪家楼镇党委书记；1993.01～1998.01济南市历城区委常委、区委办公室主任(其间：1993.08～1995.12在中央党校函授学院本科班经济管理专业学习)；1998.01～2001.01济南市历城区委副书记、副区长、代理区长、区长(其间：1999.03～1999.06在国家行政学院第五期“社会主义市场经济”进修班学习)；2001.01～2001.05济南市科委副主任(正局级)、党组副书记(1999.05～2001.05在山东大学经济学院政治经济学专业研究生课程进修班学习)；2001.05～2006.10济南市科技局局长、党组书记(其间：2003.09～2005.07在南开大学现代远程教育学院本科班工商管理网络教育专业学习，2005.12获高级管理人员工商管理硕士学位)；2006.10～2011.02济南市科技局局长、党组书记兼市创新型城市建设推进委员会办公室主任；2011.02～济南市政协副主席、党组成员，市科技局局长、党组书记兼市创新型城市建设推进委员

会办公室主任。

八、九届济南市委候补委员，十一、十二届济南市政协常委。

金德岭　1962年11月生，男，回族，山东济南人，大学学历，1985年7月参加工作，2006年12月加入中国民主促进会，现任济南市政协副主席，市规划局副局长，民进中央委员、山东省委副主委、济南市委主委。

1981.09～1985.07山东建筑工程学院建筑系城市规划专业学习；1985.07～1987.04济南市规划设计室干部；1987.04～1991.11济南市规划设计研究院干部（1986.09～1989.07在山东师范大学夜大专科班中文专业学习）；1991.11～1994.11济南市规划设计院规划一室副主任；1994.11～1995.08济南市城市规划信息中心主任助理（正科级）；1995.08～1995.09济南市城市规划信息中心副主任（副县级）；1995.09～1998.01济南市城市规划信息中心副主任兼综合部主任；1998.01～2002.06济南市槐荫区副区长；2002.06～2006.12济南市规划局副局长；2006.12～2007.05济南市规划局副局长，民进济南市委副主委；2007.05～2007.12济南市规划局副局长，民进济南市委主委；2007.12～2009.04济南市规划局副局长，民进中央委员、济南市委主委；2009.04～2011.02济南市规划局副局长，民进中央委员、山东省委副主委、济南市委主委；2011.02～济南市政协副主席，市规划局副局长，民进中央委员、山东省委副主委、济南市委主委。

九、十届省政协常委，十届济南市政协委员，十一、十二届济南市政协常委。

赵家军　1961年5月生，男，汉族，山东邹城人，在职研究生学历，医学博士，主任医师，1977年8月参加工作，2004年8月加入中国致公党。现任济南市政协副主席，致公党山东省委副主委、济南市委主委，山东省立医院副院长、内分泌科主任。

1977.08～1979.06邹城市中心公社知青；1979.06～1979.09邹城市药材公司工人；1979.09～1983.07泰山医学院医学系医疗专业学习；1983.07～1989.08泰山医学院附属医院内科医师；1989.08～1994.08上海第二医科大学内分泌专业学习（1994.06获医学博士学位）；1994.08～1996.12泰山医学院附属医院主治医师；1996.12～2000.07山东省立医院内分泌科副主任医师；2000.07～2001.05山东省立医院科教处副主任（正科级）、内分泌科副主任医师；2001.05～2002.03山东省立医院科教处副主任（正科级）、内分泌科主任医师；2002.03～2007.05山东省立医院科教处副主任（正科级）、科技外事处副处长、大内科副主任、内分泌科主任；2007.05～2011.02山东省立医院科技外事处副处长、大内科副主任、内分泌科主任，致公党山东省委副主委、济南市委主委；2011.02～2011.09济南市政协副主席，山东省立医院科技外事处副处长、大内科副主任、内分泌科主任，致公党山东省委副主委、济南市委主委；2011.09～2011.10济南市政协副主席，山东省立医院副院长、科技外事处副处长、大内科副主任、内分泌科主任，致公党山东省委副主委、济南市委主委；2011.10～济南市政协副主席，山东省立医院副院长、内分泌科主任，致公党山东省委副主委、济南市委主委。

八届省政协委员，九届省政协常委，十届省政协委员，十二届济南市政协常委。

刘新云　1962年9月生，男，汉族，山东淄博人，省委党校大学学历，经济学硕士，1981年7月参加工作，1984年5月加入中国共产党。现任济南市副市级干部，市公安局局长、党委书记。

1979.09～1981.07山东省公安学校学习；1981.07～1983.03淄博市公安局二处办事员；1983.03～1984.05淄博市公安局淄川分局西关派出所民警；1984.05～1985.03淄博市公安局刑警大队机动队民警、副队长；1985.03～1989.07淄博市公安局副科级侦察员（其间：1986.02～1987.09挂职任淄博市淄川区东坪乡经委副主任；1987.09～1989.07在中国人民警官大学交通管理工程系干部专修科交通管理工程专业学习）；1989.07～1993.07淄博市公安交警支队副大队长、副科长、大队长；1993.07～1994.07淄博市公安交警支队副支队长兼张店大队大队长（副县级）；1994.07～1995.05淄博市公安局张店分局局长；1995.05～1997.07淄博市公安局副局长兼张店公安分局局长；（1993.09～1996.12在南开大学政治经济学院在职研究生班政治经济学专业学习）；1997.07～1999.03淄博市公安局副局长兼巡警支队政委；1999.03～2001.03淄博市公安局副局长、党委副书记兼巡警支队政委；2001.03～2002.12淄博市公安局副

局长、党委副书记兼巡警支队政委、市委610办公室副主任；2002.12～2003.12淄博市公安局政委、党委副书记兼市委610办公室副主任；2003.12～2005.12淄博市公安局政委、党委副书记；2005.12～2008.12菏泽市政府党组成员、市长助理，市公安局局长、党委书记（副市级）（2004.09～2006.12在省委党校业余本科班法律专业学习）；2008.12～2011.12菏泽市副市长、市政府党组成员，市公安局局长、党委书记；2011.12～济南市副市级干部，市公安局局长、党委书记。

十一届菏泽市委委员，淄博市第八、九次党代会当选为淄博市纪委委员，九届淄博市政协委员。

（市委组织部）

宁长军　男，40岁，汉族，中共党员，中国重汽济南卡车股份有限公司车身厂涂装一车间高级技师，山东省首席技师，2011年4月获全国五一劳动奖章。爱岗敬业、勤奋钻研，练就一身过硬的本领，是职工中的技术权威、电器设备维护的行家里手。采用模块分解、综合分析、系统解决的办法对制约生产的设备进行革新和技术改造。先后主持改造了HOWO－A7涂装线、HOWO驾驶室底漆生产线、驾驶室涂装线烘干室加热控制系统、滑橇输送系统、产能质量系统等技术改造项目。这些项目极大地降低了一线员工的劳动强度，大幅度提升了中国重汽产品质量和生产效率，为企业创造了上千万元的经济效益。毫无保留地将自己多年来的经验和绝技传授给他人，培养的徒弟已成为生产线上的骨干力量，多次获公司"导师带徒"能手称号。用自己的过硬本领为企业作出突出贡献，用高尚的人品影响和带动周围的职工，所带工段被评为济南市工人先锋号。先后被评为济南市建功立业标兵、济南市劳动模范、济南市首席技师、山东省有突出贡献技师、山东省首席技师、山东省劳动模范、全国机械工业突出贡献技师，并获济南市五一劳动奖章。

李慧敏　女，36岁，汉族，中共党员，济南市公共交通总公司43路驾驶员，2011年4月获全国五一劳动奖章。始终坚持"心系乘客、服务一流"的服务理念，把乘客的安全作为自己营运驾驶的首要任务，将"让乘客满意"作为工作的奋斗目标。针对43路途经火车站、大观园等人流密集区，乘客上下车比较匆忙这一特征，设计制作了温馨提示牌，并用口语提醒广大市民携带好自己的物品。遇到行动不便的老年乘客、小孩时，尽量把车停靠在他们面前，停稳车帮助他们上车并安排他们坐下。在总公司"星级管理、星级服务"工作中，每月都被评为五星级驾驶员，被广大乘客推选为"十大微笑服务明星"。每逢节假日还到社区看望"五保"老人，帮助他们打扫卫生，送去必需的物品，被社区居民称为"'五保'老人的亲闺女"。2006年12月22日，李慧敏在运行中突遭持刀歹徒威胁，面对突如其来的险情，一边机智地稳住歹徒情绪，一边趁机打开车门，疏散乘客；穷凶极恶的歹徒将砍刀架在她脖子上并乘机争抢方向盘，危急中她与歹徒展开了殊死搏斗，并与随后赶到的公安民警一起制服歹徒。先后被评为济南市见义勇为先进分子、感动泉城十佳人物、济南市文明市民标兵、济南市道德模范、山东省见义勇为先进分子、山东省道德模范，并获全国见义勇为司机奖。

李洪振　男，32岁，汉族，中共党员，济南市公安局交通警察支队历下大队奥运片区中队民警，2011年4月获全国五一劳动奖章。立足本职岗位，勤于思考，通过不断摸索、实践和总结，形成一整套规范执勤执法的工作思路，实现了执勤规范化、执法人性化、服务细节化的工作目标，成为一线公安交通管理工作中的行家里手和典型标兵。依托对交通管理的线型网状管控模式的科学研判，创新路口放行模式，提高了辖区的通行效率。他综合考虑"人、事、时、地"四要素，通过管、教并举措施，确保执法效果与社会效果的有机统一，实现了人性化执法的目标，营造出良好的执法氛围和和谐的警民关系。总结出交通事故快速处理的"三快一满意"工作法，即：快速到达事故现场、协调事故双方当事人在达成初步协议的前提下快速撤除事故现场、提高工作效率快速准确地做出交通事故责任认定处理，将交通事故对道路畅通的影响降到最低，实现交通事故双方当事人都满意的目标。被评为山东省劳动模范。

王忠伟　男，27岁，汉族，济南金海岸旅游汽车出租有限公司驾驶员，2011年4月获全国五一劳动奖章。满腔热忱地为广大乘客服务，始终以"一切为了乘客方便"为服务宗旨。遇到包裹多或年长、病弱者必定将他们送至家中，可当乘客要多付车费时，却婉言谢绝。为乘客服务的过程中，不管是大生意、小生意，都愉快地接受，做到大小生意一个样，生客、熟客一个样。恪守职业道德，诚信待人，多次拾金不昧。服务过程中，每逢客人下车时，不忘提醒乘客拿好自己的随身物品。2010年2月他在济南火车站接到来济办事的李女士，到达目的地后，李女士急于赶路，将钱包丢在车上。王忠伟收车回家时发现了车座下的钱包，根据钱包内的身份证、名片信息主动联系乘客,将钱包送还失主,并谢绝了失主的酬谢。先后获济南出租车系统优秀服务驾驶员、的士之星称号,获济南市城市出租车行业迎全运优质服务竞赛活动贡献奖,并获山东省富民兴鲁劳动奖章。

康文明　男,44 岁,汉族,中共党员,山东省济南市长清区供电公司经理、高级工程师,2011 年 4 月获全国五一劳动奖章。狠抓公司安全生产管理,实现连续安全生产 1 万 4 千多天。科学谋划、加快电网建设,长清电网已形成 220 千伏双电源点、110 千伏变电站和输电线路为主网架,35 千伏变电站双电源、双主变互为备用,布局合理、调度灵活、安全可靠的现代化供电网络。善于管理、勇于创新,公司精益化、集约化管理水平不断提升,2010 年完成利税 3600 万元。强化优质服务,公司率先在全省建起 95598 供电服务热线系统,是长清区行风免评单位之一,被国家电网公司、山东电力公司、区委区政府通报表彰。注重和谐企业建设,公司被评为全国模范职工小家、济南市职工代表大会规范化先进单位。心系社会弱势群体,带领员工为汶川灾区等受灾群众捐款捐物 80 余万元,公司被评为全国电力系统最具社会责任感企业。公司先后被评为济南市安全生产先进单位、山东省职工职业道德建设十佳单位、国家电网公司综合管理标杆单位、文明单位,连续 21 年被评为省级精神文明单位,并获山东省富民兴鲁劳动奖状。他先后被评为济南市专业技术拔尖人才、山东省新长征突击手,并获山东省富民兴鲁劳动奖章。

王品木　男,48 岁,汉族,中共党员,山东省实验中学党委副书记、校长、中学教师,2011 年 4 月获全国五一劳动奖章。任教期间,辅导的学生获全国竞赛一等奖,被评为全国优秀辅导员。任班主任 10 年间,两次被评为市优秀班主任。任济钢高中校长后,不断丰富办学思想,形成“人本 + 精细”的学校管理特色;全面推进素质教育,打造“四步十六字”的高效课堂教学模式,学校教育教学质量迅速提高,仅用 10 年时间就使济钢高中由全市规模最小、质量最差的薄弱学校,一跃而为济南市一流优质高中,成为山东教育教学改革的典范。任山东省实验中学校长后,强化学校基础管理,深化课堂教学改革,完善教师评价机制,重视德育活动创新,提高管理精细化水平,改善办学条件,促进学校管理水平和办学质量的持续提升,得到上级领导和师生的高度评价。先后立二等功和三等功,被评为济南市拔尖人才、济南市十佳校长、山东省优秀教师、山东教育十大新闻人物、山东省百名优秀校长、山东省 2008 年度十大创新校长、首届齐鲁名校长、中学特级教师、中国思想校长、全国教育科研杰出校长、全国创新型校长,并获山东省富民兴鲁劳动奖章。

张志刚　男,54 岁,汉族,中共党员,济南二机床集团有限公司董事长、教授级高级工程师,2011 年 4 月获全国五一劳动奖章。倡导“合作、创新、效率、责任”的企业文化理念,科学分析国内外市场形势,带领干部职工以信息技术和持续创新提升企业各项管理水平,打造国际一流机床制造企业。自 2009 年起先后承担了 7 项国家重大科技专项,上海通用烟台东岳汽车有限公司双臂自动送料高速冲压生产线被评为“高档数控机床与基础制造装备”科技重大专项示范工程项目;数控冲压机床技术变“制造”为“智造”,成为通用、福特、奔驰、铃木、本田、日产等国际汽车巨头的全球供应商;数控金切机床广泛服务于航空、航天、铁路、军工、能源等国家重点建设领域。数控冲压机床、重型数控镗铣床分别摘取“中国名牌”,数控金切机床入选商务部“最具市场竞争力品牌”,是全国机床行业唯一拥有金属成型、金属切削两块“中国名牌”的企业。出口美国 2500 吨闭式多连杆压力机获国家科技进步二等奖,双龙门大扭矩机械五轴联动数控机床获机械工业科学技术一等奖。公司产品出口美国、德国、印度、泰国等 50 多个国家和地区,被誉为“世界前三位的冲压设备制造商之一”。近 3 年来,实现销售收入、利税、利润年均增长 19.2%、28.2%、45.7%,综合竞争实力进入国际同行先进行列。公司被国务院评为国内重大技术装备领域突出贡献企业,连续入选“中国机械工业 100 强”。也先后被评为济南市优秀企业家、济南市劳动模范、山东省劳动模范、山东省优秀企业家、全国优秀创业企业家,并获山东省富民兴鲁劳动奖章。

（王永华）

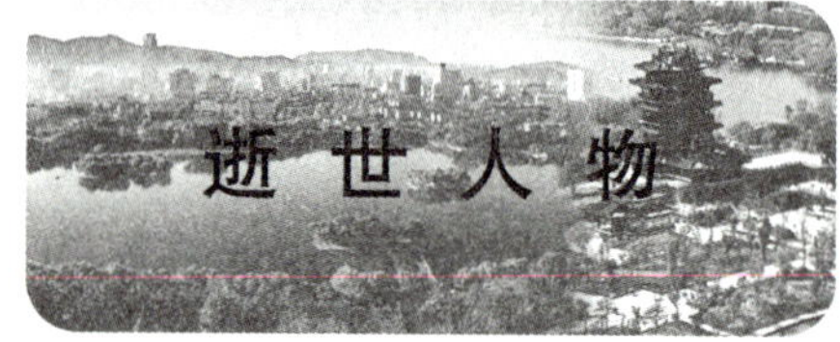

秦林桐　(1916.09～2010.12.23)男,曾任济南市长清县人民医院院长。山东茌平人,1934 年 8 月参加工作,1935 年 12 月加入中国共产党。曾担任江西省平江支队卫生员;红一军团卫生部护士;红军四师司令部卫生队调剂员;一一五师六八六团司药,山西西南一一五师独立一支队医生、卫生所所长;山东鲁西南四分区一团卫生队长;山东鲁中南七分区卫生处股长;山东航

空办事处卫生所所长、济南第五航校卫生处休养所所长；济南市长清县人民医院院长。1978 年 6 月退休，1982 年 6 月改为离休。2010 年 12 月 23 日在泰安逝世，享年 95 岁。

（刘利祥）

济南市 2011 年山东省富民兴鲁劳动奖章获得者（46 名）

尉泽民　邬　杰　徐维玉（女）　李明巍　史连群
庄力行　程良东　闫洪枚（女）　王秀芬（女）
刘长郢　郭泗镇　刘德营　郑秀云（女）
孙德旺　程　果　杜付桂　吴艳萍（女）
刘国强　刘宪民　杨清敏　李　铭　杨秀禄　李少先
崔宝山　马丽霞（女）　苑圣毅　李卫东　张景新
朱俊如　李　林（女）　焦玉忠　魏吉昌　解　伟
刘绍旺　赵德岭　郑永生　高传伟　孔令磊
韩　洁（女）　毕志超　娄　群　姜海英　刘明杰
徐爱杰　张　泉　韩俊芝（女）

2011 年济南市十大杰出职工

辛虹霓　杜　明　杜　毅　罗晓静（女）
邵丽云（女）　武庆海　江彦慧（女）　周继武
张传丽（女）　马洪亮

济南市杰出青年岗位操作能手（10 人）

刘　爽（女）　张春玲（女）　赵尔相　昃草心
李英豪　徐庆春　仇立华（女）　杨余朋
张　毅（女）　王文涛

济南市杰出青年技术创新能手（10 人）

王　涛　孟科峰　王　鑫　宁　斌　刘金健　胡庆峰
李海波　崔晓旭　牟翠伟（女）　侯芝坤

（市总工会　团市委）

责任编校　张　阳

政策法规选编

济南市妇女权益保障若干规定

（2010年11月25日济南市第十四届人民代表大会常务委员会第二十五次会议通过　2011年1月14日山东省第十一届人民代表大会常务委员会第二十一次会议批准）

第一条　为了保障妇女的合法权益，促进男女平等，充分发挥妇女在社会主义现代化建设中的作用，根据《中华人民共和国妇女权益保障法》、《山东省实施办法》和有关法律、法规，结合本市实际，制定本规定。

第二条　本市行政区域内的国家机关、社会团体、企业事业单位、城乡基层群众性自治组织以及其他组织和个人，应当遵守本规定。

第三条　保障妇女的合法权益是全社会的共同责任。

市、县（市、区）、乡（镇）人民政府（以下统称各级人民政府）应当重视和加强本行政区域内的妇女权益保障工作，完善保障妇女权益的工作机构和各项制度，采取措施保障妇女合法权益，推动妇女事业的发展。

市、县（市、区）人民政府应当制定本行政区域的妇女发展规划，将其纳入国民经济和社会发展规划；对在保障妇女权益工作中作出突出成绩和贡献的单位、个人，给予表彰和奖励。

第四条　市、县（市、区）妇女儿童工作委员会负责组织、协调、指导、检查有关部门做好妇女权益保障工作，其主要职责是：

（一）组织宣传男女平等基本国策以及保障妇女权益的法律、法规、规章、政策，检查、督促有关法律、法规、规章、政策的贯彻实施；

（二）围绕妇女权益保障工作中的重大问题开展调查研究，参与有关保障妇女权益的法规、规章和政策的制定和修改；

（三）协调和推动妇女发展规划的实施；

（四）督促有关部门依法查处侵害妇女合法权益的行为；

（五）表彰、奖励在妇女权益保障工作中成绩显著的组织和个人；

（六）其他应当由妇女儿童工作委员会履行的职责。

市、县（市、区）妇女儿童工作委员会的日常办事机构设在同级妇女联合会，工作经费列入同级人民政府财政预算。

第五条　市、县（市、区）、乡（镇）、街道办事处、社区妇女联合会和村妇女代表会（以下统称各级妇联组织）依照法律、法规和中华全国妇女联合会章程，代表和维护各族各界妇女的利益，做好维护妇女权益的工作。

各级妇联组织可以向有关部门或者单位提出保障妇女权益的工作建议，督促解决妇女权益保障中存在的问题。

各级妇联组织在受理信访事项等工作中，可以就侵害妇女合法权益的事件了解相关情况，有关单位以及相关人员应当予以协助。

第六条　发展改革、教育、公安、民政、司法行政、财政、人力资源和社会保障、农业、卫生、体育、人口计生等有关行政管理部门应当按照各自职责做好妇女发展规划的实施，依法维护妇女权益。统计部门还应当按照国家有关规定做好经济社会发展的分性别统计、监测、评估工作。

工会、共青团、残联、律师协会、计划生育协会等社会团体应当在各自的职责范围内，做好维护妇女权益的工作。

村民委员会、居民委员会应当依法协助各级人民政府、街道办事处做好妇女权益保障工作。

第七条　市、县（市、区）人民代表大会及其常务委员会、人民政府制定涉及妇女权益的地方性法规、规章、公共政策、经济和社会发展规划时，应当听取同级妇女联合会的意见。

第八条　市、县（市、区）、乡（镇）人民代表大会的代表中，应当有适当数量的妇女代表。本市应当采取措施，逐步提高妇女代表的比例。

各级妇联组织、机关和事业单位妇女工作委员会、企业女职工委员会（以下统称妇女组织），应当依法做好妇女代表候选人的有关推荐工作。

第九条　村民委员会、居民委员会成员中，应当至少有一名女性成员。

第十条　国家机关、社会团体、企业事业单位应当重视培养选拔女领导干部；在选拔领导干部时，应当重视妇女组织的推荐意见。

第十一条　国家机关、社会团体、企业事业单位表彰各类先进时，应当重视表彰符合条件的优秀女性。

在确定由市人民政府表彰的劳动模范、先进工作者名额时,女性比例应当占百分之二十五以上。

获得市以上劳动模范、先进工作者、"三八"红旗手称号的女性,由所在单位按照国家、省、市有关规定给予奖励,并在同等条件下优先参加职称评定、专业技术岗位竞聘。

第十二条 各级人民政府及教育行政管理部门应当扶持和帮助残疾适龄女性儿童少年、贫困家庭的适龄女性儿童少年完成义务教育;并应当按照就近入学的原则统筹安排流动人口中的适龄女性儿童少年接受义务教育。

第十三条 学校以及其他教育机构应当根据女性青少年的特点,开展生理健康、心理健康和安全教育活动,配置与其身心健康发展相适应的教学、生活等设施。

各级教育行政管理部门应当对前款规定的事项进行监督。

第十四条 市、县(市、区)人民政府应当采取措施,创造条件,促进妇女就业,鼓励和支持妇女自主创业,并通过贷款支持、减费补贴等方式,为就业困难的妇女提供就业援助。

市、县(市、区)人力资源和社会保障部门应当组织开展适合女性特点的职业培训,符合国家、省、市就业政策扶持条件的妇女可以享受相关培训优惠政策。

第十五条 用人单位在招聘和录用职工时,除国家规定不适合妇女从事的工种或者岗位外,不得以性别为由拒绝招聘、录用符合条件的女性或者提高对女性的录用标准。

第十六条 用人单位应当与企业职工方经平等协商,签订女职工权益保护专项集体合同,或者将女职工的特殊保护内容纳入集体合同。

与女职工签订的劳动(聘用)合同或者服务协议中,不得规定限制女职工结婚、生育的内容。

第十七条 女职工在经期、孕期、产期、哺乳期期间享受法律、法规规定的特殊保护待遇。女职工在孕期、产期、哺乳期期间,用人单位不得违约变更其工作岗位或者降低其工资和福利待遇,不得单方解除或者终止劳动(聘用)合同。

女职工在孕期或者哺乳期期间不适应原工作岗位,提出调整工作岗位或者改善工作条件的合理要求时,用人单位应当给予照顾。

第十八条 工业企业新建、扩建、改建生产工作用房时,应当按照国家有关工业企业设计标准,配备女职工劳动安全卫生设施。

第十九条 用人单位应当依法参加生育保险,及时足额缴纳生育保险费,保障女职工依法享受生育保险待遇。

市、县(市、区)人民政府应当按照省农村孕产妇住院分娩补助的规定,对本行政区域内在定点助产机构住院分娩、符合国家有关政策的农村孕产妇住院分娩所需费用予以重点保障。

第二十条 县(市、区)人民政府应当每年组织安排享受本市城乡居民最低生活保障、达到法定结婚年龄、符合计划生育政策的妇女进行免费健康查体。符合条件的妇女可以自愿参加。具体办法由市人民政府制定。

市、县(市、区)人民政府应当按照国务院医药卫生体制改革近期重点实施方案的要求,为孕前和孕早期的农村妇女免费增补叶酸,并组织开展农村妇女乳腺癌、宫颈癌免费检查。

用人单位应当建立女职工健康档案,每年安排本单位女职工进行一次妇科病、乳腺病检查,费用由用人单位承担。

鼓励社会团体、企业事业单位、其他组织和个人为生活困难的妇女健康查体提供帮助。

第二十一条 提倡、鼓励准备结婚的男女双方在办理结婚登记前进行婚前医学检查,所需费用由公共财政承担。

卫生、民政、人口计生部门和妇联组织应当相互配合,开展婚前医学检查、预防人口出生缺陷的宣传教育活动,为婚前医学检查提供便捷服务。

免费婚前医学检查的具体办法,由市人民政府制定。

第二十二条 村民会议、村民代表会议的决议以及村民自治章程、村规民约,不得侵害妇女的合法权益。

乡(镇)人民政府或者有关街道办事处发现村民自治章程、村规民约中有侵害妇女合法权益内容的,应当督促其改正。

第二十三条 具有农村集体经济组织成员资格的妇女,在土地承包经营、收益分配、股权配置、土地征收或者征用补偿费分配、宅基地使用等方面享有与男子平等的权利。任何组织和个人不得因妇女结婚、离婚、丧偶或者未婚等原因而侵害其在农村集体经济组织中的各项合法权益。

妇女认为农村集体经济组织侵害其合法权益的,可以请求乡(镇)人民政府或者街道办事处进行调解,也可以依法申请仲裁或者提起诉讼。

第二十四条 夫妻双方对夫妻共有财产依法享有平等的占有、使用、收益和处分的权利。

夫妻一方持身份证、户口本和结婚证等证明夫妻关系的有效证件,可以向工商行政、住房保障、车辆管理等部门申请查询另一方的财产状况,有关行政管理部门或者单位应当受理,并为其出具相应的书面材料。法律、法规另有规定的从其规定。

离婚诉讼期间,夫妻一方因客观原因不能自行收集夫妻共有财产证据的,可以向人民法院申请调查取证,人民法院应当受理。

第二十五条 禁止对妇女实施任何形式的家庭暴力。

各级人民政府及其部门、企业事业单位、社会团体和其他组织应当将预防和制止家庭暴力工作纳入本地区、本单位社会治安综合治理工作范围。

第二十六条 各级人民政府应当组织开展预防和制止家庭暴力的法制宣传教育,做好预防和制止家庭暴力工作。

司法行政、卫生、妇女联合会等有关部门和组织应当为遭受家庭暴力的受害妇女提供法律咨询、医疗救治、伤情鉴定、心理疏导等帮助。

民政部门应当依托救助管理等机构,为遭受家庭暴力的受害妇女提供庇护和其他必要的临时性救助。

村民委员会、居民委员会等城乡群众性自治组织应当依法做好家庭矛盾等调解工作,预防家庭暴力的发生。

第二十七条　遭受家庭暴力的妇女可以自行或者委托他人向所在地公安部门报警,也可以自行或者委托他人向村民委员会、居民委员会、各级妇联组织以及当事人所在单位求助。

公安部门接到报警后,应当及时出警并依法处理;其他单位接到求助请求后,应当及时救助、调解或者处理。负有救助责任的单位不得拒绝、推诿。

第二十八条　禁止以语言、文字、图像、电子信息、肢体行为等方式对妇女实施性骚扰。

受害妇女有权向行为人所在单位、妇女组织或者有关部门进行投诉。有关单位或者部门在查清事实后,应当依法对实施骚扰者进行处理。

第二十九条　市、县(市、区)人民政府应当安排福利彩票和体育彩票的公益金用于资助老年、残疾、孤寡、贫困妇女的公益事业和支持开展妇女文体活动。

第三十条　妇女的合法权益受到侵害时,当事人有权向妇女组织投诉或者要求有关部门依法处理,也可以依法申请仲裁或者提起诉讼。

第三十一条　各级人民政府应当重视妇女法律援助工作,对于经济确有困难无力支付法律服务费用的妇女,当地法律援助机构应当依法为其提供法律服务并免收费用。

对于经济确有困难申请司法救助的妇女,人民法院应当依法提供司法救助,实行诉讼费用的缓交、减交或者免交。

第三十二条　对严重侵害妇女合法权益的行为,市、县(市、区)妇女儿童工作委员会有权向同级有关部门或者单位发出维权意见书。有关部门或者单位应当自接到维权意见书之日起三十日内将查处情况书面报告妇女儿童工作委员会。逾期不处理也不报告的,妇女儿童工作委员会可以提请同级人民政府责令有关部门或者单位改正。

第三十三条　违反本规定侵害妇女合法权益,应当予以行政处罚的,由有关部门按照法律、法规的规定处罚;造成财产损失或者其他损失的,依法承担民事责任;构成犯罪的,依法追究刑事责任。

第三十四条　国家机关及其工作人员未依法履行职责,对侵害妇女合法权益的行为未及时制止或者未给予受害妇女必要帮助,造成严重后果的,由其所在单位或者上级机关依法对直接负责的主管人员和其他直接责任人员给予处分;构成犯罪的,依法追究刑事责任。

第三十五条　本规定自2011年5月1日起施行。

济南市住房公积金管理办法

(2011年5月16日市政府第77次常务会议讨论通过)

第一章　总则

第一条　为加强住房公积金的管理,维护住房公积金所有者的合法权益,根据国务院《住房公积金管理条例》(以下简称《条例》)和有关法律、法规的规定,结合本市实际,制定本办法。

第二条　本办法适用于本市行政区域内住房公积金的缴存、使用、管理和监督。

第三条　本市行政区域内的国家、省驻济和市、县(市)、区各级国家机关、事业单位、各类企业、民办非企业单位、社会团体(以下统称单位)及其在职职工,应当依法缴存住房公积金。

第四条　济南市住房公积金管理委员会(以下简称公积金管委会)是本市住房公积金管理的决策机构。

济南住房公积金管理中心(以下简称公积金中心)具体负责本市行政区域内住房公积金的管理和运作。公积金中心可以根据工作需要,按照效能精简的原则,在符合规定的县(市)设立分支机构开展工作。

城乡建设、民政、财政、人力资源社会保障、审计、统计、住房保障管理、工商、质监、税务、人民银行等部门按照各自职责,协同实施本办法。

第五条　住房公积金的管理实行公积金管委会决策、公积金中心运作、银行专户存储、财政监督的原则。

第六条　职工个人和所在单位为职工缴存的住房公积金,属于职工个人所有。

住房公积金用于职工购买、建造、翻建、大修自住住房,任何单位和个人不得挪作他用。

第七条　公积金中心应当建立完善现代信息化管理系统,建立健全内部控制和管理制度体系,控制资金风险,保障资金安全和保值增值,为住房公积金缴存单位和个人提供高效便捷的服务。

第二章　缴存管理

第八条　新设立的单位应当自设立之日起30日内到公积金中心办理住房公积金缴存登记,并自登记之日起20日内持公积金中心的审核文件,到受委托银行为本单位职工办理住房公积金账户设立手续。

本办法实施前未登记的单位,应当在公积金中心规定的期限内办理缴存登记。

每个职工只能有一个住房公积金账户。

第九条　单位名称、地址、法定代表人或者职工姓名、身份证号码等信息发生变更的，单位或者职工应当自变更之日起30日内到公积金中心办理变更登记。

第十条　单位应当及时为新录用职工设立住房公积金账户。新参加工作的职工从参加工作的第二个月开始缴存住房公积金。单位新调入的职工从调入单位发放工资之日起缴存住房公积金，原工作单位应当将职工住房公积金个人账户并入新设立的账户。

原工作单位不按照规定为职工办理住房公积金账户转移手续的，职工可以向公积金中心举报。经查证属实的，公积金中心可以依据职工提交的有效证明材料直接为其办理账户转移手续。

第十一条　住房公积金的缴存比例由单位根据实际情况自行选择，但不得低于月平均工资的5%，不得高于12%。每个年度内单位只能设定一个缴存比例，并可以逐步提高。个人缴存比例与单位缴存比例应当相同。

第十二条　单位和职工住房公积金的最高月缴存基数，不得超过市统计局公布的上年度职工月平均工资的3倍。

职工月平均工资应当按照国家统计局规定列入工资总额的项目（即符合中央和省、市规定的，以货币形式发放给职工个人的全部工资、津贴、补贴、奖金项目）计算。

第十三条　公积金中心应当每年按照国家和省人民政府规定的标准，拟订住房公积金月缴存额的上、下限，经公积金管委会批准后向社会公布。

第十四条　单位应当按时足额为职工缴纳住房公积金，不得少缴或者逾期缴纳；未按照规定缴存的，应当补缴。补缴数额按照欠缴时的月缴存基数和比例计算。

单位不提供职工工资情况或者职工对提供的工资情况有异议的，由公积金中心核查；仍无法确认的，应当依据市统计局公布的上年度职工月平均工资计算。

第十五条　单位与职工签订劳动合同，可以列明体现缴存住房公积金的条款。

第十六条　职工个人缴存的部分，由所在单位每月从其工资中代扣代缴。缴存基数等于或者低于本市上年度最低工资标准的，职工可以提出免缴申请，经所在单位核实后，报公积金中心审核。公积金中心应当在30日内作出准予免缴或者不予免缴的决定。

第十七条　职工与单位终止劳动关系，未实现再就业的，单位应当自劳动关系终止之日起30日内到受委托银行办理职工住房公积金账户封存手续；职工再就业后，由原单位办理启封转移手续。

第十八条　单位有下列情况之一的，经本单位职工代表大会或者工会委员会讨论通过，可以申请降低住房公积金缴存比例：（一）经营亏损，无能力按照现执行比例足额缴纳住房公积金，或者欠缴住房公积金数额超过年应缴额3倍的；（二）职工月平均工资低于全市上年度职工月平均工资50%的。

第十九条　申请降低缴存比例的单位应当向公积金中心提交下列材料：（一）降低缴存比例的书面申请；（二）职工代表大会或者工会委员会决议；（三）单位财务报表或者审计报告；（四）单位住房公积金汇缴清册；（五）上年度的职工工资表。

公积金中心应当自收到申请之日起30日内审核并报公积金管委会批准。

第二十条　单位有下列情况之一的，经本单位职工代表大会或者工会委员会讨论通过，可以申请缓缴住房公积金：（一）处于停产、半停产状态的；（二）工资停发6个月以上的；（三）发生严重亏损的；（四）经批准缓缴养老保险费和失业保险费的。

第二十一条　申请缓缴的单位应当向公积金中心提交下列材料：（一）缓缴的书面申请；（二）职工代表大会或者工会委员会决议；（三）单位财务报表；（四）上年度的职工工资表或者人力资源社会保障部门的证明材料。

公积金中心应当自收到申请之日起30日内审核并报公积金管委会批准。

单位缓缴期限不得超过1年。缓缴期满仍无能力缴存的，应当在期满之日起30日内申请办理缓缴手续。

第二十二条　申请降低缴存比例或者缓缴的单位恢复正常经营，经济效益好转的，应当恢复原缴存比例或者补缴缓缴期所欠缴的住房公积金。

第二十三条　单位合并、分立、撤销、解散、破产或者改制前，应当为职工补缴欠缴（包括未缴和少缴）的住房公积金。

单位合并、分立、撤销、解散、改制，无力补缴住房公积金的，应当由批准部门明确住房公积金缴存责任主体，报公积金中心备案后，办理合并、分立、撤销、解散和改制等有关事项。

破产单位应当自批准进入破产程序之日起30日内由原单位或者清算组织到公积金中心核实欠缴的住房公积金数额。破产企业为职工补缴的住房公积金，应当由企业在破产清算资金中解决。

第二十四条　对不按时缴存住房公积金的单位，公积金中心应当向其发出催缴通知书。欠缴单位应当自接到通知之日起30日内一次性补缴欠缴额。欠缴额较大，不能一次性缴清的，单位应当提出补缴计划，经公积金中心审核后分期补缴。

第三章　使用管理

第二十五条　有下列情形之一的，职工可以申请提取住房公积金账户内的余额：（一）购买、建造、翻建、大修自住住房的；（二）偿还自住住房贷款的；（三）正式退休的；（四）完全丧失劳动能力，并与单位终止劳动关系的；（五）出境定居的；（六）房租超出共同居住家庭成员工资收入规定比例的；（七）因工作调离本市并在新工作地设立住房公积金个人账户的;(八)享受城市居民最低生活保障并需支付房租或者物业费的;(九)失业或者与单位解除劳动关系两年以上,男性年满50周岁、女性年满45周岁的;(十)非本市户口在本市务工,且与单位解除劳动关系并离开本市的;(十一)死亡或者被宣告死亡的;(十二)公积金管委会确定的其他情形。

因前款第(一)、(二)、(六)、(八)项情形提取住房公积金的额度,不得超过当期实际发生额。

第二十六条　职工申请提取住房公积金,应当提交下列材料:(一)单位核实后出具的提取证明和支款凭证;(二)本人身份证;(三)相关证明材料。他人代为申请的,还应当提交委托书及代办人身份证。

第二十七条　公积金中心对符合提取条件的应当及时审批;需要调查核实的,应当自受理申请之日起3日内作出准予提取或者不予提取的决定,并书面通知申请人。

第二十八条　同时符合下列条件的,职工可以申请住房公积金贷款:(一)购买、建造、翻建或者大修普通自住住房;(二)申请贷款时已达到缴存住房公积金的规定期限;(三)具有稳定的经济收入和贷款偿还能力,个人信用状况良好;(四)未发生或者已全部还清住房公积金贷款;(五)法律、法规规定的其他条件。

第二十九条　住房公积金贷款的最高额度、最长年限和购房首付比例由公积金中心根据国家政策和本市实际情况适时提出调整方案,报公积金管委会批准后向社会公布。

第三十条　公积金中心委托银行办理住房公积金贷款初审手续。

公积金中心与受委托银行应当按照委托合同的约定履行职责,建立风险防范机制,保证资金安全。

第三十一条　职工申请住房公积金贷款,应当向受委托银行提交下列材料:(一)个人贷款申请表、本人及共同还款人(担保人)的身份证、户口簿和共同还款承诺书(担保书);(二)婚姻状况证明;(三)本人及共同还款人(担保人)所在单位提供的个人资信证明;(四)有效的担保证明;(五)公积金中心要求提供的其他材料。

第三十二条　受委托银行自收到申请之日起5个工作日内进行初审,符合条件的报公积金中心审批。

公积金中心应当自收到受委托银行报送的资料之日起5个工作日内作出准予贷款或者不予贷款的决定。

准予贷款的,受委托银行应当在5个工作日内向申请人发放贷款。

第三十三条　职工提前偿还部分住房公积金贷款本息或者一次性提前偿还全部贷款本息的,受委托银行不得收取违约金。

第三十四条　受委托银行应当在住房公积金年度结算后30日内向单位提供对账单,单位应当及时书面告知职工。

职工有权查询本人住房公积金的缴存、提取、余额等情况;有异议的,可以申请公积金中心复核。受委托银行、公积金中心应当自收到申请之日起5日内给予书面答复。

第三十五条　受委托银行应当按照委托合同的约定,做好住房公积金贷款的发放、核算、回收及催收逾期贷款等工作。

第三十六条　房地产开发企业、销售企业应当为申请住房公积金贷款的职工提供便利。

第三十七条　在优先保证缴存职工提取和个人住房贷款、留足备付准备金的前提下,公积金中心可以按照程序报国家有关部门批准,将50%以内的住房公积金结余资金用于发放保障性住房建设贷款。具体范围和项目贷款管理按照有关规定执行。

第三十八条　公积金中心在保证住房公积金正常提取和贷款的前提下,经财政部门审核、报公积金管委会批准,可以将住房公积金用于购买国债,但不得从事国债回购或者委托理财业务,严禁将购买的国债用于质押等担保业务。

第三十九条　住房公积金的增值收益应当存入公积金中心在受委托银行开立的住房公积金增值收益专户,实行收支两条线管理,并按照国家规定使用。

第四章　监督管理

第四十条　财政、审计等部门应当按照各自职责,加强对住房公积金管理和使用的监督。

第四十一条　公积金中心依法对单位缴存住房公积金情况进行检查,督促其按时、足额缴存。

被检查单位应当如实提供相关资料,不得拒绝。公积金中心可以记录、复制相关资料,但应当承担保密义务。

第四十二条　公积金中心应当建立健全内部稽核制度,对住房公积金业务进行管理和监督。

第四十三条　公积金中心应当依法设立住房公积金专户,建立职工住房公积金明细账并发放职工缴存住房公积金有效凭证。

第四十四条　公积金中心不得有下列行为:(一)委托公积金管委会指定银行以外的机构办理住房公积金金融业务;(二)违法审批提取住房公积金、审核变更住房公积金缴存比例或者缓缴住房公积金;(三)违法发放贷款;(四)违法购买国债或者企业债券、向他人提供担保或者委托理财。

第四十五条　职工有权揭发、检举不缴、少缴、挪用住房公积金的行为。公积金中心应当在接到投诉、举报后30日内提出处理意见,并予以书面答复。

第五章　法律责任

第四十六条　违反本办法的规定,单位不办理住房公积金缴存登记或者不为本单位职工办理住房公积金账户设立手续的，由公积金中心责令限期办理；逾期不办理的，处1万元以上5万元以下的罚款。

第四十七条 违反本办法的规定，单位逾期不缴或者少缴住房公积金的，由公积金中心责令限期缴存；逾期仍不缴存的，可以申请人民法院强制执行。

第四十八条 房地产开发企业、销售企业阻止或者变相阻止住房公积金贷款的，城乡建设行政主管部门应当责令限期改正；拒不改正的，在企业信用档案中予以记载。

第四十九条 以欺骗手段违法提取本人住房公积金账户内的存储余额的，公积金中心应当责令限期退回违法所提款额，可以并处1000元以下的罚款。

以欺骗手段违法提取他人住房公积金账户内的存储余额的，由公安机关依法处罚；构成犯罪的，依法追究刑事责任。

第五十条 以欺骗手段违法获得住房公积金贷款的，公积金中心应当责令借款人限期退回违法所贷款额，记入个人信用记录，可以并处1000元以下的罚款；构成犯罪的，依法追究刑事责任。

第五十一条 公积金中心违反本办法第四十三条、第四十四条规定的，市监察部门对负有责任的主管人员和其他直接责任人员给予通报批评；情节严重的，给予行政处分；构成犯罪的，依法追究刑事责任。

第六章 附则

第五十二条 本办法所称在职职工是指：在单位中工作，并由单位支付工资的各类人员（不含外方及港、澳、台人员），包括与单位签订劳动合同或者符合人力资源社会保障部门认定的形成事实劳动关系的在岗职工以及由于学习、病伤产假（6个月以内）等原因暂未工作，仍由单位支付工资的人员。

第五十三条 本办法所称建造是指经国土资源、规划、城乡建设等部门批准自行建造自住住房。

翻建是指经国土资源、规划、城乡建设等部门批准对住房全部拆除、另行设计、重新建造。

大修是指由当地房屋鉴定部门鉴定为严重损坏房、危房，需要牵动或拆换住房部分主体构件，但不需要全部拆除，且一次费用在该建筑物同类结构新建造价25%以上。一般的家庭装修、装饰、中修、小修等行为不属于大修。

第五十四条 本办法自2011年7月1日起施行。1993年3月21日济南市人民政府发布的《济南市住房公积金管理办法》同时废止。

2011年济南市人大常委会公布的地方性法规目录

法规名称	公布时间
济南市妇女权益保障若干规定	1月14日
济南市电力管理条例	7月29日
济南市预防职务犯罪工作条例	11月25日
济南市防震减灾条例	11月25日

2011年济南市人民政府发布的政府规章目录

法规名称	公布时间
济南市推进依法行政若干制度规定	4月7日
济南市地质灾害防治管理办法	5月24日
济南市住房公积金管理办法	5月25日

2011年度中共济南市委发文选目

法规名称	文　号
中共济南市委、济南市人民政府关于加快水利改革发展的实施意见	济发〔2011〕1号
中共济南市委、济南市人民政府关于2011年全市党风廉政建设和反腐败工作任务分工意见	济发〔2011〕3号
中共济南市委关于开展“深入基层、服务群众”主题活动的实施意见	济发〔2011〕4号
中共济南市委关于加强和改进新形势下党史工作的实施意见	济发〔2011〕5号

中共济南市委、济南市人民政府关于2011年科学发展综合考核评价工作的意见	济发〔2011〕8号
中共济南市委关于印发《济南市"五五"依法治市纲要(2011~2015年)》的通知	济发〔2011〕10号
中共济南市委、济南市人民政府转发《市委宣传部、市司法局关于在公民中开展法制宣传教育的第六个五年规划(2011~2015年)》的通知	济发〔2011〕11号
中共济南市委、济南市人民政府关于建设"齐鲁人才特区"的意见	济发〔2011〕13号
中共济南市委、济南市人民政府关于加快推进生态文明乡村建设的意见	济发〔2011〕14号
中共济南市委、济南市人民政府关于进一步加强城市社区和流动人口计划生育工作的意见	济发〔2011〕17号
中共济南市委、济南市人民政府、济南警备区关于进一步做好征兵工作的意见	济发〔2011〕18号
中共济南市委关于学习贯彻党的十七届六中全会和省委九届十三次全会精神加快建设文化强市的实施意见	济发〔2011〕21号
中共济南市委、济南市人民政府关于表彰全市人口和计划生育工作先进集体和先进个人的通报	济普发〔2011〕5号
中共济南市委、济南市人民政府关于2010年度全市科技进步暨创新型城市建设工作的表彰决定	济普发〔2011〕8号
中共济南市委、济南市人民政府关于表彰"十一五"期间新农村建设"十大行动"先进集体和先进个人的通报	济普发〔2011〕10号
中共济南市委、济南市人民政府关于表彰2010年度科技发展综合考核先进集体的决定	济普发〔2011〕18号
中共济南市委关于命名表彰先进基层党组织、优秀共产党员、优秀党务工作者和优秀乡镇(街道)党(工)委书记的决定	济普发〔2011〕25号
中共济南市委、济南市人民政府关于表彰2006~2010年全市普法依法治理工作先进集体和先进个人的通报	济普发〔2011〕35号
中共济南市委关于开展向全国道德模范刘延宝同志、冯思广烈士学习活动的决定	济普发〔2011〕37号

2011年度中共济南市委办公厅发文选目

法规名称	文号
中共济南市委办公厅关于印发《2011年度重大课题调研工作方案》和《市委决策研究专家智库2011年度工作方案》的通知	济办发〔2011〕3号
中共济南市委办公厅、济南市人民政府办公厅关于印发《济南市社会科学优秀成果奖评选办法》的通知	济办发〔2011〕4号
中共济南市委办公厅印发《关于贯彻落实〈2010~2020年干部教育培训改革纲要〉的实施意见》的通知	济办发〔2011〕5号
中共济南市委办公厅、济南市人民政府办公厅关于做好村"两委"换届选举工作的意见	济办发〔2011〕6号
中共济南市委办公厅、济南市人民政府办公厅关于做好社区党组织和第八届社区居委会换届选举工作的意见	济办发〔2011〕7号
中共济南市委办公厅、济南市人民政府办公厅关于在全市继续开展"项目推进年"活动的通知	济办发〔2011〕9号
中共济南市委办公厅印发《关于在全市实行党务公开的实施意见》的通知	济办发〔2011〕11号
中共济南市委办公厅、济南市人民政府办公厅关于加快慈善事业发展的意见	济办发〔2011〕14号
中共济南市委办公厅、济南市人民政府办公厅关于印发《济南市2011年度科学发展综合考核实施细则》的通知	济办发〔2011〕19号
中共济南市委办公厅、济南市人民政府办公厅关于成立济南市流动人口计划生育基本公共服务均等化试点工作领导小组的通知	济厅字〔2011〕2号
中共济南市委办公厅转发《中共济南市委督查室关于做好2011年全市党委督查工作的意见》的通知	济厅字〔2011〕8号
中共济南市委办公厅、济南市人民政府办公厅印发《关于加强基层公共文化设施建设实施方案》的通知	济厅字〔2011〕10号

中共济南市委办公厅、济南市人民政府办公厅关于组织参观全国检察机关惩治和预防渎职侵权犯罪展览·山东巡展的通知	济厅字〔2011〕12号
中共济南市委办公厅、济南市人民政府办公厅印发《关于在全市开展权力运行"阳光工程"活动的意见》的通知	济厅字〔2011〕17号
中共济南市委办公厅关于印发《互联网中共济南市委网站管理暂行规定》的通知	济厅字〔2011〕19号
中共济南市委办公厅印发《互联网中共济南市委网站内容保障责任分工方案》的通知	济厅字〔2011〕20号
中共济南市委办公厅、济南市人民政府办公厅转发《济南市社会治安综合治理委员会关于深入推进社会管理创新工作的实施意见》的通知	济厅字〔2011〕21号
中共济南市委办公厅、济南市人民政府办公厅关于建立土地执法监管共同责任机制的意见	济厅字〔2011〕22号
中共济南市委办公厅、济南市人民政府办公厅关于在全市建立阳光民生救助体系的意见	济厅字〔2011〕23号
中共济南市委办公厅、济南市人民政府办公厅印发《关于在全市农村建立村务监督委员会的意见》的通知	济厅字〔2011〕26号
中共济南市委办公厅、济南市人民政府办公厅转发《市委农办关于2011年全市统筹城乡发展"七大工程"重点工作考核方案》的通知	济厅字〔2011〕27号
中共济南市委办公厅、济南市人民政府办公厅关于开展2011年全市行风民主评议工作的意见	济厅字〔2011〕37号
中共济南市委办公厅关于做好全市党的机关文件改版工作的通知	济厅字〔2011〕43号
中共济南市委办公厅、济南市人民政府办公厅关于印发《济南市评选表彰奖励道德模范实施办法》的通知	济厅字〔2011〕44号
中共济南市委办公厅、济南市人民政府办公厅、政协济南市委员会办公厅关于印发《中国人民政治协商会议济南市委员会提案工作条例》的通知	济厅字〔2011〕45号

2011年济南市人民政府文件选目

法规名称	文号
济南市人民政府关于进一步促进中小企业发展的实施意见	济政发〔2011〕1号
济南市人民政府关于进一步贯彻落实房地产调控政策促进房地产市场健康平稳发展的通知	济政发〔2011〕3号
济南市人民政府关于加强抗旱工作促进粮食生产的意见	济政发〔2011〕6号
济南市人民政府关于印发济南市市长质量奖管理办法的通知	济政发〔2011〕10号
济南市人民政府关于印发济南市国民经济和社会发展第十二个五年规划纲要的通知	济政发〔2011〕13号
济南市人民政府关于加快中心城城中村改造的意见	济政发〔2011〕15号
济南市人民政府关于同意齐鲁大道等道路命名更名的批复	济政字〔2011〕18号
济南市人民政府关于大力实施保障性安居工程加快推进公共租赁住房建设的意见	济政发〔2011〕18号
济南市人民政府关于公布部分行政审批事项清理结果的通知	济政发〔2011〕20号
济南市人民政府关于做好2010年冬季退役士兵接收安置工作的通知	济政发〔2011〕23号
济南市人民政府关于贯彻落实鲁政发〔2011〕17号文件加快推进济南区域性金融中心建设的实施意见	济政发〔2011〕24号
济南市人民政府关于调整城镇居民基本医疗保险部分政策的通知	济政发〔2011〕25号
济南市人民政府关于印发济南市用水总量控制管理办法(暂行)的通知	济政发〔2011〕33号
济南市人民政府关于建立城乡居民社会养老保险制度的实施意见	济政发〔2011〕34号
济南市人民政府关于严格禁止焚烧农作物秸秆和其他露天焚烧行为的通告	济政发〔2011〕36号
济南市人民政府关于推进供热计量改革与既有建筑节能改造的实施意见	济政发〔2011〕37号

济南市人民政府关于实施《济南市土地征收管理办法》若干问题的意见	济政发〔2011〕42 号
济南市人民政府关于加强农田水利基本建设的实施意见	济政发〔2011〕44 号
济南市人民政府关于进一步做好普通高校毕业生就业工作的实施意见	济政发〔2011〕45 号
济南市人民政府关于加快转变经济增长方式加强国有资产监管促进企业改革发展的意见	济政发〔2011〕47 号

2011 年济南市人民政府办公厅文件选目

法规名称	文号
济南市人民政府办公厅关于建立城乡低保和农村五保供养标准自然增长机制的通知	济政办发〔2011〕2 号
济南市人民政府办公厅关于转发鲁政办发〔2011〕5 号文件进一步改进和加强房地产市场调控的通知	济政办发〔2011〕6 号
济南市人民政府办公厅关于提高城乡居民最低生活保障和农村五保供养标准的通知	济政办发〔2011〕10 号
济南市人民政府办公厅关于印发济南市医药卫生体制五项重点改革 2011 年度主要工作安排的通知	济政办发〔2011〕13 号
济南市人民政府办公厅关于印发济南市社会组织建设公共租赁住房暂行规定的通知	济政办发〔2011〕15 号
济南市人民政府办公厅关于印发济南市内部审计工作规定的通知	济政办发〔2011〕17 号
济南市人民政府办公厅关于促进住宅产业化发展的指导意见	济政办发〔2011〕21 号
济南市人民政府办公厅关于实施放心早餐工程的意见	济政办发〔2011〕22 号
济南市人民政府办公厅关于印发历城区南部山区生态保护与经济发展规划(2011～2015 年)的通知	济政办发〔2011〕24 号
济南市人民政府办公厅关于加快推进我市基层医疗卫生机构综合改革的实施意见	济政办发〔2011〕27 号
济南市人民政府办公厅关于印发济南市学前教育三年行动计划(2011～2013 年)的通知	济政办发〔2011〕25 号
济南市人民政府办公厅关于加快林业产业发展的意见	济政办发〔2011〕30 号
济南市人民政府办公厅关于加强城镇燃气安全管理工作的意见	济政办发〔2011〕34 号
济南市人民政府办公厅关于印发济南市通信保障应急预案的通知	济政办发〔2011〕35 号
济南市人民政府办公厅关于转发鲁政办发〔2011〕64 号文件认真做好城镇未参保集体企业退休人员养老保障工作的通知	济政办发〔2011〕36 号
济南市人民政府办公厅关于转发鲁政办发〔2011〕47 号文件进一步加强孤儿保障工作的通知	济政办发〔2011〕38 号
济南市人民政府办公厅关于印发济南市鼓励公共停车场建设暂行规定的通知	济政办发〔2011〕39 号
济南市人民政府办公厅转发市残联关于加快推进残疾人社会保障体系和服务体系建设的实施意见的通知	济政办发〔2011〕41 号
济南市人民政府办公厅关于印发济南市全民科学素质行动计划纲要实施方案(2011～2015 年)的通知	济政办发〔2011〕43 号

责任校对　王　炜

统计资料

2011 年济南市国民经济和社会发展主要指标

年末户数、人口数(户籍人口)

地　区	户数(万户)	人口数(万人)	按性别分(万人)		出生人口(人)	死亡人口(人)	人口自然增长率(‰)
			男性	女性			
全市	193.61	606.64	302.19	304.44	66563	40310	4.34
市区	114.75	349.44	173.51	175.93	37444	21809	4.48
历下区	17.23	54.26	27.07	27.20	5400	2513	5.32
市中区	19.77	57.55	28.23	29.32	5986	3433	4.45
槐荫区	13.39	38.44	18.90	19.54	4258	2507	4.58
天桥区	18.20	50.69	25.13	25.56	5152	3378	3.51
历城区	29.61	92.76	46.29	46.47	10969	6004	5.37
长清区	16.56	55.74	27.90	27.84	5679	3974	3.05
平阴县	13.68	37.35	18.71	18.63	3206	2196	2.71
济阳县	16.35	55.55	27.96	27.59	7620	4588	5.47
商河县	18.26	62.52	31.62	30.90	9064	3999	8.13
章丘市	30.57	101.77	50.39	51.39	9229	7718	1.49

规模以上工业主要经济指标

指　标	企业单位数(个)	其中:亏损企业数(个)	工业销售产值(现价)(万元)	全部从业人员年平均人数(人)
总　计	1417	155	39688056	388072
按登记注册类型分				
内资企业	1248	116	36074935	337523
国有企业	54	15	4667238	37068
中央企业	16	4	2620582	14332
省属企业	11	3	192157	8670
市属企业	9	3	259882	4771
市以下	18	5	674617	9295
集体企业	40	4	285281	7851
省属企业	1		8402	163

续表1

指　　标	企业单位数（个）	其中：亏损企业数（个）	工业销售产值（现价）（万元）	全部从业人员年平均人数（人）
市属企业	5	1	49210	1394
市以下	34	3	227670	6294
股份合作企业	14	1	271615	2256
联营企业	3		4356920	20965
国有联营企业	1		4343799	20729
集体联营企业	2		13121	236
有限责任公司	353	43	15818292	143517
国有独资企业	12	1	5692054	48599
其他有限责任公司	341	42	10126238	94918
股份有限公司	54	8	4362965	30414
私营企业	700	38	7046609	91487
私营独资企业	148	8	1387716	19048
私营合伙企业	6	1	15813	503
私营有限责任公司	510	29	4733670	63896
私营股份有限公司	36		909410	8040
港澳台商投资	51	10	870703	17404
与港澳台商合资经营	29	5	433009	7956
与港澳台商合作经营	1		24131	1600
港澳台商独资	19	5	343069	6851
港澳台商投资股份有限公司	2		70494	997
外商投资	118	29	2742419	33145
中外合资经营	67	19	1689844	18484
中外合作经营	4	1	128015	1216
外商独资	44	9	651229	8546
外商投资股份有限公司	3		273330	4899
按轻重工业分				
轻工业	392	50	7014782	100133
重工业	1025	105	32673274	287939
按企业规模分				
大型企业	45	6	22937046	150215
中型企业	195	30	7118315	118615
小型企业	1177	119	9632696	119242
按工业行业分				
煤炭开采和洗选业	7		84755	8897
石油和天然气开采业	2		52387	471
黑色金属矿采选业	2		114501	619
非金属矿采选业	16	1	58908	1862
农副食品加工业	63	4	602296	7490
食品制造业	46	6	876673	11822
饮料制造业	16	2	837558	11320
纺织业	42	6	641109	13271
服装及其他纤维制品制造业	17	1	118058	3560

续表2

指　　标	企业单位数（个）	其中：亏损企业数（个）	工业销售产值（现价）（万元）	全部从业人员年平均人数（人）
皮革、毛皮、羽绒及其制品业	8	1	76169	1589
木材加工及竹、藤、棕、草制品业	10	1	58394	715
家具制造业	7	1	85109	1247
造纸及纸制品业	21	4	160918	3298
印刷业和记录媒介的复制	29	5	238718	5053
文教体育用品制造业	9	1	34540	1119
石油加工、炼焦及核燃料加工业	6	2	3340080	4030
化学原料及化学制品制造业	125	13	3009168	28515
医药制造业	44	6	960770	14952
化学纤维制造业	1		6392	98
橡胶制品业	3		13968	484
塑料制品业	38	6	271795	3845
非金属矿物制品业	142	14	2057674	26819
黑色金属冶炼及压延加工业	14		5107468	25994
有色金属冶炼及压延加工业	10	2	128745	2296
金属制品业	83	14	915168	14890
通用设备制造业	278	22	3619470	56407
专用设备制造业	90	5	929237	18032
交通运输设备制造业	88	14	7098778	66994
电气机械及器材制造业	70	7	1853610	17231
通信设备、计算机及其他电子设备制造	37	2	2672020	9939
仪器仪表及文化、办公用机械制造业	44	4	259429	5393
工艺品及其他制造业	11	1	48888	1081
电力、蒸汽、热水的生产和供应业	19	6	2195564	12010
煤气生产和供应业	12	2	132297	2385
自来水的生产和供应业	6	2	102924	2736

主要农作物播种面积及产量

指　　标	2010年	2011年	指　　标	2010年	2011年
农作物总播种面积（万公顷）	62.09	62.23	薯类	1.50	1.47
粮食作物	46.74	46.85	油料作物	1.57	1.53
谷物			其中：花生	1.44	1.40
小麦	21.63	21.57	棉花	2.55	2.52
稻谷	0.87	0.85	蔬菜	9.71	9.79
玉米	20.85	21.12	果用瓜	1.36	1.36
谷子	0.63	0.63	其他作物	0.11	0.13
高粱	0.10	0.10	果园种植面积（万公顷）	2.96	3.18
其他	0.01	0.01	其中：苹果	1.54	1.49
豆类	1.14	1.09	梨	0.17	0.18

续表1

指　　标	2010年	2011年	指　　标	2010年	2011年
葡萄	0.13	0.13	杏	3.12	4.21
桃	0.53	0.54	枣(鲜)	1.33	0.97
农作物总产量(万吨)			柿子(鲜)	2.58	2.00
粮食作物产量	289.43	295.84	山楂	1.09	1.03
谷物			其他	0.44	0.45
小麦	126.32	128.95	农作物单位面积产量(公斤/公顷)		
稻谷	6.45	6.34	粮食作物单位面积产量	6192	6315
玉米	139.83	143.96	谷物		
谷子	2.36	2.25	小麦	5838	5978
高粱	0.26	0.27	稻谷	7451	7467
其他	0.04	0.05	玉米	6708	6816
豆类	3.49	3.39	谷子	3737	3579
薯类	10.70	10.64	高粱	2478	2669
油料作物	5.88	5.48	其他	3522	3648
其中:花生	5.59	5.16	豆类	3053	3102
棉花	2.94	2.84	薯类	7112	7226
蔬菜	601.44	617.82	油料作物	3749	3594
果用瓜	82.24	95.32	其中:花生	3872	3681
水果总产量(万吨)	47.44	48.01	棉花	1154	1128
其中:苹果	24.74	23.47	麻类		
梨	2.54	3.21	蔬菜	61931	63128
葡萄	2.17	2.07	果用瓜	60684	69891
桃	8.69	9.91			

林、牧、渔业生产情况

指　　标	单　位	2010年	2011年	指　　标	单　位	2010年	2011年
林业生产				羊出栏数	万只	195.32	215.00
造林面积	公顷	13589	15496	肉类总产量	吨	380751	388451
迹地更新	公顷	63	179	其中:猪牛羊肉	吨	297695	305893
四旁植树	万株	1363	1350	猪肉	吨	217940	215581
本年育苗面积	公顷	5929	5326	牛肉	吨	58768	67827
幼林抚育面积	公顷	33971	27429	羊肉	吨	20987	22485
成林抚育	公顷	54846	56355	禽肉	吨	79045	78471
果品产量	吨	568858	564891	奶类	吨	311971	314047
木材采伐量	立方米	382256	114792	其中:牛奶	吨	311971	314047
牧业生产				禽蛋	吨	360309	351894
大牲畜存栏	万头	74.48	74.60	其中:鸡蛋	吨	345032	336659
其中:役畜	万头	2.50	2.00	渔业生产			
其中:牛	万头	74.38	74.50	水产品产量	吨	42564	43692
猪存栏	万头	201.43	201.50	捕捞	吨	1587	1352
羊存栏	万只	141.49	148.10	养殖	吨	40977	42340
家禽存栏	万只	3639.74	3679.90	养殖面积	公顷	6782	6853
猪出栏数	万头	300.27	294.50	养殖单产	公斤/公顷	6276	6178

全社会固定资产投资

单位:万元

指　　标	2010 年	2011 年	指　　标	2010 年	2011 年
固定资产投资额	19874361	19343389	其他经济	669657	572644
按管理渠道分			按投资用途分		
城镇集体以上投资	12979273	13059328	第一产业	680779	486482
房地产开发投资	4845029	5271575	第二产业	6772774	6073178
农村投资	2050059	1012486	其中:工业	6673469	5767374
按经济类型分			第三产业	12420808	12783729
国有经济	6703079	7334983	投资资金来源		
集体经济	2494164	1802483	国家资金	776451	1317777
联营经济			国内贷款	2467662	1579846
股份制经济	5449652	5682038	利用外资	199589	68300
外商投资经济	566412	408736	自筹资金	15555254	14843051
港澳台投资经济	431658	586347	其他资金	3354498	3469710
个体经济	3559739	2956158			

利用外资情况

指　　标	2010 年	2011 年	指　　标	2010 年	2011 年
利用外资合同数(个)	87	86	外商直接投资	120903	141440
对外借款	—	—	外商其他投资	—	—
外商直接投资	87	86	实际使用外资(万美元)	104011	110002
外商其他投资	—	—	对外借款	—	—
合同外资金额(万美元)	120903	141440	外商直接投资	104011	110002
对外借款	—	—	外商其他投资	—	—

海关进出口商品总值

单位:万美元

指　　标	2010 年			2011 年		
	进出口总额	出　口	进　口	进出口总额	出　口	进　口
总　值	743776	404888	338888	1041422	604456	436966
按贸易方式分						
一般贸易	553473	292033	261440	696025	372267	323758
援助物资	745	745	—	822	814	8
捐赠物资	17	17	—	—	—	—
补偿贸易	—	—	—	—	—	—
来料加工装配贸易	4443	2628	1815	9306	5264	4042
进料加工贸易	68542	56058	12484	72721	56731	15990

续表1

指标	2010年			2011年		
	进出口总额	出口	进口	进出口总额	出口	进口
对外承包工程出口货物	43852	43852	—	149297	149297	—
投资设备	8870	—	8870	2869	—	2869
出料加工贸易	—	—	—	—	—	—
海关特殊监管区域进口设备	123	—	123	67	—	67
海关特殊监管区域物流货物	10616	1494	9122	28120	14250	13870
易货贸易	—	—	—	—	—	—
保税监管场所进出境货物	20510	8054	12456	56139	5801	50338
来料加工装配进口设备	—	—	—	—	—	—
租赁贸易	32403	—	32403	25673	—	25673
其他贸易	182	7	175	383	32	351
按运输方式分						
水路运输	627057	364169	262888	909052	548712	360340
铁路运输	3933	3606	327	6587	6263	324
公路运输	10679	7429	3250	22779	17235	5544
航空运输	54612	22336	32276	74195	26187	48008
邮件运输	3078	2862	216	3264	3134	130
其他运输	44417	4486	39931	25545	2925	22620
按企业性质分						
国有企业	291989	136821	155168	453169	241907	211262
集体企业	22851	17693	5158	37178	24461	12717
外商投资企业	229660	131488	98172	262930	168104	94826
中外合资	139254	73831	65423	134276	77061	57215
中外合作	4382	4238	144	5032	4907	125
外商独资	86024	53419	32605	123622	86136	37486
其他	199276	118886	80390	288145	169984	118161

邮电业务量

指标	单位	2010年	2011年	指标	单位	2010年	2011年
国内分类业务量				每百人互联网用户数	户/百人	19.42	21.90
年末市内电话	万户	177.40	152.10	邮电局所	处	211	211
年末农村电话	万户	35.90	34.70	国际及港澳分类业务量			
年末住宅电话	万户	137.50	117.39	函件	万件	6.18	5.00
年末移动电话用户	万户	857.60	931.10	包件	万件	1.36	1.48
宽带网及互联网拨号注册电话	万户	117.3	132.7				

交通运输业基本情况

指　标	2010年	2011年	指　标	2010年	2011年
客运量总计(万人)	16465	15225	其中:高速公路	347	347
铁路	3327	3627	中级	421	271
公路	12758	11165	低级	0	0
民航	379	433	无路面里程	0	0
旅客周转量(亿人公里)	562	622	民用航空		
铁路	308	335	始发航线(条)	140	99
公路	139	144	通航城市(个)	45	50
民航	116	143	起飞架次(架次)	69961	77856
货运量总计(万吨)	22946	25403	民用车辆(辆)		
铁路	9913	10825	民用汽车	807378	928553
公路	13029	14574	私人汽车	671567	786802
民航	3	4	载客汽车	627849	755966
货物周转量(亿吨公里)	1365	1448	其中:大型	10928	11624
铁路	1132	1193	普通载货汽车	117994	126250
公路	232	254	其中:大型	22572	25614
公路通车里程(公里)			摩托车	421347	380518
公路通车里程	11611	11940	其他机动车	61535	46337
有路面里程	11611	8204	载货挂车	6382	7233
高级、次高级	11191	11669			

财政收入分类

单位:万元

指　标	全市合计	市本级			县区级
		小　计	市　直	高新区	
公共财政预算收入	3254165	1552970	1352821	200149	1701195
增值税	314285	163500	141007	22493	150785
营业税	937077	454969	401829	53140	482108
企业所得税	350679	176976	153955	23021	173703
个人所得税	107053	54869	48650	6219	52184
资源税	5965	71	0	71	5894
城市维护建设税	195099	111314	99660	11654	83785
房产税	91874	42739	38555	4184	49135
印花税	48625	9779	4620	5159	38846
城镇土地使用税	101296	47141	43069	4072	54155
土地增值税	116228	14682	80	14602	101546
车船税	28700	1208	362	846	27492
耕地占用税	67988	20696	1469	19227	47292
契税	186925	97114	80069	17045	89811
专项收入	113941	69400	62897	6503	44541
行政事业性收费收入	290290	123866	119786	4080	166424
罚没收入	80111	44969	44723	246	35142
国有资本经营收入	1578	-34	-1034	1000	1612
国有资源(资产)有偿使用收入	190486	114497	107910	6587	75989
其他收入	25965	5214	5214	0	20751
政府性基金收入	2968600	2588505	2559165	29340	380095
其中:地方教育附加收入	63224	38524	35297	3227	24700

地方财政支出分类

单位:万元

指　标	全市合计	市本级			县区级
		小　计	市　直	开发区	
公共财政预算支出	3968831	1767954	1435347	332607	2200877
一般公共服务	592728	213838	188739	25099	378890
国防	31147	29654	29621	33	1493
公共安全	283125	205783	202279	3504	77342
教育	652914	148524	133007	15517	504390
科学技术	75550	49927	20727	29200	25623
文化体育与传媒	116739	87965	87886	79	28774
社会保障和就业	494608	247300	244986	2314	247308
医疗卫生	270686	94170	92408	1762	176516
节能环保	95831	55401	54260	1141	40430
城乡社区事务	549185	225862	131852	94010	323323
农林水事务	253600	65699	60162	5537	187901
交通运输	106494	70910	63395	7515	35584
资源勘探电力信息等事务	184232	141084	20579	120505	43148
商业服务业等事务	85448	35607	23776	11831	49841
粮油物资管理事务	2667	1286	1286	0	1381
储备事务支出	240	140	140	0	100
金融监管支出	1836	1518	1508	10	318
地震灾后恢复重建支出	0	0	0	0	0
国土资源气象等事务	63510	16075	15305	770	47435
住房保障支出	80344	66527	52889	13638	13817
国债还本付息支出	4116	1579	1447	132	2537
其他支出	23831	9105	9095	10	14726
政府性基金支出	2712498	2182229	1963287	218942	530269
其中:地方教育附加安排的支出	44511	12048	9366	2682	32463
城市公用事业附加安排的支出	16300	13185	13185	0	3115
地方水利建设基金支出	29476	16917	16917	0	12559

教育事业基本情况

指　标	2010年	2011年	指　标	2010年	2011年
学校数(所)	1025	1010	其中:中等职业学校	4511	4195
其中:高等教育	66	72	职业中专	1801	2319
中等教育	302	295	普通中学	21943	23767
其中:中等职业学校	73	70	小学	24801	23584
职业中专	23	25	在校学生(万人)	144.60	145.15
普通中学	209	205	高等教育	64.25	63.96
小学	645	631	中等教育	41.76	42.04
专任教师(人)	83106	84697	中等职业学校	8.10	9.21
其中:高等教育	29526	30752	职业中专	2.90	3.36
中等教育	28370	29950	普通中学	30.18	30.47

续表

指　标	2010 年	2011 年	指　标	2010 年	2011 年
小学	38.40	38.97	中等职业学校	17.96	21.95
各类学校毕业生数(万人)	38.10	40.10	普通中学	13.75	12.82
高等教育	17.57	19.64	小学	15.48	16.52
中等教育	13.55	13.72	平均每万人口在校学生(人)	2395	2398
中等职业学校	3.13	2.90	其中:大学生	1064	1057
普通中学	9.20	9.70	中专生	192	191
每一教师负担学生数(人)	17.40	17.14	中学生	500	503
其中:高等教育	21.76	20.80	小学生	636	644
中等教育	14.72	14.04			

图书及出版事业

指　标	单　位	2010 年	2011 年	指　标	单　位	2010 年	2011 年
公共图书馆				报纸	种	52	54
机构数	个	12	12	杂志	种	158	155
从业人员	人	423	426	出版数量			
总藏量	千册(件)	9412	9890	图书	万册,万份	26603	31087
建筑面积	千平方米	69.7	70	报纸	万册,万份	184706	157553
其中:书库	千平方米	24.0	25	杂志	万册,万份	6995	8284
阅览室	千平方米	22.0	22	报纸出版总印张数			
阅览室席位数	千　个	4.4	4.6	总计	万印张	900483	660146
书刊外借人次	万人次	101.2	123.0	综合报	万印张	857132	595239
书刊外借册数	万册次	203.9	230.2	专业报	万印张	43351	64907
出版事业				省级报	万印张	847019	558451
出版单位				综合报	万印张	811675	493544
图书	个	15	15	专业报	万印张	35344	64907
报纸	个	52	52	市级报	万印张	53464	101695
杂志	个	152	149	综合报	万印张	45456	101695
出版种类				专业报	万印张	8008	0
图书	种	6586	8305				

文化事业机构和人员

指　标	2010年	2011年	指　标	2010年	2011年
机构数(个)			从业人员数(人)		
电影业	12	15	电影业	470	458
艺术业	29	28	艺术业	1891	1841
文物业	24	22	文物业	809	799
图书馆业	12	12	图书馆业	423	426
广播电视业	10	9	广播电视业	8855	15898
群众文化业	151	152	群众文化业	552	679
艺术教育业	1	1	艺术教育业	104	107
文艺科研业	2	2	文艺科研业	72	63
非文化产业	3	3	非文化产业	44	45

卫生事业机构及床位

指　标	2010年	2011年	指　标	2010年	2011年
各类卫生机构数(个)	5086	5159	卫生院	5137	3561
医院	196	200	门诊部	77	89
社区卫生服务中心(站)	252	253	急救中心(站)	—	0
卫生院	81	62	采血供应站	—	0
门诊部	90	43	妇幼保健院(所、站)	618	563
急救中心(站)	1	1	专科疾病防治院(所、站)	91	98
采血供应机构	3	4	疾病预防控制中心(防疫站)	—	0
妇幼保健院(所、站)	11	12	医学科学研究机构	—	0
专科疾病防治院(所、站)	8	8	其他卫生机构	0	0
疾病预防控制中心(防疫站)	12	12	千人拥有量		
医学科学研究机构		0	平均每千人拥有病床(张)	5.29	5.77
其他卫生机构	25	6	每千人拥有卫生技术人员(人)	6.52	6.96
各类卫生机构病床数(张)	31947	34920	每千人拥有医生(人)	2.91	3.03
医院	24707	27984	每千人拥有护士(人)	2.30	2.54
社区卫生服务中心(站)	1317	2625			

体育事业

指　标	单位	2010年	2011年	指　标	单位	2010年	2011年
体育部门职工人数	人	696	660	铜牌	枚	8	0
其中:业余体育学校	人	247	234	其中:全　国　金牌	枚	37	19
总计中:教练员	人	210	208	银牌	枚	20	19
等级裁判员(当年认定数)	人			铜牌	枚	19	30
一级裁判员	人			其中:全　省　金牌	枚	347	172
二级裁判员	人	206	175	银牌	枚	112	190
三级裁判员	人	1178	263	铜牌	枚	126	172
二级运动员发展人数	人	351	372	运动员破全国纪录	人次	0	0
少年儿童业余体校在校学生	人			运动员破全省纪录	人次	0	0
业余体校	所	12	12	运动员破全市纪录	人次	0	0
运动员获奖牌数	枚	713	633	体育设施			
其中:世界级　金牌	枚	15	18	体育场	个	12	12
银牌	枚	6	8	体育馆	个	9	9
铜牌	枚	3	5	游泳馆	个	5	5
其中:洲　际　金牌	枚	17	0	室内外游泳池	个	2	2
银牌	枚	3	0	有固定看台的灯光球场	个	2	2

法人单位从业人员和劳动报酬

指　标	2010年		2011年	
	从业人员(人)	从业人员人均报酬(元/人)	从业人员(人)	从业人员人均报酬(元/人)
全市法人单位	1993955	30667	2053865	35416
按国民经济行业分组				
农、林、牧、渔业	1343	19177	2264	23346
采矿业	19593	33416	14059	36569
制造业	580653	24911	581084	29173
电力、燃气及水的生产和供应业	19246	43968	18618	46155
建筑业	362110	24167	360909	30362
交通运输、仓储和邮政业	109385	42846	109079	53422
信息传输、计算机服务和软件业	26222	39457	32252	42237
批发和零售业	243040	20220	279252	24992
住宿和餐饮业	94545	19147	105556	22821
金融业	59376	70856	58784	84443
房地产业	38526	27763	38427	31903
租赁和商务服务业	73295	27467	77766	34248
科学研究、技术服务和地质勘察业	31008	52600	32816	54533
水利、环境和公共设施管理业	14825	33895	14231	35393
居民服务和其他服务业	20439	24002	19566	26740
教育	111731	49161	113645	51311
卫生、社会保障和社会福利业	47767	51371	54906	54440
文化、体育和娱乐业	17588	59120	17970	59176
公共管理和社会组织	123263	42468	122681	44270

城市不同收入层次居民家庭基本情况

指　标	单　位	平　均	最低 10%	更低 5%	低 10%	较低 20%	中间 20%	较高 20%	高 10%	最高 10%	其中:更高 5%
调查户情况											
调查户数	户	600	60.75	31	61	117.25	121	119.25	61	59.75	30
家庭人口	人/户	2.87	3.38	3.39	2.92	2.96	2.90	2.85	2.64	2.32	2.27
有收入者人数	人/户	2.08	1.87	1.72	1.85	2.01	2.14	2.21	2.27	2.07	2.08
就业人口数	人/户	1.71	1.40	1.19	1.51	1.83	1.85	1.88	1.84	1.29	1.37
国有经济单位职工	人/户	1.14	0.44	0.19	0.87	1.16	1.28	1.37	1.49	1.01	1.04
城镇集体单位职工	人/户	0.12	0.26	0.32	0.15	0.09	0.10	0.12	0.08	0.08	
其他经济单位职工	人/户	0.13	0.05	0.06	0.13	0.17	0.16	0.13	0.10	0.07	0.10
城镇个体经营者	人/户	0.12	0.10	0.13	0.11	0.18	0.10	0.13	0.07	0.10	0.17
城镇个体被雇	人/户	0.11	0.35	0.42	0.11	0.13	0.12	0.05	0.03		
离退休再就业人员	人/户	0.01	0.02			0.01	0.01	0.02	0.03	0.02	0.03
其他就业人员	人/户	0.09	0.18	0.06	0.13	0.10	0.09	0.06	0.03	0.02	0.03
离退休人数	人/户	0.32	0.28	0.23	0.28	0.14	0.27	0.31	0.41	0.77	0.71
其他有收入者	人/户	0.05	0.19	0.30	0.06	0.04	0.02	0.02	0.02		
无收入者人数	人/户	0.79	1.50	1.66	1.07	0.94	0.76	0.64	0.36	0.24	0.17
人均收入											
家庭总收入	元	31895.11	11774.52	9652.35	18247.91	24273.97	29796.98	37553.94	48097.02	71190.03	85067.70
可支配收入	元	28891.97	10418.18	8325.73	16077.59	21549.08	26968.22	34091.85	43313.45	66717.57	80224.32
借贷收入	元	8594.92	5389.17	3018.24	4896.47	6254.34	6325.05	10553.05	13216.19	19618.96	23717.94
人均支出											
家庭总支出	元	23156.33	12790.64	9476.88	14159.74	18963.17	22445.65	26622.76	33911.44	41511.27	49727.61
消费支出	元	18045.23	8657.89	7829.46	11159.44	14961.46	18051.05	21338.49	26741.78	30425.95	34292.50
其中:食品	元	5722.65	3624.45	3138.54	4897.82	4958.35	6296.47	6269.00	6927.12	7622.15	7557.30
借贷支出	元	17115.11	4101.08	3044.51	8655.83	11458.00	13769.88	21300.33	27387.51	47902.20	56358.32
人均手存现金											
期初手存现金	元	1186.95	712.98	700.46	592.02	964.77	1449.46	1205.92	1560.00	2088.96	3038.83
期末手存现金	元	1443.44	956.04	866.38	887.31	1080.39	1463.86	1418.62	1504.10	3752.74	5697.51

农村居民家庭基本情况

指　标	单　位	2010年	2011年	指　标	单　位	2010年	2011年
调查户数	户	960	780	中专程度	人	0.15	0.11
调查人口	人	3463	2829	大专以上	人	0.13	0.06
户均基本情况				平均每人年收入			
常住人口	人	3.61	3.55	总收入	元	11494.6	13629.8
其中:整半劳力	人	2.68	2.57	纯收入	元	8903.3	10411.8
常住人口外出劳动人数	人	0.44	0.48	现金收入	元	10565.6	12646.0
每个劳动力负担人口	人	1.35	1.38	平均每人年支出			
劳动力文化程度				总支出	元	8085.8	9547.8
文盲或半文盲	人	0.08	0.09	其中:家庭经营费用支出	元	2153.0	2746.8
小学	人	0.39	0.39	生活消费支出	元	5406.6	5905.1
初中程度	人	1.52	1.55	现金支出	元	7783.2	9265.9
高中程度	人	0.40	0.31	其中:生产费用	元	2268.4	2954.2

续表

指　　标	单　位	2010 年	2011 年	指　　标	单　位	2010 年	2011 年
生活消费支出	元	5152.9	5702.4	其中:砖木结构	平方米	28.4	24.0
人均经营耕地	亩	1.4	1.4	钢混结构	平方米	11.3	14.9
农民人均住房面积	平方米	40.2	41.2	人均拥有住房价值	元	21286.6	33274.9

物　价　指　数

指　　标	2010 年	2011 年	指　　标	2010 年	2011 年
居民消费价格指数	105.43	102.10	食品	106.11	104.61
食品	111.33	107.28	衣着	112.46	104.10
烟酒	107.09	104.28	一般日用品	100.21	101.58
衣着	100.48	95.66	耐用消费品	97.34	101.38
家庭设备用品及服务	102.47	99.72	工业生产者购进价格指数	108.21	109.94
医疗保健和个人用品	105.40	103.40	燃料、动力类	114.61	117.03
交通和通信	98.85	97.94	黑色金属材料类	104.07	103.33
娱乐教育文化用品及服务	99.89	99.46	有色金属材料及电线类	114.83	107.96
居住	107.74	102.00	化工原料类	104.03	107.68
工业生产者出厂价格指数	105.32	104.67	木材及纸浆类	103.61	107.06
生产资料	105.83	105.00	建筑材料及非金属矿类	105.77	101.85
采掘	113.75	116.04	其他工业原材料及半成品类	102.40	104.46
原料	107.47	113.11	农副产品类	109.22	112.59
加工	105.34	102.05	纺织原料类	103.23	98.41
生活资料	102.94	103.21			

普 通 高 等 院 校 一 览

单位:人

指　　标	在校学生数	毕业生数	招生数	教职工人数	其中:专任教师			
					合计	其中:正高级	其中:副高级	其中:中级
总计	509307	154500	155257	41851	27957	3566	7817	10826
综合性大学								
山东大学	58693	15421	15586	7903	4001	1127	1345	1188
济南大学	33896	7504	9189	2596	1911	269	606	965
山东青年政治学院	9124	3393	3547	776	533	51	151	219
山东女子学院	8107	3191	3369	732	476	43	119	226
理工院校								
山东建筑大学	23629	5080	6460	2024	1307	168	447	677
山东轻工业学院	23395	4797	6950	1471	1237	148	421	582
山东交通学院	17295	4334	5185	1276	882	74	262	469

续表

指标	在校学生数	毕业生数	招生数	教职工人数	其中:专任教师			
					合计	其中:正高级	其中:副高级	其中:中级
山东电力高等专科学校	2536	1789	441	270	147	28	61	29
医药院校								
山东中医药大学	18452	3501	5882	1131	885	133	244	277
济南护理学院	831		831	332	193		58	69
师范院校								
山东师范大学	32538	7712	9004	2632	1845	342	572	615
齐鲁师范学院	5637	2137	2032	643	432	48	96	188
济南幼儿师范专科学校	281		281	423	255		90	105
山东师范大学历山学院	3118	540	890	236	181	23	64	66
财经院校								
山东经济学院	19897	5041	4414	1386	1119	164	331	548
山东财政学院	16154	4400	3609	1020	790	123	283	336
山东经济学院燕山学院	6169	991	2062	383	345	40	114	191
政法院校								
山东警察学院	3290	1319	954	510	283	25	99	138
山东司法警官职业学院	3508	1087	1511	198	134	2	31	43
山东政法学院	11217	3190	3116	753	511	46	128	288
体育院校								
山东体育学院	7152	1906	2048	856	597	59	196	276
艺术院校								
山东艺术学院	8474	2075	2271	907	720	62	176	348
山东工艺美术学院	7363	1868	1999	713	480	55	90	247
职业技术学院								
山东协和学院	10925	4289	4955	912	661	104	148	234
山东商业职业技术学院	16048	5668	5065	1190	770	17	232	219
山东劳动职业技术学院	10162	3042	3365	737	462	20	97	189
山东职业学院	14938	4708	5432	835	540	21	154	247
山东力明科技职业学院	13154	3706	3781	834	608	23	129	149
山东圣翰财贸职业学院	9136	3201	2844	801	420	35	81	171
山东英才学院	10041	3074	3747	966	690	92	153	355
山东外事翻译职业学院	7484	2663	2979	660	438			
山东杏林科技职业学院	7875	2841	2960	678	462	52	112	186
山东旅游职业学院	5497	2287	1745	475	362	7	79	125
济南工程职业技术学院	8975	3548	2530	526	404	11	84	118
山东电子职业技术学校	7442	2917	2537	458	379	3	128	150
济南职业学院	9769	3450	3408	675	534	14	101	137
山东现代职业学院	9531	3105	3319	945	606	61	122	213
山东凯文科技职业学院	6696	2401	2048	692	410	63	71	42
山东城市建设职业学校	8596	2812	3339	523	379	8	102	118
山东传媒职业学院	2431	651	895	276	231	5	40	83

责任校对　王　炜

生 活 指 南

2011 年济南市重要商品和服务项目价格监测表(监测时间:2011 年 12 月 20 日)

品种名称	规格等级	单位	价格(元)	备注
一、食品				
1. 面粉	标准粉,集市价	500 克	1.40	
	特一粉,集市价	500 克	1.60	
2. 粳米	标一,集市价	500 克	2.50	
3. 籼米	标一,晚籼米	500 克	1.90	
4. 鲜菜	应季大路菜			
青椒		500 克	2.70	
黄瓜		500 克	4.00	
西红柿		500 克	2.50	
油菜(青菜)		500 克	2.00	
茄子		500 克	2.80	
5. 食用植物油				
豆油	一级桶装 浸出	500 克	60.90	
花生油	一级桶装 压榨	500 克	118.90	
6. 猪肉	新鲜去骨后腿肉	500 克	14.00	
7. 鸡蛋	新鲜完整	500 克	4.40	
8. 鲜奶	普通袋装	500 克	4.00	
二、日用消费品				
9. 彩色电视机	29 寸纯平	台	1700.00	
10. 电冰箱	国产 210 ~ 250 立升	台	2620.00	
11. 空调	1.5 匹冷暖	台	1999.00	
12. 洗衣机	全自动 滚筒式 5 公斤	台	1790.00	
13. 手机	彩屏无摄像头	台	538.00	
14. 汽车	经济型轿车	辆	70800.00	

续表

品种名称	规格等级	单位	价格(元)	备注
	中档轿车	辆	122000.00	
	高档轿车	辆	185800.00	
15. 药品	头孢唑啉钠,粉针,0.5克	支	0.90	
	对乙酰氨基酚,片剂,500毫克×10片	盒	0.40	
	奥美拉唑,胶囊,20毫克×7粒	盒	5.80	
三、居住				
16. 居民公有住房租金	钢混成套住宅使用面积	平方米	2.90	
17. 普通商品房住宅	一类地段成套住宅建筑面积	平方米	6340.00	
	二类地段成套住宅建筑面积	平方米	5630.00	
	三类地段成套住宅建筑面积	平方米	5430.00	
18. 经济适用住宅	市区成套住宅建筑面积	平方米	2150.00	
19. 自来水	居民生活用水(含污水处理费)	立方米	3.15	
20. 电	民用220V	度	0.55	
21. 液化石油气	民用议价	千克	7.60	
22. 管道燃气	民用	立方米	1.50	
四、服务				
23. 学杂费	初中普通中学杂费(一费制)	学期	0.00	
	高中普通中学学费	学期	500.00	
	大学理工科学费	学年	3600.00	
24. 托幼费	一级园中班日托	月	171.00	
25. 挂号费	三级甲等医院,普通门诊	次	1.00	
26. 住院费	三级甲等医院,普通4人间病房	床/日	15.00	
27. 手术费	三级甲等医院,切除阑尾	例	1000.00	含低值医用耗材
28. 检查治疗费	三级甲等医院,尿常规检查	项	20.00	尿沉渣分析(尿常规五项已停)
29. 公共汽车车票	主要线路车票一张	张	1.00	
30. 市内电话费	本地网内通话费三分钟/次	次	0.22	
31. 旅游景点门票	本地主要旅游景点	张	40.00	
五、农业生产资料				
32. 尿素	含氮46%,国产	吨	2300.00	
33. 三元复合肥	氮、磷、钾总含量>40%,国产	吨	2800.00	
六、工业生产资料				
34. 钢材	螺纹钢,22mm,Q235	吨	4780.00	
	中厚板,10mm,Q235	吨	4650.00	
	热轧薄板,1mm,Q235A	吨	4850.00	
35. 烟煤	炼焦用洗精煤9级主焦	吨	1200.00	
36. 水泥	42.5号普通硅酸盐,袋装	吨	400.00	
37. 木材	杉原木,14~18cm	立方米	1300.00	
38. 汽油	93号车用无铅汽油	升	7.26	济价格字〔2011〕101号

济南火车站旅客列车时刻表

自2012年7月1日零时起实行

车次	等级	区间	到时	开时	车次	等级	区间	到时	开时
K70/67	快速	青岛—福州	23:53	0:08	K102	快速	温州—北京	9:07	9:19
K8261	快速	济南—威海		0:40	1085	快	济南—乌鲁木齐		9:20
T132	特快	上海—大连	0:45	0:53	D331	动车组	北京南—青岛	9:20	9:22
K371	快速	太原—上海	0:45	1:00	1228	快	上海—阜新	9:17	9:30
K8291	快速	济南—烟台		1:15	G185	高速动车	北京南—青岛	9:35	9:37
K762/3	快速	徐州—烟台	1:05	1:27	G224/1	高速动车	青岛—上海虹桥	9:36	9:38
5022/3	快	青岛—菏泽	1:05	1:26	K56	快速	上海—哈尔滨	9:35	9:47
1462	快	上海—北京	1:18	1:40	G246/7	高速动车	徐州东—青岛	9:48	9:50
T131	特快	大连—上海	2:33	2:45	D332	动车组	青岛—北京南	9:50	9:56
K68/9	快速	福州—青岛	2:38	2:46	K76	快速	宁波东—长春	9:46	10:00
K1028/5	快速	兰州—青岛	3:48	4:05	K1074	快速	长沙—济南	9:59	
K206/7	快速	成都—青岛	4:33	4:42	G186	高速动车	青岛—北京南	10:07	10:10
K748	快速	合肥—北京	4:43	4:57	K552	快速	温州—哈尔滨	10:13	10:25
K372	快速	上海—太原	4:53	5:05	1162	快	西安—济南	10:23	
K51	快速	北京—日照	4:58	5:13	D6007	动车组	济南西—青岛	10:26	10:32
K55	快速	哈尔滨—上海	5:22	5:31	G188	高速动车	青岛—北京南	10:37	10:39
K101	快速	北京—温州	5:33	5:45	1281	快	济南—深圳西		10:52
K515	快速	长春—上海	5:41	5:56	G222/3	高速动车	上海虹桥—青岛	10:54	10:56
1227	快	阜新—上海	5:55	6:05	K1182/3	快速	金华西—烟台	10:52	11:03
5011	快	济南—东营		6:10	K491	快速	济南—昆明		11:05
K764/1	快速	烟台—徐州	6:00	6:14	K347	快速	沈阳北—温州	10:58	11:13
K912/3	快速	西安—青岛	6:14	6:26	5046	快	济宁—济南	11:02	
K1132/29	快速	西安—烟台	6:35	6:43	D334	动车组	青岛—北京南	11:17	11:19
K342/3	快速	南昌—青岛	6:45	6:57	D333	动车组	北京南—青岛	11:26	11:28
5013	快	济南—菏泽		6:58	K551	快速	哈尔滨—温州	11:22	11:32
K15	快速	济南—重庆北		7:08	5024/1	快	菏泽—青岛	11:12	11:38
K492	快速	昆明—济南	7:23		K694/1	快速	青岛—合肥	11:25	11:40
K8272/3	快速	日照—烟台	7:05	7:36	D346	动车组	青岛—天津西	11:44	11:46
D6001	动车组	济南—青岛		7:20	1161	快	济南—西安		11:50
1566/3	快	郑州—青岛	7:13	7:27	T162/59	特快	青岛—广州东	11:52	12:06
K771	快速	济南—南通		7:30	G232/29	高速动车	青岛—上海虹桥	12:07	12:09
K8264	快速	威海—济南	7:45		D6004	动车组	青岛—济南	12:19	
1342	快	杭州—齐齐哈尔	7:49	8:08	D6009	动车组	济南—青岛		12:39
K8281	快速	济南—日照		8:11	D6006	动车组	青岛—济南	12:54	
D6003	动车组	济南—青岛		8:15	D345	动车组	天津西—青岛	12:54	12:56
D6002	动车组	青岛—济南西	8:31	8:33	D335	动车组	北京南—青岛	13:08	13:10
D6005	动车组	济南西—青岛	8:34	8:40	D336	动车组	青岛—北京南	13:13	13:15
1114/1	快	汉口—青岛	8:40	8:49	D6011	动车组	济南—青岛		13:20
5045	快	济南—济宁		8:53	G230/1	高速动车	上海虹桥—青岛	13:38	13:40

续表

车次	等级	区间	到时	开时	车次	等级	区间	到时	开时
K8263	快速	济南—威海		13:47	K8262	快速	威海—济南	18:03	
D337	动车组	北京南—青岛	14:10	14:12	G226/7	高速动车	上海虹桥—青岛	18:18	18:20
G190	动车组	青岛—北京南	14:12	14:14	1461	快	北京—上海	18:14	18:26
D6013	动车组	济南西—青岛	13:53	14:03	G193	高速动车	北京南—青岛	18:32	18:34
K174/1	快速	西宁西—青岛	14:32	14:42	G196	高速动车	青岛—北京南	18:35	18:37
K8284	快速	日照—济南	14:41		D348	动车组	青岛—天津西	18:51	18:53
G192	高速动车	青岛—北京南	14:42	14:44	K172/3	快速	青岛—西宁西	18:43	18:56
D338	动车组	青岛—北京南	15:06	15:08	K772	快速	南通—济南	18:56	
K1138/5	快速	南宁—青岛	15:05	15:22	D6010	动车组	青岛—济南西	19:05	19:07
K16	快速	重庆北—济南	15:13		T180	特快	广州—济南	19:09	
G187	高速动车	北京南—青岛	15:11	15:14	G236/3	高速动车	青岛—上海虹桥	19:16	19:18
G189	高速动车	北京南—青岛	15:34	15:36	T179	特快	济南—广州		19:20
T160/1	特快	广州东—青岛	15:26	15:44	G195	高速动车	北京南—青岛	19:24	19:28
K1026/7	快速	青岛—兰州	15:32	15:45	1282	快	深圳西—济南	19:50	
K876/7	快速	南京—烟台	15:40	15:52	D6012	动车组	青岛—济南	19:51	
G194	高速动车	青岛—北京南	15:57	15:59	D341	动车组	北京南—青岛	19:51	19:53
K8274/1	快速	烟台—日照	15:46	15:58	D342	动车组	青岛—北京南	19:58	20:00
1415	快	哈尔滨—济南	16:02		D6017	动车组	济南—青岛		20:13
1416	快	菏泽—哈尔滨	16:02	16:14	G234/5	高速动车	上海虹桥—青岛	20:19	20:21
G248/5	高速动车	青岛—徐州东	16:11	16:16	K878/5	快速	烟台—南京	20:05	20:25
D347	动车组	天津西—青岛	16:23	16:25	K8282	快速	日照—济南	20:55	
K348	快速	温州—沈阳北	16:21	16:31	1450	快	日照—牡丹江	20:39	20:55
K914/1	快速	青岛—西安	16:21	16:32	1112/3	快	青岛—汉口	20:51	20:59
G228/5	高速动车	青岛—上海虹桥	16:34	16:36	5012	快	东营—济南	20:59	
K75	快速	长春—宁波东	16:42	16:55	D6014	动车组	青岛—济南	21:15	
D6008	动车组	青岛—济南	16:50		D6016	动车组	青岛—济南西	21:27	21:30
D339	动车组	北京南—青岛	17:01	17:03	K208/5	快速	青岛—成都	21:07	21:36
D340	动车组	青岛—北京南	17:10	17:12	1564/5	快	青岛—郑州	21:41	21:51
D6015	动车组	济南—青岛		17:12	K8283	快速	济南—日照		22:00
1341	快	齐齐哈尔—杭州	16:56	17:19	K747	快速	北京—合肥	21:56	22:08
K692/3	快速	合肥—青岛	17:09	17:21	K1136/7	快速	青岛—南宁	22:04	22:16
K45	快速	北京—福州	17:17	17:27	K8292	快速	烟台—济南	22:26	
K1184/1	快速	烟台—金华西	17:25	17:35	K1130/1	快速	烟台—西安	22:17	22:37
G191	高速动车	北京南—青岛	17:38	17:40	K46	快速	福州—北京	22:58	23:07
K344/1	快速	青岛—南昌	17:36	17:48	1086	快	乌鲁木齐—济南	23:14	
D258	动车组	郑州—济南	17:49		K516	快速	上海—长春	23:06	23:22
1470	快	徐州—哈尔滨	17:41	17:51	D6018	动车组	青岛—济南	23:21	
K1073	快速	济南—长沙		18:08	K52	快速	日照—北京	23:22	23:34
D257	动车组	济南—郑州		18:09	1449	快	牡丹江—日照	23:47	23:59
1469	快	哈尔滨—徐州	18:02	18:17					

济南火车站东站旅客列车时刻表

自2012年7月1日零时起实行

车次	等级	区间	到时	开时	车次	等级	区间	到时	开时
K882	快速	青岛—太原	0:01	0:13	K1053	快速	延吉—青岛	9:51	10:06
K285	快速	北京—烟台	0:30	0:51	K701	快速	哈尔滨—青岛	10:08	10:20
K1216	快	烟台—石家庄北	0:31	0:56	K955	快速	丹东—青岛	10:22	10:43
K1215	快	石家庄北—烟台	2:13	2:24	K969	快速	通化—青岛	11:34	11:41
K1391	快速	佳木斯—烟台	2:59	3:14	K970	快速	青岛—通化	14:53	15:02
K881	快速	太原—青岛	4:18	4:30	K710	快速	青岛—包头	17:45	18:05
K411	快速	北京—威海	4:41	4:56	K956	快速	青岛—丹东	22:33	22:44
K709	快速	包头—青岛	5:12	5:35	K1054	快速	青岛—延吉	22:52	23:12
K412	快速	威海—北京	5:39	5:57	K702	快速	青岛—哈尔滨	23:08	23:26
K286	快速	烟台—北京	6:30	6:44	K1392	快速	烟台—佳木斯	23:33	23:53

济南火车站西站旅客列车时刻表

自2012年7月1日零时起实行

车次	运行区段	到时	开时	车次	运行区段	到时	开时
G241	济南西—徐州东		6:35	D6007	济南西—青岛		10:10
G61	济南西—杭州		6:53	G109	北京南—上海虹桥	10:10	10:12
D361	济南西—上海虹桥		7:05	G111	北京南—上海虹桥	10:15	10:18
D402	济南西—北京南		7:10	G206	南京南—北京南	10:32	10:34
D404	济南西—北京南		7:30	G102	上海虹桥—北京南	10:40	10:42
D363	济南西—上海虹桥		7:30	G113	北京南—上海虹桥	10:43	10:45
G182	曲阜东—北京南	8:07	8:10	D315	北京南—上海虹桥	10:54	10:56
D6005	济南西—青岛		8:17	G104	上海虹桥—北京南	11:00	11:02
G51	天津西—杭州	8:27	8:29	G115	北京南—上海虹桥	11:02	11:05
G101	北京南—上海虹桥	8:32	8:34	G106	上海虹桥—北京南	11:10	11:12
G103	北京南—上海虹桥	8:44	8:46	G33	北京南—杭州	11:19	11:21
D325	天津西—上海虹桥	8:55	8:57	G12	上海虹桥—北京南	11:21	11:23
G105	北京南—上海虹桥	9:11	9:13	D356	南京南—北京南	11:16	11:28
D352	徐州东—北京南	9:16	9:18	G13	北京南—上海虹桥	11:32	11:34
G11	北京南—上海虹桥	9:32	9:34	G117	北京南—上海虹桥	11:37	11:39
G202	南京南—北京南	9:35	9:37	G108	上海虹桥—北京南	11:40	11:42
G31	北京南—杭州	9:37	9:39	G119	北京南—上海虹桥	11:42	11:44
G107	北京南—上海虹桥	9:50	9:52	G110	上海虹桥—北京南	11:47	11:49
D365	北京南—福州	10:01	10:03	G32	杭州—北京南	12:07	12:09
G204	南京南—北京南	10:03	10:05	G121	北京南—上海虹桥	12:08	12:10

续表1

车次	运行区段	到时	开时	车次	运行区段	到时	开时
D317	北京南—上海虹桥	12:04	12:20	G213	天津西—上海虹桥	15:36	15:38
G123	北京南—上海虹桥	12:25	12:27	G37	北京南—杭州	15:42	15:44
D316	上海虹桥—北京南	12:31	12:33	G143	北京南—上海虹桥	15:48	15:50
G15	北京南—上海虹桥	12:32	12:34	G130	上海虹桥—北京南	16:00	16:02
G34	杭州—北京南	12:41	12:43	G145	北京南—上海虹桥	16:01	16:03
G35	北京南—杭州	12:45	12:47	G147	北京南—上海虹桥	16:15	16:17
G112	上海虹桥—北京南	12:46	12:48	D320	上海虹桥—北京南	16:22	16:24
G212	上海虹桥—天津西	12:51	12:53	G134	上海虹桥—北京南	16:31	16:33
G125	北京南—上海虹桥	13:01	13:03	G17	北京南—上海虹桥	16:32	16:34
G36	杭州—北京南	13:04	13:06	G39	北京南—杭州	16:36	16:38
G127	北京南—上海虹桥	13:06	13:08	G136	上海虹桥—北京南	16:37	16:39
G114	上海虹桥—北京南	13:09	13:11	G138	上海虹桥—北京南	16:43	16:45
G14	上海虹桥—北京南	13:21	13:23	G53	天津西—杭州	16:52	16:54
G129	北京南—上海虹桥	13:24	13:25	G40	杭州—北京南	16:55	16:57
G211	天津西—上海虹桥	13:28	13:30	G41	北京南—杭州	16:57	16:59
D6013	济南西—青岛		13:37	G140	上海虹桥—北京南	17:09	17:11
G116	上海虹桥—北京南	13:41	13:43	G149	北京南—上海虹桥	17:09	17:11
G131	北京南—上海虹桥	13:48	13:50	G19	北京南—上海虹桥	17:32	17:34
G52	杭州—天津西	13:48	13:50	G142	上海虹桥—北京南	17:33	17:36
G118	上海虹桥—北京南	13:53	13:55	G151	北京南—上海虹桥	17:48	17:50
G133	北京南—上海虹桥	14:03	14:06	G153	北京南—上海虹桥	17:53	17:55
G120	上海虹桥—北京南	14:07	14:10	G43	北京南—杭州	18:04	18:06
G135	北京南—上海虹桥	14:12	14:14	G42	杭州—北京南	18:07	18:10
G38	杭州—北京南	14:12	14:15	G155	北京南—上海虹桥	18:10	18:12
D319	北京南—上海虹桥	14:19	14:21	G18	上海虹桥—北京南	18:21	18:23
G16	上海虹桥—北京南	14:21	14:23	G144	上海虹桥—北京南	18:26	18:28
G137	北京南—上海虹桥	14:29	14:31	G21	北京南—上海虹桥	18:32	18:34
G190	青岛—北京南	14:30	14:32	G215	天津西—上海虹桥	18:36	18:39
G122	上海虹桥—北京南	14:34	14:36	G146	上海虹桥—北京南	18:41	18:44
D6002	青岛—济南西	8:49		G157	北京南—上海虹桥	18:44	18:46
G139	北京南—上海虹桥	14:44	14:46	D355	北京南—南京南	18:55	18:57
G124	上海虹桥—北京南	14:48	14:50	G159	北京南—上海虹桥	19:03	19:05
G214	上海虹桥—天津西	14:53	14:55	G150	上海虹桥—北京南	19:14	19:16
G192	青岛—北京南	15:00	15:02	G161	北京南—上海虹桥	19:18	19:20
G126	上海虹桥—北京南	15:04	15:06	G20	上海虹桥—北京南	19:21	19:23
G141	北京南—上海虹桥	15:09	15:11	D6010	青岛—济南西	19:23	
D318	上海虹桥—北京南	15:14	15:16	G54	杭州—天津西	19:26	19:28
G128	上海虹桥—北京南	15:29	15:31	D362	上海虹桥—济南西	19:33	

续表 2

车次	运行区段	到时	开时	车次	运行区段	到时	开时
G152	上海虹桥—北京南	19:40	19:42	G158	上海虹桥—北京南	20:54	20:56
G163	北京南—上海虹桥	19:42	19:44	G160	上海虹桥—北京南	21:05	21:07
G154	上海虹桥—北京南	19:48	19:50	G181	北京南—济南西	21:09	
G201	北京南—南京南	19:54	19:56	G242	徐州东—济南西	21:17	
D366	福州—北京南	19:55	19:57	G44	杭州—北京南	21:26	21:28
G156	上海虹桥—北京南	20:03	20:06	G162	上海虹桥—北京南	21:38	21:40
G203	北京南—南京南	20:11	20:13	G164	上海虹桥—北京南	21:44	21:46
G22	上海虹桥—北京南	20:21	20:23	D6016	青岛—济南西	21:46	
G205	北京南—南京南	20:24	20:26	D401	北京南—济南西	22:11	
D351	北京南—徐州东	20:36	20:38	D403	北京南—济南西	22:31	
D326	上海虹桥—天津西	20:36	20:38	G62	杭州—济南西	22:37	
G216	上海虹桥—天津西	20:48	20:50	D364	上海虹桥—济南西	23:17	

济南国际机场 2012 夏秋航季航班时刻表

执行日期:2012 年 3 月至 2012 年 10 月

目的地	航班号	起飞时间	到达时间	班期	目的地	航班号	起飞时间	到达时间	班期
北京	SC1151	7:45	8:40	每天		SC1189	18:20	21:00	23467
	SC1157	17:15	18:20	每天		ZH9940	12:35	15:25	23456
上海虹桥	SC1161	7:50	9:15	每天		ZH9928	17:50	20:35	每天
	SC1163	12:25	13:50	每天		CZ6488	21:35	0:15	每天
	SC1165	15:15	16:35	每天		HU7716	19:10	22:10	每天
	SC1167	19:40	20:55	每天	海口	SC4939	14:45	19:20	37
	MU5538	13:20	14:45	每天		HU7228	13:30	18:10	每天
	FM9248	8:15	9:35	每天	三亚	SC4959	8:00	13:05	每天
	MU5532	8:00	9:20	123457		JD5146	13:10	17:55	每天
上海浦东	MU5534	9:00	10:10	每天		3U8800	18:25	22:00	每天
	MU5542	18:10	19:35	每天	杭州	SC4951	7:55	9:20	每天
广州	SC1169	8:10	10:50	每天		SC4974	11:25	12:50	每天
	SC1171	17:05	19:50	每天		SC4987	20:15	21:40	每天
	ZH9486	11:30	14:15	每天		MF8232	20:25	21:50	23457
	ZH9488	18:35	21:15	每天	桂林	SC4951	7:55	12:10	每天
	CZ3510	11:35	14:15	每天		CZ6386	12:40	16:50	每天
	CZ3712	17:10	19:50	每天		SC4929	14:45	18:30	12456
	CZ3708	21:05	23:45	每天		SC4929	15:25	18:50	37
	MU5259	12:25	15:10	每天	厦门	SC4959	8:00	10:15	每天
深圳	SC1181	7:45	10:25	1357		SC4974	11:25	15:00	每天
	SC1187	11:25	14:05	每天		SC4893	14:50	19:00	每天

续表 1

目的地	航班号	起飞时间	到达时间	班期
	SC4982	21:45	23:45	每天
	MF8190	17:30	19:30	257
	MF8074	21:30	23:35	13457
福州	SC4939	14:45	16:45	37
	SC4613	17:05	20:15	12456
	ZH9472	18:10	20:10	每天
	MF8042	14:30	16:30	每天
	MF8058	21:50	23:50	2457
温州	SC4907	8:20	10:10	每天
	SC4931	15:25	17:15	每天
重庆	SC1193	7:40	9:45	每天
	SC4943	15:45	18:05	12456
	SC4762	16:55	19:00	每天
	SC4943	17:05	19:10	37
	SC4768	18:55	21:00	每天
	PN6712	21:55	23:55	246
	MU5471	15:50	17:50	每天
	3U8508	10:40	12:40	每天
成都	SC4901	8:50	11:15	每天
	CZ6441	10:55	13:15	每天
	MU5449	19:30	22:00	每天
	3U8812	14:35	16:55	每天
	3U8844	21:35	23:55	每天
昆明	SC4873	9:35	12:40	每天
	SC1191	20:00	23:05	每天
	MU5471	15:50	20:00	每天
	3U8948	11:10	14:05	每天
	8L9930	11:35	14:30	每天
贵阳	SC4963	7:35	11:35	每天
	SC4943	15:45	20:00	12456
	SC4943	17:05	20:40	37
西安	SC4963	7:35	9:10	每天
	SC4899	18:40	20:10	每天
	3U8690	9:55	11:35	每天
	CZ6960	16:25	18:05	每天
	JD5104	21:30	23:00	1357
郑州	SC4961	8:00	9:00	135
	SC4929	14:45	15:45	12456

目的地	航班号	起飞时间	到达时间	班期
	SC4929	15:25	16:15	37
银川	SC4915	9:00	11:00	2467
	SC4919	13:05	15:05	16
	SC4911	13:10	15:00	每天
西宁	SC4919	13:05	16:50	16
乌鲁木齐	CZ6285	11:15	15:35	每天
	CZ6960	16:25	22:40	每天
	SC4905	8:40	13:10	16
	SC4927	8:40	14:25	23457
	SC4911	13:10	18:30	每天
	MF8231	10:40	14:50	23457
喀什	SC4905	8:40	16:00	16
兰州	SC4927	8:40	10:55	23457
	CZ6449	9:25	11:35	12457
合肥	SC4613	17:05	18:05	12457
太原	SC4977	16:45	18:00	每天
	GS7476	15:15	16:25	每天
威海	GS7475	11:50	12:45	每天
鄂尔多斯	SC4977	16:45	19:20	每天
南宁	SC4933	8:10	12:05	每天
	CZ6386	12:40	16:50	每天
	ZH9472	18:10	23:05	每天
武汉	SC4933	8:10	9:35	每天
	CZ3622	14:50	16:25	每天
绵阳	SC4961	8:00	11:10	135
长沙	SC4917	8:00	9:50	12356
	SC4893	14:50	16:50	每天
	HU7228	13:30	15:30	每天
	MF8052	18:50	20:50	13457
长春	SC4767	13:25	15:15	每天
	SC4895	8:30	11:20	每天
	CZ6487	15:35	17:45	每天
	CZ6442	17:10	18:55	每天
	HU7715	13:15	15:10	每天
	3U8799	14:35	16:13	123467
沈阳	CZ3621	9:55	11:30	每天
	MF8073	10:25	11:45	13457
大连	SC4923	21:05	22:05	每天

续表2

目的地	航班号	起飞时间	到达时间	班期	目的地	航班号	起飞时间	到达时间	班期
哈尔滨	ZH9471	14:20	15:15	每天	武夷山	SC1152	11:35	13:15	每天
	3U8811	11:00	11:55	每天	呼和浩特	SC4981	17:15	18:50	每天
	CZ6450	15:25	16:25	12457		MF8189	12:40	14:20	257
	MF8041	10:45	11:40	13457	南昌	JD5146	13:10	14:35	每天
	SC4761	11:10	13:10	每天	晋江	MF8560	11:20	14:55	24567
	CZ6286	21:05	23:20	每天	香港	MU5025	8:20	11:05	256
	3U8843	15:35	17:45	每天	台北	SC4097	8:25	10:55	1347
烟台	MF8051	12:45	14:55	13457		BR761	20:35	23:40	2457
	MF8057	15:50	18:00	2457	台中	SC4091	7:55	10:40	5
	SC4895	8:30	9:20	每天	首尔	SC4095	8:20	9:45	47
	SC4874	16:50	17:40	每天		KE848	15:10	17:50	2356
	SC4900	23:15	0:05	每天	大阪	SC4093	8:05	10:35	26

责任校对 宣 涛

索　引

说明：

本索引为综合性主题索引，标示正文部分25个栏目的内容。索引标目按汉语拼音字母顺序，同音字按声调顺序，同音同声调者按笔画顺序排列。标目后数字为页码，字母a为左栏，b为中栏（两栏者为右栏），c为右栏。

历下风采

2011年，历下区完成地区生产总值752.1亿元，比上年增长10.2%。其中，第二产业增加值132.7亿元，增长10.0%；第三产业增加值619.3亿元，增长10.3%。二、三产业比例为17.7:82.3。全区社会消费品零售总额累计完成491.98亿元，同比增长18.17%。软件与信息服务业实现销售收入230亿元，同比增长4.5%。中创软件、巨洋神州、晶恒电子、桑乐太阳能4家企业列入“山东省第一批战略性新兴产业企业”。德勤咨询、金盛保险、百盛等知名外资品牌成功落户；恒隆广场、喜来登酒店等总建筑面积500万平方米的商业商务载体投入使用。完成苹果城、开元广场、恒隆广场、华强电子世界等城市综合体重点项目入驻企业的环评整体审批，办理入驻企业商户近600家。在全市率先尝试屋顶绿化，完成屋顶绿化面积6233平方米。洪山广场建设完成，总面积约5.4万平方米，成为东部城区居民休闲、娱乐、健身新场所。在全市实行科学发展综合考评的三年间，连续被评为一等奖，被评为“省级文明区”，被授予省“输送体育后备人才突出贡献奖”，被科技部评为“2011年全国县（市）科技进步考核先进县（市）”。

①	③
②	④
	⑤

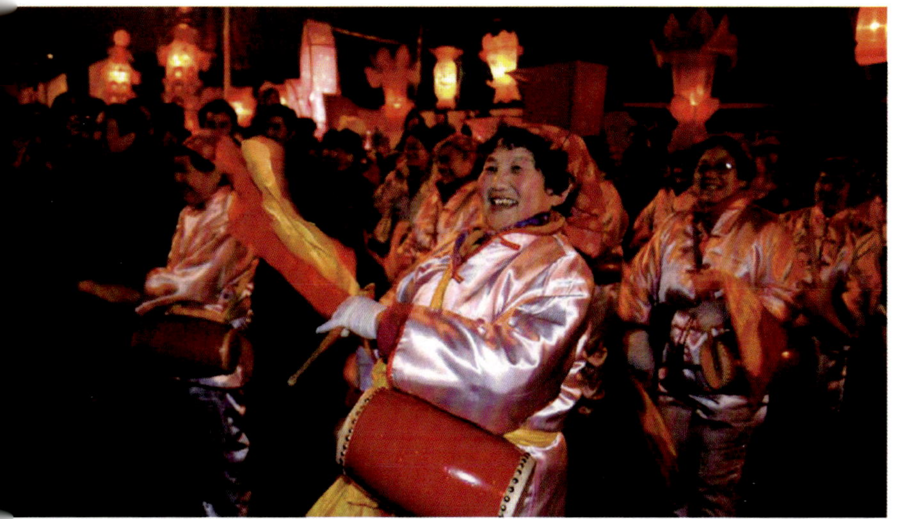

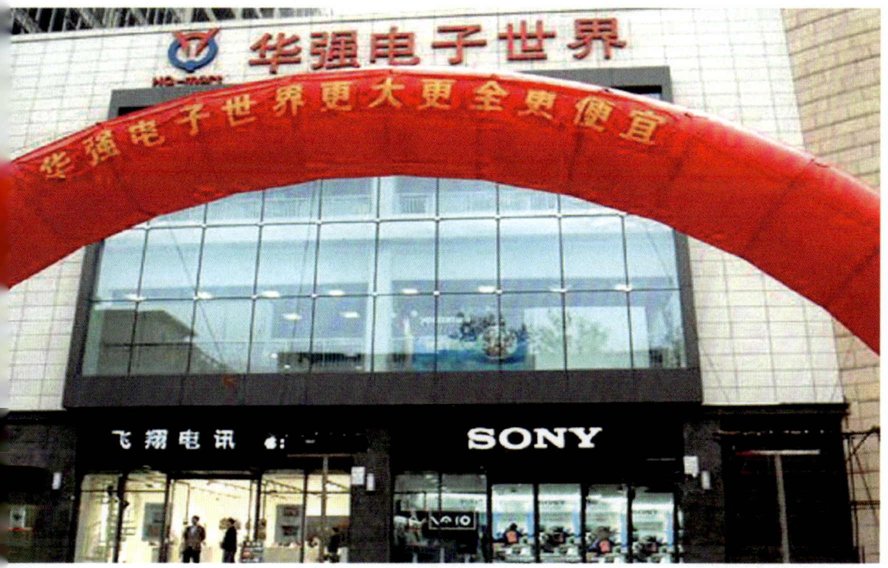

① 洪山广场
② 济南燕山立交桥
③ 历下区第九届元宵灯会
④ 华强电子世界
⑤ 恒隆广场

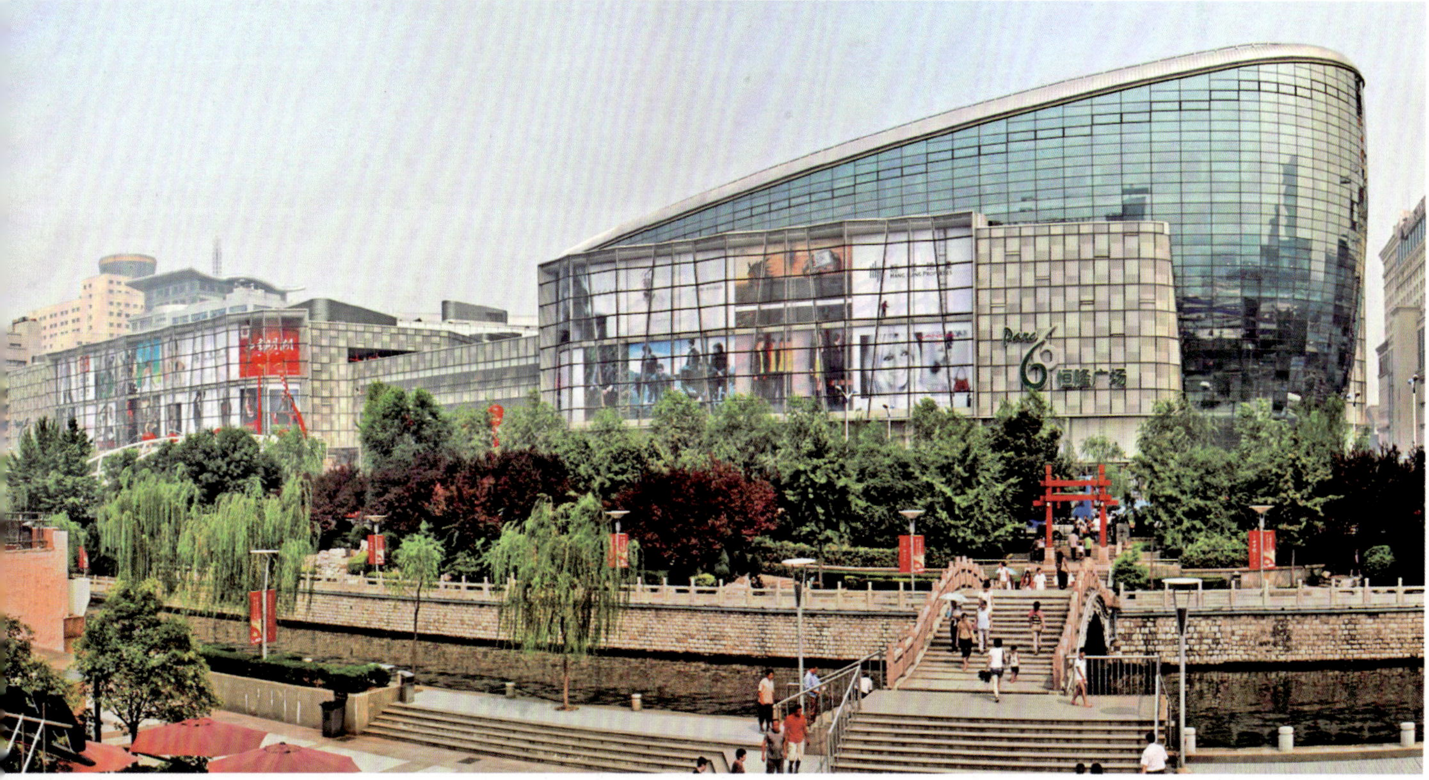

市中风采

2011年，市中区生产总值完成538.3亿元，比上年增长10.6%，其中服务业完成441.3亿元，比上年增长10%，占总产值比重达82%。完成全社会固定资产投资198.5亿元，比上年增长20.6%。房地产开发完成投资79.2亿元。进一步加强招商引资载体建设，万达广场城市综合体项目基本完工。招商引进项目421个，其中投资过亿元项目55个，总资金144亿元。

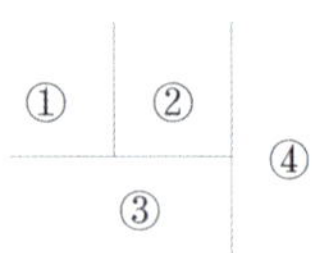

①启明里社区服务中心新貌
②建新社区服务大厅
③岔路街便民市场
④万达凯悦酒店

HYATT
济南万达凯悦酒店

文化艺术中心效果图

槐荫风采

槐荫，济南老商埠，西部新城区。近年来，济南“西进”步伐加快，西部新区发展提速。新发展带来城市景观大变样，让新槐荫愈发迷人，让老商埠焕发新生机。槐荫区从众多新老景观中，评选出“槐荫八景”，让新槐荫有了代表新城形象的名片。

西部新城效果图

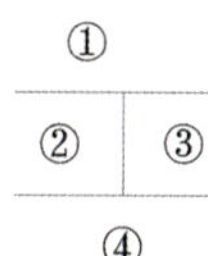

①商埠新貌
②匡山风雅
③湿地锦霞
④森林公园一角

天桥风采

天桥区围绕“建设富裕文明和谐幸福新天桥”的奋斗目标，推进“老城区、滨河新区、北部新城区”三大区域开发建设，实施“新型城市化、三产富区、工业振兴、北跨发展”四大战略，狠抓重大项目建设，构建现代产业体系，创新社会管理，保障改善民生。2011年实现生产总值263.38亿元，比上年增长11.7%。其中，第一产业增加值3.34亿元，增长5.0%；第二产业增加值69.65亿元，增长8.6%；第三产业增加值190.39亿元，增长13.0%。全社会固定资产投资74.02亿元，增长5.7%。实现财政总收入36.77亿元，增长31.9%；地方财政一般预算收入13.11亿元，增长29.5%。

泺口服装城国际会展中心奠基仪式

药圣天成文化产业

滨河新区夜景

龙湖泛舟

五柳扬帆

棚户区新颜

历城风采

历城区位于济南市的东南部，历史悠久，风光秀丽。自西汉初设县，素有“齐鲁首邑”之称。1987年撤县建历城区。

截至2011年底，全区总面积1298.57平方公里，人口91.79万人；辖15个街道办事处、6个镇。实现地区生产总值675.77亿元；地方财政收入24.01亿元；社会固定资产投资总额252.52亿元；实际利用外资11618.7万美元，出口总值11.55亿美元；全年城镇居民人均可支配收入26954.5元，农民人均纯收入11347.5元;全年社会消费品零售额274.4亿元;全区猪、牛、羊出栏量58.3万头（只），肉、蛋、奶产量达10万吨。2011年11月21日，历城区被科技部表彰为“2011年全国县（市）科技进步考核先进县（市）”。

全国科普示范县(市、区)

（2011—2015年）

中国科学技术协会

2006-2010年全国法制宣传教育

先进县(市、区)

中共中央宣传部　中华人民共和国司法部

二〇一一年五月

大樱桃

科技特派员指导有机韭菜种植

植被茂密的南部山区

中国社会科学院历城阳光民生救助体系建设座谈会

济南庚辰钢铁有限公司生铁产量达 80 余万吨

金象山滑雪场

神通寺新貌

实力长清 宜居长清

长清风采

长清区委、区政府按照长清区第三次党代会确定的“一二三四五”发展战略（即以科学发展为主题，以新型城市化和新型工业化为主攻方向，以济南经济开发区、大学科技园、长清主城区开发建设为突破口，以建设实力长清、宜居长清、平安长清、幸福长清为目标，全力实施经济建设、城市建设、文化建设、社会建设、党的建设五大工程），围绕长清加快融入中心城区发展，大力弘扬“厚德、包容、实干、图强”的长清精神，开展了“大干一百天、提前双过半”活动，2012年上半年长清区财政收入增幅、税收收入增幅、税收比重增幅，连续6个月均居全市第一位。

中国石油集团济柴动力总厂

建设中的恒大绿洲

平安长清 幸福长清

樱桃采摘

长清万亩有机茶园

大学科技园中的山东艺术学院

位于园博园内的世博山东馆效果图

长清湖

双山大街节点绿化提升工程

第三届全市道德模范表彰大会

章丘历史文化丛书发布会

章丘风采

2011年，章丘市完成生产总值572.4亿元，其中第一、二、三产业增加值分别为63.1亿元、329.2亿元、180.1亿元，同比分别增长14.6%、12.7%、17.6%；三次产业结构为11.0:57.5:31.5。人均生产总值56319元，增长14.09%。全市地域财政总收入55.2亿元，比上年增长13.4%。其中地方财政一般预算收入30.5亿元，增长18.6%。2011年，章丘市位列中国中小城市科学发展百强县（市）第三十四位；9月28日，被民政部、联合国地名专家组中国分部正式授予“千年古县”称号，成为济南市唯一获此殊荣的县市。还荣膺2011年度中国十佳“两型”中小城市称号，位列第5位；2011年度中国最具投资潜力中小城市百强县(市)称号，位列第八位；2011年度中国最具区域带动力中小城市百强县(市)称号。

双山西路景观河道工程

城市夜景

双山西路景观河道

“清照故里 词意章丘”李清照华语歌词大赛颁奖晚会

全景图

济南玫德铸造有限公司产品展厅

平阴风采

2011年，平阴县着力抓好调结构、稳物价、保民生、促改革各项工作，激情干事创业，奋力跨越发展，实现了“十二五”良好开局。清洁能源基地建设成效明显，大唐20万千瓦风力发电项目一期并网发电；总投资50亿元的龙冈梦幻谷等三个旅游项目启动实施，玫瑰湖湿地列入国家级湿地公园试点并开工建设；入围全国小农水项目重点县，农业综合生产能力和装备水平显著提高；实施“小县大城”战略，新城建设日新月异，老城改造加快推进，片区改造大规模展开，城中村改造全面启动。荣获全国科技进步先进县、全国农村中医药工作先进单位、平安山东建设先进县等称号。全年完成生产总值181.3亿元，同比增长10.3%；地域财政收入19.6亿元，增长34.2%，其中，地方财政一般预算收入6亿元，增长22.4%；固定资产投资97亿元，增长23.2%；农村居民人均纯收入8490元，增长15.9%。

锦东新区

玛钢现代化车间

孝直镇丁屯社区

平阴县首批经济适用房入住

城乡环卫一体化设备

茂昌银座新天地开工奠基

城乡环卫一体化设备发放仪式

山东鸿瑞石油化工有限公司

济阳风采

崔寨镇

崔寨镇牢牢把握省会济南“北跨”机遇，紧紧围绕“推进两化、建设三区”的总体思路，园区建设、社区建设、招商引资、基础设施、环境整治等取得显著成效，被列为济南市“十二五”期间重点提升镇，被授予全省小城镇建设示范镇、全国环境优美乡镇等称号。2011年，全镇生产总值达到27亿元，同比增长17.40%；实现地方财政收入4820万元，完成年初计划的107.11%，同比增长26.64%；农民人均纯收入达到9000元，同比增长17.42%。

济南黄河三桥

前街新型农民社区

山东盖世物流

垛石镇

垛石镇位于济阳县西北部，紧邻省级开发区——济北经济开发区。版图面积175平方公里，耕地面积1.04万公顷，辖130个行政村，人口7.4万。省道248、249线贯穿全境，交通便利。镇党委、政府在确保社会和谐稳定前提下，突出“农民增收、财政增长、城镇建设”三项重点工作，实现全镇经济社会平稳较快发展。

硕果累累

梨花瑞雪

相约金秋

骇河白鹭

商河风采

①　②
③
④

① 殷巷镇留兰香种植基地
② 乡村绿洲农业科技开发有限公司红掌培育车间
③ 展逸农业科技有限公司兰花培育车间
④ 温泉研发基地一角

商河县城南入口

① 温泉国际一角
② 滨河公园一角
③ 商中河景观带

2011年，商河县实现生产总值113.2亿元，按可比价格计算比上年增长13.6%。其中，第一产业增加值36.1亿元，增长8.5%；第二产业增加值42.5亿元，增长15.4%；第三产业增加值34.6亿元，增长16.9%。全社会固定资产投资44.5亿元，增长34.2%;地方财政一般预算收入4.39亿元，增长26.14%。城市建成区绿化总面积465.5万平方米，公共绿地面积94.8万平方米，绿化覆盖率41.26%，绿地率38.66%，人均公共绿地12.64平方米，初步形成四季常青、三季有花、绿意盎然的生态园林城市景观。全县引进项目50余个，固定资产投资总额达到16.35亿元，其中投资过亿元企业21家。

地方志是全面系统记述一定区域经济、政治、文化、社会和自然的历史与现状的资料性文献，是“一方之全史”。道光《济南府志》体例完备，资料详实，内容丰富，具有极高的资料价值和文献价值。为了抢救历史文献、传承传统文化，充分挖掘其丰富的地情信息资源为当今的经济文化建设服务，济南市史志办公室于2011年11月启动了道光《济南府志》的整理工作，按照“整旧如旧”的原则，对其进行标点和校勘。这不仅最大程度地保留文献的原貌，发挥其存史的功能，还消除了阅读障碍，方便今人阅读，将有助于了解我们这座城市的历史，有助于对传统文化的梳理，有助于济南市独特文化魅力的展示，从而达到传承历史、古为今用的目的。目前，道光《济南府志》整理工作的文字录入已全部结束，初步点校已经完成，排版设计过半，部分点校稿已送出版社审阅，各项工作正在顺利进行。这将是济南市史志办公室为泉城人民献上的一份文化厚礼。

为契合泉城特色，展示泉水文化，济南市史志办公室于2011年上半年启动了《济南泉水志》编纂工作。该志是一部全面、系统、准确记述济南市泉水自然景观与人文历史的专业山水志，包含泉水地理、泉水览胜、泉水文化、泉水与城市发展、泉水保护与管理、人物、大事记等内容。全书120万字，上下两卷，计划2012年年底出版。《济南泉水志》填补了济南现代山水志的空白，将会成为一项精品文化工程，并在济南泉水节和中国第十届艺术节期间成为宣传济南的重要窗口。